中华二千年史

卷五 明清一

邓之诚 著

赵玉敏 点校

中華書局

目　录

明清一

序

此明清史部分，脱稿于二十年前，采撰体例一仍《二千年史》之旧，唯时代较近，述宜较详，篇幅加多不止倍蓰，而合述明清两朝政治、经济、文化因革递嬗之迹，隶于编末。昔曾印作讲义，惜铅椠未竟而太平洋战起，不幸为敌羁系，稿草多佚，自后无暇补苴，遂置之不顾。近始略事纂辑，期于复故尚不可能，至于博综整齐，何敢妄拟？比其粗就，殊嫌不能包举，有宜详而反漏略者，有宜简而反烦复者。语其致此，盖亦有由。初以论事宜先知人，故录列传叙事稍详。又以近数百年间多战争之事，若各为细述，则累牍难穷；不述，又嫌失关照，故编为年表，俾诸方事迹并列一表，庶可通观其成败进退。从来史表之作最难，今强效之，以致疵类，固由近事难明，抑亦识力有限。再则近代实录、正史、官书、档案以及其他撰录浩博无垠，纠集驾驭甚非易事。即如《明史》，号为佳作，而列传中一事散见、轻重无别，往往顾此失彼，以较唐以前史，迥不相侔。《清史稿》成于仓卒，更不足以语此。明、清《实录》之修，由不学者任之，首尾不相连贯，盖缺而不载者多矣，是非更可不论。然后知昔贤谓作史莫难于当代之史，诚为不易之论。盖史材愈多，甚费抉择，其难乃倍于往古也。时贤正深研明清经济，其见于书史者，率为官文书，所习用语句，出于胥吏，当时易知易行，今乃不得其解，若望文生训，不免毫厘千里之差。故斯编诠释稍慎，有不知者，未敢强为比附，唯录其事，以待解人而已。凡此诸端，非求宽假，实出自状，阅者谅之。

邓之诚识

一九五五年七月

明清一

明世系

自太祖称帝（一三六八年），至永历帝被执（一六六一年），凡十九主，共二百九十四年。

太祖姓朱名元璋，字国瑞。先世家沛，徙句容，再徙泗州。父世珍，始徙濠州之钟离。帝年十七，父母兄相继殁，孤贫无所依，乃入皇觉寺为僧。以元顺帝至正十二年（一三五二年），从郭子兴起兵于濠州。二十四年（一三六四年），称吴王，用韩林儿龙凤年号。二十八年（一三六八年），即皇帝位，国号大明，建元洪武，在位凡三十一年。

惠帝名允炆，太祖孙，懿文太子标第二子也。洪武二十五年，立为皇太孙。太祖崩，继立，改元建文。燕王兵入京师，宫中火起，帝不知所终，在位凡四年。

成祖名棣，太祖第四子也，封燕王。削藩议起，遂举兵反，称其师曰“靖难”。建文四年（一四〇二年）六月，陷京师，即帝位，仍以洪武三十五年纪年。明年，改元永乐，在位凡二十二年。

仁宗名高炽，成祖长子也。嗣立，改元洪熙，在位凡一年。

宣宗名瞻基，仁宗长子也。嗣立，改元宣德，在位凡十年。

英宗名祁镇，宣宗长子也。嗣立，改元正统（十四年）。土木师溃，帝被虏北去，景帝即位，遥尊为太上皇帝。景泰元年归，入居南内。八年正月，景帝有疾，石亨、徐有贞等迎太上皇帝复辟，改元天顺（八年），在位凡二十二年。

景帝名祁钰，宣宗次子也，封郕王。正统十四年八月，英宗北狩，继立，改元景泰（七年）。英宗复辟，仍废为郕王。在位凡七年。

宪宗名见深，英宗长子也。嗣立，改元成化，在位凡二十三年。

孝宗名祐樘，宪宗第三子也。嗣立，改元弘治，在位凡十八年。

武宗名厚照，孝宗长子也。嗣立，改元正德，在位凡十六年。

世宗名厚熜，宪宗孙也。父兴献王祐杬。武宗无嗣，慈寿皇太后与大学士杨廷和定策，迎王即帝位，改元嘉靖，在位凡四十五年。

穆宗名载垕，世宗第三子也，封裕王。继立，改元隆庆，在位凡六年。

神宗名翊钧，穆宗第三子也。隆庆二年，立为皇太子。嗣立，改元万历，在位凡四十七年。

光宗名常洛，神宗长子也。嗣立，改元泰昌，在位凡一年。

熹宗名由校，光宗长子也。嗣立，改元天启，在位凡七年。

思宗名由检，光宗第五子也，封信王。继立，改元崇祯。李自成破京师，帝崩于煤山。在位凡十七年。

弘光帝名由崧，神宗之孙也，袭封福王。李自成破京师，避地至淮安，凤阳总督马士英等迎王入南京。甲申（明崇祯十七年，清世祖顺治元年〔一六四四年〕）四月，称帝。明年，改元弘光。乙酉（顺治二年）五月，清兵破南京，帝走芜湖，依黄得功。清兵追至，被执北去。在位凡一年。

隆武帝名聿键，太祖九世孙（太祖第二十三子柽之后），袭封唐王。南都破，南行至杭，镇江总兵官郑鸿达等遂奉以入闽。乙酉闰六月，立于福州，改元隆武。丙戌六月，清兵取绍兴。八月，清兵入闽，帝至汀州被执，死之。在位凡一年。

永历帝名由榔，神宗之孙也。随父桂王避地于梧州，隆武被执，于是两广总督丁魁楚、广西巡抚瞿式耜等共推监国，迎立于肇庆。丙戌十一月，称帝，改元永历。后为清兵所逼，于甲午（清顺治十一年）奔云南。己亥（顺治十六年），奔缅甸。辛丑（顺治十八年〔一六六一年〕），清兵临缅，执之而归。明年四月，为吴三桂所弑。在位凡十五年，明亡。

附明帝系表

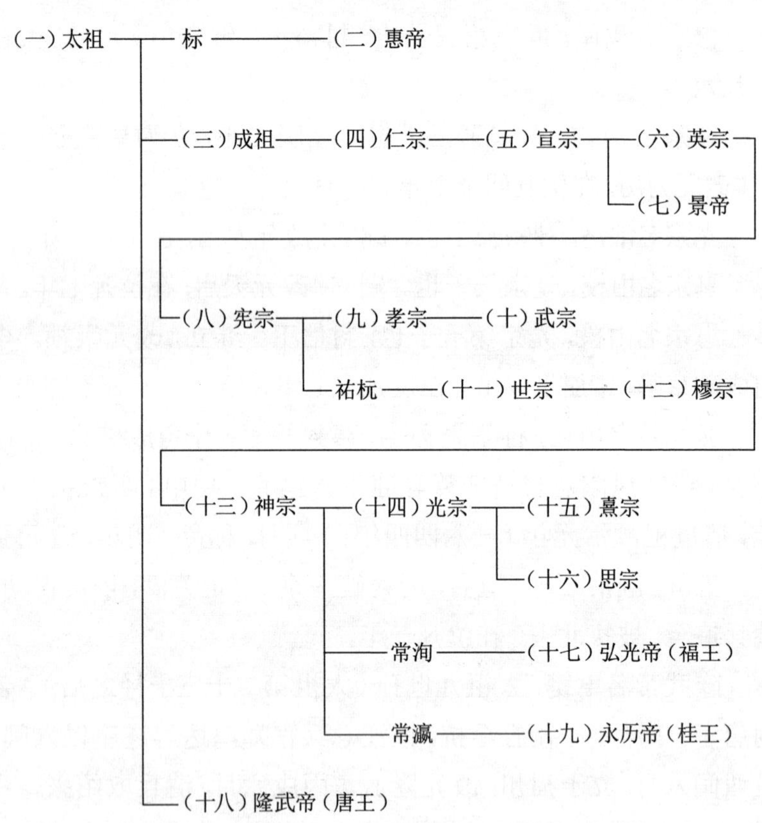

（一）明之统一

当太祖进取金陵，略定江表时，东有张士诚，西有陈友谅，俱称劲敌。而友谅（称汉）控扼上游，兵强势盛，常有鲸吞之志，是以数相攻击，得失互见。及鄱阳湖一战，雌雄乃决，明之基业，于是始固。

（元顺帝）至正二十三年（一三六三年）七月，太祖自将救洪都（即南昌，时为陈友谅所围攻），次湖口，先伏兵泾江口及南湖觜，遏友谅归路，檄信州兵守武阳渡。友谅闻太祖至，解围，逆战于鄱阳湖。友谅兵号六十万……太祖分军十一队以御之。……友谅悉巨舰出战，诸将舟小，仰攻不利。……会日晡，大风起东北，乃……纵火焚友谅舟。……友谅兵大乱，诸将鼓噪乘之……友谅气夺，复战，友谅复大败。于是……太祖移军扼左蠡，友谅亦退保渚矶。……八月，友谅食尽，趋南湖觜，为南湖军所遏，遂突湖口。太祖邀之，顺流搏战，及于泾江，泾江军复遮击之，友谅中流矢死，张定边以其子理奔武昌（《明史》卷一《太祖本纪一》）。

友谅……死，军大溃。……太尉张定边，夜挟友谅次子理，载其尸遁还武昌。……子理既还武昌，嗣伪位，改元德寿。是冬，太祖亲征武昌。明年（至正二十四年）二月，再亲征。……太祖乃遣其故臣罗复仁入城招理，理遂降（《明史》卷一二三《陈友谅传》）。

太祖既灭汉，悉得江楚地，遂移师东指，以征张士诚。

当是时，士诚所据，南抵绍兴，北逾徐州，达于济宁之金沟，西距汝、颍、濠、泗，东薄海二千余里，带甲数十万。……吴承平久，户口殷盛，士诚渐奢纵，怠于政事。……友谅亦遣使约士诚夹攻太祖，而士诚欲守境观变，许使者，卒不行。太祖既平武昌，师还，即命徐达等规取淮东……围高邮。士诚以舟师溯江来援，太祖自将击走之，达等遂拔高邮，取淮安，悉定淮北地。于是移檄平江（今江苏吴县，士诚建都地），数士诚八罪，徐达、常遇春帅兵自太湖趋湖州。……士诚知事急，亲督兵来战，败于皂林。……湖州守将李伯升等以城降，嘉兴、松江相继降，潘原明亦以杭州降于李文忠。（至正）二十六年（一三六六年）十一月，大军进攻平江，筑长围困之。……二十七年（即太祖吴元年）九月，城破。士诚……至金陵，竟自缢死（《明史》卷一二三《张士诚传》）。

时浙东尚为方国珍所据，太祖乘胜，遣兵击灭之。

吴元年，克杭州，国珍据境自如，遣间谍假贡献名觇胜负，又数通好于扩廓帖木儿及陈友定，图为犄角。太祖闻之怒。……至正二十七年九月，太祖已破平江，命参政朱亮祖攻台州，国瑛（国珍弟）迎战，败走，进克温州。平南将军汤和，以大军长驱抵庆元（浙江鄞县），国珍帅所部遁入海，追败之盘屿，其部将相次降。和数令人示以顺逆，国珍乃遣子关，奉表乞降（《明史》卷一二三《方国珍传》）。

太祖既下江浙，乃遣将分道经略南北。

至正二十七年十月……徐达为征虏大将军，常遇春为副将军，帅师二十五万，由淮入河，北取中原。胡廷瑞为征南将军，何文辉为副将军，取福建。湖广行省平章杨璟、左丞周德兴、参政张彬，取广西（《明史》卷一《太祖本纪一》）。

其南定闽、广，用兵经过如下。

太祖既平方国珍，即发兵伐友定。将军胡廷美、何文辉，由江西趋杉关；汤和、廖永忠，由明州海道取福州；李文忠由浦城取建宁。……友定……闻杉关破，急分军为二，以一军守福，而自帅一军守延平，以相犄角。及汤和等舟师抵福州之五虎门，平章曲出引兵逆战，败。明兵缘南台蚁附登城，守将遁去（《明史》卷一二四《陈友定传》）。

洪武元年（元顺帝至正二十八年，一三六八年）正月……胡廷瑞克建宁。……汤和克延平，执元平章陈友定，福建平（《明史》卷二《太祖本纪二》）。

洪武元年……（永忠）拜征南将军，以朱亮祖为副，由海道取广东。永忠先发书谕元左丞何真，晓譬利害，真即奉表请降。至东莞，真帅官属出迎。至广州……驰谕九真、日南、朱厓、儋耳三十余城，皆纳印请吏。进取广西，至梧州……浔、柳诸路皆下。遣亮祖会杨璟收未下州郡，永忠引兵克南宁，降象州，两广悉平（《明史》卷一二九《廖永忠传》）。

杨璟……以功擢湖广行省参政……迁行省平章政事，帅左丞周德兴、参政张彬，将武昌诸卫军取广西。洪武元年春，进攻永州……围之。……遣千户王廷取宝庆，德兴、彬取全州，略定道州、蓝山、桂阳、武冈诸州、县，而永州久不下。令裨将分营诸门，筑垒困之，造浮桥西江上，急攻之……遂克永州。而征南将军廖永忠、参政朱亮祖，亦自广东取梧州，定浔、贵、郁林。亮祖以兵来会，进攻靖江。……二月克之。……张彬……复移师徇郴州，降两江土官黄英、岑伯颜等，而永忠亦定南宁、象州，广西悉平（《明史》卷一二九《杨璟传》）。

其北伐用兵，经过如下。

召诸将，议北征，太祖曰："山东则王宣反侧，河南则扩廓跋扈，关陇则李思齐、张思道枭张猜忌，元祚将亡……今将北伐。……元建国百年，守备必固，悬军深入，馈饷不前，援兵四集，危道也。吾欲先取山东，撤彼屏蔽，移兵两河，破其藩篱，拔潼关而守之，扼其户槛，天下形胜入我掌握，然后进兵元都，势孤援绝，不战自克。鼓行而西，云中、九原、关、陇可席卷也。"（《明史》卷一《太祖本纪一》）

（徐达）拜征虏大将军，以（常）遇春为副，帅步、骑二十五万人，北取中原，太祖亲祃于龙江。……又谓达，进取方略，宜自山东始。师行，克沂州，降守将王宣。进克峄州，王宣复叛，击斩之。莒、密、海诸州悉下。乃使韩政分兵扼河，张兴祖取东平、济宁。而自帅大军拔益都，徇下潍、胶诸州、县。济南降，分兵取登、莱，齐地悉定（《明史》卷一二五《徐达传》）。

洪武元年……还军济宁，引舟师溯河趋汴梁，守将李克彝走，左君弼、竹贞等降。遂自虎牢关入洛阳，与元将脱因帖木儿大战洛水北，破走之。梁王阿鲁温以河南降，略定嵩、陕、陈、汝诸州，遂捣潼关。李思齐奔凤翔，张思道奔鄜城，遂入关，西至华州（《明史》卷一二五《徐达传》）。

达……遂与副将军会师河阴，遣裨将分道徇河北地，连下卫辉、彰德、广平。师次临清，使傅友德开陆道通步骑，顾时浚河通舟师，遂引而北。遇春已克德州，合兵取长芦，扼直沽，作浮桥以济师。水陆并进，大败元军于河西务，进克通州。顺帝帅后妃、太子北去。逾日，达陈兵齐化门，填濠登城。……捷闻，诏以元都为北平府，置六卫，留孙兴祖等守之（《明史》卷一二五《徐达传》）。

达与遇春进取山西，遇春先下保定、中山、真定，冯胜、汤和下怀庆，度太行，取泽、潞，达以大军继之。时扩廓帖木儿方引兵出雁门，将由居庸以攻北平……乃引兵趋太原。扩廓至保安，果还救。达选精兵夜袭其营，扩廓以十八骑遁去，尽降其众，遂克太原。乘势收大同，分兵徇未下州、县，山西悉平（《明史》卷一二五《徐达传》）。

（洪武）二年，引兵西渡河。至鹿台，张思道遁，遂克奉元。时遇春下凤翔，李思齐走临洮，达会诸将议所向。皆曰："张思道之才不如李思齐，而庆阳易于临洮，请先庆阳。"达曰："不然。庆阳城险而兵精，猝未易拔也。临洮北界河、湟，西控羌、戎……蹙以大兵，思齐不走，则束手缚矣。临洮既克，于旁郡何有。"遂渡陇，克秦州，下伏羌、宁远，入巩昌，遣右副将军冯胜逼临洮，思齐果不战降。分兵克兰州，袭走豫王。……还出萧关，下平凉。思道走宁夏，为扩廓所执，其弟良臣以庆阳降。达遣薛显受之。良臣复叛，夜出兵袭伤显。达督军围之。……遂拔庆阳……尽定陕西地。诏达班师（《明史》卷一二五《徐达传》）。

岭表既平，中原奠定，惟明昇犹据两川称帝。太祖复命傅友德、汤和等分道进讨，连败夏兵，定蜀地。

（洪武四年，友德）充征虏前将军，与征西将军汤和，分道伐蜀。和帅廖永忠等以舟师攻瞿塘，友德帅顾时等以步骑出秦、陇。太祖谕友德曰："蜀人闻我西伐，必悉精锐东守瞿塘，北阻金牛，以抗我师。若出不意，直捣阶、文，门户既隳，腹心自溃。兵贵神速，患不勇耳。"友德疾驰至陕，集诸军声言出金牛，而潜引兵趋陈仓，攀援岩谷，昼夜行。抵阶州，败蜀将丁世珍，克其城。……拔文州。……趋绵州。……初，蜀人闻大军西征，丞相戴寿等果悉众守瞿塘。及闻友德破阶、文，捣江油，始分兵援汉州，以保成都。未至，友德已破其守将。……援师远来……迎击，大败之，遂拔汉州，进围成都。……寿等闻其主明昇已降，乃籍府库仓廪，面缚诣军门，成都平。分兵徇州邑未下者……蜀地悉定（《明史》卷一二九《傅友德传》）。

（洪武）四年，（和）拜征西将军，与副将军廖永忠，帅舟师溯江伐夏。夏人以兵扼险，攻不克。江水暴涨，驻师大溪口，久不进，而傅友德已自秦、陇深入，取汉中。永忠先驱破瞿塘关，入夔州。和乃引军继之，入重庆，降明昇（《明史》卷一二六《汤和传）》。

云南为元梁王把匝剌瓦尔密所据，太祖召谕之，不听。于是遣傅友德、蓝玉、沐英等讨平之，并戡定大理。至此，中国本部，始归于一统。

（洪武）十四年……秋，充征南将军，帅左副将军蓝玉、右副将军沐英，将步骑三十万征云南。至湖广，分遣都督胡海等将兵五万，由永宁（四川叙永县）趋乌撒（云南镇雄县），而自帅大军，由辰、沅趋贵州，克普定、普安，降诸苗蛮。进攻曲靖（云南曲靖县），大战白石江，禽元平章达里麻。遂击乌撒，循格孤山而南，以通永宁之兵，遣两将军趋云南。元梁王（至元四年，封皇子忽哥赤为云南王，为都元帅实合丁所毒死。二十七年，改封皇孙甘麻剌为梁王。自是镇云南者，多以梁王及云南王为封爵。至正初，把匝剌瓦尔密以宗室袭封梁王）走死。友德城乌撒，群蛮来争，奋击破之，得七星关（在贵州毕节县西九十里七星山上），以通毕节。又克可渡河（北盘江之上游），降东川、乌蒙（云南昭通县）、芒部（云南镇雄县）诸蛮……诸部皆降（《明史》卷一二九《傅友德传》）。

（洪武十四年）……拜征南右副将军，同永昌侯蓝玉，从将军傅友德取云南。元梁王遣平章达里麻，以兵十余万，拒于曲靖。英……大败之，生禽达里麻……长驱入云南，梁王走死。……属郡皆下。独大理倚点苍山、洱海，扼龙首、龙尾二关。关故南诏筑，土酋段世（段思平自石晋天福中，据有南诏地，称大理国。宋宝祐三年，蒙古忽必烈攻大理，段兴智迎降，因改置大理万户府，授之。寻又改为大理路总管，使世守其职）守之。英自将抵下关，遣王弼由洱水东趋上关……夹击，禽段世，遂拔大理。分兵收未附诸蛮。……回军，与友德会滇池，分道平乌撒、东川、建昌、芒部诸蛮。……明年（十五年），诏友德及玉班师，而留英镇滇中（《明史》卷一二六《沐英传》）。

辽东虽亦降附，但元氏遗族尚盘据各地。其间拥众最多者则为纳哈出，后经冯胜进攻，纳哈出乃降。

（洪武）四年……二月……元平章刘益，以辽东降（《明史》卷二《太祖本纪二》）。

初，元主北走，其辽阳行省参政刘益屯盖州，与平章高家奴相为声援，保金、复等州。帝遣断事黄俦赍诏谕益。益籍所部兵马、钱粮、舆地之数来归。乃立辽阳指挥使司，以益为指挥同知。未几，元平章洪保保、马彦翚合谋杀益。右丞张良佐、左丞商暠擒彦翚杀之，保保挟俦走纳哈出营。良佐因权卫事，以状闻，且言：“辽东僻处海隅，肘腋皆敌境。平章高家奴守辽阳山寨，知院哈剌章屯沈阳古城，开元则右丞也先不花，金山则太尉纳哈出，彼此相依，时谋入犯。今保保逃往，衅必起。”……帝命立良佐、暠俱为盖州卫指挥佥事。既念辽阳重地，复设都指挥使司统辖诸卫，以旺及云并为都指挥使往镇之（《明史》卷一三四《叶旺马云传》）。

纳哈出者，元木华黎裔孙，为太平路万户。太祖克太平，被执，以名臣后，待之厚。知其不忘元，资遣北归。元既亡，纳哈出聚兵金山……数犯辽东（《明史》卷一二九《冯胜传》）。

丞相纳哈出，拥二十万众，据金山（辽宁开原县西北），数窥伺辽。（洪武）二十年（一三八七年）春，命宋国公冯胜为大将军，率颍川侯傅友德、永昌侯蓝玉等，将兵二十万征之，还其先所获元将乃剌吾（纳哈出骁将，洪武八年侵金州，中伏被擒。见《叶旺传》）。胜军驻通州，遣蓝玉乘大雪袭庆州（内蒙林西县），克之。夏，师逾金山……乃剌吾归，备以朝廷抚恤恩语其众，于是全国公观童来降。纳哈出因闻乃剌吾之言已心悸，复为大军所迫，乃阳使人至大将军营纳款，以觇兵势。胜遣玉往受降，使者见胜军，还报，纳哈出仰天叹曰："天弗使吾有此众矣。"遂率数百骑诣玉纳降。……先后降其部曲二十余万人（《明史》卷三二七《外国列传八·鞑靼传》）。

（二）明初之政局

（1）开国治术

太祖既定宇内，惩元季姑息之弊，为政尚严，果于戮辱。视士大夫若仆隶，且集政柄于一身，废宰辅不设，君权高张，前此未有。一切设施，名为祖训、祖制，一代不敢更易。中叶以后，主昏臣偷，政治混浊，为历朝所无，未尝不由始谋者之不臧也。

叶伯巨字居升，宁海人。……授平遥训导。洪武九年，星变，诏求直言。伯巨上书略曰："臣观当今之事，太过者三：分封太侈也，用刑太繁也，求治太速也。……议者曰：宋、元中叶，专事姑息，赏罚无章，以致亡灭。主上痛惩其弊，故制不宥之刑，权神变之法，使人知惧而莫测其端也。……而用刑之际，多裁自圣衷，遂使治狱之吏务趋求意旨，深刻者多功，平反者得罪，欲求治狱之平，岂易得哉！……古之为士者，以登仕为荣，以罢职为辱。今之为士者，以溷迹无闻为福，以受玷不录为幸，以屯田工役为必获之罪，以鞭笞捶楚为寻常之辱。其始也，朝廷取天下之士，网罗捃摭，务无余逸。有司敦迫上道，如捕重囚。比到京师，而除官多以貌选，所学或非其所用，所用或非其所学。洎乎居官，一有差跌，苟免诛戮，则必在屯田工役之科。率是为常，不少顾惜。……致使朝不谋夕，弃其廉耻，或事掊克，以备屯田工役之资者，率皆是也。……陛下切切以民俗浇漓，人不知惧，法出而奸生，令下而诈起。故或朝信而暮猜者有之，昨日所进，今日被戮者有之。乃至令下而寻改，已赦而复收，天下臣民莫之适从。……开国以来，选举秀才不为不多，所任名位不为不重，自今数之，在者有几？臣恐后之视今，亦犹今之视昔，昔年所举之人，岂不深可痛惜乎！"（《明史》卷一三九《叶伯巨传》）

帝初即位，惩元宽纵，用法太严，奉行者重足立（《明史》卷一三八《周桢传》）。

时官吏有罪者，笞以上悉谪屯凤阳，至万数（《明史》卷一三九《韩宜可传》）。

工部尚书夏祥毙杖下。……廷杖之刑，亦自太祖始矣（《明史》卷九十五《刑法志三》）。

当太祖起事之初，赖群策群力，以定四方。对于死事者，庙祀典制特隆。

至正二十四年正月……乃即吴王位。……四月，建祠，祀死事丁普郎等于康郎山、赵德胜等于南昌（《明史》卷一《太祖本纪一》）。

友谅围南昌八十五日，先后战死者凡十四人。……事平，皆赠爵侯、伯以下有差，立忠臣庙于豫章，并祠十四人，以德胜为首。而康郎山战死者三十五人，首丁普郎（《明史》卷一三三《赵德胜传》）。

洪武二年正月，立功臣庙于鸡笼山（《明史》卷二《太祖本纪二》）。

太祖既以功臣配享太庙，又命别立庙于鸡笼山，论次功臣二十有一人（正殿：徐达、常遇春、李文忠、邓愈、汤和、沐英。西序：胡大海、赵德胜、华高、俞通海、吴良、曹良臣、吴复，孙兴祖。东序：冯国用、耿再成、丁德兴、张德胜、吴桢、康茂才、茅成），死者塑像，生者虚其位（《明史》卷五十《礼志四》）。

诸将之有功者，更不惜崇以高位尊爵。每次出征还师，即行大除拜。

洪武三年十一月，北征师还，告武成于郊庙，大封功臣，进李善长韩国公、徐达魏国公，封李文忠曹国公、冯胜宋国公、邓愈卫国公、常遇春子茂郑国公、汤和等侯者二十八人（《明史》卷二《太祖本纪二》）。

洪武十二年九月，沐英大破西番，擒其部长三副使。冬十一月甲午，沐英班师，封仇成、蓝玉等十二人为侯（《明史》卷二《太祖本纪二》）。

迨天下粗定，帝虑诸功臣跋扈难制，为后世子孙患，乃罗织其罪，大事诛戮。胡、蓝两狱，株连元勋宿将，得免者盖寡，惨核寡恩，从古未之有也。

明祖藉诸功臣以取天下，及天下既定，即尽举取天下之人而尽杀之，其残忍实千古所未有。盖……明祖则起事虽早，而天下大定则年已六十余，懿文太子又柔仁。懿文死，孙更孱弱，遂不得不为身后之虑。是以两兴大狱，一网打尽，此可以推见其心迹也。胡惟庸之死在洪武十三年，同诛者不过陈宁、涂节数人。至胡党之狱，则在二十三年，距惟庸死时已十余年，岂有逆首已死，同谋之人至十余年始败露者？此不过借惟庸为题，使狱词牵连诸人，为草薙禽狝之计耳。胡党既诛，犹以为未尽，则二十六年又兴蓝党之狱，于是诸功臣宿将始尽。……此外又有非二党而别以事诛者。廖永忠功最大，以僭用龙凤诸不法事赐死。汪广洋虽不入胡党，帝追念其在江西曲庇朱文正，在中书不发杨宪奸，遂赐死。周德兴年最高，以其子乱宫，并德兴赐死。王弼已还乡，又召入赐死。胡美因女为贵妃，偕子婿乱宫，并美赐死。李新、谢成别以事诛死。文臣以事诛者，又有茹太素，以抗直不屈死。李仕鲁以谏帝惑僧言，命武士捽死于阶下。王朴、张衡，俱以言事死。孔克仁、陶凯、朱同，俱坐事死。于是文臣亦多冤死，帝亦太忍矣哉（赵翼《廿二史札记》卷三十二《胡蓝之狱》）。

至胡、蓝两狱之构成，分别述之于下。

胡狱

胡惟庸……洪武六年……七月，拜右丞相。久之，进左丞相。……有异谋……乃遣明州卫指挥林贤下海招倭，与期会。又遣元故臣封绩，致书称臣于元嗣君，请兵为外应。……乃与御史大夫陈宁、中丞涂节等谋起事，阴告四方及武臣从己者。……明年（十三年）正月，涂节遂上变，告惟庸。御史中丞商暠，时谪为中书省吏，亦以惟庸阴事告。帝大怒，下廷臣更讯，词连宁、节。……乃诛惟庸、宁，并及节。惟庸既死，其反状犹未尽露。……十九年十月，林贤狱成，惟庸通倭事始著。二十一年，蓝玉征沙漠，获封绩，善长不以奏。至二十三年五月，事发，捕绩下吏，讯得其状，逆谋益大著。会善长家奴卢仲谦，首善长与惟庸往来状，而陆仲亨家奴封帖木，亦首仲亨及唐胜宗、费聚、赵庸三侯与惟庸共谋不轨。帝发怒，肃清逆党，词所连及坐诛者三万余人。乃为《昭示奸党录》，布告天下。株连蔓引，迄数年未靖云（《明史》卷三〇八《胡惟庸传》）。

狱具，谓善长元勋国戚，知逆谋不发举，狐疑观望怀两端，大逆不道。会有言星变，其占当移大臣。遂并其妻女弟侄家口七十余人诛之。而吉安侯陆仲亨、延安侯唐胜宗、平凉侯费聚、南雄侯赵庸、荥阳侯郑遇春、宜春侯黄彬、河南侯陆聚等，皆同时坐惟庸党死；而已故营阳侯杨璟、济宁侯顾时等，追坐者又若干人。帝手诏条列其罪，傅著狱辞，为《昭示奸党三录》，布告天下（《明史》卷一二七《李善长传》）。

功臣之坐胡党而死，及已故而追坐爵除者。

韩国公李善长（洪武三年十一月封，二十三年五月，追坐胡惟庸党，赐死，爵除）。

吉安侯陆仲亨（同上）。

延安侯唐胜宗（同上）。

平凉侯费聚（同上）。

南雄侯赵庸（同上）。

荥阳侯郑遇春（同上）。

宜春侯黄彬（同上）。

河南侯陆聚（同上）。

南安侯俞通源（洪武三年十一月封，二十二年卒。子祖，病不能袭。明年，追论胡党，以死不问，爵除）。

永嘉侯朱亮祖（洪武三年十一月封，十三年九月坐罪死，爵除。二十三年，追论亮祖胡党，次子昱亦诛死）。

汝南侯梅思祖（洪武三年十一月封，十五年卒。二十三年，追坐胡党，灭其家）。

永城侯薛显（洪武三年十二月封，二十年卒。二十三年，追坐胡党，以死不问，爵除）。

靖宁侯叶升（洪武十二年十一月封，二十五年，追坐胡党死。蓝玉，升姻也，玉败复坐，故名隶两党）。

卫国公邓愈子镇（愈，洪武三年十一月封。镇于十三年袭，改封申国公，坐胡党死）。

淮安侯华云龙子中（云龙，洪武三年十一月封。中于九年袭，坐贬死。追论中胡党，爵除）。

济宁侯顾时子敬（时，洪武三年十一月封。敬于十五年袭，二十三年，追论胡党，坐死，爵除）。

临江侯陈德子镛（德，洪武三年十一月封。镛于十四年袭，二十年，从征纳哈出，败没。二十三年，追坐胡党，爵除）。

巩昌侯郭兴子振（兴，洪武三年十一月封。振于二十二年袭，二十三年，追坐胡党，爵除）。

六安侯王志子威（志，洪武三年十一月封。威于二十二年袭，坐事谪。志追坐胡党，以死不问）。

靖海侯吴祯子忠（祯，洪武三年十一月封。忠于十七年袭，二十三年，追坐祯胡党，爵除）。

营阳侯杨璟子通（璟，洪武三年十一月封。通于十七年袭，二十年，降指挥使。二十三年，追坐璟胡党，爵除）。

宣德侯金朝兴子镇（朝兴，洪武十二年十一月封。镇于十九年袭，二十三年，追坐朝兴胡党，降指挥使，爵除）。

蓝狱

蓝玉……洪武十一年……封永昌侯。……二十一年……进凉国公（北征元脱古思帖木儿功，事详后）。……饶勇略，有大将才。……数总大军，多立功。太祖遇之厚，浸骄蹇自恣。……镌其过于券，玉犹不悛，侍宴语傲慢。在军擅黜陟将校，进止自专，帝数谯让。……比奏事多不听，益怏怏。二十六年二月，锦衣卫指挥蒋瓛告玉谋反，下吏鞫讯。狱辞云："玉同景川侯曹震、鹤庆侯张翼、舳舻侯朱寿、东莞伯何荣及吏部尚书詹徽、户部侍郎傅友文等谋为变，将伺帝出耤田举事。"狱具，族诛之。列侯以下坐党夷灭者不可胜数。手诏布告天下，条列爰书为《逆臣录》。至九月，乃下诏曰："蓝贼为乱，谋泄，族诛者万五千人。自今胡党、蓝党概赦不问。"胡谓丞相惟庸也。于是元功宿将相继尽矣。凡列名《逆臣录》者，一公、十三侯、二伯（《明史》卷一三二《蓝玉传》）。

功臣之坐蓝党死而爵除者。

怀远侯曹兴（洪武十二年十一月封，二十六年二月坐死，爵除）。

景川侯曹震（同上）。

会宁侯张温（同上）。

普定侯陈桓（洪武十七年四月封，二十六年二月坐死，爵除）。

鹤庆侯张翼（同上）。

舳舻侯朱寿（洪武二十年十月封，二十六年二月坐死，爵除）。

东平侯韩勋（父政，洪武三年十一月受封。勋于十九年袭，二十六年二月坐死，爵除）。

宣宁侯曹泰（父良臣，洪武三年十一月受封。泰于六年袭，二十六年二月坐死，爵除）。

沈阳侯察罕（父纳哈出，洪武二十年九月降，封西海侯。察罕二十一年袭，改封。二十六年二月坐死，爵除）。

东莞伯何荣（父真，洪武二十年七月受封。荣于二十一年袭，二十六年二月坐死，爵除）。

全宁侯孙恪（父兴祖，洪武三年北征，战死，封燕山侯。恪二十一年，从蓝玉北征，以功封侯。二十六年二月坐死，爵除）。

西凉侯濮玙（父英，洪武二十年征纳哈出，战殁，封乐浪公。

玙以父功封西凉侯，二十六年二月坐死，爵除）。

徽先伯桑敬（父世杰，洪武初，征张士诚战死。敬于二十三年九月封伯，二十六年二月坐死，爵除）。

（2）靖难称兵

太祖既得天下，虑王室孤立，乃复行分封制度，大封诸子，分据津要，以为中央之藩卫。

洪武二年四月……编《祖训录》，定封建诸王之制（《明史》卷二《太祖本纪二》）。

太祖既正大位，诏封众子为王，置傅相，设官属，定礼仪，列爵而不临民，分土而不任事，外镇偏圉，内控雄域。洪武三年，封建礼成，告于太庙，遂定亲王等封爵册宝之制（《续通考》卷二〇八《封建考三》）。

明制，皇子封亲王……府置官属，护卫甲士，少者三千人，多者至万九千人，隶籍兵部（《明史》卷一一六《诸王列传序》）。

洪武中，太祖以子孙蕃众，命名虑有重复，乃于东宫亲王世系，各拟二十字，字为一世。子孙初生，宗人府依世次立双名，以上一字为据，其下一字则取五行偏旁者，以火、土、金、水、木为序，惟靖江王不拘（《明史》卷一〇〇《诸王世表序》注）。

明初封藩简表

国名	王名	关系	藩治		备考
			原名	今释	
秦	樉	太祖第二子	西安	陕西西安市	洪武三年封，十一年就藩。
晋	㭎	太祖第三子	太原	山西太原市	洪武三年封，十一年就藩。
燕	棣	太祖第四子	北平	北京市	洪武三年封，十三年就藩。

续表

国名	王名	关系	藩治		备考
			原名	今释	
周	橚	太祖第五子	开封	河南开封市	洪武三年封吴王,十一年改封周王,十四年就藩。
楚	桢	太祖第六子	武昌	湖北武汉市	洪武三年封,十四年就藩。
齐	榑	太祖第七子	青州	山东益都县	洪武三年封,十五年就藩。
潭	梓	太祖第八子	长沙	湖南长沙市	洪武三年封,十八年就藩。
赵	杞	太祖第九子			洪武三年封,明年殇。
鲁	檀	太祖第十子	兖州	山东滋阳县	洪武三年生,生两月而封,十八年就藩。
蜀	椿	太祖第十一子	成都	四川成都市	洪武十一年封,二十三年就藩。
湘	柏	太祖第十二子	荆州	湖北江陵县	洪武十一年封,十八年就藩。
代	桂	太祖第十三子	大同	山西大同市	洪武十一年封豫王,二十五年改封代王,是年就藩。
肃	楧	太祖第十四子	甘州	甘肃张掖县	洪武十一年封汉王,二十五年改封肃王,二十八年就藩。
辽	植	太祖第十五子	广宁	辽宁北镇县	洪武十一年封卫王,二十五年改封辽王,明年就藩。
庆	㮵	太祖第十六子	宁夏	甘肃宁夏县	洪武二十四年封,二十六年就藩。
宁	权	太祖第十七子	大宁	河北平泉县东北	洪武二十四年封,二十六年就藩。永乐元年,徙封南昌。
岷	楩	太祖第十八子	岷州	甘肃岷县	洪武二十四年封,二十八年,以云南新附,宜亲王镇抚,改云南。
谷	橞	太祖第十九子	宣府	河北宣化市	洪武二十四年封,二十八年,就藩宣府上谷地,故曰谷王。成祖即位,改封长沙。
韩	松	太祖第二十子	开原	辽宁开原县	洪武二十四年封,未之国。

续表

国名	王名	关系	藩治		备考
			原名	今释	
沈	模	太祖第廿一子	潞州	山西长治市	洪武二十四年封，永乐六年就藩。
安	楹	太祖第廿二子	平凉	甘肃平凉市	洪武二十四年封，永乐六年就藩。
唐	桱	太祖第廿三子	南阳	河南南阳市	洪武二十四年封，永乐六年就藩。
郢	栋	太祖第廿四子	安陆	湖北钟祥县	洪武二十四年封，永乐六年就藩。
伊	㰘	太祖第廿五子	洛阳	河南洛阳市	洪武二十四年封，永乐六年就藩。
靖江	守谦	太祖从孙，父文正，太祖嫡兄南昌王兴隆子	桂林	广西桂林市	洪武三年封，九年就藩。

初封之际，虽不使干预政事，但后来渐委重权，专制国中，诸王遂多骄蹇不法。沿边各王，更畀以兵权，遂成尾大不掉之势。

伯巨上书，略曰："……先王之制，大都不过三国之一，上下等差，各有定分，所以强干弱枝，遏乱源而崇治本耳。今裂土分封，使诸王各有分地，盖惩宋、元孤立，宗室不竞之弊。而秦、晋、燕、齐、梁、楚、吴、蜀诸国，无不连邑数十，城郭宫室亚于天子之都，优之以甲兵卫士之盛。臣恐数世之后，尾大不掉，然后削其地而夺之权，则必生觖望，甚者缘间而起，防之无及矣。"……书上，帝大怒，曰："小子！间吾骨肉，速逮来，吾手射之。"既至，丞相乘帝喜以奏，下刑部狱，死狱中（《明史》卷一三九《叶伯巨传》）。

洪武二十五年，太祖御奉天门，手敕以赐诸王云，常岁训将练兵，临视周回险易，造军器务精坚堪用，因顾长孙（即惠帝）曰："当使边庭不惊，贻汝以安也。"自是，诸王得专制国中，提兵防御，地大权重，易生骄僭（《续通考》卷二〇八《封建考三》）。

是时帝念边防甚，且欲诸子习兵事。诸王封并塞居者，皆预军务，而晋、燕二王尤被重寄，数命将兵出塞。及筑城屯田，大将军如宋国公冯胜、颍国公傅友德，皆受节制。又诏二王，军中事大者方以闻（《明史》卷一一六《晋王棡传》）。

惠帝即位，深以为患，乃用齐泰、黄子澄削藩之谋，以法绳诸王，摭其罪而废之。依次及燕，燕王棣（即成祖）遂举兵反，以讨奸臣变更旧制为名，号其师曰“靖难”。

齐泰，溧水人，初名德。……皇太孙素重泰。及即位，命与黄子澄同参国政。寻进尚书。时遗诏诸王临国中毋奔丧，王国吏民，听朝廷节制。诸王谓泰矫皇考诏，间骨肉，皆不悦。先是，帝为太孙时，诸王多尊属，拥重兵，患之。至是，因密议削藩。建文元年，周、代、湘、齐、岷五王，相继以罪废（《明史》卷一四一《齐泰传》）。

黄子澄名堤，以字行，分宜人。……伴读东宫。……惠帝为皇太孙时，尝坐东角门，谓子澄曰：“诸王尊属，拥重兵，多不法，奈何？”对曰：“诸王护卫兵，才足自守，倘有变，临以六师，其谁能支？汉七国非不强，卒底亡灭，大小强弱势不同，而顺逆之理异也。”太孙是其言。比即位，命……与齐泰同参国政，谓曰：“先生忆昔东角门之言乎？”子澄顿首曰：“不敢忘。”退而与泰谋，泰欲先图燕，子澄曰：“不然。周、齐、湘、代、岷诸王，在先帝时，尚多不法，削之有名，今欲问罪，宜先周。周王，燕之母弟。削周，是剪燕手足也。”谋定，明日，入白帝。会有言周王橚不法者，遂命李景隆帅兵袭执之，词连湘、代诸府，于是废橚及岷王楩为庶人，幽代王桂于大同，囚齐王榑于京师，湘王柏自焚死。……于是命都督宋忠调缘边官军屯开平，选燕府护卫精壮隶忠麾下，召护卫胡骑指挥关童等入京以弱燕，复调北平永清左右卫官军，分驻彰德、顺德，都督徐凯练兵临清，耿瓛练兵山海关，以控制北平。皆泰、子澄谋也（《明史》卷一四一

《黄子澄传》）。

王……智勇有大略，能推诚任人。……屡帅诸将出征，并令王节制沿边士马，王威名大振。……太祖崩，皇太孙即位。……时诸王以尊属，拥重兵，多不法。帝纳齐泰、黄子澄谋，欲因事以次削除之。惮燕王强，未发，乃先废周王橚，欲以牵引燕。于是告讦四起，湘、代、齐、岷皆以罪废。王内自危，佯狂称疾。……建文元年（一三九九年）夏六月，燕山百户倪谅告变，逮官校于谅、周铎等伏诛，下诏让王，并遣中官逮王府僚，王遂称疾笃。都指挥使谢贵、布政使张昺，以兵守王宫。王密与僧道衍（即姚广孝）谋，令指挥张玉、朱能，潜纳勇士八百人，入府守卫。……七月……匿壮士端礼门，绐贵、昺入，杀之，遂夺九门。上书天子，指泰、子澄为奸臣，并援《祖训》："朝无正臣，内有奸恶，则亲王训兵待命，天子密诏诸王，统领镇兵讨平之。"书既发，遂举兵自署官属，称其师曰"靖难"。拔居庸关，破怀来，执宋忠。取密云，克遵化，降永平。二旬，众至数万（《明史》卷五《成祖本纪一》）。

明廷闻变，命耿炳文、李景隆先后进讨。其时元勋宿将诛亡殆尽，皆非燕王之敌，每致挫败。

洪武末年，诸公、侯且尽，存者惟炳文及武定侯郭英二人；而炳文以元功宿将，为朝廷所倚重。建文元年，燕王兵起，帝命炳文为大将军，帅副将军李坚、宁忠北伐，时年六十有五矣。兵号三十万，至者惟十三万。八月次真定，分营滹沱河南北。都督徐凯军河间，潘忠、杨松驻鄚州，先锋九千人驻雄县。值中秋，不设备，为燕王所袭。……忠等来援……伏发……忠、松俱被执，不屈死，鄚州陷。……炳文移军尽渡河，并力当敌。军甫移，燕兵骤至，循城蹴击，炳文军不得成列，败入城……燕兵遂围城。……燕王知炳文老将，未易下，越三日解围还。而帝骤闻炳文败，忧甚。太常卿黄子澄，遂荐李景隆为大将军，乘传代炳文（《明史》卷一三〇《耿炳文传》）。

（李）文忠三子，长景隆。……景隆，小字九江。读书通典故。长身，眉目疏秀，顾盼伟然。每朝会，进止雍容甚都，太祖数目属之。（洪武）十九年袭爵，屡出练军湖广、陕西、河南。……建文帝即位，景隆以肺腑见亲任，尝被命执周王橚。及燕兵起，长兴侯耿炳文讨燕失利，齐泰、黄子澄等共荐景隆。乃以景隆代炳文为大将军，将兵五十万北伐。……令一切便宜行事。景隆贵公子，不知兵，惟自尊大，诸宿将多怏怏不为用。景隆驰至德州，会兵进营河间（《明史》卷一二六《李文忠附李景隆传》）。

李景隆本膏粱子，素不知兵，自代耿炳文后，观望不进。而燕王亦殊轻之，遂得间略定北边各地。还师，大败景隆兵，势力顿增，益不可侮。

燕王闻之喜，语诸将曰："李九江，纨绮少年耳，易与也。"遂命世子居守，戒勿出战，而自引兵援永平，直趋大宁。景隆闻之，进围北平。……及燕师破大宁，还军击景隆。景隆屡大败，奔德州，诸军皆溃。明年（建文二年）正月，燕王攻大同，景隆引军出紫荆关往救，无功而还。帝虑景隆权尚轻，遣中官赍玺书、赐黄钺弓矢，专征伐。……四月，景隆大誓师于德州，会武定侯郭英、安陆侯吴杰等于真定，合军六十万，进营白沟河。与燕军连战，复大败……走德州，复走济南。斯役也，王师死者数十万人，南军遂不支，帝始诏景隆还（《明史》卷一二六《李文忠附李景隆传》）。

燕王屡胜，益轻明廷。遂举兵南下，至东昌，败于盛庸，无功而还。

盛庸……建文初，以参将从耿炳文伐燕。李景隆代炳文，遂隶景隆麾下。二年四月，景隆败于白沟河，走济南。燕师随至，景隆复南走。庸与参政铁铉悉力固守，燕师攻围三月不克。庸、铉乘夜出兵掩击，燕众大败，解围去，乘胜复德州（《明史》卷一四四《盛庸传》）。

建文二年九月……命为平燕将军，充总兵官。陈晖、平安为左右副总兵，马溥、徐真为左右参将。进铉兵部尚书，参赞军务。时吴杰、平安守定州，庸驻德州，徐凯屯沧州，为犄角。是冬，燕兵袭沧州，破擒凯，掠其辎重，进薄济宁。庸引兵屯东昌以邀之，背城而阵。燕王帅兵直前薄庸军左翼，不动。复冲中坚，庸开阵纵王入，围之数重。燕将朱能帅番骑来救，王乘间突围出。而燕军为火器所伤甚众，大将张玉死于阵。王独以百骑殿，退至馆陶。庸檄吴杰、平安自真定遮燕归路。明年正月，杰、平安战深州不利，燕师始得归。是役也，燕精锐丧失几尽，庸军声大振（《明史》卷一四四《盛庸传》）。

以盛庸代景隆为平燕将军，命铉参其军务。是年（建文二年）冬，庸大败燕王于东昌，斩其大将张玉，燕王奔还北平。自燕兵犯顺，南北日寻干戈，而王师克捷，未有如东昌者。自是燕兵南下由徐沛，不敢复道山东（《明史》卷一四二《铁铉传》）。

翌年，再出兵南下，以肘腋未清，顾虑根本，还师。

建文三年二月，复帅师南下。三月，与盛庸遇于夹河（河北武邑县南，漳水分流也），谭渊战死，朱能、张武殊死斗，庸军少却。……复战，自辰至未，两军相胜负。东北风忽起，尘埃蔽天，燕兵大呼，乘风纵击，庸大败，走德州（《明史》卷五《成祖本纪一》）。

燕师出大名，安与庸及吴杰等，分兵扰其饷道，燕王患之。……燕王亦决计南下，遣李远等潜走沛县，焚粮舟，掠彰德。……时安在真定，度北平空虚，帅万骑直走北平，至平村，去城五十里而军。燕王惧，遣刘江等驰还救，安战不利，引还。时大同守将房昭引兵入紫荆关，据易州西水寨以窥北平。……（建文三年）八月，燕兵北归，安及燕将李彬战于杨村，败之（《明史》卷一四四《平安传》）。

燕王两次大举，俱无功而还，最后乃悉锐以行。淝河一战，王师不振，燕王遂破金陵，登大位。

当是时，王称兵三年矣。亲战阵，冒矢石，以身先士卒，常乘胜逐北，然亦屡濒于危。所克城邑，兵去旋复为朝廷守，仅据有北平、保定、永平三府而已。无何，中官被黜者来奔，具言京师空虚可取状。王乃慨然曰："频年用兵，何时已乎？要当临江一决，不复返顾矣。"（建文）三年十二月丙寅，复出师。四年（一四〇二年）春正月乙未，由馆陶渡河。癸丑，徇徐州。三月壬辰，平安以四万骑蹑王军，王设伏淝河，大败之。……四月……何福等营灵璧，燕遮其饷道，平安分兵六万人护之。己卯，王帅精锐横击，断其军为二。何福空壁来援，王军少却，高煦伏兵起，福败走。辛巳，进薄其垒，破之，生擒平安、陈晖等三十七人，何福走免。五月己丑，下泗州……盛庸扼淮南岸，朱能、丘福潜济，袭走之，遂克盱眙。……徇扬州，驻军江北。天子遣庆成郡主（成祖从姊）至军中，许割地以和，不听。六月癸丑，江防都督佥事陈瑄，以舟师叛附于王。……自瓜洲渡，盛庸以海艘迎战，败绩。戊午，下镇江。庚申，次龙潭。……至金川门，谷王橞、李景隆等开门纳王，都城遂陷。王……大索齐泰、黄子澄、方孝孺等五十余人，榜其姓名曰奸臣。丙寅，诸王群臣上表劝进。……即皇帝位……杀齐泰、黄子澄、方孝孺，并夷其族。坐奸党死者甚众（《明史》卷五《成祖本纪一》）。

（三）明之疆域

明太祖奋起淮右，首定金陵，西克湖、湘，东兼吴、会。然后遣将北伐，并山东，收河南，进取幽、燕，分军四出，芟除秦、晋，讫于岭表。最后削平巴、蜀，收复滇南。……洪武初，建都江表，革元中书省，以京畿应天诸府直隶京师。后乃尽革行中书省，置十三布政使司，分领天下府、州、县及羁縻诸司。又置十五都指挥使司，以领卫、所番、汉诸军，其边境海疆，则增置行都指挥使司，而于京师建五军都督府，俾外都指挥使司各以其方附焉。成祖定都北京……乃以北平为直隶，又增设贵州、交趾二布政使司。仁、宣之际，南交屡叛，旋复弃之外徼。终明之世，为直隶者二：曰京师，曰南京。为布政使司者十三：曰山东，曰山西，曰河南，曰陕西，曰四川，曰湖广，曰浙江，曰江西，曰福建，曰广东，曰广西，曰云南，曰贵州。其分统之府百有四十，州百九十有三，县千一百三十有八。羁縻之府十有九，州四十有七，县六。编里六万九千五百五十有六。而两京都督府分统都指挥使司十有六（万全、辽东、大宁凡三。又十三布政司，各设都司一），行都指挥使司五（山西大同、陕西甘肃，四川建昌、湖广郧阳、福建建宁）……留守司二（中都留守司驻凤阳，兴都留守司驻承天）。所属卫四百九十有三，所二千五百九十有三，守御千户所三百一十有五。……其边陲要地称重镇者凡九：曰辽东，曰蓟州，曰宣府，曰大同，曰榆林，曰宁夏，曰甘肃，曰太原，曰固原。皆分统卫、所。……计明初封略，东起朝鲜，西据吐番，南包安南，北距大碛。……自成祖弃大宁，徙东胜，宣宗迁开平于独石，世宗时复弃哈密、河套，则东起辽海，西至嘉峪，南至琼、崖，北抵云、朔，东西万余里，南北万里（《明史》卷四十《地理志序》）。

明疆域简表

区别	名称	四界	辖域	今地	治所	备考
两直	京师	北至宣府，东至辽海，南至东明，西至阜平。	府 顺天、保定、河间、真定、顺德、广平、大名、永平。 直隶州 隆庆、保安。 凡府八、直隶州二、属府州十七、县一百十六。	河北省长城以南南各地。	顺天府（即今北京市）	《明史·地理志》：京师，元直隶中书省。洪武二年三月，置北平等处行中书省。八月，置燕山都卫。九年六月，改行中书省为承宣布政使司。永乐元年正月，建北京于顺天府，称为行在。二月，罢北平布政使司，以所领直隶北京行部。十九年正月，改北京为京师。
	南京	北至丰、沛，西至英山，南至婺源，东至海。	府 应天、凤阳、淮安、扬州、苏州、松江、常州、镇江、庐州、安庆、太平、池州、宁国、徽州。 直隶州 徐、滁、和、广德。 凡府十四、直隶州四、属府州十七、县九十七。	江苏、安徽二省地。	应天府（即今南京市）	《明史·地理志》：元以江北地属河南江北等处行中书省，江南地属江浙等处行中书省。明太祖丙申年（元顺帝至正十六年）七月，置江南行中书省。洪武元年八月，建南京，罢行中书省，以应天等府直隶中书省。十一年正月，改南京为京师。十三年正月，罢中书省，以所领直隶六部。永乐元年正月，仍称南京。
十三布政使司	山东	南至郯城，北至无棣，西至定陶，东至海。	府 济南、兖州、东昌、青州、莱州、登州。 凡府六、属府州十五、属县八十九。	山东省地。	济南府（即今济南市）	

续表

区别	名称	四界	辖域	今地	治所	备考
十三布政使司	山西	东至真定，北至大同，西南皆至河。	府 太原、平阳、汾州、潞安、大同。 直隶州 泽、沁、辽。 凡府五、直隶州三、属府州十六、县七十九。	山西省长城以南地。	太原府（即今太原市）	
	河南	北至武安，南至信阳，东至永城，西至陕西。	府 开封、河南、归德、汝宁、南阳、怀庆、卫辉、彰德。 直隶州 汝。 凡府八、直隶州一、属府州十一、县九十六。	河南省地。	开封府（即今开封市）	
	陕西	东至华阴，南至紫阳，北至河套，西至肃州。	府 西安、凤翔、汉中、延安、庆阳、平凉、巩昌、临洮。 凡府八、属府州二十一、县九十五。	陕西及甘肃省大部。	西安府（即今西安市）	
	四川	北至广元，东至巫山，南至乌撒、东川，西至威、茂。	府 成都、保宁、顺庆、夔州、重庆、遵义、叙州、龙安、马湖、镇雄、乌蒙、乌撒、东川。 直隶州 潼川、眉、邛、嘉定、泸、雅。 凡府十三、直隶州六、宣抚司一、安抚司一、属府州十五、县一百十一、长官司十六。	四川东、中二部地。	成都府（即今成都市）	

续表

区别	名称	四界	辖域	今地	治所	备考
十三布政使司	湖广	北至均州，南至九疑，东至蕲州，西至施州。	府 武昌、汉阳、黄州、承天、德安、岳州、荆州、襄阳、郧阳、长沙、常德、衡州、永州、宝庆、辰州。 直隶州 郴、靖。 凡府十五、直隶州二、属府州十七、县一百八。	湖北、湖南二省地。	武昌府（即今武汉市）	
	江西	北至九江，东至玉山，南至安远，西至永宁。	府 南昌、瑞州、九江、南康、饶州、广信、建昌、抚州、吉安、临江、袁州、赣州、南安。 凡府十三、属府州一、县七十七。	江西省地。	南昌府（即今南昌市）	
	浙江	西至开化，南至平阳，北至太湖，东至海。	府 杭州、严州、嘉兴、湖州、绍兴、宁波、台州、金华、衢州、处州、温州。 凡府十一、属府州一、县七十五。	浙江省地。	杭州府（即今杭州市）	
	福建	北至岭，西至汀州，南至诏安，东至海。	府 福州、兴化、建宁、延平、汀州、邵武、泉州、漳州。 直隶州 福宁。 凡府八、直隶州一、属县五十七。	福建省地。	福州府（即今福州市）	

续表

区别	名称	四界	辖域	今地	治所	备考
十三布政使司	广东	北至五岭，东至潮州，西至钦州，南至琼海。	府 广州、肇庆、韶州、南雄、惠州、潮州、高州、雷州、廉州、琼州。 直隶州 罗定。 凡府十、直隶州一、属府州七、县七十五。	广东省地。	广州府（即今广州市）	
	广西	北至怀远，东至梧州，西至太平，南至博白。	府 桂林、平乐、梧州、浔州、柳州、庆远、南宁、广西、太平、思明、镇安。 直隶州 田、归顺、泗城、向武、都康、龙、江、思陵、凭祥。 凡府十一、直隶州九、属府州四十八、县五十。	广西省地。	桂林府（即今桂林市）	
	云南	北至永宁，东至富州，西至千崖，南至木邦。	府 云南、曲靖、寻甸、临安、澂江、广西、广南、元江、楚雄、姚安、武定、景东、镇沅、大理、鹤庆、丽江、永宁、永昌、蒙化、顺宁、孟定、孟艮。 直隶州 北胜、广邑。 凡府二十二、直隶州二、属州四十、御夷州三、县三十、宣慰	云南省地	云南府（即今昆明市）	

续表

区别	名称	四界	辖域	今地	治所	备考
十三布政使司	云南		司八、宣抚司四、安抚司五、长官司三十三、御夷长官司二。			
	贵州	北至铜仁，南至镇宁，东至黎平。西至普安。	府 贵阳、安顺、都匀、平越、黎平、思南、思州、镇远、铜仁、石阡。 凡府十、属府州九、县十四、宣慰司一、长官司七十六。	贵州省地。	贵阳府（即今贵阳市）	《明史·成祖本纪》：永乐十一年二月，始设贵州布政司。 《明史·地理志》：洪武十五年正月，置贵州都指挥使司，其民职有司，则仍属湖广、四川、云南三布政司。永乐十一年，置贵州等处承宣布政使司。
九边	辽东	东至鸭绿江，西至山海关，南至旅顺海口，北至开原。	定辽中卫、定辽左卫、定辽右卫、定辽前卫、定辽后卫、东宁卫、海州卫、盖州卫、复州卫、金州卫、广宁卫、广宁中卫、广宁左卫、广宁右卫、义州卫、广宁后屯卫、广宁中屯卫、广宁左屯卫、广宁右屯卫、广宁前屯卫、宁远卫、沈阳中卫、铁岭卫、三万卫、辽海卫。 凡卫二十五、所十一、关二。	辽宁省开原以南地。	定辽中卫（即今辽阳市）	《明史·地理志》：辽东都指挥使司，元置辽阳等处行中书省，治辽阳路。洪武四年七月，置定辽都卫。八年十月，改都卫为辽东都指挥使司，治定辽中卫，领卫二十五、州二。十年，府、县俱罢。
	蓟州		属关一百十三、寨七十二、营堡城一百十五。	河北省蓟县一带。	蓟州（即今河北省蓟县）	《明史·地理志》：大宁都指挥使司，永乐元年三月，侨治保定府，而其地遂虚。 《明史·成祖本纪》：

续表

区别	名称	四界	辖域	今地	治所	备考
九边	蓟州					永乐元年三月，改北平行都司为大宁都司，徙保定，始以大宁畀兀良哈。《读史方舆纪要》：大宁弃，而蓟州遂为极边，藩垣浅近，防御甚棘。
	宣府		宣府左卫、宣府右卫、宣府前卫、万全左卫、万全右卫、怀安卫、保安右卫、怀来卫、延庆右卫、开平卫、龙门卫、蔚州、延庆左、永宁、保安（以上四卫，俱设于本州县）。凡卫十五、所二十六、关城堡五十三。	河北省宣化县一带。	宣府（即今河北省宣化市）	《明史·地理志》：万全都指挥使司，宣德五年六月置，领卫十五。宣府左卫，洪武二十六年二月置，属山西行都司。二十八年四月，改为宣府护卫，属谷王府。三十五年十一月罢。宣德五年六月，改属。《读史方舆纪要》：宣德三年，议者以大宁既弃，开平悬远难守，因城独石，徙置开平卫于此，弃地三百余里，遂失滦河龙冈之险，而边陲斗绝矣。
	大同		大同前卫、大同后卫、大同左卫、大同右卫、镇朔卫、定边卫、阳和卫、天成卫、威远卫、平虏卫、云川卫、玉林卫、镇虏卫、高山卫。凡卫十四、所七、堡五百八十三。	山西省大同县一带。	大同府（即今山西大同市）	《明史·地理志》：山西行都指挥使司，本大同都卫，洪武四年正月置。八年十月，更名。二十五年八月，徙治大同府。

续表

区别	名称	四界	辖域	今地	治所	备考
九边	太原		雁门关、宁武关、偏头关。 凡关三、堡三十九、口十九。	山西长城西部一带。		《读史方舆纪要》：河套守，而太原为内地。套弃，而朔骑充斥。偏头当其东下之冲，宁武、雁门，东西交警，因特设重臣，提督三关，遮绝寇冲，障蔽畿甸。
	榆林		属营六、堡二十八。	陕西北部一带。	榆林卫（今内蒙古自治区杭锦旗地）	《明史·地理志》：陕西榆林卫，成化六年三月，以榆林川置。其城，正统二年所筑也。 《读史方舆纪要》：东胜弃而榆林筑，大河以南，遂为戎薮。关中多事，莫如榆林为最。
	宁夏		宁夏卫、宁夏前卫、宁夏后卫、宁夏中卫。 凡卫四、所四、营堡二十二。	甘肃省东北部一带。		《明史·地理志》：宁夏卫，洪武三年为府。五年，府废。二十六年七月，置卫。二十八年四月罢。永乐元年正月，复置。 《读史方舆纪要》：自河套弃而宁夏益为寇冲，犄角榆林，屏蔽固原，恃为重镇。
	固原		固原卫、静虏卫、兰州卫。 凡卫三、所四、营堡十六。	甘肃省固原至皋兰一带。	固原州（即今甘肃固原县）	《明史·地理志》：陕西平凉府，固原州，本固原守御千户所。景泰三年，以故原州城置。成化四年，升为卫。弘治十五年，置州属府。

续表

区别	名称	四界	辖域	今地	治所	备考
九边	固原					《读史方舆纪要》：固原为河套南下之冲，因特设重臣巡镇，兼督榆林、宁夏、甘肃三边，互为指臂。后又以洮、岷、河三卫及诸城镇，并属于固原。
	甘肃		甘州左卫、甘州右卫、甘州中卫、甘州前卫、甘州后卫、肃州卫、山丹卫、永昌卫、凉州卫、镇番卫、庄浪卫、西宁卫。 凡卫十二、所六十、关一、堡五十一。	甘肃河西至嘉峪关一带。	甘州（即今甘肃张掖县）	《明史·地理志》：陕西行都指挥使司，元甘肃等处行中书省，治甘州路。洪武五年十一月，置甘肃卫，二十五年罢。二十六年，陕西行都指挥使司，自庄浪徙置于此。 《读史方舆纪要》：哈密弃而关门不启，戎马生郊矣。

（四）明与诸民族之关系

明之对外威力，远逊于汉、唐，虽当成祖之际，北破元裔，南并安南，又招致南洋诸国，称盛一时。然再传自宣宗以后，日就陵替，边疆多事，国力虚耗，遂为衰亡之一因焉。

（1）瓦剌与鞑靼

明兵破元都，顺帝北走，传六世，被篡于鬼力赤，改称鞑靼，蒙古大汗之统系遂中绝。其时西部瓦剌渐强，与鞑靼互相仇杀。明成祖每利其交哄，强者击之，弱者抚之，故北族坐是不能统一。

太祖洪武元年，大将军徐达率师取元。元主自北平遁出塞，居开平，数遣其将也速等扰北边。明年（二年），常遇春击败之，师进开平……元主奔应昌。……三年春，以徐达为大将军，使出西安，捣定西（时为王保保所据）；李文忠为左副将军，冯胜为右副将军，使出居庸，捣应昌。文忠……大破元兵于骆驼山，遂趋应昌。未至，知元主已殂，进围其城，克之。……太子爱猷识理达腊，独以数十骑遁去。而徐达亦大破王保保兵于沈儿峪口，走之。……王保保拥太子爱猷识理达腊，居和林。……十一年夏，故元太子爱猷识理达腊卒……子脱古思帖木儿继立。……二十年……帝以故元“遗寇”终为边患，乃即军中拜蓝玉为大将军……率师十五万往征之（时玉击降纳哈出也）。……明年（二十一年）春，玉……闻脱古思帖木儿在捕鱼儿海，从间道驰进。……驰至捕鱼儿海……遂大破其军。……脱古思帖木儿，以其太子天保奴……等数十骑遁去。……脱古思帖木儿既遁，将依丞相咬住于和林。行至土剌河，为其下也速迭儿所袭……缢杀之。……自脱古思帖木儿后，部帅纷拏，五传至坤帖木儿，咸被弑，不复知帝号。有鬼力赤者篡立，称可汗，去国号，遂称鞑靼云。成祖即位，遣使谕之通好，赐以银币，并及其知院阿鲁台、丞相马儿哈咱等（《明史》卷三二七《鞑靼传》）。

瓦剌，蒙古部落也，在鞑靼西。元亡，其强臣猛可帖木儿据之。死，众分为三，其渠曰马哈木、曰太平、曰把秃孛罗。成祖即位，遣使往告。永乐初，复数使镇抚答哈帖木儿等谕之，并赐马哈木等文绮有差。六年冬，马哈木等遣……来朝贡马，仍请封。明年（七年）夏，封马哈木为……顺宁王，太平为……贤义王，把秃孛罗为……安乐王（《明史》卷三二八《瓦剌传》）。

时鬼力赤与瓦剌相仇杀，数往来塞下，帝敕边将各严兵备之。……久之，阿鲁台杀鬼力赤而迎元之后本雅失里于别失八里，立为可汗。（永乐）六年春，帝即以书谕本雅失里……不听。明年（七年）……复使给事中郭骥赍书往，骥被杀。帝怒，秋，命淇国公丘福为大将军……将精骑十万北讨。……时本雅失里已为瓦剌所袭破，与阿鲁台徙居胪朐河。福率千骑先驰，遇游兵，击破之。军未集，福乘胜渡河追敌，敌辄佯败引去。……敌众奄至围之，五将军皆没。帝益怒。明年（八年），帝自将五十万众出塞，本雅失里闻之惧，欲与阿鲁台俱西。阿鲁台不从，众溃散，君臣始各为部，本雅失里西奔，阿鲁台东奔。帝追及斡难河，本雅失里拒战，帝……败之。本雅失里……以七骑遁。……班师至静虏镇，遇阿鲁台……遂战，帝率精骑大呼冲击，矢下如注。阿鲁台坠马，遂大败，追奔百余里乃还。冬，阿鲁台使来贡马，帝纳之。越二年，本雅失里为瓦剌马哈木等所杀（《明史》卷三二七《鞑靼传》）。

时元主本雅失里，偕其属阿鲁台居漠北，马哈木乃以兵袭破之。（永乐）八年，帝既自将击破本雅失里及阿鲁台……十年，马哈木遂攻杀本雅失里。……瓦剌士马强，请予军器，帝曰："瓦剌骄矣。"……明年（十一年），马哈木留敕使不遣，复请以甘肃、宁夏归附鞑靼者，多其所亲，请给还。帝怒，命中官海童切责之。冬，马哈木等拥兵饮马河，将入犯。……帝诏亲征。明年（十二年）夏，驻跸忽兰。忽失温三部扫境来战，帝……大破之。……追奔……至土剌河，马哈木等脱身遁，乃班师。明年（十三年）春，马哈木等贡马谢罪……受其献（《明史》卷三二八《瓦剌传》）。

阿鲁台之内附，困于瓦剌，穷蹙而南，思假息塞外，帝纳而封之（和宁王）。……数年，生聚畜牧，日以蕃盛，遂慢我使者，拘留之。其贡使归，多行“劫掠”，部落亦时来窥塞。（永乐）二十年春，大举入兴和，于是诏亲征之。阿鲁台闻大军出，惧……于是尽弃其辎重马畜……以其孥直北徙。帝命焚其辎重，收其马畜，遂班师。……二十二年春，开平守将奏阿鲁台“盗”边。……帝复亲征，师次兰答纳木儿河，得谍者，知阿鲁台远遁。帝意亦厌兵，乃……还，崩于榆木川。……阿鲁台数败于瓦剌，部曲离散……日益蹙，乃率其属，东走兀良哈（《明史》卷三二七《鞑靼传）》。

明终认北族为巨敌，故其九边防御，颇称周密。后乃渐隳，其最失策者，则为成祖之弃大宁以畀三卫，既不能控制漠南，复不能辅翼辽左，异日边衅纷纭，盖肇因于此。

元人北归，屡谋兴复。永乐迁都北平，三面近塞。正统以后，敌患日多，故终明之世，边防甚重，东起鸭绿，西抵嘉峪，绵亘万里，分地守御。初设辽东、宣府、大同、延绥四镇，继设宁夏、甘肃、蓟州三镇，而太原总兵治偏头，三边制府驻固原，亦称二镇，是为九边。初，洪武……二十年，置北平行都司于大宁……及营州五屯卫，而封皇子权为宁王，调各卫兵往守。先是，李文忠等取元上都，设开平卫及兴和等千户所。……东接大宁，西接独石。二十五年，又筑东胜城于河州（甘肃导河县）东受降城之东，设十六卫，与大同相望。自辽以西数千里，声势联络。建文元年，文帝起兵，袭陷大宁，以宁王权及诸军归。及即位，封宁王于江西。而改北平行都司为大宁都司，徙之保定。调营州五屯卫于顺义、蓟州、平谷、香河、三河，以大宁地畀兀良哈。自是，辽东与宣、大声援阻绝，又以东胜孤远难守，调左卫于永平、右卫于遵化，而墟其地。先是，兴和亦废，开平徙于独石，宣府遂称重镇（《明史》卷九十一《兵志三·边防》）。

朵颜、福余、泰宁，高皇帝所置三卫也。其地为兀良哈，在黑龙江南，渔阳塞北。……其地也，元为大宁路北境。高皇帝有天下，东蕃辽王、惠宁王、朵颜元帅府，相率乞内附，遂即古会州地，置大宁都司、营州诸卫，封子权为宁王，使镇焉。已数为鞑靼所抄。洪武二十二年，置泰宁、朵颜、福余三卫指挥使司，俾其头目各自领其众，以为声援。自大宁（在今赤峰、承德间）前，抵喜峰口，近宣府，曰朵颜。自锦义历广宁，至辽河，曰泰宁。自黄泥洼逾沈阳铁岭，至开原，曰福余。独朵颜地险而强，久之皆叛去。成祖从燕起靖难，患宁王蹑其后，自永平攻大宁，入之，谋胁宁王，因厚赂三卫，说之来。成祖行，宁王饯诸郊，三卫从，一呼皆起，遂拥宁王西入关，成祖复选其三千人为奇兵从战。天下既定，徙宁王南昌，徙行都司于保定，遂尽割大宁地畀三卫，以偿前劳（《明史卷》三二八《朵颜传》）。

初，太祖沿边设卫，惟土著兵及有罪谪戍者。遇有警，调他卫军往戍，谓之“客兵”。永乐间，始命内地军番戍，谓之“边班”。其后占役逃亡之数多，乃有召募，有改拨，有修守、民兵、土兵，而边防日益坏（《明史》卷九十一《兵志三·边防》）。

初，太祖时，以边军屯田不足，召商输边粟，而与之盐。富商大贾，悉自出财力，募民垦田塞下，故边储不匮。弘治时，户部尚书叶淇始变法，令商纳银太仓，分给各边。商皆撤业归，边地荒芜，米粟踊贵，边军遂日困（《明史》卷九十一《兵志三·边防》）。

瓦剌脱欢攻破鞑靼，并有其众，又统一内部，其势日张，遂雄视于漠北。其子也先，尤称英杰，不仅漠南诸部俱被征服，且东胁朝鲜，西略哈密，环明之北边，几尽为之役使。

未几，马哈木死。……（永乐）十六年春……马哈木子脱欢请袭爵，帝封为顺宁王。……宣德元年……脱欢与阿鲁台战，败之，遁母纳山、察罕脑剌间。九年，脱欢袭杀阿鲁台。……未几，脱欢内杀其贤义、安乐两王，尽有其众，欲自称可汗，众不可，乃共立脱脱不花（元后裔），以先所并阿鲁台众归之。自为丞相，居漠北，哈喇嗔等部俱属焉。已袭破朵儿只伯，复胁诱朵颜诸卫，窥伺塞下。（正统）四年，脱欢死，子也先嗣，称太师淮王，于是北部皆服属也先，脱脱不花具空名，不复相制。……也先攻破哈密，执王及王母，既而归之。又结婚沙州赤斤蒙古诸卫，破兀良哈，胁朝鲜（《明史》卷三二八《瓦剌传》）。

也先既强大，遂有侵凌明室之志。后果以邀赏不遂，纠合诸部，大举攻明。

故事，瓦使不过五十人。利朝廷爵赏，岁增至二千余人。屡敕，不奉约。使往来多行杀掠，又挟他部与俱，邀索中国贵重难得之物。稍不餍，辄造衅端，所赐财物亦岁增。……时朝使至瓦剌，也先等有所请乞，无不许。瓦剌使来，更增至三千人，复虚其数，以冒廪饩。礼部按实予之，所请又仅得五之一，也先大愧怒。十四年（一四四九年）七月，遂诱胁诸番，分道大举入“寇”。脱脱不花以兀良哈“寇”辽东，阿剌知院“寇”宣府。……又遣别骑“寇”甘州，也先自“寇”大同（《明史》卷三二八《瓦剌传》）。

也先贡马互市，中官王振裁其马价。也先大举入“寇”（《明史》卷八十一《食货志五·马市》）。

时英宗方宠信宦者王振。振喜用兵，欲耀威北方，劝帝亲征，致有“土木之变”。

正统十四年（一四四九年），其太师也先贡马，振减其直，使者恚而去。秋七月，也先大举入“寇”，振挟帝亲征，廷臣交谏，弗听。至宣府，大风雨，复有谏者，振益虓怒。……八月乙酉，帝驻大同，振益欲北，镇守太监郭敬以敌势告振，始惧，班师。……振初议道紫荆关，由蔚州邀帝幸其第，既恐蹂乡稼，复改道宣府。军士纡回奔走，壬戌始次土木（河北怀来县西）。瓦剌兵追至，师大溃。帝蒙尘，振乃为乱兵所杀（《明史》卷三〇四《王振传》）。

正统十四年七月，也先入“寇”，中官王振挟帝亲征。……未至大同……前驱败报踵至，始惧，欲还。……振欲邀帝至蔚州，幸其第。……复折而东，趋居庸。八月辛酉，次土木，地高，掘地二丈不及水。瓦剌大至，据南河，明日佯却，且遣使通和。……振遽令移营就水，行乱。“寇”骑蹂阵入，帝突围不得出，拥以去（《明史》卷一六七《曹鼐传》）。

英宗被虏后，郕王以监国而即帝位。也先复挟英宗攻京师，举朝大震。赖于谦等极力城守，也先不得逞，乃出边。

于谦字廷益，钱塘人。……举永乐十九年进士。……正统十三年，以兵部左侍郎召。明年（十四年）秋，也先大入“寇”，王振挟帝亲征。……及驾陷土木，京师大震，众莫知所为。郕王监国，命群臣议战守，侍讲徐珵（后更名有贞）言星象有变，当南迁。谦厉声曰:“言南迁者可斩也。京师天下根本，一动则大事去矣。独不见宋南渡事乎？”王是其言，守议乃定。时京师劲甲精骑皆陷没，所余疲卒不及十万，人心震恐，上下无固志。谦请王檄取两京、河南备操军、山东及南京沿海备倭军、江北及北京诸府运粮军，亟赴京师，以次经画部署，人心稍安。即迁本部尚书。……大臣忧国无主，太子方幼，“寇”且至，请皇太后（孙氏）立郕王。……九月，景帝立。……十月，敕谦提督各营军马，而也先挟上皇破紫荆关，直入窥京师。……谦……分遣诸将，率师二十二万，列阵九门外。……“寇”逐至土城，居民升屋号呼，投砖石击“寇”，哗声动天。……相持五日，也先邀请既不应，战又不利……又闻勤王师且至，恐断其归路，遂拥上皇由良乡西去。谦调诸将追击，至关而还（《明史》卷一七〇《于谦传》）。

郕王自监国即皇帝位，尊帝（英宗）为太上皇帝。也先诡称奉上皇还，由大同、阳和，抵紫荆关攻入，直前犯京师。兵部尚书于谦，督武清伯石亨、都督孙镗等御之。也先邀大臣出迎上皇，未果。亨等与战，数败之。也先夜走，自良乡至紫荆……而出（《明史》卷三二八《瓦剌传》）。

京师围解后，于谦命边将严修兵备以扼之。景帝既立，也先徒挟太上皇帝，计无所施。为其间谍之叛阉喜宁，又为明所擒斩，而脱脱不花与阿剌知院，复与也先不协，有此数因，也先遂送还英宗。

乃益兵，守真、保、涿、易诸府州。请以大臣镇山西，防“寇”南侵。……自是，边将人人主战守，无敢言讲和者。初，也先多所要挟，皆以喜宁（英宗北狩，叛附也先）为谋主，谦密令大同镇将，禽宁戮之（也先使宁还京索礼物，上皇密令斩之）。又计授王伟，诱诛间者小田儿。……也先始有归上皇意，遣使通款（《明史》卷一七〇《于谦传》）

初，也先有轻中国心，及犯京师，见中国兵强，城池固，始大沮。会中国已诱诛贼阉喜宁，失其间谍，而脱脱不花、阿剌知院复遣使与朝廷和，皆撤所部归，也先亦决意息兵（《明史》卷三二八《瓦剌传》）。

初，也先欲取大同为“巢穴”，故数来攻。及每至辄败，有一营数十人不还者，敌气慑，始有还上皇意（《明史》卷一七三《郭登传》）。

景泰元年（一四五〇年）七月……右都御史杨善、工部侍郎赵荣，使瓦剌。……杨善至瓦剌，也先许上皇归。八月癸酉，上皇发瓦剌。……遣侍读商辂，迎上皇于居庸关。丙戌，上皇还京师……入居南宫（《明史》卷十一《景帝本纪》）。

也先恃强而骄，荒于酒色，为阿剌知院所攻杀。有鞑靼部孛来者，复杀阿剌。瓦剌部属分散，致衰落不振。

也先与脱脱不花内相猜。……也先亦疑其通中国，将谋己，遂治兵相攻。脱脱不花败走，也先追杀之。……遂乘胜迫胁诸蕃，东及建州兀良哈，西及赤斤蒙古哈密（时景泰二年，一四五一年）。……明年（五年）冬，也先自立为可汗，以其次子为太师，来朝，书称大元田盛大可汗，末曰添元元年。田盛犹言天圣也。报书称曰瓦剌可汗。……也先恃强，日益骄荒于酒色。六年，阿剌知院攻也先，杀之。鞑靼部孛来，复杀阿剌，夺也先母、妻并其玉玺。……自也先死，瓦剌衰，部属分散（《明史》卷三二八《瓦剌传》）。

瓦剌既衰，鞑靼继之而起，实为蒙古势力之复兴。然各部长自专一方，互相仇杀，仍为混乱之局面。其初为明边患尚不甚烈，及得河套以为根据，西陲始由此多事。

也先……为所部阿剌知院所杀，鞑靼部长孛来，复攻破阿剌，求脱脱不花子麻儿可儿立之，号小王子。阿剌死，而孛来与其属毛里孩等，皆雄视部中，于是鞑靼复炽。……麻儿可儿复与孛来相仇杀，麻儿可儿死，众共立马古可儿吉思，亦号小王子。自是鞑靼部长，益各专擅。……始鞑靼之来也，或在辽东、宣府、大同，或在宁夏、庄浪（甘肃庄浪县）、甘肃，去来无常，为患不久。景泰初，始犯延庆，然部落少，不敢深入。天顺间，有阿罗出者，率属潜入河套居之，遂逼近西边。河套，古朔方郡，唐张仁愿筑三受降城处也。地在黄河南，自宁夏至偏头关（山西偏关县），延袤二千里，饶水草。外为东胜卫（山西东胜县），东胜而外，土平衍，敌来，一骑不能隐。明初守之，后以旷绝内徙。至是，孛来与小王子、毛里孩等先后继至，掳中国人为乡导，“抄掠”延绥无虚时，而边事以棘（《明史》卷三二七《鞑靼传》）。

未几，诸部内争，孛来弑马可古儿吉思，毛里孩杀孛来，更立他可汗。斡罗出（《宪宗本纪》作阿罗出）者，复与毛里孩相仇杀，毛里孩遂杀其所立可汗，逐斡罗出。……（成化）三年（一四六七年）……毛里孩再乞通贡，而别部长孛鲁乃亦遣人来朝，帝许之。……明年（五年）……冬，（毛里孩）复纠三卫入“寇”，延绥、榆林大扰。六年春，大同巡抚王越遣游击许宁击败之，杨信等亦大破之于胡柴沟。时孛鲁乃与斡罗出，合别部乩加思兰、孛罗忽，亦入据河套，为久居计，延绥告急（《明史》卷三二七《鞑靼传》)。

毛里孩、孛鲁乃、斡罗出稍衰,满鲁都入河套,称可汗,乩加思兰为太师。(成化)九年秋,满鲁都等与孛罗忽并“寇”韦州,王越侦知敌尽行,其老弱“巢”红盐池(陕西定边县西北,与甘肃盐池县接界),乃与许宁及游击周玉,率轻骑昼夜疾驰至,分薄其营,前后夹击,大破之。复邀击于韦州,满鲁都等败归,孳畜庐帐荡尽,妻孥皆丧亡,相顾悲哭去。自是不复居河套,边患少弭。……初,乩加思兰以女妻满鲁都,立为可汗。久之,杀孛罗忽,并其众,益专恣。满鲁都部脱罗干、亦思马因谋杀之。寻,满鲁都亦死,诸强酋相继略尽,边人稍得息肩(《明史》卷三二七《鞑靼传》)。

蒙古既据河套,明之边防计划,亦集全力于此,劳军糜费,烦扰至极。征讨无功,变计为守,巡抚余子俊兴筑边墙之议,乃得实行。

“寇”据河套,岁发大军征讨,卒无功。(成化)八年秋,子俊复言:“今征套士马屯延绥者八万,刍茭烦内地。若今冬‘寇’不北去,又须备来年军资。姑以今年之数约之,米豆需银九十四万,草六十万。每人运米豆六斗、草四束,应用四百七万人,约费行资八百二十五万。公私烦扰至此,安得不变计?臣前请筑墙建堡,诏事宁举行。请于明年春夏‘寇’马疲乏时……兴工。”……帝是子俊言,命速举。……明年(九年)……以捣“巢”故,远徙,不敢复居套。内地患稍息,子俊得一意兴役,东起清水营(陕西府谷县西北),西抵花马池(甘肃盐池县),延袤千七百七十里,凿崖筑墙,掘堑其下,连比不绝。每二、三里置敌台崖砦备巡警。又于崖砦空处筑短墙,横一斜二如箕状,以瞭敌避射。凡筑城堡十一,边墩十五,小墩七十八,崖砦八百十九,役军四万人,不三月而成(《明史》卷一七八《余子俊传》)。

鞑靼内部,纷扰多时。至达延汗崛起,统一漠南北,蒙古由此复兴。明世宗时，达延南下，留其季子格哷森扎居漠北，号所部为喀尔喀，是为外蒙古之祖。自与嫡孙卜赤，居漠南东部，为内蒙古察哈尔之祖。封其三子巴尔斯于漠南西部，巴尔斯死，长子衮必里克居河套，为鄂尔多斯之祖。次子俺答，居今呼和浩特市西，为土默特之祖。兹据《蒙古源流》及《明史》，列其世系为简表如下。

附达延汗世系简表

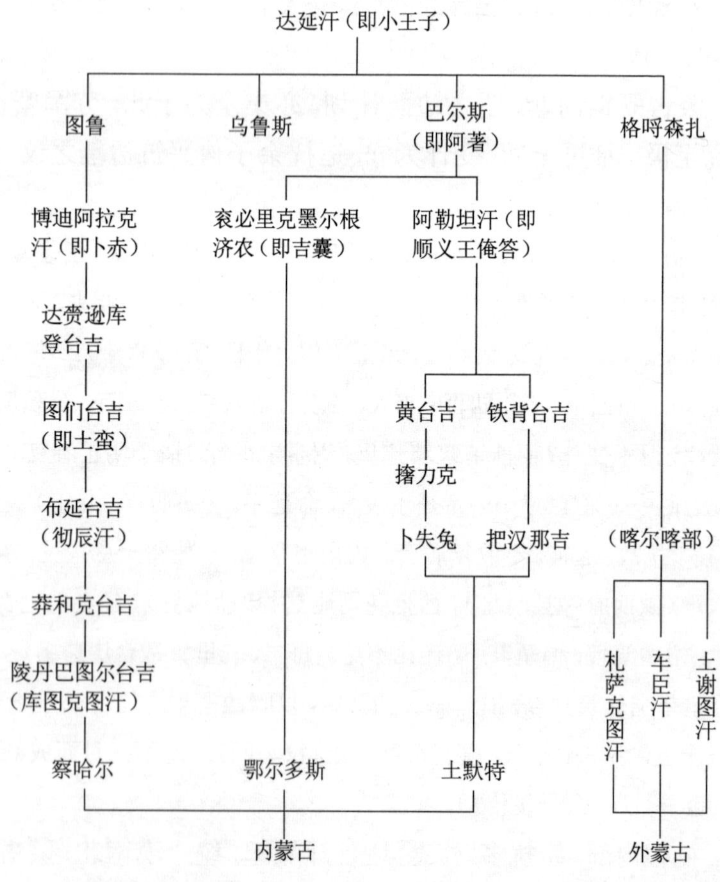

俺答与衮必里克相率攻明，明甚苦之。衮必里克死，俺答并有其众，于是势力陡增，轻明更甚，曾三次进薄京畿，明竟不能制。

（孝宗）弘治元年（一四八八年）夏，小王子奉书求贡，自称大元大可汗（以时考之，即达延汗）。朝廷方务优容，许之。……（世宗）嘉靖十一年（一五三二年）……时小王子最富强，控弦十余万，多畜货贝，稍厌兵，乃徙幕东方，称土蛮。分诸部落在西北边者甚众，曰吉囊（副王之义），曰俺答……据河套，雄黠喜兵，为诸部长，相率躏诸边。……二十一年……吉囊死，诸子狼台吉等，散处河西。势既分，俺答独盛，岁数扰延绥诸边（《明史》卷三二七《鞑靼传》）。

嘉靖二十九年（一五五〇年）春，俺答……传箭诸部大举。秋，循潮河川南下，至古北口。……别遣精骑从间道溃墙入……遂大掠怀柔，围顺义，抵通州，分兵四掠……畿甸大震。敌大众犯京师，大同总兵咸宁侯仇鸾、巡抚保定都御史杨守谦等，各以勤王兵至。帝拜鸾为大将军，使护诸军。鸾与守谦皆恇懦不敢战，兵部尚书丁汝夔恇扰不知所为，闭门守。敌焚掠三日夜，引去。……三十八年春，老把都（俺答弟）、辛爱（俺答子）谋大举入犯。……使其谍诡称东下。总督王忬不能察，遽分兵而东，号令数易，敌遂乘间入蓟镇潘家口（《明史》卷二〇四《王忬传》：三十八年二月，把都儿、辛爱，数部屯会州，挟朵颜为乡导，将西入，声言东。忬遽引兵东，寇乃以其间由潘家口入，渡滦河而西，大掠遵化、迁安、蓟州、玉田。驻内地五日，京师大震）。……四十二年……冬，大掠顺义、三河……京师戒严。大同总兵姜应熊，御之于密云，败之，敌退（《明史》卷三二七《鞑靼传》）。

当俺答正强之时，严嵩当国。嵩知世宗厌兵，不敢主战，而官以赂迁，边事益坏。其党仇鸾请开马市于大同、宣府，冀以弭兵息争。至于尽撤边防，俺答更如入无人之境。

当是时，俺答岁“寇”边，羽书叠至，天子方斋居西内，厌兵事。而大学士严嵩窃权，边帅率以贿进，疆事大坏（《明史》卷二〇四《丁汝夔传》）。

俺答躏京师，咸宁侯仇鸾以勤王故有宠，帝命鸾为大将军，倚以办“寇”。鸾中情怯，畏“寇”甚，方请开互市市马，冀与俺答媾。幸无战斗，固恩宠（《明史》卷二〇九《杨继盛传》）。

大将军仇鸾力主贡市之议。明年（嘉靖三十年），开马市于大同，然“寇掠”如故。又明年（三十一年），马市罢（《明史》卷九十一《兵志三·边防》）。

迨俺答年老信佛，厌乱戒杀，又以其孙投明，遇之甚厚，乃始就抚受封，自此西陲方告相安无事。

自河套以东宣府、大同边外，吉囊弟俺答、昆都力驻牧地也。……俺答又纳叛人赵全等，据古丰州地，招亡命数万，屋居佃作，号曰板升。全等尊俺答为帝，为治城郭宫殿。……又日夜教俺答为兵。东入蓟、昌，西掠忻、代，游骑薄平阳、灵石，至潞安以北。起嘉靖辛丑（二十年，一五四一年），扰边者三十年。……（穆宗隆庆）四年正月诏崇古总督宣、大、山西军务。……把汉那吉者，俺答第三子铁背台吉子也。幼失父，育于俺答妻一克哈屯。长娶大成比妓不相得。把汉自聘我儿都司女，号三娘子，即俺答外孙女也。俺答见其美，夺之。把汉恚，又闻崇古方纳降，是年十月率妻子十余人来归。巡抚方逢时以告。崇古念因此制俺答，则赵全等可除也，留之大同，慰藉甚至。偕逢时疏闻于朝。……大学士高拱、张居正，力主崇古议，诏授把汉指挥使。……俺答方掠西番，闻变急归，调辛爱兵分道入犯，索把汉甚急。辛爱佯发兵，阴择便利，以故俺答不得志。一克哈屯思其孙，朝夕哭，俺答患之。巡抚逢时遣百户鲍崇德入其营……曰：“……今朝廷待而孙甚厚，称兵是速其死也。”俺答疑把汉已死，及闻言，心动，使使诇之。崇古令把汉绯袍金带见使者，俺答喜过望，崇德因说之曰：“赵全等旦至，把汉夕返。”俺答大喜，屏人语曰：“我不为乱，乱由全等。今吾孙降汉，是天遣之合也。天子幸封我为王，永长北方，诸部孰敢为患？即不幸死，我孙当袭封，彼受朝廷厚恩，岂敢负耶？”遂遣使与崇德俱来……并请互市。崇古以闻，帝悉报可。俺答遂缚全等十余人以献。……乃诏封俺答顺义王，名所居城曰归化。……自是边境休息，东起延、永，西抵嘉峪七镇数千里，军民乐业，不用兵革，岁省费什七（《明史》卷二二二《王崇古传》）。

已而，俺答请金字经及剌麻僧，诏给之。……俺答老佞佛，复请于海南建寺，诏赐寺额“仰华”。……自是约束诸部无入犯，岁来贡市，西塞以宁。……（神宗）万历十年（一五八二年）春，俺答死。……其妻哈屯，率子黄台吉等上表……封黄台吉为顺义王。……立三岁而死。……十五年春，子撦力克嗣。其妻三娘子，故俺答所夺之外孙女而为妇者也。历配三王，主兵柄，为中国守边保塞，众畏服之，乃敕封为忠顺夫人。自宣、大至甘肃，不用兵者二十年（《明史》卷三二七《鞑靼传》）。

自俺答受封，河套亦靖，而东方插汉儿（即察哈尔）部又继之而兴。张居正当国，委戚继光镇蓟门，李成梁镇辽东，二人皆当时名将，长于战守，北边始稍宁谧。

时俺答已通贡，宣、大以西，烽火寂然。独小王子（达延汗）后土蛮，徙居插汉地，控弦十余万，常为蓟门忧。而朵颜董狐狸及其兄子长昂，交通土蛮，时“叛”时服。……继光在镇十六年，边备修饬，蓟门晏然。继之者踵其成法，数十年得无事，亦赖当国大臣徐阶、高拱、张居正先后倚任之。居正尤事与商榷，欲为继光难者，辄徙之去。……动无掣肘，故继光益发舒（《明史》卷二一二《戚继光传》）。

俺答虽款塞，而插汉部长土蛮与从父黑石炭，弟委正、大委正，从弟暖兔、拱兔，子卜言台周，从子黄台吉势方强。泰宁部长速把亥、炒花，朵颜部长董狐狸、长昂佐之。……时窥塞下。……成梁乃大修戎备，甄拔将校，收召四方健儿，给以厚饩，用为选锋，军声始振。……成梁镇辽二十二年，先后奏大捷者十。……边帅武功之盛，二百年来未有也。……万历二十九年（一六〇一年）八月……乃命再镇辽东。……是时土蛮长昂及把兔儿已死。……开原、广宁之前，复开马、木二市，诸部耽市赏利，争就款。以故成梁复镇八年，辽左少事（《明史》卷二三八《李成梁传》）。

俺答款塞，久不为害。独小王子部众十余万，东北直辽左，以不获通互市，数入“寇”。居正用李成梁镇辽，戚继光镇蓟门。成梁力战却敌，功多至封伯，而继光守备甚设。居正皆右之，边境晏然（《明史》卷二一三《张居正传》）。

（2）日本

（甲）倭寇之起

日本自与元构衅，禁其民与中国交通。元亦特悬厉禁，其在海舶中私相贸易者，遂目为“海寇”。又元中叶时，日本分为南北朝。明初，南朝为北朝所并，遗臣遁入海，与之相合，“海寇”之势益盛。但其时海防严饬，倭寇尚不能为大患。然通观一代，真倭少而“海寇”多。所谓“海寇”，实吾民之穷而无告者也。

日本……元世祖数遣使赵良弼招之，不至。乃命忻都、范文虎等，帅舟师十万征之，至五龙山，遭暴风，军尽没。后屡招不至，终元世，未相通也。明兴，高皇帝即位，方国珍、张士诚相继诛服，诸豪亡命，往往纠岛人，入“寇”山东滨海州县（《明史》卷三二二《日本传》）。

沿海之地，自广东乐会接安南界，五千里抵闽，又二千里抵浙，又二千里抵南直隶，又千八百里抵山东，又千二百里逾宝坻、卢龙抵辽东，又千三百余里抵鸭绿江，岛寇倭夷，在在出没，故海防亦重。吴元年，用浙江行省平章李文忠言，嘉兴、海盐、海宁皆设兵戍守。洪武四年十二月，命靖海侯吴祯籍方国珍所部温、台、庆元三府军士，及兰秀山无田粮之民，凡十一万余人，隶各卫为军。且禁沿海民私出海。时国珍及张士诚余众多窜岛屿间，勾倭为“寇”。五年，命浙江、福建造海舟防倭。明年（六年），从德庆侯廖永忠言，命广洋、江阴、横海、水军四卫增置多橹快船，无事则巡徼，遇“寇”以大船薄战，快船逐之。……每春以舟师出海，分路防倭，迄秋乃还。十七年，命信国公汤和巡视海上，筑山东、江南北、浙东西沿海诸城。后三年（二十年），命江夏侯周德兴，抽福建福、兴、漳、泉四府三丁之一，为沿海戍兵，得万五千人。移置卫、所于要害处，筑城十六。……二十一年，又命（汤）和行视闽、粤，筑城增兵。……二十三年，从卫卒陈仁言，造苏州太仓卫海舟。旋令滨海卫、所，每百户及巡检司皆置船二，巡海上盗贼。后从山东都司周彦言，建五总寨于宁海卫，与莱州卫八总寨，共辖小寨四十八。已，复命重臣勋戚魏国公徐辉祖等分巡沿海。帝素厌日本诡谲，绝其贡使，故终洪武、建文世不为患。永乐六年，命丰城侯李彬等缘海捕倭，复招岛人、蜑户、贾竖、渔丁为兵，防备益严。十七年，倭寇辽东，总兵官刘江歼之于望海埚。自是倭大惧，百余年间，海上无大侵犯。朝廷阅数岁，一令大臣巡警而已（《明史》卷九十一《兵志三·海防》）。

至世宗时，明祚中微，日本割据势盛，号令不一，其岛主乃假通贡为名，与中国贸易，濒海之民，复与之结，遂种异日之祸根。嗣因日本使者争真伪问题，大掠宁波，明廷竟罢废市舶司，贸易权乃转移于豪贵之手。以负倭值不偿，倭不得归，转而为寇。海滨之民，复为之谋主、向导，剽掠内地，兵祸自此日剧。

明初……海外诸国入贡，许附载方物，与中国贸易，因设市舶司，置提举官以领之。……复严禁濒海居民及守备将卒，私通海外诸国。……嘉靖二年，日本使宗设、宋素卿分道入贡，互争真伪，市舶中官赖恩纳素卿贿，右素卿，宗设遂大掠宁波。给事中夏言，言倭患起于市舶，遂罢之。市舶既罢，日本海贾往来自如，海上奸豪与之交通，法禁无所施，转为

“寇贼”(《明史》卷八十一《食货志五·市舶》)。

初，明祖定制，片板不许入海。承平久，“奸民”阑出入，勾倭人及佛郎机诸国入互市。闽人李光头、歙人许栋踞宁波之双屿为之主，司其质契。势家护持之，漳、泉为多，或与通婚姻。假济渡为名，造双桅大船，运载违禁物，将吏不敢诘也。或负其直，栋等即诱之攻剽。负直者胁将吏捕逐之，泄师期令去，期他日偿。他日至，负如初。倭大怨恨，益与栋等合。而浙、闽海防久隳……倭剽掠辄得志，益无所忌，来者接踵(《明史》卷二〇五《朱纨传》)。

祖制，浙江设市舶提举司，以中官主之，驻宁波。海船至则平其直，制驭之权在上。及世宗，尽撤天下镇守中官，并撤市舶，而滨海奸人遂操其利。初，市犹商主之，及严通番之禁，遂移之贵官家，负其直者愈甚。索之急，则以危言吓之，或又以好言绐之，谓我终不负若直。倭丧其赀不得返，已大恨，而“大奸”若汪直、徐海、陈东、麻叶辈素窟其中，以内地不得逞，悉逸海岛为主谋。倭听指挥，诱之入寇。海中巨盗，遂袭倭服饰、旗号，并分艘掠内地，无不大利，故倭患日剧(《明史》卷三二二《日本传》)。

日本通贡之道在浙江，故倭寇之起，东南受祸最烈。明廷因倭患日亟，始派遣重臣，从事防御。浙抚朱纨，廉知乱源所在，乃严诛通番之徒。然射利势豪，大感不便，终排挤之而去。继任者惩于前失，撤备弛禁，于是东南沿海诸邑，大遭蹂躏。

日本地与闽相值，而浙之招宝关(浙江镇海县东北二里)，其贡道在焉。故浙、闽为最冲，南寇则广东，北寇则由江犯留都、淮扬(《明史》卷九十一《兵志三·江防》)。

朱纨。……(嘉靖二十六年)七月，倭寇起，改提督浙闽海防军务，巡抚浙江。……革渡船，严保甲，搜捕“奸民”。闽人资衣食于海，骤失重利，虽士大夫家，亦不便也，欲沮坏之。……纨上疏曰:“……去外国盗易，去中国盗难。击中国濒海之盗犹易，去中国衣冠之盗尤难。”闽、浙人益恨之。……自纨死，罢巡视大臣不设，中外摇手，不敢言海禁事。……撤备弛禁，未几，“海寇”大作，毒东南者十余年（《明史》卷二〇五《朱纨传》）。

各岛诸倭岁常侵掠，滨海“奸民”又往往勾之。纨乃严为申禁，获交通者，不俟命辄以便宜斩之。由是，浙、闽大姓素为倭内主者，失利而怨。纨又数腾疏于朝，显言大姓通倭状，以故闽、浙人皆恶之，而闽尤甚。巡按御史周亮，闽产也，上疏诋纨，请改巡抚为巡视，以杀其权。其党在朝者左右之，竟如其请。又夺纨官，罗织其擅杀罪，纨自杀。自是不置巡抚者四年（《明史》卷三二二《日本传》）。

浙江巡抚朱纨，访知舶主皆贵官大姓，市番货，皆以虚直转鬻牟利，而直不时给，以是构乱，乃严海禁。……奏请镌谕戒大姓，不报。（嘉靖）二十八年，纨又言：“长澳诸大侠林恭等，勾引夷舟作乱，而巨奸关通射利，因为向导，躏我海滨，宜正典刑。”部覆不允。而通番大猾，纨辄以便宜诛之。御史陈九德，劾纨措置乖方，专杀启衅。帝逮纨听勘。纨既黜，奸徒益无所惮，外交内讧，酿成祸患。汪直、徐海、陈东、麻叶等起，而海上无宁日矣（《明史》卷八十一《食货志五·市舶》）。

明海防不修，卫戍空设，一与倭遇，辄望风奔溃。故倭寇往来纵横，如入无人之境，亦由内地空虚之故。

明初，沿海要地建卫、所，设战船，董以都司、巡视、副使等官，控制周密。迨承平久，船敝伍虚。及遇警，乃募渔船以资哨守。兵非素练，船非专业，见“寇”舶至，辄望风逃匿，而上又无统率御之。以故贼帆所指，无不残破。（嘉靖）三十二年（一五五三年）三月，汪直勾诸倭大举入寇，连舰数百，蔽海而至。浙东、西，江南、北，滨海数千里，同时告警。……纵横来往，若入无人之境。……大抵真倭十之三，从倭者十之七。倭战则驱其所掠之人为军锋，法严，人皆致死，而官军素懦怯，所至溃奔(《明史》卷三二二《日本传》)。

时严嵩方专国政，以其党赵文华督视海防。文华颠倒功罪，牵制兵机，致使诸军解体，倭寇愈炽。

当是时，总督尚书张经方征四方及“狼土兵”，议大举，自以位文华上，心轻之。文华不悦。狼兵稍有斩获功，文华厚犒之，使进剿，至漕泾战败，亡头目十四人。文华恚，数趣经进兵。经虑文华轻浅泄师期，不以告。文华益怒，劾经养寇失机，疏方上，经大捷王江泾(浙江嘉兴县北三十里)。文华攘其功，谓己与巡按胡宗宪督师所致，经竟论死。又劾浙江巡抚李天宠罪，荐宗宪代，天宠亦论死。帝益以文华为贤，命铸督察军务关防，即军中赐之。文华自此出总督上，益恣行无忌。欲分苏松巡抚曹邦辅浒墅关(江苏吴县西北)破贼功，不得，则以陶宅之败，重劾邦辅。陶宅之战，实文华、宗宪兵先溃也。……帝终信文华言，邦辅坐遣戍。文华既杀经、天宠，复先后论罢总督周琉、杨宜(张经被逮，代以周琉，逾月琉罢，代以杨宜)，至是又倾邦辅，势益张。文武将吏争输货其门，颠倒功罪，牵制兵机，纪律大乖，将吏人人解体，征兵半天下，贼寇愈炽(《明史》卷三〇八《严嵩附赵文华传》)。

时贼势蔓延，江浙无不蹂躏。新倭来益众，益肆毒。每自焚其舟，登岸劫掠。自杭州北新关西剽淳安，突徽州歙县，至绩溪、旌德，过泾县，趋南陵，遂达芜湖。烧南岸，奔太平府，犯江宁镇，径侵南京。……犯大安德门及夹冈，乃趋秣陵关而去，由溧水流劫溧阳、宜兴。闻官兵自太湖出，遂越武进，抵无锡，驻惠山。一昼夜奔百八十余里，抵浒墅。为官军所围，追及于杨林桥，歼之。是役也，贼不过六七十人，而经行数千里，杀戮战伤者几四千人，历八十余日始灭，此(嘉靖)三十四年九月事也。……十月，倭自乐清登岸，流劫黄岩、仙居、奉化、余姚、上虞，被杀掳者无算。至嵊县乃歼之，亦不满二百人，顾深入三府，历五十日始平。其先一枝自山东日照，流劫东安卫，至淮安、赣榆、沭阳、桃源，至清河阻雨，为徐、邳官兵所歼，亦不过数十人，流害千里，杀戮千余（《明史》卷三二二《日本传》）。

在倭寇初起之际，沿海卫、所戍兵，已畏缩不可用。当事者调兵四方，并征及“狼土兵”。客军云集，时起私斗，往往遗误戎机。而“狼土兵”尤难驭制，为害地方，人民于寇患之外，又罹兵苦。其甚者，闹饷哗变，戕杀官吏。

正统二年，上言:“浔州与大藤峡，诸山相错，‘猺寇’出没。……左右两江，土官所属。……其‘狼兵’素勇，为贼所畏。若量拨田州土兵，于近山屯种，分界耕守，断贼出入，不过数年，贼必坐困。”报可。嗣后，东南有急，辄调用“狼兵”，自此始也（《明史》卷一六六《山云传）》。

旧制，凡“狼兵”调征，经过之处，不许入城。……有司不善遇之，掳掠之患，在所不免。……广西“狼兵”，于海内为尤悍（《续通考》卷一二八《兵考八》）。

经征两广“狼土兵”听用。……以江浙、山东兵屡败，欲俟“狼土兵”至用之。……经……死，代经者应城周珫、衡水杨宜，节制不行。“狼土兵”肆焚掠，东南民既苦倭，复苦兵矣。……倭据陶宅，官军久无功，文华遂劾宜。宜以狼兵徒剽掠不可用，请募江、浙义勇，山东箭手，益调江、浙、福建、湖广漕卒，河南毛兵。比客兵大集，宜不能驭。川兵与山东兵私斗，几杀参将。酉阳兵溃于高桥，夺舟径归苏州（《明史》卷二〇五《张经杨宜传》）。

南京……振武营者，尚书张鏊募健儿以御倭。素骄悍。旧制，南军有妻者，月粮米一石；无者，减其四；春、秋二仲月，米石折银五钱。马坤掌南户部，奏减折色之一。督储侍郎黄懋官，又奏革募补者妻粮，诸军大怨。代坤者蔡克廉方病，诸军以岁饥求复折色故额于懋官。懋官不可，给饷又逾期。（嘉靖）三十九年二月……振武卒鼓噪……诸营军已甲而入。予之银，争攫之。懋官见势汹汹，越垣投吏舍，乱卒随及。……

竟戕懋官，裸其尸于市。（守备太监何）绶、（魏国公徐）鹏举，遣吏持黄纸，许给赏万金，卒辄碎之。至许犒十万金，乃稍定。……许复妻粮及故额，人畀之一金补折价，始散（《明史》卷二〇五《李遂传》）。

赵文华荐胡宗宪督浙，以官军屡败，患不易平，乃定招抚之计，以分其势。宗宪用离间手段，使之互攻。后诱诛汪直，其势骤衰。及转趋闽、广，又为俞大猷、戚继光所击破。至神宗时，疆臣整饬海防，其患始平。然沿海之地，已凋敝不堪矣。

官军既屡败，文华知贼未易平，欲委责去。会川兵破贼周浦，俞大猷破贼海洋，文华遂言水陆成功，江南清晏，请还朝。帝悦，许之。比还，败报踵至，帝疑其妄，数诘嵩。……嵩令文华自请行，为帝言江南人矫首望文华。帝以为然，命兼右副都御史，总督江南、浙江诸军事。时宗宪先以文华荐代杨宜为总督，及文华再出，宗宪欲藉文华以通于嵩，谄奉无不至。文华素不知兵，亦倚宗宪，两人交甚欢（《明史》卷三〇八《严嵩附赵文华传》）。

倭犯浙东诸州、县，杀文武吏甚众，宗宪乃与文华定招抚计。文华还朝，盛毁总督杨宜，而荐宗宪……代宜（《明史》卷二〇五《胡宗宪传》）。

时两浙皆被倭……浙西柘林、乍浦、乌镇、皂林间，皆为贼巢，前后至者二万余人。……是时徐海、陈东、麻叶方连兵攻围桐乡，宗宪设计间之，海遂禽东、叶以降，尽歼其余众于乍浦。未几，复蹴海于梁庄，海亦授首，余党尽灭，江南、浙西诸寇略平。而江北倭……侵淮安府，集于庙湾，逾年乃克。其浙东之倭，则盘踞于舟山，亦先后为官军所袭（《明史》卷三二二《日本传》）。

汪直之踞海岛也，与其党王滶、叶宗满、谢和、王清溪等，各挟倭寇为雄。……及是，内地官军颇有备，倭虽横，亦多被剿戮，有全岛无一人归者，往往怨直，直渐不自安。宗宪与直同郡（绩溪），馆直母与其妻孥于杭州，遣蒋洲赍其家书招之。直知家属固无恙，颇心动。……（嘉靖）三十六年十月……乃遣王滶入见宗宪。……滶即毛海峰，直养子也。宗宪慰劳甚至……直以为信，遂……来。宗宪大喜，礼接之甚厚，令谒巡按御史王本固于杭州。本固以属吏（直论死），滶等闻大恨……焚舟登山，据岑港坚守。逾年……扬帆南去……其患尽移于福建，而潮、广间，亦纷纷以倭警闻矣。……亟征俞大猷、戚继光、刘显诸将，合击破之……福建亦平（《明史》卷三二二《日本传》）。

其后广东“巨寇”曾一本、黄朝太等，无不引倭为助。……（神宗）万历十六年，犯浙江。然时疆吏惩嘉靖之祸，海防颇饬，“贼”来辄失利。其犯广东者，为“蜑贼”梁本豪勾引，势尤猖獗。总督陈瑞，集众军击之，斩首千六百余级，沉其船百余艘，本豪亦授首。帝为告谢郊庙，宣捷受贺云（《明史》卷三二二《日本传》）。

（乙）朝鲜之战

高丽自被元征服，世受约束。至明太祖时，夺于李氏，遣使入贡，明赐国号曰朝鲜，王氏之系统遂绝。

后唐时，王建代高氏（即高丽），兼并新罗、百济。……元至元中……内属。……明兴，主高丽者王颛。太祖即位之元年，遣使赐玺书。二年……颛表贺，贡方物，且请封。帝……封颛为高丽国王。……三年一聘贡。……七年……颛为权相李仁人所弑。颛无子，以宠臣辛肫之子禑为子，于是仁人立禑。八年，禑……来告哀。……十年……贡马及方物，却不受。……十八年正月，贡使至，帝谕礼臣曰：“高丽屡请约束，朕数不允，而其请不已，故索岁贡以试其诚伪。……今既听命，宜损其贡数。”……七月，禑上表请袭爵，并请故王谥。命封禑为高丽国王，赐故王颛谥恭愍。……二十年……十二月，命户部咨高丽王，铁岭（在江原、咸镜两道间）北东西之地，旧属开元者，辽东统之；铁岭之南，旧属高丽者，本国统之；各正疆境，毋侵越。二十一年四月，禑表言："铁岭之地，实其世守，乞仍旧便。"帝曰："高丽旧以鸭绿江为界，今饰辞铁岭，诈伪昭然。其以朕言谕之，俾安分，毋生衅端。"……是年四月，禑欲寇辽东，使都军相崔莹、李成桂缮兵西京。成桂使陈景屯艾州，以粮不继退师。王怒，杀成桂之子。成桂还兵，攻破王城，囚王。……十月，禑请逊位于其子昌。……二十二年，权国事昌，奏乞入朝，帝不许。是岁，成桂废昌，而立定昌国院君瑶。……明年（二十五年）……成桂自立，遂有其国，瑶出居原州。王氏自五代，传国数百年（自后梁末帝贞明四年，即九一八年，王建立国，至明洪武二十五年，即一三九二年，夺于李氏，凡传三十二主，共四百七十五年），至是绝（《明史》卷三二〇《朝鲜传》）。

高丽……奏言："本国自恭愍王薨，无嗣，权臣李仁人以辛旽子禑主国事，昏暴好杀，至欲兴师犯边，大将李成桂以为不可而回军。禑负罪惶惧，逊位于子昌。国人弗顺，启请恭愍王妃安氏，择宗亲瑶权国事。已及四年，昏戾信谗，戕害勋旧……国人谓瑶不足主社稷。今以安氏命，退瑶于私第。王氏子姓无可当舆望者，中外人心咸系成桂。臣等与国人耆老共推主国事，惟圣主俞允。"帝以高丽僻处东隅，非中国所治，令礼部移谕："果……不启边衅，使命往来……我又何诛？"冬，成桂……请更国号。帝命仍古号曰朝鲜（《明史》卷三二〇《朝鲜传》）。

日本自开国后，世与虾夷（日本土人）为敌。唐德宗时，日本桓武天皇于东北边置征夷大将军，源氏、平氏世守其地。其后源氏攻灭平氏，始置武职于诸州，而政权尽归幕府，遂造成割据之局面。源氏为家臣北条氏所灭，北条氏复为家臣足利氏所灭。当其相继攘窃时，益以大封啖将士，而其将士又各以其地分封属下，全国遂分裂。明神宗时，织田氏所属丰臣秀吉，乃起而平定之。

日本故有王，其下称关白者最尊，时以山城州渠信长为之。偶出猎，遇一人卧树下，惊起冲突，执而诘之。自言为平秀吉，萨摩州人之奴，雄健跻捷，有口辩。信长悦之，令牧马，名曰木下人。后渐用事，为信长画策，夺并二十余州，遂为摄津镇守大将。有参谋阿奇支者，得罪信长，命秀吉统兵讨之。俄，信长为其下明智所杀，秀吉方攻灭阿奇支，闻变，与部将行长等乘胜还兵诛之，威名益振。寻，废信长三子，僭称关白，尽有其众，时为万历十四年（一五八六年）。于是益治兵，征服六十六州。……乃改国王所居山城，为大阁（即大阪）。……其用法严，军行有进无退。……以故所向无敌（《明史》卷三二二《日本传》）。

正亲町天皇（立于明世宗嘉靖三十七年，卒于神宗万历十四年）时……织田信长……代足利氏而兴。……信长任用丰臣秀吉等，平定近畿，位右大臣。……惜宠任明智光秀，猝为所杀。秀吉诛光秀，筑大坂城，自奏请为关白，置五奉行，以议国事。……后阳成天皇嗣，秀吉为太政大臣。……既平海内，约列侯，奉戴王室（黄遵宪《日本国志》卷二）。

丰臣秀吉威服内部，念乱源终未尽绝，欲尽驱其众于国外，遂举兵以侵朝鲜。朝鲜承平日久，武备废弛，不能抵抗，求救于明。明遣兵往援，致与日本发生战事。

朝鲜与日本对马岛相望，时有倭夷往来互市。（万历）二十年（一五九二年）五月，秀吉遂分渠帅行长、清正等，率舟师逼釜山镇，潜渡临津。时朝鲜承平久，兵不习战，昖又湎酒弛备，猝岛夷作难，望风皆溃。昖弃王城……奔平壤。已复走义州，愿内属。……是时倭已入王京……八道几尽没，旦暮且渡鸭绿江，请援之使络绎于道。廷议以朝鲜为国藩篱，在所必争。……而倭业抵平壤，朝鲜君臣益急，出避爱州。游击史儒等，率师至平壤，战死。副总兵祖承训统兵渡鸭绿江援之，仅以身免，中朝震动（《明史》卷三二〇《朝鲜传》）。

明兵连挫，中朝震动，乃遣兵部侍郎宋应昌为经略，李如松为提督，率大军继往。如松初战大捷于平壤，继而轻进中伏，败于碧蹄馆。在平壤未战之先，兵部尚书石星，曾遣沈惟敬往日本议款，如松狃胜，事遂中辍。及败，和议复起，应昌亦主和最力者。

倭入丰德等郡，兵部尚书石星计无所出，议遣人侦探之，于是嘉兴人沈惟敬应募。惟敬者，市中无赖也。是时秀吉次对马岛，分其将行长等守要害为声援。惟敬至平壤，执礼甚卑。行长绐曰:“天朝幸按兵不动，我不久当还。以大同江为界，平壤以西尽属朝鲜耳。”惟敬以闻。廷议倭诈未可信，乃趣应昌等进兵（《明史》卷三二〇《朝鲜传》）。

朝鲜倭患棘，诏如松提督蓟辽、保定、山东诸军，克期东征。……如松新立功，气益骄，与经略宋应昌不相下。……抵平壤……如松亲提大军，直抵城下，攻……克之。……行长渡大同江，遁还龙山。……遂复开城，所失黄海、平安、京畿、江源四道并复。酋清正据咸镜，亦遁还王京。官军既连胜，有轻敌心。……朝鲜人以贼弃王京告，如松信之，将轻骑趋碧蹄馆，距王京三十里，猝遇倭，围数重。……（副将）杨元兵亦至，斫重围入，倭乃退，官军丧失甚多。……官军乃退驻开城。……倭将平秀嘉据龙山，仓积粟数十万，密令（参将查）大受，率死士从间焚之，倭遂乏食。初，官军捷平壤，锋锐甚，不复问封贡事。及碧蹄馆败衄，如松气大索，应昌、如松急欲休息，而倭亦刍粮并绝，且惩平壤之败，有归志，于是惟敬款议复行。……倭弃王京……乃结营釜山，为久留计（《明史》卷二三八《李如松传》）。

久之，和议无成，秀吉再发兵，侵略朝鲜。明亦大事征调，期必获捷。不意杨镐、邢玠相继溃败，然犹继续增援，卒使日兵溃归，战事始告结束。

（万历）二十三年正月，遣都督佥事李宗城、指挥杨方亨，封平秀吉为日本国王。……二十四年九月，杨方亨至日本，平秀吉不受封，复侵朝鲜（《明史》卷二十《神宗本纪一》）。

帝大怒，命逮石星、沈惟敬案问，以兵部尚书邢玠总督蓟辽，改麻贵为备倭大将军，经理朝鲜。佥都御史杨镐驻天津，申警备。杨汝南、丁应泰赞画军前。……玠至辽……遂决意用兵。……玠以朝鲜兵惟娴水战，乃疏请募兵川、浙，并调蓟辽、宣大、山陕兵及福建、吴淞水师……川、汉兵（《明史》卷三二〇《朝鲜传》）。

万历二十五年……会朝鲜再用兵……擢右佥都御史经略朝鲜军务。……当是时，倭将行长、清正等，已入据南原、全州，引兵犯全罗、庆尚，逼王京，锐甚。赖沈惟敬就禽，乡导乃绝。而朝鲜兵燹之余，千里萧条，贼掠无所得，故但积粟全罗，为久留计，而中国兵亦渐集。九月朔，镐始抵王京，会副将解生等屡挫贼，朝鲜军亦数有功，倭乃退屯蔚山。十二月，镐会总督邢玠、提督麻贵，议进兵方略，分四万人为三协……合攻蔚山。……贼……据岛山，结三栅城外以自固……坚守以待援。官兵四面围之，地泥淖，且时际穷冬，风雪裂肤，士无固志。……贼知官兵懈，诡乞降以缓之。明年（二十六年）正月二日，行长救兵骤至，镐大惧，狼狈先奔，诸军继之，贼前袭击，死者无算……辎重多丧失。是役也，谋之经年，倾海内全力，合朝鲜通国之众，委弃于一旦，举朝嗟恨。镐既奔，挈贵奔趋庆州，惧贼乘袭，尽撤兵还王京。……士卒死亡殆二万（《明史》卷二五九《杨镐传》）。

（万历）二十六年正月，邢玠以前役乏水兵无功，乃益募江南水兵，议海运为持久计。二月……分兵三协，为水陆四路，路置大将。中路（李）如梅（后代以董一元），东路（麻）贵，西路（刘）綎，水路（陈）璘，各守汛地，相机行剿。时倭亦分三窟，东路则清正据尉山，西路则行长据粟林……中路则石曼子据泗州，而行长水师，番休济饷，往来如驶。……九月，将士分道进兵，刘綎进逼行长营……陈璘舟师协堵。……行长潜出千余骑扼之，綎不利，退，璘亦弃舟走，麻贵至尉山。……倭伪退诱之，贵入空垒，伏兵起，遂败。董一元进取晋州，乘胜渡江。……

倭退保泗州老营，鏖战下之，前逼新寨。……十月，董一元遣将四面攻城……忽营中火药崩，烟焰涨天，倭乘势冲击……兵遂大溃，奔还晋州。……是月，福建都御史余学曾报，七月九日，平秀吉死，各倭俱有归志。十一月，清正发舟先走……诸倭扬帆尽归。自倭乱朝鲜七载，丧师数十万，糜饷数百万，中朝与属国，迄无胜算。至关白死，而祸始息（《明史》卷三二〇《朝鲜传》）。

（3）安南

安南于明初，即通贡称臣，列在藩属。建文帝时，外戚黎氏篡有其国。成祖即位，乃遣使奉表朝贡，诡称陈氏嗣绝，为众所推，请赐封爵，明即封之为安南国王。

安南，古交阯地。唐以前皆隶中国。五代时，始为土人曲承美窃据。宋初，封丁部领为交阯郡王。三传，为大臣黎桓所篡。黎氏亦三传，为大臣李公蕴所篡。李氏八传，无子，传其婿陈日炬。元时，屡破其国。洪武元年，王（陈）日熞闻廖永忠定两广，将遣使纳款，以梁王在云南未果。十二月，太祖命……招谕之。日熞遣……奉表来朝，贡方物。明年（二年）六月……封为安南国王。……日熞……卒，侄日煃嗣。……四年……其冬，日煃为伯父叔明逼死。……帝命……叔明，姑以前王印视事。七年，叔明遣使谢恩，自称年老，乞命弟煓摄政。从之。……十年，煓侵占城，败没，弟炜代立。……二十一年……时国相黎季犛窃柄，废其主炜，寻弑之，立叔明子日焜主国事。……日焜年幼，国事皆决季犛父子。……建文元年，季犛弑日焜，立其子颙。又弑颙，立其弟窦，方在襁褓中，复弑之。大杀陈氏宗族而自立，更姓名为胡一元，名其子苍曰胡查，谓出帝舜裔胡公后，僭国号大虞，年号元圣。寻自称太上皇，传位查，朝廷不知也（《明史》卷三二一《安南传》）。

成祖既承大统，遣官以即位诏告其国。永乐元年，查自署权理安南国事，遣使奉表朝贡，言："高皇帝时，安南王日煃率先输诚，不幸早亡，后嗣绝。臣陈氏甥，为众所推，权理国事，于今四年。望天恩赐封爵。"……帝乃……封为安南国王（《明史》卷三二一《安南传》）。

已而陈氏旧臣裴伯耆，诣明告难。老挝复以日煃弟天平来奔，请兵复仇，蒙蔽之案始翻。成祖切责黎氏，黎氏惧，佯请奉迎天平。成祖信之，以兵护天平返国，黎氏要杀之于中途。成祖怒，遣张辅等往征讨。既平，遂郡县之，安南复入中国版图。

故陪臣裴伯耆诣阙告难，言："……'贼'臣黎季犛父子弑主篡位，屠戮忠良。……愿兴吊伐之师，隆继绝之义，荡除奸凶，复立陈氏后。"……会老挝（即南掌，一名撣人，夹澜沧江而居，在越南西、泰国之东北）送陈天平至，言："臣天平，前王日烜孙，奣子，日煃弟也。'黎贼'尽灭陈族，臣越在外州，获免。……'贼'兵见迫，仓皇出走。……得达老挝。……祈……迅发六师，用章天讨。"（《明史》卷三二一《安南传》）

永乐三年（一四〇五年）……安南黎季犛弑其主，自称太上皇，立子苍为帝。其故王之孙陈天平自老挝来奔，季犛佯请归国。帝遣都督黄中以兵五千送之，前大理卿薛嵓为辅。季犛伏兵芹站，杀天平，嵓亦死。帝大怒，命成国公朱能为征夷将军，辅为右副将军，帅丰城侯李彬等十八将军，兵八十万，会左副将军西平侯沐晟，分道进讨。……四年十月，能卒于军，辅代领其众。自凭祥进师，度坡垒关。……进破隘留、鸡陵二关，道芹站，走其伏兵，抵新福。晟军亦自云南至，营于白鹤。安南有东、西二都，依宣、洮、沲、富良四江为险，"贼"缘江南北岸立栅，聚舟其中，筑城于多邦隘……欲据险以老辅师。……十二月，辅军次富良江北，遣骠骑将军朱荣破"贼"嘉林江，遂与晟合军进攻多邦城。……进克东都……遣别将……取西都。……季犛焚宫室仓库，逃入海。……明年（五年）春……"贼"由富良江入，辅与晟夹岸迎战……大破之。……乘胜穷追。……五月至奇罗海口，获季犛及其子苍，并伪太子诸王将相大臣等，槛送京师，安南平。得府、州四十八，县一百八十，户三百十二万。求陈氏后不得，遂设交阯布政司，以其地内属。自唐之亡，交阯沦于蛮服者四百余年，至是复入版图。……六年夏，辅振旅还京师（《明史》卷一五四《张辅传》）。

安南自内隶后，陈氏故臣，阴具恢复之志，其人民又苦中国约束，吏卒侵扰，亦愤疾思动，是以大军甫还，乱事即起。张辅凡前后四往，"剿抚"兼施，规画甚备。黄福掌布、按二司事，颇能施治，交人稍安之。

（永乐）六年……冬，陈氏故臣简定复叛，命沐晟讨之，败绩于生厥江。明年（七年）春，复命辅佩征虏将军印，帅师往讨。时简定已僭称越上皇，别立陈季扩为皇，势张甚。辅……大破之……获简定于美良山中，及其党，送京师。八年正月，进击"贼"余党……惟季扩未获。帝留沐晟讨之，召辅班师。……时陈季扩虽请降，实无悛心，乘辅归，攻剽如故，晟不能制。交人苦中国约束，又数为吏卒侵扰，往往起"附贼"。……九年正月，仍命辅与沐晟协力进讨。……明年（十二年）正月……抵其"巢"。……季扩走老挝，遣指挥师祐以兵索之，破其三关。遂缚季扩及其孥，送京师，"贼平"。……留军守之而还。十三年春，至京。旋命为交阯总兵官往镇。而"余寇"陈月湖等复"作乱"，辅悉讨平之。十四年冬，召还。辅凡四至交阯，前后建置郡邑及增设驿传递运，规画甚备。交人所畏惟辅（《明史》卷一五四《张辅传》）。

安南既平，郡县其地，命福以尚书掌布政、按察二司事。时远方初定，军旅未息，庶务繁剧，福随事制宜，咸有条理。……编氓籍，定赋税，兴学校，置官师。数召父老，宣谕德意。戒属吏毋苛扰，一切镇之以静，上下帖然（《明史》卷一五四《黄福传》）。

辅与福先后召还，交人举兵者四起。镇守中官马骐，复以苛虐激之，乱事益扩大，举兵者尤以黎利称最强。同时诸将又不协，屡战无功。至宣宗时，王通往讨失利，私和退师。明不得已，始放弃交阯。自此黎氏据有安南，复为藩属。

交人故好“乱”，中官马骐以采办至，大索境内珍宝，人情骚动，桀黠者鼓煽之，大军甫还，即并起“为乱”。……（黎）利初仕陈季扩，为金吾将军。后归正，用为清化府俄乐县巡检，邑邑不得志。及大军还，遂“反”，僭称平定王（《明史》卷三二一《安南传》）。

进兵部尚书。……仁宗召黄福还，以洽掌布、按二司，仍参军务。中官马骐贪暴，洽不能制，反者四起。黎利尤桀黠，而荣昌伯陈智、都督方政，不相能，“寇”势日张（《明史》卷一五四《陈洽传》）。

仁宗即位……时交阯总兵官丰城侯李彬已前卒，荣昌伯陈智、都督方政，以参将代镇，不协。黎利益张，数破郡邑，杀将吏。智出兵数败，宣宗削智爵，而命通佩征夷将军印，帅师往讨。黎利弟善，攻交州城，都督陈濬等击却之。会通至，分道出击。……至应平之宁桥，中伏，军大溃，死者二三万人，尚书陈洽与焉，通中伤，还交州。利……闻之，自将精卒围东关。通气沮，阴遣人许为利乞封。……（宣德）二年（一四二七年）二月……围交益急，通敛兵不出。利乞和，通以闻。会柳升战殁，沐晟师至水尾县不得进。通益惧，更啖利和，为利驰上谢罪表。其年十月，大集官吏军民出城，立坛与利盟，约退师。……十二月，通令太监山寿与陈智等由水路还钦州，而自帅步骑还广西，至南宁，始以闻。会廷议厌兵，遂弃交阯。交阯内属者二十余年，前后用兵数十万，馈饷至百余万，转输之费不与焉，至是弃去（《明史》卷一五四《王通传》）。

利既与通有成言，乃诡称陈氏有后，率大小头目，具书诣（柳）升军，乞罢兵，立陈氏裔。升不启封，遣使奏闻。……书略言：“……黎贼篡弑……陈族避祸，方远窜，故无从访求。今有遗嗣暠，潜身老挝……已访得之。”……暠表亦至，称臣暠先王暊三世嫡孙，其词与利书略同。帝心知其诈，欲藉此息兵，遂纳其言。初，帝嗣位，与杨士奇、杨荣语交阯事，即欲弃之。至是，以表示廷臣，谕以罢兵息民意，士奇、荣力赞之。……诏未至，通已弃交阯。……（宣德）三年夏……利遣使奉表谢恩，诡言暠……物故，陈氏子孙绝，国人推利守其国，谨俟朝命。帝亦知其诈，不欲遽封。……明年（六年）夏……复进头目耆老奏，仍为利乞封。帝乃许之。……命利权署安南国事。……利虽受敕命，其居国称帝，纪元顺天。建东、西二都，分十三道，曰：山南、京北、山西、海阳、安邦、谅山、太原、明光、谅化、清华、乂安、顺化、广南，各设承政司、宪察司、总兵使司，拟中国三司。……置百官，设学校，以经义、诗赋二科取士，彬彬有华风焉。……子麟继……贡献不绝。……正统元年……闰六月……封麟为安南国王（《明史》卷三二一《安南传》）。

世宗时，安南黎氏为莫登庸所篡，发兵往讨。登庸惧而请降，于是削安南国王，改设都统使司。时黎氏后黎宁据清华，仍称大越。莫氏但保高平一郡，苟延岁月，不足以言，分据两存也。

麟卒……子濬继。……其庶兄……琮弑之而自立，为国人所诛。……以濬弟灏继。……灏卒……子晖继。……晖卒……子漴继。……甫七月而卒。……弟谊继。……谊宠任母党阮种、阮伯胜兄弟。……逼谊自杀，拥立其弟伯胜。……国人……讨诛之，立灏孙晭。……（正德）七年（一五一二年）受封，多行不义。十一年，社堂烧香官陈暠，与二子昺、升作乱，杀晭而自立，诡言前王陈氏后，仍称大虞皇帝。……晭臣都力士、莫登庸……与黎氏大臣阮弘裕等起兵讨之，暠败走。……登庸等乃共立晭兄灏之子譓。……以登庸有功，封武川伯，总水陆诸军。既握兵柄，潜蓄异志。……嘉靖元年（一五二二年），登庸自称安兴王，谋弑譓。譓母以告，乃与其臣杜温润，间行以免，居于清华。登庸立其庶弟懬，迁居海东长庆府。……六年，登庸令其党范嘉谟，伪为懬禅诏，篡其位……立子方瀛为皇太子。……九年，登庸禅位于方瀛，自称太上皇。……其年九月，黎譓卒于清华，国亡。……十六年，安南黎宁，遣国人郑惟僚等赴京，备陈登庸篡杀状，言宁即谌子，谌卒，国人立宁为世孙，权主国事。……十八年……仍遣（仇）鸾、（毛）伯温南征。……十九年，伯温等抵广西，传檄谕以纳款宥罪意。时方瀛已卒，登庸即遣使请降。帝大喜，命削安南国为安南都统使司。……改其十三道为十三宣抚司，各设宣抚、同知、副使、佥事，听都统黜陟（《明史》卷三二一《安南传》）。

（万历）三年（一五七五年）……时莫氏渐衰，黎氏复兴，互相构兵，其国益多故。始黎宁之据清华也，仍僭帝号，以嘉靖九年改元元和。居四年，为登庸所攻，窜占城界。国人立其弟宪。……（嘉靖）十五年，廉知宁所在，迎归清华，后迁于漆马江。宁卒，其臣郑检立宁子宠。宠卒，无子，国人共立黎晖四世孙维邦。维邦卒，检子松立其子维潭，世居清华，自为一国。万历十九年，维潭渐强，举兵攻茂洽（登庸卒，孙福海嗣。福海卒，子宏瀷嗣。宏瀷卒，子茂洽嗣），茂洽败奔嘉林县。明年（二十年）冬，松诱土人内应，袭杀茂洽，夺其都统使印。……茂洽子敬恭……屯谅山高平。……列状告当事，维潭亦叩关求通贡。……二十一年，广西巡抚陈大科等上言：“……倘如先朝故事，听黎氏纳款，而仍存莫氏。……于计为便。”廷议如其言……自是安南复为黎氏有，而莫氏但保高平一郡。……迄明之世，二姓分据，终不能归一云（《明史》卷三二一《安南传》）。

（4）土司

元时，于西南苗、彝部落之内附者，皆授其长为宣慰司、宣抚司等官，土司之名由此而起。明兴，仍依之。成祖时，贵州诸土司互相仇杀，禁之不听，乃派兵往平之，遂郡县其地，治以布政使司。贵州列为内地，自兹始。

洪武八年，调守贵州。时群蛮叛服不常，成连岁出兵，悉平之。……成在贵州凡十余年，讨平诸苗洞寨以百数。……（永乐）六年……思州宣慰使田琛，与思南宣慰使田宗鼎构兵，诏成以兵五万压其境，琛等就禽，于是分思州、思南地，更置州、县，遂设贵州布政司（《明史》卷一四四《顾成传》）。

永乐十一年二月辛亥，始设贵州布政司（《明史》卷六《成祖本纪二》）。

明中叶以后，屡以“靖边”为辞，兴师攻伐苗、瑶，劳兵縻费，损耗国力。其间发兵最多，则为麓川、大藤峡二役。大约临民者务朘削，居位者图封拜，一代土司之事，可以两言概之。

（甲）麓川

麓川（云南腾越县附近，怒江西岸）、平缅，元时皆属缅甸。缅甸，古朱波地也。……元时最强盛，元尝遣使招之，始入贡。……洪武十五年，大兵下云南，进取大理，下金齿。平缅与金齿，壤地相接，土蛮思伦发闻之，惧，遂降。因置平缅宣慰使司，以伦发为宣慰使。……寻改平缅军民宣慰使司为麓川平缅宣慰使司。……以伦发遣使贡，命兼统麓川之地。……平缅俗不好佛，有僧至自云南，善为因果报应之说。伦发信之……位诸部长上。刀幹孟等不服。……伦发率其家走云南，西平侯沐春遣送至京师。帝悯之，命春为征南将军……率云南、四川诸卫兵，往讨刀幹孟，并遣伦发归……伦发始还平缅。……分其地，设孟养、木邦、孟定三府。……伦发已死，子行发袭，亦死，次子任发，袭为麓川宣慰。狡猾愈于父兄……欲尽复其故地，称兵扰边（《明史》卷三一四《麓川传》）。

（正统）三年……麓川宣慰使思任发……数败王师。黔国公沐晟讨之，不利。道卒，以沐昂代。昂条上攻取策，征兵十二万人。中官王振方用事，喜功名，以骥可属，思大举，骥亦欲自效。六年（一四四一年）正月，遂拜蒋贵平蛮将军，李安、刘聚为副，而骥总督军务，大发东南诸道兵十五万讨之。……骥……至云南，部署诸将……分道夹击。……思任发携二子走孟养……犁其“巢穴”，留兵守之而还。……思任发之窜缅甸也，其子思机发复帅余众居者蓝，乞入朝谢罪。廷议因而抚之，王振不可。是年（七年）八月，复命骥总督云南军务。……八年五月，复命蒋贵为平蛮将军，调土兵五万往，发卒转饷五十万人。骥初檄缅甸送思任发，缅人阳听命，持两端。是年冬，大军逼缅甸。……终不肯献思任发。骥乃趋者蓝，破思机发“巢”，得其妻子部落，而思机发独脱去。明年（九年），召还。……是时，缅人已以思任发来献，而思机发窃驻孟养地。……谕孟养执之以献，亦不听命。于是振怒，欲尽灭其种类。十三年春，复命骥总督军务，宫聚为平蛮将军，帅师十五万人往。明年（十四年），造舟浮金沙江，蛮人栅西岸拒守。官军联舟为浮桥以济，拔其栅，进破鬼哭山。……思机发终脱去，不可得。是时，官军逾孟养，至孟郰海。地在金沙江西，去麓川千里，自古兵力所不至，诸蛮见大军皆震怖。而大军远涉，骥虑馈饷不继，亟谋引还。时思机发虽遁匿，而思任发少子思陆复拥众据孟养。骥度“贼”终不可灭，乃与思陆约，立石表，誓金沙江上，曰：“石烂江枯，尔乃得渡。”遂班师。骥凡三征麓川，卒不得思机发。议者咎骥等老师费财以一隅骚动天下（《明史》卷一七一《王骥传》）。

（乙）大藤峡

广西瑶僮，流剽广东，残破郡邑殆遍。成化元年（一四六五年）正月，大发兵，拜都督赵辅为总兵官……改雍左佥都御史赞理军务。雍驰至南京，集诸将议方略。……雍曰：“‘贼’已蔓延数千里，而所至与战，是自敝也。当全师直捣大藤峡。南可援高、肇、雷、廉，东可应南、韶，西可取柳、庆，北可断阳峒诸路。首尾相应，攻其腹心，‘巢穴’既倾，余迎刃解耳。”……众曰“善”。辅亦知雍才足办“贼”，军谋一听雍。雍等遂倍道趋全州。阳峒苗掠兴安，击破之。至桂林……按地图与诸将议曰:“‘贼’以修仁、荔浦为羽翼，当先收二县以孤‘贼’势。”乃督兵十六万人，分五道，先破修仁“贼”。……荔浦亦定。十月，至浔州……遂长驱至峡口。……雍令总兵官欧信等为五哨，自象州、武宣攻其北；自与辅督都指挥白全等为八哨，自桂平、平南攻其南；参将孙震等为二哨，从水路入；而别分兵守诸隘口。“贼魁”侯大狗等大惧，先移其累重于桂州横石塘，而立栅南山，多置滚木、礌石、镖枪、药弩拒官军。十二月朔，雍等督诸军水陆并进，拥团牌登山，殊死战。连破石门、林峒、沙田、右营诸巢，焚其室庐积聚，“贼”皆奔溃。伐木开道，直抵横石塘及九层楼诸山。“贼”复立栅数重，凭高以拒。官军诱贼发矢石，度且尽，雍躬督诸军缘木攀藤上。别遣壮士从间道先登，据山顶举炮。“贼”不能支，遂大败。先后破“贼”三百二十四砦，生擒大狗及其党……峡有大藤如虹，横亘两厓间，雍斧断之，改名断藤峡，勒石纪功而还。分兵击余党，郁林、阳江、洛容、博白次第皆定（《明史》卷一七八《韩雍》传）。

(丙)播州

（万历）二十七年（一五九九年）三月，（李）化龙起故官，总督湖广、川、贵军务，兼巡抚四川，讨播州“叛”臣杨应龙。应龙之先曰杨鉴，明初内附，授宣慰使。应龙……数从征调……知川兵脆弱，阴有据蜀志。……所属五司七姓不堪其虐，走贵州告变。巡抚叶梦熊疏请大征。诏不听，逮系重庆狱。应龙诡将兵征倭自效，得脱归。……应龙益结生苗，夺五司七姓地，并湖广四十八屯以畀之，岁出侵掠。……赐化龙剑，假便宜讨“贼”。……化龙劾诸大帅不用命者，沈尚文逮治，童元镇、刘綎皆革职充为事官。诸军大集，化龙先檄水西兵三万守贵州，断招苗路，乃移重庆，大誓文武。明年二月，分八道进兵。……每路兵三万，官兵三之，土司七之。贵州巡抚郭子章驻贵阳，湖广巡抚支可大移沅州，化龙自将中军策应。……应龙以劲兵二万属其子朝栋曰："尔破綦江，驰南川，尽焚积聚，彼无能为也。"比抗，诸路兵皆大败。……綎先入娄山关，直抵海龙囤，璘、疆臣兵亦至。"贼"势急，上囤死守，遣使诈降。化龙檄诸将斩使，焚书。以綎与应龙有旧，谕无通"贼"，綎械其人以自明。八路兵皆会囤下，筑长围困之，更番迭攻。六月，綎破土、月二城，应龙窘，与二妾俱缢。明晨，官军入城，七子皆被执。诏磔应龙尸并子朝栋于市。自出师至灭"贼"，凡百有十四日。播自唐乾符中入杨氏，二十九世，八百余年，至应龙而绝以其地，置遵义、平越二府，分属川、贵（《明史》二二八《李化龙传》）。

（万历）二十七年（一五九九年）……起李化龙节制川、湖、贵州诸军事，调东征诸将刘綎、麻贵、陈璘、董一元南征。……二十八年（一六〇〇年），应龙五道并出，破龙泉司。时总督李化龙已移驻重庆，征兵大集，遂以二月十二日誓师，分八路进。……总兵刘綎破其前锋，杨朝栋仅以身免，"贼"胆落。……寻綎破九盘，入娄山关。关为"贼"前门，万峰插天，中通一线。綎从间道攀藤毁栅入，陷焉。四月朔，师屯白石，应龙率诸苗决死战。綎亲勒骑冲中坚，分两翼夹击，败之。追奔至养马城，连破龙爪、海云险囤，压海龙囤，"贼"所倚天险，谓飞鸟腾猿不能逾者。……八路师大集海龙囤。……化龙念"贼"前囤险不能越，令马孔英率勍兵，并力攻其后。……綎先士卒，克土城……入。……"贼"平（《明史》三一二《四川土司·播州宣慰司》）。

二月，所调延宁四镇，河南、山东、天津、滇、浙、粤西兵，至者踵背相属；土司如酉阳、石砫、永宁、天全、镇雄、平茶、邑梅、水西久在防守，乌蒙、施州、散毛、容美、永顺、保靖、鸟罗、独山等，先后报至，总督乃分为八路，蜀分四路：一、綦江。以原任总兵刘綎将，参游麻镇等隶之，督以参政张文耀；一、南川。以总兵马孔英将，参游周国柱、宣抚冉御龙等隶之，督以佥事徐仲佳；一、合江。以总兵吴广将，游督余世威等隶之，督以参议刘一相；一、永宁。以原任副将曹希彬将，受吴广节制，参将吴文杰、宣抚奢世续等隶之。……楚、黔亦分四路：总兵童元镇，统土知府泷澄、知州岑绍勋等，由乌江；参将朱鹤龄，受元镇节制，统宣慰安疆臣等，由沙溪；总兵李应祥，统宣慰彭元瑞等，由兴隆。而偏桥分两翼，总兵陈璘，统宣慰彭养正等，由白泥；副总兵陈良玭，受璘节制，统宣抚单宜等，由龙泉。以偏桥江外为四牌，江内为七牌，五司遗种，及九股“恶苗”盘据故也。……其黔楚巡抚郭子章驻贵阳，支可大移沅州（茅瑞征《万历三大征考·播州》）。

国家十余年间，更三大征，千里转饷，西事凡费二百万；东事首尾七年，逾七百万；楚役亦逾二百万，而调兵独最广，疲中国，空内帑……白骨山积，海内骚动。……而或者犹侈言开疆斥土，以播驾说，抑独何欤（茅瑞征《万历三大征考·播州》）。

（五）明之海上交通

（1）明初之招徕

洪武、永乐两朝，既假武力扫定四方，民力日富，遂欲以方张威棱，夸耀绝域，频遣使节广事招徕，东西交通，因以复兴。维时元裔相攻，局成对峙，帖木儿雄踞中亚，怀意东侵，陆路常阻，故不若海上之繁盛焉。

撒马儿罕（即《元史》之寻思干。《地志》西北《附录》，作撒麻耳干。城在今柴拉夫香河之中央岛上）。……元太祖荡平西域，尽以诸王驸马为之君长。……元末为之王者，驸马帖木儿也（帖木儿，蒙古疏族，察罕台汗国之臣，镇中亚。于洪武二年，即一三六九年，叛立，建帝国于撒马儿罕。悉定察罕台旧地，并攻灭伊儿汗国，侵略钦察汗国。又破南印度，自称印度皇帝。而破土耳其与埃及兵，声威震播。版图辽廓，西至地中海，东至葱岭，南尽波斯湾，北及俄罗斯之一部。洪武世，方值用兵，无暇东顾，乃与明委蛇通好。迨永乐三年，以恢复蒙古为名，大会兵东征。但帖木儿出都门不百里即卒，双方始未发战事。帖木儿娶察罕台西国克桑算端汗之女为后，《明史》故称之为驸马也）。洪武中，太祖欲通西域，屡遣使招谕，而遐方君长，未有至者。二十年（一三八七年）四月，帖木儿首遣回回满剌哈非思等来朝。……二十七年八月，帖木儿贡马二百。……明年（二十八年），命给事中傅安等，赍玺书、币帛报之。其贡马一岁再至，以千计，并赐宝钞偿之。成祖践阼，遣使敕谕其国。永乐三年（一四〇五年），傅安等尚未还，而朝廷闻帖木儿假道别失八里，率兵东，敕甘肃总兵官宋晟儆备。五年六月，安等还。初，安至其国，被留，朝贡亦绝。寻，令人导安，遍历诸国数万里，以夸其国广大。至是，帖木儿死，其孙哈里嗣，乃遣使臣虎歹达等，送安还，贡方物。……其国东西三千余里，地宽平，土壤膏腴。王所居城，广十余里，民居稠密，西南诸蕃之货皆聚于此，号为富饶。……其旁近，东有沙鹿海牙（锡尔河北岸）、达失干（塔什干）、赛蓝（赛蓝城）、养夷（锡尔河北岸），西有渴石（夏儿城）、迭里迷（阿母河北岸）诸部落，皆役属焉（《明史》卷三三二《撒马儿罕传》）。

其出使由陆路者，则有傅安、陈诚等。但傅安出使时，正值帖木儿强盛，故仅至撒马儿罕。陈诚时，帖木儿已卒，国中分裂，所称经历诸国。凡位在中亚者，率其部属而独立者也。

傅安字志道，太康人。永乐初，使撒马儿罕，羁留虏廷凡十三年。初，安之使西域也，方壮龄，比归，须发皆白。同行御史姚臣、太监刘惟，俱物故。官军千五百人而生还者，十有七人而已。安既归，以老病不能任事，恳乞骸骨。上悯之，赐一品服，致仕，仍令有司月给米十二石，舆夫八人。宣德四年，卒于家。上……命有司治葬事，墓在朱仙镇岳庙后（陈继儒《见闻录》卷一）。

永乐间，中书李达、吏部员外郎陈诚等，使西域还。西域诸国哈烈、撒马儿罕、火州、土鲁番、失剌思、俺都淮等处，各遣使贡文豹、西马、方物。诚上《使西域记》，所历凡十七国，山川、风俗、物产悉备焉（陈诚《使西域记叙略》）。

永乐十三年，陈诚自西域还，所经哈烈（阿富汗国都城也里）、撒马儿罕、别失八里（新疆乌鲁木齐）、俺都淮（波斯北）、八答黑商（巴达克山）、迭里迷、沙鹿海牙、赛蓝、渴石、养夷、火州（新疆吐鲁番县）、柳城（同上）、吐鲁番（同上）、盐泽（同上）、哈密（新疆哈密县）、达失干、卜花儿（布哈尔）凡十七国，悉详其山川、人物、风俗，为《使西域记》以献。以故中国得考焉（《明史》卷三三二《卜花儿传》）。

其出使由海道者，则有尹庆、郑和等。而和远至非洲之东岸，尤为振振有声者。

郑和云南人，世所谓三保太监者也。初事燕王于藩邸，从起兵有功，累擢太监。成祖疑惠帝亡海外，欲踪迹之，且欲耀兵异域，示中国富强。永乐三年（一四〇五年）六月，命和及其侪王景弘等，通使西洋。将士卒二万七千八百余人，多赍金币，造大舶，修四十四丈、广十八丈者六十二。自苏州刘家河，泛海至福建。复自福建五虎门扬帆，首达占城，以次遍历诸番国，宣天子诏，因给赐其君长，不服则以武慑之。……和经事三朝（成祖、仁宗、宣宗），先后七奉使。所历占城、瓜哇、真腊、旧港、暹罗、古里、满剌加、渤泥、苏门答剌、阿鲁、柯枝、大葛兰、小葛兰、西洋琐里、琐里、加异勒、阿拨、把丹、南巫里、甘把里、锡兰山、喃渤利、彭亨、急兰丹、忽鲁谟斯、比剌、溜山、孙剌、木骨都束、麻林、剌撒、祖法儿、沙里湾泥、竹步、榜葛剌、天方、黎伐、那孤儿，凡三十余国（明马观《瀛涯胜览》记：永乐时，巡航所至者凡十九国。费信《星槎胜览》记：宣德时，凡四十国。正德时，吴郡黄省会又依《瀛涯》《星槎》诸书，而纂集《西洋朝贡典录》，记事甚详），所取无名宝物不可胜计，而中国耗废亦不赀。自宣德以还，远方时有至者，要不如永乐时，而和亦老且死。自和后，凡将命海表者，莫不盛称和以夸外番，故俗传三保太监下西洋，为明初盛事云（《明史》卷三〇四《郑和传》）。

郑和出使简表

次第	首途时	回航时	公元	事略
第一次	成祖永乐三年六月	永乐五年九月	一四〇五—〇七年	旧港酋陈祖义诈降，谋邀劫，和大败其众，禽祖义。
第二次	永乐六年九月	永乐九年六月	一四〇八年—一一年	锡兰山国王亚烈苦柰儿，诱和至国中，发兵劫和舟。和攻破其城，生禽亚烈苦柰儿及其妻子、官属。

续表

次第	首途时	回航时	公元	事略
第三次	永乐十年十一月	永乐十三年七月	一四一二年—一五年	苏门答剌前王子苏干剌者，方谋杀主自立，怒和赐不及己，率兵邀击，和力战追禽之。
第四次	永乐十四年十二月	永乐十七年七月	一四一六年—一九年	满剌加、古里等十九国，咸遣使朝贡。辞还，复命和等偕往，赐其君长。
第五次	永乐十九年正月	永乐二十年八月	一四二一年—二二年	
第六次	永乐二十二年正月	同年	一四二四年	
第七次	宣宗宣德五年六月	宣德八年七月	一四三〇年—三三年	帝以践阼岁久，而诸番国远者，犹未朝贡。于是和复奉命，历忽鲁谟斯等十七国而还。
附记	一、本表据《明史》成祖、宣宗两纪及郑和本传。 一、和每次出发，本纪皆谓使西洋。据明张燮《东西洋考》：明代所谓西洋，系指马来半岛及以西诸国而言，爪哇及苏门答腊二岛亦在内。至于东洋，则指吕宋、苏禄、美洛居等。			

明初招徕远人，待遇极优。其贡道地点，海上则在宁波、泉州、广州；陆路则在肃州。中叶以后，国力日耗，惮于供给，交通事业遂衰。

明初……海外诸国入贡，许附载方物，与中国贸易，因设市舶司，置提举官以领之。……洪武初，设于太仓黄渡，寻罢。复设于宁波、泉州、广州，宁波通日本，泉州通琉球，广州通占城、暹罗、西洋诸国。……永乐初，西洋剌泥国回回哈只马哈没奇等来朝，附载胡椒与民互市，有司请征其税。帝曰："商税者，国家抑逐末之民，岂以为利？今夷人慕义远来，乃侵其利，所得几何？而亏辱大体多矣。"不听。三年，以诸番贡使益多，乃置驿于福建、浙江、广东三市舶司以馆之。福建曰来远，浙江曰安远，广东曰怀远。寻设交阯、云南市舶提举司，接西南诸国朝贡者。初，入贡海舟至，有司封识，俟奏报，然后起运。宣宗命至即驰奏，不待报，随送至京（《明史》卷八十一《食货志五·市舶》）。

永乐时，成祖欲远方万国，无不臣服，故西域之使，岁岁不绝。诸蕃贪中国财帛，且利市易，络绎道途。商人率伪称贡使，多携马驼、玉石，声言进献。既入关，则一切舟车、水陆、晨昏、饮馔之费，悉取之有司，邮传困供亿，军民疲转输。比西归，辄缘道迟留，多市货物。东西数千里间，骚然繁费，公私上下，罔不怨咨。廷臣莫为言，天子亦莫之恤也（《明史》卷三三二《于阗传》）。

英宗幼冲，大臣务休息，不欲疲中国以事外蕃，故远方通贡者甚少。至天顺元年，复议通西域，大臣莫敢言。独忠义卫吏张昭抗疏切谏，事乃止。七年，帝以中夏乂安，而远蕃朝贡不至，分遣武臣，赍玺书、彩币往谕。……然自是来者颇稀（《明史》卷三三二《哈烈传》）。

我国人之往南洋贸易者，自两汉、六朝以来，渐趋兴旺。明时，使节频通，往者日众，辟草莱，建阛阓，其杰出者，并为一方首领。

元史弼、高兴伐瓜哇，遭风，至此山下，舟多坏，乃登山伐木重造，遂破瓜哇。其病卒百余，留养不归，后益蕃衍，故其地多华人（《明史》卷三二三《麻叶瓮传》）。

合猫里……又名猫里务，近吕宋，商舶往来，渐成富壤。华人入其国，不敢欺陵，市法最平，故华人为之语曰："若要富，须往猫里务。"（《明史》卷三二三《合猫里传》）

其国有新村，最号饶富。中华及诸番商舶，辐辏其地，宝货填溢，其村主即广东人（《明史》卷三二四《瓜哇传》）。

洪武三十年……时瓜哇已破三佛齐，据其国，改其名曰旧港，三佛齐遂亡。国中大乱，瓜哇亦不能尽有其地，华人流寓者，往往起而据之。有梁道明者，广州南海县人，久居其国。闽、粤军民，泛海从之者数千家，推道明为首，雄视一方。……永乐三年……入朝贡方物，受赐而还。四年，旧港头目陈祖义……亦广东人。虽朝贡而为盗海上，贡使往来者苦之。五年，郑和自西洋还，遣人招谕之。祖义诈降，潜谋邀劫。有施进卿者告于和，祖义来袭被禽，献于朝，伏诛。……嘉靖末，广东大“盗”张琏作乱，官军已报克获。万历五年，商人诣旧港者，见琏列肆为蕃舶长，漳、泉人多附之，犹中国市舶官云（《明史》卷三二四《三佛齐传》）。

嘉靖末，倭寇扰闽，大将戚继光败之。……其党林道乾……惧为倭所并，又惧官军追击，扬帆直抵浡泥，攘其边地以居，号道乾港（《明史》卷三二三《鸡笼传》）。

婆罗，又名文莱。……万历时，为王者，闽人也。或言郑和使婆罗，有闽人从之，因留居其地，其后人竟据其国而王之。邸旁有中国碑，王有金印一，篆文，上作兽形，言永乐朝所赐。民间嫁娶，必请此印印背上，以为荣（《明史》卷三二三《婆罗传》）。

明初海上交通诸国简表

国名		风俗与生活	备考
原称	今释		
琉球	日本冲绳县		洪武五年正月，命行人诏告其国，其王遣弟入贡。
吕宋	吕宋		洪武五年正月，遣使来贡。

续表

国名		风俗与生活	备考
原称	今释		
沙瑶	近吕宋，待考	男女蓄发椎结，男子用履，妇女跣足，物产甚薄。	
合猫里	斐律宾群岛	土瘠多山，山外大海，饶鱼虫，人知耕稼。	永乐三年九月，遣使朝贡。
婆罗	波罗洲	其地负山面海，崇释教，恶杀喜施。王薙发，裹金绣巾。	永乐三年十月，遣使抚谕其王。四年十二月，朝贡。
浡泥	婆罗洲		洪武三年，入贡。
麻叶瓮	婆罗洲	山峻地平，田膏腴，收获倍他国。煮海为盐，酿蔗为酒。男女椎结，衣长衫，围之以布。俗尚节义。	永乐三年十月，遣使招谕其国，迄不朝贡。
苏禄	苏禄岛	地瘠，寡粟麦，民率食鱼虾。有珠池，土人以珠与华人市易。	永乐十五年，其国东王朝贡。
美洛居	摩鹿加群岛	男子削发，女椎结。产丁香。	
古麻剌朗	东南海中小国，待考		永乐十五年九月，遣中官抚谕其王。十八年八月，王来朝贡。
冯嘉施兰	同上		永乐四年八月，其酋来朝贡。
女郎马神	同上	男女用五色布缠头，腹背多袒，或著小袖衣，蒙头而入，下体围以幔。初用蕉叶为食器，后与华人市，渐用磁器。	

续表

国名		风俗与生活	备考
原称	今释		
占城	越南之南部	国无霜雪，四时皆似夏，草木常青。民以渔为业。男蓬头，女椎结，俱跣足。	洪武二年，王遣使来朝贡。
宾童龙	柬埔寨之岬	气候草木、人物风土，大类占城。有昆仑山，节然大海中，往西洋者，必待顺风始得过。	
真腊	柬埔寨	天时常热，不识霜雪，禾一岁数稔。男女椎结，穿短衫，围梢布。	洪武四年，王遣使进贡。
暹罗	泰国	自王至庶民，有事皆决于其妇。地卑湿，人皆楼居。男、女椎结，以白布裹首。	洪武四年，王遣使来贡。
满剌加	马来半岛南端西岸	田瘠少收，民皆淘沙、捕鱼为业，气候朝热暮寒。男、女椎结，身体黝黑，间有白者，唐人种也。	永乐元年十月，尹庆使其地，随入朝贡。
彭亨	马来半岛南端，濒东海岸之地	田沃，气候常温。煮海为盐，酿椰浆为酒。上下亲狎，无寇贼。	洪武十一年，王遣使表贡。永乐十年，郑和命名其国。
柔佛	马来半岛南端之新加坡	不产谷，常易米于邻壤。男子薙发、徒跣、佩刀，女子蓄发、椎结。	《明史》本传，郑和遍历西洋，无柔佛名。或言和曾经东西竺山，此山正在其地。
丁机宜	马来半岛南端之岗甲屿	华人往商，交易甚平。	
急兰丹	马来半岛之喀兰丹		永乐九年，王遣使朝贡。十年，命郑和赍敕奖其王。

续表

国名		风俗与生活	备考
原称	今释		
苏门答剌	苏门答腊岛西北之亚齐	一岁二稔，四方商贾辐辏。华人往者，以地远价高，获利倍他国。其气候朝如夏，暮如秋。妇人裸体，惟腰围一布。	成祖世，郑和凡三使其国。
旧港	苏门答腊岛东北之巴邻旁	土沃宜稼，俗富好淫。习于水战，邻国畏之。	洪武三年，王遣使入贡。
阿鲁	苏门答腊岛北岸，临满剌加海	田瘠少收，盛艺芭蕉、椰子为食。男、女皆裸体，以布围腰。	永乐九年，王遣使入贡。十年，郑和使其国。
那孤儿	苏门答腊岛西北境	男子皆以墨刺面，为花、兽之状。俗淳。田足稻禾。	永乐中，郑和使其国，酋长常入贡。
黎伐	苏门答腊岛西境	隶苏门答剌，声音风俗，多与之同。	永乐中，尝随苏门答剌使臣入贡。
南渤利	苏门答腊岛西北	王及居民皆回回人。俗朴实。地少谷，人多食鱼、虾。	永乐十年，王遣使入贡，遣郑和抚谕其国。
瓜哇	爪哇	地广人稠，性凶悍。气候常似夏，稻岁二稔。无几、榻、匕、箸。	洪武初，来朝贡。
苏吉丹	爪哇属国，地待考	国在山中，止数聚落。	
碟里	近爪哇，地待考	俗淳少讼，物产甚薄。	永乐三年，遣使附瓜哇使臣来贡。
日罗夏治	近爪哇，地待考	国小，知种艺，所产止苏木、胡椒。	永乐三年，遣使附瓜哇使臣入贡。

续表

国名		风俗与生活	备考
原称	今释		
榜葛剌	东印度之孟加拉	气候常如夏，土沃，一岁二稔。有文字。男子皆薙发，裹以白布。	永乐六年，王遣使朝贡。
沼纳朴儿	东印度之孟加拉西		永乐十年，遣使抚谕其国，朝贡竟不至。
底里	印度德梨		永乐十年，遣使招谕其王。
大小葛兰	南印度西南角之固蓝	俗淳土薄，收获少，仰给于榜葛剌。	永乐五年，遣使入贡。郑和尝使其国。
西洋琐里	南印度科理沦河口以北诸地		洪武三年，王遣使献方物。
琐里	南印度		洪武五年，王遣使朝贡。
南巫里	南印度海中		永乐三年，遣使抚谕其国。六年，郑和往使。九年，其王遣使贡方物。
加异勒	南印度科里沦河南岸		永乐六年，遣郑和招谕。九年，其酋长遣使贡方物。
甘巴里	南印度之柯模林角		永乐六年，郑和使其地。十二年，遣使朝贡。
柯枝	南印度之可陈港	人分五等：一曰南昆，王族类；二曰回回；三曰哲地，皆富民；四曰革全，皆牙侩；五曰木瓜，最贫，执贱役者。	永乐元年，遣尹庆抚谕其国。六年，复命郑和使其国。九年，王遣使入贡。
古里	南印度之利库特尔	其国山多，地瘠，有谷无麦。俗甚淳。	永乐元年，尹庆抚谕其国，酋遣使从入贡。郑和亦数使其国。

续表

国名		风俗与生活	备考
原称	今释		
古里班卒	待考	土瘠谷少，物产亦薄。气候不齐，夏多雨，雨即寒。	永乐中，尝入贡。
锡兰山	锡兰	其国珠宝特富。气候常热，米粟丰足。	永乐中，郑和使其地。
溜山	锡兰西之马底甫耶岛	气候常热，土薄，谷少无麦，士人皆捕鱼曝干以充食。王及群下尽回回人。	永乐十年，郑和使其国。宣德五年，郑和复使其国。
巴喇西	待考		正德六年，遣使入贡。
览邦	西南海中，待考	其地多沙砾，麻、麦之外无他种。商贾鲜至。	洪武九年，王遣使来贡。
淡巴	同上	土衍水清，草木畅茂，畜产甚伙。男、女勤于耕织，市有贸易。	洪武十年，王遣使贡方物。
百花	同上	气候恒燠，无霜雪，多奇花异卉。民富饶。尚释教。	洪武十一年，王遣使表贡。
乞力麻儿	波斯湾之起儿漫	其俗喜射猎，不事耕农。西南傍海，东北林莽深密，多猛兽。	永乐中，遣使来贡。
忽鲁谟斯	波斯湾两岸地	大西洋商舶，西域贾人，皆来贸易，故宝物填溢。土瘠，谷、麦寡。	永乐十年，命郑和往赐其王，王即表贡。
剌撒	阿拉伯半岛波斯湾南岸之阿尔哈萨	气候常热，田瘠少收。俗淳，丧葬有礼。	永乐十四年，遣使来贡，命郑和报之。宣德五年，和复往。
祖法儿	阿拉伯半岛东南海岸	五谷、蔬果、诸畜咸备。奉回回教。出乳香诸物，与华人交易。	永乐十九年，遣使入贡，命郑和报之。宣德五年，和再使其国。

续表

国名		风俗与生活	备考
原称	今释		
阿丹	阿拉伯半岛西南角之亚丁	地膏腴，饶粟、麦。人性强悍，有马步锐卒。国人悉奉回回教。	永乐十四年，遣使表贡，命郑和往赐。宣德五年，复命和宣谕。
天方	阿拉伯半岛	风景融和，四时皆春，田沃稻饶。男子削发，以布缠头，妇女编发盘头。风俗好善。古置礼拜寺，其酋长与民皆拜天。	其贡使多从陆道。宣德五年，郑和使西洋，闻古里遣人往天方，因附其舟。
木骨都束	非洲东海岸	地旷硗瘠少收，或数年不雨。俗顽嚚，时操兵习射。地不产木。	永乐十四年，遣使朝贡，命郑和往报之。宣德五年，和复颁诏其国。
不剌哇	非洲东海岸，在木骨都束南。	俗淳。田不可耕，捕鱼为食。所产有马哈兽、花福禄之类。	永乐十四年入贡，郑和亦两使其国。
竹步	非洲东海岸，在不剌哇南	户口不繁，风俗颇淳。所产有狮子、金钱豹之属。	永乐中，尝入贡。郑和至其地。
麻林	非洲，地待考		永乐十三年，遣使贡麒麟。
沙里湾泥	待考		永乐十四年，遣使来献方物，命郑和赉币帛还赐之。
千里达	等考		永乐十六年，遣使贡方物。
失剌比	待考		永乐十六年，遣使朝贡。
剌泥	待考		永乐元年，来贡。
白黑葛达	待考		宣德元年，遣使入贡。

（2）欧力之东渐

（甲）通商之起源

自意人马哥孛罗仕于元世祖朝，归国后，著《游记》，盛称东方之富丽，遂启欧人羡慕之心。当明之初，黑海航权，为土耳其所握，凡欲东游者，自须别觅途径，海航提倡，于是称盛。西班牙人科伦布，发见新大陆（明孝宗弘治五年，一四九二年）；葡萄牙人绕好望角而至印度之卧亚（弘治九年，一四九六年），虽其东西取道不同，而寻求中国之目的则一也。葡人既抵印度，复东进而据锡兰、摩鹿加、爪哇、马六甲诸岛，东方航权，遂操诸其手。中西势力之消长，此其关键焉。

佛郎机（《明史》于葡萄牙及西班牙，均谓为佛郎机，此乃葡萄牙也）……正德中，据满剌加地，逐其王（《明史》卷三二五《佛郎机传》）。

佛郎机强，举兵侵夺其地，王苏端妈末出奔，遣使告难。时世宗嗣位，敕责佛郎机，令还其故土。谕暹罗诸国王以救灾恤邻之义，迄无应者。满剌加竟为所灭（《明史》卷三二五《满剌加传》）。

万历时，佛郎机来攻，其酋战败请降，乃宥令复位，岁以丁香充贡，不设戍兵而去（《明史》卷三二三《美洛居传》）。

万历时，佛郎机屡攻之，城据山险，迄不能下（《明史》卷三二五《苏禄传》）。

葡人在南洋既得势，遂求通商于中国，而明廷时许时否，政策不定，致海疆常感不安。最后葡人竟以诈力侵据澳门，为通商之地。

佛郎机……正德中，据满剌加地，逐其王。（正德）十三年（一五一八年），遣使臣加必丹末等，贡方物，请封，始知其名。诏给方物之直，遣还。其人久留不去，剽劫行旅。……已而，夤缘镇守中贵，许入京。……其留怀远驿者，益掠买良民，筑室立寨，为久居计。十五年，御史邱道隆言："满剌加乃敕封之国，而佛郎机敢并之，且啖我以利，邀求封贡，决不可许。宜却其使臣，明示顺逆，令还满剌加疆土，方许朝贡。倘执迷不悛，必檄告诸蕃，声罪致讨。"御史何鳌言："佛郎机最凶狡，兵械较诸蕃独精。前岁驾大舶，突入广东会城，炮声殷地。留驿者违制交通，入都者桀骜争长。今听其往来贸易，势必争斗杀伤，南方之祸，殆无纪极。祖宗朝贡有定期，防有常制，故来者不多。近因布政吴廷举，谓缺上供香物，不问何年，来即取货，致番舶不绝海澨，蛮人杂沓于州城。禁防既疏，水道益熟，此佛郎机所以乘机突至也。乞悉驱在澳番舶，及番人潜居者。禁私通，严守备，庶一方获安。"疏下，礼部言："道隆先宰顺德，鳌即顺德人，故深晰利害。宜俟满剌加使臣至廷，诘佛郎机侵夺邻邦、扰乱内地之罪，奏请处置。其他悉如御史言。"报可（《明史》卷三二五《佛朗机传》）。

佛郎机遂纵横海上无所忌，而其市香山澳、壕镜者，至筑室建城，雄踞海畔，若一国然，将吏不肖者，反视为外府矣。壕镜在香山县南虎跳门外，先是暹罗、占城、瓜哇、琉球、浡泥诸国互市，俱在广州，设市舶司领之。正德时，移于高州之电白县。嘉靖十四年，指挥黄庆纳贿，请于上官，移之壕镜，岁输课二万金。佛郎机遂得混入，高栋飞甍，栉比相望，闽、粤商人，趋之若鹜。久之，其来益众，诸国人畏而避之，遂专为所据。……番人既筑城，聚海外杂番，广通贸易，至万余人。吏其土者，皆畏惧莫敢诘，甚有利其宝货，佯禁而阴许之者。总督戴耀，在事十三年，养成其患（《明史》卷三二五《佛郎机传》）。

西班牙发现美洲后，取墨西哥以为殖民地（世宗嘉靖元年，一五二二年）。复航太平洋而至斐律宾群岛，初屡攻吕宋，不能克。至水师提督雷格斯勃，建玛尼拉城，作根据地（穆宗隆庆五年，一五七一年），遂逐渐征服全岛。然终为葡人所扼，未能直接通商于中国，只在岛上与华商贸易而已。

万历四年……时佛郎机（西班牙）强，与吕宋互市。久之，见其国弱可取，乃奉厚贿遗王，乞地如牛皮大，建屋以居。王不虞其诈而许之，其人乃裂牛皮联属至数千丈，围吕宋地，乞如约。王大骇，然业已许诺，无可奈何，遂听之，而稍征其税如国法。其人既得地，即营室筑城，列火器，设守御具，为窥伺计。已竟乘其无备，袭杀其王，逐其人民而据其国，名仍吕宋，实佛郎机也（《明史》卷三二三《吕宋传》）。

继西班牙而至者，又有荷兰。荷人进至南洋，取葡属诸地而有之。复攻澳门，战败，乃转据台湾、彭湖。商港相接于海上，盛极一时。

和兰，又名红毛番。……其人深目长鼻，发眉须皆赤，足长尺二寸，颀伟倍常。万历中，福建商人岁给引，往贩大泥、吕宋及咬𠺕吧（即爪哇）者，和兰人就诸国转贩，未敢窥中国也。自佛郎机市香山，据吕宋，和兰闻而慕之。二十九年（一六〇一年），驾大舰，携巨炮，直薄吕宋，吕宋人力拒之。则转薄香山澳，澳中人数诘问，言欲通贡市，不敢为寇，当事难之。……澳中人虑其登陆，谨防御，始引去。海澄人李锦，及奸商潘秀、郭震久居大泥，与和兰人习，语及中国事，锦曰："若欲通贡市，无若漳州者。漳南有彭湖屿，去海远，诚夺而守之，贡市不难成也。"其酋麻韦郎曰："守臣不许，奈何？"曰："税使高寀，嗜金银甚，若厚贿之，彼特疏上闻，天子必报可，守臣敢抗旨哉？"酋曰："善。"锦乃代为大泥国王书，一移寀，一移兵备副使，一移守将俾。秀、震赍以来，守将陶拱圣大骇，亟白当事，系秀于狱，震遂不敢入。初，秀与酋约，入闽有成议，当遣舟相闻。而酋卞急，不能待，即驾二大舰，直抵彭湖，时三十二年之七月，汛兵已撤，如入无人之墟，途伐木筑舍，为久居计。……抚按严禁奸民下海，犯者必诛，由是接济路穷，番人无所得食，十月末，扬帆去。……然是时，佛郎机横海上，红毛与争雄，复泛舟东来，攻破美洛居国，与佛郎机分地而守。后又侵夺台湾地（天启元年，一六二一年），筑室耕田，久留不去。海上奸民，阑出货物与市。已又出据彭湖，筑城设守，渐为求市计。守臣惧祸，说以毁城远徙，即许互市，番人从之。天启三年（一六二三年），果毁其城，移舟去。巡抚商周祚，以遵谕远徙上闻，然其据台湾自若也。已而互市不成，番人怨，复筑城彭湖。……已又泊舟风柜仔，出没浯屿、白坑、东碇、莆头、古雷、洪屿、沙洲、甲洲间，要求互市。而海寇李旦复助之，滨海郡邑为戒严。……崇祯中，为郑芝龙所破，不敢窥内地者数年。乃与香山佛郎机通好，私贸外洋。……而番人犹据台湾自若（《明史》卷三二五《和兰传》）。

自欧人接踵至南洋，势力益张，吾华人之旅其地者，遂为外力所支配，大受挫折。西班牙人嫉视华人，华人竟遭大批惨杀，然吾民不视为畏途，往者仍络绎。

万历时，佛郎机（葡萄牙）来攻，其酋战败请降……不设戍兵而去。已红毛番横海上，知佛郎机兵已退，乘虚直抵城下，执其酋，语之曰:“若善事我，我为若主，殊胜佛郎机也。”酋不得已，听命，复位如故。佛郎机酋闻之大怒，率兵来攻。……时红毛番虽据美洛居，率一、二岁，率众返国，既返复来，佛郎机……大举兵来袭，值红毛番已去，遂破美洛居，杀其酋，立己所亲信主之。无何，红毛番至，又破其城，逐佛郎机所立酋，而立美洛居故王之子。自是岁构兵，人不堪命，华人流寓者，游说两国，令各罢兵，分国中万老高山为界，山以北属红毛番，南属佛郎机，始稍休息，而美洛居竟为两国所分（《明史》卷三二三《美洛居传》）。

万历时，红毛番筑土库于大涧东，佛郎机（葡萄牙）筑于大涧西，岁岁互市。中国商旅，亦往来不绝（《明史》卷三二四《瓜哇传》）。

闽人……据其国而王之。……后佛郎机（西班牙）横举兵来击，王率国人走入山谷中，放药水流出，毒杀其人无算，王得返国（《明史》卷三二三《婆罗传》）。

吕宋……闽人以其地近，且饶富，商贩者至数万人，往往久居不返，至长子孙。佛郎机（西班牙）既夺其国，其王遣一酋来镇，虑华人为变，多逐之归，留者悉被其侵辱。（万历）二十一年（一五九三年）八月，酋郎雷蔽里系朥侵美洛居，役华人二百五十助战。有潘和五者，为其哨官，蛮人日酣卧，而令华人操舟，稍怠辄鞭挞，有至死者。和五曰："叛死箠死，等死耳，否亦且战死，曷若刺杀此酋以救死？胜则扬帆归，不胜而见缚，死未晚也。"众然之。乃夜刺杀其酋，持酋首大呼，诸蛮惊起，不知所为，悉被刃，或落水死。和五等尽收其金宝甲仗，驾舟以归。失路之安南，为其国人所掠。……和五竟留安南不敢返。初，酋之被戮也，其部下居吕宋者，尽逐华人于城外，毁其庐。及猫吝（酋之子）归，令城外筑室以居。会有传日本来寇者，猫吝惧交通为患，复议驱逐。……然华商嗜利，趋死不顾，久之，复成聚。其时矿税使者四出，奸宄蜂起言利。有阎应龙、张嶷者，言吕宋楼易山素产金、银，采之，岁可得金十万两、银三十万两，以三十年七月诣阙奏闻，帝即纳之。……事下福建，守臣持不欲行，而迫于朝命，乃遣海澄丞王时和、百户干一成偕嶷往勘。……（酋）留嶷，欲杀之，诸华人共解，乃获释归。时和还任，即病悸死。……而吕宋人终自疑，谓天朝将袭取其国，诸流寓者为内应，潜谋杀之。明年（三十一年，一六〇三年），声言发兵侵旁国，厚价市铁器，华人贪利，尽鬻之，于是家无寸铁。酋乃下令录华人姓名，分三百人为一院，入即歼之。事稍露，华人群走菜园，酋发兵攻，众无兵仗，死无算。奔大仑山，蛮人复来攻，众殊死斗，蛮兵少挫。酋旋悔，遣使议和，众疑其伪，扑杀之。酋大怒，敛众入城，设伏城旁。众饥甚，悉下山攻城，伏发，众大败，先后死者二万五千人。……巡抚徐学聚等，亟告变于朝。……学聚等乃移檄吕宋，数以擅杀罪，令送死者妻子归，竟不能讨也。其后，华人复稍稍往，而蛮人利中国互市，亦不拒。久之，复成聚（《明史》卷三二三《吕宋传》）。

吕宋……地近闽疆漳、泉，两郡之民，流寓其地者，不下数万。其例，内地客民，每年输丁票银五六两，方许居住（徐继畬《瀛寰志略》卷二）。

中国之通南洋，自唐以前，利其珍宝，其重在贡。唐以后，榷其货税，其重在市。明季两粤各费，均仰互市为挹注，闽、浙各地，想亦相同。然明廷惧祸而拒之，疆臣贪利而纵之，亦可异之状态也。

汉时，朱崖南有都元、湛离、甘都卢、黄支等国。……户口蕃滋，多异物。汉武帝时，帝遣应募人，与其使俱入海，市明珠、璧、琉璃、奇石、异物……夷珍货流入中国，始此。……桓帝时，扶南之西天竺、大秦等国，皆由南海重译贡献，而贾胡自此充斥于扬、粤矣。……唐始置市舶使，以岭南帅臣监领之。设市区，令蛮夷来贡者为市，稍收利入官。……贞观十七年，诏三路舶司，番商贩到龙脑、沉香、丁香、白豆蔻四色并抽解一分。……宋开宝四年，置市舶司于广州。……淳化二年，始互抽解二分。……建炎……旧法，番物分粗、细二色，龙脑、珍珠之类皆为细物，十分抽一。后又博买四分，粗色十分中抽二。又博买四分……细色以五十两为一纲，粗色以万斤为一纲，每逢一纲，则有脚乘赡家钱一千余缗。其后……十一纲，至分为三十三纲，多费脚乘赡家钱三十余贯。……元世祖尝立提举司，寻罢。至英宗治平六年，遣使榷广东番货，乃复立之，听海商贸易，归征其税。……明朝……诸番例当三年一贡。……可以互市，立市舶提举司，以主诸番入贡。……若国王、王妃及陪臣等附至货物，抽其十分之五，其余官给之直。……其番商私赍货物，入为市易者，舟至水次，悉封籍之，抽其十二，乃听贸易。然闽、广奸民，往往有椎髻、耳环，效番衣服、声音，入其舶中，导之为奸，因缘钞掠，傍海甚苦之。……成化、弘治之世，贡献至者日盛，有司惟容其番使入见，余皆停留于驿。……番货甚贱，贫民承令博买，多致富（顾炎武《天下郡国利病书》卷一二〇）。

初，广东文、武官月俸，多以番货代。至是（嘉靖九年），货至者寡。

有议复许佛郎机（葡萄牙）通市者，给事中王希文力争，乃定令：诸番贡不以时，及勘合差失者，悉行禁止。由是番舶几绝。巡抚林富上言："粤中公、私诸费，多资商税。番舶不至，则公、私皆窘。今许佛郎机互市，有四利：祖宗时，诸番常贡外，原有抽分之法，稍取其余，足供御用。利一；两粤比岁用兵，库藏耗竭，籍以充军饷，备不虞。利二；粤西素仰给粤东，小有征发，即措办不前，若番舶流通，则上下交济。利三；小民以懋迁为生，持一钱之货，即得展转贩易，衣食其中，利四。助国裕民，两有所赖，此因民之利而利之，非开利孔为民梯祸也。"从之。自是佛郎机得入香山澳为市，而其徒又越境南于福建，往来不绝（《明史》卷三二五《佛郎机传》）。

（乙）科学之输入

自欧亚之航路发见，天主教士联袂而至，颇知问学。故吾国士大夫，喜与交接，为之游扬。如徐光启、李之藻，其尤著者也。

意大里亚，居大西洋中。……万历时，其国人利玛窦至京师，为《万国全图》，言天下有五大洲，第一曰亚细亚洲，中凡百余国，而中国居其一。第二曰欧罗巴洲，中凡七十余国，而意大里亚居其一。第三曰利未亚洲（今称亚非利加洲），亦百余国。第四曰亚墨利加洲，地更大，以境土相连，分为南北二洲。最后得墨瓦腊泥加洲（明末，欧洲地理家，以为南美洲之南冰洋之下有大洲，乃称此名）为第五，而域中大地尽矣。其说荒渺莫考，然其国人，充斥中土，则其地固有之，不可诬也。大都欧罗巴诸国，悉奉天主、耶稣教，而耶稣生于如德亚，其国在亚细亚洲之中，西行教于欧罗巴。其始生在汉哀帝元寿二年庚申（纪元始于平帝元始元年辛酉），阅一千五百八十一年，至万历九年（一五八一年），利玛窦始泛海九万里，抵广州之香山澳，其教遂沾染中土。至二十九年（一六〇一年），入京师，中官马堂以其方物进献，自称大西洋人。……已而帝嘉其远来，假馆授粲，赐给优厚。公卿以下重其人，咸与晋接。玛窦安之，遂留居不去。以三十八年（一六一〇年）四月卒于京，赐葬西郭外（平则门外）。其国人东来者……所著书，多华人所未道，故一时好异者，咸尚之。而士大夫如徐光启、李之藻辈，首好其说，且为润色其文词，故其教骤兴。时著声中土者，更有龙华民、毕方济、艾如略、邓玉函诸人。华民、方济、如略及熊三拔，皆意大里亚国人。玉函，热而玛尼国（日耳曼）人。庞迪我，依西把尼亚国（西班牙）人。阳玛诺，波而都瓦尔国（葡萄牙）人。皆欧罗巴洲之国也（《明史》卷三二六《意大里亚传》）。

徐光启字子先，上海人。万历二十五年，举乡试第一。又七年，成进士。由庶吉士，历赞善。从西洋人利玛窦学天文、历算、火器，尽其术，遂遍习兵机、屯田、盐策、水利诸书。……天启三年……擢礼部右侍郎。五年，魏忠贤党智铤劾之，落职闲住。崇祯元年，召还……以左侍郎理部事……擢本部尚书。……五年五月，以本官兼东阁大学士，入参机务。……寻加太子太保，进文渊阁。光启雅负经济才，有志用世。及柄用，年已老。值周延儒、温体仁专政，不能有所建白。明年（六年）十月卒（《明史》卷二五一《徐光启传》）。

同时，各种科学，随之而输入。其著称一时者，炮火而外，则为历法。

（万历三十八年）十一月朔，日食，历官推算多谬，朝议将修改。明年（三十九年），五官正周子愚言："大西洋归化人庞迪我、熊三拔等深明历法，其所携历书，有中国载籍所未及者，当令译上，以资采择。"礼部侍郎翁正春等，因请仿洪武初设回回历科之例，令迪我等同测验。从之。……崇祯时，历法益疏舛，礼部尚书徐光启，请令其徒罗雅谷、汤若望等，以其国新法相参较，开局纂修。报可。久之书成，即以崇祯元年戊辰为历元，名之曰《崇祯历书》。虽未颁行，其法视《大统历》为密，识者有取焉（《明史》卷三二六《意大里亚传》）。

嘉靖初，广东巡简何儒，尝招降佛郎机（葡萄牙）人，得其蜈蚣船并铳法，以功升上元簿。蜈蚣船底尖面平，不畏风浪，用板捍蔽矢石，长十丈，阔三尺，旁架橹四十余，置铳三十四，约每舟撑驾三百人，橹多人众，虽无风可疾走。铳发，弹落如雨，所向无敌。其铳用铜铸，大者千余斤，因名曰佛郎机（陈仁锡《皇明世法录》卷八十二《佛郎机》）。

其所恃，惟巨舟大炮。舟长三十丈，广六丈，厚二尺余，树五桅，后为三层楼，旁设小窗。置铜炮，桅下置二丈巨铁炮，发之可洞裂石城，震数十里。世所称红夷炮，即其制也（《明史》卷三二五《和兰传》）。

明末清初西来教士著作简表

译名	国籍	略历	著作
罗明坚（复初）	意大利	明万历八年（一五八〇）至，三十五年（一六〇七）卒。	《圣教实录》。
利玛窦（西泰）	意大利	生于意大利之马塞拉城。明万历十一年（一五八三）来华，三十八年（一六一〇）卒于北京。	《天主实义》《几何原本》《交友论》《同文算指》《西国记法》《勾股义》《二十五言》《圜容较义》《畸人十篇》《徐光启行略》《辨学遗牍》《乾坤体义》《经天该》《奏疏》《斋旨》《测量法义》《西字奇迹》《浑盖通宪图说》《万国舆图》《西琴八曲》。
孟三德（宁寰）	葡萄牙	明万历十三年（一五八五）至，二十八年（一六〇〇）卒于澳门。	《长历补注解惑》。
郭居静（仰凰）	意大利	明万历二十二年（一五九四）至，崇祯十三年（一六四〇）卒于杭州。	《灵性诣主》《悔罪要记》。

续表

译名	国籍	略历	著作
苏如望（瞻清）	葡萄牙	明万历二十三年（一五九五）至，三十五年（一六〇七）卒于澳门。	《天主圣教约言》。
龙华民（精华）	意大利	生于意之西锡岛，明万历二十五年（一五九七）至，先传教于江西。清顺治十一年（一六五四）卒于北京。	《死说》《念珠默想规程》《灵魂道体说》《圣教日课》《圣若瑟法行实》《地震解》《急救事宜》《圣人祷文》《圣母德叙祷文》。
罗如望（怀中）	葡萄牙	明万历二十六年（一五九八）至，天启三年（一六二三）卒于杭州。	《天主圣教启蒙》《天主圣像略说》。
庞迪我（顺阳）	西班牙	明万历二十七年（一五九九）至，入北京，后回澳。卒于万历四十六年（一六一八）。	《实义续篇》《庞子遗诠》《七克大全》《天神魔鬼说》《人类原始》《受难始末》《辨揭》《奏疏》。
费奇规（揆一）	葡萄牙	明万历三十二年（一六〇四）至，传教河南，后至江西建昌，复往广东，清顺治六年（一六四九）卒。	《振心总牍》《周年主保圣人单》《玫瑰经十五端》。
王丰肃，更名高一志(则圣）	意大利	明万历三十三（一六〇五）至，传教山西，崇祯十三年（一六四〇）卒于绛州。	《则圣十篇》《西学齐家》《天主圣教圣人行实》《达道纪言》《四末论》《西学修身》《譬学敬语》《励学古言》《教要解略》《寰宇始末》《圣母行实》《神鬼正纪》《十慰》《童幼教育》《空际格致》《西学治平》《斐录汇答》《推验正道论》《终末之纪甚利于精修》。

续表

译名	国籍	略历	著作
熊三拔（有纲）	意大利	生于意之那波利港。明万历三十四年（一六〇六）至，传教北京。天启间，钦取修历，后回广东，泰昌元年（一六二〇）卒于澳门。	《泰西水法》《表度说》《简平仪说》。
阳玛诺（演西）	葡萄牙	明万历三十八年（一六一〇）至，传教北京、江南等处，后驻浙江，清顺治十六年（一六五九）卒于杭州。	《圣若瑟行实》《天问略》《天主圣教十诫真诠》《圣经直解》《天学举要》《景教碑诠》《代疑论》《袖珍日课》《经世全书》《经世全书句解》《避罪指南》《天神祷文》《圣若瑟祷文》《默想书考》。
金尼阁（四表）	法兰西	明万历三十八年（一六一〇）至，传教浙江，崇祯元年（一六二八）卒于杭州。	《宗徒祷文》《西儒耳目资》《况义》《推历年瞻礼法》。
艾儒略（思及）	意大利	生于意之白利格西亚城。明万历四十一年（一六一三）至，先入都门，后归上海，转行浙江，宏宣圣教，复至闽，清顺治六年（一六四九）卒于福州。	《弥撒祭义》《天主降生言行纪略》《出像经解》《景教碑颂注解》《耶稣圣体祷文》《玫瑰十五端图像》《熙朝崇正集》《杨淇园行略》《张弥克遗迹》《万物真原》《涤罪正规》《三山论学纪》《圣体要理》《圣梦歌》《四字经》《悔罪要旨》《几何要法》《口铎日钞》《五十言》《西方问答》《西学凡》《职方外纪》《性学粗述》《天主降生引义》《大西利西泰子传》《利玛窦行实》。

续表

译名	国籍	略历	著作
鲁德照（继元）	葡萄牙	明万历四十一年（一六一三）至，传教杭州，转金陵，复回广东，清顺治十五年（一六五八）卒于澳门。	《字考》。
毕方济（今梁）	意大利	明万历四十一年（一六一三）至，钦召进京，寻往河南，归上海，嗣赴浙江，转入闽中，复至金陵，又往广东，清顺治六年（一六四九）卒于广州。	《书答》《睡答》《灵言蠡勺》《奏疏》。
邓玉函（涵璞）	瑞士	明天启元年（一六二一）至，后入都，佐理历局，善医，崇祯三年（一六三〇）卒。	《人身说概》《奇器图说》《测天约说》《黄赤距度表》《正球升度表》《大测》《浑盖通宪图说》《崇祯历书》《西洋历法新书》。
傅泛济（体斋）	葡萄牙	明天启元年（一六二一）至，传教浙江、陕西，复往广东，清顺治十年（一六五三）卒于澳门。	《名理探》《寰有诠》《天主教要》。
汤若望（道味）	日耳曼	生于德之科龙城。明天启二年（一六二二）至，钦召入京，修正历法。逮清朝定鼎，特命修《时宪历》，授钦天监监正，加太常寺卿，敕赐通微教师。除通政使司通政使，进光禄大夫。卒于康熙五年（一六六六），葬阜成门外。	《进呈书像》《主制群征》《主教缘起》《浑天仪说》《真福训诠》《古今交食考》《西洋测日历》《远镜说》《星图》《交食历指》《交食表》《恒星历指》《恒星表》《恒星出没》《测食说》《测天约说》《大测》《奏疏》《新历晓惑》《新法历引》《历法西传》《新法表异》《共译各图八线表》《学历小辩》《则克录》《民历补注解惑》《赤道南北两动星图》《崇一堂日记随笔》《西历新法》。

续表

译名	国籍	略历	著作
费乐德（心铭）	葡萄牙	明天启二年（一六二二）至，传教河南。究习中国文字，儒者多服其论。崇祯十五年（一六四一）卒于开封。	《圣教源流》《总牍念经》《念经劝》。
罗雅各（味韶）	意大利	生于意之米兰城。明天启四年（一六二四）至，传教山西绛州。崇祯四年，钦取来京修历。十一年（一六三八）卒于北京，葬阜成门外。	《斋克》《哀矜行诠》《圣记百言》《天主经解》《圣母经解》《求说》《周岁警言》《测量全义》《比例规解》《五纬表》《五纬历指》《月离历指》《月历表》《日躔历指》《日躔表》《黄赤正球》《筹算》《历引》《日躔考昼夜刻分》《天文历法国师》。
伏若望（定源）	葡萄牙	明天启四年（一六二四）至，传教杭州，崇祯十一年（一六三八）卒。	《助善终经》《苦难祷文》《五伤经礼规程》。
瞿西满（弗溢）	葡萄牙	明崇祯二年（一六二九）至，传教福建，后进都中，复往广东，清顺治十七年（一六六〇）卒于澳门。	《经要直指》。
杜奥定（公开）	意大利	明崇祯四年（一六三一）至，传教陕西，后往福建，十六年（一六四三）卒于福州。	《渡海苦绩纪》。
马奥图	西班牙	明崇祯六年（一六三三）至，清康熙八年（一六六九）卒。	《正学镠石》。
郭纳爵（德旌）	葡萄牙	明崇祯七年（一六三四）至，传教陕西、福建。清康熙四年，往广东。五年（一六六六）卒。	《原染亏益》《身后编》《老人妙处》《教要》。

续表

译名	国籍	略历	著作
何大化（德川）	葡萄牙	明崇祯九年（一六三六）至，清康熙十六年（一六七七）卒于福州。	《蒙引》。
贾宜睦（九章）	意大利	明崇祯十年（一六三七）至，传教浙江、江南等处，清康熙元年（一六六二）卒于苏州之常熟县。	《提正编》《辨惑论》。
利类思（再可）	意大利	明崇祯十年（一六三七）至，传教江南、浙江、四川等处。清定鼎京师，驻修辇毂下。康熙二十一年（一六八二）卒。	《正教约征》《圣教要旨》《超性学要》（天主性体，三位一体，万物原始。天神，形物之造，人灵魂，人肉身，总治万物，天主降生）《狮子说》《司铎课典》《性灵说》《不得已辨》《西方要纪》《圣母小日课》《已亡日课》《圣教简要》《善终瘗茔礼典》《弥撒经典》《日课概要》《安先生行述》《昭纪经典》《进呈鹰说》《司铎典要》《天学真诠》《西历年月》。
孟儒望（士表）	葡萄牙	明崇祯十年（一六三七）至，传教江西、浙江，复回小西洋。卒于清顺治五年（一六四八）。	《天学略义》《辨敬录》《照迷镜》《圣号祷文》《炼狱祷文》。
潘国光（用观）	意大利	明崇祯十年（一六三七）至，传教江南苏、松等处，驻修上海。清康熙四年，至广东。十年（一六七一）卒于广州。	《十诫劝谕圣迹》《圣礼规仪》《圣教四规》《圣安德肋宗徒瞻礼》《天阶》《瞻礼口铎》《天神规课》《天神会课》《未来辨论》。

续表

译名	国籍	略历	著作
安文思（景明）	葡萄牙	明崇祯十三年(一六四〇）至，传教四川等处。清顺治五年来京。康熙十六年（一六七七）卒。	《复活论》《超性学要》。
卫匡国（济泰）	意大利	明崇祯十六年（一六四三）至，传教浙江、福建等处。清顺治十八年（一六六一）卒于杭州。	《天主理证》《灵魂理证》《逑友篇》。
穆尼各（如德）	波兰	清顺治三年（一六四六）至，十三年（一六五六）卒于肇庆府。	《天学会通》《天步真原》（人命部、选择部、世界部、心性部）《比例四源新表》《比例对数表》。
万济谷	未详	清顺治十一年（一六五四）至，卒年未详。	《圣教明证》。
聂仲迁（若瑞）	法兰西	清顺治十三年（一六五六）至，传教江西，康熙三十四年(一六九五）卒于赣州。	《古圣行实》。
穆迪我（惠吉）	法兰西	清顺治十四年（一六五七）至，康熙三十一年（一六九二）卒于武昌。	《圣洗规仪》《成修神务》。
柏应理（信末）	比利时	清顺治十六年（一六五九）至，传教于福建、浙江、江南等处，康熙三十一年（一六九二）卒于卧亚。	《百问答》《永年瞻礼单》《圣玻尔日亚行实》《四末真论》《圣若瑟祷文》《周岁圣人行略》《圣教铎音》。
殷铎泽（觉斯）	意大利	清顺治十六年（一六五九）至，传教江西，康熙三十五年（一六九六）卒于杭州。	《耶稣会例》《西文四书直解》。

续表

译名	国籍	略历	著作
南怀仁（敦伯）	比利时	清顺治十六年（一六五九）至，传教陕西。十七年，钦召入京，纂修历法。康熙八年，特命治理历法，授钦天监副，擢至监正，又加通政使司通政使。卒于二十七年（一六八八）。	《妄推吉凶之辨》《熙朝定案》《验气说》《坤舆图说》《告解原义》《善恶报略说》《教要序论》《历法不得已辩》《仪象志》《仪象图》《康熙永年历法》《测验纪略》《坤舆全图》《简平规总星图》《赤道南北星图》《妄占辨》《预推纪验》《形性理推》《光向异验理推》《理辨之引启》《目司图总》《推理各国说》《御览简平新仪式用法》《进呈穷理学》《圣体答疑》《道学家传》《坤舆外纪》。
鲁日满（谦受）	比利时	清顺治十六年（一六五九）至，康熙十五年（一六七六）卒于漳州。	《教要六端》《圣教要理》《问世编》。
陆安德（泰然）	意大利	清顺治十六年（一六五九）至，康熙二十二年（一六八三）卒于澳门。	《圣教略说》《真福直指》《善生福终正路》《圣教问答》《教要撮言》《圣教要理》《默想大全》《默想规矩》《万民四末图》《讲道规矩》。
瞿笃德（天斋）	意大利	清顺治十六年（一六五九）至，康熙二十年（一六八一）卒于海南。	《圣教豁疑论》。
闵明我（德先）	意大利	清康熙八年（一六六九）至，五十一年（一七一二）卒于北京。	《方星图解》。

续表

译名	国籍	略历	著作
利安定	西班牙	清康熙九年（一六七〇）至，三十四年（一六九五）卒。	《永福天衢》《天成人要集》。
徐日升（寅公）	葡萄牙	清康熙十一年（一六七二）至，四十七年（一七〇八）卒于北京。	《南先生行述》《律吕正义续编》。
宾纽拉	墨西哥	清康熙十五年（一六七六）至，四十三年（一七〇四）卒于漳州。	《初会问答》《永暂定衡》《大赦解略》《默想神功》《哀矜炼灵略说》。
白亚维	西班牙	清康熙十九年（一六八〇）至，卒年未详。	《要经略解》。
叶宗贤	未详	清康熙二十三年（一六八四）至，四十三年（一七〇四）卒于西安。	《宗元直指》。
利安宁	西班牙	清康熙二十三年（一六八四）至，乾隆八年（一七四三）卒于澳门。	《破迷集》《圣文都竦圣母日课》。
苏霖（沛苍）	葡萄牙	清康熙二十三年（一六八四）至，乾隆元年（一七三六）卒于北京。	《圣母领报会》。
白晋（明远）	法兰西	清康熙二十六年（一六八七）至，雍正八年（一七三〇）卒于北京。	《天学本义》《古今敬天鉴》。
卫方济	比利时	清康熙二十六年（一六八七）至，雍正七年（一七二九）卒。	《人罪至重》。
白多玛	西班牙	清康熙三十四年（一六九五）至，卒年未详。	《圣教功要》《四络略意》。

续表

译名	国籍	略历	著作
林安多	葡萄牙	清康熙三十四年（一六九五）至，卒年未详。	《崇修精蕴》。
利国安（若望）	意大利	清康熙三十六年（一六九七）至，雍正五年（一七二七）卒于澳门。	《炼灵通功经》。
巴多明（克安）	法兰西	清康熙三十七年（一六九八）至，乾隆六年（一七四一）卒于北京。	《济美篇》《德行谱》。
马若瑟	法兰西	清康熙三十七年（一六九八）至，雍正十三年（一七三五）卒于澳门。	《圣母净配圣若瑟传》《杨淇园行迹》《六书析义》《信经真解》《神明为主》《真神总论》。
雷孝思（永维）	法兰西	清康熙三十七年（一六九八）至，乾隆三年（一七三八）卒于北京。	《皇朝舆地总图》。
殷弘绪（继宗）	法兰西	清康熙三十八年（一六九九）至，乾隆六年（一七四一）卒于北京。	《主经体味》《逆耳忠言》《莫居凶恶劝》《训慰神编》。
聂若望	葡萄牙	清康熙三十九年（一七〇〇）至，卒年未详。	《八天避静神书》《十诫略说》。
沙守真	未详	清康熙三十九年（一七〇〇）至，五十六年（一七一七）卒。	《真道自证》。
杜德美	法兰西	清康熙四十年（一七〇一）至，五十九年（一七二〇）卒。	《康熙地图》《周径密率》《求正弦矢捷法》。
冯秉正	法兰西	清康熙四十二年（一七〇三）至，乾隆十三年（一七四八）卒于北京。	《明来集说》《圣心规程》《圣体仁爱经规条》《圣经广益》《盛世刍荛》《圣年广益》《避静汇钞》。

续表

译名	国籍	略历	著作
德玛诺	法兰西	清康熙四十六年（一七〇七）至，乾隆九年（一七四四）卒于南京。	《弥撒功程》。
颜家乐	意大利	未详。	《测北极出地简法》。
戴进贤	日耳曼	清康熙五十五年（一七一六）至，乾隆十一年（一七四六）卒于北京。	《仪象考成》《黄道经纬恒星图》《地球图》《月离表》《日躔表》。
玛吉士	未详	未详。	《外国地理备考》《地球总论》。
附记	一、韩霖、张赓之《圣教信证》，所载明末清初西来之教士共九十人，本表乃举其有著述发表者凡六十三人。 一、《略历》亦略参菲士特《中国旧教徒传》，并根据此书，添瞿笃德、闵明我、苏霖、利国安、雷孝思等五人。		

（六）明代之政治

明太祖罢丞相，设大学士以备顾问，而寄大政于六部。建文中，罢大学士，以卿佐参政。成祖复太祖之制，自后三杨秉政，始有调旨之事，阁体渐尊，语其任寄，不亚丞相。然有明一代宰相，不受制于宦官者甚少，故政权在上，实分操于宰相、宦官之手。地方之任，亲民之官，其初府、县并重。中叶以后，知、推因得行取之故，位卑权重。然乡绅又从而挠之，故政权在下，实分操于知县、乡绅之手。

（1）宰相之任使

（甲）蹇、夏、三杨之久任

蹇、夏

明制，吏部体最尊，户部权最重。蹇、夏久居此任，观其设施，足知明初休养生息之政。蹇、夏皆参预机务，居股肱之任，虽为部臣，实无异于元辅也。

宣德三年十月乙酉，敕少师等官蹇义、杨士奇、夏原吉、杨荣，各辍所务，朝夕侍左右，讨论至理。谕曰："古者师保之职，论道经邦，寅亮燮理，不烦以有司之政。今蹇义、杨士奇、夏原吉、杨荣，昔先帝简畀以遗朕者，而年俱高，令兼有司之务，礼非攸当。"于是赐敕，谕："义、士奇、原吉、荣，可辍所务，朝夕在朕左右，相与讨论至理，共宁邦家，职名、俸禄悉如旧。卿其专精神，审思虑，益致嘉猷，用称朕眷注老成之意。"（雷礼《皇明大政纪》卷九）

蹇义字宜之，巴人。……齐泰、黄子澄当国，外兴大师，内改制度，义无所建明。……燕师入，迎附，迁左侍郎，数月，进尚书。时方务反建文之政，所更易者，悉罢之。义从容言曰："损益贵适时宜，前改者固不当，今必欲尽复者，亦未悉当也。”……义熟典故，达治体，军国事皆倚办。时旧臣见亲用者，户部尚书夏原吉，与义齐名，中外称曰“蹇夏”。……仁宗即位，义、原吉皆以元老为中外所信。……宣宗即位，委寄益重。……明年（宣德四年）……寻以胡濙言，命义等四人（蹇义、夏原吉、杨士奇、杨荣）议天下官吏军民，建言章奏。……英宗即位，斋宿得疾，遣医往视，问所欲言，对曰：“陛下初嗣大宝，望敬守祖宗成宪，始终不渝耳。”遂卒，年七十三（《明史》卷一四九《蹇义传》）。

宣德三年四月……吏部尚书蹇义等，请裁减内外添设冗员，从之。蹇奏：“近年以来，内外各衙门官，因营造催办夫匠，收运粮储，整理农务，采取木植，在内添设郎中、主事，在外布、按府州县，添设参政、参议、副使、同知、县丞等官。今拟在外，除马政、农务外，其余依制裁减。在京从堂上官，量事繁简，斟酌去留，不许冗滥。其在内府各监库、郎中、员外、主事，俱宜裁革。”（雷礼《皇明大政纪》卷九）

夏原吉字维喆，其先……官湘阴……遂家焉。成祖即位……与蹇义同进尚书，偕义等详定赋役诸制，建白三十余事，皆简便易遵守。曰：“行之而难继者，且重困民，吾不忍也。”浙西大水，有司治不效。永乐元年，命原吉治之。……原吉请循禹三江入海故迹，浚吴淞下流，上接太湖，而度地为闸，以时蓄泄。从之。役十余万人。明年（二年）正月，原吉复行，浚白茆塘、刘家河、大黄浦，大理少卿袁复为之副。已，复命陕西参政宋性佐之。九月，工毕水泄，苏松农田大利。三年，还。……还理部事，首请裁冗食、平赋役、严盐法钱钞之禁、清仓场、广屯种，以给边苏民，且便商贾。皆报可。凡中外户口、府库、田赋赢缩之数，各以小简书置怀中，时检阅之。……时兵革初定，论靖难功臣封赏，分封诸藩，增设武卫百司。已，又发卒八十万，问罪安南。中官造巨舰，通海外诸国。大起北都宫阙，供亿转输，以巨万万计，皆取给户曹。原吉悉心计应之，国用不绌。六年，命督军民输材北都。……原吉虽居户部，国家大事，辄令详议。……十九年冬，帝将大举征沙漠，命原吉……等议，皆言兵不当出。……帝益怒，召原吉，系之内官监……并籍原吉家，自赐钞外，惟布衣、瓦器。……帝……崩……太子令出狱。……问赦诏所宜，对以振饥、省赋役、罢西洋取宝船及云南交阯采办诸道金银课。悉从之。……宣宗即位，以旧辅，益亲重。……（宣德）五年正月，《两朝实录》成，复赐金币鞍马。旦入谢，归而卒，年六十五。……原吉与义，皆起家太祖时，义秉铨政，原吉管度支，皆二十七年，名位先于三杨。仁、宣之世，外兼台省，内参馆阁，与三杨同心辅政。义善谋，荣善断，而原吉与士奇，尤持大体，有古大臣风烈（《明史》卷一四九《夏原吉传》）。

三杨

三杨历事四朝，称为贤相。观其为政，严边备、崇吏治、省烦费、宽赋役，专务休养生息。当太祖、成祖草创之后，文治之基，由兹始奠。然王振弄权，土木北狩之祸，亦即伏于此时。

按：内阁臣职，在司内外制而已，未有所谓调旨也。自宣德中，大学士二杨公，与尚书蹇、夏，始有调旨之说。而二杨公复以位尊恶烦，特奏以少詹事兼讲读学士曾棨、王直、王英专知诰敕，然内阁实总之（王世贞《弇州史料后集》卷三十八）。

英宗以幼冲即位，三杨虑圣体之倦，因创权制，每日早朝，止许言事八件。前一日，先以副本诣阁下，豫以各事处分陈上。遇奏，止依所陈传旨而已。英宗崩，三臣卒，无一人敢复祖宗之旧章，迄今遂为定制（雷礼《皇明大政纪》卷十一）。

正统初，内阁三相，为杨文贞士奇、杨文敏荣、杨文定溥，号“三杨”。以居第为别，文贞曰西杨，文敏曰东杨，文定曰南杨。西杨以少师八十卒，东杨亦以少师七十卒，南杨以少保七十五卒。其在阁，远者四十余年，最近者亦十六年（王世贞《弇州史料后集》卷五十八）。

杨士奇名寓，以字行，泰和人。……成祖即位，改编修。已，简入内阁，典机务。……仁宗即位，擢礼部侍郎，兼华盖殿大学士。……命兼兵部尚书，并食三禄。……时有上书颂太平者，帝以示诸大臣，皆以为然。士奇独曰："陛下虽泽被天下，然流徙尚未归，疮痍尚未复，民尚艰食，更休息数年，庶几太平可期。"帝曰："然。"因顾蹇义等曰："朕待卿等以至诚，望匡弼。惟士奇曾五上章，卿等皆无一言，岂果朝无阙政、天下太平耶？"诸臣惭谢。……宣德元年……时交阯数叛，屡发大军征讨，皆败没。交阯黎利，遣人伪请立陈氏后，帝亦厌兵，欲许之。英国公张辅、尚书蹇义以下，皆言与之无名，徒示弱天下。帝召士奇、荣谋，二人力言："陛下恤民命以绥荒服，不为无名。汉弃珠厓，前史以为美谈。不为示弱，许之便。"……帝以四方屡水旱，召士奇议，下诏宽恤，免灾伤租税，及官马亏额者。士奇因请并蠲逋赋薪刍钱、减官田额、理冤滞、汰工役，以广德意，民大悦。逾二年，帝谓士奇曰："恤民诏下已久，今更有可恤者乎？"士奇曰："前诏减官田租，户部征如故。"帝怫然曰："今首行之，废格者论如法。"士奇复请抚逃民，察墨吏，举文学武勇之士，令极刑家子孙皆得仕进。又请廷臣三品以上及二司官，各举所知，备方面郡守选。皆报可。当是时，帝励精图治，士奇等同心辅佐，海内号为治平。……帝之初即位也，内阁臣七人。陈山、张瑛以东宫旧恩入，不称，出为他官。黄淮以疾致仕。金幼孜卒。阁中惟士奇、荣、溥三人。荣疏闿果毅，遇事敢为。数从成祖北征，能知边将贤否，厄塞险易远近，敌情顺逆。然颇通馈遗，边将岁时致良马。帝颇知之，以问士奇。士奇力言："荣晓畅边务，臣等不及，不宜以小眚介意。"……宣宗崩，英宗即位，方九龄，军国大政关白太皇太后。太后推心任士奇、荣、溥三人，有事遣中使诣阁咨议，然后裁决。三人者亦自信，侃侃行意。士奇首请练士卒，严边防，设南京参赞机务大臣，分遣文武镇抚江西、湖广、河南、山东，罢侦事校尉。又请以次蠲租税，慎刑狱，严核百司。皆允行。正统之初，朝政清明，士奇等之力也。……九年三月卒，年八十。……正统初，士奇言瓦剌渐强，将为边患，而边军缺马，恐不能御。请于附近太仆寺关领，西番贡马亦悉给之。士奇殁未几，也先果入寇，有土木之难，识者思其言。又雅善知人，好推毂寒士，所荐达有初未识面者。而于谦、周忱、况钟之属，皆用士奇荐，居官至一二十年，廉能冠天下，为世名臣云（《明史》卷一四八《杨士奇传》）。

上（仁宗）尝论科举之弊，公（杨士奇）曰：“科举当兼取南北士。”上曰：“北人学问，不逮南人。”公曰：“长才大器，多出北方，岂但南人可用也？”上曰：“然则将何如？”公曰：“试卷例缄其姓名，请于外书南、北二字。如当取百人，则南六十、北四十，南北人才皆入彀矣。”上曰：“卿言良是。”命与礼部计议以闻，议定未上而宫车晏驾。宣宗即位，遂行之（陈仁锡《皇明世法录》卷八十六《杨文贞公传》）。

公又言方面及郡守，请令京官三品以上，及布政、按察荐举，务取廉公端厚、能为国为民者，吏部审其可用，奏授以官，后犯赃罪，并坐举者。凡因保举授官，而有指告其罪者，先逮问，余人有验，然后及之，庶不为小人所诬。年来吏员太冗，请令部院同考选择而用之。军民中有文学才行、卓然出众及精于武略者，亦宜察举。唐虞之世，罚弗及嗣，今极刑之家，有贤子弟，例不许进用。上（宣宗）曰：“舜殛鲧用禹，圣人至公之心也。今除谋反大逆外，其余犯者，并听举用。”（陈仁锡《皇明世法录》卷八十六《杨文贞公传》）

杨士奇……对曰：“……部符下郡县采办买办诸务，但概派征，更无分别出产与否。非出产处，百姓数十倍价买纳。此请戒约该部，今后凡物只派产有之处，不许一概均派苦民。……今工匠之弊尤多，四方远近，每户不问几丁，悉征在京，役于工者什不一二，余皆为所管之人私役，不得营生，嗟怨溢路，此请命官巡察究治，及分豁户丁之半放回，单丁者免，老病无余丁者除籍。又有平民本非业匠，为怨家诬引者，当审实除豁。”（雷礼《皇明大政纪》卷十）

少傅杨士奇题请，初即位（英宗）合行事宜：一、敕五府及兵部，整肃军政，以壮国威；一、敕南京户部尚书黄福参赞军务；一、敕淮安镇守，严加守备；一、分委文臣，镇守江西、湖广、河南、山东，以防啸聚；一、敕襄城伯李隆，缉捕江盗；一、敕锦衣卫，缉捕北京盗贼；一、敕陕西、甘肃、宁夏及宣大、开平补给马匹，以防瓦剌入寇；一、敕兵部，发回各卫操军，以便调用；一、敕都督沐昂，赞辅黔国，以驯蛮夷；一、戒缉事官校，使平人少冤；一、令巡按考黜不职；一、选王府官，以正辅王；一、放回在外取来乐工（雷礼《皇明大政纪》卷十）。

杨荣字勉仁，建安人。初名子荣。……成祖……即位，简入文渊阁，为更名荣。……（永乐）五年，命往甘肃经画军务，所过览山川形势，察军民，阅城堡。……八年，从出塞，次胪朐河，选勇士三百人为卫，不以隶诸将，令荣领之。……又明年（十二年），征瓦剌。……帝尝晚坐行幄，召荣计兵食，荣对曰："择将屯田，训练有方，耕耨有时，即兵食足矣。"……二十年，复从出塞，军事悉令参决。……征阿鲁台，或请调建文时江西所集民兵，帝问荣，荣曰："陛下许民复业且二十年，一旦复征之，非示天下信。"从之。明年（二十一年），从出塞，军务悉委荣。……时帝凡五出塞，士卒饥冻，馈运不继，死亡十二三。……荣、（金）幼孜从容言，宜班师。……仁宗即位……进太子少傅、谨身殿大学士……进工部尚书，食三禄。……宣德元年，汉王高煦反，帝召荣等定计，荣首请帝亲征。……帝从其计，至乐安，高煦出降。……正统三年，与士奇俱进少师。五年，乞归展墓。……还至武林驿而卒，年七十。……性喜宾客，虽贵盛无稍崖岸，士多归心焉。或谓荣处国家大事，不愧唐姚崇，而不拘小节，亦颇类之（《明史》卷一四八《杨荣传》）。

杨溥字弘济，石首人。……永乐初侍皇太子，为洗马。……十二年，东宫遣使迎帝迟，帝怒黄淮，逮至北京系狱。……下法司鞫，连溥，逮系锦衣卫狱。……系十年。……仁宗即位，释出狱。……宣宗即位……召溥入内阁，与杨士奇等共典机务。……英宗初立……正统三年，《宣宗实录》成，进少保、武英殿大学士。溥后士奇、荣二十余年入阁，至是，乃与士奇、荣并。……是时王振尚未横，天下清平，朝无失政，中外臣民翕然称“三杨”。以居第目士奇曰“西杨”，荣曰“东杨”，而溥尝自署郡望曰南郡，因号为“南杨”。溥质直廉静，无城府。性恭谨，每入朝，循墙而走。诸大臣论事争可否，或至违言。溥平心处之，诸大臣皆叹服。时谓士奇有学行，荣有才识，溥有雅操，皆人所不及云。……溥孤立，王振益用事。十一年七月，溥卒，年七十五（《明史》卷一四八《杨溥传》）。

成祖时，士奇、荣与解缙等同直内阁，溥亦同为仁宗宫僚，而三人逮事四朝，为时耆硕。溥入阁虽后，德望相亚，是以明称贤相，必首“三杨”（《明史》卷一四八传赞）。

（乙）嘉靖以后之首辅

明代宣、英以后，宦官弄权，权不在阁而在司礼。刘瑾既诛，武宗崩，杨廷和独秉国政，阁权始专。世宗一代，裁抑宦者，张孚敬、张居正，皆以尊信国威、重辅臣体统为务，首辅始尊，秉笔者曰首辅，次曰次辅，又次曰群辅，首之与次，视若僚属。故嘉靖以来之首辅，莫不由倾轧排挤而得之。虽以世宗之威权自握，竟堕其术中而不悟。张孚敬之排杨廷和，杨一清、夏言之排张孚敬，严嵩之死夏言，徐阶之逐严嵩，张居正之逐高拱，当其相争最烈，甚或嗾使台谏以为爪牙。及其末流，仍不免依傍大珰，内外相维，狈狈相依，权仍归于宦寺。

仁、宣之代，与卿并太宰位第一，华盖次之，大宗伯位第三，谨身次之。正统、景泰之际，大宗伯、太宰位皆第一，华盖次之。然在正统，则中贵秉纶綍而专于内；在景泰，则司马预帷幄而分于外，虽理乱之势殊，而阁臣之不得言相犹故也。自天顺之隆，寄于武功氏（徐有贞），然左珥横胄，更得而抗持之，且未几辄败。其后屡寄于南阳（李贤），虽亦参之以太宰、大司马，而相端萌矣。若首次之低昂，亦以时露矣。成化末，太宰文帅，与首臣权相敌也，次之与首，势相逼也。盖皆有所挟而皆不胜，于是相形显，而首次益低昂矣。弘治间，首次以官序而不异权，太宰、大司马以孤卿重而不相角，其治世之象乎哉。正德不亲政，其始端委而听阁臣之赞襄。既而使大阉夺之，阉败，他阉复寄之。又复使介胄参之。于是阁臣孱不复能振，其黠无耻者，甘为之隶役，而窃以自私，何论相哉？是故芳（焦芳）为之次，而不得言首矣。宰彩（张彩）为之外，而不得言内矣。宁（钱宁）、彬（江彬）进，而丝纶移于介胄矣。嘉靖入绍，尽扫其蠹而新之，归政内阁。新都（杨廷和）嶷然，三辅鼎承，百辟风偃，虽不久而有所扼以去，然相形成而首次遂大分。永嘉（张孚敬）之为卿佐，则击内阁而破相之体，居内阁，则排六卿而成相之尊；其为次，则出首之上；为首，则恶次之近。然而直者犹能奋而与之抗，健者犹能挟而掣其肘，若乃屏苞苴，折奸幸，明主威，荡国蠹，斯亦功之首也。已信州（夏言）之所结托，不能如永嘉，而汰过焉。上舞其上，下逞其下，宠尽而辱乘之，身首异处，为天下笑。袁州（严嵩）以柔用，窃人主之喜怒而为威福。荆州（张居正）以刚用，操人主之威福而成喜怒。六卿伺色探旨，若六曹吏称次者，亦惕息屏气，而不敢有所异同。于是乎相之形张矣，其首、次则霄壤矣（王世贞《嘉靖以来首辅传序》）。

张孚敬

张璁字秉用，永嘉人。……正德十六年登第，年四十七矣。世宗初践阼，议追崇所生父兴献王，廷臣持之，议三上三却。璁时在部观政，以是年七月朔上疏曰："孝子之至，莫大乎尊亲。尊亲之至，莫大乎以天下养。陛下嗣登大宝，即议追尊圣考以正其号，奉迎圣母以致其养，诚大孝也。廷议执汉定陶、宋濮王故事，谓为人后者为之子，不得顾私亲。夫天下岂有无父母之国哉？《记》曰：'礼非天降，非地出，人情而已。'汉哀帝、宋英宗，固定陶、濮王子，然成帝、仁宗皆预立为嗣，养之宫中，其为人后之义甚明。故师丹、司马光之论，行于彼一时则可。今武宗无嗣，大臣遵祖训，以陛下伦序当立而迎立之，遗诏直曰‘兴献王长子’，未尝著为人后之义，则陛下之兴，实所以承祖宗之统，与预立为嗣、养之宫中者，较然不同。议者谓孝庙德泽在人，不可无后，假令圣考尚存，嗣位今日，恐弟亦无后兄之义。且迎养圣母，以母之亲也。称皇叔母，则当以君臣礼见，恐子无臣母之义。礼，长子不得为人后，圣考止生陛下一人，利天下而为人后，恐子无自绝其父母之义，故在陛下，谓入继祖后而得不废其尊亲则可，谓为人后以自绝其亲则不可。夫统与嗣不同，非必父死子立也。汉文承惠帝后，则以弟继；宣帝承昭帝后，则以兄孙继。若必夺此父子之亲，建彼父子之号，然后谓之继统，则古有称高伯祖、皇伯考者，皆不得谓之统乎？臣窃谓今日之礼，宜别立圣考庙于京师，使得隆尊亲之孝，且使母以子贵、尊与父同，则圣考不失其为父，圣母不失其为母矣。”帝方扼廷议，得璁疏，大喜曰：“此论出，吾父子获全矣。”亟下廷臣议，廷臣大怪骇，交起击之。礼官毛澄等，执如初。会献王妃至通州，闻尊称礼未定，止不肯入。帝闻而泣，欲避位归藩。璁乃著《大礼或问》上之，帝于是连驳礼官疏，廷臣不得已，合议尊孝宗曰皇考，兴献王曰本生父兴献帝。璁亦除南京刑部主事以去，追崇议且寝。至嘉靖三年正月，帝得桂萼疏，心动，复下廷议。汪俊代毛澄为礼部，执如澄。璁乃复上疏曰：“陛下遵兄终弟及之训，伦序当立。礼官不思陛下实入继大统之君，而强比与为人后之例，绝献帝天性之恩，蔑武宗相传之统，致陛下父子、伯侄、兄弟名实俱紊，宁负天子，不敢忤权臣，此何心也？伏睹圣谕云：兴献王独生朕一人，既不得承绪，又不得徽称，罔极之恩，何由得报？执政窥测上心，有见于推尊之重，故今日争一帝字，明日争一皇字，而陛下之心，亦日以不帝不皇为歉。既而加称为帝，谓陛下心既慰矣，故留一皇字，以觇陛下将来未尽之心，遂敢称孝宗为皇考，称兴献帝为本生父。父子之名既更，推崇之义安在？乃遽诏告天下，乘陛下不觉，陷以不孝。《礼》曰：'君子不夺人之亲，亦不可夺亲也。'陛下尊为万乘，父子之亲人可得而夺之，又可容人之夺之乎？故今日之礼，不在皇与不皇，惟在考与不考。若徒争一皇字，则执政必姑以是塞今日之议，陛下亦姑以是满今日之心，臣恐天下知礼者，必将非笑无已也。"与桂萼第二疏同上，帝益大喜，立召两人赴京。……二人已在道，复驰疏曰："礼官惧臣等面质，故先为此术，求遂其私。若不亟去本生之称，天下后世，终以陛下为孝宗之子，堕礼官欺蔽中矣。"帝益心动，趣召二人。五月，抵都，复条上七事，众汹汹欲扑杀之，萼惧不敢出，璁阅数日始朝。给事御史张翀、郑本公等，连章力攻，帝益不悦，特授二人翰林学士……由是璁等势大张。其年九月，卒用其议，定尊称。帝益眷倚璁、萼，璁、萼益恃宠，雠廷臣，举朝士大夫，咸切齿此数人矣。四年冬，《大礼集议》成，进詹事，兼翰林学士。后议世庙神道庙乐武舞及太后谒庙，帝率倚璁言而决。璁缘饰经文，委曲当帝意，帝益器之。璁急图柄用，为大学士费宏所抑，遂与萼连章攻宏。……五年七月，璁以省墓请，既辞朝，帝复用为兵部右侍郎，兼官如故。……寻进璁左侍郎，复与萼攻费宏。明年（六年）二月，兴王邦奇狱，构陷杨廷和等，宏及石珤同日罢。……会山西巡按马录治反贼李福达狱，词连武定侯郭勋，法司谳如录拟，璁谗于帝，谓廷臣以议礼故陷勋。帝果疑诸臣朋比，乃命璁署都察院，桂萼署刑部，方献夫署大理覆谳，尽反其狱，倾诸异己者。……其年冬，遂拜礼部尚书，兼文渊阁大学士，入参机务，去释褐六年耳。杨一清为首辅，翟銮亦在阁，帝待之不如璁。……七年正月……乃手敕加二人太子太保。璁辞以未建青宫，官不当设，乃更加少保兼太子太保。明伦大典成，复进少傅，兼太子太傅、吏部尚书、谨身殿大学士。一清再相，颇由璁、萼力，倾心下二人，而璁终以压于一清，不获尽如意，遂相龃龉。……璁乞休者再，词多阴诋一清。帝乃褒谕璁，而给事中陆粲复劾其擅作威福，报复恩怨，帝大感悟，立罢璁。……璁行抵天津，帝命行人赍手敕召还，一清遂罢去，璁为首辅。……而夏言始用事。……十年二月，璁以名嫌御讳，请更，乃赐名孚敬，字茂恭，御书四大字赐焉。夏言恃帝眷，数以事讦孚敬。孚敬衔之，未有以发。纳彭泽言，构陷行人司正薛侃，因侃以害言，廷鞠事露，旨斥其忮罔。……帝谕法司，令致仕。孚敬乃大惭去，未几，遣行人赍敕召之。明年（十一年）三月，还朝，言已擢礼部尚书，益用事。李时、翟銮在阁，方献夫继入，孚敬亦不能专恣如曩时矣。八月，彗星见东井，帝心疑大臣擅政，孚敬因求罢。都给事中魏良弼诋孚敬奸。……许之致仕。……十二年正月，帝复思之，遣鸿胪赍敕召。四月，还朝。六月，彗星复见毕、昴间，乞避位，不许。明年（十三年），进少师，兼太子太师、华盖殿大学士。初，潞州陈卿乱，孚敬主用兵，贼竟灭。大同再乱，亦主用兵，荐刘源清为总督，师久无功。其后乱定，代王请大臣安辑，夏言遂力诋用兵之谬，请如王言，语多侵孚敬。……孚敬以议不用，称疾乞休，疏三上。已而子死，请益力，帝报曰："卿无疾，疑朕耳。"孚敬复上奏，不引咎，且历诋同议礼之萼、献夫、（霍）韬、（黄）绾等。帝诘责之，乃复起视事。……十四年春，得疾，帝遣中官赐尊牢。……孚敬幸得温谕，遂屡疏乞骸骨，命行人御医护归，有司给廪隶如制。明年（十五年）五月，帝复遣锦衣官赍手敕视疾，趣其还。行至金华，疾大作，乃归。十八年二月，卒。……孚敬刚明果敢，不避嫌怨。既遇主，亦时进谠言。帝欲坐张延龄反，族其家。孚敬诤曰："延龄，守财虏耳，何能反？"数诘问，对如初。及秋尽当论，孚敬上疏谓："昭圣皇太后春秋高，卒闻延龄死，万一不食，有他故，何以慰敬皇帝在天之灵？"帝恚，责孚敬："自古强臣令主非一，若今爱死囚令主矣。当悔不从廷和事敬皇帝耶？"帝故为重语愒止孚敬，而孚敬意不已。以故终昭圣皇太后世，延龄得长系。他若清勋戚庄田，罢天下镇守内臣，先后殆尽，皆其力也。持身特廉，痛恶赃吏，一时苞苴路绝。而性狠愎，报复相寻，不护善类。欲力破人臣私党，而己先为党魁。"大礼"大狱，从诟没世。顾帝始终眷礼，廷臣卒莫与二，尝称少师萝山而不名（《明史》卷一九六《张璁传》）。

张孚敬相业，以裁抑中人为最著。

孚敬……数言，中贵人之使外者，多贪横为国蠹贼。上具悉其状，悉裁革镇守监仓市舶之数，后先殆尽（王世贞《嘉靖以来首辅传》卷二）。

嘉靖以来，首、次辅相构不绝，其端实肇于张孚敬。

孚敬复上疏，谓三杨以后，奸人鄙夫占据内阁，贪污无耻习以为常。复以闲废有年，阴求起用。去而复来，略不惩悔前轨；来而复去，尤且阴为后图。其人日轻，其势日重，且不知何缘，止推首者一人，余皆唯唯。小有异同，旋加挤斥（王世贞《嘉靖以来首辅传》卷二）。

给事秦鳌，复论孚敬强辨饰非，媢嫉愈甚，顷上谕以举贤容众，同寅协恭。今言官论列，辄文致其罪，而内阁同列，亦欲以祸机中之，曰曲法，曰媚人。且票拟圣旨，引以自归，明示中外，以天子之权在其掌握（王世贞《嘉靖以来首辅传》卷二）。

夏言

夏言字公谨，贵溪人。……举正德十二年进士。授行人，权兵科给事中。……嘉靖初，偕御史樊继祖等，出按庄田，悉夺还民产。劾中官赵霦、建昌侯张延龄，疏凡七上。请改后宫负郭庄田为亲蚕厂公桑园，一切禁戚里求请，及河南、山东奸人献民田王府者。……屡迁兵科都给事中。……七年，调吏科。当是时，帝锐意礼文事。以天地合祀非礼，欲分建二郊，并日月而四。大学士张孚敬不敢决，帝卜之太祖亦不吉，议且寝。会言上疏请帝亲耕南郊，后亲蚕北郊，为天下倡。帝以南北郊之说，与分建二郊合，令孚敬谕旨，言乃请分祀天地。廷臣持不可，孚敬亦难之，詹事霍韬诋尤力。帝大怒，下韬狱。降玺书奖言，赐四品服俸，卒从其请。又赞成二郊配飨议。……自是大蒙帝眷。郊坛工兴，即命言监之。……十年三月，遂擢少詹事，兼翰林学士掌院事、直讲如故。……八月，四郊工成，进言礼部左侍郎，仍掌院事。逾月，代李时为本部尚书。去谏官未浃岁拜六卿，前此未有也。……阁臣李时、翟銮取充位。……十五年……皇子生，帝赐言甚渥，初加太子太保，进少傅，兼太子太傅。闰十二月，遂兼武英殿大学士，入参机务。……时李时为首辅，政多自言出。……其冬，时卒，言为首辅。十八年，以祗荐皇天上帝册表，加少师，特进光禄大夫、上柱国。明世人臣无加上柱国者，言所自拟也。武定侯郭勋得幸，害言宠。而礼部尚书严嵩，亦心妒言。……帝幸大峪山，言进居守敕稍迟，帝责让，言惧请罪，帝大怒曰："言自卑官因孚敬议郊礼进，乃怠慢不恭，进密疏不用赐章。"……削少师勋阶，以少保、尚书、大学士致仕。……居数日，怒解，命止行，复以少傅、太子太傅入直。……陕西奏捷。复少师、太子太师，进吏部尚书、华盖殿。……（顾）鼎臣已殁，翟銮再入，恂恂若属吏然，不敢少龃龉。而霍韬入掌詹事府，数修怨，以郭勋与言有隙，结令助己，三人日相构。既而韬死，言、勋交恶自若。九庙灾，言方以疾在告，乞罢，不允。昭圣太后崩，诏问太子服制，言报疏有讹字，帝切责言，言谢罪，且乞还家治疾。帝益怒，令以少保、尚书、大学士致仕。……初，言撰青词及他文，最当帝意。言罢，独翟銮在，非帝所急也。及将出都，诣西苑斋官叩首谢，帝闻而怜之，特赐酒馔，俾还私第治疾，俟后命。……给事中高时者，言所厚也。尽发勋贪纵不法十数事，遂下勋狱。复言少傅、太子太师、礼部尚书、武英殿大学士，疾愈入直。言虽在告，阁事多取裁。治勋狱，悉其指授。二十一年……入直西苑诸臣，帝皆令乘马，又赐香叶束发巾，用皮帛为履，言谓非人臣法服，不受。又独乘腰舆，帝积数憾，欲去言，而严嵩因得间之。嵩与言同乡，称先达，事言甚谨。言入阁，援嵩自代，以门客畜之，嵩心恨甚。言既失帝意，嵩日以柔佞宠。言惧斥，呼嵩与谋，嵩则已潜造陶仲文第，谋龁言，代其位。言知甚愠，讽言官屡劾嵩。帝方怜嵩，不听也，两人遂大郄。六月，嵩燕见，顿首雨泣，愬言见凌状。帝使悉陈言罪，嵩因振暴其短，帝大怒，手敕礼部，历数言罪。……会七月朔，日食既，下手诏曰：“日食过分，正坐下慢上之咎。其落言职闲住。”……于是严嵩遂代言入阁。……至二十四年，帝微觉嵩贪恣，复思言，遣官赍敕召还，尽复少师诸官阶。亦加嵩少师，若与言并者。言至，直陵嵩出其上，凡所批答，略不顾嵩，嵩噤不敢吐一语。所引用私人，言斥逐之，亦不敢救，衔次骨。海内士大夫，方怨嵩贪忮，谓言能压嵩，制其命，深以为快。而言以废弃久，务张权。……未几，河套议起，言故慷慨以经济自许，思建立不世功。因陕西总督曾铣，请复河套，赞决之。……铣喜，益锐意出师。帝忽降旨诘责，语甚厉。嵩揣知帝意，遂力言河套不可复，语侵言，言始大惧谢罪，且言嵩未尝异议，今乃尽诿于臣。帝责言强君胁众，嵩复腾疏攻言，言亦力辨。而帝已入嵩谮，怒不可解。二十七年正月，尽夺言官阶，以尚书致仕，犹无意杀之也。会有蜚语闻禁中，谓言去时怨谤。嵩复代仇鸾草奏讦言纳铣金，交关为奸利。……遣官校逮言。言抵通州，闻铣所坐，大惊堕车曰：“噫！吾死矣。”再疏讼冤，言：“鸾方就逮，上降谕不两日，鸾何以知上语，又何知嵩疏而附丽若此。盖嵩与崔元辈诈为之以倾臣。嵩静言庸违似共工，谦恭下士似王莽，奸巧弄权、父子专政似司马懿。在内诸臣受其牢笼，知有嵩不知有陛下。在外诸臣受其钳制，亦知有嵩不知有陛下。臣生死系嵩掌握，惟归命圣慈，曲赐保全。”帝不省。狱成，刑部尚书喻茂坚、左都御史屠侨等当言死，援议贵议能条以上。帝不从，切责茂坚等，夺其俸，犹及言前不戴香冠事。其年十月竟弃言市。……死时年六十有七。言豪迈有俊才，纵横辨博，人莫能屈。既受特眷，揣帝意不欲臣下党比，遂日与诸议礼贵人抗。帝以为不党，遇益厚，然卒为严嵩所挤。言死，嵩祸及天下，久乃多惜言者。而言所推毂徐阶，后卒能去嵩为名相（《明史》卷一九六《夏言传》）。

夏言与严嵩争权构衅，各出诈力相搏，崔元、陆炳、仇鸾皆附嵩以倾言，言因致败。

御史陈其学，以盐法事，论京山侯崔元、都督同知陆炳，言拟旨令陈状，皆造言请死，有所进橐，炳至长跪而解，以是皆与嵩比，而谋构言。言殊不自悟，上左右小珰来谒言者，言奴视之。其诣嵩，嵩必执手，延坐款款，密持黄金置其袖，以是争好嵩而恶言（王世贞《嘉靖以来首辅传》卷三）。

夏言与曾铣主复河套，适世宗不愿启兵衅，乃为严嵩所陷。其实河套非不应复，非不能复也。

曾铣者，故亦功名士也。以御史平辽阳叛卒显，累官总督陕西三边。念河套肥饶地，久弃之边，与敌共之，敌得乘间入，巢窟其中，畜牧水草，于犯秦、陇甚易，欲以十万众逐之，因故地筑城，增戍填其中，其为全陕计甚备，闻于言。言见以为名美，大悦。……言……以为功必可成，亟下兵部，会廷臣议。铣所请大司农金钱，以数十万计，调山东、河南良家子亦不下万余，皆心知其难，不敢决，而言意小沮。会铣疏复请给誓剑，得专僇节帅以下。上心恶之，始下谕言等："河套之患久矣，今以征逐为名，不知师出果有名否，兵果有余力，食果有余积，成功可必否？一铣何足言，只恐百姓受无辜之僇耳。"言惧不敢决，请上裁。上乃以前谕下司礼监，印发兵部。及预议诸臣，严嵩既以窥上指，乃上疏，极称寇之不易胜，河套之必不可复。师既无名，费复不浅，而谓在廷之臣，无不知其非者，第有所畏耳（王世贞《嘉靖以来首辅传》卷三）。

夏桂州（言）主复河套，欲为书生封公侯计，至作《渔家傲》曲，遍令人属和，以为功在漏刻。至世宗入仇、严之谮，始惊怖自辨，诿出套之罪于曾铣。上终不听，以至西市之僇。……当夏未下狱时，适陕西澄城县有移山之变，事在嘉靖二十六年七月二十一日，直至十二月二十八日。始入奏时，上方修长生祈福，而元旦得实封，且正值曾铣出塞失利之期，上震惧且大怒，而严介溪（嵩）授真人陶仲文密计，令谮夏于上，谓山崩应在圣躬，可如周太史答楚昭王故事，移于将相。又私语大珰，汉世灾异，赐三公死以应天变。又密疏引翟方进事，而夏遂不免矣。上元旦即下圣谕，谓气数固莫逃，亦不可坐视者是也。夏死后十四年，为壬戌岁，严氏败，亦由术士蓝道行扶乩、传仙语，称嵩奸而阶忠，上玄不诛，而待上诛，时皆云徐华亭（阶）实使之。盖夏、严受祸，皆出雠口，而扶乩更巧于占验矣（沈德符《野获编》卷八《内阁》）。

夏言倨侈，亦其致败之由。

严相谓华亭公（徐阶）：吾生平为贵溪（夏言）所狼藉，不可胜数，而最不堪者二事：其一，大宗伯时，贵溪为首揆，俱在直，欲置酒延贵溪者数矣，多不许。间许至，前一日而后辞，则所征集方物、红羊、貔狸、消熊、栈鹿之类，俱付之乌有。一日，候出直，乃敢启齿。又，次揆诸城（翟銮）为从臾，则曰："吾以某日赴，赴自阁，出即造公，不过家矣。"至日，诸城为先憩西朝房以俟，乃贵溪复过家，寝于它姬所，薄暮始至，就坐进酒，三勺一汤，取略沾唇而已。忽傲然起，长揖命舆，诸城亦不敢后，三人者竟不交一言。又云：贵溪之再相而至罢，垂二载，每阁中会馔，不食大官供，家所携酒肴甚丰饫，器用皆用金。与某日共案而食，某自食大官供，寥寥草具，共案相对，未尝以一匕见及也。贵溪后严登第十二年，其成进士时，严以编修同经房试，初投刺，称晚生。拜学士，用故事称门生。为尚书日，称侍生。既拜相，则曰"言顿首"而已(王世贞《弇州史料后集》卷三十三)。

严嵩

严嵩在相位二十一年，委用最专，窃权最久，然其恶不显，皆假帝意行之，故修《明史》时，尚有讼言其不应列入《奸臣传》者。当世宗之时，"南倭北虏"之乱，经十余年不绝。加以营建斋醮，用度不继，始加赋百二十万，加淮扬盐课至百万，公私困竭，虽非尽由嵩导之，而嵩以奸贪固位，明代之败坏，未始不由于嵩也。

严嵩字惟中，分宜人。长身戍削，疏眉目，大音声。举弘治十八年进士。改庶吉士，授编修。移疾归，读书钤山十年。为诗古文辞，颇著清誉。……召为国子祭酒。嘉靖七年，历礼部右侍郎。……迁吏部左侍郎，进南京礼部尚书，改吏部，居南京五年。以贺万寿节至京师，会廷议更修《宋史》，辅臣请留嵩，以礼部尚书兼翰林学士董其事。及夏言入内阁，命嵩还掌部事。帝将祀献皇帝明堂，以配上帝。已，又欲称宗，入太庙。嵩与群臣议沮之，帝不悦，著《明堂或问》示廷臣。嵩惶恐，尽改前说，条画礼仪甚备。礼成，赐金币。自是益务为佞悦。……寻加太子太保。……嵩遂倾言，斥之，言去。醮祀青词，非嵩无当帝意者。二十一年八月，拜武英殿大学士，入直文渊阁，仍掌礼部事。时嵩年六十余矣，精爽溢发，不异少壮，朝夕直西苑板房，未尝一归洗沐。帝益谓嵩勤，久之，请解部事，遂专直西苑。……寻加太子太傅。翟銮资序在嵩上，帝待之不如嵩，嵩讽言官论之，銮得罪去。吏部尚书许赞、礼部尚书张璧同入阁，皆不预闻票拟事，政事一归嵩。……累进吏部尚书、谨身殿大学士、少傅兼太子太师。……嵩寻加特进，再加华盖殿大学士。窥言失帝眷，用河套事，构言及曾铣，俱弃市。……嵩无他才略，惟一意媚上，窃权罔利。帝英察自信，果刑戮，颇护己短。嵩以故得因事激帝怒，戕害人以成其私，张经、李天宠、王忬之死，嵩皆有力焉。前后劾嵩、世蕃者，谢瑜、叶经、童汉臣、赵锦、王宗茂、何维柏、王晔、陈垲、厉汝进、沈铼、徐学诗、杨继盛、周铁、吴时来、张翀、董传策皆被谴，经、铼用他过置之死，继盛附张经疏尾杀之，他所不悦，假迁除考察以斥者甚众，皆未尝有迹也。……嵩年八十，听以肩舆入禁苑。帝自十八年葬章圣太后后，即不视朝，自二十年宫婢之变，即移居西苑万寿宫，不入大内，大臣希得谒见，惟嵩独承顾问，御札一日或数下，虽同列不获闻，以故嵩得逞志。然帝虽甚亲礼嵩，亦不尽信其言，间一取独断，或故示异同，欲以杀离其势。嵩父子独得帝窾要，欲有所救解，嵩必顺帝意痛诋之，而婉曲解释以中帝所不忍。即欲排陷者，必先称其孅，而以微言中之，或触帝所耻与讳。以是移帝喜怒，往往不失。士大夫辐辏附嵩，时称文选郎中万寀、职方郎中方祥等为嵩文武管家。尚书吴鹏、欧阳必进、高耀、许论辈，皆惴惴事嵩。嵩握权久，遍引私人居要地。帝亦浸厌之，而渐亲徐阶。……阶因得间倾嵩。……会万寿宫火，嵩请暂徙南城离宫。南城，英宗为太上皇时所居也。帝不悦。而徐阶营万寿宫甚称旨，帝益亲阶，顾问多不及嵩。即及嵩，祠祀而已。……未几，帝入方士蓝道行言，有意去嵩。御史邹应龙避雨内侍家，知其事，抗疏极论嵩父子不法，曰："臣言不实，乞斩臣首以谢嵩、世蕃。"帝降旨慰嵩，而以嵩溺爱世蕃，负眷倚，令致仕，驰驿归，有司岁给米百石，下世蕃于理。嵩为世蕃请罪，且求解，帝不听。法司奏论世蕃及其子锦衣鹄、鸿，客罗龙文，戍边远。诏从之，特宥鸿为民，使侍嵩，而锢其奴严年于狱，擢应龙通政司参议。时四十一年五月也。……其明年（四十四年），南京御史林润奏："江洋巨盗，多入逃军罗龙文、严世蕃家。龙文居深山，乘轩衣蟒，有负险不臣之志。世蕃得罪后，与龙文日诽谤时政。其治第，役众四千。道路皆言两人通倭，变且不测。"诏下润逮捕，下法司论斩，皆伏诛。黜嵩及诸孙皆为民。嵩窃政二十年，溺信恶子，流毒天下，人咸指目为奸臣。其坐世蕃大逆，则徐阶意也。又二年，嵩老病，寄食墓舍以死。……时坐严氏党被论者，前兵部右侍郎柏乡魏谦吉、工部左侍郎南昌刘伯跃、南京刑部右侍郎德安何迁、右副都御史信阳董威、佥都御史万安张雨、应天府尹祥符孟淮、南京光禄卿南昌胡植、南京光禄少卿武进白启常、右谕德兰溪唐汝楫、南京太常卿掌国子监事新城王材、太仆丞新喻张春，及嵩婿广西副使袁应枢等数十人，黜谪有差（《明史》卷三〇八《严嵩传》）。

严嵩之恶，以杀谏臣沈铼、杨继盛为最著。

沈铼字纯甫，会稽人。嘉靖十七年进士。除溧阳知县……补清丰，入为锦衣卫经历。……遂上疏："……今大学士嵩，贪婪之性疾入膏肓，愚鄙之心顽于铁石。……姑举其罪之大者言之：纳将帅之贿，以启边陲之衅，一也；受诸王馈遗，每事阴为之地，二也；揽御史之权，虽州、县小吏，亦皆货取，致官方大坏，三也；索抚、按之岁例，致有司递相承奉，而闾阎之财日削，四也；阴制谏官，俾不敢直书，五也；妬贤嫉能，一忤其意，必致之死，六也；纵子受财，敛怨天下，七也；运财还家，月无虚日，致道途驿骚，八也；久居政府，擅宠害政，九也；不能协谋天讨，上贻君父忧，十也。”……帝大怒，搒之数十，谪佃保安。既至……缚草为人，象李林甫、秦桧及嵩，醉则聚子弟攒射之。或踔骑居庸关口，南向戟手詈嵩，复痛哭乃归。语稍稍闻京师，嵩大恨，思有以报铼。……世蕃以属巡按御史。……路楷亦嵩党也，世蕃属与（总督杨）顺合图之，许厚报，两人日夜谋所以中铼者。会蔚州妖人阎浩等，素以白莲教惑众，出入漠北，泄边情为患，官军捕获之，词所连及甚众。顺喜，谓楷曰：“是足以报严公子矣。”窜铼名其中，诬浩等师事铼，听其指挥。具狱上，嵩父子大喜。前总督（许）论适长兵部，竟覆如其奏，斩铼宣府市，戍子襄极边（《明史》卷二〇九《沈铼传》）。

杨继盛以劾权奸严嵩，被祸最酷。至今疏草犹存，虽乡里妇孺，皆知其忠。严嵩之恶，亦尽于其疏中所指矣。

杨继盛字仲芳，容城人。……嘉靖二十六年登进士。授南京吏部主事。……改兵部员外郎。俺答躏京师，咸宁侯仇鸾以勤王故有宠，帝命鸾为大将军，倚以办寇。鸾中情怯，畏寇甚，方请开互市市马，冀与俺答媾，幸无战斗，固恩宠。继盛以为雠耻未雪，遽议和示弱，大辱国，乃奏言十不可、五谬。……乃下继盛诏狱，贬狄道典史。……迁诸城知县。月余，调南京户部主事。三日，迁刑部员外郎。当是时，严嵩最用事，恨鸾凌己，心善继盛首攻鸾，欲骤贵之。复改兵部武选司，而继盛恶嵩甚于鸾，且念起谪籍，一岁四迁官，思所以报国。抵任甫一月，草奏劾嵩，斋三日，乃上奏曰：……方今外贼惟俺答，内贼惟严嵩。……请以嵩十大罪为陛下陈之。高皇帝罢丞相，设立殿阁之臣，备顾问、视制草而已，嵩乃俨然以丞相自居。凡府部题覆，先面白而后草奏。百官请命，奔走直房如市。无丞相名，而有丞相权。天下知有嵩，不知有陛下。是坏祖宗之成法。大罪一也。陛下用一人，嵩曰“我荐也”；斥一人，曰“此非我所亲，故罢之”。陛下宥一人，嵩曰“我救也”；罚一人，曰“此得罪于我，故报之”。伺陛下喜怒以恣威福。群臣感嵩甚于感陛下，畏嵩甚于畏陛下。是窃君上之大权。大罪二也。陛下有善政，嵩必令世蕃告人曰“主上不及此，我议而成之”。又以所进揭帖刊刻行世，名曰《嘉靖疏议》，欲天下以陛下之善尽归于嵩。是掩君上之治功。大罪三也。陛下令嵩司票拟，盖其职也。嵩何取而令子世蕃代拟，又何取而约诸义子赵文华辈群聚而代拟。题疏方上，天语已传。如沈链劾嵩疏，陛下以命吕本，本即潜送世蕃所，令其拟上。是嵩以臣而窃君之权，世蕃复以子而盗父之柄，故京师有“大丞相、小丞相”之谣。是纵奸子之僭窃。大罪四也。严效忠、严鹄，乳臭子耳，未尝一涉行伍。嵩先令效忠冒两广功，授锦衣所镇抚矣。效忠以病告，鹄袭兄职。又冒琼州功，擢千户。以故总督欧阳必进躐掌工部，总兵陈圭溶统后府，巡按黄如桂亦骤亚太仆。既藉私党以官其子孙，又因子孙以拔其私党，是冒朝廷之军功。大罪五也。逆鸾先已下狱论罪，贿世蕃三千金，荐为大将。鸾冒擒哈叨儿功，世蕃亦得增秩。嵩父子自夸能荐鸾矣，及知陛下有疑鸾心，复互相排诋，以泯前迹。鸾勾贼，而嵩、世蕃复勾鸾。是引背逆之奸臣。大罪六也。前俺答深入，击其惰归，此一大机也。兵部尚书丁汝夔问计于嵩，嵩戒无战。及汝夔逮治，嵩复以论救绐之。汝夔临死大呼曰：“嵩误我。”是误国家之军机。大罪七也。郎中徐学诗劾嵩革任矣，复欲斥其兄中书舍人应丰。给事厉汝进劾嵩谪典史矣，复以考察令吏部削其籍。内外之臣，被中伤者何可胜计。是专黜陟之大柄。大罪八也。凡文武迁擢，不论可否，但衡金之多寡而畀之。将弁惟贿嵩，不得不朘削士卒；有司惟贿嵩，不得不掊克百姓。士卒失所，百姓流离，毒遍海内。臣恐今日之患不在境外而在域中，是失天下之人心。大罪九也。自嵩用事，风俗大变。贿赂者荐及盗跖，疏拙者黜逮夷、齐。守法度者为迂疏，巧弥缝者为才能。励节介者为矫激，善奔走者为练事。自古风俗之坏，未有甚于今日者。盖嵩好利，天下皆尚贪。嵩好谀，天下皆尚谄。源之弗洁，流何以澄？是敝天下之风俗。大罪十也。……愿陛下听臣之言，察嵩之奸，或召问裕、景二王，或询诸阁臣，重则置宪，轻则勒致仕。……疏入，帝已怒。嵩见召问二王语，喜谓可指此为罪，密构于帝。帝益大怒，下继盛诏狱，诘何故引二王。……坐诈传亲王令旨律绞。……遂以三十四年十月朔，弃西市，年四十（《明史》卷二〇九《杨继盛传》）。

严嵩之倾覆，由于邹应龙、林润疏劾其子世蕃以撼嵩，则授意于徐阶，且通方士蓝道行及内侍等。诛世蕃之爰书，亦出徐阶手定。

邹应龙字云卿，长安人。嘉靖三十五年进士。授行人，擢御史。严嵩擅政久，廷臣攻之者辄得祸，相戒莫敢言。而应龙知帝眷已潜移，其子世蕃益贪纵，可攻而去也。乃上疏曰："工部侍郎严世蕃，凭藉父权，专利无厌。私擅爵赏，广致赂遗。使选法败坏，市道公行。群小竞趋，要价转巨。刑部主事项治元以万三千金转吏部，举人潘鸿业以二千二百金得知州。……平时交通赃贿，为之居间者，不下百十余人。而其子锦衣严鹄、中书严鸿、家人严年、幕客中书罗龙文为甚。……臣请斩世蕃首，悬之于市，以为人臣凶横不忠之戒。苟臣一言失实，甘伏显戮。嵩溺爱恶子，召赂市权，亦宜亟放归田，用清政本。"帝颇知世蕃居丧淫纵，心恶之。会方士蓝道行，以扶乩得幸，帝密问辅臣贤否，道行诈为乩语，具言嵩父子弄权状，帝由是疏嵩而任徐阶。及应龙奏入，遂勒嵩致仕，下世蕃等诏狱，擢应龙通政司参议（《明史》卷二一〇《邹应龙传》）。

臣近因严世蕃、罗文龙罪恶显著，敬陈其概。……仰荷圣明洞察，专委拿送。臣……驰赴九江……始得逆状之详。窃思世蕃之首恶虽拿，而余党犹未解，祸根犹未绝，人情汹汹，尚虑其后。……切照逆犯严世蕃罪恶滔天。……任彭孔为主谋，任罗龙文为羽翼，任恶男严鹄等、家人严珍二等为爪牙。……养家丁已逾二千，纳亡叛更倍其数。以造房为名，而聚四千之众；以防盗为名，而募数千之兵，精悍皆在其中，妖术并收于内（《皇明奏疏类钞》林润《请申逆罪正典刑疏》）。

初，徐华亭（阶）为分宜（严嵩）所猜防，乃以长君太常璠次女，字世蕃所爱幼子，分宜大喜，坦然不复疑。及世蕃逮至，将就法，则此女及笄矣。太常晨谒乃翁，色怒不言，侦知其意，遂酖其女以报，华亭粿然颔之。不浃日而世蕃赴市矣（沈德符《野获编》卷八《内阁》）。

严嵩父子蠹国之罪，即通贿一端，已不可逭。籍没时，得现银凡二百五万，其珍物见于《冰山录》者，尚不知纪极。民穷财尽，嘉靖以后，有明所以不振。

严世蕃积赀满百万，辄置酒一高会，其后四高会矣，而乾没不止。尝与所厚客屈指天下富家，居首等者凡十七家，虽溧阳史恭甫最有声，亦仅得二等之首。所谓十七家者，已与蜀王、黔公、太监高忠、黄锦及成公、魏公、陆都督炳。又，京师有张二锦衣者，太监永之侄也。山西三姓，徽州二姓，与土官贵州安宣慰，积赀满五十万以上，方居首等。前是无锡有邹望者将百万，安国者过五十万，今吴兴董尚书家过百万，嘉兴项氏将百万，项之金银、古玩实胜董，田宅、典库、赀产不如耳。大珰冯保、张宏，家赀皆直二百万之上。武清李侯，当亦过百万矣（王世贞《弇州史料后集》卷三十六）。

徐阶

徐阶与严嵩相构，卒以智力逐嵩，而获世誉，笼络台谏为已用。隆庆之初，复大礼大狱之贬逐者，欲以宽得人心，独揽相权，遂为高拱所逐。

徐阶字子升，松江华亭人。……嘉靖二年进士第三人。授翰林院编修。……从王守仁门人游，有声士大夫间。……皇太子出阁，召拜司经局洗马，兼翰林院侍讲。丁母忧归，服除，擢国子祭酒，迁礼部右侍郎，寻改吏部。故事，吏部率镝门，所接见庶官，不数语。阶折节下之，见必深坐，咨边腹要害、吏治民瘼，皆自喜得阶意，愿为用。尚书熊浃、唐龙、周用皆重阶。阶数署部事，所引用宋景、张岳、王道、欧阳德、范锪，皆长者。用卒，闻渊代，自处前辈，取立断。阶意不乐，求出避之。命兼翰林院学士，教习庶吉士。寻掌院事，进礼部尚书。帝察阶勤，又所撰青词独称旨，召直无逸殿。……寻以推恩加太子太保。俺答犯京，阶请释周尚文，及戴纶、欧阳安等自效。报可。已，请帝还大内，召群臣计兵事，从之。……俺答求贡。……帝复问阶，阶曰："寇深矣，不许恐激之怒，许则彼厚要我，请遣译者绐缓之。我得益为备，援兵集，寇且走。"帝称善者再。嵩、阶因请帝出视朝。寇寻饱去，乃下阶疏，弗许贡。嵩怙宠弄权，猜害同列。既仇夏言，置之死，而言尝荐阶，嵩以是忌之。……一日，独召对，语及阶，嵩徐曰："阶所乏非才，但多二心耳。"盖以其尝请立太子也。阶危甚，度未可与争，乃谨事嵩，而益精治斋词迎帝意。左右亦多为地者。帝怒渐解。未几，加少保，寻进兼文渊阁大学士，参预机务。密疏发咸宁侯仇鸾罪状，嵩以阶与鸾尝同直，欲因鸾以倾阶。及闻鸾罪发自阶，乃愕然止，而忌阶益甚。帝既诛鸾，益重阶，数与谋边事。……一品满三载，进勋，为柱国，再进兼太子太傅、武英殿大学士。满六载，兼食大学士俸，再录子为中书舍人，加少傅。九载，改兼吏部尚书，赐宴礼部，玺书褒谕有加。……杨继盛之劾嵩也，嵩固疑阶。赵锦、王宗茂劾嵩，阶又议薄其罚。及是，给事中吴时来、主事董传策、张翀劾嵩不胜，皆下狱。传策，阶里人；时来、翀，阶门生也。嵩遂疏辨，显谓阶主使，帝不听。有所密询，皆舍嵩而之阶。寻加太子太师。帝所居永寿宫灾，徙居玉熙殿，隘甚，欲有所营建，以问嵩。嵩请还大内，帝不怿。问阶，阶请以三殿所余材，责尚书雷礼营之，可计月而就。帝悦，如阶议。命阶子尚宝丞璠兼工部主事董其役，十旬而功成。帝即日徙居之，命曰万寿宫。以阶忠，进少师，兼支尚书俸，予一子中书舍人。子璠亦超擢太常少卿。嵩乃日屈。嵩子世蕃贪横淫纵状亦渐闻，阶乃令御史邹应龙劾之。帝勒嵩致仕，擢应龙通政司参议。阶遂代嵩为首辅。……帝以嵩直庐赐阶，阶榜三语，其中曰："以威福还主上，以政务还诸司，以用舍刑赏还公论。"于是朝士侃侃，得行其意。……阶以张孚敬及嵩导帝猜刻，力反之，务以宽大开帝意。帝恶给事御史抨击过当，欲有所行遣，阶委曲调剂，得轻论。……言路益发舒。……阶独当国。屡请增阁臣，且乞骸骨。乃命严讷、李春芳入阁，而待阶益隆。以一品十五载考，恩礼特厚，复赐玉带、绣蟒、珍药。帝手书问阶疾，谆恳如家人，阶益恭谨。帝或有所委，通夕不假寐，应制之文未尝逾顷刻期。帝日益爱阶。阶采舆论利便者，白而行之。嘉靖中叶，南北用兵。边镇大臣小不当帝指，辄逮下狱诛窜，阁臣复窃颜色为威福。阶当国后，缇骑省减，诏狱渐虚，任事者亦得以功名终。于是论者翕然，推阶为名相。……未几，帝崩。阶草遗诏，凡斋醮、土木、珠宝、织作悉罢，"大礼"大狱、言事得罪诸臣悉牵复之。诏下，朝野号恸感激，比之杨廷和所拟登极诏书，为世宗始终盛事云。同列高拱、郭朴以阶不与共谋，不乐。朴曰："徐公谤先帝，可斩也。"拱初侍穆宗裕邸，阶引之辅政，然阶独柄国，拱心不平。世宗不豫时，给事中胡应嘉尝劾拱，拱疑阶嗾之。隆庆元年，应嘉以救考察被黜者削籍去，言者谓拱修旧隙胁阶斥应嘉。阶复请薄应嘉罚，言者又劾拱。拱欲阶拟杖，阶从容譬解，拱益不悦。令御史齐康劾阶，言其二子多干请及家人横里中状。阶疏辩，乞休。九卿以下交章劾拱誉阶，拱遂引疾归。康竟斥，朴亦以言者攻之，乞身去。给事、御史多起废籍，恃阶而强，言多过激。帝不能堪，谕阶等处之。同列欲拟谴，阶曰："上欲谴，我曹当力争，乃可导之谴乎。"……给事中张齐，以私怨劾阶。阶因请归，帝意亦渐移，许之，赐驰驿。……拱再出，扼阶不遗余力，郡邑有司希拱指，争龁龁阶，尽夺其田，戍其二子。会拱复为（张）居正所倾而罢，事乃解。万历元年，阶年八十，诏遣行人存问，赐玺书金币。明年（二年）卒。……阶立朝有相度，保全善类，嘉、隆之政，多所匡救。间有委蛇，亦不失大节（《明史》卷二一三《徐阶传》）。

徐阶居乡豪横，高拱诛求不已。赖吕光游说得免，实张居正阴为之营解。

吕光者，浙之崇德人，别号水山，又名吕需。少尝杀人，亡命河套，因备知厄塞险要。遇赦得解，走京师，以其复套策，干曾石塘制台（铣）。曾以闻之夏贵溪（言），夏大喜，因议举兵出蒐如吕谋。分宜（严嵩）以挑衅起祸，闻之世宗，两公俱死西市。晚年，游徐华亭（阶）门，为入幕客。徐为高新郑（拱）所恨，授旨吴之兵使蔡国熙，至戍其长子、氓其两次子、籍其田六万。吕诈为徐之奴，持徐乞哀书，伏哭高公庭下，如申包胥故事。高为心动，至高夫人亦感泣劝解。高入阁，条旨谓所拟太重，令地方官改谳。其狱未结而高去位，徐事尽化乌有矣。驵侠至此，可怖哉。吕后游辇下，以赀得官，年已七十余。予幼时亦曾识面，真倾危之尤也（沈德符《野获编》卷八《内阁》）。

高拱

高拱以招致俺答一事为最有功。虽成于王崇古，而主持者则拱也。隆、万以后，鞑靼扰边之患遂减。

高拱字肃卿，新郑人。嘉靖二十年进士。……累迁侍讲学士。……四十五年，拜文渊阁大学士，与郭朴同入阁。拱与朴皆阶所荐也。……穆宗即位，进少保，兼太子太保。阶虽为首辅，而拱自以帝旧臣，数与之抗，朴复助之，阶渐不能堪。而是时，（陈）以勤与张居正皆入阁，居正亦侍裕邸讲。阶草遗诏，独与居正计，拱心弥不平。会议登极赏军，及请上裁去留大臣事，阶悉不从拱议，嫌益深。……拱不自安，乞归。……隆庆元年五月也。拱以旧学蒙眷注，性强直自遂，颇快恩怨，卒不安其位去。既而阶亦乞归。三年冬，帝召拱以大学士兼掌吏部事，拱乃尽反阶所为。……阶子弟颇横乡里，拱以前知府蔡国熙为监司，簿录其诸子皆编戍，所以扼阶者无不至。逮拱去位，乃得解。拱练习政体，负经济才，所建白皆可行。……以时方忧边事，请增置兵部侍郎，以储总督之选，由侍郎而总督，由总督而本兵，中外更番，边材自裕。……俺答孙把汉那吉来降，总督王崇古受之。请于朝，乞授以官，朝议多以为不可，拱与居正力主之。遂排众议请于上，而封贡以成。……拱初持清操，后其门生亲串，颇以贿闻，致物议，帝终眷拱不衰也。始拱为祭酒，居正为司业，相友善，拱亟称居正才。及是，李春芳、陈以勤皆去，拱为首辅，居正肩随之。……六年春，帝得疾，大渐，召拱与居正、高仪，受顾命而崩。初，帝意专属阁臣，而中官矫遗诏，命与（中人）冯保共事。神宗即位，拱以主上幼冲，惩中官专政，条奏请诎司礼权，还之内阁。又命给事中雒遵、程文合疏攻保，而己从中拟旨逐之。拱使人报居正，居正阳诺之，而私以语保。保诉于太后，谓拱擅权不可容，太后颔之。明日，召群臣入，宣两宫及帝诏，拱意必逐保也，急趋入。比宣诏，则数拱罪而逐之，拱伏地不能起，居正掖之出。……居家数年卒（《明史》卷二一三《高拱传》）。

高拱之进用，由于宦官陈洪之汲引。

邵芳者号樗朽，丹阳人也。穆宗之三年，华亭（徐阶）、新郑（高拱）俱在告家居。时废弃诸公商之邵，欲起官，各醵金合数万，使觅主者。邵先以策干华亭，不用。乃走新郑，谒高公，初犹难之，既见，置之坐隅，语稍洽，高大悦，引为上宾，称同志。邵遂与谋复相，走京师，以所聚金，悉市诸瑰异，以博诸大珰欢。久之，乃云："此高公所遗物也。高公贫，不任治此奇宝，吾为天下计，尽出橐装，代此公为寿。"时大珰陈洪，故高所厚也。因赂司礼之掌印者，起新郑于家，且兼掌吏部。诸废弃者，以次登启事。而陈洪者，亦用邵谋，代掌司礼印矣。时次相江陵（张居正）稔其事，痛恶之。及其当国，授意江南抚台张崌崃（佳胤），诱致狱而支解之（沈德符《野获编》卷八《内阁》）。

其败也，由于张居正、冯保合力相倾，内阁之权，从此复夺于司礼。

隆庆六年六月□日，皇后懿旨、皇贵妃令旨、皇帝圣旨，说与内阁、五府、六部等衙门官员，大行皇帝宾天先一日，召内阁三臣在御榻前，同我母子三人亲受遗嘱，说东宫年小，要你们辅佐。今有大学士高拱，专权擅政，朝廷威福，都强夺自专，通不许皇帝主管，不知他要何为？我母子三人，惊惧不宁。高拱便著回籍闲住，不许停留。你每大臣受国家厚恩，当思竭忠报主，如何只阿附权臣，蔑视幼主？姑且不究。今后都要洗心涤虑，用心办事。如再有这等的，处以典刑（王世贞《弇山堂别集》卷十五）。

张居正

明至嘉靖以后，边患大作，上下困竭，纪纲不振，官吏泄沓，风俗颓敝。论储蓄，则太仓仅存百余万两。论边备，则九边兵百万，仅存六十万。而冗官之多，至十余万员。锦衣旗校，至万六七千人。内府工匠之数，与是相等。国家岁入，万历五年为四百三十五万，六年为三百五十五万，而岁出为三百八十八万八千，十之九耗于诸边岁例。张居正当国十六年，最初即以六事上陈：一、省议论；二、振纪纲；三、重诏令；四、核名实；五、固邦本；六、饬武备。得君专任，力行不怠。万历初政，百废俱举，四境晏然。太仓太仆积六七百万金，京通仓积粟八百万石。居正为政，可谓能起衰振敝。非毁之者，乃力持夺情一事，为得罪名教。三杨、李贤，皆夺情任事，成为故事，非居正作俑。或讥其骄倨，督抚跪拜于途；病时，内外官属为之斋醮祈年，因致身后之祸。与人书，自称孤，或曰不穀。上表乞休，而曰拜手稽首归政。明明以摄政自居，虽恩怨之谈，亦足见首辅权重，至居正而蔑以复加矣。首辅中，当以居正事功最显。

张居正字叔大，江陵人。……嘉靖二十六年，居正成进士，改庶吉士。日讨求国家典故，徐阶辈皆器重之。授编修，请急归。亡何，还职。居正为人，颀面秀眉目，须长至腹。勇敢任事，豪杰自许。然沉深有城府，莫能测也。严嵩为首辅，忌阶，善阶者皆避匿。居正自如，嵩亦器居正。迁右中允，领国子司业事。与祭酒高拱善，相期以相业。……阶代嵩首辅，倾心委居正。世宗崩，阶草遗诏，引与共谋。寻迁礼部右侍郎，兼翰林院学士。月余，与裕邸故讲官陈以勤俱入阁，而居正为吏部左侍郎，兼东阁大学士。……时徐阶以宿老居首辅，与李春芳皆折节礼士。居正最后入，独引相体，倨见九卿，无所延纳。间出一语，辄中肯，人以是严惮之，重于他相。高拱以很躁被论去，徐阶亦去，春芳为首辅。亡何，赵贞吉入，易视居正。居正与故所善掌司礼者李芳谋，召用拱，俾领吏部，以扼贞吉，而夺春芳政。拱至，益与居正善。春芳寻引去，以勤亦自引，而贞吉、殷士儋，皆为所构罢，独居正与拱在，两人益相密。拱主封俺答，居正亦赞之，授王崇古等以方略。……初，徐阶既去，令三子事居正谨。而拱衔阶甚，嗾言路追论不已，阶诸子多坐罪。居正从容为拱言，拱稍心动。而拱客构居正纳阶子三万金，拱以诮居正。……两人交遂离。拱又与居正所善中人冯保郄。穆宗不豫，居正与保密处分后事，引保为内助，而拱欲去保。神宗即位，保以两宫诏旨逐拱……居正遂代拱为首辅。……帝虚己委居正，居正亦慨然以天下为己任，中外想望丰采。居正劝帝遵守祖宗旧制，不必纷更，至讲学、亲贤、爱民、节用皆急务。帝称善。大计廷臣，斥诸不职及附丽拱者。复具诏召群臣廷饬之。……帝内任保，而大柄悉以委居正。居正为政，以尊主权、课吏职、信赏罚、一号令为主。虽万里外，朝下而夕奉行。……漕河通，居正以岁赋逾春发，水横溢，非决则涸，乃采漕臣议，督艘卒以孟冬月兑运，及岁初毕发，少罹水患。行之久，太仓粟充盈，可支十年。互市饶马，乃减太仆种马，而令民以价纳，太仆金亦积四百余万。……太后以帝冲年，尊礼居正甚至，同列吕调阳莫敢异同。及吏部左侍郎张四维入，恂恂若属吏，不敢以僚自处。居正喜建竖，能以智数驭下，人多乐为之尽。俺答款塞，久不为害。独小王子部众十余万，东北直辽左，以不获通互市，数入寇。居正用李成梁镇辽，戚继光镇蓟门。成梁力战却敌，功多至封伯，而继光守备甚设。居正皆右之，边境晏然。两广督抚殷正茂、凌云翼等亦数破贼有功。浙江兵民再作乱，用张佳胤往抚即定，故世称居正知人。然持法严。核驿递，省冗官，清庠序，多所澄汰。公卿群吏不得乘传，与商旅无别。郎署以缺少，需次者辄不得补。大邑士子额隘，艰于进取，亦多怨之者。时承平久，群盗猬起，至入城市劫府库，有司恒讳之，居正严其禁。匿弗举者，虽循吏必黜。得盗即斩决，有司莫敢饰情。盗边海钱米盈数，例皆斩，然往往长系或瘐死。居正独亟斩之，而追捕其家属，盗贼为衰止。而奉行不便者，相率为怨言，居正不恤也。……未几，丁父忧。帝遣司礼中官慰问，视粥药，止哭，络绎道路，三宫赙赠甚厚。户部侍郎李幼孜欲媚居正，倡夺情议，居正惑之。冯保亦固留居正。诸翰林王锡爵、张位、赵志皋、吴中行、赵用贤、习孔教、沈懋学辈皆以为不可，弗听。吏部尚书张瀚以持慰留旨，被逐去。御史曾士楚、给事中陈三谟等遂交章请留。中行、用贤及员外郎艾穆、主事沈思孝、进士邹元标相继争之，皆坐廷杖，谪斥有差。……居正乞归葬父。……（帝）戒次辅吕调阳等“有大事毋得专决，驰驿之江陵，听张先生处分”。居正请广内阁员，诏即令居正推。居正因推礼部尚书马自强、吏部右侍郎申时行入阁。……时帝渐备六宫，太仓银钱，多所宣进。居正乃因户部进御览数目陈之，谓每岁入额不敌所出，请帝置坐隅，时省览，量入为出，罢节浮费。疏上，留中。帝复令工部铸钱给用，居正以利不胜费止之。言官请停苏、松织造，不听。居正为面请，得损大半。复请停修武英殿工，及裁外戚迁官恩数，帝多曲从之。……居正以江南贵豪怙势及诸奸猾吏民善逋赋，选大吏精悍者严行督责。赋以时输，国藏日益充，而豪猾率怨居正。……居正自夺情后，益偏恣。其所黜陟，多由爱憎。左右用事之人，多通贿赂。……亡何，居正病，帝频颁敕谕问疾，大出金帛为医药资。四阅月不愈，百官并斋醮为祈祷。南都、秦、晋、楚、豫诸大吏，亡不建醮。帝令四维等理阁中细务，大事即家令居正平章。居正始自力，后惫甚不能遍阅，然尚不使四维等参之。及病革，乞归。上复优诏慰留，称“太师张太岳先生”。……及卒，帝为辍朝，谕祭九坛，视国公兼师傅者。……赠上柱国，谥文忠。……于是四维始为政，而与居正所荐引王篆、曾省吾等交恶。初，帝所幸中官张诚见恶冯保，斥于外，帝使密诇保及居正。至是，诚复入，悉以两人交结恣横状闻，且谓其宝藏逾天府。帝心动。左右亦浸言保过恶，而四维门人御史李植极论徐爵与保挟诈通奸诸罪。帝执保禁中，逮爵诏狱。谪保奉御居南京，尽籍其家金银珠宝巨万计。帝疑居正多蓄，益心艳之。言官劾篆、省吾并劾居正，篆、省吾俱得罪。新进者益务攻居正。诏夺上柱国、太师，再夺谥。居正诸所引用者，斥削殆尽。召还中行、用贤等，迁官有差。刘台赠官，还其产。御史羊可立复追论居正罪，指居正构辽庶人宪㸅狱。庶人妃因上疏辩冤，且曰：“庶人金宝万计，悉入居正。”帝命司礼张诚及侍郎丘橓偕锦衣指挥、给事中籍居正家。诚等将至，荆州守令先期录人口，锢其门，子女多遁避空室中。比门启，饿死者十余辈。诚等尽发其诸子兄弟藏，得黄金万两，白金十余万两。其长子礼部主事敬修不胜刑，自诬服寄三十万金于省吾、篆及傅作舟等，寻自缢死。事闻，时行等与六卿大臣合疏，请少缓之；刑部尚书潘季驯疏尤激楚。诏留空宅一所、田十顷，赡其母。……后言者复攻居正不已。诏尽削居正官秩，夺前所赐玺书、四代诰命，以罪状示天下，谓当剖棺戮死而姑免之。……（崇祯）十三年……尚书李日宣等言：“故辅居正，受遗辅政，事皇祖者十年。肩劳任怨，举废饬弛，弼成万历初年之治。其时中外乂安，海内殷阜，纪

纲法度莫不修明。功在社稷，日久论定，人益追思。”（《明史》卷二一三《张居正传》）

其政治见解，除章疏外，可得窥见者，略记如下。

本朝立国规模大略，似商、周以下远不及也。列圣相承，纲维丕振，虽历年二百有余，累经大故，而海内人心晏然不摇，斯用威之效也（《张太岳文集》卷十八《杂著》）。

自仆受事以来，一切付之于大公。虚心鉴物，正己肃下。法所宜加，贵近不宥。才有可用，孤远不遗。务在强公室，杜私门，省议论，核名实，以尊主庇民，率作兴事（《张太岳文集》卷二十五《与李渐庵书》）。

仆以一竖儒，拥十余龄幼主，而立于天下臣民之上，威德未建，人有玩心。况自隆庆以来，议论滋多，国是靡定，纪纲倒植，名实混淆。自仆当事，始布大公，彰大信，修明祖宗法度，开众正之路，杜群枉之门，一切以尊主庇民、振举颓废为务，天下始知有君也（《张太岳文集》卷二十八《答陆五台书》）。

孤数年以来，所结怨于天下者不少矣。憸夫恶党，显排阴嗾，何尝一日忘于孤哉。念己既忘家狥国，遑恤其他，虽机阱满前，众镞攒体，孤不畏也。以是能少有建立（《张太岳文集》卷三十《答林云源书》）。

俺答受封，为隆、万间一大事，主持其事者，为高拱、张居正。而事后绸缪，苦心调护将帅之间，边备克修，空心敌台之建，至一千余座，东面、北面之防愈固，则纯属居正之功。

自顺义（俺答）受封，朝廷以八事课边臣，曰：积钱谷、修险隘、练兵马、整器械、开屯田、理盐法、收塞马、散叛党。三岁，则遣大臣阅视而殿最之（《明史》卷二一二《戚继光传》）。

降虏事，前已悉。若彼果能执送诸逆，则当以礼遣还那吉，厚其赏赍，以结其心。却责令奉表称臣，谢朝廷不杀之恩。赐赍之厚，因求讲和。纳款效贡，俟其诚心向化，誓永不犯，乃可议其封爵贡额耳（《张太岳文集》卷二十二《与王鉴川书》）。

且此事有五利焉：虏既通贡，逻骑自稀，边鄙不耸，穑人成功。一利也；防守有暇，可以修复屯田，蓄吾士马之力，岁无调援，可省行粮数十百万。二利也；土蛮、吉能每借俺酋以为声势，俺酋既服，则二虏不敢轻动，东可以制土蛮，西可以服吉能。三利也；赵全等既戮，板升众心已离，吾因与虏约，有愿还者，必勿阻之。彼既无勾引之利，而又知虏之不足恃，则数万之众皆可渐次招来，曹州之地可虚矣。四利也；彼父子祖孙，情乖意阻，胡运将衰，其兆已见。老酋死，家族必分。不死，必有冒顿、呼韩之变。我因得其机而行吾之计，五利也（《张太岳文集》卷二十二《与王鉴川书》）。

其所当修备者，亦有四要：城堡及时修并，边境之险，渐次可复。一也；募招沿边之氓，开垦荒屯，充实行伍。锻砺戈矛，演习火器，训练勇敢，常若敌来。二也；赵全等妻子党与，尚在虏中。宜于互市之时，阴察贼情，知其主名，可招则招之，不可则擒之，庶逆党可消，后患可弭。三也；捣巢赶马，在边士虽借以邀功冒赏，而虏中亦颇畏之。今既禁不出塞，则虏人寡畏，而边士袖手，无所觊幸。他日渝盟之事，不在虏而在边人矣。此宜预处，以杜衅端。四也（《张太岳文集》卷二十二《与王鉴川书》）。

穆宗用张居正言，悉以兵事委纶，而谕（巡抚刘）应节等无挠。纶相度边隘冲缓，道里远近，分蓟镇为十二路，路置一小将，总立三营：东驻建昌备燕河以东，中驻三屯备马兰、松、太，西驻石匣备曹墙、古石。……遂舆（戚）继光图上方略，筑敌台三千，起居庸，至山海，控守要害。……台工成，益募浙兵九千余守之。边备大饬，敌不敢入犯（《明史》卷二二二《谭纶传》）。

自嘉靖以来，边墙虽修，墩台未建。继光巡行塞上，议建敌台。略言："蓟镇边垣，延袤二千里，一瑕则百坚皆瑕。比来岁修岁圮，徒费无益。请跨墙为台，睥睨四达。台高五丈，虚中为三层，台宿百人，铠仗糗粮具备。令戍卒画地受工，先建千二百座。然边卒木强，律以军法，将不堪，请募浙人为一军，用倡勇敢。”督抚上其议，许之（《明史》卷二一二《戚继光传》）。

乘塞沿边，区别缓急，计垛受兵。冲者一垛二三人，缓者一垛一二人。冲者创筑空心敌台，每台高三丈，纵横如之，骑墙曲突，四面制敌。上建层楼，宿兵贮器。空心台每台共五十人，主军十二名，四名管放佛朗机，四名专管装运，二名管放神枪等火器，二名在上层专管梆旗，客兵三十八名，教放火器，学打铳石。其附墙台，主军四名，三名管军器，一名管梆旗并佛朗机。客兵各随时编拨，每防添兵戍守。空心台以上临下，用火器、佛朗机、子母炮更番击打。每台佛朗机八架，约每面二架，随势转用。每架子铳四门，每门铅子三十枚。铁闩、翦锤等项俱备。又神枪十二杆，每杆神箭三十枝，铅子六十枚。小木马六十个，翦匙同此。器用尽以火枪代之，火药三百斤。每二十斤用一坛盛，共十五坛。铁顶棍八根。光大石子，每重五十斤上下，计四百块。小团石可手抛者四千块。号旗一面，木梆锣鼓各一。用白牌一面，将兵火器械等项书悬，俟查。每军食米盐菜，预给一月。水瓮水柜，注水满足。附墙台每佛朗机三架，俱照空心台处置备用，亦人给柴米，务足月用，用尽仍给。凡墙垛冲处，每垛干柴一束，重百斤，干草五把，礌石大小各足，器械各随所执，火器火药于台取用，随人数多寡，各居铺舍。有警登坛率守。每二台一百总，十台一把总，二十台一千总。空心附墙台，一体编派。遇报各照原编台垛人数，各司所执。如近百步，援兵登城，旗帜器械，一齐竖立。约火器力可至处，即放大将军、虎蹲炮。至五十步内，火箭、火铳、弩矢齐发。聚拥攻城，两台炮铳、矢石交击，更番不息。缓处步贼齐攻，台垛不支，则传号以速援兵。各垛兵恃台为壮，火瓶、火铳、矢石并力攻打。预置石炮墙外，临时发走药线。每守夜台垛，各轮一人，敲梆传筹。遇警，以所备柴薪预积墙外，燃火通明，城上不露虚实。凡起止号令，俱听千、把、百总约束（刘效祖《四镇三关志》卷六《经略考》）。

据大疏，谓一台须五十人守之，则千台当五万人矣。不知此五万人者，即以摆守者聚而守之乎？抑别有增益乎？聚则乘垣者无人，增则见兵止有此数，不知又当何处也？又，四面周广，才一丈二尺，虽是收顶之式，度其根脚，当亦不过倍此数耳。以五十人周旋于内，一切守御之具，与士卒衣粮、薪水之类，充牣其中，无乃太狭乎（《张太岳文集》卷二十一《与谭二华书》）。

筑台守险，可以远哨望，运矢石，势有建瓴之便，士无露宿之虞。以逸待劳，为不可胜，乃策之最得者（《张太岳文集》卷二十一《与谭二华书》）。

台工之议，始终以为可行，确然而不摇者，惟区区一人而已（《张太岳文集》卷二十二《答蓟镇督抚书》）。

蓟辽空心敌台表

路		边城	墙台	空心敌台	路台
山海		二十里	十二座	十二座	
石门	一片石下	二十三	七	三十六	
	大毛山下	二十四	二十二	三十四	
	义院口下	十八	六	四十八	
台头	界岭口下	四十二	十九	六十四	
	青山口下	四十四	五	四十	
燕河	桃林口下	二十七	十五	四十一	
	冷口下	三十八	十九	六十	

续表

路		边城	墙台	空心敌台	路台
太平	擦崖子下	四十七	五	四十五	
	榆木岭下	二十三	四	二十四	
喜峰口	董家口下	二十八		二十五	
	大喜峰口下	三十四		十五	
松棚	龙井儿下	五十	四	四十四	
	洪山口下	二十	三	四十四	
	罗文峪下	六十三	十一	六十四	
马兰	大安口下	二十八		八十五	
	宽佃谷下	二十七		三十九	
	黄崖口下	六十		十二	
	将军营下	六十九		十八	
墙子	镇虏营下	一四五		十	
	墙子岭下	八十六		六十九	
曹家	曹家寨下	一六四		五十八	
古北口	古北口下	五十五	一	八十四	
	潮河川下	九十二		二十七	
石塘	白马关下	一五五		三十六	
	石塘岭下	九十二	三	五十九	

续表

路		边城	墙台	空心敌台	路台
居庸	灰岭下	二十六	七		
	八达岭下			四十四	
	黄花镇下	五十五	二	二十九	
横岭	白羊口下	十一	三	十九	
	长谷城下	十五	一	二十三	
	横岭下	三十	二	十八	
	镇边城下	二十一	五	三十二	
紫荆关	乌龙沟下	六五六五丈	八十五	七十一	
	浮图峪下	三七四四	四十九	五十三	
	宁静安口	三三一〇	四十二	二十五	
	白石口下	五六〇七	七十九	六十一	
	沿河口下	五八〇	五	十五	
	大龙门下	六二五	二十三	十四	
	马水口下	三三四九	三十一	二十五	
	金水口下	一三〇	五	一	
	倒马关下	一六七一	八	二	
	插箭岭下	一三六三	十六	五十一	
	狼牙口下	一一五	十	八	
	故关下	五〇〇	二		

续表

路	边城	墙台	空心敌台	路台
辽阳下中路				二十四座
辽阳下东路	边墙九十四		四十九	
辽阳下西路	一七〇		八十二	
险山下	七十四		七十四	
开原下	二七一		一一八	七
中固下	六十		二十九	四
铁岭下	五十二		三十五	七
汎河下	三十一		十六	八
懿路下	六十六		二十一	十
沈阳下中路	三十六		三十九	七
沈阳下西路	八十四		六十一	五
镇武下	一〇七		五十九	二十七
正安下	一七三		七十九	
义州下	一五六		一二〇	八
锦州下	一〇四		九十七	十七
辽远下	二〇二		一五五	三十二
前屯下	二六八		一一六	三十六
广宁右屯下			十一	二十四
金州下			九十五	

续表

路		边城	墙台	空心敌台	路台
复州下				二十九	
盖州下				八	
海州下		四十四		四十四	十二
附记	此表根据《四镇三关志》。其蓟镇边及城墙台，皆嘉靖时所修。空心敌台，为隆、万间所修。唯辽镇边墙，为永乐以后所筑。				

辽镇之设备，较少于蓟镇。而李成梁之战功，则较戚继光为多。

万历初，李成梁议移孤山堡于张其哈佃，移险山五堡于宽佃、长佃、双墩、长领散等（即宽、长、永、大、新五甸），皆据膏腴，扼要害。……斥地二百余里。于是抚顺以北，清河以南，皆遵约束（《明史》卷二二二《张学颜传》）。

建州都指挥王杲，故与抚顺通马市。及是（万历元年），诱杀备御裴承祖，成梁谋讨之。明年（二年）十月，杲复大举入。……成梁用火器攻之。……杲走南关，都督王台执以献，斩之。……迤东都督王兀堂，故通市宽奠。后参将徐国辅弟国臣，强抑市价，兀堂乃与赵锁罗骨，数遣零骑侵边。明年（八年）三月，以六百骑犯叆阳及黄冈岭。……成梁击走之。……其秋，兀堂复犯宽奠，副将姚大节击破之，兀堂由是不振（《明史》卷二三八《李成梁传》）。

关于积弊之扫除，吏治之整肃，则有下列数事。

张居正当国，政尚严。州、县取士，不得过十五人。布、按二司以下官，虽公事，毋许乘驿马。大辟之刑，岁有定额。征赋以九分为率。有司不及格者罚。又数重谴言事者（《明史》卷二二〇《赵世卿传》）。

近来驿递，困敝至极，主上赫然，思以厘振之。明旨屡饬，不啻三令五申矣，而犹不信。承教谓外而方面，内而部属以上，凡得遣牌行者，有司不敢不一一应付。若如近旨，但无勘合者，皆不应付。则可尽复祖宗之旧，苏罢困之民（《张太岳文集》卷二十九《答李渐庵书》）。

居正定令，抚、按考成章奏，每具二册，一送内阁，一送六科。抚、按延迟，则部臣纠之。六部隐蔽，则科臣纠之。六科隐蔽，则内阁纠之（《明史》卷二二九《刘台传》）。

居正天资刻薄，好申韩法，以智数驭下，而士大夫之俭黠者，争欲投其意。张瀚以久任之说进，然仅能行之藩、臬、守、令，而不能行之给事、御史、吏部属（王世贞《嘉靖以来首辅传》卷七）。

先皇帝（穆宗）时，专务资格，人莫得竟其才，官职至耗乱也。今上（神宗）诏行久一简众职，尊礼公卿大臣，郡国守相，有治行异等者，皆进于廷陛，上亲慰劳之，赐玺书、金绮、羊酒。六曹尚书郎，积有功能，得拜卿寺，不得更相除调。外臣有所调选，悉就近其地，察繁简通塞，并用三途。督府部使者论荐所部吏，与简台谏，皆以四分之一。待孝廉、明经、茂才，有举不及格者罚。小吏如杨果、赵腾蛟等，得为令长。行太仆寺、苑马寺，得行观察使事与都转运。公卿子弟，有行能者，待以高爵，不以左迁困人。尤寓意远方人材，不以衰老往远方。有缺员，不复虚其官（《张太岳文集》卷四十七《行实）》。

居正之经济政策，在整理赋税。尤注意锄抑东南豪强。

至谓今之财赋，不窘于国用之繁，而亏于士大夫之侈纵，诚膏肓之药石也（《张太岳文集》卷二十九《答李渐庵书》）。

自嘉靖以来，当国者政以贿成。吏朘民膏，以媚权门。而继秉国者，又务一切姑息之政，为逋负渊薮，以成兼并之私。私家日富，公室日贫，国匮民穷，病实在此。……即如公言，豪家田至七万顷，粮至二万，又不以时纳。……故仆今约己敦素，杜绝贿门，痛惩贪墨，所以救贿政之弊也。查刷宿弊，清理逋欠，严治侵渔揽纳之奸，所以砭姑息之政也。上损则下益，私门闭则公室强。故惩贪吏者，所以足民也；理逋负者，所以足国也。官民两足，上下俱益，所以壮根本之图，建安攘之策；倡节俭之风，兴礼义之教（《张太岳文集》卷二十六《答宋阳山书》）。

盖吴中财赋之区，一向苦于赋役不均。豪右挠法，致使官民两困，仆甚患之。往属阳山公稍为经理，而人心玩愒日久，一旦骤绳以法，人遂不堪，谤议四起。然仆终不为动，任之愈力（《张太岳文集》卷二十九《答胡雅斋书》）。

海刚峰之在吴，其施为虽若过当，而心则出于为民。霜雪之后，稍加和煦，人即怀眷，亦不必尽变其法以狥人也（《张太岳文集》卷三十四《答朱东园书》）。

同时复注意蠲免逋赋，且减徭役一百余万，以恤民困。复行一条鞭法，以示不再加派，而赋入有增无减。

是年（万历四年），太师偕吕公（调阳）、张公（四维），请蠲赋二百三十四万有奇。今年（十年），太师偕张公、申公（时行），请蠲赋一百三万有奇，本色米六十五万五千二百有奇，绢布一百四十二万七千二百有奇，颜料蜡茶三十三万七千一百有奇，其他如己卯（七年）。所减泗州、宝应、盐城等郡邑赋钱一十三万二千七百有奇，河南赋钱一十三万一百有奇，所在有之，多甚不记。且上在位十年，而赈贷苏、松等郡凡七，减漕七十余万；赈贷淮、扬等郡凡十三，减漕九十三万，不可谓非省忧鳏寡孤独穷困矣。况外繇如马船料价、粮料、马价、班粮、工价、名粮、均徭、公费、驿递、税契等，皆岁有宽政（《张太岳文集》卷四十七《行实》）。

一条鞭法者，总括一州县之赋役，量地计丁，丁粮毕输于官。一岁之役，官为佥募。力差，则计其工食之费，量为增减；银差，则计其交纳之费，加以赠耗。凡额办、派办、京库岁需与存留、供亿诸费，以及土贡方物，悉并为一条，皆计亩征银，折办于官，故谓之一条鞭。立法颇为简便。嘉靖间，数行数止，至万历九年乃尽行之（《明史》卷七十八《食货志二》）。

条编之法，有极言其便者，有极言其不便者，有言利害半者。仆思政以人举，法贵宜民。……若如公言，徒利于士大夫而害于小民，是岂上所以恤下厚民者乎？公既灼知其不便，自宜告于抚、按当事者，遵奉近旨罢之。若仆之于天下事，则不敢有一毫成心。可否兴革，一顺天下之公而已（《张太岳文集》卷二十九《答杨二山书》）。

遴言："陛下历十余年之储积仅三百余万，今因一载蠲除，即收补于库。计十余年之积，不足偿二年取补之资。矧金花额进岁当百万，自六年以后增进二十万，今合六年计之，不啻百万矣。库积非源泉，岁进不已，后将何继？"因言京、通二仓粮积八百万石，足供九年之需，请量改折百五十万石，三年而止。诏许一年（《明史》卷二二〇《王遴传》）。

汰冗员什二三，用一事权，绝人观望之私，岁省稍食若干。计郡国吏，以赋入多寡为殿最，不烦加赋，得民宿逋岁若干。郡县负邑，入皆钩校其数，奸人无所逃罪，得吏胥所干没若干。其较著者，则决策款虏，减客兵，清粮糗，有宿饱之士，无脱巾之忧，岁所省凡得数十百万。即如蓟、昌，每岁所犒虏，不过二万七千六百，而所省保定忠顺军及固原入卫兵马，与山东、保河、滦、蓟、宁夏兵饷，已至数十余万，即大较可知。以故嘉靖之季，太仓所储无一年之蓄。今公府庾廪，委粟红贯朽，足支九年。犹得以其赢余数十百巨万，征伐四夷、治漕，可谓至饶给矣（《张太岳文集》卷四十七《行实》）。

居正丈量天下民田，竟以三年蒇事。

万历六年，帝用大学士张居正议，天下田亩，通行丈量，限三载竣事。用开方法，以径围乘除，畸零截补。于是豪猾不得欺隐，里甲免赔累，而小民无虚粮。总计田数七百一万三千九百七十六顷，视弘治时赢三百万顷。然居正尚综核，颇以溢额为功。有司争改小弓以求田多，或掊克见田，以充虚额。北直隶、湖广、大同、宣府，遂先后按溢额田增赋云（《明史》卷七十七《食货志一》）。

张居正当国，议天下田亩，通行丈量。……因下户部，条为八款：一、明清丈之例。谓额失者，丈全则免；一、议应委之官。以各右布政使总领之，分守、兵备分领之，府、州、县官则专管本境；一、复坐派之额。谓田有官民屯数等，粮有上、中、下数则，宜逐一查勘，使不得诡混；一、复本征之粮。如民种屯地者，即纳屯粮。军种民地者，即纳民粮；一、严欺隐之律。有自陈诡占及开垦未报者，免罪。首报不实者，连坐。豪右隐占者，发遣重处；一、定清丈之则；一、行丈量磨算之法；一、处纸札供亿之费（夏燮《明通鉴》卷六十七）。

万历八年庚辰……十一月，上有诏，度民田。先是，高皇帝时，天下土田八百五十万顷。岁久伪滋，编户末民，无所得衣食，其势必易常产，令豪民得以为奸，以故田赋之弊孔百出。而其大者曰飞诡、曰影射、曰养号、曰挂虚、曰过都、曰受献，久久相沿，引为故业。于是豪民有田无粮，而穷民特以力薄，莫可如何，始受其病矣。及县官责收什一，贫民鬻妻子不能输纳，则其势不得不行摊派。盖自浮粮所在多有，而天下尽受其病矣。然民愁无聊，亡逃山林，转为盗贼，则其势又不得不请减额。今读《大明会典》所载弘治十五年天下土田，视高皇帝时已减二十七万。盖自所减额日以益多，而国家又受其病矣。太师日夜忧劳，念欲为君国子民计，非清丈不可，然其意怀未发也。会御史中丞劳公（堪）奉诏度闽荒田，闽人以为便。太师遂与张公（四维）、申公（时行）、大司徒张公（学颜）议，请以其意诏行诸路，所在强宗豪民，敢有挠法若潞城饶阳公族等者，皆请下明诏切责。以故天下奉行惟谨，凡庄田、屯田、民田、职田、养廉田、荡地、牧地，皆就疆理，无有隐奸。盖既不减额，亦不溢赋，贫民不至独困，豪民不能并兼。又，民间新所垦治，皆赋其贡税，以新赋均旧额中，则国初故额得以减科，民赋幸益以轻，而天下吏民皆冀幸有田，以为世业(《张太岳文集》卷四十七《行实》)。

丈量而外,复清理庄田及荒芜之地。

时张居正当国,以学颜精心计,深倚任之。学颜撰《会计录》,以勾稽出纳。又奏列清丈条例,厘两京、山东、陕西勋戚庄田,清溢额、脱漏、诡借诸弊。又通行天下,得官民屯牧湖陂八十余万顷。民困赔累者,以其赋抵之。自正、嘉虚耗之后,至万历十年间,最称富庶,学颜有力焉(《明史》卷二二二《张学颜传》)。

居正留心水利建设,如修吴中水利,如欲复海运而修胶河故道。其最著者,则为任潘季驯以治河。

万历四年……是时,河决崔镇,黄水北流,清河口淤淀,全淮南徙,高堰湖堤大坏,淮、扬、高邮、宝应间皆为巨浸。大学士张居正深以为忧。河漕尚书吴桂芳……卒。六年夏,命季驯以右都御史兼工部左侍郎代之。……议筑崔镇以塞决口,筑遥堤以防溃决。……筑高堰,束淮入清口。……明年(七年)冬,两河工成。……季驯之再起也,以张居正援(《明史》卷二二三《潘季驯传》)。

万历七年己卯二月,河工成。先是,淮安故有水患,然或所及,仅一二县道邑,扬固无恙也。至嘉靖中,河决崔镇、吕泗、冲龙窝、周营等处,往往夺淮流入海,淮势不敌,则或决高家堰,或决黄浦,或决八浅,淮扬诸郡,悉为巨浸。河高出民屋上,败坏城郭、田庐、冢墓以数万。濒河十郡,治堤岁费且万万。及其大决,所残无算。又其从小河口、白洋河,挟永堌诸水,越归仁集,直逼泗州,则其患不独在民,且忧在陵寝矣。异日者,漕臣吴公(桂芳),请开草湾。夫水以海为壑,开草湾诚是矣。然金城等处,不足以分杀水怒。以数千里巨津,而独令云梯关当水冲,此势所不得为者也。当是时,有请漕海者,有请开胶莱河者,有请开泇河者,或请开卫河者,有谓新集故道当弃者,有谓朱家口等处决口当勿塞者,有请凿范堤者,有请开新兴场牛团浦导射阳诸水入海者,纷纷籍籍,迄无定论。大要以为天子日有事河，而河且不可为矣。上一日以问执政，太师与张公（四维）、申公（时行）因进言，故河道都御史潘季驯可使。上乃降玺书，即其家拜御史大夫，使持节行治河，一切假以便宜。久任责成，出帑藏及留所折科漕粟八十余万金，不问潘公出入。又令诸臣得条上所见，治其诸方命不及事事者，下诏狱鞫治之。于是当事者人人惴恐，建官舍河上，胼胝沾涂，日夜焦劳。盖逾年而告成事，为土堤若干，石堤若干，塞决口若干，建减水闸若干，计费不过五十余万，省羡金二十四万以归水衡。今徐淮之间，延袤八百余里，两堤相望，蜿蜒绵亘，殆如长山夹峙，而河流其中。且黄河以归仁堤，势不得南决。其势既不能及陵寝，又高家堰既塞，淮不能奔黄浦，皆尽趋清口，会黄河，由安东云梯关入海。田庐皆尽已出，数十年弃地转为耕桑。而河上万艘，得捷于灌输入大司农矣（《张太岳文集》卷四十七《行实》）。

追忆庀事之初，言者蜂起。妬功幸败者，旁摇阴煽，盖不啻筑室道谋而已。仰赖圣明英断，俯纳瞽言，一举而裁河道。使事权不分，再举而逮王杨；使冥顽褫魄，三举而绌林道之妄言。仆异议之赤帜，使无稽之徒，无所关其说。然后公得以展其鸿猷，底于成绩（《张太岳文集》卷三十一《答潘印川书》）。

居正所以为世所毁，乃由废书院一事。

万历七年正月，诏毁天下书院。先是，原任常州知府施观民，以科敛民财，私创书院，坐罪褫职。而是时，士大夫竞讲学，张居正特恶之，尽改各省书院为公廨，凡先后毁应天等府书院六十四处（夏燮《明通鉴》卷六十七）。

但书院流弊，在嘉靖十七年，已一度遭废矣。

嘉靖十七年五月，申毁天下书院。吏部尚书许赞上言：“近来抚、按两司及知府等官，多将朝廷学校，废坏不修，别起书院，动费万金。征取各属师儒，赴院会讲。初发则一邑治装，及舍则群邑供亿，科扰尤甚。日者南畿各处，已经御史游居敬奏行撤毁，人心称快。而诸路未及，宜尽查革。如有仍建立者，许抚、按官据实参劾。”帝以其悉心民隐，即命内外严加禁约，毁其书院（《皇明大政纪》卷二十三）。

是时讲学之风极盛。王学曾遭禁革，然推奉之者仍众。末流之弊，山阴、泰州两派，不止流于释，而且流于侠、流于盗。如颜山农、何心隐，其著者也。

嘉靖八年二月……夺新建伯王守仁世爵、恤典，及禁其学术。……令都察院通行禁约，不许踵袭邪说，以坏人心（《皇明大政纪》卷二十二）。

嘉、隆之际，讲学者盛行于海内。而至其弊也，借讲学而为豪侠之具，复借豪侠而恣贪横之私。其术本不足动人，而失志不逞之徒，相与鼓吹羽翼，聚散闪倏，几令人有黄巾、五斗之忧。盖自东越之变为泰州，犹未至大坏，而泰州之变为颜山农，则鱼馁肉烂，不可复支。颜山农者，其别号也，楚人。读经书不能句读，亦不多识字，而好意见，穿凿文义为奇邪之谈，间得一二语合，亦自洒然可听。所至，必先使其徒预往，张大炫耀其术。至则无识浅中之人，亦有趋而附者。每言人之好贪财色，皆自性生，其一时之所为，实天机之发，不可壅阏之，第过而不留，勿成固我而已。……最后至南京，挟诈人财事发，捕之官。笞臀五十，不哀祈，亦不转侧，坐罪至戍。……何心隐者，其材高于山农，而幻胜之。……每言天地一杀机而已，尧不能杀舜，舜不能杀禹，故以天下让。汤、武能杀桀、纣，故得天下。……善御史耿定向，游京师与处。而故相张江陵来访，偶坐，各不及深语。既去，忽谓定向曰：“此人能操天下柄。”定向不以为然。又曰：“分宜欲灭道学而不能，华亭欲兴道学而亦不能。兴灭者此子也。”谓定向：“子识之，此人当杀我。”久之，益纵游江湖间，放浪大言，以非久可以得志于世。而所至聚徒，若乡贡大学诸生，以至恶少年，无所不心服（王世贞《弇州史料后集》卷三十五）。

心隐亦江陵所深嫉，因示意楚抚王之垣、按臣郭思极置之法。……

江陵最憎讲学，言之切齿。即华亭其所严事，独至聚讲，即怫然见色（沈德符《野获编》卷八《内阁》）。

夫昔之为同志者，仆亦尝周旋其间，听其议论矣。然窥其微处，则皆以聚党贾誉，行径捷举。所称道德之说，虚而无当。……而其徒侣众盛，异趋为事，大者摇撼朝廷，爽乱名实；小者匿蔽丑秽，趋利逃名。嘉、隆之间，深被其祸，今犹未殄。此主持世教者，所深忧也。……今世谈学者，皆言遵孔氏，乃不务孔氏之所以治世立教者，而甘蹈于反古之罪，是尚谓能学孔矣乎？明兴二百余年，名卿硕辅，勋业烜赫者，大抵皆直躬劲节，寡言慎行，奉公守法之人。而讲学者每诋之曰："彼虽有所建立，然不知学，皆气质用事耳。"而近时所谓知学为世所宗仰者，考其所树立，又远出于所诋之下，将令后生小子，何所师法耶？此仆所未解也。仆愿今之学者，以足踏实地为功，以崇尚本质为行，以遵守成宪为准，以诚心顺上为忠。兔鱼未获，无舍筌蹄。家当未完，毋撤藩卫。毋以前辈为不足学，而轻事诋毁。毋相与造为虚谈，逞其胸臆，以挠上之法也（《张太岳文集》卷二十九《答屠平石书》）。

今人妄谓孤不喜讲学者，实为大诬。孤今所以上佐明主者，何有一语一事背于尧、舜、周、孔之道？但孤所为，皆欲身体力行，以是虚谈者无容耳（《张太岳文集》卷三十《答周友山书》）。

（丙）崇祯屡易阁臣

明代阁臣多久任者。

自永乐以后，阁臣始专为辅弼，而在事久者，如胡吉水（广）在阁十七年，杨建安（荣）在阁三十九年，杨太和（士奇）在阁四十三年，金新建（幼孜）在阁三十年，此辅政之最久者。次则杨石首（溥）两任实在阁十六年。正统以来，则陈太和（循）十四年，而不免于戍。彭安福（时）两任实在阁十八年，高兴化（榖）十三年，商淳安（辂）两任实在阁十九年，李南阳（贤）十年，万眉州（安）十九年，刘寿光（珝）十一年，刘博野（吉）十八年，徐宜兴（溥）十二年，刘洛阳（健）二十年，李茶陵（东阳）十八年，杨新都（廷和）两任实在阁十六年，费铅山（宏）三任实在阁十二年，谢余姚（迁）十二年，再出止半年，梁南海（储）十二年，翟诸城（銮）两任实在阁十三年，张永嘉（孚敬）三任实在阁十年，夏贵溪（言）两任实在阁十一年，严分宜（嵩）二十一年，徐华亭（阶）十七年，张江陵（居正）十六年（沈德符《野获编补遗》卷二《内阁》）。

至崇祯时，其势顿异。由会推之制，改为枚卜，所以防臣下之党同，威福自操。阁臣只备顾问，首辅密对，则司礼太监同立殿上，实以宦竖当耳目股肱之寄，君臣猜忌，驯至明亡。自永乐以后，阁臣凡一百六十三人，而崇祯一十七年，则有五十人焉，自古所无也。

以宰相言之，神宗四十八年，只十九人。烈皇帝十七年，则五十九人矣。十九人，五十九人，相去远。四十八年，十七年，又相去远。治与不治，相去又绝远。或谓神宗四十八年，宰相惟只十九人，故治。烈皇帝十七年，宰相惟五十九人，故不治。是不然。十九人，张居正当之前，太平之始基立矣。若五十九人，皆何如？或谓帝用之不专，且不久，且又杀戮，故卒不能收大臣之效。是又不然。温体仁其在位不久乎？不专乎？又最专者周延儒矣，其恩礼极矣，帝常曰："还是他好。"一日，皇极殿大朝罢，召延儒上殿，帝降御座，竟衮冕执圭揖延儒曰："自古帝王，莫不有师。"竟欲太师延儒。及破大司马陈新甲边谋，帝觉之，瑕疵毕起，宠衰。外出督师，又罔军旅事，又且罔帝，帝曰："饷将尽。南解望不至，今得不用兵，即先生功也。"帝此时犹曲意保全，延儒卒不悟。其加诛也，奚不宜？……他若魏藻德，三年进士，即首辅。……南都再创，有为范景文请恩荫者。兵部谓："诸臣多阁部大臣，谋国无能，致兹颠覆。烈皇帝不祀，诸臣延世加恩，臣谊何安？”乃不行。而帝之升遐，宫中御案上有遗诏云：“朕自登极十七年，上邀天罪，致东陷地三次。‘逆贼’直逼京师，诸臣误朕也。朕无颜见先皇帝于地下，将发掩面，任‘贼’分裂朕尸。可将朝廷官尽皆杀死，无坏我陵寝，无伤我百姓一人也。”呜呼！帝盖恨之矣（李长群《天问阁集》卷上）。

以十七年之帝祚，而相者至五十人。……徒归咎于人主，以为求治太急。轻于用人，始见失之不明。继且失之不慎，破格而终于痼，推诚而伏以奸。……迨炀灶燎原之后，国破家亡，同归于尽（曹溶《崇祯宰相年表序》）。

崇祯五十宰相表

姓名	籍贯	入阁	离任	在任年月
*黄立极	元城	天启五年八月	天启七年十一月致仕。崇祯二年，定逆案，落职闲住。	二年零四月
*施凤来	平湖	天启六年七月	崇祯元年三月致仕。二年，定逆案，落职闲住。	一年零九月
张瑞图	晋江	天启六年七月	崇祯元年三月致仕。二年，定逆案，坐赎徒为民。	一年零九月
李国槽	高阳	天启六年七月	崇祯元年五月致仕。	一年零十一月
来宗道	萧山	天启七年十二月	崇祯元年六月致仕。二年，定逆案，坐赎徒为民。	七阅月
杨景辰	晋江	天启七年十二月	崇祯元年六月致仕。二年，定逆案，落职闲住。	七阅月
李标	高邑	天启七年十二月	崇祯三年三月致仕。	二年零四月
周道登	吴江	天启七年十二月	崇祯二年正月致仕。	一年零二月

续表

姓名	籍贯	入阁	离任	在任年月
钱龙锡	华亭	天启七年十二月	崇祯二年十二月罢。三年十二月，逮至下狱。四年，戍，遇赦不原。	二年零一月
刘鸿训	长山	天启七年十二月	崇祯元年十二月罢。二年，谪戍。	一年零一月
*韩𬉼	蒲州	崇祯元年十二月	崇祯三年正月致仕。	一年零二月
成基命	大名	崇祯二年十一月	崇祯三年九月致仕。	十一阅月
孙承宗	高阳	崇祯二年十一月	崇祯四年十一月致仕。十一年十一月，清兵陷高阳，殉节。	二年零一月
*周延儒	宜兴	崇祯二年十二月	崇祯六年六月罢。	三年零七月
		崇祯十四年九月再任	崇祯十六年五月罢，逮入京。十二月，勒自尽。	一年零九月
何如宠	桐城	崇祯二年十二月	崇祯四年八月致仕。	一年零九月
		崇祯六年七月，再召，不至		
钱象坤	会稽	崇祯二年十二月	崇祯四年六月致仕。	一年零七月
*温体仁	乌程	崇祯三年六月	崇祯十年六月致仕。	七年零一月
吴宗达	武进	崇祯三年六月	崇祯八年五月致仕。	五年
徐光启	上海	崇祯五年五月	崇祯六年十月卒。	一年零六月
郑以伟	上饶	崇祯五年五月	崇祯六年六月卒。	一年零二月
钱士升	嘉善	崇祯六年九月	崇祯九年四月免。	二年零八月
王应熊	巴县	崇祯六年十一月	崇祯八年九月罢。	一年零十一月
		崇祯十五年十一月，再召	崇祯十六年九月，至，未任，罢。	

续表

姓名	籍贯	入阁	离任	在任年月
何吾驺	香山	崇祯六年十一月	崇祯八年十一月罢。	二年零一月
*张至发	淄川	崇祯八年七月	崇祯十一年四月罢。	二年零十月
		崇祯十四年二月，再召，不至		
文震孟	长洲	崇祯八年七月	崇祯八年十一月，闲住。	五阅月
林钎	同安	崇祯九年正月	崇祯九年六月卒。	六阅月
黄士俊	顺德	崇祯九年六月	崇祯十一年正月罢。	一年零八月
孔贞运	句容	崇祯九年六月	崇祯十一年六月罢。	二年零一月
贺逢圣	江夏	崇祯九年六月	崇祯十一年三月罢。	一年零十月
		崇祯十四年九月，再任	崇祯十五年六月罢。十六年，张献忠陷武昌，殉节。	十阅月
*刘宇亮	绵竹	崇祯十年八月	崇祯十二年二月罢。	一年零七月
傅冠	南昌	崇祯十年八月	崇祯十一年八月罢。	一年零一月
*薛国观	韩城	崇祯十年八月	崇祯十三年六月致仕。十四年八月，赐死。	二年零十一月
方逢年	遂安	崇祯十一年六月	崇祯十一年十二月，闲住。后为清所诛。	七阅月
程国祥	歙县	崇祯十一年六月	崇祯十二年四月，因病致仕。	十一阅月
杨嗣昌	武陵	崇祯十一年六月	崇祯十二年九月，督师。十四年二月，自缢于江陵军中。	二年零九月
蔡国用	金溪	崇祯十一年六月	崇祯十三年六月卒。	二年零一月
*范复粹	黄县	崇祯十一年六月	崇祯十四年五月罢。	三年
魏炤乘	滑县	崇祯十二年五月	崇祯十五年三月罢。	二年零十一月

续表

姓名	籍贯	入阁	离任	在任年月
姚明恭	蕲水	崇祯十二年五月	崇祯十三年五月罢。	一年零一月
张四知	费县	崇祯十二年五月	崇祯十五年六月罢。	三年零二月
谢陞	德州	崇祯十三年四月	崇祯十五年四月，削籍。	二年零一月
*陈演	井研	崇祯十三年四月	崇祯十七年二月免。三月，为李自成所杀。	三年零十一月
蒋德璟	晋江	崇祯十五年六月	崇祯十七年三月免。	一年零十月
黄景昉	晋江	崇祯十五年六月	崇祯十六年九月，致仕。	一年零四月
吴甡	兴化	崇祯十五年六月	崇祯十六年三月，督师。五月，罢。十一月，戍。	一年
*魏藻德	通州	崇祯十六年五月	崇祯十七年三月，为李自成所杀。	十一阅月
方岳贡	谷城	崇祯十六年十一月	崇祯十七年三月，为李自成所杀。	五阅月
李建泰	曲沃	崇祯十六年十一月	崇祯十七年正月，督师。后为清所诛。	三阅月
邱瑜	宜城	崇祯十七年二月	崇祯十七年三月，为李自成所杀。	二阅月
范景文	吴桥	崇祯十七年二月	崇祯十七年三月，殉节。	二阅月
附记	一、凡有*记号者，皆曾为首辅。 一、本表参据《明史》纪传、《宰辅表》及曹溶《崇祯五十宰相传》、陈盟《崇祯阁臣行略》而作。			

（2）有明一代之吏治

有明一代吏治，中叶以前，颇称修举。其初，地方之长为布政司，次则按察。各道、府及州、县以次相属，知府之任特重。郎官出守，每赐敕行事，俱得专奏。迨后，以巡按御史查吏，以巡抚治民，地方之寄上托于抚、按，下则州、县之权渐重。由于考选之法既兴，县令得行取科道，上官不敢以法相绳，吏治顿废。而巡按亦遂以属官凌踞巡抚之上，前后轻重顿异矣。

明太祖惩元季吏治纵弛，民生凋敝，重绳贪吏，置之严典。府、州、县吏来朝，陛辞，谕曰："天下新定，百姓财力俱困，如鸟初飞、木初植，勿拔其羽，勿撼其根。然惟廉者能约己而爱人，贪者必朘人以肥己，尔等戒之。"洪武五年，下诏有司考课，首学校、农桑诸实政。……下逮仁、宣，抚循休息，民人安乐，吏治澄清者百余年。英、武之际，内外多故，而民心无土崩瓦解之虞者，亦由吏鲜贪残，故祸乱易弭也。嘉、隆以后，资格既重甲科，县令多以廉卓被征，梯取台省，而龚、黄之治，或未之觏焉（《明史》卷二八一《循吏列传序》）。

（甲）明初之吏治

荐举

正统元年十月……敕谕吏部，选举御史、县令。敕曰："……凡亲民之官，县令最切，必得其人，庶民乃安。自今各处知县有缺，令在京各衙门四品官，及国子监、翰林院堂上，各部郎中、员外郎、六科掌科给事中，各道掌道御史，各举一员。尔吏部亦精加体访，必得廉洁公平、宽厚爱民者，具奏除授。如授官之后，但犯贪淫暴刻，及罢软不胜任者，并罪举者。"（雷礼《皇明大政纪》卷十一）

宣德四年四月……是时二杨用事，政归内阁，自布政使至知府阙，听京官三品以上荐举。既又命御史、知县，皆听京官五品以上荐举。凡要职迁擢，皆不关吏部（夏燮《明通鉴》卷二十）。

宣德五年五月……擢郎中况钟等九人为知府，赐敕遣之。上以郡守多不称职，会苏州等九府缺，皆雄剧地，命部院臣举其属之廉能者补之。于是尚书蹇义、胡濙，大学士杨士奇等，首荐仪制司郎中靖安况钟，诏以为苏州知府。一时与钟同荐者，户部郎中罗以礼知西安，兵部郎中赵豫知松江，工部郎中莫愚知常州，户部员外郎邵旻知武昌，刑部员外郎马仪知杭州，陈本深知吉安，陈鼎知建昌，何文渊知温州。九人者皆有治绩，而钟最著云（夏燮《明通鉴》卷二十）。

久任

史诚祖，解州人。洪武末……授汶上知县，为治廉平宽简。……屡当迁职，辄为民奏留。阅二十九年，竟卒于任。……是时，县令多久任。蠡县吴祥，永乐时知嵩县，至宣德中，阅三十二年，卒于任。临汾李信，永乐时由国子生授遵化知县，至宣德中，阅二十七年，始擢无为知州。以年老不欲赴，遂乞归。涓县房嵒，宣德间为邹县知县，至正统中，阅二十余年，卒于任（《明史》卷二八一《史诚祖传》）。

部民奏留

自明兴至洪、宣、正统间，民淳俗富，吏易为治。而其时长吏，亦多励长者行，以循良见称。其秩满奏留者，不可胜纪。……时帝方重循良，而吏部尚书蹇义，尤慎择守令，考察明恕。沿及英宗，吏治淳厚，部民奏留，率报可（《明史》卷二八一《李信圭传》）。

（乙）嘉靖以后之州、县

至宪宗始重亲民之任，乃以第三甲进士为之。……自考选法兴，台、省二地，非评博中行及外知推不得入。于是外吏骤重，而就中邑令，尤为人所乐就。盖宦橐之入，可以结交要路，取誉上官。又近年乙酉科以后，令君悉充本省同考，门墙桃李，各树强援。三年奏最，上台即以两衙门待之。降颜屈体，反祈他日之陶铸（沈德符《野获编》卷二十二《府县》）。

洪武十三年……作到任须知：首祀神。以时修饬，致其诚慎；次恤孤。亲为存恤，无令失所；次狱囚。平允折衷，毋致冤抑；次田土。款分开揭，上备国用；次制书。讲读通晓，一一施行；次吏典。时验勤怠，以为劝惩；次仓库。检查支用，毋致乾没；次会计。量入为出，毋使折阅；次公廨。补治修葺，毋重劳民；次学校。以时考试，劝励成才。而重举耆宿，旌扬德能。除去奸慝，简饬衙役。凡诸条目，俾除授者既至官，画一遵守，毋具文。爰颁责任条例：凡布政司于所属，必岁月以须知内事目稽其勤惰，有顽慢者验实奏闻，遗者按察司清之。府临州治如藩课，遗者布政司清之。州临县治如府课，遗者本府清之。县临里甲如所课，遗者本州县清之。苟藩不能清府，府不能清州，州不能清县，县不能去恶安善，遗者按察司清之。按察司遗者，巡按御史清之。诸司置立文簿，书其所行事迹，季上所司查考，司考府，府考州，州考县，而布政司岁同本司事迹，赍京通考焉（朱健《古今治平略》卷十七）。

至万历中……孙丕扬上疏曰："……臣请以民隐责吏治。……一曰责守令以实兆民之户口；二曰责守令以辟兆民之荒芜；三曰责守令以供兆民之额赋；四曰责守令以兴兆民之礼教；五曰责守令以备兆民之荒歉。大率以五事胥修者为上等，五事方修者次之……五事举半废半者又次之，五事尽废者为下等。"（朱健《古今治平略》卷十七）

（丙）乡绅

县令之权虽重，足以挠之者，则唯乡绅。盖明初回避之法兴，又因科举之籍有定，唐、宋以来流寓之风渐息，士皆归于本籍，大臣子弟及官吏坐废者，皆豪横里中，以劣衿供奔走，家奴为爪牙，其弊遂不可问。

乡绅之为患

乡绅为患，竟至役使乡人，包庇盗匪，侵占人民田庐。

前明一代风气，不特地方有司私派横征，民不堪命。而缙绅居乡者，亦多倚势恃强，视细民为弱肉，上下相护，民无所控诉也。……《焦芳传》：芳治第宏丽，治作劳数郡，是数郡之民皆为所役。又《姬文允传》：文允宰滕县，白莲“贼反”，民皆从乱，文允问故，咸曰祸由董二。董二者，故延绥巡抚董国光子，居乡暴横，民不聊生，故被虐者至甘心从“贼”，则其肆毒更可知也。又《琅琊漫抄》载：松江钱尚书治第，多役乡人，砖甓亦取给于役者。有老佣后至，钱责之，对曰：“某担自黄瀚坟，路远，故迟耳。”钱益怒，答曰：“黄家坟亦吾所筑，其砖亦取自旧冢，勿怪也。”此又乡官役民故事也。……温体仁当国，唐世济为都御史，皆乌程人。其乡人盗太湖者以两家为奥主，兵备冯元飏捕得其魁，则世济族子也（《元飏传》）。是乡官之族且庇盗矣。又有投献田产之例，有田产者，为奸民籍而献诸势要，则悉为势家所有。天顺中，曾翚为山东布政使，民垦田无赋者，奸民指为闲田，献诸戚畹，翚断还民（见《李棠传》）。……其他小民被豪占而不得直者，正不知凡几矣（赵翼《廿二史札记》卷三十四《明乡官虐民之害》）。

乡绅之遭祸

乡绅为恶之甚者，往往为人民所戕，其衅多起于奴。

徐汝圭以按察副使罢归里，好张大，每语人以某某访察皆我为之，而实不必尔。颇善占候，一日，谓己当有非常祸，避之庄舍中。所从仅二僮，而又疑之，锒铛其足于柱。夜不寐，有逾垣入者，汝圭觉，而逃于厕。贼劫锒铛者，便迹汝圭所，指示之，至厕而斧之为十余段，竟不得贼。庄壬春以知府归，欲侵海上之涂田，挟守巡势临之，田主度不能胜，则伪为伏者。邀庄至涂所成券，饮之酒极醉，以小舟载庄，所幸僮从，至深处而裸之，刃刲其肉而以盐醢，寸割庄与僮之势使相啖，而后剖其腹。事发，论死者数十人。……杨维平以御史归，有一中表之疏贫者，鬻其子为僮干，以不任也，出而冻馁之致死。一日，中表来，俟维平之出而无他仆也，且揖且前，维平方报揖，为所扼，缚手于柱，而刃刺腹，立死，其人亦自刭。栾大约以御史丁忧归，夜为人所杀，并其妻子家人老弱皆死。以为大盗也，半岁始得贼，乃其僮奴与其妾通，约其二弟，以夜劫杀之，俱磔于市。……蔚钟以河南按察佥事归，有少年来叩头者，貌美而儇利，武捷便骑射，识书数，云故河南部人，家有官事，愿得托为奴。钟甚嬖之，居两月，而委寄出诸干上，凡财贿出入悉以寄之。一日，与之庄，所从者及庄客，皆令出责赋及子钱。至暮而归，则钟已横尸地上，失其首及厩中骏马，与少年偕逸矣。盖河南部中怨者，募使杀之也，竟不得主名。……董传策以南京礼部右侍郎归，御其家僮暴酷甚，死者前后数十。迫则谋欲杀传策，传策亦自觉之，欲避徙不果，竟为奴所缚，斧之，凡数创，肠胃皆出。事发，奴十余人皆磔于市（王世贞《弇州史料后集》卷三十五）。

宰相之鱼肉乡里

正统中，杨文贞公士奇在首揆，其子稷为乡人奏其贪横不法数十事，逮至法司究治。……稷竟论斩，瘐死于狱。正德中，南海县民谭观海者坐法诛，家有田百余顷，为富人杨端等侵占。观海之子振，遂以献大学士梁储子锦衣百户次摅、故罢职尚书戴缙子仲明及豪民欧阳元、李闰成为业。……自是谭、杨相雠，攻无已。而他受献者，谋尽杀诸杨，以快其忿，且绝后患。请于次摅……于是率诸佃傜，夜属刃纵火攻杨氏，悉杀之，并杀其邻居异姓男女二百余人。……于是南北科道，交章劾梁。……覆勘。……疏上，下三法司，坐元、闰成等凌迟情罪，而别为次摅等请上裁。有旨，仲明发南宁府编管，次摅发边卫立功，五年还职，带俸差操（王世贞《弇州史料后集》卷三十六）。

张孚敬还居里中，病废，手足不仁。有从子郡者，窃势自弄，噬啖人田庐妇女，里中苦之。巡按御史张汝员上言："孚敬痿痹昏眊，无复知识。从子郡志穷荒度，谋肆吞噬，诛求尽于锱铢，剥削入于骨髓。流毒一郡，积害十年。"（《皇明大政纪》卷二十三）

献夫家居，引体自尊。监司谒见，辄称疾不报。家人姻党，横于郡中，乡人屡讦告（《明史》卷一九六《方献夫传》）。

有严寿二，则阴养刺客，而昏夜杀人。寿二与胡龙之妻何香儿稔奸，遂令勇士刺其夫而拐其妻，此则分宜县访获成招监候可证也。或夺人妻女而致其孤寡者，则有严艮一占周龙一之妻，严艮二占易通秀之妻，严思一占易江之妻，严来童占鄢艮六之妇。或受人投献而殴伤人命者，则有严和鸣之伤邹均重，严鸣凤之伤黄质练，严樊之伤任良谏，严瑞朋之伤邹公显。或夺人田地而负累陪粮者，则有严富之骗陈宝也，有严景八之骗孔源也，有严臻富之骗彭柏也，有严进寿之骗钟发声也，有严琴之骗杨□义也，有严珍之骗郭寓也，有严七之骗邓承勣也，有严积之骗彭槐也。或夺人之房基而掯价不与者，则有被严保之害者李元三也，被严思之害者崔元二也，被严勤之害者王铠也，被严珍之害者黄衮也，被严二汉之害者林绍新也，被严仲一之害者彭述古也，被严富二之害者萧珠也，被严艮之害者张文耀也，被严志之害者朱宝、王銮也，被严珍二之害者杨允积、陈子良也。凡此皆世蕃之党令，彭孔之主谋（《皇明奏疏类钞》林润《请申逆罪正典刑疏》）。

（崇祯）二年，昆山民积怨秉谦，聚众焚掠其家。秉谦年八十，仓皇窜渔舟得免。乃献窖藏银四万于朝，寄居他县以死（《明史》卷三〇六《顾秉谦传》）。

故隆庆初，海瑞抚吴，痛绳之以法。

（隆庆）三年夏，以右佥都御史，巡抚应天十府。……素疾大户兼并，力摧豪强，抚穷弱，贫民田入于富室者，率夺还之。徐阶罢相里居，按问其家无少贷。……已而，给事中戴凤翔劾瑞庇奸民，鱼肉搢绅，沽名乱政（《明史》卷二二六《海瑞传》）。

王弇州（世贞）为华亭（徐阶）画计，草匿名词状，称柳跖告讦夷齐二人，占夺首阳薇田。海悟，为之稍止（沈德符《野获编》卷二十二《督抚》）。

（3）内难之频起

内难有宗室称兵，为攘夺政权。而人民举义，则为诛暴乱。二者殊不同科，今分述之如左。

（甲）宗室称兵

明成祖起靖难之师，以遵《祖训》、讨奸臣为名。其后高煦、寘鐇、宸濠皆效之以称兵。

高煦

汉王高煦，成祖第二子。……徙封乐安州。……宣德元年八月，遂反。……大学士杨荣等，劝帝亲征。……于是车驾发京师。……帝移跸乐安城南。高煦将出城，王斌等力止曰："宁一战死，无为人擒。"高煦绐斌等复入宫，遂潜从间道出见帝。……帝令高煦为书召诸子，余党悉就擒。……乐安改曰武定州。……天津、青州、沧州、山西诸都督指挥约举城应者，事觉，相继诛，凡六百四十余人。其故纵与藏匿坐死戍边者，一千五百余人。编边氓者，七百二十人。帝制《东征记》以示群臣。高煦及诸子相继皆死（《明史》卷一一八《汉王高煦传》）。

煦遣百户陈刚进疏言：仁宗违洪武、永乐旧制，与文臣诰敕封赠。今上（宣宗）修理南巡席殿等事，为朝廷罪过，又斥二三大臣夏原吉等为奸佞，并索诛之。又书与公侯大臣，骄言巧诋，污蔑乘舆（朱国桢《皇明大事记》卷一一六）。

（宣德）五年，官田减租额一事，圣恩已下玺书，户部格而不行，至今仍旧额追征，小民含冤不已，上怒曰："户部可罪也。"（士奇）对曰："此循习之弊，永乐末年多如此。往年高煦反，以夏原吉为奸臣之首，正指此事为说。"（雷礼《皇明大政纪》卷十）

寘鐇

庶人寘鐇，祖秩炵……封安化王。……寘鐇袭王爵。……宁夏指挥周昂、千户何锦、丁广，卫诸学生孙景文、孟彬、史连辈，皆往来寘𫔍所。正德五年……四月五日，寘𫔍设宴，邀抚镇官饮于第。……锦、昂率牙兵直入，杀姜汉及太监李增、邓广于坐。……令孙景文作檄，以讨刘瑾为名。……（参将仇）钺刺昂死，令亲兵驰寘𫔍第，击杀景文、连等十余人，遂擒寘𫔍，迎（副总兵杨）英众入。寘𫔍反十有八日而擒（《明史》卷一一七《庆王㮵附寘𫔍传》）。

安化王寘𫔍反，诏起一清总制军务，与总兵官神英西讨，中官张永监其军。未至，一清故部将仇钺已捕执之（《明史》卷一九八《杨一清传》）。

（正德）五年，安化王寘𫔍及都指挥何锦、周昂，指挥丁广反。钺时驻城外玉泉营，闻变欲遁去。顾念妻子在城中，恐为所屠灭，遂引兵入城。解甲觐寘𫔍，归卧家称病，以所将兵分隶贼营。锦等信之，时时就问计。钺亦谬输心腹。而阴结壮士，遣人潜出城，令还报官军旦夕至。钺因绐锦、广，宜急出兵守渡口，遏东岸兵，勿使渡河。锦、广果倾营出，而昂独守城。寘𫔍以祃牙召钺，钺称病亟。昂来视，钺方坚卧呻吟。伏卒猝起，捶杀昂。钺乃被甲横刀，提其首，跃马大呼，壮士皆集，径驰诣寘𫔍第，缚之。传寘𫔍令，召锦等还，而密谕其部曲以擒寘𫔍状，众遂大溃。锦、广单骑走贺兰山，为逻卒所获，举事凡十八日而败（《明史》卷一七五《仇钺传》）。

宸濠

（正德）十四年……宸濠……以己生辰日（六月十三日），宴诸守土官。诘旦，皆入谢。宸濠命甲士环之，称奉太后密旨，令起兵入朝。……以李士实、刘养正为左、右丞相，王纶为兵部尚书，集兵号十万。……略九江、南康，破之。驰檄指斥朝廷。七月壬辰朔……攻安庆。汀赣巡抚佥都御史王守仁闻变……戊申，直攻南昌。辛亥，城破。……宸濠方攻安庆不克，闻南昌破，大恐，解围还，守仁逆击之。……宸濠大败。诸妃嫔皆赴水死，将士焚溺死者三万余人。宸濠及其世子、郡王、仪宾并李士实、刘养正、涂钦、王纶等俱就擒。宸濠自举事至败，盖四十有三日（《明史》卷一一七《宁王权附宸濠传》）。

王守仁字伯安，余姚人。……（正德）十四年六月，命勘福建叛军。行至丰城而宁王宸濠反。……因集众议曰："贼若出长江顺流东下，则南都不可保。吾欲以计挠之。"……乃多遣间谍，檄府县言："……南赣王守仁、湖广秦金、两广杨旦各率所部合十六万，直捣南昌。"……又为蜡书遗伪相李士实、刘养正……而纵谍泄之。宸濠果疑。与士实、养正谋，则皆劝之疾趋南京即大位，宸濠益大疑。……守仁闻南昌兵少则大喜。……或请救安庆，守仁曰："不然。今九江、南康已为贼守。……不如直捣南昌。贼闻南昌破，必解围自救。逆击之湖中，蔑不胜矣。"……凡三十五日而贼平。……已，论功封特进光禄大夫、柱国、新建伯，世袭，岁禄一千石。然不予铁券，岁禄亦不给（《明史》卷一九五《王守仁传》）。

移咨府部，传檄远近，指斥朝廷，谓武宗以莒灭鄫，高皇帝不血食凡十四年。建寺禁内，杂处妓女、胡僧，玩弄边兵，身衣异服，至于市井屠贩、下流贱品之事，靡不乐为。弃置宗社陵寝，而造行宫于宣府，称为家里。黩货无厌，荒游无度，东至永年诸处，西游山陕三边，所过掠民妇女，索取赎钱。常佩都太监牙牌，称威武大将军。既夺马指挥妻称马皇后，复纳山西娼妇称刘娘娘，原其为心不能御女，又将假此妇人以欺天下，抱养异姓之子。如前所为也（朱国桢《皇明大事记》卷二十四）。

（乙）人民举义

荆襄流民

成化元年，荆、襄"贼"刘千斤等"作乱"。敕抚宁伯朱永为总兵官，都督喜信、鲍政为左、右参将，中官唐慎、林贵奉监之，而以主提督军务，发京军及诸道兵会讨。千斤名通，河南西华人。县门石狻猊重千斤，通只手举之，因以为号。正统中，流民聚荆、襄间，通窜入，为妖言，潜谋倡乱。石龙者，号石和尚，聚众剽掠，通与共起兵，"伪"称汉王，建元德胜，流民从者四万人。圭等至南漳，"贼"迎战，败之，乘胜逼其巢。通奔寿阳，谋走陕西。圭遣兵扼其道，通乃退保大市，与苗龙合。官军又破之雁坪，斩通子聪及其党苗虎等。"贼"退保后岩山，据险下木石如雨。诸军四面攻，圭往来督战，士皆蚁附登。"贼"大败，擒通及其众三千五百余人，获"贼"子女万一千有奇，焚其庐舍，夷险阻而还。石龙与其党刘长子等逸去，转"掠"四川，连陷巫山、大昌。圭等分兵蹙之，长子缚龙以降，余"寇"悉平（《明史》卷一七二《白圭传》）。

白圭既平刘通，荆、襄间流民屯结如故。通党李胡子者名原，"伪"称平王，与小王洪、王彪等，"掠"南漳、房、内乡、渭南诸县。流民附"贼"者至百万。六年冬，诏忠总督军务，与湖广总兵官李震讨之。忠乃奏调永顺、保靖土兵。而先分军列要害，多设旗帜钲鼓，遣人入山招谕。流民归者四十余万，彪亦就擒。……（即）合（土兵）二十五万，分八道逼之，流民归者又数万。"贼"潜伏山砦，伺间出"劫"。忠命副使余洵、都指挥李振击之，遇于竹山。乘溪涨半渡截击，擒李原、小王洪等，"贼"多溺死。忠移军竹山，捕"余孽"，复招流民五十万（《明史》卷一七八《项忠传》）。

邓茂七

正统中，邓茂七以佃夫倡义，纵横浙江、福建、江西三省。庆元人叶宗留、丽水人陈鉴湖、遂昌人苏牙、俞伯通，皆与之相应。

沙县佃人邓茂七……既为甲长，益以气役属乡民。其俗，佃人输租外，例馈田主。茂七倡其党令毋馈，而田主自往受粟。田主诉于县，县逮茂七。不赴。下巡检追摄，茂七杀弓兵数人。上官闻，遣军三百捕之，被杀伤几尽，巡检及知县并遇害。茂七遂……称铲平王，设官属。党数万人，陷二十余县。都指挥范真、指挥彭玺等先后被杀。时福建参政交阯人宋新，贿王振得迁左布政使，侵渔贪恶，民不能堪，益相率从乱，东南骚动。（正统）十三年四月，茂七围延平。刷卷御史张海登城抚谕。“贼”诉乞贳死，免三年徭役，即解散为良民。海以闻。命瑄往招讨，以都督刘聚、佥都御史张楷大军继其后。瑄既至，先令人赍敕往抚。茂七不肯降，瑄驰赴沙县图之。“贼首”林宗政等万余人攻后坪，欲立砦。瑄令通判倪冕等率众先据要害，而身与都指挥雍埜等邀其归路，斩“贼”二百余级，获其渠陈阿岩。明年（十四年）二月，瑄诱“贼”复攻延平，督众军分道冲击。“贼”大败，遁走。指挥刘福追之，遂斩茂七，招胁从复业。未几，复擒其党林子得等。尤溪“贼首”郑永祖，率四千人攻延平。瑄偕埜等邀击，擒之，斩首五百有奇，余党溃散。楷之监大军讨“贼”也，至建宁顿不进，日置酒赋诗为乐。闻瑄破“贼”，则驰至延平攘其功。瑄被胁依违具奏。福不能平，愬之。诏责瑄具状。楷等皆获罪，瑄有功不问，功亦竟不录。茂七虽死，其从子伯孙等复炽。朝廷更遣陈懋等以大军讨（《明史》卷一六五《丁瑄传》）。

刘六、刘七

正德中，刘瑾弄权，人民迫而举兵者，在江西抚州，则有王钰五、徐仰三、傅杰一、杨端三等；南昌则有桃源汪澄三、王浩八、殷勇十、洪瑞七等；瑞州则有华林罗光权、陈福一等；赣州则有大帽山何积钦等；先后为陈金、俞谏等所破。在四川保宁，则有顺天王蓝廷瑞、刮地王鄢本恕、扫地王廖惠及廖麻子，与眉州刘烈等，其众十余万，分据陕西、湖广之境。自正德四年七月起，至九年五月止，始为洪钟、林俊、彭泽所破。刘六、刘七、杨虎、齐彦名起于文安，与刘惠、赵鐩联合，驰逐畿辅、山东、山西、湖广、江西，至江阴狼山，始为陆完、彭泽所破，为时先后凡二年。

明年（正德六年）。霸州“贼”刘六、刘七等起，奉杨虎为首。惠安伯张伟、右都御史马中锡师出无功，逮系论死。八月，诏完兼右佥都御史提督军务，统京营、宣府、延绥军讨之。行及涿州，忽传“贼”且逼京师，命还军入卫。会副总兵许泰、游击郄永等败杨虎等于霸州，“贼”南走，京师始解严。指挥贺勇等再败“贼”信安，副总兵冯桢复大败之阜城，分兵追击。“贼”东围沧州。会刘六、七中流矢，乃解而南，陷山东县二十。杨虎兵亦北残威县、新河。于是完频请济师。益发辽东、山西诸镇兵逐“贼”。“贼”益南，围济宁，焚运舟，转寇曹州。桢、泰、永击斩二千余人，获其魁朱谅。录功，进完右都御史，诸将皆增秩。中官谷大用、张忠意“贼”旦暮平，乃自请督师。诏以大用总督军务，伏羌伯毛锐充总兵官，忠监神枪，统京军五千人，会完讨“贼”。时刘六等纵横沂、莒间，而杨虎陷宿迁，执淮安知府刘祥、灵璧知县陈伯安，连陷虹、永城、虞城、夏邑及归德州。边兵追及，“贼”退至小黄河渡口。百户夏时设伏蹙之，虎溺死。余“贼”奔河南，推刘惠为首，大败副总兵白玉军，攻陷沈丘，杀都指挥王保，执都指挥潘翀，北陷鹿邑。有陈翰者，与宁龙谋奉惠为奉天征讨大元帅，赵鐩副之。翰自为侍谋军国重务元帅府长史，与龙立东西二厂治事。分其军为二十八营，以应列宿，营各置都督，聚众至十三万。欲牵制官军，于是惠、鐩扰河南，刘六及齐彦名等扰山东，党分为二。已而六复转而北，永败之潍县。还趋霸州，帝将出郊省牲，闻之惧，急召完赴援，完击破之文安。“贼”南至汤阴，完又督诸将追败之，先后俘斩千人。当是时，六等众号数万，然多胁从，精锐不过千余人。自兵部下首功令，官军追“贼”，“贼”辄驱良民前行，急则弃所掠逸去。官军所杀皆良民，以故捷书屡奏，而“贼”势不衰。明年（七年）正月，六等复突霸州，京师戒严。诏完及大用、锐还御近畿，“贼”乃西掠博野，攻蠡县、临城。大用、锐与遇于长垣，大败。廷议召二人还，别命都御史彭泽同咸宁伯仇钺办河南“贼”，以畿辅、山东“贼”委完。完遣永追败刘六于宋家庄。“贼”南犯滕县，副总兵刘晖大败之，“贼”遂奔登、莱海套。完师次平度，檄永、玉与游击温恭三道进攻，命副总兵张俊、李鋐及泰、晖分军邀其奔逸。“贼”走，连战皆大败之，“贼”乃变服易马而遁，先后禽斩二千六百余人。“贼”止三百人北走，沿途招聚，势复张。剽香河、宝坻、玉田，转攻武清。游击王杲败没，巡抚宁杲兵亦败，畿辅复震动。而“贼”转南至冠县，晖袭败之，指挥张勋又败之平原。“贼”南奔邳州，渡河抵固始。会河南“贼”已平，刘六等势益衰，遂走湖广。夺舟至夏口，遇都御史马炳然，杀之。复登陆，焚汉口，为指挥满弼等追及，刘六中流矢，与子仲淮赴水死。刘七、齐彦名率五百人舟行，自黄州顺流抵镇江。南京告急，完疾趋而南。帝命彭泽、仇钺会完军进剿。大兵尽集江南、北，“贼”犹乘潮上下肆掠。操江武靖伯赵弘泽、都御史陈世良遇之，败绩，死者无算。七月，“贼”治舟孟渎。完等至镇江，留钺防守，令恭以骑驻江北，晖、永以舟趋江阴，完率都指挥孙文、傅铠趋福山港。“贼”惧，抵通州。飓风大作，弃舟走保狼山。完命同知罗玮夜导军登山南蹙之。彦名中枪死，七中矢亦赴水死，余“贼”尽平（《明史》卷一八七《陆完传》）。

刘惠、赵鐩等“乱”河南，命泽与威宁伯仇钺提督军务讨之。陈便宜十一事：厚赏峻罚以激劝将吏。……薄“贼”大小数十战，连破之。甫四月，“贼”尽平（《明史》卷一九八《彭泽传》）。

（正德）七年二月，拜平“贼”将军，偕都御史彭泽，讨河南“盗”刘惠、赵鐩。……余党邢本道、刘资及杨寡妇等，先后皆被禽。凡出师四月，而河南“贼”悉平。赵鐩一名风子，文安诸生也。……稍有智计，定为部伍，劝其党无妄杀。移檄府县，约官吏师儒毋走避，迎者安堵。由是横行中原，势出刘六等上。……有司遣人赍招抚榜至，鐩具疏附奏言：“今群奸在朝，舞弄神器，浊乱海内，诛戮谏臣，屏弃元老，举动若此，未有不亡国者。乞陛下睿谋独断，枭群奸之首以谢天下，即枭臣之首以谢群奸。”（《明史》卷一七五《仇钺传》）

（丙）白莲教徒

唐赛儿

唐赛儿，乃白莲教之余波。至嘉、万以后，其教演为闻香、无为、龙天数派，有经典，有仪式，蔓延北方，为一种秘密宗教。继赛儿而兴兵者，则有徐鸿儒。

永乐十八年二月，蒲台……林三妻唐赛儿……自言得石函中宝书、神剑，役鬼神，剪纸作人马相战斗。徒众数千，据益都卸石栅寨。指挥高凤败殁，势遂炽。其党董彦升等攻下莒、即墨，围安丘。总兵官安远侯柳升，帅都指挥刘忠，围赛儿寨。赛儿夜劫官军。军乱，忠战死，赛儿遁去。比明，升始觉，追不及，获“贼”党刘俊等及男女百余人。而“贼”攻安丘益急，知县张旟、丞马玙死战，“贼”不能下，合莒、即墨众万余人以攻。青方屯海上，闻之，帅千骑昼夜驰至城下。再战，大败之，城中亦鼓噪出，杀“贼”二千，生禽四千余，悉斩之。时城中旦夕不能支，青救稍迟，城必陷。比“贼”败，升始至，青迎谒。升怒其不待己，捽之出。是日，鳌山卫指挥王真亦以兵百五十人歼“贼”诸城，“贼”遂平。而赛儿卒不获（《明史》卷一七五《卫青传》）。

山东唐赛儿反，事平，俘胁从者三千余人至。原吉请于帝，悉原之（《明史》卷一四九《夏原吉传》）。

徐鸿儒

先是，蓟州人王森得妖狐异香，倡白莲教，自称闻香教主。其徒有大小传头及会主诸号，蔓延畿辅、山东、山西、河南、陕西、四川。森居滦州石佛庄，徒党输金钱称朝贡，飞竹筹报机事，一日数百里。万历二十三年，有司捕系森，论死，用贿得释。乃入京师，结外戚中官，行教自如。后森徒李国用别立教，用符咒召鬼。两教相仇，事尽露。四十二年，森复为有司所摄。越五岁，毙于狱。其子好贤及巨野徐鸿儒、武邑于弘志辈踵其教，徒党益众。至是（天启二年），好贤见辽东尽失……与鸿儒等约是年中秋并起兵。会谋泄，鸿儒遂先期反，自号中兴福烈帝，称大成兴胜元年，用红巾为识。五月戊申陷郓城，俄陷邹、滕、峄，众至数万。时承平久，郡县无守备，山东故不置重兵。彦（山东巡抚）任都司杨国栋、廖栋，而檄所部练民兵，增诸要地守卒。请留京操班军及广东援辽军，以备征调。荐起故大同总兵官杨肇基为山东总兵官，讨“贼”。……时“贼”精锐聚邹、滕中道……彦乃与肇基令游兵缀“贼”邹城，而以大军击“贼”精锐于黄阴、纪王城，大败“贼”，蹙而殪之峄山，遂围邹。……鸿儒抗守三月，食尽，“贼”党尽出降。鸿儒单骑走，被擒。抚其众四万七千余人。彦乃纪绩，告庙献俘，磔鸿儒于市。鸿儒蹦山东二十年，徒党不下二百万。……于弘志亦于是年六月据武邑白家屯，将取景州应鸿儒。（天津佥事来）斯行方赴援山东，还军讨之。弘志突围走，为诸生叶廷珍所获，凡举事七日而灭。好贤亦捕得（《明史》卷二五七《赵彦传》）。

天启二年，“妖贼”徐鸿儒反山东，连陷郓、巨野、邹、滕、峄，众至数万。巡抚赵彦，任都司杨国栋、廖栋，檄所部练民兵，增诸要地守卒。时肇基方家居，彦因即家荐起之，为山东总兵官讨“贼”（《明史》卷二七〇《马世龙附杨肇基传》）。

天启二年……八月初二日，保定抚张凤翔奏曰：“邹、滕、兖、郓首发大难，而武邑、衡水、枣强继之。传头大主则于弘志，景州李隐、马习之白昼‘钞掠’。白莲、闻香、无为、龙天等教，遍传域中。如深州、束鹿、饶阳、武强、献县、清河、故城、冀州、南宫、清河、藁城、晋州、安阳，气候相通，共数十万。”（方孔炤《全边略记》卷十一）

朱国桢《涌幢小品》所载白莲教经典如下。

成化中，山西崞县民王良，学佛法于弥陀寺僧李金华，见人辄为好言劝谕之。忻州民李钺闻而悦之，愿为弟子。……良即撰表，欲上迤北小王子，请犯边，当为内应。……事败。……所追妖书图本……有《番天揭地搜神纪经》《金龙八宝混天机神经》《安天定世绣莹关九龙战江神图》《天宫知贤变迁神图经》《镇天降妖铁板达通天混海图》《定天定国水晶珠经》《金锁洪阳大策金锋都天玉镜六甲明天九关夜海金船经》《九关七返纂天经》《八宝擎天白玉柱夫子金地历》《刘太保泄漏天机伍公经》《夺天册收门纂经》《佛手记三煞截鬼经》《金锁拦天记紧关周天烈火图玉盆经》《换天图飞历》《神工九转玉瓮金灯记天形图天髓灵经》《定世混天神珠通玄济世鸳鸯经》《锦珊瑚通天立世滚云裘银城论显明历》《金璋紫绶经》《玉贤镜四门记收燕破国经》《通天无价锦包袱三圣争功聚宝经》《金历地经》《夺天策海底金经》《九曜飞光历》《土伞金华盖水鉴书照贤金灵镜经》《朱砂符式坐坛记普济定天经》《周天烈火图六甲天书三灾救苦金轮经》《智锁天关书惑天迷化经变化经》《镇国定三世阳历》《玄元宝玉镜伞锦华盖换海图转天图》《推背书九曜飞天历》《弥勒颂通天玩海珠照天镜玄天宝镜经上天梯等经》《龙女引道经》《穿珠偈天形图应劫经天图形首妙经》《玉贤镜透天关尽天历》《玄娘圣母亲书太上玄元宝镜降妖断怪伍家经》《金光妙品夺日金灯红尘三略照天镜九关番天揭地神图》《金锋都天玉镜玉树金蝉经》《玄娘圣母经》《七返无价紫金船银城图样龙凤勘合》（朱国桢《涌幢小品》卷三十二）。

黄育楩《破邪详辩》载无为教经卷四十六种。知清道光时，其教犹盛行北方，唯显与白莲教为难。

癸巳冬，初调任巨鹿。又为邪教出没之薮，余即严密稽查。……旋于民间抄出邪教经卷，并前任所贮库者，共二十种。系刊板大字，印造成帙，经皮卷套，锦缎装饰。经之首尾，绘就佛像。一切款式，亦与真正佛经相似。查其年限，系在万历、崇祯等年。阅其文词，则妖妄悖谬，烦冗杂错，总不离乎真空家乡、无生父母之语（黄育楩《破邪详辩序》）。

邪教有《古佛天真考证龙华宝经》，分二十四品。……《天真收圆品》有云：……红阳教飘高祖，净实教净空僧，无为教四维祖，西大乘吕菩萨，黄天教普静祖，龙天教米菩萨，南无教孙祖师，南阳教南阳母，悟明教悟明祖，金山教悲相祖，顿悟教顿悟祖，金禅教金禅祖，还源教还源祖，大乘教石佛祖，圆顿教菩善祖，收源教收源祖。……查邪经，飘高为万历时人，而居邪教之首，可知净空等众，同为明末妖人。而刊印邪经，又系明末太监（黄育楩《破邪详辩》卷上）。

邪教有《古佛天真考证龙华宝经》……《销释悟性还源宝卷》……《开心结果宝卷》……《下生叹世宝卷》……《明证地狱宝卷》……《科意正宗宝卷》……《归家报恩宝卷》……《护国佑民伏魔宝卷》……《混元红阳显性结果经》……《混元红阳大法祖明经》……《混元红阳血湖宝忏》……《混元无上大道元妙真经》……《苦功悟道卷》……《正信除疑无修证自在卷》……《巍巍不动太山深根结果卷》……《叹世无为卷》……《破邪显证钥匙卷》……《姚秦三藏西天取清解论》……《普静如来钥匙通天宝卷》……《普明如来无为了义宝卷》……余辩邪经共二十种，皆刊自明万历、崇祯年间，实为近世邪教之祖（黄育楩《破邪详辩》卷上）。

己亥春初，升任沧州。旋即查得城内有无生庙碑一座，庙已无存，碑犹如故。捷地有无生庙一座，旧州有无生庙一座。又查得城内外及四乡各庙，收藏邪经共有三十一种之多。……有与巨鹿相同者，仅止五种。其余一十六种，则为巨鹿所未有。……邪教有《三义护国佑民伏魔功案宝卷》……《泰山东岳十王宝卷》……《地藏菩萨执掌幽冥宝卷》……《灵应泰山娘娘宝卷》……《护国威灵西王母宝卷》……《佛说离山老母宝卷》……《千手千眼菩萨报恩宝卷》……《销释白衣观音菩萨送婴儿下生宝卷》……《佛说弥陀宝卷》……《救苦忠孝药王宝卷》……《佛说梁皇宝卷》……《销释孟姜忠烈贞节贤良宝卷》……《佛说如来老祖宝卷》……《佛说无为金丹拣要科仪宝卷》……《佛说明宗显性科仪》……《佛说通元收源宝卷》……《普渡新声救苦宝卷》……《销释授记无相宝卷》……《销释大宏觉通宝卷》……《销释印空实际宝卷》……《销释金刚科仪》……《佛说大方广圆觉多罗了义宝卷》……《佛说三回九转下生漕溪宝卷》……《佛说黄氏女看经宝卷》……《佛祖转灯心印宝卷》……《皇极金丹九莲正信皈真还乡宝卷》(黄育楩《破邪详辩》卷下)。

明代人民举兵简表

人名	年代	据地	备考
王佛儿	洪武六年(一三七三)	湖广罗田县	自称弥勒佛降生。
王金刚奴	永乐七年(一四〇九)	陕西沔县	改元龙凤,为耿炳文所败。
夏旭	宣德九年(一四三四)	江西永丰	《实录》作夏九旭。
黄萧养	正统十四年(一四四九)	起兵广东南海,攻下广州。	至景泰元年。
韦朝德	景泰六年(一四五五)	广西罗城	众二万余人。
王斌	天顺元年(一四五七)	陕西南部	白莲教数千人。
李添保	天顺五年(一四六一)	湖广	麻城人。因逋赋入苗境,结苗民起兵。
悟真	天顺七年(一四六三)	四川,转战荣昌、遂宁、铜梁等县	
蓝廷瑞、鄢本恕、廖惠、方四、刘烈等	正德四年(一五〇九)	四川东北、四川南部及陕甘、贵州	众十余万,正德四年至九年。

续表

人名	年代	据地	备考
周克亮	嘉靖元年（一五二二）	广西马平	数万人。
王堂	嘉靖二年（一五二三）	在山东以矿工起兵，转战莱芜、新泰、临城、曹县诸地，山东、河南俱震	至三年四月。
陈卿、陈绮	嘉靖二年（　五二二）	起山西潞州，转战河南、山西间	分聚数万人，至嘉靖八年始败。
黄艮、秦璠	嘉靖十九年（一五四〇）	镇江以下，长江沿岸	嘉靖二十年败。
田斌妻连氏、白莲僧惠金	嘉靖二十五年（一五四六）	起于汶上，西攻归、开，南扰徐、凤	
师尚诏	嘉靖三十二年（一五五三）	起兵河南柘城，转战睢州、西华、扶沟、许州、临颍诸州县	起兵先后仅二月，众数万。
张琏、郑八	嘉靖三十九年（一五六〇）	起广东，转战汀、漳、延、建、宁都、连城、瑞金，攻陷云霄、镇海卫、南靖诸城，三省骚动	聚众十万。
曾一本	隆庆二年（一五六八）	起兵广东	二年至四年。
蔡伯贵	隆庆二年（一五六八）	起四川大足，连破合州、铜梁七州县	白莲教。
张茂	隆庆二年（一五六八）	江西万羊山	合蓝户以抗官兵。

续表

人名	年代	据地	备考
李宗鹗	万历八年（一五八〇）	起陕西延庆间，转战陕北各州县	皆回民，八年至十二年。
雷仑、王迁善、杨廷友	万历八年（一五八〇）	河南仪封县	白莲教。
齐本教	万历九年（一五八一）	以矿工起山西	
王安	万历十四年（一五八六）	河南淇县	众数千人。
梅堂、刘汝国	万历十四年（一五八六）	起宿、松、蕲州	饥民随者数万，至十六、十七年始盛。
李圆朗	万历十七年（一五八九）	广东始兴县	僧。
金得时	万历二十八年（一六〇〇）	辽东	众三千人。
赵一平	万历二十八年（一六〇〇）	浙东	
吴建兄弟	万历三十二年（一六〇四）	福建	不三五日，聚众数千。
刘永明	天启二年（一六二二）	山东	二万余人。
王二	天启七年（一六二七）	陕西白水县	张李之先声。
附记	本表根据毛奇龄《后鉴录》，参照《实录》。		

（七）明代之宦官

（1）宦官之职掌

明初设置宦官，供奉内廷，鉴前代之失，驭制甚严。

太祖之制，内官不得识字预政，备扫除之役而已（《明史》卷九十五《刑法志三》）。

明太祖既定江左，鉴前代之失，置宦者不及百人。迨末年颁《祖训》，乃定为十有二监及各司局，稍称备员矣。然定制，不得兼外臣文武衔，不得御外臣冠服，官无过四品，月米一石，衣食于内庭。尝镌铁牌置宫门曰："内臣不得干预政事，预者斩。"敕诸司不得与文移往来（《明史》卷三〇四《宦官列传序》）。

宦官……十二监、四司、八局，所谓二十四衙门也（《明史》卷七十四《职官志三·宦官》）。

明宦官二十四衙门官制简表

机关区别			官员	职掌	备考
二十四衙门	十二监	司礼监	提督太监一员	掌督理皇城内一应仪礼刑名，及钤束长随，当差听事各役，关防门禁，催督光禄供应等事。	刘若愚《酌中志》：掌印秩尊视元辅，掌东厂权重视总宪兼次辅。其次秉笔、随堂，如众辅焉。各家私臣曰掌家，曰管事，曰上房，曰掌班，曰司房。
			掌印太监一员	掌理内外章奏，及御前勘合。	
			秉笔太监 随堂太监	掌章奏文书，照阁票批朱。	
		内宫监	掌印太监一员	掌国家营造宫室陵墓，并铜锡妆奁器用，暨冰窖诸事。	

续表

机关区别			官员	职掌	备考
二十四衙门	十二监	御用监	掌印太监一员 里外监把总二员	掌凡御前所用，及诸玩器，皆造办之。	
		司设监	掌印太监一员	掌卤簿仪仗帷幙诸事。	
		御马监	掌印太监一员 监督太监一员 提督太监一员	掌御厩诸事。	沈德符《万历野获编补遗》卷一：所掌与兵部相关。近日内臣用事，稍关兵柄者，辄改御马衔以出，如督、抚之兼司马中丞。
		神宫监	掌印太监一员	掌太庙各庙洒扫香灯等事。	
		尚膳监	掌印太监一员 提督光禄太监一员 总理太监一员	掌御膳，及宫内食用，并筵宴诸事。	
		尚宝监	掌印太监一员	掌宝玺、敕符、将军印信。	
		印绶监	掌印太监一员	掌古今通集库，并铁券诰敕、贴黄印信、勘合符验信符诸事。	
		直殿监	掌印太监一员	掌各殿及廊庑扫除事。	
		尚衣监	掌印太监一员	掌御用冠冕袍服，及履舄靴袜之事。	

续表

机关区别			官员	职掌	备考
二十四衙门	十二监	都知监	掌印太监一员	掌各监行移关知勘合之事，后惟随驾前导警跸。	
	四司八局	惜薪司	掌印太监一员	掌所用薪炭之事。	
		钟鼓司	掌印太监一员	掌管出朝钟鼓，及内乐传奇过锦打稻诸杂戏。	
		宝钞司	掌印太监一员	掌造粗细草纸。	
		混堂司	掌印太监一员	掌沐浴之事。	
		兵仗局	掌印太监一员 提督太监一员	掌制造军器火药。	
		银作局	掌印太监一员	掌打造金银器饰。	
		浣衣局	掌印太监一员	凡宫人年老，及有罪退废者，发此局居住。惟此局不在皇城内。	《酌中志》：此署在德胜门迤西，俗称浆家房者是也。
		巾帽局	掌印太监一员	掌宫内使帽靴、驸马冠靴，及藩王之国诸旗尉帽靴。	

续表

<table>
<tr><th colspan="3">机关区别</th><th>官员</th><th>职掌</th><th>备考</th></tr>
<tr><td rowspan="4">二十四衙门</td><td rowspan="4">四司八局</td><td>针工局</td><td>掌印太监一员</td><td>掌造宫中衣服。</td><td></td></tr>
<tr><td>内织染局</td><td>掌印太监一员</td><td>掌染造御用及宫内应用缎匹，城西蓝靛厂，为此局外署。</td><td></td></tr>
<tr><td>酒醋面局</td><td>掌印太监一员</td><td>掌宫内食用酒醋糖酱面豆诸物。</td><td></td></tr>
<tr><td>司苑局</td><td>掌印太监一员</td><td>掌蔬菜瓜果。</td><td></td></tr>
<tr><td colspan="2">附记</td><td colspan="4">一、《明史·宦官·张鲸传》：内竖初入宫，必投一大珰为主，谓之门下。
一、沈德符《万历野获编补遗》：正德二年九月，严申自宫之禁，但有潜留京师者论死。时宦官宠盛，愚民尽阉其子孙以图富贵，有一村至数百人者，虽禁之莫能止。嘉、隆而后，自宫者愈禁愈多。</td></tr>
</table>

成祖以后，渐加委任，权势日张，操持国柄，为祸之酷烈，侔于汉。

建文帝嗣位，御内臣益严，诏出外稍不法，许有司械闻。及燕师逼江北，内臣多逃入其军，漏朝廷虚实。文皇以为忠于己，而狗儿辈复以军功得幸，即位后遂多所委任。……盖明世宦官出使、专征、监军、分镇、刺臣民隐事诸大权，皆自永乐间始（《明史》卷三〇四《宦官列传序》）。

太祖……因定制，内侍毋许识字。洪武十七年（一三八四年），铸铁牌，文曰“内臣不得干预政事，犯者斩”，置宫门中。又敕诸司毋得与内官监文移往来。……成祖亦尝云:“朕一遵太祖训。”……顾中官四出，实始永乐时。元年（一四〇三年），李兴等赍敕劳暹罗国王，此奉使外国之始也。三年，命郑和等率兵二万，行赏西洋古里、满剌诸国，此将兵之始也。八年，敕王安等监都督谭青等军，马靖巡视甘肃，此监军、巡视之始也。及洪熙元年（一四二五年），以郑和领下番官军守备南京，遂相沿不改。敕王安镇守甘肃，而各省镇皆设镇守矣。宣德四年（一四二九年），特设文书房，命大学士陈山专授小内使书，而太祖不许识字读书之制，由此而废。赐王瑾、金英印记，则与诸密勿大臣同。赐金英、范弘等免死诏，则又无异勋臣之铁券也。英之王振，宪之汪直，武之刘瑾，熹之魏忠贤，太阿倒握，威福下移。神宗矿税之使，无一方不罹厥害。其他怙势熏灼，不可胜纪。而荫弟、荫侄、封伯、封公，则挠官制之大者。庄烈帝初翦大憝，中外颂圣。既而镇守、出征、督饷、坐营等事，无一不命中官为之，而明亦遂亡矣（《明史》卷七十四《职官志三·宦官》）。

文书房注：掌房十员。掌收通政司每日封进本章，并会极门京官及各藩所上封本，其在外之阁票，在内之搭票，一应圣谕、旨意、御批，俱由文书房落底簿发。凡升司礼者，必由文书房出，如外廷之詹、翰也（《明史》卷七十四《职官志三·宦官》）。

（甲）东厂

提督东厂，注：掌印太监一员，掌班、领班、司房无定员。贴刑二员，掌刺缉刑狱之事。旧选各监中一人提督，后专用司礼、秉笔第二人或第三人为之。其贴刑官，则用锦衣卫千、百户为之（《明史》卷七十四《职官志三·宦官》）。

东厂之设，始于成祖。锦衣卫之狱，太祖尝用之，后已禁止，其复用，亦自永乐时。厂与卫相倚，故言者并称厂卫。初，成祖起北平，刺探宫中事，多以建文帝左右为耳目。故即位后专倚宦官，立东厂于东安门北，令嬖昵者提督之，缉访谋逆、妖言、大奸恶等，与锦衣卫均权势。……至宪宗时，尚铭领东厂，又别设西厂刺事，以汪直督之，所领缇骑倍东厂。自京师及天下，旁午侦事，虽王府不免。直中废复用，先后凡六年，冤死者相属，势远出卫上。……正德元年（一五〇六年），杀东厂太监王岳，命丘聚代之。又设西厂以命谷大用，皆刘瑾党也。两厂争用事，遣逻卒刺事四方。……而卫使石文义亦瑾私人，厂、卫之势合矣。瑾又改惜薪司外薪厂为办事厂，荣府旧仓地为内办事厂，自领之。京师谓之内行厂，虽东、西厂皆在伺察中，加酷烈焉。且创例，罪无轻重皆决杖，永远戍边，或枷项发遣。枷重至百五十斤，不数日辄死。……瑾诛，西厂、内行厂俱革，独东厂如故。……天启时，魏忠贤以秉笔领厂事，用卫使田尔耕、镇抚许显纯之徒，专以酷虐钳中外，而厂、卫之毒极矣（《明史》卷九十五《刑法志三》）。

凡中官掌司礼监印者，其属称之曰宗主，而督东厂者曰督主。东厂之属无专官，掌刑千户一，理刑百户一，亦谓之贴刑，皆卫官。其隶役悉取给于卫，最轻黠狷巧者乃拨充之。役长曰档头……专主伺察。其下番子数人为干事。……每月旦，厂役数百人，掣签庭中，分瞰官府。其视中府诸处会审大狱、北镇抚司考讯重犯者曰听记。他官府及各城门访缉曰坐记。某官行某事，某城门得某奸，胥吏疏白坐记者上之厂曰打事件。至东华门，虽夤夜，投隙中以入，即屏人达至尊。以故事无大小，天子皆得闻之。家人米盐猥事，宫中或传为笑谑，上下惴惴，无不畏打事件者。卫之法亦如厂。然须具疏，乃得上闻，以此其势不及厂远甚（《明史》卷九十五《刑法志三》）。

文皇即位，尽戮建文诸臣。怀疑不自安，特重锦衣为爪牙心腹。……犹以外衙门，顾惜情面，□东厂主刺奸，督以内臣。……设行事人员，专缉谋反、妖言、强劫、椎埋及盗仓库钱粮、私铸、私雕印信等。事下锦衣打问，刑部拟罪。其小小者，片纸密报，日有数次，谓之打事件。

衙宇壮丽邃密。有狱，有理刑官，权出锦衣上。……其祸绝不及缙绅，得相安无事。惟成化中，西厂最著，汪直主之。……其流毒甚广，大出理法之外。阁臣强争，废而复立（朱国桢《皇明大事记》卷二十一）。

永乐十八年（一四二〇年），立东厂，命内官一人主，拨锦衣卫官校，刺诇大小事情。成化十二年（一四七六年），增立西厂，命御马监太监汪直主之，权出东厂上。正德三年，东厂有太监丘聚、西厂太监谷大用矣。复以荣府旧仓地为内行厂，司礼太监刘瑾自领之，得诇察一切，及二厂不法事（王世贞《弇州史料后集》卷三十二《增设三厂》）。

（乙）京营

提督京营，注：提督太监、坐营太监、监枪、掌司、佥书，俱无定员。始于景泰元年（一四五〇年。〔《明史》卷七十四《职官志三·宦官》〕）。

正统四年（一四三九年），遣太监吴诚、吉祥监督诸军，讨麓川宣慰思任发，败绩，此内臣总兵之始也。……十三年，宁阳侯陈懋为总兵官，率师讨邓茂七等，太监曹吉祥、王瑾监督神机火器。案：此监枪内臣之始也。……十四年……虏入寇德胜门外，敕太监兴安、李永昌往同武清伯石亨、尚书于谦整理军务。案：此内臣总京营兵之始也。……景泰三年（一四五二年），总督少保尚书于谦、总兵武清侯石亨等，议选精兵十五万，分为十营，太监阮让、都督杨俊，提督四营；太监陈瑄、卢永、都督郭震、冯宗，各提督三营，俱听谦、亨及太监刘永诚、吉祥节制。案：此内臣坐营之始也。……天顺八年（一四六四年），命太监周中于奋武营，右少监王亨耀武营，太监唐顺练武营，右少监林贵奉显武营，太监张温敢勇营，右少监赵永果勇营，奉御郑达效勇营，右少监米童鼓勇营，左副使高廉立威营，奉御王璇伸威营，右副使张璘扬威营，奉御张绅振威营，监神枪仍听太监刘永诚节制。案：此内臣分坐十二营之始也（王世贞《弇山堂别集》卷九《中官考一》）。

（丙）镇守

镇守，注：镇守太监始于洪熙，遍设于正统。凡各省各镇，无不有镇守太监。至嘉靖八年后始革（《明史》卷七十四《职官志三·宦官》）。

世宗习见正德时宦侍之祸，即位后，御近侍甚严。……帝又尽撤天下镇守内臣，及典京营仓场者。终四十余年，不复设（《明史》卷三〇四《谷大用传》）。

正德十二年（一五一七年）丁酉，六科都给事中汪玄锡等言："先朝虽添设镇守等官，未尝许其巡历。惟逆瑾擅政，乃许接受民词。"（王世贞《弇山堂别集》卷九十六《中官考七》）。

各镇戍镇守内官，竞以所在土物进奉，谓之孝顺（陆容《菽园杂记》卷一）。

（丁）采买

采造之事，累朝侈俭不同，大约靡于英宗，继以宪、武，至世宗、神宗而极。其事目繁琐，征索纷纭。……而最为民害者，率由中官。……先是，上供之物，任土作贡，曰"岁办"。不给，则官出钱以市，曰"采办"。其后本折兼收，采办愈繁。于是召商置买，物价多亏，商贾匿迹。……世宗末年，岁用止十七万两，穆宗裁二万，止十五万余，经费省约矣。万历初年，益减至十三四万。中年渐增，几至三十万，而铺户之累滋甚。时中官进纳索赂，名"铺垫钱"。费不赀，所支不足相抵，民不堪命，相率避匿，乃佥京师富户为商。令下，被佥者如赴死，重贿营免。……至熹宗时，商累益重，有输物于官终不得一钱者（《明史》卷八十二《食货志六·上供采造》）。

永乐初……内使之出，始于是时。工役繁兴，征取稍急，非土所有，民破产购之。军器之需尤无算。……宣宗罢闸办金银，其他纸、靛、纻丝、纱罗、毯缎、香货、银朱、金箔、红花、茜草、麂皮、香蜡、药物、果品、海味、朱红、戗金、龙凤器物，多所罢减。……悉召还所遣官。敕自今更不许辄遣。……然宽免之诏屡下，内使屡敕撤还，而奉行不实。宦者辄名采办，虐取于民，诛袁琦、阮巨队等十余人，患乃稍息。英宗立，罢诸处采买。……正统八年（一四四三年），以买办扰民，始令于存留钱粮内折纳，就近解两京。先是，仁宗时，令中官镇守边塞。英宗复设各省镇守，又有守备分守，中官布列天下。及宪宗时益甚，购书采药之使，搜取珍玩，靡有孑遗。抑卖盐引，私采禽鸟，糜官帑，纳私贿，动以巨万计。……孝宗立，颇有减省。甘肃巡抚罗明言："镇守分守内外官，竞尚贡献，各遣使属边卫搜方物，名曰'采办'，实扣军士月粮马价，或巧取番人犬马奇珍。且设膳乳诸房，佥厨役，造酥油诸物。比及起运，沿途骚扰，乞悉罢之。"报可。然其后靡费渐多。至武宗任刘瑾，渔利无厌，镇守中官，率贡银万计。皇店诸名不一，岁办多非土产。……世宗初，内府供应减正德什九，中年以后，营建斋醮、采木、采香、采珠玉宝石，吏民奔命不暇。……神宗……帝日黩货，开采之议大兴，费以巨万计。……至于末年，内使杂出，采造益繁，内府告匮，至移济边银以供之。熹宗一听中官，采造尤夥。庄烈帝立，始务厘剔节省，而库藏已耗竭矣（《明史》卷八十二《食货志六·采造》）。

（戊）管税

太监于经者，得幸豹房，诱上以财利，创开各处皇店，榷敛商贾（王世贞《弇山堂别集》卷九十七《中官考八》）。

万历……迨两宫三殿灾，营建费不赀，始开矿、增税。而天津店租，广州珠榷，两淮余盐，京口供用，浙江市舶，成都盐茶，重庆名木，湖口、长江船税，荆州店税，宝坻鱼苇，及门摊商税，油布杂税，中官遍天下，非领税即领矿，驱胁官吏，务朘削焉。榷税之使，自二十六年（一五九八年）千户赵承勋奏请始。高寀于京口，暨禄于仪真，刘成于浙，李凤于广州，陈奉于荆州，马堂于临清，陈增于东昌，孙隆于苏、杭，鲁坤于河南，孙朝于山西，邱乘云于四川，梁永于陕西，李道于湖口，王忠于密云，张晔于卢沟桥，沈永寿于广西，或征市舶，或征店税，或专领税务，或兼领开采。奸民纳贿于中官，辄给指挥千户札，用为爪牙。水陆行数十里，即树旗建厂，视商贾懦者，肆为攘夺，没其全赀。负戴行李，亦被搜索。又立土商名目，穷乡僻坞，米盐鸡豕，皆令输税。所至数激民变，帝率庇不问。诸所进税，或称遗税，或称节省银，或称罚赎，或称额外赢除。又假买办孝顺之名，金珠宝玩，貂皮名马，杂然进奉，帝以为能。……三十三年，始诏罢采矿，以税务归有司，而税使不撤。李道诡称有司固却，乞如旧便。帝遽从之。……光宗立，始尽蠲天下额外税，撤回税监（《明史》卷八十一《食货志五·商税》）。

神宗宠爱诸税监，自大学士……而下，廷臣谏者不下百余疏，悉寝不报。而诸税监有所纠劾，朝上夕下，辄加重谴。以故诸税监益骄（《明史》卷三〇五《宦官·陈增附高淮传》）。

（己）开矿

万历十二年（一五八四年），房山县民史锦奏请开矿，下抚、按查勘，不果行。十六年，中使祠五台山还，言紫荆关外广昌、灵丘有矿砂，可作银冶。帝闻之喜，以大学士申时行等言而止。十八年，易州民周言、张世才，复言阜平、房山各产矿砂，请遣官开矿。时行等仍执不可。至二十年宁夏用兵，费帑金二百余万。其冬，朝鲜用兵，首尾八年，费帑金七百余万。二十七年，播州用兵，又费帑金二三百万。三大征踵接，国用大匮。而二十四年乾清、坤宁两宫灾，二十五年皇极、建极、中极三殿灾，营建乏资，计臣束手，矿税由此大兴矣。其遣官自二十四年始，其后言矿者争走阙下，帝即命中官与其人偕往，天下在在有之（《明史》卷三〇五《陈增传》）。

万历十二年，奸民屡以矿利中上心，诸臣力陈其弊，帝虽从之，意怏怏。二十四年，张位秉政。前卫千户仲春请开矿，位不能止，开采之端启，废弁白望，献矿峒者日至。于是无地不开，中使四出，昌平则王忠，真、保、蓟、永、房山、蔚州则王虎，昌黎则田进，河南之开封、彰德、卫辉、怀庆、叶县、信阳则鲁坤，山东之济南、青州、济宁、沂州、滕、费、蓬莱、福山、栖霞、招远、文登则陈增，山西之太原、平阳、潞安则张忠，南直之宁国、池州则郝隆、刘朝用，湖广之德安则陈奉，浙江之杭、严、金、衢、孝丰、诸暨则曹金，后代以刘忠，陕西之西安则赵鉴、赵钦，四川则邱乘云，辽东则高淮，广东则李敬，广西则沈永寿，江西则潘相，福建则高寀，云南则杨荣，皆给以关防，并偕原奏官往。矿脉微细无所得，勒民偿之。而奸人假开采之名，乘传横索民财，陵轹州县。有司恤民者，罪以阻挠，逮问罢黜。时中官多暴横，而陈奉尤甚，富家巨族则诬以盗矿，良田美宅则指以为下有矿脉，率役围捕，辱及妇女，甚至断人手足，投之江。其酷虐如此，帝纵不问。自二十五年至三十三年（一五九七年至一六〇五年），诸珰所进矿税银，几及三百万两。群小藉势诛索，不啻倍蓰，民不聊生（《明史》卷八十一《食货志五·坑冶》）。

自矿税兴，中使四出，跆藉有司。谤书一闻，驾帖立下。……皆幽系诏狱，久者至十余年。……至士民幽系死亡者，尤不可胜纪也（《明史》卷二三七《华钰附王正志传》）。

（2）王振之祸

王振得宠于英宗，排挤三杨，遂揽大权，凌辱廷臣。导英宗亲征瓦剌，致有土木之变，而振亦以是败。

王振蔚州人。少选入内书堂，侍英宗东宫，为局郎。……及英宗立，年少。振狡黠，得帝欢。……掌司礼监。导帝用重典御下，防大臣欺蔽。于是大臣下狱者不绝，而振得因以市权。然是时太皇太后贤，方委政内阁。阁臣杨士奇、杨荣、杨溥，皆累朝元老，振心惮之，未敢逞。至正统七年（一四四二年），太皇太后崩，荣已先卒，士奇以子稷论死，不出，溥老病，新阁臣马愉、曹鼐势轻，振遂跋扈不可制（《明史》卷三〇四《王振传》）。

宣宗崩，英宗方九岁。……大臣请太后垂帘听政。太后曰："毋坏祖宗法。第悉罢一切不急务。"时时勖帝向学，委任股肱。以故王振虽宠于帝，终太后世，不敢专大政（《明史》卷一一三《仁宗诚孝张皇后传》）。

中官王振有宠于帝，渐预外庭事，导帝以严御下，大臣往往下狱。靖江王佐私馈荣金，荣先省墓归，不之知。振欲借以倾荣，士奇力解之，得已。荣寻卒，士奇、溥益孤。其明年（正统六年），遂大兴师征麓川，帑藏耗费，士马物故者数万。又明年（正统七年），太皇太后崩，振势益盛，大作威福。百官小有抵牾，辄执而系之，廷臣人人惴恐，士奇亦弗能制也。士奇既耄，子稷傲很，尝侵暴杀人，言官交章劾稷。……复有人发稷横虐数十事，遂下之理。士奇以老疾在告（《明史》卷一四八《杨士奇传》）。

王振用事，一日，语杨士奇、荣曰："朝廷事久劳公等，公等皆高年倦矣。"士奇曰："老臣尽瘁报国，死而后已。"荣曰："吾辈衰残，无以效力，当择后生可任者报圣恩耳。"振喜而退。士奇咎荣失言，荣曰："彼厌吾辈矣，一旦内中出片纸，令某人入阁，且奈何？及此时进一二贤者，同心协力，尚可为也。"士奇以为然。翼日，遂列侍读学士苗衷、侍讲曹鼐，及愉名以进。由是愉被擢用（《明史》卷一四八《杨溥附马愉传》）。

兴麓川之师，西南骚动。侍讲刘球，因雷震上言，陈得失，语刺振，振下球狱，使指挥马顺支解之。大理少卿薛瑄、祭酒李时勉，素不礼振，振摭他事，陷瑄几死。时勉至荷校国子监门，御史李铎遇振不跪，谪戍铁岭。驸马都尉石璟詈其家奄，振恶贱己同类，下璟狱。……又械户部尚书刘中敷、侍郎吴玺、陈瑺于长安门。所忤恨，辄加罪谪。……帝方倾心向振，尝以“先生”呼之。赐振敕，极褒美。振权日益积重，公侯勋戚，呼曰“翁父”。畏祸者争附振免死，赇赂辏集。工部郎中王祐，以善谄擢本部侍郎。兵部尚书徐晞等，多至屈膝。……私党马顺、郭敬、陈官、唐童等并肆行无忌，久之，构衅瓦剌，振遂败（事详域外经营瓦剌与鞑靼内。〔《明史》卷三〇四《王振传》〕）。

败报闻……都御史陈监等，廷奏振罪。……郕王命……并振党诛之，振族无少长皆斩。振擅权七年，籍其家，得金银六十余库，玉盘百，珊瑚高六七尺者二十余株，他珍玩无算。……英宗复辟，顾念振不置，用太监刘恒言，赐振祭，招魂以葬。祀之智化寺，赐祠曰精忠（《明史》卷三〇四《王振传》）。

本朝中官，自正统以来，专权擅政者固尝有之，而伤害忠良、势倾中外，莫如太监王振。然宣德年间，朝廷起取花木鸟兽，及诸珍异之好，内官接迹道路，骚扰甚矣。自振秉内政，未尝轻差一人出外。十四年间，军民得以休息。……而内官之权，振实揽之，不使泛滥四及，天下阴受其惠多矣。此亦不可掩也（陆容《菽园杂记》卷六）。

英宗复辟，以曹吉祥有殊功，颇加宠任。吉祥怙势，大肆威焰。旋失帝欢，终以谋叛诛。

曹吉祥滦州人。素依王振。正统初，征麓川，为监军。征兀良哈，与成国公朱勇、太监刘永诚分道。又与宁阳侯陈懋等，征邓茂七于福建。吉祥每出，辄选达官跳荡卒隶帐下，师还畜于家，故家多藏甲。景泰中，分掌京营。后与石亨结，帅兵迎英宗复位，迁司礼太监，总督三大营。嗣子钦，从子铉、铎、镕等，皆官都督。……门下厮养冒官者，多至千百人，朝士亦有依附希进者。权势与石亨埒，时并称“曹石”。……未几，二人争宠有隙，御史杨瑄、张鹏劾之，吉祥乃复与亨合，乘间愬帝，帝为下瑄等诏狱，而逮治阁臣徐有贞、李贤等。……承天门灾，帝命阁臣岳正草罪己诏，诏语激切。吉祥、亨复愬正谤讪，帝又谪正，焰益张，朝野仄目。久之，帝觉其奸，意稍稍疑。及李贤力言夺门非是，始大悟，疏吉祥。无何，石亨败，吉祥不自安，渐蓄异谋，日犒诸达官金钱谷帛，恣所取。诸达官……皆愿尽力效死。……天顺五年（一四六一年）七月，钦私掠家人曹福来，为言官所劾。帝令锦衣指挥逯杲按之，降敕遍谕群臣，钦惊曰："前降敕遂捕石将军，今复尔，殆矣。"谋遂决。是时，甘、凉告警，帝命怀宁侯孙镗西征，未发。吉祥……择是月庚子昧爽，钦拥兵入，而己以禁军应之。谋定，钦召诸达官夜饮。是夜，镗及恭顺侯吴瑾，俱宿朝房。达官马亮恐事败，逸出，走告瑾，瑾趣镗由长安右门隙投疏入。帝急縶吉祥于内，而敕皇城及京城九门闭弗启。钦知亮逸，中夜……攻东西长安门，不得入。……镗遣二子，急召征西军击钦于东长安门，逐钦。……归家拒战……镗督诸军大呼入，钦投井死……尽屠其家。越三日，磔吉祥于市。……及吉祥姻党皆伏诛。……英宗始任王振，继任吉祥，凡两致祸乱（《明史》卷三〇四《曹吉祥传》）。

（3）刘瑾之祸

武宗时，刘瑾等导帝戏游，大得宠幸。阁臣刘健、谢迁谋逐瑾而败，瑾专擅威福，戮辱廷臣，变更法度。

刘瑾兴平人，本谈氏子，依中官刘姓者以进，冒其姓。孝宗时，坐法当死，得免。已得侍武宗东宫。武宗即位，掌钟鼓司，与马永成、高凤、罗祥、魏彬、邱聚、谷大用、张永，并以旧恩得幸，人号"八虎"。而瑾尤狡狠，尝慕王振之为人，日进鹰犬、歌舞、角抵之戏，导帝微行。帝大欢乐之，渐信用，进内官监，总督团营。孝宗遗诏，罢中官监枪及各城门监局，瑾皆格不行，而劝帝令内臣镇守者各贡万金。又奏置皇庄，渐增至三百余所，畿内大扰。外廷知八人诱帝游宴，大学士刘健、谢迁、李东阳骤谏不听。……健、迁等复连疏，请诛瑾。户部尚书韩文，率诸大臣继之。

帝不得已，使司礼太监陈宽、李荣、王岳至阁，议遣瑾等居南京。三反，健等执不可。尚书许进曰："过激将有变。"健不从。王岳者素謇直，与太监范亨、徐智，心嫉八人，具以健等语告帝，且言阁臣议是，健等方约文及诸九卿，诘朝伏阙面争。而吏部尚书焦芳驰白瑾，瑾大惧，夜率永成等伏帝前环泣。帝心动，瑾因曰："害奴等者王岳。岳结阁臣，欲制上出入，故先去所忌耳。且鹰犬何损万几？若司礼监得人，左班官安敢如是？"帝大怒，立命瑾掌司礼监，永成掌东厂，大用掌西厂，而夜收岳及亨、智，充南京净军。旦日，诸臣入朝，将伏阙，知事已变，于是健、迁、东阳皆求去。帝独留东阳，而令焦芳入阁。……时正德元年（一五〇六年）十月也。……瑾既得志，遂以事革韩文职。……瑾势日益张。毛举官僚细过，散布校尉，远近侦伺，使人救过不赡。因颛擅威福，悉遣党奄，分镇各边。……瑾每奏事，必侦帝为戏弄时，帝厌之，亟麾去，曰："吾用若何事，乃溷我？"自此遂专决，不复白（《明史》卷三〇四《刘瑾传》）。

焦芳泌阳人。……既积忤廷臣，复锐进，乃深结阉宦以自固，日夜谋逐健、迁，代其位。……擢为吏部尚书。韩文将率九卿劾刘瑾，疏当首吏部，以告芳。芳阴泄其谋于瑾，瑾遂逐健、迁辈，而芳以本官兼文渊阁大学士，入阁辅政（《明史》卷三〇六《焦芳传》）。

正德二年（一五〇七年）三月，瑾召群臣跪金水桥南，宣示奸党，大臣则大学士刘健、谢迁，尚书则韩文、杨守随、张敷华、林瀚，部曹则郎中李梦阳，主事王守仁、王纶、孙磐、黄昭，词臣则检讨刘瑞，言路则给事中汤礼敬、陈霆、徐昂、陶谐、刘蒞、艾洪、吕翀、任惠、李光翰、戴铣、徐蕃、牧相、徐暹、张良弼、葛嵩、赵士贤，御史陈琳、贡安甫、史良佐、曹闵、王弘、任诺、李熙、王蕃、葛浩、陆昆、张鸣凤、萧乾元、姚学礼、黄昭道、蒋钦、薄彦徽、潘镗、王良臣、赵佑、何天衢、徐珏、杨璋、熊卓、朱廷声、刘玉等，皆海内号忠直者也。……瑾不学，每批答章奏，皆持归私第，与妹婿礼部司务孙聪、华亭大猾张文冕相参决，辞率鄙冗，焦芳为润色之。……公侯勋戚以下，莫敢钧礼，每私谒，相率跪拜。章奏先具红揭投瑾，号“红本”；然后上通政司，号“白本”，皆称刘太监而不名。……遣使察核边仓。……又察盐课。……复创罚米法。尝忤瑾者，皆擿发输边。故尚书雍泰、马文升、刘大夏、韩文、许进，都御史杨一清、李进、王忠，侍郎张缙，给事中赵士贤、任良弼，御史张津、陈顺、乔恕、聂贤、曹来旬等数十人悉破家，死者系其妻孥。其年夏，御道有匿名书诋瑾所行事，瑾矫旨召百官跪奉天门下。瑾立门左诘责，日暮，收五品以下官尽下狱。明日，大学士李东阳申救，瑾亦微闻此书乃内臣所为，始释诸臣。而主事何钺、顺天推官周臣、进士陆伸已暍死。是……时东厂、西厂缉事人四出，道路惶惧。瑾复立内行厂，尤酷烈，中人以微法，无得全者。又悉逐京师客佣，令寡妇尽嫁，丧不葬者焚之，辇下汹汹，几致乱。……凡瑾所逮捕，一家犯，邻里皆坐；或瞰河居者，以河外居民坐之。屡起大狱，冤号遍道路。《孝宗实录》成，翰林预纂修者当迁秩，瑾恶翰林官素不下己，调侍讲吴一鹏等十六人南京六部。是时，内阁焦芳、刘宇，吏部尚书张彩，兵部尚书曹元，锦衣卫指挥杨玉、石文义，皆为瑾腹心。变更旧制，令天下巡抚入京受敕，输瑾赂。……又遣其党丈边塞屯地，诛求苛刻。边军不堪，焚公廨，守臣谕之始定。……又以谢迁故，令余姚人毋授京官。以占城国使人亚刘（《焦芳传》：本江西万安人，以罪叛入其国）谋逆狱，裁江西乡试额五十名，仍禁授京秩如余姚，以焦芳恶华（彭华）故也。瑾又自增陕西乡试额至百名，亦为芳增河南额至九十五名，以优其乡士。……给事中屈铨、祭酒王云凤请编瑾行事，著为律令（《明史》卷三〇四《刘瑾传》）。

刘瑾……变易选法，任情黜陟。官谢薄者，随即革罢，加赂又辄用之。或径自传奉，或别本带批，惟意所欲，无复顾忌。各处镇守中官，辄假以便宜行事。……官员坐事罚米，动至千百石。又钩致远年故牍，钱粮亏损，非侵盗者，概加倍追赔，以致身亡家破者，不可胜数。创为新例，罪无轻重，类决杖，永远戍边。或枷号发遣。……瑾又欲私取天下库藏，及剥敛民财，以益其富。添设巡盐、巡捕、查盘等官，四出搜索，法令日繁。又差官检核各边屯田，倍增其税。用是天下纷纷，民不堪命（王世贞《弇山堂别集》卷九十五《中官考六》）。

瑾引用外臣为助，其党张彩时进善言，禁抑贪冒。阁臣李东阳为瑾所敬礼，弥缝其间，保全不少。惟气节之士多非之。

正德四年（一五〇九年），命……御史查盘两直隶、各省钱粮。先是，诸司官朝觐至京，畏瑾虐焰，恐罹祸，各敛银赂之，每省至二万余两，往往贷于京师富豪，复任之日，取官库所贮赔偿之，其名曰“京债”。上下交征，恬不为异。时张彩闻而言之，瑾不自安，谋差官查盘，盖欲掩其迹也（王世贞《弇山堂别集》卷九十四《中官考五》）。

彩既衔瑾恩，见瑾擅权久，贪冒无厌，天下怨之，因乘间说曰：“公亦知贿入所自乎？非盗官帑，即剥小民。彼借公名自厚，入公者未十一，而怨悉归公，何以谢天下？”瑾大然之。会御史胡节巡按山东还，厚遗瑾。瑾发之，捕节下狱。少监李宣、侍郎张鸾、指挥同知赵良按事福建还，馈瑾白金二万。瑾疏纳金于官，而按三人罪。其他因贿得祸者甚众。苛敛之害为少衰，中外或称彩能导瑾为善矣（《明史》卷三〇六《张彩传》）。

其党张彩曰：“今天下所馈遗公者，非必皆私财，往往贷京师，而归则以库金偿。公奈何敛怨贻患？”瑾然之。会御史欧阳云等十余人以故事入赂，瑾皆举发致罪。乃遣给事、御史十四人分道盘察，有司争厚敛以补帑。所遣人率阿瑾意，专务搏击，劾尚书顾佐、侣钟、韩文以下数十人（《明史》卷三〇四《刘瑾传》）。

初，健、迁持议欲诛瑾，词甚厉，惟东阳少缓，故独留。……瑾既得志，务摧抑缙绅。而焦芳入阁助之虐，老臣、忠直士放逐殆尽。……瑾凶暴日甚，无所不讪侮，于东阳犹阳礼敬。凡瑾所为乱政，东阳弥缝其间，亦多所补救。……其潜移默夺，保全善类，天下阴受其庇，而气节之士多非之（《明史》卷一八一《李东阳传》）。

东阳有言，时亦曲听。韩文之得免，杨一清以边费逮，平江伯陈熊以漕事几革世爵，亦得免，罚米输边仓者就本地，皆其力也（朱国桢《皇明大事记》卷二十五）。

瑾与同辈构怨，其势已孤。及安化王寘镭反，都御史杨一清、太监张永，往讨平之。永用一清策，执瑾而诛之。

张永……故与瑾在八党之列。瑾后嫉之，言于上，发往南京，榜禁门，勿使入。永知，径趋上前，诉己无罪，为瑾所间。上召瑾相质，语不合，永即奋拳殴之。谷大用为解，且置酒释憾。马永成欲升所厚邵琪锦衣百户，瑾持不可。丘聚主东厂恣肆，以它事忤瑾，奏发其事，调南京。王琇建新第大内，诱上居之，因奏贾人居积，瑾怒，罪其人得止。同辈多怨之，虽威行宫省，其势实孤（朱国桢《皇明大事记》卷二十五）。

正德五年（一五一〇年）四月，安化王寘镭反，檄数瑾罪。瑾始惧，匿其檄，而起都御史杨一清、太监张永为总督，讨之。初，与瑾同为八虎者，当瑾专政时，有所请多不应，永成、大用等皆怨瑾。又欲逐永，永以谲免。及永出师还，欲因诛瑾，一清为画策，永意遂决。瑾好招致术士，有俞日明者，妄言瑾从孙二汉当大贵。兵仗局太监孙和数遗以甲仗，两广镇监潘午、蔡昭又为造弓弩，瑾皆藏于家。永捷疏至，将以八月十五日献俘，瑾使缓其期。永虑有变，遂先期入，献俘毕，帝置酒劳永，瑾等皆侍。及夜，瑾退，永出寘镭檄，因奏瑾不法十七事。帝已被酒，俛首曰："瑾负我。"永曰："此不可缓。"永成等亦助之。遂执瑾，系于菜厂，分遣官校封其内外私第。次日晏朝后，帝出永奏示内阁，降瑾奉御，谪居凤阳。帝亲籍其家，得伪玺一，穿宫牌五百及衣甲、弓弩、衮衣、玉带诸违禁物。又所常持扇，内藏利匕首二，始大怒曰："奴果反。"趣付狱。狱具，诏磔于市，枭其首，榜狱词处决图示天下。族人、逆党皆伏诛。……

廷臣奏瑾所变法，吏部二十四事，户部三十余事，兵部十八事，工部十三事，诏悉厘正如旧制（《明史》卷三〇四《刘瑾传》）。

（4）魏忠贤之祸

熹宗初，魏忠贤结帝乳媪客氏，并邀宠幸，挑逐异己，树立党羽，遂专擅宫廷，屠毒正士，其祸为有明一代之冠。

魏忠贤，肃宁人。少无赖，与群恶少博，不胜，为所苦，恚而自宫，变姓名曰李进忠。其后乃复姓，赐名忠贤云。忠贤自万历中选入宫，隶太监孙暹，夤缘入甲字库。又求为皇长孙母王才人典膳，谄事魏朝。朝数称忠贤于（王）安，安亦善遇之。长孙乳媪曰客氏，素私侍朝，所谓对食者也。及忠贤入，又通焉。客氏遂薄朝而爱忠贤，两人深相结。光宗崩，长孙嗣立，是为熹宗。忠贤、客氏并有宠。未逾月，封客氏奉圣夫人。……忠贤寻自惜薪司，迁司礼秉笔太监。……忠贤不识字，例不当入司礼，以客氏故得之。……忠贤颛客氏，逐魏朝。又忌王安持正，谋杀之，尽斥安名下诸阉。客氏淫而狠。忠贤不知书，颇强记，猜忍阴毒，好谀。帝深信任此两人，两人势益张，用司礼监王体乾及李永贞、石元雅、涂文辅等为羽翼，宫中人莫敢忤。……与东林忤者，众目之为邪党。天启初，废斥殆尽，识者已忧其过激变生。及忠贤势成，其党果谋倚之以倾东林。而徐大化、霍维华、孙杰首附忠贤。……是时叶向高、韩爌方辅政，邹元标、赵南星、王纪、高攀龙等皆居大僚，左光斗、魏大中、黄尊素等在言路，皆力持清议，忠贤未克逞（《明史》卷三〇五《魏忠贤传》）。

时东林势盛，被目为邪党者，争附忠贤，谋为报复，乃假汪文言狱以发端。及杨涟劾忠贤二十四大罪，再起封疆之狱，而杨涟、左光斗、袁化中、周朝瑞、顾大章、魏大中六人，坐受熊廷弼贿，俱遭惨死。

忠贤谋结外廷诸臣，秉谦及魏广微率先谄附，霍维华、孙杰之徒从而和之。……忠贤得内阁为羽翼，势益张（《明史》卷三〇六《顾秉谦传》）。

忠贤及其党……遂兴汪文言狱，将罗织诸人，事虽获解，然正人势日危。其年（天启四年）六月，涟遂抗疏劾忠贤，列其二十四大罪。……忠贤初闻疏惧甚，其党王体乾及客氏，力为保持，遂令魏广微调旨，切责涟。……自是忠贤日谋杀涟（《明史》卷二四四《杨涟传》）。

天启四年（一六二四年）……是时抵排东林者多屏废，方恨南星辈次骨。……给事中章允儒，江西人也。性尤忮，嗛其同官傅櫆假汪文言发难。文言者，歙人。初为县吏，智巧任术，负侠气。于玉立遣入京刺事，输赀为监生，用计破齐、楚、浙三党。察东宫伴读王安贤而知书，倾心结纳，与谈当世流品。光、熹之际，外廷倚刘一燝，而安居中以次行诸善政，文言交关力为多。魏忠贤既杀安，府丞邵辅忠遂劾文言，褫其监生。既出都，复逮下吏，得末减。益游公卿间，舆马尝填溢户外。大学士叶向高用为内阁中书。大中及韩炉、赵南星、杨涟、左光斗与往来，颇有迹。会给事中阮大铖与光斗、大中有隙，遂与允儒定计，嘱櫆劾文言，并劾大中貌陋心险，色取行违，与光斗等交通文言，肆为奸利。疏入，忠贤大喜，立下文言诏狱。……大学士叶向高以举用文言，亦引罪求罢。狱方急，御史黄尊素语镇抚刘侨曰："文言无足惜，不可使搢绅祸由此起。"侨颔之，狱辞无所连。文言廷杖褫职，牵及者获免。……未几，杨涟疏劾忠贤，大中亦率同官上言。……大学士魏广微结纳忠贤，表里为奸，大中每欲纠之。会孟冬时享，广微偃蹇后至，大中遂抗疏劾之。广微愠，益与忠贤合。忠贤势益张，以廷臣交攻，阳示敛戢，且曲从诸所奏请。而阴伺其隙……尽逐诸正人吏部尚书赵南星等，天下大权一归于忠贤。明年（天启五年），逆党梁梦环复劾文言，再下诏狱。镇抚许显纯自削牍以上，南星、涟、光斗、大中及李若星、毛士龙、袁化中、缪昌期、邹维琏、邓渼、卢化鳌、钱士晋、夏之令、王之寀、徐良彦、熊明遇、周朝瑞、黄龙光、顾大章、李三才、惠世扬、施天德、黄正宾辈，无所不牵引，而以涟、光斗、大中、化中、朝瑞、大章为受杨镐、熊廷弼贿……矫旨俱逮下诏狱。……比入镇抚司，显纯酷刑拷讯。……文言之再下诏狱也，显纯迫令引涟等。文言备受五毒，不承，显纯乃手作文言供状。文言垂死，张目大呼曰："尔莫妄书，异时吾当与面质。"显纯遂即日毙之。涟、大中等逮至，无可质者，赃悬坐而已。……始熊廷弼论死久，帝以孙承宗请，有诏待以不死。刑部尚书乔允升等遂欲因朝审宽其罪，大中力持不可。及忠贤杀大中，乃坐以纳廷弼贿云（《明史》卷二四四《魏大中传》）。

杨涟等之下狱也，大化献策于忠贤曰："彼但坐移宫罪，则无赃可指。若坐纳杨镐、熊廷弼贿，则封疆事重，杀之有名。"忠贤大悦，从之。由是诸人皆不免（《明史》卷三〇六《霍维华附徐大化传》）。

下诏狱，酷讯。许显纯诬以受杨镐、熊廷弼贿，涟等初不承，已而恐以不承为酷刑所毙，冀下法司，得少缓死为后图，诸人俱自诬服。……忠贤乃矫旨，仍令显纯五日一追比，不下法司，诸人始悔失计（《明史》卷二四四《左光斗传》）。

杨涟等五人既死，群小聚谋，谓诸人潜毙于狱，无以厌人心，宜付法司定罪，明诏天下。乃移大章刑部狱，由是涟等惨死状，外人始闻。比对簿，大章词气不挠。刑部尚书李养正等一如镇抚原词，以"移宫"事牵合封疆，坐六人大辟。爰书既上，忠贤大喜，矫诏布告四方，仍移大章镇抚。大章慨然曰："吾安可再入此狱！"呼酒……和药饮之，不死，投缳而卒（《明史》卷二四四《顾大章传》）。

忠贤意犹未已，复以风说，杀周起元、高攀龙、周宗建、缪昌期、周顺昌、黄尊素、李应升七人，史所谓"前六君子""后七君子"是也。

天启六年（一六二六年）二月……复使其党李永贞伪为浙江太监李实奏，逮治前应天巡抚周起元及江、浙里居诸臣高攀龙、周宗建、缪昌期、周顺昌、黄尊素、李应升等。攀龙赴水死，顺昌等六人死狱中。苏州民见顺昌逮，不平，殴杀二校尉，巡抚毛一鹭为捕颜佩韦（杨念如、周文元、马杰、沈扬）等五人悉诛死（《明史》卷三〇五《魏忠贤传》）。

六年二月，忠贤欲杀高攀龙、周顺昌、缪昌期、黄尊素、李应升、周宗建六人，取实空印疏，令其党李永贞、李朝钦诬起元为巡抚时干没帑金十余万，日与攀龙辈往来讲学，因行居间。矫旨逮起元，至则顺昌等已毙狱中。许显纯酷搒掠，竟如实疏，悬赃十万。罄赀不足，亲故多破其家。九月，毙之狱中（《明史》卷二四五《周起元传》）。

汪文言初下狱，忠贤即欲罗织诸人。已，知为尊素所解，恨甚。其党亦以尊素多智虑，欲杀之。会吴中讹言尊素欲效杨一清诛刘瑾，用李实为张永，授以秘计。忠贤大惧，遣刺事者至吴中凡四辈。侍郎乌程沈演家居，奏记忠贤曰："事有迹矣。"于是日遣使谯诃实，取其空印白疏，入尊素等七人姓名，遂被逮（《明史》卷二四五《黄尊素传》）。

李实龌龊不识字，然非忠贤党。黄尊素时至湖上，不避形迹，与实往来，遂谓诸君子将以实为张永也。此语流传都下，忠贤疑之。实司房知其事，大惧，求解于李永贞。永贞代草此疏，司房出实空头本上之（文秉《先拨志始》卷上）。

附忠贤诸佞，必欲将东林党人一网打尽，乃进《点将》诸录，借事摈斥。其实皆党人自相报复，特假手忠贤，以遂其私耳。

昆山顾（秉谦）相公等，因杨公疏有门生阁老字样，嗔之。南乐魏（广微）相公，于是年（天启四年）孟冬之朔，又失误享庙大典，遂与外廷大相水火。乃以己意，用墨笔，间点缙绅便览一册，极重者三点，次者二点，又次者一点。阁部词林叶向高、韩炉等……六七十员，密付逆贤，皆目为邪党，托逆贤于御前借事摈斥，而昆山居然首揆矣。……又手写所欲起用之人黄克缵、王绍徽、王永光、徐大化、霍维华、阮大铖等五六十员，各加三圈、二圈不等，密付逆贤，目为正人，陆续点用（刘若愚《酌中志》

卷十一）。

南乐相公之通内也，实自天启四年十月初一日享太庙迟误，被台省参劾……始与逆贤通焉。凡有书札，皆用阁揭折子，亲笔行书，外贴南红纸签，题曰内阁家报，钉封钤曰魏广微印。送至惜薪司掌家王朝用，朝用仍外加封识，画花押，差心腹官人，赍送逆贤直房，系李朝钦收掌。……崔呈秀之通内也，始自呈秀之旧居停许秉彝导引。凡有字帖，及《点将录》《同志录》《天鉴录》，俱将原本付朝钦收掌（刘若愚《酌中志》卷十）。

涿州去京师百余里，其涿郡娘娘，宫中咸敬之，中官进香者络绎。冯相铨，其里人也。少年词林，美容公子，人多慕之。值神庙静摄久，交通禁中，是以中官多请冯入皇城游赏。自此，内官皆知有小冯翰林矣。天启甲子（四年）春，逆贤进香涿州时，铨被劾家居，跪谒路次，送迎供帐之盛倾动一时，且涕泣陈盛明之冤，为东林陷害。逆贤怜其姣媚，已心许之。后杨都宪有参贤二十四罪之疏，贤窘甚，内营救于客氏、王体乾、李永贞、石元雅、涂文辅，而复求助于外廷。冯因具书于贤侄良卿，言外廷不足虑，教之行廷杖、兴大狱，以劫制之。又时时刺得外廷情事，密报逆贤，使为之备。贤感之刺骨。及汪文言再入诏狱，冯与霍维华、李鲁生、杨维垣、崔呈秀等朝夕计议，罗织多人，密付良卿转送逆贤。……暗授许显纯，显纯一一请教后行。冯又与大金吾田尔畊最昵。……南乐通逆贤之后，思得后劲，念冯曲意承事，因属意焉。而李鲁生等又赞助之，冯亦将《纶扉故事》一册密托良卿转致逆贤，间在上前点缀。……初在讲幄时，日与良卿、傅应星深谈……机锋显露。南乐闻而忌之。冯入相后，渐闻其事，衔之。遂与呈秀、尔畊等谮南乐于逆贤，谓有二心。南乐从此谢政归矣。……其害经略熊廷弼者，因书坊卖《辽东传》，其四十八回内有《冯布政父子奔逃》一节，极耻而恨之。令妖弁蒋应旸发其事于讲筵，以此《传》出袖中而奏，致熊正法，其实与贵池相公无甚与也。……呈秀与逆贤看工之际，屏人谮之，冯知之，谋于李鲁生、霍维华、杨维垣等，乃造三案以锢诸贤。书成，逆贤见有呈秀姓名，无已称美，心逾恨之，而从来爱缘尽释矣。冯遂不能立朝，张我续始骎骎乎起用矣（刘若愚《酌中志》卷二十四）。

忠贤……又从霍维华言，命顾秉谦等修《三朝要典》，极意诋诸党人恶。御史徐复阳请毁讲学书院，以绝党根。御史卢承钦又请立东林党碑。海内皆屏息丧气。……凡忠贤所宿恨，若韩炉、张问达、何士晋、程注等，虽已去，必削籍，重或充军，死必追赃破其家。或忠贤偶忘之，其党必追论前事，激忠贤怒。当此之时，内外大权一归忠贤。内竖自王体乾等外，又有李朝钦、王朝辅、孙进、王国泰、梁栋等三十余人，为左右拥护。外廷文臣则崔呈秀、田吉、吴淳夫、李夔龙、倪文焕主谋议，号“五虎”。武臣则田尔耕、许显纯、孙云鹤、杨寰、崔应元主杀僇，号“五彪”。又吏部尚书周应秋、太仆少卿曹钦程等，号“十狗”。又有“十孩儿”“四十孙”之号。而为呈秀辈门下者，又不可数计。自内阁、六部至四方总督、巡抚，遍置死党。……所有疏，咸称厂臣不名。……票旨，亦必曰“朕与厂臣”，无敢名忠贤者（《明史》卷三〇五《魏忠贤传》）。

浙抚潘汝祯，首建忠贤生祠。诸方效尤，海内几遍，士大夫廉耻，扫地无余。

生祠之建，始于潘汝祯。汝祯巡抚浙江，徇机户请，建祠西湖。（天启）六年（一六二六年）六月，疏闻于朝，诏赐名普德。自是诸方效尤，几遍天下。……每一祠之费，多者数十万，少者数万，剥民财，侵公帑，伐树木无算。开封之建祠也，至毁民舍二千余间，创宫殿九楹，仪如帝者。……而都城数十里间，祠宇相望。……上林一苑，至建四祠。（朱）童蒙建祠延绥，用琉璃瓦。诏建祠蓟州，金像用冕旒。凡疏词揄扬，一如颂圣，称以“尧天帝德，至圣至神”。而阁臣辄以骈语褒答，中外若响应。（黄）运泰迎忠贤像，五拜三稽首，率文武将吏列班阶下，拜稽首如初。

已，诣像前，祝称某事赖九千岁扶植,稽首谢。某月荷九千岁拔擢，又稽首谢。还就班，复稽首如初礼。运泰请以游击一人守祠，后建祠者必守。(许)其孝等方建祠扬州，将上梁，而熹宗哀诏至。既哭临，释缞易吉，相率往拜。监生陆万龄至谓:“孔子作《春秋》，忠贤作《要典》。孔子诛少正卯，忠贤诛东林。宜建祠国学西，与先圣并尊。”司业朱之俊辄为举行，会熹宗崩，乃止。……最后，巡抚杨邦宪建祠南昌，毁周、程三贤祠，益其地，鬻澹台灭明祠，曳其像。……无何，忠贤诛，诸祠悉废，凡建祠者概入逆案云(《明史》卷三〇六《阎鸣泰传》)。

庄烈帝即位，首斥忠贤，忠贤惧诛，自缢死。客氏亦被笞杀。后定逆案，士大夫牵连者数百人。

帝性机巧，好亲斧锯髹漆之事，积岁不倦。每引绳削墨时，忠贤辈辄奏事。帝厌之，谬曰:“朕已悉矣，汝辈好为之。”忠贤以是恣威福惟己意。岁数出……所过，士大夫遮道拜伏，至呼九千岁，忠贤顾盼未尝及也。客氏居宫中，胁持皇后，残虐宫嫔。……忠贤故騃无他长，其党日夜教之；客氏为内主，群凶煽虐，以是毒痡海内。(天启)七年(一六二七年)秋八月，熹宗崩，信王立(崇祯帝)。王素稔忠贤恶，深自儆备，其党自危。杨所修、杨维垣先攻崔呈秀以尝帝，主事陆澄原、钱元悫，员外郎史躬盛，遂交章论忠贤。帝犹未发。于是嘉兴贡生钱嘉征劾忠贤十大罪：一并帝，二蔑后，三弄兵，四无二祖列宗，五克削藩封，六无圣，七滥爵，八掩边功，九朘民，十通关节。疏上，帝召忠贤，使内侍读之。忠贤大惧，急以重宝啖信邸太监徐应元求解。……帝知之，斥应元。十一月，遂安置忠贤于凤阳，寻命逮治。忠贤行至阜城，闻之，与李朝钦偕缢死。诏磔其尸，悬首河间。笞杀客氏于浣衣局(《明史》卷三〇五《魏忠贤传》)。

（八）明代之党争

（1）台谏之横

明初广开言路，许中外臣僚与草野布衣，皆得上书言事。而台谏小臣，或居风宪，或掌封驳，职任雄峻，言路始横。

明自太祖开基，广辟言路。中外臣寮，建言不拘所职。草野微贱，奏章咸得上闻。沿及宣、英，流风未替。虽升平日久，堂陛深严，而逢掖布衣，刀笔掾史，抱关之冗吏，荷戈之戍卒，朝陈封事，夕达帝阍。采纳者荣显其身，报罢者亦不之罪。……宜乎忼慨发愤之徒，扼腕而谈世务也。英、景之际，《实录》所载，不可胜书。……宪宗季年，阉尹擅朝，事势屡变（《明史》卷二八四传赞）。

迨至中叶，宰相尝结言官，以钼异己，阿党比周，清议始淆。

明至中叶以后，建言者分曹为朋，率视阁臣为进退。依阿取宠则与之比，反是则争。比者不容于清议，而争则名高。故其时端揆之地，遂为抨击之丛，而国是淆矣。虽然，所言之是非，阁臣之贤否，黑白判然，固非私怨恶之所得而加，亦非可尽委之沽直好事，谓人言之不足恤也（《明史》卷二三〇传赞）。

始而沽名，继而挟私，群臣结党，门户以成，而台谏遂为党之眉目。

江陵在位，大小臣工，咸以保留献媚为事。……迨江陵殁，而后来之权势，远不相及，于是气节自负者，咸欲以建白自见。顾九列大老，犹仍向前陋习，群指为跃冶，合喙以攻之，而大臣与小臣水火矣。辛（自修）、海（瑞）两中丞，挺然独立，南北两院之席，俱不暇暖，是大臣与大臣水火矣。又有奔走权门，甘心吠尧者，小臣复与小臣水火矣。水火不已，遂至分门角户，而党以成（文秉《定陵注略》卷二《大臣党比》）。

万历六年（一五七八年）……张居正揽权久，操群下如束湿，异己者率逐去之。及居正卒，张四维、（申）时行相继柄政，务为宽大。以次收召老成，布列庶位，朝论多称之。然是时内阁权积重，六卿大氐徇阁臣指。诸大臣由四维、时行起，乐其宽，多与相厚善。四维忧归，时行为首辅。余有丁、许国、王锡爵、王家屏先后同居政府，无嫌猜。而言路为居正所遏，至是方发舒。以居正素昵时行，不能无讽刺。时行外示博大能容人，心故弗善也。帝虽乐言者讦居正短，而颇恶人论时事，言事者间谪官。众以此望时行，口语相诋諆。诸大臣又皆右时行拄言者口，言者益愤，时行以此损物望。（万历）十二年（一五八四年），御史丁此吕言侍郎高启愚以试题（舜亦命禹）劝进居正，帝手疏示时行。时行曰："此吕以暧昧陷人大辟，恐谗言接踵至，非清明之朝所宜有。"尚书杨巍因请出此吕于外，帝从巍言。而给事御史王士性、李植等交章劾巍阿时行意，蔽塞言路。帝寻亦悔之，命罢启愚，留此吕。时行、巍求去。有丁、国言："大臣国体所系，今以群言留此吕，恐无以安时行、巍心。"国尤不胜愤，专疏求去，诋诸言路。副都御史石星、侍郎陆光祖亦以为言。帝乃听巍，出此吕于外，慰留时行、国，而言路群起攻国。时行请量罚言者，言者心益憾。既而李植、江东之以大峪山寿宫事撼时行不胜，贬去，阁臣与言路日相水火矣。……然是时天下承平，上下恬熙，法纪渐不振。时行务承帝指，不能大有建立。……评事雒于仁进《酒色财气四箴》。帝大怒……将重谴。时行请毋下其章，而讽于仁自引去。……然章奏留中自此始（《明史》卷二一八《申时行传》）。

自后，言官与执政水火薄射，党论纵横，以至不可究诘。

赵用贤……万历初，授检讨。张居正父丧夺情，用贤抗疏。……疏入，与（吴）中行同杖除名。……居正死之明年，用贤复故官，进右赞善。江东之、李植辈争向之，物望皆属焉。而用贤性刚，负气傲物，数訾议大臣得失。申时行、许国等忌之。会植、东之攻时行，国遂力诋植、东之，而阴斥用贤、中行，谓："昔之专恣在权贵，今乃在下僚；昔颠倒是非在小人，今乃在君子。意气感激，偶成一二事，遂自负不世之节，号召浮薄喜事之人，党同伐异，罔上行私，其风不可长。”于是用贤抗辨求去，极言朋党之说，小人以之去君子、空人国，词甚激愤。帝不听其去。党论之兴遂自此始。……（万历）二十一年（一五九三年），王锡爵复入内阁。……用贤复以争三王并封语侵锡爵，为所衔。会改吏部左侍郎，与文选郎顾宪成辨论人才，群情益附，锡爵不便也。……用贤遂免归。户部郎中杨应宿、郑材复力诋用贤。……都御史李世达、侍郎李桢疏直用贤，斥两人谗谄，遂为所攻。高攀龙、吴弘济、谭一召、孙继有、安希范辈，皆坐论救褫职，自是朋党论益炽。中行、用贤、植、东之创于前，元标、南星、宪成、攀龙继之。言事者益裁量执政，执政日与枝拄，水火薄射，讫于明亡云（《明史》卷二二九《赵用贤传》）。

神宗怠政，章奏留中。大臣居位者，言路一攻，其人自去。去留之权，几尽操持于此辈，国事乃益不可问

万历四十一年（一六一三年），吏部尚书赵焕罢。……明年二月，乃召继之代焕。继之久处散地，无党援。然是时言路持权，齐、楚、浙三党尤横，大僚进退，惟其喜怒。继之故楚产，习楚人议论，且年八十余，耄而愦。遂一听党人意指（《明史》卷二二五《郑继之传》）。

（万历）四十五年……帝久倦勤，方从哲独柄国，碌碌充位，中外章奏悉留中。惟言路一攻，则其人自去，不待诏旨。台谏之势积重不返，有齐、楚、浙三方鼎峙之名。……其时考选久稽，屡趣不下，言路无几人，盘踞益坚。后进当入为台谏者，必钩致门下，以为羽翼。当事大臣，莫敢撄其锋（《明史》卷二三六《夏嘉遇传》）。

万历四十年……时神宗怠于政事，曹署多空。内阁惟叶向高，杜门者已三月。六卿止一焕在，又兼署吏部，吏部无复堂上官。兵部尚书李化龙卒，召王象乾未至，亦不除侍郎。户、礼、工三部止一侍郎而已。都察院自温纯罢去，八年无正官。故事，给事中五十人，御史一百十人，至是

皆不过十人。焕累疏乞除补，帝皆不报。其年八月，遂用焕为吏部尚书，诸部亦除侍郎四人。既而考选命下，补给事中十七人，御史五十人，言路称盛。然是时朋党已成，中朝议论角立（《明史》卷二二五《赵焕传》）。

（2）嘉靖议礼

世宗隆其所生之议，发之张璁、桂萼以迎合帝意，骤得柄用，与宰相杨廷和暗相构陷，而有群臣伏阙固争大礼之事。世宗严罪首事者以惩之，编《明伦大典》一书，颁行全国。然廷臣结党角立，实开端于此。议礼为一事，党争为又一事，实则杨廷和与张、霍争相位而已。

嘉靖三年（一五二四年）……七月乙亥，更定章圣皇太后尊号，去本生之称。戊寅，廷臣伏阙固争，下员外郎马理等一百三十四人锦衣卫狱（《明史》卷十七《世宗本纪一》）。

先是，“大礼”议起。孟春在云南闻之，上疏。……及孟春官吏部，则已尊本生父母为兴献帝、兴国太后，继又改称本生皇考恭穆献皇帝、本生圣母章圣皇太后。孟春三上疏乞从初诏，皆不省。于是帝益入张璁、桂萼等言，复欲去本生二字。璁方盛气，列上礼官欺妄十三事，且斥为朋党。孟春偕九卿秦金等具疏。……遂发十三难，以辨折璁。疏入，留中。其时詹事、翰林、给事、御史及六部诸司、大理、行人诸臣各具疏争，并留中不下，群情益汹汹。会朝方罢，孟春倡言于众曰：“宪宗朝，百官哭文华门，争慈懿皇太后葬礼，宪宗从之，此国朝故事也。”修撰杨慎曰：“国家养士百五十年，仗节死义，正在今日。”编修王元正、给事中张翀等，遂遮留群臣于金水桥南，谓今日有不力争者，必共击之。孟春、金献民、徐文华复相号召。于是九卿则尚书献民及秦金、赵鉴、赵璜、俞琳，侍郎孟春及朱希周、刘玉，都御史王时中、张润，寺卿汪举、潘希曾、张九叙、吴祺，通政张瓒、陈霑，少卿徐文华及张缙、苏民、金瓒，府丞张仲贤，通政参议葛袷，寺丞袁宗儒，凡二十有三人；翰林则掌詹事府侍郎贾咏，学士丰熙，侍讲张璧，修撰舒芬……凡二十有二人；给事中则张翀……凡二十有一人；御史则王时柯……凡三十人；诸司郎官，吏部则郎中余宽……凡十有二人；户部则郎中黄待显……凡三十有六人；礼部则郎中余才……凡十有二人；兵部则郎中陶滋……凡二十人；刑部则郎中相世芳……凡二十有七人；工部则郎中赵儒……凡十有五人；大理之属则寺正毋德纯……凡十有一人，俱跪伏左顺门。帝命司礼中官谕退，众皆曰："必得俞旨乃敢退。"自辰至午，凡再传谕，犹跪伏不起。帝大怒，遣锦衣先执为首者。于是丰熙、张翀、余翱、余宽、黄待显、陶滋、相世芳、毋德纯八人，并系诏狱。杨慎、王元正乃撼门大哭，众皆哭，声震阙廷。帝益怒，命收系四品以下官若干人，而令孟春等待罪。翼日，编修王相等十八人俱杖死，熙等及慎、元正俱谪戍。……帝怒不已，责孟春倡众逞忿，非大臣事君之道，法宜重治，姑从轻夺俸一月。旋出为南京工部左侍郎（《明史》卷一九一《何孟春传》）。

嘉靖三年……十二月，方献夫言："大伦已明，纂辑张璁等五臣所奏，首以礼官之初议，终以近日之奏章，编成上下卷，刊行天下。"许之。……七年，《明伦大典》书成，颁布天下。加恩纂述诸臣。敕定议礼诸臣之罪，杨廷和罪魁，革职为民（朱国桢《皇明大事记》卷二十七《大礼》）。

夏言复奏郊天之礼，廷臣集议，各有所主。虽门户显然划分，而未兴大狱。然夏言遂以此进身柄用，夺张璁之位，特借议礼为名而已。

嘉靖九年（一五三〇年）正月……上有事于南郊。（夏）言……因上疏：请举亲蚕之礼。言按《祭统》：天子亲耕于南郊，以供粢盛。王后亲蚕于北郊，以供纯服。……臣以为农桑之业，不宜独缺。耕蚕之礼，不宜偏废。疏入，上方以大礼恚廷臣，将大有更易，得之甚悦。……夏言复议周人以后稷配天于郊，以文王配帝于明堂，欲尊文王，而不敢以配天者，避稷也。今日宜奉太祖配天于圜丘，奉太宗配上帝于大祀殿。……礼部集上廷臣议，言主分祭者，都御史汪鋐等八十二人；主分祭而以慎重成宪，及时未可为言者，大学士张璁等八十四人；主分祭而以上川坛为方丘者，尚书李瓒等二十六人；主合祭而以分祭为非者，尚书方献夫、李承勋等二百六人。……疏入，上令再议，而自为说示礼部曰："祀天祀帝，本自不同，当遵皇祖始，制露祭于坛，方合祀天之典。南郊祀天，北郊祀地，以二至行事，俱以高皇帝配，盖报本之意也。仍于岁首享帝大祀殿，以文皇配，盖为民祈谷之意也。朝日夕月，各以春秋仲月行礼于朝阳、阜成二门。建坛。"……时上意持之坚矣（朱国桢《皇明大事记》卷二十八《更定郊祀》）。

世宗既分祀天地于南北郊矣。其后以太祖、太宗并配天为非礼，遂省去太宗之祀，盖阴为献皇地也。至嘉靖十七年（一五三八年），谀臣丰坊言，请仿古明堂之制，加献皇宗号，以配上帝。上意甚惬。遂以其年九月，举明堂大享礼于大内，尊献皇称睿宗，更上昊天上帝号，为皇天上帝，而以睿宗配享（沈德符《万历野获编》卷二《配天配上帝》）。

大礼尊崇所生及郊礼分祀天地，既经议定，复议先师祀典，去像设主，终有清之世不改。明代事事法祖，不敢丝毫变异，独礼不然，为明史中一极可注目之事。

嘉靖九年，大学士张璁言："先师祀典，有当更正者。叔梁纥乃孔子之父，颜路、曾皙、孔鲤乃颜、曾、子思之父，三子配享庙庭，纥及诸父从祀两庑，原圣贤之心岂安？请于大成殿后，别立室祀叔梁纥，而以颜路、曾皙、孔鲤配之。"帝以为然。因言："圣人尊天与尊亲同。今笾豆十二，牲用犊，全用祀天仪，亦非正礼。其谥号、章服悉宜改正。"璁缘帝意，言："孔子宜称先圣先师，不称王。祀宇宜称庙，不称殿。祀宜用木主，其塑像宜毁。笾豆用十，乐用六佾。配位公侯伯之号宜削，止称先贤先儒。”……初，洪武时，司业宋濂请去像设主，礼仪乐章多所更定，太祖不允。……至是以璁力主，众不敢违。毁像，盖用濂说（《明史》卷五十《礼志四·先师孔子》）。

（3）请立太子

党争之烈，以请立东宫为始。争之者皆东林党人，故有大东、小东之目。大东谓太子，小东则东林也。盖以攻讦时相，兼欲以爰立邀异日之恩。初，神宗久不立太子，诸臣疑郑贵妃有夺嫡之意，交章上言，辄逢帝怒。时论遂归咎首辅申时行、王锡爵依违其间，无所救正，举朝哗然。

初，王皇后无子，王妃生长子，是为光宗。常洵次之，母郑贵妃最幸。帝久不立太子，中外疑贵妃谋立己子，交章言其事，窜谪相踵，而言者不止。帝深厌苦之（《明史》卷二一〇《福王常洵传》）。

万历十四年（一五八六年）正月，光宗年五岁，而郑贵妃有宠，生皇三子常洵，颇萌夺嫡意。时行率同列再请建储，不听。廷臣以贵妃故，多指斥宫闱，触帝怒，被严谴。帝尝诏求直言。郎官刘复初、李懋桧等显侵贵妃。时行请帝下诏，令诸曹建言止及所司职掌，听其长择而献之，不得专达。帝甚悦，众多咎时行者。时行连请建储。十八年……下诏曰：“朕不喜激聒。近诸臣章奏概留中，恶其离间朕父子。若明岁廷臣不复渎扰，当以后年册立，否则俟皇长子十五岁举行。”时行因戒廷臣毋激扰。明年（十九年）八月，工部主事张有德请具册立仪注。帝怒，命展期一年。而内阁中亦有疏入。时行方在告……密上封事，言：“臣方在告，初不预知。册立之事，圣意已定。有德不谙大计，惟宸断亲裁，勿因小臣妨大典。”于是给事中罗大纮劾时行，谓阳附群臣之议以请立，而阴缓其事以内交。中书黄正宾，复论时行排陷同官，巧避首事之罪。二人皆被黜责。御史邹德泳疏复上，时行力求罢。诏驰驿归（《明史》卷二一八《申时行传》）。

王锡爵……（万历）二十一年（一五九三年）正月还朝，遂为首辅。先是有旨，是年春，举册立大典。……及是，锡爵密请帝决大计。帝遣内侍，以手诏示锡爵，欲待嫡子，令元子（光宗）与两弟（福王常洵、瑞王常浩），且并封为王。锡爵惧失上指，立奉诏拟谕旨。而又外虑公论。……同列赵志皋、张位咸不预闻。帝竟以前谕下礼官，令即具仪。于是举朝大哗。给事中史孟麟、礼部尚书罗万化等，群诣锡爵第力争。廷臣谏者，章日数上。锡爵偕志皋、位力请追还前诏，帝不从。已而谏者益多，而岳元声、顾允成、张纳陛、陈泰来、于孔兼、李启美、曾凤仪、钟化民、项德祯等，遮锡爵于朝房，面争之。李腾芳亦上书锡爵。锡爵请下廷议，不许。请面对，不报。乃自劾三误，乞罢斥。帝亦迫公议，追寝前命（《明史》卷二一八《王锡爵传》）。

或作《忧危竑议》，大旨言邹贵妃欲夺储位，牵连多人，几兴大狱。

陈矩……万历二十六年（一五九八年），提督东厂。……尝奉诏收书籍，中有侍郎吕坤所著《闺范图说》，帝以赐郑贵妃，妃自为序，锓诸木。时国本未定，或作《闺范图说跋》，名曰《忧危竑议》，大指言贵妃欲夺储位，坤阴助之，并及张养蒙、魏允贞等九人，语极妄诞（《明史》卷三〇五《陈矩传》）。

初，坤按察山西时，尝撰《闺范图说》，内侍购入禁中。郑贵妃因加十二人，且为制序，属其伯父承恩重刊之。（戴）士衡遂劾坤因承恩进书，结纳宫掖，包藏祸心。坤持疏力辨。未几，有妄人为《闺范图说跋》，名曰《忧危竑议》，略言："坤撰《闺范》，独取汉明德后者，后由贵人进中宫，坤以媚郑贵妃也。坤疏陈天下忧危，无事不言，独不及建储，意自可见。"其言绝狂诞，将以害坤。帝归罪于士衡等，其事遂寝（《明史》卷二二六《吕坤传》）。

吕新吾司寇，初刻《闺范》一书，行京师未久，而皇贵妃重刻之，且为之序。……亦渐有讹诎，而无敢昌言者。吏科给事中戴士衡首发大难。……而前任御史今全椒知县樊玉衡者继之，举朝骇愕。盖以首篇明德马后进封一事，不免稍碍眼耳。其时有为《图说》跋者，又专攻吕司寇。其语深文，且杂引在事知名大臣数人以实之。于是诸与张新建（位）相左者，遂指及之。前二年，吕与秀水沈继山争为少宰，俱不得，而沈独见逐。沈与新建素厚，吕遂疑新建为沈报复矣。吕先有疏，其朱语为直陈天下安危，而疏尾云，敬上忧危之疏，以故跋语之前，又标名云《忧危竑议》，以讥切之。……又书本名《闺范》，易名《闺鉴》，亦不知出自何人（沈德符《万历野获编补遗》卷三《戊戌谤书》）。

嗣又有《续忧危竑议》，史所谓妖书者，亦挟私报怨之作。而廷臣即欲假之以相倾轧。是时沈一贯当国，即所谓“四明相国”。东林诸人目为浙党之魁，积衅已深，欲借题逐之。而一贯反借之以陷沈鲤、郭正域，终以皦生光当罪，勉强结案。

万历三十一年（一六〇三年）十一月甲子昧爽，自朝房至勋戚大臣门，各有匿名书一帙，名曰《续忧危竑议》，言贵妃与大学士朱赓，戎政尚书王世扬，三边总督李汶，保定巡抚孙玮，少卿张养志，锦衣都督王之桢，千户王名世、王承恩等相结，谋易太子，其言益妄诞不经。矩获之以闻，大学士赓奏亦入。帝大怒，敕矩及锦衣卫大索，必得造妖书者。时大狱猝发，缉校交错都下，以风影捕系，所株连甚众。之桢欲陷锦衣指挥周嘉庆，首辅沈一贯欲陷次辅沈鲤、侍郎郭正域，俱使人属矩。矩正色拒之。已而，百户蒋臣捕皦生光至。生光者，京师无赖人也。尝伪作富商包继志诗，有“郑主乘黄屋”之句，以胁国泰及继志金，故人疑而捕之。酷讯不承。……矩心念生光即冤，然前罪已当死，且狱无主名，上必怒甚，恐辗转攀累无已。礼部侍郎李廷机亦以生光前诗与妖书词合。乃具狱，生光坐凌迟死。鲤、正域、嘉庆及株连者，皆赖矩得全（《明史》卷三〇五《陈矩传》）。

皦生光原顺天府学生员也。先年曾诈包继志以害郑皇亲，其捏名印造妖书诗云："五色龙文照碧天，谶书特地涌祥烟。定知郑主乘黄屋，愿献金钱寿御前。"其下曰："松风狂客题。"又《跋》云：偶从郊外贵家庄舍得前诗，读毕忽痛哭失声，左右惊觉夺去，臣归叹曰："渠家阴谋羽翼成矣。"独访所谓"松风狂客"为谁，则豪商包继志也。包氏握镪资金宝明以金钱行间，语曰：巨防容蚁而漂邑杀人，突泄一烟而焚庐烧积，则皇长子危乎哉！凡我臣子，谁不疾首？故直书之，或散其党云。右俱生光自撰自跋如此。刊板印贴郑皇亲门下及各巷口以恣诈害，时当光庙尚未膺册立，所以称皇长子也。事发革衣巾，拟戍大同。……是时生光已从戍所赦回。……又刻有《怪石轩集》《岸游稿》。此皆皦犯踪迹可据者也（刘若愚《酌中志》卷二）。

神宗晚年，悚于浮议，乃立皇储，而不遣福王就国。群臣疑犹未释，迨伏阙力请，不得已而许之。而党局纠结，不可复解矣。

万历二十九年（一六〇一年）……封常洵福王。……廷臣请王之藩者数十百奏，不报。至四十二年，始令就藩（《明史》卷一二〇《福王常洵传》）。

孙慎行……（万历）四十一年五月……擢礼部右侍郎，署部事。……皇太子储位虽定，福王尚留京师。……宵小多窥伺。廷臣请之国者愈众，帝愈迟之。……最后贵妃复请帝留王，庆太后七旬寿节。群议益籍籍。慎行乃合文武诸臣伏阙力请，大学士叶向高亦争之强。帝不得已，许明年季春之国。群情始安（《明史》卷二四三《孙慎行传》）。

（4）京察

明制考核百官，以京察分黜陟。中叶以后，廷臣结党相轧，每用之以为报复。盖中察典者，即终身不复起用，计甚狠毒。主之者吏部尚书、都察院左都御史、吏科都给事中、河南道御史及吏部文选司郎中。故此数官，为党人必争之地。

任官之事，文归吏部，武归兵部，而吏部职掌尤重。吏部凡四司，而文选掌铨选，考功掌考察，其职尤要。……考察之法，京官六年，以巳、亥之岁，四品以上自陈以取上裁，五品以下分别致仕、降调、闲住为民者有差，具册奏请，谓之“京察”。自弘治时，定外官三年一朝觐，以辰、戌、丑、未岁，察典随之，谓之“外察”。州、县以月计上之府，府上下其考，以岁计上之布政司。至三岁，抚、按通核其属事状，造册具报，丽以八法。而处分察例有四，与京官同。明初行之，相沿不废，谓之“大计”。计处者，不复叙用，定为永制。……京察之岁，大臣自陈。去留既定，而居官有遗行者，给事、御史纠劾，谓之拾遗。拾遗所攻击，无获免者。弘、正、嘉、隆间，士大夫廉耻自重，以挂察典为终身之玷。至万历时，阁臣有所徇庇，间留一二以挠察典，而群臣水火之争，莫甚于辛亥、丁巳。……党局既成，互相报复，至国亡乃已（《明史》卷七十一《选举志三》）。

(甲)癸巳大计

此为主察者与辅臣龃龉之始，亦即门户之祸所由始。

万历二十一年（癸巳，一五九三年），大计京朝官，力杜请谒。文选员外郎吕允昌，𬭎甥也，首斥之。考功郎中赵南星亦自斥其姻。一时公论所不予者贬黜殆尽，大学士赵志皋弟预焉。由是执政皆不悦。王锡爵方以首辅还朝，欲有所庇。比至而察疏已上，庇者在黜中，亦不能无憾。会言官以拾遗论劾稽勋员外郎虞淳熙、职方郎中杨于廷、主事袁黄。𬭎议谪黄，留淳熙、于廷。诏黄方赞画军务，亦留之。给事中刘道隆，遂言淳熙、于廷不当议留，乃下严旨责部臣专权结党。……帝以𬭎不引罪，夺其俸，贬南星三官（《明史》卷二二四《孙𬭎传》）。

门户之祸，决裂于癸巳，燎原于乙巳，而皆自辅臣尸之。……万历二十一年（癸巳）正月，大计京朝官。主计者，吏部尚书孙鑨、左都御史李世达、考功郎中赵南星，而当国者首辅太仓王锡爵也。往例，凡大计外吏，必先禀白政府，谓之请教。所爱者虽不肖必留，所憎者虽贤必去，成故事久矣。是年，冢宰、功郎锐意澄汰，力更前辙，被黜者，大半政府私人矣。太仓大怒。……太仓遂票旨，切责吏部专权结党，著令回话。鑨上疏争之强，不认罪。有旨，鑨罚俸，南星降三级，调外任用。总宪李世达、礼部陈泰来、于孔兼等，相继讼言，并攻太仓，太仓随激圣怒。孙鑨罢，南星、淳熙等皆削籍，泰来、孔兼皆降调。而门户之祸，坚固而不可拔，自此始也（文秉《定陵注略》卷三《癸巳大计》）。

（乙）乙巳大计

此为沈一贯与沈鲤之争，台、谏交章论一贯。此为东林党人明白攻讦浙人之始。

沈一贯……素忌（沈）鲤，鲤亦自以讲筵受主眷，非由一贯进，不为下，二人渐不相能。礼部侍郎郭正域以文章气节著，鲤甚重之。都御史温纯、吏部侍郎杨时乔，皆以清严自持相标置，一贯不善也。……而党论渐兴。浙人与公论忤，由一贯始。……乙巳（万历三十三年，一六〇五年），大察京朝官，纯与时乔主其事，（钱）梦皋、（钟）兆斗（皆给事中）皆在黜中。一贯怒，言于帝，以京察疏留中。久之，乃尽留给事、御史之被察者，且许纯致仕去。于是主事刘元珍、庞时雍，南京御史朱吾弼力争之，谓二百余年计典无特留者。时南察疏亦留中，后迫众议始下。一贯自是积不为公论所与，弹劾日众，因谢病不出（《明史》卷二一八《沈一贯传》）。

冢宰李戴去后，上悬其缺不补，少宰杨时乔署部事。杨素非四明（沈一贯）所喜，而总裁温纯曾特纠御史于永清。永清，四明客也。力庇之，得无恙。计典届期，四明欲揭请大司马萧大亨主计，归德（沈鲤）不可而止，仍用杨主计。及计典上，钱梦皋、张似蕖等皆被黜，皆归四明之门者。四明大怒，假中旨格弗下，反留用钱梦皋等。……南北台省相顾，莫敢发。锡山刘郎中（元珍）首出疏，剖陈奸状，庞（时雍）主事、朱（吾弼）御史从而和之。士气未斩，公论昭明，计典终弗能格也。嗣此，公论日严，与庙堂之水火日甚。玄黄之衅既深，而国事亦不可为矣（文秉《定陵注略》卷三《乙巳大计》）。

（丙）辛亥大计

万历三十九年，秦党孙丕扬主察，东林与之合，借以逐齐、楚、浙、宣、昆诸党。而南察则尽斥东林，党争于斯为最烈矣。

万历三十八年……（郑）继芳巡按浙江，有伪为其书，抵（王）绍徽、（刘）国缙者，中云"欲去福清，先去富平；欲去富平，先去耀州兄弟"。又言"秦脉斩断，吾辈可以得志"。福清谓叶向高，耀州谓王国、王图，富平即丕扬也。国时巡抚保定，图以吏部侍郎掌翰林院，与丕扬皆秦人，故曰秦脉。盖小人设为挑激语，以害继芳辈，而其书乃达之丕扬所。丕扬不为意，会御史金明时居官不职，虑京察见斥，先上疏力攻图，并诋御史史记事、徐缙芳，谓为图心腹。及图、缙芳疏辩，明时再劾之，因及继芳伪书事。国缙疑书出缙芳及李邦华、李炳恭、徐良彦、周起元手，因目为"五鬼"；五人皆选授御史候命未下者也。当是时，诸人日事攻击，议论纷呶，帝一无所问。则益植党求胜，朝端哄然。及明年（三十九年，辛亥，一六一一年）三月，大计京官。丕扬与侍郎萧云举、副都御史许弘纲领其事，考功郎中王宗贤、吏科都给事中曹于汴、河南道御史汤兆京协理、御史乔允升佐之。故御史康丕扬、徐大化，故给事中钟兆斗、陈治则、宋一韩、姚文蔚，主事郑振先、张嘉言及（汤）宾尹、（顾）天埈、国缙咸被察，又以年例出绍徽、（乔）应甲于外。群情翕服，而诸不得志者深衔之。当计典之初举也，兆京谓明时将出疏要挟，以激丕扬。丕扬果怒，先期止明时过部考察，特疏劾之。旨下议罪，而明时辨疏，复犯御讳。帝怒，褫其职，其党大哗。谓明时未尝要挟兆京，只以劾图一疏实之，为图报复。于是刑部主事秦聚奎力攻丕扬，为宾尹、大化、国缙、绍徽、应甲、嘉言辨。时部院察疏犹未下，丕扬奏趣之，因发聚奎前知绩溪、吴江时贪虐状。帝方向丕扬，亦褫聚奎职。由是党人益愤，谓丕扬果以伪书故斥绍徽、国缙，且二人与应甲尝攻（李）三才、（王）元翰，故代为修隙，议论汹汹。弘纲闻而畏之，累请发察疏，亦若以丕扬为过当者。党人藉其言，益思撼丕扬。礼部主事丁元荐甫入朝，虑察疏终寝，抗章责弘纲，因尽发昆、宣党构谋状。于是（朱）一桂、（郑）继芳、（周）永春、（徐）兆魁、（姚）宗文争击元荐，为明时等讼冤。赖向高调护，至五月察疏乃下。给事中彭惟成、南京给事中高节，御史王万祚、曾成易犹攻讦不已。丕扬以人言纷至，亦屡疏求去，优诏勉留（《明史》卷二二四《孙丕扬传》）。

王图，陕西耀州人。由馆选，历官吏部左侍郎。先是，富平孙丕扬为冢宰，秦人几满九列，而江南之讲学者，遥相应和，群小忌而谋间之。会锡山（顾宪成）驰书救淮抚，乃嗾富平发单咨访，廷辩东林、淮抚是非，以为钩党之计。王叹曰："秦人与东林一网尽矣。"亟言于富平止之。群小知其所由解，皆怀恚恨。庚戌（万历二十九年），王主会试，宣城汤宾尹与崇仁吴道南争论闱事，盛气相诟谇。宣城门人王绍徽行间构崇仁于王，王正色拒之，宣城之党皆不悦。又，王之子淑忭，为宝坻知县，贪酷淫虐。……而王舐犊情深，力加护持。巡按金明时露章入告，王甚恨之。及是，大计京官，王以少宰佐计。明时知必不免，飞疏纠王。刘国缙等复倡五鬼造书之说，曲肆阻挠。王杜门求去，上不允，仍出佐计。而明时以要挟为富平所参，众咸谓事由宝坻秦聚奎，聚奎遂有舍死报国之疏。嗣是，日寻干戈，党隙愈深，而不可收拾矣（文秉《定陵注略》卷九《辛亥大计》）。

万历三十九年，大计京官。掌南察者，南京吏部侍郎史继偕，齐、楚、浙人之党也，与孙丕扬北察相反，凡助三才、元翰者悉斥之（《明史》卷二三六《金士衡传》）。

（丁）丁巳大计

万历四十五年，浙党郑继之、李𬭎主察。为报复辛亥大计，东林党人一时斥逐殆尽。

时……李𬭎以刑部尚书兼署都察院，亦浙党所推毂。四十五年（丁巳，一六一七年），大计京官。继之与𬭎司其事，考功郎中赵士谔、给事中徐绍吉、御史韩浚佐之。所去留悉出绍吉等意，继之受成而已。一时与党人异趣者，贬黜殆尽，大僚则中以拾遗，善类为空（《明史》卷二二五《郑继之传》）。

追甲、丙之际，福清谢政于倦勤，崇仁负疚于铜臭，亓、赵、官、吴辈，纠齐、楚、闽、越、燕之众，角秦、晋、西江而胜之。丁巳之察，正人屏逐殆尽（文秉《定陵注略》卷十《丁巳大计》）。

（戊）癸亥大计

天启三年，东林党人赵南星为左都御史主察，为报复丁巳大计，复尽逐齐、楚、浙、宣、昆诸人。

光宗立……拜左都御史，慨然以整齐天下为任。天启三年（癸亥，一六二三年），大计京官。以故给事中亓诗教、赵兴邦、官应震、吴亮嗣先朝结党乱政，议黜之。吏科都给事中魏应嘉，力持不可。南星著《四凶论》，卒与考功郎程正己，置四人不谨。他所澄汰，一如为考功时（《明史》卷二四三《赵南星传》）。

（5）东林及齐、楚、浙、宣、昆

顾宪成削籍里居，讲学东林书院，慕风者遥相应和，东林之名大著。而攻东林者，则有齐、楚、浙、宣、昆诸党。

（甲）东林

顾宪成字叔时，无锡人。……擢吏部考功主事，历员外郎。……（万历）二十一年（一五九三年），京察。吏部尚书孙𨱏、考功郎中赵南星，尽黜执政私人，宪成实左右之。及南星被斥，宪成疏请同罢，不报。寻迁文选郎中。所推举率与执政抵牾。……（王）锡爵将谢政，廷推代者。宪成举故大学士王家屏，忤帝意，削籍归。……暨削籍里居。……邑故有东林书院，宋杨时讲道处也。宪成与弟允成倡修之。……偕同志高攀龙、钱一本、薛敷教、史孟麟、于孔兼辈讲学其中。……当是时，士大夫抱道忤时者，率退处林野，闻风响附。……讲习之余，往往讽议朝政，裁量人物。朝士慕其风者，多遥相应和。由是东林名大著，而忌者亦多。既而淮抚李三才被论，宪成贻书叶向高、孙丕扬为延誉。御史吴亮刻之邸抄中，攻三才者大哗。而其时于玉立、黄正宾辈，附丽其间，颇有轻浮好事名（《明史》卷二三一《顾宪成传》）。

东林，无锡东城隅地名也。左有杨时龟山先生祠，道学之所聚。道学仕宦中名公也。……东林之盛，始于万历中年。远则赵南星、李三才竖帜，近则顾宪成、高攀龙为主。……天启委政，崔、魏专国，曰东林道学影附名也。为参语曰：聚不三不四之徒，作不深不浅之揖。讲不痛不痒之话，啖不冷不热之饼。相对片时，便云讲道学。名噪实鲜，进逐其人宜也。拆毁之令，不容片刻留。……当其盛时，门楹榜曰“东林书院”。入为丽泽堂，进为讲堂，凡六楹，榜曰“依庸讲堂”，后榜曰“燕居”，庙祀至圣，雍和肃穆，入焉起敬。廊后精舍书室，为游学孤寒饔飧斋宿地。鸡鸣风雨，读书声不少辍。坊外之榜，东曰“洛闽中枢”，西曰“观海来游”。讲学则每年一大会，每月一小会，先两月启知。有事赴会者……自不爽期也。会必有一主，外则知宾二人。坐次会序，宾东主西，各以齿。坐定闻磬声。《四书》《五经》《通鉴》《性理》，陈说随意，启难寻源。亦随人答问。坐久，歌《鹿鸣》章。时万历帝廿年不视朝，国是每求诸野，故东林讲堂，奔走天下。迨其败也，逆阉乱政，钩党隙兴。……拆毁东林。……礼乐道义之场，入则名高，出则影愧者，一旦化为瓦砾灰烬。……崇祯改元，奉旨修复。诸生吴桂森重构丽泽堂三楹，视向日规模，十未逮一矣（《花村谈往》卷一《拆毁东林》）。

（乙）齐、楚、浙、宣、昆

先是，南北言官群击李三才、王元翰，连及里居顾宪成，谓之“东林党”。而祭酒汤宾尹、谕德顾天埈，各收召朋徒，干预时政，谓之“宣党”“昆党”；以宾尹宣城人，天埈昆山人也。御史徐兆魁、乔应甲、刘国缙、郑继芳、刘光复、房壮丽，给事中王绍徽、朱一桂、姚宗文、徐绍吉、周永春辈，则力排东林，与宾尹、天埈声势相倚，大臣多畏避之（《明史》卷二二四《孙丕扬传》）。

“齐”则给事中亓诗教、周永春，御史韩浚。“楚”则给事中官应震、吴亮嗣。“浙”则给事中姚宗文、御史刘廷元。而汤宾尹辈阴为之主。其党给事中赵兴邦、张延登、徐绍言、商周祚，御史骆骎曾、过庭训、房壮丽、牟志夔、唐世济、金汝谐、彭宗孟、田生金、李征仪、董元儒、李嵩辈，与相倡和，务以攻东林、排异己为事（《明史》卷二三六《夏嘉遇传》）。

诸党相攻，每假借题目。淮抚李三才，才气凌厉，居腥膻之地，挥霍金缯，发踪指示，俨然党魁，遂为一时弹射之的。

自东林与四明并峙，门户之水火所由起矣。迨淮抚显为射的，亥豕复多纷纭。加以宣苕荆熊相继而起，株连蔓引，逐影吠声，朝端如聚讼，不复有纪法矣。福清（叶向高）强弩之末，急思卸担；而德清（方从哲）为政，一时浙人翕然扶以为重。亓诗教，齐人也，出德清之门。时掖县（赵焕）为冢宰，介掖县以交德清，于是齐、浙合，而楚、蜀、闽、粤和之，如火之燎于原，不可向迩（文秉《定陵注略》卷十《门户之争》）。

李三才……擢升淮凤巡抚、漕运总督，加户部尚书。时矿税诸奄横行态睢，陈增在淮尤无状，三才力与之搘拄。三才家在北畿（通州），不乏奥援。牢笼驾驭，权谲纵横，神庙用其言撤增，东南胥得安枕，而功高望重，颇见汰色。时议欲以外僚直内阁……意在推戴三才。……遂为时目所议。兼以四明（沈一贯）妖书、京察二事，大拂公论。三才条陈国是，攻之甚力。又太仓（王锡爵）密揭，实自三才钩得之（《定陵注略》卷八：时太仓奉再召之命，以子衡久病，辞疏屡上，上或缓或急。为姜士昌所劾，特具此疏，令干仆赴京投递。仆至淮安，淮抚物色得之，引至衙署，醉之以酒，将此揭密行挑开，抄写遍布），播扬十众。十是四明之党，合谋驱除。邵辅忠首出疏劾之……攻者四起。锡山顾公宪成，贻书福清（叶向高）诸老，谓三才任事任劳，功不可泯，当行勘以服诸臣之心。一时攻淮抚者，并攻锡山。……从此南北党论，不可复解（文秉《定陵注略》卷九《淮抚始末》）。

韩敬者，归安人也。受业宣城汤宾尹。宾尹分校会试（万历三十八年），敬卷为他考官所弃，宾尹搜得之，强总裁侍郎萧云举、王图录为第一。榜发，士论大哗。知贡举侍郎吴道南欲奏之，以云举、图资深，嫌挤排前辈，隐不发。及廷对，宾尹为敬夤缘得第一人。后宾尹以考察褫官，敬亦称病去，事三年矣。会进士邹之麟分校顺天乡试，所取童学贤有私，于是御史孙居相并宾尹事发之。……初，宾尹家居，尝夺生员施天德妻为妾，不从，投缳死。诸生冯应祥、芮永缙辈讼于官，为建祠，宾尹耻之。后永缙又发诸生梅振祚、宣祚朋淫状。督学御史熊廷弼，素交欢宾尹，判牒言此施、汤故智，欲藉雪宾尹前耻。又以所司报永缙及应祥行劣，杖杀永缙。巡按御史荆养乔，遂劾廷弼杀人媚人，疏上，径自引归。廷弼亦疏辨。都御史孙玮议镌养乔秩，令廷弼解职候勘。时南北台谏议论方嚣，各有所左右。振基……等持勘议甚力。而（张）笃敬……等驳之，疏凡数十上。振基及诸给事御史，复极言廷弼当勘，斥（官）应震等党庇，自是党廷弼者颇屈。帝竟纳玮言，令廷弼解职。其党大恨（《明史》卷二三六《孙振基传》）。

与东林始终为仇不解者，浙党也，余则附从而已。沈一贯、方从哲，皆浙党之魁，故攻之不遗余力。其争以立储为主脑，三案为余波，察典特报复之具。而其线索，则为东林与非东林而已。人才以东林为最盛，自命清流，余皆不敌，故始则依浙以抗东，继则合浙以事阉，未尝非东林持之过甚，以致困兽犹斗，铤而走险。嘉靖以后，首辅权重，率由诈力以得之。兹录沈、方及叶向高之事，以见所争虽各有题目，而首揆之席，实争中之争也。

外史氏曰……东林之名，遂满天下。推其名高之故，始于争立国本。……当时政府不相济而相轧，于是遂目争者为党人，一斥不复。沈一贯阴为贼害，恃权求胜。受黜者身去而名高，东林君子之誉沸宇内，尊其言为清议。即中朝亦以其是非为低昂，门庭愈峻，而求进者愈众。……自泾阳先生（顾宪成）救淮抚之书出，而东林之祸萌。未几，妖书狱起，梃击案兴，而君子小人有不容之势矣。乃至摧遏正人，必欲一网打尽。辛亥京察，孙丕扬主之，于是攻东林者起矣。丁巳京察，郑继之主之，则尽攻东林者矣，世之所谓清流者，驱除殆尽。时台谏有齐、楚、浙三方鼎峙之号，士大夫有清誉者，莫不垂首丧气焉。迨光宗即位，叶向高、刘一燝执政，邹元标、赵南星、周嘉谟、冯从吾辈，皆班九卿，一时清流稍有起色。奈诸君子持论太严，于是争红丸、移宫，而东林之祸炽矣。及夫熹宗，委命阉寺，熊、汪之狱既成，杨、左之祸遂烈。又假三案以媒孽东林，而正人君子，几无噍类（陈鼎《东林列传》卷二《高攀龙传论》）。

沈一贯字肩吾，鄞人。……一贯之入阁也，为（王）锡爵、（赵）志皋所荐。辅政十有三年，当国者四年（万历二十二年入阁，二十八年当国，三十四年乞归）。枝拄清议，好同恶异，与前后诸臣同。至楚宗、妖书、京察三事，独犯不韪，论者丑之，虽其党不能解免也。一贯归，言者追劾不已，其乡人亦多受世诋諆云（《明史》卷二一八《沈一贯传》）。

叶向高字进卿，福清人。……（万历）三十五年（一六〇七年）五月……擢向高礼部尚书，兼东阁大学士，与王锡爵、于慎行、李廷机并命。十一月，向高入朝，慎行已先卒，锡爵坚辞不出。明年（三十六年），首辅（朱）赓亦卒。次辅廷机以人言，久杜门。向高遂独相。……向高请增置阁臣，章至百余上，帝始用方从哲、吴道南。……四十二年……向高乞归……允其去。……向高在相位，务调剂群情，辑和异同。然其时党论已大起。……未几，又争李三才之事，党势乃成。……会辛亥京察……向高以大体持之，察典得无挠。而两党之争，遂不可解。……天启元年（一六二一年）十月，还朝，复为首辅。……熹宗初政，群贤满朝，天下欣欣望治。……魏忠贤、客氏，渐窃威福。……其时朝士与忠贤抗者，卒倚向高。忠贤乃时毛举细故，责向高以困之。……四年……杨涟上疏，劾忠贤二十四大罪。……忠贤虽愤，犹以外廷势盛，未敢加害。其党有导以兴大狱者，忠贤意遂决。……向高以时事不可为，乞归。……向高既罢去，韩爌、朱国祯相继为首辅，未久，皆罢。……忠贸首诬杀涟，（左）光斗等次第戮辱，贬削朝士之异己者，善类为一空云（《明史》卷二四〇《叶向高传》）。

方从哲字中涵，其先德清人，隶籍锦衣卫，家京师。……（万历）四十一年（一六一三年），拜礼部尚书，兼东阁大学士。……向高去国，从哲遂独相。……疏请推补阁臣。自后每月必请。帝以一人足办，迄不增置。……向高秉政时，党论鼎沸。言路交通铨部，指清流为东林，逐之殆尽。及从哲秉政，言路已无正人，党论渐息。丁巳（万历四十五年）京察，尽斥东林，且及林居者。齐、楚、浙三党鼎立，务搏击清流。齐人亓诗教，从哲门生，势尤张。从哲昵群小，而帝怠荒亦益甚。……熹宗即位……从哲力求去。……遣行人护归。……（天启）五年（一六二五年），魏忠贤辑“梃击”“红丸”“移宫”三事为《三朝要典》，以倾正人。……从哲不出。然一时请诛从哲者，贬杀略尽矣（《明史》卷二一八《方从哲传》）。

齐、楚、浙诸党，既附魏珰以攻东林，遂造《天鉴》诸录加以恶名，并颁党人榜于全国。凡丽名者，生者削籍，死者追夺。

《七录》者，曰“天鉴”，曰“雷平”，曰“同志”，曰“薙稗”，曰“点将”，曰“蝇蚋”，曰“蝗蝻”。《七录》所载，或百余人，或二三百人，或多至五百余人。“党人榜”者，逆珰魏忠贵于天启五年（一六二五年）十二月乙亥朔，矫旨颁示天下，禁锢东林诸君，生者削籍，死者追夺，或逮问、追赃之文告也。又有“前锋”及“后劲”二榜，皆载清流姓名。……《七录》所载，不尽东林人也。《雷平录》，或谓出于沈潅，本欲耸上尽逐诸贤，以罢去而辍。《蝇蚋录》，则出于温体仁。《薙稗录》，或谓出于陈演，或曰出自杨维垣，有孙党、昆党、秦党、楚党、齐党、赵党、邹党、东林党、浙党之目。《点将录》，则出于魏广微。《蝗蝻录》，则出于阮大铖。又有《续点将录》《续蝇蚋录》，则并《七录》而尽归东林矣。或曰《续蝇蚋录》及《蝗蝻录》，乃复社诸君子也，计二千二百五十五人，惟两陕、滇中无人。《七录》所载，有与东林毫无干涉者，以睚眦私忿而并入焉（陈鼎《东林列传·凡例》）。

乙丑（天启五年）之后，崔呈秀密付逆贤之《天鉴录》者，首列东林渠魁叶向高、韩炉……等。次列东林胁从孙鼎相、徐良彦……等。其后又列真心为国、不附东林顾秉谦、魏广微、王绍徽、冯铨……等若干人。《同志录》者，首列辅臣、词林、部院诸臣，卿寺则陈宗器……台省则黄尊素……部郎常博则贺烺……藩臬……武弁……等若干人。最狠重者三圈，次者二圈，轻者一圈也。《点将录》者，首曰天罡星托塔天王李三才、及时雨叶向高、浪子钱谦益、圣手书生文震孟、白面郎君郑鄤、霹雳火惠世扬、鼓上蚤汪文言、大刀杨涟、智多星缪昌期等共三十六人，地煞星神机军师顾大章、旱地忽律游士任等共七十二人（刘若愚《酌中志》卷十一）。

御史卢承钦疏：……东林自顾宪成、李三才、赵南星而外，如王图、高攀龙等，谓之副帅；曹于汴、汤兆京、史记事、魏大中、袁化中等，谓之前锋；李朴、贺烺、沈正宗、丁元荐，谓之敢死军人；孙丕扬、邹元标，谓之土木魔神。宜将一切党人，不论曾否处分，俱将姓名、罪状刊刻成书，榜示天下（文秉《先拨志始》卷下）。

（6）三案

梃击、红丸、移宫三案，为邪、正两党肉搏之争。主者争者，各有是非，必指争者为别有用意，未免过甚之词。其争既烈，则各逞意气，而去事实愈远矣。兹分述如下。

（甲）梃击

万历四十三年（一六一五年）五月初四日酉刻，有不知姓名男子，持枣木梃入慈庆宫门，击伤守门内侍李鉴。至前殿檐下，为内侍韩本用等所执。……慈庆宫者，皇太子所居宫也。明日，皇太子奏闻，帝命法司按问。巡皇城御史刘廷元鞫奏："犯名张差，蓟州人。……语无伦次。按其迹，若涉疯癫。……请下法司严讯。"时东宫虽久定，帝待之薄。中外疑郑贵妃与其弟国泰，谋危太子。……方从哲辈，亦颇关通戚畹以自固。差被执，举朝惊骇。廷元以疯癫奏。刑部山东司郎中胡士相，偕员外郎赵会桢、劳永嘉共讯，一如廷元指。……疯癫具狱，之寀（时为刑部主事）心疑其非。是月十一日，之寀值提牢，散饭狱中，末至差，私诘其实。……始言："小名张五儿。有马三舅、李外父令随不知姓名一老公，说事成与汝地几亩。比至京，入不知街道大宅子。一老公饭我云：'汝先冲一遭，遇人辄打死，死了我们救汝。'畀我枣木棍，导我由后宰门直至宫门上，击门者堕地。老公多，遂被执。”之寀备揭其语，因（张）问达（侍郎）以闻。……二十一日，刑部会十三司司官……再审。差供：“马三舅名三道，李外父名守才，不知姓名老公乃……庞保，不知街道宅子乃住朝外……之刘成。二人令我打上宫门，打得小爷，吃有，著有。”小爷者，内监所称皇太子者也。又言：“有姊夫孔道同谋，凡五人。”……成与保，皆贵妃宫中内侍也。……帝心动，谕贵妃善为计。贵妃窘，乞哀皇太子，自明无它。……二十八日，帝亲御慈宁宫，皇太子侍御座右。……召大学士方从哲、吴道南暨文武诸臣入，责以离间父子，谕令磔张差、庞保、刘成，无他及（《明史》卷二四四《王之寀传》）。

甫还宫，帝意复变。乃先戮差，令九卿三法司会讯保、成于文华门。……不承罪。……帝以二囚涉郑氏，付外庭，议益滋，乃潜毙之于内，言皆以创重身死。而马三道等五人，命予轻比坐流配。其事遂止（《明史》卷二四一《张问达传》）。

（乙）红丸

万历四十八年（一六二〇年）七月丙子朔，帝不豫……乃崩。八月丙午朔，光宗嗣位。……帝已于乙卯得疾。……辛酉，帝不视朝。……时都下纷言中官崔文升进泄药，帝由此委顿。而帝传谕有“头目眩晕，身体软弱，不能动履”语，群情益疑骇。……戊辰，新阁臣刘一燝、韩爌入直，帝疾已殆。辛未，召从哲、一燝、爌……至乾清宫。帝御东暖阁……帝复问：“有鸿胪官进药者安在？”从哲曰：“鸿胪寺丞李可灼自云仙方，臣等未敢信。”帝命宣可灼至，趣和药进，所谓红丸者也。帝服讫，称“忠臣”者再。诸臣出，竢宫门外。顷之，中使传上体平善。日晡，可灼出，言复进一丸。从哲等问状，曰：“平善如前。”……九月乙亥朔……帝崩。中外皆恨可灼甚，而从哲拟遗旨，赉可灼银币（《明史》卷二一八《方从哲传》）。

（丙）移宫

光宗嗣位。郑贵妃以前福王故，惧帝衔之，进珠玉及侍姬八人啖帝。选侍李氏最得帝宠，贵妃因请立选侍为皇后，选侍亦为贵妃求封太后。……丁巳，帝力疾御门，命从哲封贵妃为皇太后，从哲遽以命礼部。侍郎孙如游力争，事乃止。……辛未，召从哲、一燝、炌……至乾清宫。帝御东暖阁，凭几……遂谕册封选侍为皇贵妃。甲戌，复召诸臣，谕册封事。……乙亥……帝崩。……时李选侍居乾清宫，群臣入临，诸阉闭宫门不许入。刘一燝、杨涟力拄之，得哭临如礼，拥皇长子出居慈庆宫。从哲委蛇而已。初，郑贵妃居乾清宫侍神宗疾，光宗即位犹未迁。尚书（周）嘉谟责贵妃从子养性，乃迁慈宁宫。及光宗崩，而李选侍居乾清宫。给事中（杨）涟及御史左光斗念选侍尝邀封后，非可令居乾清，以冲主付托也。于是议移宫，争数日不决。从哲欲徐之。至登极前一日，一燝、炌邀从哲立宫门请，选侍乃移哕鸾宫。明日庚辰，熹宗即位（《明史》卷二一八《方从哲传》）。

光宗崩，选侍与心腹阉李进忠等，谋挟皇长子自重。安发其谋于涟。涟偕一燝等入临，安绐选侍抱皇长子出，择吉即位，选侍移别宫去（《明史》卷三〇五《王安传》）。

次日，群臣立候上批，有旨，选侍著移仁寿官。王安等从中恐喝，选侍遂不及待侍从，手抱八公主徒步以行，凡簪珥衾裯之属，俱为群阉所掠夺。……内阉李进忠、刘朝、田诏等，乘机窃盗内帑。王安发其事，追究牵及选侍之父（文秉《先拨志始》卷上）。

魏忠贤擅权，诸党皆入阉，怂恿忠贤汇集三案谕旨及争执之词，为《三朝要典》，盖仿《明伦大典》之修，以王言定是非，兼为一网打尽之计。

天启五年（一六二五年）五月癸亥，给事中杨所修，请以梃击、红丸、移宫三案编次成书。从之（《明史》卷二十二《熹宗本纪》）。

圣谕：朕惟君臣父子，人道之大纲；慈孝敬忠，古今之通义。有国家者，修之则治，紊之则乱；为臣子者，从之则正，悖之则邪。自古迄今，未有能易者也。乃有乘宫庭仓卒之际，遂怀倾危陷害之谋；构朝家骨肉之嫌，自为富贵功名之地。其为乱臣贼子，可胜诛哉！洪惟我皇祖神宗显皇帝，早建元良，式端国本，父慈子孝，原无间然。而奸人王之寀、翟凤翀、何士晋、魏光绪、魏大中、张鹏云等，乃借梃击以要首功。我皇考光宗贞皇帝，一月御天，千秋称圣。因哀得疾，纯孝弥彰。而奸人孙慎行、张问达、薛文周、张慎言、周希令、沈惟炳等，乃借红丸以快私憾。迨皇考宾天，朕躬缵绪，父子承继，正统相传。而奸人杨涟、左光斗、惠世扬、周朝瑞、周嘉谟、高攀龙等，又借移宫以贪定策之勋，而希非望之福。将凭几之遗言，委诸草莽；以待封之宫眷，视若寇仇。臣子之分谓何，敬忠之意安在？幸天牖朕衷，仰承先志，康妃、皇妹，恩礼有加。而守正诸臣，凡因三案被诬者，皆次第赐环，布列在位。嘉言罔伏，朝政肃清。特允部院科道诸臣之请，将节次明旨，并诸臣正论，命史臣编辑成书，颁行天下。使三朝慈孝，灿然大明；天下万世，无所疑惑。其凡例体裁，一仿《明伦大典》故事。即于新春开馆纂修。特命辅臣顾秉谦、丁绍轼、黄立极、冯铨为总裁官，施凤来、孟绍虞、杨景辰、姜逢元、曾楚卿为副总裁官，徐绍吉、谢启光、余煌、朱继祚、张翀、华琪芳、吴孔嘉、吴士元、杨世芳为纂修官，乔炜、秦之垣、李桐为誊录官，郑崇光、姜云龙为收掌官。卿等受兹委任，须同心协力，研精殚思，采集周详，持议明核。凡系公论，一切订存。其群奸邪说，亦量行摘录，后加史官断案，以昭是非之实，务在早完。书成之日，名曰《三朝要典》，以仰慰皇祖、皇考在天之灵，用副朕觐光扬烈之意。钦哉！故谕。天启六年正月十五日（《三朝要典·圣谕》）。

魏珰既诛，倪元璐请毁《三朝要典》一疏，持论颇为平允。

倪元璐……崇祯元年（一六二八年）……进侍讲。……四月，请毁《三朝要典》，言："梃击、红丸、移宫三议，哄于清流。而《三朝要典》一书，成于逆竖。其议可兼行，其书必当速毁。盖当事起议兴，盈廷互讼。主梃击者力护东宫，争梃击者计安神祖。主红丸者仗义之言，争红丸者原情之论。主移宫者弭变于几先，争移宫者持平于事后。数者各有其是，不可偏非。总在逆珰未用之先，虽甚水火，不害埙篪，此一局也。既而杨涟二十四罪之疏发，魏广微此辈门户之说兴，于是逆珰杀人则借三案，群小求富贵则借三案。经此二借，而三案全非矣。故凡推慈归孝于先皇，正其颂德称功于义父。又一局也。网已密而犹疑有遗鳞，势已重而或忧其翻局。崔、魏诸奸始创立私编，标题《要典》，以之批根今日，则众正之党碑；以之免死他年，即上公之铁券。又一局也。由此而观，三案者，天下之公议；《要典》者，魏氏之私书。三案自三案，《要典》自《要典》也。今为金石不刊之论者，诚未深思。臣谓翻即纷嚣，改亦多事，惟有毁之而已。”帝命礼部会词臣详议。议上，遂焚其板（《明史》卷二六五《倪元璐传》）。

（7）复社

东林书院既毁而不可复。崇祯以后，学子以砥砺举业为名，纷结文社，而以复社为最著。创立条规，数举大会，隐操政治之柄，实东林之变相，而党羽之众，交结之广，有过之无不及。盖东林所以讲学，而讲学者尚限于达官；复社则以论文，入社者皆有入学科举之望。此所以从之者如水之赴壑也。

东林弓河书院，毁于逆珰。高景逸、顾庸庵两先生，移建于锡城东门内，更名道南。终崇祯朝，讲学甚盛，从游者益众。主席者亦不一其人，而其分则为复社，又分而为几社，数千人。然讲者听者，或无功业于世，或鲜道德于身，徒事口舌，讲论诵说。乃或偶踵东林之门，或偶听讲于东林，或出些微少资于东林，或假肄业于东林以博科第，或附影射于东林以求名高，或执役服于东林以志求食，或入乡贤名宦而不可得借足于东林，或甘阿势求荣以趋承而邀福于东林者（陈鼎《东林列传·凡例》）。

复社之眉目，实为二张（溥、采）。声势之盛，与崇祯一朝相终始，至操宰相进退之权。其与东林异者，东林之人自窥台鼎，复社则假手外人，预为要约，务求有济，操术为较工。故当时如温体仁诸人，力与之持，虽以严旨临之，而终不能遏制。

张溥字天如（号西铭），太仓人。……与同里张采（字受先，号南郭），共学齐名，号“娄东二张”。崇祯元年以选贡生入都，采方成进士，两人名彻都下。已而采官临川。溥归，集郡中名士相与复古学，名其文社曰“复社”。四年，成进士，改庶吉士。以葬亲乞假归。……四方啖名者争走其门，尽名为复社。溥亦倾身结纳，交游日广，声气通朝右。所品题甲乙，颇能为荣辱。诸奔走附丽者，辄自矜曰：“吾以嗣东林也。”执政大僚由此恶之。里人陆文声者，输赀为监生，求入社不许，采又尝以事抶之。文声诣阙言：“风俗之弊，皆原于士子。溥、采为主盟，倡复社，乱天下。”温体仁方柄国事，下所司。迁延久之，提学御史倪元珙、兵备参议冯元飏、太仓知州周仲连，言复社无可罪。三人皆贬斥，严旨穷究不已。闽人周之夔者，尝为苏州推官，坐事罢去，疑溥为之，恨甚。闻文声讦溥，遂伏阙，言溥等把持计典，己罢职实其所为，因及复社恣横状。章下，巡抚张国维等言之夔去官，无预溥事，亦被旨谯让。至（崇祯）十四年（一六四一年），溥已卒，而事犹未竟。刑部侍郎蔡奕琛，坐党薛国观系狱，未知溥卒也，讦溥遥握朝柄，己罪由溥，因言采结党乱政。诏责溥、采回奏，采上言。……当是时，体仁已前罢，继者张至发、薛国观皆不喜东林，故所司不敢复奏。及是，至发、国观亦相继罢，而周延儒当国，溥座主也，其获再相，溥有力焉，故采疏上，事即得解（《明史》卷二八八《张溥传》）。

复社之盛，乃由各社合并而成。

夏允彝，弱冠举于乡。……是时东林讲席盛，苏州高才生张溥、杨廷枢等慕之，结文会，名“复社”。允彝与同邑陈子龙（松江华亭人）、徐孚远、王光承等，亦结“几社”相应和（《明史》卷二七七《陈子龙附夏允彝传》）。

令甲以科目取人，而制义始重。士既重于其事，咸思厚自濯磨，以求副功令。因共尊师取友，互相砥砺，多者数十人，少者数人，谓之“文社”。即此以文会友、以友辅仁之遗则也。好修之士，以是为学问之地。驰骛之徒，亦以是为功名之门，所从来旧矣。……吴江令楚人熊鱼山开元……慕天如名，迎至邑馆，巨室吴氏、沈氏诸弟子，俱从之游学。于是为尹山大会，苕霅之间，名彦毕至。未几，臭味翕集，远自楚之蕲、黄，豫之梁、宋，上江之宣城、宁国，浙东之山阴、四明，轮蹄日至。此年而后，秦、晋、闽、广，多有以文邮致者。是时江北匡社，中洲端社，松江几社，莱阳邑社，浙东超社，浙西庄社，黄州质社，与江南应社，各分坛坫，天如乃合诸社为一，而为之立规条，定课程，曰：自世教衰，士子不通经术，但剽耳绘目，几幸弋获于有司。登明堂不能致君，长郡邑不能泽民，人材日下，吏治日偷，皆由于此。溥不度德，不量力，期与四方多士，共兴复古学，将使异日者，务为有用，因名曰“复社”。又申盟词曰：毋从匪彝，毋读非圣书，毋违老成人，毋矜己长，毋形彼短，毋巧言乱政，毋干进辱身。嗣今以往，犯者小用谏，大则摈，既布天下，皆遵而守之。又有各郡邑中，推择一人为长，司纠弹、要约，往来传置。天如于是裒十五国之文而诠次之，目其集为《国表》（七百余人，文二千五百余首），受先作序冠弁首。集中详列姓氏，以示门墙之峻。分注郡邑，以见声气之广云（陆世仪《眉史氏复社纪略》卷一）。

入复社者几遍全国，滇、黔僻壤，亦趋赴恐后，唯北方较少。

崇祯庚午（三年，一六三〇年）乡试，诸宾兴者咸集，天如又为金陵大会。癸酉（崇祯六年）春，溥约社长，为虎丘大会。先期传单四出，至日，山左、江右、晋、楚、闽、浙，以舟车至者数千人。……复社声气遍天下，俱以两张为宗。……溥奖进门弟子，亦不遗余力。每岁科两试，有公荐，有转荐，有独荐。……复值岁科试，辄私拟等第名数，及榜发，十不失一，所以为弟子者，争欲入社；为父兄者，亦莫不乐其子弟入社。迨至附丽者久，应求者广，才俊有文，倜傥非常之士，虽入网罗，而嗜名躁进，逐臭慕膻之徒，亦多窜于其中矣。……其于先达所崇为宗主者，皆宇内名宿。……职任在外，则代之谋方面；在内，则为之谋爰立；皆阴为之地，而不使之知。事后彼人自悟，乃心感之。不假结纳，而四海盟心。门墙之所以日广，呼应之所以日灵，皆由乎此（陆世仪《眉史氏复社纪略》卷二）。

文社之结，明亡未已。至清顺治时，加以厉禁，其势始杀。

文社始天启甲子（四年，一六二四年），合吴郡、金沙、槜李，仅十有一人。张溥天如、张采受先、杨廷枢维斗、杨彝子常、顾梦麟麟士、朱隗云子、王启荣惠常、周铨简臣、周钟介生、吴昌时来之、钱栴彦林，分主五经文字之选。而效奔走以襄厥事者，嘉兴府学生孙淳孟朴也。是曰应社。当其始取友尚隘，而来之、彦林谋推大之讫于四海，于是有广应社。贵池刘城伯宗、吴应箕次尾、泾县万应隆道吉、芜湖沈士柱昆铜、宣城沈寿民眉生，咸来会，声气之孚，先自应社始也。崇祯之初，嘉鱼熊开元宰吴江，进诸生而讲艺。于时孟朴里居，结吴翻扶九、吴允夏去盈、沈应瑞圣符等，肇举复社。于时云间有几社，浙西有闻社，江北有南社，江西有则社，又有历亭席社，昆阳云簪社，而吴门别有羽朋社、匡社，武林有读书社，山左有大社，佥会于吴，统合于复社。复社始于戊辰（崇祯元年，一六二八年），成于己巳（崇祯二年）。……孟朴渡淮、泗，历齐、鲁，以达于京师，贤大夫士必审择而定衿契，然后进之于社。……先后大会者三，复社之名动朝野。……十年正月，苏州民陆文声，疏陈风俗之弊，皆原于士子。庶吉士张溥、知临川县事张采，倡立复社，以乱天下。思陵下提督学政御史倪元珙察核，倪公言：“诸生诵法孔子，引其徒谈经讲学，互相切劘。文必先正，品必贤良，实非树党。文声以私憾妄讦，宜罪。”阁臣以公蒙饰，降光禄寺录事。苏州推官周之夔者，与溥同年举进士，初亦入社，至是希阁臣意，墨绖诣阙，复讦奏溥等树党挟持。案久未结，谗言罔极，至有草檄以声复社十罪者，大略谓：派则娄东、吴下、云间，学则天如、维斗、卧子，上摇国柄，下乱群情。行殊八俊、三君，迹近八关、五鬼。外吾党者，虽房、杜不足言事业；异吾盟者，虽屈、宋不足言文章。或呼学究智囊，或号行舟太保。传檄则星驰电发，宴会则酒池肉林。所云行舟传檄，殆指孟朴言之。十五年，御史金毓峒、给事中姜埰，各上疏白其事，始奉旨：“朝廷不以语言文字罪人，复社一案准注销。”后福藩称制，阮大铖怨戊寅（崇祯十一年）秋南国诸生顾杲等一百四十人之具防乱公揭也，日思报复，爰有王实鼎东南利孔久湮复社渠魁聚敛一疏。大铖语马士英云：“孔门弟子三千，而维斗等聚徒至万，不反何待？”至欲陈兵于江以为防御，心知无是事，而意在尽杀复社之主盟者。时昆铜暨宜兴陈贞慧定生辈，皆就逮系狱，桐城钱秉镫、宣城沈寿民亡命得脱。假令王师下江南少缓，则复社诸君子，难乎免于白马之祸矣（《复社姓氏传略》卷首引《静志居诗话》）。

社事以选文及会盟为有力之结合。徒党既盛，而内讧起，遂有周之夔之攻讦。之夔亦曾预社盟也。

于是天如、介生（周钟）有复社《国表》之刻。复者，复兴绝学之义也。先君子（杜麟征）与彝仲（夏允彝）有《几社六君子会义》之刻（允彝、麟征、周立勋、徐孚远、彭宾、陈子龙）。几者，绝学有再兴之几，而得知几其神之义也。两社对峙，皆起于己巳（崇祯二年）之岁。……自辛未（崇祯五年，一六三二年），至辛巳（崇祯十四年），娄东之局，几比尼山。举天下文武将吏、朝列大夫、雍庠子弟，称门下士，从之游者几万余人。……四方会吊毕，退而大集于虎丘，为复社最盛事。……周公之夔者……奋身作难。……虽门弟子日进，而局中之会盟，寖以少息。……三吴子弟，各自一宗，不敢齿及复社二字者数年。……至西铭之变，海内会葬者万人。壬午（崇祯十五年）之春，又大集于虎阜。……嗣后，复社之大会，无复再举矣。复社之大局虽少衰，而吾松几社之大会，则日以振（杜登《春社事始末》）。

往者邑子不快于社事，谓先生（溥）以阙里自拟，曰配，曰哲，傅会指目先生门下士。……又有无名氏，诡托徐怀丹，檄复社十大罪。……之夔入京师，执二书为左验（吴伟业《复社纪事》）。

时浙人温体仁以清刚得君，专柄七年，力与众正为难。周延儒本与体仁合，复社张溥力间之，使相携贰，藉延儒以逐体仁。

周延儒字玉绳，宜兴人。……（崇祯）六年（一六三三年）六月引疾归。……（温）体仁遂为首辅矣。始延儒里居，颇从东林游，善姚希孟、罗喻义。既陷钱谦益，遂仇东林。及主会试，所取士张溥、马世奇等，又皆东林也。至是归，失势，心内惭。而体仁益横，越五年始去。去而张至发、薛国观相继当国，与杨嗣昌等并以媢嫉称。一时正人郑三俊、刘宗周、黄道周等，皆得罪。溥等忧之，说延儒曰："公若再相，易前辙，可重得贤声。"延儒以为然。溥友吴昌时为交关近侍，冯铨复助为谋。会帝亦颇思延儒，而国观适败。十四年二月，诏起延儒。九月至京，复为首辅。……延儒被召，溥等以数事要之。延儒慨然曰："吾当锐意行之，以谢诸公。"既入朝，悉反体仁辈弊政。……广取士额及召还言事迁谪诸臣。……中外翕然称贤。……又信用文选郎吴昌时。……昌时，嘉兴人。有干材，颇为东林效奔走。然为人墨而傲，通厂卫，把持朝官，同朝咸嫉之（《明史》卷三〇八《周延儒传》）。

吴应箕以一诸生，而倡发《留都防乱揭》，以攻阉党余孽阮大铖，亦为复社一大公案。后来马、阮当国，欲造顺案，且欲藉僧大悲兴党狱，以陷应箕等，兼罗织东林，会明亡不果。

吴应箕字次尾，贵池人。……阮大铖以附珰削籍，侨居南京，联络南北附珰失职诸人，劫持当道。应箕与无锡顾杲、桐城左国材、芜湖沈士柱、余姚黄宗羲、长洲杨廷枢等，为《留都防乱公揭》讨之，列名者百四十余人，皆复社诸生也（《明史》卷二七七《邱祖德附吴应箕传》）。

时有狂僧大悲，出语不类，为总督京营戎政赵之龙所捕。大铖欲假以诛东林及素所不合者，因造十八罗汉、五十三参之目……纳大悲袖中（《明史》卷三〇八《马士英传》）。

（8）逆案

庄烈帝既立，立诛客、魏，定为逆案六等，颁示天下。自旧辅以至庶僚，获罪者三百二十余人。重则立决，轻亦禁锢终身。是时东林复向用，实借此为三案作报复。

方忠贤败时，庄烈帝纳廷臣言，将定从逆案。大学士韩爌、李标、钱龙锡，不欲广搜树怨，仅以四五十人上。帝少之，令再议，又以数十人上。帝不怿，令以“赞导”“拥戴”“颂美”“谄附”为目，且曰：“内侍同恶者，亦当入。”爌等以不知内侍对，帝曰：“岂皆不知，特畏任怨耳。”阅日，召入便殿，案有布囊，盛章疏甚夥，指之曰：“此皆奸党颂疏，可案名悉入。”爌等知帝意不可回，乃曰：“臣等职在调旨，三尺法非所习。”帝召吏部尚书王永光问之，永光以不习刑名对。乃诏刑部尚书乔允升、左都御史曹于汴同事，于是案名罗列无脱遗者。崇祯二年（一六二九年）三月上之，帝为诏书颁示天下。首逆凌迟者二人：魏忠贤，客氏。首逆同谋决不待时者六人：呈秀及魏良卿，客氏子都督侯国兴，太监李永贞、李朝钦、刘若愚。交结近侍秋后处决者十九人：刘志选、梁梦环、倪文焕、田吉、刘诏、薛贞、吴淳夫、李夔龙、曹钦程，大理寺正许志吉，顺天府通判孙如洌，国子监生陆万龄，丰城侯李承祚，都督田尔耕、许显纯、崔应元、杨寰、孙云鹤、张体乾。结交近侍次等充军者十一人：魏广微、周应秋、阎鸣泰、霍维华、徐大化、潘汝祯、李鲁生、杨维垣、张讷，都督郭钦，孝陵卫指挥李之才。交结近侍又次等论徒三年输赎为民者：大学士顾秉谦、冯铨、张瑞图、来宗道，尚书王绍徽、郭允宽、张我续、曹尔祯、孟绍虞、冯嘉会、李春晔、邵辅忠、吕纯如、徐兆魁、薛凤翔、孙杰、杨梦衮、李养德、刘廷元、曹思诚，南京尚书范济世、张朴，总督尚书黄运泰、郭尚友、李从心，巡抚尚书李精白等一百二十九人。交结近侍减等革职闲住者：黄立极等四十四人。忠贤亲属及内官党附者又五十余人（《明史》卷三〇六《崔呈秀传》）。

逆案既定，终崇祯十七年，不能翻案。南渡后，马、阮当国，其案始翻。生者起用，死者追恤。复治北都从逆之罪，以胁东林旧人。一年之间，党争大起，驯至明亡。

案既定，其党日谋更翻，王永光、温体仁阴主之，帝持之坚，不能动。其后，张捷荐吕纯如，被劾去。唐世济荐霍维华，福建巡按应喜臣荐部内闲住通政使周维京，罪至谪戍。其党乃不敢言。福王时，阮大铖冒定策功，起用，其案始翻。于是太仆少卿杨维垣、徐景濂，给事中虞廷陛、郭如暗，御史周昌晋、陈以瑞、徐复阳，编修吴孔嘉，参政虞大复辈，相继而起（《明史》卷三〇六《崔呈秀传》）。

福王时，杨维垣翻逆案，为维华等讼冤，章下吏部。……追赐恤典、赠荫、祭葬、谥全者，维华及刘廷元、吕纯如、杨所修、徐绍吉、徐景濂六人。赠荫、祭葬不予谥者，徐大化、范济世二人。赠官祭葬者，徐扬先、刘廷宣、岳骏声三人。复官不赐恤者，王绍徽、徐兆魁、乔应甲三人。他若王德完、黄克缵、王永光、章光岳、徐鼎臣、徐卿伯、陆澄源，名不丽逆案，而为清议所抑者，亦赐恤有差（《明史》卷三〇六《霍维华传》）。

（九）明之衰亡

（1）满洲之崛起

（甲）建州女真

清为女真之裔。明初设建州卫以统之，所谓建州女真是也。后为兀狄哈（即野人女真）所侵，渐次南徙。

女真，古肃慎之地，居混同江（即松花江）东。后汉谓之挹娄，元魏谓之勿吉，隋唐谓之黑水靺鞨。靺鞨强盛，号渤海。渤海浸弱，臣于辽，避辽兴宗讳，更女真曰女直。至阿骨打，始大，国号曰金。金亡归元，元改万户府五以总摄之（《剿奴撮议·附陈继儒建州考》）。

国初定开元，改开原道，控带诸夷。女直各部在混同江以东，东滨海，西接兀良哈，南邻朝鲜，北至奴儿干。略有三种：自汤站东抵开原居海西者，为“海西女直”；居建州、毛怜者，为“建州女直”；极东为“野人女直”。……永乐元年，遣行人邢枢，招谕奴儿干诸部野人酋长来朝，因悉境附。九年春，遣中使治巨舰，勒水军江上，召集诸酋豪，縻以官赏，于是……始设奴儿干都司。自开原东北，至松花江以西，先后置建州、毛怜、塔山等卫一百八十四、兀者等所二十，其酋为都督、都指挥、千百户、镇抚，赐敕印，各统分部。复置站地面各七，寨一，不领于卫、所。令岁以冬月，从开原入朝贡。唯野人女直避远，无常期。诸部愿内附者，开原设安乐州、辽阳设自在州处之。已又为海西、建州各夷，立马市开原，岁时赐予甚厚。终帝世，奉职谨，征调辄赴。建州卫指挥阿哈出，以功赐姓名李思诚，其子释家奴曰李显忠，弟猛哥不花亦以内附，领毛怜卫，累都督同知。久之，显忠死，子满住袭，求驻牧苏子河。……宣德间，守臣务招徕，请居建州老营地……所名东建州乃是也。……正统初，建州左卫都督猛哥帖木儿为七姓野人所杀，弟凡察、子童仓走朝鲜，亡其印。诏更给，以童仓弟董山，袭建州卫指挥。亡何，凡察归得故印。诏上更给者，匿不出。乃更分置右卫，剖二印，令董山领左，凡察领右（茅瑞澂《东夷考略·女直通考》）。

建州、毛怜，则渤海大氏遗孽。乐住种，善缉纺，饮食服用皆如华人。自长白山迤南，可拊而治也。海西山寨之夷曰熟女直，完颜之后，金之遗也。俗尚耕稼，妇女以金、珠为饰。倚山作寨，聚其所亲居之。居黑龙江省曰生女直。其俗略同山寨。数山寨雠杀，百十战不休。自乞里迷去奴儿干三千余里，一种曰女直野人，又一种曰北山野人，不事耕稼，惟以捕猎为生。诸夷皆善驰射（《皇明九边考》卷二《辽东镇边夷考》）。

建州三卫设置迁徙简表

卫名	设置		迁徙		备考
	始官	年代	初居	迁地	
建州卫	阿哈出	永乐元年	依兰附近	初迁于珲春，再迁于镜城，复迁于灶突山。	《满洲源流考·部族七》：建州为本朝岐、邠，故州置于渤海，本在吉林境。至辽时，一移于凌河之南，再移凌河之北。金元相承，置节度使，而建州遂在今锦州边外喀喇沁、土默特之间。是州虽已移，而故地相传，旧称尚在，明初因以名卫耳。
建州左卫	猛哥帖木儿	永乐十年			
建州右卫	凡察	正统七年			

明之中叶，建州豪酋董山强悍，虽能诱杀之，而屡临以兵，仅止羁縻。

正统末，董山与李满住等，并附也先为耳目，钞掠辽东。景泰中，都御史王翱，谕归所掠，稍宁戢。……成化二年……董山来朝，语不逊，纠毛怜、海西夷频盗边。三年，命武靖伯赵辅充靖虏将军……率汉、番、京边官军五万往征之。山悔，自归，诏羁广宁。寻伏法。九月，分三道捣其巢……刻日会剿。朝鲜亦……佐兵万人，遏东走路，俘斩千计，并诛李满住……遂班师。……六年，建州夷窥边庾虚，谋作乱。巡抚御史彭谊……整师出辽阳，众溃匿。朝廷因示羁縻，以董山子脱罗为指挥……诸夷复贡。然往往声报董山雠，纠掠塞上（茅瑞澂《东夷考略·女直通考》）。

继董山而起者有王杲，杀戮边将，其势复强。为总兵李成梁所击灭。

王杲，建州右卫都指挥使也。生而黠慧，解番汉语言字义，尤通日者术。剽悍好乱，数盗边。嘉靖三十六年十月，窥抚顺，殪备御彭文洙，益骜恣，岁掠东州、惠安、一堵墙诸堡无虚月。四十一年五月，副总兵黑春捣杲巢，杲设伏媳娣山，得春，磔之。由是睰杀汉官如莽，常深入辽阳，掠孤山，卤抚顺、汤站，前后戮指挥王国住等甚众（茅瑞澂《东夷考略·建州女直考》）。

万历元年……建州都指挥王杲，故与抚顺通马市。及是，诱杀备御裴承祖，成梁谋讨之。明年（二年）十月，杲复大举入。成梁檄副将杨腾、游击王惟屏分屯要害，而令参将曹簠挑战。诸军四面起，敌大奔，尽聚杲寨。寨地高，杲深沟坚垒以自固。成梁用火器攻之，破数栅，矢石雨下。把总于志文、秦得倚先登，诸将继之。杲走高台，射杀志文。会大风起，纵火焚之，先后斩馘千一百余级，毁其营垒而还。……杲大创，不能军，走匿阿哈纳寨。曹簠勒精骑往，杲走南关。都督王台执以献，斩之。……十年……初，王杲死，其子阿台走依王台长子虎儿罕。以王台献其父，尝欲报之。王台死，虎儿罕势衰，阿台遂附北关合攻虎儿罕。又数犯孤山、泛河。成梁出塞，遇于曹子谷，斩首一千有奇，获马五百。阿台复纠阿海连兵入，抵沈阳城南浑河，大掠去。成梁从抚顺出塞百余里，火攻古勒塞，射死阿台。连破阿海寨，击杀之，献馘二千三百。杲部遂灭（《明史》卷二三八《李成梁传》）。

迤东都督王兀堂继起，亦为李成梁所破。

去叆阳二百五十里，为王兀堂部。叆阳故市地，兀堂亦奉约唯谨。……万历元年……总兵李成梁，请展筑宽奠等六堡地。……自是开原而南，抚顺、清河、叆阳、宽奠并有市。诸夷亦利互易，无敢跳梁。当是时，东夷自抚顺、开原而北，属海西王台制之；自清河而南抵鸭绿江，属建州者，兀堂亦制之（茅瑞澂《东夷考略·建州女直考》）。

万历七年……迤东都督王兀堂故通市宽奠，后参将徐国辅弟国臣强抑市价，兀堂乃与赵锁罗骨数遣零骑侵边。明年（八年）三月，以六百骑犯叆阳及黄冈岭，指挥王宗义战死。复以千余骑从永奠入，成梁击走之，追出塞二百里。敌以骑卒拒，而步卒登山鼓噪。成梁大败之，斩首七百五十，尽毁其营垒。……其秋，兀堂复犯宽奠，副将姚大节击破之。兀堂由是不振（《明史》卷二三八《李成梁传》）。

海西女真王台势强而得众，为明廷捍边。晚岁势衰，同部起衅，争战不息。而建州女真日强，始阴有吞并之志。

永乐初，挹娄夷来归，置塔山、塔鲁诸卫，备外藩。宣德四年，海西女直始入寇，浸勾建州剽掠。正德间，祝孔革等为乱，阻朝贡。嘉靖初，夷酋速黑特捕杀叛夷猛克，修贡谨，赐金带大帽。其后王台益强，能得众，居开原东北，贡市在广顺关，地近南，称南关。其逞加奴、仰加奴，居开原北，贡市在镇北关，地近北，称北关云。开原孤悬，扼辽肩背。东建州、西恍惚太二夷，常谋窥中国，而台介东西二夷间，扞蔽令不得合，最忠顺。因听袭祖速黑忒右都督，为之长，东陲晏然。耕牧三十年，台有力焉。万历二年，西虏小黄台吉以五千骑，压海西新寨请婚，台以女许之，因约必无犯开原塞。明年（三年），台缚送建州逆酋王杲，加勋衔，晋二子都督秩。当是时，台所辖东尽灰扒、兀剌等江，南尽清河建州，北尽二如，延袤几千里，内属保塞甚盛。盖晚岁而北关二奴之衅兴，始逞、仰二奴父。都督祝孔革为台叔王忠所戮，夺贡敕并季勒寨。及台以女妻仰加奴卵翼之，已加奴等结婚西寨虏哈屯慌惚太，潜为乡导，势渐张，欺台老，日伺隙修怨。会台子虎儿罕好残杀，部夷虎儿干、白虎赤先后叛归加奴，因尽夺季勒寨。调兀剌江上夷，与虎儿罕构兵。是后，仰加奴十三寨，止遗把吉把大哥五寨属台，它如灰扒、兀剌及建州夷，各云翔不受钤束，南关势渐蹙。十年七月，台竟以忧愤死（茅瑞徵《东夷考略·海西女直考》）。

北关清佳砮、杨吉砮，素雠南关。王台没，屡侵台季子猛骨孛罗，且藉土蛮、暖兔、慌忽太兵侵边境。其年（万历十年）十二月，巡抚李松，使备御霍九皋许之贡市。清佳砮、杨吉砮率二千余骑诣镇北关谒。松、九皋见其兵盛，谯让之，则以三百骑入。松先伏甲于旁，约二人不受抚则炮举甲起。顷之，二人抵关，据鞍不逊，松叱之，九皋麾使下，其徒遽拔刀击九皋，并杀侍卒十余人。于是军中炮鸣，伏尽起，击斩二人并其从骑，与清佳砮子兀孙孛罗、杨吉砮子哈儿哈麻尽歼焉。成梁闻炮，急出塞，击其留骑，斩首千五百有奇。余众刑白马，攒刀，誓永受约束，乃旋师。……十五年……北关既被创，后清佳砮子卜寨与杨吉砮子那林孛罗渐强盛，数与南关虎儿罕子歹商构兵。成梁以南关势弱，谋讨北关以辅翊之。明年（十六年）五月，率师直捣其巢。卜寨走，与那林孛罗合，凭城守。城四重，攻之不下。用巨炮击之，碎其外郛，遂拔二城，斩馘五百余级。卜寨等请降，设誓不复叛，乃班师（《明史》卷二三八《李成梁传》）。

王台孽子康古陆，向奔逞加奴者，乘虎儿罕殁，即来归。已并妻其父妾温姐，分海西业，与猛骨孛罗、歹商鼎立。……以仇虎儿罕故，甘心歹商，为北关内应。……而猛骨孛罗以母温姐故，亦助康古陆。……会游击黄应魁，勒兵执温姐、康古陆，已念戮温姐则猛酋携，释之，囚康古陆胥命。而猛骨孛罗竟为北关诱胁，从那酋攻歹商……并劫温姐去。……大将军成梁，决策进剿。……释二酋不诛……并释康古陆。……亡何，康古陆死。……温姐以乳疮亦死。兵备使成逊因令北关卜寨、那林孛罗，南关猛骨孛罗、歹商，相结释憾。……是后，卜寨亦以女许歹商，那林孛罗妻则歹商姊也。而歹商酗酒好杀，众稍贰。（万历）十九年正月，往卜寨受室，因过视姊。中途，那、卜二酋，阴令部夷……射商殪。……自此以后，猛骨孛罗修贡唯谨。然南关势孤且弱，而建州奴儿哈赤日益强。……阴有窥海西意（茅瑞澂《东夷考略·海西女直考》）。

（乙）清太祖之兴起

太祖之祖叫场与父他失，为李成梁向导，以讨王杲之子阿台，旋亦被误杀。成梁以太祖方幼，留置帐下。及长，助之还建州，统一诸部，遂雄据东方。

万历十一年春，阿台复纠虏大举。……成梁闻阿台有婿曰他失，其父曰教场，乃使教场绐阿台，而潜以兵袭之。……直捣古勒寨……射阿台死。……已而并杀教场、他失于阿台城下。他失子，即清太祖也。以幼，得不死，留置帐下。……十四年……初，清太祖多智，事成梁甚恭。成梁悉以所得诸部畀之，遂雄东方，蚕食诸小夷（《明史钞略·李成梁传》）。

奴儿哈赤，王杲之奴，叫场之孙，他失之子也（《清太祖实录》：生于嘉靖三十八年）。先年，叫场、他失皆忠顺，为中国出力。……大兵征剿阿台，围寨攻急。他失因父在内，慌忙救护，混入军中，叫场寨内烧死，他失被兵误杀，因父子俱死。时镇守李总兵，将他失尸首寻获。……又将寨内所得敕书二十道、马二十匹，给领今奴儿哈赤，继祖、父之志，仍学好忠顺（《筹辽硕画》卷首程令名《东夷奴儿哈赤考》）。

臣等谨案：……明臣黄道周《博物典汇》……谓我显祖宣皇帝……遇害时，太祖高皇帝方四岁。李成梁……迎太祖高皇帝及弟……厚致饩养。高皇帝稍长，读书有谋略。十六岁，始出之建地，故兵端动，以复祖父仇为辞。……此道周记明政之不纲，边臣之召祸，与《实录》可互证也（《开国方略》卷一）。

太祖以保塞功，进秩龙虎将军。既并海西南关地，其势益张。既知辽防空虚，渐不相下，隙端屡启，遂不可复制。

昔我父被大明误杀，与我敕书三十道、马三十匹，送还尸首，坐受左都督敕书，续封龙虎将军大敕一道，每年给银八百两、蟒段十五匹（《清太祖武皇帝实录》卷一）。

奴儿哈赤，佟姓，故建州枝部也。……斩克十五有功，得升都督，制东夷。……奴儿哈赤既窃名号，夸耀东夷，则势愈强。……旋以保塞功，（万历）二十三年得加龙虎将军，秩视王台时矣。……二十九年……当是时，奴酋新并南关，势张甚，益结西虏啮灰扒、黑龙江诸夷，宽奠新疆居民六万余口逼奴酋穴，住种参貂市易，渐狎。李成梁再出镇，乃……徙还故土，弃新疆为瓯脱，复困。……请金缯。即于叆阳、清河诸沿边田土，摊派给赏。维时三十三年……成梁等以招回华人叙功。……奴儿哈赤得赏，志益骄。明年八月，沿清河边，强裁参价索价。已复争入贡车价，语狂悖，边吏始仓皇请增兵，而朝鲜亦报奴酋席卷江上，并吞及海夷。……三十六年，海建修贡。礼部议：吾儿忽答（南关猛骨孛罗子）羁建州，冒敕领赏，宜折其谋。寻，奴儿哈赤日治兵，声略北关。三十七年，遣子莽骨太，以万骑修南寨。已又勒七千骑，声言围猎，入靖安堡。……又勒五千骑往抚顺关，胁蟒段牛酒。已又勾西虏宰赛、暖兔等，窥开原、辽阳。边吏日夜告急，御史熊廷弼按部，请添募兵万……急抚北关，且收宰、暖以携其交。顷之，奴儿哈赤请遵谕减车价入贡。……三十九年……复耀兵侵兀剌诸酋，而江夷卜台吉竟驱投北关。其婿也因与北关金台失、白羊骨二酋修怨。四十一年三月，益垦南关旷土，图窥伺。并纠西虏宰、暖……二十四营，尽甲驰清河间。辽告急，征蓟兵五千赴援，并禁籴及参、貂、珠宝。而奴儿哈赤亦已好语谢都御史张涛，谓抚安等区，耕牧日久，请奉约，新垦概罢。……四十二年……益勾西虏图北关。……复垦前罢耕地。开原参议薛国用，力主驱逐。……援兵……至者，道相望。……奴闻震恐……遂遵谕退地定界。……南关边外四堡：曰三岔，曰抚安，曰柴河，曰靖安。……及白家冲、松子二堡，共立碑六。……姑给柴河秋获，遂将六堡俱退。大书番字碑阴，自明年永不敢越种。……四十三年，白羊骨竟许婚暖兔。遣谕不听。……奴儿哈赤亦讫无变动（茅瑞澂《东夷考略·建州女直考》）。

臣复勘得，自抚顺关起，至东州堡迤东，清河所属，以至叆阳一带，为成化中副总兵韩斌所定之旧界，内惟孤山一堡。又迤东新、宽、大、永、长五堡一带，为万历二年巡抚张学颜、总兵李成梁所展之新界，而新旧分矣。……不可谓其尽建夷地。今尽弃与夷……此弃地之大略也。卷查居民告垦者，自万历十三四年间已有之。……无故赶回……而人众数万，不借此先声以劫之（谓奴酋将以兵索地），人岂肯入？……自是烧毁人房屋，剽掠人财物生畜。自是驱逼人渡江潜避，而溺死千余人，冻馁而死者万余人，余皆流离殍死，不知处所。此驱回人口之大略也。……奴酋既安坐而得数百里之疆土矣，其心以为界碑不立，则抚顺以南新得之地尚未定，抚顺以北南关之地尚无名。……会阁臣以车价通夷事发，谋同赵楫等，急求入贡，以完通夷之局。……而奴酋曰：必为我速立碑，我始贡。……毕竟碑立而后起贡也。自此碑一立，我民即不敢于碑外拾取一草。……此界碑之大略也。万历二十三年，夷人奏讨赏银五百两、蟒段纱各五匹，向未议给。二十九年，委官潘仲礼等，议以汉人不必收回，量于种地人户，派凑额赏，充前犒赏（前文，于东西新地，派银三百八十两，合抚顺原有额赏一百二十两，凑足五百两），为存吾地耳。其后，地既归夷，前项赏赐……而楫复疏将宽奠、清河、抚顺沿边一带未曾起科田土，摊派充赏。见今查议，无处摊派。然自三十一年起，至三十五年，奴酋已三不贡矣。而所许赏银，则已俱借库银，逐年支给，不敢迟缺。此抚赏之大略也。以上四略，臣绝不作一风闻影响语，皆翻阅卷案而总括之，可按而覆者（《筹辽硕画》卷一《辽东巡按熊廷弼抚镇弃地啖虏疏》）。

当太祖初起之时，女真诸部，方各争雄长，不相统属。

太祖起兵也……是时，诸国分裂，满洲国部五，曰苏克素护河，曰浑河，曰完颜，曰栋鄂，曰哲陈。长白山国部二：曰讷殷，曰鸭绿。东海国部三：曰渥集，曰瓦尔喀，曰库尔喀。扈伦部四：曰叶赫，曰哈达，曰辉发，曰乌拉。……各主其方，争相雄长，强陵弱，众暴寡。而扈伦四部最强，在满洲之北（惟乌拉当满洲东北），皆以所居之河得名。乌拉、辉发二河，入松花江；哈达、叶赫二河，入辽河，即明之海西卫与建州卫、野人卫而三。海西亦谓之南关、北关，南关哈达、北关叶赫，逼处开原、铁岭，乃明边之外障也。东海三部，则皆野人卫，在宁古塔以东，濒海岛屿，距明边绝远，羁縻而已。而满洲五部、长白山二部，则皆建州卫，处辽沈之东（魏源《圣武记》卷一《开国龙兴记一》）。

太祖起兵，以复仇为名，先讨尼堪外兰，以其唆杀祖父也。继服栋鄂、哲陈、完颜诸部，遂奄有建州之地。

明万历十一年，太祖年二十有五。……以景、显二祖之雠，起兵讨尼堪外兰。率甲十三，袭之于图伦城（苏克素护河部），尼堪外兰仓卒遁。……又讨之于嘉班城，于抚顺边外，皆不获。……尼堪外兰远遁，筑城于鄂勒珲，恃诸部中隔，我兵不能往讨。太祖乃先自近部始。万历十二年，以兵五百攻栋鄂部之翁鄂洛城。万历十三年，攻浑河之界藩城、栋嘉城、萨尔浒城。……十四年，复攻苏克素护河之爪兰佳城、浑河部之贝珲城、哲陈部之托摩和城，皆克之。……万历十五年，命巴图鲁额亦都攻哲陈部……克之。万历十六年，复克完颜部。时满洲环境五豪部皆服，全有建州，遂与海西部为敌国。……十七年，又遣兵收服长白之鸭绿江部，尽有其众（魏源《圣武记》卷一《开国龙兴记一》）。

时海西四部正强，见太祖之势渐盛，恐为所制，乃合九部之师攻之，转为太祖所败。

于是遐迩耆忌……遂协而图我。……万历二十一年，叶赫、哈达、辉发、乌拉（扈伦四部）、科尔沁、锡伯、卦勒察（蒙古三部）、珠舍里、讷殷（长白山二部），九国之师三万来侵，营浑河北岸。国人皆惧，太祖酣寝达旦，诘朝，率诸贝勒……启行，至古呼山，据险而阵。谕将士曰："乌合之众，其心不一。殪其前锋，必反走。走而乘之，必大克。"时敌方攻赫济格城，命额亦都以百骑挑之，敌罢攻来战，叶赫贝勒布斋（一作卜寨）、科尔沁贝勒明安，身先督阵。布斋马触木而踣，我兵斩之。明安马陷淖，弃鞍跨骣马遁。众军遂溃，乘胜逐北，斩级四千，获马三千、铠胄千，并禽乌拉贝勒之弟布占泰，军威大震。……万历二十五年，叶赫、哈达、辉发、乌拉四部遣使来，乞盟缔姻（魏源《圣武记》卷一《开国龙兴记一》）。

海西内部交哄，太祖计并哈达，攻灭辉发、乌拉、叶赫，遂奄有海西诸部，所以剪明之羽翼也。

万历二十六年（一五九八年）……那酋又攻猛酋，猛酋力不能支，因质妻子求援于奴酋。奴酋利其妻妾部落，悉兵以出，袭而执之。猛酋寄命奴寨几二年，奴酋乃伪以女许妻猛酋，而阴纵其妾与通，徐以私奸外母，射杀之，尽得其所有，此二十八年事也。及我中国切责……奴酋因悔罪，许妻猛酋子吾儿忽答以女。……送吾儿忽答归南关。……三十一年，那林孛罗与白羊谷（卜寨之子），又纠庄南抢杀吾儿忽答。吾酋穷迫无归，因投奴寨自存。自后吾酋不返，而南关之敕书、屯寨、土地、人畜，尽为奴有矣（《筹辽硕画》卷首程令名《东夷奴儿哈赤考》）。

万历三十五年，辉发贝勒以所部多叛归叶赫，遣子质我而树援焉。已又信叶赫贝勒之诳，索还其子以质于叶赫，所约之昏，亦背不来取，而筑重城以拒守。是年……太祖征之，辉发以亡（魏源《圣武记》卷一《开国龙兴记一》）。

万历四十年，征乌拉。初，布占泰阵获于我，旋释归，使主其国，妻以宗女。……三十五年，其所属之瓦尔喀部来归。太祖遣褚英、代善、费英东以兵四千迎之。布占泰以兵万人阻之，为我军所败。……师还，又遣褚英、阿敏以兵五千，克其宜罕山城。布占泰惧不敢战，执献叶赫之人以和，并求昏。上亲女许之。四十年，复背盟，再侵我渥集部之虎尔哈路，欲娶我国所聘叶赫之女，又以鸣镝射公主。太祖亲临乌拉河，克其沿河五城，尽焚其庐舍、糗峙，许盟而还。布占泰复以其子质叶赫，怒我师。师至，布占泰以兵三万逆战，太祖身陷阵，败其军，先伏兵夺其城门，尽树纛帜。布占泰收败卒，不能入，遂奔叶赫，乌拉以亡（魏源《圣武记》卷一《开国龙兴记一》）。

万历四十一年……是秋，遂以兵四万征叶赫。叶赫尽敛其乡民保城，使愬于明曰："扈伦四国，满洲已灭其三。今复侵我，必及明矣。"明使游击马时相，率火器千，助叶赫。太祖服其七城十九寨旋师。叶赫恃明之援，遂以所许我国之女归蒙古。……太祖既誓师雠明……遂以天命四年（明万历四十七年）……而自将六师深入叶赫，克二十余寨。叶赫告急于明，于是明有四路之师，太祖覆其军二十万。是秋，克开原，克铁岭，拊叶赫之背，遂围其贝勒锦台什（一作金台失，那林孛罗弟）于东城，围其弟布扬古（一作白羊谷）于西城。攻东城之军……陷之，锦台什登台自燔死。布扬古以西城降，遂歼守叶赫之明兵千（魏源《圣武记》卷一《开国龙兴记一》）。

复以其间出兵攻略野人女真，拓地日广，兵力日加。

瓦尔喀部者，沿瓦尔喀河入鸭绿江，濒海两岸，皆其部落。在兴京之南，近朝鲜。万历二十六年，遣长子褚英，以千卒征之，取其安楚库路屯寨二十余，招降万余。三十六年，瓦尔喀部优斐城长，以五百户越乌拉境来归。……三十七年……以瓦尔喀部落之流寓朝鲜者，请于明，明为我谕朝鲜，遣还千余户。太宗天聪元年（明天启七年），大兵征朝鲜。我瓦尔喀之在其国者二百余户，皆来归。天聪九年（明崇祯八年），命武巴海等以兵四百，自宁古塔往征瓦尔喀，收丁壮五百有六十。以其地多岛屿，明年，复分兵四路，每路兵二三百，各携乡导，造海舠，先后共取还岛丁千余。……崇德五年，命朝鲜以舟师攻瓦尔喀之叛入熊岛者来献捷，是为征瓦尔喀之师（魏源《圣武记》卷一《开国龙兴记一》）。

虎尔哈部者，居虎尔哈河。出吉林乌拉界，经宁古塔城，北行七百里至三姓城，入混同江，《唐书》渤海王都临忽汗河者也。万历三十九年，命额亦都以兵二千，攻东海虎尔哈部之札库塔人，三日克其城，俘斩三千，并招降其附近五百户。天命三年，东海虎尔哈路长，率百户来朝。……于是争乞留，且转招其族属。……天命四年，遣卒征虎尔哈部，收其丁壮二千，其路长来降者，驾出城亲款之。……崇德八年，遣阿尔津等征虎尔哈于黑龙江，凡克三屯，招降四屯，获男妇二千八百余，牲畜、貂皮、虎豹皮称是。是为征虎尔哈部之师（魏源《圣武记》卷一《开国龙兴记一》）。

渥集部者，在虎尔哈部之东，连山茂林。万历三十八年，以卒千征东海渥集部，取其三路屯寨，俘二千人，并降其虎尔哈路、瑚叶路而还。又有自归之绥芬路、宁古塔路，命额亦都以千人往迁之，为渥集之雅蘭路人所掠，遂击收其众万余而还。三十九年，复以兵千，取渥集部之乌尔固辰、穆林二路，俘千余人。是为征渥集部之师（魏源《圣武记》卷一《开国龙兴记一》）。

外此东海小部，随时略服。天命元年，征东海萨哈连路。乘舟沿马勒简河，取屯寨数十。八月，至黑龙江岸……师遂济。及还……又招服南岸之诺罗路、锡拉忻路，及使犬部音达珲、塔库喇二路。天命二年，遣兵四百，收濒海散处各部。其岛居险者，刳小舟二百往，尽取之。天命十年，遣兵征东海卦勒察部，俘二千人。盖东海诸部……与我隔于乌拉，又贪乌拉布市之利，甘为其属。故自乌拉削平，而后威棱薄海表。……至黑龙江等部……征之自太宗天聪九年始，时有入贡。索伦豪于骑射，乃命副都统霸奇兰，率兵逾黑龙江，收抚其未服壮丁二千四百有奇、余丁七千二百而还。崇德元年，索伦为科尔沁部落侵掠，命来朝之索伦部长速归防御。五年，遣穆什哈等征索伦，俘其壮丁三千百有五十。六年，并征蒙古兵，征已降复叛之索伦博木果，擒其众九百余。盖索伦当黑龙江极北，兴安大岭之麓，介俄罗斯及喀尔喀蒙古之间，挽强命中……雄于诸部。天命间，大兵虽一度黑龙江下游，未尝至索伦。天聪、崇德，始臣绝域，际东北海。于是辽、金部落，咸并于满洲矣（魏源《圣武记》卷一《开国龙兴记一》）。

太祖武功既盛，内部制度亦渐臻完备，始建号称尊。

创制满文

己亥（万历二十七年）……二月……上欲以蒙古字，制为国语颁行。巴什额尔德尼、扎尔固齐噶盖辞曰："蒙古文字，臣等习而知之，相传久矣，未能更制也。"……上曰："无难也。但以蒙古字合我国之语音，联缀成句，即可因文见义矣。"……于是上独断，将蒙古字制为国语，创立满文，颁行国中。满文传布自此始（《清高皇帝实录》卷三）。

八旗兵制

辛丑（万历二十九年）……是年，上以诸国徕服人众，复编三百人为一牛录，每牛录设额真一。先是，我国凡出兵校猎，不计人之多寡，各随族党，屯寨而行。猎时每人各取一矢，凡十人设长一领之，各分队伍，毋敢紊乱者。其长称为牛录额真。至是，遂以名官（《清高皇帝实录》卷三）。

乙卯（万历四十三年）……上既削平诸国，每三百人设一牛录额真（后改称牛录章京，即后佐领），五牛录设一甲喇额真（后改称甲喇章京，即后参领），五甲喇设一固山额真（即后都统），每固山额真左右设两梅勒额真（后改称梅勒章京，即后副都统）。初设有四旗，旗以纯色为别，曰黄，曰红，曰蓝，曰白。至是，添设四旗，参用其色镶之（幅之黄、白、蓝者红缘，幅之红者白缘），共为八旗。行军时，地广则八旗并列分八路，地狭则八旗合一路而行。……当兵刃相接时，被坚甲执长矛大刀者为前锋，被轻甲善射者从后冲击，俾精兵立他处，勿下马，相机接应。……破敌之后，察核将士战功必以实，有罪者虽亲不贳，必置之法。有功者，虽仇不遗，必加之赏。……将士各欲建立功名，每闻征伐，靡不欢欣效命，攻则争先，战则奋勇……所至无敌，丕昭烈焉（《清高皇帝实录》卷四）。

理政大臣

乙卯（万历四十三年）……又置理政听讼大臣五人，扎尔固齐十人，佐理国事。上五日一视朝（《清高皇帝实录》卷四）。

筑城寨

丁亥（万历十五年），上于硕里口、虎栏哈达、东南加哈河两界中之平冈，筑城三层，并建宫室（《清太祖实录》卷二）。

癸卯（万历三十一年）……上自虎栏哈达南冈，移于祖居苏克苏河、加哈河之间赫图阿剌地，筑城居之（《清高皇帝实录》卷三）。

寨在宁古塔内，城高七丈，杂筑土石，或用木植横筑之。城上环置射箭穴窦，状若女墙。门皆用木板。内城居其亲戚，外城居其精悍卒伍。内外见居人家，约二万余户。北门外则铁匠居之，专治铠甲。南门外则弓人、箭人居之，专造弧矢。东门外则有仓廒一区，共计一十八照，每照各七八间，乃是贮谷之所（《筹辽硕画》卷首程令名《东夷奴儿哈赤考》）。

建元称帝

天命元年丙辰（明万历四十四年，一六一六年）春正月壬申朔，四大贝勒代善、阿敏、莽古尔泰、皇太极及八旗贝勒、大臣，率群臣集殿前，分八旗序立。上升殿，登御座。众贝勒、大臣率群臣跪，八大臣出班，跪进表章。……尊上为覆育列国英明皇帝……建元天命，以是年为天命元年。时上年五十有八（《清高皇帝实录》卷五）。

万历四十七年……朝鲜方咨报，奴酋移书声吓，僭号后金国汗，建元天命。斥中国为南朝，黄衣称朕，意甚悠（《东夷考略·建州女直考》）。

万历四十七年……五月……奴酋僭号后金皇帝，改元天命（许重熙《嘉靖以来注略》卷十一《万历注略》）。

（丙）清太祖与明之战争

当清太祖崛起之际，辽东诸地，半为其所据。而明之防御亦极空虚，所有兵马粮械，一无足恃，识者早已忧之。

辽西起山海关，东抵镇江，延袤二千三百余里，而临海一面不与焉。虏酋首以百计，控弦数十万。直前屯者为赖蟒等酋，直宁远者为獐兔、拱兔等酋，直广宁者为小歹青、以儿邓、黄台吉等酋。折而西北，则虎墩兔憨为虏王，而东西部皆属之。北则暖赤、伯言、他不能等。折而东北，则卜言顾等。又折而东，则粆花等酋。此河西三面虏也。逾三岔河而东，则额伯革、打大成等直海州西，孛儿败、伯言儿等直辽沈西，暖兔、宰赛等直开原西。而北则恍惚太等。东北则北关，东则南关。辽沈之东，则奴速等酋。此河东三面之虏也。面面环绕，如处重围，而三岔河界辽为两段，虏又插入其内，据其心腹而居之。盖无地无虏焉……盖无地无时而不急虏焉。而又则地方居民被虏几掠尽，自关以东至宁远三百余里，不见村落。近广宁虽稍有村落，而两三落落如晨星。自广宁东至三岔河一百八十里，黄沙白草，一望凄然。而河东起东昌，历辽、沈、开、铁、清河、宽奠、镇江近边一带，长亘千数百里，尽成瓯脱。……是屯塞如此其寡少也。沿边墩台，大半坍塌。虽有存者，又低矮。……而所至城堡，更倾圮，甚且城多无门。……是墩台、壕堑、城堡，又如此其废坏也。全镇军额，失亡几半，见在军虽八万余……人马精壮者，不过二万有奇。除三大营已得三分之一，其余又不过一万有奇。而以守二千数百里之边，散于两协守、七参将、十二游击、二十五守备之部下，能分几何？其步军皆不习弓马……一切器械皆朽钝。……而买备马匹……亦四选之余，以我下驷当虏上驷，何以御敌？……是兵马器械，又如此其单弱而朽敝也。辽饷惟家丁差厚，其营堡军士，月止四钱，或二钱五分，每岁折色四月，本色八月。各仓旧储米豆，向因盐粮援例人等买票虚出，通关情弊，以致陈者不出，新者不入，浥烂如粪。而近收者，又被官吏插和沙土、糠秕等物，各军虽得粮票，多不愿关领。遇有前项买票者，则每票卖银四五分，无则付之水火而已。而折色又假官帐，为将领所扣克，有经年不得分厘者。终岁嗷嗷，日见逃窜。是军士又如此其饥馁而无食也。当此无地无时无不急虏之日，而我之屯塞、城堡、墩台、壕堑、军马、器械、钱粮之类一无足恃，于此而欲收绝漠之功，谈何容易？……顾臣所尤虑者，不独在强虏，而又在饿军。何也？辽军自东征骚扰以来，复遭高淮（税监）毒虐，离心离德，为日已久。今又驱饥寒之众，置之锋镝之下，愤怨之极，势且离叛。尝密闻外间人言，向特怕虏杀我耳，今闻虏筑板升以居我，推衣食以养我，岁种地不过粟一囊、草数束，别无差役。……我与其死于饥饿……死于兵刃……而无宁随虏去，犹可得一活命也。不祥之语，以为常谈，而近益甚。汹汹皇皇，莫保旦夕。及今不为设法处饷，远行救济，直待一旦内溃，为夷狄驱，而噬脐无及矣（《筹辽硕画》卷一辽东巡按熊廷弼《务求战守长策疏》）。

太祖于建号之三年，始出兵攻明，首破抚顺、清河。

天命三年戊午（明万历四十六年，一六一八年）……夏四月……壬寅巳刻，上率步骑兵二万征明。临行，书七大恨告天，其书曰：我之祖父，未尝损明边一草一木也，明无端起衅边陲，害我祖父，恨一也；明虽起衅，我尚欲修好，设碑勒誓：凡满、汉人等，毋越疆圉。敢有越者，见即诛之。见而故纵，殃及纵者。讵明复渝誓言，逞兵越界，卫助叶赫（即北关），恨二也；明人于清河以南，江岸以北，每岁窃逾疆埸，肆其攘夺。我遵誓行诛，明负前盟，责我擅杀，拘我广宁使臣网古里、方吉纳，挟取十人，杀之边境，恨三也；明越境以兵助叶赫，俾我已聘之女，改适蒙古，恨四也；柴河、三岔、抚安三路，我累世分守疆土之众，耕田艺谷。明不容刈获，遣兵驱逐，恨五也；边外叶赫，获罪于天，明乃偏信其言，特遣使臣遗书诟詈，肆行陵侮，恨六也；昔哈达助叶赫，二次来侵，我自报之，天既授我哈达之人矣。明又党之，挟我以还其国。已而哈达之人，数被叶赫侵掠，夫列国之相征伐也，顺天心者胜而存，逆天意者败而亡，何能使死于兵者更生，得其人者更还乎？天建大国之君，即为天下共主，何独构怨于我国也？初扈伦诸国，合兵侵我，故天厌扈伦启衅，惟我是眷。今明助天谴之叶赫，抗天意，倒置是非，妄为剖断，恨七也。欺陵实甚，情所难堪。因此七大恨之故，是以征之。上拜天毕，焚其书（《清太祖实录》卷五）。

万历四十六年四月，奴儿哈赤佯令都夷赴抚顺市，潜以劲兵踵袭。十五日凌晨，突执游击李永芳，城遂陷。巡抚都御史李维翰，趣总兵张承胤移师应援。二十一日，奴儿哈赤暂退，诱我师前，以万骑回绕夹攻，承胤及副总兵颜廷相、游击梁汝贵死之，全军覆没。……闰四月，奴儿哈赤归汉人张儒绅等，赍夷文请和，自称建州国汗，备述恼恨七宗。……盖张儒绅等系东厂差役，奴酋藉以闻帝座。……五月十九日，奴儿哈赤统众，克抚安、三岔、白家冲三堡。……七月……奴儿哈赤从鸦鹘关入，二十二日晨围清河，参将邹储贤拒守，援辽游击张旆请战，不从。贼冒板挖墙……堕东北角，因积尸上城，旆战死。储贤遥见叛人李永芳招胁，大骂赴敌，亦死之。……自三岔至孤山，并遭焚毁（《东夷考略·建州女直考》）。

明加辽饷七百万，竭全国之力，费时一年，遣杨镐为经略，四路出师，以师期先泄，三路皆败，是为萨尔浒之役。明兵号称四十七万，实则八万人，诸将皆百战之余，杜松、刘綎皆战死。清兵号称八旗，而预战者不过万人，以少胜众，固由明师贪功深入，各不相救，以致将死兵歼。亦由明廷不习边事，不知彼己，叫嚣主战，已有必败之势。明清兴亡，实以此役为最大关键。

万历四十六年四月，清兵起，破抚顺……远近大震。廷议镐熟谙辽事，起兵部右侍郎往经略。既至，申明纪律，征四方兵，图大举。至七月，大清兵由鸦鹘关克清河，副将邹储贤战死。诏赐镐尚方剑，得斩总兵以下官。……其冬，四方援兵大集，遂议进师。……。大学士方从哲、兵部尚书黄嘉善、兵科给事中赵兴邦等，皆以师久饷匮，发红旗，日趣镐进兵。明年（四十七年）……定议，以二月十有一日誓师，二十一日出塞。兵分四道：总兵官马林出开原攻北；杜松出抚顺攻西；李如柏从鸦鹘关出，趋清河攻南；东南则以刘綎出宽奠，由凉马佃捣后，而以朝鲜兵助之。号大兵四十七万，期三月二日会二道关并进。天大雪，兵不前，师期泄（《明史》卷二五九《杨镐传》）。

明辽东经略杨镐，集兵沈阳二十四万，四路深入，每路兵六万……合趋我都城。……太祖尽征各路屯寨之兵，集城中，戒严以待。明将杜松，素勇轻敌，欲立首功，先期出抚顺关，日驰百余里，抵浑河，河流急，不结筏，策马径渡，军多溺死，而车营五百，阻水不克渡。三月朔，我各路侦卒皆以明师告，太祖以南、北二路皆山险且远，敌不能即至，宜先败其中路之兵。时杜松以三万余聚屯萨尔浒山，而自引兵二万围界藩。……太祖命大贝勒（代善）、四贝勒（皇太极），以二旗兵援界藩，而亲统六旗兵攻萨尔浒。明兵恃火炮，甫战日未昃，忽大霾晦，咫尺不相辨。明兵列炬以战，我兵从暗击明，万矢雨集，发无不中；而明兵从明击暗，铳炮皆中柳林。……遂乘晦逾堑拔栅，溃其军三万余。而右翼军渡河援界藩者，先遣千骑，合山上兵，据高驰下，与山下兵夹攻，冲敌阵为数队。杜松中矢死，逐北二十余里。……明北路兵闻之，急据尚间厓，环营三濠，火器列濠外，而骑兵继后。又（监军）潘宗颜及游击龚念遂，各以万人分营数里外，相犄角。……龚念遂军先与我军遇，四贝勒引千骑横冲之，步兵继进，专攻一隅，斫其车，破其楯。太祖驰赴尚间厓，明兵二万阵山麓……而马林营内之兵，出与濠外兵合。……大贝勒即怒马直入其阵，二贝勒阿敏、三贝勒莽古尔泰，麾二旗兵继之，于是后至之六旗兵，皆不及布阵，驰马突入，人自为战。诸贝勒兵已贯阵，出其背，与大军表里夹击，呼声震天地，明兵瓦解。……复破潘宗颜军于芬斐山。马林收残卒，走开原，而叶赫兵已于中途遁还，于是两路军皆破。明杨镐闻之，急檄止李如柏、刘綎二军，惟如柏得檄还，而綎军已涉险深入，距都城五十余里，尚未知西北路败信也。太祖移军御之……綎军连破寨。……分四万兵为四军，前二军皆其精锐。第一军阵阿布达里冈，四贝勒引右翼兵出其上，乘高击之，綎军殊死战。大贝勒又引左翼兵出其西，冒杜松军旂帜，被其衣甲，绐入綎营，大呼格杀，军遂溃。綎退入后军，未及阵，为我所乘，力战死。其康应乾步兵，合朝鲜兵二万……大败遁去。朝鲜副元帅姜功烈，遂以朝鲜余兵五千降于我。是役明倾天下之力，尽征宿将猛士，及朝鲜、叶赫精锐，同日深入，使我不能兼顾。我军不过四五万，并力破其一路，阅五日，而三路皆破。……明与我朝之兴亡，肇于是战（魏源《圣武记》卷一《开国龙兴记二》）。

师期豫宣，东人得预备，曰："凭尔几路来，我只一路去。"……李如柏不遇敌，得以全师归。一时朝议喧然，谓李实通敌（夏允彝《幸存录·东人大略》）。

万历四十七年……五月……户科李奇珍论李如柏，先纳奴儿弟素儿哈赤女为妾，生第三子，彼中有“女婿作镇守，辽东落谁手”之谣（许重熙《嘉靖以来注略》卷十一《万历注略》）。

太祖乘胜，攻拔开原、铁岭而据之，辽、沈已成孤立。

奴儿哈赤遂乘胜窥开、铁，图抢金台失寨。……六月，从静安堡入，薄开原，北关为出援兵二千，比至城，已被克（总兵马林、副将于化龙等死之）。……奴儿哈赤以七月从三岔堡入，克铁岭（游击喻成名、史凤鸣、李克泰等阵没）。铁岭、开原为辽重蔽，既并陷贼，则河东已在贼握中。北关与辽声息不属，而奴酋乘胜缚宰赛，胁暖兔、炒花为助。……八月，经略侍郎熊廷弼入辽，申军令，方慰抚北关为犄角。奴儿哈赤佯攻辽沈，缀我师，突引万骑，连破金台失寨及白羊骨寨，北关并没（《东夷考略·女直通考》）。

明乃以熊廷弼为经略。廷弼严防守，人心复固。惟中朝结党，为言官丑诋，不得已乞去，代以袁应泰，恃蒙兵为守。及清兵至，蒙人内应，辽阳遂下，应泰死之，沈阳亦遂不守，辽东大小七十余城尽失。

熊廷弼字飞百，江夏人。……（万历）三十六年，巡按辽东。……在辽数年，杜馈遗，核军实，按劾将吏，不事姑息，风纪大振。……四十七年，杨镐既丧师，廷议以廷弼熟边事……代镐经略，未出京开原失。……甫出关，铁岭复失，沈阳及诸城堡军民一时尽窜，辽阳汹汹。廷弼兼程进……督军士造战车，治火器，浚濠缮城，为守御计。令严法行，数月守备大固。乃上方略，请集兵十八万，分布叆阳、清河、抚顺、柴河、三岔儿、镇江诸要口，首尾相应，小警自为堵御，大敌互为应援。更挑精悍者为游徼，乘间掠零骑，扰耕牧，更番迭出，使敌疲于奔命，然后相机进剿。疏入，帝从之。……廷弼乃躬自巡历，自虎皮驿抵沈阳，复乘雪夜赴抚顺。……时兵燹后，数百里无人迹。……所至招流移，缮守具，分置士马，由是人心复固。廷弼……自按辽，即持守边议，至是主守御益坚。

然性刚负气，好谩骂，不为人下，物情以故不甚附。明年（四十八年）五月……清兵略地花岭。六月，略王大人屯。八月，略蒲河。将士失亡七百余人。……而给事中姚宗文腾谤于朝，廷弼遂不安其位。宗文者，故户科给事中，丁忧归。还朝，欲补官。而吏部题请诸疏率数年不下，宗文患之。假招徕西部名，属当事荐己。疏屡上，不得命。宗文计穷，致书廷弼，令代请。廷弼不从，宗文由是怨。后夤缘复吏科，阅视辽东士马，与廷弼议多不合。辽东人刘国缙先为御史，坐大计谪官。辽事起，廷议用辽人，遂以兵部主事，赞画军务。国缙主募辽人为兵，所募万七千余人，逃亡过半。廷弼闻于朝，国缙亦怨。廷弼为御史时，与国缙、宗文同在言路，意气相得，并以排东林、攻道学为事。国缙辈以故意望廷弼，廷弼不能如前，益相失。宗文故出国缙门下，两人益相比，而倾廷弼。……当是时，光宗崩，熹宗初立，朝端方多事，而封疆议起。御史冯三元劾廷弼……诏下廷议。廷弼愤，抗疏极辨，且求罢。……给事中魏应嘉复劾之。朝议允廷弼去，以袁应泰代（《明史》卷二五九《熊廷弼传》）。

袁应泰代（熊）廷弼为经略。……应泰历官精敏强毅，用兵非所长，规画颇疏。廷弼在边，持法严，部伍整肃。应泰以宽矫之，多所更易。而是时蒙古诸部大饥，多入塞乞食。应泰言："我不急救，则彼必归敌，是益之兵也。"乃下令招降。于是归者日众，处之辽、沈二城。……议者言收降过多，或阴为敌用，或敌杂间谍其中为内应，祸且叵测。……天启改元（清太祖天命六年，一六二一年）三月十有二日……清兵来攻沈阳。总兵官贺世贤、尤世功出城力战，败还。明日，降人果内应，城遂破，二将战死。总兵官陈策、童仲揆等赴援，亦战死。应泰乃撤奉集、威宁诸军，并力守辽阳，引水注濠，沿濠列火器，兵环四面守。十有九日，清兵临城。应泰身督总兵官侯世禄……出城五里迎战，军败多死。其夕，应泰宿营中，不入城。明日，清兵……击败诸将兵，遂渡濠。……应泰乃入城，与巡按御史张铨等分陴固守。又明日（二十一日），攻城急，应泰督诸军列楯大战，又败。薄暮，谯楼火，清兵从小西门入，城中大乱，民家多启扉张炬以待……或言降人导之也。应泰居城楼，知事不济。……遂佩剑印自缢死（《明史》卷二五九《袁应泰传》）。

辽阳既下，其辽东……河东大小七十余城官民，俱薙发降（《清太祖实录》卷七）。

明再起熊廷弼为经略，建三方布置之策，主守。而巡抚王化贞与廷弼不合，主攻。清兵来攻，广宁复下，关外地尽失，廷弼、化贞皆论死。廷弼素有干略，为时所倚，以无罪被论，复以牵连党祸而罹极刑，任事者愈寒心矣。

天启元年，沈阳破。……辽阳破，河西军民尽奔，自塔山至闾阳二百余里，烟火断绝，京师大震。（阁臣刘）一燝曰："使廷弼在辽，当不至此。"……帝乃治前劾廷弼者。……乃复诏起廷弼于家，而擢王化贞为巡抚。……至六月，廷弼入朝……乃建三方布置策：广宁用马步列垒河上，以形势格之，缀敌全力；天津、登、莱各置舟师，乘虚入南卫，动摇其人心，敌必内顾，而辽阳可复。于是登、莱议设巡抚如天津，以陶朗先为之；而山海特设经略，节制三方，一事权。遂进廷弼兵部尚书，兼右副都御史，驻山海关，经略辽东军务。……七月，廷弼启行。……又以京营选锋五千，护廷弼行。先是……化贞乃部署诸将，沿河设六营……画地分守西平、镇武、柳河、盘山诸要害，各置戍设防。议既上，廷弼不谓然，疏言："……今日但宜固守广宁。若驻兵河上，兵分则力弱。敌轻骑潜渡，直攻一营，力必不支。一营溃，则诸营俱溃。……河上止宜置游徼兵，更番出入，示敌不测。……自河抵广宁，止宜多置烽堠。……而大兵悉聚广宁，相度城外形势，犄角立营，深垒高栅以俟。"……疏上，优旨褒答。……化贞以计不行，愠甚，尽委军事于廷弼。……先是，四方援辽之师，化贞悉改为"平辽"，辽人多不悦。廷弼言："辽人未叛，乞改为'平东'或'征东'，以慰其心。"自是化贞与廷弼有隙，而经、抚不和之议起矣。……化贞为人騃而愎，素不习兵。……与廷弼尤抵牾。妄意降敌者李永芳为内应，信西部言，谓虎墩兔助兵四十万，遂欲以不战取全胜。……务为大言罔中朝。尚书（张）鹤鸣深信之，所请无不允，以故廷弼不得行其志。广宁有兵十四万，而廷弼关上无一卒，徒拥经略虚号而已。……廷弼又显诋鹤鸣……鹤鸣益恨。……化贞一切反之，绝口不言守。……驰奏辨，且曰："愿请兵六万，一举荡平。"……时叶向高复当国，化贞座主也，颇右之。……二年（清太祖天命七年，一六二二年）正月……清兵逼西平……围急。化贞信中军孙得功计，尽发广宁兵，畀得功及祖大寿往会。……二十二日，遇清兵平阳桥。锋始交，得功及参将鲍承先等先奔，镇武、闾阳兵遂大溃，（刘）渠、（祁）秉忠战没沙岭，大寿走觉华岛。西平守将（罗）一贯待援不至，与参将黑云鹤亦战殁。廷弼已离右屯，次闾阳。……清兵顿沙岭不进。化贞素任得功为腹心，而得功潜降于清，欲生缚化贞以为功，讹言敌已薄城，城中大乱奔走……化贞方阖署理军书，不知也。参将江朝栋排闼入……掖之出。……遂弃广宁，踉跄走。与廷弼遇大凌河。化贞哭，廷弼微笑曰："六万众一举荡平，竟何如？"化贞惭，议守宁远及前屯。廷弼曰："嘻，已晚，惟护溃民入关可耳。"乃以己所将五千人授化贞为殿，尽焚积聚。……入关……清兵入广宁，化贞逃已两日矣。清兵追逐化贞等二百里，不得食，乃还。报至，京师大震。鹤鸣恐，自请视师。二月，逮化贞，罢廷弼，听勘。四月……奏上狱词，廷弼、化贞并论死。后当行刑，廷弼令汪文言贿内廷四万金祈缓，既而背之。魏忠贤大恨，誓速斩廷弼。及杨涟等下狱，诬以受廷弼贿，甚其罪。……会冯铨亦憾廷弼，与顾秉谦等侍讲筵，出市刊《辽东传》谮于帝曰："此廷弼所作，希脱罪耳。"帝怒，遂以五年八月弃市，传首九边（《明史》卷二五九《熊廷弼传》）。

天命七年……正月……上入广宁城驻跸。……凡四十余城守御官，各率其所属百姓来降。……二月……上还辽阳，留诸贝勒统兵守广宁城。

以河西所降各城堡官民，移之渡河至辽东（《清太祖实录》卷八）。

孙承宗奉命督师，纳袁崇焕之议，主守宁远。清太祖屡攻宁远，崇焕皆固守不下。史谓太祖不怿而归，实即受伤，故未久即死。

孙承宗字稚绳，高阳人。……（天启）二年……清兵逼广宁，王化贞弃城走，熊廷弼与俱入关。……遂拜承宗兵部尚书，兼东阁大学士，入直办事。……兵部尚书王在晋，代廷弼经略辽东。……在晋乃请于山海关外八里铺筑重关，用四万人守之。……承宗请身往决。……承宗乃议守关外，监军阎鸣泰主觉华岛，袁崇焕主宁远卫，在晋持不可，主守中前所。……初，化贞等既逃，自宁远以西五城七十二堡，悉为哈喇慎诸部所据，声言助守边。前哨游击左辅，名驻中前，实不出八里铺。……还朝……承宗面奏在晋不足任，乃改南京兵部尚书。……在晋既去，承宗自请督师……尽驱哈喇慎诸部。……乃复出关巡视，抵宁远，集将吏议所守。而崇焕……力请守宁远，承宗然之，议乃定。令祖大寿兴工，崇焕、满桂守之。……当是时，（魏）忠贤益盗柄，以承宗功高，欲亲附之，令（刘）应坤（犒军中官）等申意。承宗不与交一言，忠贤由是大憾。……五年……九月……承宗求去益力。十月，始得请。……承宗在关四年，前后修复大城九、堡四十五，练兵十一万，立车营十二、水营五、火管二、前锋后劲营八，造甲胄器械弓矢炮石渠答卤楯之具合数百万，拓地四百里，开屯五千顷，岁入十五万（《明史》卷二五〇《孙承宗传》）。

袁崇焕字元素，东莞人。……（天启）五年夏，承宗与崇焕计，遣将分据锦州、松山、杏山、右屯及大、小凌河，缮城郭居之。自是，宁远且为内地。……十月，承宗罢，高第来代，谓关外必不可守，令尽撤锦、右诸城守具，移其将士于关内。……崇焕力争不可。……第意坚，且欲并撤宁、前二城。崇焕曰："我宁前道也，官此，当死此，我必不去。"第无以难，乃撤锦州、右屯、大、小凌河及松山、杏山、塔山守具，尽驱屯兵入关，委弃米粟十余万。……民怨而军益不振……清知经略易与。六年（清太祖天命十一年，一六二六年）正月，举大军西渡辽河。二十三日抵宁远。崇焕闻，即偕大将桂、副将左辅朱梅、参将大寿、守备何可刚等，集将士誓死守。……乃尽焚城外民居，携守具入城，清野以待。……大军进攻，戴楯穴城，矢石不能退。崇焕令闽卒罗立，发西洋巨炮，伤城外军。明日，再攻，复被却，围遂解。……分兵数万略觉华岛，杀参将金冠等及军民数万。崇焕方完城，力竭不能救也。高第镇关门……至是坐失援，第、（杨）麒（山海守将）并褫官去，而以王之臣代第、赵率教代麒。……清举兵，所向无不摧破，诸将罔敢议战守。议战守，自崇焕始（《明史》卷二五九《袁崇焕传》）。

天命十一年……二月……上至沈阳。上自二十五岁起兵以来，征讨诸处，战无不胜，攻无不克，惟宁远一城不下，不怿而归。……七月……上不豫。……八月……上崩。在位凡十一年，年六十有八（《清高皇帝实录》卷十）。

当清太祖之下辽阳也，即定为东京。旋迁沈阳，谓之盛京。基业已成，凌逼中原。而明廷方急于党争，熟视无睹，虽欲不亡，不可得矣。

天命六年……三月……辽阳既下……上曰："国之所重，在土地人民。今还师，则辽阳一城，敌且复至，据而固守……后必复烦征讨，非计之得也。且此地乃明及朝鲜、蒙古接壤要害之区，天既与我，即宜居之。"贝勒诸臣皆曰："善。"遂定议迁都，迎后妃、诸皇子。……四月……后妃、诸皇子至辽阳，及诸臣眷属皆迁至（《清高皇帝实录》卷七）。

天命七年……三月……上曰："……辽阳城大，年久倾圮。"……遂筑城于辽阳城东五里太子河边，创建宫室，迁居之，名曰东京（《清高皇帝实录》卷八）。

天命十年乙丑……三月……上欲自东京迁都沈阳……曰："沈阳形

胜之地，西征明，由都尔鼻渡辽河路，直且近。北征蒙古，二三日可至。南征朝鲜，可由清河路以进。且于浑河、苏克苏浒河之上流伐木，顺流下，以之治宫室为薪，不可胜用也。时而出猎，山近兽多。河中水族，亦可捕而取之。朕筹此熟矣。”……上自东启行……至沈阳（《清高皇帝实录》卷九）。

太宗天聪八年……四月……谕曰：“……沈阳为天眷盛京，黑图阿喇城为天眷兴京。”（王先谦《东华录》卷二）

（丁）清太宗之制度

清太祖之死，以贝勒四人共掌国事。后太宗以事诛阿敏及莽古尔泰，而代善素驯谨，乃定于一尊。

太宗文皇帝，太祖第八子也。……太祖建元天命，以上及次子代善、第五子莽古尔泰、弟贝勒舒尔哈齐之子阿敏，并为和硕贝勒，国中称代善大贝勒，阿敏二贝勒，莽古尔泰三贝勒，上四贝勒。太祖初未尝有必成帝业之心，亦未尝定建储继立之议。上随侍征讨，运筹帷幄，奋武戎行，所向奏功，诸贝勒皆不能及。又善抚亿众，体恤将士。……自是国中暨藩服，莫不钦仰。……天命七年三月，谕分主八旗贝勒曰：“尔八人同心谋国，或一人所言有益于国，七人共赞成之，庶几无失。当择一有才德、能受谏者，嗣朕登大位。”……十一年八月……太祖……宾天。……诸贝勒……遂合词请上即位。……九月庚午朔，太宗……即位。……诏以明年为天聪元年（王先谦《东华录》卷一）。

天聪三年……正月……先是，太祖天命六年二月，太祖命上及三大贝勒，佐理国中政事，按月分掌。上即位，仍令三大贝勒分月掌理。至是，上谕曰：“向因直月之故，一切机务，辄烦诸兄经理。嗣后，可令弟侄辈代之。傥有疏失，咎坐见直者。”三大贝勒皆曰：“善。”遂以诸贝勒代理直月之事（王先谦《东华录》卷一）。

天聪五年……十二月……先是，上即位，凡朝会行礼，代善、莽古尔泰并随上南面坐，受诸贝勒率大臣朝见，不论旗分，惟以年齿为序。礼部参政李伯龙奏："朝贺时，每有逾越班次，不辨官职大小，随意排列者，请酌定仪制。"……命代善与众共议，代善曰："我等奉上居大位，又与上并坐，甚非此心所安。自今以后，上南面居中坐，我与莽古尔泰侍坐于侧，外国蒙古诸贝勒坐于我等之下，方为允协。"众皆曰："善。"……奏入……上是之。……天聪六年正月，受朝贺，行新定朝仪（王先谦《东华录》卷一）。

天聪六年正月……上自即位以来，历五年，凡国人朝见，上与三大贝勒俱南面同坐受。自是年更定，上始南面独坐（《满洲老档秘录》下编）。

太宗徇诸臣之请，上尊号，史称改号为大清，其实所称者后金也。

天聪十年（明崇祯九年）……四月己卯（五日），内外诸贝勒、文武群臣上表，请上称尊号。是日……多尔衮捧满字表文，土谢图济农捧蒙古字表文，孔有德捧汉字表文，率诸贝勒大臣文武各官，诣阙跪进。……乙酉黎明，上率诸贝勒大臣，祭告天地，乃受宽温仁圣皇帝尊号，建国号为大清，改元为崇德元年。……丁酉，叙功，册封大贝勒代善为和硕礼亲王，贝勒济尔哈朗为和硕郑亲王，多尔衮为和硕睿亲王，多铎为和硕豫亲王，豪格为和硕肃亲王，岳托为和硕成亲王，阿济格为多罗武英郡王，阿巴泰为多罗饶余贝勒，科尔沁巴达礼为和硕土谢图亲王。……辛丑，封孔有德为恭顺王，耿仲明为怀顺王，尚可喜为智顺王（王先谦《东华录》卷二）。

初，太祖创八旗，每旗设总管大臣（旧称固山额真，顺治十七年，改称都统）各一、佐管大臣（旧称梅勒额真，顺治十七年，改称副都统）各二，特设议政五大臣、理事十大臣。……至是（太宗即位），上集诸贝勒定议，每旗仍各设总管大臣一……是为总管旗务之八大臣。凡议国政，与诸贝勒偕坐共议之。出猎行师，各领本旗兵行。一切事务，皆听稽察（如前此之固山额真，兼议政大臣）。其佐管大臣，每旗各二。……此十六大臣，赞理本旗事务，审断词讼（如前此之梅勒额真，兼理事大臣），不令出兵驻防。又每旗各设调遣大臣二。……此十六大臣，出兵驻防，以时调遣，所属词讼，仍令审理（后为驻防副都统，暨前锋统领、护军统领诸职。〔王先谦《东华录》卷一〕）。

崇德二年……四月……命贝子尼堪、罗托、博洛等与议国政，每旗复设议政大臣三员。……上集王、贝勒、大臣及新设议政大臣谕曰："向来议政大臣，或出征，或在家，有事咨商，人员甚少，若遇各处差遣，则朕之左右及王、贝勒之前，竟无议事之人矣。……如某事应施行，某事应入告，当先与管旗大臣公议，然后奏闻。"（王先谦《东华录》卷二）

增编蒙、汉八旗

太祖天命元年之前二载（明万历四十二年），始立八旗……六万人。然犹合满洲、蒙古、汉军为一也。其额，满洲佐领（即牛录章京。又章京皆称额真，雍正元年始改之）三百有八，蒙古佐领七十有六，汉军佐领十有六，共四百佐领，每佐领编壮丁百有五十。及后归附日众，生齿日增，于是天聪九年，又分蒙古为八旗，兵万六千八百四十。崇德七年，又分汉军为八旗，兵二万四千五十，凡孔、耿、尚三王之天祐兵、天助兵皆归入汉军。自后佐领愈增，无定额。又于满、蒙、汉八旗之外，设索伦、锡伯及察哈尔兵（魏源《圣武记》卷十一《武事余记》）。

蒙古旗……天命时，分为二旗。……天命九年，始编蒙古五牛录。天聪初时，分二旗，左翼蒙古固山额真……右翼蒙古固山额真。……天聪九年二月丁亥，分蒙古为八旗，固山额真八员、梅勒章京十六员（《松月堂目下旧见》卷五）。

汉军旗……汉军固山额真，天命时，总统汉人军民一切事务，都统总兵官施古礼，额驸佟养性（天命四年归降，乃抚顺客游商人达尔哈齐之孙，佟佳氏，命总统汉人。六年，加总兵。天聪五年正月乙未，命总统汉人军民，都统一切，六年卒。分为二旗），左右副将石廷柱、马光远。天聪九年，设新编汉人牛录，分入旗内。崇德二年七月乙未，分汉人为两旗。……左翼昂邦章京石廷柱（天命四年正月降，原明广宁守备）、右翼昂邦章京马光远（天聪四年正月归降，原明建昌参将），照满洲编壮丁为牛录，纛元青色。崇德四年六月丙申，分汉军为四旗，每旗固山额真一员、左右梅勒章京二员、甲喇章京四员，每旗设牛录章京十八员。两黄旗……纛元青镶黄色。……两白旗……纛元青镶白色。……两红旗……纛元青镶红色。两蓝旗……纛元青色。……崇德七年六月甲辰，分为八旗，纛归本旗色（《松月堂目下旧见》卷五）。

天聪八年……四月……谕曰：朕闻国家承天创业，未有弃其国语，反习他国之语者。……凡我国官名及城邑名，俱新易以满语，勿仍袭总兵、副将、参将、游击、备御等旧名（天命五年，列武爵，分总兵官为三等，副将、参将、游击亦如之。牛录额真俱称备御。每牛录下设千总四员）。嗣后赏册书名，定五备御之总兵为一等公，一等总兵官为一等昂邦章京，二等总兵官为二等昂邦章京，三等总兵官为三等昂邦章京，一等副将为一等梅勒章京，二等副将为二等梅勒章京，三等副将为三等梅勒章京，一等参将为一等甲喇章京，二等参将为二等甲喇章京，游击为三等甲喇章京，备御为牛录章京（王先谦《东华录卷二》）。

改文馆为内三院

太祖……初创帝业，初设文馆，以亲近侍臣，在馆办事，名其官曰巴克什。至崇德元年，始改内三院，补满洲、汉军大学士、学士等官（《松月堂目下旧见》卷一）。

天聪十年……三月……改文馆为内三院：一名“内国史院”，记注上起居、诏令，收藏御制文字。凡用兵行政、六部所办事宜、外国所上章奏，俱令编为史册。并纂修历代祖宗实录，拟郊天告庙祝文、功臣诰命、诸贝勒册文。一名“内秘书院”，撰与外国书，及上赐敕书并谕祭文，录各衙门奏疏及词状。一名“内弘文院”，注释古今政事得失进讲御前，侍讲皇子并教诸亲王，颁行制度。……崇德元年五月……以希福为内弘文院大学士，范文程、鲍承先为内秘书院大学士，刚林为内国史院大学士（王先谦《东华录》卷二）。

国初，直文馆者，掌文字。学问优赡，则赐号巴克什。……按：天聪间，凡文臣前称榜式者，皆改称笔帖式。其特赐榜式者，仍称榜式（榜式即巴克什，清语滚舌音。〔吴振棫《养吉斋丛录》卷一〕）。

设六部

太宗天聪五年，设六部，以贝勒掌各部事，设满、蒙、汉承政三员，参政八员，启心郎一员，惟工部省蒙古、汉军参政六员。崇德三年，六部各留承政一员，余皆改参政，有左参政、右参政（吴振棫《养吉斋丛录》卷一）。

崇德三年……七月，更定六部官制五等（《东华录》：每衙门止设满洲承政一员，以下酌量设左右参政、理事、副理事、启心郎、额者库各官，凡五等）。睿王同希福、刚林、范文程等议定停止王领部院事，增设都察院、理藩院，始定部院各设承政一、参政二（弘旺《皇清通志纲要》卷二）。

考试儒生

天聪三年……九月……初，考试儒生。先是，乙丑年（明万历四十四年）十月，太祖察出明绅衿，尽行处死，谓：“种种可恶，皆在此辈。”其时，儒生隐匿得脱者，约三百人。至是考试，分别优劣，得二百人。凡在皇上包衣下，八贝勒等包衣下，及满洲、蒙古家为奴者，皆拔出……俱免二丁差徭，并候录用（王先谦《东华录》卷一）。

（戊）清太宗之攻明

自明失全辽，赖袁崇焕为辽东巡抚，力守锦州、中左、大凌三城，以战为守，以和为用。清太祖之死，崇焕遣使吊之，屡次议和，不得要领。天启七年五月，清兵攻锦州不克而归，自清兴以来未有之挫也。未几，崇焕以不得于魏奄，罢去。崇祯元年，再召为督师，以恢复全辽自任。首诛奄党毛文龙，以一事权。二年，清兵大举入关，围京师，崇焕千里赴援。清人设间，谓与崇焕有成约。朝议遂以崇焕引敌胁和为罪，论死，实则仇东林者之报复。首具疏劾崇焕者，温体仁也。

天启六年……先是，八月中，太祖高皇帝晏驾，崇焕遣使吊，且以觇虚实。太宗文皇帝遣使报之，崇焕欲议和，以书附使者还报。……清兵将讨朝鲜，欲因此阻其兵，得一意南下。七年（清太宗天聪元年）正月，再遣使答之，遂大兴兵渡鸭绿江南讨。朝议以崇焕、（王）之臣不相能，召之臣还，罢经略不设，以关内外尽属崇焕。……崇焕锐意恢复，乃乘大军之出，遣将缮锦州、中左、大凌三城，而再使使持书议和。……崇焕初议和，中朝不知。及奏报，优旨许之。后以为非计，频旨戒谕。崇焕欲藉是修故疆，持愈力。而朝鲜及文龙被兵，言官因谓和议所致。四月……时（总兵赵）率教驻锦州，护版筑。……五月十一日，清兵直抵锦州，四面合围。率教偕中官用婴城守。……崇焕以宁远兵不可动，选精骑四千，令（尤）世禄、（祖）大寿将，绕出大军后决战。别遣水师东出，相牵制。……世禄等将行，清兵已于二十八日分兵趋宁远。崇焕与中官应坤、副使毕自肃督将士登陴守，列营濠内，用炮距击。而（满）桂、世禄、大寿大战城外。……大军亦旋引去，益兵攻锦州。以溽暑不能克，士卒多损伤，六月五日亦引还，因毁大、小凌河二城。时称宁、锦大捷，桂、率教功为多。忠贤因使其党论崇焕不救锦州为暮气，崇焕遂乞休。中外方争颂忠贤，崇焕不得已，亦请建祠，终不为所喜。七月，遂允其归，而以王之臣代为督师，兼辽东巡抚，驻宁远。……未几，熹宗崩。庄烈帝即位，忠贤伏诛，削诸冒功者。廷臣争请召崇焕。……崇祯元年四月，命……督师蓟辽，兼督登、莱、天津军务。……七月，崇焕入都。……上言：“恢复之计，不外臣昔年以辽人守辽土，以辽土养辽人，守为正著，战为奇著，和为旁著之说。”……八月初，抵关。……崇焕遂留镇宁远。……崇焕始受事，即欲诛毛文龙。文龙者，仁和人。以都司援朝鲜，逗留辽东。辽东失，自海道遁回，乘虚袭杀清镇江守将，报巡抚王化贞……遂授文龙总兵，累加至左都督，挂将军印，赐尚方剑，设军镇皮岛如内地。皮岛亦谓东江，在登、莱大海中，绵亘八十里。……北岸海面八十里，即抵清界，其东北海则朝鲜也。岛上兵本河东民，自天启元年河东失，民多逃岛中。文龙笼络其民为兵，分布哨船，联接登州，以为犄角计。中朝是之，岛事由此起。……时清恶文龙蹑后，故致讨朝鲜，以其助文龙为兵端。顾文龙所居东江，形势虽足牵制，其人本无大略……糜饷无算。……无事则鬻参贩布为业，有事亦罕得其用。……崇焕……尝疏请遣部臣理饷。文龙恶文臣监制，抗疏驳之，崇焕不悦。及文龙来谒，接以宾礼，文龙又不让，崇焕谋益决。至是（崇祯二年），遂以阅兵为名，泛海抵双岛，文龙来会。……六月五日，邀文龙观将士射……伏甲士幄外。文龙至……絷缚……崇焕曰：“尔有十二斩罪。”……遂取尚方剑斩之帐前。……乃分其卒二万八千为四协，以文龙子承祚、副将陈继盛、参将徐敷奏、游击刘兴祚主之。……帝骤闻，意殊骇，念既死，且方倚崇焕，乃优旨褒答。……文龙既死，甫逾三月，清兵数十万，分道入龙井关、大安口。崇焕闻，即督（祖）大寿、（何）可刚等入卫。……清兵越蓟州而西。崇焕惧，急引兵入护京师，营广渠门外。帝立召见，深加慰劳。……与大军鏖战，互有杀伤。……都人骤遭兵，怨谤纷起，谓崇焕纵敌拥兵。朝士因前通和议，诬其引敌胁和，将为城下之盟。帝颇闻之，不能无惑。会清设间，谓崇焕密有成约，令所获宦官知之，阴纵使去。其人奔告于帝，帝信之不疑。十二月朔，再召对，遂缚下诏狱。……方崇焕在朝，尝与大学士钱龙锡语，微及欲杀毛文龙状。及崇焕欲成和议，龙锡尝移书止之。龙锡故主定逆案，魏忠贤遗党王永光、高捷、袁弘勋、史堃辈谋兴大狱，为逆党报雠。见崇焕下吏，遂以擅主和议、专戮大帅二事为两人罪。……法司坐崇焕谋叛，龙锡亦论死。三年八月，遂磔崇焕于市（《明史》卷二五九《袁崇焕传》）。

崇焕既诛，明乃起用孙承宗督师，收拾军心，克复遵化、永平、迁安、滦州四城，以清关内。再筑大凌、右屯二城以为守。崇祯四年，清兵再攻锦州，败明兵于长山，大凌河遂失。言者论承宗筑城起衅，承宗遂引疾去。

崇祯二年（清太宗天聪四年）十月，清兵……将薄都城，廷臣争请召承宗，诏以原官兼兵部尚书，守通州。……祖大寿……偕崇焕入卫，见崇焕下吏，惧诛，遂与副将何可纲等率所部万五千人东溃。……承宗闻……手书慰谕大寿。……命承宗移镇关门。……大寿敛兵待命。……三年正月，大寿入关，谒承宗。……时清兵拔遵化……永平……迁安，遂下滦州……攻抚宁及昌黎，俱不下。当是时……承宗、大寿军在东，（马）世龙及四方援军在西。……乃令东西诸营并进。……五月……四城俱复。……四年正月，出关东巡。……初，右屯、大凌河二城，承宗已设兵戍守。后高第来代，尽撤之，二城遂被毁。至是，（邱）禾嘉巡抚辽东，议复取广宁、义州、右屯三城。承宗言广宁道远，当先据右屯，筑城大凌河，以渐而进。兵部尚书梁廷栋主之，遂以七月兴工。工甫竣，我清兵大至，围数周。承宗闻，驰赴锦州，遣吴襄、宋伟往救。禾嘉屡易师期，伟与襄又不相能，遂大败于长山（在锦县东南）。至十月，城中粮尽援绝，守将祖大寿力屈出降，城复被毁。廷臣追咎筑城非策也，交章论禾嘉及承宗。承宗复连疏引疾。十一月，得请……归（《明史》卷二五〇《孙承宗传》）。

承宗上奏曰："……右屯城已隳，修筑而后可守。筑之，敌必至，必复大、小凌河，以接松、杏、锦州。锦州绕海而居，敌难陆运。而右屯之后即海，据此则粮可给，兵可聚，始得为发轫地。”奏入，廷栋力主之，于是有大凌筑城之议。……（崇祯）四年五月……（祖）大寿以兵四千据其地，发班军万四千人筑之，护以石砫土兵万人。……工垂成，廷栋罢去。廷议大凌荒远不当城，撤班军赴蓟，责抚镇矫举，令回奏。禾嘉惧，尽撤防兵，留班军万人，输粮万石济之。八月，清兵抵城下，掘濠筑墙，四面合围，别遣一军截锦州大道。城外堠台皆下，城中兵出，悉败还。禾嘉闻之，驰入锦州，与总兵官吴襄、宋伟合兵赴救。……与清兵遇，大战长山、小凌河间，互有伤损。九月望，清兵薄锦州，分五队直抵城下。襄、伟出战不胜，乃入城。二十四日，监军张春会襄、伟兵，过小凌河东五里，筑垒列车营，为大凌声援。清兵扼长山，不得进。禾嘉遣副将张洪谟、祖大寿、靳国臣、孟道等出战五里庄，亦不胜。夜趋小凌河，至长山接战，大败。春及副将洪谟、杨华征、薛大湖等三十三人俱被执，副将张吉甫、满库、王之敬等战殁。大寿不敢出，凌城援自此绝。……大凌粮尽，食人马。清屡移书招之，大寿许诺，独副将可纲不从。十月二十七日，大寿杀可纲，与副将张存仁等三十九人，投誓书约降。是夕出见，以妻子在锦州，请设计诱降锦州守将，而留诸子于清。……大寿伪逃还……入锦州大凌城……亦被毁。十一月六日，清复攻杏山。明日，攻中左所。城上用炮击，乃退。……禾嘉知其纳款状，具疏闻于朝。……而帝于大寿欲羁縻之，弗罪也。……禾嘉持论每与承宗异，不为所喜，时有诋諆。既遭丧败，廷论益不容，遂坚以疾请。五年四月，诏许还京，以杨嗣昌代（《明史》卷二六一《邱民仰附邱禾嘉传》）。

清兵既得大凌，后二年，复受耿、孔之降。初毛文龙之诛，分其部众为两协，其部将耿仲明、孔有德为山东参将，将兵援大凌。惩于毛部多以事被诛，乃于崇祯四年，中途叛明。翌年正月，攻据登州，明兵围攻，期年不克。六年二月，始降于清，是为清兵抚有汉军之始。内地虚实得尽知之，明兵所恃者火器，耿、孔挟红夷大炮以降，以利器资人，明更无所恃矣。故耿、孔之降，清廷极所以优异之，足以知其关系于明之存亡者甚大。

天聪七年（明崇祯六年）三月……明故毛文龙部将孔有德、耿仲明据登州，遣其党……自盖州登岸来降。……五月……上命贝勒济尔哈朗、阿济格、杜度率兵迎之。孔有德、耿仲明者，辽东人也。太祖取辽东时，奔入皮岛，为毛文龙部下末弁，遂以毛氏称之。后文龙为袁崇焕所杀，山东登州巡抚调有德为……参将，仲明亦为参将。辛未年（明崇祯四年，清天聪五年），上围大凌河，登州巡抚遣有德率骑八百援大凌河，至吴桥县，遇巡抚所遣买马参将李九成，二人相识，始有叛志。……遂陷临邑、陵、商河、青城等县，往攻登州。城中耿仲明……等为内应，内外夹攻，遂得其城。……孔有德……乃自称都元帅，李九成为副元帅，整饬兵马，攻取城堡，遇明兵，辄击败之，山东大乱。明总兵祖大弼率兵数万，来攻登州。……九成阵亡，兵寡敌众，度不能支，乃共议来奔我国。为旅顺口城守总兵黄龙水军截战，副将李应元、田良祚被杀。有德等欲从镇江登岸，朝鲜又以兵助明邀击之。济尔哈朗……率兵迎于江岸。……明兵、朝鲜兵见我兵势盛，遂退。于是数百船官兵、家口、兵器、枪炮等物，尽抵江岸，不遗一物。……六月……新附元帅孔有德、总兵官耿仲明等至，上率诸贝勒出德盛门十里，迎至浑河岸……行抱见礼。……八月，敕谕孔有德、耿仲明曰："尔都元帅、总兵官，乃特专征伐之人。……卿等携来红衣大小炮，已运至通远堡矣。到时即以付卿枪炮、弓矢，须令军士时时教演，不得间断。旗纛俱用皂色。"十月……明广鹿岛副将尚可喜……来约降。……天聪八年……春正月戊子朔，上御殿，命孔有德、耿仲明，与八和硕贝勒，同列于第一班行礼。……二月……命贝勒多尔衮、萨哈廉，往迎降将尚可喜。……三月……副将尚可喜奏，率三岛官民……至海州。上降敕慰劳之。……四月……降将尚可喜来朝，上出迎十里外。……以尚可喜为总兵官，赐敕印。……五月……谕……孔元帅兵为天祐兵，尚总兵兵为天助兵。……天聪十年……四月……封孔有德为恭顺王，耿仲明为怀顺王，尚可喜为智顺王，部下官员，论功升擢，赏赉有差（王先谦《东华录》卷二）。

崇祯四年……孔有德反山东。……有德者，辽人，与耿仲明、李九成、毛承禄辈，皆毛文龙帐下卒也。文龙死，走入登州。登莱巡抚孙元化官辽久，素言辽人可用，乃用承禄为副将，有德、仲明为游击，九成为偏裨，且多收辽人为牙兵。是年，大凌河新城被围，部檄元化发劲卒泛海，趋耀州盐场，示牵制。有德诡言风逆，改从陆赴宁远。十月晦，有德及九成子千总应元统千余人以行，经月抵吴桥，县人罢市，众无所得食。一卒与诸生角，有德抶之，众大哗。九成先赍元化银市马塞上，用尽无以偿，适至吴桥。闻众怨，遂与应元谋，劫有德，相与为乱。……元化者，故所号善西洋大炮者也，至是亦主抚，檄贼所过郡县无邀击。贼长驱，无敢一矢加者。贼佯许元化降。元化师次黄山馆而返，贼遂抵登州。元化遣将张焘率辽兵驻城外，总兵张可大率南兵拒贼。……五年正月，战城东，辽兵遽退，南兵遂败。焘兵多降贼，贼遣之归，士民争请拒勿内。元化不从，贼遂入。日夕，城中火起，中军耿仲明、都司陈光福等，导贼入自东门，城遂陷。……元化……及府县官悉被执。……有德既破登州，推九成为主，已次之，仲明又次之。……贼益攻莱，辇元化所制西洋大炮，日穴城，城多颓。……八月，（朱）大典合兵救莱。兵甫接，贼辄大败，围解。有德走登州……大典围登，九成战死。城破，追剿。有德、仲明入海遁。生擒承禄等，斩应元，贼尽平。……元化……嘉定人。天启间举于乡。所善西洋炮法，盖得之徐光启云（《明史》卷二四八《徐从治传》）。

崇祯三年……登莱巡抚孙元化，以刘兴治乱东江，请（黄）龙往镇。兵部尚书梁廷栋，亦荐龙为总兵，与元化恢复四卫，从之。先是，毛文龙死，袁崇焕分其兵二万八千为四协，命副将陈继盛、参将刘兴治、毛承祚、徐敷奏主之。后改为两协，继盛领东协，兴治摄西协。……兴治凶狡好乱，与继盛不相能……遂杀继盛。……龙莅皮岛受事，兴治犹桀骜如故。四年三月，复作乱。……杀参将沈世魁家众，世魁率其党夜袭杀兴治，乱乃定。……（耿）仲明遂偕孔有德反，以五年正月陷登州，招岛中诸将，旅顺副将陈有时、广鹿岛副将毛承禄，皆往从之。龙急遣尚可喜、金声桓等，抚定诸岛。……贼党高成友者据旅顺，断关、宁、天津援师。龙令游击李维鸾偕可喜等击走之，即移驻其地，援始通。……六年二月，有德、仲明屡为巡抚朱大典所败，航海遁去。龙度有德等必遁，遁必经旅顺，邀击之，有德几获而逸。……有德等大愤，欲报龙。会贼舟泊鸭绿江，龙尽发水师剿之。七月，有德等侦知旅顺空虚，遂引清兵来袭，龙数战皆败，火药矢石俱尽。……围急，知不能脱，自刭死。……事闻……以副总兵沈世魁，代龙为总兵官。……七年二月，广鹿岛副将尚可喜降于清，岛中势益孤。十年，朝鲜告急，世魁移师皮岛为声援，有德等来袭，世魁战败……阵亡。……从子副将志科，集溃卒，至长城岛，欲得世魁敕印，监军副使黄孙茂不予，志科怒，杀之……遂率所部降清。诸岛虽有残卒，不能成军，朝廷亦不置大帅，以登莱总兵遥领之而已。明年（十一年）夏，杨嗣昌决策，尽徙其兵民宁、锦，而诸岛一空（《明史》卷二七一《黄龙传》）。

自后清兵于崇祯七年入宣、大、应、朔等处，八年入代、忻、应、崞，九年入居庸，破昌平，逼京师，南下保定。十一年秋入通州，分陷真定、广平、顺德、大名。明年正月，破济南，执德王。二月北归，盖几无岁不用兵。然皆不能从山海关直入，得地不能守，故必欲取关外四城，以通孔道，而锦州为必攻之地，故于十四年筑长围困之。七月，蓟辽总督洪承畴率八总兵、兵十三万往救，死守松山。翌年二月，城破，承畴降，锦州、杏山、塔山皆下，宁远关门劲卒尽丧，明只能凭关而守矣。

上（太宗）以大军屡入塞，不得明尺寸地，皆由山海关阻隔。而欲取关，非先取关外四城不可。崇德六年（崇祯十四年），命睿亲王多尔衮……等，攻锦州，期以必克。……命郑亲王济尔哈朗往代，逼城筑长围困之，并扼松、杏援师之路……锦州告急。……夏五月，明蓟辽总督洪承畴、巡抚邱民仰，率王朴、唐迩、曹变蛟、吴三桂、白广恩、马科、王廷臣、杨国柱八总兵、军十三万、马四万，集宁远，刍粮支一岁，祖大寿遣卒自锦州逸出，传语毋浪战，但以车营徐逼出境。承畴亦议以兵护粮饷、辎重，由杏山输松山，再由松山输锦州（松山，锦州城南十八里。杏山，锦州城西南四十里），步步立营，以守为战。而兵部尚书陈新甲，以师久饷匮，遣职方司郎中张若麒赴军。若麒素狂躁，日夜报捷，并请密敕趣战。承畴遂不敢坚持前议，留粮饷于宁远、杏山及塔山外之笔架冈（塔山，锦州城西南六十里），而以兵六万先进，诸军继之。骑兵环松山三面，而步兵据城北之乳峰冈，两山间列七营，卫以长濠。八月，太宗闻之，亲统大军赴援。……六日而至，自山至海，横堑大路，断其杏山之饷。并分军败其塔山护饷之兵，遂获笔架冈积粟。明兵既失饷道，又不敢野战，遂撤其步兵七营，背松山坡而阵，夜屡突营不利。太宗知明军自宁远至松山，所赍行粮不过五六日，势必走，乃夜布诸军潜伏塔山、杏山、小凌河诸要隘，邀其去路。……而亲督大军，横列以待。次夜初更，吴三桂等六总兵果更番殿后，严阵迭退。而王朴所部先遁，诸军无复行列，争奔杏山。我追兵蹑其后，伏兵邀其前。明兵弥山亘野，且战且走，六镇兵皆溃入杏山，曹变蛟亦撤兵入松山城，与洪承畴、邱民仰、王廷臣困守，突围五次皆不遂。……上又料明杏山兵必奔宁远，复遣精兵，一伏高桥，一伏桑噶尔斋堡，俟杏山军出，扼险掩杀，王朴等仅以身免，张若麒匿渔舟，由海遁还。……先后歼敌兵五万三千七百八十余。……于是松山城中饷、援皆绝，我军复掘外围困之。九月，驾还盛京。明侍郎沈廷扬，由天津海运粮饷，至松山济师，始延数月。崇德七年（崇祯十五年），松山副将夏承德，密送质子为内应，我军入城，生擒洪承畴、祖大乐等，送盛京。邱民仰、曹变蛟、王廷臣等战死。纵祖大乐还锦州。锦州被围一载，闻松山失，亦降。旋克塔山、杏山（魏源《圣武记》卷一《开国龙兴记三》）。

事闻，帝惊悼甚，设坛都城，承畴十六、民仰六，赐祭尽哀。……寻命建祠都城外，与承畴并列，帝将亲临祭焉。将祭，闻承畴降，乃止（《明史》卷二六一《邱民仰传》）。

自崇焕之诛，人不敢复言和事。清廷欲和，未必出于本意。然明廷除和而外，决无复全辽之力。惜其时皆持虚㤭之论，谓中朝无事“四夷”之理，不能战而讳和。自松、杏既失，本兵陈新甲再申和议之请，明帝已允之矣。特不欲彰露其事，乃为周延儒所泄，言路大哗。明帝遂坚不欲和，以罪诛新甲。

陈新甲……（崇祯）十三年正月，代傅宗龙为兵部尚书。……十五年……三月，松山、锦州相继失。……当是时“闯贼”蹂躏河南。……初，新甲以南北交困，遣使与清议和，私言于傅宗龙。宗龙出都，日以语大学士谢升，升后见疆事大坏，述宗龙之言于帝。帝召新甲诘责……升进曰：“倘肯议和，和亦可恃。”帝默然，寻谕新甲，密图之，而外廷不知也。已言官谒升，升言上意主和，诸君幸勿多言。言官骇愕，交章劾升，升遂斥去。帝既以和议委新甲，手诏往返者数十，皆戒以勿泄。外廷渐知之，故屡疏争，然不得左验。一日，所遣职方郎马绍愉以密语报，新甲视之，置几上。其家僮误以为塘报也，付之抄传。于是言路哗然。……帝愠甚……降严旨切责新甲，令自陈。新甲不引罪，反自诩其功，帝益怒。……七月……遂下狱……弃新甲于市。……帝初甚倚之，晚特恶其泄机事，且彰主过，故杀之不疑（《明史》卷二五七《陈新甲传》）。

崇德七年三月，驻守锦州、杏山王贝勒等……奏，明国差总兵二员、锦衣官一员、职方司官一员，至王贝勒前，欲求讲和，赍来伊主敕谕一道云：“谕兵部尚书陈新甲，据卿部奏，辽沈有休兵息民之意，中朝未轻信者，亦因以前督、抚各官，未曾从实奏明。今卿部屡次代陈，力保其出于真心。我国家开诚怀远，似亦不难听从，以仰体上天好生之仁，以复还我祖宗朝恩义联络之旧。今特谕卿便宜行事，差官宣布，取有的确信音回奏。”……五月，郑亲王济尔哈朗等奏：明遣兵部职方司员外马绍愉、主事朱济之、副将周维墉、鲁宗孔、游击、都司、守备八员、僧一名、从役九十九名，至宁远城，欲来见皇上求和，命遣使迎之。……来使携有敕书一道云：“敕谕兵部尚书陈新甲，昨据卿部奏称，前日所谕休兵息民事情，至今未有确报，因未遣官至沈，未得的音。今准该部便宜行事，差官前往，确采实情具奏。特谕。”……六月……遣还，命大臣送至五十里外，宴饯之。仍贻书明主曰：“……若两国各能审度祸福，矜全亿兆，诚心和好，则自兹以后，宿怨尽释。……至两国有吉凶大事，须当遣使交相庆吊。每岁贵国馈兼金万两、银百万两，我国馈人参千斤、貂皮千张。若我国满洲、蒙古、汉人及朝鲜人等，有逃叛至贵国者，当遣还我国。贵国人有逃叛至我国者，亦遣还贵国。以宁远双树堡中间土岭为贵国界，以塔山为我国界，以连山为适中之地，两国俱于此互市。自宁远双树堡土岭界北至宁远北台，直抵山海关长城一带，若我国人有越入，及贵国人有越出者，俱加稽察，按律处死。或两国人有乘船捕鱼海中往来者，尔国自宁远双树堡中间土岭沿海至黄城岛以西为界，我国以黄城岛以东为界，若两国有越境妄行者，亦当察出处死。傥愿如书中所言，以成和好，则我两人或亲誓天地，或各遣大臣代誓。……若不愿和好，再勿遣使致书。”……于是以书授来使，命……送来使至连山而还（王先谦《东华录》卷三）。

清太宗四次入关，而时露欲和之意，说者遂谓清志在子女玉帛而已。明廷讳和，终以自误。及李自成破北京，清兵剑及屦及，兴“吊民伐罪”之师，为明君复仇，且免三饷以收人心，乃知其初言和，特多方以误明，兼伺机待动。使果与之和，遂能止其不加兵耶？

东人一犯宣府，一入山西，两由蓟入燕，而壬午之入，直走青、齐，及淮而止，所至屠掠一空，为祸至剧。我之兵力，每以讨“寇”，“寇”急则调边兵以征“寇”；东人急，又辍剿“寇”之兵将以防东人，卒之二患益张，国力耗竭而事不可为矣。闯“寇”逼都城，欲辍关外之兵，入关御“寇”。议久不决，而“寇”已破都门而入，烈皇帝身殉社稷。……“寇”之发难以何事起？天下嗷嗷，皆以加赋之故。然赋加于何年？皆以东人发难也（夏允彝《幸存录·国运盛衰之始》）。

自万历后，岁征辽饷六百六十万。崇祯中，复加剿饷二百八十万、练饷七百二十万，先后共增赋千有六百七十万，竭天下兵饷大半以事关东，而中原“盗贼”蜂起……所至破城陷藩，东西交哄。明之诸臣于“流寇”，或多议抚，而于我朝反讳议和，又不图所以战守，盈廷筑室，蜩螗羹沸（魏源《圣武记》卷一《开国龙兴记三》）。

明末辽东重镇失守经过简表

城名	时代			概况	备考
	明纪	清纪	公元		
抚顺	神宗万历四十六年四月	太祖天命三年	一六一八年	清兵破抚顺城，千总王命印死之，总兵官张承允帅师往援，败没。	
开原	万历四十七年六月	天命四年	一六一九年	清兵破开原，守将马林等败没。	
铁岭	同年七月	同上	同上	清兵围铁岭，游击喻成名、史凤鸣、李克泰督兵拒守，城破，俱死之。	《明史·李成梁附子如桢传》：经略杨镐使守铁岭，后以孤城难守，令如桢还屯沈阳，仅以参将丁碧等防守，力益弱。清兵临城，如桢拥兵不救，城遂失。

续表

城名	时代			概况	备考
	明纪	清纪	公元		
沈阳	熹宗天启元年三月	天命六年	一六二一年	清兵取沈阳，总兵官尤世功、贺世贤战死。总兵官陈策、童仲揆、戚金、张名世等往援，战于浑河，皆败没。	《明史·贺世贤传》：清以重兵薄沈阳，世贤及总兵尤世功设兵守城，法甚具。世贤勇而轻，嗜酒，旦日饮酒，率亲丁千，出城逆击。期尽敌而反。清兵佯败，世贤乘锐进，倏精骑四合，世贤战且却，抵西门，身被十四矢。城中闻世贤败，各鸟兽窜，而降丁复叛，断城外吊桥，驰突围中，中矢坠马死。世功引兵援，亦战死。
辽阳	同年三月二十日	同上	同上	清兵攻辽阳，经略袁应泰等拒守，城破死之。	
广宁	天启二年正月	天命七年	一六二二年	清兵攻广宁，经略熊廷弼、巡抚王化贞等，俱走入关，城陷。	《清太祖武皇帝实录》：大明败兵入广宁，报经略熊廷弼、巡抚王化贞，二人闻之大惊，遂与通判万有孚、监军道高出等，弃城向山海关而逃。二十三日，大兵起行，下广宁。四十余城之官，各领所属民降。帝息兵十日，乃移兵，欲进山海关。熊廷弼尽焚沿路屯堡房屋而走。大兵至中左所，复回锦州。

续表

城名	时代			概况	备考
	明纪	清纪	公元		
旅顺	思宗崇祯六年七月	太宗天聪七年	一六三三年	清兵攻旅顺，守将黄龙战死。	
锦州	崇祯十五年三月	崇德七年	一六四二年	清兵围锦州，守将祖大寿拒守经年，以援绝出降。	《明史·庄烈帝本纪》：崇祯十四年夏四月壬子，清兵攻锦州，祖大寿拒守。七月壬寅，洪承畴援锦州，驻师松山。八月乙巳，援兵战于松山、阳和，总兵官杨国柱败没，总兵官吴三桂、王朴自松山遁，诸军夜溃。十五年二月戊午，清兵克松山，洪承畴降。三月己卯，祖大寿以锦州降于清。
宁远	崇祯十七年三月	世祖顺治元年	一六四四年	李自成攻京师，撤宁远兵民御“寇”，遂弃关外地。	《明史·吴麟征传》：方“贼”之陷山西也，蓟辽总督王永吉，请撤宁远吴三桂兵，守关门，选士卒西行遏“寇”，即京师警，旦夕可援。天子下其议，麟征深然之，辅臣陈演、魏藻德不可，谓无故弃地二百里，臣不敢任其咎。及烽烟彻大内，帝始悔不用麟征言，旨下永吉，永吉驰出关，徙宁远五十万众，日行数十里。十六日入关。二十日抵丰润，而京师已陷矣。

(己)对朝鲜之用兵

清太宗以朝鲜助明，于即位之始，遣兵攻之，所以绝东顾之忧也。

太祖高皇帝天命四年，明兵二十四万四路来侵，朝鲜遣其将姜宏立，以兵助明。……太祖上宾，亦不遣使吊问。而明总兵毛文龙，招辽遗民数万守皮岛，亦名东江，在鸭绿江口，去朝鲜及我朝东境各八十里，屡出师袭沿海城寨，牵制我朝，与朝鲜犄角。……太宗文皇帝天聪元年……当明天启七年，朝鲜国王李倧嗣位之三年也。正月，命贝勒阿敏等率师征朝鲜，渡鸭绿江，先败文龙兵于铁山，文龙遁还皮岛，遂克义州、定州及汉山城……长驱而进……进师平壤。……逼国都，倧挈妻子遁江华岛，复遣使诣军谢罪。江华岛在开州南海中，我军无舟不能渡也。乃遣使赴岛宣谕。……三月……和议成，约为兄弟之国。……乃分兵三千戍义州，振旅而还。……是秋，从倧请，召还义州之兵，并许赎所俘人民，定议春秋输岁币，互市中江。是年，明经略袁崇焕杀毛文龙于双岛。……五年，将乘虚征诸岛，征兵船于朝鲜。使至其国，三日乃见，倧曰:“明国犹吾父也。助人攻吾父之国，可乎？”自是渐渝成约（魏源《圣武记》卷六《国初征抚朝鲜记》）。

至太宗改元称尊，以朝鲜败盟，统军亲征。鲜兵溃败，其王纳降。乘胜下皮岛，明人自是不复守岛，东忧尽绝。

天聪十年，当明崇祯九年也。四月，改元崇德，国号大清。……是时我朝已臣蒙古，破明军，无内顾忧。乃于十一月……亲征。驰檄朝鲜官民，讨其败盟之罪。……豫亲王前锋马福塔等，以三百骑潜袭王京，败其精兵数千。倧仓皇遣使，迎劳城外款兵，而徙妻子江华岛，自率亲兵逾江（汉江），保南汉山城。……我军入其都城……合军渡江，围南汉山城。……明年（二年）正月……初，倧遣使告急于明，并檄国中诸道勤王，欲固守以待外援。时明国方急流“寇”，不暇恤邻。……国中东南诸道援兵相继奔溃，西北援兵，逗挠……不进，城中食且尽。我军四路并出，分略诸道。……倧再上书请成，上（太宗）降敕切责，令出城亲觐，并缚献倡议败盟之人。倧始奏书称臣，乞免出城。适其妻子及大臣家口在江华岛者，我睿亲王……小舸径渡，败其鸟枪兵千余，遂入岛城，获王妃、王子、宗室七十有二人，群臣家口百有六十六人。……倧乃献出倡议败盟之宏文馆校理尹集、修撰吴达济，及台谏官洪翼汉诣军前。上敕令纳明所给诰命册印，委身归命，质二子，奉正朔，岁时贡献、表贺，一如明国旧制。有征伐，调兵扈从，并献犒师礼物。毋擅筑城垣，毋擅收逃人，则三百年宗社、数千里封疆，保尔无恙。倧顿首受命……从数十骑出城。先于汉江东岸三田渡，筑坛设黄幄，上陈仪卫，渡江登坛。……倧率其下伏地请罪。诏赦之。……赐燕毕，还其君臣家属于王京。二月，召回诸道之兵，振旅而西。……四月，倧送质子溰、淏等至。五月，攻明皮岛，以明降将孔有德等为乡导，乘朝鲜兵船，尽俘岛众数万而还。明人自是不复守岛（魏源《圣武记》卷六《国初征抚朝鲜记》）。

（庚）内蒙古之平定

太祖初起时，内蒙察哈尔部最称强盛，诸部不堪其扰，纷来归附。及太宗出兵攻察哈尔，遂一举而定之。

内札萨克蒙古……东抵吉林、黑龙江界，西至贺兰山，南界长城，北拒瀚海，络雍、冀、幽、并、营五州北境，袤数千里。明初，悉攘诸漠北。中叶，复荐食漠南，边患遂与明代相终始。我朝龙兴，首臣科尔沁，继平插汉（即察哈尔），于是诸部先后来庭。……初，元太祖起和林，削平西北诸国，建王驸马等世守之。……而仲弟哈萨尔以射闻，季弟勒格图以勇闻，佐命功尤大。今之阿巴噶、阿巴哈纳二部，皆勒格图后也。两科尔沁及札赍特、杜尔伯特、郭尔罗斯、四子部落、茂明安、乌剌善、青海和硕特九部，皆哈萨尔后也。又有太祖十五世孙达延车臣汗者，建庭和林，支裔繁布于漠南北，若奈曼、巴林、敖汉、苏尼特、乌珠穆沁、鄂尔多斯、克什克腾、喀尔喀左右翼九部，皆其后也。翁牛特，则太祖弟谔楚因之后。

札鲁特及土默特右旗，则太祖十八世孙之后。惟喀喇沁及土默特左翼，为太祖功臣济拉玛之后。余皆元子孙。皆以插汉部为大宗（魏源《圣武记》卷三《国朝绥服蒙古记一》）。

科尔沁部

科尔沁部，在喜峰口外，东西距八百七十里，南北距二千有百里，南界盛京边墙，北界索伦。本元太祖弟哈萨尔之后，明初置兀良哈三卫之一也。后自立国曰科尔沁。明洪熙间，为厄鲁特所破，东避嫩江，以同族有阿鲁科尔沁，因号嫩江科尔沁以自别。其札赍特、杜尔伯特、郭尔罗斯三部，皆科尔沁一部所分。兄弟同牧，皆属插汉部。我太祖初年，科尔沁与叶赫、哈达、乌拉、辉发、锡伯、卦尔察、珠舍里、纳殷共九部之师三万来侵……陈兵古呼山。太祖亲御，破之。逾数年，复征乌拉部，败科尔沁来援之众。于是科尔沁与诸部遣使来乞好。天命九年，插汉林丹汗，以兵侵陵诸部，诸部或北徙瀚海依喀尔喀，或东走依科尔沁。科尔沁怨插汉之暴，思归我朝，遂率之来觐。自是为不侵不叛之臣（魏源《圣武记》卷三《国朝绥服蒙古记一》）。

察哈尔部

插汉部者，元之嫡裔大宗也。初，顺帝北归和林，连易五主，始去国号，称鞑靼可汗，皆在洪武之世。永乐初，本雅失里可汗为阿鲁台所立。宣德中，脱脱不花可汗为瓦剌酋长脱欢所立。景泰中，也先篡之。不久，部下仍立脱脱不花子，号小王子。自是，世以小王子称。正德中，小王子尤强。……嘉靖中，稍厌兵，徙幕辽东边外，称土蛮，而分诸部落留西北边。……万历中，大清兵起，明人思用东部插汉小王子，欲以敌大清，而要挟岁赏，终无成效。末年，林丹汗士马强盛，横行漠南。……天命四年，来聘书称：统领四十万众蒙古国主巴图鲁青吉斯汗，致书水滨三万众满洲国主。且恃其虓劲，冯陵诸部。诸部先后驱归大清，请师援救。天聪六年四月，太宗统大军，尽征各部蒙古兵征察哈尔。……出其不意，逾内兴安岭千三百里，至其庭。林丹汗谋拒战，而所部解体，遂徙其人畜十余万众，由归化城渡河西奔，沿途离散十之七八，林丹汗走死于青海之大草滩。我大军至归化城，收其部落数万而还。……（九年）其子额哲，奉所部传国玺来降，封亲王（魏源《圣武记》卷三《国朝绥服蒙古记一》）。

虎墩兔者，居插汉儿地，亦曰插汉儿王子，元裔也。其祖打来孙，始驻牧宣塞外。……四传至虎墩兔，遂益盛。……（万历）四十六年……清兵起，略抚顺及开原。插汉部乘隙拥众挟赏。……四十七年，清兵灭宰赛（喀尔喀部酋）及北关金台什、布羊古等。金台什孙女为虎墩兔妇，于是蓟辽总督文球、巡抚周永春等，以利啖之，俾联结炒花诸部以捍清兵，给白银四千。明年为泰昌元年，加赏至四万。虎乃扬言助中国，邀索无厌（《明史》卷三二七《鞑靼传》）。

天聪二年二月……蒙古喀喇沁部塔布囊苏布地……等，以书来奏曰：察哈尔汗不道，伤残骨肉。……我喀喇沁部落被其欺陵，夺去妻子牲畜。我汗与……喀尔喀诸部落前来至土默特部落格根汗赵城地方，将所驻察哈尔兵四万剿杀之。我汗……回时，值察哈尔兵三千人，赴张家口请赏于明，未得而回……又尽杀之。左翼阿鲁阿霸垓三部落，及喀尔喀部落，遣使来约，欲与吾合力兴师，且有与天聪皇帝同举兵之语。……观伊等来约之言，察哈尔汗根本动摇，可乘此机……同嫩阿霸垓、喀喇沁、土默特兴师（王先谦《东华录》卷一）。

（2）人民之举义

（甲）十三家

始发难于延绥之边兵，饥民纷起应之。固由天灾所致，而延饷自万历末，至崇祯初，欠至一百三十八万，兵民皆饥，所以揭竿而起。

“流贼”所由起，大约有六：叛卒、逃卒、驿卒、饥民、响马、难民是也。天下形势莫强于秦，秦地山高土厚，其民多膂力，好勇敢斗。故六者之乱，亦始于此，而卒以亡天下（计六奇《明季北略》卷四《“流贼”初起》）。

秦以延绥、宁夏、甘肃为三边。延绥据河为塞。……分险列戍，沙碛不生五谷，军民计口，仰食县官，承平忨愒。算崇祯改元，上距万历四十七年，延饷缺额者至一百三十八万。天启中，秦抚乔应甲、延抚朱童蒙，皆奄党也。应甲贪婪狂易，法纪溃弛，四封之内，攻亭长，杀长吏，而莫禁。童蒙朘削军廪，助三殿大工，兵民侧目，始祸实自两人。秦地所出新饷、均输、间架三者，专以备他急，数日增，吏因缘为奸，羡余辄倍。西安镇兵数万，率买闲占役，以空名隶尺籍（宗室乡绅，以供役使）。民不堪，复无所惮，以此纠合边人为“贼”。……崇祯己巳（二年），秦大旱，粟踊贵，军饷告匮。总督杨鹤、甘抚梅之焕，分道勤王。是年，复以稽饷而哗，其溃卒畏捕诛，亡命山谷间，倡饥民为乱。时东事急，朝议核兵饷，各边镇咸厘汰，裁额至数十万，乘障兵咸噪而下。而兵科给事刘懋疏请裁定驿站，岁可节金钱数十万。上喜，著为令。有滥予者，罪勿赦。懋意谓苏民也，而河北游民藉食驿糈，至是遂无所得食。……溃兵乘之，而全陕无宁宇矣（吴伟业《绥寇纪略》卷一《渑池渡》）。

崇祯元年……先是，辽左用兵，逃军惮不敢归伍，相聚剽虏。至是，关中频岁祲，有司不恤下。……群“贼”蜂起，三边饥军应之，“流氛”之始也。当是时，承平久，卒被兵，人无固志，大吏恶闻“贼”，曰此饥民，徐自定耳。明年，总督武之望死。……遂拜鹤兵部右侍郎，代之望总督陕西三边军务。……而继起者益众。鹤素有清望，然不知兵。其冬，京师戒严，延绥、宁夏、甘肃、固原、临洮五镇总兵官，悉以勤王行，延绥兵中道逃归，甘肃兵亦哗，惧诛，并合于“贼”，“贼”益张。……鹤匿不奏，而给降“贼”……免死牒。……“贼”淫掠如故，有司不敢问，“寇”患成于此矣（《明史》卷二六〇《杨鹤传》）。

己巳，清兵薄畿，征四方援兵勤王。保定兵首溃，余亦多中路逃者，因与饥民合势，啸聚山泽。秦中镇将守臣，议蹙“贼”于险，据隘歼之，可一鼓尽也。三边总督杨鹤，独力主招抚议。“贼”出险，遂横不可制（邹漪《明季遗闻》卷一）。

起兵者受欺就抚，旋复引去，由晋而东，转至河南，大会于荥阳，所谓十三家，分途攻取，其势浸盛。

“流贼”始乱，大抵皆秦、晋间人也。……其首乱者，则王子美、苗顺、张圣、姬三儿、王嘉胤、黄虎、小红狼、一丈青、龙得水、混江龙、掠地虎、上天猴、孟良、刘六等，其目甚众，而神一元、高应登为最。自副将张应昌斩高应登、神一元后，其弟一魁领其众，勾西人，陷城堡，其势益强。督抚讨之，久无功。（崇祯）四年，总督杨鹤招抚之，群目皆降。既而鹤杀茹成名，群“贼”疑惧，遂拥一魁复叛去，鹤被逮拟戍。时则有李老柴、一条龙、独头虎、独行狼、上天龙、马老虎、李二、田近庵、翻山鹞、蝎子块、浪天猴之属，其势愈横。是时，李老柴、一条龙、独行狼共破中部县，巡抚练国事围之，李老柴、一条龙出降，而独行狼溃围走。是冬，群“盗”皆降于总督洪承畴。承畴患神一魁之难制也，诱而杀之，其党十八寨大“贼”，皆叛入晋，由晋而东，渐逼畿辅矣。总督卢象升御之，“贼”遂入豫，犹在河北也。自……“贼”渡河而南……横行于秦、蜀、楚、豫之间，飘忽震荡，蹂躏荼毒（郑廉《豫变纪略》卷一）。

崇祯八年正月，大会于荥阳。老回回、曹操、革里眼、左金王、改世王、射塌天、横天王、混十万、过天星、九条龙、顺天王及（高）迎祥、（张）献忠共十三家七十二营，议拒敌（《明史》卷三〇九《李自成传》）。

十三家简表

称号	姓名	始末	备考
闯王	高迎祥	崇祯九年七月被擒，磔死。	《明史·李自成传》：九年，孙传庭新除陕西巡抚，锐意灭“贼”。秋七月，禽迎祥于盩厔，献俘阙下，磔死。于是“贼”党乃共推自成为闯王矣。

续表

称号	姓名	始末	备考
八大王	张献忠		
曹操	罗汝才	崇祯十六年，为李自成所杀。	《明史·李自成传》：自成自下宛、叶，克梁、宋，兵强士附，有专制心。顾独忌汝才，乃召汝才所善贺一龙宴，缚之，晨以三十骑，斩汝才于帐中，悉兼其众。自成既杀汝才、一龙，又夺马守应兵。
老回回	马守应	崇祯十六年，为李自成所并。	
革里眼	贺一龙	崇祯十六年，为李自成所杀。	
左金王	贺锦	崇祯十六年，为李自成部将。	《绥寇纪略·通城击》：贺锦输诚自成，拔为制将军。
改世王	许可变	崇祯十二年降。	《明史·孙应元传》：淅川知县郭守，说降其党许可变、胡可受。（监军刘）元斌至军，檄除可变、可受罪，授以官。
射塌天	李万庆	崇祯十二年，降于左良玉。	《明史·刘国能附李万庆传》：战败，徙应山、德安。会光玉、进忠等皆大败，进忠惧而降。而顺天王已死，万庆势益孤，文灿檄良玉击之，由张家林七里河分击，"贼"大奔。良玉遣国能往谕万庆降，万庆驰见输情。
顺天王		崇祯十二年前死。	
混十万	马进忠	崇祯十二年，降于左良玉。	
过天星	惠登相	崇祯十三年，降于左良玉。	《明史·左良玉传》：良玉乘胜击过天星，降之。过天星者名惠登相，既降，遂始终为良玉部将。
九条龙			
横天王			

（乙）李自成、张献忠

人民倡义者，以张、李之势最强，驰逐之地最广。熊文灿主抚固为无用，杨嗣昌四正六隅之策，实难尽行，亦等于空论。加以举国鼎沸，顾此则失彼，已疲于奔命。当时督抚中能任事者，卢象升死于清，洪承畴降于清，孙传庭则战死。诸将若左良玉之流，皆“养寇自重”，此所以愈“剿”而愈滋。其时纪纲大紊，政以贿成，民苦苛敛，赴义者如水之赴壑。衣冠之士，亦抵掌画策，争为新朝佐命矣。

李自成，米脂人。世居怀远堡李继迁寨。……幼牧羊于邑大姓艾氏。及长，充银川驿卒。善骑射……数犯法。知县晏子宾捕之，将置诸死，脱去为屠。……崇祯元年……白水“贼”王二……等，一时并起。……有安塞马“贼”高迎祥者，自成舅也。与饥民王大梁聚众应之，迎祥自称闯王。三年……延安“贼”张献忠，亦聚众据十八寨，称八大王。……四年……三十六营、众二十余万，聚山西，自成乃与兄子过，往从迎祥，与献忠等合号闯将，未有名。……九年……孙传庭新除陕西巡抚。……秋七月，禽迎祥于盩厔，献俘阙下，磔死。于是“贼”乃共推自成为闯王矣。……十三年……杞县举人李信……卢氏举人牛金星……二人皆往投自成。自成大喜，改信名曰岩。金星又荐卜者宋献策，长三尺余，上谶记云“十八子主神器”。自成大悦，岩因说曰:“取天下以人心为本，请勿杀人，收天下心。”自成从之，屠戮为减。又散所掠财物，赈饥民。……岩复造谣词曰“迎闯王，不纳粮”，使儿童歌以相煽，从自成者日众。……十五年……入襄阳。十六年……自成自号奉天倡义大元帅，号罗汝才代天抚民威德大将军。分其众，曰标营，领兵百队；曰先、后、左、右营，各领兵三十余队。标营白帜黑纛，自成独白鬃大纛银浮屠；左营帜白，右绯，前黑，后黄，纛随其色。……自成善攻，汝才善战，两人相须若左右手。自成下宛、叶，克梁、宋，兵强士附，有专制心。……斩汝才……悉兼其众。……牛金星教以创官爵名号，大行署置。……凡五营二十二将。又置上相、左辅、右弼、六政府侍郎、郎中、从事等官。要地设防御使，府曰尹，州曰牧，县曰令。……于是河南、湖广、江北诸“贼”，莫不听命。……献忠方据武昌，自成遣使贺，且胁之曰：“‘老狪狪’已降，曹操辈诛死，行及汝矣。”献忠大惧，南入长沙。当是时，十三家、七十二营诸大“贼”，降死殆尽，惟自成、献忠存，而自成独劲，遂自称曰新顺王。集牛金星等议兵所向。……顾君恩曰：“……关中，大王桑梓邦也。……宜先取之，建立基业。”……自成从之。……冬十月，自成陷潼关……遂连破华阴、渭南……进攻西安。守将王根子开东门纳“贼”。……改西安曰长安，称西京。……十七年正月庚寅朔，自成称王于西安，“僭”国号曰大顺，改元永昌，改名自晟。……设天佑殿大学士，以牛金星为之。增置六政府尚书，设弘文馆、文谕院、谏议、直指使、从政、统会、尚契司、验马寺、知政使、书写房等官。以乾州宋企郊为吏政尚书、平湖陆之祺为户政尚书、真宁巩焴为礼政尚书、归安张嶙然为兵政尚书。复五等爵，大封功臣，侯刘宗敏以下九人，伯刘体纯以下七十二人，子三十人，男五十五人，定军制。……籍步兵四十万，马兵六十万。……草檄，驰谕远近，指斥乘舆（《明史》卷三〇九《李自成传》）。

逮乎京师陷，其下争走金帛财物之府以分之，此其为利同也。始何以合，今何以散，若是其悬焉者，则以前之所招饥民，而后之所御骄兵也。兵贪则骄，骄则惰，惰则不战而溃矣。……彼饥寒乞活之人，一旦见宫室帷帐、珍怪重宝以千数，志得意满，饮酒高会，有富贵归故乡之心。胠箧担囊，唯恐在后，何暇同心胆、共功名哉？所谓骄而难制者此也（吴伟业《绥寇纪略》卷九《通城击》）。

张献忠者，延安卫柳树涧人也。与李自成同岁生，长隶延绥镇为军。犯法当斩，主将陈洪范奇其状貌，为请于总兵官王威释之，乃逃去。崇祯三年，陕西“贼”大起，王嘉允据府谷，陷河曲。献忠以米脂十八寨应之，自号八大王。明年（四年），嘉允死，其党王自用复聚众三十六营，献忠及高迎祥、罗汝才、马守应等，皆为之渠。……十六年……陷武昌。……

献忠遂“僭”号，改武昌曰天授府，江夏曰上江县，据楚王第，铸西王之宝，“伪”设尚书、都督、巡抚等官，开科取士。……下令发楚邸金，振饥民，蕲、黄等二十一州县悉附。时李自成在襄阳，闻之，忌且怒，贻书谯责。左良玉兵复西上，“伪”官吏多被禽杀。献忠惧，乃悉众趋岳州、长沙。……岳州……长沙陷。寻破衡州，吉王、惠王、桂王俱走永州。……自追三王于永……三王入广西……城陷。……又陷宝庆、常德……遂东犯江西，陷吉安、袁州、建昌、抚州、永新、安福、万载、南丰诸府、县，广东大震。……“贼”有献计取吴越者，献忠惮良玉在，不听，决策入川中。十七年春，陷夔州，至万县，水涨，留屯三月。已（四月），破涪州，败守道刘麟长、总兵曹英兵。（六月）进陷佛图关，破重庆（八月初九日）……遂进陷成都。……是时清兵已定京师，李自成遁归西安，南京诸臣尊立福王，命故大学士王应熊督川湖军事，兵力弱，不能讨“贼”。献忠遂“僭”号大西国王，改元大顺。冬十一月庚寅，即“伪”位，以蜀王府为宫，名成都曰西京。用汪兆麟为左丞相，严锡命为右丞相。设六部、五军都督府等官。王国麟、江鼎镇、龚完敬等为尚书，养子孙可望、艾能奇、刘文秀、李定国等皆为将军（可望为平东，能奇为定北，文秀为抚南，定国为安西），赐姓张氏，分徇诸府州县，悉陷之。保宁、顺庆先已降自成，置官吏，献忠悉逐之。自成发兵攻不克。遂据有全蜀，惟遵义（王祥守）一郡，及黎州土司马金，坚不下（《明史》卷三〇九《张献忠传》）。

照得朱贼杨嗣昌，昔天曾调天下兵马，敢抗天兵，嗣昌幸早死，于吾忍矣。今过武陵，乃彼房屋、土田、坟墓在此，只不归顺足矣。为何拴同乡绅士庶，到处立团，合将九族尽诛，坟墓尽掘，房屋尽行烧毁，霸占土田，查还小民。有捉杨姓一人者，赏银十两。捉其子孙兄弟者，赏千金。为此牌仰该府（杨山松《孤儿吁天录》卷十六）。

闯、献纵横，名都隳突者，皆以“寇”得我火器（吴伟业《绥寇纪略》卷十二《虞渊沉》）。

崇祯朝大事年表

时期		督师	义师				清兵		备考
明纪	公元		概要	十三家	李自成	张献忠	年号	攻略概况	
思宗崇祯元年（戊辰）	一六二八年		陕西义师大起。	《明史·李自成传》：陕西大饥，延绥缺饷，固原兵劫州库，白水“贼”王二、府谷“贼”王嘉允、宜川贼”王左挂、飞山虎、大红狼等，一时并起。有安塞“马贼”高迎祥，自成舅也，与饥民王大梁聚众应之，迎祥自称闯王，大梁自称大梁王。			太宗天聪二年		

续表

时期		督师	义师				清兵		备考
明纪	公元		概要	十三家	李自成	张献忠	年号	攻略概况	
崇祯二年(己巳)	一六二九年	杨鹤总督陕西三边军务。	山西、甘肃、延绥勤王兵溃,与义师合。	《明史·李自成传》:山西巡抚耿如杞勤王兵哗而西,延绥总兵吴自勉、甘肃巡抚梅之焕勤王兵亦溃,与“群盗”合。			天聪三年	《圣武记》:冬,大举伐明,以蒙古兵为向导,由喜峰口毁边墙入,围遵化,陷之,趋蓟州。明督师袁崇焕入援,我军营南海子,纵反间。崇祯帝即召崇焕入城,下之狱。大同总兵满桂战死,生擒总兵黑云龙、麻登云等。太宗不欲究武,乃为议和书,分置永定门、德胜门外,移军略蓟而东。	合水知县蒋应昌。《明史·耿如杞传》:二年,京师戒严,如杞率总兵官张鸿功,以勍卒五千赴援,先至京师,军令卒至之明日,汛地既定而后乃给饷。如杞兵既至,兵部令守通州,明日调昌平,又明日调良乡,汛地累更,军三日不得饷,乃噪而大掠。

续表

时期		督师	义师				清兵		备考
明纪	公元		概要	十三家	李自成	张献忠	年号	攻略概况	
崇祯三年（庚午）	一六三〇年		义师攻山西。	《明史·李自成传》：又有神一元、不沾泥、可天飞、郝临庵、红军友、点灯子、李老柴、混天猴、独行狼诸“贼”，所在蜂起，或攻秦，或东入晋，官兵东西奔击。		《明史·张献忠传》：王嘉胤据府谷，陷河曲，献忠以米脂十八寨应之，自号八大王。《鸡窗剩言》：献忠初号黄虎，后称八大王。	天聪四年	《圣武记》：正月，克永平，克迁安，克滦州。惟昌黎固守，进攻亦不克，诏罢攻，班师。三月，命二贝勒阿敏守永平各城。《明史·庄烈帝本纪》：五月，马世龙、祖大寿诸军入滦州。清兵东归，永平、迁安、遵化相继复。	
崇祯四年（辛未）	一六三一年	杨鹤招抚不效，被逮论戍。洪承畴总督三	义师三十六营聚山西。	《明史·李自成传》：王嘉允犯泽、潞，为左右所杀，其党共推王自用号紫金梁者为魁。	《明史·李自成传》：自成乃与兄子过，往从高迎祥，与献忠等合，号闯将，未有名。	《明史·张献忠传》：洪承畴为总督，献忠及罗汝才皆就抚。已而叛入山西，偕群	天聪五年		《明史·杨鹤传》：一元死，弟一魁围庆阳，陷合水，鹤闻移住宁州。一魁求抚，送还

续表

时期		督师	义师				清兵		备考
明纪	公元		概要	十三家	李自成	张献忠	年号	攻略概况	
崇祯四年（辛未）	一六三一年	边军务。		自用结群“贼”老回回、曹操、八金刚、扫地王、射塌天、阎正虎、满天星、破甲锥、邢红狼、上天龙、蝎子块、过天星、混世王等及献忠、迎祥共三十六营，众二十余万，聚山西。《明史·练国事传》：总督洪承畴尤善调度，“贼魁”多歼，余尽走山西，关中稍靖。		“盗”焚掠。	天聪五年		别“贼”拓先龄、金翅鹏、过天星、田近庵、独头虎、上天龙等，亦先后降。鹤设御座于城楼。“贼”跪拜呼万岁。鹤宣圣谕，令设誓，或归伍，或归农。“贼”佯应之，则立赦其罪。“群盗”自是视总督如儿戏矣，一魁之党茹成名者，尤桀骜。鹤令一魁诱杀之于耀州，其党猜惧，挟一魁以叛。

续表

时期		督师	义师				清兵		备考
明纪	公元		概要	十三家	李自成	张献忠	年号	攻略概况	
崇祯五年（壬申）	一六三二年		义师自山西分犯河北。	《绥寇纪略·渑池渡》：“贼”以七月破大宁，八月破隰州，再破石楼寿阳，移营攻泽州，城陷，全晋震动。阅半月，“贼”已南下太行，浸寻乎济源、修武，而畿南、豫俱中“贼”矣。 《明史·李自成传》：“贼”分众为三，阎正虎据交城、文水，窥太原。邢红狼、上天龙据吴城，窥汾州。自用、献忠突沁州、武乡，入辽州。			天聪六年		

续表

时期		督师	义师				清兵		备考
明纪	公元		概要	十三家	李自成	张献忠	年号	攻略概况	
崇祯六年(癸酉)	一六三三年		山西义师,均败集河北,由渑池渡河,分攻豫、楚、蜀、秦。	《明史·李自成传》:总兵官曹文诏,率陕西兵至,屡战皆大克,山西三大“盗”俱败。“贼”之败于山西者,亦奔河北合营,迎祥、自成、献忠、曹操、老回回等俱至。《明史·左良玉传》:“贼”纵横三晋、畿辅、河北间。其冬,良玉、汤九州扼其前,京营兵尾其后,“贼”大困,三十六家,诡词乞抚。会天寒河冰合,	《明史·李自成传》:始“贼”自渑池渡河,高迎祥最强,自成属焉。及入河南,自成与兄子过,结李牟、俞彬、白广恩、李双喜、顾君恩、高杰等,自为一军,过、杰善战,君恩善谋。		天聪七年		

续表

时期		督师	义师				清兵		备考
明纪	公元		概要	十三家	李自成	张献忠	年号	攻略概况	
崇祯六年（癸酉）	一六三三年			“贼”遂从渑池渡，乃入卢氏山中。由此自郧、襄入川中，折而扰秦、陇，复出没川中、湖北，以攻河南。					
崇祯七年（甲戌）	一六三四年	陈奇瑜为山陕、河南、湖广、四川总督，专办“贼”。	义师自四川走湖广，复入陕西。官军围高迎祥等于兴安之车厢峡，被逸出。	《明史·李自成传》：“贼”走汉南，奇瑜以湖广不足忧，引兵西击。及奇瑜兵至，献忠等奔商雒，自成等陷于兴安之车箱峡。自成贿奇瑜左右诈降，奇瑜意轻“贼”，许之。“贼”甫渡		《明史·庄烈帝本纪》：张献忠突商雒，凡十三营，流入汉南。	天聪八年	《圣武记》：七月，复命兵四路伐明，一从尚方堡之宣府，趋应州至大同。一由龙门口入，会于宣府。一由独石口入，会于应州。一由得胜堡入，历大同趋朔州。又有沿边绕杀虎口至	《明史·陈奇瑜传》：先是，“贼”入蜀，复自蜀入秦。奇瑜以湖广“贼”尽鼓行而西，乃各守要害，截“贼”奔逸。“贼”见官军四集，大惧，悉遁入兴安车厢峡，诸渠李自成、张

续表

时期		督师	义师				清兵		备考
明纪	公元		概要	十三家	李自成	张献忠	年号	攻略概况	
崇祯七年(甲戌)	一六三四年			栈，即大噪，尽“屠”所过七州县。			天聪八年	朔州者，所向克捷。九月，凯旋。	献忠等咸在焉。峡四山巉立，中亘四十里，易入难出。“贼”误入其中，山口垒石，塞路绝，无所得食，困甚。又大雨二旬，弓矢尽脱，马乏刍，死者过半。自成见势绌，伪请降，奇瑜遽许之。先后籍三万六千余人，悉劳遣归农，每百人，以安抚官一护之。既出栈道，遂不受约束，尽杀安抚官，攻掠诸州县，关中大震。

续表

时期		督师	义师				清兵		备考
明纪	公元		概要	十三家	李自成	张献忠	年号	攻略概况	
崇祯八年（乙亥）	一六三五年		义师十三家，大会于荥阳。旋破凤阳，焚皇陵。	《明史·李自成传》：正月，大会于荥阳，共十三家、七十二营，议拒敌。	《明史·李自成传》：迎祥、献忠东下，江北兵单，固始、霍丘俱失守。破寿州、颍州，乘胜下凤阳，焚皇陵。自成从献忠求皇陵监小阉善鼓吹者，献忠不与。自成怒，偕迎祥西趋归德，与曹操、过天星复合，入陕西。洪承畴身追自成，大战渭南临潼，自成大败东走，迎祥亦屡败，东逾华阴，南原绝岭，偕	《明史·张献忠传》：迎祥西去，献忠独东，围庐州、舒城，俱不下。攻桐城，破庐江，及巢、无为、潜山、太湖、宿松诸城，应天巡抚张国维御之。献忠从英、霍遁，道麻城，合守应等入关，会迎祥于凤翔。已复出商洛，屯灵宝。迎祥至，合兵复东。总兵官左良玉、祖宽击之。迎祥寻与自成	天聪九年	《圣武记》：春，命贝勒多尔衮、岳托、豪格等，往收插汉部落，攻明边境。八月，多尔衮等既降插汉，得其传国玺，并由朔州毁宁武关，入代、忻、应、崞，俘获人口牲畜七万六千，还归化城。	

续表

时期		督师	义师				清兵		备考
明纪	公元		概要	十三家	李自成	张献忠	年号	攻略概况	
崇祯八年（乙亥）	一六三五年				自成出朱阳关，与献忠合。《明史·庄烈帝本纪》：五月，曹文诏追“贼”至真宁之湫头镇，遇伏，力战死之。	入陕西，而守应、汝才诸“贼”，各盘踞郧阳商洛山中，不能救。献忠亦遁山中。	天聪九年		
崇祯九年（丙子）	一六三六年	卢象升入援，寻改总督宣大山西军务。王家祯总理河南、湖广、山西、陕西、四川、江北军	高迎祥于盩厔之黑水峪，被孙传庭所擒。	《明史·卢象升传》：是时楚、豫“贼”及迎祥等，俱在秦、楚、蜀之交万山中。象升自南阳趋襄阳进兵。九月，追“贼”至郧西。京师戒严，有诏入卫。既行，“贼”遂大逞，骎骎乎	《明史·李自成传》：春，迎祥、自成攻庐州，不拔，破含山、和州，又攻滁州。象升亲督来援，战于朱龙桥，“贼”大败。北攻寿州，折而西入归德，边将祖大乐破之。走密、登封，分道	《明史庄烈帝本纪》：十月，张献忠犯襄阳。	崇德元年	《圣武记》：四月，命武英郡王阿济格等，分路逾独石口入居庸，克昌平，逼燕京，过保定，克十二城，五十六战皆捷，俘人畜十有八万。明督师兵部尚书张凤翼、宣大总兵梁廷栋，皆按	《明史·孙传庭传》：当是时，“贼”乱关中，有名字者以十数，高迎祥最强，拓养坤党最众，所谓闯王、蝎子块也。传庭设方略，亲击迎祥于盩厔之黑水峪，禽之。《明季北略》：清

续表

时期		督师	义师				清兵		备考
明纪	公元		概要	十三家	李自成	张献忠	年号	攻略概况	
崇祯九年（丙子）	一六三六年	务，代卢象升。		不可复制矣。《明史·庄烈帝本纪》：三月，高迎祥、李自成分部入陕西，余“贼”自光化走湖广。	攻南阳、裕州。象升援裕，令大乐等击“贼”。迎祥、自成精锐几尽，“贼”复分兵再入陕，迎祥由郧、襄趋兴安、汉中，自成由南山逾商雒，走延绥。孙传庭新除陕西巡抚，锐意灭“贼”。秋七月，迎祥于盩厔被禽，遂遇害。于是“贼”党共推自成为闯王矣。		崇德元年	兵不敢战，日服大黄药求死。九月，我兵从建昌冷口出边。	兵从建昌冷口还，守将崔秉德，请率兵遏归路，总监高起潜不敢进，扬言当半渡击之。侦骑报师已尽行。四日，起潜始进石门山，报斩三级。

续表

时期		督师	义师				清兵		备考
明纪	公元		概要	十三家	李自成	张献忠	年号	攻略概况	
崇祯十年（丁丑）	一六三七年	熊文灿代王家祯，总理南畿、河南、山西、陕西、湖广、四川军务。时兵部尚书杨嗣昌建四正六隅之策，期灭“贼”。及文灿至，京军屡捷，“贼”益惧。文	李自成入蜀，攻成都不克。张献忠、罗汝才等沿江东进，南京大震。左良玉、刘良佐等击却之。	《绥寇纪略·黑水擒》：老回回等久占郧、襄，休粮息马，秋高食足。以其全军，合曹操、闯塌天诸“贼”，可二十万，长驱沿流东下，蕲、黄、六合、怀宁、望江、江浦，在在震扰，烽火及于仪、扬。“贼”本分两路来攻，从楚来者，由黄梅入潜山、太湖，以逼皖、桐；从豫来者，由光、固入定远、滁州，以窥浦、六。《明	《明史·李自成传》：攻泾阳、三原，蝎子块、过天星俱来会。传庭督变蛟连战七日，皆克。蝎子块降，自成与过天星奔秦州，入蜀，破宁羌、七盘关，入广元，连破昭化、剑州、梓潼、江油、黎雅、青州等州县，进攻成都，七日不克。《滟滪囊》：三路“贼”先后集成都城下，连营二十余所，围攻四昼夜。巡抚王维	《明史·张献忠传》：献忠纠汝才、守应及闯塌天诸“贼”，顺流东下，与江北“贼”贺一龙、贺锦等合，烽火达淮扬。左良玉、马炉、刘良佐合兵援之，大破“贼”。“贼”走潜山。良玉寻北去。“贼”乃复出太湖、连、蕲、黄。总兵官牟文绶，偕良佐来援，复破“贼”，“贼”皆遁，献忠入湖广。	崇德二年		《明史·杨嗣昌传》：乃议大举平“贼”，请以陕西、河南、湖广、江北为四正面，四巡抚分剿而专防。以延绥、山西、山东、江南、江西、四川为六隅，六巡抚分防而协剿，是谓十面之网。

续表

时期		督师	义师				清兵		备考
明纪	公元		概要	十三家	李自成	张献忠	年号	攻略概况	
崇祯十年（丁丑）	一六三七年	灿决计招降。		史·左良玉传》：良玉从中州救之，急抵六安，连战大破“贼”。“贼”走霍、潜山，会马炉、刘良佐亦屡败“贼”于桐城、庐州，“贼”西遁，江北警少息。	章悉力拒守，城不得破。旬日，众兵咸集，“贼”退去。				
崇祯十一年（戊寅）	一六三八年		罗汝才等十三部，败于潼关，求抚于熊文灿，文灿受之，处之郧	《明史·孙传庭传》：湖广“贼”张献忠已降，惟河南“贼”如故，罗汝才、马进忠、贺一龙、左金王等十三部，西窥潼关。传庭乃引	《明史·庄烈帝本纪》：正月，洪承畴败“贼”于梓潼，“贼”还走陕西。三月，李自成自洮州出番地，总兵官曹变蛟追破之。复入塞，	《明史·左良玉传》：良玉与总兵陈洪范，大破“贼”于郧西。张献忠假官旗号，袭南阳，屯于南关。良玉适至，疑而急召之，献忠逸去，	崇德三年	《圣武记》：八月，命睿亲王多尔衮、克勤郡王岳托等，两路伐明。蓟辽总督吴阿衡，嗜酒不设备，大兵遂入墙子岭，及青山关，两翼兵	

续表

时期		督师	义师				清兵		备考
明纪	公元		概要	十三家	李自成	张献忠	年号	攻略概况	
崇祯十一年（戊寅）	一六三八年		西、均州。张献忠为左良玉所败，逃谷城，亦伪降于熊文灿。李自成为洪承畴等击败，窜居商洛山中。	兵东，大败“贼”阌乡、灵宝山间。“贼”窘甚，以文灿手谕上，言旦夕且降。《明史·熊文灿传》：十一月，汝才等叩太和山提督中官，求抚于文灿，许之。处汝才及一丈青、小秦王、一条龙四营于郧县，处登相及王国宁、常德安、杨友贤、王光恩五营于均州。	走西和、礼县。十月，洪承畴、曹变蛟大破“贼”于潼关、南原，李自成以数骑遁。《明史·李自成传》：自成尽亡其卒，独与刘宗敏、田见秀等十八骑溃围，窜伏商洛山中。其年，献忠降。自成势益衰。总理熊文灿方主抚，谍者或报自成死，益宽之。	追及，发两矢中其眉，复挥刀击之，面流血，其部下救以免，遂逃之谷城。未几请降。《明史·庄烈帝本纪》：四月，张献忠伪降于谷域，熊文灿受之。	崇德三年	会于通州，至涿分八道：一沿山，一沿运河。其间六道并进，分驱真定、广平、顺德、大名，至山东临清州，渡运河，破济南。《明史·庄烈帝本纪》：十一月，清兵克高阳，致仕大学士孙承宗死之。十二月，卢象升败于巨野，死之。征洪承畴入卫。	

续表

时期		督师	义师				清兵		备考
明纪	公元		概要	十三家	李自成	张献忠	年号	攻略概况	
崇祯十二年（己卯）	一六三九年	正月，改洪承畴总督蓟辽，孙传庭总督保定、山东、河北，郑崇俭总督陕西三边军务，代洪承畴。七月，熊文灿下狱。八月，大学士杨嗣昌督师。十月，誓师襄阳。	张献忠“叛”于谷城，罗汝才等九营应之。李自成出收众，“贼”势复盛。马进忠、李万庆降于左良玉。	《明史·张献忠传》：十月朔，嗣昌至襄阳，集诸将议进兵。时“群贼大掠”，贺一龙、贺锦攻随、应、麻、黄，与官军相持。汝才及过天星，走伏漳、房、兴、远。《明史·左良玉传》：破马进忠于镇平关，进忠降。又破“贼”李万庆于张家林七里河，万庆亦降。	《明史·李自成传》：张献忠反谷城，自成大喜，出收众，众复大集。	《明史·熊文灿传》：张献忠之降也，拥兵万人，踞谷城，索十万人饷。其后汝才降，不肯释甲。五月，献忠遂反于谷城，劫汝才于房县，于是九营俱反。《明史·张献忠传》：左良玉追击之，罗岱为前锋，至罗英山，岱中伏死，良玉大败。献忠踞湖广、四川界，将西进。	崇德四年	《明史·庄烈帝本纪》：正月，清兵入济南，德王由枢被执，布政使张秉文等死之。二月，清兵北归。三月，出青山口。凡深入二千里，阅五月，下畿内、山东七十余城。	

续表

时期		督师	义师				清兵		备考
明纪	公元		概要	十三家	李自成	张献忠	年号	攻略概况	
崇祯十三年（庚辰）	一六四〇年	丁启睿总督陕西三边军务，代郑崇俭。	罗汝才等扰蜀，左良玉大败之于兴山，遂走巫山。李自成被围于鱼腹山中，旋出兵河南。张献忠大败于玛瑙山，遁入蜀，与罗汝才等合。鲁、豫大饥，赴义	《明史·庄烈帝本纪》：五月，罗汝才攻夔州，石砫女官秦良玉连战却之。六月，总兵官贺人龙等分道逐“贼”，败之。罗汝才走大宁。七月，左良玉等大破罗汝才于兴山，汝才走巫山，与张献忠合。《明史·杨嗣昌传》。关河大旱，人相食，“土寇”蜂起，陕西窦开远、河南李际遇，为之魁，饥民从之，所在告警。	《明史·庄烈帝本纪》：九月，陕西官军围李自成于巴西鱼腹山中，自成走免。十二月，李自成自湖广走河南，饥民附之，连破宜阳、永宁、偃师，势大炽。	《明史·杨嗣昌传》：当是时，李自成潜伏陕右，贺一龙、左金王等四营，跳梁汉东。嗣昌专攻献忠，献忠屡败于兴安，走入川，良玉追之。二月七日，与陕西副将贺人龙、李国奇，夹击献忠于玛瑙山，大破之。《明史·张献忠传》：献忠西走白羊山。时汝才及过天星，从宁昌图攻大昌巫山，欲渡江，为官兵	崇德五年		

续表

时期		督师	义师				清兵		备考
明纪	公元		概要	十三家	李自成	张献忠	年号	攻略概况	
崇祯十三年（庚辰）	一六四〇年		者纷起。	《豫变纪略》：大饥，人相食，“群盗”大起，千百为群者，不可胜数。如一条龙、张判子、宋江、袁老山之属，众皆万许，而临颍一条龙、寿州袁老山，其徒尤众。《明史·高杰附刘泽清传》：五月，山东大饥，民相聚为“寇”，曹、濮尤甚。帝命泽清会总兵杨御蕃兵“剿捕”之。		所扼。献忠至，遂与之合，破大昌，进屯开县，趋达州，破剑州，将入汉中，不得过，乃复走巴西，入绵州，越成都，破泸州。北渡破永州，走汉州、德阳，入巴州。又自巴走达州，复至开县。先是，嗣昌闻“贼”入川，进驻重庆。	崇德五年		

续表

时期		督师	义师				清兵		备考
明纪	公元		概要	十三家	李自成	张献忠	年号	攻略概况	
崇祯十四年（辛巳）	一六四一年	杨嗣昌死。加丁启睿兵部尚书，称督师，尽督陕西、湖广、河南、四川、山西及江南北诸军，仍兼总督陕西三边军务，赐剑敕印如嗣昌。傅宗龙代丁启睿总督	罗汝才等，由川东进，合于李自成。李自成破洛阳，杀福王，复东攻开封。张献忠袭破襄阳，杀襄王，左良玉击败之，遂东走，入英霍山中，与革、左、二贺合。	《明史·朱大典传》：六月，命大典总督江北及河南湖广军务，仍镇凤阳，专办“流贼”。“贼”帅袁时中众数万，横颍、亳间，大典率总兵刘良佐等击破之。	《明史·李自成传》：正月，攻河南，有营卒勾“贼”，城遂破，杀福王常洵。自成兵沟王血，杂鹿醢尝之，名福禄酒。遂移攻开封，攻七昼夜解去。“贼魁”罗汝才、“土寇”袁时中，皆归自成。 《明史·庄烈帝本纪》：二月，李自成攻开封，周王恭枵、巡按御史高名衡拒却之。秋七月，李自成攻邓州，杨文岳总兵官虎大威击败之。	《明史·张献忠传》：献忠果东出，令汝才拒郧抚袁继咸兵，自率轻骑，一日驰三百里，杀督师使者于道，取军符，绐破襄阳城，东略地。良玉追击之信阳，大破之，献忠走免。已复出商城，将向英山，又为副将王允成所破，众道散且尽，从骑止数十。时汝才已先与自成合，献忠遂投自成，自成以部曲遇之，不从。自成欲杀之，	崇德六年		《豫变纪略》：福王者，神宗爱子也，几于易储，怵于群言而不果，封于洛阳，而命曰福。王之为人，性鄙啬，而酷嗜货财。洎乎连岁饥荒，民不聊生，“盗贼”遍野，王之粟红贯朽自若。既而城破矣，“贼”乃出示，开仓而赈饥民，远近饥民，荷旗而往应之者如流水，日夜不绝，一呼百万，而其势燎原不可扑。

续表

时期		督师	义师				清兵		备考
明纪	公元		概要	十三家	李自成	张献忠	年号	攻略概况	
崇祯十四年（辛巳）	一六四一年	陕西三边军务，汪乔年总督陕西三边军务，代傅宗龙。			九月，傅宗龙帅师次新蔡，与总督保定侍郎杨文岳军会，遇“贼”，贺人龙师溃，宗龙被围，文岳走陈州。傅宗龙溃围出，趋项城，城破死之。“贼”屠项城，及商水、扶沟，破叶县，守将刘国能死之。十一月。破南阳，杀唐王聿镆，总兵官猛如虎等死之。十二月，连破洧川、许州、长葛、鄢陵，李自成、罗汝才，合攻开封。	汝才谏曰：“留之使攻汉南，分官兵力。”乃阴与献忠五百骑，使逃去，道纠“土贼”一斗谷、瓦罐子，众复盛。乘间破亳州，入英霍山中，与革、左、二贺相见，皆大喜。《明史·杨嗣昌传》：忧惧，遂不食，三月朔日卒。	崇德六年		

续表

时期		督师	义师				清兵		备考
明纪	公元		概要	十三家	李自成	张献忠	年号	攻略概况	
崇祯十五年（壬午）	一六四二年	孙传庭总督陕西三边军务。	革、左、二贺战败，北投李自成。张献忠破庐州，又破太湖，复攻湖广。李自成攻开封，决河破之。孙传庭援开封，败绩。自成南破襄阳。	《明史·庄烈帝本纪》：正月，山东"贼"破张秋、东平，"劫"漕艘。太监王裕民、刘元斌率禁兵，会兖州官军攻破之。	《明史·李自成传》：再围开封，巡抚高名衡、总兵陈永福力拒之，射自成中目，自成骇而去。南破西华，寻"屠"陈州、归德、睢州、宁陵、太康数十郡。已复攻开封，筑长围，为持久计。《明史·庄烈帝本纪》：六月，诏孙传庭出关，兵部侍郎侯恂督左良玉军援开封。七月，左良玉、虎大威、杨德政、方	《明史·张献忠传》：攻舒城、六安，破庐州、无为、庐江，习水师于巢湖。总兵官黄得功、刘良佐战于夹山，败绩，江南大震。是秋，得功、良佐大破"贼"于潜山，献忠走蕲水。革、左、二贺北没自成。已，献忠复袭破太湖。会良玉避自成东下，尽撤湖广兵自从。献忠闻之，又袭破黄梅。	崇德七年	《圣武记》：十月，命贝勒阿巴泰等伐明，左翼自界山毁边墙入；右翼自雁门关黄崖口入，会于蓟州。直抵山东兖州而还，克府三、州十八、县六十七。走鲁王，俘人民三十六万九千口，牲畜五十五万有奇，金银珠缎称是。	《明史·左良玉传》：三月，自成复围开封，乃释故尚书初荐良玉者侯恂于狱，起为督师。发帑金十五万，犒良玉营将士，激劝之。良玉及虎大威、杨德政，会师朱仙镇，"贼"营西，官军营北，良玉见"贼"势盛，一夕拔营遁，众军望见皆溃，良玉走襄阳。九月，开封以河决亡，自成无所得，遽引兵西，谋拔

续表

时期		督师	义师				清兵		备考
明纪	公元		概要	十三家	李自成	张献忠	年号	攻略概况	
崇祯十五年（壬午）	一六四二年				国安四镇兵，溃于朱仙镇。九月，“贼”决河灌开封，城圮。十月，孙传庭败绩于郏县，走入关。十二月，李自成破襄阳，据之。左良玉走武昌，“贼”分兵破荆州。		崇德七年		襄阳为根本。时良玉壁樊城，大造战舰，驱襄阳一郡人以实军，诸“降贼”附之，有众二十万。然亲军爱将大半死，而降人不奉约束，良玉亦渐衰多病，不复能与自成角矣。 《明史·孙传庭传》：是役也，天大雨，粮不至，士卒采青柿以食，冻且馁，故大败。豫人所谓柿园之役也。

续表

时期		督师	义师				清兵		备考
明纪	公元		概要	十三家	李自成	张献忠	年号	攻略概况	
崇祯十六年（癸未）	一六四三年	六月，以孙传庭为督师，总制应、凤、江、皖、豫、楚、川、黔，仍总三边。	罗汝才、贺一龙等，为李自成所杀。时十三家仅存自成及张献忠，李自成称王于襄阳，破孙传庭兵，入关据西安，并破秦、陇诸地。张献忠据武昌称王，寻避李	《明史·李自成传》：自成既杀汝才、一龙，又袭杀养成，夺守应兵，击杀袁时中于杞县。当是时，十三家七十二营诸大“贼”，降死殆尽，惟自成、献忠存，而自成独劲。	《平寇志》：正月，自成为盟主，号奉天倡义文武大元帅。三月，杀革里眼、左金王，并其众，旋称顺王。四月，闯“贼”以数十骑突入曹操营，直入帐中斩其头。 《明史·李自成传》：牛金星教以创官爵名号，大行署置，自成遂自称新顺王。 《明史·庄烈帝本纪》：九月，孙传庭复宝丰，进次郏县。李自成迎	《明史·张献忠传》：春，连破广济、蕲州、蕲水，入黄州。西破汉阳、武昌，执楚王华奎，笼而沉诸江。录男子二十以下、十五以上为兵，余皆杀之。 《平寇志》：三月，献忠至黄州，城破，据府，自称西王。五月，破武昌、汉阳。六月，献忠据楚省，“僭”称京城，铸西王之宝。 《明史·庄烈帝本纪》：八月，左良	崇德八年	《圣武记》：三月初入莒州，休士马。时南北驿路，不遇我军一骑，或妄传已出塞。及四月大兵反自南来，起天津至涿鹿，车驼亘三百余里，渡芦沟桥，兼旬未毕。时勤王四镇刘泽清、唐通、周遇吉、黄得功，劲兵猛将，皆集通州。督师大学士周延儒，无敢一议邀遏，惟终日闭城报捷。及大军已度险，将	《明史·冯师孔传》：自成据襄阳，以河洛荆襄四战之地，关中其故乡，士马甲天下，据之可以霸，决策西向。惮潼关天险，将自淅川龙车寨，间道入陕西。无何，我师败绩于南阳，“贼”遂乘胜破潼关，大队长驱，势如破竹。师孔整众守西安，“贼”至，守将王根子开门入之。十月十一日，城破。

续表

时期		督师	义师				清兵		备考
明纪	公元		概要	十三家	李自成	张献忠	年号	攻略概况	
崇祯十六年（癸未）	一六四三年		自成及左良玉，南下攻湖南，并入江西。		战，击败之。传庭以兵乏食引退，“贼”追及之，还战大败，以余众退保潼关。十月，李自成破潼关，孙传庭死之。“贼”连破华州、渭南、临潼，“屠”商州，破西安。十一月，入延安，“屠”凤翔，入榆林，宁夏、庆阳相继下。十二月，渡河破平阳，山西州县相继溃降，破甘州。	玉复武昌、汉阳。张献忠破岳州、长沙、衡州。九月，破宝庆、永州。十月，破常德、吉安。十二月，破抚州，左良玉复长沙。	崇德八年	出边，唐通、白广恩等，始合兵邀拒于密云螺山，溃还。	《明史·林日瑞传》：三边既破，列城望风降，惟西宁卫固守不下，“贼”无后顾，乃长驱而东。

续表

时期		督师	义师				清兵		备考
明纪	公元		概要	十三家	李自成	张献忠	年号	攻略概况	
崇祯十七年（甲申）	一六四四年	正月，大学士李建泰出师讨“贼”。三月，兵溃于河间，旋降“贼”。 五月，福王即帝位于南京，以明年为弘光元年。	李自成据西安，建号改元。率兵入山西，由居庸关入，破北京，崇祯帝缢死于煤山。寻，讨吴三桂于山海关，三桂偕兵拒，自成大败，走还陕西。张献忠		《平寇志》：正月，自成称王于西安，更其名曰自晟，“僭”国号大顺，改元永昌。 《明史·李自成传》：二月，自成渡河，破汾州，徇河曲、静乐，攻太原，执晋王，巡抚蔡懋德死之。北徇忻、代，宁武总兵周遇吉战死。自成先遣游兵入故关，趋大名、真定而北，身率众“贼”，并边东犯大同，巡抚卫景瑗、总兵朱	《蜀碧》：张献忠复自楚“寇”蜀。正月。下夔府，入万县。六月，破重庆，瑞王常浩死之。八月，“贼”攻成都，破之，成都王至澍、太平王至渌等死之。十一月，张献忠称帝，号大西，改元大顺，以成都为西京。	世祖顺治元年		《明史·宦官列传·高起潜传》：李自成将攻京，帝以杜勋镇宣府。勋至镇，即降“贼”。未几，勋从“贼”至。自成设黄幄，坐广宁门外，秦、晋二王左右席地坐，勋侍其下，呼城上，请入见。守城诸珰，缒之上，同入大内，盛称“贼”势，劝帝自为计。左右请留之，勋曰：“不返则二王危。”乃纵之出，复缒下。

续表

时期		督师	义师				清兵		备考
明纪	公元		概要	十三家	李自成	张献忠	年号	攻略概况	
崇祯十七年（甲申）	一六四四年		入川，据有全蜀，称帝于成都。		三乐死。攻宣府，总兵姜瓖迎降，巡抚朱之冯死。遂攻阳和，由柳沟逼居庸关，总兵官唐通、太监杜之秩，迎降。三月十三日，破昌平，总兵官李守锛死，“贼”游骑至平则门。十七日，“贼”环攻九门，门外先设三大营，悉降“贼”。十九日，皇城不守，帝为遗诏，自缢于煤山。《小腆纪年》：四月，闯“贼”率众拒吴三桂，战于		世祖顺治元年		语守城诸珰曰：“吾曹富贵固在也。”俄而城破，诸珰皆降。《明史·李邦华传》：李自成破山西，邦华密疏，请帝固守京师，仿永乐朝故事，太子监国南都，居数日未得命。又请定、永二王，分封太平、宁国二府，拱护两京。帝得疏意动，绕殿行，且读且叹。将欲行其言，会帝召对群臣，中允李明睿疏言南迁

续表

时期		督师	义师				清兵		备考
明纪	公元		概要	十三家	李自成	张献忠	年号	攻略概况	
崇祯十七年（甲申）	一六四四年				一片石，大破闯“贼”于山海关。闯“贼”走永平，还京师，焚宫殿西走。五月，破闯“贼”于真定，“贼”走平阳，遂走韩城。		世祖顺治元年		便。给事中光时亨，以倡言泄密纠之。帝曰：“国君死社稷，正也。朕志定矣。”遂罢邦华策不议。
弘光元年（乙酉）	一六四五年	五月，南京失守。闰六月，唐王即皇帝位于福州。七月。称隆武元年。	李自成为清兵所攻，弃西安，走襄阳。寻据武昌，又为清兵所迫，不知所终。张献		《小腆纪年》：正月，清兵取西安，李自成走襄阳。二月，走承天。三月，攻潜江。五月，自成居武昌五十日，谋夺舟南下取宣、歙。又连为王师所蹙，一夕拔营起，谋踞	《小腆纪传·纪二》：三月，川省督师王应熊、总督樊一蘅、摄巡抚马乾、参政刘麟长、副将曾英、同知詹天颜、武进士杨展、土司杨之明，各起兵攻献“贼”，收复州县，	顺治二年		

续表

时期		督师	义师				清兵		备考
明纪	公元		概要	十三家	李自成	张献忠	年号	攻略概况	
弘光元年（乙酉）	一六四五年		忠在蜀。		湖南，命其四十八部先发，而自以二十骑趋通山之九宫山，乡兵遇之，乱刃交加死。	献“贼”乃大杀四川绅士及其伪官。	顺治二年		
隆武二年（丙戌）	一六四年年		张献忠因川中不靖，欲东走楚，杨展遏之，乃走北川。清兵入川，献忠战死于西充之凤凰山。			《小腆纪传·纪三》：三月，献“贼”率众东下，杨展逆战于江口，大破之。“贼”走还成都。七月，献“贼”毁成都，走川北。《蜀碧》：十月二日，王师西征追“贼”于凤凰山，击之，献忠被害。			

续表

时期		督师	义师				清兵		备考
明纪	公元		概要	十三家	李自成	张献忠	年号	攻略概况	
附记	一、《明史·杨嗣昌传》：崇祯十年，嗣昌议措饷之策有四：曰因粮，曰溢地，曰事例，曰驿递。因粮者，因旧额之粮，量为加派，亩输粮六合，石折银八钱，伤地不与，岁得银百九十二万九千有奇。溢地者，民间土田溢原额者，核实输赋，岁得银四十万六千有奇。事例者，富民输资为监生，一岁而止。驿递者，前此邮驿裁省之银，以二十万充饷。议上，帝乃传谕“流寇”延蔓，生民涂炭，不集兵无以平“寇”，不增赋无以饷兵，勉从廷议，暂累吾民一年，除此腹心大患。其改因粮为均输，布告天下，使知为民去害之意（当时谓之“剿饷”）。十二年，于是有“练饷”之议。初，嗣昌增“剿饷”，期一年为止。后饷尽而“贼”未平，于是“剿饷”外复增练饷七百三十万（《明史·食货志》：杨嗣昌督师，亩加练饷银一分）。神宗末，增赋五百二十万。崇祯初，再增百四十万，名“辽饷”。至是复增“剿饷”，练饷额溢之。先后增赋千六百七十万，民不聊生，益起为“盗”矣。 一、《明史·郑崇俭传》：帝自即位以来，诛总督七人，崇俭及袁崇焕、刘策、杨一鹏、熊文灿、范志完、赵光抃也。帝愤“寇”日炽，用法益峻，功罪不假贷，而疆事浸坏。又《颜继祖传》：崇祯世，巡抚被戮者十有一人，蓟镇王应豸，山西耿如杞，宣府李养冲，登莱孙元化，大同张翼明，顺天陈祖苞，保定张其平，山东颜继祖，四川邵捷春，永平马成名，顺天潘永图，而河南李仙风，被逮自缢不与焉。又《明史·杨嗣昌传》：崇祯十二年，帝命嗣昌议文武诸臣失事罪，分五等：曰守边失机，曰残破城邑，曰失陷藩封，曰失亡主帅，曰纵敌出塞。于是中官则蓟镇总监邓希诏、分监孙茂霖，巡抚则顺天陈祖苞、保定张其平、山东颜继祖，总兵则蓟镇吴国俊、陈国威，山东倪宠，援剿祖宽、李重镇，及他副将以下，至州县有司，凡三十六人，同日弃市（《庄烈帝本纪》：八月癸巳，三十三人，俱弃市）。 一、《明史·兵志》：京营，崇祯十年，时兵事益亟，帝命京军出防剿，皆监以中官，廪给优渥，挟势而骄，多夺人俘获以为功。轻折辱诸将士，将士益解体。又《宦官·高起潜传》：（六年）“流贼”大炽，命太监陈大金、阎思印、谢文举、孙茂霖等，为内中军，分入大帅曹文诏、左良玉、张应昌诸营，名曰监军。在边镇者，悉名监视。已而诸监多侵克军资，临敌辄拥精兵先遁，诸将亦耻为之下，缘是皆无功。八年，尽撤诸镇内臣。又《庄烈帝本纪》：诏撤监视总理内臣，惟京营及关、宁如故。 一、《明史·赵光抃附范志完传》：时关内外，并建二督，而关外加督师衔，地望尤尊。又于昌平、保定设二督。于是千里之内有四督，又有宁远、永平、顺天、密云、天津、保定六巡抚，宁远、山海、中协、西协、昌平、通州、天津、保定八总兵，星罗棋置，无地不防，而事权反不一。								

(3)明之亡

(甲)北都之倾覆

李自成既得关陕，乃自山西出雁门，大同迎降。自居庸入昌平，破京师，庄烈帝自缢于煤山。

崇祯十七年（一六四四年）……三月……十八日……日暝，太监曹化淳启彰义门，“贼”尽入。帝出宫，登煤山，望烽火彻天。……徘徊久之，归乾清宫，令送太子及永王、定王于戚臣周奎、田弘遇第，剑击长公主，趣皇后自尽。十九日丁未，天未明，皇城不守，鸣钟集百官，无至者。乃复登煤山，书衣襟为遗诏，以帛自缢于山亭。太监王承恩缢于侧（《明史》卷三〇九《李自成传》）。

“贼”遂薄内城……更余，召太监王承恩入，整内员为出亡计。又传朱谕至内阁，命成国公提督内外诸军，夹辅东宫。已而，微服欲夺门出，不得。望见正阳门城上悬白笼灯三碗，知大事已去，即刻还宫。白笼灯者，自一至三，以表“寇”信之缓急也。……走煤山，缢死。……御笔血诏云：“朕在位十七年，薄德匪躬，上邀天罪，至‘建虏’入内地四次，‘逆贼’直逼京师，诸臣误朕也。朕无颜见祖宗于地下，将发覆面而死，任‘贼’分裂朕尸，勿伤百姓一人。”（邹漪《明季遗闻》卷一）

京师既破，畿辅、山东、河南悉定。自成乃改定制度，分设各官。

自成毡笠缥衣，乘乌驳马，入承天门。“伪”丞相牛金星，尚书宋企郊、喻上猷，侍郎黎志升、张嶙然等骑而从。登皇极殿，据御座，下令大索帝后，期百官三日朝见。文臣自范景文、勋戚自刘文炳以下，殉节者四十余人。……太子投周奎家，不得入，二王亦不能匿，先后拥至，皆不屈，自成羁之宫中。长公主绝而复苏，舁至，令“贼”刘宗敏疗治。已，乃知帝、后崩。……越三日己酉，昧爽，成国公朱纯臣、大学士魏藻德，率文武百官入贺，皆素服坐殿前。自成不出……百官慑伏不敢动……大学士陈演劝进不许。……自成自居西安建置官吏，至是益尽改官制。……召见朝官，自成南向坐，金星、宗敏、企郊等左右杂坐，以次呼名，分三等授职。自四品以下少詹事梁绍阳、杨观光等无不污“伪”命。三品以上，独用故侍郎侯恂。其余勋戚、文武诸臣奎、纯臣、演、藻德等共八百余人，送宗敏等营中，拷掠责赇赂，至灼肉折胫，备诸惨毒。……时“贼”党已陷保定，李建泰降，畿内府县悉附。山东、河南遍设官吏，所至无违者。及淮，巡抚路振飞发兵拒之，乃去（《明史》卷三〇九《李自成传》）。

李闯既入五日，建设“伪官”，改印曰符、券、契、章凡四等，令职方司收缴前印，悉更铸之。更官名，六部更六政府，内门更天祐殿，翰林院更弘文院，文选更文谕院，巡抚更节度使，兵备道更防御使，六科更谏议，御史更直指使，太仆寺更验马寺，尚宝寺更尚玺寺，通政司更知政使，布政司更统会，知府更尹，知州更牧，知县更令，主事更从事，中书更书写房，正总兵更正总权，副总兵更副总制，五军府更五军部，守备更守旅，把总更守旗，其余皆如故。官服领帽以云为级，一品一云，九品为九云。……三月二十一日，文武官仪入朝者……牛金星执搢绅点名。不用者，发权将军、制将军处分；用者，送吏部。既受职，止给小票，向礼政府领契，刻期赴任（钱䎘《甲申传信录》卷五）。

其不用者，令缴金宝。杀斩勋戚文武二百余人。

百官之投职名也，用者既分三等，授“伪职”。其不用者，每官用马兵二人，执刀随之，驱往西华门外四牌楼街，铁索锁五人一串，如逐羊豕然。……顷之，忽“伪”旨云：“前朝犯官，送权将军刘处分。”……明日……刘……以次论“赃”，内阁十万，部、院、京堂、锦衣帅七万，科道、吏部郎五万三万，翰林一万，部属以千计，勋戚无定数。……能缴者立搜进之，不能者即严刑（徐鼒《小腆纪年》卷四）。

二十六日……诸“贼臣”……匍伏午门前，合词劝进，其表文有“独夫授首，四海归心，比尧舜而多武功，迈汤武而无惭德”。皆传周钟所作（管葛山人辑《平寇志》卷十）。

方事急时，明廷议撤关、宁吴三桂师，以救京师，皆惧负失地之咎，久之始决议。三月二十日，三桂行至遵化，京师已破，复驰回榆关。自成屡招之，不降。自成知边兵劲，且虑清人出师，故自率大军征之。三桂已降清，清人初闻京师破，即出师观衅。以摄政王多尔衮为奉命大将军，尚逡巡未入关。比三桂请讨“贼”复仇，其意乃决。

顺治元年四月辛酉（四日），大学士范文程上摄政王启曰：“……盖明之劲敌，吾国与‘流寇’也。正如秦失其鹿，楚汉逐之。虽与明争天下，实与‘流寇’角胜也。为今日计，我当任员以抚众，使近悦远来，蠢兹‘流孽’，亦将进而臣属于我。彼明之君，知我规模，非复往昔言归于好，亦未可知。”……甲子（七日），以出师祭告太祖武皇帝、大行皇帝。……命摄政和硕睿亲王多尔衮，爰代眇躬，统大军前往伐明……赐大将军敕印……统满洲、蒙古兵三之一。……庚午十三日，洪承畴上启曰：“……‘流寇’可一战而除，宇内可计日而定矣。今宜先遣官宣布王令，以此行特扫除‘逆乱’，期于灭‘贼’。”……壬申（十五日）……师次翁后，明平西伯吴三桂……自山海关来致书曰：“……我国与北朝通好二百余年，今无故而遭国难，北朝应恻然念之，而‘乱臣贼子’，亦非北朝所宜容也。夫除暴剪恶，大顺也；拯危扶颠，大义也；出民水火，大仁也；兴灭继绝，大名也；取威定霸，大功也。……乞念亡国孤臣忠义之言，速选精兵，直入中协、西协，三桂自率所部，合兵以抵都门，灭‘流寇’于宫闱，示大义于中外。则我国之报北朝者，岂但金帛，将裂土以酬，不敢食言。”……癸酉（十六日）……报吴三桂书曰：“……予闻‘流寇’覆绝崇祯帝，不胜发指。用是率仁义之师，沉舟破釜，誓不返旌，期必灭‘贼’，出民水火。……今伯若率众来归，必封以故土，晋为藩王，一则国仇得报，二则身家可保。”……丁丑（二十日），三桂复……来致书曰：“接王来书，知大军已至宁远，救民伐暴，扶弱锄强，义声震天地。其所以相助者，实为吾先帝。……幸王速整虎旅，直入山海，首尾夹攻，‘逆贼’可禽，京之东西，可传檄而定也。”……己卯（二十二日），师次山海关。……是日，进吴三桂为平西王（《初修世祖实录》卷四）。

自成与三桂大战于一片石，清兵乘之。自成大败西归，仍以长安为都。

初，三桂奉诏入援，至山海关，京师陷，犹豫不进。自成劫其父襄，作书招之，三桂欲降。至滦州，闻爱姬陈沅（即陈圆圆）被刘宗敏掠去，愤甚，疾归山海，袭破“贼”将。自成怒，亲部“贼”十余万，执吴襄于军，东攻山海关，以别将从一片石越关外。三桂惧，乞降于清。四月二十二日，自成兵二十万，阵于关内，自北山亘海。我（清）兵对“贼”置阵，三桂居右翼末，悉锐卒搏战，杀“贼”数千人，“贼”亦力斗，围开复合。战良久，我（清）兵从三桂阵右突出，冲“贼”中坚，万马奔跃，飞矢雨堕，天大风，沙石飞走，击“贼”如雹。自成方挟太子登高冈观战，知为我（清）兵，急策马下冈走。我（清）兵追奔四十里，“贼”众大溃。……自成奔永平，我（清）兵逐之。三桂先驱至永平，自成杀吴襄，奔还京师。时牛金星居守，诸降人往谒，执门生礼甚恭。金星曰：“讹言方起，诸君宜简出。”由是降者始惧，多窜伏矣。自成至，悉镕所拷索金及宫中帑藏、器皿，铸为饼，每饼千金，约数万饼，骡车载归西安。二十九日丙戌，僭帝号于武英殿，追尊七代皆为帝后，立妻高氏为皇后。……是夕，焚宫殿及九门城楼。诘旦，挟太子、二王西走，而使“伪”将军左光先、谷可成殿。五月二日，清兵入京师，下令安辑百姓，为帝后发丧，议谥号，遣将偕三桂追自成。……自成至定州，我兵追之，与战，斩谷可成，左光先伤足，“贼”负而逃。自成西走真定，益发众来攻，我兵复击之。自成中流矢创甚，西逾故关，入山西。会我兵东返，自成乃鸠合溃散，走平阳。……定州之败，河南州县多反正。……（李）岩请率兵往，金星……因谮其欲反。自成令金星与岩饮，杀之，贼众俱解体。自成归西安（《明

史》卷三〇九《李自成传》）

摄政王入京师，以讨“贼”为名，首为庄烈帝发丧三日，且免三饷，以收人心。

五月戊子朔……清国师檄其（三桂）西行追“贼”。……初三庚寅……摄政王入居武英殿。……令各官俱照旧。……为先帝设位帝王庙，哭临三日。……谥先帝为怀宗端皇帝。……吴三桂追“贼”……及于真定，逐之出关而止。……封吴三桂为平西王。……十二己亥，三桂旋师入燕。……十五壬寅，摄政王登武英殿，受朝贺。王出示京城，令官民除服薙发，衣冠悉遵大清之制。自是京城内外，尽皆薙发（计六奇《明季北略》卷二十《吴三桂请兵始末》）。

是时，清兵次第分定畿辅、山西、山东、河南诸地。

摄政王……入燕京。……时京北、京东诸府皆降，惟京南保定、大名、真定等府“溃贼土寇”蜂起。而山东、河南闻自成败窜，诸州、县并杀其“伪”防御使、牧、令复为明。……六月，遣肃亲王豪格，往定山东、河南。遣都统叶臣等，往定山西。又命户部侍郎王永鳌招谕之。十月，清授吴三桂平西王敕印。寻议大举讨“流贼”，恐其阻关固守，又恐其西“窜”甘肃，乃以英亲王阿济格为靖远大将军……又以豫亲王多铎为定国大将军，率孔有德等，由河南夹攻潼关，约会于西安。是冬，叶臣等兵出固关，进平三晋。所至迎降，擒“伪”伯陈永福于太原，败“伪”总兵李过于大同。巡抚马国柱进剿汾州、平阳之“贼”，山西悉平。直隶巡抚卫国允、沈文奎，先后削平真定、大名、顺德、广平山寨之“寇”，畿南始定。肃亲王驻军济南，遣兵破青州，斩“贼”赵应元。应元前降复叛，杀侍郎王永鳌者也。又平满家洞之“贼”，地界四县，周二三百里，“巢窟”二百五十有奇。……肃亲王遣尚书尔格等捣之。明年（顺治二年），饶余郡王阿巴泰继攻各“穴”……始破。山东诸郡，悉置官吏（魏源《圣武记》卷一《开国龙兴记四》）。

然后英王自塞外，豫王自河南，分两路攻陕西。自成走湖广，溃于九宫山。部属降于南明，以图抗清。而清兵势锐，已席卷长江中游，豫王且先下江南矣。

顺治元年十月，命和硕英亲王阿济格为定远大将军，征“流寇”。英亲王纡道边外，从土默特、鄂尔多斯部取驼马，复转入边。二年二月，抵西安。时和硕豫亲王多铎（授定国大将军，帅师征江南），已移南征之师，以正月二日，克自成兵于潼关矣。英亲王既至，豫亲王转旝南下，英亲王乃建大将军鼓旗，蹑“贼”后，追之。时“贼”自西安收败卒，出蓝田，分道“鼠窜”，由西而南，豫、楚之间所至皆“贼”，而独不得自成所在。……闻自成养子蒋鼐者，拥兵五千，卫“贼”家口，据湖广承天府。于是大将军令固山额真谭泰为帅，同贝子满达海、薄何托、吞齐哈暨诸将急击之，席忒库仍为前锋。比师至，鼐业分“贼”兵，水陆两道遁去。我兵亦两道追蹑击。……自成复从间道潜走荆州，大师疾趋荆。自成又遁去，大师由荆州循江而东，乏舟不得济，至湖口获“贼”舰二百余，济江。……自成走武昌……围武昌数匝。“贼”将“伪”刘侯、田侯，引兵五千人出城迎敌，大败之。自成复遁去。……乘胜蹑击，至富池口……直逼庐帐。自成……潜越富池口而遁。……自成走九江，大将军令谭泰等，率大师乘舟追之。……“贼”军师宋献策……就擒。……追及谷口，会“贼”方环山而阵，旋以精骑突入。……自成复遁去。……“贼”溃，奔九宫山。大师薄山下，直摧中坚，入“贼”垒……生擒自成妻妾及“贼”侯某（牛金星、宋企郊皆遁亡），独索自成不得。有降卒言，自成败走时，领步兵才二十人，路为乡民所困，自缢而死。遣人往视其尸，朽不可辨。自成生死，终未有实据云。是役也，大小战凡十余合，所过下河南、湖广、江南、江西六十三城，收降“贼”众二十余万。……师次九江，明总督袁继咸、御史黄澍、司道李犹龙、宁南侯左良玉子梦庚，总兵十二员，马步十万人，俱舣舟江中，悉招降之，获其船四万余艘（《张文贞公集》卷七《纪灭闯、献二“贼”事》）。

李自成死，众拥其兄子锦“原名过”为主，奉自成妻高氏及高氏弟一功骤至澧州，拥众三十万，言乞降，远近大震。允锡议抚之，（总督何）腾蛟亦驰檄至，乃躬入其营，开诚慰谕。……别部田见秀、刘汝魁等亦来归，唐王大喜。……授锦御营前部左军、一功右军，并挂龙虎将军印，封列侯，赐锦名赤心、一功名必正。……号其营曰忠贞。封高氏贞义夫人。……然赤心书疏犹称自成先帝，称高氏太后云。……明年（清顺治三年）正月，腾蛟大举，期诸军尽会岳州，独赤心先至（《明史》卷二七九《堵允锡传》）。

当李自成据北京时，张献忠入蜀，建号称帝，蜀中杨展等十三家起而与抗，蜀愈纷乱。清兵既得关中，下江南，移师入蜀，献忠死之。其部将孙可望、李定国、刘文秀、白文选先后皆降永历帝以抗清。后唯可望降清，定国崎岖滇、缅间，发愤以死，尤为忠义卓绝。

顺治三年正月，诏肃亲王豪格为靖远大将军，同平西王吴三桂等，征张献忠于四川。……肃王以三月至西安，时明旧副总兵孙守法、郧阳总兵王光恩、固原副将武大定、贺珍，起兵兴安、汉中，屡破“流贼”，遂陷凤翔，围西安，受唐王封伯爵，关中响应。总督孟乔芳、都统和洛辉，屡败其众，复渭南、蒲城、武功、同州。至是，肃王遣兵分剿邠州、庆阳、延安之“寇”。五月，进军汉中，破贺珍等于鸡头关，遂解汉中、兴安之围。七月，分大军之半进四川。……是冬，大破张献忠于西充，斩之（魏源《圣武记》卷一《开国龙兴记四》）。

甲申……献忠以十一月十六日即“伪位”。……羁縻全川，惟遵义一郡不下，献忠侈然有帝蜀之心矣。当是时，曾英、李占春、于大海起合州，王祥起遵义，杨展起犍为，曹勋起黎州，大学士王应熊缟素誓师……传檄讨“贼”。……献忠之去重庆，本不置兵，故英一鼓而巴渝复为国守。……

诸蜂起之魁，或称四家，或称十三家，袁韬、武大定……次有天字城之谭文、谭诣、谭宏、巫山之刘体纯、酆城之胡明道、金城之姚玉麟、施州卫之王光兴，皆甚著。其王有进、呼九思、景果勒、张显、刘惟灵、白蛟龙、杨炳英、李世杰等，莫可稽考，总所谓夔东十三家者也。……献忠闻兵起，顾刘文秀曰："杨展不足忌。重庆要害地，不可失。"文秀往，而李占春逆之多功城，于大海并力夹击，文秀大败。其别将攻嘉定者，亦为两人所挫衄，"贼"大沮。"贼"初谋自蜀入秦，平东（孙可望）先破马炌于汉中，自谓秦陇可唾手得。李自成乃以贺珍易马炌，而趣之进兵，平东与战而败。……献忠……渐以出兵数败，士众反复，攘袂瞋目，有咀嚼蜀人之心。……在诸将中，多用川民为兵，无如都督刘进忠，将执之而坑其众。……会本朝大兵至汉中，进忠因而归命。王问以献忠所在，进忠曰："在顺庆之金山铺，为西充、盐亭之交境，去此千四百里，疾驰五昼夜可及。"献忠以进忠守朝天关，殊不意有大兵，前驱至而未信，进忠已入营中，与善射者俱，而指示之曰："此献忠也。"发一矢中额，讶曰："果然。"逃伏积薪之下，执近侍询之而得，乃曳出斩之。献忠不得志于汉中，谋东下吴、楚而不果者，有曾英以为之沮也（吴伟业《绥寇纪略》卷十《盐亭诛》）。

顺治元年，福王立于南京。……时张献忠已据全蜀，惟遵义未陷。（樊）一蘅与王应熊避其地（一蘅于崇祯十六年冬，被命总督川陕军务。福王复申前命，并命应熊总督川湖云贵军务），檄诸郡旧将，会师大举。会巡抚马乾复重庆，松潘副将朱化龙、同知詹天颜……复龙安、茂州。一蘅乃起旧将甘良臣为总统，副以侯天锡、屠龙，合参将杨展、游击马应试、余朝宗所携溃卒，得三万人。明年（二年）三月，攻叙州，应试、朝宗先登，展等继至。……"伪"都督张化龙走，遂复其城。一蘅乃犒师江上。初，乾复重庆，"贼"将刘廷举求救于献忠。献忠命养子刘文秀攻重庆，水陆并进，副将曹英与参政刘麟长自遵义至，与部将于大海、李占春、张天相等夹击，破"贼"兵数万，英威名大振，诸别将皆属，兵二十余万，奉一蘅节制。杨展既复叙州,"贼"将冯双礼来寇,每战辄败,孙可望以大泉援之。……朱化龙……率番骑数百冲"贼"兵,"贼"惊溃,死者满山谷。……他将复连败"贼"于摩泥滴水。一蘅乃命展、应试取嘉定、邛、眉,故总兵官贾连登及其中军杨维栋取资、简,天锡、高明佐取泸州,占春、大海守忠、涪。其他据城邑奉征调者,洪、雅则曹勋及监军副使范文光,松、茂则监军佥事詹天颜,夔、万则谭弘、谭诣。一蘅乃移驻纳溪,居中调度,与督师应熊会泸州,檄诸路刻期并进,献忠颇惧。……明年(三年)春,展尽取上川南地,屯嘉定,与勋等相声援。而应熊及王祥在遵义,乾、英在重庆,皆宿重兵。"贼"势日蹙,惟保宁、顺庆为贼将刘进忠所守,进忠又数败。献忠怒,遣孙可望、刘文秀、王尚礼、狄三品、王复臣等攻川南郡县……连战不利。……又闻清兵入蜀境,刘进忠降,大惧。七月,弃成都,走顺庆。寻入西充之凤凰山。十二月,清兵奄至,射杀献忠。……可望等率残卒南奔,骤至重庆,英出不意,战败,死于江。"贼"遂陷綦江,应熊避之毕节卫。逾月(四年正月),"贼"陷遵义,入贵州。清兵追至重庆,巡抚乾败死,遂入遵义,以饷乏旋师。王祥等复取保、宁二郡,一蘅再驻江上,为收复全蜀计,乃列上善后事宜及诸将功状于永明王(永历帝)。……时应熊已卒,而宗室朱容藩、故偏沅巡抚李乾德,并以总制至,杨乔然、江尔文以巡抚至,各自署置。……诸将袁韬据重庆,于大海据云阳,李占春据涪州,谭诣据巫山,谭文据万县,谭弘据天字城,侯天锡据永宁,马应试据芦卫,王祥据遵义,杨展据嘉定,朱化龙、曹勋仍据故地。摇、黄诸家据夔州夹江两岸,而李自成(余孽)李赤心等十三家亦在建始县。一蘅令不行,保叙州一郡而已。顺治五年,容藩自称楚世子,建行台夔州,称制封拜。时乔然已进总督,而范文光、詹天颜巡抚川南、北,吕大器以大学士来督师,皆恶容藩,谋诛之。六年春,容藩遂为占春所败,走死云阳。……乾德利展富,说韬、大定杀展,分其赀。……诸镇亦皆愤,有离心。(七年)秋九月,孙可望遣白文选攻杀祥,降其众二十余万，尽得遵义、重庆。……（八年十月）可望又使刘文秀大败武大定兵，长驱至嘉定。大定、韬皆降，乾德投水死。文秀兵复东，谭弘、谭诣、谭文尽降，占春、大海降于清。明年（九年）正月，文秀还云南，留文选守嘉定，刘镇国守雅州。三月，清兵南征，文选、镇国挟曹勋走，文光、天颜、化龙相继死（《明史》卷二七九《樊一蘅传》）。

戊戌（顺治十五年）……清兵大举取滇，平西王统满、汉官兵，由四川一路进，自渝抵遵，所至之处，莫不迎降。……总督李国英总统镇将，“攻剿”夔东刘、李……等十三家，困围一载，始拔其寨而降其众，地悉平。自此东、西、南三川，全归大清，“蜀乱”暂定矣。自乙酉（顺治二年）以迄……计九府百二十州、县，惟遵义、黎州、武隆等处，免于屠戮，上南一带稍存孑遗，余则连城带邑，屠尽杀绝。……或有险远山寨，间有逃出三五残黎，初则采芹挖蕨，继则食野草剥树皮，草木俱尽，而人遇且相食矣（李馥荣《滟滪囊》附《欧阳氏遗书》）。

自甲午（顺治十一年）以后，蜀地渐归版图。而诸“贼”之负固者，犹出入重、夔、巴、峡间。及顺治十六年，谭宏、谭诣……来降。未几，大兵取重庆、叙州、马湖等属。时三郡为“贼”将卢名臣（孙可望部将）所据，我……水陆并进，攻破佛图关，直抵“贼巢”，擒斩无数。……献“逆孽”之扰蜀者尽矣。……初“闯贼余孽”李赤心，窜死广西、南宁间，其子来亨代领其众，走川东，分据川、湖间，耕田自给。而先溃出关之郝摇旗名永忠、袁宗第及刘虎等，共依结之。时献党虽尽，永忠、宗第尚据巴东。康熙元年壬寅冬十二月，我总督李国英，奉旨统秦、豫、广三省兵将，会四川进“剿”，师驻万县。……二年癸卯……宗第败走巴东，大兵追及巫山，遂据其城。……郝永忠、刘体纯数合众攻巫山甚急。我兵出战，体纯等败走……体纯自缢。大兵乘胜追至黄草坪，永忠、宗第皆授首。惟李来亨居茅麓山，高险难攻，我兵四面围之。……来亨力穷势迫，（三年）八月初六日，焚其妻子自缢，茅麓破。马腾云、拓天宝、王光兴，俱纳款投诚。至是，“闯孽”之在蜀所谓西山“寇”于是尽（彭遵泗《蜀碧》卷四）。

（乙）南明之支撑

南都之亡

北都失守，南京推立福王由崧为帝，以马士英为大学士，居中用事，出史可法督师。于外，建四镇于江北，合之左镇，岁糜饷三四百万，岁入仅足取给。将帅骄横，已露倾覆之端。

“福王……”圣安皇帝，神宗显皇帝第二子福恭王之长子，讳由崧。……崇祯十六年七月，嗣封福王。十七年三月，京师失守。四月己巳，烈皇帝凶问至南京。……南京诸大臣闻变，仓卒议立君。……以福王告庙。……五月戊子朔，驻跸于内守备府。己丑，群臣劝进，王辞让。遵景帝故事，以福王监国。……庚寅，王行告天礼，升殿，百官行四拜礼。……壬辰，以史可法为东阁大学士、兼兵部尚书，高弘图为东阁大学士、兼礼部尚书，并入阁办事。马士英为东阁大学士、兼兵部尚书，仍总督凤阳等处地方都察院右都御史军务。……可法请分江北为四镇，以黄得功、刘泽清、刘良佐、高杰四人分统之。……可法乃奏设督师于扬州，节制诸将。……戊戌，群臣劝进。……壬寅，王即皇帝位。……以明年为弘光元年（顾炎武《圣安本纪》）。

南明江北四镇简表

镇名	镇将	汛地	纪事	备考
滁、和	靖南侯黄得功	驻庐州。辖滁州、和州、全椒、来安、含山、江浦、六合、合肥、巢县、无		《明史·黄得功传》：黄得功号虎山，开原卫人。崇祯十四年，以总兵与王宪分护凤阳、泗州陵，驻定远。张献忠攻桐城，得功与刘良佐，合兵击之于鲍家岭，“贼”败遁。追至潜山，禽斩闯世王马武、三鹞子、王兴国。十

续表

镇名	镇将	汛地	纪事	备考
滁、和		为州十一州县。 经理光、固一带招讨事。		七年，封靖南伯。福王立江南，进封侯。明年，清兵已渡江，知福王奔，分兵袭太平。得功方收兵屯芜湖，福王潜入其营，得功督麾下八总兵，结束前迎敌。而刘良佐已先归命，大呼岸上招降，得功怒叱曰：“汝乃降乎？”忽飞矢至，中其喉偏左。得功知不可为，掷刀，拾所拔箭，刺吭死。中军田雄，遂挟福王降。得功军中呼为黄闯子，其军行纪律严，下无敢犯，所至人感其德。
凤、寿	广昌伯刘良佐	驻临淮。 辖凤阳、临淮、颍上、颍州、寿州、太和、定远、六安、霍丘九州县。 经理河南、陈、杞一带招讨事。		《小腆纪年》：良佐字明辅，大同左卫人。初与高杰同居李自成麾下，杰护内管，良佐护外营。杰降后，良佐亦归朝。或曰故淮督朱大典部将也。崇祯十五年，同黄得功大败张献忠于潜山。尝乘花马陷阵，故亦号花马刘云。 《南疆逸史·刘良佐传》：总督朱大典部将也，从护祖陵。御左革，最后收永城，亦有功。
徐、泗	兴平伯高杰	驻泗州。 辖徐州、萧县、砀山、丰县、沛县、泗州、盱眙、五河、虹县、灵璧、宿州、蒙城、亳州、怀远十四州县。 经理河北、河南、开、归一带招讨事。		《明季南略》：高杰字英吾，米脂人。初为李自成先锋，后与自成后妻邢氏通，惧诛，遂偕以归降，隶秦将贺人龙麾下。孙传庭督秦中，令杰与白广恩为前锋，二将各不相下，遂溃，潼关不守。甲申，调赴李建泰军前。未至，闻建泰兵溃，遂抢河东一带，由山西、河北，率兵南下，大肆劫掠。抵扬，欲入城，扬人畏惧，登陴死守，杰攻之，多杀掠。五月初五日，杰兵大掠江北，声言欲送家眷，安顿江南，约刘泽清刻日南渡。史可法议发户部一万两，遣职方郎万元吉前谕各镇，分别犒赏。 《明季遗闻》：杰，降“贼”也，有骁勇名，称翻山鹞。
淮、扬	东平伯刘泽清	驻淮安。 辖山阳、清河、		《明季南略》：刘泽清字鹤州。崇祯时，为总兵官。甲申二月，移镇彰德。“贼”警急，召

续表

镇名	镇将	汛地	纪事	备考
淮、扬	东平伯刘泽清	桃源、宿迁、海州、沛县、赣榆、盐城、安东、邳州、睢宁十一州县。 经理山东一带招讨事。		将兵入援，不奉诏。三月，大掠临清，统兵南下，所至焚掠一空。五月十二日，泽清以数百人，大掠瓜州。淮安自路振飞、王燮，同心戮办，颇称巩固。振飞去后，泽清突来盘踞，散遣义士，桀骜者，籍之部下，抢劫村落一空。与淮抚田仰，日肆欢饮。北兵南下，有问其如何御者，泽清曰："吾自择江南一郡去耳。"泽清大兴土木，造宅淮安，极其壮丽。休卒淮上，无意北往。 《绥寇纪略·补遗》：睢州许定国者，毁家养士，负其功不得封，上书诋高为"贼"，高由是怨许，常曰："吾见许，必手刃之。"公之遣高图中原也，争之经年，始见从。定国惧讨，贻书公，求自全计。公语其使曰："许总兵何地不可居，而必睢州乎？"
附记	一、《青磷屑》：诸藩各分汛地。长江而上，为左良玉汛地。天灵州而下至仪征三叉河，为黄得功汛地。三叉河而北至高邮州界，为高杰汛地。自淮安而北至清江浦，为刘泽清汛地。自黄家营而北，为史公汛地。自宿迁至骆马湖，为总河军门王永吉汛地。 一、《小腆纪年》：史可法疏言："从来守江南者，必于江北。当酌地利设四藩，以淮、扬、庐、泗自守，而以凤、徐、滁、六为进取之基。督师驻扬州，居中调遣，其四镇则各自画地。……一切军民听统辖，州县有司听节制，营卫原存旧兵听归并整理，荒芜田土听开垦，山泽有利听开采。仍许于境内招商收税，以供军前买马制器之用。每镇额兵三万人，岁供本色米二十万，折色银四十万，听各镇自行征取。"……从之。 一、《三垣笔记》：往时南粮南饷，以给官俸军粮，常苦压欠不给。上即位后，楚镇四镇，频以匮告。……楚镇名五万余，需饷一百八万。四镇兵各三万，需饷二百四十万，本色一百万。 一、《明史·高杰附刘泽清传》：时武臣各占分地，赋入不以上供，恣其所用，置封疆兵事一切不问。与廷臣互分党援，干预朝政，排挤异己，奏牍纷如，纪纲尽裂，而泽清所言尤狂悖。			

福王既立，马、阮当国，立意报复，与东林为难。首诛北部从逆诸臣，时有伪太子、童氏、大悲僧，亦称三案。群臣交哄不已，皆指摘马、阮。先是，左懋第请和于清，清人拒之。致书史可法，责其不为故君复仇，为兴师南下藉口。南都党争方急，一不为备。

马士英，贵阳人（字瑶草）。万历四十四年，与怀宁阮大铖同中会试。又三年，士英成进士。……崇祯十七年三月，京师陷，帝崩。南京诸大臣闻变，仓卒议立君。而福王由崧、潞王常淓，俱避“贼”至淮安，伦序当属福王。诸大臣虑福王立，或追怨妖书及梃击、移宫等案；潞王立，则无后患，且可邀功。阴主之者，废籍礼部侍郎钱谦益，力持其议者兵部侍郎吕大器，而右都御史张慎言、詹事姜曰广皆然之。前山东按察使佥事雷演祚、礼部员外郎周镳往来游说。时士英督师庐、凤，独以为不可，密与操江诚意伯刘孔昭，总兵高杰、刘泽清、黄得功、刘良佐等结，而公致书于参赞机务兵部尚书史可法，言伦序亲贤，无如福王。可法意未决。……士英亦自庐、凤拥兵迎福王至江上，诸大臣乃不敢言。王之立，士英力也。当王监国时，廷推阁臣，刘孔昭攘臂欲得之，可法折以勋臣无入阁例。孔昭乃讼言：“我不可，士英何不可？”于是进士英东阁大学士、兼兵部尚书、都察院右副都御史，与可法及户部尚书高弘图并命，士英仍督师凤阳。士英大愠，令高杰、刘泽清等疏趣可法督师淮、扬，而士英留辅政，仍掌兵部，权震中外。士英为人贪鄙无远略，复引用（阮）大铖，日事报复。……初，（史）可法、（高）弘图及姜曰广、张慎言等皆宿德在位，将以次引海内人望，而士英必欲起大铖。……中旨起大铖兵部添注右侍郎。……明年（弘光元年）二月，进本部尚书、兼右副都御史，仍阅江防。吕大器、姜曰广、刘宗周、高弘图、徐石麒，皆与士英龃龉，先后罢归。士英独握大柄，内倚中官田成辈，外结勋臣刘孔昭、朱国弼、柳祚昌，镇将刘泽清、刘良佐等，而一听大铖计。尽起逆案中杨维垣、虞廷陛、郭如暗、周昌晋、虞大复、徐复阳、陈以瑞、吴孔嘉；其死者悉予赠恤……朝政浊乱，贿赂公行。四方警报狎至，士英身掌中枢，一无筹划，日以锄正人、引凶党为务。初，举朝以逆案攻大铖，大铖憾甚。及见北都从逆诸臣有附会清流者，因倡言曰："彼攻逆案，吾作顺案与之对。"以李自成"伪"国号曰顺也。士英因疏纠从逆光时亨等。时亨名附东林，故重劾之。大铖又诬逮顾杲及左光斗弟光先下狱，劾周镳、雷演祚杀之。时有狂僧大悲出语不类，为总督京营戎政赵之龙所捕。大铖欲假以诛东林及素所不合者，因造十八罗汉、五十三参之目，书史可法、高弘图、姜曰广等姓名，内大悲袖中，海内人望，无不备列。……大铖……将穷治其事。狱词诡秘，朝士皆自危，而士英不欲兴大狱，乃当大悲《妖言律》斩而止。……先是，左良玉接监国诏书，不肯拜，袁继咸强之，乃开读如礼。而属承天守备何志孔、巡按御史黄澍入贺，阴伺朝廷动静。澍挟良玉势，当陛见，面数士英奸贪不法。……澍……还湖广。……士英……削澍职，寻……逮澍。……澍遂匿良玉军中，良玉与士英由此有隙。及伪太子狱起，良玉遂假为兵端。太子之来也，识者指其伪，而都下士民哗然是之。时又有童氏者，自称王妃，亦下狱。督抚、镇将交章争太子及童妃事。……众论益籍籍，谓士英等朋奸，导王灭绝伦理。澍在良玉军中，日夜言太子冤状，请引兵除君侧恶。良玉……又以士英裁其饷，大憾，移檄远近，声士英罪。……遂引兵而东。士英惧，乃遣阮大铖、朱大典、黄得功、刘孔昭等御良玉，而撤江北刘良佐等兵，从之西。……淮、扬备御益弱。会良玉死，其子梦庚连陷郡县，率兵至采石。得功等与相持（《明史》卷三〇八《马士英、阮大铖传》）。

史可法与马士英不协，建空名于外。四镇强横，不奉号令，不待清师南下，识者已知其不可为矣。

史可法字宪之（号道邻），大兴籍祥符人。世锦衣百户。……可法……举崇祯元年进士。……拜南京兵部尚书，参赞机务。十七年四月朔，闻"贼"犯阙，誓师勤王，渡江抵浦口。闻北都既陷……南都议立君，张慎言、吕大器、姜曰广等曰："福王由崧，神宗孙也，伦序当立，而有七不可：贪、淫、酗酒、不孝、虐下、不读书、干预有司也。潞王常淓，神宗侄也，贤明当立。"移牒可法，可法亦以为然。凤阳总督马士英潜与阮大铖计议，主立福王，咨可法，可法以七不可告之。而士英已与黄得功、刘良佐、刘泽清、高杰发兵送福王至仪真，于是可法等迎王。……王监国……可法遂请督师，出镇淮扬。……议分江北为四镇。……得功、泽清、杰争欲驻扬州。杰先至，大杀掠，尸横野。城中恟惧，登陴守，杰攻之浃月。泽清亦大掠淮上。临淮不纳良佐军，亦被攻。朝命可法往解，得功、良佐、泽清皆听命。乃诣杰。杰……旦日朝可法帐中。……可法坦怀待之，接偏裨以温语，杰大喜过望。然杰亦自是易可法……为具疏，屯其众于瓜洲，杰又大喜。杰去，扬州以安，可法乃开府扬州。六月，清兵击败"贼"李自成，自成弃京师西走。青州诸郡县争杀"伪官"，据城自保。可法请颁监国、登极二诏，慰山东、河北军民心。……杰居扬州，桀骜甚。可法开诚布公，导以君臣大义。杰大感悟，奉约束。十月，杰帅师北征。可法赴清江浦，遣官屯田开封，为经略中原计。诸镇分汛地，自王家营而北至宿迁，最冲要，可法自任之。……顺治二年正月……河上告警。诏良佐、得功率师扼颍、寿，杰进兵归、徐。杰至睢州，为许定国所杀。……清兵已取山东、河南，北逼淮南。四月……还扬州（《明史》卷二七四《史可法传》）。

左良玉借口伪太子之狱，以为真故君之子，忽起清君侧之师，实则欲就食安庆。马、阮急撤备北之兵以防之，故清兵渡淮入江，如入无人之境。良玉死于军中，其子竟率部降清。

左良玉字昆山，临清人。……崇祯十七年正月，诏封良玉为宁南伯。……福王立，晋良玉为侯。……以上流之事，专委良玉。……湖广巡抚何腾蛟及总督袁继咸居江西，皆与良玉善，南都倚为屏蔽。良玉兵八十万号百万。……良玉自朱仙镇之败，精锐略尽，其后归者，多乌合，军容虽壮，法令不复相慑。……良玉之起，由侯恂。恂，故东林也。马士英、阮大铖用事，虑东林倚良玉为难，谩语修好，而阴忌之，筑板矶城为西防。……会朝事日非，监军御史黄澍挟良玉势，面触马、阮。既返，遣缇骑逮澍，良玉留澍不遣。澍与诸将日以清君侧为请，良玉踌躇弗应。亡何，有北来太子事，澍借此激众以报己怨，召三十六营大将与之盟。良玉反意乃决，传檄讨马士英。……良玉疾已剧，至九江，邀总督袁继咸入舟中。……继咸正辞拒之。部将郝效忠阴入城，纵火残其城而去。良玉望城中火光，曰："予负袁公。"呕血数升，是夜死。时顺治二年四月也。诸将秘不发丧，共推其子梦庚为留后。七日，军东下，朝命黄得功渡江防剿。……诸军自彭泽下，连陷建德、东流，残安庆城，独池州不破。……诸将乃议旋师。时清兵已下泗州，逼仪真矣。梦庚遂偕澍以众降于九江（《明史》卷二七三《左良玉传》）。

清世祖于顺治元年入燕京。十月即皇帝位，建号曰大清。乃遣豫亲王南征。二年五月六日，破南京，擒福王，诸臣迎降。马士英奉福王太后走浙江，清兵追之，遂定江、浙。

顺治元年……六月……丁卯，摄政睿亲王多尔衮，与诸王、贝勒、大臣等，定议应建都燕京。……奏迎驾。……八月……乙亥，车驾发盛京。……十月……甲子，上御皇极门，颁诏天下，诏曰："……于今年十月初一日……即皇帝位，仍建有天下之号曰大清，定鼎燕京，纪元顺治。"（王先谦《东华录·顺治》卷一）

顺治元年……七月，招抚山东、河南侍郎王鳌永密奏江南情形，言南中拥立福王，改元弘光，史可法为阁部。……摄政王多尔衮遗书可法谕之降。可法旋报书，语多不屈。十月丁卯……晋多罗豫郡王多铎为和硕亲王，旋拜定国大将军……将师下江南（《张文贞公集》卷七《纪平定江南事》）。

顺治二年……二月……命豫王移师征江南（转师入关，同英王破西安，逐李自成之后）。豫王南下之师，三月……会于归德府。时开封、汝宁间，列寨百数，刘洪起长之。南阳列寨数十，萧应训长之。洛阳列寨亦数十，李际遇长之。各拥兵四五万。……时明……以江北分四镇……议画淮而守。……及大兵南下，于是明睢州总兵许定国诱杀高杰，遂与李际遇先后纳款我军，为乡导，河南诸郡邑，望风悉下。……我兵二道并进，一出淮北，一出淮南。……出淮北者，为都统准塔山东之兵。五月，降高杰部将李成栋于徐州，败刘泽清兵于宿迁。……追至淮安，泽清及总漕田仰，皆遁入海。我兵徇通州、泰州皆下。其出淮南者，豫王自将之，由归德趋泗州……渡淮。明督师大学士史可法……将督以援泗，至中途，泗州已失守，淮扬告急。福王方手书趣其入援，拒左良玉，及浦口，始命回扬。……豫王大军自天长、六合水陆并进，距扬州二十里而营。……拒守七昼夜，发炮伤城外军数百。豫王怒，令精兵大炮专攻城西北隅，崩声如雷，守陴不退。我兵践城下积尸而登，遂陷。……可法死之，我兵留十日，屠之而南。五月初，师至扬子江。……我兵乘雾夜渡。……遂陷镇江。自丹阳、句容，抵南京，营于郊坛之北。而福王已先三日……走芜湖。马士英、阮大铖亦率亲兵数千，由溧水走杭州矣。明诸勋戚文武大臣迎降。……遣贝勒尼堪……等，追福王于芜湖。明靖南侯黄得功中流矢死，总兵田雄、马得功拥福王出降，江南悉定。而英王上游追“流寇”之兵，亦至九江。……遣章天于偕降将金声桓徇江西，又遣兵分守荆州、武昌，尽收湖北。……豫王六月……令贝勒博洛等，追明潞王常淓于杭州，沿途徇所过郡邑，并分兵徇松江、太仓，下之。明大学士马士英、总兵方国安等迎战败走，渡钱塘江，我军营于江岸……开门降。……浙西亦略定。豫王承制，改南京为江南省，其郡邑以城降者即使为守，奏授江宁、安庆巡抚以下官三百七十三人。七月，俘福王凯旋。命多罗贝勒勒克德浑为平南大将军，同都统叶臣等镇守江南。下令海内薙发、易衣冠。命内院大学士洪承畴总督军务，招抚南方（魏源《圣武记》卷一《开国龙兴记四》）。

南都既破，清兵入浙，潞王迎降。浙东奉鲁王监国，不用闽中之命。而其部将争饷互攻，并舟山而不能守，鲁王崎岖海岛死，葬于金门。唯余张名振、张煌言与郑成功结连，为海上抗清之师。

闽、粤、滇之继溃

继福王而帝者，为唐王聿键，改元隆武，都于福州，号福京。时鲁王以海监国绍兴，颇相龃龉。唐王受制于二郑，不足有为。大学士黄道周出师被执，清兵入闽，二郑降，唐王不知所终。史称被执而诛，未足为信也。继唐王而立者，为唐王聿𨱇，立于广州，改元绍武。未几，即亡。桂王称帝于肇庆，改元永历，拥有粤、桂、湘、赣、滇、黔之地，其势渐振。清以孔有德、耿仲明、尚可喜率师征之，命洪承畴为经略。桂王穷蹙入滇，吴三桂自蜀率师入滇，追至缅甸，擒桂王杀之，明始亡。自北都之覆，至是历年二十。当清兵之下江南，薙发令下，义师蜂起，不久皆败没。独郑成功据思明，时扰漳、泉，入长江，攻金陵，声势颇盛。复据台湾，与滇、黔遥相呼应。桂王既亡，成功亦卒为明祚一线之延，台湾始终奉永历年号，至永历三十七年始亡。兹略纪三王之立，而大事则备列于表。

"唐王"……帝讳聿键……太祖高皇帝九世孙，封国河南之南阳府。……崇祯五年壬申……帝袭位。……九年丙子八月，京师戒严，帝率护卫军勤王。又杀其两叔……前锋值"寇"，亡其内竖二人，乃返国。十一月，下礼部议……废为庶人，安置凤阳高墙。……弘光登极大赦，帝出高墙，遣官送寓广西，道杭州而南都陷。帝劝潞王监国，三日，潞王出降，时靖卤伯郑鸿逵自京口，户部主事苏观生自南都，胥会于杭，遂奉帝入闽。闰六月七日，监国二十七日……即皇帝位于福州。……以福建省为福京，福州府为天兴府，布政司为行在大明门。……改是年乙酉七月一日以后为隆武元年。进靖卤伯郑鸿逵为定卤侯，南安伯郑芝龙为平卤侯，以黄道周为少保、吏部尚书、武英殿大学士，苏观生为礼部右侍郎，张肯堂少保、吏部尚书，吴春枝兵部右侍郎、兼右副都御史（黄宗羲《行朝录》卷一《隆武纪年》）。

绍武皇帝，讳聿𨮁，思文帝第四弟也。隆武改元，封唐王以主唐祀。闽败，浮海至广州。时大学士丁魁楚、瞿式耜已奉桂王监国于肇庆，隆武大学士苏观生从赣入广，故与魁楚有隙，以为由隆武而言，则宜及其弟。乃与大学士何吾驺、布政司顾元镜、在籍侍郎王应华，于丙戌十一月癸卯朔，请王监国。……初五日，王即帝位，以广州都司署为行在，改明年为绍武元年。自旧辅观生而外，何吾驺仍为大学士，顾元镜、王应华皆为东阁大学士，以军国事专属观生（黄宗羲《行朝录》卷一《绍武之立》）。

“鲁王”……王讳以海，太祖十世孙。……（崇祯）十七年春二月甲戌，嗣鲁王位。北都之变，诸王皆南下。乙酉夏四月，弘光帝命移驻台州。五月，南都不守。六月，浙中潞王亦降。闰六月己丑，九江道佥事孙嘉绩、吏科都给事中熊汝霖，同起兵于余姚。其明日，诸生郑遵谦应之绍兴。……兵部尚书张国维起兵东阳。又明日，刑部员外郎钱肃乐起兵于鄞。……奉笺赴台，请王监国。同时以兵以饷来归者，总兵王之仁自定海，黄斌卿遣将自舟山，张名振自石浦，沈宸荃、冯元飏亦应之慈溪，声势震兴。二十八日，再奉笺劝进。……即日，移驻绍兴，以分守署为行在。进肃乐右佥都御史，加督师衔。以张国维、朱大典、宋之溥为东阁大学士，国维督师江上，大典镇守金华，之溥司票拟。……列兵江上，画地戍守。总兵方国安自浙西来（徐鼒《小腆纪传》卷七《监国鲁王纪》）。

“桂王”……永历帝，神宗之孙，桂端王常瀛少子也，讳由榔。崇祯九年，封永明王。十六年，张献忠陷衡州，王由永州入粤西。……隆武帝立。……端王薨于苍梧，长子安仁王由棱袭封，居肇庆。……安仁王薨，隆武帝以王袭封。……隆武二年丙戌八月，驾陷汀州。变闻，总督丁魁楚、（巡抚瞿）式耜，与巡按御史王化澄、郑封、知府朱治憪、锦衣卫佥事马吉翔、太监庞天寿等议监国。……乃以冬十月十四日丙戌，监国肇庆……以府署为行在。颁诏楚、滇、黔、蜀，以魁楚为东阁大学士、兼戎政尚书，（吕）大器为东阁大学士、兼兵部尚书，式耜以大学士、兼吏部右侍郎。……十八日庚申，即皇帝位，仍称隆武二年，以明年为永历元年。……进督师何腾蛟为武英殿大学士。……式耜为文渊阁大学士（徐鼒《小腆纪传》卷四《永历纪上》）。

顺治五年（一六四八年）戊子正月……上在桂林，称永历二年。……是月癸亥，降将金声桓偕其党王得仁，以南昌……来归。……夏四月、明闰三月……乙亥，降将李成栋，以广东……来归。遣洪天擢、潘曾纬、李绮赍奏赴南宁迎驾。时……乍闻成栋来归，惊疑百端。天擢等力陈成栋忠诚，且述江西金声桓事甚悉，人心始安。……闰四月、明四月乙未，遣吏部侍郎吴贞毓、祥符侯侯性，劳李成栋军，封成栋惠国公（徐鼒《小腆纪传》四《永历纪上》）。

金声桓使人间道赍佛经置密疏其中，赴南宁输款。……六月，广东李成栋使亦至。成栋自广西回，击杀陈子壮、张家玉等，擢授提督，巡抚佟养甲为总督。李成栋自负功高，不欲受节制。又得金声桓密书，遂反。使至，封李成栋惠国公。……金声桓豫国公，及王得仁、佟养甲……等侯伯有差。……顺治六年（一六四九年）己丑（肇庆称永历三年），大兵围南昌久，金声桓告急，使李成栋、何腾蛟、堵允锡等分道援之。未至，南昌已破。乌金王大兵南下湘潭。……何腾蛟被执，不屈死之。二月，李成栋兵亦败于信丰，堕水死。事闻，赠何腾蛟与李成栋、金声桓皆王爵（冯甦《劫灰录·永明王始末》）。

永历三年（一六四九年）己丑……七月，楚降将李赤心等，兵败入广。初，李“贼”部曲之降于何腾蛟也，李过（一名锦），赐名赤心，封兴国公，高必正封郑国公，营名忠贞。腾蛟死，为大学士堵允锡所抚。湖南北既失，赤心等由郴、桂竟趋梧州，欲入广东。允锡力主其议，李元胤曰：“我辈做鞑子时，公不来复广东。今反正后，乃来争广东乎？皇上在此，他来何为？”允锡语塞而止（黄宗羲《行朝录》卷三《永历纪年》）。

李定国者，陕西延安人。与孙可望、刘文秀、艾能奇，俱少从张献忠为“贼”，张献忠儿畜之。……丁亥正月，陷贵州。三月，入云南。……庚寅，定国受封为西宁王，东攻靖州、江岗，皆克之。遂陷广西，败定南王孔有德，执陈邦传等。北取永州、衡州，楚、粤间归附者日众，不复受孙可望约束。……永明王使使封定国为晋王，召之入卫。……丙申十二月，定国败于新会，驰回安隆，奉永明王入滇。……于是，定国与蜀王刘文秀并居云南，而事权专归定国。……性亢直，与人无私。回滇，矫孙可望之失，事永明王尽礼，进奉极丰，不以威凌士类，人以此多之。……永明王入缅甸，定国伏兵于磨盘山（原名高黎贡山），大战不胜。走至铜壁关结营，招集散失士马。……率众驻孟定土府，闻白文选在木邦，移兵南岛，与之会。……定国知白文选不与同心，亦移屯猛缅。……（辛丑）八月十八日，与白文选俱引还洞武。……遂率所部东向九龙江而进。……缅酋竟献永明王于平西王吴三桂军前。定国在九龙江闻报，东走景线。壬寅五月，至猛腊，士马死亡日众。定国乃置醮，自述平生所为，如天命已绝，愿速死，毋徒苦众人。未几，云南四月二十五日上崩之信亦至，定国遂病，以六月二十七日卒于军（冯甦《劫灰录·李宪国传》）。

南明大事年表

公元	清		南明		备考
	年号	对南概况	年号	福王	
一六四四年	世祖顺治元年甲申	五月初二日，摄政睿亲王多尔衮入北京。 六月，遣肃亲王豪格往定山东、河南，都统叶臣等往定山西。 十月初一日，迎世祖至北京，定北京为国都。命英亲王阿济格为靖远大将军出大同，豫亲王豪格为定国大将军出河南，夹攻李自成于陕西。	思宗崇祯十七年	五月初三日，马士英、史可法等，奉福王由崧监国于南京。十五日，即皇帝位，以明年为弘光元年。 分江北为四镇，以黄得功、刘泽清、刘良佐、高杰四人分统之。 马士英率兵入朝，入阁办事。史可法督师江上。 六月，马士英荐逆案前光禄卿阮大铖知兵，命冠带召见。廷臣交章劾奏，不省。 湖广巡按御史黄澍入朝，劾奏马士英十可斩。上令士英避位，士英因内侍乞留，乃止。 七月，命左懋第为兵部右侍郎，联络关东军务。奉使于北京，不屈被执。 命以六等定从逆诸臣罪。十二月，刑部尚书解学龙上之。一等应磔者，宋企郊等十一人；二等应斩决者，光时亨、周钟等四人；三等应绞拟赎者，陈名夏等七人；四等应戍拟赎者，王孙蕙等十五人；五等应徒拟赎者，宋学显等十人；六等应杖拟赎者，潘同春等八人。 清摄政睿亲王多尔衮，遣使致书史可法谕降。可法旋报书，语多不屈。 十一月，张献忠据四川，称帝于成都。 十二月，通政司杨维垣，请重刊《三朝要典》，送一部入史馆。又奏逆案多枉，请命吏部察明，分别复职起用。 狂僧大悲至京，自称齐王，又称潞王，下镇抚司勘讯，阮大铖拟假之兴大狱。	

续表

<table>
<tr><th rowspan="2">公元</th><th colspan="2">清</th><th colspan="5">南明</th><th rowspan="2">备考</th></tr>
<tr><th>年号</th><th>对南概况</th><th>年号</th><th colspan="4">福王</th></tr>
<tr><td rowspan="3">一六四五年</td><td rowspan="3">顺治二年乙酉</td><td rowspan="3">正月，破西安，李自成走湖广。
二月，命豫亲王移师征江南，英亲王追剿余“寇”。
五月，豫亲王入南京，英亲王追李自成于湖北。自成不知所终。
六月，始定薙发易服之制，不遵者杀无赦。
闰六月，命内阁大学士、兵部尚书洪承畴，以原官总</td><td>弘光元年</td><td colspan="4">三月，左良玉举兵反，焚武昌东下，檄数马士英罪。四月，良玉陷九江。寻死，其子梦庚自称留后，陷湖口、建德、东流、安庆，至池州。五月，黄得功败之于板子矶。梦庚以众降于清英王。
四月，清豫王南下之师，渡淮逼扬州。史可法方率兵入援，次浦口，闻警奔还，督兵民拒守七日，城陷，可法等死之。清兵留十日，屠之而南。
五月，清师临江，从坎沄桥狭流乘雾夜渡。江上防兵奔溃，遂陷镇江，直趋南京。帝于初十日走太平，马士英挟太后走杭州。十二日至黄得功营。十五日清豫王至南京，诸臣迎降。二十二日追兵至芜湖，黄得功中流矢死，总兵田雄、马得功刦帝降，挟至南京，拘于江宁县。九月北去，隆武帝遥上尊号曰圣安皇帝。明年五月遇害，永历帝上谥曰安宗简皇帝。
六月，清兵抚定苏、常诸地，南入浙江。潞王常淓在杭州，群臣请监国，不许，乃以杭州降。</td><td rowspan="3">《南疆逸史·死事诸臣传》：适下令薙发，乡民皆惊，而吏胥乘势鱼肉，民汹汹思乱。</td></tr>
<tr><td></td><td>唐王</td><td>鲁王</td><td colspan="2">江上义师</td></tr>
<tr><td>隆武元年</td><td>闰六月初七日，郑芝龙、黄道周、苏观生等，奉唐王聿键监国于福州。二十七日，即皇帝位，以七月一日为隆武元年。封郑芝龙等为侯伯，赐芝龙子森姓朱，名成功，命提督禁旅，以驸马都尉体统行事。
八月，郑芝龙为政，集廷臣议战守。以饷不支，乃请于两税正供预借一年，令群臣捐俸，绅士输助，征</td><td>闰六月二十八日，张国维、朱大典、熊汝霖、孙嘉绩等，奉鲁王以海监国于绍兴。命方国安守七条沙，王之仁守西兴，郑遵谦守小亹，</td><td>六月，巡抚田仰、监军道荆本澈等奉义阳王朝埈驻崇明沙。吴江生员陆世钥、主事吴易、举人孙兆奎等，起兵于太湖。中书舍人卢象</td><td>隆武二年五月，荆本澈在舟山小沙岙，为黄斌卿所杀。八月，败于长白荡，兆奎死之。
六月，卢象观等谋袭南京不克，亡入太湖。</td></tr>
</table>

续表

公元	清		南明					备考
	年号	对南概况	年号	唐王	鲁王	江上义师		
一六四五年	顺治二年乙酉	督军务，招抚江南各省。改南京为江南省，应天府为江宁府。 七月，命贝勒勒克德浑为平南大将军，同固山额真叶臣等往江南，代豫亲王多铎。 十月，贝勒勒克德浑，自杭回军江陵。 十二月，移征湖广。	隆武元年	府县银粮未解者，官吏督追，闾里骚然。廷臣日请郑芝龙出关，不得已，乃请以郑鸿逵出浙东，郑彩出江西。托候饷，寻引还。 九月，湖广总督何腾蛟、巡抚堵允锡，受李自成、左良玉余众降。奏闻，进腾蛟大学士，又题授张光璧、黄朝选、刘承胤、曹志建、董英（腾蛟旧将）、马进忠、王永成（良玉旧将）、李锦、郝永忠、袁宗第、王进才、马士秀、卢鼎（闯将）并总兵官，分镇湖南北，与武昌、荆州清兵相持，所谓十三镇也。 十月，颁诏浙东，鲁王不受，自是闽、浙水火。时江西杨廷麟守赣，何腾蛟镇湖南，军势均颇振。帝以郑芝龙不足恃，欲入楚倚腾蛟。十一月，下诏亲征。以唐王聿钊、邓	孙嘉绩、熊汝霖、钱肃乐分守沥海，西取富兴，以扼上游，东由海道以潜通太湖。分饷分地之议起，浙东正供钱粮，尽归方、王二军。富户乐输之义饷，亦为方、王所夺，义师无所取给，多散去。 十一月，拜方国安为帅，命各营佥听节制。马士英、阮大铖俱入方国安军中，	观，奉宗室盛沥起兵于宜兴。 闰六月，江阴典史阎应元、陈明遇、贡生黄毓祺等起兵拒守。 松江在籍前兵部侍郎沈犹龙、给事中陈子龙等起兵拒守。 昆山举人周室瑜等，奉前总兵王佐才，起兵拒守。嘉定进士黄淳耀等奉前左通政侯峒曾，起兵拒守。 休宁在籍御史	八月，与清兵战，败死。 八月，清将李成栋、刘良佐合攻，八十一日而城破，屠之。 八月，降将李成栋陷松江，沈犹龙等死之。 七月，城陷，佐才等死之。 七月，清兵攻陷嘉定，黄淳耀、侯峒曾等死之。 九月，降将金声桓破绩溪，金声、江天一被执，死于南京。	《南疆逸史·死事诸臣传》：江右自左梦庚降，其部将金声桓不愿北行，请于豫王取江西以自效。声桓本无智略，其至也，惟杀掠以立威，于是诸郡守义兵起矣。始于建昌，而广、信、抚、饶继之，惟赣之守为

续表

公元	清		南明					备考
	年号		年号	唐王	鲁王	江上义师		
一六四五年	顺治二年乙酉		隆武元年	王鼎器监国，曾樱、郑芝龙留守。 十二月，发福京。 云南土司沙定洲攻下昆明，黔国公沐天波走楚雄。	请朝见，不许。	金声、诸生江天一等，起兵拒守。 宁国在籍前山东巡抚邱祖德等，起兵攻城。 徽州推官温璜等，起兵拒守。 前职方郎中尹民兴，与生员赵初浣等，起兵守泾县。 贵池副榜吴应箕起兵，复建德、东流。 六月，长兴县民金有鉴，奉通城王盛徵，起兵复湖州。	兵败，归华阳山寨。七月寨陷，祖德死之。 九月，清兵陷徽州，温璜死之 九月，清兵陷泾县，尹民兴走闽中。 九月，兵败，吴应箕被执，死之。 六月，攻长兴败。十月，败走宜兴。明年正月，复攻长兴，阵殁。 寻败于三塔湾，象美死之。 寻战败，元章死之。	

续表

公元	清		南明				备考
	年号	对南概况	年号	唐王	鲁王	江上义师	
一六四五年	顺治二年乙酉		隆武元年			闰六月，嘉兴在籍翰林屠象美等起兵拒守。参将方元、副将姚志倬、张起芬等，起兵复余杭。七月，江西布致使夏万亨等，奉益王由本，起兵建昌。临川在籍吏部主事曾亨应、揭重熙等，起兵抚州。前左庶子杨廷麟、左中允刘同升等，起兵赣州。前工部侍郎刘士桢等，起兵复泰、和、庐陵。寻清兵陷城，万亨等皆死之，由本走闽。清兵至城下，众溃散。八月，亨应被执死，重熙走闽。明年，重熙奉命守抚州。隆武二年十月，城破，杨廷麟、马元吉等死之。士桢克二邑，守之。明年，吉安复陷。求援于闽。赣破，避之南田。十月，败，被执死。	最久，其被毒也亦最酷。

续表

公元	清		南明					备考
	年号	对南概况		唐王	鲁王	江上义师		
一六四五年	顺治二年乙酉		隆武元年			前汜水知县胡定每等，起兵德兴。 德化诸生李含初，起兵朖山，复德化、瑞昌。 德安郭贤操起兵，复建昌。 泸溪县知县张载述、贡生魏一柱等，起兵拒守。 十一月，前陕西都督同知孙守法，奉秦藩第四子称汉中王者起兵复凤翔，开邸五郎山，檄召各郡兵将，将薄	清九江守将袭朖山，含初死之。部将私款于清兵，被执，寻败。十二月，攻西安，清总督孟乔芳告急于朝。明年正月，援兵至，乃解围去，所得郡县复失。六月，守法退回五郎山。又明年正月，守法奔石子城。二月，走长安石鳖谷。三月，破宁州，拔兴安之荞麦山。四月，总督孟乔芳	

续表

公元	清		南明					备考
	年号	对南概况	年号	唐王	鲁王		江上义师	
一六四五年	顺治二年乙酉		隆武元年				西安，于是盩厔、鄠、郿、泾阳、三原、临潼、澄城、白水诸县次第来归，军声大震。引兵攻之，守法中伏，阵殁。	
一六四六年	顺治三年丙戌	三月，命肃亲王豪格为靖远大将军，统师征张献忠于四川。 四月，命贝勒博洛为征南大将军，率师征福建、浙江。 八月，命恭顺王孔有德为平南大将军，与怀顺王耿	隆武二年	正月，帝驻建宁。 三月，郑芝龙不欲帝行，使军民数万人遮道号呼，拥驾不得前。帝不得已，驻延平。 清兵陷吉安，万元吉退保赣州。 四月，郑彩弃广信，奔入杉关，清兵遂陷抚州。 五月，进迫赣州，杨廷麟、万元吉悉力固守。 六月，郑芝龙阴受洪承畴约款，托言海寇至，驰还安平，尽撤关隘、水陆诸防，仙霞岭虚无人。 七月，清兵由衢州、广信两路长驱	鲁监国元年	正月，王在绍兴。 五月，清兵隔钱塘江炮坏方国安营灶，国安即拥兵遁，挟王自绍兴奔台州。六月，列戍惊溃，马、阮嗾国安使执监国以献，监国脱走航海。清兵取绍兴、宁波、温、台诸地。惟朱大典守金华，久不下。 八月，阮大铖导清兵攻破金华，屠之。旋马士英、方国安、阮大铖并为清师所诛，复进破衢州，全浙尽陷。九月，富平将军张名振等，奉王至舟山，守将		

续表

<table>
<tr><th rowspan="2">公元</th><th colspan="2">清</th><th colspan="7">南明</th><th rowspan="2">备考</th></tr>
<tr><th>年号</th><th>对南概况</th><th>年号</th><th colspan="3">唐王</th><th>年号</th><th>鲁王</th><th>江上义师</th></tr>
<tr><td rowspan="3">一六四六年</td><td rowspan="3">顺治三年丙戌</td><td rowspan="3">仲明、智顺王尚可喜等，率满洲、蒙古、汉军官兵，征湖广、两广。</td><td rowspan="3">隆武二年</td><td colspan="3">入，何腾蛟遣将郝永忠率兵迎帝，次韶州不进。
八月，帝知仙霞不可守，决意幸赣，自延平出奔。清兵入福州，遣降将李成栋引兵追帝。二十七日抵汀州，追兵至，被执。曾后至九龙潭，投水死。帝遇害于福京。永历帝立，上尊号曰思文皇帝。十一年，上谥曰绍宗襄皇帝。
十一月，郑芝龙屯安平镇，降于清，被挟北去。诸子弟初谏劝不听，至是莫有从之者。</td><td rowspan="3">鲁监国元年</td><td rowspan="3">黄斌卿不纳，飘泊外洋。
十一月，王次中左所，即厦门也。郑芝龙已投清，令郑彩执王，彩不可。会郑成功起兵海上，亦驻厦门，以唐、鲁旧嫌，不愿奉王，于是郑彩奉王次长垣。</td><td></td><td></td></tr>
<tr><td>桂王</td><td></td><td>唐王</td><td>郑成功</td><td rowspan="2"></td></tr>
<tr><td>十月四日，桂王由榔监国于肇庆。
十一月十八日，即皇帝位，以明年为永历元年。</td><td>绍武元年</td><td>十一月一日，唐王聿𨮁监国于广州。五日，即皇帝位，改元绍武。
十二月，桂督</td><td>十二月，成功以其父芝龙降清北去，与所善陈辉等，定盟恢复，收兵南澳，得数千人，文称忠孝</td></tr>
</table>

续表

公元	清		南明							备考
	年号	对南概况	年号	桂王	年号	唐王	年号	鲁王	郑成功	
一六四六年	顺治三年丙戌	十二月，肃亲王豪格戕害张献忠于凤凰山。	隆武二年	命兵科给事中彭耀、主事陈嘉谟，宣谕广州，为苏观生所杀，乃以兵部右侍郎林佳鼎督师三水，以拒广州兵 十二月，广州失陷报至肇庆，瞿式耜请守峡口，司礼监王坤难之，乃奉帝奔梧州。	绍武元年	师林佳鼎败广州兵，乘胜至三山口。唐总兵林察，遣“海盗”诈降，乘风纵火，桂兵大败，肇庆震动。唐、桂方相持，而降将李成栋率清兵，已由闽入广，下潮、惠，用两府印移牒广州报平安，苏观生信之不为备。十五日，袭陷广州，帝被执，投缳死。			伯招讨大将军。	

续表

公元	清		南明					备考
	年号	对南概况	年号	桂王	年号	鲁王	郑成功	
一六四七年	顺治四年丁亥	十一月，以侍郎陈泰为靖南将军，偕梅勒章京董阿赖等，征福建。	永历元年	正月，帝在梧州，李成栋取肇庆。帝北走平乐，瞿式耜复奉帝如桂林。高、雷、廉、梧继陷，式耜自请留守桂林，帝遂就总兵刘承胤于武冈。三月，成栋攻桂林，式耜督兵拒战，成栋不利，退屯昆阳。八月，张家玉、陈子壮等兵复起，克东莞、高明等县，成栋往来追击，不能复西。式耜乘之，复定广西。清孔有德、耿仲明、尚可喜之兵，自三月出师岳州，取长沙，督师何腾蛟退保衡州。五月，衡州陷，腾蛟退保永州。八月，孔有德等合兵趋祁阳，陷宝庆，进攻武冈，刘承胤败降，马吉翔等奉帝走象州。十一月，时湖南尽陷，何腾蛟与瞿式耜会诸将于桂林，画地分守，声势颇振，清兵引退。十二月，帝还桂林。 三月，张献忠余党孙可望、李定国等，自贵州入云南，据之。	鲁监国二年	正月，王在长垣，浙旧臣先后奔附。以熊汝霖为东阁大学士，加张煌言右佥都御史，进郑彩建国公，张名振定西侯。 四月，降清将松江提督吴兆胜谋反正，与故兵部侍郎陈子龙等，潜招浙东海师内犯。张名振、沈廷扬赴之，遇飓崇明，尽丧其军，廷扬投海死。兆胜子龙事泄被杀，名振遁还，乃与部将阮进合军。	称隆武三年，成功提师归自南澳，旧众稍集。时厦门、金门为郑彩、郑联所据，乃泊鼓浪屿。 七月，命定国公郑鸿逵之兵围泉州，不克。成功回岛，鸿逵舣舟泉港，自冬徂春，郡邑戒严。 十月，成功于鲁监国修寓公之礼而不称臣。鲁颁监国三年历，成功颁隆武四年历，于是海上遂有二朔。	《明季南略》：孙可望，陕西米脂人。一无赖子，流落为“贼”。张献忠有养子四人，长即可旺，次李定国，次艾能奇，次刘文秀。丙戌秋，清兵入蜀，献忠箭死，可旺率众四万人，冲散曾英营，由遵义渡乌江，屯贵州。丁亥二月，

续表

公元	清		南明					备考
	年号	对南概况	年号	桂王	年号	鲁王	郑成功	
一六四七年	顺治四年丁亥		永历元年		鲁监国二年			清兵至遵义，可旺遂率众走滇，据之。可旺自以名不雅，改名可望。
一六四八年	顺治五年戊子	三月，命固山额真谭泰为征南年大将军，同固山额真何洛会，自江宁赴九江，会耿仲明、尚可喜二王，征江西。 四月，命固山额真刘之源、佟图赖为定	永历二年	正月，帝在桂林。清江西提督金声桓、总兵王得仁，以怨望杀长官，迎故大学士姜曰广、故御史揭重熙于家，以江西来归。 四月，清广东提督李成栋，亦胁总督佟养甲，以广东内附。八月，帝还肇庆，以李成栋养子李元胤为锦衣指挥使。 五月，何腾蛟出兵复全州。九月，遣焦琏、胡一清、张先璧等，复永州、衡州。十月，使王庆复宝庆，马进忠复常德。十一月，堵允锡率李赤心等，败降将线国安于湘潭，遂复益阳、湘潭、湘乡、衡山等县，进围长沙。 十一月，清大同总兵姜瓖反正。十二月，陷忻	鲁监国三年	正月，王在闽安。自王入闽，先后克复建宁、邵武、兴化、福宁三府一州，及漳浦、海澄、连江、长乐等二十七县，温、台响应，军声颇振。 三月，清调两广、江浙之兵，三路进讨，所得府县，破失殆尽，仅存宁德、福安两邑。当闽地之克	称隆武四年。 五月，复同安。九月又陷。秋，遣中书舍人江于灿、黄志高奉表行在，封威侯。	《小腆纪传·金声桓传》：声桓字虎臣，辽东卫人。入关投左良玉军，积功充总兵官。左梦庚之降也，诸将相率北去，声桓不欲从，请规

续表

公元	清		南明					备考
	年号	对南概况	年号	桂王	年号	鲁王	郑成功	
一六四八年	顺治五年戊子	南将军，驻防宝庆。固山额真墨尔根、侍卫李国翰，为定西将军，驻防汉中。平西王吴三桂，自锦州移镇汉中。 九月，命郑亲王济尔哈朗，为定远大将军，会孔有德征湖广。十一月，遣英亲王阿济格、端重郡王博洛等，统兵戍大同。	永历二年	州、朔州。故官万练踞偏关，陷宁武、岢岚、保德。刘迁略雁门关，克繁峙、五台，太原告警。故参将王永强据延安，刘登楼据榆林，甘肃丁国栋等陷河西、洮、岷诸州县，西安告警。故官李虞夔、白玮、张万全，克平阳、蒲、解、潼关，李建泰据太平，远至泽、潞，同时告警。姜瓖之归附，摇秦、晋并汉中。四川旧将李占春、谭宏、谭文、谭诣，及义兵杨大展、于大海、袁韬、武大定等，各以兵数万，分踞川南、川东，受封号，请官吏。以钱邦芑为巡抚，吕大器总制诸军。是时疆土，有云贵、两广、江西、湖南、四川七省之地。是时朝政皆决于李元胤，而朝臣亦分吴、楚两党，主吴者朱天麟、张孝起、吴贞毓、李用楫、堵允锡、王化澄、万翔、程源、郭之奇，皆内结马吉翔，外结陈邦传。主楚者袁彭年、丁时魁、蒙正发、刘湘客、金堡，皆外结瞿式耜，内结李元胤，其势张甚，人目为“五虎”。	鲁监国三年	复时，请调守浙兵往征，于是温、台、宁、绍者遗民，乘间争结山寨，以数百计，而四明大兰山王翊之军，最称坚整。其浙东萧山石仲芳、会稽王化龙、台州俞国望、金汤吴奎明、奉化袁应淲、浙西之湖州柏襄甫等，率皆招集无赖，不能不从事钞掠。惟张煌言军上虞平冈、李长祥军上虞东山、章钦臣军会稽之南镇，则皆且耕且屯，不扰于民，而又单弱。		取江省以自效。英亲王令以提督总兵衔，挂讨逆将军印，与副将王体忠合营屯九江。遂传檄下南康、南昌，以次定抚州、饶州、吉安、广信，江右悉平，惟赣州未下。《小腆纪传·李成栋传》：成栋辽东人，或曰陕西人。初为史可法

续表

公元	清		南明					备考
	年号	对南概况	年号	桂王	年号	鲁王	郑成功	
一六四八年	顺治五年戊子		永历二年		鲁监国三年			部将，以总兵守徐州。清兵南征，率所部降。贝勒博洛征浙，成栋分徇太仓、嘉定、南汇、上海，授镇守吴淞总兵官。从征福建，定邵武、汀州、漳州。顺治三年，贝勒承制，以总兵佟养甲为两广总督，成栋提督，合军征广东，所向克捷。

续表

公元	清		南明					备考
	年号	对南概况	年号	桂王	年号	鲁王	郑成功	
一六四八年	顺治五年戊子		永历二年		鲁监国三年			《圣武记·开国龙兴记五》：初金声桓之徇江西、李成栋之徇广东也，王贝勒令辽沈旧臣章天于、佟养甲偕之，攻城略地，皆声桓、成栋力。及事平，章天于巡抚江西，佟养甲总督广东，而声桓、成栋仍以总兵、提督受节制，皆怏怏。天

续表

公元	清		南明					备考
	年号	对南概况	年号	桂王	年号	鲁王	郑成功	
一六四八年	顺治五年戊子		永历二年		鲁监国三年			于及巡按董成学，尤黩货骄武士，声桓遂杀巡按、巡抚以江西叛。成栋闻之，亦以广东叛，并蓄发易衣冠，移檄远近，通表桂王，奉永历年号。《蜀碧》：初"贼"据全川，惟遵义未下，为王祥所守。及献忠"诛"，可望等四

续表

公元	清		南明					备考
	年号	对南概况	年号	桂王	年号	鲁王	郑成功	
一六四八年	顺治五年戊子		永历二年		鲁监国三年			“伪”将东走，大兵追之，以粮尽引还，“贼”遂陷遵义。我师既还，王祥等入保、顺二郡，樊一蘅复驻兵江上，为收蜀计。上书永明王，以为户、兵二部尚书，诸将祥等进爵有差。时于大海据云阳，李占春据涪州，袁韬据

续表

公元	清		南明					备考
	年号	对南概况	年号	桂王	年号	鲁王	郑成功	
一六四八年	顺治五年戊子		永历二年		鲁监国三年			重庆，谭诣据巫山，谭文据万县，谭弘据天字城，侯天锡据永宁，马应试据泸州，王祥据遵义，杨展据嘉定，朱化龙、曹勋等各据地自擅，而宗室朱容藩，故偏沅巡抚李乾德以总制至，杨乔然、江尔文以巡抚至，各署置官。

续表

公元	清		南明					备考
	年号	对南概况	年号	桂王	年号	鲁王	郑成功	
一六四八年	顺治五年戊子		永历二年		鲁监国三年			《行朝录·永历纪年》：袁彭年为虎头，丁时魁为虎尾，蒙正发为虎脚，刘湘客为虎皮，金堡为虎牙，广东大小官员，非奉成栋陈咨，不得擅除。桂林、平乐则瞿式耜为政，庆远、柳州则焦琏为政，南、浔、思、太则陈邦传为政。

续表

公元	清		南明					备考
	年号	对南概况	年号	桂王	年号	鲁王	郑成功	
一六四九年	顺治六年己丑	正月，攻陷南昌，江西略定。五月，封恭顺王孔有德为定南王，命率兵往剿广西，挈家驻防。怀顺王耿仲明为靖南王。智顺王尚可喜为平南王，率兵往剿广东，挈家驻防。八月，湖南略定，命郑亲王济尔哈朗班师。孔有德进征广西。	永历三年	正月，帝在肇庆。清兵于上年五月逼南昌，金声桓、王得仁入城固守，清筑长围以困之。十月，李成栋攻赣州以救南昌，战不利，退屯南康，各路义师援南昌者，亦皆败溃，至是月城破，金声桓、王得仁、姜曰广等死之，江西全省复陷。清兵入湖南。是月，陷湘潭，督师何腾蛟被执至长沙，不屈死之。二月，李成栋兵败于信丰，渡河堕水死。三月，李赤心军溃于茶陵，大掠衡、永、郴、桂，走广西。堵允锡以胡一青、赵印选兵守衡州，清兵至，堵允锡走道州，衡、永二府俱不守。 四月，孙可望疏请封王，廷议不可，久不决。七月，封可望为平辽王，赐名朝宗，刘文秀、李定国、艾能奇为公，可望却不受。十月，封皮熊为匡国公，镇守贵州。王祥为忠国公，镇守云南，以备孙可望。	鲁监国四年	正月，王次沙埕。 六月，闽地尽陷，郑彩亦弃王去，张名振由南田复健跳所，迎王复入浙，次健跳所，从臣每日朝于水殿。 九月，张名振、阮进、王朝光合兵攻舟山，诛黄斌卿，奉王居舟山。 十一月，遣澄波将军阮美，乞师日本国，不得请而返。	称永历三年。 三月，成功复漳浦。下诏安云霄，屯分水关。 七月，永历帝遣使至岛，封成功为延平公，自此奉永历正朔。	《明史·杨畏知传》：阿迷土官沙定洲继乱，据云南。黔国公沐天波走楚雄，孙可望等入云南，定洲还救，大败，遁归阿迷。可望等遂据会城，迎天波归。时永明王已称号于肇庆，而诏令不至。前御史临安任僎，议尊可望为国主，铸前朝通宝

续表

公元	清		南明					备考
	年号	对南概况	年号	桂王	年号	鲁王	郑成功	
一六四九年	顺治六年己丑		永历三年	八月，清英亲王阿济格兵围大同，城中食尽，叛将斩姜瓖以降。其山西、陕西等地，亦先后为清兵戡定。	鲁监国四年			钱。李定国、刘文秀两人不为下，闻肇庆有君，李锦、李成栋等并加封爵，念得朝命加封王，庶可相制，遣畏知进可望表，请封王，为金堡等所持，乃议封可望景国公，定国、文秀皆列侯。时堵允锡曾赐空敕，得便宜行事，

续表

公元	清		南明					备考
	年号	对南概况	年号	桂王	年号	鲁王	郑成功	
一六四九年	顺治六年己丑		永历三年		鲁监国四年			矫命改封可望平辽王。武康伯胡执恭者，庆国公陈邦传中军也。守泗城州，与云南接壤，欲自接可望，言于邦传，先矫命封可望秦王，亡何，畏知等至，可望骇不受。
一六五〇年	顺治七年庚寅	正月，尚可喜等兵入广东。	永历四年	正月，帝在肇庆。清兵由庾关入广东，陷南雄、韶州，进逼广州。杜永和入城固守，帝留李元胤、马吉翔守肇庆，而走梧州。 二月，命陈邦传、高必正东援。	鲁监国五年	正月，王在舟山，命阮进守螺头门。 九月，周瑞、周芝以楼船三百余艘，分屯温之三盘，为犄角。四明山寨破，王翊以其众入海。	潮人黄海如、陈斌道成功入潮。成功南下，郑鸿逵邀入揭阳卫。	

续表

公元	清		南明					备考
	年号	对南概况	年号	桂王	年号	鲁王	郑成功	
一六五〇年	顺治七年庚寅		永历四年	五月，高必正与陈邦传有隙，率所部西回，陈邦传东出屯肇庆，李元胤、马吉翔进驻三水，观望不敢进。清遂招降潮、惠各镇。 八月，孙可望复遣使至梧，自称秦王，且以不愿改号为请。付从官集议，不决。九月，可望由云南东袭贵州，执皮熊。又使贺九仪袭遵义，王祥师败，自刎死。于是张先璧、马进忠等皆归于可望，势益强，地与粤西相接。 九月，清兵陷全州，守将赵印选、胡一青、王永祚退入桂林，于是榕江遂成空壁。 十一月，清将孔有德攻桂林，诸将望风而遁，城陷，大学士瞿式耜、总督张同敞俱被执，不屈死。清将尚可喜等陷广州，杜永和走琼州。帝得桂林陷报，出奔浔州。陈邦传在清远，闻广州失，飞帆先归，	鲁监国五年	大皎山寨破，御史张梦锡死之。	六月，进讨海盗苏利于碣石卫，不克，旋师围潮州，清兵乘之，复取云霄诏安，进攻盘陀岭，遂解围军于潮阳。寻乘流至厦门。 八月，厦门、金门两岛为郑彩、郑联所据，成功袭杀联，并其众，彩亦全军付成功，成功兼有两岛，威震海上。 十月，招安铜山、南澳、闽安诸岛，悉听约束，乃分其军为五，	

续表

公元	清		南明					备考
	年号	对南概况	年号	桂王	年号	鲁王	郑成功	
一六五〇年	顺治七年庚寅		永历四年	谋劫驾以叛，不及。马吉翔、李元胤追扈及于南宁，从官饥冻无人色，乃括行囊，并吉翔所献四千金散给之。	鲁监国五年		自为中军，林察为左军，周瑞为右军，张名振为前军，周鹤芝为后军，以举人冯澄等为参谋。 十二月，清兵攻广东，成功自率诸镇南下勤王。	
一六五一年	顺治八年辛卯		永历五年	正月，帝在南宁。 二月，孙可望遣兵入卫，杀大学士严起恒等，乃封可望为秦王。 九月，陈邦传以浔州降于清，南宁震恐。 十月，帝次新宁。刘文秀取嘉定，袁韬、武大定降，李占春与刘文秀战败，于大海在忠州，力不支，遂以所部，共降于清。	鲁监国六年	正月，王在舟山。 二月，张名振杀平西伯王朝先，其部将张济明，走降于清，舟山虚实尽泄。总督陈锦，决计大举。 七月，清将张天禄出崇安，马进宝出台州、海门，陈锦总督全军出定海。舟山闻警，阮进独当蛟关，张煌言等守城，张	闰二月，成功援粤。清福建巡道黄澍，垂涎金穴，密与巡抚张学圣谋，邀镇将马得功，乘隙袭厦门，攫其积资。成功还救，得功	

续表

公元	清		南明					备考
	年号	对南概况	年号	桂王	年号	鲁王	郑成功	
一六五一年	顺治八年辛卯		永历五年	十二月，清兵取南宁。报至，帝由水道走土司，抵濑湍。报追兵将及，上下失色，从官多散去，乃舍舟从陆，尽焚龙舟重器而行，由安平下雷归顺一路进发。孙可望既受秦封，遣其将狄三品等率兵迎扈，疏请移跸安隆，许之。	鲁监国六年	名振奉王捣吴淞，以掣清兵。 八月，清兵乘大雾渡海，抵螺头门，守隍者方觉，阮进以火舟邀战于横洋，风返焚之，人舟俱燔，张肯堂、张名振率兵背城力战。 九月，力竭城陷，名振、煌言扈王再入闽，次厦门。	弃厦遁归，乃以索偿为名，并力转攻沿海属邑，皆下之。	
一六五二年	顺治九年壬辰	七月，命和硕敬谨亲王尼堪为定远大将军，统大军征湖南、贵州。 九月，命护军统领阿尔津为定南将军，往征广东未定州县。十二	永历六年	二月，帝至安隆所，改名安龙府。 三月，孙可望疏请遣李定国出楚，冯双礼副之，拒孔有德，步骑八万，由武冈出全州以攻桂林。遣刘文秀入蜀，王复臣副之，拒吴三桂，步骑六万，分出叙州、重庆，以攻成都。 五月，李定国等复靖州，进攻湖南。 七月，复宝庆、全州。清孔有德守桂林，定国攻拔之，有德自杀，执	鲁监国七年	正月，王次厦门，寻次金门。朱成功以宗人府宗正礼见王，赉千金、细缎百端，安插从官，馈月饩。 定西侯张名振，收拾余烬，往见朱成功，成功待以上宾，拜为总制。	正月，鲁监国至厦门，成功礼待颇恭。 三月，进围漳州，凡七阅月。 十月，清固山额真金砺，奉命援漳，屡捷，成功退保海澄。	

续表

公元	清		南明					备考
	年号	对南概况	年号	桂王	年号	鲁王	郑成功	
一六五二年	顺治九年壬辰	月,复命往征湖广、辰、常。	永历六年	叛将陈邦传父子,送贵阳伏诛。七月,刘文秀入川,取叙州。清吴三桂走绵州,进拔重庆。十月,刘文秀攻保宁败绩,王复臣死之。文秀还云南,罢职闲住。时可望忌定国,而文秀又见废,诸将始有怨心。 十一月,李定国驻衡州,孙可望驻沅州,遣白文选攻拔辰州。清敬谨亲王尼堪奉命征楚、粤,抵湘潭,马进忠走宝庆,清兵复陷衡州。李定国败走,尼堪追之,遇伏,殁于阵,定国乃屯兵武冈。时帝在安龙,益穷促,将吏罕人臣礼。马吉翔掌戎政,庞天寿督勇卫营,谋逼帝禅位可望。而可望又自设内阁六部官,拟国号曰后明。帝闻之,益忧惧。	鲁监国七年			

续表

公元	清		南明					备考
	年号	对南概况	年号	桂王	年号	鲁王	郑成功	
一六五三年	顺治十年癸巳	正月，命随征贝勒屯齐为定远大将军，统征剿湖南大军。 五月，命驻防江宁昂邦章京喀喀木为靖南将军，帅师征广东。命大学士洪承畴，经略湖广、两广、云贵等地军务，兼理粮饷。 十二月，命固山额真陈泰为定南靖寇大将军，统兵镇湖南。	永历七年	正月，帝在安龙。 李定国自桂林胜后，不复受孙可望约束，可望恶之，使人召赴议事，将杀之。定国辞不行，径回广西。 三月，可望自追之，与清兵遇于宝庆，大败，走峒口，清兵亦引还。帝闻李定国据有广西，且与孙可望有隙，乃与内阁吴贞毓等十八人谋召定国入卫。 十一月，密使林青阳至广西，定国受敕感泣，许以身报。	鲁监国八年	三月，王次金门。有构王于成功者，成功礼仪浙疏，王乃自去监国号，飘泊岛屿。定西侯张名振，是春以朱成功之兵二万北上，号召旧旅，破京口，截长江，驻营崇明。寻被谗，撤回厦门。 十二月，张名振与清兵战于崇明之平阳沙，大胜。	五月，清将金砺攻海澄，成功固守，清兵不利，砺走，回漳州。	

续表

公元	清		南明					备考
	年号	对南概况	年号	桂王	年号	鲁王	郑成功	
一六五四年	顺治十一年甲午	五月，命固山额真朱玛喇为靖南将军，帅师援广东。 十二月，命郑亲王世子济度为定远大将军，贝勒巴尔处浑、贝子吴达海等，帅师攻郑成功。	永历八年	正月，帝在安龙。 三月，孙可望闻密敕召李定国入卫之谋，使部将郑国、王爱秀至安龙，械系吴贞毓等十八人，为首者凌迟，余为从斩，贞毓以大臣赐绞。定国虑可望来袭，出掠雷、廉以避之。四月，复罗定等六县。六月，攻梧州。十月，围广州。十二月，清将尚可喜、耿继茂援广州，定国败走。寻攻肇庆，不克。	鲁监国九年	正月，王移居南澳。 张名振以上游有蜡书为内应，率海艘数百，溯流而上，再入京口，扰仪真，至观音门。十三日，泊金山，遥祭孝陵，挥泪题诗。越二日，辇辎重东下。四月，复以海艘上镇江，焚小闸，至仪真，索盐商助饷金不得，焚六艘而去。寻以海船入山东登、莱诸处，直抵高丽乃还。	正月，遣兵攻崇明，败绩。 二月，清遣使册封成功为海澄公，不受。 八月，清封郑芝龙同安侯、郑鸿逵奉化伯、郑芝豹左都督，遣使赍漳、泉、惠、潮四府安插兵将敕命入闽，不受。 十二月，取漳州，漳属十县降者九，独龙岩不下。泉属七县，降者六。	

续表

公元	清		南明					备考
	年号	对南概况	年号	桂王	年号	鲁王	郑成功	
一六五五年	顺治十二年乙未	八月，命固山额真阿尔津为宁南靖寇大将军，同固山额真卓罗等，驻防荆州。固山额真祖泽润，分防长沙。	永历九年	正月，帝在安龙。 二月，李定国为清兵所败，自高州退守南宁，广东州邑复悉陷。 五月，刘文秀自川南，率众六万、战舰千余，出川峡，遣卢名臣、冯双礼分犯岳州、武昌，为清都统辰泰所扼，不得进。回舟攻常德，清荆州、长沙兵皆赴援，设伏城外，俟过半，突出夹击，文秀大败，与双礼遁回贵阳。李定国及刘文秀两军皆弱，孙可望踞贵阳，益跋扈。	鲁监国十年	五月，朱成功拜张名振为元帅，陈辉、洪旭、陈六御副之，统二十四镇入长江，复舟山。 十一月，张名振卒，遗言以所部归张煌言。	正月，取仙游。成功雄视海上，分所部为七十二镇，设六官，分理庶事。改厦门为思明州，避地遗臣王忠孝、卢若腾、沈佺期、辜朝荐、徐孚远、纪许国等为上客，军国大事，悉以咨之。 六月，取揭阳、普宁。清定远大将军济度赴闽防剿，成功乃堕安平镇、	

续表

公元	清		南明					备考
	年号	对南概况	年号	桂王	年号	鲁王	郑成功	
一六五五年	顺治十二年乙未		永历九年		鲁监国十年		漳州、惠安、南安、同安诸城，敛兵回岛以待清师，遣将郝文兴守海澄。	
一六五六年	顺治十三年丙申		永历十年	正月，帝在安龙。 时李定国驻兵南宁，衰弱不振，孙可望遣兵袭之，反为所败，定国遂趋安隆。 三月，孙可望侦知，令白文选将兵迎帝入贵州，太后闻之哭，从官皆哭。文选心动，故迟其行，俟定国至，遂共奉帝西走云南。时刘文秀守滇，亦怨望，因偕扈入省垣，改云南府为滇都，封定国为晋王，文秀为蜀王，白文选为巩国公。帝欲安可望心，遣白文选等回贵阳慰谕。	鲁监国十一年	七月，清大将军伊尔德等，复攻陷舟山。张煌言退驻天台，寻驻秦川。清师迁舟山之民而空其地，煌言还驻军焉。	正月，清平南王尚可喜拨骑兵同潮州总兵刘伯禄来攻揭阳，守将苏茂出战，败绩。 四月，清师见各澳船只已备，遣将略厦门，因风失利。旋攻金门，亦不胜，遂退入全港。 五月，论揭阳之	

续表

公元	清		南明					备考
	年号	对南概况	年号	桂王	年号	鲁王	郑成功	
一六五六年	顺治十三年丙申		永历十年		鲁监国十一年		败，斩苏茂。黄梧不安，降于清。 七月，成功因清师与总督驻漳州，福州空虚，遂率兵北上，复闽安，进围福州，攻城不克，为伏兵所袭，败还闽安。 十二月，清再遣使招成功。	
一六五七	顺治十四年丁酉	十二月，孙可望降，知明内讧事，于是洪承畴、吴三桂等，皆奏请承机大举。诏宁南靖寇	永历十一年	正月，帝在滇都。 五月，遣张虎送可望妻子还贵州。可望既无内顾，八月举兵叛，以白文选为大总统，马宝为先锋，合兵十四万入滇。九月，抵交水，与定国、文秀夹水而阵，使马宝由寻甸间道袭滇城。诸将皆不直可望，	鲁监国十二年		七月，成功领舟师北上复台州，天台、太平、海门卫相率投降。清总督李率泰攻闽安，陷之。成功闻报，虑	

续表

公元	清		南明					备考
	年号	对南概况	年号	桂王	年号	鲁王	郑成功	
一六五七	顺治十四年丁酉	大将军贝子罗托，同经略洪承畴，由湖南进；平西王吴三桂为平西大将军，同固山额真墨尔根、侍卫李国翰，由汉中、四川进；固山额真赵布泰为征南将军，同提督线国安，由广西进；三路约会于贵州。	永历十一年	约阵而不战，定国悉精锐突其中坚，诸军皆大呼迎晋王，可望大败走，马宝亦归于定国。文秀、文选穷追至贵阳，留守冯双礼亦鼓噪驱之，截其子女金帛归滇。十月，可望至长沙，乞降于清洪承畴军前，封义王。	鲁监国十二年		两岛有失，乃退师回厦门。	

续表

公元	清		南明					备考
	年号	对南概况	年号	桂王	年号	鲁王	郑成功	
一六五八年	顺治十五年戊戌	正月，命信郡王多尼为安远"靖寇"大将军，同平郡王可铎等，率师攻云南。	永历十二年	正月，帝在滇都。 二月，清兵分楚、蜀、粤三路取云、贵，李定国遣刘正国、杨武等分守四川之三陂、红关，马进忠驻贵州。 三月，王自奇、关有才据永昌反，李定国自将讨平之，用是不及援贵州。清贝子洛托至贵阳，马进忠弃城遁。 清吴三桂发汉中，兵至合州，重庆总兵杜子香弃城走；至三陂，刘正国走，遵义陷。 五月，败杨武于开州，进招水西、蔺州各土司。 七月，大学士文安之，复督川东十三家营，及谭宏、谭诣、谭文等，以舟师袭重庆。三桂回军救之，会谭宏、谭诣杀谭文以降，诸部解散，三桂复屯遵义。	鲁监国十三年	正月，永历帝授兵部右侍郎张煌言为兵部左侍郎、兼翰林院学士。清再遣使招张煌言，不受。	正月，永历帝遣使册封成功为延平王、招讨大将军，赐尚方剑，便宜行事。册封成功部将王秀琦为祥符伯，马信为建威伯，甘辉为崇明伯，黄廷为永安伯，万礼为建安伯，陈辉为忠靖伯，洪旭为忠振伯，郝文兴为庆都伯，余拜爵有差。 七月，成功与张煌言会师，大举	

续表

公元	清		南明					备考
	年号	对南概况	年号	桂王	年号	鲁王	郑成功	
一六五八年	顺治十五年戊戌		永历十二年	十月，清三路兵会于平越之杨老堡，戒期入滇。李定国使冯双礼扼鸡公背以拒中路，张先壁扼南盘江之黄草坝拒东路，自守北盘江之铁索桥，图复贵州。别遣白文选出西路，守七星关，以牵制三桂遵义之师。 十二月，清吴三桂兵出遵义，由苗江绕渡，出天字桥之背，白文选弃七星关走，马宝守可渡河亦奔。广西清军得泗城土司乡导，由间道入安龙。李定国闻之，以兵三万倍道趋战于炎遮河，败绩，退保北盘江。清粤师由普安州入，中路信郡王兵，亦溃冯双礼于鸡公背，追至北盘江。清兵以浮桥济师，抵曲靖，定国奔还云南，请帝出幸。	鲁监国十三年		北上，议攻南京。从行甲士十七万，五万习水战，五万习骑射，五万习步击，以万人往来策应。甘辉为前部，马信、万礼继之，成功自统大众为后合，张煌言为监军，扬帆北上。清平阳、瑞安守将献城降。次羊山，飓风作，碎巨舰数十，漂没士卒数千。乃旋泊舟山理楫，以为后图。	

续表

公元	清		南明					备考
	年号	对南概况	年号	桂王	年号	鲁王	郑成功	
一六五九年	顺治十六年己亥	二月，以云、贵收复，命罗托等班师。 三月，命平西王吴三桂驻镇云南，平南王尚可喜驻镇广东，靖南王耿继茂驻镇四川。 十月，经略洪承畴以疾乞休，特准解任回京调理。 十二月，命靖南王耿继茂，移镇广西。	永历十三年	正月，上次永平，至永昌。 清兵入滇都。 二月，白文选与张先壁、陈胜之师，皆败绩于大理之玉龙关。文选由沙木和走右甸，寻走镇康入木邦。李定国使总兵靳统武以兵四千扈帝入腾越，伏兵磨盘山以待追兵。清吴三桂兵至，得报，而前驱已入二伏，急舍骑而步，以炮发其伏，定国败走，而清亦亡都统下十余人。 帝在腾越出奔，出铁壁关，抵囊木河，是为缅境。 三月，帝至缅甸之大金沙江，缅人以舟迎，至井梗。李定国败后走孟定，白文选走木邦。已而文选以兵入缅，缅使人至井梗，求檄止兵。文选战不胜，走回孟艮。 四月，缅酋复迎帝至阿瓦对江之	鲁监国十四年	张煌言出天台，达海壖，复树纛鸣角，招集散亡。成功闻之，亦遣兵来助。海上有长亭乡者，多田而苦潮，乃募义民筑塘捍之。	五月，成功闻清师三路攻云南，乃约张煌言大举北上以图牵制。六月，由崇明入江，攻克瓜州、镇江。 七月，成功直薄南京。煌言别领所部溯江西上，至芜湖，传檄郡邑，江南北相率送款，府则太平、宁国、池州、徽州，州则和州、广德、无为，县则当涂、芜湖、繁昌、宣城、宁国、南陵、	

续表

公元	清		南明					备考
	年号	对南概况	年号	桂王	年号	鲁王	郑成功	
一六五九年	顺治十六年己亥		永历十三年	者梗居之。阿瓦，缅酋所居之城也。者梗有草庐十余间，帝居之，编竹为城，守兵百余人，从臣自备竹木，结宇而聚处焉。	鲁监国十四年		太平、旌德、泾县、贵池、铜陵、东流、建德、青阳、石埭、含山、巢县、舒城、庐江、建平、高淳、溧阳，凡四府、三州、二十二县；而维扬、常、苏，旦夕待变，东南大震。时清江宁防军，大半移征云、贵，城守空虚，两江总督郎廷佐，佯使人通款以缓其攻。成功信之，按兵仪凤门外，依山为营。清将见郑兵疏放，樵苏四出，	

续表

公元	清		南明					备考
	年号	对南概况	年号	桂王	年号	鲁王	郑成功	
一六五九年	顺治十六年己亥		永历十三年		鲁监国十四年		士卒释戈，纵酒捕鱼而嬉，乃用轻骑夜袭破前屯，成功仓猝移帐。质明，清师以三路攻其前，骑兵绕出山后夹攻，郑兵大溃，甘辉被执死。成功以余舰扬帆出海。八月，煌言归路被扼，又与清征贵州凯旋兵遇，亦战败，遂变姓名从建德、祁门山中，出天台以入海。九月，成功回师厦门。	

续表

公元	清		南明					备考
	年号	对南概况	年号	桂王	年号	鲁王	郑成功	
一六六〇年	顺治十七年庚子	四月，平西王吴三桂奏，李定国等挟永历帝遁出边外，滇局未结，有三患二难。 七月，命靖南王耿继茂，移镇福建。命都统宗室罗托为安南将军，率师攻郑成功。 八月，遣内大臣公爱星阿为定西将军，率师攻李定国。	永历十四年	正月，帝在缅甸之者梗。 七月，白文选由木邦举兵薄阿瓦，迎帝，不克而去。	鲁监国十五年		五月，清将军达素、总督李率泰，奉命搜金、厦两岛，成功督诸将御之。清兵不谙水性，眩晕颠仆呕逆，不能成军，遂大败。	

续表

公元	清		南明					备考
	年号	对南概况	年号	桂王	年号	鲁王	郑成功	
一六六一年	顺治十八年辛丑		永历十五年	正月，帝在缅甸之者梗。 二月，李定国、白文选再以兵迎帝于缅甸不得，击缅兵于锡箔江，大败之，进驻大金沙江。四月，谋渡江不克，移军亦渺赖山。 五月，缅人罹兵祸，怼其酋。会吴三桂檄缅人献帝自效，众欲从之，而酋不可，其弟莽猛白，因众怒而弑之，自立为缅王。 七月十六日，缅人来邀当事大臣渡河饮咒水，以兵围行帐，出则缚而杀之，沐天波、马吉翔等凡四十二人俱被害，自缢而死者凡二十二人。 八月，李定国、白文选次桐坞攻缅，不克，定国还孟艮。 九月，清兵吴三桂追帝于缅甸。 十一月，追白文选于茶山，降之。 十二月，吴三桂驻兵缅甸之旧晚坡，缅人执帝以献。初九日，三桂拥帝北旋。	鲁监国十六年		三月，成功自江南败归，地蹙军孤，遂进据台湾。 十月，清杀郑芝龙于北京，全家无少长，皆遇祸。徙沿海三十里界外居民于内地，禁渔、商舟出海。 十二月，成功取台湾，改为东都，以赤嵌城为承天府，置天兴、万年两县。 是岁，张煌言驻师福建之沙关。	

续表

公元	清						备考
	年号	对南概况	年号	桂王	年号	鲁王	郑成功	
一六六二年	圣祖康熙元年壬寅		永历十六年	三月，吴三桂以帝还云南，居故都督府，严兵守之。 四月戊午，拳帝及太子出，以弓弦绞于市，太后及后俱入京，道殂。 六月，招讨大元帅晋王李定国卒。	鲁监国十七年	十一月，鲁王殂于台湾。是岁，张煌言以成功之没，兴复无望，还驻林门。清再遣使招之，不受。及鲁王殂，悒悒日甚，越二年甲辰，乃散军居南田之悬岙。七月，被执，至杭州，谕降不屈，死之。	五月，朱成功卒。自隆武丙戌起兵，凡十有七年，卒年三十九。 十一月，朱成功之子经，入于台湾。	

中华二千年史

卷五 明清二

邓之诚 著
刘娜 陈虎 点校

中華書局

目　录

明清二

明清二

本编所引原书对于少数民族及人民起义有侮辱字样，本应加以括弧，唯其数过多，为排字方便起见一律省去，读者谅之。

清世系

自太祖称帝（明神宗万历四十四年，公元一六一六年），至宣统帝逊位（一九一一年），凡十二主，共二百九十六年。其自世祖入主中国至逊位，计十主，二百六十八年。

太祖姓爱新觉罗（爱新满语金之意，觉罗为族之意），名努尔哈赤，显祖长子。于明神宗万历四十四年称帝，国号金，建元天命，在位凡十一年。

太宗名皇太极，太祖第八子。嗣立，改元天聪（九年），改国号曰清；改元崇德（八年），在位凡十七年。

世祖名福临，太宗第九子。嗣立，改元顺治，迁都北京（一六四四年），在位凡十八年。

圣祖名玄烨，世祖第三子。嗣立，改元康熙，削平三藩，平定台湾，统一中国，在位凡六十一年。

世宗名胤禛，圣祖第四子。嗣立，改元雍正，在位凡十三年。

高宗名弘历，世宗第四子。嗣立，改元乾隆，传位于仁宗，自为太上皇，又四年崩，在位凡六十年。

仁宗名颙琰，高宗第十五子。嗣立，改元嘉庆，在位凡二十五年。

宣宗名旻宁，仁宗第二子。嗣立，改元道光，在位凡三十年。

文宗名奕詝，宣宗第四子。嗣立，改元咸丰，在位凡十一年。

穆宗名载淳，文宗长子。嗣立，改元同治，在位凡十三年。

德宗名载湉，文宗弟醇亲王奕譞之子。穆宗无嗣，立之，改元光绪，在位凡三十四年。

宣统帝名溥仪，德宗弟醇亲王载沣之子。德宗无嗣，立之，改元宣统。武昌革命军起，乃退位，在位凡三年，清亡。

附清帝系表

(一)太祖
(二)太宗
(三)世祖
(四)圣祖
(五)世宗
(六)高宗
(七)仁宗
(八)宣宗
(九)文宗
醇王奕譞
(十)穆宗
醇王载沣
(十一)德宗
(十二)宣统帝

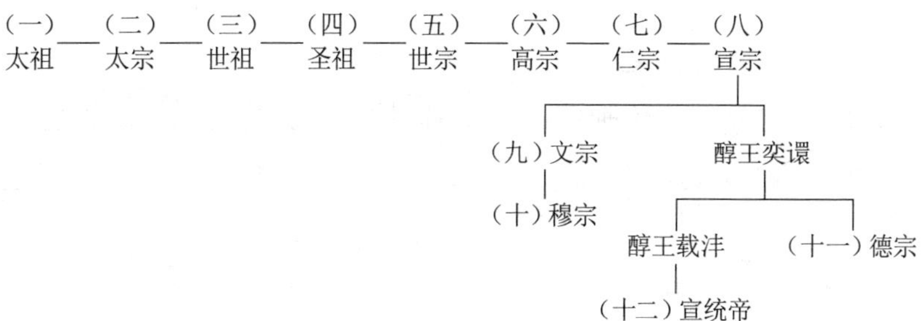

按:清之建国,自努尔哈赤始,故以之为第一世。至其先世系,特就《太祖实录》所载表列于左。

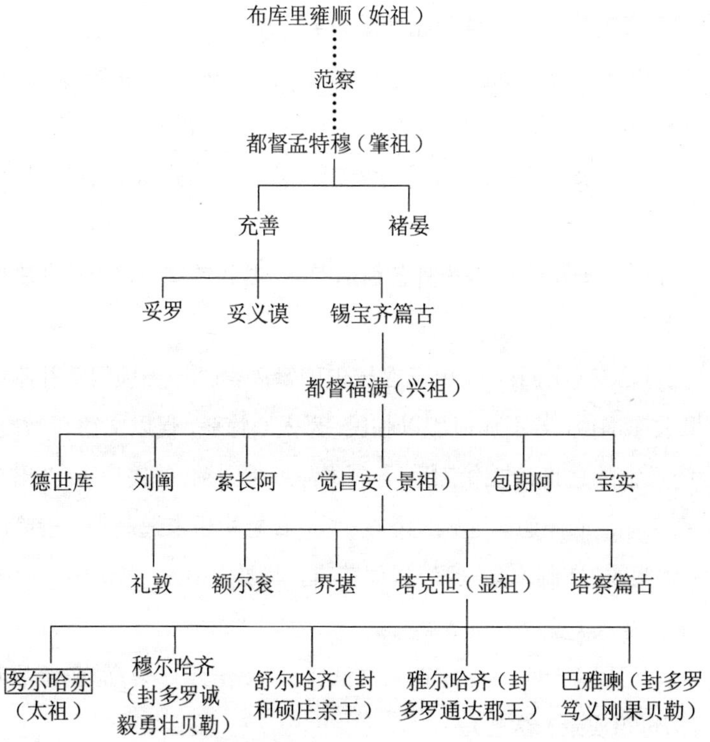
布库里雍顺(始祖)
范察
都督孟特穆(肇祖)
充善
褚晏
妥罗
妥义谟
锡宝齐篇古
都督福满(兴祖)
德世库
刘阐
索长阿
觉昌安(景祖)
包朗阿
宝实
礼敦
额尔衮
界堪
塔克世(显祖)
塔察篇古
努尔哈赤
(太祖)
穆尔哈齐
(封多罗诚
毅勇壮贝勒)
舒尔哈齐(封
和硕庄亲王)
雅尔哈齐(封
多罗通达郡王)
巴雅喇(封多罗
笃义刚果贝勒)

（一）顺治之始基

（1）制度之粗定

顺治之初，一切制度，若官制、地理，尽袭明旧，甚至遵用《大明会典》称为祖训，援引旧制旧例，为行政标准。

（甲）沿用明制

顺治元年甲申（一六四四年）六月戊午（初二日），大学士冯铨、洪承畴启言："……按明时旧例，凡内外文武官民条奏，并各部院覆奏本章，皆下六部票拟。已经批红者，仍由内阁分下六科抄发各部院，所以防微杜渐，意至深远。以后用人行政要务，乞发内院票拟，奏请裁定。"摄政和硕睿亲王是其言（《清世祖实录》卷五）。

甲戌（十八日），顺天巡按柳寅东启言："……宜速定律令，颁示中外。"……摄政和硕睿亲王报曰："经纶方始，治理需人，凡归顺官员，不必苛求。此后官吏犯赃，审实立行处斩。鞭责似觉过宽，自后问刑，准依《明律》。"（《清世祖实录》卷五）

乙酉（二十九日），令内外各衙门印信，俱并铸满、汉字样（《清世祖实录》卷五）。

七月己亥（十四日），山东巡按朱朗鑅启言："……顷闻新补监司三人，俱关东旧臣，若不加冠服以临民，恐人心惊骇，误以文德兴教之官，疑为统兵征战之将。乞谕三臣，各制本品纱帽圆领，临民理事。"摄政和硕睿亲王谕："目下急剿逆贼，兵务方殷，衣冠礼乐未遑制定。近简用各官，姑依明式，速制本品冠服，以便莅事。其寻常出入，仍遵国家旧例。"（《清世祖实录》卷六）

八月己巳（十四日），定在京文武官员，支给俸禄柴直，仍照故明旧例（《清世祖实录》卷七）。

十一月乙酉朔（初一日），大学士冯铨等奏言："翰林院，明初原定为正三品衙门，后因詹事府有翰林三品、四品官，遂改为五品。……再察翰林原额虽止二十员，然明朝因职务殷繁，又为储才之地，将来备内阁、宗伯、少宰之选，故用人多至三四十员不等，《会典》开载以为无定员，正为此也。"……得旨，翰林院著为正三品衙门，詹事府并尚宝司衙门，俱著裁去（《清世祖实录》卷十一）。

顺治二年乙酉（一六四五年）十二月癸卯（二十五日），江南道御史杨四重奏言："一代之兴，必有一代之制。今皇上大统既集，而一切诸务尚仍明旧，不闻有创制立法见诸施行者，恐非所以答天下仰望之心也。请亟敕臣工，讨论故实，求其至当，定为画一之规，永矢不刊之典。"（《清世祖实录》卷二十二）

（乙）定律例

顺治三年所定《大清律》，止易明为清而已，内容全仍其旧。

顺治元年甲申（一六四四年）六月甲戌（十八日），顺天巡按柳寅东启言："……鼎革以来，政教未敷。……宜速定律令，颁示中外。"……摄政和硕睿亲王报曰："……自后问刑，准依《明律》。"（《清世祖实录》卷五）

八月丙辰朔（初一日），刑科给事中孙襄，条陈刑法四事：一曰定刑书。……今法司所遵，乃故明律令，就中科条烦简、情法轻重，当稽往宪，合时宜，斟酌损益，刊定成书，布告中外，俾知画一遵守。……摄政和硕睿亲王谕令法司官，会同廷臣详译《明律》，参酌时宜，集议允当，以便裁定成书，颁行天下（《清世祖实录》卷七）。

顺治二年乙酉（一六四五年）二月己未（初六日），刑科都给事中李士焜奏言："……今者律例未定，止有杖、决二法，重者畸重，轻者畸轻。请敕部臣，蚤定律法……分别杖、流、绞、斩之例。"……得旨：修律官参酌满、汉条例，分别轻重差等，汇成一编进览（《清世祖实录》卷十四）。

五月戊子（初七日），福建道试监察御史姜金允奏言：“……我朝刑书未备，止用鞭、辟。臣以小民无知犯法，情有大小则罪有重轻，斩之下有绞、徒、流、笞、杖，不忍尽死人于法也。斩有立决，复有秋决，于缓死中寓矜全也。故历朝有大理覆奏，有朝审、热审，又有临时停刑，盖死者不可复生，恒当慎之。今修律之旨久下，未即颁行，非所以大㬪皇仁也。请敕部速行定律，以垂永久。”得旨。著作速汇辑进览，以便裁定颁行。其覆奏、朝审、热审、停刑各款，著三法司一并详察旧例具奏（《清世祖实录》卷十六）。

己亥（十八日），刑科给事中孙襄奏言：“……修律屡奉纶音，诸臣或以开创之始，未免过于郑重，而不知此非所以创为者，但取清律、明律订其同异、删其冗繁。……似无事过为纷更。”疏入，得旨：……所奏是，刑部知道（《清世祖实录》卷十六）。

顺治四年丁亥（一六四七年）三月乙丑（二十四日），《大清律》成，命颁行中外（《清世祖实录》卷三十一）。

我朝自太祖、太宗肇造区夏，维时俗淳刑简，所著为令，鞭朴、斩决而已。世祖章皇帝除暴诛残，混一中外，举旧章而修明之，特命儒臣纂辑《大清律例》颁行天下，于是斩、绞、徒、流、笞、杖之条具，而朝审、秋审、热审之制详，酌相沿之制，成维新之典（《皇朝文献通考》卷一九五《刑考一》）。

世祖御制序文曰：“朕惟太祖、太宗创业东方，民淳法简，大辟之外，惟有鞭、笞。朕仰荷天庥，抚临中夏，人民既众，情伪多端。每遇奏谳，轻重出入，颇烦拟议。律例未定，有司无所禀承。爰敕法司官广集廷议，详译《明律》，参以国制，增损剂量，期于平允。书成奏进，朕再三覆阅，仍命内院诸臣校订妥确，乃允刊布，名曰《大清律集解附例》。尔内外有司官吏，敬此成宪，勿得任意低昂……子孙臣民，其世世守之。”（《清史稿·刑法志一》）

《大清律》即《大明律》改名也，虽刚林奏定，实出胥吏手。如内云依《大诰》减等，盖明初颁《大诰》，各布政司刊行，犯者呈《大诰》一本服罪，故减一等。其后不复纳，但引《大诰》溺其旨矣。今清朝未尝作大诰，辄引之，何也（谈迁《北游录·纪闻下〈大清律〉》）。

顺治八年（一六五一年）闰二月癸亥（十六日），刑科给事中赵进美奏言："臣阅《大清律》，凡大辟诸罪，有立决，有监候再审奏决。今《律例》久颁，未见遵行，请敕法司，以后应监候者，俱于秋后覆奏定夺。又按《律例》有热审一条，亦顺时行政、慎重民命之一端，似当修明举行，以副皇上如天好生之德。"章下所司（《清世祖实录》卷五十四）。

顺治十二年（一六五五年）正月……疏言："……诸司职掌未有成书，请以近年奉旨遵行者，参以前朝《会典》编为简明则例，以励官守。"并下部议行（《清史列传》卷七十八《曹溶传》）。

太子太保、吏部尚书臣宗室韩岱等，案查处分满官，臣部未有一定律例，俱系酌量事情轻重，公同议处。谨将处分过事件逐一开列，进呈御览（《文献丛编》第二辑《吏部处分过之满洲官员事件文册》）。

（丙）定《赋役全书》

三饷既免，田亩制度与地方收支皆有更易，故屡修《赋役全书》。

世祖初并宇内，即除明季加派私增之弊，订定《赋役全书》颁行天下（《皇朝文献通考》卷一《田赋考》）。

顺治元年（一六四四年）十一月庚戌（廿六日），山东道监察御史宁承勋奏言："赋役之定制未颁，官民无所遵守。祈敕部于《赋役全书》外无艺之征，尽行裁革。如恩诏内有全免者，有半免者，有免三分之一者，著定书册，刊布海内，令州、县有司遵照规条，户给易知由单，庶愚民尽晓而永遵良规矣。"下户部议（《清世祖实录》卷十一）。

顺治三年（一六四六年）四月壬寅（二十六日）谕户部："……今特遣大学士冯铨前往户部，与公英俄尔岱，彻底察核在京各衙门钱粮款项数目，原额若干，现今作何收支销算。在外各直省钱粮，明季加派三项，蠲免若干。现在田土，民间实种若干，应实征起解存留若干。在内责成各该管衙门，在外责成抚、按，严核详稽，拟定《赋役全书》进朕亲览，颁行天下。"（《清世祖实录》卷二十五）

顺治十一年（一六五四年）四月丙寅（初七日），户部奏言："《赋役全书》关乎一代之制度，各省之利弊，查考旧籍，贵详尽无遗。创立新规，期简明易晓。请敕臣部右侍郎，将旧贮《全书》，作速订正，督率各司官，照所管省分，创造新书。仍会同户科详加磨勘，有应增减变通者，小则部科酌定，大则上疏奏请，务求官民易晓，永远可行。书成进呈御览，刊发内外衙门，颁行天下，凡征收、完纳、解运、支销、考成、蠲免诸法，悉据此书，用垂永久。"报可（《清世祖实录》卷八十三）

顺治十二年（一六五五年）四月丙子（二十二日）谕户部："《赋役全书》上关国计盈亏，下系民生休戚。屡览尔部奏疏，或驳回该督、抚另造，节催不应；或发出该地方誊刻，经久不完。明是官胥利于蒙混，故意错误，希图延缓岁月，便其私派横征，殊可痛恨。今欲将《全书》刻期告成，方略安在，并令督、抚造报，如何始能画一，其悉心详议具奏。"（《清世祖实录》卷九十一）

顺治十二年七月癸卯（二十一日），先是，刑科给事中武攀龙，劾奏户部左侍郎王弘祚所定《河南赋役全书》蒙混错误。……有旨，令弘祚回奏。及弘祚回奏，下部议，攀龙随又驳参，弘祚又具疏申辨。……至是部议："河南省赋册，已经题明发回刊刻，一时未便取到。查各省修造规式原自相同，山西省《全书》见送户科覆核……其河南等处《全书》，即依式攒造可也。"从之（《清世祖实录》卷九十二）。

顺治十四年（一六五七年）十月丙子（初七日）谕户部："……兹特

命尔部右侍郎王弘祚，将各直省每年额定征收、起存、总撒实数编列成帙，详稽往牍，参酌时宜，凡有参差遗漏，悉行驳正。钱粮则例，俱照明万历年间，其天启、崇祯时加增，尽行蠲免。地丁则开原额若干，除荒若干，原额以明万历年刊书为准，除荒以覆奉俞旨为凭。地丁清核，次开实征，又次开起存、起运者，部寺仓口，种种分晰，存留者款项细数，事事条明。至若九厘银，旧书未载者，今已增入。宗禄银，昔为存留者，今为起运。漕、白二粮，确依旧额，运丁行月，必令均平。胖袄盔甲，昔解本色，今俱改折。南粮本折，昔留南用，今抵军需。官员经费，定有新规，会议裁冗，改归正项。本色绢布、颜料、银、硃、铜、锡、茶、蜡等项，已改折者，照督、抚题定价值开列。解本色者，照刊定价值造入。每年督、抚再行确查时值，题明填入易知单内，照数办解。更有昔未解而今宜增者，昔太冗而今宜裁者，俱细加清核，条贯井然。后有续增地亩钱粮，督、抚按汇题造册报部，以凭稽核，纲举目张，汇成一编，名曰《赋役全书》，颁布天下。”（《清世祖实录》卷一一二）

（丁）十三衙门

顺治一朝，前明内监揽权如故，因改二十四衙门为十三衙门。后以抑制内监，始改为内务府。康熙以后，遂为永制。

顺治十一年（一六五四年）冬十月己卯（二十三日），谕礼部：“内府事务殷繁，须各司分理，乃止设十三衙门，其原设之尚方司，未曾议及。此司系太宗时设立，职掌甚要，断不可少，著仍旧设立，共为十四衙门，尔部即行通知。”（《清世祖实录》卷八十六）

顺治十八年（一六六一年），罢十三衙门，以其事归内务府。顺治十一年，裁内务府，置十三衙门：曰司礼监、尚方司、御用监、御马监、内官监、尚衣监、尚膳监、尚宝监、司设监、兵仗局、惜薪司、钟鼓司、织染局。十二年，改尚方司为尚方院。十三年，改钟鼓司为仪礼监、尚宝监为尚宝司、织染局为经局。十七年，改内官监为宣徽院、礼仪监为礼仪院。至是年（顺治十八年）圣祖仁皇帝御极……十三衙门尽行革去，凡事皆遵太祖、太宗时定制行，内官俱永不用（《皇朝文献通考》卷七十七《职官考一》）。

顺治十八年二月乙未（十五日）谕吏部、刑部等大小各衙门："……大抵委任宦寺，未有不召乱者。……我太祖、太宗痛鉴往辙，不设宦官。先帝以宫闱使令之役，偶用斯辈，继而深悉其奸，是以遗诏有云：祖宗创业，未尝任用中官。且明朝亡国，亦因委用宦寺。朕凛承先志……乃知满洲佟义、内官吴良辅……荧惑欺蒙，变易祖宗旧制，倡立十三衙门名色，广招党类，恣意妄行……权势震于中外，以窃威福。……内外各衙门事务，任意把持。……其情罪重大，稔恶已极。……吴良辅已经处斩，佟义若存，法亦难贷，已服冥诛，著削其世职。十三衙门尽行革去，凡事皆遵太祖、太宗时定制行，内官俱永不用。"（《清圣祖实录》卷一）

世祖开国，监明代之失，裁汰宦官，设内务府，罢织造太监。（顺治）十年，乃设乾清宫执事官及直殿局。十一年，裁内务府，置十三衙门，凡八监……三司……二局。……十二年，命工部立十三衙门铁敕，禁宦官窃权干政（王庆云《熙朝纪政》卷三《纪裁十三衙门》）。

十三衙门尽革，以三旗包衣仍立内务府，置总管大臣，兼以公卿，而无专员。又仿《周官》内宰、宫正、宫伯、膳夫之职，次第立堂郎中及七司郎中，各率其属，以充其事，收奄宦之权归之旗下（王庆云《熙朝纪政》卷三《纪立内务府》）。

（戊）驻防

清初入关，其兵力只及于保定、德州、济宁，继扩于济南、太原，俱以满兵驻守。及渡江后，满兵为后劲，择要害地驻扎，是为驻防之始。康熙以后，驻防始遍于全国。

顺治元年，世祖章皇帝定鼎燕京，分置满洲、蒙古、汉军八旗于京城内，镶黄、正黄旗居北方，正白、镶白旗居东方，正红、镶红旗居西方，正蓝、镶蓝旗居南方。左翼自北而东，自东而南，镶黄旗在安定门内，正白旗在东直门内，镶白旗在朝阳门内，正蓝旗在崇文门内；右翼自北而西，自西而南，正黄旗在德胜门内，正红旗在西直门内，镶红旗在阜城门内，镶蓝旗在宣武门内（《皇朝文献通考》卷一七九《兵考一》）。

设盛京八旗驻防兵。时以迁都燕京，命内大臣何洛会为盛京总管，设左右翼梅勒章京各一人，统领满洲、蒙古、汉军八旗兵驻防盛京，并设各城城守官。至三年，改总管为按班章京。十年，增设宁古塔按班章京（《皇朝文献通考》卷一七九《兵考一》）。

设直省八旗驻防兵。时初设独石口、张家口防御，分遣甲兵驻防。至二年，复遣八旗兵驻防直隶之顺德府，山东之济南府、德州、临清州，江南之徐州府，山西之平阳府、潞安府、蒲州府凡八城，每城设协领一人、满洲章京四人、蒙古、汉军章京各二人。寻复增定江南江宁府、浙江杭州府等处驻防兵制。嗣后，随各省形势，设将军、都统、副都统，或但设城守尉、防守尉驻防（《皇朝文献通考》卷一七九《兵考一》）。

顺治二年乙酉（一六四五年）十月庚辰（初二日），遣八旗官兵驻防顺德、济南、德州、临清、徐州、潞安、平阳、蒲州八城，每旗分驻一城，每城协领一员，满洲章京四员，蒙古、汉军章京各二员，兵丁各六百名（《清世祖实录》卷二十一）。

顺治三年丙戌（一六四六年）二月丙申（十九日），遣侍郎巴山、梅勒章京张大猷，率驻防济南、临清、德州、睢州弁兵并家口，镇守江宁。甲喇章京傅喀蟾、梅勒章京李思忠，率驻防顺德、潞安、平阳、蒲州弁兵并家口，镇守西安（《清世祖实录》卷二十四）。

顺治五年（一六四八年）十月戊戌（初七日），命梅勒章京郭朝宗，驻防汉中（《清世祖实录》卷四十）。

顺治五年（一六四八年）十月戊戌（初七日），设驻防沧州城守尉一员、防御三员、骁骑校四员，济宁州城守尉一员、防御三员、骁骑校四员，淮安府城守尉一员、防御七员、骁骑校八员，济南府城守尉一员、防御三员、骁骑校四员，临清州城守尉一员、防御三员、骁骑校四员，大名府城守尉一员、防御三员、骁骑校四员，河间府城守尉一员、防御三员、骁骑校四员（《清世祖实录》卷四十）。

顺治七年（一六五〇年）二月甲午（十一日），命官兵驻防顺义、昌平、三河、滦县、良乡、固安、采育、东安等处，每城满洲章京二员、蒙古章京一员，每牛录兵四名（《清世祖实录》卷四十七）。

（2）政令之严急

当时以剃发、圈地、逃人为不可抗之政令，抗者及言其不便者必死。江南因护发而起义师，北方圈地夺人民田土无算，督捕之害尤烈。

（甲）剃发

顺治二年（一六四五年）六月丙寅（十五日），谕礼部曰："向来薙发之制，不即令画一，姑听自便者，欲俟天下大定始行此制耳。今中外一家，君犹父也，民犹子也，父子一体，岂可违异？若不画一，终属二心，不几为异国之人乎？此事无俟朕言，想天下臣民亦必自知也。自今布告之后，京城内外限旬日，直隶各省地方，自部文到日亦限旬日，尽令薙发。遵依者为我国之民，迟疑者同逆命之寇，必置重罪。若规避惜发，巧辞争辩，决不轻贷。该地方文武各官，皆当严行察验，若有复为此事渎进章奏，欲将朕已定地方人民仍存明制，不随本朝制度者，杀无赦。其衣帽装束，许从容更易，悉从本朝制度，不得违异。"（《清世祖实录》卷十七）

顺治二年（一六四五年）七月戊午（初九日），谕礼部："官民既已薙发，衣冠皆宜遵本朝之制。从前原欲即令改易，恐物价腾贵，一时措置维艰，故缓至今日。近见京城内外军民，衣冠遵满式者甚少，仍著旧时巾帽者甚多，甚非一道同风之义。尔部即行文顺天府、五城御史，晓示禁止，官吏纵容者，访出并坐。仍通行各该抚、按，转行所属，一体遵行。”（《清世祖实录》卷十九）

（乙）圈地

顺治四年（一六四七年）正月辛亥（初九日），户部奏请：“去年八旗圈地，止圈一面，内薄地甚多，以致秋成歉收。今年东来满洲，又无地耕种，若以远处府、州、县、屯、卫故明勋戚等地拨给，又恐收获时，孤贫佃户无力运送。应于近京府、州、县内，不论有主无主地土，拨换去年所圈薄地，并给今年东来满洲。其被圈之民，于满洲未圈州、县内，查屯、卫等地拨补，仍照迁移远近，豁免钱粮，四百里者准免二年，三百里者准免一年，以后无复再圈民地，庶满、汉两便。”疏入，从之。于是圈顺义、怀柔、密云、平谷四县地六万七百五晌，以延庆州、永宁县、新保安、永宁卫、延庆卫、延庆左卫右卫、怀来卫无主屯地拨补；圈雄县、大城、新城三县地四万九千一百一十五晌，以束鹿、阜城二县无主屯地拨补；圈容城、任丘二县地三万五千五十一晌，以武邑县无主屯地拨补；圈河间府地二十万一千五百三十九晌，以博野、安平、肃宁、饶阳四县先圈薄地拨补；圈昌平、良乡、房山、易州四州、县地五万九千八百六十晌，以定州、晋州、无极县、旧保安、深井堡、桃花堡、递鹗堡、鸡鸣驿、龙门所无主屯地拨补；圈安肃、满城二县地三万五千九百晌，以武强、藁城二县无主屯地拨补；圈完县、清苑二县地四万五千一百晌，以真定县无主屯地拨补；圈通州、三河、蓟州、遵化四州县地十一万二百二十八晌，以玉田、丰润二县圈剩无主屯地及迁安县无主屯地拨补；圈霸州、新城、漷县、武清、东安、高阳、庆都、固安、安州、永清、沧州十一州、县地十九万二千五百一十九晌，以南皮、静海、乐陵、庆云、交河、蠡县、灵寿、行唐、深州、深泽、曲阳、新乐、祁州、故城、德州各州、县无主屯地拨补；圈涿州、涞水、定兴、保定、文安五州、县地十万一千四百九十晌，以献县先圈薄地拨补；圈宝坻、香河、滦州、乐亭四州、县地十万二千二百晌，以武城、昌黎、抚宁各县无主屯地拨补（《清世祖实录》卷三十）。

（丙）督捕逃人

窝逃之罪重于逃人，盖以维护八旗巨室之私利。

顺治元年（一六四四年），置各州、县甲长、总甲之役。……凡遇盗贼、逃人奸宄窃发事件，邻佑即报知甲长。……若一家隐匿，其邻佑九家甲长、总甲不行首告者，俱治以罪（《皇朝文献通考》卷二十一《职役考一》）。

顺治二年乙酉（一六四五年）三月戊申，谕户部："……此等投充旗下人民有逃走者，逃人及窝逃之人两邻、十家长、百家长，俱照逃人定例治罪。"（《清世祖实录》卷十五）

顺治三年（一六四六年）十月乙酉（十三日），谕："有为薙发、衣冠、圈地、投充、逃人牵连五事具疏者，一概治罪，本不许封进。"（《清世祖实录》卷二十八）

（3）笼络汉人

凡可以笼络汉人者，无不尽力为之。满人首先习读汉文，以示尊儒右文。知汉人所重者史，特诏修《明史》。知汉人所重者科举，特准生员、举人一体应乡、会试。官吏俱以原官起用。

（甲）修《明史》

顺治二年（一六四五年）五月壬午（初一日），内三院大学士冯铨、洪承畴、李建泰、范文程、刚林、祁充格等奏言:“臣等钦奉圣谕，总裁《明史》，查旧例设有副总裁、应用学士、讲读学士等官，今请以学士詹霸、赖衮、伊图、宁完我、蒋赫德、刘清泰、李若琳、胡世安，侍读学士高尔俨，侍读陈具庆、朱之俊为副总裁官，其纂修等员，应加选取，今选有郎廷佐、图海、罗宪汶、刘肇国、胡统虞、成克巩、张端、高珩、李奭棠为纂修官，石图等七员为收掌官，古禄等十员为满字誊录官，吴邦豸等三十六员为汉字誊录，以及收发草本等事宜。”从之（《清世祖实录》卷十六）。

顺治四年（一六四七年）五月丁卯（二十七日），谕大学士刚林、祁充格曰:“尔等纂修《明史》，其间是非得失，务宜据事直书，不必意为增减，以致文过其实。”（《清世祖实录》卷三十二）

顺治八年（一六五一年）闰二月癸丑（初六日），大学士刚林等奏言:“臣等纂修《明史》，查天启四年及七年六月《实录》，并崇祯一朝事迹俱缺，宜敕内外各官，广示晓谕，重悬赏格，凡钞有天启、崇祯《实录》，或有汇集邸报者，多方购求，期于必得。或有野史、外传、集记等书，皆可备资纂辑，务须广询博访，汇送礼部，庶事实有据，信史可成。”下所司知之（《清世祖实录》卷五十四）。

顺治十六年（一六五九年）五月己卯（十九日），礼部议覆、翰林院掌院学士折库讷等疏言:“明朝一代之史，理应修辑，以昭鉴戒。请敕各直省地方官，凡收藏有明崇祯十七年朝报及召对纪载，可备采择者，务期广为搜罗，速行汇送翰林院，以便题请纂修。其野史、小说，不许滥收。”报可（《清世祖实录》卷一二六）。

（乙）满人习汉书

顺治二年（一六四五年）三月乙未（十二日），大学士冯铨、洪承畴等奏言:“……皇上……满书俱已熟习。但帝王修身治人之道，尽备于

《六经》。……必习汉文，晓汉语，始上意得达而下情易通。伏祈择满、汉词臣，朝夕进讲。”（《清世祖实录》卷十五）

五月戊戌（十七日），命满洲子弟就学，分为四处，每处用伴读十人，勤加教习。十日一次赴监考课，遇春秋演射，五日一次，就本处习练，俾文武兼资，以储实用。从国子监祭酒薛所蕴请也（《清世祖实录》卷十六）。

九月己巳（二十一日），先是，每牛录各取官学生一名，以十名习汉书，余习满书。至是礼部奏请增额，命每牛录增取一名，于原额习汉书十名外，加用十名，余俱习满书（《清世祖实录》卷二十）。

顺治八年（一六五一年）三月丙午（二十九日），吏部奏言：“各旗子弟率多英才，可备循良之选，但学校未兴，制科未行耳。先帝在盛京爱养人才，开科已有成例，今日正当举行。臣等酌议满洲、蒙古、汉军各旗子弟，有通文义者，提学御史考试，取入顺天府学，乡试作文一篇，会试作文二篇，优者准其中式，照甲第除授官职，则人知向学，进取有阶矣。”报可（《清世祖实录》卷五十五）。

顺治十一年（一六五四年）十二月戊寅（二十二日），礼部奏言：“会试俱有定例，他赤哈哈番、笔帖式哈番，皆系六七品官，各有职任，优劣自有分别。况历科中式举人颇多，嗣后满洲、蒙古、汉军会试，止准举人应试，其在院、部等衙门，他赤哈哈番、笔帖式哈番等，不准会试，庶满、汉试例一体矣。”从之（《清世祖实录》卷八十七）。

（丙）开科取士

顺治元年（一六四四年）十月，诏：……（一）会试定于辰、戌、丑、未年，各直省乡试，定于子、午、卯、酉年。凡举人不系行止黜革者，仍准会试。各处府、州、县儒学食廪生员仍准给廪，增附生员仍准在学肄业，俱照例优免（《清世祖实录》卷九）。

顺治二年（一六四五年）四月辛酉（初九日），礼部议覆、都给事中龚鼎孳疏言："故明旧制，考取举人，第一场时文七篇，二场论一篇、表一篇、判五条，三场策五道。今应如科臣请减时文二篇，照故明洪武时例，用时文五篇，于论、表、判外，增用诗，去策，改用奏疏。至京城贡院颓坏，应即修葺。"得旨：考试仍照旧例行，贡院著即修葺（《清世祖实录》卷十五）。

顺治三年（一六四六年）正月甲戌（二十六日），礼部奏言："龙飞首科，正士类弹冠之日。今年二月，会试天下举人，其中式名额及内帘房考官，均宜增广其数，以收人才而襄盛治。"得旨：开科之始，人文宜广，中式额数，准广至四百名，房考二十员，后不为例（《清世祖实录》卷二十三）。

顺治开科，沿前明旧制，首场《四书》艺三篇、经艺四篇，次场论一篇、表一道、判五条。试《五经》者，并作诏诰。后场策五道。时给事中龚鼎孳请用诗，去策，改用奏疏。不许。定磨勘试卷例，首严弊幸，次简瑕疵。前场以明理会心、不愧先儒者为合式，后场以出经入史、条对详明者为合式（王庆云《熙朝纪政》卷一《纪科举篇目》）。

顺治十四年（一六五七年）正月戊午（十五日），谕吏部："朕惟制科取士，课吏荐贤，皆属朝廷公典。……以后内外大小各官，俱宜恪守职掌，不许投拜门生。如有犯者，即以悖旨论罪。荐举各官，俱照衙门体统相称。一切读阅卷、考试等项，俱不许仍袭师生之号。……如揭榜后，有仍前认作师生者，一并重处不贷。……永绝朋党之根。"（《清世祖实录》卷一〇六）

丁酉科场兴大狱，论死、论流者甚众。明为肃场规，其实则钳制士人，而党争亦有关焉。

顺治十四年（一六五七年）十月甲午（二十五日），先是，刑科右给事中任克溥参奏："乡、会大典，慎选考官，无非欲矢公矢慎，登进真才。

北闱榜放后，途谣巷议，啧有烦言。臣闻中式举人陆其贤，用银三千两；同科臣陆贻吉，送考官李振邺、张我朴，贿买得中，北闱之弊，不止一事。此辈弁髦国法，亵视名器，通同贿卖，愍不畏死。伏乞皇上大集群臣，公同会讯，则奸弊出而国法伸矣。”事下吏部、都察院严讯，得实，奏闻。得旨：……李振邺、张我朴、蔡元禧、陆贻吉、项绍芳，举人田耜、邬作霖，俱著立斩，家产籍没，父母兄弟妻子俱流徙尚阳堡，主考官曹本荣、宋之绳，著议处具奏（《清世祖实录》卷一一二）。

十一月癸亥（二十五日），工科给事中阴应节参奏：“江南主考方犹等弊窦多端，榜发后，士子忿其不公，哭文庙，殴帘官，物议沸腾。其彰著者，如取中之方章钺，系少詹事方拱乾第五子，悬成、亨咸、膏茂之弟，与犹联宗有素，乃乘机滋弊，冒滥贤书，请皇上立赐提究严讯，以正国宪、重大典。”得旨：“据奏南闱情弊多端，物议沸腾，方犹等经朕面谕，尚敢如此，殊属可恶。方犹、钱开宗并同考试官，俱著革职，并中式举人方章钺，刑部差员役速拿来京，严行详审。”（《清世祖实录》卷一一三）

顺治十五年（一六五八年）二月庚午（初三日），礼部磨勘丁酉科乡试朱卷，劾奏违式各官，河南省考试官黄钋、丁澎，用墨笔添改字句；山东省同考官同知袁英、知州张锡怿、知县唐瑾、吴暹、何铿、章贞，用蓝笔改窜字句；山西省考试官匡兰馨、唐赓尧，批语不列衔名，俱属疏忽。得旨：俱著革职逮问。掌河南道御史上官铉，劾奏江南省同考官舒城县知县龚勋，出闱后被诸生所辱，事涉可疑。又有中式举人程度渊者，啧有烦言，情弊昭著。应详细磨勘，以厘夙奸。得旨：著严察逮讯（《清世祖实录》卷一一五）。

四月辛卯（二十五日），谕刑部等衙门：“开科取士，原为遴选真才以备任使，关系最重，岂容作弊坏法？王树德等，交通李振邺等贿买关节，紊乱科场，大干法纪，命法司详加审拟。据奏，王树德、陆庆曾、潘隐如、唐彦曦、沈始然、孙旸、张天植、张恂，俱应立斩，家产籍没，妻子父母兄弟流徙尚阳堡。孙珀龄、郁之章、李倩、陈经在、邱衡、赵瑞南、唐元迪、潘时升、盛树鸿、徐文龙、查学诗，俱应立斩，家产籍没。张旻、孙兰茁、郁乔、李苏霖、张秀虎，俱应立绞。余赞周应绞监候，秋后处决等语。朕因人命至重，恐其中或有冤枉，特命提来亲行面讯。王树德等，俱供作弊情实，本当依拟正法，但多犯一时处死，于心不忍，俱从宽免死，各责四十板，流徙尚阳堡。余依议、董笃行等，本当重处，朕面讯时，皆自认委系溺职，姑著免罪，仍复原官。曹本荣等，亦著免议。”（《清世祖实录》卷一一六）

七月辛酉（二十六日），刑部议河南主考黄钋、丁澎，违例更改举人原文作程文，且于中式举人朱卷内，用墨笔添改字句。黄钋又于止额供应之外，恣取人参等物。黄钋应照新例籍没家产，与丁澎俱责四十板，不准折赎，流徙尚阳堡。议上，命免钋、澎责，如议流徙（《清世祖实录》卷一一九）。

十月癸未（二十日），刑部等衙门，会勘原任推官李燧升，受诸云子嘱托，为徐荣向、李振邺贿买关节，情真应论死，并籍其家，其父母兄弟妻子流徙尚阳堡。原任翰林诸豫，为李燧升过付，应一并责徙。得旨：燧升免死，俱流徙尚阳堡（《清世祖实录》卷一二一）。

十一月辛酉（二十八日），刑部鞫实江南乡试作弊一案，正主考方犹拟斩，副主考钱开宗拟绞，同考试官叶楚槐等拟责遣尚阳堡，举人方章钺等俱革去举人。疏入，得旨：方犹、钱开宗差出典试，经朕面谕，务令简拔真才，严绝弊窦。辄敢违朕面谕，纳贿作弊，大为可恶。如此背旨之人，若不重加惩治，何以儆戒将来？方犹、钱开宗，俱著即正法，妻子家产籍没入官。叶楚槐、周霖、张晋、刘廷桂、田俊民、郝惟训、商显仁、李祥光、银文灿、雷震声、李上林、朱建寅、王熙如、李大升、朱蔆、王国祯、龚勋，俱著即处绞，妻子家产籍没入官。已死卢铸鼎，妻子家产亦著籍没入官。方章钺、张明荐、伍成礼、姚其章、吴兰友、庄允堡、吴兆骞、钱威俱著责四十板，家产籍没入官，父母兄弟妻子并流徙宁古塔。程度渊在逃，责令总督郎廷佐、亢得时等，速行严缉获解（《清世祖实录》卷一二一）。

（丁）征隐逸

顺治元年（一六四四年）七月甲寅（二十九日），摄政和硕睿亲王谕："……近见廷臣所举，类多明季旧吏及革职废员，未有肥遁山林、隐迹逃名之士。"（《清世祖实录》卷六）

十月诏：……（一）山林隐逸之士，有怀才抱德、堪为时用，及武略出众、胆力过人者，抚、按据实举荐，该部覆核，征聘来京，以便擢用（《清世祖实录》卷九）。

十月诏：……（一）前朝文武进士、文武举人，仍听该部核用（《清世祖实录》卷九）。

（戊）起用旧人

自顺治二年，起用奄党冯铨，先后执政几二十年。刘正宗承其衣钵，东林旧人结宦官与争，终不能胜，盖铨能得八旗欢心也。

顺治元年（一六四四年）……五月戊子朔，摄政睿亲王多尔衮师至通州。……己丑，师至燕京。……庚寅，谕故明内外官民人等曰："各衙门官员，俱照旧录用，可速将职名开报，如虚饰假冒，罪之。其避贼回籍隐居山林者，亦具以闻，仍以原官录用。兵丁愿从军，或愿归农者，许该管官送至兵部，分别留遣。凡投诚官吏军民，皆著薙发，衣冠悉遵本朝制度。"……癸巳，摄政睿亲王令在京内阁、六部、都察院等衙门官员，俱以原官同满官一体办事（《清世祖实录》卷五）。

顺治二年（一六四五年）八月庚寅（十一日），户科给事中杜立德奏言："阁臣冯铨所行弗类，诸臣具实以告，非私论也。将逾旬日，未蒙鉴裁，内外大小，群情汹汹。继后有系天下国家大事者，谁敢再出一语，将人臣直言之气不鼓，如是非何，如彰瘅何？祈令满、汉大臣，朝堂共议，庶几公论克协，而法守允垂。况如马士英、阮大铖，招权纳贿，弄其君于鼓掌；宋企郊煽恶流毒，神人共愤，乃任其遁而不之捕，讳其迹而为之荐，皆非所以示公道、昭大权。”……下所司知之（《清世祖实录》卷二十）。

丙申（十七日），先是，给事中许作梅、庄宪祖、杜立德、御史王守履、桑芸、李森先、罗国士、邓孕槐、吴达等，交章劾内弘文院大学士冯铨，原系故明天启阉寺魏忠贤党羽，曾向大同总兵官姜瓖索银三万两，向江禹绪索金一百两，其子源淮又设肴馔于内院宴饮，礼部左侍郎孙之獬受源淮贿，欲收为伊标中军。又礼部侍郎李若琳，系铨党羽，其人庸懦无行，俱宜罢黜究治，请将冯铨父子肆诸市朝。疏入，命刑部确讯具奏。至是刑部以鞫问无实，拟科道各官俱反坐，启摄政王。王于重华殿传集内院大学士等官，及刑部科道各官，逐一鞫问，所劾冯铨、孙之獬、李若琳各款，俱无实迹。因冯铨自投诚后，薙发勤职；孙之獬于众人未薙发之前，即行薙发，举家男妇皆效满装；李若琳亦先薙发，故结党同谋陷害。于是摄政王谕曰：“故明诸臣，各立党羽，连章陈奏，陷害忠良，无辜被罚，无功滥用，酿成祸患，以致明亡。今尔科道各官，如何仍蹈故明陋习，陷害无辜？据尔等所劾，三人皆系恪遵本朝法度者，即此足见尔等结党谋害。”给事中龚鼎孳对曰：“冯铨乃背负天启，党附魏忠贤作恶之人。”铨曰：“忠贤作恶，故尔正法。前此铨即具疏告归田里。如铨果系魏党，何为不行诛戮？又何为不行治罪？流贼李自成将我故主崇祯陷害，窃取神器，鼎孳何反顺陷害君父之李贼，竟为北城御史？”王曰：“此言实否？”鼎孳曰：“实。岂止鼎孳一人？何人不曾归顺？魏徵亦曾归顺唐太宗。”王笑曰：“人果自立忠贞，然后可以责人。己身不正，何以责人？鼎孳自比魏徵，以李贼比唐太宗，殊为可耻。似此等人，何得侈口论人？但缩颈静坐，以免人言可也。”既而又曰：“此番姑从宽免尔等罪，如再蹈故明陋习，不加改悔，定不尔贷。”后数日，以李森先启内请将冯铨父子肆诸市朝之语过甚，令革森先职（《清世祖实录》卷二十）。

顺治五年（一六四八年）七月丁丑（十四日），设六部汉尚书、都察院汉左都御史各一员，以陈名夏为吏部尚书、谢启光为户部尚书、李若琳为礼部尚书、刘余祐为兵部尚书、党崇雅为刑部尚书、金之俊为工部尚书、徐起元为都察院左都御史（《清世祖实录》卷三十九）。

顺治十年（一六五三年）四月己未（二十四日），大学士冯铨上疏引罪。得旨：上有所询，直言无隐，臣道宜然。但冯铨与陈名夏等素相矛盾，朕所习知。因言不合理，是以有责问之旨。今冯铨既知己非，再观自新，仍照旧办事。以后诸臣有如此怀私修怨、不公不平者，急宜省改（《清世祖实录》卷七十四）。

顺治十一年（一六五四年）三月辛卯（初一日），内翰林国史院大学士宁完我，劾大学士陈名夏，结党怀奸，情事叵测，疏曰：“……痛恨我朝薙发，鄙陋我国衣冠，蛊惑故绅，号召南党，布假局以行私，藏祸心而倡乱。何以明其然也？名夏曾谓臣曰：‘要天下太平，只依我一两事，立就太平。’臣问何事，名夏推帽摩其首云：‘只须留头发，复衣冠，天下即太平矣。’”……一吏科魏象枢，系陈名夏姻亲，结为一党。象枢误参司官钱受祺，擅委中军。后自检举，奉旨：中军巡捕悬殊，何得错误？著议奏。部覆：钱受祺无罪，免议。魏象枢降级调用。名夏辄自票部本云，事属疏忽，著罚俸六个月。成克巩云：“既奉严旨，而票事属疏忽，似属相悖，不如改既经检举。”名夏依言改之。次日，发出红本，冯铨云：“此本票错，落去钱受祺免议字样，理应检举。”名夏云：“冯系当直，成系票签，该你二人检举。”克巩作色言曰：“签系何人所拟，教我二人检举乎？”后来竟不曾检举（《清世祖实录》卷八十二）。

辛丑（十一日），先是，吏部等衙门会鞫大学士宁完我，劾奏陈名夏诸款俱实，陈名夏论斩，家产籍没，妻子流徙盛京。随命议政诸王、贝勒、大臣核议，至是和硕承泽亲王硕塞等会议，陈名夏情罪重大，仍应论斩，妻子家产分散为奴，伊子陈掖臣提到，另行审结。疏入，得旨：陈名夏所犯之罪实大，理应处斩。但念久任近密，不忍肆之于市，著处绞，妻子家产免分散为奴。余依议（《清世祖实录》卷八十二）。

顺治十三年（一六五六年）二月丙子（二十七日），上在南苑。……上曰："朕非不知之遴等而用之，即若辈朋党之行，朕亦深悉。"……复谕诸臣曰："今人多结朋党。……何若为国为君效忠，安受富贵之为荣乎？纵使党与已成，及陷诛戮，孰能庇免？即如诛陈名夏，黜龚鼎孳，时其党曾有一人出而救之，或分受其过者乎？且多有因而下石者。是名为朋党，而徒受党之害也。"（《清世祖实录》卷九十八）

三月乙未（十六日），吏部议覆左副都御史魏裔介、广东道御史焦毓瑞、户科都给事中王祯，各劾陈之遴疏，拟革之遴职，永不叙用。疏入，得旨：陈之遴经朕训诫，不啻再三，望其省改过恶，尽去偏心，以图报称。乃毫不自悔，任意结党营私，大负朕恩。本当罢斥示惩，念其既已擢用，位至大臣，不忍即行革职，著以原官发盛京地方居住（《清世祖实录》卷九十九）。

顺治十五年戊戌（一六五八年）四月壬辰（二十六日），吏部等衙门会议陈之遴、陈维新、吴维华、胡名远、王回子等，贿结犯监吴良辅，鞫讯得实，各拟立决。得旨：陈之遴受朕擢用深恩，屡有罪愆，叠经贷宥。前犯罪应置重典，特从宽以原官徙住盛京。后不忍终弃，召还旗下。乃不思痛改前过以图报效，又行贿赂交结犯监大干法纪，深负朕恩。本当依拟正法，姑免死，著革职，并父母兄弟妻子流徙盛京，家产籍没。陈维新姑免死，并父母兄弟妻子流徙盛京，家产籍没。吴维华、胡名远、王回子等，俱姑免死，各责四十板，并父母兄弟妻子流徙宁古塔，家产籍没（《清世祖实录》卷一一六）。

顺治十七年庚子（一六六〇年）正月辛巳（二十五日），礼科右给事中杨雍建疏言:“臣闻朋党之害,每始于草野,而渐中于朝宁,拔本塞源,尤在严禁结社订盟。今之妄立社名,纠集盟誓者,所在多有,而江南之苏松、浙江之杭嘉湖为尤甚。其始由于好名,其后因之植党,相习成风,渐不可长。请敕部严饬学臣,实心奉行,约束士子,不得妄立社名、纠众盟会,其投刺往来,亦不许用同社、同盟字样,违者治罪。”……得旨:士习不端,结社订盟。把持衙门,关说公事。相煽威风,深为可恶。著严行禁止(《清世祖实录》卷一三一)。

十一月辛酉(初十日),议政王、贝勒、大臣、九卿、科道,遵旨会议具奏,魏裔介、季振宜疏参刘正宗。……得旨:刘正宗性质暴戾,器量褊浅。持论矫激偏私,罔揆于理。处事执谬自恣,务显所长。悻愎琐屑,负气乖张,唯以沽名好胜为事,弗顾国家大体。时或适意,则骄矜夸诩;偶拂其意,则忿然不平,绝无休休老成之度。凡伊劣状,朕素知之。特以才学,故加擢用。屡行诫饬,复降严谕。冀其省改,以副朕简拔之意。乃置若罔闻,性愈恣睢,量愈褊急,卒无悛悔,罪过滋多,大负擢用深恩。本当依拟正法,念任用有年,姑从宽免死,著革职追夺诰命,籍没家产一半,归入旗下,不许回籍。张缙彦巧辩欺饰,本当依拟处斩,亦从宽免死,著革职追夺诰命,籍没家产,流徙宁古塔地方(《清世祖实录》卷一四二)。

(4)财政之清理

顺治一朝,兵费最多,先免三饷以市恩,后复保留万历辽饷。乱后逃亡者众,荒地大增,乡绅仍明季之习,多不纳粮赋,赋入不给,乃有清厘之举。而江南奏销,遂成大狱,则由有意抑制绅衿。

(甲)免三饷

顺治元年秋七月……摄政睿亲王谕官吏军民人等曰:“……前朝弊

政厉民最甚者，莫如加派辽饷，以致民穷盗起。而复加剿饷，再为各边抽练，而复加练饷。惟此三饷，数倍正供，苦累小民，剔脂刮髓，远者二十余年，近者十余年，天下嗷嗷，朝不及夕。更有召买粮料，名为当官平市，实则计亩加征。初议准作正粮，既而不与销算，有时米价腾贵，每石四五两不等。部议止给五分之一，高下予夺，惟贿是凭。而交纳衙门，又有奸人包揽，猾胥抑勒，明是三饷之外，重增一倍催科，巧取殃民，最为粃政。兹哀尔百姓困穷，夙害未除，恫瘝切体。……为尔下民请命，自顺治元年为始，凡正额之外一切加派，如辽饷、剿饷、练饷，及召买米石，尽行蠲免。各该抚、按，即行所属各道、府、州、县、军、卫衙门，大张榜示，晓谕通知。如有官吏朦胧混征暗派者，察实纠参，必杀无赦。傥纵容不举，即与同坐。”（《清世祖实录》卷六）

顺治五年戊子（一六四八年）十一月辛未（十一日）诏：……（一）派征钱粮，俱照万历年间则例，其天启、崇祯年加增，尽行蠲免。通行已久，如有贪官污吏例外私派、多征扰民者，该抚、按官纠参重处（《清世祖实录》卷四十一）。

（乙）停贡献

今制，宫庭服御所必需，率令有司以经费购办，未尝责贡民间。轸念人劳，罢免贡献者，为类尤广。……世祖章皇帝定鼎之始，将降谕旨，于故明各道额解内庭物产，分别蠲除。嗣是岁需上供，悉归经费采办（《皇朝文献通考》卷三十八《土贡考》）。

（丙）搜括

兵饷

今国所最急者财也，岁入一千八百一十四万有奇，岁出至二千二百六十一万有奇，出浮于入者四百四十七万有奇。此四百余万者，皇上即日令诸臣焦思持筹，竭盈朝之心计，以臣度之，不能措至数十万，而国体已伤，民心已愁，甚非长策也。臣因和盘打算，国用所以不足之故，皆由养兵耳。各省镇满、汉官兵俸□□□算之费，至一千八百三十三万零。大兵过往，骡马粮草等项，约算一百四十万两。其在京王公及各官俸薪披甲月饷，不过二百万有奇耳。则是岁费二千二百余万两者，凡十分在养兵，一分在杂用也（王命岳《耻躬堂文集》卷一《议经国远图疏》）。

臣忆自乙未科殿试对策内称，入不敷出者八十余万。至顺治十三年，入不敷出四百四十余万矣。臣自十五年九月给假离京，至今年七月还朝，意谓二年之内，计臣持筹，量入为出，当大异昔日。比臣入署以来，留心查核，则今日入不敷出者至七百余万。即以云南一省言之，总括一省夏税、秋粮、盐课、矿课、商鱼牛税，共正、杂虽止十六万一百两零，而今办滇南兵饷，至九百万两有奇。夫九百万两者，天下正赋钱粮共数当不及此也。……今之议者，必曰余寇未尽，未可安枕。八旗禁旅必不可撤，六万绿旗必不可裁，用兵必不可休。……查云南原有旧屯一万一千一百七十一顷，科粮三十八万九千九百九十二石零。……官收额内军饷，额外米粟既登，价值自贱，倘邀天之庇，每粟一石价可三金，则视今年之每石十金者，已省四分之三矣（王命岳《耻躬堂文集》卷四《论滇饷疏》）。

奏销案

顺治十二年乙未（一六五五年）正月辛丑（十六日），户部议覆户科都给事中朱之弼疏言：“布政使、知府、直隶州知州，俱应通计所属钱粮完欠，照州、县一体参罚。十分全完者优升，欠一分者罚俸六个月，照常升转；欠二分者住俸，欠三分者降俸一级，欠四分者降俸二级，欠五分者降职一级，欠六分者降职二级，俱戴罪督催，停其升转，俟完日开复。欠七分者降职一级调用，欠八分者降职二级调用，欠九分、十分者革职。”从之（《清世祖实录》卷八十八）。

顺治十五年戊戌（一六五八年）五月戊申（十二日），谕户部：年来钱粮匮乏……江南无锡等县，历来钱粮欠至数十万，地方官未见有大破积弊征比完结者，皆由官吏作弊，上官不行严察。且乡绅举贡之豪强者，包揽钱粮，隐混抗官，多占地亩，不纳租税，反行挟制有司。有司官不能廉明自守者，更惧其权势，不敢征催。该部遇有如无锡等州、县之欠粮者，察明奏请选择廉明谨慎满洲启心郎、理事等官，先往一县，不带多人，不预别事，专令督理拖欠钱粮。或钱粮在官，借口民欠；或乡绅及其子弟、举贡生员、土豪隐占地亩，抗不纳粮；或畏惧豪强不敢征比等项情弊，务期察明惩治。清察一处，即可为他处榜样。历年各省逋欠钱粮，多系贪官猾吏那移隐蚀，以及乡绅、举贡生员、土豪影射占隐，年来抚、按未行清察，不能尽厘奸剔弊之职，今责成抚、按严加清察，如有前项情弊，题参重处。如曲庇不行指参，本犯一经发觉，即治抚、按以徇纵之罪(《清世祖实录》卷一一七)。

顺治十八年辛丑(一六六一年)六月庚辰(初三日)，江宁巡抚朱国治疏言："苏、松、常、镇四府属并溧阳县未完钱粮，文武绅衿共一万三千五百一十七名，应照例议处。衙役人等二百五十四名，应严提究拟。"得旨：绅衿抗粮，殊为可恶。该部照定例，严加议处(《清圣祖实录》卷三)。

（二）康熙之统一

（1）三藩之平定

（甲）建藩及撤藩

清既定两广、云南，以吴、尚、耿、孔四王镇守其地。

顺治十六年己亥（一六五九年）……三月……甲寅，先是，经略辅臣洪承畴疏奏："云南山川峻险，幅员辽阔，非腹里地方可比，请敕议政王、贝勒、大臣，密议三路大兵，作何分留驻守？贵州中路汉兵及广西汉兵，作何布置安设？……诏议政王、贝勒、大臣会议。至是，王等议，平西、平南、靖南三藩内，应移一王驻镇云南……应移一王分镇粤东，一王分镇蜀中，何王应驻何省，恭候上裁。"奏入，命平西王驻镇云南，平南王驻镇广东，靖南王驻镇四川（《清世祖实录》卷一二四）。

（顺治）十六年（一六五九年）正月……由榔奔永昌。二月，三桂同贝勒尚书卓布泰，进征南州。……渡澜沧江，下永昌。由榔先遁，我兵渡潞江……乘胜取腾越州，追至南宁，乃振旅由永昌、大理、姚安还。……诏（吴）三桂镇云南（《清史列传》卷八十《逆臣传·吴三桂》）。

初，继茂与（尚）可喜攻下广州。……即城中驻兵牧马，营靖南、平南二藩府东西相望。……（顺治）十六年（一六五九年）三月，上命移四川。十七年（一六六〇年）七月，改命移福建（《清史稿》列传二十一《耿仲明子继茂传》）。

顺治八年辛卯（一六五一年）春正月……庚申，定南王孔有德疏报，攻克广西省城，底定桂、平二府（《清世祖实录》卷五十二）。

二月壬寅，移定南王孔有德官属、兵丁、眷属，驻广西桂林府（《清世祖实录》卷五十三）。

孔有德先死，以其婿孙延龄镇守广西。

（顺治）九年（一六五二年）……（孙）可望令（李）定国与冯双

礼，将八万人自黎平出靖州，别遣马进忠自镇远出沅州，两军会武冈，图桂林。……定国与王之邦、刘之讲、吴子圣、廖鱼、卜宁率所部，自西延大埠，疾驰向桂林。……有德率师出战。定国……所部战甚力。……有德败绩，退保桂林。定国昼夜环攻，城陷，有德自杀（《清史稿》列传十一《李定国传》）。

孙延龄……父龙，随孔有德来归，隶汉军正红旗，授二等男爵。……有德以女四贞字延龄。……五年（一六六六年）五月……命延龄为镇守广西将军，统辖有德所遗部众，驻桂林（《清史列传》卷八十《逆臣传·孙延龄》）。

三藩之兵，初为三四万人，后渐扩至七八万人，以吴三桂为最强。

顺治元年（一六四四年）四月……（吴）三桂率众迎睿亲王，令三桂兵肩系白布为识。……合击大破贼，追奔四十里。是日，睿亲王……进三桂爵为平西王，分隶步骑兵二万，先驱讨贼（《清史列传》卷八十《逆臣传·吴三桂》）。

（顺治）六年（一六四九年），改封靖南王。……与尚可喜征广东。仲明将旧兵二千五百、新增兵七千五百，合为万人（《清史稿》列传二十一《耿仲明传》）。

（顺治）六年（一六四九年）五月，改封平南王。……旋命率旧兵二千三百、新增兵七千七百，合万人，与仲明同征广东（《清史稿》列传二十一《尚可喜传》）。

迨南方略定……其时孔有德已遇害，无后，故惟留三桂王云南，尚可喜王广东，耿仲明之子继茂王福建。继茂卒，子精忠袭封。耿、尚二藩，所属各十五佐领、绿旗兵各六七千、丁口各二万。三桂藩属五十三佐领、绿旗兵万有二千、丁口计数万，是为三藩并建之始（魏源《圣武记》卷二《康熙戡定三藩记上》）。

三藩中，三桂功最高，兵最强。……破流贼，定陕，定川，定滇，取永明王于缅甸，又平水西土司安氏，四方精兵猛将多归其部下，计五丁出一甲，甲二百设一佐领，积五十余佐领，辖以左右都统，设前后左右援剿四镇，分十营，每营兵千有二百。以吴应麒、吴国贵、夏国相、胡国柱等为都统，以马宝、王屏藩、王绪等十人为总兵（魏源《圣武记》卷二《康熙戡定三藩记上》）。

顺治十七年庚子（一六六〇年）六月……辛丑，议政王、贝勒、大臣等，会议户部裁兵筹饷一事：滇逆未靖，满洲大兵不应撤还，但协饷艰难，应将绿旗兵未招募者停止招募，投诚兵愿为民者令其为民，共以三万为额。至于各省军需俱取之本省，独滇省用各省转输。……今请敕平西王及该省督、抚，于本省设法酌量取用，其月饷仍令各省起解（《清世祖实录》卷一三七）。

顺治十七年（一六六〇年），部臣奏：计云南省俸饷岁九百余万，除召还满兵外，请裁绿营兵五万之二。三桂谓边疆未靖，兵力难减（魏源《圣武记》卷二《康熙戡定三藩记上》）。

三藩不只割据一方，自为政令，骚扰地方人民。吴三桂所铸钱通行各省，名为“西钱”。其藩下官，不关吏部，分选各省，名为“西选”。清廷每岁负担军饷九百万，桂王平定后，军饷尚需四百万，闽、粤所需，略与此等，致岁入二千万，全以饷军，不足者尚五百万，故不得不下撤藩之令。然撤藩则三藩必反，人皆知之，群臣无敢赞撤藩者。一切不顾，期于必撤者，唯康熙帝及明珠二人而已。

初，（耿）继茂与（尚）可喜攻下广州，怒其民力守，尽歼其丁壮。即城中驻兵牧马，营靖南、平南二藩府，东西相望。继茂尤汰侈，广征材木，采石高要（县）七星岩，工役无艺，后创设市井私税，民咸苦之。广东左布政使胡章自山东赴官途中，上疏言：“臣闻靖南王耿继茂、平南王尚可喜所部将士，掠辱士绅妇女，占居布政使官廨，并擅署置官吏。……乞敕二王还官廨，释俘虏。”继茂奏辨，可喜亦有疏自白，章坐诬论绞。……逾年，高要知县杨雍建内迁给事中，疏陈广东滥役私税诸大害，谓一省不堪两藩，请量移他省（《清史稿》列传二十一《耿仲明子继茂传》）。

顺治十六年己亥（一六五九年）冬十月……己酉……谕吏、兵二部：“……前已有旨，命平西王吴三桂移镇云南。……当兹地方初定之时，凡该省文武官贤否，甄别举劾，民间利病，因革兴除，及兵部钱粮一切事务，俱暂著该藩总管，奏请施行，内外各衙门，不得掣肘。……俟数年后该省大定，仍照旧令各官管理。”（《清世祖实录》卷一二九）

康熙二年癸卯（一六六三年）二月……丁巳，兵部议，准平西王吴三桂疏请，将云、贵二省总督、巡抚敕书，撰入“听王节制”四字。从之（《清圣祖实录》卷八）。

踞由榔所居五华山故宫为藩府，增华崇丽，籍沐天波庄田为藩庄，假浚渠筑城为名，广征关市榷税、盐井、金矿、铜山之利，厚自封殖（《清史列传》卷八十《逆臣传·吴三桂》）。

康熙二年癸卯（一六六三年）五月……乙酉……户部议覆，平西王吴三桂疏言滇省初定，请开鼓铸。……从之（《清圣祖实录》卷九）。

顺治十七年庚子（一六六〇年）十一月……壬申，四川道御史杨素蕴奏言：“臣阅邸报，见平西王恭请升补方面一疏，以副使胡允等十员，俱拟升云南各道，并奏差部曹，亦在其内，臣不胜骇异。……即前此经略用人，奉有吏、兵二部，不得掣肘之旨，亦惟以军前效用各官，或五省中人地相宜，资俸应得者酌量具题，从未闻以别省不相干涉之处，及见任京官，公然坐缺定衔，如该藩今日者也。……诸臣才品为该藩所知，亦宜先行具题，奉旨俞允，然后令吏部照缺签补，犹不失权宜之中计。乃径行拟用，无异铨曹。”（《清世祖实录》卷一四二）

所辖文武将吏，选用自擅。各省员缺时，亦承制除授，谓之“西选”。又屡引京朝官、各省将吏，用以自佐（《清史稿》列传二六一《吴三桂传》）。

其所除授号曰“西选”，西选之官遍天下。顺治十七年，部臣奏：计云南省俸饷岁九百余万。……加以闽、粤二藩运饷，岁需二千余万。近省挽输不给，一切仰诸江南。……核天下财赋，半耗于三藩（魏源《圣武记》卷二《康熙戡定三藩记上》）。

尚可喜适有归老辽东、留子镇粤之请。……时（康熙）十二年（一六七三年）三月也。部议遂令其尽撤藩兵回籍，三桂及耿精忠闻之不自安，亦于是年七月，疏请撤兵，以探朝旨。上敕廷臣议，皆言：“……不如勿徙。”惟户部尚书米思翰、兵部尚书明珠、刑部尚书莫洛等，力请徙藩。……上念藩政久握重兵，势成尾大，非国家利。又三桂子、精忠诸弟，皆宿卫京师，谅无能为变，特允其请，徙藩山海关外（魏源《圣武记》卷二《康熙戡定三藩记上》）。

（乙）吴三桂之称兵

吴三桂敢于称兵，盖知清廷主幼国疑，良将劲卒一时俱尽，而闽、粤、西北必可助己，画江以守，然后徐观天下之变。举兵而后，果如所期。然三桂手刃桂王，又自号为“周”，虽复中国衣冠，不足以资号召也。

三桂本挟云南，要旨慰留，冀得世守藩封，如沐氏故事，永踞滇中。（撤藩）命下，愕然气沮，其党愤愤不平，谓王功高……怂恿举事。三桂亦自负才武不世出，地险财富，所属亲军与两迤诸镇将健卒，皆百战之锐，素得其死力。即他直省，平日所植党，兵起，当无不从命。且开国诸宿将，多先后物故，无足抗颜行者，遂决计反（刘健《庭闻录》卷四）。

散布伪札，四出诱煽。襄阳总兵杨嘉来，以襄阳应贼。广西将军孙延龄、提督马雄，以桂林应贼。四川巡抚罗森、提督郑蛟麟、总兵谭洪、吴之茂，以四川应贼。福建耿精忠闻之，亦同时反。……是冬，陕西又有王辅臣之变（魏源《圣武记》卷二《康熙戡定三藩记上》）。

欲立明后，以号召天下，则缅甸之役无可自解。欲行至中原，据腹心始举事，复恐日久谋泄，遂于（康熙十二年）十一月二十一日发兵反。……自称天下都招讨兵马大元帅，以明年为周元年，蓄发，易衣冠，旗帜皆白（魏源《圣武记》卷二《康熙戡定三藩记上》）。

十三年正月，三桂自称周王。有某生者，上书极谏，大略谓：宜奉明朝，称前平西伯，缟素待罪，以告天下，则忠臣义士孰不倾心？今义旗再举，便以开国，是解天下体也。自此人窥王志，无复望其景从矣（刘健《庭闻录》卷五）。

（郑）经……答其（吴三桂）书曰："……自古成天下之大业，必先建天下之大义。以殿下之忠贞而择立先帝之苗裔，则足以号召人心而感奋忠义。不佞所以区区道及，亦欲依日月之末光，早建匡复之业，枕戈待旦，以俟会师之举尔。"（江日升《台湾外记》卷十六）

（丙）南北之相持

清廷骤闻巨变，兵力未集，但图自守。其初一、二年间，所注意者，以捐纳筹饷，及命南怀仁铸炮以利器械而已。吴军亦不敢出岳州一步，遂成相持之局。

郎中党务礼、萨穆哈，在黔督理移藩，舟马疾驰十二日，至阙告变；湖广总督蔡毓荣，亦奏至，举朝震动。……先遣都统巴尔布等，率满洲精骑三千，由荆州守常德；命都统珠满以兵三千，由武昌赴守岳州；命都督尼雅翰、赫业、席布根特、穆占、佟国瑶等，分驰西安、汉中、安庆、兖州、郧阳、汝宁、南昌诸要地听调遣；……命顺承郡王勒尔锦，为宁南靖寇大将军，统师至荆州；……命西安将军瓦尔喀，率骑兵赴蜀；而大学士莫洛经略陕西。……我兵云集荆襄、武昌、宜昌诸郡，无敢渡江撄其锋者（魏源《圣武记》卷二《康熙戡定三藩记上》）。

（康熙）十五年（一六七六年）……十月，疏言："迩者关中底定，闽逆投诚，荡平虽可刻期，然一日未罢兵，即一日不可无粮饷，宜于浙江、江西、湖广，开捐例纳米、豆、谷、麦、草束，以济军需。山东、河南岁值大稔，并宜捐米，贮临河州、县支应，本省兵粮多，则运解京仓。"疏下部议……准开例湖广、江西、福建三省现任官捐加级、纪录。四品以下降革官，捐复原职，分别录用，先用及顶带荣身。十七年（一六七八年）五月，疏言："天下盐课，定额不下三百余万，止陕西省遇闰加银，应令各省一例，又可增银二十余万，于军需不无小补。"……十九年七月，疏言："……尚之信……近为属下护卫张永祥控告，其自辩疏中有云，张永祥假其名色，每年私收税银一千六百两。即此可知，尚之信所自收之税，当不下百万。应令督、抚察核归公，累民者奏明豁免。"……疏下王、大臣等议行（《清史列传》卷八《余国柱传》）。

（康熙）十九年（一六八〇年）三月……诏曰："军兴数载，供亿浩繁，朕恐累民，不忍加派科敛。因允诸臣条奏，凡裁节浮费，改折漕贡，量增盐课、杂税，稽查隐漏田赋，核减军需报销，皆用兵不得已之意，事平自有裁酌。"（魏源《圣武记》卷二《康熙戡定三藩记上》）

明年（康熙十三年）……命西洋人南怀仁，多制轻便火炮，俾越山渡水，以利行军之用（魏源《圣武记》卷二《康熙戡定三藩记上》）。

明年（康熙十三年）……三桂……亲赴常、澧督战。……贼将吴应麒踞岳州，于城外浚濠三重，设陷坑鹿角，以拒步骑于洞庭峡口。攒立梢桩，以拒舟舰。而澧州、石首、华容、松滋，皆布重兵为犄角。……十五年（一六七六年）……是时，三桂以兵七万据岳州、澧州诸水口，以拒荆州江北之师；以兵七万，据长沙、萍乡、醴陵，以拒江西之师（魏源《圣武记》卷二《康熙戡定三藩记上》）。

(丁)闽、粤及西北之平定

清廷欲灭吴军,唯有先翦其羽党,闽、粤、桂及西北,果皆次第戡定,而吴军始孤。

李之芳……(康熙)十二年(一六七三年),以兵部侍郎总督浙江军务。会吴三桂反,十三年……耿精忠亦叛,遣其将曾养性、白显忠、马九玉,数道窥浙,浙大震。之芳檄诸将扼仙霞关。……时上命都统赖塔率师入浙。五月,偕赖塔率满洲兵千、绿旗兵二千、乡勇五百,进驻衢州。……显忠自常山陷开化、寿昌、淳安。养性自处州犯义乌、浦江、东阳、汤溪。……温州镇总兵祖宏勋叛,召寇陷平阳,再进陷黄岩,集悍卒数万窥衢州。七月,之芳与赖塔……率总兵官李荣、副都统瑚图等,薄贼垒军坑西……麾众越壕,拔栅,败之。遣陈世凯乘胜复义乌、汤溪,鲍虎复寿昌、淳安,牟大寅破常山,王廷梅败贼于金华石梁大沟源,李荣亦复东阳,复败贼于金华寿溪……参将洪起元复嵊县。……十月,贼将桑明等五万众,由常山逼衢州西沟溪,倚山为营,觊联南路贼巢。之芳与赖塔议,出不意,遣廷梅与参领禅布,夜趋沟溪,分队进攻,又大破之,贼弃营遁(《清史稿》列传三十八《李之芳传》)。

康熙十三年(一六七四年)六月,命(康亲王杰书)为奉命大将军,率师讨耿精忠。师至金华,温州、处州已陷。……十四年(一六七五年),复处州及仙居。……诏宁海将军傅喇塔,自黄岩规温州,趣杰书自衢州入。……十五年(一六七六年),自金华移师衢州。精忠将马九玉屯大溪滩拒师,杰书督诸将力击之……精忠兵大败。……杰书令偃旗鼓,一日夜行数百里,乘月攻克江山,进徇常山,次仙霞关。……精忠兵不战溃,(金)应虎降。进拔浦城,檄精忠谕降。师复进,拔建阳,抚定建宁、延平二府。精忠遣其子显祚迎师,杰书承制,许以不死,精忠出降(《清史稿》列传三《杰书传》)。

(康熙)十五年(一六七六年)春,(尚)可喜发愤死。三桂封之信辅德亲王，趣其出师，索其助饷。又遣伪总督董重民代金光祖，伪巡抚冯甦代佟养钜，分守要冲。光祖、之信皆复悔，密通款于江西大军。十六年（一六七七年）夏六月，唆旧督标兵噪饷，执伪总督董重民于肇庆，率军民薙发反正（魏源《圣武记》卷二《康熙戡定三藩记下》）。

之信旋遣使赴江西，通款大军，密疏愿立功赎罪。……十六年（一六七七年）……之信遣副都统尚之瑛，率兵迎大军，驻韶州，疏陈阖属归正。……部议，叙之信袭封平南亲王（《清史列传》卷八十《逆臣传·尚之信》）。

有傅宏烈者，旧为庆阳知府。当三桂未反时，举发三桂不轨事，坐诬，谪戍苍梧。延龄既叛，宏烈欲假事权，集兵图恢复，受三桂伪职，为信胜将军。与延龄友善，数以大义陈说，延龄犹豫未决，妻四贞约宏烈往迎大兵，至即反正。十六年（一六七七年），宏烈迎大兵于江西，先致书将军舒恕，言四贞欲延龄归顺……谓无刻不以隆恩豢养为念，若赐敕赦延龄罪，封四贞为郡主，则粤西可定。……为三桂侦知，使从孙世琮，纠贼逼桂林，诱执延龄杀之。……延龄旧将刘彦明……等……逐走贼众，偕线国安子成仁，率桂林官吏兵民归顺，四贞还京师（《清史列传》卷八十《逆臣传·孙延龄》）。

（康熙）十四年（一六七五年），秦州、兰州、巩昌、定边、靖边、临洮、庆阳、绥德、延安、花马池相继失，辅臣自踞平凉，使其党分据各郡，陇右皆陷于贼。惟甘肃提督张勇、总兵孙思克、王进宝、陈福，斩使缴札，故河西及陕西未陷。洞鄂督诸将复秦州，进攻平凉，张勇遣诸将复兰、延、巩诸郡，自守巩昌、秦州，以隔蜀贼、陇贼相通之路。诏以张勇为靖逆将军，便宜行事。……十五年（一六七六年）……图海至，督诸将一战，大败贼于平凉城北，夺其虎山墩。……辅臣惧，遂……降。王屏藩、吴之茂屡为张勇、王进宝所败，遁还汉中，固原、庆阳诸郡皆复（魏源《圣武记》卷二《康熙戡定三藩记上》）。

（戊）三路之征南

吴三桂初起时，即倚达赖讲和，本无北伐决心。既又失闽、粤之助，使清师得专力对湘，此时乃窃帝号自娱，欲以牢笼所部，不知已到日暮途穷之境，未几即死。众奉其孙世璠，终以地势险阻，人尚用命，致迟二年之久。清师克昆明，其乱始平。自称兵以至覆亡，先后达八年之久，史称为“三藩之乱”。有称“后三藩”者，盖以别于福、唐、桂三王也。

明年（康熙十三年）……西藏达赖喇嘛奏言:“三桂若穷蹙乞降，可宥其一死。倘竟鸱张，不若裂土罢兵。”上严斥不许（魏源《圣武记》卷二《康熙戡定三藩记上》）。

初，三桂举兵，诸将或言宜疾行渡江，全师北向；或言直下金陵，扼长淮，绝南北运道；或言宜出巴蜀，据关中，塞殽函自固。三桂年老，更事多，欲出万全，不肯弃滇、黔根本。初得湖南，即下令诸将，毋得过江，以为事纵不成，可画长江而国。故用兵数载，未尝长驱东北（魏源《圣武记》卷二《康熙戡定三藩记上》）。

（康熙）十六年（一六七七年）……闽、粤王师，数路告捷。耿精忠、尚之信先后反正。（韩）大任走降于福建，江西略定。……上命诸将，专力湖南。十七年（一六七八年）……时三桂年六十有七矣，失陕西、闽、粤三大援，至是又失江西，大兵云集湘、湖间，疆宇日蹙。且军兴调发，财用耗竭，川、湖赋税，不足供兵饷。恐四方见轻，情竭势绌，乃思窃帝号自娱，其下亦争劝进。以衡州当兵冲，自长沙徙都之（魏源《圣武记》卷二《康熙戡定三藩记上》）。

卜吉三月朔……是日，乘马出伪宫，冠翼善冠，衣朱衣，登坛行衮冕礼，毕，乘辇返。……伪国号“周”，伪元昭武，改衡州为定天府，册妻张氏为后。……世璠为太孙，加郭壮图大学士，仍守云南。设云南五军府、兵马司，改留守为六曹、六部。晋胡国柱、吴应麒、吴国贵、吴世琮、马宝等大将军，封王屏藩东宁侯，予尚方剑，余晋爵有差。……八月……十八日，三桂死（刘健《庭闻录》卷五）。

贼众匿丧不发。……召国柱返衡州，推国贵总军务，而使国柱入滇迎世璠奔丧。国柱至滇，郭壮图等以滇为根本重地，力阻世璠勿轻出。国柱大哭于东郊数日，卒不许。……九月，伪后张氏死。十月，衡州发丧。十一月，世璠僭号，郭壮图等奉遗令立之。……十八年（一六七九年）正月，世璠僭元洪化（刘健《庭闻录》卷五）。

康熙十八年己未（一六七九年）春正月……己未，安远靖寇大将军多罗贝勒察尼、詹事府詹事宜昌阿等疏报，逆贼吴应麒等窃踞岳州，坚垒死守……水陆围困，断其粮道，逆贼势蹙。伪总兵王度冲、伪将军陈珀等，于本月十八日，各以其舟师来降。吴应麒等弃城遁，遂复岳州（《清圣祖实录》卷七十九）。

岳州既复，诸贼震恐。勒尔锦亦率师自荆州渡江，彝陵、澧州之贼，皆以舟师降。常德、长沙贼将，皆弃城焚掠遁。安亲王由长沙进衡州，吴国贵、夏国相等亦遁。……时湖南上游，惟辰州之辰龙关与武冈之枫木岭为入黔要路，皆天险，吴国贵、马宝踞武冈，胡国柱等踞辰州。安亲王至武冈，攻贼于枫木岭，广西巡抚傅宏烈由后路断其饷道，而大军奋击其前，炮殪吴国贵，贼溃遁……遂复武冈。贝勒察尼攻辰龙关，径狭箐密，仅容一骑，贼跨隘口立五营以拒官兵，相持逾年，始由间道袭破之，遂克辰州、沅州，胡国柱走贵阳，是为湖南入黔、滇之师（魏源《圣武记》卷二《康熙戡定三藩记上》）。

康熙十八年（一六七九年）正月十八日……岳州平。是役也，公（蔡毓荣）居风涛炮火间，凡八阅月。……十九日，公入城安抚……且为进征辰、沅计。……十月二十四日，公次常德，礼科给事中莫洛、户部郎中宜□赍敕至，敕曰："皇帝谕总督蔡毓荣……方今贼既败遁负险，不便专恃马兵，若用绿旗步兵之力，则扑灭甚为有益。……尔当各率所属绿旗官兵，平定辰、沅，恢复云、贵。”……又曰：“谕总督蔡毓荣、周有德、提督桑格，自古汉兵逆乱，亦惟以汉兵剿平，彼时岂有满兵助战？今逆贼大败，乘此逃散之际，理宜恢复辰、沅，速定云、贵。……从古以来，险隘地方，若不攻取，岂有自定之理？其作何领兵平定地方，著详议具奏。”公陈进机宜曰：“今贼居辰龙关，势处上游，最为险隘，密布火炮、滚木、擂石，又于关外设堑挖濠，明挟我以不能仰攻之势。必取小路，分兵进剿，使贼势分，然后斩关直入。”……又疏曰：“自镇远以下，辰、沅之水，直趋武陵。贼踞上游，现在白溶等处，贼船累累，我兵由陆进攻，贼或轻舟顺流袭我之后。……白溶距辰州六十里，现有伪左将军扎营，必由水路分贼势。……但滩高水隘，战船、沙船难行，快船亦不便撑驾，需八桨辰舩小船二百，每船容十余人，分载百子炮、过山鸟等轻便火器，上逼白溶，一面仍由辰龙关夹攻。”疏入，立授公绥远将军印，总统绿旗兵。……十九年（一六八〇年）正月，公率诸军进，命水路副将曾兰、水师游击多泰、总兵官陈华，分驾辰舩战船，山西提标分布辰溪、桃源一带，以备应援，兼护粮道。三月初五日，公师抵宁香铺，分拨诸将，曰辰州坪，曰巫溪，曰苍溪，曰郭家溪，并潜师入，公亲督大军攻关。贼方拒敌，伏兵并发，出不意，弃关走。伪将军高启隆、巴养元夜遁。辰州伪知府傅祖禄、伪参将黄仲礼，各率所属纳印献城。伪定北将军杨有禄、伪水师左将军周珍、伪右将军杨宝荫，亦赴军门投诚……辰、沅平（陆楣《铁庄文集》卷六《云贵总督蔡公西征纪略》）。

康熙十八年己未（一六七九年）秋七月……乙卯……镇南将军莽依图疏报：“伪将军吴世琮等，围南宁日久，城中食尽，旦夕且陷。投诚马承荫请救，总督金光祖遣总兵官谭升、杨国泰等，率兵往南宁援之。吴世琮率众……逆战，臣与将军觉罗舒恕、额楚、都统、贝勒等，分路扑剿，杀贼甚多，吴世琮负重伤遁，遂解南宁之围。”（《清圣祖实录》卷八十二）

是年（康熙十八年），吴世琮亦败于广西。命大将军贝子赖塔，由南宁进云南，连败贼将何继祖众二万于安笼所，于黄草坝……擒馘无算，是为由粤入滇之师。……提督赵良栋、王进宝，皆自任取蜀。十八年（一六七九年）十月，亦两路出师。……于是进宝复凤县、武关，王屏藩力不支，弃汉中，走保宁。我兵三路趋之，十九年（一六八〇年）正月，败贼二万于城外锦屏山，夺桥而进，王屏藩自缢死，生擒吴之茂等，乘胜复顺庆。而赵良栋由略阳进克阳平关，渡白水江，复龙安。浮渡明月江，亦以是月克成都，降其伪将军以下文武百余。又败胡国柱于建昌。而图海亦复兴安，将军佛尼勒等复永宁，复马湖。湖广提督徐治都败杨来嘉于巫山，复夔州，复重庆，四川尽复。会是秋降贼谭洪等复叛，乃诏王进宝留镇四川，而赵良栋以勇略将军兼云贵总督，统川师进捣，是为由蜀入滇之师（魏源《圣武记》卷二《康熙戡定三藩记上》）。

康熙十八年（一六七九年）四月，良栋疏言："……今湖南底定，宜取汉中、兴安，以图四川。臣愿精选所属步骑五千，独当一路。"上嘉许之。……于是良栋进师密树关，先袭黄渚关，以分贼势，遂大破贼，复徽县。……良栋遂趋略阳，击走吴之茂，复略阳城。遣兵取阳平关，徇沔县。王进宝亦复凤县，定汉中府。良栋会之于宁羌，各奏捷。诏授良栋勇略将军，仍管宁夏提督事。十九年（一六八〇年）正月，良栋……连挫贼众于白水坝、石峡沟、青箐山，招降龙安府。渡明月江，过绵竹县。贼惊溃，伪将军汪文元、伪巡抚张文德等降，遂复成都。得旨嘉奖，擢云贵总督，加兵部尚书衔，仍管将军事。良栋闻命，谓宁夏提督有代者，则镇兵不能随征，因疏辞云贵总督，上弗许。会部议，宁夏宜如旧制，设总兵。诏即以良栋子荫生宏灿任之，率镇兵随征。……良栋分遣游击治国用等，西徇雅州，复象岭、建昌诸卫。东徇叙州，复纳溪、永宁等县（《清史列传》卷七《赵良栋传》）。

（康熙十九年）十月，湖南大军自平越趋贵阳，吴世璠偕应麒奔云南，降其文武伪官二百余。十一月，复遵义、安顺、石阡、都匀、思南等府

（魏源《圣武记》卷二《康熙戡定三藩记上》）。

上命……安亲王、顺承郡王、贝勒察尼还京，以贝子彰泰代为定远平寇大将军，蔡毓荣为绥远将军，授方略。同将军穆占、总督董卫国，由沅州进征。十月，克复镇远府，伪将军张足法等败走，遂下平越，趋贵阳。世璠偕应麒奔云南，伪侍郎郭昌同文武伪官二百人降。十一月……伪将军李本深降（《清史列传》卷八十《逆臣传·吴三桂》）。

（康熙十九年）九月，会师进取贵州，贼众拒镇远。……十一月初九日，全师抵两路口地方，公相度形势，曰："贼固垒拒守，我对面击，猝难取胜。"乃遣奇兵二：一由秀地取石巷口、大岩门等隘，出镇远卫袭其后。一纡道出镇远县，挠其旁。公同大将军贝子所统八旗官军，丁十一日对贼垒施炮，三路夹攻。卫国连夺关隘……十五日，齐冲贼营……贼夜遁。进至油榨关、偏桥、兴隆……于是镇远府、县、卫以及偏桥、兴隆二卫尽复（陆楣《铁庄文集》卷六《云贵总督蔡公西征纪略》）。

（康熙）二十年（一六八一年）正月，贼将夏国相、高启隆、王会等，拥众二万，屯平远西南山，又分兵万余，据盘江西坡。……贼以象迎战，我军迫险，见象即惊溃。蔡毓荣以红旗督战，众奔不能止，死伤山积。逾二日，毓荣整队复进，贼不能支，弃险西走，贵州尽复。大将军贝子赖塔，自广西进滇，亦屡败贼，与楚师会于曲靖，分队前进。二月，抵云南。世璠使郭壮图率步骑数万，列象阵，迎战三十里外。我贝子彰泰军其左，赖塔军其右，自卯至午，贼五却五进，殊死战，象忽反践其军于金汁河，我劲骑左右冲之，始大却，进逼之城东归化寺，擒斩殆尽。自归化寺列营，亘碧鸡关，为长围数十里。……数月，临安、永顺、姚安、大理诸路伪总兵，相继降（魏源《圣武记》卷二《康熙戡定三藩记上》）。

先是，贼遣胡国柱、夏国相、马宝等犯蜀，陷泸、叙、建昌、永宁、马湖诸府，又嗾降将马承荫再叛于柳州，谭洪、彭时亨等再叛于川东，以分我兵力。至是，省城危急，尽调川贼回救。赵良栋率诸将分路蹑击，或死或溃降，无一援兵得至滇城者。世璠复割地，乞师于西藏达赖喇嘛。……九月，赵良栋之师自蜀至滇。初长围距城远，贼负固抗拒，数月不下。良栋连逾三濠，夺三桥，直薄其城，诸军从之，皆薄城下，围之数重。……十月，城中食尽援绝，守南门贼内应，启门纳师，世璠及郭壮图皆自杀，俘伪大学士方光琛、伪将军夏国相、马宝等，函世璠首献阙下，析三桂骸骨，颁示海内。诸将争取子女玉帛，惟赵良栋严禁军士，并簿籍藩产以献。云、贵、川、湖地悉平，班师（魏源《圣武记》卷二《康熙戡定三藩记上》）。

九月，良栋至军……请于彰泰曰："我师不速战，相持日久，粮不继，何以自存？"彰泰曰："皇上豢养满洲兵，岂可轻进，委之于敌？且尔兵初来，亦宜体养，何可令其伤损？"良栋不从，率所部夜攻南坝，破垒夺桥，遂薄城。彰泰语良栋："尔兵攻已瘁，宜暂退。"令总督蔡毓荣代守。良栋曰："我兵死战所得地，奈何令他人守乎？"于是彰泰令诸军悉进，世璠兵出城，战于桂花寺，诸军皆奋斗，世璠兵大败，乃自杀，余众以城降。云南平（《清史稿》列传四十二《赵良栋传》）。

清之入关，恃四王之力。及平定三藩，又恃张勇、赵良栋诸人之力。三藩既定，而征台之议以起。

（2）台湾郑氏之亡

（甲）郑成功之抗清

隆武之败，郑芝龙降清，其子成功力谏不听，遂入海起兵以抗清。

（郑）成功，南安县石井巡司人也。初名森，字大木。父芝龙，字飞黄，小字一官。……落魄……去之日本，娶……妇生成功。……芝龙与弟芝虎，亡之颜思齐党中为盗。思齐，海澄人，居台湾，一时群盗陈衷纪、杨六、杨七、刘香等，皆出其门。衷纪亦海澄人，最桀骜，芝龙委身事焉。

台有居人，自芝龙等始。思齐死，众无所立……推为魁。陆梁海上，官军莫能捕，然大权犹归衷纪，芝龙仍阳奉之。朝议招抚……芝龙故有求抚意。……崇祯元年九月，芝龙杀衷纪于岛上，忌刘香发其父冢……率所部降于督师熊文灿。三年，以平广盗，征生黎，焚荷兰，收刘香功，迁都督。于是成功……已七岁矣。……赂而归之。……大为季父芝豹所窘，叔父鸿逵独伟视焉。读书颖敏，不治章句。……十五，补邑诸生。……弘光封芝龙为南安伯、鸿逵靖虏伯。其明年，鸿逵与黄道周迎唐王，即位福州。……晋芝龙平虏侯、鸿逵定虏侯，俱加太师，芝豹澄济伯。……芝龙幼习海，群盗皆故盟或门下。就抚后，海舶不得郑氏令，不能来往，每船例入三千余，岁入万计，以此富敌国。自筑城于安平镇，舳舻直通卧内，所部兵自给饷，不廪于官。……以故，郑氏贵震于七闽。既而成功陛见，隆武奇之……赐姓朱，改名成功，封御营中军都督，赐尚方剑，仪同驸马，自是中外称国姓云。……隆武驾陷汀州……芝龙退保安平，军容甚盛，旌旗摇海。……贝勒王……以书招之曰："……两粤未平，今铸粤闽总督印以相待。"……芝龙得书大喜，则召成功计事，成功泣谏，芝龙曰："……若幼，恶识人事？"遂进降表……至福州见贝勒王，握手甚欢，折箭为誓。……夜半，忽拔砦挟芝龙以北。成功……既力谏不从，又痛母死非命，乃悲歌慷慨，谋起师（黄宗羲《行朝录》卷六附《郑成功传》）。

芝龙北上，乃与所厚数十人举义，收兵南澳，时年二十四。文移称招讨大将军，罪臣国姓。比闻永历即位，遣使间道上表，尊奉正朔。……时，厦门先为……郑彩及……郑联所据，成功自南澳回，旧将稍集，乃移屯鼓浪屿，以洪政、陈辉为左右先锋，杨才、张进为亲丁镇，郭泰、余宽为左右镇，林习山为楼船镇，进攻海澄。……洪政中流矢死，乃引还（夏琳《闽海纪要》卷上）。

初据金、厦二岛为根据地，连破同安、漳浦、南安、平和、海澄、长泰等县，进围漳州七阅月。清总督陈锦赴援，战不利，为其下所杀，以首献成功，东南大震。成功复取兴化、福州，已而复破舟山，始终奉永历年号。是时，清方以洪承畴经略西南七省，赖成功出没海上，分其兵力，使不得进展。

（顺治）十一年，（成功）寇漳州，千总刘国轩叛，献城（《清史列传》卷八十《逆臣传·郑芝龙》）。

乙酉……明隆武元年夏闰六月……明主召（郑）芝龙子成功，赐姓朱，封忠孝伯。……丙戌三年、明隆武二年春正月，明主以忠孝伯成功，为御前营内都督，赐尚方剑，仪同驸马……命佩招讨大将军印。……己丑六年、明永历三年……七月，明主遣使晋招讨大将军、忠孝伯、国姓成功为漳国公。……癸巳十年、明永历七年夏五月……成功既败固山金砺，遣监纪施士绅，以蜡表奏明主行在，并叙破提督杨名高及歼总督陈锦之功。明主即命晋封成功为延平王，成功表辞。……丁酉十四年、明永历十一年……冬十一月，明主遣漳平伯周金汤……及太监刘国柱，从海道赍延平王敕印至，晋封潮王，成功谦让不敢当，仍称招讨大将军（夏琳《闽海纪要》卷上）。

清屡攻成功不克，乃欲诱降之，且执芝龙下狱，令作书招降。成功终不肯屈，必不得已，愿如朝鲜称藩，仍保衣冠之旧。清知其坚定不移，乃安插芝龙于辽东，后竟族之。

（顺治）九年十月……上命芝龙书谕成功……降，许赦罪授官。……十年，诏封……成功海澄伯。……成功不受封。……十一年……芝龙请令世忠偕使往抚，成功益骄，要地及饷，不薙发，书词悖慢。……十二年……敕芝龙自狱中以手书招成功，不降，即夷其族（《清史列传》卷八十《逆臣传·郑芝龙》）。

甲午十一年、明永历八年春二月，遣官议抚，以海澄公印封成功，成功弗受。……十一月，再遣内院学士叶成裕、理藩院阿山及芝龙少子郑度，赍敕至，许以泉、漳、惠、潮四府安插兵众，成功坚执不从。……丙申十三年、明永历十年……十二月……同安侯郑芝龙遣谢表劝成功就抚，不听（夏琳《闽海纪要》卷上）。

方清师三路入滇逐桂王走永昌之时，成功大举乘虚直袭南京，长江南北迎降者众。清总督郎廷佐屡约降展期，成功顿兵坚城之下，以为廷佐穷蹙无计，不虞有他。及崇明梁化凤援至，一战而成功大败，大将余新被擒，甘辉等死之，乃扬帆出海，精锐尽丧，图据台湾为休养生聚之计。

（顺治）十六年五月，成功连艘北犯，逾崇明，陷镇江，顺流犯江宁。八月，舟至观音门。值贵州凯旋，大军浮江下，败其前锋。成功率水陆贼数万围江宁，列巨舰阻江南北要路，江苏巡抚蒋国柱、总兵梁化凤赴援夹攻，贼大败，阵斩伪总统余新，生擒伪提督甘辉等，俘斩甚众。余孽退犯崇明，游击刘国玉等复击败之，成功南遁（《清史列传》卷八十《逆臣传·郑芝龙》）。

己亥顺治十六年，海上称永历十三年，五月十八日，（赐姓）至崇明。……六月十六日辰时，进兵攻瓜州。……水师进断滚江龙。……左冲镇周全斌挥兵渡水……突上岸……诸军乘胜……攻城。……巳时，遂克瓜州，阵斩（游击）左云龙，生擒（操江军门）朱衣佐。……十九日，赐姓督师镇江南岸七里港。……二十二日……移营到银山下。……满兵……分五路而来，赐姓亲督右武卫周全斌、左虎卫陈魁迎敌，于是奋勇争先，满兵披靡……遂令攻城。清总镇高谦、知府戴可进献城投降。……七月初七日，至观音门。……十二日，派前锋镇余新、中冲镇萧拱宸扎狮子山，堵凤仪门。……二十三日夜，城中觇知余新懈怠无备，清副将梁化凤率兵夜出……而袭其营，余新被擒……全军覆没。……满兵遂蜂拥出城扎营。……赐姓欲再决一战，令杨祖、姚国泰、杨正、蓝衍等，扎在山上，甘辉、张英等，伏在山内，林胜、陈魁等，列在山下，赐姓督陈鹏、万禄等，在观音门应援，万礼、万义等，堵御大桥头大路，马信、吴豪、韩英等，由水路蹑其后，黄安专督水师防江。……清兵大队抄出山后。……杨祖众寡不敌，败走。蓝衍战死。……甘辉、张英等被围……张英阵亡，甘辉被捉。林胜、陈魁……全军俱没。万礼……被捉，万义泅水而逃。赐姓见大势已溃，先抽兵下船……后载诸残兵出港，查失将领中提督甘辉、后提督万礼、五军张英、亲军林胜、陈魁、镇将蓝衍、魏标、卜世用、副将洪琅、户官潘庚钟、仪卫吴赐等十二名。……八月初四日，泊船吴淞江。……初八日，至崇明城。……十一日，开炮攻打，城崩数丈，清守将梁化凤死拒不退。……九月初七日，至思明州（鹭岛道人《海上见闻录》卷一）。

隆武之立，鲁王监国不为之下，唐、鲁成隙，故成功奉事永历不与鲁通。鲁王既覆，遗臣张名振、张煌言犹率舟师，名振曾登燕子矶望祭孝陵，煌言尤系人望，独与成功合。江上之役，与成功会师，煌言已下芜湖，上江四府、三州、二十四县皆降。而成功兵败，煌言从徽、浙出海。及成功卒，煌言散遣其众，独居南田悬岙，为清人所执，斩于杭州。其友吕留良，营葬西湖南屏山下，至今与岳坟比烈。

（张）公讳煌言，字元箸，别号苍水，浙宁波府鄞县西北厢人也。……举崇祯壬午乡试。……方钱忠介公之集师……独公先至。……即遣公迎监国鲁王于天台，王授公为行人。至会稽，赐进士加翰林院编修，兼官如故，入典制诰，出筹军旅。……闽中颁诏之使至……因请自充报使入闽，以释二国之嫌。……江干之破也，公泛海入舟山，道逢富平将军张名振，扈王入闽，公从之。既至，招讨使郑成功，以前颁诏之隙，修寓公之敬于王，而不为用。……王加公右佥都御史。……庚寅，闽师溃，诸将以王保舟山。名振当国，召公以所部入卫，加公兵部右侍郎，兼官如故。辛卯……是秋……舟山陷，公扈王再入闽，次鹭门。时郑成功军甚盛，既不肯奉王……而公独以名振之军为王卫。……然公极推成功之忠，尝曰：“招讨始终为唐，真纯臣也。”成功闻之，亦曰：“侍郎始终为鲁，亦岂与吾异趋哉。”故成功与公所奉不同，而其交甚睦。癸巳……明年……是年名振卒，遗言以所部付公。……丁酉……公还军舟山。时王已去监国号，通表滇中。戊戌，滇中遣使加公兵部左侍郎，兼翰林院学士。……是年七月，成功以师会公北行，仍推公为监军，泊舟羊山。……则风涛立至……碎船百余。……复还军舟山。……明年五月，成功会公天台，悉师以行。……而请公以所部为前军，向瓜洲。……成功遣水师提督罗蕴章，以所部助公。又令善泅水者，断滚江龙（横江铁索）……遂以十七舟竟渡。……操江都御史朱衣祚被禽。明日，成功始至……攻城，克之。……公曰:“吾但以偏师水道薄观音门。”……成功即请公行，未至仪真五十里，士民迎降。六月二十七日，成功来告镇江之捷，公兼程昼夜，次日抵观音门，而致书成功，请以步卒陆行赴白下。……大兵之征黔者凯旋，闻信倍道而至，入同守城，于是严备已具。……初四日，成功水师方至。次日，公所遣别将以芜湖降书至，成功……请公往扼之……乃至芜湖，相度形势，一军出溧阳以窥广德，一军镇池州以遏上流之援，一军拔和州以固采石，一军入宁国以逼东道休、歙诸城，大江南北相率来归。其已下者，徽州、宁国、太平、池州四府，广德和无为三州，当涂、芜湖、繁昌、宣城、宁国、南宁、南陵、太平、旌德、贵池、铜陵、东流、建德、青阳、石埭、泾、巢、含山、舒城、庐江、高淳、溧水、溧阳、建平二十四县。……徽州降使方上谒，而江宁之败问至。……八月七日，次铜陵，与大兵之援白下者遇，公奋击败之，沉其四舟。是夕，大兵以不利，引而东下，炮声轰然，而公军误以为来劫营，遂溃。……公乃焚舟登陆，士卒愿从者尚数百人。十七日……而追至，士卒纷窜，相依止一童一卒。……公方病疟，力疾零丁至休宁，买棹入严陵。……改而山行，自东阳、义乌以出天台……遂驻节天台，树纛鸣角，故部渐集。成功闻公还，亦喜遣兵来助公。……乃遣人告败于滇中，且引咎。滇中赐公专敕慰问，加官尚书，兼官如故（全祖望《鲒埼亭集》卷九《鄞张公神道碑铭》）。

（顺治）十七年……冬十月，鲁王卒。成功与兵部侍郎王忠孝，礼葬之金门后浦（沈云《台湾郑氏始末》卷四）。

鲁王薨……公哭曰：“孤臣之栖栖有待，徒苦部下，相依不去者，以吾主上，今更何所待乎？”……壬寅，滇中遂陷，成功亦卒于台，公哭曰：“已矣，吾无望矣。”……癸卯，遣使祭告于王。甲辰六月，遂散军，居南田之悬岙。……从者惟故参军罗子木、门生王居敬、侍者杨冠玉、将卒数人、舟子一人。……浙之提督张杰惧公终为患，期必得公而后已。……已而募得公之故校。……故校乃以夜半出山之背，攀藤而入，暗中执公并子木、冠玉、舟子三人，（己亥）七月十七日也。……九月初七日，公赴市……挺立受刑，子木等三人殉焉（全祖望《鲒埼亭集》卷九《鄞张公神道碑铭》）。

郑氏纵横海上，为清劲敌，乃为海禁以备之。起自江北，迄于闽、粤之交，长江则自镇江以下，皆在禁中，不许舟楫往来，对外贸易一皆断绝。闽中尤严，沿海之地三十里，空其地，徙其人，使郑氏不得陆上接济。直至康熙二十四年，始开海禁。

（顺治）十八年，谕迁濒海民入内界，增兵守边（《清史列传》卷八十《逆臣传·郑芝龙》）。

（十八年）诏沿海居民三十里界外，尽徙内地，禁渔舟、商舟出海，以杜构煽（魏源《圣武记》卷八《康熙戡定台湾记》）。

辛丑顺治十八年，海上称永历十五年……八月……京中命户（兵）部尚书苏纳海至闽，迁海边居民之内地，离海三十里，村庄田宅，悉皆焚弃（鹭岛道人《海上见闻录》卷二）。

（顺治）十八年，附永历十五年……六月……海澄公黄梧一本，内密陈灭贼五策：一，金、厦两岛弹丸之区，得延至今日而抗拒者，实由沿海人民走险，粮饷油铁桅船之物，靡不接济。若从山东、江、浙、闽、粤沿海居民，尽徙入内地，设立边界，布置防守，则不攻自灭也；二，将所有沿海船只悉行烧毁，寸板不许下水。凡溪河监桩栅，货物不许越界，时刻瞭望，违者死无赦。如此半载，海贼船只无可修葺，自然朽烂。贼众虽多，粮草不继，自然瓦解。此所谓不用战而坐看其死也。……廷议：遣兵部尚书苏纳海来闽勘迁。……八月，兵部尚书苏纳海至闽，斥弃海岛（江日昇《台湾外记》卷十一）。

（康熙）十七年春……上以海寇盘踞厦门诸处，勾结山贼，煽惑地方，由濒海民为之接济，诏如顺治十八年例，迁界守边（《清史列传》卷八十《逆臣传·郑芝龙》）。

（康熙十七年）春，郑氏复出，沿海连下城堡十余。诏复迁沿海居民，画界如旧（魏源《圣武记》卷八《康熙戡定台湾记》）。

戊午十七年，明永历三十二年……十二月，再迁界。甲寅之变，闽省居民迁入内地者悉还故土。丙辰冬，八闽归顺，复令迁界。康亲王奏言："迁界累民，罢之。"至是，督、抚请迁，报可。会破海澄，围泉州，事暂停。及泉州围解，遂行迁界之令。上自福州福宁，下至诏安，沿海筑寨，置兵守之，仍筑界墙，以截内外，滨海数千里，无复人烟（夏琳《闽海纪要》卷下）。

（康熙）二十年正月，（姚）启圣、（吴）兴祚疏请展界，俾沿海民复业。从之（《清史列传》卷八十《逆臣传·郑芝龙》）。

（乙）郑成功在台湾之经营

台湾久隶我国版图，崇祯中，刘香、郑芝龙居之，擅海上贸易之利，东自日本，西至安南，帆樯往来，郑氏主之。芝龙往闽，乃为荷兰所据。成功逐荷人而有其地，辟田畴，设郡县，设施一如内地。郑氏富强之基，尤恃海外商业。

（顺治）十八年……成功既自江南败归，又接济路绝，由榔已走缅，少声援，势日蹙，乃觊取台湾以自保（《清史列传》卷八十《逆臣传·郑芝龙》）。

（顺治）十八年，海上称永历十五年辛丑正月……时红夷亦恐海上动兵，故于庚子春，复遣通事舍人何斌，及其酋长，再来议贡。何斌密进地图，劝赐姓取之（鹭岛道人《海上见闻录》卷二）。

（永历）十五年辛丑正月……集诸将密议曰："天未厌乱，闰位犹在，使我南都之势，顿成瓦解之形。去年虽胜达虏一阵，伪朝未必遽肯悔战，则我之南北征驰，眷属未免劳顿。前年何廷斌所进台湾一图，田园万顷，沃野千里，饷税数十万，造船制器吾民鳞集所优为者。近为红夷占据，城中夷伙，不上千人，攻之可垂手得者。我欲平克台湾，以为根本之地，安顿将领家眷，然后东征西讨，无内顾之忧，并可生聚教训也。"时众俱不敢违，然颇有难色。惟宣毅后镇吴豪京（经）到此处，独言风水不可，水土多病。藩心衔之，谓其有阻贰师。独协理戎政杨朝栋倡言可行，藩嘉与之（《延平王户官杨英从征实录》）。

辛丑十八年、明永历十五年春……三月，成功兴师攻台湾。……成功以（清）世祖新崩，未暇征战，遂决意取之。……夏四月……成功舟次澎湖，下令曰："视吾鹢首所向。"至鹿耳门，水骤涨丈余，大小战船衔尾而进，纵横无碍。红夷大惊，以为自天而下。成功以手加额曰："此天所以哀吾而不委之壑也。天怜孤臣，有宁宇矣。"引兵登岸，先取赤嵌，红夷败，退保王城，酋长揆一，死守不下，乃列营环围以迫之，俟其自降。……秋八月，红夷率甲板及成功战，成功击败之。……自是甲板不敢复出。……十二月……成功督攻王城，平其炮台，揆一乞降，许之。凡珍宝辎重，听其搬回本国。揆一泣谢，率残兵五百余名，归荷兰（夏琳《闽海纪要》卷上）。

其制度，若官制、地理、学校、选举、兵、农，规画有常者，分举之如下。

己未（顺治）十二年、明永历九年春二月，明招讨大将军延平王成功，承制设六官。初，成功以明主行在遥隔，军前所委文武职衔，一时不及奏闻，明主许其便宜委用，武职许至一品，文衔许设六部主事。成功复疏请，以六部主事衔卑，难以弹压。明主乃赐诏，许其军前所设六部主事秩比行在侍郎，都事秩比郎中，都吏秩比员外。于是设六官，以潘赓钟为吏官，洪旭为户官，陈宝钥为礼官，张光启为兵官，程璠为刑官，冯澄世为工官，设协理各一员、左右都事各二员，以常寿宁为察言司，邓会、张一彬为正副审理。又设储贤馆、育胄馆，以前所试洪初辟、杨芳、吕鼎、林复明、阮旻锡等充之。……又以死事诸将及侯伯子弟柯平、林维荣，充育胄馆。……中左所即厦门城，至是改称思明州，以薛柱、郑会先后知州事（夏琳《闽海纪要》卷上）。

（顺治）十八年……五月，改赤嵌城为承天府，杨朝栋为府尹。置天兴、万年二县，以祝敬、庄文烈为知县。……十一月……揆一王与诸酋长如约还荷兰。成功祭告天地山川，置社稷、宗庙、学校，改台湾为东都，城曰安平（沈云《台湾郑氏始末》卷四）。

（康熙）三年、明永历十八年三月……郑经至东都……改东都为东宁，置天兴、万年二州（夏琳《闽海纪要》卷上）。

甲寅十三年、明永历二十八年……十一月……郑经设六官，以洪磊为吏官、杨英户官、郑斌礼官、柯平刑官、杨贤工官，各名曰协理，不设兵官，以陈绳武为赞画兵部，仍置六科都事、都吏及察言、承宣二司，中书舍人，本科等官。初，成功虽承制设六官，文书仅称卑职。至郑经中年，文武具启，始称臣。……以郑省英为宣慰使，总理各部钱粮。各县令以六科都事为之。又设盐运使，分管盐场。……又设饷司，科杂税以给兵食（夏琳《闽海纪要》卷下）。

庚戌九年、明永历二十四年春二月……郑经立国学，以叶后诏为国子司业（夏琳《闽海纪要》卷上）。

丙辰十五年、明永历三十年……二月……郑经以中书舍人许明廷，提督泉、漳学政(夏琳《闽海纪要》卷下)。

(顺治)十八年……十一月……察举孝弟力田,及有奇才异能者试用(沈云《台湾郑氏始末》卷四)。

丁亥(顺治)四年、明永历元年……明招讨大将军、忠孝伯、国姓成功起兵,置左右先锋镇、左右镇,援勦左右镇、中冲镇、亲丁镇、楼船镇、中提督、右提督、左提督、前提督、后提督、都督、水师戎旗镇、饷镇、正副总督、左右卫镇、后卫镇、护卫前镇、左右武卫、左右虎卫、亲军、亲军总镇、提督亲军、骁骑镇、英兵镇、殿兵镇、前提督左右镇、五军、五军都督、咨议参军、戎政、协理戎政、中军、仪卫、侍卫、护卫(夏琳《闽海纪要》卷上)。

(永历)十五年……五月……十八日,本藩令谕云:东都明京,开国立家,可为万世不拔基业。本藩已手辟草昧,与尔文武各官,及各镇大小将领,官兵家眷,尽来胥宇,总必创建田宅等项,以遗子孙计。但一劳永逸,当以己力京(经)营,不准混侵土民及百姓现耕物业。兹将条款开列于后,咸使遵依。如有违越,法在必究。着户官刻板颁行,特谕。……承天府安平镇,本藩暂建都于此,文武各官及总镇大小将领家眷,暂住于此,随人多少圈地,永为世业,以佃以渔,及京(经)商取一时之利。……各处地方,或田或地,文武各官随意选择,创置庄屋,尽其力量,永为世业,但不许纷争。……本藩阅览形胜,建都之处,文武各官及总镇大小将领,设立衙门,亦准圈地,创置庄屋。……文武各官圈地之处,所有山林陂池,具图来献,本藩薄定赋税,便属其人掌管。……各镇及大小将领官兵,派拨汛地,准就彼处择地起盖房屋,开辟田地。……各镇及大小将领,派拨汛地,其处有山林陂池,具启报闻,本藩即行给赏。……沿海各澳,除现在有网位、罟位,本藩委官征税外,其余分与文武各官,及总镇大小将领前去照管,不许混取,候定赋税。……文武各官开垦田地,必先赴本藩报明亩数而后开垦。至于百姓必开亩数,报明承天府，方准开垦。如有先垦而后报，及报少而垦多者，察出定将田地没官，仍行从重究处（《延平王户官杨英从征实录》）。

（康熙）十八年……十二月……令……周全斌总督承天府南北路，分地开垦，围生牛而教之耕。乡仍曰社，田仍二十五戈为一甲，三年然后定赋税。限沟渠，时畜泄，毋听民兼并买卖（沈云《台湾郑氏始末》卷四）。

自海禁后，郑氏独专海外之利，东西洋各国船货，麇集于台湾，不独通贩于南洋，且可转徙内地货物，以与东西洋交易。是时海禁虽严，守口官兵可以利动。海禁本以困之，而不料反利于郑氏。

丁酉十四年、明永历十一年……夏六月，台湾红夷酋长揆一，使通事何斌，贡外国珍宝于成功，求通商……许之。……冬十一月……明前监臣徐孚远……奉明主命使安南，为交趾所得，欲要以臣礼见，孚远不屈而还。……于是成功怒，遂禁止商船，不许往交趾贸易（夏琳《闽海纪要》卷上）。

甲辰（康熙）三年、明永历十八年……三月……郑经至东都……通鱼盐……贸易外国（夏琳《闽海纪要》卷上）。

乙卯十四年、明永历二十九年……六月……先是，厦门为诸洋利薮。癸卯，破之，番船不至。至是，英圭黎及万丹、暹罗、安南诸国，贡物于经，求互市。许之（夏琳《闽海纪要》卷下）。

成功以海外弹丸地，养兵十余万……战舰以数千计……而财用不匮者，以有通洋之利也。我朝严禁通洋，片板不得入海，而商贾垄断，厚赂守口官兵，潜通郑氏，以达厦门，然后通贩各国。……于是通洋之利，惟郑氏独操之，财用益饶（郁永河《裨海纪游·伪郑逸事》）。

成功自立之道，在法立令行，军法尤严，有降敌者全家处死。寓兵于农，教兵即以教民，故其众无不用命。百度官常，不问亲疏，皆有一定之法。能以一隅与清相抗，端即在此。

戊戌十五年、明永历十二年春三月，成功筑演武亭练兵，亭在厦门港院东、澳仔岭之交。成功筑以操练军士，以石狮重五百斤为的，力能举者，拨入左右虎卫亲军，皆戴铁面，著铁裙，执斩马大刀，并戴弓箭，号曰“铁人”（夏琳《闽海纪要》卷上）。

戊戌顺治十五年，海上称永历十二年……三月……拔陈魁、陈鹏为左右虎卫镇（鹭岛道人《海上见闻录》卷一）。

（顺治）十八年……十二月……成功……令……诸将，以时简肄武备，严守望，缉奸宄，如律（沈云《台湾郑氏始末》卷四）。

成功自起兵以来，军律严明，禁止淫掠，犯者立斩。破城之日，诸军虽争取财物，遇妇人在房内，则却退不敢入，远近称快（夏琳《闽海纪要》卷上）。

台湾平……成功曰：“……今……得有此土……当效寓兵于农之法，庶可饷无匮，兵多粮足。……故善为将者，不得不兴屯以富兵。……今台湾乃开创之地，虽僻处海滨，安敢忘战？……按地开荒……农隙则训以武事，有警则荷戈以战，无警则负耒以耕。”（江日昇《台湾外记》卷十一）

台湾既平……于是辟草莱，兴屯聚，严法令，犯者虽亲不贷。或谏以用法宜稍宽，成功曰：“子产治郑，孔明治蜀，皆以严从事。况立国之初，不加一番整顿，则流弊不可胜言矣。”（夏琳《闽海纪要》卷上）

成功立法尚严，虽在亲族，有罪不少贷。……其立法，有犯奸者，妇人沉之海，奸夫死杖下。为盗，不论赃多寡，必斩。有盗伐人一竹者，立斩之。至今台湾市肆，百货露积，无敢盗者，以承峻法后也（郁永河《裨海纪游·伪郑逸事》）。

（丙）郑经及郑克塽之继承

成功得台湾一年而没，虽康熙帝亦谓朱成功乃明室遗臣，非朕之乱臣贼子。终清之世，犹为之立祠追谥，盖邦人怀之不忘也。其子郑经继世，已萌纷争之渐。幸部众犹存，故能抗清与荷兰之夹攻焉。

顺治十八年、附永历十五年……六月……海澄公黄梧一本，内密陈灭贼五策：……三，其父芝龙羁縻在京，成功赂商贾，南北兴贩，时通消息，宜速究此辈，严加惩治，货物入官，则交通可绝矣；四，成功坟墓，现在各处，叛臣贼子，诛及九族，况其祖乎？悉一概迁毁，暴露殄灭，俾其命脉断，则种类不待诛而自灭也。……七月，兵部尚书苏纳海至闽。……会黄梧拿诸大商贾，毁郑氏之祖坟。……将大杉木锯开两边，中凿孔相连，将各尸合在内，用铁箍箍上，外加封皮，沿途递解，逢郡县收狱，至福州……中止（江日昇《台湾外记》卷十一）。

（顺治十八年）十月，同安侯郑芝龙，为其家人尹文器出首通海。时康熙新即位，四辅苏克隆与龙有隙，以初三日，殛芝龙于柴市，又杀其子孙、家眷凡十一人（鹭岛道人《海上见闻录》卷二）。

壬寅康熙元年、明永历十六年夏四月……世子经居思明州，与乳媪通，生子。成功闻之，大怒，命黄昱至岛，谕郑泰："监杀世子经及经母夫人董氏。"以教子不严也。……忠振伯洪旭不肯用命。……五月朔，成功感冒风寒。……及疾革……叹曰："自国家飘零以来，枕戈泣血十有七年，进退无据，罪案日增。今又屏迹遐荒，遽捐人世，忠孝两亏，死不瞑目。天乎！天乎！何使孤臣至于此极也？"顿足抚膺大呼而殂，时年三十有九，为五月八日也。初，成功倡义时，无兵将，又无粮饷，徒以忠贞自矢，众遂日附。治军严整……赏罚必信……故一时知勇……乐为之用。虽位极人臣，犹以未能恢复境土为恨，终其世不敢称王。……终身奉（明）正朔，以两岛抗天下全力，威振海内，从古未有也（夏琳《闽海纪要》卷上）。

延平郡王赐姓郑成功者，福建泉州府南安县人。少服儒冠，长遭国恤。感时仗节，移孝作忠。顾寰宇难容洛邑之顽民，向沧溟独辟田横之别岛。奉故主正朔，垦荒裔山川。……康熙三十九年，圣祖仁皇帝诏曰：朱成功系明室遗臣，非朕之乱臣贼子。敕遣官护送成功及子经两柩，归葬南安，置守冢，建祠祀之。……合无仰恳天恩，准予追谥，并于台郡敕建专祠（沈葆桢《沈文肃公政书》卷五）。

光绪元年……正月，钦差大臣沈葆桢等……又奏："明故藩朱成功忠烈昭然，有功台郡，请予建祠追谥。"下部议，寻予谥忠节（《清德宗实录》卷三）。

壬寅康熙元年，海上称永历十六年……五月初八日，国姓招讨大将军殂于东宁（都）。……提督马信及诸镇将黄昭等，议以其弟郑世袭护理大将军印。未几……世袭以黄昭、萧拱宸为腹心……谋自立。报至思明州，郑泰、洪旭、黄廷、工官冯澄世、参军蔡鸣雷等，立长子经为嗣，称世子，发丧即位。……十月……世藩以周全斌为五军，冯锡范为侍卫，陈永华为咨议参军，至澎湖……因乘风入鹿耳门，登岸。……次早，黄昭……破营而入……为流矢所中。……全斌令斩其首，大呼示众，军士皆迎降。……世藩入安平镇，请世袭至，待之如初（鹭岛道人《海上见闻录》卷二）。

癸卯二年、明永历十七年春正月……经既定内难，祭告先王，调诸将分守各汛，自率周全斌等及其叔世袭，回思明州。是年，永历讣至，经犹奉正朔，称永历十七年（夏琳《闽海纪要》卷上）。

癸卯二年、明永历十七年……九月，荷兰红夷……纠集甲板船十六只、夷兵数千，会靖南王（耿继茂）及总督（李率泰）攻金、厦两岛。……冬十月……郑经以寡不敌众，遂弃思明州及金门，退守铜山。……三年……三月，郑经弃铜山，退守东都。……以咨议参军陈永华理国政。……分诸将土地，课耕种，征租赋，税丁庸，兴学校。……安抚士民……俨然别一乾坤（夏琳《闽海纪要》卷上）。

三藩构兵，耿精忠结郑经为援，而各怀一心，胜不相让，败不相救，且至相攻。经虽进取兴、漳、汀、邵、泉、惠、潮七郡而不能守，且府库因之以耗，衰象已呈。施琅乃得肆其攻取之计。

康熙……十三年，耿精忠叛应吴三桂，据福建，结锦（经）为援。锦乃仍称由榔年号，纠众渡海而西，陷泉州。……潮州总兵刘进忠叛降于锦，锦遂入潮州（《清史列传》卷八十《逆臣传·郑芝龙》）。

精忠既反，复令黄镛往东宁，请郑经以舟师由海道取江南，且以战地相许，曰："世藩将水，吾将陆，江浙可定也。"镛回言："海上舟不满百，兵不满万。"精忠始轻之。明招讨大将军世子郑经，遣礼官柯平入福州报聘，（精忠）意甚轻之，谩应曰："世藩来甚善，各分地自战可也。"由是兵端遂起。……五月，郑经至思明州，传檄四方。……寻遣人仝精忠处，议拨船及地方安插兵众，精忠不答，于是郑、耿交恶。六月，郑经入泉州。……海澄公黄芳度，以漳州降郑经。……秋七月，潮州总兵刘进忠……先降于（耿）精忠……至是……乃以城降经。……九月……耿精忠遣都尉王进，率兵攻泉州，郑经命右武卫刘国轩提督诸军御之。……冬十月……刘国轩破王进于涂岩，追至兴化而还。……十一月……漳府既约降郑经，诸邑皆下，独刘炎据守漳浦，附耿精忠。……郑经令赵得胜等，由海澄攻之。……刘炎……出降（夏琳《闽海纪要》卷下）。

甲寅康熙十三年，海上称永历二十八年……十一月，吴三桂遣周文骥来和解。……十四年……正月，耿王遣使贺正议和，送船五只。世藩遣使报聘，约以枫亭为界。自是二家交好（鹭岛道人《海上见闻录》卷二）。

丙辰十五年、明永历三十年……秋九月，总统兵马上将军耿精忠，遣原提督王进功回泉州……取救兵，密嘱曰："吾忍死以待。"进功至，郑经授为中提督匡明伯，竟不发兵（夏琳《闽海纪要》卷下）。

戊午十七年、明永历三十二年……九月……（刘）国轩……复率诸镇入漳……乘胜长驱，冲至耿精忠营。精忠故仇海上，挥戈迎战，亲自督阵，大呼疾骤，诸军继进，国轩奔溃，遂弃长泰，出江东，退屯观音山。……十八年……冬，耿精忠及刘国轩战于板尾寨，败绩（夏琳《闽海纪要》卷下）。

己未康熙十八年，海上称永历三十三年……十二月，姚启圣、吴兴祚大集舟师攻厦门，题请浙、粤水师克期协攻。世藩调各洋船、私船配兵北上，以右武卫林升为总督，左虎卫江胜、楼船右镇朱天贵为左右副总督，率诸军御之。……十九年……二月……万（正色）提督至围头，朱天贵以七船冲其艅，所向无前。……万提督乘风收入泉州港。……海上各船，无所取水，乃退至金门（鹭岛道人《海上见闻录》卷二）。

二月二十二日，经闻林升退守金门，以为战败，急驰谕令国轩退守思明州。……时国轩全师引回，犹欲据厦门。然兵心已变，不可收拾……踉跄回东宁。……经于（三月）十二日至东宁（夏琳《闽海纪要》卷下）。

自耿逆叛乱，与郑氏失好，耿兵方图内向，郑兵即蹑其后，已据闽之兴、漳、泉、汀、邵，粤之潮、惠七郡，养兵之用，悉资台湾。自此府藏虚耗，败归之后，不可为矣（郁永河《裨海纪游·伪郑逸事》）。

辛酉二十年、明永历三十五年春正月壬午，招讨大将军、延平王世子郑经殂……于承天府行台，时年四十，为正月二十八日（夏琳《闽海纪要》卷下）。

郑经之没，继承又启纷纭，内部涣散，诸将不和，为致败之由。施琅本成功部将，降清后，力言台湾可取，盖知虚实最悉也。

会经卒，其长子克壓，长而才。……监国二载，礼贤恤下，谨法令，物望归之。而群小惮其明察，经诸弟亦不利其立也。侍卫冯锡范，先以计罢陈永华兵柄……克壓失助。……遂袭杀克壓，而立次子克塽袭延平王。幼弱不能莅事，事皆决于锡范，于是郑氏遂败（魏源《圣武记》卷八《康熙戡定台湾记》）。

康熙二十年六月……启圣等奏："侦得逆贼郑锦于正月二十七日身死，其长子为众所杀，伪侍卫冯锡范立锦次子克塽，锡范婿也。"上谕：

“郑锦既伏冥诛，贼中必乖离扰乱，宜乘机规定澎湖、台湾。总督姚启圣、巡抚吴兴祚、提督诺迈、万正色等，其与将军喇哈达、侍郎吴努春，同心合志，分派绿旗舟师，酌量前进。”（《清代官书记明台湾郑氏亡事》卷三）

总督姚（启圣）上疏，请攻台湾，力荐内大臣施琅可任水师提督。万提督言，台湾难攻，且不必攻。朝命召见施琅，仍以靖海将军充水师提督。改万正色为陆师提督，代诺迈（鹭岛道人《海上见闻录》卷二）。

康熙二十年……十月……琅奏：“督、抚均有封疆重寄……臣职领水师，征剿事宜，理当独任。”……上谕总督姚启圣，统辖福建全省兵马，同提督施琅，进取澎湖、台湾。巡抚吴兴祚……不必进剿。……二十一年十月……提督施琅奏：“臣于水师营中，简选精兵二万人、战船三百艘，已足破海寇。请令督、抚趣办粮饷给臣军，而独任臣以讨贼。”……上谕提督施琅：“既请以讨寇自任，总督姚启圣可停其进剿，同巡抚吴兴祚趣办粮饷，勿致稽误。”（《清代官书记明台湾郑氏亡事》卷三）

壬戌康熙二十一年，海上称永历三十六年正月……刘国轩以铳船十九号、战船六十号、兵六千人，拨诸将守澎湖，亲身往来督视（鹭岛道人《海上见闻录》卷二）。

二十二年……六月……丁亥，先锋游击蓝理，以鸟船先进，国轩奋击，尽没其船，禽理。遂击琅楼船，亲搏战，射琅，中其一目。左冲镇杨德纵琅，遂遁。（朱）天贵以火器锐，奔国轩，鏖战良久，天贵中流矢伤腕，乃遁。戊子，琅退屯八罩，国轩帅陈启明、王隆、曾瑞、江胜，分屯虎井、桶盘二屿，而自将攻琅。与（林）贤等力战，自辰至午，国轩负重创，退。琅遂麾诸军夜进，乘风焚杀。己丑，二屿尽失。……癸巳，琅遣战舰百余，分取鸡笼屿、四角山、牛心湾，而自将大舰五十六居中、八十舰居后，径攻澎湖。国轩悉众逆战，乘西北风大起，击沉其大舰数十，（朱）天贵中炮死。日午，风反南，琅大呼锐进，贤继合攻，波涛沸天，士皆股栗。国轩疾战不支，诸将莫进，琅会诸军围击，气益厉，国轩大败，乘走舸从吼门遁。杨德先以部众降，陈启明等四十七镇将皆死，澎湖遂破。……琅给降卒衣冠廪饩，还招台湾人众。（冯）锡范首倡议降，国轩与明宗室王等力不能阻。……而锡范先遣郑平英等，约以秋七月甲午望日诣降（沈云《台湾郑氏始末》卷六）。

表奏，帝降敕，至京入觐，封为汉军公。自国姓起兵，迄世孙，凡三世，奉明永历正朔三十七年，至是降，而明朔亡。……明宁靖王朱术桂……自以明宗室亲，义不可辱，乃朝服拜二祖列宗……遂从容自经，妾王氏、袁氏、梅姐、荷姐、秀姑，皆缢以殉（夏琳《闽海纪要》卷下）。

台湾既定，主弃主留者，一时不决。主弃者，多谓难于守。康熙帝独排众议，谓能守二十年，即不当弃。议遂定，台湾分立之局以结。

（康熙二十二年）十二月……琅往福省，与部堂苏督抚会议台湾弃留。……琅遂决意主留，题疏曰："……台湾地方，乃江、浙、闽、粤四省之左护。……亲历其地，备见野沃土膏，物产利溥。……若弃为荒陬，复置度外……则该地深山穷谷，窜伏潜匿……纠党为祟……剽掠滨海……甚至。此地原为红毛聚处……亦必乘隙以图。一为红毛所有，则彼性狡黠……重以夹板船只，精壮坚大……若再得此地……附其依泊，必倡合党伙，窃窥边场，逼近门庭……沿海诸省，断难晏然。……以斯方拓之土，奚难设守，以为东南之藩篱。……台湾设总兵一员、水师副将一员、陆师参将二员，兵八千名；澎湖设水师副将一员、兵二千名，通共计兵一万名，足以固守。又无添兵增饷之费。其防守总兵、副参、游等官，定以三年或二年，转升内地，无致久任。永为成例。"……圣祖览琅疏，下部议，议台湾伪为盛天府、万年州、天兴州，今改为台湾府，辖三县，以附郭为台湾县，南路为凤山县，北路为诸罗县，仍设道官一员，兼辖厦门地方。……议上，奉旨依议，遂收入版图（江日昇《台湾外记》卷三十）。

（三）康、乾施政之张弛

（1）内政

（甲）惩贪污

清朝入关，首习奢侈，故贪风流行，所谓河山方以贿终，功名复以贿始也。初以死刑惩之而不能止，乃改为追赃，而贪冒者愈多，故康熙时，奖廉以惩贪。然廉者未必真廉，贪者安能骤改？康熙帝尝谓去弊不可太甚，弊为养人之物。盖明明以贪诱人为己用，安能望吏治之澄清乎？有清一代，政治污浊，贿赂公行，旗员尤甚，人民之困苦极矣。

康熙七年（一六六八年）六月戊子，上谕户部："因地方官员滥征私派，苦累小民。……每于正项钱粮外，加增火耗。……设立名色，恣意科敛，或入私囊，或贿上官，致小民脂膏竭尽，困苦已极，朕甚悯之。督、抚原为察吏安民而设，布政使职司钱粮，厘剔奸弊。……道、府各官，于州、县尤为亲切，州、县如有私派滥征、枉法婪赃情弊，督、抚各官，断无不知之理。乃……纠疏甚少，此皆受贿徇情，故为隐庇。此等情弊，深可痛恨。嗣后如有前弊，督、抚、司、道等官，不行严察揭参，或经体访察出，或被科道纠参，或被百姓告发，将督、抚一并严处不贷。"（《清圣祖圣训》卷三十六）

康熙十八年（一六七九年）七月壬戌……谕曰："顷者地震示儆，实因一切政事，不协天心。……朕……约举大端，凡有六事……一，民生困苦已极。大臣长吏之家日益富饶，民间情形……近因家无衣食，将子女入京贱鬻者，不可胜数。……此皆地方官吏谄媚上官，科派百姓，总督、巡抚、司、道，又转而馈送在京大臣，以天生有限之物力、民间易尽之脂膏，尽归贪吏私橐。……一，用兵地方。诸王、将军、大臣，以攻城克敌之时……多掠占小民子女，或借名通贼，将良民庐舍焚毁，俘获子女，掳取财物。……一……遇水旱灾荒……或蠲免钱粮分数，或给发银米赈济，皆地方官吏任意侵渔……以致百姓不沾实惠。……一……又有衙门蠹役，恐吓索诈，致一事而破数家之产。……总之，大臣廉，则督、抚有所畏惮，不敢枉法行私；督、抚清正，则属下官吏，操守自洁……作何立法严禁？……著九卿、詹事、科道会同详议，以闻。”（《清圣祖圣训》卷十）

康熙二十四年（一六八五年）九月庚辰……上曰：“凡别项人犯，尚可宽恕，贪官之罪，断不可宽。此等人藐视法纪，贪污不悛者，只以缓决故耳。今若法不加严，不肖之徒何以致警？此内贪官耿文明等正法外，其余正犯，俱照尔等所议完结。”……十一月戊午，上谕大学士等曰：“穆尔赛身为大吏，贪酷已极，秽迹显著。非用重典，何以示惩？”（《清圣祖圣训》卷二十五）

康熙二十四年乙丑（一六八五年）十月庚子，上谕大学士等曰：“今年所拟秋决贪官甚多，若尽行处决，朕心不忍。若不行处决，贪劣之徒，何以知儆？且或有犯赃虽多而情有可矜者，或有犯赃虽少而情有可恶者，若一律议罪，殊属未允。尔等将贪官情罪，分别轻重，朕当酌量定罪。”（《清圣祖圣训》卷二十八）

康熙三十六年丁丑（一六九七年）五月辛卯，上谕议政大臣等曰：“山西巡抚温保，居官极恶，刻剥百姓，不可言述。……今观沿途之民无不切齿，思食其肉。况温保不比他人，尝为学士，朕爱惜斯民之意，不可谓不知之。布政使甘度，居官亦极恶，今蒲州之民，皆逃入山中，伊等若善，民岂肯逃乎？倭伦往抚，如不肯降，即押温保、甘度至彼处立斩。如此贪官，若不诛戮，何以惩众？”（《清圣祖圣训》卷二十六）

于成龙，山西永宁人。顺治十八年，由副榜贡生，授广西罗城知县。……十九年二月，擢直隶巡抚。……成龙既莅任，戒州、县私加火耗、馈上官节礼。……二十年正月，入觐，谕曰：“尔为今时清官第一，殊属难得！”……寻谕日讲官曰：“于成龙……即以廉明著闻，洊陟巡抚，益励清操。凡在亲戚交游相请托者，概行峻拒。所属人员并戚友间有馈遗，一介不取。朕甚嘉之，知其家计凉薄，特赐内帑银一千两、朕亲乘良马一匹，以示鼓励。”……十二月，特旨授江南江西总督。……二十三年……四月，卒于官……谥曰清端。七月，内阁学士锡住，勘问海疆，还，上问曰：“……原任总督于成龙居官如何？”锡住奏：“成龙甚清。”……上曰：“于成龙因在直隶居官甚善，朕特简任总督。……病故后，知其始终廉洁，甚为百姓所称。……居官如于成龙者有几？”十一月，上南巡……回銮，谕大学士等曰：“国家澄叙官方，首重廉吏，其治行最著者，尤当优加异数，以示褒扬。原任江南江西总督于成龙，操守端严，始终如一。朕巡幸江南，延访吏治，博采舆评，咸称居官清正，实天下廉吏第一。应从优褒恤，为大小臣工劝。”（《清史列传》八卷《于成龙传》）

于成龙，汉军镶黄旗人。……康熙七年，由荫生授直隶乐亭知县。……直隶巡抚于成龙迁两江总督，疏荐其可大用；寻又请敕廷臣推清操久著与相类者为江宁知府，上即擢成龙任之。二十三年十月，上南巡至江宁，传谕曰：“朕在京师，闻尔居官廉洁。今临幸此地，确加咨访，与所闻无异。用锡亲书手卷，以嘉尔清操。”……二十五年三月，擢直隶巡抚。濒行，赐银千两、表里二十端。……二十六年四月，上以于成龙廉能称职，诚心爱民，特旨嘉奖（《清史列传》卷八《于成龙传》）。

彭鹏，福建莆田人。顺治十七年举人。……康熙二十三年，授三河县知县。二十七年十月，圣祖仁皇帝巡幸畿甸，召问鹏不从耿逆，及在籍、在官状，命侍卫赍银三百两，谕曰：“尔居官清正，不受民钱，特赍银三百两，以养尔廉，胜视民间数万两多矣！”……三十八年四月，擢广西巡抚。既抵任，劾罢加派科敛之贺县知县喻兆绅、贪酷之荔浦知县叶之莘（《清史列传》卷十《彭鹏传》）。

张鹏翮，四川遂宁人。康熙九年进士，选庶吉士。……三十九年正月……上谓大学士等曰：“张鹏翮前往陕西，朕留心察访，果一介不取，天下廉吏无出其右者。”三月，调河道总督。……上曰：“张鹏翮遇事精勤，从此久任河务，必能有益。”……四十四年……十月，谕吏、工二部曰：“张鹏翮在河数载，殚心宣力，不辞艰瘁，又清洁自持，朕心深为嘉悦！”（《清史列传》卷十一《张鹏翮传》）

张伯行，河南仪封人。康熙二十四年进士。……四十八年十二月……伯行调任江苏巡抚。……上曰：“张伯行居官清正，天下之人无不尽知。……噶礼……未闻有清正之名。……噶礼屡次具折参张伯行，朕以张伯行操守为天下清官第一，断不可参！”手批不准。……翌日，召九卿等入，谕曰：“张伯行居官清廉……人所共知。噶礼操守，朕不能信。若无张伯行，则江南地方必受其朘削一半矣。……尔等能体朕保全清官之意，使为正人者无所疑惧，则海宇长享升平之福矣。”遂命革噶礼职，伯行复原任（《清史列传》卷十二《张伯行传》）。

陈瑸，广东海康人。康熙三十三年进士。……五十五年……十月，卒于官。……遗疏言：“闽省捐谷项下，应交臣衙门公费，及余平银二项，除支用外，现存司库银一万三千四百余两……充西师之费，以尽臣未尽之心。”……又谕大学士等曰：“陈瑸居官甚优，操守极清。朕亦见有清官，然如伊者朕实未见，即从古清臣亦未必有如伊者。前在台湾道任内，所应得银三万两，俱于修理炮台等公事动用，署总督印务，应得银两亦未分毫入己。来京陛见时，曾奏称：‘贪取一钱，即与百千万金无异。’……今观其居官，实能践所奏之言，诚清廉中之卓绝者！”（《清史列传》卷十一《陈瑸传》）

（乙）抑党争

清初惩于明季党祸，钳制士绅，屡兴大狱，使不得结党。然入关之初，八旗分擅兵权，各不相下，柄政者不得不倚汉人为用。多尔衮之追废，陈名夏、陈之遴与有力焉。未几即遭报复，名为与冯铨相争，其实拥兵者操纵之。康熙初有四辅政，倾之者索额图也，倾索额图者明珠也，倾明珠者徐乾学、高士奇也。明珠去，徐、高亦去矣，主之者康熙帝也。自是兵权始集中于帝室，党争即在严禁之列，汉人自相攻讦者少。后复有废太子之党，则帝王家事，所诛戮者多满人。自雍、乾以后，率秉此意，以抑党争。

王鸿绪、高士奇、明珠、徐乾学诸人，在康熙时互为党援，交通营纳，为左都御史郭公琇疏劾（吴振棫《养吉斋余录》卷四）。

郭琇……（康熙）二十七年……二月，擢琇任佥都御史。先是，琇具疏劾大学士明珠、余国柱结党行私，背公纳贿，兼及尚书佛伦、侍郎傅拉塔等会议会推，附和要索，复及靳辅与明珠、余国柱等交通声气，縻帑分肥状，请加严谴。于是明珠等罢任、降用有差。……二十八年……五月，擢左都御史。九月，疏劾原任少詹事高士奇与原任左都御史王鸿绪表里为奸，植党招摇，给事中何楷，翰林陈元龙、王顼龄依附坏法状。得旨：高士奇、王鸿绪、何楷、陈元龙、王顼龄俱著休致回籍（《清史列传》卷十《郭琇传》）。

徐健庵……与高淡人，将北门余佺庐声势奸利之状尽告上。上曰："似此何无一言者？"曰："谁敢？"上曰："满洲不敢，汉官何惧？"曰："汉官独不要命耶？"上曰："有予作主，何惧？"曰："皇上作主，即有敢言者。"健庵具稿，令淡人持入，言郭琇久具稿，但迟徊不敢即上。上览之，令即上。北门、大冶皆落职。……后张汧与祖泽深相讦，马齐、于成龙出审，而张汧尽发高、徐及泽州书，谓己原无为巡抚望，诸公迫为之，谓不成便得奇祸，且复辞以闽中藩库有亏，诸公曰："当令新闽抚为汝承认。"后张仲举不敢不承认，因于捐免钱粮中，借使费名色扣还。后为一参县叩阍，而张公亦得祸。汧又言，一为楚抚，诸公又立参，祖泽深遂及于祸。于、马回，尽呈其原书，上尽识其笔迹，因俱解任。但解任后，高、徐声光更盛，日日入南书房修书，凡有文字，非经徐健庵改定，便不称旨，满、汉俱归其门。健庵竟与北门斗财力，势均力敌，莫如之何。直至徐复谋高，而始两败俱伤矣（李光地《榕村语录续集》卷十四《本朝时事》）。

郭琇先参明珠、余国柱，是高、徐先说明白。疏稿先呈皇上，上改几字而始上，在戊辰二月。郭琇再参王鸿绪、高士奇，是己巳南巡回十月，亦徐为之也。……明、余既罢相，权归高、徐。徐又见高更亲密，利皆归高，于是又谋高。……九月，方使郭华野再参，其稿以徐健庵为之。稿方就，而高淡人已得之。送皇后灵路上，高即诟徐，徐仰天嘻吁，言谗人相构，至于此极。又呼郭华野至，告以云云。面质其事，别去，徐握郭手曰："事急矣！先发者制人。"明日，疏遂上。然高已将本稿呈上览矣。会许有三复参徐，皇上谓汉人倾险，可恶已极，始俱赶出。徐、高哀恳求留，上固婉转出之。……淡人是年冬归，东海直至庚午春始回（李光地《榕村语录续集》卷十四《本朝时事》）。

（丙）减赋税

台湾平后，财政有余，欲以示惠于民，乃有普免钱粮，巡幸经过地方免征之事。甚且颁诏："滋生人丁，永不加赋。"雍正时，遂有地丁合一之制。普免则雍、乾之世，尚屡行之。然官吏预征，实惠不及农家，佃农更无论矣。

康熙五十一年二月二十九日，谕："将直隶各省现今征收钱粮册内有名人丁，永为定数，嗣后滋生人丁，免其加增钱粮。但将实数另造清册具报。"……五十二年，万寿恩诏："但据五十年丁册定为常额，续生人丁，永不加赋。"雍正四年，奉旨：以各邑丁粮，均派入各邑地粮之内，无论绅衿富户、不分等则，一例输将。又匠价向系另征，乾隆三年，奉旨：均摊入本邑地粮之内，无论绅衿富户、不分等则，一例输将。由是地丁匠价，统归一则，真所谓一条鞭矣（吴振棫《养吉斋余录》卷一）。

世祖章皇帝甫定中原，凡故明加派，以及荒阙诸赋，亦既除洗无余矣。圣祖仁皇帝御极之五十二年，诏：天下丁赋，据五十年丁册为额，永不加增。世宗宪皇帝念江南之苏、松，浙江之嘉、湖，赋额较重，清厘减免。我皇上善继善述，后蠲除共六十余万两，乃若际左藏之充盈，嘉民生之悦豫，畅兹偕乐，益茂隆施，则若康熙三十年、五十年、雍正八年、乾隆之十有一年、三十一年、三十五年、四十三年，赐复蠲租，普周四海。他如恭遇国家庆典，銮辂时巡，随地随时，除逋免赋（《皇朝文献通考》卷三十九《国用考》）。

（丁）治黄河

康熙帝以河、漕为二大政，屡次南巡，皆以视河上为名，治河岁费，由三十万金达三百万。治河有名者，靳辅称为有效，然只筑减水坝护高家堰而已。于成龙主修海口，与靳辅议不合。张鹏翮、陈鹏年，皆随事补救，无创设。

靳辅，汉军旗人。……康熙……十六年八月，授河道总督。……疏言："黄河之水裹沙而行，水合则流急，而沙随水去；水分则流缓，沙停河底日高。故全赖各处清水并力助刷，始能奔趋归海而无滞。归仁一堤，原以障睢水，及水涸，邱家、白鹿诸湖水不使侵淮，且令小河口、白洋河入黄刷沙。自顺治十六年，归仁堤溃，淮、湖诸水侵淮，不复入黄刷沙。黄水从小河口、白洋河二处逆灌，积沙渐成陆地。康熙六、七年间，王家营、邢家口溃，而黄水不由云梯关入海；古沟、翟家坝溃，而淮水不赴清口会黄。十五年，高家堰、清水潭、烂泥浅皆溃，而运道益淤，徐州以下黄流缓弱散漫，而河底益高矣。谨以大修事宜，分列八疏：一曰取土筑堤，使河宽深。清江浦历云梯关至海口……河身宽至四十丈，深至二丈，可以渐复旧观。其夫役，请并令山东、河南协募。二曰开清口及烂泥浅引河，使得引淮刷黄。三曰加筑高家堰堤岸。……四曰周桥闸至翟家坝共三十二里，原冲支河九道，及决口三十四处，须次第堵塞。……五曰深挑清口至清水潭二百三十里运道。……六曰令淮、扬田按上中下三则，每亩纳修河银三钱至二钱有差，商船来往淮、扬两关，纳剥浅银，一年以米豆每石二分、货物每斤四分为率。七曰裁南河、中河、北河、通惠四分司，就近归道员管理。裁管河同知，山清、安海、宿桃三缺，改并山盱、归仁、邳宿三员，以重责成。八曰按里设兵，画堤分守。暇则栽柳蓄草，添土帮堤，每月乘浚船下铁扫帚，刷河底淤沙，督率员弁，严立课程，用期久远。”疏下王大臣……遂皆如所请，诏发帑兴工。辅乃开通清口、烂泥浅引河四道，浚清江浦至云梯关外河身，创筑束水堤一万八千余丈，塞王家冈、武家墩、高家堰诸决口。河堤外加筑缕堤及格堤，徐州、宿迁筑減水坝十三座，其坝东西宽十二丈，南北长十八丈六尺。……每坝一座，共成七洞。……计其泄水之地。……清水潭旧堤冲溃，辅为弃深就浅，计筑西堤九百二十余丈、东堤六百余丈，更挑新河长八百四十丈，奏改名永安河。又以甘罗城西运口，黄流内灌，易致停淤，自新庄闸西南挑浚至太平坝，又至文华寺挑浚至七里闸，复转而西南，亦接至太平坝，因达烂泥浅，去淮、黄交会之地约十里，计阅两月工竣。先是，漕船由骆马湖行八十余里，始抵窑湾，夏、秋则盛涨，冬、春则水涸，重运多阻。辅于湖旁疏浚皂河故道，上接泇河通运。二十年三月，以大修已越三年，黄河未尽归故道，自请议处，部议革职。得旨：留任督修（《清史列传》卷八《靳辅传》）。

二十一年五月，上遣尚书伊桑阿、侍郎宋文运等阅工，并以候补布政使崔维雅随往，因具奏上《河防刍议》《两河治略》二书，及条列二十四事，欲更改（靳）辅所行减水坝诸法也。十月，伊桑阿等还奏：“靳辅建议大修……黄河不归故道，其言固难尽信。崔维雅改议修筑，亦未必成功。”辅疏言：“河工次第告竣，海口大辟，下流疏通，腹心之患已除，萧家渡决口，堵塞亦易，不宜有所更张。”因详辨维雅陈二十四事不可行。并下廷议，工部尚书萨穆哈等请令辅赔修。……召辅来京。……二十二年四月，疏报萧家渡工成，河归故道，请修七里沟险汛，天妃坝、王公堤等闸座；又请增开封、归德堤工，以防上流壅滞。……十二月，诏复原职。二十三年十月，上南巡……因御书《阅河堤诗》赐之。二十四年……上念高邮、宝应诸州、县湖水泛溢，民田被淹，命安徽按察使于成龙，经理海口及下河事宜，仍听辅节制。辅疏言："下河卑于海潮五尺，疏海口则引潮内侵，大不便。请自高邮城东车逻镇筑长堤二，历兴化白驹场至海口，束所泄之水入海。堤内涸出田亩，丈量还民；其余田招民屯垦，以抵经费。"廷议如所奏，召辅及于成龙进京。成龙力主开浚海口故道，辅仍议筑长堤……束水敌海潮。大学士九卿俱从辅议，通政使参议成其范、给事中王又旦、御史钱钰从成龙议。时宝应人侍读乔莱奏辅议非是，乃命尚书萨穆哈等往勘视，寻以开海口无益回奏。会江宁巡抚汤斌入为尚书，奏下河宜疏浚，上命侍郎孙在丰往董其事。二十六年七月，诏询下河田畴，何策可纾水患。辅疏言："……高家堰之堤外，筑重堤一道……此工一成，束堰堤减下之水，使北出清口，则洪泽湖之水不复东滐下河，其下河十余万顷之地，可变成沃产；而高宝诸湖，俱可涸出田亩数千顷，招人屯垦，可以裕河库。……洪泽湖广阔非常，一遇风起，多覆舟沉溺，行此堤内之河，则避湖险而就安流，有便于商民者甚大。"……时于成龙任直隶巡抚，诏以辅疏示询成龙，成龙言下河宜开，重堤不宜筑。上遣尚书佛伦，侍郎熊一潇，给事中达奇纳、赵吉士与总督董讷、总漕慕天颜会勘。天颜、在丰议与辅相左，佛伦等以应从辅议还奏，仍下九卿会议。二十七年正月，御史郭琇疏言："……河臣靳辅……糜费帑金数百万，终无底止之期。……又复攘夺民田，妄称屯垦。"……二月，给事中刘楷疏言："河工道厅至杂职百十余员，题补之权总归河臣。……果能奏安澜之效，犹且不可。……及至任事漫无寸功，惟见每岁报冲决而已。嗣后大小河官，应仍由吏部选补。"御史陆祖修疏言："……河臣靳辅身虽在外，而呼吸甚灵，九卿中……皆左袒河臣，不顾公议。……河臣积恶已盈，中外人心总望睿断罢斥。……今兼有屯田害民之事，去一靳辅，天下万世仰赖圣明，无逾此矣！”时慕天颜、孙在丰，亦疏论屯田累民及辅阻挠下河开浚事。……辅寻得请入觐，先疏论于成龙、慕天颜、孙在丰朋谋陷害，又自辩：“……郭琇……于成龙久与结拜弟兄慕天颜，频与宴好殷勤，孙在丰亦与亲密异常者也。……盖郭琇与孙在丰为庚戌科同年，陆祖修为诸生时，拜慕天颜为师，又系孙在丰教习门生，刘楷、陆祖修己未科同年，并江南人，与隐占田亩者，无非桑梓亲戚年谊之契，故彼呼此应，协力陷臣。慕天颜与孙在丰结婚姻，因于成龙倡开海口之议，故必欲附成龙以攻臣而助在丰，兼夺臣任。……臣受任之初，群议蜂起，百计阻挠。……两河得以复故，正须绸缪善后，而诸臣合计交攻……全不顾运道民生大计。……倘蒙圣驾再巡，亲阅堤工，更命重臣清丈隐占地亩，则臣与诸臣之是非、功罪立分。”……疏入……下九卿察议。……寻允九卿议停筑重堤，革辅职，以福建浙江总督王新命代之（《清史列传》卷八《靳辅传》）。

初，漕船出清河口入黄河，行二百里，始抵张庄运口。辅奏于清河县西仲家庄建闸，上自宿迁、桃源、清河三县黄河北岸，遥接二堤内，加挑中河一道，俾漕船既出清口，截流径渡北岸，避黄河一百八十里之险溜，由仲家庄闸内进中河，历皂河、泇河北上。及工竣，学士开音布、侍卫马武往勘，还奏中河商贾舟行不绝，漕运可通。上谕廷臣曰：“……若王新命顺从于成龙之说，将原修工程尽行更改，是各怀私忿，必致贻误河工。”乃命尚书张玉书、图纳等往勘确议，还奏：“河身渐次刷深，黄水迅溜入海。其已建闸坝堤埽及已浚引河，并应如辅所定章程，无庸更改。”……二十八年正月，上南巡阅河，辅从行。……三月，谕吏部曰：“朕南巡时，江南淮安人民皆称誉前任河道总督靳辅，思念不忘。且念浚河深通，筑堤坚固，实心任事，劳绩昭然，可复其原品。”……三十一年……二月，王新命以勒取库银为运河同知陈良谟讦罢，上谕大学士曰：“朕听政以来，以三藩及河务、漕运为三大事，夙夜廑念，曾书而悬之宫中柱上，至今尚存。倘河务不得其人，一时漕运有悞，关系非轻。靳辅熟练河务……其令仍为河道总督。”……十一月，卒于官……谥曰文襄。……四十六年，上南巡还，谕吏部曰：“朕廑念河防，屡行亲阅。……粤从明季寇氛，决黄灌汴，而洪流横溢，岁久不治。迄于本朝，在河诸臣，未能殚心修筑，以至康熙十四、五年间，黄、淮交敝，海口渐淤，朕乃特命靳辅为河道总督。靳辅……兴建堤坝，广疏引河，排众议而不挠，竭精勤以自效。于是淮、黄故道次第修复，而漕运大通。其一切经理之法具在，虽嗣后河臣互有损益，而规模措置不能易也。……朕每莅河干，遍加咨访，沿淮居民感颂靳辅治绩，众口如一，久而不衰。”（《清史列传》卷八《靳辅传》）

当时与靳辅立异最力者乔莱，盖不利巨室也，特召莱入京居住，莱竟以忧死。

乔莱……江苏宝应人。……康熙……二十四年……会御史奏浚海口泻积水，而河道总督靳辅上言浚海口不便，请于邵伯、高邮间，置闸泄水。复筑长堤抵海口，以束所泄之水，使水势高于海口，则趋海自速。……适莱入直，召问，莱疏陈四不可行，略言：“河臣议开大河，筑长堤，堤在内地者，高丈六尺，河宽百五十丈；近海者堤高一丈，河宽百八十丈。势必坏陇亩，毁村落，不可行，一；河臣议先筑围埂，用车踏去埂内之水，取土筑堤。淮阳地卑，原无干土，况积潦已久，一旦取土积水中，投诸深渊，工安得成，不可行，二；河臣欲以丈六之堤，束水一丈，是堤高于民间庐舍多矣，伏秋风雨骤至，势必溃，即当未溃之时，潴水屋庐之上，岂能安枕？不可行，三；至于七州、县之田，向没于水，今束河使高田中之水，岂能倒流入河？不能入河，即不能入海，淹没之田，何日复出？不可行，四。”上是之。河臣议乃寝（《清史列传》卷七十《文苑传一·乔莱传》）。

往时奉命看河时，紫垣亲拉予至高家堰上周家闸地方，诉冤曰："君是公道者，当日潘印川将此处四十里不筑堤，名之曰天然减水坝，使水灌入淮阳各州、县，人曾无有一怨詈者。今予劳役数年，为筑四十里长堤，以护民田，留六七闸坝泄水，而淮阳绅士百姓哗然谗怨，可谓有天理乎？"（李光地《榕村语录续集》卷十八《治道》）

继靳辅而为河督者，多取号称清廉之人，盖取其不浮冒也。

于成龙，汉军镶黄旗人。……康熙……三十一年……十二月，靳辅卒，成龙任河道总督。……三十三年七月，疏言："洪泽一湖，密近淮城，为淮、睢二水所汇归。伏秋水发，波涛澎湃，仅恃高堰土堤，虽加筑坚固，仍须岁修抢修，急宜改建石工。所有六坝及自小黄庄起至古沟东涵洞止，共估工料银五十万两有奇。"疏下部议，从之。三十四年八月……旋丁父忧，回京。奏山阳县龙王闸修造尚迟，五空桥及檀度寺应建闸通运，高堰石工应开，武家墩及杨家庙等坝运料事，并下新任总河董安国即行（《清史列传》卷八《于成龙传》）。

张鹏翮，四川遂宁人。……三十九年……三月，调河道总督。……四月，疏言："臣过云梯关，阅拦黄坝，巍然如山，中间一线之细如注，下流不畅。……拦黄坝上流，计黄河水面，宽八十三丈余，则拦黄坝亦应照丈尺拆挑，一律宽深，方足宣泄。亟堵马家港，使水势不至旁泄。俟黄水大涨，开新挑之河，资其畅流，冲刷淤垫，则黄水入海，自能畅达。"又言："清口为淮、黄交汇处，目今……河身淤垫，竟成平陆。独有黄河入运……应于张福口开引河一千五十丈，深丈余，宽十丈，引清水于黄河口相近处入运，使之畅达，庶可敌黄，并建闸以时启闭。"又言："人字河……至芒稻山分为二派，又名芒稻河，两岸既狭，又有土岭二处。今湖水方盛，应多集夫掘使畅流，水口下有芒稻闸，年久塌坏，矶心颇高，宜另建以防江潮。又凤皇桥引河……宜加浚，引水从王家楼入运盐河，汇入芒稻河。又双桥、湾头二河，现今同入芒稻河，底亦浅，应于冬月浚，使深通，其湾头闸、雁翅塌陷，宜及时修砌。此三处之水，俱相继入芒稻河。……现在委员分修，克期竣工。”诸疏俱下部议行。五月，疏言：“臣遵旨……将拦黄坝拆去，河身开浚深通。……工竣，水势畅流入海。”……是月……鹏翮疏陈十九款：“一、……旧有运料河……应加浚深……；一、清水会黄入海关键，全在六坝……尤在夏家桥一坝，以全湖水势趋此故也。……若急于堵塞，则高家堰危险可虞。……应俟水落堵塞，庶为万全；一、高家堰容纳七十二处山河之水……前河臣于成龙，改六坝为四滚水坝。……宜并为三，就原有之草字河、塘漕河为引河，并筑顺水堤，则田庐无淹没之虞；一、武家墩至小黄庄……原有石堤……必须加高；一、古沟至六坝以下，俱系土堤，宜改石……；一、清河县运口，至高邮州界首里河……宜加浚；一、高邮、宝应、江都西岸土石堤工，多为湖水啮侵，俟冬时兴工；一、高邮城南石坝五，改为四滚水坝，下开引河，使水有去路……；一、运口至滨海两岸堤工，必须加培高宽，以资捍御；一、王家营引河……作速挑浚深通……；一、新改中河堤岸单薄……应勒限修筑完固；一、王家营减水大坝，应酌开十丈……；一、桃源县黄河南岸堤工……四千二百余丈，应加培高厚；一、……今黄河身高，去岁漫缺二次，黄河灌骆马湖口……亟宜堵筑，以御黄水；一、王家营缺口，月堤单薄，应培修高厚，以作正堤；一、徐城对岸沙嘴……应挑掘。……郭家嘴旧有石工，至北门迤西……自北至段家庄，加砌石工。……自杨家楼至段家庄，筑月堤。”……疏入，诏下部速议行。……九月，疏言：“……再于归仁堤五堡，建矶心石闸，于引河两岸筑束水堤，泄归仁堤之水出黄河，可以冲刷河身，保护田庐。”得旨：……应及今年黄河水小兴工。……十二月，疏言：“臣……先疏海口，水有归路，黄水不出岸矣。既挑芒稻河，引湖水入江，高邮、宝应等处水由地中行矣。再辟清口，开张福口、裴家场引河，淮水有出路矣。加修高家堰堵塞六坝，逼清水复归故道。”（《清史列传》卷十一《张鹏翮传》）

四十年正月，疏言："……今运河初浚，海水出黄，转盼伏、秋二汛继至，即宣泄之道，不可不急筹也。今于张福口、裴家场中间，开大引河一道，并力敌黄。若黄水大发，则闭裴家场口门，使清水由文华寺入运河；倘运河水大，山阳一带由泾、涧二河泄水，宝应一带由子婴沟泄水，俱归射阳湖入海。高邮一带，仍由城南柏家墩二大坝泄水。江都一带，由人字河、凤凰桥等河泄水入江。若遇黄、淮并涨，清水由翟家坝、天然坝泄水，黄水由王家营减水坝入盐河，至平旺河入海。若粮船过完，黄水大发，则闭拦黄坝使不得倒灌，黄水不涨，则堵塞运河头坝，令清水全入黄河。官民船照例盘坝，即古人设天妃闸之意也。"疏入，上嘉其得治河秘要。……四十一年……八月，疏言："烟墩对岸沙滩，挺出河心，逼溜南行，恐被冲刷。请于邵家庄开引河，建草坝分水势。又颜家庄水势，逼射北岸，亦请开引河一道，则水顺流而险工不受冲矣。"上谕大学士等曰："……即照所题行。"……四十五年十一月，疏言："黄河万里来源，汇聚百川，至清口与淮交会，总因……来源多而去路少，一时宣泄不及，所以两年水涨，堤工危险。……惟有遵旨预开鲍家营引河，俾黄河异涨，藉此减泄……工程可以保固。洪泽湖异涨，藉此畅流，高家堰工程得平稳矣。再于中河横堤建草坝二，于鲍家营开引河处，建草坝一，相机启闭，中河亦不虞淤塞矣。"下部议，从之。……四十七年九月，疏奏黄、运、湖、河修防平稳，得旨：张鹏翮自任总河以来……殚心尽力……比年两河安晏，堤岸无虞，深为可嘉。……十月，内迁刑部尚书（《清史列传》卷十一《张鹏翮传》）。

陈鹏年，湖广湘潭人。……康熙……五十六年……九月，河道总督赵世显奏令往视河南武陟县钉船帮决口。十月，鹏年疏言："黄河老堤冲开八九里，现今大溜直趋决口。应于对岸上流广武山淤滩另开引河，使溜南趋。再于决口稍东逢湾取直，亦开一引河，引溜东行，仍归正河，方可渐次堵筑。"……十一月……诏鹏年署河道总督。……六十一年……八月，疏言："萧县黄河南岸田家楼险工，须建月堤，以资保障。邳州运河徐塘口迤下河道浅滞，应于徐塘口迤上挑挖月河，接入彭家河，而彭家河亦应挑深。其山阳县运河文华寺下引河淤垫，应加挑浚。又高家堰、山盱二汛一带河堤，风浪冲激，应加倍筑土一万四千余丈。山盱汛天然南北两坝原防湖水暴涨……今南坝与东水南堤逼近，应筑实为堤，改北坝为南坝；另于迤北百丈之外建坝，则束水南堤，地宽流缓，可免激射之患。"疏下部即行。……十一月……世宗宪皇帝御极，实授鹏年河道总督，寻疏言："前经定议，自沁河堤头至詹家店无堤之十八里，留备宣泄。今河势北趋，较前迥异，若留此空隙，亦属可虞。应……自沁河堤头至詹家店，连筑大堤，直接荥泽县老堤，通计三千四百四十丈。俟春融，并筑竣工。"下所司知之(《清史列传》卷十三《陈鹏年传》)。

佐靳辅治河者陈潢，其人实通古今，讲求河事，有独到之处。

陈潢……浙江秀水人。……为河督靳辅幕客，辅治河多资其经画。圣祖仁皇帝南巡阅工，尝问辅曰："尔必有通今博古之人，为之佐。"辅以潢对，特赐参赞河务、按察司佥事衔。两河既奠，仿古沟洫法，为沟田之制。旋以吏议夺职，寻卒。著有《河防摘要》，论治河要策：一曰河性。……二曰审势。……三曰估计。……四曰任人。……五曰源流。……六曰堤防。……七曰疏浚。……八曰工料。……九曰因革。……十曰善守。谓黄河无一劳永逸之策，在时时谨小慎微。……十一曰杂志。……十二曰辨惑(《清史列传》卷七十一《文苑傅二·陈潢传》)。

至臣幕友陈潢。……其间兴工之委曲，及将来竣工，非陈潢协力区画不可。念臣垂老多病……则继臣司河者，仍必得陈潢在幕佐之，庶不歧误。此臣十年以来之血诚，欲吐而未敢者，今据实陈明。……疏下廷议……并赐陈潢佥事道衔(《清史列传》卷八《靳辅传》)。

其京师附近之浑河，改名永定河，足以示范。

康熙……三十七年二月，命以总督衔管直隶巡抚事。三月，兴修永清、固安至张协七十里旧堤，挑浚浑河淤沙。十旬竣工，诏锡名永定河。……奏设南北岸两分司，一以重责成，视黄、运两河之例，敕部择谙练河务之候补候选人员，赴工效用（《清史列传》卷八《于成龙传》）。

康熙三十八年十二月壬午……上曰："河身宜加深浚……但难得其法耳。……今永定河虽小，仿佛黄水，欲以水力刷浚之法试之，使河底得深。十月间往视之时……令将河身束之使狭，坚筑两边堤岸。若永定河行之有效，即将此法用之黄河。"（《清圣祖圣训》卷三十三）

康熙四十一年壬午九月甲子……上谕大学士等曰："……朕观永定河修筑之法甚善，河身直，河底深，所以淤沙尽皆冲刷。今治黄河……试照永定河修治之。"（《清圣祖圣训》卷三十四）

康熙时，治河经费不详，唯岁费三百万见于《实录》，亦可谓巨矣。

康熙六十一年（一七二二年）十一月……甲午……上崩于寝宫，遗诏曰：……所有巡狩行宫，不施采绘。每处所费，不过一二万金。较之河工岁费三百余万金，尚不及百分之一（《清圣祖实录》卷三〇〇）。

（戊）兴捐纳

清代弊政，捐纳为最。然一代不改，《会典》中一字不提，盖讳言之。

余国柱……（康熙）十五年……授户科给事中。十月，疏言："迩者关中底定，闽逆投诚。荡平虽可刻期，然一日未罢兵，即一日不可无粮饷。宜于浙江、江西、湖广开捐例，纳米豆、谷麦、草束，以济军需。山东、河南岁值大稔，并宜捐米，贮临河州、县，支应本省兵粮，多则运解京仓。"疏下部议，以山东、河南需粮无几，运京徒滋耗费，浙江兵已进征福建，无需捐纳。准开例湖广、江西、福建三省现任官捐加级纪录，四品以下降革官捐复原职，余分别录用先用，及顶带荣身（《清史列传》卷八《余国柱传》）。

陆陇其……康熙九年进士。……二十九年……授陇其四川道监察御史。……三十年正月，户部以大兵征噶尔丹，军用浩烦，奏行运输粮草准作贡监及纪录、加级、复级、封赠与捐免保举例。御史陈菁奏请删捐免保举条，而增捐应升先用，部议不准。陇其疏言："捐纳一事，原非皇上所欲行，不过因一时军需孔亟，不得已而暂开。若许捐免保举，则与正途无异。……是清廉可捐纳而得也。至于捐纳先用，大抵皆奔竞躁进之徒，多一先用之人，即多一害民之人。……窃见近日督、抚于捐纳之员，有迟之数年，既不保举，又不纠劾者。……夫既以捐纳出身，又不能发愤自励，则其志趣卑陋，甘于污下可知。使之久居民上，其荼毒小民，不知当如何。乞敕部通稽捐纳之员，到任三年而无保举者，即行开缺休致，庶吏治可清，选途可疏，而民生可遂矣。"疏入，下九卿议。九卿言先用未准捐，止捐免保举，实无碍正途，若定限到任三年而无保举者，即行休致，则营求保举，奔竞益甚，俱无庸议。议上，得旨：保举一条，著会同陈菁、陆陇其再行详议。及议，陈菁与九卿等并言事例已行，次年三月即停止，可不必更张。陇其遂独为一议曰："捐纳一途，实系贤愚错杂，惟恃保举以防其弊。……至于到任三年无保举者令休致，谓恐近于刻。不知此辈由白丁捐纳得官，其心惟思偿其本钱，何知有皇上之百姓？踞于民上者，三年亦已甚矣，又可久乎？况休致在家，仍得俨然列于搢绅，为荣多矣。……此休致之议，亦从吏治民生起见。未有吏治不清，而民生可安者；未有仕途庞杂，而吏治能清者，俱难无庸议者也。"于是陈菁与九卿等各为一议曰："捐纳官员倘有劣迹，可随时纠劾，捐纳保举之后，仍按俸升转。督、抚既未保举，必无徇庇之情，而官之贤否自有分别，何虞庞杂？至到任三年之内，虽无奇政动上官之保举，亦无劣迹来下民之告发，即为赡养无事之官，何可勒令休致，以从前急公之人附八法之末乎？……国家用人，不必分其门而阻其途。实政惠民，不必格成议而徇迂见。迩者军需孔亟，计各项之捐纳人少，而保举之捐纳人多，是以增列此项。陇其不计缓急轻重，浮词粉饰，寸步难行，致捐纳之人犹豫观望，紧要军需因此迟误。务虚名而偾实事，莫此为甚。应请革职，发往奉天安插。”议上，上曰：“陆陇其居官未久，懵懵不知事情，妄昧陈奏。理应依议处分，念系言官，著宽免。”（《清史列传》卷八《陆陇其传》）

陆稼书不晓事，当日他上捐纳本，上发九卿议，时已依他，永不开。于振甲为总宪，也不能清除众论，而稼书毕竟要将已往选过的官，一总限年去之。……振甲大怒入奏。……遂将稼书问死罪，减等为流。上亦寝其事，仍未革职。至甄别，始革职回。……捐纳之事，振甲一力担当，大行其道，自壬申（康熙三十一年）以迄于今未已者，亦稼书之有以激之也（李光地《榕村语录续集》卷十五《本朝时事》）。

康熙捐叙事例简表

名称	年月	事由	捐例概况	备考
纳监事例	康熙四年三月	备荒	凡民间俊秀子弟并富民，捐米五百石、银五百两者，俊秀子弟转咨礼部，送监读书；富民加以九品顶带荣身。所纳银米，就便存贮仓库备荒。	《政治全书·捐叙》：顺治六年，因兵饷不敷，户部援纳监生一项。康熙三年二月，奉旨纳银例监准贡，以后著停止。
捐赈流民议叙	原例		凡活五百名以上者，纪录一次；千名以上者，纪录二次。	
捐修文庙议叙	原例		凡大小各官，捐银五百两以上，教官银至二百两以上，俱准纪录一次。如多捐，照数纪录，不准加级。	

续表

名称	年月	事由	捐例概况	备考
捐修城垣议叙	原例		凡举人、贡生捐银二百两，或米二百石，出仕之日，准与纪录；生员捐银三百两者，准入监读书；监生捐银四百两者，准贡；见任各官，捐银一千两者，准加一级；五百两，准纪录一次；民人耆老，捐银三百两者，准给九品顶带；五百两者，准给八品顶带。	
捐修营房议叙	康熙四年七月		凡文武各官，照捐修城垣例，准与议叙。	
捐修城楼各项议叙	原例		凡捐银至五百两以上者，俱准纪录一次。	
捐助兵饷议叙	原例	云贵兵饷	凡五百两以上者，纪录一次；千两以上者，纪录二次。	
贵州捐纳事例	康熙十九年二月	佐助军需	凡捐助粮草，现任官捐纪录加纪；现在进士、举人、贡生为出任日之纪录加级；生员准其入监读书；文、武进士、举人、贡生、监生，照应得之缺先用；富民顶带荣身；候补文官知州、知县、武官守备等，准其先用；降级调用各文、武官，复还原官录用；廪生等为贡生。	
云南捐纳事例	康熙二十年四月	佐助军需	照贵州捐纳各项粮草，准于长沙、广东、贵州捐纳之人，分缺选用。	
直隶捐纳事例	康熙二十八年十月	救荒	凡捐谷米，富民给顶带荣身；俊秀及生员，准作监生，免其入监读书，期满考用；司府首领等官，州县佐、贰、教职等官，不论已仕未仕，照各级给与封典荣亲；文、武官加级纪录；降级留任者复还。	

续表

名称	年月	事由	捐例概况	备考
各省常平捐例	康熙二十八年十一月	积储	凡捐谷米，文、武官员纪录；俊秀生员，准作监生；富民给九品顶带荣身，或给扁旌奖。	
山西捐纳事例	康熙二十八年十二月	歉收赈饥	照直隶捐纳之例，准于五台、崞县杀虎口捐纳，将米谷即行赈济现在饥民。	
大同捐纳事例	康熙二十九年六月	灾歉	照直隶捐纳之例，在大同府城与杀虎口，一并捐纳，酌量减数。	
大同、张家口捐纳事例	康熙三十年二月	佐助军需	凡捐纳米、豆、草束，文、武官因公诖误革职者，以原官补用；内外应具题保举，方以京官正印升用者，免其保题；并丁忧官子，免其保举；内外未得封典者，均照原职品级给与封典；富民给与顶带荣身；不论旗民、俊秀生员，准作监生，免其入监读书，期满考用；文、武各官给与封典荣亲，及加级纪录；降留者准复还；在外告病者以原官补用；不论旗民、廪、监等生，俱准作岁贡。	
甘肃捐纳事例	康熙三十年三月	积屯备战守	大致照大同捐纳事例，酌议增添。凡死罪监禁人犯，内除十恶、强盗及杀人人犯外，一应死罪，俱免死释放；文、武进士、举人、贡、监生员等，因事故革黜者，俱准复还；举人会试五科不中方准拣选者，准不分科，一体拣选。	
西安捐纳事例	康熙三十一年三月	积屯米、谷	照甘肃事例，将米折银，凡情愿捐原官虚级荣身者，内而郎中以下，外而道员以下，武职副将以下，俱照甘例，米数减半捐纳。	

续表

名称	年月	事由	捐例概况	备考
通仓运米事例	康熙三十四年十月	运通仓米十万储盛京	凡捐米石，富民给顶带荣身；文、武官员加级纪录；降留者准复还；旗民、俊秀子弟，准作监生；又文、武准给封典；拟死罪者，免死释放；流犯免罪，发回本籍。	
甘肃常平事例	康熙四十二年二月	积贮	凡文、武官员加级纪录及捐监捐贡三项，其各省常平捐纳之例停止，俱令在甘肃捐纳。	
山东捐纳事例	康熙四十三年十月	积贮	照甘肃常平事例，酌量加增。	
捐马事例	康熙四十五年四月		按匹折价交库。	
户部捐银事例	康熙五十年七月	补足国帑	因大同运米捐纳冒领亏空案，有情愿顶捐照湖滩河所运米之例，每石连脚价作银七两二钱，特开新例。	
福建开捐事例	康熙五十二年五月	积贮	捐例准捐之项，大体同前，惟所捐谷石，不准在本省采买。	
广东、广西捐例	康熙五十三年二月	积贮	照闽省事例开捐。	
甘肃粮草事例	康熙五十三年三月	积储备边	捐款与三十年甘肃捐例同，惟照福建、广东删去各官保举、复还进士举人贡监、举人拣选、革职封典四条。	
甘肃赈荒捐例	康熙五十三年九月	安插穷民	增添捐例，为候补荫生，于各项捐纳外，另立一班输用，如用米一石加捐银二钱，用银每石折二两四钱。	

续表

名称	年月	事由	捐例概况	备考
江南常平仓事例	康熙五十三年十月	弥补赈亏	开捐米石，大州县一万五千石，中县一万石，小县八千石。不产稻谷，仍听麦、粟兼收。不拘外省外郡，一体收捐。	
甘肃军需捐例	康熙五十四年六月	泽旺抢掠哈密，遣兵援剿。	将甘肃先用并应得之缺分用之例，有多捐一倍者，即以应升缺先用。	
大同捐马	康熙五十四年十二月	挽运粮饷	在大同地方交银一百五十余万两。	
甘肃湖滩河所捐例	康熙五十六年九月	军需	照例于肃州减四，甘州减三，凉州、西宁减二，仍以米、麦、豆三色兼收，将捐纳官生另立一班铨选。	
大同、宣府喂养驼、马捐例	康熙五十八年正月	挽运	照三十六年题定捐马条例捐纳，折银加倍交纳，减二收银，每驼一只，作马二匹，折银三百两。	
西、凤捐补运粮米脚事例	康熙五十八年十月	补还脚价	照三十一年西安捐纳原例，补还司库动用脚价。	
湖滩河所捐驼事例	康熙五十八年十一月		于湖滩河所收捐驼只，交与运米大人使用，另立一班铨选。	
兰州捐驼折价例	康熙五十九年五月	军需	大同驼马捐例满期，乃展限六个月，改每驼一只，折银七十二两。	
肃州新添捐运例	康熙五十九年六月	军需	照湖滩河所之例，增添九款，另立一班铨选。	

续表

名称	年月	事由	捐例概况	备考
河工捐补事例	康熙六十年四月	工费亏欠	修筑工程，应进核减等项，非侵挪者约六十余万，照大同现行捐驼之例，折银补捐。	
云南捐补事例	康熙六十年六月	军需亏欠	军需挪款，设法清偿，照甘肃驼捐例，特开捐纳。	
军站坐台捐例	康熙六十一年正月	军务	凡情愿驿站效力坐台者，减半备银前往。一年不误公事，不论班次即用。交银在户部者，另立一班铨选。	
两路军前运米例	康熙六十一年三月	军需	将米运至傅尔丹、祁里德二处，不论班次铨选。	
浙江补漕捐例	康熙六十一年□月	补还漕项	照六十年题定河工捐纳贡监之例。	
户部收银增减例	康熙六十一年十二月		增减驼、米条款银数。	
附记	本表据朱植仁《本朝政治全书》择要而录。			

雍、乾以后，踵行捐例，由户部贵州司捐纳房主之，曰常捐。如捐贡监虚衔、加级纪录之类。大捐则实官捐也，开捐之日多，停止之日少。多事之秋，军需、河工、赈济，皆取给于实官捐。京官可捐至郎中，外官至道员，武官至参将，不惜减成以广招徕，有低至二成上兑者。户部常与外省争捐款，外省不胜，则以停止分发为请，贻笑致讥，有失政体。其欠饷移奖、报效叙官者，尚不在此列。仕途之杂，至于不可究诘。吏治败坏，率由于此。

雍、乾以后实官捐纳事例简表

捐名	开捐日期	开捐原因	开捐收入银数	备考
阿尔泰运米事例	雍正二年	用兵西陲。		
营田事例	雍正五年	直隶议兴营田水利工程。		
广西开垦事例	雍正八年	垦荒经费，仿照营田例开捐。		
海塘事例	雍正十一年	海塘动工。		
户部豫筹粮运例	雍正十二年	用兵边方。		
金川运米事例	乾隆十三年	用兵金川。		
河工事例	乾隆二十二年			
豫工事例	乾隆二十六年	河南诸河并涨。		
川运事例	乾隆三十九年	用兵金川。		
川、楚善后筹备事例	嘉庆三年	川、楚用兵。	由嘉庆三年至六年，收款甚多。	
工赈事例	嘉庆六年	永定河漫溢工赈。	由六年九月至七年，收款甚多。	
衡工事例	嘉庆八年	豫省衡家楼漫口。		
土方事例	嘉庆十三年			
续增土方例	嘉庆十五年			
豫东事例	嘉庆十九年	豫东等省被灾。		
武陟河工事例	嘉庆二十四年			
续增武陟投效例	嘉庆二十五年			
酌增事例	道光七年	运河淤塞、堵筑挑浚之费，及征张格尔军饷。		

续表

捐名	开捐日期	开捐原因	开捐收入银数	备考
筹备经费事例	道光十三年	筹办河工、赈灾、军需。	前后九月，收银八百余万两。	
豫工事例	道光二十一年	豫工筹款。		
筹赈事例	道光三十年	赈灾。		
广东、广西、湖南各地事例	道光三十年	太平天国之役。	仅收银二十四万余两。	
筹饷事例	咸丰元年	广西军需（咸丰二年、三年、六年、九年以及同治五年、七年、八年，先后议增条款，至光绪五年始停止）。	每年所入最多不过银百万两。	
台防经费事例	光绪十年	台湾军需。		仅二月即停捐。
海防事例	光绪十年	中法战事。	每年所入仅二、三百万两。	
郑工事例	光绪十三年	河南郑州黄河漫口。	光绪十三年所入不过八十万，十四年十二月止，连前共收银四百万。	
新海防事例	光绪十五年	海军经费。		
江南筹办防务事例	光绪二十年		该年共收银一百二十五万两。	
江宁筹饷事例	光绪二十六年	江苏滨海临江防务。		
秦、晋实官捐	光绪二十六年	秦、晋荒歉及军需。		

续表

捐名	开捐日期	开捐原因	开捐收入银数	备考
顺、直善后实官捐	光绪二十七年	八国联军侵扰北京各地后，饿莩塞途，赈济需款。		七月，下谕停止。
附记	本表根据历年现行事例，及《清史稿·选举志》举要于此。			

（2）文事

（甲）奖励理学

清圣祖提倡理学，盖仿元之用姚枢、许衡，以为粉饰牢笼之具。又顺、康之时，贪风甚炽，欲借道学以矫其弊。

康熙四十三年（一七〇四年）六月丁酉，上谕讲官等曰：“古今讲道学者甚多……而言行相符者盖寡。……故君子先行后言。果如周、程、张、朱勉行道学者，自当见诸议论。……朱子洵称大儒，非泛言道学者可比拟也。”……五十六年（一七一七年）十一月丙子，上谕大学士等曰：“为君之道，要在安静，不必矜奇立异。……朕自幼喜读性理书，千言万语，不外一敬字。人君治天下，但能居敬，终身行之足矣。”（《清圣祖圣训》卷五）

辑刊《朱子全书》，以《四书集注》试士，尊崇朱子，跻于孔庙四配、十哲之次。盖以明季讲学，多主阳明。清初孙奇逢、黄宗羲诸人，皆发王学余绪，故欲以朱子矫之，使皆主敬存诚、尊君亲上。然其效甚微，顾炎武、李颙、吕留良虽主朱子，而始终不忘恢复，此岂可加以限制耶？

康熙五十一年（一七一二年）二月丁巳，上谕大学士等曰：“朕自冲龄，笃好读书，博览载籍。每见历代文士著述，即一字一句，于义理稍有未安者，辄为后人指摘。惟宋儒朱子，注释群经，阐发道理，凡所著作及编纂之书,皆明白精确,归于大中至正,经五百余年,学者毫无疵议。朕以为孔孟之后,有裨斯文者,朱子之功最为弘巨。应作何尊崇,尔等会同九卿、詹事、科道,详议具奏。"(《清圣祖圣训》卷十二)

康熙五十一年(一七一二年)二月丁巳……大学士会同礼部等衙门议覆:"宋儒朱子配享孔庙,本在东庑先贤之列,今应遵旨升于大成殿十哲之次,以昭表彰至意。"从之(《清圣祖实录》卷二四九)。

宵旰孜孜,思远者岂不柔,近者岂不怀?非先王之法不可用,非先生之道不可为。反之身心,求之经史,手不释卷,数十年来方得宋儒之实据。虽汉之董子、唐之韩子,亦得天人之理,未及孔孟之渊源。至邵子而玩弄河洛之理、性命之微,衍先天、后天之数,定先甲、后甲之考,虽书不尽传,理亦显然矣。周子开无极而太极,《通书》之类,其所授受有自来矣。……二程之充养,有道经天纬地之德,聚百顺以事君亲。……至于朱夫子,集大成而绪千百年绝传之学,开愚蒙而立亿万世一定之规,穷理以致其知,反躬以践其实。释《大学》……无不开发后人而教来者也。《五章》补之于断简残篇之中……虽圣人复起,必不能逾此。问《中庸》名篇之义,则不偏不倚,无过不及之名,未发已发之中,本之于时中之中,皆先贤所不能及也。《论语》《孟子》,则逐篇讨论,皆内圣外王之心传,于世道人心之所关匪细。以《五经》则因经取义,理正言顺,和平宽弘,非后世借此而轻议者同日而语也。……朕读其书,察其理,非此不能知天人相与之奥,非此不能治万邦于衽席,非此不能仁心、仁政施于天下,非此不能外内为一家。……故不揣粗鄙无文,而集各书中凡关朱子之一句一字,命大学士熊赐履、李光地……汇而成书,名之《朱子全书》。……朕又所思者,朱子之道,五百年未有辩论是非,凡有血气,莫不尊崇(《朱子全书·御制序》)。

康熙五十年(一七一一年)四月甲戌,上谕大学士等曰:"《朱子全书》,凡天文、地理、乐律、历数,俱非泛然空论,皆能确见其所以然之故。朕常细加寻绎，欲求毫厘之差，亦未可得。即如径一围三畸零之数，讲论亦自通彻。尚有留待后人参考之语，其虚心不自是如此。”(《清圣祖圣训》卷五)

朕自冲龄至今六十年来，未尝少辍经书。唐、虞、三代以来，圣贤相传授受，言性而已。宋儒始有性理之名，使人知尽性之学不外循理也。故敦好典籍，于理道之言，尤所加意。临莅日久，玩味愈深，体之身心，验之政事，而确然知其不可易也。前明纂修《性理大全》一书，颇谓广备矣；但取者太烦，类者居多，凡性理诸书之行世者，不下数百，朕实病其矛盾也。爰命大学士李光地诠择进览，授以意指，省其品目，撮其体要，既使诸儒之阐发不杂于支芜，复使学者之披寻不苦于繁重。……名曰《性理精义》，颁示天下(《御纂性理精义序》)。

性理之学，至宋而明，自周、程授受，粹然孔、孟渊源。同时如张如邵，又相与倡和而发明之。……朱子生于其后，绍述周、程，参取张、邵，斟酌于其及门诸子之同异是非，然后孔、孟之旨粲然，明白道术一归于正焉(《御纂性理精义·凡例》)。

(乙)理学名臣

康熙时，所谓理学名臣，汤斌、陆陇其稍有本末，余皆以此致身持禄而已。虽亦尊闽、洛，而与其时名儒之在野者，不甚相涉。欲恃此数人转移风气，难矣。

柏乡魏先生，讳裔介。……历官大学士。守周、程、张、朱正脉，身体而心会之，着有《圣学知统录》及《知统翼录》。……又《圣学知统合录》说曰：……夫道者，天地人物之所不能外也。知道则知天矣，知天则知性矣，知性则知仁矣，知仁则知义、礼、智、信矣，知义、礼、智、信则知诚、明之合一，知诚、明之合一，则知明德新民止至善，为千古圣学之极。则格物致知，其求知之方也。正心诚意修身，其守知之要也。齐家治国平天下，其充知之量也。究其归则体用兼该，显微一贯，穷以淑身，达以济世，归于仁而已矣。……又著《希贤录》……盖致知、格物、正心、诚意、修身、齐家、治国、平天下，俱蕴括其中矣（唐鉴《国朝学案小识》卷六）。

蔚州魏先生，讳象枢。……官至刑部尚书。以道自任，在朝激浊扬清。……自给谏洊历左都御史，陈奏至八十余疏，凡国家大根本、大纲常、大典礼、大政事，以及吏治积弊、民生疾苦，无不周悉，而荐举清廉、参核贪墨，尤凛凛焉。……先生之学，盖主于诚，成于忠，而终身存省于勿欺者也。……先生尚名节，重道义。……所著有《寒松堂全集》《日知录》《元明儒言录》《嘉言录》（唐鉴《国朝学案小识》卷四）。

睢州汤先生，讳斌。……历官工部尚书。……于书无不读，而尤好习宋诸大儒书。……其苏州府《儒学碑记》有曰："国家兴治化在正人心，而正人心在崇经术。……宋濂、洛、关、闽诸大儒出，阐天人性道之源流，故天下知性不外乎仁、义、礼、智……道不外乎人伦日用。……所谓得《六经》之精微，而继孔、孟之绝学。……夫所谓道学者，《六经》《四书》之旨，体验于心，躬行而有得之谓也。"……又《嵩阳书院记》有曰："……今滞事物以为穷理，未免沉溺迹象，既支离而无本，离事物而言致知；又近于堕聪黜明，亦虚无而鲜实。学路久迷，习染日深，偶尔虚见，未为其得，非默识本体，诚敬存之，绵绵密密，不贰不息，前圣心传，何能会通无间？故曰苟不至德，至道不凝焉。呜呼！岂易言哉。"观此则先生之言之教，专主程朱无疑也。……先生潜心圣贤之学，尽性至命，一以诚正为本，一以忠孝为先，尚力行不尚讲论。观其事君临民，知其学之所得者深且粹也（唐鉴《国朝学案小识》卷三）。

孝感熊先生，讳赐履。……历官东阁大学士。……尊朱子，辟阳明，著《学统闲道录》《程朱学要》《十子学要》《下堂札记》《会约》等书。谓洙泗之统，惟朱子得其正。濂、洛之学，惟朱子汇其全。又谓自开辟以来，未有孔子。自秦汉以来，未有朱子。朱子乃三代以后，绝无仅有之人。又曰："不有孟子，则孔子之道不著。不有朱子，则程子之道不著，而孔孟之道亦不著。"……又曰："……且不学而能，是不学之学。不虑而知，是不虑之虑。不勉而中，是不勉之勉。不思而得，是不思之思。……若徒骛于不学、不虑、不勉、不思之虚名，坐弃其与能、与知、自中、自得之实理，废置有本体之真工夫，冒认无工夫的假本体，希图自在，厥弃修为，而不知其与禽兽同归也。"……又曰："……如云，无善无恶，则是在天为无善无恶之命，在人为无善无恶之性。率无善无恶之性，为无善无恶之道，修无善无恶之道，为无善无恶之教，不知成何宇宙？甚矣姚江之徒之谬也。"读此数则，可知先生之学矣（唐鉴《国朝学案小识》卷六）。

安溪李先生，讳光地。……进士。历官大学士。谭经讲学，一以朱子为宗。其所以学朱子者，曰诚，曰志敬，曰知行。尝谓性，诚而已矣，圣贤之学，亦诚而已矣。……明根于诚，而诚又根于明。诚者成始成终之道，而明在其间，故《中庸》曰："自诚明谓之性，自明诚谓之教，诚则明矣，明则诚矣。"实理浑然，而万物皆备于我，此所以谓自诚明而为性之体。万物散殊，无非完其性之固有，此所以谓自明诚而为教之用。事于性者，尊德性之事也。事于教者，道问学之事也。《易》曰："忠信，所以进德也；修辞立其诚，所以居业也。"忠信即诚也。主于忠信，以诚致明，尊德性也，故德修而为业之本。辞修诚立，以明致诚，道问学也，故业可居而为德之资。德业相资，故诚明相生也。曾子曰："夫子之道，忠恕而已。"忠其德也，恕其业也。孟子曰："反身而诚，忠也；强恕而行，恕也。"忠恕皆诚也。忠则所谓大哉乾元，万物资始，诚之源也。恕则所谓乾道变化，各正性命，诚斯立焉。终始于诚，而明在乎其间。此圣学相传之要。……先生精且博矣。……所著有《榕村语录》……《榕村全集》《周易通论》。……而其最有推阐者，莫如《周易义》，理家特重焉（唐鉴《国朝学案小识》卷六）。

平湖陆先生，讳陇其。……历官御史。励志圣贤，博文约礼，由洛、闽而上追沂、兖。尝谓圣门之学，虽一以贯之，未有不从多闻多见入者。欲求圣学，断不能舍经、史。又谓今之正学者无他，亦宗朱子而已。宗朱子为正学，不宗朱子即非正学。董子云："诸不在六艺之科、孔子之术者，皆绝其道，勿使并进，然后统纪可一，而法度可明。"今有不宗朱子者，亦当绝其道，勿使并进。……先生之于学也，思之慎而辨之明，得之深而言之切。其《太极论》曰："论太极者，不在乎明天地之太极，在乎明人身之太极；明人身之太极，则天地之太极在是矣。先儒论太极，所以必从阴阳五行、天地生物之初言之者，惟恐人不知此理之原，故溯其始而言之，使知此理之无物不有、无时不然，虽欲顷刻离之，而不可得也。"……观先生积诚励行，孳孳不已，自修身正家，以及莅官立朝，动准古人，罔有阙失，俨然程朱之气象，亦卓然程朱之事为。学程朱如先生，则亦程朱也矣，岂独如之而已哉（唐鉴《国朝学案小识》卷一）。

仪封张先生，讳伯行。……进士。历官礼部尚书。学以程、朱为准的，不参异说，不立宗旨，主敬以端其本，穷理以致其知，躬行以践其实。……先生曰："仁者天地生物之心，敬者圣学之所以成始而成终者也。万善之理，统于一仁；千圣之学，括于一敬。故道莫大于体仁，学莫先于主敬。"……又曰："人必于道理上，见得极真，而后贫贱患难上，立得脚住。亦必于贫贱患难上，立得脚住，而后于道理上，守之愈固。"……又曰："学者实心做为己工夫，须是先读《五经》《四书》，后读《近思录》、小学……再读薛文清《读书录》、胡文敬《居业录》，然后知朱子得孔、孟之真传，当恪守而不失。再读罗整庵《困知记》、陈清澜《学蔀通辨》，然后知阳明非圣贤之正学，断不可惑于其说。"……又曰："何以为学？曰致知力行。何以为治？曰厚生正德。何以治己？曰存理遏欲。何以处世？曰守正不阿。何以待人？曰温厚和平。此五者，其庶几乎。"……（所著）《困学录》……可以推阐程、朱之所已言，引申薛、胡之所未及（唐鉴《国朝学案小识》卷二）。

（丙）博学鸿儒

康熙戊午，开博学鸿儒科。其时，三藩军事尚未全定，欲以此收揽山林文学之士。与征者皆一时名流，不应举如傅山、杜越诸人，则强迫就道。试竣，布衣、生员，即授检讨；老病不入试者，亦授中书，意在羁縻之。鸿博诸人，预修《明史》，然由布衣、生员授职者，不数年斥逐殆尽。乾隆丙辰之试，则以夸盛事而已，人才大不如前，授予亦较矜慎。至光绪中，屡有请赓续两科之盛者，卒不能行，仅一举经济特科，所试者时务策论，奖叙亦薄，盖视之甚轻也。

康熙十七年春正月……谕吏部："自古一代之兴，必有博学鸿儒，振起文运，阐发经史，润色词章，以备顾问著作之选。朕万几余暇，游心文翰，思得博学之士，用资典学。我朝定鼎以来，崇儒重道，培养人才，四海之广，岂无硕彦奇才，学问渊通，文藻瑰丽，可以追踪前哲者？凡有学行兼优，文词卓越之士，不论已仕未仕，令在京三品以上及科道官员，在外督、抚、布、按，各举所知，朕将亲试录用。其余内外各官，果有真知灼见，在内开送吏部，在外开报督、抚，代为题荐。务令虚公延访，期得真才，以副朕求贤右文之至意。尔部即通行传谕。"于是大学士李霨等，荐原任副使道曹溶等七十一人，上命俟各员赴京齐集之日请旨。其在外见任者，不必开缺（《清圣祖实录》卷七十一）。

康熙十八年……二月……谕吏部："朕以万几之暇，留心经史，思得博学鸿儒，备顾问著作之选。故特颁谕旨，令内外诸臣，各举所知。应荐人员，已经陆续到部。欲行考试，因天寒晷短，恐其难于属文，弗获展厥蕴抱。今天气已渐融和，应定期考试，所有应行事宜，尔部会同翰林院，详议具奏。"……三月丙辰朔，试内外诸臣荐举博学鸿儒一百四十三人，于体仁阁赐宴。试题璿玑玉衡赋、省耕诗、五言排律二十韵。……甲子，谕吏部："荐到文学人员，已经亲试，其取中一等彭孙遹、倪灿、张烈、汪霦、乔莱、王顼龄、李因笃、秦松龄、周清原、陈维崧、徐嘉炎、陆棻、冯勖、钱中谐、汪楫、袁佑、朱彝尊、汤斌、汪琬、邱象随，二等李来泰、潘耒、沈珩、施闰章、米汉雯、黄与坚、李铠、徐钍、沈筠、周庆曾、尤侗、范必英、崔如岳、张鸿烈、方象瑛、李澄中、吴元龙、庞垲、毛奇龄、钱金甫、吴任臣、陈鸿绩、曹宜溥、毛升芳、曹禾、黎骞、高咏、龙燮、邵吴远、严绳孙，著纂修《明史》。其见任、候补及已仕、未仕各员，作何分别授以职衔。其余见任者仍归原任，候补者仍令候补，未仕者俱著回籍。内有年老者，作何量给职衔，以示恩荣。尔部一并详议具奏。告病者不必补试。"（《清圣祖实录》卷七十九）

命阁臣稽前代制科授官故事，议上。……诏俱授翰林官。时授侍讲一人……授侍读四人……授编修十八人……授检讨二十七人（王庆云《熙朝纪政》卷一《纪制科特举》）。

雍正十一年，再举是科。乾隆元年，以御史吴元安言，增首场以经解史论，次场诗赋论。考试一等授编修五人：刘纶、潘安礼、诸锦、于振、杭世骏；二等授检讨五人：陈兆仑、刘藻、夏之蓉、周长发、程恂；授庶吉士五人：杨度、沈廷芳、汪士锽、陈士璠、齐召南。次年补试万松龄、张汉授检讨，朱荃、洪世泽庶吉士（王庆云《熙朝纪政》卷一《纪制科特举》）。

（丁）开馆修书

宋、明皆以修书牢笼文士，清亦如之。顺、康、雍、乾四朝，开馆修钦定书，自诗文、类书、当代政书，及军事方略、纪略，凡数十百种。其著者则为《明史》之修，顺、康屡修未成。万斯同有《明史稿》甚翔核，为王鸿绪《明史稿》所本，《明史》又本万、王之书，始于乾隆四年告成，先后六七修，历时九十余年。

《明史》自康熙十八年开局，纂修五十人，皆以博学宏词荐入翰林者也。总裁官初用叶方蔼、张玉书，其后汤斌、徐乾学、陈廷敬、张英、王鸿绪相继为总裁。久之未成，特敕廷敬任本纪，玉书任志、表，鸿绪任列传。五十三年，鸿绪列传稿成，表上之。而本纪、志、表尚未就绪，鸿绪复加纂辑，雍正元年再表上之，于是《明史》始有全稿。乾隆初，诏修《明史》。总裁官大学士张廷玉奏，即以鸿绪稿为本而稍增损之。九年，史成，颁行天下，盖阅六十余年之久（吴振棫《养吉斋丛录》卷二十）。

《图书集成》，初为陈梦雷一手所纂，本名《汇编》，后乃开馆，广事征辑。书成而梦雷得罪。雍正初，以铜活字印行六十余部，一仍梦雷所编之旧而没其名。此书浩博，逊于《永乐大典》，然分门别类，所包者广，颇便翻检，亦不可废之书也。

《古今图书集成》，纂辑始于康熙间。雍正初，复命尚书蒋廷锡等董其事，至三年，始告成。是书为编六，为典三十二，为部六千一百九，为卷一万。有一部而数百数十卷者，有一卷十余部者。每部有《汇考》，有《总论》，有《图》，有《表》，有《列传》，有《艺文》，有《选句》，有《杂录》，有《外编》，无者阙之。首历象汇编，其典四，曰《乾象典》《岁功典》《历法典》《庶征典》。次方舆汇编，其典四，曰《坤舆典》《职方典》《山川典》《边裔典》。次明伦汇编，其典八，曰《皇极典》《宫闱典》《官常典》《家范典》《交谊典》《氏族典》《人事典》《闺媛典》。次博物汇编，其典四，曰《艺术典》《神异典》《禽虫典》《草木典》。次理学汇编，其典四，曰《经籍典》《学行典》《文学典》《字学典》。次经济汇编，其典八，曰《选举典》《铨衡典》《食货典》《礼仪典》《乐律典》《戎政典》《祥刑典》《考工典》。每典复分门类，计五百二十函，又目录二函（吴振棫《养吉斋丛录》卷二十）。

《四库全书》开馆，初由朱筠创议，就《永乐大典》，辑已佚之书。后乃遍征人间所藏，适有禁毁书籍之事，乃借修《四库》书，广事搜求，加以焚毁；或删订原书，去其违碍。去取之责，由于敏中窥帝意定之。全书卷帙浩繁，所毁虽多，而不禁之书，得以保存至今者不少，故为世间所重。纪昀任编纂甚久，撰集《提要》，学人亦颇称之。

康熙二十五年，有藏书秘录给直采集钞写之旨。乾隆间，遍访藏书，搜罗大备，因辑为《四库全书》，仿甬东范氏天一阁规制，建文渊（大内）、文源（圆明园）、文津（热河）、文溯（盛京）四阁，贮《全书》，每阁藏书三万六千册。又以江、浙为人文渊薮，复缮三分，分建三阁，镇江金山曰文宗，扬州曰文汇，杭州曰文澜。又于《全书》中择尤精者，亦分四库，得一万二千卷，别名《荟要》，于大内之摛藻堂、圆明园之味腴书室，各庋一部。按四库所藏，经之类十：一曰易，二曰书，三曰诗，四曰礼，五曰春秋，六曰孝经，七曰五经总义，八曰四书，九曰乐，十曰小学。史之类十五：一曰正史，二曰编年，三曰纪事本末，四曰别史，五曰杂史，六曰诏令奏议，七曰传记，八曰史钞，九曰载记，十曰时令，十一曰地理，十二曰职官，十三曰政书，十四曰目录，十五曰史评。子之类十有四：一曰儒家，二曰兵家，三曰法家，四曰农家，五曰医家，六曰天文算法，七曰术数，八曰艺术，九曰谱录，十曰杂家，十一曰类书，十二曰小说，十三曰释家，十四曰道家。集之类五：一曰楚词，二曰别集，三曰总集，四曰诗文评，五曰词曲。凡经六百九十五部、一万二百十九卷，史五百六十四部、二万一千六百五十七卷，子九百二十二部、一万七千八百七卷，集一千三百三十部、二万九千四十八卷，总凡三千五百十一部、七万八千七百三十一卷（吴振棫《养吉斋丛录》卷二十）。

《四库书》，每部以香楠木片上下夹之，约以绸带，外用香楠木匣贮之。书面皆用绢，经用黄，经解用绿，史用赤，子用蓝，集用灰色，所约带及匣，上镌书名，悉从其色（吴振棫《养吉斋丛录》卷十七）。

（戊）文字之狱

清以科举诱利禄之士，复为制科，以示隆重。复有南巡召试，其献诗赋进呈著述者，每有奖叙，可谓待士甚厚。一方面则极挫辱戮夷之，庄《史》之狱，以其诋毁兴朝也；《南山集》之狱，则称永历年号，亦不得免矣。雍正之世，是古非今者，率罹重谪。乾隆时，一字违碍，每兴大狱，犯者以大逆谋反论，本身兄弟及其子成年者，皆处决。妻若幼子，流宁古塔、尚阳堡等地。自生民以来，未有如是之惨酷者也。

清代文字狱简表

案由	时期	事略	定谳	备考
毛重倬等坊刻《制艺序》案	顺治五年四月。	坊刻选文悖谬荒唐，序文止记干支，不用顺治年号。	毛重倬、胥庭清、史树骏、缪慧远等，皆置于法。	《郑词庵笔记补逸》：戊子四月，相刚林，有直纠悖乱坊刻以正人心一疏云：臣等因课子孙，聊市坊刻，其文皆悖谬荒唐，显违功令，已令人不胜骇异。其序止写丁亥干支，并无顺治年号。凡书必系年号，以尊一统，历代皆然。此辈删而不用，目无本朝，阳顺阴违，逆罪犯不赦之条。
庄氏《明史稿》案	顺治十八年起，康熙二年五月结。	浙江湖州富户庄廷鑨，因病损目，遂以盲史自居。与明故相国朱国桢家邻，因购得其《史概》未刻列传稿本，乃	庄廷鑨戮尸。庄允城瘐死京狱，戮尸。其弟廷钺及其弟子孙，年十五以上均斩，妻女配沈京披甲为奴。作	庄氏《史》案，如书所云，王某孙婿，即清之德祖。建州都督，即清太祖。又自丙辰迄癸未，俱不书清年号。而于隆

续表

案由	时期	事略	定谳	备考
庄氏《明史稿》案	顺治十八年起，康熙二年五月结。	招宾朋群为增损修饰，又续纂天启、崇祯两朝事，中多指斥语，名曰《明书辑略》。书成而廷钺死，无子，其父允城伤之，为之刊行。有罢官归安令吴之荣，索贿于允城，又瞰朱佑明富，挟吓之，俱未遂，愤而白之大吏。大吏未以上闻，之荣益恨，入都签标诋毁语，而补刻朱史氏即朱佑明一条，奏记于四顾命大臣。上闻，事遂发。	序者李令晳，凌迟处死。列参阅者，归安茅元铭、吴之铭、吴之镕、李礽焘、茅次莱，乌程吴楚、唐元楼、严云起、蒋麟征、韦金祐、韦一口，吴江张隽、董二酉、吴炎、潘柽章，仁和陆圻，海宁查继佐、范骧，陆、查、范三人，因未见书，事前检举，免罪。董已前死，其余十四人，均凌迟处死。朱佑明被诬，亦凌迟处死。各犯妻女，发边为奴。刻匠、刷匠与书贾、藏书者，斩。知府谭希闵、推官李焕、训导王兆祯，绞。	武、永历之即位正朔，必大书特书。其取祸之端，有如此。《顾亭林年谱》，凡死七十二人。杨凤苞《秋室集》，记庄廷钺《史》案本末。庄氏《史》，顺治十七年冬刊成，颇行于世。陆、查、范三人，未见书，而闻其名在参阅中，于是年十二月，各呈检呈于学道胡尚衡，胡饬湖州府学教授赵君宋检举。君宋买此书磨勘，摘出谤毁语数十百条，申复学道。允城上下行贿，窜易书中忌讳处，改刊，仍然印行。以改刊《明书》呈礼部、都察院、通政司三衙门，谓可销弭矣。未几，李廷枢、吴之荣，又发其事。
沈天甫等《诗集》案	康熙六年四月。	江南民人沈天甫、吕中、夏麟奇、叶大等，撰逆诗二卷，诡称黄尊素等作，陈济生编集，故明大学士吴甡等六人为之序。天甫使镂奇索贿于甡子中书吴元莱，元莱察其书	沈天甫、夏麟奇、吕中、叶大等皆斩决。被诬者悉置不问。	《顾亭林年谱》：康熙七年春，在都寓慈仁寺，闻莱州黄培诗狱牵连即星驰赴鞫，下济南府狱。注：始知姜元衡告其主黄培逆诗案。禀称有《忠节录》，即《启祯集》一书，

续表

案由	时期	事略	定谳	备考
沈天甫等《诗集》案	康熙六年四月。	非父手迹，控于巡城御史以闻，下左司严鞫。		陈济生所作，系昆山顾宁人到黄家搜辑发刻者。此书已于六年二月，曾经沈天甫出首矣，元衡称另是一书，罗知名之士三百余人。审明，十月狱得解。
戴名世《南山集》案	康熙五十年十月起，五十二年二月结。	翰林院编修戴名世，见桐城方孝标著有《钝斋文集》《滇越纪闻》，于清事颇多微词，心喜之，所著《南山集》内《孑遗录》，多采孝标纪事。左都御史赵申乔，据以奏闻，帝怒，令九卿会鞫，牵连至数百人，供词五上折本，卒从宽具狱。	戴名世从宽免凌迟，著即处斩。方孝标戮尸，方登峄、方云旅、方世樵俱免死，并妻子充发黑龙江。案内干连人犯，方苞等俱从宽免治罪，著入旗。汪灏、方苞为作序，免死，革职入旗。	全祖望《鲒埼亭集》：《前侍郎桐城方公神道碑》，里人戴田有日记多采方孝标之言。方苞《望溪集·教忠祠祭田序》：余以《南山集序》牵连赴诏狱。徐忠亮《戴先生传》：《南山集》有《与余生书》谓宏光之帝南京、隆武之帝闽粤、永历之帝两粤、帝滇黔，岂遽不如昭烈之在蜀、帝昺之在厓山？《传》并称余生瘐死狱中，则世传名世获罪，实由称三王年号，当有其事。
汪景祺《西征随笔》案	雍正三年十二月。	浙人汪景祺，为年羹尧记室。羹尧败，为人告讦，大逆罪中，有见汪景祺《西征随笔》，不行参奏等语，旋由刑部	汪景祺照大不敬律斩决，妻子发往黑龙江为奴，期服之亲兄弟亲侄，俱著革职，发遣宁古塔。五服以内之族人，	《养吉斋余录》：汪景祺，钱塘人。作《读书堂西征随笔》，所作诗甚多悖谬，又讥圣祖谥法、雍正年号。又作《功臣

续表

案由	时期	事略	定谳	备考
汪景祺《西征随笔》案	雍正三年十二月。	等衙门议奏。得旨：汪景祺作诗，讥讪圣祖，大逆不道。	见任及候选者，俱查出革职，交地方官管束。	不可为论》，以檀道济、萧懿比年羹尧。
查嗣庭试题案	雍正四年九月。	浙人查嗣庭，康熙四十五年进士，官礼部侍郎。雍正四年，出为江西正考官，试题曰“维民所止”，讦者谓“维”“止”二字，是取雍正二字之首，帝大怒，革职拿问。又于寓所搜出日记，有直论时事之文，援以为叛逆之实据。	查嗣庭瘐死狱中，仍戮尸枭示。子坐死，家属流放。停浙江乡会试六年。	
吕留良文选案	雍正六年六月起，十年十二月结。	湖南靖州人曾静，以应试州城，获见吕留良选文，内有论夷夏之防，及井田、封建等语。乃遣徒张熙往浙，至留良家访书。留良子葆中，悉以父遗书授之。所著诗文，皆愤懑激烈之词。又与留良之徒严鸿逵、鸿逵之徒沈在宽等往来，遂生异心。时川督岳钟琪方被议忧疑，或言钟琪系出宋岳飞，自仇清室。静闻而信之，遣熙投书钟琪，劝举大义。钟琪讯得主名，即以	吕留良、吕葆中，照大逆治罪，戮尸枭示，吕毅中斩立决，其孙辈发遣宁古塔为奴。严鸿逵党恶共济，戮尸枭示，其孙发往宁古塔为奴。沈在宽附会诋谌，斩立决，嫡属照律治罪。黄补庵自称留良私淑门人，所作诗词荒唐狂悖，已死免究，妻妾子女给功臣家为奴，父母祖孙兄弟流二千里。车鼎丰、车鼎贲，刊刻逆书，往来契厚，孙克用阴相援结，周敬舆甘心附逆，俱斩监	

续表

案由	时期	事略	定谳	备考
吕留良文选案	雍正六年六月起，十年十二月结。	奏闻。案结之后，帝将吕、严、曾、沈之著书言论，及累次谕旨，勒为一书，刊布学宫，名曰《大义觉迷录》。	候，秋后处决。被惑门徒房明畴、金子尚，革去生员，杖一百，佥妻流三千里。陈祖陶等十一人，杖责完结。	
屈大均诗文案	雍正八年十月起，至乾隆四十年三月结。	广东巡抚傅泰奏，颁到《大义觉迷录》，有曾静之徒张熙供，《屈温山集》议论与逆书相合等语。大均子明洪，为惠来县教谕，到省缴印投监自首，得旨从宽拟遣。至高宗时查缴禁书，大均族曾孙屈稔浈、屈昭泗，藏有其书，被搜出上闻，帝因文内有雨花台葬衣冠之事，谕查刨毁，督、抚详查无实结案。	诗文多悖逆句销毁。屈稔浈、屈昭泗，拟斩决。因前有缴出违碍书免罪之谕，稔浈、昭泗，均免治罪。	
谢济世注《大学》案	乾隆六年九月起，七年正月结。	谢济世官御史，参河南巡抚田文镜贪黩不法，获罪，发往阿尔泰军前效力。顺承郡王锡保，以济世注释《大学》，毁谤程朱，奏参之。帝以其不止毁谤程朱，乃用《大学》“见贤而不能举”两节，藉以抒写怨谤，交九卿、翰詹、科道定拟。	谢济世罚充苦差，著作销毁。	

续表

案由	时期	事略	定谳	备考
陆生柟史论案	乾隆七年七月。	工部主事陆生柟,革职遣戍军台,著有《通鉴论》十七篇,为顺承郡王锡保所举发,谓其论封建,尤为狂悖,显系非议朝政。帝以为借古非今,肆无忌惮,令九卿、翰詹、科道定拟。	杀陆生柟于军前。	
王肇基献诗案	乾隆十六年八月。	山西巡抚阿思哈奏,有流寓介休县之直隶人王肇基,赴同知衙门献恭颂万寿诗联,后载语句错杂无伦,且有毁谤圣贤、狂妄悖逆之处。	王肇基杖毙。	
丁文彬逆词案	乾隆十八年六月起,九月结。	衍圣公孔昭焕奏,有浙江人丁文彬,至门献书,言词闪烁。当搜出书二部,面书"文武记"、傍书"洪范春秋",中间写"大夏大明新书",内多大逆不道之言;又另有伪《时宪书》六本,旁书昭武伪年号,帝命山东巡抚杨应琚究治。	丁文彬大逆极恶,凌迟处死。其胞兄丁文耀、侄丁士贤、丁士麟,斩监候,秋后处决。王素行见逆书不首告,杖一百,流三千里。蔡颖达、徐旭初,仗八十。	

续表

案由	时期	事略	定谳	备考
刘震宇《治平新策》案	乾隆十八年十月起，十一月结。	江西金溪县生员刘震宇，自作《佐理万世治平新策》一书，至湖南，献于布政使周人骥，据以上闻。书内有更易衣服、制度等条，实为狂诞，谕究治。	刘震宇居心悖逆，斩决。	
胡中藻《坚磨生诗钞》案	乾隆二十年二月起，十月结。	翰林胡中藻，所著《坚磨生诗钞》，悖逆讥讪之语甚多，帝将其诗中各句摘出，谕九卿、翰詹、科道，严审定拟。	胡中藻免其凌迟，即行处斩。鄂尔泰系中藻座师，独加赞赏，著撤出贤良祠。	
刘裕后《大江滂》书案	乾隆二十年五月起，六月结。	山西兴县人刘裕后，冒堂弟监生刘立后名，手持所作《大江滂》一部，在试院前，口称呈送学院。学政蒋元益，检阅书中语多不解，且有狂悖之处，据以奏闻。	刘裕后杖毙，其胞弟刘发后、子刘演召等均不知情，免议。	
程鍙《秋水诗钞》案	乾隆二十年九月起，十月结。	江苏山阳县原任刑部郎中程鍙，家素封，有自称旗人直隶赵永德，挟嫌诈索不遂，乃将鍙所著《秋水诗钞》，更改诗题，改换字句，钞呈举发，指为诽谤。经审永德，谓有刻本而不能呈出，奸情始白。	程鍙免罪。	

续表

案由	时期	事略	定谳	备考
杨淮震投献《霹雷神策》案	乾隆二十年十二月起，二十一年正月结。	山东德州生员杨淮震，著书曰《霹雷神策》，皆言制造炮火之事，献之于官。学政谢溶生，以书多不经之谈，不可不彻底穷究，据以奏闻。	杨淮震照“上书希求进用律”，责板四十；又照“生员不许建言例”，黜革。饬令伊父杨方竹，严行管束。	
朱思藻《吊时》案	乾隆二十一年正月。	江苏常熟人朱思藻，因风灾粮昂，意地方官未必详禀，不能邀恩赈恤，将《四书》之语，凑集成文，题为《吊时》。监生景如梓，呈首到官。督、抚以其侮慢圣言，鸱张讪谤，应正典刑，拟罪奏闻。	朱思藻拟正法。张世美钞传，拟枷号两月，重责四十板。周金宝、张振声听从钞写，应各枷号一月，重责三十板。	
陈安兆着书案	乾隆二十一年十一月起，十二月结。	湖南茶陵州生员陈安兆，著《大学疑断》一部、《中庸理事断》一部、《痴情拾余诗稿》一部，抚臣以其评驳朱注，更多尊谢济世之语，谓为狂妄诡僻，举以奏闻。帝阅该各书，并非谤讪国家、肆诋朝政，特谕申饬。	陈安兆无罪。	

续表

案由	时期	事略	定谳	备考
沈大章密造逆书案	乾隆二十四年七月起，八月结。	浙江归安人沈大章，与武举汤御龙，积有嫌怨，乃密造逆书，期加陷害。及书印成，谋之叶国凡，国凡遣王安民，于雨夜投入汤御龙所置渡船内。御龙阅为逆书，即以举发。经抚臣查究，得悉内情，入奏结案。	沈大章照谋反大逆凌迟处死，妻女给功臣家为奴。叶国凡与谋处斩，王安民知而不首，杖一百，流三千里。	
林志功捏造诸葛碑文案	乾隆二十六年四月。	福建常山人林志功，素患疯癫，捏造诸葛碑文，语多不可解，投掷玉山县知县轿内，因被查拿。闽浙督、抚，以之入奏。		
阎大镛《俣俣集》案	乾隆二十六年五月。	江苏沛县监生阎大镛，因抗粮拒差，诬官逃走，经拿获后，究出所著《俣俣集》事。总督高晋，寻得两部，奏称其中或讥刺官吏，或愤激不平，甚至不避庙讳，更有狂悖不经语句，悖逆显然。朱批：如此可恶，当引吕留良之例严办。		

续表

案由	时期	事略	定谳	备考
余腾蛟诗词讥讪案	乾隆二十六年八月起，十二月结。	江西武宁县人余豹明，首告革职原任刑部主事余腾蛟，曾修县志，载入讥讪诗词。巡抚胡宝瑔复搜出诗稿，谓多狂悖不经，奏请正法。帝阅其诗文各稿，蹈袭旧人恶调，不得谓之诽谤悖逆，另谕办理。	余腾蛟免议。	
李雍和潜递呈词案	乾隆二十六年九月起，十二月结。	江西泰和县童生李雍和，穷愁潦倒，投呈学政谢溶生，溶生以词中第一条怨天，第二条怨孔子，第三条指斥乘舆，谓为悖逆，据以奏闻。	李雍和照大逆律凌迟处死，胞弟李大有斩监候，秋后处决。妻子给功臣家为奴。	
王寂元投词案	乾隆二十六年十月。	甘肃成县人王献璧即王寂元，幼读书未成，出家为僧，拜赵廷佐为师，法名寂元。因穷困之故，希图骗钱，遂捏造仙佛下界等词，乘便掷入学政钟兰枝轿中，经查获，定罪。	王寂元照大逆律凌迟处死，妻子给功臣家为奴。赵廷佐拟杖八十。	
蔡显《闲渔闲闲录》案	乾隆三十二年五月起，六月止。	江苏华亭举人蔡显，因所著《闲渔闲闲录》等书，中多失志无聊怨望诽讪语，	蔡显斩决。子蔡必斩监候，减发黑龙江为奴。未成年子及女，给功臣家为	

续表

案由	时期	事略	定谳	备考
蔡显《闲渔闲闲录》案	乾隆三十二年五月起，六月止。	因间讦发他人阴私，将有公揭举发，显惧，自首。书列门人作叙，得书，刷匠等人，一并逮讯。	奴。闻人倓杖百，发遣伊犁。知情不首之门人刘朝栋、吴承芳拟杖，发往伊犁。凌日跻、倪世琳杖百，流三千里。收书之黄锦堂、李保成、吴秋渔、戴晴江、王充之等，均系生监，斥革，杖一百，流三千里。马刻匠杖八十。	
齐召南跋《天台游记》案	乾隆三十二年十一月起，三十三年六月止。	浙江天台县生员齐周华，为礼部侍郎齐召南堂兄，其人行为诡异，曾因著书，控妻逐子。旋以所著书，求巡抚熊学鹏作序。学鹏阅书，以语多悖逆谬妄，遂于其家搜出著作多种。其《祭吕留良文》一篇，极力推崇，比之夷、齐、孟子。又自称名号怪诞，于庙讳御名，公然不避。有《天台游记》，召南曾为之跋，但经周华窜改，已非旧文。其他伪托叙述，牵连多人。	齐周华照大逆律凌迟处死。子齐式昕、齐式文，孙齐传绕、齐传荣，俱斩监候，秋后处决。妻妾媳及幼孙，给功臣家为奴。刻字匠周景文，杖一百，枷号一月。齐召南递回原籍，著闭门思过。	

续表

案由	时期	事略	定谳	备考
柴世进投递词帖案	乾隆三十三年正月起，二月结。	江苏山阳人柴世进，突入盐运使署，手执红封，内装红帖三个，白字纸九张，词句悖逆。抚臣拟科以大逆罪上奏。上谕：该犯乃系疯狂丧心，不值交法司覆谳，著杖毙示警。	柴世进杖毙。	
李绂诗文案	乾隆三十三年。	江西巡抚吴绍诗，查出李绂各集，语多愤嫉，即行查封其家。奏请将绂子孙革职。奉谕：所签尚无悖谬讪谤实迹，著毋庸置议，家产复给还。	各书木板销毁。	
徐鼎试卷书《平缅表》案	乾隆三十三年八月。	浙江临安县生员徐鼎，于乡试闱中，将试卷书写自作《平缅表》文，经学臣举发。据鼎供称，此表系宿作，因功名不遂，书此希图进用。		
李浩售卖图碑案	乾隆三十三年八月。	福建闽县人李浩，将所得漳浦县逆犯卢茂等结盟各图，及传说广东石城县东山寺，狂风暴雨，现出血字孔明碑，为之刻板，赴各地售卖，耸听骗财。至浙江瑞安，		

续表

案由	时期	事略	定谳	备考
李浩售卖图碑案	乾隆三十三年八月。	为官吏查获，以为妖言惑众，恐谋不轨。入奏根究。		
王道定《汗漫游草》案	乾隆三十三年九月。	浙江富阳县典史，盘获自称湖北荆门州生员王道定，素习堪舆，游食至浙，携有《汗漫游草》一本，诗句隐异，不知所指，白大吏上奏。		
李超海《武生立品集》案	乾隆三十四年四月。	安徽宣城武生李超海，著有《武生立品集》，具呈学政。经查，书中策论铭四篇，语句悖谬，妄诞不经，抚臣入奏究治。		
安能敬试卷诗案	乾隆三十四年五月。	冀州学生员安能敬，试卷诗内，语涉讥讪。顺天学政倪承宽，奏请斥革逮问。上谕：其诗题不通，尚无别故，不必斥革。	无罪。	
王珣遣兄投递字帖案	乾隆三十九年九月起，十一月结。	直隶盐山县民王珣，作有神书神联，多鄙俚不经之词，遣兄王琦至京，投递于户部侍郎金简家，经访获奏闻。	王珣照造作妖书律，斩决。王琦发往乌鲁木齐给兵丁为奴。监山知县陈洪书，毫无觉察，照溺职律革职。外委张仁德、千总张成德，不合送书至守备处，均杖八十。	

续表

案由	时期	事略	定谳	备考
陆显仁《格物广义》案	乾隆四十年三月。	广西巡抚熊学鹏，查缴违碍各书，以陆显仁《格物广义》一书，多有诽讪，签出入奏。上谕：书多剽窃尘言，不能谓之悖逆。又学鹏查有禁书，辄将其家属拘系，亦谕令释放。	书本、书板销毁。	
澹归和尚《遍行堂集》案	乾隆四十年。	帝检阅各省呈缴应毁书籍，有僧澹归所著《遍行堂集》，原任韶州府知府高纲为制序，兼为募资刻行。澹归名金堡，明末进士，曾事桂王，为给事中，居五虎之一。纲系高其佩之子，籍隶汉军，以旗人序逆书，故颁旨严查，纲子秉、稃、稄、棚、稹，均被逮系，家亦查封，惟未存有《澹归集》，只秉家搜出《皇明实纪》数书。		
严谱私拟奏折请立正宫案	乾隆四十一年七月起，八月结。	山西高平县人严谱，曾充都察院书吏，役满候选，久未得缺，至为商肆司账。因妻子丧亡，感生无趣，欲立大名，	严谱斩决。	

续表

案由	时期	事略	定谳	备考
严谱私拟奏折请立正宫案	乾隆四十一年七月起，八月结。	乃撰奏稿，投递大学士舒赫德，请为代奏。中有“纳皇后顶触轻生”等语，事涉宫闱，帝颇震怒，严旨究治。		
沈德潜选辑《国朝诗别裁集》案	乾隆四十一年十二月起，四十四年五月结。	沈德潜前选辑《国朝诗别裁集》，进呈求序。帝以其将身事两朝、有才无行之钱谦益居首；内中体制错谬，世次倒置者，亦不可枚举，因命重行锓板，原板销毁。	原板、原书销毁。	
王锡侯《字贯》案	乾隆四十二年十月起，十二月结。	江西新昌县举人王锡侯，以《康熙字典》，难以穿贯，收字太多，删为《字贯》，中多讪议之词，并将庙讳御名字样，悉行开列。经县民王泷南呈首，谕将锡侯解京，交刑部严审。	王锡侯斩决。子王霖、王霨、王沛，孙王兰飞、王梅飞、王壮飞、王云飞斩监候。江西布政使周克开、按察使冯延丞，革职治罪。两江总督高晋，降一级留任。江西巡抚海成，斩监候。	
王尔扬撰墓志案	乾隆四十三年四月。	山西辽州举人为武乡李范撰墓志，用皇考二字，经地方官拿禁，白之巡抚上奏。帝以迂儒用古，并非叛逆，旨饬释放。	无罪。	

续表

案由	时期	事略	定谳	备考
刘翱呈供状书案	乾隆四十三年五月。	湖南安化县人刘翱,年八十六岁。自将所著书及各官指驳,为供状书,呈递抚臣颜希深,中多悖逆之处。		
黎大本私刻《资孝集》案	乾隆四十三年六月。	湖南临湘监生黎大本,将其母八十寿辰诗文,裒为《资孝集》刻之。黎沈兴之妻李氏,因私仇举发。帝谕:众文比其母为姬姜太姒,皆迂谬妄用古典,无庸深究。	无罪。	
袁继咸《六柳堂集》案	乾隆四十三年六月。	明袁继咸,籍江西宜春,所著《六柳堂集》等书,语多悖逆。奉谕查究,当于后人袁起宗家,查获板片。	查禁,木板销毁。	
徐述夔《一柱楼诗集》案	乾隆四十三年八月。	江苏泰州已故举人徐述夔《诗集》,语多愤激讥刺。有"明朝期振翮,一举去清都"等句,经如皋县民童志璘呈首。谕:其孙徐食田隐匿不早呈缴,解京严讯。	徐述夔照大逆律戮尸,孙徐食田、徐食书,斩监候。前礼部尚书沈德潜为之作序,因已故不究,撤销恤谥,并仆御碑。	
殷宝山投递献言案	乾隆四十三年八月。	江苏丹徒县生员殷宝山,呈文学政刘墉,题曰刍荛之献,		

续表

案由	时期	事略	定谳	备考
殷宝山投递献言案	乾隆四十三年八月。	甚属狂悖，即被收禁，于家中搜出诗文，内《记梦》一篇，有“若姓氏，物之红者，红乃朱也”之语，显系系怀故国，实属叛逆。		
韦玉振为父刊刻行述案	乾隆四十三年十月。	江苏赣榆县人韦玉振，为父韦锡刊刻行述，内有“于佃户之贫者，赦不加息，并赦屡年积欠”等语，其族叔韦照举控于县，抚臣以其敢用赦字，殊属狂妄，奏闻。		
刘峨刷卖《圣讳实录》案	乾隆四十三年十一月起，四十四年四月结。	河南祥符县民刘峨，裱褙铺内刷卖《圣讳实录》一书，内刊有庙讳御名，各依本字正体写刻，殊属不法。此书板片，系李伯行价买，当给刘峨之父刘振，并同究治。	刘峨、李伯行斩决。转卖人胡喜智杖一百，枷号两个月。	
龙凤祥《麝香山印存》案	乾隆四十三年十二月起，四十四年正月结。	江西万载县举人龙凤祥，云南试用知县，因案发解贵州，贫苦无聊，将所存图章，印成册本，希图送人获利。抚臣以其语多怪诞，并涉怨望，据情入奏。	龙凤祥发遣伊犁，充当苦差。	

续表

案由	时期	事略	定谳	备考
陶煊、张灿《国朝诗的》案	乾隆四十三年十二月起，四十四年正月结。	湖南宁乡陶煊、湘潭张灿，合辑《国朝诗的》，选入钱谦益、屈大均、吕留良等狂悖诗句。	诗集查毁。本人已故，陶煊子士偐、张灿之子之澴，无另刊之事，免其治罪。	
李驎《虬峰集》案	乾隆四十四年正月。	扬州兴化县，国初人李驎，所著《虬峰文集》，诗句狂悖甚多。当拘其族人李东献等，追究刻板，早已烧毁。		
陈希圣诬告案	乾隆四十二年二月。	湖南安福县生员陈希圣，挟嫌悔婚，诬控邓谌收藏禁书，素与不轨人来往，经审不实。		
冯王孙《五经简咏》案	乾隆四十四年三月起，四月结。	湖北兴国州候选训导冯王孙，在盐道衙门，求入书院，呈缴所著《五经简咏》二本，经督臣查核，语多狂悖，并有不避庙讳之处，拘革奏闻。	冯王孙照大逆律凌迟处决，传首本籍。子冯生梧、冯生棣坐斩。妻女幼子，给功臣家为奴。	
黄检私刻祖父奏疏案	乾隆四十四年二月起，四十五年三月结。	汉军福建巡抚黄检，于山西臬司任，私刻其祖父大学士黄廷桂奏疏，朱批且多不符。	书板烧毁。黄检交部严加议处。	

续表

案由	时期	事略	定谳	备考
智天豹编造万年书案	乾隆四十四年四月起，五月结。	直隶高邑人智天豹，自幼业医，意欲献书求富贵，乃编造本朝年号书，谎言遇见老主显圣传授，于乾隆年数条，肆行咒诅。	智天豹斩决。妻给功臣家为奴。其徒张九霄代献逆书，斩监候，秋后处决。	
王沅《爱竹轩诗》案	乾隆四十四年五月。	安徽天长县生员王赞廷，呈首贡生程树榴序刻王沅诗本，语多狂悖，抚臣入奏。上谕：程树榴诗序有“造物者之心，愈老而愈辣。斯所操之术，愈出而愈巧”等语，牢骚肆愤，怨谤上苍，不可不严加惩治。		
沈大绶《介寿辞》《硕果录》案	乾隆四十四年六月起，七月结。	湖南临湘沈大绶，由举人授知县，所著《硕果录》《介寿辞》等书，语多怨谤狂悖之处。其子沈荣英，复携板片至江西印刷，经查办，始行呈缴。	沈大绶照大逆律戮尸。子孙兄弟侄等，缘坐斩决。妇女幼子，给功臣家为奴。作序人陈湄，江苏斩决。自行焚烧人庄老满，斩监候，秋后处决。分送书本陈应华四人，杖流。	
王大蕃撰寄奏疏书信案	乾隆四十四年六月起，四十八年十一月结。	安徽婺源县民王大蕃，至江西景德镇茶店帮工，穷极无聊，想及协办大学士程景伊系属同乡，冀其提拔，又虑无	王大蕃发往伊犁为奴，在配乘间脱逃，通谕查拿。	

续表

案由	时期	事略	定谳	备考
王大蕃撰寄奏疏书信案	乾隆四十四年六月起，四十八年十一月结。	因，遂撰写奏疏，捏告贪官害民收漕考试等弊，送至南昌修撰戴衢亨家，托为转寄，因而举发。		
石卓槐《芥圃诗钞》案	乾隆四十四年十一月起，四十五年五月结。	湖北黄梅县监生石卓槐，所撰《诗钞》，狂悖之处甚多，经江南宿松县监生徐光济呈首指控。	石卓槐照大逆律凌迟。列名作序人，均系伪托，无庸议。	
祝庭诤《续三字经》案	乾隆四十四年十一月。	江西德兴县革生祝平章呈首族人生员祝庭诤，所作《续三字经》一本，书内议论前代，语多讥讽；又称“发披左，衣冠更。难华夏，遍地僧”等语，明寓诋谤。	祝庭诤照大逆律戮尸。孙祝浃，将逆书默写存留，照律拟斩决。家属缘坐，流、杖多人。	
魏塾妄批江统《徙戎论》案	乾隆四十五年四月。	山东寿光县民魏塾，所批江统《徙戎论》，有“晋惠帝不听江统之言，后致五胡之乱，就想到如今各处回教，都是外来的，恐怕后来也有混闹等事”语，显系悖逆狂妄。	魏塾斩决。嫡属论斩者，改为斩监候。	
戴移孝《碧落后人诗集》案	乾隆四十五年五月起，十月结。	安徽和州戴移孝，与子戴昆所著诗集，有“短发支长恨”及“且去从人卜太	戴移孝、戴昆照大逆律戮尸。戴世道斩决。缘坐之戴用霖、戴世德、戴世	

续表

案由	时期	事略	定谳	备考
戴移孝《碧落后人诗集》案	乾隆四十五年五月起，十月结。	平”等句，实属悖逆。其孙戴世道，敢于乾隆九年为之刊刻，目无法纪。鲁裕之序文，有怼君违亲等语，更属悖谬。	法，斩监候，秋后处决。妻给功臣家为奴。	
艾家鉴试卷写条陈案	乾隆四十五年七月。	湖北宜昌府学生员艾家鉴，于本年七月乡试卷内，混写条陈，妄谬悖逆，丧心病狂。		
吴英拦舆献策案	乾隆四十五年九月。	广西巡抚奏：平南县生员吴英，拦舆投递策书，语多狂悖，且叠犯御名。		
刘遴宗谱案	乾隆四十五年九月。	山东沂水县生员刘遴等修宗谱，凡例有“卓裔源本，衍汉维新”等不经字样。	家谱销毁。	
王仲儒《西斋集》案	乾隆四十五年十二月。	江苏兴化贡生王仲儒，所刻诗稿，狂悖指斥之处甚多，毛际可为之作序。	王仲儒之曾孙王度，于限内呈缴免罪，书板销毁。	
梁三川《奇冤录》案	乾隆四十六年三月。	广东巡抚奏：新兴县盘获嘉应州生员梁三川，有自著《念泉奇冤录》并诗稿二本，诞妄不经。		

续表

案由	时期	事略	定谳	备考
尹嘉铨为父请谥案	乾隆四十六年三月起，四十八年十二月结。	原任大理寺少卿尹嘉铨为其父故巡抚尹会一，曾邀赐诗，褒奖孝行，乃具折请谥不准，又奏请从祀文庙。帝怒其肆狂，谕治罪，查抄搜出所著书，妄自尊崇，毁谤时事，狂悖之处甚多。	尹嘉铨加恩免凌迟，改处绞立决。家属免缘坐。著作分别销毁。	
焦禄控造谤帖案	乾隆四十六年五月起，闰五月结。	安徽太平县民焦禄，诬控族人焦良先、焦永榜等，捏造谤帖，“大不仁”三字上，写有“清朝”二字，实属悖逆。经审，究出实情。	焦禄照大逆律凌迟。缘坐胞弟焦文学子焦秀彩，母妻幼子，给功臣家为奴。	
吴碧峰刻《孝经对问》案	乾隆四十六年十一月起，四十七年正月结。	明末人瞿罕，所著《孝经对问》《体孝录》二书，语有违背。湖北黄梅县人吴碧峰刊刻，自行缴出。	吴碧峰在监病死，免议。瞿学富藏书，王模、曾兴作序，均拟杖一百，发遣乌鲁木齐。	
叶廷推《海澄县志》案	乾隆四十六年十一月起，十二月结。	福建海澄在籍知县叶廷推纂辑县志，周铿挟嫌，诬控所载碑传诗句，词语狂悖。	叶廷推无罪。周铿诬告，拟斩决。	
程明禋代作寿文案	乾隆四十六年十二月起，四十七年五月结。	河南桐柏县居住楚民郑友清生日，戚友浼湖北孝感县生员程阴禋作文，语多悖逆。	程明禋斩决。	

续表

案由	时期	事略	定谳	备考
卓长龄等《忆鸣诗集》案	乾隆四十七年二月起，六月结。	浙江仁和县监生卓长龄著有《高樟阁诗集》，伊子卓敏、卓慎亦著有《学箕集》等稿，族人卓轶群有《西湖杂录》等书，内有狂妄悖逆之语。其孙卓天柱收藏，不即缴毁。	卓长龄、卓征、卓敏、卓慎、卓轶群，照大逆律戮尸。孙卓天柱、卓天馥斩决。卓连之收藏不首，斩决。妇女幼子，给功臣家为奴。	
高治清《沧浪乡志》案	乾隆四十七年三月。	湖南龙阳县监生高治清，刊行《沧浪乡志》，抚臣以其语多悖妄，奏请究治。谕谓吹求失当，毋庸查办。	无罪。	
方国泰收藏《涛浣亭诗集》案	乾隆四十七年五月。	安徽巡抚谭尚忠奏：歙县已故贡生方芬所著《涛浣亭诗》，语多狂悖，伊孙方国泰隐藏不首，应照大逆治罪。谕以签出各条不得谓之悖逆，着毋庸办理。	无罪。	
回民海富润携带经卷案	乾隆四十七年五月。	广东崖州回民海富润，携带回经及汉字《天方至圣实录》《年谱》等书，游学至广西，为官吏盘获。抚臣认为狂悖荒唐，根究入奏。谕：查旧教经典，并无悖逆之语，毋庸办理。	无罪。	

续表

案由	时期	事略	定谳	备考
冯炎注解《易》《诗》二经案	乾隆四十八年二月起，四月结。	山西临汾县生员冯炎著《易》《诗》二经注解，欲上献进用，书内语多不经，呈尾言图娶张、杜二表妹，尤为狂妄。		
乔廷英、李一互讦诗句案	乾隆四十八年二月。	河南登封县生员乔廷英，缴出生员李从先之父李一所作糊六条、半痴解十条，语句甚多狂悖。李一供，乔廷英亦有悖逆之词，于廷英家搜出诗稿，亦有不法语句，并搜出禁书明傅梅所刻《雉园存稿》一部。		
胡元杰控戴如煌《诗草》案	乾隆四十八年四月。	湖北黄陂县人胡元杰，寄居河南固始，失馆穷愁，意图讹诈，诬告商城知县戴如煌所作《诗草》内词语悖逆。经查，并无违碍，拟加反坐。		
楼绳等呈首《谕家言》案	乾隆四十八年五月。	浙江义乌县监生楼绳等，因其父楼德连所著《谕家言》，及《巢穴图略》，有违碍字句，请改不允。至父故，遂呈缴于官。	本人已死，其子楼绳等畏法呈缴，加恩免罪。书本、板片销毁。	

续表

案由	时期	事略	定谳	备考
吴文世《云氏草》案	乾隆四十八年十二月。	浙江江山县生员毛德聪，控告本邑官家职员郑涛，与弟生员郑澜，心怀悖逆，请淳安县生员吴文世，在家造逆书一部，取云从龙之意，名《云氏草》。		
贺世盛《笃国策》案	乾隆五十三年七月。	湖南耒阳县生员贺世盛，代人作词被拿，搜出所作《笃国策抄》一本，指摘时政，语多悖逆。	贺世盛斩决。	
附记	一、本表以《清代文字狱档》《东华录》《掌故丛编》为据，参以他书。 一、定罪一栏，间有缺者，俟补。			

（四）康、雍间之国内外诸民族

（1）康熙朝

（甲）俄罗斯

清之入关，以盛京为陪都，与吉林、黑龙江各设将军。其地饶沃而空旷，北邻俄罗斯。俄人时时阑入境内，大事钞掠，故清对东北，一则徙民实边，从事开垦；一则严防俄罗斯。自三藩已平，俄人正袭据雅克萨地，乃以兵逐之。

俄罗斯东边接黑龙江者，以外兴安岭为界。当明末季，清方定黑龙江索伦、达瑚拉及使犬、使鹿各部，东北际海。而俄罗斯东部曰罗刹者，亦逾外兴安岭，侵逼黑龙江北岸之雅克萨、尼布楚二地，树木城居之。两师相值，各罢兵。既又南向侵掠布拉特、乌梁海，夺四佐领。崇德四年，大兵再定黑龙江，毁其木城归，而未及戍守也，兵退而罗刹复城之。顺治十一年，遣兵于黑龙江逐之。十五年，调高丽兵逐之。又数遣大臣督兵，以饷不继，半途返。顺治十二年、十七年，俄罗斯两附贸易商人至京奏书，绝不及边界事。康熙十五年，贸易商人尼果赍等至，圣祖召见之，贻察罕汗书，令约束罗刹，毋寇边。久之未答也，而罗刹复东略人畜于赫哲、费雅哈地，薮我逋逃，阻我索伦貂贡，将割据黑龙江东北数千里瓯脱地。上以其密迩留都，不可滋蔓，又重开边衅，乃于二十一年，遣都统彭春等，以兵猎黑龙江，径薄其郛，侦形势，于墨尔根及齐哈尔各筑城戍之，置十驿，通水运。又令喀尔喀车臣汗，断其贸易，令戍兵刈其田稼以困之。二十四年四月，官兵乘冻解，水陆并进，克其城，纵其人归雅库旧部。二十五年正月，罗刹复以火器来据城，我师围攻之，死守不去。时荷兰贡使在都，称与俄罗斯邻，乃赐书付荷兰，转达其汗。时察罕汗已卒，新察罕汗嗣立。……九月，复书即至，言中国前屡赐书，本国无能通解者。今已知边人构衅之罪，即遣使臣诣边定界，请先释雅克萨之围。明年，使出北方陆路，至喀尔喀土谢图汗境，文移往复。二十八年十二月，始与我大臣索额图等，会议于黑龙江。一循乌伦穆河上游之石大兴安以至于海，凡山南流入黑龙江之溪河，尽属中国；山北溪河，尽属俄罗斯。一循流入黑龙江之额尔呼纳河为界，南岸尽属中国，北岸属俄罗斯。乃归我雅克萨、尼布楚二城，定市于喀尔喀东部之库伦，而立石勒会议七条，满、汉、拉提诺、蒙古、俄罗斯五体文于黑龙江西岸。于是东北数千里化外不毛之地，尽隶版图（魏源《圣武记》卷六《国朝俄罗斯盟聘记》）。

罗刹者，鄂罗斯国人也。……所属有居界上者，与黑龙江诸处密迩，我达呼尔、索伦之人，因呼之为罗刹。每横肆杀掠，纳我逋逃，为边境患。顺治九年，驻防宁古塔章京海色，率所部击之，战于乌拉村，稍失利。十二年，尚书都统明安达礼，自京师往讨，进抵呼玛尔诸处，攻其城，颇有斩获，旋以饷匮班师。十四年，镇守宁古塔昂邦章京沙尔呼达，败之尚坚乌黑。十五年，复败之松花、库尔瀚两江之间。十六年，沙尔呼达卒，其子巴海代，寻授将军。十七年，巴海大败之古法坛村，然皆中道而返，未获翦除。……迨康熙十五年，鄂罗斯察罕汗，遣使尼果来等贡方物，上……仍颁温谕，令其归逋逃，严禁罗刹，勿扰边境，许贸易通好。其后竟未奏覆，而罗刹自恃辽远，反侵入精奇哩、乌拉诸处，筑室盘踞。……而恃雅克萨城为巢穴……数扰索伦、赫真、裴雅喀、奇勒尔居民，掠夺人口，俾不得宁处。上……遂决意征剿。……调乌拉、宁古塔兵一千五，并置造船舰，发红衣炮、鸟枪及教之演习者，于爱珲、呼玛尔二处，建立木城。……康熙二十四年正月癸未，命都统公朋春等，帅师剿抚罗刹。……上命都统公朋春统兵，护军统领佟宝、副都统班达尔沙、参赞户部侍郎萨海督耕。……丁亥，给马喇副都统衔……参赞军务。……都统公朋春等帅师进发。五月二十二日，抵雅克萨城下。……罗刹仍恃巢穴坚固，迁延不去。二十三日，分水陆兵为两路，列营夹攻，复移置火器营。

二十五日黎明，急攻之，城中大惊，罗刹头目里克舍谢等势迫，诣军前稽首乞降……雅克萨城以复。……康熙二十五年二月戊戌……上谕："今罗刹复回雅克萨，筑城盘踞，若不速行扑剿，势必积粮坚守，图之不易。其将军萨布素等……止率所部二千人，攻取雅克萨城。……及现在八旗汉军内福建藤牌兵四百人，令侯林兴珠率往。"四月庚寅，命郎坦等参赞军务。……九月己酉……鄂罗斯国察罕汗遣使上疏，其略云："……皇上在昔所赐之书，下国无通解者。……及果尼来归，问之，但述天朝大臣，以不还逋逃根特木尔等，骚扰边境为词。近闻皇帝兴师辱临境土，有失通好之意。如果下国边民构衅作乱，天朝遣使明示，自当严治其罪，何烦辄动干戈？今奉诏旨，始悉端委。遂令下国所发将士，到时切勿交兵，恭请明察我国作乱之人，发回正法。即嗣遣使臣议边界外，先令米起佛儿、魏牛高、宜番、法俄罗瓦等，星驰赍书以行，乞撤雅克萨之围，仍详悉作书晓谕下国，则诸事皆寝，永远辑睦矣。"疏入，上谕："鄂罗斯国察汉汗以礼通好，驰使请解雅克萨围，朕本无意屠城。……其令萨布素等，撤回雅克萨之兵。"（《平定罗刹方略》卷一二三）

两次收复雅克萨，并不穷追，以待议和，卒订《尼布楚条约》，自阿尔泰山至黑龙江，画界为守，康熙帝藉传教士之力，颇知外情，应付裕如。主画界事者，则索额图、张鹏翮也。

索额图奏言："尼布楚、雅克萨应仍归界内。"上曰："以尼布楚为界，则俄罗斯遣使贸易，无栖托之所。彼若乞与尼布楚，可即以额尔固纳河为界。"索额图至尼布楚，费耀多啰等欲以尼布楚、雅克萨归彼界，固执争辩。索额图详述旧属我朝原委，斥其侵踞之非，宜感戴皇上好生德意。于是定议以额尔固纳河及格尔必齐河为界，立碑垂示久远（《清史列传》卷八《索额图传》）。

应于议定格尔必齐河诸地立碑，以垂永久。勒满、汉字，及鄂罗斯、喇第讷、蒙古字于上。……碑曰：大清国遣大臣与鄂罗斯国议定边界之碑。一、将北流入黑龙江之绰尔纳，即乌伦木河，相近格尔必齐河为界，循此河上流不毛之地，有石大兴安，以至于海，凡山南一带流入黑龙江之溪河，尽属中国；山北一带之溪河，尽属鄂罗斯。一、将流入黑龙江之额尔古纳河为界，河之南岸属之中国；河之北岸属于鄂罗斯。其南岸之眉勒尔客河口，所有鄂罗斯房舍，迁移北岸。一、将雅克萨地方，鄂罗斯所修之城，尽行除毁。雅克萨所居鄂罗斯人民及诸物，尽行撤往察汉汗之地。一、凡猎户人等，断不许越界。如有一二小人，擅自越界捕猎偷盗者，即行擒拿，送各地方，该管官照所犯轻重惩处。或十人、十五人相聚，持械捕猎、杀人掠抢者，即行正法。不可以小故，沮坏大事，仍与中国和好，勿起争端。一、从前一切旧事不议外，中国所有鄂罗斯之人，鄂罗斯所有中国之人，仍留，不必遣还。一、今既永相和好，以后一切行旅，有准令往来文票者，许其贸易不禁。一、和好会盟之后，有逃亡者，不许收留，即行送还（《清圣祖实录》卷一四三）。

雍正五年，复与俄订《恰克图条约》，为喀尔喀与俄通商之约，主要点在以货易货，不用金银。自后，俄数遣使来聘，并于北京建立教堂。

（乙）喀尔喀

清未入关时，锐意经营近边蒙古，不甚以喀尔喀为意，通聘问往来而已。自准噶尔之强，喀尔喀骤衰，乃不得不加以援手。盖恐准噶尔得其地，则北方五省，俱将不宁也。

漠北……太祖十五世孙达延车臣汗者，留牧其地，苗裔亦独盛他部，其季子格呼森札赉尔留故土，析众万余，分授七子，为七旗，分左右翼，又为喀尔喀各部之祖。及其孙阿巴岱，赴唐古特谒达赖喇嘛，请藏经归漠北，众智而汗之，遂世号土谢图汗，并其族车臣汗、札萨克图汗而三。……太宗崇德元年，既平漠南插汉部，遣使宣捷于喀尔喀，喀尔喀来聘。……二年贡……诏定岁制，献白驼一、白马八，曰九白之贡。顺治三年，苏尼特部腾机思，太宗之额驸也，与睿亲王不合，率所部北投喀尔喀，于是土谢图汗、车臣汗，合兵三万迎之，并掠巴林部人畜。命豫亲王多铎为扬威大将军，往征。……腾机思……闻风远遁。……追及于欧克特山，大破之。……八月，自土腊河击败土谢图汗兵二万。次日，复败硕雷汗兵三万。……四年，札萨克图汗上书代解。……五年，腾机思复来归，喀尔喀亦奉表请罪。……十二年，三汗始遣子弟来乞盟。……设札萨克八，仍分左右翼。……康熙二十三年，左翼土谢图汗，攻右翼札萨克图汗而夺其妾，构兵。又与准噶尔隙。……初，喀尔喀世雄漠北，及中叶，专佞喇嘛，习梵呗，懈武事。又部族嗜酒，自相陵蔑，遂为厄鲁特所觊觎。二十七年，噶尔丹大举入其庭，再战再北，三部落……瓦解。……三十年，驾出塞外，受其朝，大会于多伦泊。……宣敕谕分三十旗，为左、右、中三路……仍留其汗号，与内札萨克各旗同列。……车驾再亲征，殄噶尔丹，而返喀尔喀于漠北，加封有功诸台吉，增编为五十五旗。……雍正九年，以固伦额驸策凌，奋击准噶尔功，又增赛音诺颜部，授札萨克。……共前三部为四部，共七十四旗。乾隆中，增至八十二旗（魏源《圣武记》卷三《国朝绥服蒙古记二》）。

康熙二十七年（一六八八年）九月丁丑，巴林、乌朱穆秦、蒿齐忒、克西克腾、科尔沁……之各旗蒙古王台吉等，节次奏报，喀尔喀戴青台吉等共二十八人，各率所属人众，入边请降。奉旨：令来降之喀尔喀，准于汛界以内游牧。至是，土谢图汗与其弟西地西里巴图尔台吉，率左右翼台吉等，又泽卜尊丹巴胡土克图，亦率其弟子等，偕入汛界乞降。沿边一带，阿霸哈纳诸台吉，皆愿从之内附。理藩院以闻，下议政王大臣集议。寻议，喀尔喀国破，土谢图汗、泽卜尊丹巴胡土克图等，诚心请降，应受而养之。……即令尚书阿喇尼，前往汛界，面见泽卜尊丹巴胡土克图、土谢图汗等，备宣谕旨。从之。……冬十月乙巳，尚书阿喇尼等奏："臣等于九月二十九日，至喀尔喀，问土谢图汗、泽卜尊丹巴曰：'汝等入汛界而居之，意何也？今又将何往？'告曰：'我等为厄鲁特所败，奔进汛界，永归圣主，乞救余生。作何安插，一惟上裁。'又曰：'我等败遁，尽弃部落牲畜而来……难以自存，伏祈皇上，俯赐宏恩。'臣等遂令土谢图汗、泽卜尊丹巴等，将从降台吉等名字，及喇嘛班第部落人口数目……台吉三十余人、喇嘛班第六百余人、户二千、人口二万。……未到者尚多，俟到时另行开送。"上命议政王大臣集议，寻议：宜准土谢图汗、泽卜尊丹巴之降。……从之（《清圣祖实录》卷一三七）。

康熙三十年（一六九一年）夏四月丁卯，上……又以喀尔喀地居极北，曩虽进贡，未尝亲身归顺。今土谢图汗等，亲率所属数十万人来归，特往抚绥安辑。是日启銮。……乙酉，上驻跸多罗诺尔。……五月丙戌朔……上曰："土谢图汗，兄弟内相构怨，托征厄鲁特起兵，遂杀札萨克图汗，使喀尔喀百姓流离，皆其所致。但伊曾遣使来奏云，我欲附天朝，惟恐不蒙容纳。然归附之意已决。今果率众来归，朕故不忍治罪。"马齐等又奏："札萨克图汗乃喀尔喀七旗之长，累世抒诚进贡。札萨克图汗名号，似应仍令承袭。"上曰："札萨克图汗……而见在之子幼稚。扎萨克图汗之亲弟策妄札卜，众皆称其贤，意欲封为亲王。……至车臣汗，我朝已经袭封，可仍存其汗号。"……寻命喀尔喀七旗，与四十九旗同例。……六月乙卯……谕达赖喇嘛曰："……喀尔喀……照四十九旗编为旗队，给地安插。……仍留土谢图汗、车臣汗之号。又念札萨克图汗被杀……可矜，授其亲弟策妄札卜为和硕亲王。其余各分等级，授以郡王、贝勒、贝子、公、台吉之衔。"（《清圣祖实录》卷一五一）

（丙）准噶尔

准噶尔汗噶尔丹，既并四卫拉部，奄有天山南路及青海之地，以兵入藏，取喀木地，与俄罗斯交好，得其鸟枪，然后东向以争喀尔喀。康熙帝乃三次大举以御之，噶尔丹穷蹙以死，清始得阿尔泰山以东地，归入版图。

厄鲁特，亦蒙古也。元之亡，蒙古分为三大部，漠南蒙古、漠北喀尔喀蒙古，皆成吉思汗之裔。惟居西域者，非元太祖后，出脱欢太师及也先瓦剌可汗之裔，是为厄鲁特四卫拉蒙古。国初，惟漠南蒙古早结和亲，而喀尔喀、厄鲁特两大部，皆雄长西北，间通使，间为寇。顺治中，王师方定中原，未遑远略，于是厄鲁特吞噬西北，日渐强大。初，厄鲁特四卫拉部，曰绰罗斯，牧伊犁；曰都尔伯特，牧额尔齐斯；曰土尔扈特，牧雅尔（即塔尔巴哈台）；曰和硕特，牧乌鲁木齐。和硕特固始可汗，于明末袭据青海，又以兵入藏，灭藏巴汗，而有喀木之地。绰罗斯特则据伊犁，兼胁旁部，与喀尔喀邻，势俱张甚。康熙中，绰罗特浑台吉死，子僧格立。僧格死，子索诺木阿拉布坦立，僧格弟噶尔丹杀之，自立为准噶尔汗。旋取青海和硕特车臣汗女，而袭杀车臣汗，兼有四卫拉特。复南摧回部城郭，诸国尽下之，威令至卫藏，则又思北并喀尔喀，乃自伊犁东徙帐阿尔泰山。……会喀尔喀土谢图汗……三部内哄。……二十七年夏，噶尔丹领劲骑三万，逾杭爱山，突袭其帐。……于是土谢图等三汗部落数十万众，尽弃牲畜帐幕，分路东奔，于九月投漠南，款关乞降。圣祖命尚书阿尔泰等……赡之，暂借科尔沁水草地，使游牧。噶尔丹亦遣使入贡，上敕其率众西归，还喀尔喀侵地。噶尔丹……骄蹇不奉命。……二十九年，以追喀尔喀为名，乘锐东犯。五月，侵及乌尔会河（喀尔喀东部车臣汗境内）。……方是时，朝廷已平三藩，定陇、蜀，收台湾，和俄罗斯，天下无事。圣祖以噶尔丹势炽，既入犯，其志不在小。……六月，集大臣于朝，下诏亲征。命抚远大将军裕亲王福全为左翼，皇子允禔副，出古北口；安北大将军恭亲王常宁为右翼，出喜峰口。左翼兵遇贼乌珠穆秦，战复不利，收军。准噶尔乘胜长驱而南，深入乌兰布通，距京师七百里。乃止右翼兵，命康亲王杰书等屯归化城，要其归路。八月……我军进击，大战于乌兰布通。……我师……争先陷阵，左翼兵绕山横击，遂破其垒。……贼乘夜走保高险。……由克什腾部……越大碛山宵遁。……我师轻骑追之已不及。……八月，班师回銮。明年，驾出塞，于独石口外多伦泊，受喀尔喀各汗台吉之朝，以其三部为三十七旗。……三十一年……五月，噶尔丹遣使至归化城，声言入贡。……诏责还其使。三十三年，约噶尔丹来会盟，不报，而遣兵侵掠喀尔喀益甚。……阴遣使诱内蒙古各部叛归己。……三十四年，噶尔丹率骑三万入寇，沿克鲁伦河而下，侵掠至巴颜乌关，自秋徂冬，踞之不去，亦不犯漠南。……且大言借俄罗斯鸟枪兵六万。……其实俄罗斯并无意助寇。……明年春，上复祃牙亲征。……命将军萨布素，率东三省兵出东路，遏其冲；大将军费扬古、振武将军孙思克，率陕甘兵出宁夏西路，要其归；上亲统禁旅，由独石口出中路，皆赴瀚海而北，约期夹攻。……五月，遂由科图进逼贼境。……噶尔丹尚不信，登北孟纳兰山，望见御营黄幄龙纛……大惊，拔营宵遁。……适我西路兵邀之于昭莫多，蒙古语大树林也，即明成祖破阿鲁台地，在肯特岭之南、土腊河之北、汗山之东，平旷饶水草……为自古漠北战场。时敌军至者仅万余，然皆百战之余，我师饥疲，马僵其半，士多徒步。费扬古等……乃麾沿河伏骑，一横入阵，一袭其辎重，山上军奋呼夹击，贼始溃败……噶尔丹以数十骑遁。……捷奏至御营，命费扬古留防科图，护喀尔喀游牧地。上亲撰铭，勒察罕拖诺山及昭莫多之山而还。……初，准噶尔自破喀尔喀后，恋漠北地，久不归，其伊犁旧部落，尽为兄子策妄那布坦所并，自阿尔泰山以西，皆非己有。又连年与中国战，精锐丧亡。……回部青海哈萨克，皆隔绝叛去。至是，欲西归伊犁，则畏策妄那布坦之逼。欲南投乌斯藏，则道远不能至。欲北赴俄罗斯，而俄罗斯拒不受。……所属部落，或仅千人，或数百人，皆老羸，自相盗牛马。上乘其穷蹙，欲降之。九月，驾再幸归化城……诏数其犯汛界之罪，又许以待喀尔喀恩例，招抚之，否即进兵。……命理藩院自独石口至宁夏，设驿以待。

车驾旋京师，而噶尔丹倔强，卒不至。三十六年春二月，驾复渡黄河，幸宁夏，命马思哈、费扬古两路进兵。噶尔丹使子塞卜腾巴珠征粮哈密，为回人擒献。所猎萨克呼里之地，野兽已尽，左右亲信数台吉，亦面怼大兵将至，先后望风款附，密向导大兵深入。又策妄阿布坦拥劲兵，伏阿尔泰山，将擒以献功。噶尔丹进退无地……遂仰药死。……其下丹济腊，以其尸及子女来献，至阿尔泰山，为策妄那布坦夺而献诸朝，所部尽降，于是阿尔泰山以东皆隶版图。……四月……上……还（魏源《圣武记》卷三《康熙亲征准噶尔记》）。

康熙中，准噶尔汗僧格死，其弟噶尔丹，杀僧格长子而自立，其次子策妄那布坦，与其父旧臣七人，逃居土鲁番，遣使乞降。圣祖卵而翼之，使协力擒仇。策妄乘噶尔丹南侵败衄之际，潜回伊犁，游牧博罗塔拉河，用其七友，收集散亡，杜尔伯特诸台吉从之，辟地至额尔齐斯河，遂有准部大半。及康熙三十六年，大军殄灭噶尔丹时，伊犁数千里，空无主。……圣祖以其旷莽辽隔，费转饷，又策妄方献噶尔丹之尸，外驯昵，遂尽阿尔泰山以西至伊犁，捐俾游牧，复成西域大部落。策妄既有准部，则尽反噶尔丹所为，思吞并四部为一。……杜尔伯特……久为所属。……至是，土尔扈特、和硕特二大部，复为所并，遂自立为汗。圣祖以其左右吞噬，驰突奔逸，将不可制，乃于五十八年，命皇十四子为抚远大将军，视师青海，遣两将军，分屯巴里坤、阿尔泰，以震其西。又两将军由四川、青海两路入藏，拥立达赖，尽破厄鲁特之众，绝其南牧。六十一年，进军乌鲁木齐，以伊犁隔三岭之险，未犁其廷。而哲卜尊丹巴胡土克图，复代为请罪。上因使宣谕之，令自戢，渐撤西师（魏源《圣武记》卷三《雍正两征厄鲁特记》）。

费扬古……康熙……二十九年，上以噶尔丹劫掠喀尔喀，又数扰我边境，授裕亲王福全抚远大将军，费扬古往科尔沁调兵随征，参赞军事。是年八月，击败噶尔丹于乌兰布通。三十二年，命费扬古为安北将军，驻归化城。……三十四年七月，噶尔丹至哈密，费扬古率兵往御，噶尔丹由图拉河西窜去。……十一月，诏授为抚远大将军，召入觐，授方略。三十五年二月，以黑龙江将军萨卜素，率兵出东路；命费扬古集兵归化城出西路；振武将军孙思克，率甘肃兵、西安将军博霁率陕西兵，会期并进；上亲统大军出中路。……五月三日……上密谕费扬古邀击，亲督大军蹑追至拖诺山驻跸。费扬古闻噶尔丹遁归呼勒济，遂遣前锋统领硕岱、副都统阿南达、阿迪等，率兵先往。……诱至昭莫多，复分兵三队。……并遵上方略，令官兵皆步战，俟贼势披靡，乃上马冲击。时噶尔丹率众几万人，我军分队迎战，自未至酉，斩级二千余，贼皆溃奔，乘夜追逐三十余里。……噶尔丹引数骑远窜。上班师，留费扬古驻守科图。……三十六年……二月，上幸宁夏，诏费扬古密筹进剿噶尔丹。……费扬古进次萨奇尔巴勒哈逊。时厄鲁特部众，降者相继。丹济拉亦遣人纳款，言噶尔丹已死，欲携骸骨及其子女并率三百户来归。费扬古以闻，上回銮。……六月……费扬古有疾，诏昭武将军马思喀代统其兵（《清史列传》卷十一《费扬古传》）。

噶尔丹虽死，其犹子策妄阿拉布坦，袭其余势复强，东侵哈密，进扰喀尔喀。康熙帝命胤禵为抚远大将军，率三路兵至西宁以备之。更易六世达赖喇嘛，使为中朝效命。

康熙五十四年乙未（一七一五年）夏四月己卯，甘肃提督师懿德奏：四月初二日，哈密札萨克达尔汉白克额敏，咨言厄鲁特策妄阿喇布坦遣兵至北境侵掠五寨。初三日，又咨言贼兵于三月二十五日，抵哈密城下（《清圣祖实录》卷二六三）。

康熙五十七年戊戌（一七一八年）冬十月丙辰，命皇十四子固山贝子允禵，为抚远大将军。庚申……奉旨，往西安一路为第一起，往宁夏一路为第二起，往宣府、大同、榆林沿边一路为第三起。……上命护军统领吴世巴委、署护军统领噶尔弼，带领第一起兵，于十一月十五日起程，驻扎庄浪；副都统宗室赫石亨、宝色，带领第二起兵，于十一月二十九日起程，驻扎甘州；抚远大将军允禵，带领第三起兵，于十二月十二日起程，驻扎西宁（《清圣祖实录》卷二八一）。

康熙五十八年（一七一九年）九月乙未，谕议政大臣等："此次差往西边胡毕图等前来回称，策零敦多卜等，及土伯特众喇嘛民人，俱言在西宁见有新胡必尔汗，实系达赖喇嘛之胡必尔汗。天朝圣主，将新胡必尔汗，安置在达赖喇嘛禅榻上座，广施法教，实与众人相望之意允协。……今将新胡必尔汗封为达赖喇嘛，给与册印，于明年青草发时，送往藏地，令登达赖喇嘛之座。"（《清圣祖实录》卷二八五）

康熙五十九年……延信等随领兵，于九月初八日自达穆起程，送新封达赖喇嘛进藏。其从前达赖喇嘛博克达，不便留住藏地，应发回京师（《清圣祖实录》卷二八七）。

(2)雍正朝

(甲)青海

青海介天山南路及西藏之间。喀尔喀信奉黄教，尊达赖为教主。若西藏落于准噶尔之手，则喀尔喀向背不可知，故欲击准噶尔，必先收青海，罗卜藏丹津，势在必翦之列。

青海，古西海郡，在西宁府西三百余里。……本汉时鲜水诸羌也。唐以前为吐谷浑，唐末并入吐番，于是崇佛成俗。始隶于卫、藏，明置西宁、河州诸卫，领以番酋，授以国师、禅师之号，不相统属，以涣其势。其后一并于套酋俺答，再并于厄鲁特固始汗，于是始变为蒙古。和硕特者，本四厄鲁特之一也。……明末，固始汗自西域入据青海，分部众为二翼，子十人领之。……太宗崇德中，固始汗强盛，击败唐古特藏巴汗，遣使自塞外通贡。……顺治初，又导达赖喇嘛入觐，诏封遵文行义敏慧固始汗，赐金册、印、弓矢、甲胄。顺治十三年卒。是为国朝通青海之始，亦为青海厄鲁特之始(魏源《圣武记》卷三《国朝绥服蒙古记三》)。

西域四厄鲁特中,准噶尔部最习战斗,青海和硕特部次之,世姻亦世仇也。于中国,则惟准噶尔世寇塞。……而和硕特驯扰,故朝廷惟捍准夷,以扶植和硕特。雍正元年,青海复有罗卜藏丹津之叛。罗卜藏丹津者,和硕特固始汗之孙也。初,青海及喀木、藏卫,旧称唐古特四大部,固始汗明末自甘凉塞外横侵据之,以喀木粮富,而青海广漠,故令子孙游牧青海,而喀木纳其赋,惟以藏、卫二部给达赖、班禅。顺治十三年,固始汗卒,其裔分二支,在藏者为拉藏汗,在青海及河套者,为鄂齐图汗,为阿拉山王。寻,鄂齐图汗为噶尔丹所破,阿拉山王来投,圣祖赐以贺兰山游牧地,青海汗绝。及圣祖出塞,青海固始汗子孙,八台吉,亲入觐。时固始汗惟达什巴图尚存,赐爵亲王,余授贝子、贝勒、公爵。又预平西藏功,于是八家复振。噶尔丹及策妄,两世觊觎青海,皆震慑中国军威,不敢犯。休养百载,捍蔽西陲。虽藏中和硕特,末年为策妄所覆,而青海之和硕特部族如故也。至是,达什巴图之子罗卜藏丹津,袭亲王爵,从大军入藏归。以青海及唐古特,旧皆和硕部属,而己固始汗嫡孙,阴觊复先人霸业,总长诸部。乃于雍正元年夏,诱诸部盟于察罕托罗海,令各仍故号,不得复称王、贝勒、公等爵,而自号达赖浑台吉,以统之。欲胁诸台吉奉己如鄂齐尔汗,据唐古特以遥制青海。亲王察罕丹津、郡王额尔德尼不从,遂受罗卜藏丹津兵,仓猝不能抗,秋八月,挈众内奔。……命驻西宁之侍郎常寿往谕,反为丹津所执。初,青海有大喇嘛,曰察罕诺们罕者,自西藏分支,住持塔尔寺,为黄教之宗,番夷信向。丹津以术诱煽使从己,大喇嘛既从,于是远近风靡,游牧番子喇嘛等二十余万,同时骚动,犯西宁,掠牛马,抗官军。冬十月,命川陕总督年羹尧为抚远大将军,驻西宁。以四川提督岳钟琪为奋威将军,参赞军务。年羹尧先分兵永昌布隆吉河,防其内犯;南守巴塘、里塘、黄胜关,扼贼入藏之路。又请敕富宁安等,屯吐鲁番及噶斯泊,截其通准夷之路。复遣诸将，分攻镇南、申中、南川、西川、北川、归德等堡，溃其党羽，遂移察罕丹津所部于兰州。罗卜藏丹津始惧，归常寿请罪，不许。十二月，各蒙古贝勒、贝子、公、台吉，各杀贼来归，降其胁从部落十余万。二年正月，岳钟琪攻党贼喇嘛于西宁东北之郭隆寺。……其石门、奇嘉、郭恭等寺皆破，惟罗卜藏丹津尚负隅于乌兰呼尔之柴达木，距西宁卫千余里。……岳钟琪……以精兵……兼程，捣其不备。……二月，出师……途有侦骑……殪之。又夜袭其守哈达河之贼……追入崇山，歼贼二千。于是贼无哨探……蓐食衔枚宵进。……黎明，抵其帐，贼尚未起。……仓皇大溃。罗卜藏丹津衣番妇衣，骑白驼遁。官军穷追日三百里，至桑骆海……而返。……而贼已于噶尔逊河，横越戈壁，北投准噶尔矣。俘其母弟妹，暨逆党头目。……自出师至贼巢，凡十五日。……诏封年羹尧一等公、岳钟琪三等公。……四月，进剿余党。时庄浪卫之西山，亘二百余里，即《唐史》之石堡城。……土番数万据其中。乘青海有事，截饷戕吏，年羹尧屡剿屡叛。至是，岳钟琪以兵二万讨之。……贼蹙乞降，班师。先后辟青海地千余里，分其地，赐各蒙古。分二十九旗，其喀尔喀、土尔扈特、辉特等，各自为部，不得属青海。又西宁番者，北沿甘凉，西接回部，南界川滇，二三百部，皆吐番种，不相统属。明季，厄鲁特自北边横越侵之，遂役于厄鲁特，但知有蒙古，不知有中国。奏仿土司设番目，改隶道、厅、卫、所，以分厄鲁特之势。定其贡市之地，岁会盟，奏选盟长。……置大通、安西、沙州、柳沟各卫。增西宁西、北两路防兵，马步五千，设总兵于大通、西安，而改西宁卫为府，青海办事大臣，于此建牙焉。移阿拉山游牧于山后，而收山前为内地，以重宁夏之险。追各寺明国师印敕，每寺喇嘛，毋过三百人，禁藏兵器。城戍星罗，形格势禁，厄鲁特始不敢窥青海（魏源《圣武记》卷三《雍正两征厄鲁特记》）。

雍正元年（一七二三年）八月……庚午，侍郎常寿奏：七月二十二日，抵亲王罗卜藏丹津驻牧之沙拉图地方，恭宣谕旨，令伊等兄弟罢兵和睦。罗卜藏丹津诉称，戴青和硕齐察罕丹津、额尔得尼、厄尔克托克托奈，欲霸占招地，捏言我遣使准噶尔，欲同策妄阿喇布坦背叛。……据察罕丹津诉称，罗卜藏丹津，兴兵逐额尔得尼、厄尔克托克托奈于内地。今勒令罪台吉，聚兵于巴尔托罗海处，意欲独占西招青海地方。……又据众蒙古告称，罗卜藏丹津勒令众等，呼伊为达赖混台吉，其余台吉俱令呼旧日名号，一概不许称呼王、贝勒、贝子、公封号。细揣其意……独占青海。……奏请赏伊汗号，踞占招地，遥管青海。……至问遣往准噶尔处使人音信，据云准噶尔以青海人等不足凭信，又云准噶尔兵丁已至噶斯口前，九月内可至青海等语（《清世宗实录》卷十）。

六十一年……十一月，抚远大将军贝子允禵还京，命羹尧管理军务。雍正元年……八月，青海罗卜藏丹津胁众台吉叛……侵掠青海诸部。十月，羹尧自甘州率师至西宁，疏请进剿，特授抚远大将军，以前锋统领素丹、提督岳钟琪为参赞，敕授方略。羹尧……因奏："进剿青海五事：一、请选陕西、甘肃、四川、大同、榆林绿旗兵及外藩蒙古兵万九千，令钟琪等分领，由西宁、松潘、甘州、布隆吉尔四路进剿；一、防守西宁、永昌、布隆吉尔、巴塘、里塘、黄胜关、察木多诸边口；一、除归化城、张家口所买马驼外，请太仆寺拨孳生马三千，巴里坤选驼二千，赴军备用；一、贮备军粮，即以臣在西安时预买米六万石充运；一、请以景山所制火器给军。"总理事务王大臣议如所请。……二年正月，上以罗卜藏丹津负国叛贼，断不可宥，授钟琪奋威将军，命羹尧趣令讨贼……三月，钟琪等师至柴达木，罗卜藏丹津率二百余人遁，追击至乌兰伯克，擒其母及贼酋吹喇克诺木齐等，尽收其人户、马驼，青海平。……庄浪番贼窃据卓子山及棋子山，遣兵自西宁进剿。钟琪……转战五十余日，歼贼甚众……毁其巢。……又以甘肃河西各厅，生聚繁庶，奏改宁夏、西宁、凉州、甘州四厅为府，其所属各卫，皆改为州、县（《清史列传》卷十三《年羹尧传》）。

（乙）准部

准噶尔策妄阿拉布坦死，子噶尔丹策零立，屡犯边。雍正七年，大举攻之，傅尔丹、马尔赛、岳钟琪、锡保，先后为大将军，皆获咎。以后互有进退，至十三年，始言和。以阿尔泰山为界，许其通市及进西藏，唯煎茶人马，应加限制。康、雍两朝，用兵西北，费及七千万两，多半以捐输报效充之。

罗卜藏丹津之投准噶尔也，策妄阿拉布坦纳之。朝廷遣使索献，不奉诏，亦不敢犯边。……（雍正）五年冬，策妄阿拉布坦死，子噶尔丹策零立，狡黠好兵如其父，屡犯边。七年，上议讨之。……以傅尔丹为靖边大将军，屯阿尔泰山，出北路；以岳钟琪为宁远大将军，屯巴里坤，出西路。……九年四月，傅尔丹进城科布多。六月，噶尔丹策零遣大小敦多、小策零，以兵三万犯北路。先遣谍，佯为我获，诡言厄鲁特大队未至，其前队千余……在博克托岭（即阿尔泰山之东干），距我军三日程。傅尔丹勇而寡谋，遽信之，即以兵万余往袭。……贼以少兵……诱我，而伏兵二万谷中。俄胡笳远作，毡裘四合，乘高突冲，遂围我前锋四千于和通泊（泊在科布多西二百里）。……傅尔丹以后军往援，贼已溃我参赞之师，直犯大营，傅尔丹命索伦、蒙古兵先御之。科尔沁蒙古树红纛，先靡而遁。土默特蒙古树白纛，奋摩贼垒。索伦兵但知蒙古兵败，误呼曰“白纛兵陷贼队矣”，诸军遂大溃。……惟满兵四千，卫辎重，且战且退，渡哈尔纳河，副将军巴赛查纳弼以下，皆战死。七月朔，还科布多者二千人。……岳钟琪闻北路被围，乃使纪成斌进攻乌鲁木齐，以分贼势。贼已委城先徙，无所得。诏降傅尔丹为振武将军，以顺承郡王锡保代之。……移科布多营于察罕廋尔（即察罕泊，在科布多东南二百里）。又以马尔赛为抚远大将军，屯归化城。方是时，准夷亦两路备兵，令诸台吉环峙乌鲁木齐，以伺我西路。又屯田于鄂尔齐斯河，以窥我北路。而北路邻喀尔喀，尤其所蓄意。……九月，两策零兵，乘胜谋东犯喀尔喀。

以察罕廋尔、科布多皆有大军，乃取道阿尔泰山迤南，一由小额尔齐斯河，一由大额尔齐斯河，小策零以精骑六千深入，而大策零拥大众二万于苏克阿勒达以援应。我郡王额驸策凌，与亲王丹津多尔济，合兵迎击于鄂登楚勒河，遣六百骑宵入贼营挑战，诱其来追，而伏兵击之，大破其众。……时议以察罕廋尔大营偏北，而贼每绕山南麓东犯，乃于推河、翁金河及拜达里克河三处，各筑城，与察罕廋尔大营犄角。命马尔赛以绥远将军，移守拜达里克城，以扼山南之冲。十年七月，噶尔丹策零亲率大众，由北路倾国入寇。……取道山南，潜至杭爱山，掠哲卜尊丹巴胡土克图之地。时哲卜尊丹巴已徙帐多伦泊，空无所得。八月，探知额驸策凌军赴木博图山，遂突袭其帐于塔密尔河，尽掠子女牲畜。额驸中途闻之，即……返旆驰救，并急报顺承郡王，请师夹攻。……蒙古兵三万，绕间道出背，黎明……贼梦中起……追击于喀喇森齐泊，大战二日，贼大败。西路援师不至，沿途转战十余次，追至鄂尔昆河之杭爱山。……其地右阻山，左逼水，道狭不容大众，又横亘以大喇嘛寺，致兵无走路，我兵乘暮薄险蹴之。……贼三万，击斩其半，挤坠溺死亦半。……噶尔丹策零乘夜突围，绕山遁推河，尽弃辎重牲畜，塞满山谷，以阻我师。……北路两创准夷，皆额驸策凌功，晋封和硕超勇亲王，授大札萨克。时喀尔喀西北境，已拓至科布多、乌梁海，而土谢图汗十七旗，亦滋息至三十八旗，乃分二十旗与策凌，为赛音诺颜部。以鄂尔昆河西北至乌里雅苏河为游牧，以翁金河为王庭，为中、西、东三部之屏蔽，自是喀尔喀为四部。初，岳钟琪之在西路也……十年……贼兵六千，自乌鲁木齐掠哈密。檄……将军石云倬等……邀其归路，遇贼相望二十里，迁延不击，纵贼饱飏，岳钟琪奏治罪。大学士鄂尔泰并劾岳钟琪。……七月，召还京。……十一年，以查郎阿署定远大将军，张广泗副之。……时西路自张广泗受任后，壁垒一新，贼至辄创。……十二年……准噶尔遣使请和。……遣侍郎傅鼐及学士阿克敦报之。……策零欲得阿尔泰山故地，廷议不许。使命往返二载，始定议，以阿尔泰山为界，厄鲁特游牧，不得过界东；喀尔喀游牧，亦不得过界西。乾隆四年，又许其通市及进藏，煎茶人马，皆限以数。遂尽罢西、北两路兵。计自康熙五十六年备边以来，旋罢旋调，先后军饷七千余万（魏源《圣武记》卷三《雍正两征厄鲁特记》）。

雍正七年（一七二九年）二月……癸巳，谕："……闻噶尔丹策零甚属凶暴。……但留此余孽，不行剪除，实为众蒙古之巨害，且恐为国家之隐忧。……著诸王议政大臣、九卿、八旗大臣……公同详确密议具奏。"寻议，准噶尔部落，自噶尔丹逞凶悖逆，策妄阿拉布坦复肆骄悍，俱伏冥诛。今噶尔丹策零，凶顽踵恶，若留此余孽，则喀尔喀、青海、西藏等处，必被其扰乱。伏乞皇上命将兴师，大彰天讨，以除蒙古人民之害。得旨：诸王、满、汉、文武大臣等众议佥同，一切应行事宜，即著办理。……三月……丙辰，命领侍卫内大臣、三等公傅尔丹为靖边大将军，北路出师；川陕总督、三等公岳钟琪为宁远大将军，西路出师，征讨准噶尔（《清世宗实录》卷七十八）。

岳钟琪。……（雍正）七年……噶尔丹策零……数侵掠喀尔喀诸部。上命……钟琪为宁远大将军，屯巴里坤，出西路讨之。……八年（十二月），准噶尔闻钟琪方入觐，乘间以二万余人入犯，尽驱驼马去。……总兵樊廷及副将冶大雄等，将二千人，转战七昼夜。总兵张元佐，督所部夹击……还所掠驼马强半。……九年春，钟琪请移兵驻吐鲁番、巴尔库尔，为深入计。……七月……钟琪自巴尔库尔，经伊尔布尔和邵，至阿察河，遇敌，击败之，逐至厄尔穆河。敌踞山梁以距，钟琪……诸军奋进，夺所踞山梁，敌败走。谍言乌鲁木齐敌帐尽徙，乃引兵还。……十年……六月……召钟琪还京师。……（张）广泗劾钟琪调兵、筹饷、统驭将士种种失宜。……尽夺钟琪官，交兵部拘禁（《清史稿》列传八十三《岳钟琪传》）。

傅尔丹。……雍正……七年……命傅尔丹为靖边大将军，出北路。……出驻阿尔泰。……九年，疏言："科布多为进兵孔道，请仍于此筑城。"下廷议，如所请。六月，傅尔丹移兵科布多。噶尔丹策零遣所部嗒苏尔海丹巴为间，为守卡侍卫所获，诘之，曰："噶尔丹策零发兵三万，使大策零敦多卜、小策零敦多卜，分将犯北路。小策零敦多卜已至察罕哈达，大策零敦多卜以事宿留未至。"傅尔丹信其语，计及其未集击之。令选兵万人，循科布多河西以进。……六月庚子……进次雅克赛河，获准噶尔逻卒，言距察罕哈达止三日程，准噶尔兵不过千人。……傅尔丹命乘夜速进。……戊申，获谍，言准噶尔兵二千屯博克托岭。傅尔丹遣苏图岱豪……往击之，敌出羸兵诱师，而伏二万人谷中。……辛亥，逐敌入谷，伏发，据高阜冲击。……壬子……日暮，围未解。……甲寅，敌环攻大营。……沙津达赖奋战入敌陈，师望见其纛曰："土默特兵陷贼矣。"遂大溃。乙卯……傅尔丹杂士伍中以出。……七月壬戌朔，还至科布多，收余兵，仅存二千余。……寻（十一月），命以锡保为靖边大将军，傅尔丹掌振武将军印，协办军务（《清史稿》列传八十四《傅尔丹传》）。

马尔赛。……雍正……九年，靖边大将军傅尔丹讨噶尔丹策零，师败绩。授抚远大将军，率师驻图拉。……旋命将蒙、汉兵五千人，驻翁衮。……寻改授抚远将军，驻札克拜达里克。十年秋，准噶尔大举内犯。……锡保札马尔赛，令与建勋将军达尔济合军截击。喀尔喀亲王丹津多尔济，亦驰报，促马尔赛发兵。马尔赛集诸将议，诺尔珲曰："我等当速发兵迎截。"……诸将皆和之，独都统李杕以为但当守城，马尔赛以杕言为然。诺尔珲……等力请，傅鼐至跪求，马尔赛持不可。达尔济遣使约会师，马尔赛终不应。……锡保等请诛马尔赛。……部议，当贻误军机律斩。十二月，遣副都统索林赴札克拜达里克，斩马尔赛（《清史稿》列传八十四《马尔赛传》）。

锡保。……雍正……七年三月，师讨噶尔丹策零，命锡保署振武将军印。……九年，上以锡保治军勤劳，进封顺承亲王，命守察罕廋尔。……十一月，授靖边大将军。……十一年……寻以噶尔丹策零兵越克尔森齐老，不赴援，罢大将军，削爵（《清史稿》列传三《诸王传·锡保传》）。

查郎阿。……雍正……十年，召（岳）钟琪还京师，以查郎阿署宁远大将军，命大学士鄂尔泰驰驿往肃州，授方略，并赐白金万。……十三年，噶尔丹策零乞和，命查郎阿撤兵（《清史稿》列传八十四《查郎阿传》）。

福彭既袭（平敏郡王）爵。……（雍正）十一年……授定边大将军，率师讨噶尔丹策零，师次乌里雅苏台。……十二年，率将军傅尔丹，赴科布多护北路诸军。寻召还。十三年，复命率师驻鄂尔坤，筑城额尔德尼昭之北。寻以庆复代，召还（《清史稿》列传三《诸王传·福彭传》）。

（丙）西藏

雍正遣兵入藏，诛阿尔布巴诸人之亲于准噶尔者，移置达赖于川边里塘，免其为人利用，仍是康熙更易六世达赖之故智。自是西藏始有驻兵，一代驻藏大臣之设，亦于是开始。

西藏古吐蕃，元、明为乌斯藏。其人则谓之唐古特。其地分三部：曰康。即四川打箭炉外巴塘、察木多之地，为前藏（亦曰喀木）；曰卫。即布达拉及大招寺，本吐蕃建牙之所，今达赖居之，为中藏；曰藏。即札什伦布，本拉藏所治，今班禅居之，为后藏。又并极西之阿里，则称四部云。……距天竺近，故经教至多。……自唐太宗以文成公主下嫁吐蕃赞普，好佛立寺庙，西藏始通于中国。元世祖封西番高僧八思巴为帝师大宝法王，以领其地，后嗣世袭其号，而西藏始为释教宗主。明洪武初，太祖以西番地旷人悍，欲杀其势而分其力，故凡元代法王国师后人来朝贡者，辄因其故俗，许其世袭。……永乐初，成祖则兼崇其教。闻西僧哈立麻有道术，国人称曰尚师，遣使迎至京师……封大宝法王西天大善自在佛。其徒三人，皆封国师。其后又封大乘、大慈二法王，礼之亚于大宝。于是其徒争来朝贡，所封有阐化、阐教、辅教、护教、赞善五王。又授西天佛子者二、灌顶大国师者九、灌顶国师十有八。法王等死，其徒辄自相承袭，岁一朝贡。……嗜茶，贪贡市，冀保世职，故终明世，无西番患。然皆红教，非黄教。其黄教宗祖，则创于宗喀巴（一名罗卜藏札克巴）。以永乐十五年，生于西宁卫，得道于西藏之甘丹寺。成化十四年示寂。初，明代诸法王，皆赐红绮禅衣，本印度袈裟旧式也。其后红教专持密咒，流弊……无异师巫，尽失戒定慧宗旨。宗喀巴初习红教，既而深观时数，当改立教，即会众，自黄其衣冠，遗嘱二大弟子，世世以呼毕勒罕转生，演大乘教。呼毕勒罕者，华言化身也。二弟子，一曰达赖喇嘛，一曰班禅喇嘛。喇嘛者，华言无上也，皆死而不失其道，自知所往生，其弟子辄迎而立之。……故达赖、班禅，易世互相为师教。……未尝受封于中国，中国亦莫之知也。达赖一世曰敦根珠巴者，即赞普之裔，世为番王。至是舍位出家，改名罗伦嘉穆错，嗣宗喀巴法，传衣钵，始以法王兼藏王事。其二世曰根敦嘉穆错著，自置第巴等，代理兵、刑、赋税，其弟子称胡土克图，则分掌教化。当明正德时，始以活佛闻于中国。……三世曰锁南嘉穆错……名益著，青海、河套诸蒙古，罔不向服。……红教中大宝、大乘诸法王，亦皆俯首称弟子，改从黄教。化行诸部，东西数万里，煎茶膜拜，视若天神。诸番王徒拥虚位，不复能施其号令。……四世曰云丹嘉穆错，生蒙古图古隆汗族，十四岁入藏坐床。……五世曰罗卜藏嘉穆错，当我太宗文皇帝崇德二年，喀尔喀三汗，奏请发帑使延达赖喇嘛。四年，因厄鲁特使，贻达赖书。于是达赖、班禅及藏巴汗、青海固始汗……各报使。……以崇德七年至盛京。……明年，遣使存问达赖、班禅，称为金刚大士，是为我朝通西藏之始（魏源《圣武记》卷五《国朝抚绥西藏记上》）。

达赖，梵言海，谓其智慧法力如海也。……班禅额尔得尼，梵言宝也

（王昶《蜀徼纪闻》）。

崇德七年（一六四二年）冬十月己亥，图白忒部达赖喇嘛，遣伊喇固克散胡图克图、代青绰尔济等，至盛京。上出怀远门迎……还至马馆前，上率众拜天毕，进马馆御座，伊喇固克散胡图克图等进见，上起，迎至门阈，伊喇固克散胡图克图等，以达赖喇嘛书，黄璔瑠捧进上，上立受之。……于是命古式安布，宣读达赖喇嘛及图白忒部臧巴汗来书。……伊喇固克散胡图克图及同来喇嘛等，各献驼、马、番菩提数珠、黑狐皮、绒单、绒褐、花毯……等物，酌纳之（《清太宗实录》卷六十三）。

崇德八年（一六四三年）五月……丁酉……图白忒部达赖喇嘛，所遣伊喇固克散胡图克图、厄鲁特代青绰尔济等归国，上率诸王、贝勒等送至演武场饯之，并降敕，谕达赖喇嘛曰："宽温仁圣皇帝致书于金刚大士达赖喇嘛，今承喇嘛有拯济众生之念，欲兴扶佛法，遣使通书。朕心甚悦，兹特恭候安吉，凡所欲言，俱令察干格龙等口悉之。"……与顾实汗书曰："……今欲于图白忒部，敦礼高贤，故遣使，与伊喇固克散胡图克图偕行，不分其服色红、黄，随处察访佛法护国。"（《清太宗实录》卷六十四）

初，唐古特有四部，东曰喀木、曰青海，西曰卫、曰藏。固始汗者，本厄鲁特部，于明季吞并东二部，以青海地广，令子孙游牧，而喀木输其赋。其卫地则第巴奉达赖居之，藏地则藏巴汗居之。第巴桑结者，与藏巴汗不相能，谓拉藏虐部众，毁黄教，乞师于固始汗，翦灭之，以其地居班禅，与达赖分主三藏，尽逐红帽、花帽诸法王。……于是红教益微。……第巴桑结……事多专决。……（康熙）二十一年，第五世达赖卒，第巴欲专国事，秘不发丧，伪达赖入定，居高阁，不见人，凡事传达赖命行之，自是益横。……又喀尔喀蒙古，自国初以入藏隔于厄鲁特，乃自奉宗喀巴第三弟子哲卜尊丹巴之后身，为大胡土克图，位与班禅相亚，凡数十年矣。至是，喀部车臣汗与土谢图汗构兵，圣祖遣使约达赖和解之，第巴奏使噶尔丹西勒图往蒙古，谓喇嘛坐床者为西勒图，盖达赖大弟子也。而喀部哲卜尊丹巴，亦奉诏莅盟，与西勒图并坐。噶尔丹使其族人随之观衅，因责喀部待达赖使无加礼，诟责之，为土谢图汗所杀。噶尔丹遂以报仇为名，袭侵其部，喀尔喀东走。……三十五年，圣祖亲征噶尔丹，至克鲁伦河，噶尔丹败窜，慰其部下曰："此行非我意，乃达赖喇嘛使言，南征大吉，是以深入。"上谓达赖存，必无是事，乃遣使赐第巴桑结书。……第巴桑结惶恐，密奏言："……第五世达赖喇嘛于壬戌年示寂。……前恐唐古特民人生变，故未发丧。"……四十四年，第巴谋毒拉藏汗不遂，欲以兵逐之，拉藏汗集众，讨诛第巴。……拉藏汗者，青海固始汗之孙也。固始汗既以卫、藏为达赖、班禅香火地，留其长子鄂齐尔汗辖其众，次子达赉巴图尔台吉佐之。……三十六年，拉藏汗嗣爵后，以议新达赖喇嘛，故与第巴交恶。至是，奏废第巴所立假达赖。……而藏中所立博克达山之伊西嘉穆错，为第六世达赖喇嘛者，青海诸蒙古复不信之，而别奉里塘之噶尔藏嘉错。……诸蒙古迎至青海坐床，请赐册印。……两部争议未决，而策妄扰藏之事起。初，策妄阿拉布坦取拉藏之姊，而赘其子丹衷于伊犁，不令归。上以厄鲁特狙诈，敕拉藏毋恃亲疏防，拉藏耄而酣饮，不以为意。布达拉西北三百里，有腾格里海，西接后藏……为准夷入藏必由之路，有铁索桥天险……亦不之守也。五十五年十月，策妄果遣台吉大策零敦多布，领精兵六千……涉险冒瘴，昼伏夜行，次年七月，始达藏界。……由腾格里突入，败唐古特兵，围攻布达拉，诱其众内应，开门，杀拉藏汗，虏其妻子，搜各庙重器，送伊犁。禁新达赖喇嘛于札克布里庙。诏西安将军额伦特，以军数千赴援。……额伦特军出库赛岭，贼佯败屡却，而精兵伏喀喇河以待。额伦特疾趋……比至喀喇河……贼……以其半据河拒我前，而分兵潜出我后，截饷道，相持月除，粮尽矢竭。九月，我师覆焉。……五十七年，命皇十四子为抚远大将军，屯青海之木鲁河。……将军傅尔丹、富临安，分出巴里坤、阿尔台，以猎其北；将军噶尔弼出四川，将军楚延信出青海，两路捣藏。至是西藏诸土伯特，亦知青海呼毕勒罕之真、藏所旧立之赝，合词请于朝，乞拥置禅榻。诏许给册印。于是蒙古汗、王、贝勒、台吉，各率所部兵……五十九年春，随大兵扈从达赖喇嘛入藏。……策零敦多布，由中路自拒青海军，而分遣其宰桑以兵三千六百拒南路。南路将军噶尔弼，招抚巴塘、里塘番众，至察木多。……用副将岳钟琪以番攻番之计，招土司为前驱……直趋西藏。……而青海军亦三败其中途劫营之贼。……厄鲁特进退受敌，遂大溃，不敢归藏，即由旧路北窜。……还伊犁者不及半。诏加封宏法觉众第六世达赖喇嘛，于九月登座，取拉藏所立博克达嘛喇归京师。……留蒙古兵二千，以拉藏旧臣贝子康济鼐掌前藏，台吉颇罗鼐掌后藏（魏源《圣武记》卷五《国朝抚绥西藏记上》）。

雍正二年……冬，藏中噶布伦等三人，忌贝子康济鼐之权，聚兵害之，欲投准噶尔。诏将军查郎阿，率川、陕、滇兵万五千进讨，未至，而台吉颇罗鼐率后藏及阿里兵九千，截贼去路，擒首逆。诏以颇罗鼐总藏事。……留大臣正、副二人，领川、陕兵二千，分驻前、后藏镇抚之，是为大臣驻藏之始（魏源《圣武记·国朝抚绥西藏记下》）。

雍正五年（一七二七年）秋七月……癸酉……西藏噶隆札萨克台吉颇罗鼐等，奏报康济鼐与准噶尔构兵，所办诸事，洵有裨益。乃阿尔布巴、隆布柰、札尔鼐等，会同前藏头目，于六月十八日，将康济鼐杀害。臣即收聚后藏兵，防守驻扎。阿尔布巴等，复发兵来侵，被臣杀伤无算。今臣带领兵众，剿捕阿尔布巴等。伏祈皇上速遣官兵进藏，剿灭逆魁，以安西藏。……十一月癸丑朔，命四川、陕西、云南各遣兵进藏，以左都御史查郎阿、副都统迈禄，总理一应军务（《清世宗实录》卷五十九）。

查郎阿……纳喇氏，满洲镶白旗人。……雍正……五年，迁左都御史。……是岁冬，西藏噶布伦、阿尔布巴等为乱，戕总理藏务贝子康济鼐。札萨克台吉颇罗鼐驰闻。上命查郎阿偕副都统迈禄，率兵入藏。六年，擢尚书。秋，师至藏，驻藏副都统马喇等，已擒阿尔布巴，即按诛之，并歼其余党。查郎阿奏："移达赖喇嘛暂居里塘，留兵二千，交驻藏大臣调遣。"又奏："请以颇罗鼐总理后藏，而前藏达赖喇嘛未还毕昭，新授噶布伦，虑未妥协，并令颇罗鼐兼领。"皆从之（《清史稿》列传卷八十四《查郎阿传》）。

雍正五年……派西秦满汉兵八千四百、川兵四千、滇兵三千，三路交进……粮饷先筹。……令三省……各计兵马多寡，足一年之用。……六年七月终，川、陕两路兵合。八月朔日，共抵西藏。……提讯阿尔布巴、隆布柰、札纳奈等……爰定斩绞十七人，于九月晦日行刑，余党皆拟南徙。……仍留川、陕官兵二千，同驻藏内。……宣圣旨谓达赖喇嘛曰："佛本清净，诸番扰害，西顾实殷，迁置格达城，妥佛也，其速往诸。"此时达赖喇嘛去之不忍，留之不得，收拾残经，检点行李，哭辞佛祖，痛别番僧。凄然……于冬月二十日就道。嗟乎！谁谓空门看破一切？背井离乡，虽活佛不能忘情焉。……川省……官兵二千，驻镇里塘，护持格达（毛振翧《西征记》）。

（丁）西南之改土归流

土司、土官多半始于元代，明初因仍不改。有明中叶以后，渐改流官。清初平水西，始改为四府。雍正中，乃大量于云南、贵州、广西三省，改土司、土官为府、州、县，任其事者鄂尔泰、张广泗也。纯恃威力，果于杀戮，与司马相如所谓"浴以仁义，风以诗书"者相去远矣。后来事变多端，皆不堪其虐者，起而自救也。

西南夷……在宋为羁縻州，在元为宣慰、宣抚、招讨、安抚、长守等土司。……而元、明赏功授地之土府、土州、县，亦错出其间。……国初因明制，属平西、定南诸藩镇抚之。康熙三年，吴三桂……水西宣慰安坤之叛，平其地，设黔西、平远、大定、威宁等四府。三藩之乱，重陷土司兵为助。及叛藩戡定，余威震于殊俗。至雍正初，而有改土归流之议。……四年春，以鄂尔泰巡抚云南，兼总督事，奏言：云贵大患，无如苗蛮。欲安民必先制夷，欲制夷必改流。而苗疆多与邻省犬牙错，又必归并事权，始可一劳永逸。即如东川乌蒙、镇雄，皆四川土府，东川与滇，一岭之隔，至滇省城四百余里，而距成都千有八百里。去冬乌蒙土府攻掠东川，滇兵击退，而川省令箭方至。……五十三年，土官禄鼎乾不法，钦差督抚会审毕节，以流官交质始出，益无忌惮，钱粮不过一百余两，而取于下者百倍。……东川虽已改流三十载，仍为土目盘踞，文武长寓省城，膏腴四百里，无人敢垦。若东川乌蒙、镇雄，改隶云南，俾臣相机改流，可设三府一镇，永靖边氛，此事连四川者也。广西土府、州、县、峒、寨等司五十余员，分隶南宁、太平、思恩、庆远四府。……其边患除泗城土府外，余皆土目横于土司。且黔、粤向以牂牁江为界，而粤之西隆州，与黔之普安州，逾江互相斗入。苗寨寥阔，文武动辄推诿，应以江北归黔，江南归粤，增州设营，形格势禁，此事连广西者也。滇边西南界，以澜沧江江外为车里、缅甸、老挝诸土司，其江内之滇沅、威远、元江、新平、普滇、茶山诸夷，巢穴深邃，出没鲁魁、哀牢间，无事近患腹心，有事远通外国……代为边害。论者谓江外宜土不宜流，江内宜流不宜土。此云南宜治之边夷也。贵州土司，向无钳束群苗之责，苗患甚于土司。而苗疆土司，几三千余里，千有三百余寨，古州距其中，群砦环其外。左有清江，可北达楚；右有都江，可南通粤，皆为苗顽蟠据，梗隔三省，遂成化外。如欲问江以通黔、粤，非勒兵深入、遍加剿抚不可。此贵州宜治之边夷也。臣思前明流、土之分，原因烟瘴新疆，未习风土，故因地制宜，使之向导弹压。今历数百载，相沿以敌治敌，遂至以盗治盗，苗猓无追赃抵命之忧，土司无革职削地之罚，直至事大上闻，行贿详结，上司亦不深求，以为镇静边民，无所控诉。……其改流之法，计禽为上，法剿次之；

令其自首为上，勒献次之。惟治夷必先练兵，练兵必先选将。……必能所向奏效，实云、贵边防百世之利。世宗知鄂尔泰必能办寇，即诏以东川乌蒙、镇雄二土府改隶云南。六年，复铸三省总督印，令鄂尔泰兼制广西。于是自四年至九年，蛮悉改流，苗亦归化。其治川边诸土司也，用兵最先……连破关隘……两土府旬日平。以乌蒙设府，镇雄设州，又设镇于乌蒙，控制三属。……其治滇边诸夷也，先革土司，后剿猓夷。……又进剿澜沧江内孟余、茶山土夷……江内地全改流，升普洱为府。……其治黔边诸夷也，首尾用兵，凡五六载，终于古州，而始于广顺州之寨。……其治粤夷也，先改土司，次治土目。……首讨思陵州之八达寨……复檄讨思明土府所属之邓横寨……于是远近土目，争缴军器二万余，巡边所至，迎扈千里，三省边防皆定（魏源《圣武记》卷七《雍正西南夷改流记上》）。

初，苗疆辟地二三千里，几当贵州全省之半，增营设汛。……又鄂尔泰用兵招抚，止及古州、清江，未及台拱之九股苗。……巡抚元展成，易视苗疆。……十年……上下九股数百寨叛。……提督哈元生……十一年春，进军台拱……六路破之。……十三年春，苗疆吏以征粮不善，远近各寨蜂起。……复聚清江、台拱间，号召日众。……巡抚元展成，轻视苗事，与哈元生不合。……贼探知内地防兵，半戍苗疆，各城守备空虚，于是乘间大入，陷重安、江驿、黄平州，陷岩门司，陷清平县……焚掠及镇远、思州。……六月，诏发滇、蜀、楚、粤六省兵会剿，特授哈元生扬威将军，湖广提督董芳副之。七月，命刑部尚书张照，为抚定苗疆大臣，副都御史德希寿副之。……生苗见各路援兵渐集，各掳掠回巢，弃城弗守。元生进军……克复诸城。……又分兵三路：一由藁贡以通台拱；一由八弓援柳罗，以通清江；一由都匀援八寨。而八寨协副将冯茂，复诱杀降苗六百余及头目三十余冒功。于是苗逃归，播告徒党，诅盟益坚。……出抗官军，蔓延不可招抚。……初，张照……密奏改流非策，致书诸将，首倡弃地之议，且袒董芳，专主招抚，与元生龃龉。……旋议分地分兵，施秉以上，用滇、黔兵，隶元生；施秉以下，用楚、粤兵，隶董芳。于是已进之兵，纷纭改调互换。……文移辩论，致大军云集数月，旷久无功。贼乘间复出焚掠，清平、黄平、施秉间，纷纷告警，官军顾此失彼，疲于奔命。……当时中外畏事者，争咎前此苗疆之不当辟，目前苗疆之不可守。前功几尽失，全局几大变（魏源《圣武记》卷七《雍正西南夷改流记下》）。

雍正四年（一七二六年）秋七月……丁未……谕："贵州狆家苗肆行不法，十余年来……朕知之甚悉。石礼哈方署巡抚印务，即奏称应行征剿。马会伯到任，亦奏与石礼哈相同。……何世璂到任，则奏称苗人应行招抚。……且狆家苗药箭铦利，地势险阻，亦不易于成事。……丁士杰所奏，大概亦与何世璂同。朕曾下旨与何世璂，即令其招抚，而何世璂并不能有所招抚。及高其倬到京，亦面奏应行征剿。……朕又降旨与鄂尔泰，亦奏称用兵为是。是以令石礼哈、马会伯，协同办理。……今据石礼哈奏报，谷隆、长塞、者贡、羊城坉等处，俱已攻破，首恶阿革、阿给及为从凶苗川贩等，亦俱就擒。……著将各犯交与鄂尔泰审究。……并安插抚恤，使地方永远宁谧，不受恶苗之扰。"（《清世宗实录》卷四十六）

鄂尔泰。……雍正……三年，迁广西巡抚。甫上官，调云南，以巡抚治总督事。贵州狆家苗为乱二十余年……诏咨鄂尔泰。四年春，疏言："云贵大患，无如苗蛮。欲安民必制夷，欲制夷必改土归流。"……疏入，上深然之。……五月……又以镇远土知府刁澣、沾益土知州安于藩，素凶诈，计擒之。者乐甸土司刁联斗，乞免死改土归流。……十月，真除云贵总督。四川乌蒙土司禄万钟为乱，侵东川，鄂尔泰请以东川改隶云南，上从之。……招其渠禄鼎坤出降。……令鼎坤招万钟，数往不就抚。乃……破其所居寨，万钟走匿镇雄土司陇庆侯所。五年，万钟诣（岳）钟琪降，庆侯亦诣钟琪请改土归流。上命……交鄂尔泰接谳。……三月，镇沅猓刁如珍等，戕官焚掠，遣兵讨平之，获如珍。泗城土知府岑映宸，纵其众出掠，又发兵屯者相，立七营。鄂尔泰……进讨，映宸乞免死存祀，改土归流。……七月，发兵与湖北师，会讨定谬冲花苗，获其渠，降其余众。威远猓札铁匠等，新平猓李百叠等，应如珍为乱。九月，鄂尔泰……获札铁匠，降李百叠，威远、新平皆定。十一月，招降长寨后路苗百八十四寨，编户口，定额赋。……十二月，攻破云南猓窝泥种，取六茶山地千余里，划界建城，置官吏。……六年……旋讨擒东川法戛土目禄天佑、则补土目禄世豪、按治米贴土目程永孝，论斩。永孝妻陆氏，结猓猡为乱，檄总兵张耀祖讨之，攻克门坎山……获陆氏、米贴平。广西八达寨[illegible]颜光色等为乱……鄂尔泰遣兵往，[illegible]杀光色以降。上命鄂尔泰总督云、贵、广西三省。……旋又抚贵州拜克猛、长寨、古羊等生苗百四十五寨。……七年……三月，令按察使张广泗，率师攻贵州丹江、鸡沟生苗，破其寨，种人悉降。上下九股、清水江、古州诸地以次定。……七月，招安顺、高耀等寨生苗，及[illegible]狆诸种人内附。……八年五月，招黎平、都匀等寨生苗内附。鄂尔泰既讨定群苗为乱者，诸土司慑军威，纳土疆……而诸土司世守其地，一旦归版籍。……属苗内愤奰，乌蒙倮最狡悍。……六月，禄鼎坤……鼎新、万幅，遂纠众攻城，劫杀（总兵刘）起元及游击江仁、知县赛枝大等。……乌蒙既陷，江外凉山、下方、阿驴，江内巧家营、者家海诸寨，及东川禄氏诸土目，皆起而应之。又令则补、以扯诸寨，要截江路；以则、以擢诸寨，窥伺城邑，东川境内乞泥、矣氏、歹补诸夷，远近向应……所在屯聚为乱。鄂尔泰集官兵万数千人、土兵半之，分三路进攻。……遂克乌蒙。鄂尔泰檄提督张耀祖，督诸军，分道穷搜屠杀。……群苗詟栗……于是苗疆复定。……九年，疏请重定乌蒙、镇远、东川、威宁营汛。……下部议行。十年，召拜保和殿大学士、兼兵部尚书，办理军机事务。……十三年，台拱苗复叛。……苗患日炽，焚掠黄平、施秉诸地。鄂尔泰以从前布置未协，引咎请罢斥，并削去伯爵。……上允其请（《清史稿》列传七十五《鄂尔泰传》）。

（五）乾隆之“十全武功”

（1）准部（附张格尔）

准部噶尔丹策零死，内部纷争，剌麻达尔札继立为汗，大策零部达瓦齐杀而代之。阿睦撒纳本与达瓦齐合谋，后复相争，不胜，乃投边，言达瓦齐可攻状，愿为向导。乾隆十九年十一月，清廷命班第为定北将军，阿睦撒纳副之，大举攻达瓦齐。翌年五月，克伊犁。旋执达瓦齐归京师。

准部自噶尔丹以后，三世皆枭雄，能用其众。至乾隆十年，噶尔丹策零死。……策零有三子，次子那木札尔，以母贵，嗣汗位，童昏无行，恣睢狂惑，其同母女兄约束之。稍长，遂以谗言幽其女兄，多戮宰桑。于是其女兄之夫，与诸台吉攻殪之，立其庶兄剌麻达尔札。而大小策零两部裔，则谋拥立其弟策妄达什。大小二策零皆多敦多卜，准夷同族台吉，以谋勇，为策零父子两世将兵，西破卫藏，东摧蒙古者也。故大策零之孙达瓦齐，与小策零之子达什达瓦等，皆为国人所向，亦皆为剌麻达尔札所忌。俄，策妄达什与达什达瓦复被翦锄，于是达瓦齐与其党阿睦撒纳奔哈萨克。……剌麻达尔札遣台吉将兵二万，搜讨二人于哈萨克。……阿睦撒纳遁回旧游牧地……而潜简精锐千有五百，由闼勒奇山……突入伊犁。……遂袭杀剌麻达尔札。……推立达瓦齐为汗。达瓦齐族贵而无能，旋为小策零之孙济噶尔所攻败。两酋争立……国中大乱，阿睦撒纳复为诱除济噶尔，而还达瓦齐于伊犁，恃功益骄……自迁帐于额尔齐斯河（在阿尔泰山之南二百里）。……遂侵掠伊犁边境，二人复大隙，达瓦齐三遣兵讨之，皆不克，自将精兵三万压额尔齐斯河。又使其骁将玛木特，将乌梁海兵八千，东西夹攻。阿睦撒纳不能抗，遂……率所部……叩关内附。时乾隆十九年秋也。……阿睦撒纳率辉特、和硕特、杜尔伯特三部至。上久知其为部众所畏，可驱策向导。……阿睦撒纳入觐热河，备言伊犁可取状。……准部骁将玛木特，见诸台吉相踵内附，必召大兵……亦脱身来归，于是准部爪牙心腹尽至。……二十年二月，两路出师，班第为定北将军，出北路，阿睦撒纳副之。……玛木特为参赞，永常为定西将军，萨赖尔（达什达瓦宰桑）副之，出西路。……西路出巴里坤，北路出乌里雅苏台。……时两副将军皆准部渠帅，建其旧纛先进，各部望风崩……迎降。……达瓦齐素纵酒，不设备……走保伊犁西北百八十里之格登山。……我师……渡伊犁河，长驱追袭。……达瓦齐距冰岭，南走回疆，以乌什城阿奇木伯克霍吉斯为己所差，投之。而霍吉斯……执之以献，并获前青海叛贼罗卜藏丹津，献俘京师（魏源《圣武记》卷四《乾隆荡平准部记》）。

阿睦撒纳以有功，觊为四部汗，不得。二十年八月，举兵袭杀班第，清廷命兆惠击之。二十二年六月，适疾疫盛行，准部部众死亡相继，阿睦撒纳战败，走入俄罗斯，伊犁再定。翌年正月，进攻厄鲁特。师行所至，几无孑遗。此役凡辟疆周二万余里，清代疆域以是时为最广矣。

初，四卫拉之分部也……自绰罗斯浑台吉汗强盛，伊犁始为四部盟长，抗衡中国者数世。上欲俟事定，仍众建而分其力。而阿睦撒纳志未餍，必欲为四部总台吉，专制西域。……辄隐以总汗自处，擅诛杀掳掠，擅调兵……不用副将军印，自用浑台吉菊形篆印，移檄各部落，讳言其降，言统领满、汉、蒙古兵，来平此地。……诡密叵测，将军、参赞，先后密以闻。前有旨，令阿睦撒纳九月至热河，行饮至礼……班第乃趣之行。……旋奉旨，以阿睦撒纳逆形已著，宜乘其未发诛之。如已入朝，可追及则追诛之。时阿睦撒纳已就道……行至乌隆古河……乃诡言暂归治装……间道北逸。……贼四出煽乱，伊犁诸喇嘛、宰桑，劫掠军台，蜂起应之。……大兵……至伊犁，贼已遁入哈萨克。……绰罗斯特、辉特二部及哈萨克，先叛。……贼闻四部构乱，亦自哈萨克归，会诸贼于博罗格河，欲自立为汗，准部复大扰乱。……二十二年……三月，命定边左副将军成衮札布出北路，右副将军兆惠出西路，大剿之。会诸部落亦自相吞噬……至夏，痘疫盛行，死亡相望，兆惠复长驱至，各乌合贼皆败走，逆酋先后授首，惟阿逆未获。六月，兆惠……等穷追至右哈萨克。……阿逆……遁俄罗斯，我朝移檄索之。是冬，报阿逆患痘死，移尸近边。……二十三年春……再剿漏网之厄鲁特。时各贼分四支……伺隙出没。乃议兆惠由博罗布尔，富德由赛里木，分两翼围猎，约会于伊犁，皆分数路。……所至狝薙，搜山网谷。……初，准部有宰桑六十二（管事官）、新旧鄂拓二十四（为汗之部属，新旧各十二）、昂吉二十一（昂吉者分支也，乃各台吉所有之户卜）、集赛九（专办供养喇嘛事务），共计二十余万户、六十余万口。……王师再入……而大狝之……必使无遗育逸种于故地而后已。计数十万户中，先痘死者十之四，继窜入俄罗斯、哈萨克者十之二，卒歼于大兵者十之三。除妇孺充赏外……数千里间，无瓦剌一毡帐（魏源《圣武记》卷四《乾隆荡平准部记》）。

乾隆十九年甲戌（一七五四年）十一月……甲午，以进剿达瓦齐，宣谕准部，诏曰：“诞告尔准夷有众，昔尔台吉噶尔丹策零，祇服朕训，恭顺无失。朕嘉其诚笃，二十年来，叠沛恩施，俾尔有众，各得休息。逮策妄多尔济那木札勒，承袭台吉，朕复加恩，悉如其旧。乃策妄多尔济那木札勒，赋性暴戾，不恤其众。喇嘛达尔札，因而篡弑。于时曾欲代申天讨，歼此逆乱。念噶尔丹策零后嗣，惟有喇嘛达尔札一人，用是……未加剿除。达瓦齐以噶尔丹策零臣仆，敢行篡弑，致噶尔丹策零后嗣灭绝，且又……败坏黄教。……朕念噶尔丹策零……事朕有年，安忍视其宗灭地亡？……又值杜尔伯特台吉车凌乌巴什、辉特台吉阿睦尔撒纳等，不胜其虐，率属投诚。……然使安置于喀尔喀地方……不若仍居旧地。……今为尔众，两路兴师，北路令将军班第、阿睦尔撒纳，西路命将军永常、萨喇尔，率兵前进，平定准部，以为车凌、阿睦尔撒纳人众复业之所。”

（《清高宗实录》卷四七七）

班第。……乾隆……十九年，师征准噶尔，复授兵部尚书，署定边左副将军，出北路。准噶尔内乱，辉特台吉阿睦尔撒纳来降。诏以明岁进兵，谕班第筹画。……十二月，授定北将军，召来京师，示方略。二十年正月，大举讨准噶尔，班第出北路，阿睦尔撒纳授定边左副将军为副。……班第与阿睦尔撒纳等议，以二月出师，阿睦尔撒纳将六千人先行，班第将二千人继其后。……四月，师至博罗塔拉，得达瓦齐所遣征兵使者，知伊犁无备，班第谋约西路军锐进。五月，遂克伊犁，达瓦齐以万人保格登山，侍卫阿玉锡以二十余骑击之，惊走。……六月，疏请留察哈尔兵三百、喀尔喀兵二百，移驻伊犁河北尼楚衮治事，诸军次第遣还。是月，获达瓦齐，献俘京师。军初出，上察阿睦尔撒纳有异志，令班第严约束。及伊犁既定，上令和硕特四部，部置汗，将以阿睦尔撒纳为辉特汗。阿睦尔撒纳觊总统四部，意不慊，置副将军印不用，用故准噶尔台吉噶尔丹策凌菊形小印，檄诸部，讳其降，言以中国兵定乱，叛迹渐著。上召阿睦尔撒纳，以九月至热河行在，行饮至礼。……参赞大臣色布腾巴尔珠尔，率遣还诸军以归，阿睦尔撒纳乞代奏，冀总统四部，期七月俟命。色布腾巴尔珠尔归，不敢闻。以班第趣阿睦尔撒纳诣热河，令参赞大臣额林沁多尔济与俱，阿睦尔撒纳怏怏就道。而上念阿睦尔撒纳终且叛，谕班第宜乘其未发讨之。……谕至，阿睦尔撒纳已行。……八月，阿睦尔撒纳行至乌陇古，解副将军印，还额林沁多尔济，走额尔齐斯，遂叛。伊犁道梗，阿睦尔撒纳之党克什木巴朗、敦克多曼、集乌克图等作乱，班第与鄂容安，以五百人拒战。自固勒札赴空格斯，转战至乌兰库图，贼大至，围合，班第拔剑自刭，鄂容安同殉（《清史稿》列传九十九《班第传》）。

兆惠。……（乾隆）十九年，议用兵，命协理北路军务。……二十年，命驻乌里雅苏台。……阿睦尔撒纳叛，陷伊犁，命兆惠移驻巴里坤。……

二十一年，师收复伊犁。……召兆惠还京师，授方略……并解札拉丰阿定边右副将军以授兆惠。时阿睦尔撒纳北遁哈萨克……厄鲁特诸宰桑从军者，谋为乱。绰啰斯汗噶勒藏多尔济，告兆惠，巴雅尔入掠其牧地。兆惠令宁夏将军和起将百人，征厄鲁特兵往御。而噶勒藏多尔济从子札那噶尔布，及宰桑呢吗、哈萨克锡喇、达什策零等，阴通巴雅尔，中途变作，和起死之。兆惠自伊犁将五百人……与达什策零战，大败之。……二十二年正月，至乌鲁木齐。噶勒藏多尔济、札那噶尔布等诸贼皆会，日数十战，马且尽，师步行冰雪中。至特讷格尔，遂被围。巴里坤办事大臣雅尔哈善，先遣侍卫图伦楚，将兵八百，益兆惠军。……及图伦楚兵至，围解。……上……命同定边将军札布，分路剪除厄鲁特。……时札那噶尔布已杀噶勒藏多尔济，会阿睦尔撒纳自哈萨克盗马窜还伊犁，掠札那噶尔布牧地。兆惠……令参赞大臣富德，逐捕阿睦尔撒纳。……兆惠乃率师继富德以北……师复进，次额密勒西岸。富德师至塔尔巴哈台，获逃渠巴雅尔及其孥。……哈萨克汗阿布赉使献马。……阿布赉使言，阿睦尔撒纳以二十骑来投，约诘朝相见，令先收其马并及牛羊。阿睦尔撒纳惊走，获其从子达什车凌、宰桑齐巴罕，缚送兆惠。……命槛车致京师。兆惠分遣诸将图伦楚、三达保、爱隆阿，击败阿睦尔撒纳属众，降其渠纳木奇父子，送京师。兆惠复进，与富德军合，诇阿睦尔撒纳已入俄罗斯，上命还师。……二十三年正月，兆惠以厄鲁特人在沙喇伯勒，尚万户，当先剿除。……命兆惠剿厄鲁特。……并谕兆惠，厄鲁特性反覆，往往自残杀，毋以其乌合稍众，过疑虑。兆惠与副将军车布登札布等，分四道进剿，兆惠趋博罗布尔噶苏，车布登札布趋博罗塔拉，副都统瑚尔起等趋尼勒喀，侍卫达礼善等趋齐格特，皆会于伊犁。厄鲁特众纷纭溃窜，遂尽歼焉。上以贼渠哈萨克锡喇、鄂哲特等十余人皆未获，命兆惠等加意奋勉。四月，兆惠获鄂哲特送京师（《清史稿》列传一百《兆惠传》）。

（2）回部

乾隆二十二年，天山南路布拉尼敦、霍集占兄弟，自立为巴图尔汗。二十三年，命哈尔哈善为靖逆将军，会兆惠攻之。兆惠至叶尔羌，困于黑水营，几不得免。翌年正月，援集，始溃围出。六月再进兵，分取喀什噶尔及叶尔羌。霍集占兄弟弃库车，走逾葱岭，为巴克达山部所杀。是役，用兵几历三年，于是天山南北路，尽入版图。

回部者，天山南路也。……东西六千余里，南北千余里，西、南、北皆大山界之。唐以前，皆奉佛教。其以回回著者，则萌芽于隋唐，而盛于元以后，其祖国曰天方。……当明之末年……玛墨特自西方至，各回城靡然从之。旋值厄鲁特强盛，尽执元裔诸汗，迁居天山以北。回部及哈萨克，皆为其属。……回部各城，则分隶诸昂吉，征租税，应徭役，并质回教酋于伊犁。康熙三十五年，噶尔丹败后，其质伊犁之回酋阿布多实，自拔来归。圣祖优恤，遣人护至哈密，归诸叶尔羌。……至其子玛罕木特，欲自为一部，不外属，噶尔丹策零复袭执而幽之，并羁其二子。……长曰布那尼敦（亦曰博罗尼都），次曰霍集占，即所谓大小和卓木者也。乾隆二十年夏，王师定伊犁，释大和卓木，以兵送归叶尔羌，使统其旧部，而留小和卓木礼之，使居伊犁，掌回务。及阿逆之变，伊犁俶扰，小和卓木率众助逆。……王师再定伊犁，小和卓木遁归，始自疑贰。……将军兆惠……遣副都统阿敏图往招抚。初，小和卓木之归也，兄弟共议所向，大和卓木欲集所部，听天朝指挥，受约束。小和卓木以……若听朝廷处分，必召兄弟一人留质京师……世以此受制于人。今幸强邻已灭，无逼处者，不以此时立国，乃长为人奴仆，非计。中国新得准部，反侧未定，兵不能来，即来，我守险拒之，馈饷不继，可不战挫也。计既决，集其伯克阿浑等，自立为巴图尔汗，传檄各城。……回户数十万皆靡，惟库车、拜城、阿克苏三城之阿奇伯克（官名）鄂对等……皆奔伊犁。……事闻……命雅尔哈善为靖逆将军，二十三年五月，将满、汉兵万余……由吐鲁番进攻库车。……和卓木兄弟闻之，率鸟枪兵万余……来援。六月，领队大臣爱隆阿等，迎击半途，歼其前队……于和托鼐。……和卓木兄弟敛余兵八百入保库车城。……两贼酋……以四百骑，潜出西门遁……余众开门降。……两和卓木奔阿克苏……不纳……乌什亦不纳，于是小和卓木奔叶尔羌，大和卓木奔喀什噶尔（魏源《圣武记》卷四《乾隆戡定回疆记》）。

将军兆惠奉命……移师而南。……时兵皆未集，惟领步骑四千先行。……师至叶尔羌……贼……三战三北，入城固守不出。……兆惠以兵少不能攻城，欲伺间出奇，先营城东隔河有水草处……所谓黑水营也。兆惠既分兵八百……扼喀什噶尔援路。又侦知贼牧群在城南奇盘山下，谋渡河取之。……留兵守黑水营，而率千余骑自东而南。甫渡四百骑，桥忽断，城中贼出五千，来截我兵……万余继之。……我军……且战且退……阵亡将士百余，伤者数百。……贼复渡河来攻五昼夜，我军且战且筑垒，贼亦筑长围困我。……二十四年正月……援军已集，即勒兵溃围……还阿克苏。……夏四月，先遣兵援和阗，复二回城之陷于贼者。六月……两路进师，兆惠由乌什取喀什噶尔，富德由和阗取叶尔羌，每路兵各万五千。两和卓木……震詟……遂弃城……逾葱岭西遁。……走巴达克山。……本谋袭据。……会以其酋不亲迓，怒斩其使。欲约邻部扰之，于是巴达克山酋，兴兵拒战于阿尔浑楚岭，禽其兄弟。将军檄索之，函首军门，回部平（魏源《圣武记》卷四《乾隆戡定回疆记》）。

乾隆二十二年（一七五七年）……阿睦撒纳已入俄罗斯，上命还师。旋授兆惠定边将军，讨布拉呢敦、霍集占。……二十三年……会哈尔哈善围库车，霍集占突围走。上逮哈尔哈善，以兆惠代将。……既至，军诇霍集占自库车出，入叶尔羌城守，乃帅师往捕。道阿克苏……和阗……乌什……俱降，遂薄叶尔羌……择要隘屯兵。霍集占出战，三败，保城不复出。兆惠遣副都统爱隆阿，以八百人扼喀什噶尔来路，阻贼援，而率师临葱岭南河为陈。……兆惠念兵寡而城大，不任攻。谍言贼牧群在城南英奇盘山，乃帅轻骑，躏其牧地，且致贼为野战。渡黑水（葱岭南河），才四百骑而桥圮，霍集占挟数千骑出师战……士卒殊死战五昼夜，杀贼数千人，诸将高天喜、鄂实、三格、特通额皆战死，兆惠马再踣，面及胫皆伤，乃收兵筑垒掘壕以为卫。贼亦筑垒，与我师相持。布拉呢敦自喀什噶尔至，助霍集占困我师。靖逆将军纳穆札尔等，帅师赴援，中途遇回兵，力战，皆死之。……霍集占既逼我师，为长围，相持数月。……迫岁暮，围合已三月。……二十四年正月，富德帅师至呼尔璊，遇回兵，转战五昼夜。阿里衮送马至，合军复战，布拉呢敦出战，中弹伤，还喀什噶尔。师至叶尔羌河岸，阿里衮与爱隆阿合军为右翼，富德及舒赫德为左翼。……兆惠自围中望见火光十余里，马驼群嚣尘上，知援集，乃率余军破垒出，与诸军相合。……兆惠督诸将分道进攻，布拉呢敦弃喀什噶尔，霍集占亦弃叶尔羌同遁。兆惠师至喀什噶尔，抚定余众。……兆惠复抚定霍罕额尔德尼伯克所属四城，并齐哩克、布鲁特、额德格纳。……复定各城伯克更番入觐例。二十五年二月，师还（《清史稿》列传一百《兆惠传》）。

富德。……乾隆……二十三年……雅尔哈善讨霍集占无功，兆惠代将。师锐进，被围，命富德为定边右副将军赴援。二十四年正月，军次呼尔璊，遇贼骑五千，转战五日四夜。会参赞大臣阿里衮送马至，分翼驰突，贼众大溃，杀……贼千余，酋布拉呢敦中枪伤剧，舁入城，旋遁喀什噶尔。……师进，次叶尔羌河岸。复战，败贼。……霍集占党侵和阗，富德赴援，破贼，进攻叶尔羌。霍集占兄弟弃城遁，追败之于阿勒楚尔，又败之于伊西洱库尔淖尔，窜巴达克山，军从之，令擒献。巴达克山汗素勒坦沙，献霍集占首，师还（《清史稿》列传一〇一《富德传》）。

（3）金川

金川之师，最为无名。以其地为唐维州地，特权辞耳，实则妄信满地黄金之说而艳之。出师之始，开实官捐纳之例，用充军饷。以为弹丸之地，传檄可定，不意险远难攻，将帅不和，历时二载，屡致偾师。示意令讷亲奏请班师，而讷亲支吾不肯负咎，怒而杀之。张广泗之诛，则由抗辨不屈。乃命贵戚傅恒视师，布置敷衍了结之局，由皇太后懿旨责令班师，可谓以用兵为戏者已。金川之地改为懋功等五屯。

金川者，小金沙江之上游也。一促浸水，出松潘徼外西藏地，经党坝而入土司境，颇深阔，是为大金川。一攒纳水源较近，是为小金川。皆以临河山有金矿得名。二水均自东北而西南，至明正土司地合流，为宁远府之若水，至会理州为金沙江，亦名泸水。隋始置金川县。……唐维州地，明隶杂谷安抚司。万山丛矗，中绕汹溪，皮船笮桥，曲折一线。……番民皆居石碉，与绰斯甲布等九土司，壤相错。康熙五年，其土司嘉勒巴内附，给演化禅师印，俾领其众。其庶孙莎罗奔者，以土舍将兵，从将军岳钟琪征西藏羊峒番有功，雍正元年奏授金川安抚司。莎罗奔自号大金川，而以旧土司泽旺为小金川。……乾隆十一年，莎罗奔劫泽旺归，夺其印。四川总督檄谕之，始还泽旺于故地。明年，又攻革布什札及明正土司。巡抚纪山，遣……兵弹治，不奉约，反伤我官兵。……上以云贵总督张广泗……调督四川。……时莎罗奔居勒乌图……张广泗调兵三万，分两路，一由川西入攻河东，一由川南入攻河西。……十三年春，诸将多失事。……上乃命大学士公讷亲往视师，又起故将军岳钟琪于废籍，以提督衔赴军自效。……讷亲至，锐意灭贼，下令三日取噶尔厓，总兵任举、参将贾国良战死。自是不敢专政，仍倚张广泗办贼。……将相不和，士皆解体，张广泗所用良尔吉者……通莎罗奔……军中动息辄报贼，预为备，所向扞格。岳钟琪密奏之……讷亲亦劾广泗老师糜饷各事，上逮张广泗入京，而命大学士傅恒代讷亲经略。是冬，张广泗至京，廷讯，责以挟私观望之罪，抗辩不服，怒斩之。命讷亲覆奏，先后呶呶万言，无一要领……赐死。十二月，傅恒至军，则斩良尔吉……以断内应。增调邻省兵，克期进剿。……初，上以土司小丑，劳师二载，诛两大臣，又失任举良将，已不释于怀。及是，闻其地险力艰……已决计罢兵。……时傅恒及岳钟琪两路，连克碉卡，军声大振。莎罗奔……遣人诣岳钟琪乞降。……乃宣诏赦其死（魏源《圣武记》卷七《乾隆初定金川土司记》）。

乾隆十二年（一七四七年）二月癸酉，谕："……据纪山奏称，大金川土司莎罗奔，侵占革布什咱土司地方，彼此仇杀。又诱夺伊侄小金川土司泽旺印信，并把守甲最地方，扬言欲攻打革布什咱等语。……如但小小攻杀……自当任其自行消释。……傥果有拒抗侵轶，不得不宣布皇威，以全国体。"……三月……己酉，谕："……据纪山奏，大金川土司莎罗奔勾结党羽，攻围霍耳章谷，千总向朝选阵亡。并侵压牛毛，枪伤游击罗于朝等语。经军机大臣议，令该督抚等，迅派官兵，遴选将弁……相机进剿。……前将张广泗，调任川陕总督。……再传谕与张广泗，令其即速前赴，会同纪山，相度机宜……迅速剿灭。……此番进剿，一应事宜，专听张广泗调度。"（《清高宗实录》卷二八四）

乾隆十一年（一七四六年），大金川土司莎罗奔为乱，调（张广泗）川陕总督。广泗至军，小金川土司泽旺、土舍良尔吉来降。……转战逾二年，师无功。十三年……（岳）钟琪亦劾广泗……信用良尔吉及汉奸王秋，泄军事于敌。上责广泗……夺官，逮至京师。……十二月，斩广泗（《清史稿》列传八十四《张广泗传》）。

乾隆十三年……四月，召讷亲还京师，授经略大臣，率禁旅，出视师。六月，讷亲至军，下令，期三日克噶拉依。噶拉依者，莎罗奔结寨地也。师循色尔力石梁而下，攻碉未即克。署总兵任举，勇敢善战，为诸军先，没于陈。讷亲为气夺，乃议督诸军筑碉，与敌共险，为持久。……讷亲与广泗合疏言：“……明岁加调精锐三万，于四月进剿，足以成功，至迟亦不逾秋令。”讷亲又别疏言：“来岁增兵，计需费数百万。若俟二三年后，有机可乘，亦未可定。”……乃召讷亲及广泗诣京师……寻夺讷亲官。……十二月，广泗既诛，上封遏必隆（讷亲父）遗刀，授侍卫鄂实，监讷亲还军，诛以警众（《清史稿》列传八十八《讷亲传》）。

乾隆……十三年，师征大金川，久无功。三月，高宗命起钟琪，予总兵衔。至军，即授四川提督。……讷亲令攻党坝，上以军事咨钟琪。钟琪疏言：“党坝为大金川门户，碉卡严密，汉、土官兵止七千余，臣……请益兵三千。”广泗不应。……大学士傅恒代为经略，钟琪奏请选精兵三万五千，万人出党坝及泸河，水陆并进；万人自甲索攻马牙冈、乃当两沟，与党坝军合，直攻勒乌围。卡撒留兵八千，俟克勒乌围，前后夹攻噶拉依。党坝留兵二千护粮，正地留兵千防泸河，余四千往来策应。期一年，擒莎罗奔及郎卡。……命傅恒筹议，傅恒用其策。钟琪自党坝攻康八达山梁，大破贼。师进战塔高山梁，复屡破贼。……师入，莎罗奔惧，遣使诣钟琪乞降（《清史稿》列传八十三《岳钟琪传》）。

乾隆十三年……讷亲既无功。九月，命傅恒暂管川陕总督，经略军务。寻授保和殿大学士，发京师及诸行省满、汉兵三万五千，以部库及诸行省银四百万，供军储。又出内帑十万备犒赏。十一月，师行。……旋……特命加太保。……初，小金川土舍良尔吉，间其兄泽旺于莎罗奔，夺其印，即烝于嫂阿扣。莎罗奔之犯边也，良尔吉实从之。后诈降为贼谍，张广泗入奸民王秋言，使领蛮兵，我师举动，贼辄知之。傅恒途中，疏请诛良尔吉等。……招良尔吉来迎，至邦噶山，正其罪，并阿扣、王秋悉诛之。……十四年正月，上疏言：“……臣惟攻碉最为下策，枪炮不能洞坚壁，于贼无所伤。贼不过数人，自暗击明，枪不虚发，是我惟攻石，而贼实攻人。……拟俟诸军大集，分道而进。别选锐师，旁探间道，裹粮直入，逾碉勿攻，绕出其后。……我兵既自捷径深入，守者各怀内顾，人无固志，均可不攻自溃。……直捣巢穴，取其渠魁，期四月间奏捷。”上以金川非大敌，劳师两载，诛大臣，失良将，内不怿。及是，闻其地险难下，益不欲竟其事。遂以孝圣宪皇后谕，命班师……反复累数千言。……时傅恒及提督岳钟琪，决策深入，莎罗奔复介绰斯申等，诣岳钟琪乞贷死。钟琪亲入勒乌围，挈莎罗奔及其子郎吉诣军门。……傅恒遂受莎罗奔父子降（《清史稿》列传八十八《傅恒传》）。

后二十年，复有事金川，世称为小金川之役，以别于前。自乾隆三十六年迄四十一年，凡历六七年之久。当出师之始，四川总督阿尔泰力主不可用兵，以姑息诛之。木果木之溃，定边将军温福死之，全军皆溃，丧失军资器械无算。固由碉寨难攻，而诸将高歌酣饮，坚壁不出，为致败之由。帝怒，欲遣健锐、火器营前往助攻，适阿桂以多金买通小金川内部，得袭取美诺，乘胜进攻大金川，悉取其地。两次用兵，兵费达七千万两。

莎罗奔兄子郎卞主土司事，渐桀骜。（乾隆）二十三年，逐泽旺及革布什札土司于吉地，总督开泰檄谕，而郎卞侵邻境不已。三十一年，诏总督阿尔泰檄九土司环攻之，而阿尔泰姑息。……由是两金川狼狈为奸，诸小土司皆不敢抗，而边衅棘矣。时泽旺老病不知事，郎卞亦旋死，其子索诺木与僧桑格，侵鄂克什土司。三十六年……我兵往护鄂克什，僧桑格遂与官兵战。上以……阿尔泰……按兵打箭炉，半载不进……赐死。命大学士温福，自云南赴川，以尚书桂林代阿尔泰为总督，共讨贼。温福由汶川出西路，桂林由打箭炉出南路。……三十七年……五月，桂林遣将薛琮等，将兵三千……入黑垄沟。贼劫其后路……桂林不赴援夹攻，全军陷没。……乃以阿桂代桂林为参赞大臣。……十一月，阿桂……连夺险隘，遂直捣贼巢。……僧桑格……窜入大金川。……上以贼酋同恶相济，宜一举并灭。乃命温福为定边将军，阿桂、丰伸额为副将军。……于是温福由功噶入，阿桂由当噶入，丰伸额由绰斯甲入。三十八年春，温福以贼扼险，不得进，别取道攻昔岭，驻营木果木。……六月……小金川……降番……复叛。……潜兵袭木果木，温福尚不严备……贼四面蹂入，温福中枪死，各卡兵望风溃散……小金川……复陷于贼。……乃授阿桂定西将军，丰伸额、明亮为副将军……所向克捷，遂尽复小金川地。……敕诸将移……师，进讨大金川。……王师三路进攻。……贼巢有二：一乌勒图，一噶尔厓。其乌勒图，以罗博瓦山为门户。阿桂令海兰察、额森特、海禄三路，绕出其后，福康安、成德特、成额三路，仰攻其前。……明年（三十九年）……八月十五夜，进捣巢穴。……而莎罗奔兄弟及各头目，已先期遁赴噶尔厓矣。……十二月，三路军皆会于噶尔厓，筑长围……断水道以困之。……贼势蹙……外围益急。索诺木果从沙罗奔及其头日妻子，挈番众二千余，出寨奉印献军门，金川平（魏源《圣武记》卷七《乾隆再定金川土司记》）。

乾隆三十六年（一七七一年）六月……甲午，谕：“……据阿尔泰等奏，查办革布什咱情形一折，内称郎卡之子索诺木，恳乞将革布什咱地方百姓，赏给当差等语，此断不可允行。……看来索诺木年幼愚顽，罔识利害。阿尔泰若稍露就便完局之意，使彼得逞其欲，势必于附近土司，渐图蚕食……于边境大有关碍。著传谕阿尔泰等，务须……详慎筹度，以期经久无弊。”（《清高宗实录》卷八八七）

金川头人索诺木，攻革布什咱，僧格桑亦围达木巴宗，侵明正土司。阿尔泰疏言：“两金川相比，如议出师，需兵既多，糜饷亦巨。兹令董天弼临之以兵，仍使游击宋元俊宣谕索诺木。”……谕斥阿尔泰掩饰偷安，夺大学士、总督，留军治饷。……三十七年……上责其倚老负恩，始终不肯以国事为念，命逮问。……三十八年，狱具拟斩，上命赐自尽（《清史稿》列传一一三《阿尔泰传》）。

温福……乾隆……三十六年，师征金川，授定边右副将军，以侍郎桂林佐之。……温福自汶川出西路，桂林自打箭炉出南路。时……僧格桑割地，乞援于……索诺木。索诺木潜遣兵助之。……上命先剿小金川，且勿声大金川罪。温福至打箭炉，分兵三道入，温福出巴郎拉，提督董天弼自甲金达援达木巴宗，总督阿尔泰自约咱攻僧格桑。……十二月，至巴郎拉，战三昼夜，贼败去。三十七年，取达木巴宗，进攻斯库叶安……攻公雅山。十二月，授定边将军，以阿桂、丰升额副之。……再进克底木达……僧格桑父泽旺所居寨也。师至，俘泽旺，槛致京师，诛于市。而僧格桑奔大金川，温福檄索诺木，令缚献……不应。上将进讨大金川……于是温福自功噶尔拉入，阿桂自当噶尔拉入，丰升额自绰斯甲布入。温福性刚愎，不广咨方略，惟……以碉卡攻碉卡……士卒多伤亡，咨怨无斗志。……三十八年春，温福师至功噶尔拉，贼阻险，不得进……驻军木果木，令提督董天弼分军屯底木达。……索诺木阴使小金川头人，煽降番使复叛。……遂蜂起应之，先攻底木达，天弼死之。……潜袭木果木……温福中枪死。……小金川地尽陷（《清史稿》列传一一三《温福传》）。

乾隆三十八年（一七七三年）……小金川……陷。阿桂悉收降番械，毁碉寨，分置其人章谷、打箭炉，斩其桀骜者，亲殿军退驻达河。事闻，上怒甚，命发健锐、火器两营，黑龙江、吉林、伊犁额鲁特兵五千，授阿桂定西将军，明亮、丰升额副将军，舒常参赞大臣。……十月，攻下资哩。用番人木塔尔策，分师由中、南两路进，潜军登北山巅，遂取美诺。明亮等亦克僧格宗来会。凡七日，小金川平。三十九年……二月……乘胜临逊克尔宗。僧格桑死于金川，金川酋献其尸，而死守逊克尔宗。十月，阿桂用策，先克默格尔山及凯立叶。……十一月……金川东北之贼殆尽。四十年……八月，克隆期得寨，遂克勒乌围贼巢。……四十一年正月，克玛尔古当噶碉寨五百余，遂围噶拉依。索诺木母先赴河西集余众，大兵合围，与其子绝，遂降。阿桂令作书招索诺木，而其头目降者相继，索诺木乃率众降。金川平，安置降番，设副将、同知分驻其地（《清史稿》列传一〇五《阿桂传》)。

（4）廓尔喀

廓尔喀与后藏，以米盐琐屑构衅，本不烦用兵，特欲贵重乳臭之福康安，使得邀贝子之封。安南、台湾诸役，亦同此意。于是内外朋比，恣为侵欺。筹兵筹饷，动扰闾阎，人民受害，不知纪极矣。

四川、云南之西，为乌斯藏，乌斯藏之西南，为廓尔喀。……廓尔喀本巴勒布国，旧分叶楞部、布颜部、库木部，于雍正九年，各奏金叶表文，贡方物。后三部并为一，遂与后藏为邻。东西数十里，南北千余里，其巢穴曰杨布，距边约十一二日程。其地亦有佛迹，唐古特人岁往朝塔，拭白土焉。自古不通中国，其与中国构兵，则自乾隆五十五年内犯西藏始。初，班禅喇嘛以四十六年来朝。……中外施舍，海溢山积。及班禅卒于京师，资送归藏，其财皆为其兄仲巴呼图克图所有，既不布施各寺庙，与唐古特之兵，又摈其弟舍玛尔巴为红教，不使分惠。于是舍玛尔巴愤，愬廓尔喀以后藏之封殖。仲巴之专汰，煽其入寇。五十五年三月，廓尔喀藉商税增额、食盐揉土为词，兴兵闯边。唐古特兵不能阏，而朝廷所遣援剿之侍卫巴宗、将军鄂辉、成德等，复调停贿和，阴令西藏堪布等，私许岁币万五千金，按兵不战。……讽廓尔喀酋入贡，受封国王。……次年，藏币复爽约。于是廓尔喀以责贡为名，再举深入。……驻藏大臣保泰，一闻贼至，则移班禅于前藏。……贼大掠札什伦布，全藏大震。……乃命嘉勇公福康安为将军，超勇公海兰察参赞……进讨。……明年（五十六年）……五月，连败其屯界之兵，尽复藏地。六月，大举深入……距济陇八十里之铁索桥，初入贼界第一隘也。贼断桥阻险，福康安以正兵与贼相持，海兰察潜由上游筏渡……合冲贼营，追剿……至东觉岭……夺其险。六月九日，至雍雅山。廓夷震慑，遣使诣军前乞降。将军、参赞严檄斥之，数日不报。复三路进攻……将近其国都阳布之地。……贼以十营踞山，守御甚固。……冒雨上山……至斗绝处，贼乘高木石雨下。隔河隔山之贼，三路来犯，我兵且战且退，死伤甚众。……方是时，其国境南邻印度之地曰彼楞者，久为英吉利属国，与廓夷积衅。福康安进兵时，曾檄近廓夷……等部，同时进攻，许事平分裂其地。及是，廓夷南告急于彼楞，彼楞佯以兵船赴援，实阴逼其边鄙。廓夷两支强大敌，汹惧无计。……再遣人诣军，卑词乞哀。时我师方挫，而贼进益险，且逾八月，即大雪封山难返，乃允其降。……班师（魏源《圣武记》卷五《乾隆征廓尔喀记》）。

乾隆五十六年（一七九一年）八月……甲子……驻藏办事大臣保泰、雅满泰奏："据喇嘛噶布伦禀称，六月二十四日，行至聂拉木，给信与廓尔喀，商议旧时未完债项。七月初六日，廓尔喀头人带领七十余人，至聂拉木。次早，廓尔喀头人等领兵千余，向聂拉木进发。我等见来人甚众，一时不能禁止，将彼处桥梁拆毁。廓尔喀疑断其归路，混放鸟枪，致相争斗。廓尔喀即占据聂拉木，将噶布伦、戴绷等，俱围在彼处。"（《清高宗实录》卷一三八五）

九月甲午，谕："……廓尔喀侵占聂拉木、济咙，竟敢犯至札什伦布。若不痛加惩创，断不能使之慑服。……来年雪化后，务须宣示兵威，深入剿杀，使之畏惧帖服，方为一劳永逸之计。"（《清高宗实录》卷一三八七）

乾隆五十六年，廓尔喀侵后藏，命福康安为将军，仍以海兰察为参赞大臣，督师讨之。……五十七年三月，福康安师出青海……督诸军速进，行四十日，至前藏。……诸道兵未集，督所部分六队……进次玛噶尔辖尔甲山梁。……进攻济陇。济陇当贼要隘，大碉负险，旁列诸碉卡，相与犄角。乃分兵先剪其旁诸碉卡，并力攻大碉……自辰至亥，克其寨，斩六百，擒二百。……六月，自济陇入廓尔喀境，进克索勒拉山，度热索桥，东越峨绿山，自上游潜渡，越密里山，攻旺噶尔，克作木古、拉载山梁。攻噶勒拉、堆补木诸山，破甲尔古拉、集木集两要寨。转战深入七百余里，六战皆捷。……福康安恃胜，军稍怠，督兵冒雨进，贼为伏以待，台斐英阿战死。廓尔喀使请和，福康安允之。廓尔喀归所掠后藏金瓦宝器，令大头人噶木第马达特塔巴等，赍表进象、马及乐工一部。上许受其降（《清史稿》列传一一七《福康安传》）。

（乾隆）五十八年正月，奏：“藏内善后十八事：一曰，达赖喇嘛、班禅额尔德尼与外番通信，应告驻藏大臣；二曰，各边境设鄂博；三曰，选边界营官，视内地边俸例推升；四曰，禁袭充番目；五曰，诸大寺坐床堪布，公同补放；六曰，商上银钱出入，照新定数目，画一收放；七曰，济咙、聂拉木边界收税，毋庸酌减；八曰，禁私给免差照票；九曰，僧俗户口，造册清查；十曰，蒙古延喇嘛诵经，由驻藏大臣给照往；十一曰，禁私用乌拉；十二曰，禁罚赎不公，及私抄没家产之弊；十三曰，官兵所需火药，就地配造；十四曰，达赖喇嘛赏噶布伦、戴琫田庐，不得私占；十五曰，禁商上喇嘛预支钱粮；十六曰，各寨租赋，按年收交商上，逃亡绝户免；十七曰，驻藏大臣署设译廓尔喀番字吏；十八曰，廓尔喀贡使往来，派文武官卫送。”又奏：“外番商人来藏者，酌定次数，由驻藏大臣给照往来，由江孜、定日两汛官弁察之，寻常交易，随时稽验，毋得私越。”均得旨议行（《清史列传》卷二十六《福康安传》）。

（5）缅甸

缅甸之役，有土司及场商关系，起因则由垂涎宝石井。致兵连祸结，云贵总督刘藻战死，继之者杨应琚以失利赐死，将军明瑞战死，经略傅恒感瘴疠得疾，乃谬为敌人请和，匆匆旋师。

缅甸……国于西南，不臣不贡。……乾隆十八年，茂隆场商吴尚贤，说甸入贡。缅酋麻哈祖，遣使……叩关求贡。使至京，锡赉如例。……

明年（十九年），缅酋为木疏土司雍籍牙所篡。……初，我诸土司之近缅者，皆于缅私有岁币。自木疏据国后，诸土司以其故等夷，不复馈献，缅酋勒兵索之……遂渐及我内属诸土司。……嗾孟艮酋，使内犯车里土司，扬言将渡滚龙江。……普洱、永昌边外，一日数惊。总兵刘得成……等，三路皆败。……时乾隆三十年也。诏大学士杨应琚，自陕甘移督云南。应琚至，会普洱贼渐退，官兵得以其间收复车里、孟艮、整次诸地，分隶土目。应琚见事机顺利，密奏缅甸可取状。……于是应琚自普洱移驻永昌。……缅贼闻，乃大出兵，攻木邦，攻景线，皆陷之。时副将赵宏榜，以兵数百，袭克蛮暮之新街。其地扼金沙江口，缅与中国互市处，据阿瓦上游，为缅必争之地。贼以兵溯江而上，宏榜烧器械辎重，走还铜壁关。贼数万尾而入，应琚忧甚，痰疾遽作。诏两广总督杨廷璋赴滇，代治应琚军。……提督李时升，调兵万四千，令总兵乌尔登额由宛项进剿木邦，总兵朱仑由铜壁关进守新街。贼佯遣人议款，而分兵绕入万仞关，围永昌、腾越各边营汛。……援兵始至，贼……逸。时三十二年正月。杨廷璋至军，见贼事未易竣，遂奏言："应踞病已痊，臣谨归粤。"……诏明瑞以将军兼云贵总督……大举征缅。明瑞由木邦、孟艮攻东路，为正兵；参赞额尔景额及提督谭五格，由孟密出新街水路，约会于阿瓦。……明瑞……为浮桥，渡锡箔江……至蛮结……贼披靡……皆宵遁。……然夷境益峭险，马乏草，牛踣途。贼烧积贮，空村砦，无粮可掠。进至象孔，迷失道。明瑞度不能至阿瓦……冀与北路军合……向木邦归。……缅自去冬象孔改道……知我……不向阿瓦，即悉众来迫。我军且战且行。……额尔登额之进孟密也，中途阻于老官屯之贼，顿兵月余。……明瑞行抵小猛育，贼已猬集数万……而额尔登额之援不至。……血战。……明瑞、观音保死之，（三十三年）二月十日也。……是为征缅前一役（魏源《圣武记》卷六《乾隆征缅甸记上》）。

明瑞之死也，缅人不知，余威犹震。缅惧，纵所获卒……八人，持贝叶书……乞罢兵。……上以……缅夷求款，未亲遣头目……命绝之，勿报。命大学士傅恒经略，阿桂、阿里衮皆为副将军，明德为总督，哈国兴为提督。……三十四年……四月朔，经略至永昌、腾越。……乃议大军从金沙江上游之戛鸠江，经孟拱、孟养两土司地，陆行直捣阿瓦。偏师由东岸夹江而下，进取孟密。……十月朔……出金沙江，贼已列舟扼江口。……哈国兴将水兵，阿桂、阿里衮各将陆兵，分趋两岸……三路皆捷。而经略及阿里衮已病，诸将议不向阿瓦，惟老官屯有贼垒……欲取之以蒇事。老官屯临大金沙江，贼分扼江之东、西，我军逼其东寨……截其西岸应援之贼。贼帅乃遣人……递缅文，请……议款。……阿桂集诸将，议进止，皆惮水土瘴疠，争愿罢兵。……上以大军再举，再破贼，已足张国威……谕经略班师。……迁木邦、孟拱、蛮暮三土司于关内，分置大理、蒙化、宁洱，而空关外地。……缅旋以三土司未归，不肯入贡，亦不还所羁官兵。……暹罗者，居缅西南海，与缅世仇，缅酋孟驳，于乾隆三十六年灭之。而缅自连年抗中国，耗费不赀。又其土产……恃云南官商采买者，皆闭关罢市。缅加戍东北，而力战东南，其用日绌。既并暹罗，征取无艺。乾隆四十三年，暹罗遗民愤缅无道，推其遗臣郑昭为主，起兵尽复旧封。又兴师侵缅地。于四十六年航海来贡告捷，朝廷不使亦不止也。……昭子华嗣立，亦材武。缅酋孟云不能支，乃东徙居蛮得。五十一年，诏封华为暹罗国王。于是缅酋益惧……款关求贡。……五十五年，遣使贺八旬万寿。……赐敕印，封为缅甸国王，定十年一贡（魏源《圣武记》卷六《乾隆征缅甸记下》）。

是时缅甸为乱犯边，总督刘藻战屡败，自杀。大学士杨应琚，代为总督，师久无功，赐死。三十二年二月，命明瑞以云贵总督、兼兵部尚书，经略军务。明瑞议，大军出永昌、腾越，攻宛顶、木邦为正兵；遣参赞额尔登额出北路，自孟密攻老官屯，会于阿瓦。十一月，至宛顶，进攻木邦，贼遁，留参赞珠纳鲁……守之。率兵万余，渡锡箔江，攻蛮结。寇二万，立十六寨，寨外浚沟，沟外又环以木栅，列象阵为伏兵。明瑞令分兵为十二队，身先陷阵。……我兵毁栅进，无不一当百……贼遁走……师复进。十二月，次革龙，地逼天生桥渡口。贼踞山巅立栅，明瑞令别军出大道，若将夺渡口，而督军从间道，绕至天生桥上游，乘雾径渡，进据山梁，贼惊溃，俘馘二千余。复进至象孔，粮垂罄，欲退，虑额尔登额师已入。闻猛笼土司粮富……乃移军猛笼……且战且行……日行不三十里，至猛笼已岁除。土司避匿，发窖粟二万余石，驻三日，复军趋孟密。……贼蹑我军行，至夕驻营。……我军屯山巅，贼即营半山。明瑞谓诸将曰："贼轻我甚，不一死战，无噍类矣！贼识我军号。明旦我军传号，若将起行，则尽出营伏箐待。"明旦贼闻声，蚁附上山。我军突出发枪炮，贼反走，乘之，斩四千有奇。自此每夜遥屯二十里外，明瑞令休兵六日。贼栅于要道，我军攻之不能拔，得波竜人引……出。……三十三年正月，贼攻木邦，副都统珠鲁纳师溃自戕。……额尔登额出猛密，阻于老官屯，月余引还。……巡抚鄂宁檄援不应，于是明瑞军援绝，而贼自木邦、老官屯两道并集。二月，至小猛育，贼麇集五万余。我军食罄……火药亦竭。……明瑞令诸将达兴阿、本进忠，分队溃围而出，而自为殿，血战万寇中，札拉丰阿、观音保皆死。明瑞负创，行二十余里……而缢于树下（《清史稿》列传一一四《明瑞传》）。

乾隆三十三年（一七六八年），将军明瑞征缅甸，败绩。二月，授傅恒经略，出督师。……三十四年（一七六九年）二月，傅恒师行，发京师及满、蒙兵一万三千六百人从征。上御太和殿赐敕，赉御用甲胄。四月，至腾越。傅恒决策，师循戛鸠江而进，大兵出江西，取道猛拱、猛养，直捣木梳。水师沿江顺流下，水陆相应。偏师出江东，取猛密，夹击老官屯。往岁以避瘴，九月后进兵。……傅恒议，先数十日，出不意，攻其未备。……及傅恒至军，咨土司头人，知蛮暮有山曰翁古，多木，旁有地曰野牛坝……凉爽无瘴，即地伐木造舟。……傅恒即使傅显佐莅事。……

又得茂隆厂附近炮工，令范铜为炮。……八月，傅恒自南蚌趋戛鸠。……师复进，取猛养，破寨四，诛头人拉匿拉赛。设台站，令瑚尔起以七百人驻守。遂至南董干，攻南准寨，获头人木波猛等三十五人。进次暮腊，再进次新街。……刈禾为粮，行二千里，不血刃。而士马触暑雨，多疾病。会阿桂将万余人，自虎踞关，出野牛坝，造舟毕成，征广东、福建水师亦至，乃合军并进。哈国兴将水师，阿桂、阿里衮将陆师，阿桂出江东，阿里衮出江西。缅兵垒金沙江两岸，又以舟师扼江口，阿桂先与缅兵遇……缅兵溃。哈国兴督舟师乘风蹴敌，缅兵舟相击，死者数千。阿里衮亦破西岸缅兵。……阿里衮感瘴而病……旋卒。十一月，傅恒复进攻老官屯……为水陆通衢，缅兵伐木立寨甚固。哈国兴督诸军力攻，未即克。……缅兵夜自水寨山，傅恒令海兰察御之，又令伊勒图督舟师掩击。……缅兵潜至江岸筑垒，又自林箐中出，海兰察击之，屡有斩馘。师久攻坚，士卒染瘴多物故，水陆军三万一千，至是仅存一万三千。傅恒以入告，上命罢兵，召傅恒还京师。傅恒俄亦病，阿桂以闻，上令即驰驿还，而以军事付阿桂。会缅甸酋懵驳，遣头人诺尔塔，赍蒲叶书乞罢兵。傅恒奏入，上许其行成。……懵驳遣头人诣军，献方物。十月，傅恒还驻虎踞关。……三十四年二月，班师。……既而缅甸酋谢表久不至，上谓傅恒方病，不忍治其罪，七月卒（《清史稿》列传八十八《傅恒传》）。

（6）安南

安南之役，两广总督孙士毅，与和珅合谋，朋分军饷。士毅师入安南，报虚捷，竟得锡封公爵。及为敌所袭，狼狈而退，仅以身免，因是夺封并褫其职，以福康安代之。福康安伪为阮光平请降而罢师，光平不赴京师，仅献代身金人，至乾隆五十五年始来朝。或谓疆臣使人伪为之，非光平也。

黎氏自明以来，世王安南。顺治十六年，王师定云南，国王黎维禔，遣使至军。康熙五年……诏封维禧安南国王。……六传至维耑，而有阮氏之乱。初，明嘉靖中，安南为莫登庸所篡，国王黎维禯走保清华。至孙维禫起兵，破莫复国，实其臣郑檍、阮口之力，世为左右辅政。后右辅政郑氏，乘阮死幼弧，兼摄左辅政，专国事，而出阮氏于顺化，号广南王，由是阮、郑世仇构兵。及黎维耑，权益下移，仅守府。郑栋……有篡志，而忌广南之强，乃诱其土酋阮岳、阮惠共攻灭广南王于富春。阮惠自为泰德王，郑栋自为郑靖王，两王并抗，黎王无如何也。……乾隆五十一年，郑栋死，子郑宗、郑幹内阋，幹……请广南兵以灭宗，于是阮氏复专国。……明年（五十二年），维耑卒，嗣孙维祁立。阮惠……载珍宝归广南，使贡整留镇都城。贡整思扶黎拒阮。……阮惠……使其将阮任……攻贡整于国都，整战死，维祁出亡。……五十三年……有高平府督阮辉宿者，扈嗣孙母妻宗族二百口……遁至……广西太平府龙州边。……两广总督孙士毅、广西巡抚孙永清，先后以闻。……上以黎氏守藩……宜出师问罪，以兴灭继绝。……命孙士毅移檄安南各路，示以顺逆，早反正。……于是安南国土司及未陷各州官民，争缚伪党、献地图。又关外各厂义勇数万……请为向导。时阮惠兄弟，亦敂关请贡。……上知阮惠……狡计缓师，令士毅严斥之。安南进兵路三：一出广西镇南关，为正道；一由广东钦州泛海，过乌雷山，至安南海东府；……一由云南蒙自县莲花滩陆行，至安南之洮江。……孙士毅及提督许世亨，率两广兵一万出关，以八千直捣王京。……其云南提督乌大经，以兵八千……入交趾。……而至宣化镇。……十月末，粤师出镇南关。……各土兵义勇随行，声言大兵数十万。各守隘贼望风奔遁，惟扼三江之险以拒。十一月十三日……抵寿昌江。……十五日，进军市球江。……适上游兵已绕出其背……贼……瓦解溃北。十九日，薄富良江，江即在国门外。……渡江……捣贼营。贼昏夜不辨多寡，大溃。……黎明，我师毕济。……孙士毅、许世亨入城宣慰。……黎维祁匿民村……始出诣营。……宣诏册封黎维祁安南国王。……时阮惠已遁还巢穴……诏即班师入关。而孙士毅贪俘阮为功，师不即班。又轻敌不设备。……阮氏谍知虚实，于岁暮倾巢再举，袭国都。……明年（五十四年）正月朔，军中置酒张乐，夜忽报阮兵大至，始仓皇御敌。我师众寡不敌……黎维祁挈家先遁，滇师……亦退。孙士毅夺渡富良江，即斩浮桥以断后，由是在南岸之军，提督许世亨、总兵张朝龙以下夫役万余，皆挤溺焉。士毅回镇南关，尽焚弃关外粮械火药，数十万士马，还者不及一半。云南之师，以……向导得全返。黎维祁母子复来投，奏闻，上以士毅不早班师……命褫职来京待罪，以福康安代之。阮惠……惧王师再讨，又方与暹罗构兵……敂关谢罪乞降，改名阮光平，遣其兄子光显赍表入贡。……福康安先后以闻，上以维祁再弃其国，并册印不能守，其天厌黎氏。……而阮光平既请亲觐……乃允其请。其黎维祁赏三品衔，编旗安置京师。五十五年，阮光平来朝祝厘。……受封归（魏源《圣武记》卷六《乾隆征抚安南记》）。

阮光平父子以兵篡国，国用耗，商舶不至。乃遣乌艚船百余，总兵十二，以采办军饷为名，多招中国沿海亡命，啖以官爵，资以船械，使导入寇闽、粤、江、浙。嘉庆初，各省奏擒海盗，屡有安南兵将。及总兵封爵敕印，诏移咨安南，尚不谓国王预知也。暹罗既与广南积怨，会黎氏甥农耐王阮福映者奔暹罗，暹罗妻以女弟，助之兵，克复农耐，势日强，号旧阮，屡与新阮战，夺其富春旧都，并缚献海贼莫扶观等，皆中国奸民，受安南……伪职。又上攻克富春时所获阮光缵（光平嗣子）封册金印，是为嘉庆四年。诏以阮氏父子……负恩……国都册印不保，灭亡已在旦夕。……命两广总督吉庆，赴镇南关，勒兵以备边。……七年十有二月，阮福映灭安南，遣使入贡。……乞以越南名国。诏封越南国王（魏源《圣武记》卷六《乾隆征抚安南记》）。

乾隆五十三年（一七八八年）……会安南国王黎维祈，为其臣阮惠所逐，其母妻叩关告变。士毅以闻，督兵诣龙州，防镇南关。帝嘉其识轻重，知大体，命自广西入安南。别遣云南提督乌大经，自蒙自进。阮惠遣将拒于寿昌江，又分兵屯嘉观。士毅师至……遂复黎城，阮惠走富春。维祈至军中，士毅承旨，封为安南国王。捷闻，封一等谋勇公。……命班师。士毅犹豫，未即行。五十四年春正月，阮惠率其徒攻黎城，维祈亦挈其孥潜遁，士毅引兵退，渡市球江，驻江北。惠军追至，总兵李化龙殿，渡浮桥堕水死。浮桥断，提督许世亨等皆战死。士毅还入镇南关，维祈与母子偕至。……解总督任（《清史稿》列传一一七《孙士毅传》）。

（乾隆）五十四年，安南阮惠攻黎城，孙士毅师退。上移福康安两广总督。……惠更名光平，乞输款。福康安为疏，陈请罢兵。上允之（《清史稿》列传一一七《福康安传》）。

乾隆一朝，凡两攻准部、一攻回部、两攻金川、两攻廓尔喀、一攻台湾、安南、缅甸，自诩为“十全武功”，且自号“十全老人”，除回疆稍有布置，余尽侵欺掩冒，一时成为风气。所谓军旅之中，商贾云集，倡优麇至，绮罗山积，鹅鸭成阵，酣歌恒舞，经月连旬。游客挟一纸书，立得千金以去，尚不足以尽之。每次兴师，皆以耗时为务，师愈久则利愈多，库藏空虚，掊克日甚。故十次之师，与嘉、道人民起兵，有倚伏关系。其台湾林爽文之事，别入人民反抗篇中，不具于此。

（7）清之疆域

有清崛起东方……太祖、太宗力征经营，奄有东土。首定哈达、辉发、乌拉、叶赫及宁古塔诸地，于是旧藩札萨克二十五部五十一旗，悉入版图。世祖入关……定鼎燕都，悉有中国一十八省之地。……圣祖、世宗长驱远驭，拓土开疆，又有新藩喀尔喀四部八十二旗、青海四部二十九旗及贺兰山厄鲁特，迄于西藏四译之国。……逮于高宗，定大小金川、收准噶尔回部天山南北二万余里。……自兹以来，东极三姓所属库页岛，西极新疆疏勒至于葱岭，北极外兴安岭，南极广东琼州之崖山……汉唐以来，未之有也。穆宗中兴以后，台湾、新疆改列行省。德宗嗣位，复将奉天、吉林、黑龙江改为东三省，与腹地同风，凡府、厅、州、县一千七百有奇。……太宗之四征不庭也，朝鲜首先降服，赐号封王。顺治六年，琉球奉表纳款。……继是安南、暹罗、缅甸、南掌、苏禄诸国，请贡称臣，列为南服。高宗之世，削平西域，巴勒提痕、都斯坦、爱乌罕、拔达克山、布哈尔、博洛尔、塔什干、安吉延、浩罕、东西布鲁特、左右哈萨克及坎车提诸回部，联翩内附。……辟地至数万里，幅员之广，可谓极矣（《清史稿·地理志一》）。

清疆域简表

区别	名称	四界	面积	辖地	治所	备考
京畿	顺天府	四界皆直隶境。	广四百四十里，袤五百里。	顺天府 凡领州五、县十九。	京师（大兴县、宛平县）	
行省	直隶	北界内蒙古，东界渤海及奉天，南界山东及河南，西界山西。	广一千二百三十里，袤二千六百三十里。	府十一： 保定、正定、大名、顺德、广平、天津、河间、承德、朝阳、宣化、永平。 直隶州七： 赤峰、遵化、易、冀、赵、深、定。 直隶厅三： 张家口、独石口、多伦诺尔。	保定府（清苑县）	

续表

区别	名称	四界	面积	辖地	治所	备考
行省	直隶			凡属散州九、散厅一、县一百有四。		
	奉天	北界黑龙江，南至海，东南以鸭绿江界朝鲜，东界吉林，西界内蒙古及直隶。	广一千八百里，袤一千七百五十里。	府八： 奉天、锦州、新民、兴京、长白、海龙、昌图、洮南。 直隶厅五： 法库、营口、凤凰、庄河、辉南。 凡属散厅三、州六、县三十三。	奉大府（承德县）	《清史稿·地理志》：天命十年三月，定都沈阳。天聪八年，尊为盛京。顺治元年，悉裁明诸卫、所，设内大臣副都统及八旗驻防。三年，改内大臣为昂邦章京，给镇守总管印。康熙元年，改昂邦章京为镇守辽东等处将军。光绪三十三年，罢将军，署东三省总督，奉天巡抚，改为行省。
行省	吉林	西界奉天，东至乌苏里江界俄领东海滨省，北界黑龙江，南至图们江界朝鲜。	广二千四百余里，袤千五百余里。	府十一： 吉林、长春、新城、双城、宾州、五常、延吉、宁安、依兰、临江、密山。 州三、厅五、县十八。	吉林府	《清史稿·地理志》：光绪三十三年，建行省，改将军为巡抚，尽裁副都统等。

续表

区别	名称	四界	面积	辖地	治所	备考
行省	黑龙江	南界吉林、奉天,西南界内蒙古,西界外蒙古,西北以额尔古纳河界俄领萨拜哈勒省,北及东北以黑龙江界俄领阿穆尔省。	广二千八百余里,袤一千五百余里。	府七: 龙江、呼兰、绥化、海伦、嫩江、黑河、胪滨。 道一: 兴东。 直隶厅六: 讷河、瑷珲、呼伦、肇州、大赉、安达。 属州一、县七。	龙江府	《清史稿·地理志》:光绪三十三年,罢将军,设黑龙江巡抚,改为行省。
	江苏	北界山东,西界河南、安徽,南界浙江,东至海。	广九百五十里,袤千一百三十里。	府八: 江宁、淮安、扬州、徐州、苏州、松江、常州、镇江。 直隶州三: 通、海、太仓。 直隶厅一: 海门。 凡属散州三、厅四、县六十。	江宁府(江宁县、上元县)	
	安徽	东界江苏,西界河南、湖北,南界江西、浙江,北界河南、江苏。	广七百三十五里,袤六百六十六里。	府八: 安庆、庐州、凤阳、颍州、徽州、宁国、池州、太平。 直隶州五: 广德、滁、和、六安、泗。 凡属散州四、县五十一。	安庆府(怀宁县)	

续表

区别	名称	四界	面积	辖地	治所	备考
行省	山西	东界直隶、河南，西界陕西，南界河南，北界内蒙古。	广八百八十里，袤一千六百二十里。	府九：太原、汾州、潞安、泽州、平阳、蒲州、大同、朔平、宁武。直隶州十：辽、沁、平定、解、绛、隰、霍、忻、代、保德。直隶厅十二：归化城、萨拉齐、清水河、丰镇、托克托、宁远、和林格尔、兴和、陶林、武川、五原、东胜。凡属散州六、县八十五。	太原府（阳曲县）	
	山东	东至大海，西及西北界直隶，南界江苏，西南界河南。	广一千六百四十里，袤八百里。	府十：济南、东昌、泰安、武定、兖州、沂州、曹州、登州、莱州、青州。直隶州三：临清、济宁、胶。凡属散州八、县九十六。	济南府（历城县）	

续表

区别	名称	四界	面积	辖地	治所	备考
行省	河南	东界江苏、安徽，西界陕西，南界湖北，北界山西、直隶，东北界山东。	广千六百三十里，袤千三百九十里。	府九：开封、归德、陈州、河南、彰德、卫辉、怀庆、南阳、汝宁。直隶州五：许、郑、陕、汝、光。直隶厅一：淅川。凡属散州五、县九十六。	开封府（祥符县）	
	陕西	东界山西、河南，西界甘肃，南界四川、湖北，北界内蒙古。	广九百三十五里，袤二千四百二十六里。	府七：西安、同州、凤翔、汉中、兴安、延安、榆林。直隶州五：乾、商、邠、鄜、绥德。凡属散厅七、州五、县七十三。	西安府（长安县、咸宁县）	
	甘肃	东界陕西、内蒙，南界四川，西界青海，北界西套蒙古，西北界新疆、外蒙。	广二千一百二十里，袤一千四百十里。	府八：兰州、平凉、巩昌、庆阳、宁夏、西宁、凉州、甘州。直隶州六：泾、固原、阶、秦、肃、安西。直隶厅一：化平川。凡属散州六、厅六、县四十七。	兰州府（皋兰县）	

续表

区别	名称	四界	面积	辖地	治所	备考
行省	浙江	东至海中诸山，西界安徽、江西，南界福建，北界江苏。	广八百八十里，袤一千二百八十里。	府十一：杭州、嘉兴、湖州、宁波、绍兴、台州、金华、衢州、严州、温州、处州。 直隶厅一：定海。 凡属散州一、厅一、县七十五。	杭州府（钱塘县、仁和县）	
	江西	东界浙江、福建，西界湖南，南界广东，北界安徽、湖北。	广九百七十七里，袤一千八百二十里。	府十三：南昌、饶州、广信、南康、九江、建昌、抚州、临江、瑞州、袁州、吉安、赣州、南安。 直隶州一：宁都。 凡属散州一、厅四、县七十四。	南昌府（南昌县、新建县）	
	湖北	东界安徽，东南界江西，南界湖南，西界四川，北界河南，西北界陕西。	广二千四百四十里，袤六百八十里。	府十：武昌、汉阳、黄州、安陆、德安、荆州、襄阳、郧阳、宜昌、施南。 直隶州一：荆门。 直隶厅一：鹤峰。 凡属县六十。	武昌府（江夏县）	

续表

区别	名称	四界	面积	辖地	治所	备考
行省	湖南	东界江西，南界广东、广西，西界贵州、四川，北界湖北。	广一千四百二十里，袤一千一百五十里。	府九：长沙、宝庆、岳州、常德、衡州、永州、辰州、沅州、永顺。直隶州四：澧、桂阳、郴、靖。直隶厅五：南州、乾州、凤凰、永绥、晃州。凡属散州三、县六十四。	长沙府（长沙县、善化县）	
	四川	东界湖北、湖南，南界贵州、云南，西界西藏，北界陕西、甘肃，西北界青海。	广三千里，袤三千二百里。	府十五：成都、重庆、保宁、顺庆、叙州、夔州、龙安、宁远、雅州、嘉定、潼川、绥定、康定、巴安、登科。直隶州九：邛、绵、资、茂、忠、酉阳、眉、泸、永宁。直隶厅三：松潘、理番、懋功。凡属散州十一、厅十一、县百十八，又土司二十九。	成都府（成都县、华阳县）	光绪三十二年，割康定以西，隶川滇边务大臣统辖。

续表

区别	名称	四界	面积	辖地	治所	备考
行省	福建	东至海中诸岛，南界广东，西界江西，北界浙江。	广九百一十里，袤九百七十五里。	府九：福州、福宁、延平、建宁、邵武、汀州、漳州、兴化、泉州。直隶州二：龙岩、永春。凡属散厅一、县五十七。	福州府（闽县、侯官县）	
	台湾	四至皆海。	广五百里，袤一千八百里。	府三：台湾、台南、台北。直隶州一：台东。凡属散厅三、县十一。	台湾府（台湾县）	《清史稿·地理志》：台湾，顺治十八年，郑成功逐荷兰人据之。康熙二十二年，讨平之，改置台湾府，属福建省。光绪十三年，改建行省。
	广东	东界福建，南界海，西界广西，北界江西、湖南，西南界越南。	广二千五百里，袤一千八百里。	府九：广州、肇庆、韶州、惠州、潮州、高州、雷州、廉州、琼州。直隶州七：罗定、南雄、连、嘉应、阳江、钦、崖。直隶厅三：佛冈、赤溪、连山。凡属散州四、厅一、县七十九。	广州府（番禺县、南海县）	

续表

区别	名称	四界	面积	辖地	治所	备考
行省	广西	东界广东，西界云南，西南界越南，北界湖南、贵州。	广二千八百十里，袤二千九百六十里。	府十一：桂林、柳州、庆远、思恩、泗城、平乐、梧州、浔州、南宁、太平、镇安。直隶州二：郁林、归顺。直隶厅二：白色、上思。凡属散州十五、厅八、县四十九，又土州二十四、土县四、土司十三。	桂林府（桂林县）	
	云南	东界广西、贵州，北界四川，南接越南及老挝，西界缅甸，西北接西藏及印度。	广二千五百一十里，袤一千一百五十里。	府十四：云南、大理、丽江、楚雄、永昌、顺宁、曲靖、东川、昭通、澄江、临安、广南、开化、普洱。直隶州四：武定、镇雄、广西、元江。直隶厅五：永北、蒙化、景东、镇沅、镇边。凡属散州二十六、厅十二、县四十一，又土府一、土州三、土司十八。	云南府（昆明县）	

续表

区别	名称	四界	面积	辖地	治所	备考
行省	贵州	东界湖南，南界广西，西界云南，北界四川。	广一千九十里，袤七百七十里。	府十二：贵阳、安顺、都匀、镇远、思南、思州、铜仁、遵义、石阡、黎平、大定、兴义。直隶州一：平越。直隶厅一：松桃。凡属散州十三、厅十一、县三十四，又土司五十三。	贵阳府（贵筑县）	
	新疆	东界甘肃及外蒙古喀尔喀札萨克图汗部，南界西藏，北界科布多，东南界青海，西至帕米尔，西南界印度，西北界俄罗斯。	广七千四百里，袤三千七百里。	府六：迪化、伊犁、温宿、焉耆、疏勒、莎车。直隶州二：库车、和阗。直隶厅八：镇西、吐鲁番、哈密、库尔喀喇乌苏、塔尔巴哈台、精河、乌什、英吉沙尔。凡属散州一、厅一、县二十一。	迪化府（迪化县）	《清史稿·地理志》：乾隆二十年，准噶尔平。二十四年，回部亦平。二十七年，设伊犁总统将军，及都统、参赞、办事、协办、领队诸大臣，分驻各城，并设阿奇木伯克理回务。同治三年，安集延酋阿古柏作乱，陕回白彦虎应之。光绪八年，八部荡平。九年建行省，置巡抚及布政使司。

续表

区别	名称	四界	面积	辖地	治所	备考
藩属	内蒙古	东界吉林、黑龙江，西界阿拉善厄鲁特，南界奉天、直隶、山西、陕西、甘肃，北界外蒙古。	袤延万余里。	部二十五： 察哈尔部凡八旗、内札萨克六盟、科尔沁部凡六旗、札赉特部凡一旗、杜尔伯特部凡一旗、郭尔罗斯部凡二旗、喀喇沁部凡三旗、土默特部凡二旗、敖汉部凡一旗、奈曼部凡一旗、巴林部凡二旗、札鲁特部凡二旗、翁牛特部凡二旗、阿鲁科尔沁部凡一旗、克什克腾部凡一旗、喀尔喀左翼部凡一旗、乌珠穆沁部凡二旗、阿巴哈纳尔部凡二旗、浩齐特部凡二旗、阿巴噶部凡二旗、苏尼特部凡一旗、	张家口设都统。 以上盟于哲里木。 以上盟于卓索图。 以上盟于昭乌达。 以上盟于锡林郭勒。	

续表

区别	名称	四界	面积	辖地	治所	备考
藩属	内蒙古			四子部落凡一旗、茂明安部凡一旗、乌拉特部凡三旗、喀尔喀右翼部凡一旗、鄂尔多斯部凡七旗。	以上盟于乌兰察布。以上盟于伊克昭。	
	外蒙古	东界黑龙江，南至瀚海界内蒙古，西界新疆、甘肃，北至俄罗斯。	广五千里，袤三千里。	部十六：喀尔喀四部：称外札萨克土谢图汗部二十旗、车臣汗部二十三旗、赛因诺颜汗部二十二旗、札萨克图汗部十九旗，唐努乌梁海部十五佐领，杜尔伯特部十四旗附辉特部二旗，明阿特部一旗，札哈沁部一旗，额鲁特部一旗，阿尔泰乌梁海部七旗，新土尔扈特部二旗，新和硕特部一旗，南东中北四路旧土尔扈	以上二部库伦办事大臣监理，统于定边左副将军。以上二部定边左副将军监理。定边左副将军辖。以上四部科尔多参赞大臣辖，听定边左副将军节制。以上三部旧隶科布多。光绪三十二年，设阿尔泰办事大臣，以上归定边左副将军总统。驻乌里雅苏台。以上新疆伊犁将军辖，塔尔巴哈台	

续表

区别	名称	四界	面积	辖地	治所	备考
藩属	外蒙古			特部十旗，北路旧土尔扈特部三旗，阿拉善额鲁特一旗，额济纳旧土尔扈特部一旗。	大臣辖，伊犁将军节制。阿拉善亲王驻定远城，不设盟，牧地跨昆都伦河。	
	青海	东及东南界四川、甘肃，南界西藏，西界新疆。	广千余里，袤千余里。	部五： 青海和硕特部凡二十一旗、青海绰罗斯部凡二旗、青海辉特部凡一旗、青海土尔扈特部凡四旗、青海喀尔喀部凡一旗，以上共二十九旗不设盟长。 附察罕诺门一旗，土司凡四十。	西宁办事大臣统辖之。	
	西藏	东界四川，东南界云南，北界青海、新疆，南界印度、不丹、哲孟雄、尼泊尔、西界印度。	广六千余里，袤五千余里。	部四： 卫，凡辖城二十八。 康。 藏。 阿里。	喇萨、昌都、日喀则、葛大克。	宣统元年，康地划归川滇边务大臣。
附记	本表根据《清史稿·地理志》，唯于外蒙各部，稍有订正。					

（六）清之中衰

（1）政治之昏浊

（甲）和珅之揽权

乾隆中叶以后，奢侈之风与贪风竞长，实以和珅揽权为枢纽。和珅一奔走便给小人，非有大奸大诈之才。而当国历二十余年，内而尚、侍，外而督、抚，尽出和门，天下事无一而不败坏。盖乾隆帝以军旅之费，土木游观与其不出于正供之费，岁无虑亿万，悉索之和珅，和珅索之督、抚，督、抚索之州、县，府库告竭，闾阎愁惨，而人思走险矣。嘉庆帝于大丧中，执和珅而戮之，盖挟夙嫌。是时军饷告竭，欲得其家财以赡军耳。世传查钞和珅家产清单，出于当时报房所刊小钞，实不足据。

和珅，钮祜禄氏满洲正红旗人。……（嘉庆）四年正月三日，高宗纯皇帝升遐，仁宗睿皇帝令和珅总理丧仪。科道诸臣以和珅不法事，列款参奏，上命王公大臣公同鞫讯，俱得实，上乃谕曰："和珅受大行太上皇帝特恩，由侍卫洊擢至大学士，在军机处行走多年，叨沐殊施，诸臣无比。……今和珅情罪重大……除在京王大臣会审定拟外，著通谕各督、抚，将和珅如何拟罪，并此外有何款迹，据实覆奏。"旋据直隶总督胡季堂奏，和珅种种悖逆不法、蠹国病民、贪黩放荡、目无君上，请以大逆论。……并查出和珅蓟州坟茔，僭妄逾制。上乃申谕曰："朕于乾隆六十年九月初三日，蒙皇考册封皇太子。尚未宣布谕旨，而和珅于初二日，在朕前先递如意，泄漏机密，居然以拥戴为功，其大罪一；上年正月，皇考于圆明园召见和珅，伊竟骑马直进左门，过正大光明殿，至寿山口，无父无君，莫此为甚，其大罪二；又因腿疾，乘坐椅轿抬入大内，肩舆出入神武门，众目共睹，毫无忌惮，其大罪三；并将出宫女子娶为次妻，罔顾廉耻，其大罪四；自剿办川、楚教匪以来，皇考盼望军书，刻萦宵旰，乃和珅于各路军营递到奏报，任意延搁，有心欺蔽，以致军务日久未竣，其大罪五；皇考圣躬不豫时，和珅毫无忧戚，每进见后，出向外廷人员谈笑如常，其大罪六；昨冬皇考力疾披章，批谕字画，间有未真，和珅胆敢口称不如撕去，另行拟旨，其大罪七；前奉皇考谕旨，令伊管吏部、刑部事务，嗣因军需销算，伊系熟手，是以又谕令兼理户部题奏报销事件，伊竟将户部事务一人把持，变更成例，不许部臣参议一字，其大罪八；上年十二月，奎舒奏循化、贵德二厅贼番聚众，在青海肆劫，和珅竟将原折驳回，隐匿不办，全不以边务为事，其大罪九；皇考升遐后，朕谕蒙古王公未出痘者，不必来京，和珅不遵谕旨，令已、未出痘者俱不必来，全不顾抚绥外藩之意，其居心实不可问，其大罪十；大学士苏凌阿两耳重听，衰迈难堪，因系伊弟和琳姻亲，竟隐匿不奏，侍郎吴省兰、李潢，太仆卿李光云，曾在伊家教读，保列卿阶，兼任学政，其大罪十一；军机处记名人员，和珅任意撤去，种种专擅，不可枚举，其大罪十二；昨将和珅家产查抄，所盖楠木房屋，僭侈逾制，其多宝阁、槅段皆仿照宁寿宫制度，其园寓点缀，与圆明园蓬岛瑶台无异，不知是何肺肠，其大罪十三；蓟州坟茔，设立享殿，开置隧道，致附近居民有'和陵'之称，其大罪十四；家内所藏珍珠手串二百余，较大内多至数倍，并有大珠较御用冠顶尤大，其大罪十五；又宝石顶非伊应戴之物，伊所藏数十，而整块大宝石不计其数，且有内府所无者，其大罪十六；银两、衣服等件，数逾千万，其大罪十七；且有夹墙藏金二万六千余两，私库藏金六千余两，地窖内藏埋银两三百余万，其大罪十八；附近通州、蓟州有当铺钱店，资本又不下十余万，以首辅大臣下与小民争利，其大罪十九；伊家人刘全不过下贱家奴，而查抄家产，竟至二十余万，并有大珠及珍珠手串，若非纵令需索，何得如此丰饶？其大罪二十。其余贪纵狂妄之处，尚难悉数。著将胡季堂原折发交在京文武三品以上官员，并翰詹、科道阅看，悉心妥议具奏。”（《清史列传》卷三十五《和珅传》）

嘉庆四年（一七九九年）……正月……庚午，谕：和珅……经科道诸臣列款参奏，实有难以刻贷者。是以朕于恭颁遗诏日，即将和珅革职拿问，胪列罪状，特谕众知。……甲戌，谕："……昨经降旨，将和珅罪状，宣谕各督、抚，令其议罪。……又据连日续行抄出和珅金银等物，特再行谕众知之（见上文）。……至福长安……在军机处行走，与和珅朝夕聚处，凡和珅贪黩营私、种种不法罪款，知之最悉。……乃三年中，并未将和珅罪迹奏及，是其扶同徇隐，情弊显然。如果福长安曾在朕前，有一字提及，朕断不肯将伊一并革职拿问。见在钞出伊家资，虽不及和坤之金银珠宝数逾千万，但已非伊家之所应有，其贪黩昧良，仅居和珅之次。并著一并议罪。"……丁丑，谕："大学士、九卿、文武大员、翰詹、科道等，定拟和珅、福长安罪名，请将和珅照大逆律凌迟处死，福长安照朋党律拟斩，请即正法等因一折。和珅种种悖逆专擅，罪大恶极，于法实毫无可贷。……姑念其曾任首辅大臣，于万无可贷之中，免其肆市，和珅著加恩，赐令自尽。此朕为国体起见，非为和珅也。至福长安……即照大学士等所请，按例办理，实罪所应得。但科道并未将福长安指款参劾，而所钞资产，究不及和珅十分之一二。和珅已从宽赐令自尽，福长安亦著从宽，改为应斩监候，秋后处决。"（《清仁宗实录》卷三十七）

戊寅，谕："……和珅任事日久，专擅蒙蔽，以致下情不能上达，若不立除元恶，无以肃清庶政、整饬官方。今已明正其罪，此案业经办结。因思和珅所管衙门本多，由其保荐升擢者不少，而外省官员，奔走和珅门下，逢迎馈贿，皆所不免。……朕所以重治和珅之罪者，实为其贻误军国重务，而种种贪黩营私，犹其罪之小者。……此外初不肯别有株连，惟在儆戒将来，不复追咎既往。凡大小臣工，无庸心存疑惧。"（《清仁宗实录》卷三十八）

谕军机大臣等："从前和珅意图专擅，用印文传知各省，钞送折稿，因此带有投递军机处，另封事件，业经降旨饬禁，并随折批谕。今和珅业经伏法，所有随带文书，当永远停止。倘经此番饬禁之后，尚有仍蹈前辙者，必当重治其罪，决不姑贷。”（《清仁宗实录》卷三十八）

特授（曹锡宝）陕西道监察御史。时协办大学士和珅执政，其奴刘全，恃势营私，衣服、车马、居室皆逾制。锡宝将论劾，侍郎南汇吴省钦，与锡宝同乡里，闻其事，和珅方从上热河行在，驰以告。和珅令全毁其室，衣服、车马有逾制，皆匿无迹。锡宝疏至，上诘和珅，和珅……乞严察重惩。……令步军统领遣官，从锡宝至全家，察视无迹。锡宝自承冒昧。……上手诏……革职留任（《清史稿》列传一〇九《曹锡宝传》）。

广兴，满洲镶黄旗人。……累迁给事中。嘉庆四年，首劾和珅罪状，擢副都御史（《清史稿》列传一四二《广兴传》）。

大学士伯和珅起自寒微，以生员充銮仪卫一小职，扈从上临幸山东。上喜御小辇，辇驾骡，行十里一更换，其快如飞。一日，珅侍辇旁行，上顾问是何出身，对曰：“生员。”问汝下场乎？对曰：“庚寅曾赴举。”问何题？对孟公绰一节。上曰：“能背汝文乎？”随行随背，趣捷异常。上曰：“汝文亦可中得也。”其知遇实由于此。比驾旋时，迁其官。未几，躐居卿贰，派以军机，凡朝廷大政俱得与闻，朝夕论思，悉当上意。陕西回民苏四十三之乱，命总师旅。既而恐其轻进，俄而召还，盖圣意欲大用之也。后乃入阁办事，以军功疏封伯爵，权倾一时。内而部院群僚，外而督抚提镇，其不由和门者或寡矣。当嘉庆已未之前，今上尚未亲政，而川、楚用兵，军营封章，必先关白而后进呈，竟至隐匿不上者。而珅家中大兴土木，役使禁军数千人。复起造寿藏，小民呼为“和陵”。家起多宝阁，四方奇珍瑰宝充牣其中。寝内左列千两重金元宝、银元宝各十，常目存之。中列大衣镜，时服大珠朝珠，顾影徘徊其间，翩翩自喜。后房姬妾无数，分四婢能书算者为掌家，亦不知何自而来。子丰绅殷德，尚幼公主为额驸，姻联帝室，贵盛无伦。其管门家人刘秃子，珅少贱时，为之赶车，儇巧能事，得主人欢。比其用事也，部院庶职有不能见珅者，与之亲昵，至有拜在门下者。戊午冬暮，纯皇帝违和，至有改削谕旨并骑马进宫之事。己未新正三日，龙驭上宾，越三日，御史汪镛、阁臣刘墉，列款参奏。时今上倚庐与王公大臣同居丧次，乃降旨革职拿问，交刑部审讯，家产查封。珅所衣惟白布羊裘，身所佩者一宝石鼻烟壶而已。狱词上，问斩决。十八日，恩旨赐帛就狱中死焉。封疆大吏及司道大员平素与之交结者，莫不汹惧。皇上如天之仁，概不根究，所全者不少矣（陈焯《归云室见闻杂记》卷中）。

（乙）督、抚之骈戮

清在关外时，即以罚金为官吏处分。入关以后，不为常制，而罚款报效之事，一代不改，为内务府特别收入，以充非经制诸费。明为惩贪，其实纵贪，故当时有宰肥鸭之诮。乾隆所诛督、抚，皆事已不可掩覆者。其由罚款而不问，或弥缝无迹者，不可胜数，故惩贪而贪不止。

钱沣……乾隆三十六年进士。……四十五年，充广西乡试副考官。明年，擢江南道监察御史。……是时和珅秉政，窃张威福。……山东巡抚国泰，和珅私人也。沣奏其贪纵营私，并劾布政使于易简罪。高宗立召对，沣力陈东省亏空状。乃命尚书和珅、左都御史刘墉，往按之，并令沣偕往。始受命，沣先期行，微服止良乡，见干仆乘良马过，索夫役甚张，迹之，则和珅遣往山东赍信者也。沣详审其貌，未几，仆还，道遇沣，沣叱止之，搜其身，得国泰私书，俱言借款填库备查事，中多隐语，沣立奏之。……比到省盘库……拆封则多圆丝杂色银，是借诸商家以充数者。因诘库吏得实，乃谕召诸商来领，大呼曰“迟则封库入官矣”，于是商贾纷纷具领，库藏为之一空。复改道易马，往盘他处，亦然。案遂定……于是国泰遂伏法（《清史列传》卷七十二《钱沣传》）。

乾隆四十七年壬寅（一七八二年）夏四月……庚午，谕军机大臣等：

“据御史钱沣参奏，山东巡抚国泰，贪纵营私，布政使于易简，亦纵情攫贿，与国泰相埒等语。……今特派尚书和珅、左都御史刘墉等前往，秉公据实查办，并带同该御史钱沣前往，断无不水落石出之理。”……己卯，谕：“……今据和珅等奏，先将历城县库盘查。……亏空银四万两，有那移掩饰之弊。并询问国泰，任意婪索各属员盈千累万，各款迹，亦俱承认。……又于易简身任藩司，一任县库亏空，扶同弊混，甚至见巡抚时长跪回语，卑鄙无耻。……国泰、于易简……均著革职拿问。”（《清高宗实录》卷一一五四）

国泰，富察氏，满洲镶白旗人。……（乾隆）四十二年，迁（山东）巡抚。……四十七年，御史钱沣劾国泰及（于）易简，贪纵营私，征赂诸州县，诸州县仓库，皆有亏缺。上命尚书和珅、左都御史刘墉按治，并令沣与俱。和珅故袒国泰，墉持正，以国泰虐其乡，右沣。验历城库银，银色不一，得借市充库状。……国泰具服，婪索诸属吏，数辄至千万。易简谄国泰，上诘，不敢以实对。狱定，皆论斩，上命改监候。……巡抚明兴疏言：“通察诸州县仓库，亏二百万有奇，皆国泰、易简在官时事。”……上以……国泰、易简罔上行私……均命即狱中赐自裁（《清史稿》列传一二六《国泰传》）。

乾隆四十六年……七月……庚午，谕：“……甘省例捐监生，本欲藉监粮为备荒赈恤之用，乾隆三十九年，经勒尔谨奏闻，开例议准允行。原令止收本色粮米，其时王亶望为藩司，即公然私收折色银两，勒尔谨竟如木偶，毫无见闻。于是王亶望又倚任兰州府知府蒋全迪，将通省各属灾赈，历年捏开分数，以为侵冒监粮之地。自此上下勾通一气，甚至将被灾分数，酌定轻重，令州县分报开销，上侵国帑，下屯民膏，毫无忌惮。嗣后王廷赞接任藩司……仍复因循观望，并不据实陈奏。且将私收折色一事，议定改归首府办理，而一切弊窦，仍未革除。若非朕特降谕旨，令阿桂等密行查办，则始终蒙蔽，王亶望诸人，竟得安然饱其欲壑，幸逃法网。……今王亶望、勒尔谨、王廷赞等，拿解行在审勘，所有伊等冒赈分肥、婪赃舞弊各款，俱一一供认明确，俯首无词。……从前恒文、方世儁、良卿、高积、钱度等，俱以婪赃枉法，先后伏诛。然尚未至侵蚀灾粮、冒销国帑至数十万金如王亶望之明目张胆、肆行无忌者。王亶望由知县……用至藩司、巡抚，乃敢负恩丧心至此，自应即正典刑，以彰国宪。王亶望著即处斩。至勒尔谨……用为总督……今于王亶望私收折色冒赈婪赃一案，全无觉察，而己亦收受属员代办物件，一任家人等从中影射侵肥，种种昏庸贻误，罪更难逭。……勒尔谨著加恩赐令自尽。至王廷赞……于接任王亶望交代时，不惟不据实参奏，且效尤作弊。……其罪亦难末减……著加恩改为应绞监候，秋后处决，交刑部按例赶入秋审。”（《清高宗实录》卷一一三七）

八月甲戌，谕：“……所有捏报各道、府、直隶州、知州内，除按察使福宁首先供出，且经手事件较多，暂行留任外，其现任甘省道员奎明、文德、王曾翼、永福四员，现任甘省各知府及署任知府宗开煌、彭永年、彭时清、钟赓起、汪皋鹤、张金、城附、李本栩，又现任甘省直隶州及署任知州侯作吴、黎珠、赵明旭、兴德、谢桓、宋学醇、董熙、励学沂，俟简放分发人员到省，即著阿桂等传旨，将该员等一并革职，归案审办。其已离甘省各员，现任盐运使程国表，原任布政使福明安，现任道员观禄，前任甘肃知府及现任知府潘时选、黄元圮、周人杰、诺明阿、富斌、德明、郭昌泰、观亮，前任甘肃直隶州知州及署知州博赫彦、方奇明、姜兴周、朱兰、王汝地各员，又在京……前任武威县知县朱家庆一员，俱革职，交留京办事王大臣，及任所原籍各督、抚，将各该员提讯，录取确供具奏。”……戊子……谕军机大臣等：“……此案大小各员，勾通侵蚀……自当核其赃私之多寡，以别情罪之轻重。著传谕阿桂等，将各该犯所有侵冒银款，其在二万两以上者，俱问拟斩决。二万两以下者，问拟斩候。入于情实，一万两以下各犯，亦应问拟斩候。请旨定夺。”……九月……

丁未……谕军机大臣："……此等冒赈殃民，侵吞国帑，数至二万两以上各犯（二十二人），自应即正典刑。……著传谕阿扬阿，即先行驰驿前往甘肃，俟接到明旨后，会同李侍尧监视行刑。"（《清高宗实录卷》一一三八）

王亶望……乾隆……三十九年，移甘肃布政使。甘肃旧例，全民输豆、麦，予国子监生，得应试入官，谓之监粮。上令罢之，既复令肃州、安西收捐如旧例。亶望至，申总督勒尔谨……为疏请诸州、县皆收捐。又请于勒尔谨，令民改输银。岁虚报旱灾，妄言以粟治赈，而私其银，自总督以下皆有分，亶望多取焉。……四十二年，擢浙江巡抚。……四十五年……上……责其忘亲越礼夺官，仍留塘工自效。四十六年……上疑甘肃频岁报旱不实，谕阿桂及总督李侍尧，令具实以闻。阿桂、侍尧疏发亶望等令监粮改输银，及虚销赈粟自私诸状。……遣侍郎杨魁如浙江，会巡抚陈辉祖，召亶望严鞫，籍其家，得金、银逾百万。……逮亶望、勒尔谨及甘肃布政使王廷赞……令诸大臣会鞫。亶望具服发议监粮改输银，令兰州知府蒋全迪示意诸州、县，伪报旱灾，迫所辖道、府，具结申转。……皋兰知县程栋为支应，诸州、县馈赂，率以千万计。狱定，上命斩亶望，赐勒尔谨自裁，廷赞论绞，并命即兰州斩全迪。遂令阿桂按治诸州、县，冒赈至二万以上皆死，于是坐斩者，栋等二十二人。……陕甘总督李侍尧，续发得赇诸吏，又诛闵鹓元等十一人（《清史稿》列传一二六《王亶望传》）。

乾隆六十年乙卯（一七九五年）五月……丙辰……谕："据魁伦查奏，闽省近年洋盗增多，由于漳、泉被水后，粮价昂贵，浦霖等办理不善，以致贫民流为匪党。伍拉纳见驻泉州，饥民围绕乞食。又伍拉纳素性躁急，加以钱受椿、德泰迎合怂恿，办理各案，亦多未协。……该督见赴台湾办事……俟回至内地，即行革职，交与魁伦等质审。"（《清高宗实录》卷一四七八）

冬十月……丙戌，谕军机大臣会同刑部审讯伍拉纳、浦霖："……朕以伍拉纳身任总督，乃于地方洋面任意废弛，又收受盐规十五万两，黄奠邦银九千余两，婪索多赃，其罪自较浦霖为重。嗣据汪志伊查抄浦霖原籍家产，查出见存银钱及埋藏寄顿银两多至二十八万，其余房屋、地契物件，尚不在此数。经朕亲加廷鞫，据供得受盐规二万两，及收受黄奠邦馈赂九千余两外，又得受知府石永福、知县史恒岱洋钱等物，赃款累累，是浦霖肮法营私，贪黩无厌，竟与伍拉纳埒。……伍拉纳、浦霖在督抚任内，婪索盐规……收受属员馈送，赃累巨万。甚至人命重案，竟敢藐法徇情，拖毙无辜十命。……且伊辙布串通库吏，侵亏帑项。钱受椿延案勒贿，拖毙多命。……伍拉纳、浦霖竟置若罔阂……是其上下通同分肥。……伍拉纳、浦霖俱著照拟即行处斩。……以为封疆大吏贪黩营私、废弛侵亏……者戒。"（《清高宗实录》卷一四八八）

觉罗伍拉纳……（乾隆）五十四年，授闽浙总督。……六十年……将军魁伦疏言："伍拉纳性急，按察使钱受椿等迎合，治狱多未协。漳、泉被水，米值昂，民贫，巡抚浦霖等不为之所，多入海为盗。"……上为罢伍拉纳、浦霖，命广东总督觉罗长麟署总督，魁伦署巡抚。……伍拉纳、浦霖，贪纵婪索诸属吏，州、县仓库多亏缺。伍拉纳尝疏陈，清查诸州、县仓库，亏谷六十四万有奇、银三十六万有奇，限三年责诸主者偿纳。至是，魁伦疏论诸州、县仓库亏缺，伍拉纳所奏非实数。上命伍拉纳、浦霖，及布政使伊辙布、按察使钱受椿皆夺官，交长麟、魁伦按谳。长麟、魁伦勘布政司库吏周经，侵库帑八万有奇，具狱辞上。上疑长麟等意将归狱于经，斥其徇私。长麟等疏发伍拉纳受盐商赇十五万，霖亦受二万，别疏发受椿谳长泰械斗狱，狱毙至十人，得赇销案。籍伍拉纳家，得银四十万有奇、如意至一百余柄。……籍霖家，得窖藏金七百、银二十八万、田舍值六万有奇，他服物称是。逮至京师，廷鞫服罪，命立斩。伊辙布亦逮京，道死。受椿监送还福建，夹二次，重笞四十，乃……处斩（《清史稿》列传一二六《觉罗伍拉纳传》)。

抚军陈公辉祖，湖南祁阳人，大学士文肃公大受之子也。以荫官中书舍人，出为天津道，洊至湖北巡抚，调任浙江。形貌体面，亦无甚作威福处，但贪黩无限耳。王抚军查抄物件存于公处，日日往看，渐加抵换。及解京，上心觉焉。而历任所婪，殆亦不赀。其子童骇，间漏语于人曰："吾家家私，可七百万。"迨稍闻消息，于内署焚烧货贿，每夜火光烛天。及其解部也，适郑枫人先生调繁杭州，赴京引见，就委同行，一路煞费苦心，幸不致自戕。部讯亦无甚左验，赐帛狱中死(陈焯《归云室见闻杂记》卷下)。

(2)财用之耗竭

(甲)南巡

康、雍之世，库储常盈二千四百万两，乾隆中叶，增至七千万，末年乃无一存，盖皆为军兴所耗矣。此所耗者府库之财，尚未若民财之消耗也。南巡、营建二者，最耗民力。南巡名为视河，其实艳羡江南，乘兴南游，谓为镇压反仄，未免过甚之词。纪南巡事者，多与事实相去过远，当时盖无敢加以非议者。兹录数事，以见扰累。

正月十八日晚，中堂传上谕问九卿："朕要往南河看杨家庄仲家闸指示方略，船去船来，不扰军民，该去不该去？"(《圣驾五幸江南恭录》)

督、抚、将军、织造等位，跪请留圣驾，皇上甚悦，传旨再住一天。织造进宴演戏，文武各晚朝，传皇上行幸龙潭行宫驻跸，因建造行宫不甚整齐，有不善之意。令督院委江宁府连夜往龙潭，星速料理预备齐整(《圣驾五幸江南恭录》)。

车驾由龙潭幸江宁，行宫草创，欲抉去之者，因以是激上怒。时故庶人从幸更怒，欲杀某某。……已而，上命鹏年晨至镇江口，夜筑马头三，鹏年半夜筑成之。初，鹏年以一骑驰至江口，而江深溜急，计下石无以根之也，有估客坐木筏上见之，曰:“非江宁陈太守耶？何为也？”告以故，曰:“是岂一手足能猝为也哉，估请为之。”乃募工絙筏叠石叠沉，筏出水，石填之，半夜三马头成（宋和《陈恪勤列传》）。

天台齐公息园（召南），以礼部侍郎告病归。乾隆壬午春二月，高宗纯皇帝南巡江浙，公迎驾至扬州。将渡江，上召见公曰:“汝其随朕登金山。”公曰:“臣有足疾，不能行。”上曰:“与汝骑。”公曰:“臣不能骑。江山真面目，臣于舟中得之，心为之快。若新作台殿，粉饰壮丽，皆人工耳。”上默然。比至西湖，上召见沈尚书德潜及公于小有天园，命和御制诗章，尚书随和以进，而公谢以病废不能诗。阅日又召见曰:“朕闻天台之胜，甲于两浙。汝天台人，当能道之。”公曰:“穹岩绝壑，虎豹所居。臣生长天台，敬凛孝子不登高、不临深之义，未尝一识石梁也。”上笑曰:“汝真土人哉。”是日，遍赐诸臣文绮而不及公。阅五年，族人齐周华诗案之祸作，公被逮下刑部狱。寻省释放归，卒于家（秦瀛《小岘山人文续集补编·书齐少宗伯轶事》）。

尹文端公（继善）不爱钱而善用人，实是好官。惟于上之南巡，有意迎合，伤耗三吴元气，此通人之一蔽。然非此，尹不得四督江南（《批本随园诗话补遗》卷二）。

乾隆中，纯庙将举第四次南巡之典，大学士于文襄使浙江抚臣王亶望，奏请上由杭州以至湖州。命将下，大学士程文恭公争之甚力。……上乃降旨罢之。而文襄又致书抚臣，以两浙耆老意吁恳，犹可行。……抚臣犹必欲举其役。檄绍兴知府赵君，循湖州河道试舆舫。赵君……潜布木石于河中，舆舫触之不得行。时已迫，不及浚，役始止。后抚臣知之，藉案中赵君罢职（包世臣《安吴四种》卷三《齐民四术·礼三》）。

康乾南巡简表

	南巡所至	往还
康熙	十月庚子至济南府；壬寅至泰安府；庚戌驻郯城；乙卯渡江，泊镇江府西门外；丙辰至金山；戊午驻苏州府；壬戌驻江宁府。	二十三年九月往，十一月还。
	正月甲申至济南府；乙未至扬州；二月辛丑至苏州；丁未至杭州；乙卯自杭州回銮；癸亥至江宁府。	二十八年正月往，三月还。
	三月庚午渡河，泊清江口；壬申驻淮安府；丙子驻扬州府；癸未驻苏州府；辛卯驻杭州；戊戌回銮。	三十八年二月往，五月还。
	正月壬戌巡视南河，庚午过济南府；二月壬午驻扬州城内；丙戌驻苏州府；戊子驻杭州府；癸巳回銮；辛丑至江宁。	四十二年正月往，三月还。
	甲午泊济宁；三月乙巳驻扬州；辛亥驻苏州；己未驻松江；四月丙寅驻杭州；癸酉回銮；乙酉驻江宁。	四十四年二月往，闰四月还。
	二月壬寅次清河；三月乙未驻江宁；己巳驻苏州；丙子驻松江；四月甲申驻杭州。	四十六年正月往，五月还。
乾隆	二月丙子渡河，阅天妃闸；丁丑阅高家堰；癸巳至苏州府；三月戊戌至杭州府；辛酉至江宁府。	十六年正月往，五月还。
	二月丁卯渡河至天妃闸；乙亥渡江；甲申至苏州府；己丑至杭州府；三月己酉至江宁府。	二十二年正月往，四月还。
	二月壬申渡河；庚辰阅京口兵；乙酉至苏州府；三月甲午至杭州府；丙午自杭州回銮；戊午至江宁府。	二十七年正月往，五月还。
	二月戊子渡河；丙申渡江；闰二月丙午至苏州府；壬子至杭州府。	三十年正月往，四月还。
	二月己未渡河；丁卯渡江；戊辰至焦山；壬申至苏州府；三月癸未至杭州府；壬寅至江宁府。	四十五年正月往，五月还。
	二月壬戌至泰安府；丙寅至曲阜；丁卯谒孔林；戊寅渡河；三月丙戌渡江；辛卯至苏州府；己亥至海宁州；辛丑至杭州府。	四十九年正月往，四月还。

（乙）宫观

清帝俱不乐居宫中，除居西苑外，顺治常居南苑，康熙则居畅春园，雍正以后居圆明园。夏季则往热河避暑山庄。圆明园费四朝营建之力，巨丽无匹。咸丰十年，为英法联军所毁。英曾退回赔款一百万，为复建之费。同治中，屡议修复，皆以费多而止。光绪末于此阅射，犹有座起。自后，遂片瓦无存矣。

圆明园在挂甲屯之北，距畅春园里许。园为世宗藩邸赐园，康熙四十八年建。园内为门十八，南曰大宫门、曰左右门、曰东西夹门、曰东西如意门、曰福园门、曰西南门、曰水闸门、曰藻园门，东曰东楼门、曰铁门、曰明春门、曰蕊珠宫门、曰随墙门，正北曰北楼门，为闸三，西南为一空进水闸，东北为五空出水闸，北为一空出水闸。大宫门五楹，门前左右朝门各五楹，其后，东为宗人府、内阁、礼部、吏部、兵部、都察院、理藩院、翰林院、詹事府、国子监、銮仪卫、东四旗各衙门直房，东夹道内为银库，又东北为南书房，东南为档案房。西为户部、刑部、工部、钦天监、内务府、光禄寺、通政司、大理寺、鸿胪寺、太常寺、太仆寺、御书处、上驷院、武备院、西四旗各衙门直房，西夹道之西南为造办处，又南为药房。大宫门内为出入贤良门五楹，门左右为直房。前跨石桥，度桥东西朝房各五楹，西南为茶膳房，再西为翻书房，东南为清茶房，为军机处（出入贤良门是为二宫门，凡武职侍卫引见，御此门较射。左右直房，为各部院臣工入直之所）。出入贤良门内，为正大光明殿七楹、东西配殿各五楹，后为寿山殿，东为洞明堂（园景四十，正大光明殿其一也）。正大光明殿东，为勤政亲贤殿五楹（四十景之一也）。殿东为飞云轩、静鉴阁，其北为怀清芬，又北为秀木佳荫，转后为生秋庭阁，东为芳碧丛，后为保合、太和殿三楹。又后为富春楼，楼东为林竹清响。正大光明殿后曰前湖，湖北为圆明园殿五楹，后为奉三无私殿七楹。又后为九州清宴殿（四十景之一也）七楹，东为天地一家春，西为乐安和。又西后为清晖阁，阁前为露香斋。左为茹古堂，为松云楼，右为涵德书屋。富春楼北，为御兰芬楼，后为纪恩堂、镂月开云（四十景之一也），原名牡丹台（乾隆九年易今名，三十一年，额曰纪恩堂）。堂后有池，池西北方楼，为天然图画楼（四十景之一也），北为朗吟阁，又北为竹莛楼。东为五福堂五楹，堂后殿五楹为竹深荷净，其东南为静知春事佳。又东渡河为苏堤春晓。由五福堂渡河而北，山阜旋绕，内为碧桐书院（四十景之一也），前宇正殿、后照殿各五楹。其西岩石上为云岑亭书院，西为慈云普护（四十景之一也）。前殿南临后湖三楹，为欢喜佛场。其北楼三楹，上奉观音大士，下祀关壮缪。东偏为龙王殿，祀圆明园照福龙王。慈云普护之西临湖有楼，上下各三楹，为上下天光（四十景之一也），左右各有六方亭。后为平安院，西折而南渡桥为杏花村馆（四十景之一也）。西北有春雨轩，轩西为杏花村，村南为硐壑余清。春雨轩后，东为镜水斋，西北室为抑斋，又西为翠微堂。杏花春馆之西，度碧澜桥，为坦坦荡荡（四十景之一也）三楹，前为素心堂，后为光风霁月堂，东北为知鱼亭，又东北为萃景斋，西北为双佳斋。坦坦荡荡之南，为茹古涵今（四十景之一也）五楹，南向，其后方殿为韶景轩，四面各五楹。轩东为茂育斋，西为竹香斋，又北为静通斋。茹古涵今之南，为长春仙馆（高宗旧时赐居，四十景之一也），门三楹，正殿五楹。后为绿荫轩，西廊后为丽景轩。长春仙馆之西，为含碧堂五楹，后为林虚桂静，左为古香斋，其东楹有阁为抑斋，为墨池云，后为随安室。由长春仙馆西南门迤西，为藻园。内为旷然堂五楹，堂后为贮清书屋。堂东池上为夕佳书屋，稍北为镜澜榭，东南为凝眺楼，为怀新馆，西北为湛碧轩，西南为湛清华。杏花春馆西北，为万方安和（四十景之一也），建宇池中，形如卍字。万方安和后，度桥折而东稍北，石洞之南，为武陵春色（四十景之一也）。池北轩为壶中日月长，东为天然佳妙，其南为洞天日月多佳景（旧总名桃花坞，雍正四年，高宗读书于此，额曰乐善堂）。武陵春色之西，为全壁堂，东南亭为小隐栖迟堂。后由山口入，东为清秀亭，西为清会亭，北为桃花坞，西为清水濯缨室。又西稍北为桃源深处。坞东为绾春轩，东北为品诗堂。万方安和西南，为山高水长楼（四十景之一也），西向、九楹，后拥连冈，前带河流，地势平衍，凡数顷（其地为外藩朝正锡宴，及平时侍卫较射之所。每岁灯节，则陈火戏于此处）。山高水长之北，度桥由山口入，梵刹一区，为月地云居殿（四十景之一也）五楹。前殿方式，四面各五楹，后楼上下各七楹。东为法源楼，又东为静室。西度桥折而北，为刘猛将军庙。月地云居之后，循山径入，为鸿慈永佑（四十景之一也）。安佑宫前琉璃坊座南面额也，左右石华表各一。坊南及东西，复有三坊环列。其南为月河桥，又东南为致孚殿三楹，西向宫门五楹，南向为安佑宫门。前白玉石桥三座，左右井亭各一。朝房各五楹，内重檐正殿九楹，为安佑宫，内中龛敬奉圣祖仁皇帝御容，左龛敬奉世宗宪皇帝御容，右龛敬奉高宗纯皇帝御容。左右配殿各五楹，碑亭各一，燎亭各一。鸿慈永祐后垣西北，为紫碧山房，前宇为横云堂，山房东岩洞中，为石帆室。东南为丰乐轩，北为霁华楼，迤东为景晖楼。横云堂西池上，为澄素楼，西北为引溪亭。东垣外径连冈三重，度桥而东，则汇芳书院也（四十景之一也）。内宇为抒藻轩，后为涵远斋。斋前西垣内为翠照楼，东垣内为倬云楼。又东为眉月轩，轩南稍东为随安室。又东敞宇三楹，为问津逾溪桥，有石坊，为断桥残雪。汇芳书院之南，为日天琳宇（四十景之一也），西前楼下之正宇也。其制有中前楼、中后楼上下各七楹，有西前楼、西后楼上下各七楹，前后楼间穿堂各三楹。中前楼南有天桥与楼相属，天桥东南重檐八方者，为镫亭。西前楼南为东转角楼，又西稍南为西转角楼。中前楼之东垣内八方亭，为楞严坛。又东别院为瑞应宫，前为仁应殿，中为和感殿，后为宴安殿。日天琳宇迤东稍南，稻田弥望，河水周环，中有田字式殿，凡四门。其东北面皆有楼，北楼正宇为澹泊宁静（四十景之一也），东为曙光楼。殿之东门外，为翠扶楼。西门外别垣内宇，为多稼轩七楹。其东临稻畦者，前为观稼轩，后为怡情悦目，为稻香亭，又东稍北为溪山不尽，为兰溪隐玉。多稼轩西池南，为水精域，西偏为静香屋，为招鹤磴。池后东北为寸碧，西北为引胜，正北为互妙楼。澹泊宁静渡河桥而西，为映水兰香（四十景之一也），东南为钓鱼矶，北为印月池，又北为知耕织，为濯鳞沼，西南为贵织山堂，祀蚕神。映水兰香东北，为水木明瑟（四十景之一也），其北稍西为文源阁，上下各六楹（乾隆三十九年建，与文渊阁、文津阁，皆以贮《四库全书》，均有记）。阁西为柳浪闻莺，西北环池带河，为濂溪乐处（四十景之一也）。后为云香清胜，东为芰荷深处。折而东北为香雪廊，廊东为云霞舒卷楼，为临泉亭。其南为汇万总春之庙，正殿为蕃育群芳。东北为杳远益清楼，西为乐天和，为味真书屋。又西为池水共心月同明。庙东沿山径出，为普济桥。濂溪乐处迤北对河外稻塍者，为多稼如云（四十景之一也），前为芰荷香，东南为湛渌室，东北为鱼跃鸢飞（四十景之一也），四面为门各五楹，东为畅观轩，西南为铺翠环流楼，南传妙室。又南出山口，为多子亭。其东禾畴弥望，河南北岸，仿农居村市者，曰北远山村（四十景之一也）。北岸石垣西为兰野，后为绘雨精舍。其西南为水村图，又西有楼前后相属，前为皆春阁，后为稻凉楼。又西为涉趣楼，右为湛虚书屋。东北渡桥折而西，为湛虚翠轩，又西为耕云堂，为若帆阁。西南临河为西峰秀色（四十景之一也）。河西为小匡庐，东为含韵斋，又东为一堂和气，又东南为自得轩。后垣东为岚镜舫，西为花港观鱼。迤东东西船坞各二，北岸为四宜书屋（四十景之一也），安澜园之正宇也。东南为葄经馆，又南为采芳洲，后为飞睇亭，东北为绿帷舫，西南为无边风月之阁，又西南为涵秋堂，北为烟月清真楼，楼西南为远秀山房。楼北渡曲桥，为染霞楼。四宜书屋之东，临池楼宇为方壶胜境（四十景之一也），南建二坊，其北为哕鸾殿，为琼华楼，殿东为蕊珠宫。宫南船坞，西北为三潭印月，渡桥为天宇空明，后为澄景堂，东为清旷楼，西为华照楼。澡身浴德（四十景之一也），在福海西南隅，即澄虚榭正宇，南为含清晖，北为涵妙识。折而西向为静香馆，又西为解愠书屋，西南为旷然阁。北渡河桥为望瀛洲，其北为深柳读书堂，为溪月松风。平湖秋月（四十景之一也），在福海西北隅，正宇西为流水音，东北出口临河为花屿兰皋，折而东南渡桥为两峰插云，又东南为山水乐，其北为君子轩，为藏密楼。蓬岛瑶台（四十景之一也），在福海中央殿前，东为畅襟楼，西为神洲三岛，东偏为随安室，西偏为日月平安报好音，东南度桥为东岛，有亭为瀛海仙山，西北度桥为北岛。接秀山房（四十景之一也），在福海东隅，正宇后为琴趣轩，其北方楼为寻云，东南为澄练楼，楼后为怡然书屋，稍东佛室为安隐幢，南为揽翠亭。别有洞天（四十景之一也），在接秀山房之南，依山临河，西曰纳翠楼，西南曰水木清华之阁，稍北为时赏斋，西为夹镜鸣琴（四十景之一也），南为聚远楼，东为广育宫，前建坊座，后为凝祥殿。宫东为南屏晚钟，又东度桥为西山入画，为山容水态，西为湖山在望，为佳山水，为洞里长春。涵虚朗鉴（四十景之一也），在福海东，即雷峰夕照正宇。其北稍西为惠如春，又东北为寻云榭，又北为贻兰庭，为会心不远。其南为临众芳，为云锦墅，为菊秀松蕤，为万景天全。廓然大公（四十景之一也），在平湖秋月之西，前为双鹤斋，西为环秀山房，西北为规月桥，为临湖楼，东北为绮吟堂，又北为采芝径。经岩洞而西为峭蒨居，西为披云径，为启秀亭，为韵石淙，为芰荷深处。北垣门外为天真可佳楼。西垣外为影山楼。坐石临流（四十景之一也），在水木明瑟东南、澹泊宁静之东。曲院风荷（四十景之一也），又在坐石临流东南、碧桐书院正东，其西佛楼为洛伽胜境，其南跨池东西桥九空，坊楔二，西为金鳌，东为玉蝀。金鳌西南河外室为四围佳丽，玉蝀东亭为饮练长虹。又东南度桥折而北，设城关，为宁和镇，其东南为东楼门，其北为同乐园，前后楼各五楹，前为清音阁，后为永日堂，中有南北长街，街西为抱璞草堂，街北度双桥，为舍卫城，前树坊楔三。城南面为多宝阁，内为山门，正殿为寿国寿民，后为仁慈殿，又后为普福宫。城北为最胜阁。洞天深处（高宗御书，四十景之一也），在如意馆西稍南，前宇乃诸皇子所居，为四所，东西二街、南北一街，前为福园门。四所之西为诸皇子肄业之所，前为前天垂贶，中为中天景物，东宇为斯文在兹（恭悬至圣先师神龛上），后为后天不老（四额世宗御书圆明园册。〔黄凯《圆明园记》〕）。

同治十年，王壬父重至辇下，追话旧游。张子雨珊亦以计偕来，约访故宫，因驻守参将廖承恩为游主。四月十日……明日，访守园者得董监……导余等从瓦砾中，循出贤良门而北，指勤政、光明、寿山、太和四殿遗址，前湖圆明寝殿五楹，后为奉三无私殿、九州清宴殿各七楹，坏壁犹立，拾级可寻。董监言东为天地一家春，后居也。西为安乐和亲，诸妃嫔贵人居也。洞天深处，皇子居也。清辉殿为文宗重建，与五福堂、镂月开云台、朗吟阁，皆不可复识。……东渡湖为苏堤、长春仙馆、藻园，又北为月地云居、舍卫城日天琳宇、水木明瑟、濂溪乐处，约略指示所在。东北至响屧廊，阶前茅荻萧萧，废池可辨。……渡桥从福海西行，为平湖秋月，水光溶溶，一泻千顷，望蓬岛瑶台，岛上殿宇犹存数楹。……西北至双鹤斋，后为廓然大公，正室七楹。又西过规月桥，登绮吟堂，经采芝径，折而东，仍出双鹤斋，园中残毁几遍，独存此为劫灰之余，乱草侵阶，窗棂宛在，尤增人禾黍悲耳。双鹤斋西，为溪月松风，翠柏苍藤，沿流复道，斜日在林，有老宫人驱羊豕下来。东过碧桐书院，地跨池上，东为金鳌，西为玉蛛，坊楔犹存。又东去皆败址难寻，遂不复往（徐树钧《圆明园词序》）。

（3）风俗之敝

（甲）欺蔽

洪亮吉上成亲王书，指摘其时相为容隐欺蒙，成为风气，言甚切直，几罹重辟。即亮吉所痛心疾首者，知其弊百年未除，尤以军报诬枉最甚。

自乾隆五十五年以后，权私蒙蔽，事事不得其平者，不知凡几矣。千百中，无有一二能上达者。即能上达，未必即能见之施行也。如江南洋盗一案，参将杨天相有功骈戮，洋盗某漏网安居，皆由署总督苏凌阿昏愦糊涂，贪赃玩法，举世知其冤，而洋盗公然上岸，无所顾忌，皆此一事酿成。况苏凌阿权相私人，朝廷必无所顾惜，而至今尚拥巨资，厚自颐养。江南查办此案，始则有心为承审官开释，继则并闻以不冤覆奏（《清史稿》列传一四三《洪亮吉传》）。

自征苗匪、教匪以来，福康安、和珅、孙士毅则蒙蔽欺妄于前，宜绵、惠龄、福宁则丧师失律于后，又益以景安、秦承恩之因循畏葸，而川、陕、楚、豫之民遭劫者，不知几百万矣。已死诸臣姑置勿论，其现在者，未尝不议罪也。然重者不过新江换班，轻者不过大营转饷，甚至拿解来京之秦承恩，则又给还家产，有意复用矣。屡奉严旨之惠龄，则又起补侍郎。夫蒙蔽欺妄之杀人，与丧师失律以及因循畏葸之杀人无异也，而犹邀宽典异数（《清史稿》列传一四三《洪亮吉传》）。

盖人材至今日销磨殆尽矣。以模棱为晓事，以软弱为良图，以钻营为取进之阶，以苟且为服官之计，由此道者无不各得其所欲而去。衣钵相承，牢结而不可解。夫此模棱、软弱、钻营、苟且之人，国家无事，以之备班列可也。适有缓急，而欲望其奋身为国，不顾利害，不计夷险，不瞻徇情面，不顾惜身家，不可得也。至于利弊之不讲，又非一日。在内部院诸臣事本不多，而常若猝猝不暇，汲汲顾影，皆云多一事不如少一事。在外督、抚诸臣，其贤者斤斤自守，不肖者亟亟营私，国计民生，非所计也，救目前而已。官方吏治，非所急也，保本任而已。虑久远者，以为过忧；事兴革者，以为生事（《清史稿》列传一四三《洪亮吉传》）。

十余年来，有尚书、侍郎，甘为宰相屈膝者矣。有大学士、七卿之长，且年长以倍，而求拜门生，求为私人者矣。有交宰相之僮隶，并乐与抗礼者矣。太学三馆，风气之所由出也，今则有昏夜乞怜以求署祭酒者矣，有人前长跪以求讲官者矣。翰林大考，国家所据以升黜词臣者也，今则有先走军机章京之门，求认师生，以探取御制诗韵者矣；行贿于门阑侍卫，以求传递代倩，藏卷而去，制就而入者矣（《清史稿》列传一四三《洪亮吉传》）。

（乙）迷信

乾、嘉之世，各处迎神赛会之风最盛，白莲无生之教，蔓延尤广。当时士大夫，亦事迷信。如下所举，朱珪、刘权之、汤金钊则名臣也，纪昀则名儒也，其盛可知。混元、八卦相继举兵，实由官逼民反矣。而信从其教者甚多，故能一呼而集。

幸有矫矫自好者，类皆惑于因果，遁入虚无，以蔬食为家规，以谈禅为国政，一二人倡于前，千百人和于后。甚有出则官服，入则僧衣，惑智惊愚，骇人观听。亮吉前在内廷执事，曾告之曰："某等亲王十人，持斋戒杀者已十居六七，羊豕鹅鸭皆不入门。"及此回入都，而士大夫持斋戒杀者，又十居六七矣（《清史稿》列传一四三《洪亮吉传》）。

座师朱相国文正公（珪）……喜诙谐，翰林院土地，相传为昌黎文公，故有文公祠，公以为代文公者为吴殿撰鸿。一日丁祭毕，舁轿过文公祠，公自轿中回首作拱介，大声曰："老前辈有请矣。"……自以为前身为文昌宫之盘陀石，因号盘陀老人。有请乩者，谓公系文昌二世储君名渊石，故字石君。奏请加梓潼封号，行九拜礼（姚元之《竹叶亭杂记》卷五）。

五来之说，凿然有之，纪文达公（昀），殆自精灵中来也。人传公为火精转世，此精女身也，自后五代时即有之。每出见则火光中一赤身女子，群以铜器逐之。一日复出，则入纪家，家人争逐，则见其径入内室，正哗然间，内报小公子生矣。公生时，耳上有穿痕，至老犹宛然如曾施钳环者。足甚白而尖，又若曾缠帛者，故公不著皂靴。公常脱袜示人，不之讳也。人又言公为猴精，盖以公在家几案上，必罗列榛栗梨枣之属，随手攫食，时不住口。又性喜动，在家无事，不肯坐片时也。又传公为蟒精，以近宅地中有大蟒，自公生后，蟒即不见。说甚不一（姚元之《竹叶亭杂记》卷五）。

刘文恪公（权之），传是钟离祖师后身，故公即以仙之名及字为名与字。而面圆色红须微，常带笑容，与世所画八仙中之钟离仙宛肖。公少时家贫，为文不能延良师。家有乩，每课文求乩仙笔削，督责颇严。一日，文偶冗长，仙谓不宜，公乃短章，仙怒，因不阅，悔谢乃免，及成名始去。五来原有自仙来者，而乃有仙为师亦奇矣（姚元之《竹叶亭杂记》卷五）。

老丈为余言，昔文端公（汤金钊）在江苏学政任时，扫一楼奉乩仙，悬笔于上，老丈辄从拜于楼下。一日，乩书某次子修赐名敏斋。又一日，书年庚八字一，缀一词于下，有“二十四桥明月夜，明珠一颗掌中擎”之语。越日，又书云：“昨所示八字，乃上海叶令之女，可与修为佳耦。”命幕友张某为媒急往，限某日到，沿途多加纤夫。文端承命，遣张君急行，至则前一日，叶令方与宁波林武议婚，适因小恙中止。张君至，述神语，遂委禽焉，于归三年，生一女而没，年二十四，乩书所谓二十四桥者验矣。所生女即余亡妻也。亡妻归我十年，无子女，年三十而卒，镜合无期，珠摧先兆。其命也夫（《翁文恭公日记》咸丰十年正月廿七日）。

（4）道光之衰运

（甲）曹、穆之柄政

道光一朝，曹振镛专政于前，穆彰阿继之于后。曹不过趋避畏事，多为禁忌；穆则植党营私，排斥异己，天下仕宦，多出穆门。道光帝高谈心性，不能起衰救敝也。

宣宗……命（曹）振镛为军机大臣。宣宗治尚恭俭，振镛小心谨慎，一守文法，最被倚任。……凡为学政者三，典乡、会试者各四，衡文惟遵功令，不取淹博才华之士。殿试、御试必预校阅，严于疵累忌讳，遂成风气（《清史稿》列传一五〇《曹振镛传》）。

穆彰阿当国。……自嘉庆以来，典乡试三、典会试五，凡复试、殿试、朝考教习、庶吉士散馆、考差、大考翰詹，无岁不与衡文之役。国史、玉牒、实录诸馆，皆为总裁。门生故吏遍于中外，知名之士多被援引，一时号曰穆党。文宗……即位……特诏数其罪曰："……穆彰阿……保位贪荣，妨贤病国。……从前夷务之兴，倾排异己。……如达洪阿、姚莹之尽忠尽力……必欲陷之。耆英之无耻丧良，同恶相济，尽力全之。……英船至天津，犹欲引耆英为腹心，以遂其谋。……潘世恩等保林则徐，屡言其柔弱病躯，不堪用。"（《清史稿》列传一五〇《穆彰阿传》）

穆彰阿尤扶持旗员外任，知府率兼税收，为膏腴之地，部中司员旗、汉缺相等，而旗员得京察一等，以外放府、道者，率三四倍于汉员。故道光时，旗员外任知府者，竟占全额三分之一，多不识字，听信幕友家丁，恣为奸利，人民所以愈困。

道光朝旗员外任简表

道光二十一年	总督旗籍者七人。	总督缺八。
道光十九年	巡抚旗籍者七人。	巡抚缺十五。
道光二十年	知府旗籍者六十一人。	知府缺一百八十四。
本表据《清史稿·督抚年表》及道光二十年夏季《搢绅全书》。		

（乙）翰林之重用

道光帝最重翰林，凡工卷折试帖律赋者，登第后不数年，每致督、抚、尚、侍。唯习于因循推诿，务为粉饰，以文法相尚而已。

武备不修，赏罚不明，不破格以召揽英豪，不核实而崇重州、县，因循日甚，畏葸遂多。正供困于刁民，财赋竭于乡勇。豪强通于猾吏，小民累于家口。生计迫于铺户之多，粮饷忧于田土之少。不必有权相藩封之跋扈，不必有宦官宫妾之擅权。不必有敌国外患之侵陵，不必有饥馑流亡之驱迫。休养久而生齿繁，文物盛而风俗敝。盗贼众而有司不能捕，遂畏例而壅于上闻；处分繁而吏议日以苛，遂拘泥而不能破格，虽上无昏政、下无凶年，而事遂有不可为者矣（汪士铎《汪悔翁乙丙日记》卷二）。

好用翰詹，牧、守缺放以翰詹，司、道缺升以翰詹，督、抚缺补以翰詹，一似翰詹皆能文能武者，不知其人即能文能武，而我所以知之者，由八股、试策、诗赋、楷书、奏对之巧佞、拜跪之虚仪尔，何以即付万镒之玉？必曰读书人必能武？则军旅之未学，孔子先自言之矣，何以见得其能武？故今日之失，与宋明末之失，皆笃信孔、孟之祸也（汪士铎《汪悔翁乙丙日记》卷三）。

翰林之无用，同于他途。而不得力甚于他途者，以其不明理、不识世务（汪士铎《汪悔翁乙丙日记》卷三）。

今以用翰林为用才，不知翰林之才何才？与时事相比附否？内圣外王，有文事即有武备。文章之架子话否？古今如此有几人？今人果十倍古人否？今日何以多难也，不由此辈空言无用否？时文、楷书、诗赋，上所以取之者也。性理今所重者也，平日以之为吏，百姓不能言敢怒尔（汪士铎《汪悔翁乙丙日记》卷三）。

道光二十七八年间，陈启迈、吴鼎昌、恽光宸、祁宿藻等，骤由编修擢至抚、藩，不以文，不以行，不以言，不以政，奥援而已。转瞬皆败，曾无一可称。君子是以知天下之将乱也（汪士铎《汪悔翁乙丙日记》卷三）。

其大员不问政之利弊得失也，乐于人之莫予违而已。于是以一纸文书之出为政，其下知其说之不通，而进言之蒙谴也，则亦莫之违，而巧为蒙蔽。于是以一纸之入为政，迨至金瓯已缺，而犹不自知其所以然，曰天下已安已治矣。兹胡为者，吾凭文书以治之，凭文书以知之，言不治安者妄也（汪士铎《汪悔翁乙丙日记》卷三）。

（丙）黄河之为患

道光一朝，与河患相终始。南河岁修之费，多者至五六百万；东河之费半之，凡河工所需工料，尚遵守乾隆时所定物价则例，实则物价已倍增于前，若不舞弊，必致赔累。舞弊第　在以岁费供挥霍，其次在勒抑民间物价。于是清江浦奢风，甲于南北。饮食、服御、歌舞、赌博之风，较乾隆尤有甚焉。民间则因交工交料，备受勒索而苦累不堪。

道光元年（一八二一年），礼部右侍郎吴烜言："据御史王云锦函称，去冬……审视原武、阳武一带，堤高如岭，堤内甚卑。向来堤高于滩约丈八尺，自马营坝漫决滩淤，堤高于滩不过八九尺。若不急于增堤，恐至夏盛涨，不免有出堤之患。"上命河督张文浩偕豫抚姚祖同履勘。三年，江督孙玉庭、河督黎世序，加培南河两岸大堤，令高出盛涨水痕四五尺，除有工及险要处堤顶另估加宽，余悉以丈五尺及二丈为度。五月工竣。四年（一八二四年）十一月，大风，决高堰十三堡、山盱周桥之息浪庵，坏石堤万一千余丈。夺文浩职，以严烺督南河。……十二月，十三堡、息浪庵均塞。五年（一八二五年）十月，东河总督张井言："自来当伏秋大汛，河员皆仓皇奔走，救护不遑。及至水落，则以见在可保无虞，不复求疏刷河身之策，渐至清水不能畅出，河底日高，堤身递增，城郭居民尽在水底之下。惟仗岁积金钱，抬河于最高之处。"上嘉所言，切中时弊。……是月，增河南十三厅、山东曹河、粮河二厅堤堰、坝戗各工，皆从井请也。六年（一八二六年）春，河复涨，命井偕琦善、（严）烺会勘海口。……井言："履勘下游，河病中满，淤滩梗塞难疏，海口无可移改。请由安东东门工下北岸，别筑新堤，改北堤为南堤，相距八里十里，中挑引河，导河由北傍旧河行，至丝网滨入海。河水高堤内滩丈五六尺，引河挑深一丈，则水势高下几三丈，形势顺利。自东门工至御黄坝六十里，去路既畅，上游可落水四五尺，黄落则御坝可启，束清坝挑清水外出刷黄，底淤攻尽，黄可落至丈余，湖水蓄七八尺，已为建瓴，石工易保。"上善其策。于是烺……调署东河，而以井督南河。……使经画其事。而琦善以改河非策，请启王家营减坝，将正河挑挖深通，放清水刷涤，再堵坝挽黄归正河。……上终以改河为创举，从琦善议。十一年（一八三一年）七月，决杨河厅十四堡及马棚湾，十二月塞。十二年（一八三二年）八月，决祥符。九月，桃源奸民陈瑞因河水盛涨，纠众盗挖于家湾大堤……致决口宽大，掣全溜入湖。……是月，祥符塞。明年正月，于家湾塞。十五年（一八三五年），以栗毓美为东河总督。时原武汛串沟受水，宽三百余丈，行四十余里，至阳武汛沟尾复入大河。又合沁河及武陟、荥泽诸滩水，毕注堤下。两汛素无工，故无秸料，堤南北皆水，不能取土筑堤。毓美试用抛砖法，于受冲处抛砖成坝。六十余坝甫成，风雨大至，支河首尾决而坝如故。屡试皆效。……行之数年，省帑百三十余万，而工益坚。……卒以溜深急则砖不可恃，停之。十九年（一八三九年），毓美复以砖工得力省费为言，乃允于北岸之马营、荥原两堤，南岸之祥符下汛、陈溜汛，各购砖五千方备用。二十一年（一八四一年）六月，决祥符，大溜全掣，水围省城。河督文冲请照睢工漫口，暂缓堵筑。遣大学士王鼎、通政使慧成勘议。……鼎等言："河流随时变迁，自古迄无上策。然断无决而不塞，塞而不速之理。如文冲言，俟一二年再塞。……而此一二年之久，数十州、县亿万生灵流离，岂堪设想？……河臣所奏，断不可行。"疏入，解文冲任……以朱襄继之。二十二年（一八四二年），祥符塞，用帑六百余万。……七月，决桃源十五堡、萧家庄，溜穿运由六塘河下注。未几，十五堡挂淤，萧家庄口刷宽百九十余丈，掣动大溜，正河断流。河督麟庆意欲改道，遣尚书敬征、廖鸿荃履勘。敬征等言：“改河有碍运道，惟有迅堵漫口，挽归故道，俟明年军船回空后，筑坝合龙。”从之。……二十三年（一八四三年）……六月，决中牟，水趋朱仙镇，历通许、扶沟、太康，入涡会淮。复遣敬征等赴勘，以钟祥为东河总督。……二十四年（一八四四年）正月，大风，坝工蛰动，旋东坝连失五占。……七月，上以频年军饷、河工一时并集，经费支绌，意欲缓至明秋兴筑。钟祥等力陈不可。十二月塞，用帑千一百九十余万。二十九年（一八四九年）六月，决吴城。十月，命侍郎福济履勘，会同堵合（《清史稿·河渠志一》）。

（丁）张格尔之变

道光中，新疆南路有张格尔之变，先后用兵至八年之久，耗费财力，中土为之疲敝。其始虽由边吏不善安辑所致，然由外人煽惑，以致称兵，与前之准格尔、后之白彦虎同。亦以见乾隆用兵西域，虽一时暂定，而事变屡起也。

嘉庆二十五年，南路参赞大臣斌静荒淫，失回众心。八月，张格尔始纠布鲁特数百寇边。有头目苏兰奇入报，为章京绥善叱逐，苏兰奇愤走出寨从贼。领队大臣色普征额率兵败之，张格尔仅余二三十贼，舍骑步逃。次日，官兵追及塞外，遗炊尚然，竟回军喀城，与斌静宴中秋节，所擒百余贼，斌静悉诛以灭口。上以斌静获贼不讯明衅由，蒙隐具奏，疑之。特命伊犁将军庆祥往勘，得回民所控斌静纵家奴司员凌辱伯克、交通奸利诸罪。奏闻，褫逮。道光二年，以永芹代之，亦未能抚驭。四年秋五年夏，张格尔屡纠布鲁特数百骚掠近边，且诡降，要求叵测。时内地回户多为其耳目，官兵往捕辄遁。九月，领队大臣色彦图，以兵二百，出塞四百里，掩之不遇，即纵杀游牧之布鲁特妻子百余而还，无复行列。其酋汰列克恨甚，率所部二千，追覆官兵于山谷，贼遂猖獗。十月，诏以庆祥代永芹参赞，以大学士长龄代庆祥。……六年夏，张格尔率安集延布鲁特五百余，由开齐山路突至回城，拜其先和卓木之墓，回人所谓玛杂也，距喀城八十余里。庆祥令协办大臣舒尔哈善、领队大臣乌凌阿，以兵千余剿之，杀贼四百，贼退入大玛杂内。……官兵攻之。突围出，各回响应，旬日万计。庆祥尽调各营卡兵还喀城为三营，令乌凌阿、穆克登布分将之，迎战浑河，先后殁于阵。……八月二十日，喀城遂陷，英吉尔沙、叶尔羌、和阗三城继之（魏源《圣武记》卷四《道光复定回疆记》）。

张格尔者，回酋大和卓木博罗尼都之孙也。……因众怨，纠安集延布鲁特寇边。道光……六年六月，张格尔大举入卡，陷喀什噶尔、英吉沙尔、叶尔羌、和阗四城。命陕甘总督杨遇春驻哈密，督兵进剿。……诏授长龄扬威将军、遇春及山东巡抚武隆阿为参赞，率诸军讨之。十月，师抵阿克苏。……张格尔以众三千踞柯尔坪，令提督杨芳袭破之。……七年二月……进次大河拐……遂……歼贼万余，禽五千。越三日，张格尔拒战于沙市都尔。……贼数万临渠横列，乃令步卒越渠鏖斗，骑兵绕左右横截入阵，贼溃……擒斩万计。又越二日……俘斩二万有奇。追至洋达玛河，距喀城仅十余里。贼悉众十余万，背城阻河而阵。……选死士夜扰其营。……遣索伦千骑，绕趋下游牵贼势，大兵骤渡上游蹙之，贼……大奔。乘胜抵喀什噶尔，克之。……张格尔已先遁。……分兵令遇春下英吉沙尔、叶尔羌，芳下和阗。……张格尔传食诸部落，日穷蹙。长龄等遣黑回诱之，率步骑五百，欲乘岁除袭喀城。芳严兵以待，贼觉而奔，追……斩殆尽，张格尔仅余三十人，弃骑登山。副将胡超、都司段永福等禽之。八年……五月，槛送……于京师……磔于市（《清史稿》列传一五四《长龄传》）。

（戊）生计之艰

道光之季，士与农生计最困，而人多用洋货，吸食鸦片。同时秘密结会者，风起云涌。闽、粤滨海有洪门及天地会，湘、桂曰堂，江、浙曰斋。长江上游、中游有哥老会，江南北有青帮、红帮，淮水流域有捻及白莲教，北方有天理教，山东有义和拳，是皆崩溃之兆。故道光三十年间，人民起兵者众矣，而其真因，则由于豪富封殖。

故有《彬仪馆诗草》，盖当道光季年也。其时吏治昏庸，豪富封殖，币滞粟贱，士农尤困。名儒才士不能谋十金之获，赁舂日课谷二石，才佣十九钱（王闿运《湘绮楼未刻稿·彬仪馆记》）。

嘉庆以来，洋货、鸦片业已普遍流行，至道光时愈甚。

夫居处之雕镂、服御之文绣、器用之华美，古之所谓奢也，今则视为平庸无奇，而以外洋之物是尚。如房室、舟舆，无不用颇黎；衣服、帷、幕，无不用多罗、毕支、羽毛之属，皆洋产也。而什物、器具无不贵乎洋者，曰洋铜，曰洋磁，曰洋漆，曰洋藤，曰洋锦，曰洋布，曰洋青，曰洋红，曰洋貂，曰洋獭，曰洋纸，曰洋画，曰洋扇，遽数之不能终其物。而南方诸省则通行洋钱，大都自日本、琉求、红毛、英吉利诸国来者。内地出其布帛、菽粟民间至不可少之物，与之交易。……不思布帛、菽粟之足贵，惟洋物之是求。一家之中，自堂室以至器用，无非外洋者矣。一人之身，自冠服以至履舄，无非外洋者矣。其始也达官贵人尚之，浸假而至于仆隶舆台，浸假而至于倡优婢嫔，而民间遂遍行焉。外洋奇巧之物日多，民间布帛、菽粟日少，以至积储空虚，民穷财尽（陈鳣《简庄缀文》卷一《风俗论》）。

鸦片产于外夷，其害人不异酖毒，故贩卖者死，买食者刑，例禁最严。然近年转禁转盛，其始惟盛于闽、粤，近则无处不有。即以苏州一城计之，吃鸦片者不下十数万人。鸦片之价，较银四倍牵算，每人每日至少需银一钱，则苏城每日即费银万余两，每岁即费银三四百万两（包世臣《安吴四种》卷二十六《齐民四术·农二》）。

凡有识者，皆预知天下必且有事。

今天下易肇乱之郡凡十数，广东则惠、潮，福建则台湾，江右则南赣，江苏则淮、徐，安徽则凤、颍，河南则南、汝、光，陕西则南山（包世臣《安吴四种》卷三十二《齐民四术·刑二》）。

道光间人民起兵简表

时期		人名	地域	事略
清纪	公元			
元年四月	一八二一年	大姚古拉彝	云南	永北唐老大被擒。
二年八月	一八二二年	朱麻子（教）	河南新蔡	为程祖洛所捕。
十一年三月	一八三一年	韦色容（黎）	广东	四月，为李鸿宾所杀。
十二年二月	一八三二年	赵金龙（瑶）	湖南江华	四月，为卢坤所平。
七月		盘均华（瑶）	广西贺县	为祁𡎴所平。
八月		八排瑶	广东连州	杀都司以下数十人，清总督李鸿宾革职治罪，以禧恩代之。九月，各排冲缚献首领，瑶山平。
闰九月		捻	河南、湖北等省	
		会党	江西	
十月		土盗勾结瑶	广东曲江、乳源	
十三年二月	一八三三年	川彝	四川越嶲厅、峨边厅等处	五月，峨边彝人桑林格等，为那彦宝所擒。七月，越嶲彝亦败走。

续表

时期		人名	地域	事略
清纪	公元			
十四年七月	一八三四年	雅札等支彝、三支赤彝	四川峨边厅	八月，为湖松额所平。
十五年三月	一八三五年	曹顺（教）	山西赵城县	曹顺起兵，杀知县杨延亮全家。四月，顺被擒遇害。
十六年二月	一八三六年	蓝正樽（瑶）	湖南武冈县	四月，为讷尔经额所平。
十七年六月	一八三七年	川彝	四川马边厅	
十一月		川彝	四川凉山	
十八年十一月	一八三八年	谢法真	贵州	为云贵总督伊里布所平。
二十二年正月	一八四二年	钟人杰	湖北崇阳县	事败遇害。
二十三年六月	一八四三年	土民	云南南甸	
二十四年七月	一八四四年	阳大鹏	湖南耒阳县	事败被擒。
二十五年四月	一八四五年	西宁番人	西宁	杀总兵庆和。
二十六年闰五月	一八四六年	回人	云南永昌	
二十七年八月	一八四七年	回人	喀什噶尔	
十月		雷再浩（瑶）	湖南新宁县黄坡岗地方	

续表

时期		人名	地域	事略
清纪	公元			
十二月		苗人	湖南乾州厅	
二十九年二月	一八四九年	工布朗	四川中瞻对	
四月		洋盗	山东	
十一月		李沅发、李沅宝	湖南新宁县	事败，先后遇害。
附注	本表根据《清宣宗实录》而作。			

（七）人民之反抗

（1）乾隆时

（甲）王伦

王伦属清水教，为白莲教别支，起兵以诛贪官污吏为名，屡败巡抚徐绩、总兵惟一之兵，势张甚。清廷仓皇发京军，遣大学士舒赫德以钦差大臣往讨，盖恐南粮运道有阻故也。不一月事平，追捕余党，地方受害，屡年未已。

国家岁漕……由运河供亿京师，而临清州绾毂南北水陆咽喉。有新、旧二城……旧城……市廛鳞次数万家。乾隆三十九年，兖州府寿张奸民王伦，以清水邪教，运气治病，教拳勇，往来山东，号召无赖亡命，徒党日众。羡临清之富庶，又大兵方征金川，意畿辅兵备或虚，倡言有四十日大劫，从之得免。寿张知县沈齐义捕之，贼遂于八月二十有八日夜，袭城戕吏。……承平久，官民皆不习兵，贼连陷堂邑，陷阳谷，皆劫掠弃城遁。分趋临清、东昌，阻运道，众数千。……大学士舒赫德……命……驰赴山东督师。……总兵惟一以兵三百，击贼堂邑。复以兵八百，击贼柳林，皆不利。贼围巡抚徐绩军于临清之梁家浅，惟一援之，贼解围趋运河。……据临清旧城。……各郡援兵渐集。……禁旅由德州攻其东，东昌兵攻其南，直隶兵由景州故城攻其北，又以兵扼馆陶，防西窜。……（九月）二十有三日，舒赫德军抵临清。……贼败，窜城内，短兵巷战。……侍卫音齐图……歼北窜贼千余于塔湾，亦还兵搜王伦于城中大宅，毁墙入，手擒之，为十余贼所夺，贼登楼纵火死。复歼巷战女贼乌氏等数十，生擒其弟王朴，其党樊伟、孟灿、王经隆等，槛送京师，诛其党千余（魏源《圣武记》卷八《乾隆临清剿贼记》）。

乾隆三十九年甲午（一七七四年）九月……戊午……谕："……寿张、堂邑奸民……不可不迅速剿捕。但恐绿营兵庸懦……而徐绩于军旅素所未娴。……今思舒赫德久谙军务，著即由天津一路前往山东。……于调兵诸事，当有印信为凭。起程时，可带钦差大臣关防前往。”……又谕：“据徐绩、姚立德奏……称逆匪首犯王伦系寿张人，本属白莲邪教。……擅敢劫掠寿张、堂邑、阳谷三县，杀害官员，劫掠仓库。”（《清高宗实录》卷九六六）

乾隆……三十九年……十月，（徐绩）解山东巡抚任，命缉捕余党自效。绩擒王伦弟王柱、王林等正犯二十余名。上……授为河南巡抚（《清史列传》卷二十七《徐绩传》）。

（乙）苏四十三及田五

苏四十三以伊斯兰新、旧教之争，为不肖官吏激变。乾隆帝张大其事，命宠臣和珅将兵往，为封拜地。和珅轻进失利，乃以其事仍付阿桂了之，不免多所杀戮矣。

乾隆四十六年（一七八一年）三月辛丑，陕甘总督勒尔谨奏：“据兰州府循化同知洪彬禀报，厅属撒拉尔回人苏四十三等，因争立新教，将旧教回人杀伤数名。臣随委兰州府知府杨士玑、河州协副将新柱，前往查办。三月二十日，据杨士玑禀报，新柱与该府带领兵役，前往循化。十八日……至白庄子，被新教回匪千余人，将庄围住等语。臣即选派本标兵二百名，带同臬司福崧，星夜往该处查拿。”又奏：“途次据署河州知州周植禀报，新教逆回于十八日晚，将知府杨士玑、副将新柱杀害等语。臣飞调固原、凉州、甘州、西宁、肃州五提镇兵共二千名，星速前往。仍于见带本标二百外，添调三百名，兼程驰赴，相机剿捕。并札令提督仁和，前往会办。”……谕：“……回人争教细事，何至因此杀害大员？……传谕勒尔谨……所带兵数，前后几三千，又札会提督仁和前往会办。仁和系曾经出兵打仗之人，军务颇为熟悉。勒尔谨当与之和衷速办。”（《清高宗实录》卷一一二七）

（乾隆）四十六年……甘肃撒拉尔新教苏四十三，与老教仇杀，戕官吏。总督勒尔谨捕教首马明心下狱，同教回民二千余，夜济洮河，犯兰州，噪索明心。布政使王廷赞诛明心，贼愈炽。上命阿桂视师。时阿桂犹在工，命和珅往督战，失利。贼据龙尾、华林诸山，道险隘。阿桂至，设围，绝其水道。攻之，贼大溃，歼苏四十三。余党奔华林寺，焚之，无一降者（《清史稿》列传一〇五《阿桂传》）。

苏四十三之后三年，又有田五之事，皆新教也。

乾隆四十九年（一七八四年）四月十五日，忽有逆回田五倡乱。初在平凉府盐茶厅之小山中，结众起事，不过三百余人。……遂入靖远，纵火烧木厂。……兰州省城亦震动矣。……通渭既陷。……于是西安将军傅公玉，带兵一千名，巴里坤副都统永公安，自山西进京，前来协剿。……陕西巡抚毕公沅，调西安、同州各营兵，暨西安满标、抚标两营兵五千名，又调四川屯练降番兵二千名、宁夏兵一千二百名，又川北兵二千名、山西兵二千名至西安候拨，又河州韩土司兵一千名，又瓦寺土司桑朗、雍中等自愿效力，挑选精兵四百名，而兴安镇总兵官三公德，亦带兵一千名，由秦州一路堵截，延绥镇总兵官策公卜坦，又带兵一千名，由静宁州一路堵截，不数日，而钦差大臣福公康安，偕领侍卫内大臣海公兰察，暨巴图鲁侍卫章京等，相继而至，大学士阿公桂，又挑选火器、健锐两营京兵一千名，次第会集。贼见官兵势甚，遂退聚陇西之狼山，出攻陇西、伏羌二县，复攻静宁州、隆德县，城俱坚守不动。贼乃至底店子。底店子者，在静宁州界，回民聚俗而居，不下千余家。沿途胁从者，又数千人。……贼投崖坠穽无算，生擒万余，贼无一脱者（钱泳《履园丛话》卷五）。

乾隆四十九年四月丙午（廿二），甘肃新教回人田五等聚众滋事，命李侍尧、刚塔剿之（《清高宗实录》卷一二〇五）。

五月丁巳（初三），谕："前据李侍尧、刚塔奏，小山逆回田五阿浑，倡设新教，纠众滋事，攻破西安土堡，往靖远一带村庄抢掠。……本日李侍尧奏，官兵于二十三四等日，两次打仗，杀贼甚多。……贼匪首犯田五腹中枪伤，在马营水抹脖身死。……割取首级枭示。余剩有八九十人，窜往余家沟一带。见已添派官兵上紧追拿。”（《清高宗实录》卷一二〇七）

五月辛酉（初七），谕军机大臣等：“前据李侍尧奏，贼首田五已歼，余党窜散。……本日又据奏，到马家堡、黑庄两处，贼匪屯聚约有一千余人，见调取官兵接续，以为必胜之计。”（《清高宗实录》卷一二〇七）

五月己巳（十五），谕：“李侍尧等于剿捕回匪一案，未能妥协，著派尚书福康安带钦差大臣关防，同领侍卫内大臣海兰察，带领巴图鲁侍卫等，分起驰驿前往剿捕督办。”（《清高宗实录》卷一二〇七）

五月壬申（十八）……著传谕阿桂，于火器、健锐两营内，挑选精兵一千名，豫备听候谕旨，再行带领起程。所有分队带领之侍卫章京等，并著酌量选派京兵……经阿桂带领前往，尤足以壮军势。……阿桂所带京兵一到，自可会同调度，克期竣事也（《清高宗实录》卷一二〇七）。

五月甲戌（二十日），以阿桂为将军，福康安、海兰察、伍岱为参赞大臣，领京兵进剿逆回（《清高宗实录》卷一二〇七）。

七月甲子（十一日），谕：“据阿桂、福康安奏，初四日，石峰堡内，投出老弱贼匪一千五百余名。……初五日子刻，贼首张阿浑，果同杨填四等，带领贼众，向外直扑。……官兵枪箭如雨……歼贼千余，张阿浑等窜回堡内。……福康安同海兰察，带领各官兵一涌而上，进堡搜捕，将首逆张阿浑即张文庆、大通阿浑即马四娃，并贼目杨填四、黄阿浑即黄明、马建成、马良茂、马金玉、杨存义、马几、马建业、马保，全数擒获。两日打仗，歼擒贼回共二千余名，拿获首从逆犯及各贼眷属孩稚，共三千余口。”（《清高宗实录》卷一二一〇）

乾隆四十九年，甘肃回田五等立新教，纠众为乱。授参赞大臣，从将军阿桂讨贼。旋授陕甘总督。师至隆德，田五之徒马文熹出降，攻双岘贼卡，贼拒战。阿桂令海兰察设伏，福康安往来督战，歼贼数千，遂破石峰堡，擒其渠（《清史稿》列传一一七《福康安传》）。

（丙）苗

湘、黔间苗民受虐于官吏，积衅久矣。乾隆六十年，有石柳邓、吴八月之变，遂大举。竭云、贵、湖、广四省之力以讨之，福康安、和琳任军，毕沅任饷，征调频繁，内地骚动，饷胥复甚竭蹶。福康安之师，阻于险，阻于瘴疠，经年之间，屡致失利。混元教乘虚起兵，中原云扰。乃倡民地归民、苗地归苗之说，匆匆班师。福康安、和琳，均染疠，卒于军中。

乙卯（乾隆六十年）正月，贵州铜仁府苗石柳邓，妖煽其党，官捕之，遂叛。掠松桃厅正大营，湖南永绥黄瓜寨石三保应之。永绥副将伊萨纳、同知彭凤尧，以兵六百往捕……责苗缚献。而镇筸镇总兵明安图，亦以兵八百携绳索以往，会营鸭酉。夜，苗忽数千焚鸭酉，镇筸苗吴半生、吴陇登、吴八月，及乾州三岔坪苗同蠢动，火光照百十里。……遂围永绥，而乾州镇筸苗，亦同日各围其城。……贵州总兵珠隆阿，亦被围正大营，苗疆大震。二月，诏云贵总督……福康安、四川总督和琳，及湖广督、抚合兵剿之，复命侍卫额勒登保、德楞泰往赞军务。福康安既解嗅脑、松桃、大营诸围，招抚各寨。三月，贵州苗略定，和琳亦定秀山县苗，以总兵袁国璜守棚门，而自会福康安于松桃。乃遣总兵花连布，将精兵三千援永绥。三月十一日……围解。湖南提督刘君辅以兵二千，自保靖与总兵张廷彦合攻永绥西北。……四月十三日，福康安大军亦至永绥，进剿黄瓜寨。而苗旋阻鸭保，饷道不通。……贼踞乾州久，遂出泸溪巴斗山，大焚浦市，分寇泸溪、麻阳东北，复逼镇筸。……刘君辅在永绥，提孤军欲复通鸭保，中途突围数重，几不免。及隆团，始遇袁国璜、张廷彦援兵，乃保隆团。而鸭保饷道卒不通。……福康安、和琳由贵州来，遽从铜仁……往乾州。道既险远，刘君辅所请五路进兵策亦不用，苗遂专伺大营所向，据险死拒，而各营兵非奉令又不得自为战，故贼益张。及刘君辅隔隆团，苗遂复围永绥。……副将富志那遣告急大营。……始遣四川提督穆克登阿往援。……刘君辅复自隆团转战入。八月，围始复解。……大军自四月克黄瓜寨……七月渡大乌草河，抵古丈坪。八月，奏克乌龙岩、杨柳坪，而吴八月据平陇，遂称吴王。……平陇党转盛，石三保、石柳邓皆附之。……十月，奏克毛豆塘、摩手寨、龙角硐，进牛练塘，围鸭保。……十一月，奏克檬水营、天星寨。十二月，奏克禽头坡。嘉庆元年正月，奏克连营山。二月，奏克壁多山、高吉陀。三月，奏克两叉溪、平逆坳。四月，奏克长吉山结石冈。……六月，和琳复乾州，使额勒登保等进攻平陇，而自与毕沅、福宁及巡抚姜晟等，遂奏善后章程六事，大都民地归民、苗地归苗，尽罢旧设营汛，分授降苗官弁羁縻之。……九月，大兵夺平陇隘口。……十二月，大军斩石柳邓父子及吴廷义（吴八月子）等。……明年三月，遂班师（魏源《圣武记》卷七《乾隆湖贵征苗记》）。

征苗之师既撤，苗事纷纭愈甚，乃以傅鼐总理苗疆，十余年间，幸获无事。其实事变皆由不公不平有激而成，不激则本无事也。

嘉庆元年……大军……移军剿教匪，而苗疆以凤凰厅同知傅鼐善其后，修碉募勇，悉力御之。傅鼐上书总督百龄曰："迩者楚苗之役，福、和（福康安、和琳）二大帅，始则恃搏象之力搏兔，不暇统筹合局以筹商。继则孤军深入，顿兵乌草河、牛练塘、九龙沟，皆累月不得进者，以苗寨前坚后险，实有羝羊触藩之势。已广行招纳，以期苗释怨罢兵。……大功未就，赍志而殁。又值川、楚事急，大军北去，苗志益盈，鸱张鱼烂，不可收拾。鼐思民弱则苗强，民强则苗弱。我墉斯固，而后入穴扼吭，歼其魁而夺其恃，稂莠渐除，良善乃康。”四年，傅鼐擒镇筸苗吴陈受。六年，剿石岘苗十四寨。十年，擒永绥生苗石宗四，烧杀二千余，破寨十六，捣巢缴械，一律荡平。……先后大小数百战，歼苗以万计。傅鼐有文武材，总理苗疆十余年，创修边墙数百里，分屯戍守，训练乡兵，团其丁壮，而碉其要害，十余碉则堡之，碉以守以战，堡以聚家室，于是民气固，苗云扰波溃。鼐与苗从事，来痛击，去修边，前戈矛，后邪许，得险即守，寸步而前，而后薪烬而焰息，堤塞而水止（锡珍《皇朝纪事·勘定苗疆》）。

嘉庆初，湖北、四川教匪方棘，诸将移征苗之师而北，草草奏勘定，月给降苗盐粮银羁縻之。而苗氛愈恣，借口……和琳苗地归苗之约，遂蔓延三厅地。巡抚姜晟至，倡以苗为民之议，议尽应其求。时凤凰厅治镇筸，当苗冲，同知傅鼐有文武才，知苗愈抚且愈骄……乃日招流亡，附郭栖之，团其丁壮，而碉其要害，十余碉则堡之。……而（嘉庆）三年，苗大出，焚掠下五洞，大吏将中鼐开边衅罪。又兵备道田灏者，阿大吏意，吝出纳以旁掣之，事且败。会四年，镇筸黑苗吴陈受，众数千犯边，于是有苗疆何尝底定之诏，责巡抚姜晟严获首贼，鼐为擒之，始奏加知府衔。……是年，碉堡成。明年，边墙百余里亦竣。苗并不能乘晦雾潜出没，每哨台举铳角，则知有警，妇女牲畜立归堡，环数十里戒严，于是守固矣。……大小百战，歼苗万计，追出良民五千口、良苗千余口，而所用不过乡兵数千（魏源《圣武记》卷七《嘉庆湖贵征苗记》）。

傅鼐……顺天宛平人。……嘉庆元年（一七九六年），授凤凰厅同知。……擢辰沅永靖道。……十三年，屯务竣，入觐，诏曰：“傅鼐任苗疆十余年，锄莠安良……建碉堡千有余所，屯田十二万余亩，收恤难民十余万户，练兵八千，收缴苗寨兵器四万余件。……设书院六、义学百。……洵为杰出人才，堪为岩疆保障。”（《清史稿》列传一四八《傅鼐传》）

（丁）林爽文

自康熙设台湾郡县后，人民起兵抗清兵者，先后不可胜纪，以朱一贵、林爽文为最著。爽文本天地会，由官吏虐之始变。总兵柴大纪死守诸罗，以待福康安之援。事平，福康安以大纪骄亢，必欲杀之，竟摭其军营积弊，斩于京师。于此知福康安之横，与和珅比而为恶，实由乾隆帝故纵之。

林爽文者，居彰化之大理杙。地险族强，豪猾挥霍，聚群不逞之徒，结天地会。数十年，将吏务为覆蔽，不之问，党日横炽。总兵柴大纪调兵三百，使知府孙景燧、彰化知县俞峻，及副将赫生额、游击耿世文往捕。……勒村民禽献，先焚无辜数小村怵之。爽文遂因民之怨，集众夜攻营，军覆，将吏死焉，彰化遂陷，时乾隆五十一年（一七八六年）十一月二十七日也。……十二月六日，又陷诸罗。……贼分路来犯，柴大纪御诸盐埕桥，杀贼千计。桥距府城五十里，扼水陆交通，大纪自守之，贼始不敢窥府城。……明年正月初旬……大纪速战破贼，遂复诸罗。……三月……上命总督常青为将军，往督师。……福州将军恒瑞为参赞。……常青、恒瑞军五月出南路……遇贼万余，甫交绥即退。……贼以其暇，得蚕食各村，胁其不从者，辄焚劫……旬日十余万。……林爽文驱以攻诸罗。诸罗据南北之中，赖柴大纪力守之，为府城屏蔽。林爽文必欲陷之，昼夜围攻。……先后百余战，杀贼过当……诸罗围日密。……诏解常青、恒瑞之任，以福康安、海兰察代之。……诏曰:“大纪当粮尽势急之时，惟以国事民生为重。……其改诸罗县为嘉义县，大纪封义勇伯，世袭罔替。”……福康安……十月……抵港口。……十一月初八日，大兵六千、义勇千余，遇贼仑顶仔，海兰察率巴图鲁侍卫数十冲贼阵……贼披靡。……即日，海兰察抵嘉义城。次日，福康安亦至。复乘胜追贼，克之于斗六门，遂捣大理杙。贼犹万余迎拒……我步骑鏖战竟夜，黎明遂克其巢，林爽文已携家走集集埔。……先匿其孥于生番社，而自与死党数十窜箐谷，皆就禽（魏源《圣武记》卷八《乾隆三定台湾记》）。

福康安师至，嘉义围解，大纪出迎，自以功高拜爵赏，又在围城中，倥偬不具櫜鞬礼。福康安衔之，遂劾大纪诡诈，深染绿营习气，不可倚任（《清史稿》列传一一六《柴大纪传》）。

林爽文者，漳州之平和人也。……厕名彰化县役。……益阴结少年无赖，凡系于公者，爽文皆脱囊资之。……乾隆五十年十二月除日，庄中群无赖于庄西厂地醵酒为乐，酒酣，共谋曰："我庄中当推一人为主，以一号令。"插剑于地，攫土为香，共拜之，剑仆者，即天所与也。时共五十余人，以齿序拜，至林爽文，而剑适仆，由是庄中群无赖益推戴之矣。林爽文既邀结人心，时出劫掠，以其财招纳亡命。又创为邪说，所为天地会者，煽惑民心。彰化县屡遣官役捕之，皆自中途返，莫敢有涉其境者（《平台记》）。

彰化县既陷，官吏皆被执。贼目分居官署，出榜安民，曰："顺天元年大盟主林，为出榜安民事。本盟主为众兄弟所推，今统雄兵猛士，诛杀贪官，以安百姓。贪官已死，其百姓各自安业，惟藏留官府者死不赦。"（《平台记》）

台湾初次调拨，及续调官兵，已有数万。嗣又于广东、浙江添调绿营及驻防兵万余人，并于福建本省派拨兵六千，既又添调四川降番，并于湖北、湖南、贵州等省挑备兵数万，陆续遄程前往，合计征调各兵不下十余万。所有应用军粮，已于浙江、江南、江西、湖广、四川省拨运米百余万石，军饷、火药等，亦已广为储备（《平台记》）。

三月乙丑，奉旨逮问陆路提督、兼台湾镇总兵柴大纪于京师。……大纪纵兵市易，废弛营伍，又挑补兵弁，皆以利进，及林爽文将作乱，畏贼回郡城各情，皆有征。狱具上闻，于是籍没其家，逮大纪于京师，伏法（《平台记》）。

康熙以后台民起兵简表

时期		人名	地名	事略
清纪	公历			
康熙三十五年七月	一六九六年	吴球	新港	起兵不成，被杀。
四十年十二月	一七〇一年	刘却	诸罗	毁下茄苳营。
六十年五月	一七二一年	朱一贵	冈山	破府城，杀总兵欧阳凯、副将许云。一贵称中兴王，建元永和，复明制。总督满保闻报，驰赴厦门，檄南澳总兵蓝廷珍，会水师提督施世骠出兵。六月，克鹿耳门，迫府城。一贵被禽，械至京被害。
雍正九年十二月	一七三一年	林武	大甲西社	翌年，为总兵王郡所平。
		大甲西社番		
十年三月	一七三二年	吴福生	凤山	起事攻埤头，守备张玉战死。后为总兵王郡所平。
乾隆三十五年九月	一七七〇年	黄教		起兵，旋败。
四十七年	一七八二年	漳泉籍民	淡水、彰化	械斗。
五十一年十一月	一七八六年	林爽文	彰化	
六十年三月	一七九五年	陈先爱		杀北路同知朱慧昌、鹿港营游击曾绍龙、副将张无咎、署知县朱澜等，旋为总兵哈当阿所平。
		陈周全	彰化	

续表

时期		人名	地名	事略
清纪	公历			
嘉庆二年	一七九七年	廖卦、杨肇	淡水	谋起兵，被杀。
三年	一七九八年	汪降		
五年	一八〇〇年	陈锡宗		
七年春	一八〇二年	白　启（小刀会）		谋起兵，被杀。
八年六月	一八〇三年	蔡牵	鹿耳门	蔡牵攻鹿耳门。
十年四月	一八〇五年	蔡牵	淡水	蔡牵攻淡水。十一月，入踞鹿耳门，山贼吴淮泗、洪老四应之。十二月，陷凤山。
十一年二月	一八〇六年	漳泉民	淡水	械斗。
		蔡牵	蛤仔难	朱濆攻苏澳，海上俶扰。至十四年八月乃定。
十五年	一八一〇年	许北		
二十五年	一八二〇年	卢天赐	沪尾	
道光三年七月	一八二三年	林泳春	噶玛兰	谋起事，被杀。
四年	一八二四年	杨良斌		
六年五月	一八二六年	黄斗奶（黄文润）	中港	黄斗奶导高山族掠中港，总督孙尔准至台平之。
十二年九月	一八三二年	张丙、陈办	嘉义	十月，围嘉义，杀知府、知县。凤山许成、台湾林海，与之呼应，攻凤山。十一月，为陆路提督马济胜所平。

续表

时期		人名	地名	事略
清纪	公历			
二十四年三月	一八四四年	洪协		起兵被杀。
咸丰三年四月	一八五三年	林恭	凤山	取邑治，围府城，噶玛兰、吴磋亦起与相应。
四年五月	一八五四年	黄位	鸡笼	入据鸡笼，旋败。
同治元年三月	一八六二年	戴潮春	彰化	取县城，杀兵备道孔昭慈。嗣围嘉义，攻大甲，全台俶扰。二年十月，新任兵备道丁曰健、陆路提督林文察，率兵至，克彰化，潮春被杀。
光绪元年	一八七五年	高山族	狮头社	为提督唐定奎所平。
七年六月	一八八一年	台南哥老会员	台南	谋起事，首谋者武弁二人。
十二年正月	一八八六年	高山族	大嵙崁	起兵，刘铭传自将攻之。九月，竹头角高山族起兵。
十六年正月	一八九〇年	高山族	苏澳	起兵，刘铭传自将攻之。
十八年六月	一八九二年	高山族	射不力	起兵，旋平。
附注	本表据《台湾府志》及周凯《内自讼斋文集》，参以《实录》。			

（2）嘉庆时

（甲）川、楚教军

康熙时，抗清者志在复明，多拥明裔为号召，托名朱三太子者，先后凡数起。台湾起兵，推朱一贵为首，以其为明裔也。雍正时，周玙结连海上，犹以寻王得王为名，图谶之书若《推背图》，所谓牛八，即寓朱字。刘之协倡混元教以集众，所推奉者王双喜或称王发生，又名朱八，谓是王之明五世孙，为清所执，遣戍伊犁。嘉庆十五、六年，犹有安徽、河南人出口往省之者，乃为清所杀。教军初起于孝感吴家砦，教魁齐麟为清所戮，其妻齐王氏，又称齐二寡妇，起兵至襄阳，名为替夫报仇。因王双喜远在配所，尊号犹有所待，乃与张汉潮、姚之富皆称大将军，以五色为旗号；蜀中王三槐诸人以官逼民反，亦称五色旗号，纵横于鄂、豫、川、陕之境，所向无敌，而号令未能统一，亦其失败原因之一。所谓坚壁清野之策，谓可以断其接济，其实教军往来皆自山中，其中有无籍之人，以垦地设厂为生，集合数十万人不难，惟赍粮非易。教军除办团练图保举顶戴者必杀无赦外，其他决不骚扰，故坚壁清野，或可断其粮，而不能断其补充兵力。唯十余年间，民皆苦于坚壁清野，以吏胥为虐，甚于兵革也。清竭全国之力以御教军，只办尾追而已。杨遇春始募乡兵，稍较便给，亦不能制敌。教军之败，由于急遽行军，救援不及，领兵者损折过多，然始终坚定，无一叛变者。自教军以后，结会开堂以抗清者日众。道光中，南方举兵，岁岁不绝，以至太平军之起。

白莲教者，奸民假治病持斋为名，伪造经咒，惑众敛财，而安徽刘松为之首。乾隆四十年，刘松以河南鹿邑邪教事发被捕，遣戍甘肃。复分遣其党刘之协、宋之清授教传徒，遍川、陕、湖北，日久，党益众，遂谋不靖。倡言劫运将至，以同教鹿邑王氏子曰发生者，诡明裔朱姓，以煽动流俗。乾隆五十八年，事觉，复捕获，各伏辜。王发生以童幼免死，戍新疆，惟刘之协远飏。是年，复迹于河南之扶沟，不获。于是有旨大索，州、县奉行不善，逐户搜缉，胥役乘虐。而武昌府同知常丹葵，奉檄荆州、宜昌，株连罗织数千人，富破家，贫陷死，无算。时川、湖、粤、贵民，方以苗事困军兴，无赖之徒，亦以严禁私盐、私铸失业。至是，益仇官思乱，奸民乘机煽惑，于是发难于荆、襄、达州，骎淫于陕西，而乱作也（魏源《圣武记》卷九《嘉庆川湖陕靖寇记一》）。

奸民刘松，以河南鹿邑县混元教案戍甘肃隆德县，其党宋之清、刘之协，复假名白莲教，乾隆五十八年，谋乱，事发就执。纯庙命治其首恶，余悉量减。刘之协之党，复于楚、豫、秦、蜀间，往来诱惑。六十年，势渐猖獗。嘉庆元年，诸郡县群贼响应，遂成燎原。将帅纷纭，偻指不足以尽。民间既厄于贼，复扰于兵，奔窜流离，千村荆棘。……九年八月，贼始尽平。计其始终，十历寒暑。当时贼中，有黄号、青号、白号、线号，又有掌柜、元帅、先锋、总兵诸名目，焚掠之惨，蔓于数省（吴振棫《养吉斋余录》卷五）。

白莲教，自元、明有之。如杨惠、徐鸿儒，及四川之白台仙、蔡伯贯，皆习此作乱，旋并殄夷。我朝……自白莲教贼总教首刘之协……谋逆湖北襄阳，始严行稽禁。未几，当阳、枝江相继作乱，由是勾连裹胁，日聚日滋。而无赖不法之徒，如四川之啯噜子、南山之老户、襄郧之棚民、沿江私盐之枭、各省私铸之犯，乘间阑入，鼓煽劫掠，纷纷而起，流转靡定，自楚而豫而陕甘而蜀……出没夔、巫、郧、竹、商、雒之间……五省数十州、县，无不遭其蹂躏（《戡靖教匪述编》卷一）。

乾隆五十九年（一七九四年）八月……壬午，谕："前福康安奏，拿获传习邪教之大宁县民人谢添绣等。……兹据毕沅等奏……驰赴襄阳地方，拿获樊学鸣。……并将首犯宋之清拿获，及究出同教各犯刘喜等十八名，搜获经卷等语。……又另片奏……又饬属，将传教之王占魁、韩陇二犯拿获，解川审办等语。"……甲申谕："……又据该督（毕沅）奏……先后共获首伙五十二名。"……冬十月……壬戌，谕："……福宁奏审明王应琥、宋之清二犯，系邪教一案，倡首惑众之人，其所称牛八及弥勒转世，提讯各犯已一百二十余名……均无指实等语。……牛八掌教，弥勒转世之语，见经福宁搜出邪经，系起自前明正德四年。且乾隆二十二年至三十三年，河南、贵州所办邪教，已有牛祖、牛八名目，自系奸徒捏造……煽惑流传。……但见据勒保奏，访获刘松一犯，于伊卧房内搜出银二千两。据供，有旧徒安徽太和县原香集人刘之协，及刘之协徒弟宋之清，自五十四年起，至五十八年，曾到过隆德六次，起出之银，就是刘之协令宋之清向众人敛取打丹银两，陆续送给刘松等语。刘松一犯，昨据穆和蔺奏，讯据宋显功等供，俱称为老教主，是该犯必系此案倡教之人。……刘之协又系安徽太和县人，恐安徽一省习其教者，又复不少。此事著交与苏凌阿、陈用敷督饬所属，务将刘之协密速查拿，严加审鞫，该犯如何为刘松传教敛钱，并将讯出入教之人，一并严拿……分别定拟具奏。”……十一月……甲辰，谕：“前因邪教案内，要犯刘之协，另案关提至河南扶沟县，乘间脱逃。”（《清高宗实录》卷一四五九）

嘉庆元年（一七九六年）正月……壬申，湖北枝江、宜都二县，白莲教匪聂杰人、刘盛鸣等，纠众滋事。命惠龄剿之（《清仁宗实录》卷一）。

勒保……费莫氏，满洲镶红旗人。……初，安徽奸民刘松，以习混元教戍甘肃，复倡白莲教，与其党湖北樊学明、齐林、陕西韩龙、四川谢添绣等，谋为不轨。（乾隆）五十九年，勒保捕刘松，诛之。而松党刘之协、宋之清，传教于河南、安徽，以鹿邑王氏子曰发生者，诡明裔朱姓，煽动愚民，事觉被捕，诏诛首恶。……发生以童幼免死，戍新疆。之协远飏不获，各省大索……颇为民扰。……又因禁私盐、私铸……益仇官，乱机四伏矣。……嘉庆二年（一七九七年）……九月，调湖广总督。时川、楚贼氛愈炽，立青、黄、蓝、白、线等号，又设掌柜、元帅、先锋、总兵等伪称。先命永保总统诸军，易以惠龄，又易以宜绵，皆不办。至是，宜绵荐勒保以自代，允之。三年正月，至四川。梁山贼曾柳起石垭山，而白号王三槐、青号徐天德、蓝号林亮工诸贼聚开县。勒保先破石垭山，斩曾柳。……调授四川总督。三槐走达州。……勒保……亲追三槐，九战皆捷。贼走巴州，掠阆中、苍溪而西，追之急，复东入仪陇。勒保以贼踪靡定，所至裹胁，乃画坚壁清野策，令民依山险扎寨屯粮，团练乡勇自卫。……七月，诱三槐降，禽之，械送京师。……四年正月……仁宗以前此诸军事权不一，特授勒保经略大臣，节制川、楚、陕、甘、豫五省军务，明亮、额勒登保为参赞。勒保以贼势重在四川，请暂驻梁山、大竹等处督师。寻破天德。……二月，移驻达州，疏言:"扎寨团练，行之四川有效，请通行于湖北、陕西、河南。"又言:"安民即以散贼，请各省被贼之区，蠲免今岁应征钱粮。"并如议行。四月，追剿天德、（黄号龙）绍周、（龚）建、（樊）人杰及张子聪等贼开县。……旋分窜……意图入陕。五月……子聪窜通江，蓝号包正洪窜云阳，青号王登廷窜东乡，天德、建、绍周、人杰及线号龚文玉、白号张天伦窜大宁老林，勒保檄调诸军分剿。六月……歼正洪于云阳。七月……禽文玉于大宁。八月……禽（龚）建……于开县。贼势浸衰矣。会治饷大臣福宁，劾勒保月饷十二万两，视他路为多，所办贼有增无减。……诏褫职，命尚书魁伦赴川勘问，以额勒登保代为经略。……五年春，额勒登保等，剿贼陕西，魁伦专任川事，而将士不用命，（蓝号冉）天元、（张）子聪，合黄号徐万富、青号汪瀛、线号陈得俸，渡嘉陵江，魁伦退守潼河。事闻，起勒保赴川，三月至，贼已越潼河。赴中江截剿，连败之。诏逮魁伦，授勒保四川提督，兼署总督。……德楞泰……合剿汪瀛于嘉陵江口，禽之。四月，击败高天升、马学礼。……五月……罢提督，专任总督。……七月，与德楞泰合击白号苟文明、鲜大川于岳池新场，败之，大川走死。实授总督。八月……勒保……殛（赵）麻花。……十二月……勒保亦斩（白号杨）开第。……六年正月……与阿哈保合击，歼（徐）万富。……六月……禽青号何子魁，歼蓝号苟文通、鲜俸先。七月，又禽徐天寿、王登。八月……禽（蓝号冉）学胜。……七年正月……疏言:"川省自筑寨练团，贼势十去其九。拟分段驻兵，率团协力搜捕余匪，遣熟谙军事之道府正佐各员，分专责成。兵力所不到，民力助之；民力所不支，兵力助之，庶贼无所匿。"诏如议行。是月，禽青号何赞于忠州。……三月……大败贼于巴州，（张）天伦、（魏）学盛并就歼。五月……禽白号庹向瑶……徐天培……歼杨步青。七月……禽（刘）朝选……歼赖飞陇。……十月……禽张简，而汤思蛟……亦就获。十一月……禽黄号唐明万。时川中著名逆首，率就禽歼。……在陕、楚者，亦多为额勒登保、德楞泰所歼。十二月，合疏驰奏蒇功。……八月，搜捕余匪，禽白号苟文富、宋国品、张顺、青号王青，招降黄号王国贤。……会奏肃清。未几，陕西南山余孽复起，至九年八月始平（《清史稿》列传一三一《勒保传》）。

额勒登保……瓜尔佳氏，满洲正黄旗人。……嘉庆……二年，移师剿湖北教匪。时林之华、覃加耀踞长阳黄柏山，地险粮足。……三月，额勒登保至，克四方台，贼遁鹤峰芭叶山。……六月，克之。贼窜宣恩、建始。……十月，毙之华于大茅田，而加耀遁施南山中。……三年春，加耀始就禽。……九月……与德楞泰合剿川匪罗其清。……窜大鹏寨。额勒登保与德楞泰、惠龄、恒瑞，四路进攻。十月，合围，其清突走青观山，树栅距险。……攻击七昼夜，贼不支，窜渡巴河，踞遂风寨废堡。德楞泰同至，围至数重，势垂克，薄暮，传令撤围，贼倾巢夜溃。……获其清于石穴，逸匪数日内并为民兵禽献。是役，贼趋绝地，无外援，开网纵之，饥疲就缚，士卒不损，竟全功焉。……四年……三月……斩（黄）占国、（张）长庚。……自将索伦劲骑冲之。……（冷）天禄毙于箭。……旬日间，连殄三剧贼。……八月，勒保以罪逮，命代为经略。……疏陈军事，曰：“……今任经略，当筹全局。教匪本属编氓，宜招抚以散其众。然必能剿而后可抚，必能堵而后可剿。……今楚贼尽逼入川，其与川东巫山、大宁接壤者，有界岭可扼，是湖北重在堵而不在剿。川、陕交界，自广元至太平千余里，随处可通，陕攻急则入川，川攻急则入陕，是汉江南北，剿堵并重。川东川北，有嘉陵江以限其西南，余皆崇山峻岭，居民近皆扼险筑寨，团练守御，而川北形势更便于川东，若能驱各路之贼逼川北，必可聚而歼旃。是四川重在剿而不在堵。但使所至堡寨罗布，兵随其后，遇贼迎截夹击，以堵为剿，事半功倍。此则三省所同，臣已行知陕、楚，晓谕修筑，并定赏格，以期兵民同心蹙贼。”……十一月，（王）登廷……在南江，为乡团所禽。……五年……四月……禽斩三千余，毙蓝号刘允恭、刘开玉，于是（张）汉潮余党略尽。……五月，令杨遇春……进攻杨开甲等于洋县茅坪……阵斩开甲。六月，蓝号陈杰偷越栈道，禽之。八月，遇春斩伍金柱于成县，毙宋麻子于两当。……疏陈军事，略谓：“贼踪飘忽，时分时合，随杀随增，东西回窜，官军受其牵缀，稍不慎即堕术中，堵剿均无速效，自请治罪。”又言：“地广兵单，请将防兵悉为剿兵，防堵责乡勇，促筑陕、楚寨堡以绝掳掠。”温诏慰劳，以剿捕责诸将，防堵责疆吏，分专其任。……六年春，奏设宁陕镇为南山屏障，如议行。二月，杨遇春擒王廷诏于……鞍子沟，禽高天德、马学礼于宁羌龙洞溪，三贼皆最悍。……五月，穆克登布禽伍怀志于秦岭。七月，遇春禽（冉）天泗、王士虎于通江报晓垭。……九月……禽辛斗于通江。十月……禽高见奇于达州。于是贼首李元受、老教首阎天明等各率众降。……七年正月，斩黄号辛聪于南江。……七月，歼（苟）文明于宁陕花石岩。……八月，禽苟文举，毙张芳。……十月，毙青号熊方青于达州。……十一月，令穆克登布追贼通江……禽景英、蒲添青、赖大祥，及湖北老教首崔连乐。……著名匪首率就歼。……十二月，疏告蒇功。……八年春，留陕搜捕，禽姚馨佐、陈文海、宋应伏等于紫阳。……六月，移师入川，禽熊老八、赵金友于大宁。……疏陈善后事宜：“各省酌留本省兵勇：四川一万二千，湖北一万，陕西一万五千，分布要地。随征乡勇有业归籍，无业补兵，分驻大员统率。”七月，驰奏肃清（《清史稿》列传一三一《额勒登保传》）。

德楞泰……伍弥特氏，正黄旗蒙古人。……嘉庆……二年，命偕明亮移军四川剿教匪。时贼首徐天德、王三槐踞重石子、香炉坪……贼卡林立，进战，夺岭，三槐扑营受创逸。五月，破重石子。……追歼教首孙士凤。……云阳教首高名贵欲与天德合，以计禽之，尽歼其众于陈家山。……三年……三月，与明亮追齐、姚二匪。……贼……踞三岔河左右两山，尽锐围攻，悉歼之。齐王氏、姚之富投崖死，传首三省。……冉文俦窜踞东乡麻坝。……四年元旦，生禽文俦，尽歼其众。……经略勒保，疏陈诸将惟额勒登保、德楞泰尤知兵，得士心。……七月，线号龚文玉亦自夔州至，分兵追剿，禽文玉、（卜）三聘于竹溪。……十月，高均德……率贼万，踞高家营。……率赛冲阿、温春……进攻高家营，禽均德，槛送京师。……五年……二月……禽（陈）得俸，斩冉天恒，皆悍贼也。……三月，（冉）天元屯马蹄冈，伏万人火石垭后。德楞泰……自率大队趋马蹄冈，过贼伏数重始觉。俄伏起，八路来攻。……鏖斗二昼夜。……。德楞泰率亲兵数十，下马据山巅，誓必死。天元督众登山，直取德楞泰，德楞泰单骑冲贼中坚，将士随之，大呼奋击，天元马中矢蹶，禽之，贼遂瓦解。……天元雄黠冠川贼……至是……血战破之，群贼夺气。……是月……于蓬溪，斩（雷）世旺。……十二月……毙（杨）开第、（李）国谟。……六年……四月……禽（陈）朝观。五月……（徐）天德窜紫阳。率赛冲阿、温春蹙之仁和新滩，大雨水涨，天德溺毙。……九月，（龙）绍周遁平利，令赛冲阿等追歼之。……七年……五月……自移师……直取（樊）人杰，冒雨入马鹿坪山中，出贼不意，痛歼之。人杰窜竹山，投水死。人杰倡乱最久，诸贼听指挥，与冉天元埒。……七月，（蒲）天宝……踞……鲍家山死守。……以大军缀其前，令总兵色尔衮、蒲尚佐率精兵出深箐……截其去路，禽斩殆尽。天宝遁，至竹溪坠崖死。时巴东、兴山尚有余匪。……迨十一月，捕斩略尽。……八年，驻巫山、大宁，捕逸匪曾芝秀、冉璠、张士虎、赵聪等。……至冬事竣（《清史稿》列传一三一《德楞泰传》）。

谷际岐……嘉庆三年，迁御史。……四年春，上疏，略曰："……三年以来，先帝颁师征讨邪教，川、陕责之总督宜绵，巡抚惠龄、秦承恩；

楚北责之总督毕沅、巡抚汪新。诸臣酿衅于先，藏身于后，止以重兵自卫，裨弁奋勇者，无调度接应，由是兵无斗志。川、楚传言云：‘贼来不见官兵面，贼去官兵才出现。’又云：‘贼去兵无影，兵来贼没踪。可怜兵与贼，何日得相逢？’前年，总督勒保至川，大张告示，痛责前任之失，是其明证。毕沅、汪新相继殂逝，景安继为总督。今宜绵、惠龄、秦承恩纵慢于左，景安怯玩于右，勒保纵能实力剿捕，陕、楚贼多，起灭无时，则勒保终将掣肘。……今宜绵等旷玩三年之久……任贼越入河南卢氏、鲁山等县。景安……罔昧自甘，近亦有贼焚掠襄、光各境……军营副封私札，商同军机大臣改压军报。……掩覆偾事，情更显然。请旨惩究，另选能臣，与勒保会同各清本境……贼必授首。比年发饷至数千万，军中子女玉帛奇宝错陈，而兵食反致有亏。载赃而归，风盈道路，嘲之者有‘与其请饷，不如书会票’之语。……宜急易新手清厘。则侵盗之迹，必能破露。”（《清史稿》列传一四三《谷际岐传》）

谷际岐……嘉庆……四年……上疏曰：“教匪滋扰，始于湖北宜都聂杰人，实自武昌同知常丹葵苛虐逼迫而起。……常丹葵素以虐民喜事为能，乾隆六十年，委查宜都县境，吓诈富家无算，赤贫者按名取结，纳钱释放。少得供据，立与惨刑，至以铁钉钉人壁上，或铁锤排击多人。情介疑似，则解省城，每船载一二百人，饥寒就毙，浮尸于江。殁狱中者，亦无棺殓。聂杰人号首富，屡索不厌，村党结连拒捕。宜昌镇总兵突入遇害，由是宜都、枝江两县同变。襄阳之齐王氏、姚之富，长阳之覃加耀、张正谟等，闻风并起，遂延及河南、陕西。此臣所闻官逼民反之最先最甚者也。……常丹葵逞虐一时……罪岂容诛？应请饬经略勒保，严察奏办。……臣闻被扰州、县，逃散各户之田庐妇女，多归官吏压卖分肥。是始不顾其反，终不愿其归。不知民何负于官，而效尤腼忍至于此极？”（《清史稿》列传一四三《谷际岐传》）

（嘉庆）四年正月，纯皇帝升遐，睿皇帝亲政。诏责统兵诸臣，老师糜饷，久延岁月，以四川总督勒保为经略大臣，节制川、楚、陕、甘、豫五省，采坚壁清野之议，令居民结寨团练，自为守御，贼无所掠，势渐穷蹙。而蔓延犹盛，徐添德诸贼入楚，勒保被逮，以额勒登保代之，惠龄为参赞大臣。……是年，张汉潮歼于陕，王光祖、高均德诛于川，其余党冉学胜、高三、马五等贼，窜入甘肃。五年，歼齐王氏之侄齐国谟于仪陇。六年，诛王廷诏于川、陕交界之鞍子沟，高三、马五等贼，由甘入川，俱就擒。七年，斩张添德于巴河。参赞大臣德楞泰，追樊人杰于竹山，毙诸河，襄阳贼首尽灭。四川、陕西诸贼亦次第殄灭，余孽窜入南山老林，复进兵搜捕，至九年八月，诛夷净尽。……闻坚壁清野之议行而贼乃败。……其议出自兰州知府龚景瀚云（周凯《内自讼斋文集》卷二《纪邪匪齐二寡妇之乱》）。

川、楚教军抗战简表

时代		清兵	混元教军	备考
清纪	公元			
嘉庆元年	一七九六年	二月，湖广总督毕沅、湖北巡抚惠龄，调兵三千，驻荆州，御教军。命西安将军恒瑞，率满兵二千，由兴安、郧阳，进驻当阳，御教军。 三月，命都统永保、侍卫舒亮、鄂辉至军，复调陕西、广西、山东兵五千会师。 四月，毕沅奏：先后杀教军不下数万，而教军益炽。上乃责永保、恒瑞以竹山、保康，毕沅、舒亮以当阳、远安、东	正月，湖北宜都教徒张正谟、聂杰人、刘宏铎、覃正潮等，因拒捕，起兵于枝江县，据灌湾脑。当阳教徒，执杀县令，教首杨起元、熊道成、陈德本、席云峰等，遂起兵据县城。来凤县教首杨子敖，起于小坳，谭贵起于旗鼓寨。郧阳府曾士兴，起于竹山，攻破竹山、保庸二县。 三月，襄阳教首齐林之妻王氏、姚之富、王廷	石韫玉《纪教军始末》：其惑人之法，则曰佛家现在劫，是释迦牟尼佛持世。今劫限已满，过此即弥勒佛出世。世人罪孽深重，将有大灾。嘉庆七年八月十五日，有黑风雨七昼夜，世人触之皆死，惟习白莲教者，有莲花护身，可免此灾，愚者惑其说而从之。又曰：他日不习教之人既死，旷土闲田甚多，教中人先纳地税若干，将来

续表

时代		清兵	混元教军	备考
清纪	公元			
嘉庆元年	一七九六年	湖，鄂辉以襄阳、谷城、均州、光化，四川总督孙士毅以酉阳、来凤。 六月，命都统永保，总统湖北诸军。 七月，川督孙士毅卒，以两江总督福宁调署川督。 十一月，上以永保拥劲旅，徒尾追而不敢迎击，致教军东西驰突，逮入都。命湖北巡抚惠龄，总统军务。	诏、刘启荣、樊人杰、张汉潮、张添伦、高均德、王光祖、齐帼谟，起于黄龙垱，奉王氏为总教师，众万余。四月，焚吕堰驿，蔓延邓州、新野，合队攻樊城。 五月，毕沅围当阳数月不下，惠龄攻枝江亦无效。而归州、巴东、安陆、京山、随州、咸丰，皆教垒。孝感楚金贵、鲁维志等，起于胡家砦。宜昌林之华、覃加耀，起于长阳县之榔坪。时将军恒瑞斩教首曾士兴，克复竹山、保庸二县。川督孙士毅攻克小坳，斩教首杨子敖，教众入旗鼓寨，与覃贵合。 七月，楚督毕沅，斩教首杨起元、熊道成、陈德本等，克复当阳。都统明亮，扫荡胡家砦。 八月，楚抚惠龄，擒教首张正谟、刘宏铎，扫平灌湾脑，覃正潮退据凉山。四川总督福宁等，擒教首谭贵，旗鼓寨平。 十月，惠龄擒覃正潮，凉山平。时襄阳姚之富、齐王氏等，聚钟祥，南攻不遂，仍转北上。明亮追至河南界之滹沱	按税授田。贪者又惑其说而从之，故其徒有伪元帅、伪总兵，掌战阵之事；有掌柜，掌出纳之事；最尊贵者为师父，则掌教者也。

续表

时代		清兵	混元教军	备考
清纪	公元			
嘉庆元年	一七九六年		镇，姚等奔唐县仓台。按：是时楚抚惠龄以次平长阳、归、巴。毕沅防守襄阳。豫抚景安，防御邓州。湖北教军北惟襄、邓，南则归、宜，势渐蹙。及川教并起，势乃骤强。 十月，四川达州教首徐天德、徐天寿、王登廷、张泳寿、赵麻花、王学礼、汪瀛、熊翠、熊方青、陈侍学等，起于亭子铺，旬日间，有众万人。东乡县教首王三槐、冷天禄、张子聪、庹向瑶、符曰明、刘潮选、汤思蛟、张简、孙老五、亢作俸、汤立元等，亦聚万人，屯东乡之丰城。 十一月，陕西兴安府安康县人冯得仕，起兵于将军山。翁禄玉、林开泰，起于大小米溪。王可秀、成自知，起于安岭。胡知和、廖明万、李九万，起于汝、洞二河。为陕督宜绵等所平。永保会诸军，追姚之富于唐县。之富已分攻枣阳，复渡滚河而西，达吕堰，向安化、谷城。 十二月，四川巴州罗其	

续表

时代		清兵	混元教军	备考
清纪	公元			
嘉庆元年	一七九六年		清、罗其书、苟文明、解大川等，起于方山坪。通江冉文俦、冉天元、冉天泗、王士虎、陈朝观、李彬、杨步青、蒲天宝、景英等，起于王家寨。太平龙绍周、徐万富、龚建、唐大信、王帼贤等，起于南津关。	
嘉庆二年	一七九七年	正月，命领侍卫内大臣额勒登保、都统德楞泰、将军明亮，会师助击川、楚、陕三路教军。 五月，四川总督陆有仁迟误军情，革职拿问。命英善驰督甘陕，宜绵移督四川。命宜绵总统川、陕军务，褫惠龄职，与恒瑞、庆成各领队，悉听宜绵节制。 七月，湖广总督毕沅卒于军，以湖南巡抚姜晟兼署。 九月，调勒保为湖广总督。十月，命总统四川军务。明亮、德楞泰奏令民筑堡以拒教军，诏以烦民。而坚壁清野之议，实始此。诏曰：昨令勒保驰督湖广，而劲兵健马，皆在明亮、德楞泰一路，其专攻姚之富、齐王氏，不得因	正月，豫抚景安，拥众南阳，听姚之富、齐王氏、王廷诏、李全等，三路攻河南，不整队，不迎战，不走平原，惟数百为群，忽分忽合，以牵清军。四月，逼而西，又并为一以入陕。 二月，陕甘总督总统宜绵，至东乡。四川总督英善、成都将军观成，复县治。领侍卫内大臣德楞泰、将军明亮入川，与宜绵会，破教军于南场，徐天德、王三槐等，移屯金峨寺。三月，清军复破之，教军走香炉坪。又攻冉文俦等于通江，文俦遁入巴州方山坪，与罗其清合。五月，德楞泰攻重石坪，明亮攻香炉坪，破之。 五月，姚之富、齐王氏等，为官军追逼，由陕	

续表

时代		清兵	混元教军	备考
清纪	公元			
嘉庆二年	一七九七年	有总统宜绵，稍存观望。此外川东教军徐天德、王三槐，川北教军罗其清、冉文俦，责成宜绵。巴东覃加耀，责成额勒登保。大宁老木园陈崇德，责成将军观成、提督刘君辅。安康李全，责成将军恒瑞、提督庆成，其各自为战。	入川之通江竹溪关，遂至东乡，与徐、王等合，于是以青、黄、蓝、白等号为记，又设掌柜、元帅、先锋、总兵等号。王廷诏、齐王氏、姚之富、王光祖、樊人杰，称襄阳黄号，伍金柱、伍怀志、辛聪、辛义、庞洪胜、曾芝秀、齐国谟、伍金元附之。高均德、张天伦称襄阳白号，宋国富、杨开甲、高二、高三、马五、王凌高、辛斗、魏学盛、陈国珠、高见奇、杨开第附之。张汉潮称襄阳蓝号，李潮、李槐、詹世爵、陈杰、刘允恭、张什、冉学胜、戴世杰、赵鉴、崔宗和、胡明远附之。四川教军，达州徐天德称达州青号，徐天寿、王登廷、张泳寿、赵麻花、汪瀛、熊翠、熊方青、陈侍学附之。东乡王三槐、冷天禄称东乡白号，张子聪、庹向瑶、符曰明、刘朝选、汤思蛟、张简附之。太平龙绍周称太平黄号，龚建、唐大信、徐万富、王国贤、唐明万、赖飞陇附之。巴州罗其清称巴	

续表

时代		清兵	混元教军	备考
清纪	公元			
嘉庆二年	一七九七年		州白号，罗其书、鲜大川、苟文明附之。通江冉文俦称通江蓝号，冉天元、冉天泗、王士虎、陈朝观、李彬、杨步青、蒲天宝、景英附之。 六月，李全留川，其余将尽还湖北。以清军扼其北走，乃分攻大宁、云阳、万县，教徒沿途响应。奉节龚文称线号，据铁瓦寺。云阳林亮功等称月蓝号，据白崖。明亮、德楞泰连败之，教军复走归巴。四川清军，围教军于陈家坝，攻之。王三槐、徐天德西走，明亮等追之。孙士凤东走，德楞泰追杀士凤于麇子坝，复围二军于徐家山。总兵百祥截方山坪教军出路，侍卫舒亮困林亮功于白崖。观成、刘君辅破大宁，围老木园，川教军渐蹙。而闰六月，惠龄所追襄教军数万，分道入川，与诸教军响应，复盛。 七月，襄教军由川至鄂，自宜城北走襄樊。八月，图荆襄不遂，复折回房竹，走陕西。九月，留川李全，自巴川与王	

续表

时代		清兵	混元教军	备考
清纪	公元			
嘉庆二年	一七九七年		三槐分，欲出陕还楚，抵兴安。 八月，四川清军，攻破方山坪。冉文俦、罗其清走巴州，与王三槐等合，合攻巴州，据之。逼嘉陵江，川西戒严。 十一月，襄教首姚之富、齐王氏等，连营巴山，欲回楚。十二月，为清兵夹击，复分道入川。高均德乘间北渡汉，趋广元。 十二月，襄教军复由陕逼川北，而川大竹、邻水各团勇拒之。王三槐复回达州，额勒登保败林之华于朱履寨，斩之。	
嘉庆三年	一七九八年	正月，诏勒保以总统兼督四川，宜绵移督陕甘。 三月，以景安督湖广。 四月，湖北巡抚汪新卒，以高杞为湖北巡抚。 五月，诏以陕、楚教军，均逼入川，勒保宜会同诸将蹙之。额勒登保、明亮，专剿张汉潮等为一路。德楞泰专剿高均德、李全、阮正隆，并会同惠龄等夹剿罗冉为一路。勒保专剿王三槐、徐天德及云、万诸教军为一路。宜	正月，川徐天德、王三槐、林亮功及襄王光祖、樊人杰等，俱聚于开县之临江市，将三路入陕。 二月，襄齐王氏、李全分二道，由城固、洋县老林，逾山北出宝鸡、岐山，复合攻郿县，掠盩厔，将攻西安，为清军所却。 三月，襄齐王氏、姚之富，自山阳趋湖北，明亮、德楞泰围之郧西县之卸花坡，齐、姚无走路，堕崖死。四月，时	

续表

时代		清兵	混元教军	备考
清纪	公元			
嘉庆三年	一七九八年	绵专防由川入陕教军，景安专防由川入楚教军。	陕、楚各军，自失姚、齐两首领，又不能还楚，欲倚川教军俱会于冉文俦营，不下二万。其由云、万、大宁入楚之张汉潮、刘成栋等，经额勒登保、景安合御之，教军入郧阳。勒保檄观成、刘君辅围老木园，害陈崇德，复杀林亮功于梁、万间。 五月，惠龄等迎击陕教军于仪陇。适罗其清下山策援，清军伏兵，断其归路，乃就冉文俦营，合据大神山，与各陕教军连营。六月，德楞泰、惠龄等，合攻破大神山。七月，各陕教军走就罗其清于箕山。 七月，勒保诱致王三槐，以生擒入奏，三槐解京被杀。冷天禄尽有其众，仍据乐坪，抗战如故。 九月，德楞泰破箕山。会额勒登保追李全、高均德、王廷诏等自北至，合罗其清队，入大鹏寨。 十月，勒保围安乐坪，冷天禄粮尽，诡乞降，夜突营。林亮功余众王光祖等，复略江北忠、涪诸地。徐天德亦屡攻大竹、邻水。	

续表

时代		清兵	混元教军	备考
清纪	公元			
嘉庆三年	一七九八年		十一月，德楞泰、额勒登保，攻克大鹏寨，逐北至方山坪，擒罗其清。 十二月，德楞泰、惠龄，袭通江，杀冉文俦。	
嘉庆四年	一七九九年	正月，命四川总督勒保为经略大臣，节制五省军务。命宜绵解任来京。 二月，命松筠为陕甘总督。 三月，召景安来京，以倭什布为湖广总督，吴光熊为河南巡抚。诏以前年襄阳教军攻孝感，独随州未被焚掠，由村民预掘濠垒山严守，此保障民生良策。令勒保会同各督、抚，晓谕州、县居民仿行，于是始议坚壁清野之策，实由明亮、德楞泰发其端，而以诏敕行之。 七月，诏以勒保攻久无效，夺职。擢明亮经略，魁伦署四川总督。明亮进攻迟延，又与永保互讦，均免职。 八月，诏以额勒登保为经略大臣。 九月，以台布为陕西巡	二月，德楞泰要徐天德于开县，截其走湖北之路，天德折赴太平。额勒登保追冷天禄于大竹。适阆中萧占国、张长庚众五千突至，清军逼之谭家山，破之。追冷天禄于岳池，天禄中箭死。 三月，川北教军在广元、宁羌间者，西攻甘肃阶州。白号杨开甲向宕昌，蓝号张士龙向良恭，为清军所败，合于秦州。五月，由略阳走川北。 五月，陕教军张士龙在栈道西，张汉潮在栈道东，张天伦在平利竹溪规湖北，是为陕西三张。 六月，川东各教军皆聚开县、东乡间。总兵朱射斗，追包正洪于茅坪，杀之。 七月，德楞泰由奉节进攻大宁、巫山，追至竹溪，擒龚文玉、卜三聘等。	

续表

时代		清兵	混元教军	备考
清纪	公元			
嘉庆四年	一七九九年	抚，提督阿迪斯为成都将军。命工部尚书那彦成，协办陕西军务，旋授参赞大臣。 十月，诏授德楞泰参赞大臣。	八月，川教军徐天德等入楚境。 九月，明亮、恒瑞破张汉潮留坝，又击之于五郎，杀张汉潮。在湖北教军闻清军至，复分为二，李树、徐天德自归州，走还巴东；辛聪、张天伦走宜昌之东湖。德楞泰分兵杀李树于巴东，破宋厥子于房县，教军由房县老林西走。 十月，德楞泰追楚教军入陕。时高均德、冉天元、张天伦、龙绍周、唐大信、高天升、马学礼等，皆屯白河、洵河，德楞泰击败之，生擒高均德。 十一月，额勒登保攻教军于巴州，苻曰明于广元被禽。十二月，王登廷于南江被禽，冉学胜等由陕西入甘肃之秦州、巩昌一带，势复张。 十二月，北川教军杨开甲、辛聪、王廷诏、高天升、马学礼等，复乘间由老林走固城、南郑，由略阳夺嘉陵江，西攻秦、陇。而西乡、汉阴、石泉、紫阳江岸教军，亦纷由川逼陕。	

续表

时代		清兵	混元教军	备考
清纪	公元			
嘉庆五年	一八〇〇年	正月，诏以松筠为伊犁将军，调长麟为陕甘总督，驰往陕西会办军务。 三月，授德楞泰成都将军，专办川西教军。授勒保四川提督，专办川北教军。 四月，诏以魁伦两次纵敌，褫逮治罪。勒保署四川总督。湖广总督倭什布，降为巡抚，以姜晟代之。以长麟代松筠督陕甘。成都将军阿迪斯，拥兵玩误，诏褫职。 闰四月，以明亮为宜昌镇总兵。 七月，命京营右翼总兵长龄为领队大臣，率兵赴湖北。 八月，清帝制《邪教说》，以不治从教之旨，宣示中外。	正月，冉天元等乘间由定远夺渡嘉陵江，成都、重庆同时震动。天元入蓬溪，杀总兵朱射斗。二月，天元分攻南部盐亭、射洪，盐枭啯众皆入之。冉天元生日，大会南充。总督魁伦，迟屯潼州。天元再攻梓潼、江油，转由龙安与阶、岷诸教军合。 三月，德楞泰与教军大战马蹄岗，冉天元中流矢死，余众乘间渡潼河。总督魁伦撤兵留船，众得宵渡，焚太和镇，成都戒严。德楞泰复大败之，雷士王、孙嗣凤，俱为所杀。 四月，德楞泰破张子聪等，追及潼河西岸，潼河以西无教军。勒保追潼东教军，屡谋渡嘉陵江不遂，西走保宁，追军破之，乡勇擒青号王瀛。 闰四月，川北教军走川东，苟文明攻巫山、奉节，鲜大川走开县。龙绍周、唐大信攻太平，又涪州有鹤游坪教军，群教军皆向云、万分走。德楞泰进军开县。陕教军屯汉北山内，额勒	

续表

时代		清兵	混元教军	备考
清纪	公元			
嘉庆五年	一八〇〇年		登保追张世龙、戴家营，入老林。越四日，出华阳，教军由茅坪走五郎。明亮使孙清元击徐天德于谷城，天德入川。张天伦、张世龙分入商州，额勒登保蹑追，杨遇春与恒瑞夹击，破之。 五月，额勒登保率总兵杨遇春，破陕教军于洵阳，教首刘允恭、刘开玉死之，张汉潮余众之在陕者略尽。 七月，河南布政使马慧裕，访获教主刘之协于叶县，槛送京师。苟文明、樊人杰复由陕入川，德楞泰与勒保合兵，破之于岳池。 九月，樊人杰、冉天泗、张三掌柜、王士虎等，三路赴楚，杀总兵李绍祖。德楞泰、勒保、赛冲阿，三路击庹向瑶，教首唐大信死之。 十月，明亮等攻教军于房县，教军复入川。张子聪于开县，为德楞泰所擒。 十二月，徐天德由钉靶沟入楚，为明亮所败，奔西南山中。杨开第、齐国谟等，走仪陇，为	《勘定教匪述编杂述》：刘之协，黠贼，虑事败受擒，不入贼营，但于邓州新野同教人家藏身，湖北教匪皆其所传。四出邀约，各贼群起，俱树天王刘之协旗。及是，之协欲往湖北，道由叶县，令廖寅诘获，解京，凌迟处死。 《钦定剿平三省邪匪方略》：六月二十五日，郏县翟家寨有千贼新起，布政使马慧裕乘其乌合，带兵于八日扑灭之。刘之协与冀大荣逃至叶县，遂获之。

续表

时代		清兵	混元教军	备考
清纪	公元			
嘉庆五年	一八〇〇年		德楞泰所败，开第、国谟死之。李炳、陈潮观等入巴、阆，与张世龙合，走川、陕界山中。额勒登保攻冉学胜等于蓝田、商州，杨遇春败教军于龙驹寨，教军不能东，折而西向。	
嘉庆六年	一八〇一年	十一月，召长龄来京，以惠龄为陕甘总督。	正月，勒保击川北教军于通江，杀张世龙。樊人杰、徐万富、冉天士、王士虎等，南走广元、宁羌。高二自洵阳渡汉江，图入河南。德楞泰追及于山阳，杀高二，生擒先锋王儒等。蓝号王士虎、冉天士与樊人杰、徐万富合后，趋仪陇，勒保击败之，杀徐万富。刘清率乡勇击教军于通江，杀王士虎。清军攻徐天德于二竹，适川教军苟文明、李彬走楚，明亮击败之，文明折入川东。 二月，甘州提督杨遇春，追教军入川，至两江口，擒王廷诏，槛送京师。 三月，擒高三、马五于大宁之二郎坝。 四月，教首徐天德与樊人杰、王国贤、陈朝观、曾芝秀等合，德楞泰	

续表

时代		清兵	混元教军	备考
清纪	公元			
嘉庆六年	一八〇一年		追之，乡勇擒陈朝观，楚地教军略尽。 五月，德楞泰追徐天德于两河口，覆其舟，徐天德溺死，余众留汉北者，由洵阳渡江，为知县严如煜乡勇所覆。于是龙、苟二军入平利，王国贤、戴士杰、曾芝秀在洵阳竹山，辛聪、冉学胜向白土关，诸军皆聚川、陕、楚边界。 七月，额勒登保以川、陕、楚各教军皆聚川境，乃令庆成等严防汉南，自与杨遇春分路入川，冉天士、王士虎于简池坝被擒。 八月，勒保擒教首冉学胜。 十月，德楞泰追龙绍周，东走巫山，赛冲阿斩龙绍周于平利，尽屠其众。 十二月，德楞泰追教军通江，毙苟文举、苟朝献，众奔开县、大宁、老林，李彬亦归之。	
嘉庆七年	一八〇二年	正月，诏德楞泰以参赞为成都将军，专搜川、楚教军。额勒登保以经略为西安将军，专搜陕西教军。 八月，诏以南山教军，	正月，额勒登保遣兵擒教首辛聪，余众悉屠之太平。 二月，李彬率众三百，由南广入铁厂。道员刘清截杀，获李彬，屠杀	

续表

时代		清兵	混元教军	备考
清纪	公元			
嘉庆七年	一八〇二年	责总督惠龄、提督杨遇春专办。 九月,诏德楞泰专办楚事,额勒登保专办陕事。 十二月,诏以三省荡平,祭告裕陵,宣示中外。诏四川、湖北、陕西、甘肃、河南被兵各州、县,自元年至七年,带征缓征逋欠钱粮,普予豁免,与百姓休息。	殆尽。 三月,川北张、魏二支,东入东乡。勒保移师巴州,击张天伦、魏棒棒,皆害之。湖北以樊人杰、戴仕杰为掌柜,曾芝秀、王国贤、崔宗和、胡明远四人主战,趋陕境,为穆克登布迎击,东趋东湖、谷城。德楞泰追之,折入兴山,沿途逃散,余众不及二千。 四月,罗声皋杀庹向瑶于东乡,张绩杀徐天培于丰城,田朝贵杀李彬余部杨步青于通江,丰绅、刘清破张、魏余众于广元,于是川北无事。 五月,德楞泰蹙樊人杰于竹山,人杰投河死。 六月,勒保分兵搜捕余众于川东北。 七月,罗思举擒教首刘朝选于大宁。额勒登保连败教首苟文明,追至花石岩,文明力竭,被害。 八月,德楞泰追蒲天宝于大宁老林,数昼夜擒斩殆尽,获蒲天宝尸于崖树。 九月,德楞泰破熊方青于大宁,遣赛冲阿追入	

续表

时代		清兵	混元教军	备考
清纪	公元			
嘉庆七年	一八〇二年		陕，自移师攻戴崔胡于房县。余众走老林，穆克登布追王国贤余众入川。 十月，德楞泰遣兵杀戴仕杰于兴山，擒崔连乐、崔家和于房县，杀陈仕学于巴东。及分兵搜巴、巫余众，楚地教众略尽。川北，罗思举擒张简、汤思蛟于东乡。川东，丰绅、桂涵杀罗半年、李世品于梁山、太平。又张长青百余人，乞降于云阳，其余散入山林，仅各十余及数十，不及百人。楚地樊曾余众齐国典众千余，由大宁入梁、万。又王国贤余众四百、唐明万三百，亦先后入川。勒保檄诸军分击。额勒登保杀熊方青于竹溪。 十一月，德楞泰入川，会攻齐国典于通江，国典走通南，罗声皋、武隆阿杀之，获教首景英。 十二月，额勒登保屯西乡太平界，勒保屯东乡开县，德楞泰亦由巫山入川，三路逼教军归开太、大宁，聚而搜捕，熊方青死，齐国典向通南西走。吴光熊于保	

续表

时代		清兵	混元教军	备考
清纪	公元			
嘉庆七年	一八〇二年		康获崔宗和，南山余众苟朝九，为杨芳、雒昂攻急，与前入宁羌之宋应伏二百人合，走汉南。清兵追之，川、楚教军已尽，惟残众千余，归于善后。经略参赞同川督勒保、陕督惠龄、湖督吴熊光，以大功告成驰奏。	
嘉庆八年	一八〇三年	六月，诏德楞泰入觐，额勒登保留搜余众。德楞泰回川后，再还朝。德楞泰奏：湖北搜捕分六段防哨，总归庆成统之。额勒登保奏：四川分六段，归勒保统之。陕西分八段，自西乡至宁羌七百里，将军兴肇统之。自西乡以东至安康千余里，杨遇春统之。 十月，德楞泰出都，诏额勒登保还朝，以余事付德楞泰。	正月，额勒登保屯西乡，扼川北教军入陕之路。德楞泰屯太平、大宁，扼川东教军入楚之路。勒保往来东乡、新宁，堵南入腹地之教军。 正月，额勒登保川北一路，攻苟朝九等于通江，杀姚馨佐、陈文海于南江。南江复有教首宋应伏出没，其党冯天保、余佐斌、熊老八等，皆勇悍。三月，冯天保、宗赖子被杀。四月，苟军分为二队，齐靳百余众东走太平，罗声皋等追之。赵金友三百余众北奔陕，额勒登保追之。五月，斩思庆于太平。六月，擒赵金友于大宁，又擒熊老八于太平。正月，德楞泰川东一路，教首王国	

续表

时代		清兵	混元教军	备考
清纪	公元			
嘉庆八年	一八〇三年		贤、陈云、刘学礼走巴东。二月，破刘军于老鸦寨。三月，陈云与苟朝阁、吕宗明合队六百，走房县。进击之，擒胡明远，太平、大宁余众亦先后奔楚，德楞泰乃自川东移攻。四月，川教军赖应举、王国贤等降，其汉江以北南山余众，杨芳分五路排搜，数日不见其踪。 六月，额勒登保与勒保会于开县，督诸将分廿余路，排搜老林，屠二百余。德楞泰亦屠杀川、楚边界教众，移师入川。 七月，额勒登保、德楞泰、勒保，奏报三省肃清，清兵凯旋。 八月，初各营所撤随征乡勇，资遣回籍，皆骁勇无家可归，多勃郁山泽间，遂入教党。合队三百，苟文润领之，势复盛。 九月，杨遇春由洋县入山，额勒登保渡江督之。教众东奔郧阳不遂，渡汉南赴西乡，复纠巴山老林余众及通江已散乡勇五百众。诏杨芳回汉北，防山内余教众。	

续表

时代		清兵	混元教军	备考
清纪	公元			
嘉庆八年	一八〇三年		十月，杨遇春邀安康平利他军，亦追入川。时诸教众忽聚忽散，仅余二三百，而三省不得解严。	
嘉庆九年	一八〇四年	二月，额勒登保复出都，以钦差大臣赴陕。 六月，诏额勒登保回京，以钦差大臣关防交德楞泰。	正月，教众屡由安康窥汉阳，欲入南山，皆为杨芳所却，复擒山内余众百余，于是南山无战事。 二月，德楞泰围教众于太平之百里荒，众走界岭老林。 四月，额勒登保由兴安渡江督师，分五路进攻。众奔太平、大宁入川，复增纠散遣乡勇五百。 六月，德楞泰进攻川陕界之凤凰寨，教众奔化龙山。 八月，属部赵洪周斩苟文润出降，余党解散。杨遇春、赛冲阿两路入山搜捕。杨芳搜汉北，丰绅、马瑜、田朝贵分三路搜川境，先后屠杀无虚日。会寨勇擒苟朝九于南郑，罗思举擒王士贵于太平，各路皆报肃清。 九月，班师。	

（乙）蔡牵

自元以来，沿海居民多通商贾，揽海上之利。东起日本，西迄安南，或至南洋，其杰出者备商船，有多至数十艘者，船中有炮械，以备非常。所利者内地接济米盐贩运货物，每给不肖官吏以规费，而受商船规费，至于受虐不堪，则起而抗之。明之王直、徐海，明季之颜思齐、郑芝龙，皆其人也。官书谓之海盗，实则海商，以贸易为生，不事劫掠。郑成功据台湾，即恃有通商之利。雍、乾以后，则蔡牵最显，纵横闽、浙海上，李长庚必欲捕之，相持四五年，长庚卒以战死，牵亦败亡。同时粤中郑一嫂、李三嫂、东海霸、乌石四股，与牵相应者，遂不能振。

国家自康熙二十二年克台湾，平郑氏。二十四年，大开海禁。……嘉庆初年，而有艇盗之扰。艇盗者，始于安南阮光平父子窃国后，师老财匮，乃招濒海亡命，资以兵船，诱以官爵，令劫内洋商舶，以济兵饷……大为患粤地。继而内地土盗凤尾帮、水澳帮亦附之，遂深入闽、浙。……五年……安南……为农耐王阮福映所灭，新受封，守朝廷约束，尽逐国内奸匪，由是艇贼无所巢穴。其在闽者，皆为漳盗蔡牵所并。牵同安人，奸猾善捭阖，能使其众。既得夷艇夷炮，凡水澳、凤尾余党，皆附之，复大猖獗，凡商船出洋者，勒税番银四百元，回船倍之，乃免劫。……擢李长庚浙江提督。……八年正月，牵窜定海，进香普陀。适李长庚掩至，牵仅以身免。昼夜穷追至闽洋，贼粮硝尽，篷索朽……不能遁，乃伪乞降于闽浙总督玉德。玉德……抚之……檄浙师收港勿出。于是牵得间，缮樯械，备糗粮，扬帆去。……牵厚赂闽商，更造大……船，先后载货出洋，伪报被劫。牵连得大海船，遂能渡横洋，渡台湾。九年夏，劫台湾米数千石，分济粤盗朱渍。……猝入闽。……以李长庚总统闽浙水师，率温州、海坛二镇兵为左右翼，专剿蔡逆。……八月，牵、渍共犯浙，李长庚合诸镇击贼于定海北洋。……长庚督兵冲贯其中，断贼为二，使镇兵击渍，而己急击牵。……断其坐船篷索，会风雨骤起，俄遁去。牵责渍不用命，渍怒，遂与牵分。是冬，长庚败朱渍于甲子洋。十年夏，又击牵于青龙港。是冬，牵聚百余艘，复犯台湾，沉舟鹿耳门，以塞官兵。又结土匪万余攻府城，自号镇海王。……十一年……长庚……水陆并进，连五战皆破贼。……二月……贼大败，困守北汕。……会七日风潮骤涨……贼夺门出。……闽师不助，扼各港……贼竟遁去。……时闽文武吏，以不协剿，不断岸奸，惧获罪，交谮长庚于新督阿林保。阿林保即三疏密劾之。……上密询浙抚清安泰，清安泰奏言："长庚熟海岛形势……身先士卒，屡冒危险。……故贼中有'不畏千万兵，只畏李长庚'之语，实水师诸将冠。"……奏入，上切责阿林保。……十二年……十二月……率……师……追牵入澳，穷其所向，至黑水外洋，牵仅存三舟。长庚击破牵舵篷，又自以火攻船，坏其后梢。贼急发梢尾一炮，适中长庚喉而殒。……牵乃遁入安南夷海。……十三年，牵自安南回棹，朱渍资之，复与渍合帮入浙，并与土盗张阿治相应。巡抚阮元复莅任，用间离之。渍复舍牵窜闽，俄为许松年轰毙，牵亦为浙兵击败窜闽，其党骆亚卢歼于邱良功。于是阿治……乞降，浙洋土盗平。明年（十四年），闽督亦易以方维甸。……朱渍弟渥，亦率众……降于闽。而浙江提督邱良功、福建提督王得禄，合剿蔡牵于定海之渔山。……贼且战且逃……逾绿水洋，见黑水……贼船……皆为诸镇所隔，不能援救，牵船仅三十余贼。……牵知无救，乃首尾举炮，自裂其船，沉于海。……至是，闽、浙合而贼遂歼焉。惟粤洋之艇贼。……十四年，百龄……督粤。……歼盗首总兵保。……惟郭学显、郑乙妻二大帮（初为林阿发、总兵保、郭学显、乌石、郑乙五帮）。……郭贼决计出降。……郑乙死已久，其妻代领其众，屡蹙于官军，遂于十五年二月，诣省城乞降。……各镇会剿乌石帮于儋州，尽俘其众。又降东海帮林阿发等。……粤贼平（魏源《圣武记》卷八《嘉庆东南靖海记》）。

十一年，长庚围贼鹿耳门。闽士漏师，乘大风雨，解缆而去。闽督阿林保，置酒款长庚，曰："大海捕鱼，何时入网？海外事无佐证，军门但以蔡牵假首至，即飞章报捷，孰与穷年冒险波，侥幸万一哉？"长庚掀髯慷慨曰："于清端之捉贼、姚制府之用兵，长庚所知也。石三保、聂人杰之擒，长庚不能为。长庚久视海舶如庐舍，不畏其险也。今以逗挠坐长庚之罪，他日以覆舟讳长庚之死，皆维公命是从。"推几而出。阿林保大惭恨，三疏密劾之（锡珍《皇朝纪事·台湾始末》）。

嘉庆十三年……十一月，张阿治赴闽投诚。先是，巡抚访得张阿治之母之弟，皆在闽省惠安县居住，密告总督阿林保，阿林保系其母、弟。至是，张阿治又屡被浙兵剿获，穷蹙，乃率余盗十四船……赴南台投首乞命。总督驰奏，奉旨准其投首免死，分别安插。张阿治窍嘴帮（在闽冒名凤尾，在浙名窍嘴），自此全靖（阮亨《瀛舟笔记》卷三）。

闽、浙洋匪之兴由来久矣。地方文武衙门兵役捕之力，匪即以贿啖之。兵役贪者，遂与之通，年有规例，故犯而不校。初，间有约内地民人为内应而受之者，谓之吃海俸，其心叵测不可知。及兵通而千把通，及役通而县以上衙门亦通，不但商船被其劫掠，即海滨捕鱼守桁之人，有所谓海先生者，每年来收平安钱，钱不到，祸立至矣。其商船定有规矩，献钱后乃给照票，再遇他盗，照票乃免。而盗之总其事者，居福宁、温州外洋岙中，不传名姓，人谓之公道大王，盖所取有限，不如海关之层层朘削。后有蔡牵者出而公道已死，遂袭其故事，而从之者益多，渐不可制。其法，以海船之多货者劫其人禁之，定以钱数，使其家照数来赎，故讹钱愈多，盗风愈炽（陈焯《归云室见闻杂记》卷上）。

嘉庆五年（一八〇〇年）五月……庚戌，谕："……阮元等奏艇匪骤入浙境，即驰赴台州。……该二省迎头截剿，断不可令其登岸。……朕闻浙省海疆，土盗甚多，艇匪、凤尾、蔡牵等帮，肆行勾结为害，押人勒赎。更有奸民通盗，宁波之姚家浦为最。……阮元尤当严行查察。……

并严禁沿海匪民，接济粮米、淡水等物。李长庚向来在洋捕盗，素著威望。……此次追剿艇匪，应令温州、黄岩两镇，听其关会，协同策应，以期号令专一。”（《清仁宗实录》卷六十八）

嘉庆六年（一八〇一年）十一月……丙子，谕：“玉德奏称，李长庚心气粗浮，于提调官兵、统辖全省水师之任，未能负荷等语，朕因检查李长庚前任水师总兵时，历年考语，书麟……叙，该员捕盗出力，并称……洋匪有‘宁遇一千兵，莫遇李长庚’之谣词。……而玉德两次考语，均称其勇干有为，调度有方，为水师出色之员。本日玉德折，又称其未能胜任。……显系自相矛盾。……迨朕擢任提督之后，方为此奏。岂有甫经擢用，因玉德一言，即将李长庚撤回之理？玉德著传旨申饬。”（《清仁宗实录》卷九十）

嘉庆九年（一八〇四年）秋七月丁亥朔，谕：“……玉德等奏，议勒限严拿蔡牵。……请以提督李长庚总统温州、海坛二镇总兵为左右翼，带兵前往缉捕。自应如此办理。”（《清仁宗实录》卷一三一）

嘉庆十一年（一八〇六年）春正月壬子，谕：“……玉德奏称，蔡逆竖旗滋事，自称镇海王。于上年十一月二十三日，抢入凤山县城。经官兵攻散后，贼船复驶入鹿耳门，在府城外登岸劫掳。并勾结嘉义县匪徒洪四老等，乘机滋事等语。……此时贼势鸱张，不得不大加惩办。所有军火、粮饷、器械、船只等项，照军兴例，动帑经理。”……又谕：“赛冲阿久历行阵……见发去钦差大臣关防一颗，交该将军行用。……于该督豫备兵力内，择精练强壮者，带领放洋。……该处提督，自李长庚、许文谟以下各将弁，均受该将军节制调拨。”（《清仁宗实录》卷一五六）

三月……丙辰，谕：“……李长庚等奏，称自正月二十六日起，督率镇将，先将附近屯聚贼匪之洲仔尾贼船、贼寮，分投烧毁，毙贼多名。蔡逆……旋将大船驰近口门。又经李长庚挥令各船，南北攻打，许松年等亦带兵夹攻，击毙贼匪百余名，拿获盗船四只，烧毁五只。至二月初七日，该逆潜乘风潮，拚命冲出。兵船复大加攻剿，又击沉盗船六只，烧毁九只，击毙、淹毙盗匪不计其数，歼擒二百余名。该逆向南逃窜，见在督兵追剿。”（《清仁宗实录》卷一五八）

嘉庆十三年（一八〇八年）春正月戊午，谕：“浙江提督李长庚……因闽、浙一带洋盗滋事，经朕特用为总统大员，督率各镇舟师，在洋剿捕。……统兵在闽、浙、台湾及粤省洋面，往来跟剿……数历寒暑。……蔡逆……畏惧已极。……正在盼望大捷之际，乃昨据阿林保等奏到，李长庚于上年十二月二十四日……驶入粤洋，追捕蔡逆，望见贼船止剩三只……穷其所向，追至黑水洋面，已将蔡逆本船击坏。李长庚又用火攻船一只，乘风驶近，挂住贼船后艄。……李长庚奋勇攻捕，被贼船炮子中伤咽喉、额角，竟于二十五日未时身故。”（《清仁宗实录》卷一九一）

嘉庆十四年（一八〇九年）九月……己巳……谕：“张师诚等奏，歼除海洋积年首逆蔡牵，将逆船二百余只全数击沉落海，并生擒助恶各伙党一折。……王得禄与邱良功连船南下，于十七日黎明，驶至鱼山外洋，见蔡牵匪船十余只……专注蔡逆本船攻击。……邱良功被贼枪戳伤。其时王得禄紧拢盗船奋击。……王得禄身被炮伤，仍喝令千总吴兴邦等，速抛火斗、火礶，烧坏逆船舵边尾楼。王得禄复用本身坐船，将该逆船后舵冲断。该逆同伊妻并船内伙众，登时落海沉没。”（《清仁宗实录》卷二一八）

十一月……甲申，谕：“方维甸奏，洋盗朱渥悔罪乞降。……朱濆一帮匪船，为海洋巨寇。本年朱濆被……炮击毙。伊弟朱渥接管。……今亲身登岸，率众三千三百余人，全行投出，并呈缴海船四十二只、铜铁炮八百余门，其余器械全数点收。……加恩……准其投首。”（《清仁宗实录》卷二二一）

十二月……癸丑，谕：“百龄等奏，洋匪郭婆带，率同伙众五千余人，擒献张逆匪伙三百余名，呈缴船九十余只、炮四百余位，悔罪投诚。……

著即准其投首，并加恩将郭婆带即郭学显，赏给把总，令其随同捕盗。”（《清仁宗实录》卷二二三）

嘉庆十五年（一八一〇年）三月……丁丑，谕：“……百龄等奏，粤洋巨盗张保仔、香山二等，畏罪乞降。先令郑一嫂即郑石氏来省，继将各家口送省。……帮船二百七八十号、伙党一万五六千人，全赴香山县之芙蓉沙海口，听候收验投诚。”……六月……壬子，谕：“百龄奏：生擒积年巨寇乌石二等首伙各犯，并帮匪带船投诚，及盗首东海霸等，悉数乞降，海洋肃清。……此次兵船在儋州洋面，追及乌石二等匪船。……经首民张保认定乌石二坐船。……首先跳过，将该逆生擒。副将洪鳌……等，将盗首乌石三，及贼目郑耀章等擒获。其乌石大……经孙全谋……亲率弁兵，过船……生擒，并擒获各犯，共计四百九十名。……百龄于讯供后，即……予以寸磔。……此外临阵投出者，计三千二百余名。又东海霸股匪三千四百余名，亦恐惧乞降。粤洋著名大股盗匪除投首外，均已悉数歼灭。”（《清仁宗实录》卷二二七）

李长庚……福建同安人。乾隆三十六年武进士。……自乾隆季年，安南内乱，招濒海亡命，劫内洋以济饷，为患粤东。土盗凤尾、水澳两帮附之，遂益肆扰。……嘉庆二年（一七九七年）……擢浙江定海镇总兵。……五年夏，夷艇合水澳、凤尾百余艘，萃于浙洋，逼台州。巡抚阮元奏以长庚总统三镇水师击之，会师海门。……飓风大作，覆溺几尽。其泊岸及附败舟者，皆就俘，获安南伪侯伦贵利等四总兵，磔之，以敕印掷还其国。是年，擢福建水师提督，寻调浙江。……未几，安南……阮（福映）内附，受封，守约束，艇匪无所巢穴。其在闽者，皆为漳盗蔡牵所并，有艇百余。粤盗朱濆，亦得数十艘。牵……善用众……凡水澳、凤尾诸党，悉归之，遂猖獗。阮元……集捐十余万金，付长庚……造大舰三十，名曰霆船，铸大炮四百余配之，连败牵等于海上。……八年，牵窜定海。……长庚掩至，牵仅以身免。……至闽……伪乞降于总督玉德。……玉德遽檄浙师收港，牵得以其间修船，扬帆去。浙师追击……毁其船六。牵……贿闽商，造大艇，高于霆船……劫台湾米，以饷朱濆，遂与之合。九年……诏……长庚总统两省水师。秋，牵、濆，共犯浙，长庚合诸镇兵击之。……冲贼为二，自当牵，急击，逐至尽山。牵以大霆得遁，委败朱濆。濆怒……复分。十年夏，调福建提督。牵……遂窜浙，追败之青龙港，又败之于台州斗米洋。复调浙江提督。十一年正月，牵合百余艘，犯台湾，结土匪万余，攻府城，自号镇海王。沉舟鹿耳门，阻援兵。长庚……遣总兵许松年、副将王得禄，绕道入攻洲仔尾，连败之。二月，松年登洲仔尾，焚其寮。牵反救，长庚遣兵出南汕，与松年夹击，大败之。牵……困守北汕，会风潮骤涨，沉舟漂起，乃夺鹿耳门逸去。……四月，蔡牵、朱濆同犯福宁外洋，击败之……禽其党李按等。长庚疏言："蔡牵未能歼禽者，实由兵船不得力，接济未断绝所致。臣所乘之船……逼近牵船，尚低五六尺。……且海贼无两年不修之船，亦无一年不坏之杠料。……乃逆贼在鹿耳门窜出，仅余船三十，篷朽硝缺。一回闽地，装篷燂洗，焕然一新，粮药充足，贼何日可灭？"诏逮治玉德，以阿林保代。既至福建，诸文武吏以未协剿，未断岸奸接济，惧得罪，交谮长庚。阿林保密劾其逗留，章三上。诏密询浙江巡抚清安泰。清安泰疏言："长庚熟海岛形势……士争效死……贼中语'不畏千万兵，只畏李长庚'。实水师诸将之冠。"且备陈海战之难，非两省合力不能成功状。同战诸镇，亦交章言长庚实非逗留。仁宗震怒，切责阿林保，谓："……嗣后剿贼，专倚长庚。倘阿林保从中掣肘，玉德即前车之鉴。"并饬造大同安梭船三十，未成前，先雇商船备剿。长庚闻之，益感奋。……十二年春，击败牵于粤洋大星屿。十一月，又击败于闽洋浮鹰山。十二月，遂偕福建提督张见升，追牵入澳。……至黑水洋，牵仅存三艇……以死拒。长庚自以火攻船，挂其艇尾，欲跃登，忽炮中喉，移时而殒。……牵乃遁入安南外洋。……既殁，诏部将王得禄、邱良功嗣任，勉以同心敌忾，为长庚雪仇。二人遵其部勒，卒灭蔡牵，竟全功焉（《清史稿》列传一三七《李长庚传》）。

李长庚战殁，命得禄与邱良功继任军事。（嘉庆）十三年，擢浙江提督，既而调福建，邱良功代之。时阮元再任浙江巡抚，张师诚为福建巡抚，两省合力，得禄与良功同心灭贼。十四年八月，同击蔡牵……追至黑水洋，合击累日，良功以浙舟骈列贼舟东，得禄率闽舟列浙舟东，战酣，良功舟伤暂退，得禄舟进，附牵舟，诸贼党隔不得援。……得禄额腕皆伤，掷火焚牵舟尾楼，复冲断其柁。牵知不免，举炮自裂其舟沉于海。……余党千二百人，后皆降，海盗遂息（《清史稿》列传一三七《王得禄传》）。

嘉庆……十四年，擢浙江提督。偕王得禄合击蔡牵于渔山外洋，乘上风逼之。夜半……不得进。明日……环攻。牵且战且走，傍午逾黑水洋……良功恐日暮贼遁，大呼突进，以己舟逼牵舟，两篷相结。贼以椗冲船，陷入死斗。良功腓被矛伤，毁贼椗，得脱出。闽师继之，牵遂裂舟自沉（《清史稿》列传一三七《邱良功传》）。

（丙）八卦教

八卦教又名荣华会，一名天理会，有《三佛应劫书》二卷。以天盘、地盘、人盘为三盘。大兴县黄村林清，又名刘安国、刘真空，又称刘林，字霜教，或作双木，称老刘爷，掌坎卦教，号天皇。滑县冯克善，掌离卦教，号地皇。滑县李文成，掌震卦教。为七卦之首，号人皇，奉清为十字归一、金皇下降。以“真空家乡，无生父母”为八字真诀。入教者纳根基钱，又曰种福钱。事成，十倍以偿。输百钱者，得分地一顷。得钱尽以贷穷乏者。其教遍行于黄河以北。教民多习技击，练拳术，作八卦步。嘉庆十八年闰八月，以其不利，改为次年闰二月。适彗星见，清等以其书中有“二八中秋，黄花满地”语，乘嘉庆帝在热河未归，定于九月十五日在京师举兵，期河南、山东之众按时至京。而李文成先于初二日在滑县被执，山东曹县之众尚与清军相拒，故十五日清众得太监内应，攻入东华门，而山东、河南之援不至。事既不成，清亦在沙河被执。文成之众已破滑县，救文成出，奉以为大明天顺李真主。清廷张皇，命那彦成为钦差大臣，率禁军，集四省之兵，以攻滑县弹丸之地，历四月始破。长垣、曹县之举兵者，亦就败没。文成蓄发戴网巾，称大明，知其志在复明。或谓八卦乃白莲支流，恐无确据。

八卦教者，白莲之一枝也，以滑县李文成、大兴林清为之首。初，其有谶曰“八月中秋，黄花落地”，久而无所应。会钦天监稽《历统》，改置十八年岁在癸酉八月闰于明年春二月。其教大喜，妄以为本朝不宜闰八月。……乃定谋（锡珍《皇朝纪事·癸酉之变》）。

林清，顺天府大兴县人。……充黄村书吏，旋革去。……嘉庆丙寅……入荣华会，一名天理会。会党分列八卦……坎卦之主为郭朝俊，其次为刘呈祥，又其次为陈懋林、宋理辉。既而陈懋林为其从弟懋功告讦，谳得其实，问拟杖徒。诸贼皆潜奉清为坎卦之主。郭朝俊性怯啬，遇事畏葸，众不之惮，清代之，乃帖服。清传教，以“真空家乡，无生父母”为八字真诀，命其徒日夕拜诵，自言预知未来事，审祸福，明吉凶。入教者俱输以钱，曰种福钱，又曰根基钱。事成偿得十倍，凡输百钱得地一顷。愚民惑之，远近踵至。家遂饶，恣其挥霍，有告贷者，辄给之，乡村仰食者万余家。清乃潜蓄逆谋，诡言己为金星下降，金王于秋，酉年秋月，将举大事。祀金神于西方，色尚白。……清以事至保定，阴纳教党。河南滑县书吏牛亮臣，因避罪亦在焉，清与之盟……遂因亮臣以通于（李）文成。……文成在滑，掌震卦教。震卦为七卦之首，各听约束。其后兼理九宫，统领八卦。文成见清大悦，奉清为十字归一。于是八卦九宫，林、李共掌(《靖逆记》卷五《林清》)。

李文成，河南滑县人。世居谢家庄。少孤，为木工佣保，人呼李四木匠。文成耻之，乃弃去，从塾师习书算。……文成专研算术，旁涉星家象纬，推演颇验。……会齐、豫奸民纠结死党，曰虎尾鞭、义和拳、红砖社、瓦刀社，其最大者曰八卦教。文成……入震卦教，教中事有条理不当者，文成厘次剖析，众推服之，无异词。时林清为坎卦教首，传教北方。乾卦教首张廷举，山东定陶人。坤卦教首邱玉，山西岳阳人。巽卦教首程百岳，山东城武人。艮卦教首郭泗湖，河南虞城人。兑卦教首侯国龙，山西岳阳人。离卦教首张景文，山东城武人。俱分隶震卦。震为七卦之首，取帝出乎震之意。习教者，共听约束。文成兼掌九宫，统管八卦，众至数万。争以金帛相赂遗，谓之种根基，文成家遂富，益豪横，私买战马，蓄养士卒，铸造甲杖，颁分旗号。贼党响应，约期谋反(《靖逆记》卷五《李文成》)。

贼……煽其众，指星象，应在十八年秋九月十五日午时。文成党数万，最盛。而清则密迩京邑，贿通内侍，外倚文成之众为援，将乘驾幸木兰秋狝回銮时，伏莽行在。谋定，中外莫知也。秋，滑县知县强克捷闻之，密白。……皆不应。……乃捕李文成下狱，刑断其胫。贼党以事迫，不能俟期，遂于九月初七日，聚众三千，破滑，出文成于狱，强克捷死之。于是直隶之长垣、东明，山东之曹、定陶、金乡，同时杀官围城，而曹、定陶皆破。……诸贼既仓皇起事，遂不及赴林清外应之约。林清及期，则使其党二百余辈，由宣武门潜入内城。……日晡，分犯西华、东华门，白帕其首为号。太监刘金等引其东，高广福等引其西，关进喜等为内应，而清自居黄村，尚觊河南贼集而后进。时东华门甫入数贼，即为护军关门格拒奔散。其入西华门者八十余贼，反关以拒官兵。贼得内监乡导，已知大内在西，而误由尚衣监、文颖馆斩关入。侍卫急闭隆宗门，贼至不得入。……皇子等在上书房闻变，皇次子急命……诸太监登垣以望贼。俄有手白旗攀垣，将逾养心门者，皇次子发鸟铳殪之，再发再殪……贼乃不敢越垣。……留守京师诸王、大臣，率禁兵自神武门入卫，败贼于中正殿门外。……先后就擒。……十七日，上自白涧回跸。……以功封皇次子智亲王。……擒林清于黄村……及通贼太监，皆磔之（魏源《圣武记》卷十《嘉庆畿辅靖贼记》）。

李文成既据滑，以胫创甚，不能出四方为流寇，遂出兵围浚，而萃精锐于道口镇。……有积粮，贼恃以战守。……诏以陕甘总督那彦成……佩钦差大臣关防，节制山东、河南兵剿贼，陕西提督杨遇春副之。……十月……官兵会攻道口。遇春自冲其前……大破之。……进围滑县。……方是时……山东盐运使刘清……大破曹州贼。……十一月……山东贼略尽。……直隶总督章煦，复奏擒滑县贼首冯克善于献县，直隶之贼亦定。……官军围滑县三面，惟北门隔苇塘，未合围，于是桃源贼首刘国民潜入滑，护李文成出，收外党，西入太行，为流寇计。文成胫创不能骑，乃轻车出北门，招贼四千，入辉县山，据司寨。……总兵杨芳追之。……十九日……进夺司寨，李文成纵火自焚死。……十二月十日……城西南角，雷轰……崩裂。……官军……夺城而入……歼贼二万……滑县平（魏源《圣武记》卷十《嘉庆畿辅靖贼记》）。

嘉庆十八年（一八一三年）九月……乙亥……谕："……本日温承惠奏：河南滑县老安地方，有匪徒黄兴宰、黄兴相兄弟，并宋姓为首，兴天理会，于本月初七日，聚众滋事。滑县已失，县官被戕。直隶长垣县亦有习教之人，并闻教匪窜往河南考城，及山东曹县一带。……高杞……著即挑带将弁兵丁，督同河北镇总兵色克通阿……加意防范。并严饬沿河文武员弁，严密防堵，勿令偷渡河南，致形滋蔓。……以温承惠为钦差大臣，偕古北口提督马瑜，驰往长垣、滑县剿贼。命陕西提督杨遇春，来直隶协剿。命同兴巡防山东边境，剿捕贼党。"（《清仁宗实录》卷二七三）

嘉庆……十八年九月……逆匪犯阙之变作，上……偕皇三子绵恺，飞章行在，奏言："本月十五日午刻，子臣等在书房，闻各处太监关门，总管常永贵等，获贼二名。将近未刻，以为无事，商同至储秀宫，给皇母请安。闻有贼越墙，从内右门西边入。子臣实出无奈，大胆差人至所内，取进撒袋、鸟枪、腰刀。惟时外兵未进，不料五六贼，在养心门对面南墙外膳房房上，从西大墙欲向北窜。子臣手足失措，大胆在宫内放枪，将一贼打坠。又有两三贼仍在墙上，一贼手执白旗，似有指挥。子臣复将执旗贼打坠，余者方不敢上墙。子臣复至储秀宫奏明，请子臣皇母放心，切属子臣三弟，不许稍离左右。子臣至西长街、西厂一带访查，绵志、奕绍、成亲王、仪亲王、内务府大臣，先后带领官兵进内。子臣属令将内膳房搜捕，复得贼二人，并派谙达侍卫，在储秀宫、东长街，以防不然。子臣皇母同贵妃等位，及子臣等，并九公主，仰赖皇父威福，均皆平安，伏祈圣心宽慰。"（《清宣宗实录》卷一）

嘉庆十八年（一八一三年）九月……乙亥……河南滑县八卦教匪李文成，纠众谋逆，知县强克捷捕系狱。其党冯克善、牛亮臣陷县城，克捷死之。直隶长垣、山东曹县贼党咸应。上命高杞、同兴防堵，温承惠佩钦差大臣关防，剿之。召杨遇春统兵北上。贼党徐安帼陷长垣，戕知县赵纶。金乡知县吴阶，捕贼崔士俊等。戊寅……奸人陈爽数十人，突入紫禁城，将逼内宫，皇次子用枪殪其一人，一贼登月华门墙，执旗指挥，皇次子再用枪击之坠。贝勒绵志，续殪其一。王大臣率健锐、火器营兵入，尽捕斩之。……庚辰……命那彦成为钦差大臣，剿贼河南。以提督杨遇春、副都统富僧德、总兵杨芳，带兵协剿（《清史稿》卷十六《仁宗本纪》）。

嘉庆十八年，河南天理会教匪李文成等倡乱，陷滑县，直隶、山东皆响应。……乃发京兵，授那彦成钦差大臣，加都统衔督师，率杨遇春、杨芳等讨之。……十月，至卫辉，会师而后进。贼踞桃源集、道口，与滑县为犄角，连败之于新镇、丁栾集。遇春破道口，歼贼万余，焚其巢。寻破桃源集，追道口余贼，抵滑县。文成遁辉县司寨，杨芳、德英阿追破之，文成自焚死。亲督遇春等围滑城数旬，以地雷攻拔之，获首虏二万余。山东贼亦平（《清史稿》列传一五四《那彦成传》）。

（3）道光时

（甲）瑶人

瑶人居广东、湖南间者甚众，汉族所居曰村，不及瑶人五之一。瑶人所居曰排，以人数多寡为大、小排。因积与汉官相抗，瑶人事神有书，官文书每称之为妖书，禁毁之屡矣，不能尽。赵金龙之起，固由天地会仇杀，而官吏之歧视，实有以致之。

赵金龙者，湖南永州锦田猺。与常宁猺赵福才，以巫鬼神其众。时楚、粤奸民结天地会，屡强劫猺寨牛谷，党联官役，猺无所诉。于是金龙妖煽其峒，倡言复仇。使赵福才纠广东散猺三百余，合湖南九冲猺共六七百人，道光十一年十二月，焚掠两河口，杀会匪二十余人。明年正月，江华知县林先梁、永州镇左营游击王俊，以兵役往捕。贼已千余，据长塘夹冲。永州镇总兵鲍友智，调兵七百，及永州知府李铭绅、桂阳知州王元凤，各募乡勇数百进剿。令游击李方玉，由沂村绕袭其后，游击王俊等由东路，直捣夹冲，遂毁其巢，毙贼三百余。……二十三日，贼窜蓝山之五水猺山，所至虏胁，众二三千，图据九疑山……旁掠宁远。上命两广总督李鸿宾、广西提督苏兆熊，各防边界。……会蓝山告急，巡抚吴荣光，又檄宝庆兵尽赴蓝山，而檄提督海凌阿由宁远赴援。二月十四日，海凌阿率宝庆协副将马韬，以兵五百余，由宁远之下灌进剿蓝山。……海凌阿不侦探地势，遽由小路冒雨深入，又不为备。贼伪充夫役，为官兵舁枪械，行至池塘墟，山沟陡狭，伏贼四起，乘高下突，枪械反为贼用，海凌阿等皆死。上已命总督卢坤、湖北提督罗思举赴剿。……贼虏胁将万，赵金龙率八排散猺，及江华、锦田各寨猺为一路，赵福才率常宁、桂阳猺为一路，又赵文凤率新田、宁远、蓝山谷猺为一路，每路各二三千，犄角出没。而官兵………增调常德水师及荆州满骑，皆不习山战，卢坤至永州，始奏罢之，而改调镇筸苗疆之兵。又以衡州水陆咽喉，而常宁屏蔽衡州当贼冲，祁阳又入衡、永捷径，且粮运后路，皆派兵勇防御。桂阳、新田、嘉禾三州县，各团练乡勇土猺自守，以防虏胁。……三月十日，罗思举至永州……乃议大兵由新田后路蹑贼，遏其南窜，与桂阳北路兵夹攻，并扼其西通道州、零陵、祁阳小路，于是三路猺四五千人及妇女二三千，为官兵驱逼出山，皆东窜常宁之洋泉镇。……罗思举……乃密檄北路兵齐赴，又渐移各守隘兵，进逼合围……昼夜迭攻……先后毙贼一千余。四月……初九日，赵金龙突围，中枪死。擒贼子弟妻女，及死党数十（魏源《圣武记》卷七《道光湖粤平猺记》）。

（道光）十二年，湖南江华猺赵金龙作乱，粤猺应之。湖南提督海陵阿及副将游击等皆战殁。（卢）坤亲往督师，密陈湖北提督罗思举能办贼。时桂阳、常德诸猺，蜂起应贼。……坤至……调镇筸苗疆兵，分屯要隘，坚壁清野，与贼相持，俟两湖兵大集。贵州提督余步云、云南副将曾胜，亦率军至，乘雷雨袭击洋泉街。罗思举督诸将昼夜环攻，毙贼数千，破其巢。……金龙承间逸，为乱军所歼，获其尸（《清史稿》列传一六六《卢坤传》）。

粤猺赵仔青，纠众数千入楚界，声言为（赵）金龙复仇。连败之于濠江、银江，擒仔青，磔于市（《清史稿》列传一六六《卢坤传》）。

广东连山黄瓜寨猺犹猖獗，两广总督李鸿宾剿治不力。……调（卢）坤代之，偕禧恩等先后往督诸将进剿，猺疆悉平（《清史稿》列传一六六《卢坤传》）。

（乙）钟人杰

钟人杰攻据崇阳，自称钟勤王都督大元帅，进攻通山、蒲圻，分任知县、千总等官，未几即败。然人杰曾因包庇程中和挖煤图利，以致徒配，必与势豪相争，而其人当亦煤窑工人也。

道光二十一年（一八四一年）十二月壬寅，谕："……本日裕泰等奏：湖北崇阳县匪徒聚众攻入县城一折，据称该县刁徒钟人杰，前因包庇程中和挖煤图利，拟徒配，逃，查拿未获。与民人挟有夙嫌，欲图报复等语。该犯钟人杰……何至因有衅端，辄敢聚众入城，抢劫监狱仓库，拒捕捆官，情节殊难凭信。……其中显有别情，著裕泰、赵炳言，一面派兵缉拿各犯，一面飞咨邻省协力防堵。其为首之犯，务当即速拿获，毋任远飏滋蔓。"……癸卯，谕："……裕泰奏：匪徒戕官踞险，见在添兵剿办一折，据奏崇阳县幕丁禀称，匪徒钟人杰、陈宝铭等，纠集党与二三千人，设立帅台，占据县城，戕害知县。见据拿获奸细供称，蒲圻接壤之洪下地方，见有匪党僧人占据拒守等语。匪徒聚众据城戕官，罪大恶极，必须一鼓歼除，断不可耽延时日，致有滋蔓。该督见已续调省标官兵，督同剿办。如兵尚单，准于北南两省附近营分酌补，以期早为扑灭。……并先就所获各犯确讯起衅根由，毋稍讳饰。"（《清宣宗实录》卷三六四）

道光二十二年（一八四二年）正月己巳，谕："本日裕泰由驿驰奏，官兵剿贼匪大获胜仗一折，据称正月初十日，崇阳县逆匪数千人，由通山县西越岭突入，又有数千从小路盘踞高山，欲行扑城，施放枪炮。经派防参将清保等率兵迎剿，把总魏鸣兴奋勇先登……夺据险要，杀伤贼匪百余人，追杀击毙不计其数。……又初九日，贼匪用小船多只，拥至蒲圻，占据城外东南山坡，官兵轰击，先后毙贼数百人。该匪恃众拒敌，四面扑城，势甚猖獗。经副将双福等带领兵勇奋力进攻，击毙二千余人，落水死者百余人。……贼匪复于十一日扑城，守备玉贵登城抵御，颊中枪伤，复经双福策应，贼始败去。"……丁丑谕："本日据裕泰等由六百里驰奏，收复崇阳县城，生擒首要各犯一折……湖北崇阳县逆匪钟人杰，本系在逃徒犯，胆敢聚众戕官，连陷崇阳、通城，设立钟勤王伪号，并竖都督大元帅红旗，分设知县、千总伪职，遣令匪党攻扑附近城池。……经总督裕泰驰往咸宁，就近调拨官兵，分守要隘。贼匪攻犯通山、蒲圻，均经官兵击毙。嗣提督刘允孝带兵会剿，调集官弁，分兵五道，同时并进。……刘允孝募绅民向导内应，自石盘山进攻。夏廷樾会同游击谢正国，在黑桥接仗，阵歼贼匪三百余名。……该邑绅士诱令首逆出城，经官兵义勇赶至合围，立将首犯钟人杰及要犯陈宝铭、汪敦族，一并生擒。该督即由洪上地方前进，攻复崇阳县城。……分兵前往通城，接应收复。”（《清宣宗实录》卷三六六）

（丙）李沅发

李沅发以拜会攻据新宁县，历半年而败。是役江忠源亦在行间，后遂以知兵渐至大用。沅发余众甚多，逃入广西。未几，太平军起，遂为前驱以入湘。

道光二十九年（一八四九年）十一月癸卯，谕：“……本月据冯德馨驰奏，匪徒占踞县城，催调官兵亲往督办一折……湖南新宁县匪徒滋事，首匪李姓，胆敢戕官踞城，肆行掳掠。经宝庆府知府张镇南，督同新宁汛千总熊勋猷、石门汛把总方开甲等，带领兵勇进剿……杀毙匪徒三百余名。”……戊午，谕：“……本日据裕泰驰奏，新宁滋事匪犯，见经围困情形。又据冯德馨驰奏，遵旨亲往督剿各一折……据裕泰奏称，该匪等先则突开北门拥出，烧毁靠城民房，冀图乘夜窜出。嗣又制造竹排，安放西门城内。该处逼近大河，路通粤西，希冀由彼逃窜。并讯出匪犯李沅发，先曾潜往广西全州，邀集数百人，同赴新宁，劫狱戕官。”（《清宣宗实录》卷四七四）

道光二十九年（一八四九年）十二月丁丑，谕：“冯德馨、英俊奏，剿平新宁匪徒，收复城池一折，此案该匪等始则拜会抢劫，继而戕官据城，并敢四路邀人，抗拒官兵，相持四十余日，实属罪大恶极。现经冯德馨、英俊督率镇、道、府、协及在事文武员弁，激励绅士，带同兵勇，于十一月二十九日，用地雷轰开城角，该贼匪仍敢抵死拒战。复经兵勇并力前攻，枪炮兼施，焚烧贼棚，生擒一百六十余名，搜杀余匪不计其数。……匪首李沅发果否已被焚杀，该抚等正可向所获匪徒根究下落。”……甲申，谕：“……新宁破城之后，广西猫儿山及新宁罗远峒各地方，又有另股匪徒潜匿滋扰，且讯据见获各犯供称，有广西五排人李沅宝，听闻李沅发已被焚杀，定期分股前往新宁，为沅发报复等语……显系李沅发逃窜，该匪四面接应勾结为患。”（《清宣宗实录》卷四七五）

道光三十年（一八五〇年）五月丁酉，谕：“据裕泰、郑祖琛、向荣由六百里驰奏，生擒首逆、歼除匪党、地方一律肃清一折……湖南逆匪李沅发，本系山野莠民，乌合小丑。自上年冬间结会纠党，戕官踞城，窜扰三省，蔓延愈甚。迨裕泰亲往督剿，数月之久，竟未蒇事。……兹据裕泰等奏称，该匪自屡次溃败之后，东奔西突，经该督等设计诱至金峰岭山内，该逆仍复抵死抗拒。该督等复督率将弁，一鼓作气……统歼毙二百余人，生擒大小头目罗登爵等五十八名。……首逆李沅发带伤由后山滚落崖涧，当被乡勇生擒缚献。”（《清文宗实录》卷九）

（道光）二十九年，李沅发倡乱新宁，踞城戕官。巡抚冯德馨、提督英俊往剿，复县城。……贼窜山中，勾结黔、粤交界伏莽，势益蔓延。……专任裕泰往督师，与黔、粤诸军合击，数捷。三十年春，搜剿山内，擒歼多名。贼窜永福草鞋塘，四面抄围，渐穷蹙。……令提督向荣由武冈进屯广西怀远，遇贼击破之。贼退踞金峰岭，分三路进击于深箐陡石间，斩获殆尽，沅发就擒（《清史稿》列传一六七《裕泰传》）。

中华二千年史

卷五　明清三

邓之诚　著

何洋　陈虎　点校

中華書局

目　录

明清三

明清三

本编所引原书对于少数民族及人民起义有侮辱字样，本应加以括号，唯其数过多，为排字方便起见一律省去，读者谅之。

（八）鸦片战争

自海禁开后，英国对华贸易岁有增加，为各国冠。乾、嘉时，屡赴京师，对商务有所请求，实为觇国。乾隆五十九年，马甘尼赴热河，归后著书，即有名之《马甘尼日记》，盛称征服中国，十万人足矣，惟人口众多，治理不易。是知英人武力侵略，其谋早定。鸦片战争之起，所谓商欠及烟价受损，不过藉口而已。

（1）清初之中西交通

（甲）天主教之盛行及禁止

明末，意大利人利玛窦来献方物，遂留居京师，其徒续至者益众，有以荐入历局者。天主教传播日广，两京、十三省皆设教堂。

明万历九年（一五八一年），有大西洋之意大利国人利玛窦，泛海……至粤东。又二十年，始至京师。中官马堂以其方物进献，内有所贡天主及天主母图。……帝以利玛窦慕义远来，假馆授餐，给赐优厚。……而公卿以下，咸重其人。利亦安之，遂久留不去，卒于京邸。自利玛窦东来，其徒先后至者日益众。时值历官推日食多舛，乃有五官正周子愚言："大西洋归化人庞迪我、熊三拔等，深明历法，其所携历书，有中国载籍所未及者。请令仿洪武初设回回历科之例，许迪我等入局测验。"于是西人之入中国者，以推算为名，而阴行其天主教法。……士大夫翕然从之者，徐光启为之首，李之藻、李天经、冯应京、樊良枢等相与附和，且为之润色其文词，故其行日益广。又有西士汤若望者，进天主书像图说，朝士相与提唱援引。于是自畿辅开堂，蔓延各省，京师则宣武门之内、东华门之东、阜成门之西，山东则济南，江南则淮安、扬州、镇江、苏州、江宁、常熟、上海，浙江则杭州、金华、兰溪，闽则福州、建宁、延平、汀州，江右则南昌、建昌、赣州，东粤则广州，西粤则桂林，楚则武昌，秦则西安，蜀则重庆、保宁，晋则太原、绛州，豫则开封，凡十三省三十处，皆有天主堂。……万历以后，国初康熙以前，其教不胫而走矣。大秦之名，始见于范蔚宗《后汉书》传。……自利玛窦入中土，得与徐光启交，自谓渊源于东汉。继以艾儒略，得见《景教碑》，遂援以证天主，乃作《西学凡》一卷，考其时代源流。汤若望又述耶稣之神灵异迹，及其受刑十字架上代民赎罪之颠末，图写流布。于是耶稣及天主之名，遂大传于世（夏燮《中西纪事》卷二《猾夏之渐》）。

清初，汤若望以推历官钦天监，吴明烜、杨光先相继攻之，若望旋遭罢斥，且禁其教。后复以南怀仁治历。西人有测绘地图，有赞助《尼布楚条约》者，准其自相传习耶教，不得在各省开堂。

利玛窦既卒于京师，其徒皆久留不去。时则有阳玛诺、邓玉函、毕方济、艾儒略、龙华民诸人，皆喋喋言新法有验。而汤若望、罗雅谷方自西来，以崇祯二年用徐光启荐，令供事历局，于是西人新法日益显，而明祚旋移，卒不能用也。国朝顺治二年，汤若望再至京师，上书言新法。得旨：令……入钦天监，方依西人法，造《时宪书》颁行（夏燮《中西纪事》卷一《通番之始》）。

顺治十四年……四月，回回秋官正吴明烜疏言："……汤若望……所推《七政书》，水星二、八月皆伏不见，今水星于二月二十九日仍见东方，又八月二十四日夕见。"……七月，又言汤若望推算天象舛谬三事：一漏紫、炁；一颠倒觜、参；一颠倒罗计。……命内大臣等公同测验，水星不见，议吴明烜诈妄之罪，援赦得免。……康熙四年，徽州府新安卫官生杨光先……言，汤若望新法十谬，及选择不用正五行之误。下议政王大臣等集议，将汤若望及所属各员罢黜治罪，于是废西洋新法，用《大统》旧法（《皇朝文献通考》卷二五六《象纬考一》）。

康熙三年十二月……初，杨光先告钦天监正汤若望传天主教，且其造《时宪书》有十谬：一、不用诸科校正之谬；二、一月有三节气之谬；

三、二至二分长短之谬；四、夏至太阳行迟之谬；五、移寅宫箕三度入丑宫之谬；六、删除紫、炁之谬；七、颠倒觜、参之谬；八、颠倒罗计之谬；九、黄道算节气之谬；十、历止二百年之谬。礼科议驳不准。至是，又摘本年月日食交会之误，状告礼部，曰："汤若望假修历之名，阴行邪教之实，散布邪党于济南、淮安、扬州、镇江、江宁、苏州、常熟、上海、杭州、金华、兰溪、福州、建宁、延平、汀州、南昌、赣州、广州、桂林、重庆、保宁、武昌、西安、太原、绛州、开封并京师共三十堂，每堂五十余会，每会收徒二三十人，各给金牌、绣袋、妖书、会单以为凭验。请照《大清律》左道、妖言二条治罪。"旨下礼部，会吏部同审，汤若望等及传教之历官李祖白，拟大辟，免死。其作序之给事中许之渐罢黜（王之春《中外通商始末记》卷二）。

顺治元年甲申（一六四四年）六月……壬午……修正历法。西洋人汤若望启言："臣于明崇祯二年来京，曾用西洋新法，厘正旧历，制有测量日月星晷、定时考验诸器，尽进内廷，用以推测，屡屡密合。近闻诸器尽遭贼毁，臣拟另制进呈。今先将本年八月初一日日食，照西洋新法推步，京师所有日食限分秒，并起复方位、图象，与各省所见日食多寡先后不同诸数，开列呈览，乞敕该部，届期公同测验。"摄政睿亲王谕："旧历岁久差讹，西洋新法屡屡密合，知道了。此本内日食分秒时刻起复方位，并直省见食，有多寡先后不同，具见推算详审。俟先期二日来说，以便遣官公同测验。其窥测诸器，速造进览。"……秋七月……甲午……修政历法，汤若望启言："臣制就浑天星球一座，地平日晷、窥远镜各一具，并舆地屏图，恭进呈览。再照臣所修《西洋新法》，已蒙钦定为《时宪宝历》，所有应用诸历，从此永依新法推算。其颁行民历式样，俟完日进呈。"摄政睿亲王谕："所进测天仪器，准留览应用。诸历一依新法推算，其颁行式样，作速催竣进呈。"……八月丙辰朔，日有食之。是日，令大学士冯铨，同汤若望携窥远镜等仪器，率局监官生，齐赴观象台测验。其初亏、食甚、复圆时刻分秒及方位等项，惟《西洋新法》一一吻合，《大统》《回回》两法，俱差时刻云（《清世祖实录》卷五）。

顺治元年甲申（一六四四年）十一月………己酉，修正历法汤若望奏："臣等按《新法》推算月食时刻分秒，复定每年进呈历目，惟民历、七政经纬躔度，与中历、相距历、上吉、壬遁六种，依次虔造进呈，内与旧法重复者删去，以免溷淆。"得旨：礼部知道。钦天监印信，著汤若望掌管，所属该监官员，嗣后一切进历、占候、选择等项，悉听掌印官举行（《清世祖实录》卷十一）。

汤若望，初名约翰·亚当沙耳，姓方白耳氏，日耳曼国人。……顺治元年……六月，汤若望启言："臣于明崇祯二年来京，用西法厘正旧历，制测量日月星晷、定时考验诸器。近遭贼毁，拟重制进呈。"……世祖定鼎京师，十一月，以汤若望掌钦天监事。汤若望疏辞，上不许。又疏请别给敕印，而以监印缴部，谓治历之责，学道之志，庶可并行不悖，上亦不许。并谕汤若望遵旨率属精修历法，整顿监规，如有怠玩侵紊，即行参奏。加太仆寺卿，寻改太常寺卿。十年三月，赐号通玄教师……旋复加通政使，进秩正一品。……康熙五年，新安卫官生杨光先叩阍进所著《摘谬论》《选择议》，斥汤若望新法十谬，并指选择荣亲王葬期误用《洪范》五行，下议政王等会同确议。议政王等议……汤若望……凌迟处死。……得旨：汤若望效力多年，又复衰老……免死，并令覆议。议政王等覆议，汤若望流徙。……得旨：汤若望等并免流徙。……自是废新法不用。圣祖既亲政，以南怀仁治理历法……复用新法。时汤若望已前卒，复通微教师封号，视原品赐恤（《清史稿》列传五十九《汤若望传》）。

南怀仁，初名佛迪南特斯，姓皁泌斯脱氏，比利时国人。康熙初，入中国。时汤若望方黜，杨光先为监正，吴明烜为监副，以《大统术》治历，节气不应。……乃召南怀仁，命治理历法。南怀仁劾光先、明烜而去之，遂授南怀仁监副。……九年……十二月……擢南怀仁监正……累加至工部侍郎。二十七年，卒，谥勤敏。自是钦天监用西洋人，累进为监正、监副，相继不绝。……道光间……时监官已深习西法，不必复用西洋人，奏奉宣宗谕，停西洋人入监。方圣祖用南怀仁，许奉天主教，仍其国俗，而禁各省立堂入教。是时各省天主堂已三十余所。雍正间，禁令严，尽毁去，但留京师一所，俾西洋人入监者居之。入内地传教，辄绳以法。迨停西洋人入监，未几海禁弛，传教入条约，新旧教堂遍内地矣（《清史稿》列传五十九《南怀仁传》）。

西洋人汤若望、南怀仁入为钦天监官，乃照西人新法造《时宪书》，颁行直省。……杨光先者，世习畴人之学，爰具呈礼科，谓《宪书》面上，不应用"依西洋新法"五字。不报。……旋于康熙三年，状造礼部。……遂黜汤若望等，授杨光先为监副，寻转监正。光先自以但明推步之理，不明推步之数，凡五请解职，不许。六年，以推闰失实，方请更正，则《宪书》业已颁行，遂下光先于狱，拟大辟，秋审缓决，乃议遣戍，遇赦归。……一时士大夫言天学者，无不右汤而左杨。光先自愤其先忧之隐，不白于天下后世，爰著《不得已》书，攻其教法。……自钦天监复用西洋人，遂为定例。……于是西洋人之相继入中国者，浸浸乎以推步入台，为开堂之捷径矣。……然其在官之人，则……有定制。凡西洋人愿入监当差者，准先赴澳门呈请，然后由督、抚咨送到部，部臣查验得实，留京效用。自后即遵用天朝服色，安置京师天主堂内……不准复还本国（夏燮《中西纪事》卷二《猾夏之渐》）。

康熙八年……八月，康亲王杰书等议覆，南怀仁、李光宏等呈告杨光先依附鳌拜，捏词陷人，将历代所用之《洪范》五行，称为《灭蛮经》，致李祖白等各官正法。且推历候气，茫然不知，解送仪器，虚縻钱粮，轻改神明将，吉凶颠倒，妄生事端，殃及无辜。援引吴明炬谎奏授官，捏造无影之事，诬告汤若望谋叛，情罪重大，应拟斩，妻子流徙宁古塔。至供奉天主，系沿伊国旧习，并无为恶实迹，汤若望复通微教师之名，照伊原品赐恤。还给建堂基地，许缵曾等复职，伊等聚会、散给《天学传概》及铜像等物，仍行禁止。西洋人栗安党等，该督、抚驿送来京，李祖白等照原官恩恤。流徙子弟取回，有职者复职。李光宏、黄昌、司尔珪、潘书孝原降革之职，仍行给还。得旨：杨光先理应论死，念其年老，姑从宽免，妻子亦免流徙。栗安党等二十五人，不必取来京城。其天主教，除南怀仁等照常自行外，恐直隶、各省复立堂入教，仍著严行晓谕禁止。余如议（《清圣祖实录》卷三十一）。

南怀仁等复以造炮、数理等学，为清帝所眷。

三藩之乱，上召南怀仁于养心殿，命依水法造炮以备边用。旋因明季以来，历法疏舛，乃荟萃中西之同异，取其借根方对数，及以量代算之法，御制为《数理精蕴》《历象考成》二书（夏燮《中西纪事》卷一《通番之始》）。

是后，各省以旧设之教堂未毁，私自传教者众，屡行严禁，华人入教者分别治罪有差，官吏失察者议处。

直省开堂之禁，始于康熙八年。是时，钦天监复用西洋人，又因南怀仁推闰得实……特旨许西洋人在京师者自行其教，惟不准传教于中国及直省，开堂者禁之。然明季至国初，各省私设之天主教堂，未奉追毁，而西人方以得行其教，恃为护符，互相容匿。于是开堂传教之风，久而愈炽（夏燮《中西纪事》卷二《猾夏之渐》）。

汤若望、南怀仁等，为钦天监官。……康熙八年……并许自行其教，余凡直隶、各省开堂设教者禁。……五十六年，广东碣石镇总兵官陈昂疏言："天主一教，各省开堂聚众，在广州城内外者尤多。加以洋舶所汇，同类招引，恐滋事端。乞循康熙八年例，再行严禁，毋使滋蔓。"从之。五十七年，两广总督杨琳疏言："西洋人开堂设教，其风未息。请循康熙五十六年例，再行禁止。"五十九年，西洋人德里格，以妄行陈奏获罪。得旨：从宽禁锢。雍正元年，恩诏释德里格于狱。时浙闽总督觉罗满保疏言："西洋人于内地行教，闻见渐淆，请除送京效力人员外，俱安置澳门。其天主教堂，改为公廨。"奏入，得旨：西洋远夷，住居各省年久，今令其迁移，可给与半年之限，并委官照看。……二年十二月，两广总督孔毓珣疏言："西洋人先后来广者……请令暂居广州城天主堂内。年壮愿回者，附洋舶归国。年老有疾不能归者听。惟不许妄自行走，衍倡教说。其外府之天主堂，悉撤为公廨。内地人民入其教者，出之。"……报可。……乾隆五十年十月，奉谕："前因西洋人吧吔哩呋等，私入内地传教，经湖广省查拿，究出直隶、山东、山西、陕西、四川等省，俱有私自传教之犯，业据各该省陆续解到，交刑部审拟，定为永远监禁。第思此等犯人，不过意在传教，当无别项不法情事……俱著加恩释放。如有愿留京城者，即准其赴堂安分居住。如情愿回洋者，著该部派司员押送回粤。"(《皇朝文献通考》卷二九八《四裔考·意达里亚》)

嘉庆十六年……七月……谕："西洋人居住京师，原因其谙习算法，可以推步天文，备钦天监职官之选。昨据管理西洋堂务大臣查明，在京者共十一人，除福文高、李拱辰、高守谦三人，见任钦天监监正、监副；南弥德在内阁充当翻绎差使；又毕学源一人，通晓算法，留备叙补；贺清泰、吉德明二人，均年老多病，不能归国；此外学艺未精之高临渊等四人，俱已饬令回国。见在西洋人之留京者，止有七人。此七人中，其有官职差使者，出入往来，俱有在官人役，随地稽查，不能与旗民人等私相交接。其老病者，不过听其终老，不准擅出西洋堂，外人亦不准擅入。管理大臣及官员弁兵，巡逻严密，谅不至有听其传教惑众之事。至外省地方，本无需用西洋人之处，即不应有西洋人在境潜住。从前外省拿获习教人犯，每称传播始于京师，今京师已按名稽核，彻底清厘，若外省再有传习此教者，必系另有西洋人在彼煽惑。……除广东省向有西洋人来往贸易，其居住之处，应留心管束，勿任私行传教。……其余各直省，著该督、抚等，饬属通行详查。……如地方办理不力，致令传教惑众，照新定条例，

严参重处。若内地民人私习其教，复影射传惑者，著地方官一律查拿，按律治罪。将此通谕知之。”（《清仁宗实录》卷二四六）

嘉庆十六年，陕西道监察御史甘家斌，奏请定西洋人传教治罪条例。刑部遵旨，议定：西洋人有在内地传习天主教、私自刊刻经卷、倡立讲会、蛊惑多人，及旗民人等向西洋人转为传习，并私立名号，煽惑及众，确有实据，为首者拟绞立决。其传教煽惑，而人数不多，亦无名号者，拟绞监候。仅止听从入教，不知悛改者，发新疆给额鲁特为奴，旗人销除旗档。如有妄布邪言，关系重大，或符咒蛊惑、诱污妇女，并诳取病人目睛等情，仍临时酌量，各从其重者论。至被诱入教之人，如能悔悟赴官，首明出教者，概免治罪。若被获到官，始行悔悟者，于遣罪上减一等，杖二百，徒三年。并严禁西洋人不许在内地置买产业，其失察西洋人潜住境内并传教惑众之该管文武各官，交部议处，纂入律例通行（劳乃宣《各国约章纂要》附录《西教源流》）。

及道光辛丑和约成，始弛教禁，准许华人入教，并禁官吏拘捕。咸丰八年，续订和约，允外人在内地传教，且得买地建造教堂。自是四十余年间，教案叠出，丧权辱国，不可道矣。

道光二十二年，与英国议和于江宁，议内列有传教一款，言耶稣天主教，原系为善之道，自后有传教者来至中国，须一体保护等语，是为开禁之端。然但言传教之人加意保护，未尝许华人之习其教者，亦一律宽容也。二十五年，法商赴粤，诣总督衙门，呈称天主教劝人为善，并非邪教，请弛汉人习天主教之禁。总督耆英据以奏闻，奉旨交部议，准海口设立天主堂，华人入教者听之。二十六年正月二十五日，奉上谕：“前据耆英等奏，学习天主教为善之人，请免治罪。其设立供奉处所，会同礼拜供十字架图像、诵经讲说，毋庸查禁，均已依议行矣。天主教既系劝人为善，与别项邪教迥不相同，业已准免查禁。此次所请，亦应一体准行。所有康熙年间各省旧建之天主堂，除改为庙宇民居者毋庸查办外，其原旧房屋，各勘明确实，准其给还。该处奉教之人，至各省地方官接奉谕旨后，如将实在习学天主教而并不为匪者滥行查拿，即予以应得处分。其有藉教为恶，及招集远乡之人，勾结煽诱，或别教匪徒，假托天主教之名，藉端滋事，一切作奸犯科应得罪名，俱照定例办理。仍照现定章程，外国人概不准赴内地传教，以示区别。将此谕令知之。钦此。”是外国人犹不许赴内地传教也。咸丰八年，复与英、法、俄、美订约，法约第十三款有云：凡入内地传教之人，地方官务宜厚待保护。凡中国人愿信崇天主教而循规蹈矩者，毫无查禁，皆免惩治。向来所有或写或刻奉禁天主教各明文，无论何处，概行宽免。十年，又定续约，法续约第六款有云：应如道光二十六年正月二十五日上谕，即行颁示天下，任各省军民人等，传习天主教，会合讲道，建堂礼拜。且将滥行查拿者，予以应得处分。又将前充公之天主教堂、坟茔、田土等件，交还该处奉教之人，并任传教士在各省租买田土，建造自便等语。同治九年，刑部重修《律例》，将传教治罪旧例删去，续纂新例曰：凡奉天主教之人，其会同礼拜诵经等事，概听其便，皆免查禁。所有从前或刻或写奉禁天主教各明文，概行删除。旧禁乃尽弛矣（劳乃宣《各国约章纂要》附录《西教源流》）。

（乙）海外贸易

明嘉靖时，诸国互市于濠镜，葡萄牙人纳贿于吏，岁以五百金贳其地。荷兰继至，不得入澳，乃转据台湾。清初，郑氏逐之。荷兰藉广东官吏，请贡于清。康熙时，助清灭郑氏，求开海禁通市，许之。是为清代开海禁之始。

荷兰

和兰，《明史》作荷兰，欧罗巴滨海之国。清顺治十年，因广东巡抚请于朝，愿备外藩，修职贡。十三年，赍表请朝贡。部议五年一贡，诏改八年一贡，以示柔远。……康熙二年夏六月，和人始由广东入贡。……

二十二年，和兰以助剿郑氏功，首请开海禁通市。许之（《清史稿·邦交志·和兰》）。

康熙二十二年，灭郑氏，台湾平。越二年，疆臣请开海禁，报可。于是设榷关四，在于粤东之澳门、福建之漳州府、浙江之宁波府、江南之云台山。时荷兰以助攻郑氏有功，首请通市。大西洋素称饶沃，又其人勤于贸易，多操海舶为生涯。自荷兰得请，则明以前之未通中国者，皆争趋之（夏燮《中西纪事》卷三《互市档案》）。

欧洲诸国，自古未通中国，惟东汉桓帝延熹九年，大秦王安敦，遣使自日南徼外献方物，载《后汉书》，为见于史册之始。考之西史，即罗马一统之世，其帝奥利留安敦也。至明正德间，法兰西（《明史》作佛郎机）使臣，自南洋满剌加入贡，乃复见焉。时法人已夺满剌加为市埠，驾大舶，通市广东，建城台于澳门。葡萄牙（《明史》作波尔都瓦）继之。言者以非制，请驱逐。法去而葡以贿留，挈家居之，遂长子孙。荷兰争澳不得，乃踞台湾。其后意大利、日耳曼诸人踵至，皆以澳门为东道主，入本朝。葡人居澳，仍其旧制。荷兰之在台湾者，已为郑氏所逐。康熙平台之后，荷兰首请通市，英吉利诸国相继而至，乃通商于广东。此海口通商之所由始也（劳乃宣《各国约章纂要》附录《立约缘起》）。

荷兰……不通中国，贸易之舟，仅至南洋而止。……明时，攻佛郎西、西班牙，皆胜之，遂由五印度夺葡萄亚市埠，泛舟入南洋，又取葛剌巴而据之。……当佛郎西之市于香山澳也，荷兰闻而慕之，乃于万历二十九年，驾大舰，携巨炮，直薄吕宋。吕宋人力拒之，则转薄香山澳，求通贡市。当事难之，不敢闻于朝，但召其酋入城羁縻之，方遣之归。而澳中人惧其登陆，力为防御，久之无所得，乃去之福建之漳州，直抵澎湖屿。……遂伐木筑舍，为久居计。……乞通澳不已，于是抚、按严禁，奸民下海者必诛，由是接济路穷，番人无所得食，始稍稍引去。而是时佛人方纵横海上，荷兰欲与之争雄，复泛舟东攻破美洛居国（即麻六甲），与佛人分地而守。寻又至福建之台湾，侵夺其地，筑室耕田，久留不去。……遂再至澎湖，以求澳为名，筑城而守。天启初，守臣以计毁其城，然其据台湾自若也。方守臣之毁城，许以移舟之后，当为代请通澳。既而事不行，番人怨，乃掠渔舟六百余艘，复至澎湖……将再筑城。又分兵犯厦门，滨海郡邑无不戒严。……四年正月，大发兵与荷兰战，屡败之……澎湖之警以息。……崇祯中，有郑芝龙者，泉州人。初……家于台湾。……芝龙以其众入海为盗，经巡抚沈犹龙招降之，屡以平海寇功，积官至都督同知。十年，败荷兰之众，徙沿海饥民数万实台湾，荷兰遂弱，然犹拥红毛二千踞城中，芝龙亦寻去。其子曰成功者……值明之季唐王、桂王监国，成功奉之以抗天兵。……顺治十六年，由海道寇镇江，至江宁，大兵击败之。……成功遁归，则闽中已无寓足地，乃谋逐荷兰，以取台湾。……荷兰……屡败……遂弃台湾走。先是，荷兰因广东巡抚请于朝，愿备外藩修职贡。十三年，遣使赍表京师，诏优答之。部议以五年一贡，贡道由广东入，诏改八年一贡。……康熙元年，郑成功卒。三年，大兵渡海克厦门。时荷兰请率舟师助剿……遂取浯屿、金门二岛。……十八年，福建总督姚启圣，厚集水师，复檄荷兰夹板船为助。……二十年……大兵乘胜，直攻台湾。泊海中……俟海中盛涨，乃掩其不意。由鹿耳门平行而入，郑氏……请降……台湾遂平。当大兵至鹿耳门时……荷兰已先献计，请俟潮涨而取之，以报郑氏也。……然荷兰始欲争澳门，不得已而去之台湾，遂与佛郎西边患相寻无已。而其窥觊澳中，则屡欲取之，而力未暇也（夏燮《中西纪事》卷一《通番之始》）。

嘉靖……巡抚林富上言：“粤中公私诸费，多资商税，番舶不至，则公私皆窘。”因言许佛郎西互市有四利焉，部议从之。自此佛人得入香山澳为市，而其徒又越境商于福建，往来不绝。……濠镜在香山县南虎跳门外。先是，暹罗、占城、爪哇、琉球、浡泥诸国互市，俱在广州，设市舶司领之。正德时，移于高州之电白县。嘉靖十四年，指挥黄庆，纳贿于上官，移之濠镜，岁输课二万金，佛郎西遂混入。高栋飞甍，栉比相望，闽、粤商人趋之若鹜。……初，诸番之互市于澳中也……大西洋人后至，而思垄断焉。……葡萄亚遂以嘉靖至，荷兰遂以万历年间至，然舟船往来，岁取其税。……自濠镜之徙，则佛郎西首建城台，戍兵列炮，俨若敌国。……万历……何士晋督粤，令悉隳澳中城台，诸番始稍稍有所顾忌，而佛郎西亦因戒心，怀去志矣。……佛以求通贸易，屡窥边境，中朝疑之，故明季增兵戍澳门，专以防佛，佛亦以猜逼不敢久留，昔时兔窟之营，已为葡萄亚发其笥而剪其绺矣。……葡萄亚……乃纳贿于澳中官吏，请岁以五百金，贳其廛而居之。……佛郎西来去不常，又自万历、天启间，中国防之甚，遂不自安。而诸番之来者，辄藉葡人为东道主，又假其名号以入市，遂得以奇货居之，为资生之计。然红毛屡以兵船窥香、澳，胁夺市利，葡人惧，乃筑炮台……以御之。不得，则告急于粤中官吏，请备防兵。……佛郎西终明之世，窥澳不得。而葡萄亚以五百缗，寄居赁屋，遂得盘踞全岛。……沿至国朝，定制外洋之贸易于粤者，船货并税。惟葡人但限以二十五船之额，止输船钞，货则听入洋栈中，有买者为出税。又自乾隆定制，归并粤东，各洋卸货之后，悉回澳门住冬，向葡人赁屋栖止。……遂启英吉利窥觊之端矣（夏燮《中西纪事》卷一《通番之始》）。

葡萄牙，在欧罗巴极西。明正德年，初至中国舟山、宁波、泉州。隆庆初，至广东香山县濠境，请隙地建房，岁纳租银五百两。实为欧罗巴通市粤东之始（《清史稿·邦交志·葡萄牙》）。

英吉利

明代外舶麇集澳门，英之来也较后，而势则凌长诸国，贸易独盛，不甘追随各国之后，窥伺定海，久欲得之，以为停泊之地。乾隆末，遣其专使马甘尼，以贺万寿为名，至热河，有所进献，竟请常川驻使京师，开天津、宁波为商埠，并给舟山及广州附近地。清廷知其难制，故示优假，而实严备之。归时不得再经原道，以免多所窥觇，所请一无所予。嘉庆中，复来专使，再申前请。清廷故以跪拜礼难之，不得要领而去。然识者皆知其必将寻衅，以肆侵略矣。

英吉利者，大西洋之强国也。自明以来，拓地渐广，开通市埠，及于东南洋。当康熙之初，即谋通商于澳门，以海禁未开而止。九年，郑成功之子经，方踞台湾，英商来往于厦门、台湾等处，凡数岁。郑减其税而羁縻之，藉以控制荷兰。未几，耿、郑交兵，藩臣内乱，朝廷议先定沿海边界，防外洋之助郑为患者，于是英人以华商交易不便，复去之。及台湾隶入大清版图，英人又疑新拓之区，税则必重，乃舍闽赴粤东，又时来往于浙之舟山、宁波等处。而其时英吉利之名不著，但知其为红毛之番族而已。五十六年，总兵陈昂，始奏称粤东红毛，有英圭黎诸国最为奸宄。盖其时通市于广州、澳门等处，屡以粤关索费太重，纠洋商合词争之。雍正之初，又议增收礼物银两，乃于七年，合词控于大府，得稍稍裁减。未几，官吏又增出口之税，于是英人始有移市入浙之志矣。初，浙之海关，设于宁波，舟山尚未置县，商船出入宁波，往还百数十里，水急礁多，往往回帆径去。迨定海既设监督，张圣诏始请移海关于定海，部议从之。乃于定海城外道头街之西，特建红毛馆一区，以为番舶来往之逆旅。自是浙之定海商舶日多，英商以粤中不便，数来往舟山，见今昔情形之异，乃定计争之。乾隆二十年，英舟泊定海港，有总商喀喇生、通事洪任辉，请于浙之宁绍台道，愿在定海纳饷，许运货至宁波府。闽、粤两督闻之，以其利浙税之轻，而致关课之绌也。二十二年，闽粤总督上言：“浙关正税，请视粤关则例，酌加增一倍。”部议从之。奉旨：洋船向收广东口，由粤海关稽察征税，浙省宁波不过偶一至。今奸牙勾结渔利，至宁波者甚多，番舶云集，日久留住，又成一粤之澳门矣。今更定章，视粤稍重，俾洋商无所利而不来，以示限制，意初不在增税也。未几，部臣复议：外洋不准赴浙贸易，定制归并粤东一港，每年夏、秋之交，由虎门入口。是时方严丝斤绸缎出洋之禁，英吉利虽时时违制，潜赴宁波，无所得，仍遵新制，在粤通市。粤中初设洋商通事洋行，据为垄断之利，诛求不已，串通官吏，规费益增。于是英商洪任辉等仍赴浙，请在宁波开港。而浙抚已奉新令，悉毁英商旅廨，闻其舟泊舟山，遂发令驱逐，断其岸上接济之食物。洪任辉愤甚，乃由舟山泛海，直抵天津，仍乞通市宁波，并讦粤关积年规弊。奉旨诘责，饬将洪任辉由旱道押赴广东，遂于二十四年七月，奉命著福州将军以钦差赴粤，按验苛勒有状，将监督家人问罪。又因洪任辉不应违制，擅赴天津，押往澳门圈禁三年，始释之。自此诸番通市粤中，奉法惟谨。乃事越三十年，弊端复起，向之裁改归公者，又增其费而加重焉，各洋商皆以为不便，而惩洪任辉之往事未敢讼言。英国王雅治乃与其臣下谋议，以纯庙八旬万寿，入贡天津，乘间言之。五十八年，英国王遣其使臣马甘尼（一作马戛尔尼），由海道赴天津入贡，始通中国也。时上以远人向慕，诚款可嘉，特命理藩院导其入觐。嗣使臣以其国王表文进，仍请在浙开港，并通市天津；又欲援俄罗斯往例，遣使寄住京师。上以宁波、天津无通事洋行，交易未便；且俄罗斯自立恰克图后，久不在京寄寓，所请给舟山海岛并广东附近省城地，华洋参错，断不可行。因特颁敕谕前后二道，逐款指驳示以中外之防，使臣乃不敢言。……马甘尼回国，国王开读敕谕，自知所请与中国体制不符，事遂寝（夏燮《中西纪事》卷三《互市档案》）。

嘉庆二十一年，英吉利遣使入贡。初，英吉利迭修职贡，未如所望。举兵来澳门，又不得逞，思藉贡输忱，以希恩泽（《皇朝掌故汇编外编》卷八《英吉利国一》）。

自公司局之设也，大班来粤者，率寄寓洋行，行人事之惟谨，然所以朘削之者，无所不至。又与关吏因缘为奸，课税既增，则规费抽用亦增，有取之十倍、二十倍于前者。十五年，英之大班禀控粤抚，谓各洋贸易资本，皆自国帑借领，不堪亏折，请酌量裁减，以利远人。粤抚韩封檄饬布政司核议，久之，竟寝不行。当初行用时，每两奏抽三分，以作洋行辛费。继而军需出其中，贡价出其中，各商摊还西债亦出其中，遂分为内用外用名目，于是各洋利薄怨生，屡思藉贡输忱，以希恩泽。（嘉庆）二十一年，英国王复遣使臣分入粤东、京师。……是时，英之正贡使罗尔美、副贡使马礼逊，已乘贡舟达天津。夏六月，上遣大臣户部尚书和世泰等，赐宴使臣于天津，有司谕以谢宴时应行跪叩礼，不可。将入都，又告以乾隆五十八年该国使臣入觐仪注，不答。时上在圆明园，尚书和世泰等，先期导使臣自通州起行，一昼夜驰至御园，车马困顿，而使臣衣装辎重皆落后，盖恶其不肯循跪叩仪注，欲以计尼之。时使臣表未赍、礼服不备，仓皇失措，遂以病辞。而睿庙已诘朝御殿传呼，和世泰始以正使病闻，复召见副使，又不至。上怒其无礼，命却其贡不纳，即日遣理藩院押回通州。濒行，仍令援乾隆五十八年例，由内地行走。是役也，使臣失礼，实以衣车未至之故。上询之廷臣，始知当日理藩院迓接不如仪，乃遣和世泰酌收贡物数事，仍颁敕谕，赐其国王珍玩，以答远忱，驿交粤督蒋攸铦，令慰遣之。然英使本欲以粤东增规费事入告，竟不得达，怏怏而去（夏燮《中西纪事》卷三《互市档案》）。

嘉庆二十一年丙子（一八一六年）秋七月……乙卯，赐英吉利国王敕谕曰："尔国远在重洋。……前于乾隆五十八年……曾遣使航海来庭。维时尔国使臣，恪恭成礼，不愆于仪，用能仰承恩宠，瞻觐筵宴，锡赉便蕃。本年尔国王复遣使赍奉表章，备进方物，朕……循考旧典，爰饬百司，俟尔使臣至日，瞻觐宴赉，悉仿先朝之礼举行。尔使臣始达天津，朕饬派官吏，在彼赐宴。讵尔使臣于谢宴时，即不遵礼节。朕以远国小臣……可从矜恕，特命大臣于尔使臣将次抵京之时，告以乾隆五十八年尔使臣行礼，悉跪叩如仪，此次岂容改异？尔使臣面告我大臣，以临期遵行跪叩，不至愆仪。我大臣据以入奏，朕乃降旨，于七月初七日，令尔使臣瞻觐。初八日，于正大光明殿赐宴颁赏，再于同乐园赐食。初九日陛辞，并于是日赐游万寿山。十一日在太和门颁赏，再赴礼部筵宴。十三日遣行，其行礼日期仪节，我大臣俱已告知尔使臣矣。初七日瞻觐之期，尔使臣已至宫门，朕将御殿，尔正使忽称急病不能动履，朕以正使猝病，事或有之，因止令副使入见，乃副使二人亦同称患病，其为无礼，莫此之甚。朕不加深责，即日遣令归国。……但念尔国数万里外，奉表纳赆。……尔国王恭顺之心，朕实鉴之，特将贡物内地理图、画像、山水人像收纳……即同全收，并赐尔国王白玉如意一柄、翡翠玉朝珠一盘……以示怀柔。……嗣后毋庸遣使远来。”（《清仁宗实录》卷三二〇）

（2）禁烟始末

乾、嘉以后数十年间，英对华贸易以烟为首。初岁仅二百箱，渐增至二千箱，以至二万箱，每年入超银六百万两，未入口时先售于私贩者不与焉。旧例，通商仅广州一口，康熙时，渐往沿海私售。中国以沿海宁波等处时有粮荒，许其运米千石者免税，由是夹带无忌，鸦片行销内地，远逾粤关之额。道光时，几于无人不吸烟，而洋货充斥，衣服用具皆仰给焉。十八年，遂加重。嘉庆禁烟条款，贩者斩，吸者流，官吏内监同科。时恶钱充斥，银价陡涨，论者归咎于进口鸦片太多之故，咸主严禁，鸿胪卿黄爵滋一疏，即可代表当时舆论。林则徐亦力主禁烟，与宣宗意合，故派则徐赴粤，思绝鸦片之源。则徐诇知英与各国商人不甚睦，遽申烟禁，各国或赞成，或观望，而英则初允缴烟，嗣复桀骜索偿。

（甲）林则徐之焚烟

乾隆二十年，英吉利灭东印度之孟加剌，遂以侵并东、中、南三印度之地。东、南两印度，皆产鸦片烟土。……英人初踞其地，但以为药材之产，而岁收其税。其后流行入中国，吸食渐多，销数日畅。……其初至关口，亦照药材上税，每箱纳税银三两。自沿海居民，争传其法，辗转效尤，不数十年，遂流行于各省。乾隆之末，粤督始闻于朝。嘉庆初，奉诏申立严禁，裁其税额。自此入口之鸦片，率暗中偷售（夏燮《中西纪事》卷四《漏卮本末》）。

初，鸦片烟在康熙初，以药材纳税，乾隆三十年以前，每年多不过二百箱。及嘉庆元年，因嗜者日众，始禁其入口。嘉庆末，每年私鬻至三四千箱。始积澳门，继移黄埔，道光严禁，复移于零丁洋之趸船。零丁洋者，在老万山内，水路四达，为中外商船出入所必由。洋艘至，皆先以鸦片寄趸船，而后以货入口，凡闽、浙、江苏商船，即从外洋贩运，其粤商则皆在口内议价。而从口外运入，始趸船尚不过五艘，其烟至多不过四五千箱。……而总督阮元密奏，请暂事羁縻，徐图驱逐。于是因循日甚，其突增至二十五艘、烟二万箱者，则在道光六年两广总督李鸿宾设巡船之后。巡船每月受规银三万六千两，放私入口。……道光十二年，总督卢坤始裁巡船，而水师积习已不可挽。道光十七年，总督邓廷桢复设巡船，而水师副将韩肇庆专以护私渔利，与洋船约，每万箱许送数百箱，与水师报功，甚或以师船代运进口（魏源《圣武记》卷十《道光洋艘征抚记上》）。

洋药，道光初，英吉利大舶终岁停泊零丁洋、大屿山等处，名曰趸船。凡贩鸦片烟至粤者，先剥赴趸船，然后入口。省城包买户，谓之窑口，议定价值，同至夷船，兑价给单，即雇快艇至趸船，凭单取土。其快艇名快蟹，械炮毕具，行驶如飞，兵船追捕不及。灌输内地，愈禁愈多，各项货物，亦多从趸船私售，纹银之出洋，关税之偷漏，率由于此。叠经谕饬驱逐严拿，而趸船停泊、快蟹递私如故。十八年，鸿胪卿黄爵滋言："自烟土入中国，粤奸商勾通巡海弁兵，运银出洋，运土入口。查道光初年，岁漏银数百万。十四年以前，岁漏二千余万。近年，岁漏三千余万。

此外各海口合之，亦数千万。年复一年，伊于胡底？耗银之多，由于贩烟之盛；贩烟之盛，由于食烟之众。实力查禁，宜加重罪名。”上韪其言，特命林则徐为钦差大臣，赴粤查办。明年，截获趸船烟土二万八百八十余箱，焚之。时定《禁烟章程》，凡开设窑口及烟馆，与兴贩吸食，无论华、洋，均拟极刑（《清史稿·食货志六》）。

近日十余载间，纹银每两由千钱至千有五六百钱，洋钱每元由八百钱而至千有三百钱，人始知鸦片内灌透银出洋之故，而其骤长尤在道光七年至十三年。此数年中，海疆节度之人，溃防决藩之故，粤人能言之，外人能言之，无俟谫谫之刍言矣（魏源《圣武记》卷十《道光洋艘征抚记上》）。

林则徐，福建侯官人。嘉庆十六年进士。……道光……十七年正月，擢湖广总督。……十八年……九月……先是，鸿胪寺卿黄爵滋，疏请严禁鸦片以塞漏卮，吸食者治以死罪。命下中外各大臣议奏，则徐奏言：“鸦片流毒已甚，非难于革瘾，而难于革心。欲革玩法之心，安得不立怵心之法？况行法在一年以后，议法在一年以前，转移之机，正系诸此。必直省诸臣，共矢一心，极力挽回，以期永绝浇风，此法乃不为赘设。”遂拟章程六条：一、收缴烟具，以绝馋根；一、各省于定议后出示，分一年为四限，递加罪名，以免观望；一、加重开馆兴贩，及制造烟具罪名，勒限自首，以截其流；一、失察处分，先严于所近；一、著令地保甲长查起烟土、烟膏、烟具，庇匿者罪同正犯；一、豫讲审断之法，以杜流弊。因缮呈戒烟经验药方数种。……十一月，入觐，赐紫禁城骑马，命颁钦差大臣关防，驰往广东查办海口事件，水师咸归节制（《清史列传》卷三十八《林则徐传》）。

臣窃思……吸鸦片烟者，每日除衣食外，至少亦须另费银一钱，是每人每年，即另费银三十六两。以户部历年所奏各直省民数计之，总不止四万万人，若一百分之中，仅有一分之人吸食鸦片，则一年之漏卮，即不止于万万两。……鸿胪寺卿黄爵滋原奏所云，岁漏银数千万两，尚系举其极少之数而言耳。内地膏脂，年年如此剥丧，岂堪设想？……是不得不严其法于吸食之人也。……吸食者果论死，则开馆与兴贩，即加至斩决、枭示亦不为过。……当鸦片未盛行之时，吸食者不过害及其身，故杖、徒已足蔽辜。迨流毒于天下，则为害甚巨，法当从严。若犹泄泄视之，是使数十年后，中原几无可以御敌之兵，且无可以充饷之银。兴思及此，能无股栗（王延熙《皇朝道咸同光奏议》卷三《林则徐〈钱票无甚关碍宜重禁吃烟以杜弊源片〉》）。

道光十七年（一八三七）中外贸易简表

国别	品名	数量	价值	备注
中国对英输出	茶叶	三十余万石	一千四百万元	茶叶出洋，自明季荷兰通中国始。康熙二年，英吉利商又自荷兰购归百斤。康熙四十九年，至十四万斤。雍正二年，至二十八万斤。乾隆二十四年，二百二十九万斤。三十七年，五百四十七万斤。五十年，遂至千三百万斤。嘉庆十八年，二千一百二十八万斤。道光二年，二千三百七十六万斤。十年后，三千余万斤。十七年，三十余万石，共价银千四百余万元。
	湖丝		六百五十九万元	
	白矾、串珠、樟脑、桂皮、瓷器、大黄、麝香、赤布、白糖、冰糖、雨伞		一百二十二万六千元	共计出口值二千一百八十一万六千元。

续表

国别	品名	数量	价值	备注
英国洋货输入	棉花	六十七万七千石	八百二十二万元	
	洋米	二十一万石	二十三万八千元	
	大呢		一百五十五万元	
	羽纱		四十万元	
	哔叽		八十万元	
	羽缎		五万元	
	洋布		七十万元	
	棉纱	一千八百石	七十三万元	
	水银	二千石	二十三万元	
	锡	万五千石	二十九万五千元	
	铅	万四千石	八万九千元	
	铁	万六千石	四万八千元	
	硝	万石	七万五千元	
	檀香、乌木、象牙、珍珠、胡椒、沙藤、槟榔、鱼翅、鱼肚、花巾、洋巾		七十一万元	共计入口值一千四百四十七万八千元（包括其他货物未列者在内）。
	鸦片	四万箱	二千九百余万元	出超七百余万元。如列入鸦片，则入超二千二百万元。
对美输出	茶叶	十二万余石	五百十九万八千元	
	绸缎		七百五十万元	

续表

国别	品名	数量	价值	备注
对美输出	丝棉、葛布、瓷器、蔗糖		五十七万九千元	共计出口值一千三百二十七万七千元。
美货输入	洋米		八十六万元	
	洋布		四十五万元	
	白银		四十二万元	共计入口值三百六十七万元（其他一百九十四万圆货未列出）。
	鸦片		九百六十万元	入超九百六十万元。如列入鸦片，则出入相抵。
其他西洋诸国			出入口货约值二百万元	
附注	本表根据魏源《海国图志》卷二《筹海篇》而作。			

道光十九年正月二十五日，林则徐驰驿抵粤，传洋商伍怡和，索历年贩烟之洋商查顿、颠地。时查顿已闻风先窜，惟颠地随英吉利公司领事义律，由澳门至省城洋馆。林则徐派兵役监守之，并于省河之猎德炮台，筏断来往，谕令将零丁洋二十五艘之烟土，勒限呈缴，免其治罪，否即断薪、水，停贸易。……义律……既被围省馆，不能回澳，始于二月十二日，具印禀遵缴，并将驶往东洋之烟船，尽驶回粤，共缴鸦片烟二万二百八十三箱，计每船大者千箱，次者数百箱，每箱百有二十斤，共二百三十七万六千余斤。林则徐会两广总督邓廷桢，亲驻虎门验收，以四月六日

收毕，每箱约赏茶叶三斤，其烟土请解京师。诏即在海口销毁，毋庸解京，俾沿海民人共见共闻，咸知震詟。林则徐会同督、抚，于虎门监视销毁。……共烧毁资本银五六百万元，并利银共千余万元（魏源《圣武记》卷十《道光洋艘征抚记上》）。

经义律……呈明，共二万二百八十三箱。查向来拿获鸦片，如系外夷原来之箱，每一箱计装整土四十个，每个约重三斤，每箱应重百二十斤。……以现在报缴箱数核之，不下百数十万斤。……诚恐所报尚有不实不尽，访之在洋水师及商贾人等，佥称外夷高大趸船，每只所贮亦不越千箱之数，是趸船二十二只，核与所报箱数，不甚相悬（《鸦片奏案·会奏夷人趸船尽数呈缴烟土折》）。

于海滩高处，挑挖两池，轮流浸化。其池平铺石底，纵横各十五丈余尺，四旁栏桩钉板，不令少有渗漏。前面设一涵洞，后面通一水沟，池岸周围，广树栅栏，中设棚厂数座，为文武员弁查视之所。其浸化之法，先由沟道车水入池，撒盐成卤，所有箱内烟土，逐个切成四瓣，投入卤中，泡浸半日，再将整块烧透石灰，纷纷抛下，顷刻便如汤沸，不爨自燃。复雇人夫多名，各执铁锄木爬，立于跳板之上，往来翻截，务使颗粒悉化。俟至退潮时候，启放涵洞，随浪送出大洋，并用清水刷涤池底，不任涓滴留余。若甲日第一池尚未刷清，乙日便用第二池。……如此轮流替换。……至向晦停工，即将池岸四围栅栏全行封锁，派令文武员弁周历巡缉。粤东天气炎热，所用人夫仅穿短袴，上身下脚，向俱赤露。又于停工放出时，与执事工役一同搜检，不许稍有夹带。试行之初，每日才化三四百箱。数日后，手法渐熟，现在日可八九百箱至千箱不等（《林文忠公政书》）。

（乙）烟价之轇轕

凡夷人名下，缴出鸦片一箱者，酌赏茶叶五斤。……所需茶叶十余万斤，应由臣等捐办，不敢开销（《鸦片奏议·会奏夷人趸船尽数呈缴烟土折》)。

鸦片……其类有三：一曰公班……；一曰白皮……；一曰红皮……。近年每岁来二万余箱，公班约八千箱，每箱约八百元。白皮约一万三千箱，每箱约六百元。红皮约二千箱，每箱约四百元。计岁耗银一千五百万元(《蓉城闲话》)。

时英酋伯麦及义律，以五船赴天津投书，乃其国巴里满衙门寄大清国宰相之词：一、索货价(初次夷书尚不敢显言烟价，以货价为名，后乃显言索烟价。〔《番禺志》〕)。

义律……不受所赏茶叶。……七月……伯麦及义律以五艘驶赴天津投书……索货价。……十月，琦善至广东……偿洋商烟价银七百万元。……及逆党攻陷炮台，上震怒，于是有烟价一毫不许……之旨。……四月，敌船环攻城东、西、南三面。……诸帅……使广州余保纯出城讲款，义律立索军饷银六百万元，烟价在外。香港再议，限五日交银(魏源《圣武记》卷十《道光洋艘征抚记上》)。

(丙)外商之禁运

林则徐下令……进口之船，均应具结，有夹带鸦片者，船货没官，人即正法。……时西洋弥利坚诸国，皆遵具结，于是义律由省下澳，禀言趸船贩烟之弊，极须设法早除，如委员来澳会议章程，可冀常远除绝。并禀请准本国货船，泊卸澳门。……林则徐以澳门向例惟准设西洋额船二十有五艘，若英人援此例不入黄浦，则海关虚设，而私烟夹带何从稽察？严驳不许。义律言，不准泊澳，便无章程可议。因不受所赏茶叶，不肯具结。言必俟奉国王命定章程，方许货船入口。时义律已寄信附货船回国。……而五月内，复有尖沙嘴洋船水手，殴毙村民林维喜之事，谕义律交出人犯抵罪。义律拘讯黑夷五人，未获正犯，悬赏购告犯之人。……七月，林则徐与邓廷桢，遵例禁绝薪、蔬、食物入澳，并以澳门寓居洋人，原为经理贸易，今既不进口贸易，即不应逗留澳门。义律率其眷属及在澳英人五十七家，同迁出澳，寄居尖沙嘴货船。……暗招洋埠兵船二艘来粤，又择三大货船，配以炮械，赴九龙山，假索食为名，突开炮攻我水师营。……八月，义律遂托澳门西人，代为转圜，愿将趸船奸商，尽遣回国。其货船亦愿具结，如有夹私者，船货充公，惟不肯具"人即正法"四字。……林则徐以与各国结不画一，必令书"人即正法"之语，且责缴凶犯。旋有英国二货船遵式具结，于九月晦入口（魏源《圣武记》卷十《道光洋艘征抚记上》）。

先于收缴烟土之时，即经饬取生死甘结。该夷坚不肯具，盖以缴烟系一时之举，尚可藉以求生。而具结乃长远之事，适恐自陷于死也。……相持数月以来，直至逐出澳门，断其接济，且值炮击火烧之后，该夷始愿具结。惟结内但云"如有鸦片，将货物尽行没官"，而于"人即正法"字样，仍不肯写，所以臣等前折奏明，另颁结式，饬令遵照缮缴。当即令印委各员，率同洋商通事传谕去后，不但义律多方退缩，而且各船船主并为一谈，以为性命攸关，倘以水手私带些微，恐遭连累，抑或兵役栽赃诬指，难以辩冤。臣等复谕以水手等系夷商应管之人，本宜先自查搜，岂能容其私带？至查船有官作主，兵役焉敢栽赃？万一意外遭诬，定予讯明反坐，何庸过虑？总之，不带鸦片，则虽具结，不至加刑；若带鸦片，即不具结，亦必处死。多方开导，近日始有该国之噔喇、唧当等船，陆续遵式具结（《鸦片奏案·林则徐邓廷桢〈英国趸船现已驱逐并饬取切结情形折〉》）。

具甘结人弯喇，乃担麻士葛船之船主，今到天朝大宪台前具结：远商之船，带棉花、纱藤、胡椒货物，来广东贸易，远商同船上之伙长、水手，俱凛遵天朝新例，远商等并不敢夹带鸦片。若察验出有一小点鸦片在远商船上，远商即甘愿交出夹带之犯，必依天朝正法治死，连远商之船货亦皆充公。但若查验无鸦片在远商之船，即求大宪恩准远商之船进黄埔，如常贸易。如此良歹分明，远商甘愿诚服大宪。此结是实。天朝道光十九年九月初八日，船主弯喇，船名担麻士葛，伙长占土希尔墨，雇佣一百人（《信及录》）。

（3）战事之起

（甲）闽、粤之守备

林则徐虽以英未必敢于开衅，然力修战备不已。而兵勇多勾结洋商，受贿朦蔽不可用，筹划尤具苦心。幸闽浙总督邓廷桢与之一气，故主战初期，尚得有备无患。

林则徐自去岁至粤，日日使人刺探夷事，翻译夷书。又购其新闻纸，具知夷人极藐水师，而最畏沿海枭徒及渔艇蛋户，乃募渔船户壮丁五千，各给月费银六元，赡家银六元，其费则洋商、盐商及潮州客商分捐。又于虎门之横档屿，设铁链木筏，横亘中流。购西洋各国夷炮二百余位，增排两岸。并购旧洋艘为式，令水师演习攻首尾跃中舱之法。又雇同安米艇、红单船、柁尾船，共备战舰六十，又备火舟二十，小舟百余，以备攻剿。令必俟晦潮乘上风，为万全计、必胜计。林则徐亲赴狮子洋校阅水师，号令严明，声势壮盛。至是，又下令每杀一白夷者赏银百元，黑夷半之。斩首逆义律者，赏银二万元，其下领事夷目，以次递降。获兵舟者，除火药、器械缴官外，余尽充赏。于是夷船之汉奸，皆为英夷所疑，忌不敢留，尽遣去。其近珠江之内河，在澳门西、虎门东者，尽以重兵严守（盖粤洋中路要口，以虎门为最，澳门次之，尖沙嘴又次之）。其余海口，多浅水暗礁，非洋船所能入（《夷艘入寇记》）。

入粤，即会同广督邓廷桢，严劾历年庇私之督标副将韩某以徇。前督李鸿宾设巡船，专查烟土，委任韩弁，乃得重贿纵庇之，洋烟之横实出此。公特首纠之，籍其家累巨万，官民大服（金安清《林文忠公传》）。

（道光）十七年，（邓廷桢）覆奏：“广东积弊十条：一、凶盗充斥；

一、营务废弛；一、讳盗作窃；一、纹银出洋不下千万；一、衙役小县数百，大县千余；一、差役滥押无辜；一、海滨沙滩开垦，有碍水道；一、奸徒放火；一、盗发坟墓；一、习尚侈靡：有业经惩办者，有见在查拿者。”……十九年正月，廷桢奏请于虎门海口创造木排铁链，添置炮台炮位。……调闽浙总督，即购洋炮十四门，由海道运赴闽省。……以闽省所建炮台，大不过十余丈，所安炮四五位，重不过千斤，难资捍御；且闽洋无内港可守，炮台必须建于海滩，沙性浮松，根基不固。爰易炮台为炮墩，用麻布袋实以沙土，层层堆积，沙墩外侧，竖旧小渔船，牢固拴缚，以为保护（《清史列传》卷三十八《邓廷桢传》）。

有英国二货船，遵式具结，于九月晦入口，而义律遣二兵船阻之，且禀请毋攻毁尖沙嘴之船，以俟国王之信。水师提督关天培，以凶犯未缴，掷还其禀。时我师船五艘，在洋弹压，彼见前禀不收，且我师船挂红旗，即发炮来攻。……关天培开炮应之，击断洋船头鼻，西兵多落海死。十月初，又回攻我尖沙嘴迤北之官涌山炮台，不克，恐我乘夜火攻，又水泉皆下毒，无可汲饮，遂宵遁外洋。……自封港以后，英商货船先后至者二三十艘，皆不得入口，人人怼怨。于是义律于十一月，复遣人禀言：“……自后请遵照大清律办理，而无违国王之法。乞仍许英人回居澳门，俟国王谕至，即开贸易。”……其国货船先后起椗扬帆，驶出老万山者十余艘，并续至之艘，多观望流连，寄泊外洋不肯去。而粤洋渔船、蛋艇亡命之徒，贪薪、蔬之厚值，并以鸦片与之交易，趋者如骛。时……义律已回国请兵。时女王令国人会议，其文武官皆主战，其贸易商民皆不欲战，连日议不决。最后……始决计，国王命其外戚伯麦为统帅，率兵船十余，加以印度驻防兵舰二三十艘。二十年四月，林则徐奏闻。……五月……英国大小兵船十二，并车轮火船三，先后至粤，泊金星门，其余尽泊老万山外。林则徐又以火船十艘，每二艘缅以铁索，乘风潮攻之，洋船皆急驶避，仅焚其杉板小船二，而英人自是不敢驶近海口。……于虎门之横档屿，设铁链木筏，横亘中流。购西洋各国洋炮二百余位，增排两岸。又雇同安米艇、红单船、拖风船共六十，备战船，又备火舟二十，小舟百余，以备攻剿。……其近珠江之内河，在澳门西、虎门东者，尽以重兵严守。其余海口，多礁浅，非船艘所能入。洋船至粤旬月，无隙可乘，遂乘风窜赴各省（魏源《圣武记》卷十《道光夷艘征抚记上》）。

（乙）琦善之议和

战端既开，宣宗以兵、饷两难，主战之意渐摇，林、邓遂获咎，改任主和之琦善。琦善一反则徐所为，撤防弛兵。水师提督关天培请增兵，不许。英窥其无备，突陷虎门炮台，天培死之。琦善亟许偿银六百万元，并割香港，谓海外弹丸之地，无关紧要也。奏闻，宣宗怒，褫琦善职。

七月，琦善赴天津筹办防堵。八月，英船驶至天津海口，投递呈词，琦善为乞恩通商，并以听受晓谕，全行起椗回粤奏闻，得旨嘉悦之至，即命为钦差大臣，赴广东查办。九月，署两广总督。……二十一年正月，英人犯虎门，连陷沙角、大角炮台。奏入，谕曰："英人到粤以来，日肆猖獗。叠经严谕，慎密周防，相机剿办，宜如何妥为布置。本日据奏，英人占夺炮台，并有戕伤将弁、抢夺师船之事，可见该署督于堵御事宜，全未预行筹备，著交部严加议处。"寻以英人愿献炮台，并缴还浙江定海县城，奏恳准其所请。……初，英人图在省城外香港寄居贸易，琦善奏称此地傥给与英人，势必屯兵聚粮，建台设炮，觊觎广东，流弊不可胜言。至是转申请。英人遂乘机窃据（《清史列传》卷四十《琦善传》）。

（道光）二十年（一八四〇年）……六月，英船至厦门，为闽浙总督邓廷桢所拒。其犯浙者陷定海，掠宁波。（林）则徐上疏自请治罪，密陈兵事不可中止，略曰："英夷所憾在粤而滋扰于浙，虽变动出于意外，其穷蹙实在意中。惟其虚憍性成，愈穷蹙时，愈欲显其桀骜，试其恫喝，甚且别生秘计，冀售其奸；一切不得行，仍必帖耳俯伏。第恐议者以为内地船炮非外夷之敌，与其旷日持久，不如设法羁縻。抑知夷情无厌，得步进步，威不能克，患无已时。他国纷纷效尤，不可不虑。”因请戴罪赴浙，随营自效。七月，义律至天津，投书总督琦善，言广东烧烟之衅，起自林则徐、邓廷桢二人，索价不与，又遭诟逐，故越境呈诉。琦善据以上闻，上意始动。……九月，诏曰：“鸦片流毒内地，特遣林则徐会同邓廷桢查办。……乃自查办以来……沿海各省纷纷征调，糜饷劳师，皆林则徐等办理不善之所致。”下则徐等严议，饬即来京，以琦善代之。寻议革职，命仍回广东备查问差委。琦善至，义律要求赔偿烟价，厦门、福州开埠通商。上怒，复命备战。二十一年（一八四一年）春，予则徐四品卿衔，赴浙江镇海协防。时琦善虽以擅与香港逮治，和战仍无定局。五月，诏斥则徐在粤不能德威并用，褫卿衔，遣戍伊犁（《清史稿》列传一五六《林则徐传》）。

二十年五月，洋船三十一艘赴浙江。先以五艘攻福建厦门。……六月，全艘赴浙江，攻定海，陷之。……自定海失守后，浙江巡抚乌尔恭阿、提督祝廷彪束手无策，朝廷以定海孤悬海中，非海道舟师不能恢复，而水战又洋艘所长，且承平日久，沿海恐其冲突，已有蜚语上闻，言上年广东缴烟，先许价买，而后负约，以致激变者。又有言邓廷桢厦门军报不实者。七月，命两江总督伊里布为钦差大臣，赴浙江宁波视师。……洋酋伯麦及义律，以五艘驶赴天津投书，乃其国巴麦满衙门寄大清国宰相之词，多所要索：一、索货价；二、索广州、厦门、福州、定海、上海为市埠；三、欲共敌体平行；四、索犒军费；五、不得以外洋贩烟之船贻累岸商；六、欲尽裁洋商浮费。直隶总督琦善收书奏闻。……而任事者……于复书中，即言上年广东缴烟，其中必有多少曲折，将来钦差大臣前往查实，不难重治林则徐之罪。诏以琦善为钦差大臣，赴粤查办，革林则徐、邓廷桢之职，留粤听勘。并敕沿海各省，不得开炮。八月，洋船自天津起椗，以中国无决允之语，不肯归我定海，惟撤兵船之半赴广东。……九月，义律回浙，入见伊里布于镇海城，索俘酋安突德。……伊里布遣其奴张喜，赴洋船馈牛酒。……十月，琦善至广东。……一切力反前任所为，谓可得外洋欢心，而敌人则日夜增造……攻具。……水师提督关天培密请增兵，琦善惟恐其妨和议，固拒不许。偿洋商烟价银七百万元，而其心必欲索埠地。琦善前以厦门及香港二地商之……既据以奏闻，至是不能自背前奏，又无以拒义律之求，笔舌往反，终无成议。义律遂乘其无备，于十二月五日突攻沙角、大角炮台。……时提督关天培、总兵李廷钰、游击马辰等，尚分守镇远、威远、靖远各炮台。……琦善……惟连夜作书，令鲍鹏持送义律，再申和议，于烟价外，复以香港许之，并归浙江俘人，以易定海城。琦善与立契约，遂于（二十一年）正月赴虎门，宴义律于师子洋（魏源《圣武记》卷十《道光洋艘征抚记上》）。

（丙）三元里之杀敌

英人进扰沿海，且求定海，宣宗不许，复主战，命奕山为靖逆将军、杨芳、隆文为参赞，意在以战求和。奕山不知兵，战不利。英兵进攻广州，奕山与之私和，立偿六百万元。英兵肆淫掠，三元里居民大愤，聚众数万，围英兵千余，遭击毙者甚众。广东省团练士民歼夷公檄，钱江所草也，江竟以此得罪，发遣新疆。时义律亦被困，奕山亟遣吏翼之出。自是英人知粤民不可侮，不敢复窥广州。

既而（二十一年）正月杪，批折回，不允。于是事复中变。……及逆党攻陷炮台，大肆猖獗，上震怒，于是有烟价一毫不许、土地一寸不给之旨，并调四川、贵州、湖南、江西兵赴剿，命林则徐、邓廷桢随同办理洋务。……二十一年正月七日，下诏暴逆人罪恶，特命宗室奕山为靖逆将军、湖南提督杨芳、户部尚书隆文为参赞大臣，声罪致讨。命刑部尚书祁埙，赴江西总理兵饷。杨芳……二月十三日驰至广东，而英人已于二月五日，乘风潮连破横档炮台、虎门炮台，提督关天培死之矣。虎门各隘……皆为敌有。……时琦善已革去大学士……籍琦善家产，锁逮来京。英人见朝廷赫怒，局势大变，恐和议永绝，且洋船兵费浩大，急欲通商以济饷，各国商船罢市久，亦皆咎之，乃于二十六日，托弥利坚头目与洋商伍怡和调停，递书言如欲承平，不讨别情，但求照旧通商。……是时定海之洋船亦至广东，共五十大艘，半泊香港，半入虎门，舳舻相接，遍树出卖鸦片之帜。……三月二十三日，奕山、隆文及新任总督祁埙并抵广州。……是时，英人方据省河咽喉……杨芳不欲浪战，奕山初至，亦然之。既而惑于翼长随员等之言，以不战则军饷无可开销，功赏无由保奏，急欲侥幸一试，遂不谋于杨芳，即以四月朔夜半，三路突攻洋船。……其洋馆中货，为四川、湖南兵虏掠一空，并误伤弥利坚数人。甫黎明，而洋兵大集，反乘顺风，我兵退走。……越三日……敌船环攻城东、西、南三面。……于是天字炮台及泥城及四方炮台，一日皆失守。……第七日，洋兵遂并力专攻城东南隅。……诸帅避入巡抚署。……议使广州余保纯出城讲款。义律立索军饷银六百万元，烟价在外，香港再议，限五日内交银，且约将军及外省兵先出省城，洋船始退出虎门、将军等一切允之，城上改树白旗，先令洋商出二百万元，余于藩库、运库、海关库发给。会奏请罪，而烟价及香港亦未入奏云。十三日，四方炮台洋兵下山回船，义律即促将军、参赞离城。十六日，奕山、隆文退兵屯金山，离省河数十里。……及讲和次日，洋兵千余自四方炮台回，至泥城淫掠。于时三元里民愤起，倡义报复，四面设伏，截其归路，洋兵终日突围不出。……义律驰赴三元里救应，复被重围。……义律告急于知府余保纯。……诸帅……遣余保纯驰往，解劝竟日，始翼义律出围回船。十七日，洋船渐次退出。……是时南海、番禺二县团勇三万六千，昼夜演练。义律侦知内河已有备，竟不敢报复（魏源《圣武记》卷十《道光洋艘征抚记上》）。

当义律之请抚也，一索烟价，一欲得香港马头。琦相以事关割地，佯许之而未敢入奏。然英人自谋夺濠镜不得，屡思于附近粤东省城，乞一岛一地以为定居，盖早有窥香港矣。迨闻相国许其入奏，始则称兵以要之；继则请缴还浙之定海，及献出二角炮台以易之。相国方欲请旨定夺，而英人已在香港出示，起造房屋马头，视为己有。未几，将军、参赞至粤，遂以六百万及香港一岛，为城下之盟（夏燮《中西纪事》卷三《互市档案》）。

方议款时，夷兵以船泊泥城，登岸肆扰。……其据守耆定台者，兵千余。款成，尚迁延不遽退。伯麦……率领余众，自台下闯至泥城、西村、萧冈诸村落，大肆淫掠，奸及老妇，村民大哗。举人何玉成，即柬传东北、南海、番禺、增城、连路诸村，各备丁壮出护，附郭西北之三元里，九十余乡，率先齐出拒堵，对岸之三山等村，亦闻声而起，老弱馈食，壮丁赴战，一时义愤同赴，不呼而集者数万人。夷目毕霞领其兵与村民战，村民稍却，被追深入牛栏岗，所至居民大至，转瞬民多夷少，急匿丛薄间，放枪自卫，村民但遥围之。入夜则脱衣悬树杪，迎风摇扬，作疑兵，民不敢前。及天明，入林内搜杀几尽，逃者不识途径，亦多被截击，有叩首流血得免者，伯麦、毕霞同时殒命，收其调兵符券、防身铁剑、小枪之属。夷兵方舍命突围出，无奈人如山积，围开复合，各弃其鸟枪，徒手延颈待戮。……其留耆定台余夷尚众，一人不敢下，村民但环立山麓，相约听其饿毙。……越日，义律驰至，亦被围。密遣人间道求救于（余）保纯，闻报请于（祁）𡊮。……𡊮令南海令梁星源、番禺令张熙宇，随保纯出，步向三元里绅民揖劝，代夷乞免。越数时许，绅士潜避，民以官故，不复谁何。遂亲翼义律下，群夷继之。……夷自是始知粤人之不可犯（梁廷枏《夷氛闻记》卷三）。

夷出泥城，遇三元里民，鸣金号召，一百三村男妇数万人，执梃而集，围之数里。夷兵千余突围奔溃，死者八九十。又杀死夷官二人，击伤者无数。时我兵皆立城堞作壁上观。义律闻信，责大帅，大帅责广守。百姓惧罪解体，夷亦狼狈回船（黄钧宰《金壶七墨》附《羊城日报七则·广勇》）。

（丁）浙、苏之战事

英人既受创于三元里，奕山复不敢以私款上闻。于是英人不餍所欲，乃以璞鼎查为统帅，侵沿海各省，陷厦门、定海，总兵王锡朋、郑国鸿、葛云飞战死。进攻镇海，督师裕谦自杀。陷宁波、慈溪、余姚，浙西大震。九月，清派奕经为扬威将军，文蔚、特依顺佐之，牛鉴为两江总督。奕经瞢于兵，欲复宁波，战不利。英陷乍浦，都统长喜死之。进攻吴淞口，提督陈化成死之。陷镇江府，副都统海龄死之。江宁大震。

道光二十一年四月，英人之受款于广东也，在我师则以救一时之危，在敌亦急欲得银以济兵饷，故通商章程，彼此皆未暇议。及洋兵大困于三元里，自知已结粤民之怨……不敢复入内河贸易，欲洋商赴香港。而香港隔海风浪，洋商无肯往者，遂欲以香港易尖沙嘴及九龙山。将军、总督以香港尚未奏允，何况二地？约其仍来黄浦，敌遂不许我修复虎门炮台。……彼此相持，虽有通商之名，无通商之实。又余保纯与义律议，先送军饷六百万元，其烟价在外。将军止以军饷改称商欠奏闻，其余情未上达也。及洋船退出内河后，填塞要害，增修炮台，守备日固，不能如向日之闯突。敌众皆咎义律议款时，不别索他埠，遂扬言英吉利国王谴义律无能，改命璞鼎查为兵帅，欲复往沿海各省，必如上年在天津所索各款。……六月……洋船数十艘，已全赴福建，攻厦门。……七月……厦门遂为敌据。然洋人得厦门，亦不守。不数日，全队驶赴浙江，惟留数艘泊据鼓浪屿。……初，裕谦自正月赴浙江，代伊里布为钦差大臣，时洋船已去定海，总兵王锡朋、郑国鸿、葛云飞，以兵五千驻定海。……八月初，洋船先犯石浦，以礁险不利而退。……进攻定海……乘我守兵力疲，遂分五奎山、东港浦、晓峰岭三路进攻……冒死登山入城，三总兵相继战死……定海复陷。……其镇海防兵四千，裕谦以千余兵守城内外，余步云（提督）率千余守招宝山，总兵谢朝恩率千余守隔江之金鸡岭。……二十六日，洋船攻镇海，分犯金鸡山及招宝山。……而余步云不许士卒开炮，且两次上城，请退守宁波，裕谦不许。敌甫由招宝山麓攀援登岸，余步云即率兵西走。敌踞招宝山，俯攻镇海，其隔江之金鸡山亦溃。裕谦知事不可为……自沉泮池死之。……二十九日，洋兵船……进至宁波，余步云复弃城走上虞。……敌小船驶至慈溪、余姚，于是二城亦逃走一空。土匪四起，讹言传播，浙西大震。……九月……命宗室大学士奕经为扬威将军、侍郎文蔚、副都统特依顺为参赞，以河南巡抚牛鉴总督两江；授怡良钦差大臣，驰赴福建。……十月，奕经至苏，幕下……所至索供应……揽威福，流言四起，远播京师，于是奕经移营嘉兴。十二月……有洋人运械上船之信，于是将军、参赞锐意进兵。明年（道光廿二年）元旦赴杭，留参赞特依顺守杭州，而奕经、文蔚渡江……抵绍兴……进兵，恢复三城。……约城中汉奸内应。……于是奕经以兵勇三千，营绍兴之东关，使文蔚以兵勇四千，半屯慈溪……长溪岭，半屯……大宝山，以图镇海。提督段永福以兵勇四千，半伏宁波城外，屯大隐山以图宁波，而副将谢天贵率兵千余，屯骆驼桥，以扼镇海、宁波适中之路。及期，官兵……进至城……前后受敌……且战且走。……段永福督后队至，闻风反走。……余步云驻宁波之奉化，中途闻败，折窜。……此宁波之师也。其慈溪大宝山之兵……镇海之师……亦……败……溃。……奕经即与文蔚弃绍兴，走西兴。奕经旋渡江回杭州。……三月……刘韵珂……以奏请伊里布来浙主款。上复令宗室尚书耆英为钦差大臣，署杭州将军，与参赞齐慎赴浙。……英人是月遂弃浙北，窥松江，窥长江。……四月……犯乍浦……小船登岸攻东门……转攻南门。驻防旗兵平日凌辱汉人，至是动斥为汉奸，由是福建水勇积愤，纵火内应。敌遂逾南城入，尽焚满营，都统长喜……死之。……杭州、嘉兴俱戒严。原任大学士伊里布至乍浦洋船议款，英邀挟甚侈，不能成议……洋船弃乍浦而北。五月初三日，洋船至吴淞口。……宝山城在吴淞口外……总兵王志元率徐州兵……望风西走，提督陈化成中炮死。……牛鉴走嘉定……敌遂陷宝山……上海大震。参将继伦，率兵先弃城走松江，上海兵备道巫宜禊……从之。……洋船七八艘，驶入上海，城中已空无人。洋人……驶入松江……寿春镇总兵尤渤……守之……故松江得无恙。……二十日，洋艘退出吴淞口，图入长江。……探……诸要险，皆无备，始连樯深入。六月八日，薄瓜州……城已空。遂窥镇江……驻防副都统海龄……相持二三日。英佯攻北门，而潜师梯西南入城……守兵皆溃……海龄为乱兵所杀，镇江陷（魏源《圣武记》卷十《道光洋艘征抚记下》）。

（4）江宁议和

英陷镇江，进逼江宁。宣宗不得已，命伊里布、耆英便宜从事。英索偿银二千一百万元（合银一千四百七十万两），开广州、福州、厦门、宁波、上海五口互市，割香港，用敌国礼，皆许之。是役，清以和战不定、武器不精、战备不充而败。约中许不惩汉奸，开外人干涉内政之端。是后，田兴恕案、天津教案、马嘉理案、刘秉璋案、李秉衡案，以及《庚子和约》，亲贵大臣或诛或窜，皆此约阶之。且于附约令条改《律例》，弛烟禁，综其损失，逾于赔款者多矣。

（甲）英舰之逼南京

（道光二十二年）六月二十八日，遂逼江宁，东南大震。朝廷廑念漕运重地，敕耆英便宜从事。……至是，伊里布遣张喜等至洋船，洋酋言：

一索洋银二千一百万元，分三年分付；一索香港为市埠，并往广州、福州、厦门、宁波、上海贸易；一洋官欲与中国官员敌体，与上年同。……而诸大吏不速覆，张喜往返传语。越二日，张喜还，则敌听汉奸言，闻增调寿春兵之信，谓我借款缓敌，如今日不定议者，诘朝交战。……而诸帅已胆裂，即夜覆书，一切惟命，其《禁约鸦片章程》一语不及，英喜出望外。诸帅会奏，言敌设炮钟山之顶，全城命在呼吸……其实绝无其事。……七月初九日，款议成，耆英、伊里布、牛鉴亲赴敌人璞鼎查之舟。越二日，璞鼎查、马礼逊，亦入城，会于正觉寺。连日分提江宁、苏州、安徽藩库、扬州运库银数百万馈之。……九月初旬，洋艘尽回定海。诏以不守江口，逮总督牛鉴治罪，以耆英代之。而伊里布以钦差大臣，由浙至广东，议互市章程。褫逮领兵之奕山、奕经、文蔚、余步云交刑部治罪。惟余步云于是冬伏法，其沿海失守城池之道、府、县及领兵将官失事者，以次惩处，分别豁免沿海被寇州、县钱粮（魏源《圣武记》卷十《道光洋艘征抚记下》）。

时巡抚刘韵珂意在羁縻，奏请仍命伊里布至浙主款，勿杀零夷，违者罪之。……伊里布诣乍浦夷舟，晤商受款退兵事……议不成而返。韵珂意夷重得前俘，还之，仇当立解，从此可与销兵矣。随奏出所获白、黑夷于狱，载乍浦以归之夷。……镇江既陷……马理逊……言燕京漕运，以江宁为咽喉，今但盘踞江面，阻绝南北，即可要挟，所求当无不如志。……（六月）二十八日，集船八十五，直逼江宁城，势益凶暴。先既奉有设法招抚、许便宜行事之谕，伊里布已遣武举张振龙、家仆张喜等，冒险赴夷船，以候款开导，夷果停不复攻，而责覆款议殊亟。（七月）初六日，耆英至丹徒，复遣佐领塔芬布、陈志刚等，与喜再诣夷船，切实议论。……先索三千万元，稍减为二千一百万，中以六百万为补偿烟价，三百万为续还旧商欠，千二百万为军费。……复求赏香港，为彼来商侨居地，听在广州、福州、厦门、宁波、上海四省五地通商贸易。……于是鉴、伊里布、耆英会奏……兴立《和约》十三条、《善后事宜》八款（梁廷枏

《夷氛闻记》卷四）。

（乙）江宁和约

第二条……准大英国人民带同所属家眷，寄居大清沿海之广州、福州、厦门、宁波、上海五处港口，贸易通商无碍。且大英君主派设领事、管事等官，住该五处城邑，专理商贾事宜。

第三条……准将香港一岛，给予大英君主暨嗣后世袭王位者，长远据守主掌，任便立法治理。

第四条……准以洋银六百万元，偿补原（鸦片）价。

第五条……在粤贸易，向例全归额设行商亦称公行者承办。……嗣后不必仍照向例。……额设行商等内，有累欠英商甚多，无措清还者，今酌定洋银三百万还作为商欠之数。

第六条……军费银一千二百万元，大皇帝准为偿补。

第九条，凡俘中国人，前在英人所据之邑，其居民或与英人有来往者，或有跟随及伺候英国官人者，均由大皇帝俯降御旨，誊录天下，恩准全然免罪。且凡系中国人为英国事被拿监禁受难者，亦加恩释放。

第十三条第八类，一、耶稣圣教暨天主教，原系为善之道，待人如己。自后凡有传授习学者，一体保护。

方五口之通商也，外洋出入之货，多定以税则，载入条议中。惟雅片以新例初颁，衅端遂启。因之三帅（两江总督牛鉴、钦差大臣耆英、前两江总督伊里布）掩耳盗铃，既不敢申明前禁，又未便擅定税章，遂置此款于不议，于是各洋历年进口之货，反以此不入税者为大宗，而吸贩之徒，不禁张胆明目，以趋慕膻之市。旧例，洋商以货易货，不准交易纹银。……自五口通商，外洋独专鸦片之利，乃有易货不敷，补给外洋纹银者。近则洋商定议，专收元宝，带回本国，更易番洋，漏卮之弊，莫此为甚。英人自五口通市以来，印度鸦片之税，岁增至八千余万（见西人新闻纸中），则中国进口之销数可想也（夏燮《中西纪事》卷四《漏卮本末》）。

（5）广州入城交涉

《和约》既订，英人欲援上海、福州例，入广州居住。民情不可，总督耆英不得已，姑期以两年。及期，英人责如约，徐广缙督粤，登英舟反复辩论，执不可。粤民十数万人，聚省河两岸，呼声震天，英人气沮，乃罢入城之议。叶名琛继任，屡令洋商与英人推宕，以为英决不能战。咸丰六年，以往英船缉捕，英领事藉口用兵，遂陷黄埔炮台，名琛自若。时人谓为“不战不和不守，不死不降不走”。英竟进陷广州，执名琛以去。自是广州被占者三年。

（甲）粤民之拒英入城

道光二十二年，与英吉利议和。……原定和约五年而一易。……二十七年，英吉利照会两广总督耆英易约。既列款要求，且请援福建、上海成事，入城来往。此议兴，粤民大哗，振臂一呼，汹汹聚数万人。时……甫达入城之议，船已薄虎门，进泊十三行，尽逐沿海炮台守兵，毁炮以去。总督耆英……惧激民变，不敢许。惧启边衅，不敢不许。……次日，耆英复出城，则凡所要求事悉许之，而缓入城之约。二十九年，英吉利以照会来，责两年后入城之约。巡抚徐广缙，方任两广总督。夷酋延总督至虎门，面议入城事。总督……登夷舟……夷酋敦迫再三，总督执不可，夷酋无如何，议亦不决。……粤民已忿，激发大众，绅士许祥光等，约城内外居民，家出一丁，或二三丁，附城村坊同之，号召不下十余万人。……夷酋既以官不受胁，且众怒难犯，因罢入城之议，则遍张告示，言不必再议入城，两国永远和好（《英吉利广东入城始末》）。

壬寅（道光二十二年）之役……所议通商各款，内有省城设立栈房，及外洋领事入城之约。于是宁波、上海等处，出入自便。……福州为通商马头……大府与之修往来晋接之仪。粤人闻之，谓洋人向不准入城。……爰合词诉于大府，请申洋人入城之禁。不省，乃大集南海、番禺之绅士耆老，传递义民公檄，议令富者助饷，贫者出力，举行团练。……自是众议汹汹……骎骎乎与官为仇矣。……二十五年……维时广州人益自得，遇洋人登岸，辄多方辱之。洋人不堪，反以为大吏之发纵指示也。……伊相在广州以忧死，耆相旋密谋于首揆，得旨内召。……二十六年……及相国内召，洋人以其管辖五口，又为原议抚事之大臣，固请定入城之约而后去。于是相国谩语英官，期以二年之后，当践前约。英官复要以据情入告，许之。……二十九年……英舟至粤，复请入城，与制府（徐广缙）议事，制府辞之，即乘舟出虎门外，亲诣洋舟。洋官……申二年入城之约，制府不答。……越二日，洋舟闯入省河，连樯相接。……制府复单舸前往，谕以众怒不可犯。洋官谋质制府，以要入城之请。俄而省河两岸，义勇呼声震天，洋官大惧，乃以罢兵修好请，自此不言入城事。制府……复温言抚之，遂开舱互市如初。……英人在粤者稍稍敛戢，相与休息者数年（夏燮《中西纪事》卷十三《粤民义师》）。

道光二十七年丁未（一八四七年）三月……丙戌，耆英等奏：“英人藉词被华民欺陵嫌怨，辄带领兵船，突入省河，在十三行湾泊。并令洋兵潜上炮台，钉塞炮眼。先经委员探询，复前往面见。据称欲往佛山，与华民较论，并坚请即行进城，见在严防酌办。”……己丑，耆英奏：“此次英人突入省河，其坚求不已者，尤在究办佛山殴逐洋人之华民，及准伊等进城二事。见已委员驰往佛山，将当日在场哄闹之匪徒关亚言等，拿获惩办，释其嫌怨。其进城一节，亦经委员反复开导，宽其日期。其余所请租地、建房等事，均经按照条约，次第妥办。见在洋船陆续退出。”（《清宣宗实录》卷四四〇）

道光二十九年己酉（一八四九年）夏四月……丁未，徐广缙、叶名琛奏：“英人因省城防卫森严，并经绅士公函劝导，深知众怒难犯。又因洋商停止贸易，大受牵制，不敢进城，其计已决。”得旨：所办可嘉之至。……又奏呈广东绅士致文翰信稿，批：“远胜十万之师。皆卿胸中之锦绣，干国之良谋。”（《清宣宗实录》卷四六六）

越数年，番禺许星台太守（应鑅）同官江右，询之，则当日主持其间者，实太守之老阮也。越日，持其世父廉访公行状示予，则此事之颠末，悉具焉。其略云：先是，耆相国（耆英）因英酋固请入城，曾有二年之约。未几，相国内召，中丞徐公（广缙）膺制阃，方伯叶公（名琛）晋抚军。己酉春，英酋文翰申前议请如约，公力言夷情贪得无厌，不宜曲徇所请。粤省虽五方杂处，然民知向义，可以鼓舞振兴，使之互为保卫。制府然之。公乃亲谐各乡，申行团练，严定章程，不阅月而得十万之众。又倡捐集资数十万，军声大振。方欲乘此为先发之制，禁其互市，羁其沙文，而公以为未可。乃倡率诸绅，先驰尺一之书，布告夷酋，导以大义，其略曰：“……前年贵国德公使，坚请入城之议。耆相国定约两年之期，此安知非相国深知其难，而姑缓其期，以为一时权宜之计乎？又安知非德公使明知回国，预存卸责之见，而欲诿其过于后来受代之人乎？不然，则入城之事，无待再计而决，何难即日举行，而必待至两年之后耶？或谓粤省通商二百余年，各国远人，皆在十三行居住。城外既无间华夷，则入城又何分畛域？不知省会之地，民居稠密，良莠不齐，往往倚主陵客，遇事兴波。……民情习俗，均非上海、福建之可比。此贵国人所共知也。今贵使胶执前，而不深思远虑者，不过欲以贵国体面，夸耀于人，以为入城则荣，不入城则辱耳。不知无端而招众怨，举足而蹈危机，是慕虚名而贾实祸，求荣反辱，智者必有所不为也。或又谓不许贵公使入城者，乃素不安分之徒，藉以蛊惑众心，赖官绅有以弹压而开导之，抑知民情之真伪，非可徒托空言也。即如贵国所与交易之匹头棉花等行户，皆安分营生之良民，彼以巨万之血本而谋利，若歇一日之业，即亏一日之资，何以一闻入城之议，遽停贸易，不约而同，谁使之然耶？今城厢内外，家家团勇，户户出丁，合计不下十余万人，而且按铺捐资，储备经费，合计不下数十万金。……此皆民惟一心，众怒难犯之明证，固非官吏所能强而齐之，又岂刑法所能禁而止之也。乃外洋纷纷传说，有谓贵使如不能入城，必将兴兵构怨，以图一逞，此尤不可信。何者？……今为此小节轻动干戈，若只以现在香港二三千之众，而抗全城数百万之人，则众寡不敌；若遽调各港之兵，且科众商之饷，则因小失大，愚者亦不屑为。……万一酿成焚烧洋楼之事，殃及各国远人，玉石不分，咎将谁诿？黄竹歧、赤柱之事，其前车也（原状前段有黄竹歧杀毙夷人六命之事）。若以为他处滋扰，可以挟制广东，俾罢入城之禁，不知省会之区，聚流所汇，设有缓急，彼此相援，此义同仇敌忾之可信者。……总之，作事贵循天理，尤贵顺人心。……且贵国来粤通商……全靠地利人和，方能获利。近年生意冷淡，亦由民遭兵燹，财穷力竭使然。亟宜培养元气，充裕财源。贵使为国干城，各国航海而来，无不同深仰望，正当图远大之计，为外洋各商兴利于无穷，更不宜以此无益有损之举，而齗齗于荣辱计也。若能体察民情，相安无事，则我粤贤士大夫，必将敬礼有加。即乡曲愚民，亦必颂扬无已，荣莫大焉，固远胜于入城万万矣。……我等绅士，世居省城，因见停贸易者不乐其业，谋捍卫者不安其居，民情汹汹，势将激变，于贵国既为不利，于粤民亦不聊生，两败俱伤，隐忧殊切。特将实在情形，明白布告。贵使如翻然省悟，中止不行，我等绅士，必当开诚布公，劝谕各行户，照旧贸易，务使中外商民，共敦和好。……若仍固执己见，不听良言，必将专恃威力，妄启衅端，是不顾礼义、不讲情理，则非我等绅士所敢知者耳。”（夏燮《中西纪事》卷十三《粤民义师》）

（乙）广州之陷落

壬寅（道光二十二年），抚事之局，法、弥（美）皆不与，后卒援英人例，同在五口通商，而俄罗斯亦以二十八年附英、弥船舶来粤。……咸丰六年……九月，英人称兵犯粤，其起衅起于来粤之划艇。……是月初十日，有自外洋来粤之划艇，张英国旗帜，泊于粤河。粤之水师武弁，见舟中所载皆华民，将治以通番之罪，遂执舟子十二人械系入省。船主（英人）以诉领事巴夏里。……巴乃照会粤督，以武弁应移取，不应擅执，且明舟子无罪，请释之。时叶相国名琛任两广总督，不许。又因在粤之包公使以请，许之。英有水师提督某者，闻其事，欲起衅端。相国遣送舟子于领事廨中，而领事以事关水师，弗受也。二十六日，西水师兴兵，攻我黄埔炮台。相国遣知府蒋某……诘其起衅之由。……答曰："……当入城而议之。"盖水师领事，意不在舟子，欲藉面议为入城地也。……二十九日，英人兴师攻粤城，粤人率团练入保，不克。英人复请释甲入见，相国不许。……十月，洋之水师，移兵攻我虎门、横档等处炮台。越日，又毁我大角头炮台及亚西娘二炮台。维时沿河炮台，皆有官兵义勇协力防守，凡英师经其侧，即开炮击之，英之师船亦放炮，相持遂无虚日。十七日，有花旗船只自澳门来，经沿河炮台，兵勇不辨，误击其货船二。花之领事致书粤督，不省，遂与弥人有隙。十一月，英师进攻近城炮台，克之。是月中旬，英行之在粤者凡六，同时毁于火，民火之也。英人之在粤者不胜其愤，驰告本国主。……于是简其二等伯爵额罗金至粤，由粤入都，一面调派火轮兵船，分泊澳门、香港，以俟进止；又遣人告法兰西，约以连兵合从。法人听命，额罗金入粤，和议不成，而粤民反唇，大吏充耳。……七年冬十二月，洋艘在粤……纠合法兰西、弥利坚、俄罗斯三国之人，合从称兵。适法国兵船已先赴约来粤，遂与英师合攻粤省，陷焉（夏燮《中西纪事》卷十二《四国合纵》）。

叶名琛……素性沉毅刚强，待外人不好挑衅，亦少恩抚。每周诸国照会，或略覆数语，或竟不答。……九月，水师营千总梁国定，在划艇上获逃匪十三名。……英人滋不悦，照会总督……索还所获。叶相即令将审明未认案之五人，先行送回，告以其余七人实是真匪。乃该酋不受，坚索并还，叶相亦如其请。……该酋仍不受，并不启阅照会，谓须梁国定亲往伊船，由彼讯明定案。……叶相置之不理，犯仍收回。二十三日，通事来，述该酋言，谓以明日午刻为限，如逾期不允所请，即进兵攻城，叶相亦置之。二十五日……敌船驶入，将猎德及中流沙各炮台兵丁驱散，枪毙二名。……二十六日，炮声大震，轰击河南凤凰冈炮台。……二十七日……踞海珠炮台。……十月初一日……入新城。……七年十月十三日……连珠炮声如千万爆竹，接续不断。……敌炮五六处齐发，一面轰击督署，一面驱兵由东边上岸直扑。……十四日……城破。……二十一日，敌人分数队……寻觅，初至将军署，强将军同至抚署。柏抚宪（贵）出与相见，即挟令同往观音山。……叶相家，有劝令他避者，叶相坚不肯避。转瞬，敌人复至，拥之而去。……九年……劳崇光调补广东巡抚。……六月十二日，抵省接印视事，外人甚悦服。于是文武官弁、绅商士庶，始陆续旋省，人烟辐辏，货币翔集，不似从前之萧条矣。……同治元年九月，和议成，洋人乃退出省垣。英国留一领事官踞将军署，法国留一领事官踞藩署，以为办公之所（华廷杰《触藩始末》）。

（6）英法联军

英陷广州，联俄、美、法诸国，致书清廷议和，以进迫天津相挟，遂率舰陷大沽，京师戒严。派桂良、花沙纳赴津，与定和约：许外人赴内地游历传教，增开牛庄、登州、台湾、潮州、琼州五口通商，外船得驶内河，案件由英官自理。

咸丰八年戊午（一八五八年）正月……己卯……谕军机大臣等："穆克德纳等奏，续陈夷务情形各折片，此次英夷显背成约，称兵犯顺，陷我省会，劫我大臣，以情理而论，即当绝其贸易，调兵剿办，方足伸天讨而快人心。……今据奏称，该夷欲俟议定章程，方肯退出省城。……日内传闻，该夷欲于河南地方建立夷馆，又欲于海口抽厘，柏贵等均欲应允。朕意柏贵久在粤东，熟悉夷情，未必如此迂就。……岂因叶名琛在彼，故存投鼠忌器之心耶？叶名琛辱国殃民，生不如死，况已革职，有何顾忌？……前英夷欲入省城，因粤民公愤禁止，柏贵岂不知之？今省城失守而粤民并不纠众援救，谅亦叶名琛刚愎自用，以致人心涣散。今柏贵等既不能抽身出城带兵决战，尚不思激励绅团，助威致讨，自取坐困。……其畏葸无能，殊出意外。此次该夷背约，夺我省城，并非中国先行开衅，傥粤东绅民，激于义愤，集团讨罪，柏贵等毋许禁止。……至该夷欲来天津，自有办法，毋庸过虑。”（《清文宗实录》卷二四三）

咸丰八年戊午（一八五八年）三月……庚辰，署直隶总督谭廷襄奏：探闻俄船抵入天津海口。得旨：已有旨令汝赴津矣。惟现调京兵二千，不日亦可抵津，统率无人，著全数归汝调遣，俟国瑞等抵营，将此朱批谕伊等知悉（《清文宗实录》卷二四七）。

咸丰八年（一八五八年）春，英、法、弥、俄四国，在粤各遣其属官一员，前至江苏，投递书信，即求江苏制、抚，转寄都中相臣。寻准照覆，令其分别前往粤东及黑龙江，听候钦使查办。……时四国人等，已至沪中，而英公使额罗金及水师提督，并法郎西兵船，先后踵至，阻之不可，遂驶驾火轮兵船，由海道往窥天津。三月，四国舟泊海口，遣人前赴大沽港口，投书照会直隶总督谭廷襄，请转达都中相臣。直督据以奏闻，奉旨命户部侍郎宗伦、内阁学士兼礼部侍郎乌尔棍泰，驰驿赴天津，与直隶总督谭廷襄，商办洋务。……制使以方议款，弗之禁，亦不设备。……夏四月，弥、俄讲款船泊口内。英、法不俟命，遂于初八日，二国同驾小火轮船及杉板数十号，闯入大沽口内。官兵开炮，相持不克，前路炮台陷，守台之游击以下死者八人。……守后路之炮台，猝闻前军失利，兵勇惊溃，所有京营炮位，全行遗失，亦相继陷焉。……奉旨授托明阿为直隶提督，寻颁给钦差大臣关防，著僧王格林沁驰驿督兵赴天津，京师戒严。……英人挟兵要抚，既踞炮台，旋欲修好，而花、俄二国居其间，仍以款议请。当宗、乌二侍郎之至津也，英人谓其非相臣，不足以当全权之任。……奉上谕，著派大学士桂良、吏部尚书花沙纳等，驰驿赴天津，查办事件。……直隶总督已行文照会花、俄二国使臣，同至天津商办一切。是月二十六日，西使至津，与桂相、花尚书相见，定抚议。桂相罢兵议抚之奏至，并呈送天津新议五十六款。上谓税则事宜，必须亲历海口，相度地宜，爰降旨饬令洋艘起椗回上海，一面派遣钦使驰驿至江苏，商定税则事宜。六月初六日，奉上谕："著派桂良、花沙纳、基溥、明善携带钦差大臣关防，驰驿前往江苏，会同何桂清妥议通商税则事宜。"……时四国闻抚事已成，于五月二十五日自天津海口起椗去矣。秋八月二十六日，钦差大学士桂良、吏部尚书花沙纳等，抵江苏之上海。时何桂清任两江总督，亦至焉。……法、弥、俄三国使臣，及英之参赞、领事人等，皆先后来沪。……税则更定之大略，已具天津新议各款中，此但载明出口、进口之货，及洋药一款，不在此额，亦不准十年一修改。约凡十条，四国所定大略相同，名曰《通商税则善后条约》。额罗金至沪，遂于十月日，钦差大臣与该四国使臣，彼此画押，由该使臣赍回守候国书，前至天津呈请换约。桂相等据以奏闻，奉旨依议（夏燮《中西纪事》卷十四《大沽前后之役》）。

（甲）换约之波折

咸丰九年，各国遣使赴津换约。清以大沽设防，使由北塘入。英人诺之，既而突入大沽，禁之不可，遂开炮，沉其舟数艘，直隶提督史荣椿亦殉焉。

（咸丰）九年夏，各国人等驶赴天津换约。寻桂相沪中原议，告以天津大沽港口现在设防，令四国换约之舟，改由北塘海口行走，各洋人唯唯。是时四国分帮入都，英舟先抵天津，俄罗斯继之，突背前约，闯入大沽口。直隶总督恒福闻之，遣员持约前往，趣令改道，不省。五月二十四日，英人驾舟驶至滩心，将截港之铁镙用炮炸裂。时僧邸已饬官兵严防，俟其进口击之。越日，有小火轮、杉板等共十三艘，皆竖红旗挑战，遂将港口铁枪拉倒十余架，逼近炮台，开炮轰击。我军亦放炮相持，沉毁其船只数号，余亦被炮击损，不能行走，逃出拦江沙外者一艘而已。英人见舟师失利，复以步队接战，经官军轰毙数百名。……直隶提督及大沽协副将，亦受伤阵亡。……适弥利坚之舟后至，恪遵沪约，改道行走，呈递国书，由天津总督具奏，上亦优答之（夏燮《中西纪事》卷十四《大沽前后之役》）。

咸丰九年己未（一八五九年）五月……辛卯……谕军机大臣等："僧格林沁等奏，夷船陆续驶进海口，遵旨晓谕情形。……此次该夷等为换约而来，虽陆续驶进海口，经派员晓谕后，尚未闯进铁戗。……惟当加意严防，不值与之用武，致令藉口挑衅。……僧格林沁等，当告以桂良等回京消息，令移泊北塘口外，静待经手人到，互换和约。如坚执不听，著妥为开导。专令伊国换约之官员，由北塘到津静候。并著恒福、文煜与其约明，不准随带多人、执持军械，惊扰人民，方合和好之意。……所有该国提督及带来兵船，均不可登岸，彼此均可信心。……僧格林沁仍饬弁兵，严守大沽海口，勿遽开枪炮，以顾大局。"……丙申，谕内阁："僧格林沁等奏，查明接仗各情形一折，英夷船只不遵理谕，闯入内河，于本月二十五日，先行开炮，官军亦开炮回击。该夷船只受伤，仍未肯退出，并以步队搦战，经官军击毙数百名，生擒二名，余俱逃窜回船。入内河者共十三只，惟一船逃出拦江沙外，余悉被炮击伤，不能驾驶。该夷兵头赫姓，亦被炮伤腿，不能转动。英人狂妄无理，经此次痛加惩创，自应知中国兵威，未容干犯。该将弁等协力齐心，大获胜仗，实属异常奋勇，所有在事出力将弁兵勇，著僧格林沁即行查明保奏。……予直隶天津阵亡提督史荣椿、副将龙汝元、都司奇车布、护军校塔克慎、千总王世歘、把总张文炳，祭葬世职。"（《清文宗实录》卷二八四）

（乙）北京之陷落

翌年，英法联军来犯，由北塘登岸，炮台陷，提督乐善中炮死。清命桂良赴津议和，不成，联军陷津，入通州，败僧格林沁、瑞麒、胜保诸军。文宗遂自圆明园奔热河，恭王留守，英人焚圆明园、畅春园及三山。既而在礼部定约，以邻俄馆，可备缓急也。约中增口岸及赔款，割九龙南端于英。

（咸丰）十年（一八六〇年）六月，英、法、俄、美四国兵百余艘复来犯，知大沽防御严固，别于北塘登岸，我军失利。敌以马步万人，分扑新河、军粮城，进陷唐儿沽。僧格林沁力扼大沽两岸，文宗手谕曰："天下根本在京师，当迅守津郡，万不可寄身命于炮台。若不念大局，只了一身之计，有负朕心。"盖知其忠愤，虑以身殉也。寻于右岸迎战失利，炮台被陷，提督乐善死之。僧格林沁退守通州。……迭命大臣议和，不就。敌兵日进，迎击，获英人巴夏礼送京师。战于通州八里桥，败绩。瑞麟又败于安定门外，联军遂入京。文宗先幸热河，圆明园被毁。诏褫僧格林沁爵职，仍留钦差大臣（《清史稿》列传一九一《僧格林沁传》）。

咸丰十年庚申夏六月，英吉利、法兰西连兵由海道至天津，修上年换约之怨也。方上年洋人之败于天津也，泛洋回粤东，招募潮勇数千人。……是月，英、法二国以火轮兵船再泊天津海口。时上方命僧王严防大沽口，凡南北岸炮台，皆设重兵守之。……二十六日，洋舟……闯入大沽口内，旋分兵自北塘后路袭我。……洋兵自北塘进，官兵拒战，不利，全营陷焉。于是洋人进占新河。二十八日进占唐儿沽。时王督师守大沽之北炮台，上闻津事日棘，爰命大学士瑞麒，调带京兵一万前赴通州，相为犄角。七月五日，洋兵自后路袭我大沽之北岸炮台，提督乐善拒战，不克，中炮死。时僧邸坚守南炮台未动，寻奉旨，饬令退守通州，于是郑亲王端华、宗室尚书肃顺等，奏请罢兵议抚，并请召回僧邸以戢洋兵。……王不得已退师，次于距通州廿里之张家湾。天津不守，洋兵长驱而入，初七日，陷焉。初，上命侍郎文俊、前粤海关监督恒祺，入津议抚，洋人以其官卑，不足当全权之任，弗见也。寻奉旨改命大学士桂良往。是月十五日，桂相抵津，行文照会该洋商定和约。英之全权公使曰额罗金、其参赞之官曰巴夏里，以书照覆，请增军费，准在天津通商，并请各国公使酌带散洋人数十人入京换约。……桂相据以奏闻，上大怒，严旨拒绝。一面仍饬僧邸、瑞相坚守通州，以防内犯，于是京师戒严。二十一、二等日，英、法闻和议不就，遂自津门派兵北上，扰及河西务，畿辅大震。……八月初一日，夷兵自河西务，径薄张家湾，遂逼通州。时上命怡亲王载垣，续赴通州议款，桂相及军机大臣穆荫皆在焉。英酋额罗金既得照会，乃遣其参赞巴夏里，督带散夷数十人，入城议和。初二日，怡王等与巴夏里相见，曲意开导，巴请仍循天津原议，并须邀法国使臣同来会商。初三日，怡邸宴英、法使臣于通州之东岳庙。……酒数巡，巴夏里攘袂而起曰："今日之约，须面见大皇帝以昭诚信。……且宾主之礼不可无，以肃观瞻，请以军容入。"穆荫问人数几何，答曰："每国须二千人。"……穆以告王，王见其语不逊，姑答以此事须请旨定夺，未敢专许也。巴艴然，久之，语恒祺曰："我倦矣。"……恒不得已，为之设榻。……黎明，有驰告王者，曰："夷人有异志，难将作矣。"……王亟遣恒祺侦视，额罗金则衷甲将袭我。王知事已决裂，密知会僧邸，设法擒巴夏里，解送京师……兵端自此起矣。……密谕胜保等，谓据怡亲王载垣奏称，逆夷猖獗……朕意与之决战，该副都统即日简练精兵，带赴通州以西驻扎。……英、法兵已入通州，僧、瑞二军拒战，失利。……于八里桥……夷人枪炮……中胜保而颠。……时僧、瑞二军退守齐化门，上在圆明园，闻寇薄都城……遂定北狩之计。初八日寅、卯间，乘舆启跸，六宫及诸王从焉。于是郑亲王端华、宗室尚书肃顺、军机大臣穆荫、匡源、杜翰，皆奉传旨扈跸。时夷人侦知翠华在外，径率番兵潮勇，绕城三匝，禁城内外隔绝凡半日，不知上之所之，京师大震。有间，始奉到巡幸滦阳之旨，人心稍定。寻奉朱谕:“著恭亲王奕䜣留守，仍督僧、瑞二军驻师海淀。”越日，又颁给全权大臣官衔，从洋志也，于是抚议复起。……是时恭王、桂相皆驻城外，城中无主。英人声言攻城，又索巴夏里甚急，恒祺请释之，以平洋人怒。……二十日，洋人声言攻海淀，僧邸自朝阳门移师北守，恭王、桂相皆在园中。……二日，洋兵自朝阳门移师过德胜门，北攻海淀，禁兵不战而溃，僧、瑞二军亦溃焉。……巴既出，洋人益无顾忌。时海淀民房先后被焚，火光烛天。巴怒未已，请毁御园宫殿，洋兵潮勇纵掠园中，回师驻安定门外。上驻跸滦阳，留京之王大臣等合词奏请，饬恭王入城速定抚议。王既奉钦差全权大臣之命，洋官照会，趣之入城。……英人既入，巴夏里首定条约，除八年五十六款照行外，续增九条。法人之约，除八年四十二条照行外，续增十条。大意在加索赂款，多占马头，及天津通商、京师寄住之事。王不能难，许其奏请圣裁，俟奉到批回，即行订期换约，洋人唯唯听从。……十一日，与英人交换和约。恭王率大学士贾桢、周祖培、尚书赵光、陈孚恩、侍郎潘曾莹、宋晋等，各带护卫入城……宴洋官于礼部大堂。……礼成，换约而去。十二日，王大臣等与法人换约，法使噶啰随带通事散众入城……宴于礼部大堂。礼成，换约如英官相见之仪。和议既成，英、法使臣请将前后条约颁行各省大吏，按照办理。王据以奏闻，奉上谕:“恭亲王奕䜣等奏互换和约一折，本月十一、二等日，业经恭亲王将八年所定和约，及本年续约，与英、法两国互约，所有和约内所定条款，均著逐款允准，行诸久远。从此永息干戈，共敦和好，彼此相安以信，各无猜疑。其约内应行各事宜，即著通行各省督、抚大吏，一体按照办理。钦此。”（夏燮《中西纪事》卷十五《庚申换约之役》）

辛丑、庚申两次和约，中国丧失权利极多。而东北对俄界约，失地亦不少。

咸丰五年（一八五五年），俄帝尼哥拉斯一世，始命木喇福岳福等来画界。先是，木喇福岳福……以为欲开西伯利亚富源，必利用黑龙江航路；欲得黑龙江航路，则江口及附近海岸，必使为俄领。……俄帝遂遣海军中将尼伯尔斯克为贝加尔号舰长，使视察堪察加、鄂霍次克海，兼黑龙江探险之任，与木喇福岳福乘船入黑龙江，由松花江下驶，即请在松花江会议。八月开议，以三款要求既指地图语我，谓格尔毕齐河起，至兴安岭阳面各河止，俱属俄界；而请将黑龙江、松花江左岸及海口，分给俄。又以防备英、法为辞，且登岸设炮，逼迁屯户。迭由奕山、景淳与之争议，迄不能决。……七年（一八五七年）……英法联军与中国开衅，俄人乘英国请求，遣布恬廷为公使，来议国境……中国拒之。……寻遣使告黑龙江将军奕山，在爱珲议界。奕山遂迎木喇福岳福至爱珲会议，木喇福岳福要求以黑龙江为两国国境，提出条件。明年（一八五八年）四月，遂定《爱珲条约》。先划分中俄东界，将黑龙江、松花江左岸，由额尔古讷河至松花江海口，为俄界；右岸顺江流至乌苏里河，为中国界；由乌苏里河至海之地，有接连两国界者，两国共管之。于是绘图作记，以满、汉、俄三体字，刊立界碑（《清史稿·邦交志一》）。

咸丰九年（一八五九年），五月，俄遣伊格那提业福为驻北京公使。十年（一八六〇年）秋，中国与英、法再开战，联军陷北京。……命恭亲王议和。伊格那提业福出任调停，恭亲王乃与英、法订《北京和约》。伊格那提业福要中国政府将两国共管之乌苏里河以东至海之地域让与俄以为报。十月，与订《北京续约》。其重要者：一，两国沿乌苏里河、松阿察河、兴凯湖、白琳河、湖布图河、珲春河、图门江为界，以东为俄领，以西为中国领（《清史稿·邦交志一》）。

（九）太平天国

（1）军事

（甲）金田起义

鸦片战争后，国人愤于屈辱，亟思雪耻，太平军即因之而起。洪秀全、冯云山与杨秀清、萧朝贵、韦昌辉、石达开等，结上帝会。道光三十年六月，遂起兵于广西桂平金田村，客民、矿丁及三元里曾抗英者多从之。清先后命林则徐、李星沅赴粤督兵，相继病殁。咸丰元年闰八月，太平军遂破永安，建国号为太平天国。洪秀全封杨、萧、冯、韦、石等为东、西、南、北、翼五王，以下授丞相、军师等职有差，自称天王。时清命赛尚阿率军至，相持数月，所部乌兰泰战死，太平军势益盛。

我主天王……十二、三岁，经史经文，无不博览。……所到结交，以诚以信，坐立行止肃然，以身正大人，戒尽烟花酒僻等事。……癸卯、甲辰、戊申、己酉等年，与南王往返粤西数次，俱有树立。至庚戌年，因来人温姓富豪欺人，与土人争斗……而拜上帝之人，俱不准其帮助，只令凡拜上帝者团聚一处，同食同穿，有不遵者即依例逐出。故该抢食贼匪，被官兵逐散一股，即来投一股，惟恐天王不准，故严守天条规律，不敢秋毫有犯。天王劳心，即将博白、贵县、象州、金田、花州如来扶主等队，俱立首领，编以军帅、师帅、旅帅以下等爵。男女有别，虽夫妇不许相见，故所至无不胜捷。且有东、西、南、北、翼五王为谋猷，有李开芳、李开明、林凤祥、罗大纲、陈承瑢、秦日光等为统兵之将，一时风云会合，非人力所能为也（《洪仁玕自述》）。

天王是广东花县人氏。花县上到广西浔州、桂平、武宣、象州、藤县、陆川、博白，俱星罗数千里。天王常在深山内藏密，教世人敬拜上帝。……是以一传十，十传百，百传千，千传万……从者俱是农夫之家、寒苦之家，积多结成聚众。东王杨秀清，住在桂平县平隘山，在家种山烧炭为业，并不知机。自拜上帝之后，件件可悉。……天王顶而信用，一国之事，概交与他，军令严整，赏罚分明。西王萧朝贵，是武宣县卢陆峒人氏。在家种田、种山为业，天王妹子嫁其为妻，故亦重用，勇敢刚强，冲锋第一。南王冯云山，在家读书。其人才干明白。……谋立创国者，出南王之谋，做事者皆南王也。北王韦昌辉，桂平金田人氏。此人在家出入衙门办事，是监生出身，见机灵变之急才足有。翼王石达开，亦是桂平县白沙人氏。家富读书，文武备足。天官丞相秦日昌，亦是桂平白沙人氏。在家与人做工，并无才情，忠勇信义可有，故天王重信。起事教人拜上帝者，皆六人劝化（《李秀成自述》）。

自教人拜上帝之时，数年未见动静。自道光二十七、八年上下，广西贼盗四起，扰乱城镇，各居户多有团练。团练与拜上帝之人两有分别……各自争气，各自逞强，因而逼起。……道光三十年六月，金田、花洲、陆川、博白、白沙同日起义。……起义之时，天王在花洲山人村胡以晄家内密藏，并无一人得悉。那时东王、北王、翼王、天官丞相俱在金田……东王发人马来花洲，接天王到金田会集矣。……天王到金田之后，移营上武宣。……自武宣移营上象州。……屯扎数月，当被清朝之兵四围，后偷由山小路而出隘关……到思旺思回。……由八筒水而到大旺墟，分水旱向永安州……打破永安，即在和池屯扎数月（《李秀成自述》）。

洪贼之父名覲扬，母曰李四妹，本花县光禄坊农也。有兄某、嫂某，覲扬以贼幼黠多诈，使读书，应小试不售，年二十五矣。岁丁酉（道光十七年），忽病疢，梦人教以习天主教。粤东濒海，外蕃之所会也，故习闻天主教，遂以行教名。而连州冯云山亦教之著名者，因连来会，结为死党，同授徒，敛财自肥。会官禁甚严，而二人行迹诡秘，为查拿所首及，遂偕其徒遁至藤县，依其中表黄某。黄家故贫，冯不能居，乃之紫荆山。……适冯贼自紫荆来探，因邀同游澳门……受业于米利坚人罗姓者，始得见《创世传》《出麦西国传》及《七克》等书。……官制皆仿《周礼》，而奔走、疏附、御侮、先后四官，又及于《诗》，大抵所学者，《诗》及《周礼》二经也，习见优人礼仪冠服，故仿之以为古。至其蓄发一事，乃凡逆匪所同也（林清及川、楚教匪亦多蓄发也）。二贼既归乡，人不之齿。洪乃决计西行，而苦无资。有商某不知其匪徒也，怜之，使附船尾以达藤县，遂益煽徒众。有某庙者，香火甚盛，洪率其徒，当众毁其神，人稍稍畏之，谓神亦敛避。象州有九仙庙，云乃某某之神，故有母尚存。……洪作诗责神，谓其不孝，而毁其庙，人益畏之，以洪为神人矣（此上乃洪贼自叙曰《新诏书》）。故贼所至，必焚庙宇以示威。八贼中，洪、冯广东人，杨贼亦嘉应州人，韦贼、萧贼、石贼皆广西人。洪、冯、杨、韦、石不以武名，惟萧……善战，其羽党秦日纲、胡春、罗大纲、刘满等，皆在粤西为盗。盖其省遍地皆盗，未起事时，行者一箱纳钱二百，贼授以伪示，乃能行。否则十步之内，有流血溅衣之患矣（《汪悔翁乙丙日记》卷二）。

道光二十有二年……上帝教匪洪秀全，以英夷要抚后，益窥营务废弛，阴以兵法部勒教众，倚杨秀清为统辖。……二十有三年，广西浔、梧间，盗会诸匪益肆，各属团练守御……洪秀全等蓄谋观衅，独不欲早发。其党颇众，一时与团练并称，曰团党教党，而有司若无闻也。……二十有七年……杨秀清谋袭桂林……事泄。……巡抚郑祖琛，不欲究叛，惧穷治激变，饬以盗具狱。……三十年……五月……广西匪股肆扰各府之最著者，庆远则有张家福、钟亚春，柳州则有陈亚溃、陈东恩、山猪羊，武宣则有刘官方、梁亚九，象州则有区振祖，浔州则有谢江殿，其他南宁、思恩、太平等匪党亦众，其党分广马、土马，大股数千，小股数百。……六月……洪秀全等会于桂平金田村起叛，杨秀清总号令，称其众曰圣兵。武宣、象州、藤县、博白、陆川等处党目，同时蜂起（李滨《中兴别记》卷一）。

（乙）天京之奠定

咸丰二年，太平军佯攻桂林。四月，破全州，乘胜入湖南，冯云山中炮卒于蓑衣渡。五月，自道州、桂阳州、郴州，径趋长沙，萧朝贵中炮卒。太平军遂渡湘，克益阳，泛洞庭，入岳州，获清攻吴三桂时所遗军械，军容益壮。十二月，进克汉阳、武昌，加入两湖哥老会，众至三十余万。清命两江总督陆建瀛防堵江、皖，河南巡抚琦善扼河南，向荣尾追，并授为钦差大臣。三年正月，太平军自武昌顺流东下，破黄、蕲，取九江，入安庆，进围江宁，破仪凤门而入，陆建瀛死，遂以江宁为天京。

打破永安，即在和池屯扎数月，后赛中堂乌，向大军四方围困。……后由姑苏冲一条小路而过昭平。姑苏冲是清朝寿春兵把守，经罗大纲……打破，方得小路出关。……移过仙回，被乌帅大军追赶，杀死天朝官兵男女二千余人。……次日，齐心与乌军死战，得杀死乌军四五千，乌帅被伤，在六塘墟身故。……自杀胜之后，东王传令……由小路过牛角猺山，出马岭，上六塘高田，围困桂林一月有余，攻打未下。退兵由象鼻山渡河，由兴安县到全州，攻破全州之后，南王在全州阵亡。计议即下道州，打永明，破江华县，招得湖南道州、江华、永明之众，足有二万之数。……后移师到郴州，入郴州，亦招二三万众，茶陵州亦得数千。……西王萧朝贵，带李开芳、林凤祥等来打长沙。……西王在长沙南门外中炮身死后，李开芳具禀回郴。天王同东王移营而来长沙，实力攻打，数十日未成功。……计及移营，欲由益阳县，靠洞庭湖边而到常德，欲取湖南为家。到益阳，忽抢得民舟数千，后而改作顺流而下，过临资口而出洞庭，到岳州，分水旱而下湖北，破岳州，得吴三桂之器械，搬运下舟，直下湖北。一攻破汉阳，得汉口，困武昌……攻打二十余日而破武昌后而未守。直到阳逻，破黄州，取蕲水、蕲州、九江，破安省。……克复安庆未守，赶下江南，将南京四面围困。七日，破仪凤门，开道破城而进。……移天王驾入南京，后改为天京（《李秀成自述》）。

咸丰二年四月，贼自全州窜入楚界，攻湖南永州府，不克。……湖南绥靖镇总兵和春，统领向营兵进剿。……二十五日，贼窜道州，陷之。……六月初八日，贼窜江华县；十三日，又窜永明县，皆陷之。……贼自道州窜出……入桂阳州之嘉禾县，陷之。七月初一日，陷桂阳。初三日，陷郴州。……于是一月之间，连陷蓝山、安仁、攸县、醴陵等处。遂由醴陵小路，绕越衡州，直扑省城。时则郴州、永兴之贼牵制官军，踞而不退，燎原之势，不可扑灭，自此始也。……贼已于七月二十八日抵城下。……时署楚抚者为骆秉章，上饬新任张亮基，由常德驰赴省垣；又饬赛相（赛尚阿）自衡赴长沙，会同夹击。……而和春、常禄等，仍在郴州、永兴，分路围攻。……候补府江忠源，亦追贼抵省。……九月初二日，官军会剿南门外之贼，大败之。……十月……贼两次穴地攻长，不克，遂……偷渡西岸……于是宁乡、益阳、湘阴等县以次被陷。……十一月……窜入岳州府。……贼已由岳州掳洞庭湖船只，水陆东下，则烽火及于楚北矣。……贼陷蒲圻县……陷汉阳府……遂连陷汉口镇。时沿江大小舟舰，悉为贼有……比船为桥，东攻武昌。时向提军已先饬常禄、王锦绣督兵驰抵省城，上……以向荣……迅统带大兵，驰赴武昌，解省城之围。又命两江总督陆建瀛，署河南巡抚琦善，分南北两路，会合楚兵，集三省兵力以攻之。旋授为钦差大臣。……鄂抚闻贼至，倡守城之议，悉撤城外各营，登埤誓守。又仓卒烧毁城外民房，不及先期晓示，谤怨沸腾。贼乃以难民为乡导，悉侦知城内要害，遂谋穴地攻城。……十二月初四日，陷之。……贼踞武昌，分股陷下游之黄州府。时向帅已奉钦差大臣之命。逾年，贼悉众东下，遂乘机收复武昌及汉阳、黄州等府（《粤氛纪事》卷二《两楚被兵》）。

三年春正月初一日，逆匪窜出武昌，挟舟师而下。向帅督兵兼程冒雨追之，不及。初十日，遂陷江西之九江府。……琦相按兵于河南之信阳……藉词逗留。陆制使……自江宁溯流西上，是月初四抵浔。……中营兵五百，闻贼势已近，不战而溃。……制使仓皇无计……另觅轻舟，顺流而下。……十三日，贼由湖口过彭泽县……遂陷之。次日，扬帆过小姑山。……十七日，贼以舟师陷安庆。……二十二日，贼陷池州府。……二十四日，贼陷太平府属之芜湖县……舟至采石，遂分水陆两路，其陆路径由采石、慈湖至江宁镇，先期抵南门城下。水师后至，则南畿之祸作矣（《粤氛纪事》卷三《浔皖失援》）。

三年正月二十八日，陆路之贼悉抵南门城下。……初，两江总督陆建瀛，自九江退回，过安庆、芜湖，皆不守。惟东梁山安置防兵千余，沿途稍稍部署，遂于十九日抵省城，一城皆惊。……二月……时官兵筹集堵御，以贼船皆集水西门，而陆路之营分布于南门外雨花冈上，于是防兵皆自西南一带步步为营，不意贼之自东北冲虚而入也。初十日之夕……贼已轰陷东门，自其缺处梯而入；复有奸匪在内接应，于是蜂拥而进。由官兵之腹背冲击，势遂不支，将军、提督等，力战败绩，遂闭驻防之内城。十一日，驻防城陷（《粤氛纪事》卷四《长江挺险》）。

咸丰三年二月，清向荣率军踵至，屯孝陵卫，号江南大营。自是至六年五月大营之溃，凡三年余，阻太平军不能东下取苏、常。

咸丰三年二月……向帅自安庆……取道营于句容之淳化镇。……二十九日，自淳化镇移营，进趋孝陵卫，谋夺钟山也。是月中旬，贼分布船只，自浦口渡江，径窥仪征、瓜洲，直抵维扬。其南岸之贼，自下关观音门，直泊镇江，遂于二十二日陷镇江府，二月十三日陷扬州府。……三月，向帅督师进袭通济门外之贼营，败之。贼闻大兵将至，增高城堞，外筑土城，深沟高垒，以图负隅。……十一日，进袭七桥瓮之贼营，破之。官兵遂移营进扎，据其要地。……十三日……将钟山及明陵享殿之贼营夺而踞之。于是东路之防，日就稳固，即苏浙之饷道亦通。……自小丹阳以北，皆在迤东一路，恃大营为之捍蔽(《粤氛纪事》卷四《长江挺险》)。

向帅同张国樑，带有满兵数千、汉兵二三万之众，自孝陵卫扎至朱洪武坟这边，东南扎至七瓮桥为止。……那时镇江亦困……天朝镇江守将吴如孝。那时我尚是地官副丞相，合同冬官丞相陈玉成、春官丞相涂镇兴、夏官副丞相陈仕章、夏又正丞相周胜坤等，下救镇江。……进镇江汤头，与张国樑连战十余日，胜负未分。……当与各丞相等计议，派丞相陈玉成……冲由水面而下镇江。……陈玉成舍死直冲到镇江，当与吴如孝计及，抽军由内打出，我带兵由外打入。……是夜，亲挑精锐之兵三千，我亲带由汤头岔河而过。……天明……内外之兵和作一气……次日开兵，吉、张兵败，失去清营十六座。是日，当即扯兵而下镇江。……是夜，调齐舟只，由金山连夜渡过瓜洲，次早黎明，亲领人马，同陈玉成、涂镇兴、陈仕章、吴如孝力攻土桥，破入土桥清军马营……红桥以及卜著湾、三岔河清营尽破，大小清营一百廿余座……闻风而逃，当即顺破扬州。……由金山渡江而回，过到金山……当即领兵攻打高资。是日，破清营七个。……吉帅由九华山带兵来救，当被天朝官兵逼吉帅入高资山中……吉帅……自行打死。清兵见主帅自死，各军自乱。……知其营中无主帅，当即移营赶下九华山。……吉帅之营七八十座……不战自走。……张国樑由六合赶至，此时救之不及。张国樑兵屯丹徒镇，然后将我得胜师前往丹徒，与张国樑见仗。……镇江守将吴如孝带领人马千余，前来助战……张军大败。次早行营回京……东王下令，要我将孝陵卫向帅营寨攻破，方准入城。……次日……由燕子矶、姚坊门扎寨四营。……次日，张国樑已由丹徒返回孝陵卫，是早，引军与我迎战，张军败阵……我等移营重困尧化门清营。次日，张国樑复领马步前来，翼王亦带曾锦兼、张瑞谋等引军助战，清军满兵马军先败，次即向、张所领汉军亦败也。……被我四面追赶，当即攻破孝陵卫满、汉营寨廿余个。……是夜，向、张自退。……后，东王传令……我与陈玉成、涂镇兴、陈仕章等领兵追，由句容而去。……斯时向、张至丹阳六七日矣，已将丹阳四面坚屯营寨之后。那时我与四丞相领兵方到丹阳，离西门廿五里下寨。……在丹阳南门外大会一战，两不高下。此向帅困在丹阳，又失去孝陵卫大营，官兵失散，又被逼丹阳，是以向帅自缢而死（《李秀成自述》）。

（丙）北伐之失败

天京既定，首议北伐。咸丰三年四月，太平军遣副丞相林凤祥、李开芳率军出扬州，经凤阳，克归德，围开封五日，西行由汜水渡河，围怀庆府。六月，清以讷尔经额为钦差大臣赴援，太平军释怀庆围，入晋，回师入冀，连克名城，进拔深州。清廷大震，遣僧格林沁扼其前，胜保率锐师踵其后。太平军势孤，东走，瞰天津，战不利，退屯独流、杨柳青。四年，又南保阜城，间道请援于天京。秀全遣兵赴救，不达而败。三月，北伐军粮尽，夺围走。凤祥据连镇，僧格林沁围之。开芳据高唐州，胜保围之。五年正月，连镇陷，凤祥死，开芳突围至冯官屯，僧格林沁引运河灌之，亦陷，北伐军遂全遭覆没。

癸丑二月，天兵到南京，由仪凤门攻入，不半月而平定。……后乃发兵扫北，虽所到以威勇取胜，究系孤军深入，数月之间，北京日夜戒严，各有准备，覆没忠勇兵将不少。……幸东王律法森严，兵势迭有兴屈，难以远征（《洪仁玕自述》）。

既都金陵，欲图河北，罗大纲曰："欲图北必先定河南。大驾驻河南，军乃渡河……否则先定南九省，无内顾忧，然后三路出师：一出湘、楚；一出汉中，疾趋咸阳；以徐、扬席卷山左，再出山右，会猎燕都。若悬军深入，犯险无后援，必败之道也。"……（杨）秀清方专政，不纳。乃遣伪丞相林凤祥、李开芳、罗大纲、曾立昌率众东下，秀全诏之曰：“师行间道，疾趋燕都，无贪攻城夺地糜时日。”大纲语人曰：“天下未定，乃欲安居此都，其能久乎？吾属无噍类矣！”（《清史稿》列传二六二《洪秀全传》）

咸丰三年四月初八日，金陵之贼分遣林凤祥、李开芳、吉文元等渡江，攻六合，不克。旋攻浦口……乘势进陷滁州，破临淮。……攻凤阳府……遂陷焉。……贼遂连陷颍州府属之颍上、霍丘等县。五月……进攻亳州，又陷之。时皖北之宿州、蒙城、亳州、寿州等处捻匪四起，洪逆已预遣人纠约。……贼已自亳州、太和等处，沿途裹胁，遂窜入河南界……陷河南之归德府。……沿堤窜入宁陵，陷之。……陷睢州。……十二月，贼窜河南开封府，初营于汴梁城外。……贼不得逞，遂于十七日夜解围走，沿河堤西窜。……过朱仙镇……由汜水县渡河，陷温县，扰及武陟……西走怀庆。……六月初三日，贼围怀庆府。……上……乃授讷相为钦差大臣，又饬胜帅赴豫中，解怀庆之围。……贼屡攻地道不克……凡围两月，遂萌窥晋之志。……七月，贼窜垣曲……旋陷绛县、曲沃县。……北扑平阳……又连陷洪洞县。……贼……自山西之黎县城，复图东窜。……八月，贼扰河南之涉县、武安，遂北窜直隶境……顺德府……临洺关……贼由山路入关，陷之。……二十八日，陷沙河。……二十九日，陷任丘。……三十日，分股连陷隆平、柏乡二县。……九月初二日，陷赵州。……贼自入直境以来，所过州、县，皆旋陷旋退，直至入深州始踞之，盖侦知大兵之在后也。初四日，贼陷栾城县。……初六日，窜晋州。……初七日，贼扑深州……遂踞之。胜帅之追贼于北路也，贼以因粮宿饱，倍道疾趋，过而不留，故追者皆尾其后。深州之役，贼以其城固，谋休息士卒，以养其锐。守之数日，胜帅之兵直逼城下，该逆坚闭不出。……二十日之夜，贼……开城东南窜，遂连陷献县、交河县。……二十五日，窜沧州。……初，贼过深州，畿辅戒严。上饬僧王（僧格林沁）派兵扼其北窜之路，贼度前堵后追……遂由沧州沿堤东走，径窥天津。……二十七日，贼分股，一窜静海，一入天津。静海至则陷之，遂踞其城。时天津盐政文谦……令谢子澄，方团练乡勇……奋勇歼贼。……贼败退……退踞静海。值胜帅之师至，遂谋攻城……而贼之天津者，已逸入于杨青驲矣。……胜帅自静海移兵，攻杨柳青。……贼不能守，乃全股逸入于静海、独流两处。十月十一日，官兵攻独流。……四年正月初九日，贼自静海、独流全股逸出，过舒城……遂由河间……南窜，踞阜城县。维时……楚、粤相从之老贼，叠经斩馘，亦丧其十之四五，于是遣奸，谋求援于江宁（《粤氛纪事》卷五《北路奏肤》）。

贼之再举也，则虹桥得胜之黄才生实主之。时皖、庐新旧两省，皆为贼有。……黄才生等仍自皖北取道……攻六安州，陷之。……自六安陷蒙城县，胁土人为乡导，由僻路潜绕至河南界。二月初五日，陷归德府之夏邑县。复由小路东行……陷江苏之丰县，遂入山东界。……窜入金乡县，陷之。……陷巨野县……郓城……阳谷……莘县。……三月初一日……进陷冠县。……初二日……遂抵临清州。……十六日，城陷。……贼踞一空城，无所得……谋宵遁。……胜帅乃乘其回窜之不可复振者，移兵南下，沿途追剿。……黄才生薙发扮作乞民，逃至观城县之孔家集，被官差盘诘，擒送大营。其余悍贼，或攒死于乱军中，或自缢于乡僻处……然卒无一人逸入于北（《粤氛纪事》卷五《北路奏肤》）。

方林凤祥、李开芳之困于阜城也，自以援贼且旦夕至……一意死守待之。……上……饬胜帅兼程赴援，僧王专办北寇。……贼待援不至，城中粮且尽。……四月初三日，夺围而出……南陷连镇。大兵之追者至，则贼已树栅起濠堑矣。连镇有东、西二集……林凤祥踞之。李开芳……陷高唐州。……于是僧王专剿连镇，胜帅专剿高唐。……胜帅遂以师久无功，奉严旨切责。……五年正月，僧王克复东西连镇，毁其木城，直捣贼巢，党与歼焉。……得林逆于隧道中，生擒之，遂解京，磔于市。……上乃命得胜兵，进攻高唐。时贼已被官军围困半年，势益穷蹙。及闻连镇不守，高唐之饷道亦竭……遂于二月初二日走险突出……窜至距高唐州四十五里之冯官屯，官兵追至，则已树栅掘濠，踞其屯内坚固之房屋。……僧邸之攻冯官屯也……非火攻所能入，乃引运河之水以灌之。……迨屯中水日深，火药尽湿……官兵沿墙轰击，危如累卵。……李逆见事急……（四月）十六日，李逆遣贼呈递降书，王令先缴军器，贼皆听命，李逆率其伪职黄懿瑞、谢金生等八十余人……出降。官军张左右翼待之，悉数擒获，除逆首八人解京分别凌迟、枭斩外，余皆在军营正法。穷搜余党，无一名漏网者。红旗报捷，奉诏班师（《粤氛纪事》卷五《北路奏肤》）。

（咸丰）四年二月，南贼遣伪夏官正丞相黄生才、伪夏官又正丞相曾立昌、伪夏官副丞相陈世保、伪冬官副丞相许宗扬、伪将军黄益芸、伪军长朱希崐等，率十五军，纠皖营溃勇李三闹等众为前导，由凤、怀、舒、桐、蒙、亳，陷河南永夏，北趋江南，焚掠萧、砀、丰境（《山东军兴纪略》卷一）。

（丁）上游之攻取

咸丰四年，太平军回军西上，胡以晄取庐州，覆江忠源军。孙寅三克太平。赖汉英克黄州，遂克武昌。刘丽川亦据上海以应之。是时，清遣曾国藩率湘军援鄂，会胡林翼攻取武汉，以为筹兵筹饷之根据地，分窥赣、皖，步步进逼。赖太平军苦战坚守，数年间成相持之局。其间，太平军唯一进展则为江南大营之崩溃，既解天京之围，且得进规东南。

咸丰三年……四月……杨秀清遣伪豫王胡以晄等回窜安庆，伪丞相赖汉英等回窜江西（李滨《中兴别记》卷七）。

（咸丰）三年五月，江宁寇分党掠江西，围省城。别遣寇党溯江陷安庆。……九月，湖北防江军溃于田家镇（《湘军志》一）。

五年正月……己巳，杨霈军退汉口。于是安徽、九江沿边寇尽上，分三道，东陷黄梅、广济，追杨霈至汉口。中道自小池口沿江，陷黄、蕲，复分党从富池渡江。西陷兴国、通城、崇阳、咸宁，通山。……率遣数百人或千人，所至胁众。……霈走保德安。湖北巡抚陶恩培……不议守备，城中兵才二千人。征兵半途闻警，皆溃去（《湘军志》二）。

寇兴四年，而湖北军五溃。杨霈之败也，实未见寇，乱民一呼，而万众瓦解。省城初才二千兵……见黄旗则争缒城走。……寇至城下，用缒城绳引而上，城中唯巡抚陶恩培、署按察使武昌知府多山。……恩培先赴水死，多山然城上大炮……不发……发愤自刭死（《湘军志》三）。

咸丰五年三月乙丑，诏胡林翼署湖北巡抚。……当是时，江汉上下两岸寇充斥，巡抚号令不出三十里，屯金口倚水师自保，增募二千六百人，合王国才等军号六千，而国才屯沌口，皆恃荆、湘饷给军，军无见粮，寇亦易之不攻也。……四月……诏夺杨霈官，以荆州将军官文为总督。……八月……林翼……奏调罗泽南军，令更增二千人，还攻武汉。……泽南建议曰："武汉者东南之枢纽，形势百倍于浔阳。今两城久为贼踞，而崇、通群盗出没江西、湖南，缘边驿骚。欲制九江之命，必由武汉而下；欲解武昌之围，必由崇、通而入。"乃率所部及塔齐布（时已死）部将彭三元等，道义宁取通城。……九月乙丑，复通城。甲戌，复崇阳。林翼闻援军深入，躬往迎导。……十月癸卯，林翼自嘉鱼来劳师，合泽南七营军共十三营，西攻蒲圻。……辛亥……蒲圻复。十一月……庚午，咸宁复。……乙酉，泽南五营进屯洪山，林翼将四营屯省城南五里墩。……六年七月，官文遣舒兴阿、舒保等，将马队四百人渡江援。寇既上于青山、鲁港间增十三垒，相持十六日，水陆合击，破之。马队追奔至葛店，寇慑于马，乃大奔，自是水陆马步相辅，军势日盛。十月……湖北湘军锋锐甚，乃益募陆军五千，水师十营，增长围，困武昌。十一月丙子，寇开城遁走。其日，汉阳寇亦东走。丁丑，李续宾等分三道追寇武昌县，水师马队追寇黄州，江夏乡民亦争起要寇。戊寅，复武昌。己卯，复黄州。庚辰，复兴国，水师复蕲州，民兵复蕲水。十二月乙酉，复广济（《湘军志》三）。

曾国藩字涤生。……咸丰……二年，署吏部左侍郎。……六月……丁母忧，回籍。……十一月，上特命国藩会同湖南巡抚张亮基，办理本省团练。……令驰赴湖北剿贼。……乃驻衡州，造战舰，练水军。……四年……四月……国藩已遣守备杨载福、知县彭玉麟，与塔齐布合击贼于湘潭，大破之。……贼退踞岳州。七月，国藩攻克之，毁其舟。……九月，复武昌、汉阳。……时贼以田家镇为巢穴，蕲州为声援，自州至镇四十余里，沿岸筑土城、设炮位，对江轰击，横铁锁江上，以阻舟师。南岸半壁山、富池口，均大股悍贼驻守，舟楫往来如织。国藩计欲破田家镇，当先夺南岸。十月，宁绍台道罗泽南，大破贼半壁山，克之。国藩部署诸将，分战船四队……镕液锁断。……贼……率舟遁。四队驶而下追……陆军自半壁山呼而下，悉平田家镇、富池口营垒，蕲州贼遁。……遂与塔齐布复广济、黄梅。……上游江面肃清，进围九江。……五年……贼窜武昌。……国藩战舰战失利……乃以其余，遣署湖南按察使李孟群、知府彭玉麟及湖北布政使胡林翼所带陆军，回援武汉（《清史列传》卷四十五《曾国藩传》）。

胡林翼字润之。……咸丰……五年……署理武昌巡抚。……时武、汉、黄、德四郡皆为贼踞，后路崇阳、通城多伏莽，公私赤立，兵饷皆绌。林翼……兼顾南北两路，凡数十战，时有克捷，亦屡濒于危。七月，攻克汉口镇，夺大别山贼卡。未几，援贼由汉川至，焚汉口。崇、通……武昌城贼，扑金口。……寻退奓山，饷绝兵溃。……林翼……收集溃兵，驻新堤、嘉鱼，水陆合万人。……贼至常数万，军中夺气。……奏调罗泽南由江西来援，连克通城、崇阳……合破援贼韦俊、石达开于咸宁，复其城。

乘胜进攻武昌，自率所部……军，由中路，罗泽南当西路，杨岳斌以水师会金口，总督官文亦令都兴阿率骑兵驻北岸。林翼和辑诸将，军势遂日振，屡战皆捷。六年……诏以武汉久不克，督战急。……五月，贼于武昌城外豹子澥等处增垒掘濠，林翼抽调诸军击之。……谍知九江贼古隆贤来援，已至樊口，先遣党数千进踞葛店。令蒋益澧率精锐迎击，战于葛店，大破贼，焚其舟。追至樊口，杨载福水师亦至，合击……攻克武昌县城，遂渡江攻黄州。而石达开……复纠众上犯。……七月……林翼督水陆军分御，连战于油坊岭、鲁家港、姚家岭……旬日内二十余捷。……追奔百余里，至华容，贼悉遁。……十一月，咨会官文克期大举。杨岳斌断拦江铁锁，焚贼船尽。贼倾城出扑，鏖战三时，大败……遂复武昌……官文亦克汉阳。……遂分兵收复武昌县、黄州府及兴国、大冶、蕲水、蕲州、黄梅。……自驻武昌筹全局，上书……略曰："……自古用武之地，荆襄为南北关键，武汉为荆襄咽喉。……四年之中，武昌三陷，汉阳四陷。……今于武汉设重镇，则水陆东征之师，恃为根本，军火、米粮委输不绝，伤痍疾病，休养得所。平吴之策，必先保鄂，明矣。保鄂必先固汉阳。湖北之失，在汉阳无备。……请于武汉设陆师八千、水师二千，日夜训练……更番迭代，则士气常新，军行必利。"……七年春……陈玉成由皖北上犯。……林翼赴黄州督师，贼众十余万，环踞巴河东。……林翼令……扼河而守，潜师出回龙山，遏贼上窜。调李续宜率湖勇驰至，督诸军合击。……贼大败遁走。都兴阿、李续宾亦连破贼于黄梅、宿松，楚北肃清（《清史稿》列传一九三《胡林翼传》）。

咸丰五年，贼据江宁、镇江、安庆、庐江、太平、池州、九江、武昌、黄州、汉阳、德安而已。其冬十一月，又取袁州、瑞州、吉安、临江。六年春，取抚州、建昌、南康、宁国、扬州、和州凡二十一府州。五月十五日，闻抚州长毛以四百文一日募乡勇，赴之者四万人。又闻镇江长毛破吉尔杭阿四营，吉死之（之诚按：此六年四月事）。而宁国油榨沟之战，乡民助长毛围官兵，故官兵赴水死者一二千，蔡某及张国樑之侄死之，皆我健将也。我兵日以少，贼日以多。闻河南捻匪亦通长毛，愿假其威名以逞己之欲，受其伪号以为前驱。官兵、居民闻其已为长毛，则如鸟兽散（《汪悔翁乙丙日记》卷三）。

咸丰三年秋八月，粤匪刘丽川据邑城叛，邑令袁（祖悳）遇害。……小刀会多广东潮、嘉人。……或名天地，或名上帝。……当时各党未合，犹未悉贼首为刘丽川也。……贼于初五日夜半，率众数千人，呼啸入道署。……吴（健章）知事不可为，退欲觅死不得，为夷商拥去。而副贼潘金珠，即于是日杀袁令。……贼闭城门，驰按民……伪示称大明太平天国，印曰顺天洪英义兴公司，刘为首，陈（阿林）、林（阿福）以下十九人，俱有元帅、将军之号，冠服取给神庙及优部，余裹红巾。贼扑太仓，官民击走之。……城中拆民舍，掘窖金。……九月，粮勇获贼伪帅李绍卿于董家渡。……七月，官军掘隧攻城，不克，镇宪青中伤卒。……十一月，佛兰西商导官军入城不克。……佛商誓灭贼，征兵于国，发千余人，驾火轮船入吴淞口，炮声震天。我军进逼城下，于是六门皆以兵拒，筑长围以困之，城中人相食。……十二月，官军执谍于陆家趾。……贼贿奸弁为外应，聚议于陆家趾之桂花厅，约于元旦倒戈叛应，先劫佛兰西商，直扑苏郡。会夷场铺中红布骤销，咸为兵勇所售，知有变，于是侦得确耗，遂袭执之，尽获贼谍及叛卒二十余人，送大营讯供枭示。刘丽川知外应已泄，势不能支，乃弃城走，余众悉溃。……贼分道水陆窜，约于吴淞口同入海。而刘贼为官军追急，趋虹桥镇，市民乘之。贼勒众死格几脱，既而中枪仆。……五年元旦，大军入城（黄本铨《枭林小史》）。

我于今日（一八五三年九月二十五日），往访刘丽川于文庙。……彼此寒暄毕……刘氏云，已送了两封公文往南京，与太平王通款曲，其一由陆路，其一由水路递送。彼正等候复音，并盼望南京派大员前来，与其布置上海各事。如其希望成功，彼将能令城中中西居民人人欢喜。比自本月七日占城后所做任何的事，更为满意的了（罗孝全著，简又文译《小刀会首领刘丽川访问记》）。

（戊）石达开之西走

咸丰六年，太平军不幸发生内讧。时杨秀清专政，韦昌辉忌而杀之，后欲杀石达开。达开出走，秀全复杀昌辉，召回达开，而使洪仁发、洪仁达预政。达开疑惧，率师出走，自咸丰七年至同治元年，由江西、浙江入闽，复转江西，历湖南、广西，再由两湖入四川，经贵州、云南，以达川边。达开行军，专抄山僻小径，出没纵横无定。以四川富厚，欲取之以为远图。二年三月，欲自大渡河以袭成都，土人引入间道，不得渡。骆秉章凭河要击，达开粮尽，遂至被擒。达开始终抗清，不背太平天国。然与天京隔绝，太平军势力分为两部，及其亡也，终为太平军一大损失。

东王令严，军民畏，自己威风张扬，不知自忌，一朝之大，是首一人。韦昌辉与石达开、秦日昌，是大齐一心，在家计议起首共事之人。后东王威逼太过，此三人积怨于心，口顺而心怒。北、翼二人同心，一怒于东，后被北王将东王杀害。原是北王与翼王二人密议，独杀东王一人。因东王天王实信，权太重，要逼天王封其万岁。那时权柄皆在东王一人手上，不得不封，逼天王亲到东王府，封其万岁。北、翼两王不服，君臣不别，东欲专尊。后与翼计杀东王……杀其兄弟三人，除此以外，俱不得多杀。后北王杀东王之后，尽将东统下亲戚属员文武大小男妇尽行杀净，是以翼王怒之。翼王在湖北洪山营中，同曾锦兼、张瑞谋赶回，计及免杀之事。不意北王顿起他心，又要将翼王杀害。后翼王得悉此事，吊城由小南门而出，走上安省，计议报仇。此时北王将翼王全家杀了……北王在朝，不分青白，乱杀文武大小男女，势逼太重，各众内外并合朝同心，将北王杀之，人心乃定。后将北王首级解至宁国，翼王亲看，果是不差。后翼王回京，合朝同举翼王提理政务，众人欢悦。主有不乐之心，专用安、福两王。安王即是王长兄洪仁发，福王即王次兄洪仁达。……朝中之人甚不欢悦。此人又无才情，又无算计，一味古执，认实天情，与我天王一般之意见不差，挟制翼王，是以翼王与安、福二人结怨，被忌挟制出京。今而远征，未肯回者，因此之由也（《李秀成自述》）。

杨秀清平日性情高傲，韦昌辉屡受其辱。七年，达开领众在湖北，闻有内乱之信。韦昌辉请洪秀全诛杨秀清，洪秀全不许，转加杨秀清伪号。韦昌辉不服，便将杨秀清杀死。达开返回金陵，要与他们排解。洪秀全心疑，要杀韦昌辉。达开见事机不好，走到安徽，妻室儿女留在金陵，均被韦昌辉所杀。达开复由安徽回金陵，洪秀全即将韦昌辉杀了，有谋害达开之意，旋即逃出金陵（《石达开自述》）。

七年，从安徽至江西、浙江、福建。……九年，到湖南桂阳、祁阳等县。……是年，回广西，走桂林、庆远，至宾州。因伙众三江、两湖人多，各有思归之念。……将大队散回……想要隐居山林。因到处悬赏严拿，无地藏身，十一年，复聚数万人，出广西，由湖南会同、泸溪、龙山至湖北来凤。达开久想占踞四川省，同治元年，由利川入川，到石砫、涪州，有二十多万人。后来沿途裹胁，人数更多。头队唐姓、杨姓，攻破长宁，不能深入。绕道贵州遵义、云南昭通，想从横江过河。令头队由屏山县入，令李复猷扎云南副官村，又令赖剥皮分股绕入宁远府，使官兵不能兼顾。约在米粮坝交界地方，与中旗会齐先进。达开因横江败后，率众绕至米粮坝，知前队与赖剥皮已由宁远大路前进。李复猷自副官村败退后，欲由贵州边界绕入川境，达开即率众渡金沙江，经宁远，恐大路有官兵拦阻，改走西边小路，只要抢过大渡河，即可安心前进。不料走至紫打地土司地方，探看上下河岸，皆有官兵，河水忽长，那些夷人三面时来抢掳，造船扎筏抢渡几次，均被北岸官兵击沉，伤了一万多人。后来食尽，死亡无数。达开……想救众人，俱令弃械投诚。达开率领黄再忠等三人，并儿子石定忠，过河到唐总兵营内（《石达开自述》）。

壬戌（同治元年）春间，纷传发逆石达开，有率兵犯蜀之举。初，达开……只身潜出……拥众……屡犯江西、安徽，绕窜浙江、福建、广东边境，攻名城，戕大吏，有众数十万。围攻湖南宝庆，经大兵合剿，败遁广西。……突由两湖，直趋川境。……及败入滇、黔，仍由宁远绕道内窜。……其党李复猷、赖裕兴大股，窜陷湖北来凤县城。后分窜酉阳州界，经团练击退，随陷湖北利川县城。……派总兵唐友耕、暂革知府唐炯，率所部赴重庆一带陆路堵剿，并调副将朱桂秋，率……水师炮船，驶往堵截江面。石逆前锋，果由利川入……不得渡，遂沿南岸上窜涪州……直扑州城。……横窜南川，趋贵州桐梓，取道攻綦江。……逆见筹备周密，乃绕边狂窜，所有叙、永、兴文、江安、长宁、高珙、庆符、筠、连一带，均被骚动。径由叙南来犯……锐意渡金沙江。……我军又已先期至……逆不得志，乃窜入滇。其伪宰李复猷一股，败窜入黔，中旗赖裕兴一股，败入会理州。中旗最剽悍，即由会理州纠合烟帮游匪三四万众，癸亥（同治二年）正月……出窜宁远。……至大渡河，复为我军所扼。……旁窜天全……由大邑、崇庆窜温江县，至崇宁各县，逼近省垣。……兼程冲去，窜往三台丰谷井。……提督周达武一军，截之于梓潼，追之于江油、平武等处，贼遂趋入汉中，不能回顾。……三月二十五日……石逆果拥众三四万……犯大渡河。……见大路有备，遂由小路，径奔土千户王应元所辖之紫打地而营，拟夜由松林小河偷渡。忽夜雨倾盆，大渡河水骤涨数丈，不能徒涉。逆众……急造木筏……拚命抢渡。……我军墙排河岸……俟其半渡，以枪炮连环轰击，沉毙悍贼筏人净尽。贼于是折求王千户，以重金假道，王千户叱贼力战。……宁越营都司庆吉，督夷扼险，绝贼马鞍山粮道……贼巢粮尽。……副将谢国泰……督率土兵……从马鞍山后压下……而汉、夷兵练四面夹击……贼众坠崖落水……以万余计。石逆仅率余党七八千人，奔至老鸦漩，又为夷兵所阻，辎重尽失。……公……密授意于诸将弁……设法生擒。……杨应刚等……遂立投诚免死大旗于洗马姑。二十七日，石逆果携一子及伪宰辅曾仕和、伪中丞黄再忠、伪恩丞相韦普成，并余党二千人，至洗马姑，低首乞降。……诸将将石达开父子及曾仕和等五犯，羁縻在营……余党拨开，登时尽数杀戮。……首逆解省。……五月十一日……将达开等极刑处死（余鸿观《蜀燹述略》卷一《骆文忠公传》）。

（己）东南之战局

江南大营既溃，向荣病殁，清以和春继之，仍率军进扎金陵城外。咸丰八年，太平军复分兵四出，攻安徽，取庐州，败清军于三河、六合。十年，李秀成破杭州。和春遣张玉良赴援，秀成乘虚回军奋击，陈玉成应之，玉良不及归，大营遂再溃，张国樑溺水死，和春自杀，天京围解。秀成乘胜取苏、常、松、嘉，以裕饷饷，遂入杭州。玉成亦屡克皖、鄂名城，太平军复盛。

自六解京围之后……天王严诏下颁，令我领本部人马去取常、苏，限我一月，肃清回奏。……三日，队到丹阳，张国樑兵屯丹邑。……在丹阳大南门迎战，张军大败，死者万人，张帅死在丹邑南门河下。……得丹阳之后，顺下常州。……有苏州发来之众，并遇张玉良由杭郡回来之军，概屯常郡，大小四十余营。……两家会战，张军又败，其营尽破。金陵和、张大营已失……连攻数日，常郡自降。……张玉良军屯无锡……我军下到无锡……两阵交锋，连战一日一夜……张军水旱大败，收克无锡城池。……那时，和春自江南大营失利败军之后……下苏州，舟往浒墅关，听见副帅张国樑战死丹邑，和春……自缢而亡。我克无锡之次日，行营而下苏郡……有李文炳、何信义、周五等献城来降。……张玉良见兵势如此，带本部人马……自行败退数百里。……我即引兵入城，收其部众五六万人（《李秀成自述》）。

（咸丰）十年三月……江南大营军溃。四月，苏州陷（《湘军志》五）。

自湖北回来……顺下浙江。当即分队，李世贤攻打金华、汤溪等处。严州各城攻破之后，又议分兵……派李世贤打温、台、处州、宁波等处，我派兵去破绍兴各县，军到处所，俱是自降献城。……先将浙江外之府、县分军据净……浙省自孤。……外府、县概行收复，又未有救兵，四门被我坚困，外救独有张玉良一军，由候潮门水道而来。……我军……见张玉良兵到，出兵拦扎，绝断杭城，内外不通，内外夹战未下。城内无粮……军民之心甚乱。……我先破大城，破入大城四日，尚未攻其满城，专候诏下赦。一面与瑞将军和议，云愿放其全军回家，渠总未信。我奏准天王，御诏降下，准赦满人。渠亦不信，开枪打死我兵千百余人。然后攻其内城，各男女投水死者有之，被获者有之。后瑞将军及都统之死，当即差员在河下寻其尸首，用棺木埋之（《李秀成自述》）。

自寇踞江宁，江南大营恒为浙轻重，倾浙财赋供饷，岁银几百万。湘军乏于资，则羡觊之。然浙江故无事于湘军，湘帅、浙抚每不相能。咸丰十年，罗遵殿自湖北来抚浙，寇犯安吉、长兴，始征湘军将萧翰庆等。未至，省城陷，驻防将军瑞昌保子城，江南军赴救者自外乘之，寇弃城走。顷之，大营溃散，苏、常破。援浙将张玉良自以新有功于浙，收溃军屯杭、嘉间。巡抚王有龄，综核善理财。……初至杭州，则奏止湘军。……十一年，杭州被围。穆宗新立，锐意定天下，诏国藩兼制浙江。……时……杭州城独张玉良屯外，未敢战。寇稍逼之，玉良中飞炮死。……诏左宗棠代有龄。命下城陷，有龄死之（《湘军志》七）。

同治元年，清以曾国藩总督江、浙四省军事。国藩分遣李鸿章图苏、多隆阿图皖、左宗棠图浙，而使曾国荃进规金陵。四月，多隆阿下庐州，陈玉成走寿州，乞援于苗沛霖，沛霖诱执之，遂被害。玉成骁勇多智略，既死，楚、皖太平军遂不振。李秀成攻上海，李鸿章购英、法洋枪队御之，火器猛烈，秀成终不得入上海。自是苏、常诸役，清皆以洋枪队先驱，太平军始困。

曾九帅又困安省，英王陈玉成解救不能，又调黄文金回来助救皖省。……英王之军在省，被九帅之深濠高垒困之。……内守将叶芸莱、张朝爵心有惧意，英王心惊……选吴定彩带部军千余人入省，助叶、张守省。英王同刘玱林计保集贤关……被曾中堂发鲍超一军前来……将营寨扎好，又作长濠，每日攻打。营中又无火药、炮子、粮米……后被鲍军攻破，刘玱林、李四福俱是阵死，全军俱没。……省城边菱湖，又被九帅挖塘堤，放炮船而入拦隔，偷信难通。那时英王陈玉成、辅王杨辅清、堵王黄文金在外，九帅兵隔于内，城内无粮。后被九帅攻破，叶芸莱逼死于内，张朝爵坐舟逃生，吴定彩全军俱没。……英王……见省失守，扯兵由石牌而上……转到庐城。尔言我语，各又一心，英王见势如此，主又严责革其职权，心繁意乱……坐守庐城。……后多帅发兵来困……遂失庐郡，逃至寿春，被苗沛霖反心捉获，送解清营而亡（《李秀成自述》）。

洋鬼领薛抚台之银，来攻青浦。该县守将……周文嘉告急。不得已，六月中旬，由省带领人马，先救青浦。……洋鬼出兵迎战……自辰至午，鬼军大败，杀死鬼兵六七百人，得其洋枪二千余条，得其大炮十余条，得洋庄一百余口，得其舟只数百余条。当解青浦之困，顺流破得松江，直引兵去攻上海。斯时有上海夷人来引外，又有汉兵内通，故往也。军到周家汇，隔上海十八里屯扎。离上海九里处所，扎有清朝营寨四个，那时我部将蔡元隆、郜永宽提队……与清将会战。他见军到，弃营不守，正当用力进兵，上海内又谨备恭迎接我。忽然明天暗雨……大风大雨……立脚不住。后未进兵，洋鬼及清兵恭迎，未见我到，薛抚台是夜悉知有通情，复即加银和于洋鬼，请得一二千鬼子守此城。清军通我未成，这班人马概被抚台杀之。……后嘉兴告急到来，不得已，移军由松江、浦邑而回（《李秀成自述》）。

咸丰十年六月十二日，传闻贼垂涎上海久，而不敢即往者，一畏夷鬼子，一畏刘妖。刘妖者，上海刘邑尊郇膏也。……深得民心，防堵尤密，故贼畏之。申刻，接城中信，知夷兵已调齐，由前苏州府吴带往青浦合剿。……七月初二日，闻贼众由泗泾抢掠，赴七宝去。初三日，闻贼在七宝打仗，民团人少不能支，贼至徐家汇一带杀掠。然上海防堵严密，可无虑。初四、五两日，闻贼为刘邑尊击败，焚烧城外市房，惟不敢至城北洋泾浜。……初七日，闻伪忠王李秀成在上海，经夷炮击伤，踉跄而退（《铁梅小沧桑记》上）。

我十二年在省，住有四月之久。……巡抚李鸿章到上海接薛巡抚之任，招集洋鬼，与我交兵。李巡抚有上海正关，税重钱多，故招鬼兵与我交战。其发兵来破我嘉定、青浦，逼我太仓、昆山等县。告急前来，此正是十二年四、五月之间。……调选精锐万人，亲领前去。此鬼兵攻城，其力甚足。……其炮尤利害，百发百中，打坏我之城池。洋枪炮连响，一踊而入，是以我救不及。……失此二城（嘉定、青浦），该鬼兵即到太仓攻打，外有清军助战。……那时，外有清兵万余众、鬼兵三四千人，清兵自松江、泗泾、青浦、嘉定、宝山、上海，连营一百余座，城城俱有鬼兵把守。我到太仓……两边立阵迎战，自辰至午，胜负未分，两家受伤千余士卒。次早……开兵大战，自辰至巳，力破鬼阵，当斩数百，追其下水死者千余，当破清营三十余座，得其大炮洋枪不计其数。……困其嘉定城中之鬼……上海来救之鬼，是由广东调来之鬼……由南翔而来，当即迎战……连战三日……两家伤二三千人。当即飞调听王陈炳文带万余众到……一战鬼兵大败，又斩千余。……被我追杀大半，克复定城，派官把守。……又将青浦鬼兵困稳，外又有松江洋鬼再调来救浦县，用火舟而来，我早架火炮等他。……第一炮正中其舟，其火舟烧起，其救莫由，浦城鬼兵自行退去，自惊下水而亡数百余。……收得青浦之后，顺攻泗泾之营十余个，下到松江以及太仓大小营寨一百三十余营，概行攻破，松江城外之营，亦已攻开，独松江一城，是鬼子所守。次日，又有上海来救之鬼子，用舟装洋药、洋炮十余条而来。经我兵出队迎战，鬼败我胜，将其火药、洋炮、洋枪为我所有……将松江困紧。正当成功之时……天王差官到松江追我……将兵退回……回京。……即饬我进兵北行。……后雨花台又失……天王差官召我回京。……那时我在苏州与洋鬼开仗，连战数日，胜负未分。然后亲引军由阊门到马塘桥，欲由外制，暂保省城，将兵屯扎马塘桥。……苏州守将慕王谭绍光，是我手下爱将。……内有纳王部永宽、康王汪安钧、宁王周文嘉、天将张大洲、汪花班。这班反臣不义……与慕王谭绍光……结怨至今，后果变心，将慕王杀死，投与李抚台。献城未及三日，被李抚台杀害。……今年常州亦被李抚台打开，杀死合城官兵。常州破后，丹阳亦退（《李秀成自述》）。

李鸿章（字少荃）。……咸丰……三年……练乡勇。……十一年……厘定营制饷章，悉法湘军，是为淮军之始。同治元年……曾国藩乃奏饬鸿章移师上海。……超署江苏巡抚。初，苏松太道吴煦榷江海关税，时以重资啖英、法诸酋，借其兵力为助；又令美国人华尔募夷兵数千，益以中国应募者，名常胜军。……鸿章至，悉隶焉。……七月，诸军会拔青浦，伪慕王谭绍光自苏州纠众十数万……分扰法华镇以西，且及上海。鸿章飞调……各军……夹击，贼败走嘉定。九月，进攻嘉定，克之。谭绍光乃纠苏、杭贼大股来犯。……鸿章檄所部……身自督战……贼……复大溃……于是松、沪解严。……先是，华尔援浙，战殁慈溪，代以其副白齐文。十一月，奉调赴江宁，渐怀异志，闭松江城索饷。鸿章与英提督议约十六条，黜白齐文捕治之，易以英将戈登，裁定三千人，减其冗费，束以纪律，常胜军始复为用。常熟守贼骆国忠、董正勤举城降，福山诸海口皆下。……二年……三月，复太仓州城。……四月，复昆山。……六月，饬程学启、戈登进吴江，连破各隘，贼以城降。七月……鸿章分饬程学启、戈登规苏州，李鹤章、刘铭传规江阴，潘鼎新、刘秉璋规嘉善，以牵制贼势；

而李秀成由苏州纠集伪纳王郜云官等水陆十万，逼大桥角营。李鸿章驰军回击，贼稍却。九月，李秀成复由苏州、无锡、溧阳、宜兴聚众八九万，泊运河口，自将悍贼踞金匮之后宅，诸贼从望亭后宅屯营互进。李鹤章亦立八营于大桥角与之持。……大破之。……贼陷江南，以江宁、苏、杭为三大窟，而苏其脊膂，故李秀成百计援苏州。谭绍光尤凶狡，誓死守，附城筑长城石垒，坚不可拔。程学启等顿军河东，累月不下。十月，鸿章莅苏视师，益趣攻。程学启缘南岸，戈登缘北岸，鸿章新督骁健，出炸炮二十余，毁其长城石垒。郜云官等密款乞降，鸿章令斩李秀成、谭绍光以献。李秀成夜遁，郜云官等刺杀谭绍光，开齐门迎师。时降酋列名者，郜云官、伍贵文、汪安均、周文佳、范启发、张大洲、汪怀武、汪有为八人，其精锐犹逾十万，分屯阊、胥、盘、齐四门。……程学启恐难制，白鸿章诛之。……十一月，李鹤章等军克无锡，饬程学启、李朝斌……降嘉善。……遂逼嘉兴城……克之。三年……郭松林等水陆各军合剿，克宜兴，并克溧阳，败金坛伪刘王、伪襄王之众，平其附城诸垒，贼势大蹙。时伪护王陈坤书踞常州。……三月……鸿章乃至常州督军。……镇江防军已克丹阳，提督鲍超克金坛，外援尽绝。陈坤书犹率悍党死拒。……鸿章挥军登城……擒陈坤书。四月，复常州（《清史列传》卷五十七《李鸿章传》）。

浙省金华、龙游等处，俱被左抚台全军制战，宁波府前是鬼子诱引而得。后清将用银惹动洋鬼心，攻我宁波。洋鬼炮火利害，百发百中，攻倒城墙，我官兵不能立脚，是以退守，余姚、嵊县陆续亦退。鬼子攻破宁郡，得赏银之后，又领银来打绍兴。攻此两处，鬼子得银甚多。……自此之后，金华、龙游、严郡、温、台等处，陆续退守，兵屯富阳。左抚台全军发下，逼到富阳，与我军连敌数月，亦未攻下。然后仍请鬼兵由水路而来，用炮攻崩富阳城池，连战数十仗，鬼败。然后再调鬼兵多来，后再与战，左抚台亦队伍交争，是以富阳之失，绍兴之失，萧山之失，兵退到余杭。……左抚台之兵亦到，两下交争，日日连战。我力据余杭，以坚杭州之防。那时鬼兵攻了富阳，得银之后，仍回宁郡。左抚台之兵，分水旱而下杭州，一扎余杭，一扎九龙山，到凤山门、雷峰塔、西湖为止，连至余杭八十余里……其营百余座。我天朝之军，自西湖至余杭止，有营十余座，俱是以水为坚。两军并扎，困守而已。……浙江城是听王陈炳文为帅，余杭是汪海洋为帅，浙江之稳数月者，则水利之坚。然后苏兵带鬼子攻打乍浦、平湖、嘉善，三处失守（《李秀成自述》）。

咸丰十一年……浙江全省地，唯湖州、衢州城为国有，而湖州孤居群寇中，旦夕不自保。……曾国藩与（左）宗棠议，以保徽州，固饶、广为根本。奏以……三府防军悉隶宗棠，通吴越为一家，以保江西。……同治元年正月癸卯，宗棠领见军九千人，自婺源攻开化，破……之。……二月……攻遂安……寇弃城走。……四月，宁绍台道张景渠，自定海招海盗商船西渡，克镇海，进宁波，合英、法军攻城，民团至者过十万，遂克宁波列县，进余姚。……五月甲辰，宗棠军进衢州。……六月……克松阳。七月……复处州……余姚。八月……丁丑，上海军克慈溪，英人华尔中炮死。闰八月……克奉化。……十一月，严州寇攻西山。庚申，王女（江山船总）……报……言:“寇……明夜袭西山，城空可破，请具舟济师。”……（魏）喻义选千人自将以往。……壬午，复严州。……二年正月……复诸暨……绍兴。龙游官军水陆并进，收桐庐。杭州寇震惧，悉力拒富阳。……五月，诏授宗棠总督，仍兼浙江巡抚。……八月庚辰，水陆大举攻富阳，夺城北鸡笼山，发炮攻城，寇弃城走。……始合军攻杭州，蒋益澧在城北屯留下，高连陞在城南屯六和塔，康国器、魏喻义等攻余杭。杭州寇筑垒连四十里，西通余杭。……三年二月甲午，蒋益澧攻杭州，陈兵五门，别遣军攻城北长街。城寇出援，大战自日中至暮，多所杀伤。……其夜，寇启北门走。乙未，省城复，余杭寇亦东走。……三月壬寅，宗棠移驻省城（《湘军志》七）。

（庚）天京之陷落

同治元年五月，曾国荃逼江宁，驻军雨花台。洪秀全急召苏、浙太平军回援。八月，李秀成率军六十万自苏至，围曾军数匝。九月，李世贤亦自浙至，相持四十六日，皆殊死战，然围卒不解。其后，苏、浙为清军所得，天京粮尽，势益蹙。三年六月，城陷，秀全先已仰药死，秀成被执，亦遇害。秀全子洪天贵，走广德，辗转入南昌，被执，死。李世贤、汪海洋入闽，左宗棠、鲍超蹑之，入粤而灭。太平军自道光三十年起兵，凡十五年，纵横十七省，至是而亡。

计开天朝之失误有十：

一、误国之首，东王令李开芳、林凤祥扫北败亡之大误。

二、误因李开芳、林凤祥扫北兵败后，调丞相曾立昌、陈仕保、许十八去救，到临清州之败。

三、误因曾立昌等由临清败回，未能救李开芳、林凤祥，封燕王秦日昌复带兵去救，兵到舒城杨家店败回。

四、误不应发林绍璋去湘潭。此时林绍璋在湘潭全军败尽。

五、误因东王、北王两家相杀，此是大误。

六、误翼王与主不和，君臣相忌。翼起猜心，将合朝好文武将兵带去，此误至大。

六、误主不信外臣，用其长兄、次兄为辅，此人未有才情，不能保国而误。

七、误主不问政事。

八、误封王太多，此之大误。

九、误国不用贤才。

十、误不应专保天京，扯动各处兵马。立政无章，误国误命者。因十误之由而起，而性命无涯（《李秀成自述》）。

十二年……将松江困紧，正当成功之时，曾帅之军已由上而下，破我芜湖、巢县、无为、运漕、东西梁山、太平关一带，和州亦然，有如破竹之势，直至金陵，逼近京都。……天王一日三道差官捧诏，到松江追我。……不得已，将松江兵退回苏州。……八月中旬，由苏省动身过溧阳……向秣陵关而来雨花台。一由板桥、善桥而来围攻九帅营寨，困攻四十余日，连攻未下。九帅节节严营，濠深垒坚，木桥叠叠层层，亦是甲兵之利，营规分明，是以连攻数十日，未能成效。……我主严责革爵……饬我进兵北行……转到天长等处。正逢九帅破我雨花台……京内惊慌。天王差官捧诏，召我回京。……故而轻骑连夜赶回京，此是十三年十一月矣。……因阖城男女之留，不能他去。……此时九洑洲又被水没，官兵无栖身之所。……正逢杨帅、彭帅水军前来攻打，下关又被水师攻下。……九洑洲因而退守。……大势情由启奏主。……曾帅得尔雨花台，绝尔南门之道。……得尔江东桥，绝尔西门不能出入。得尔七桥瓮，今在东门外安寨，深作长濠。下关严屯重兵，粮道已绝。……若不依臣所奏，让城别走，灭绝定矣。奏完，天王严责。……自此之后，京事日变不同。城外九帅之兵，日日逼紧。城内格外惊慌，守营守城，无人可靠。……五月将初之候，斯时我在东门城上，见九帅之兵，处处地道近城。天王斯时焦急，日日烦躁，即以四月二十七日服毒而亡。……后天王长子洪福，与登基以安合朝人心。……至六月十五日……知九帅立破我城，即抽点先锋，连夜出城攻九帅寨，攻打未成。……是日午时之后，曾帅用火药攻倒京城……全军入城，我军不能为敌。……我由太平门败转，直到朝门……带幼主一人……上清凉山躲避。……三更之后，舍死领头冲锋，带幼主冲由九帅攻倒城墙缺口而出。……幼主出到城外，九帅营中……处处喊声不绝，我与幼主两下分离。……走到天明……逃上荒山暂避。……被两个奸民查获，解送前来（《李秀成自述》）。

壬申，曾国荃克宣城。癸酉，合水军克金柱关。甲戌，收芜湖。五月甲申，进屯雨花台。自向荣、和春以兵七万屯守八年，卒溃退。国荃军合水军不满二万，国藩以为孤县无益，未可进，国荃议曰："诸军士自应募起义，人人以攻金陵为志。今不乘势薄城下，而还军待寇，则旷日持久，非利也。若舍金陵，别攻宁国、广德，或取颍、寿，则将士见谓置于闲地浪战而意怠，虽鲍、张亦益厌攻战，将去公而归耳。逼城而屯，亦足以致寇。军势虽危，顾不可求万全。"国藩许之。会左宗棠亦言宜薄城，围攻之，势乃定。……闰八月，苏、常寇来攻，曾国荃军多发西夷火器相烧击，复穴地袭屯，连十昼夜不休。九月，浙江寇复来助攻。……国荃以三万人居围中，城寇与援寇相环伺，士卒伤死劳敝，然罕搏战，率恃炮相震骇。……十月，寇解去。……国藩日夜忧危，以进攻江宁为非计，乃自行围视焉。二年二月，国藩还安庆，以曾国荃围坚定，水陆辑睦，始罢退军之议。……四月，刘连捷、萧庆衍等……和曾国荃攻破江宁坡南西寇垒九。……十一月……曾国荃益募新军增围师，围城官军遂至五万人。……三年正月……戊午，曾国荃攻钟山寇屯，克之。……移军屯守，更增筑垒，屯军五六千遏北道。余玄武湖，阻水为围，城寇粮运绝矣。……二月……江宁寇频驱老弱女口出城以节食，更于城中种麦刈草为粮。……四月……又诏李鸿章移师，合攻江宁。……五月……江宁围军以城破可计日，而李鸿章当来会师，耻借力鸿章。鸿章亦让功，托言盛暑不利火器，延不至。朝命促会师数急，曾国荃忧愤，日约将士穴地隧城，期必破。……六月甲申，地道成。乙酉日午，地道火发，城崩二十余丈。……朱洪章等乘城缺登……朱南桂、罗逢元等，皆梯而登，寇散走。……洪秀全已前一月死，其子洪福年十八、九，余寇挟之走广德（《湘军志》五）。

曾国荃……同治元年……三月，率师东下，贼败巢县望城冈，进拔桐城闸、雍家镇诸隘，遂复巢县、含山，旋下和州，克裕溪口，率轻兵袭取西梁山，埽平北岸贼垒。……四月，会兵部侍郎彭玉麟水师进逼金柱关，贼被水军牵制，国荃乘间潜师，径薄太平，夺门入，立复其城；又引军攻克金柱关伪城，平毁三汊河、上驷渡数十垒。……五月，复秣陵关。……进夺大胜关、三汊河两垒。……拔头关，水师进扼江宁护城河口，国荃倚之，遂逼江宁，驻营雨花台。贼连日猛扑，皆击却之。六月，援贼至，又败之。……八月，大江南岸疾疫盛行，营中病者逾万。闰八月，伪忠王李秀成自苏州率众六十万来援，纠合城贼日夜攻扑大营，不少休，并分党踞洲上，截我粮路。国荃乘夜于洲上急修十数垒，分兵驻之，并令补用道刘连捷遣死士缒墙出击，殪贼数十，贼复争湖桥营卡。国荃移水师于藕塘，筑营堤上，守之，运道乃固。贼攻大营六昼夜，道员彭毓橘等乘其乏，破贼四垒，贼乃悉向东路，负片板蛇行，束草填濠，前者拽尸，后者更进。国荃督军策应，炮伤颊，犹力战，贼始败退。九月，伪侍王李世贤，自浙江率众十万继至，环攻炮台益急，国荃力破之。时弁勇相继伤亡，乃令各营增筑墙濠以自固，贼用箱箧实土于中，排砌濠边，上防炮子，下凿地道。国荃……袭破潜挖地道之垒，贼始不得逞。会芜湖守将王可陞率两营继至，国荃因整劲队分道并出……大营围解。……二年……四月……时江苏巡抚李鸿章方进规苏州，国荃度忠逆不回援苏、巢，即窜犯扬州里下河，计莫如急争金陵老巢。攻其所必救，使城下之贼不暇远趋苏郡，而北岸之贼亦不敢专注扬州。乃激励各军督攻雨花台伪城及聚宝门外三面石垒，克之。……五月，国荃遣水师攻克下关、草鞋峡、燕子矶等隘。明日，攻九洑洲，贼殊死守，各营负创角战，至日晡扑入，尽歼之；寻破长干桥、印子山诸垒。以上方桥为贼粮道，令提督萧庆衍、萧孚泗等攻下之。八月，克江东桥、上方门、高桥门等处石垒，又克城东七瓮桥及紫金山西南之博望镇、中和桥、秣陵关各贼巢。十月，拔淳化、解溪、隆都、湖墅、三岔镇等隘，毁二十余垒。三年正月，围攻钟山，破天保伪城。城围始合。……五月，进攻龙膊子山地保伪城，克之。时朝阳、神策等门地道久无成，国荃以将士疲敝，恐生他变。六月，益誓师督战，令提督李臣典从贼炮极密处重开地道，而别军力攻太平门、龙膊子一带。及火发，轰塌城垣，李臣典先登，彭毓橘、萧孚泗等继之，贼以火药倾盆烧官军，无一退者，毙贼十余万。凡伪王、伪主将、天将及大小酋目约三千余名，伪忠王李秀成、伪王兄洪仁达被擒，伏诛。江宁克复（《清史列传》卷五十九《曾国荃传》）。

我广东人，自少名洪天贵。数年前，老天王叫我加个福字，就名洪天贵福。登极后，玉玺于名字下横刻真主二字，致外人叫洪福瑱，现年十六岁。……本年四月十九日，老天王病死了。二十四日，众臣子扶我登极……以后我就叫幼天王。……六月初六日五更，我梦见官兵把城墙轰塌，拥进城内。……我便一直跑往忠王府去了，忠王带我走了几门，都冲不出来。到初更时候，乃假装官兵，从缺口出来，才出来千多人。……到广德州，只剩数百人，就约堵王等分路来江西。寻康王、侍王沿途节节打仗，不计其数……到杨家牌。……三更时候，四面围住，把我们都打散了。……独自一人，躲入山里……下山到了唐姓人家。……他那里有人剃头，我就顺便也剃了。住了四日，唐姓人叫我回家。……走到石城地界，就被他们把我带到营中（《洪福瑱自述》）。

同治三年……六月，江宁平。……伪堵王黄文金拥众十万，踞湖州。……七月，会浙军袭湖州，刘铭传亦克广德州，追毙逆首黄文金，江、浙肃清。……四年正月，饬郭松林、杨鼎彝，率军航海赴闽，从闽浙总督左宗棠军，叠克漳州、漳浦等城（《清史列传》卷五十七《李鸿章传》）。

（同治）三年二月……群贼聚湖州。……六月，曾国荃克江宁，洪秀全子福瑱奔湖州，俄复溃走，磔于南昌。七月，克湖州，尽定浙地。……余贼散走徽、宁、江西、广东，折入汀州，福建大震。乃奏请之总督任，以（蒋）益澧护巡抚，增调（王）德榜军至闽。四年三月，江苏军郭松林来会师，贼弃漳州出大埔。五月，进攻永定。（李）世贤、（汪）海洋既屡败，伤精锐过半，归诚者三万。（左）宗棠进屯漳州，蹑贼武平。于是贼窜广东之镇平，而福建亦定。乃檄康国器、关镇平两军入粤，王开琳一军入赣防江西，刘典军趋南安防湖南，留高连陞、黄少春军武平，伺贼进退。六月，贼大举犯武平，力战却之。世贤投海洋，为所戕，贼党益猜贰。诏以宗棠节制三省诸军。十月，贼陷嘉应，宗棠移屯和平、琯溪。德榜虑帅屯孤悬，自请当中路。刘典闻德榜军趋前，亦引军疾进。猝遇贼，败，贼追典，掠德榜屯而过，枪环击之，辄反走。是夜降者逾四万，言海洋中炮死矣，士气愈奋。时鲍超军亦至，贼出拒，又大败之。合闽、浙、江、粤军围嘉应。十二月，贼开城遁，扼诸屯不得走，跪乞免者六万余，俘斩贼将七百三十四。……五年正月，凯旋（《清史稿》列传一九九《左宗棠传》）。

（2）制度

（甲）官制

伪官分朝内、军中、杂职为三途。伪朝内自王侯以下……有掌朝、掌率、尚书、仆射、承宣、侍卫、左史、右史、疏附等伪名。其贼军中，则有监军、军帅、师帅、旅帅、卒长、两司马等伪名。其杂职司贼之食用者，一事一官，皆曰典，有典粮、典油盐诸名；又有称衙者，如宣诏、拯危、药材、买办、宰夫诸伪官，皆曰衙（杜文澜《平定粤寇纪略·附记》卷三）。

伪官品级……伪王最尊，次伪侯，次伪丞相，次伪检点，次伪指挥，次伪将军，此伪朝内官品次之大略也。军中总制最尊，次监军，次军帅，次师帅，次旅帅，最下为卒长、两司马，此伪军中官品级之大略也。侍卫典事注，以职司某官，意皆伪朝杂职。而伪禁城内官，则较外官为尊。伪东王府属，亦视各伪王府属为尊。其外出任事，亦同正职（张德坚《贼情汇纂》卷三《伪品级铨选》）。

贼素有女军，皆伪王亲属。……生长洞穴，赤足裹头，攀援岩谷，勇健过于男子。……所掳妇女，皆以军法部署，置总制诸官以统之。自湖北掳得妇女，无虑十数万，美者皆收入伪宫。……其善女红者，分入绣锦营，置指挥以下官领之。余悉迫令解足，任荷砖门沟，浚濠运土诸役，俱立官以督工。……贼严男女之禁，虽夫妇同止宿，亦治以极刑（张德坚《贼情汇纂》卷三《伪女官》）。

其制大抵分朝内、军中、守土三途：朝内官如掌朝门左右史之类，名目繁多。……军中官为总制、监军、军帅、师帅、旅帅、卒长、两司马。凡攻城略地，尝以国宗或丞相领军，而练士卒，分队伍，屯营结垒，接阵进师，皆责成军帅，由监军总制上达于领兵大帅以取决焉。其大小相制……甚得驭众之道；守土官为郡总制、州县监军、乡军帅、乡师帅、乡旅帅、乡卒长、乡两司马，凡地方狱讼钱粮，由军帅、监军区画，而取成于总制，民事之重，皆得决之。自都金陵，分兵攻克府、厅、州、县，遂即其地分军，立军帅以下各官，而统于监军，镇以总制，监军、总制受命于伪朝。自军帅至两司马为乡官……以其乡人为之。……军帅兼理军民之政，师帅、旅帅、卒长、两司马以次相承，皆如军制（《清史稿》列传二六二《洪秀全传》）。

官制表

1 朝内官	一、王……一等东王、西王，二等南王、北王，三等翼王，四等燕王、豫王、国宗。 二、侯……佐天、卫天、补天、靖湖、定湖、平湖、剿湖、灭湖等侯。 三、丞相……天、地、春、夏、秋、冬六官，正、副共二十四人。 四、检点……殿前左右，自一至三十六，互为排次，共三十六人。 五、指挥……殿前左右，自一至七十二，互为排次，共七十二人。 六、将军……炎、水、木、金、土，各自一至十，分正、副，共一百人。
2 军中官	一、总制……炎、水、木、金、土，自一至十九，共九十五人。 二、监军……炎、水、木、金、土，自一至十，分正、副，共一百人。 三、军帅……前、后、左、右、中，各十九军，军一人，九十五军，一共九十五人。 四、师帅……每军帅辖五师帅，九十五军，共四百七十五人。 五、旅帅……每师帅辖五旅帅，九十五军，共二千三百七十五人。 六、卒长……每旅帅辖五卒长，九十五军，共一万一千八百七十五人。 七、两司马……每卒长辖四两司马，九十五军，共四万七千五百人。

续表

<table>
<tr><td colspan="2">3
乡官</td><td>一、郡总制……每府设一人，以老伙充之，统辖乡官。
二、州县监军……每州县设一人，以老伙充之，统辖乡官。
三、乡军帅……每一州县，分设三军不等，以下皆以本地人充之。
四、乡师帅……每乡军帅，辖五乡师帅。
五、乡旅帅……每乡师帅，辖五乡旅帅。
六、乡卒长……每乡旅帅，辖五乡卒长。
七、乡两司马……每乡卒长，辖四乡两司马。</td></tr>
<tr><td rowspan="2">4
女官</td><td>朝内</td><td>一、女军师……左辅、右弼正军师，前导、后护副军师，各一人，共四人。
二、女丞相……天、地、春、夏、秋、冬六官，正、副共十二人。
三、女检点……殿前左右互排，至三十六，共三十六人。
四、女指挥……殿前左右互排，至七十二，共七十二人。
五、女将军……炎、水、木、金、土、正、副。</td></tr>
<tr><td>军中</td><td>一、女总制……前、后、左、右、中，自一至八，四十军，共四十人。
二、女监军……如总制。
三、女军帅……一军一人，四十军，共四十人。
四、女卒长……一军领廿五，四十军，共一千人。
五、女管长……一卒长领四，四十军，共四千人，女两司马改名管长。</td></tr>
</table>

（乙）兵制

一军，军帅一人，师帅五人，旅帅二十五人，卒长一百二十五人，两司马五百人。刚强、勇敢、雄猛、果毅、威武诸伍长，各五百人，共伍长二千五百人。冲锋、破敌、制胜、奏捷诸伍卒，各二千五百人，共伍卒一万人。合伍长五卒，一万二千五百人。自军帅至两司马共六百五十六人。合计一军，伪官伍长伍卒，统共一万三千一百五十六人（张德坚《贼情汇纂》卷四《伪军制上》）。

贼匪……每军十二典，曰圣库（金、帛），曰圣粮（稻、麦），曰油盐，曰旗帜，曰铳炮，曰铅码，曰硝磺，曰竹木，曰铁，曰药材，曰买卖，曰医（《汪悔翁乙丙日记》卷二）。

伪总制每军一人，分炎、水、木、金、土。……更分一、二、三、四，以次相承，至于土十九总制，应有总制九十五人，自监军以下，悉受节制。……平时辖军，军帅独任。至出师，乃以监军统之。其丞相、检点、指挥，以伪命出，则并辖数军。总制以下，皆听约束。行文系衔，则僭署钦差大臣（张德坚《贼情汇纂》卷三《伪军中官》）。

每军编制表

1. 军帅一人……每军帅领前、后、左、右、中五营师帅。
2. 师帅五人……每师帅各领前、后、左、右、中五营旅帅。
3. 旅帅二十五人……每旅帅各领一、二、三、四、五五卒长。
4. 卒长一百二十五人……每卒长各领东、西、南、北四两司马。
5. 两司马五百人……每两司马各领刚强、勇敢、雄猛、果毅、威武五伍长。
6. 伍长二千五百人……每伍长各领冲锋、破敌、制胜、奏捷四伍卒。

贼初无舟楫，故无水营。自益阳至武汉，掳民船三十余只，船户唐正财，为指搭浮桥于汉江，杨逆嘉其能，始立水营，以唐正财为指挥，总统水营船务。逮至江南，掳船愈多……乃升唐正财为殿前丞相，即以被掳船户水手为水兵，分为前、后、左、右、中五军，旋增至九军，每军以军帅领之。其下所属师帅至两司马，亦如旱营之制。……别立水营总制、将军、监军统之。此九军，均归唐正财调遣（张德坚《贼情汇纂》卷五《伪军制下·水营》）。

贼攻城，专以挖地道为得计，于道州、郴、桂等处，尽掳挖煤山人数千，另立土营。初仅指挥一人，将军分一、二正副四人。后又封指挥至三十余人，将军六百余人，其总制、监军、军帅至两司马俱备。至江宁，封土营师帅至七百六十二人。其实所辖，并无一万三千一百之数。因穴地有功，故悉封师帅之职，非皆统五百人也（张德坚《贼情汇纂》卷四《伪军制上·土营》）。

水营、土营而外，又有木营，其卒皆木工。金匠营，其卒皆金银匠。

织营，其卒皆织机匠。金靴营，其卒皆靴鞋匠。绣锦营，其卒皆男绣匠。镌刻营，其卒皆刻字匠。各营以指挥统之，其总制至两司马，亦如土营、水营之制（张德坚《贼情汇纂》卷四《伪军制上·附诸匠营》）。

贼于各乡编置乡官，以一万二千五百家为一军，并颁给所刻伪军册，胁令填注，胁令详造家册呈送（张德坚《贼情汇纂》卷四《伪军制上》）。

其阵法有四：曰牵阵法。……每两司马执一旗，后随二十五人。百人则间卒长一旗，五百人则间旅帅一旗，二千五百人则间师帅一旗，一万二千五百人则间军帅一旗，军帅、监军、总制乘舆马随行。一军尽，一军续进。宽路则令双行，狭路单行。……一遇敌军，首尾蟠屈钩连，顷刻岔集。败则闻敲金方退，仍牵线以行，不得斜奔旁逸。曰螃蟹阵。乃三队平列阵也。中一队人数少，两翼人数多。其法视敌军分几队，即变阵以应之。……其大阵包小阵法，或先以小队尝敌，后出大阵包之；或诈败诱敌追，伏兵四起以包敌军。……曰百鸟阵。此阵用之平原旷野，以二十五人为一小队，分百数十小队，散布如星，使敌军惊疑，不知其数之多寡。敌军气馁，即合而攻之。曰伏地阵。敌兵追北至山穷水阻之地，忽一旗偃，千旗齐偃，瞬息千里，皆伏地不见。敌军见前寂无一卒，诧异徘徊。贼伏半时，忽一旗立，千旗齐立，急趋扑敌，往往转败为胜（《清史稿》列传二六二《洪秀全传》）。

其营垒或夹江、夹河、浮筏、阻山、据村市，及包敌营，为营动合古法。每数营必立一望楼瞭敌（《清史稿》列传二六二《洪秀全传》）。

嗣见贼守城法，于各城外皆为营垒，垒以土垣，不甚高厚，留穿以置铳炮。中为更楼一，高三层或四层，楼上四面空敞以瞭望，夜以支更，其下为房以居人。垒内为濠一，外为濠三四道环之，多则有七八道者。濠深八尺，广六尺、八尺不等，中密钉竹签。濠相间约丈，上置虎刺荆棘巨木，槎丫周密。环布垒门，门皆曲向。濠上往来以吊桥。此濠外又为一大濠环城，城上间二丈一更房支更，更人每房五人直一更柝，不许少歇。城内环城亦为濠，并上城坡亦濠之。坡上置木栅，闭城上人不许下。每门设城守、巡守二人。士卒不许脱衣而寝，夜不点灯火，不闭门，夜不许人行。日落时，寂如长夜，惟贼之听令者、巡查者行焉。城门砌狭，城阙内置炮二座。城上女墙以筐盛石置之，备抛掷。城内各街皆置更楼，街有他馆，馆又各一更楼，而北极阁覆舟山一带尤众。故全城内外在目如绘，一闻战则更楼吹角，各馆人持械疾赴韦昌辉处听指挥，少延则斩。然后知我军守城真儿戏也（《汪悔翁乙丙日记》卷一）。

（丙）律

伪律凡六十二条，点天镫、五马分尸各三，余皆斩（杜文澜《平定粤寇纪略·附记》卷三）。

贼中所刻伪天条书，为《营规》，皆粤西旧例。……俘获伪奏章稿内，有《增议太平刑律》多条，又伪燕王秦日纲所出告示，亦载应斩罪多款，谓之《律》，则群贼遵奉，又统谓之《天令》。夫令所以驭军，律所以制民而兼制军者也。贼中百姓，皆籍为兵……概称条禁为令也亦宜（张德坚《贼情汇纂》卷八《伪律》）。

定营规式……一要恪遵天令；二要熟识天条赞美、朝晚礼拜感谢规矩，及所颁行诏谕；三要练好心肠，不得吹烟饮酒，公正和傩，毋得包弊徇情、顺下逆上；四要同心合力，各遵有司约束，不得隐藏兵数，及匿金银器饰；五要别男营女营，不得授受相亲；六要谙熟日夜点兵，鸣锣吹角，擂鼓号令；七要无干不得过营越军、荒误公事；八要学习为官称呼、问答礼制；九要各整军装枪炮，以备急用；十要不许谎言国法王章、讹传军机将令。……行营规式……一令各内外将兵，凡自十五岁以外，各要佩带军装、粮食及碗、锅、油、盐，不得有枪无杆；二令内外强健将兵，不得僭分干名、坐轿骑马及乱拿外小；三令内外官兵，各回避道旁，呼万岁、万福千岁，不得杂入御舆、官妃马轿中间；四令号角喧传，急赶前禁地听令杀妖，不得躲避偷安；五令军兵男妇，不得入乡造饭取食、毁坏民房、掳掠财物，及搜抄药材铺户，并府、州、县有司衙门；六令不许乱捉卖茶水、卖粥饭外小为挑夫，及瞒昧吞骗军中兄弟行李；七令不许在途中铺户堆火困睡，耽走行程，务宜前后联络，不得脱走；八令不得焚毁民房及出恭在路井、房舍；九令不得枉杀老弱无力挑夫；十令各遵主将有司号令分拨，毋得任性自便，推前越后（张德坚《贼情汇纂》卷五《伪军制下·营规》）。

（丁）舆服

凡伪王，皆黄缎轿、绣云龙。侯、丞相、检点、指挥，皆红缎轿，绣彩龙云凤，以龙凤之多寡分尊卑。将军、总制、监军，皆绿轿；军帅、师帅、旅帅，皆蓝轿；百长、两司马，皆黑轿，亦定有绣虎、绣鹿之制，然未曾用。伪天王舁夫六十四人，伪东王舁夫四十八人，以次递减，至两司马舁夫八人而止。洪逆从未出行，惟杨逆每出行，必盛陈仪仗，开路用龙灯一条，计三十六节，以钲鼓随之；其次则绿边黄心金字衔牌二十对；其次则铜钲十六对；用人肩挑，后飘数尺黄旗，墨书金锣二字；其次绿边黄心绣龙长方旗二十对；其次同上色绣正方旗二十对；其次同上色锈蜈蚣旗二十对；高照提灯各二十对，虽白昼亦用之；其次画龙黄遮阳二十对；提炉二十对；黄龙伞二十柄；参护背令旗，骑对马，约数十对；最后执械护卫数十人；绣龙黄盖一柄，黄轿二乘。杨贼乘坐，或前或后，盖仿古副车之义，而恐人之伺己也。轿后黄纛十余杆，骑马执大刀者数十人，更用鼓吹音乐数班，与仪从相间，轿后亦用龙灯钲鼓。凡执事人皆上黄下绿号衣。至于执盖执旗，多用伪官，皆著伪公服。……伪北王以下，虽乘黄红轿，一切仪卫，较之杨贼，不逮十分之一。其余丞相、检点等官，无非铜钲两对、黄盖一二柄而已（张德坚《贼情汇纂》卷六《服饰》）。

伪衣冠也，僭尚黄，交衽宽袂。伪天王及诸伪王冠缀黄缎八片为额，绣云龙，饰珠玉，号八宝冠。袍、靴皆黄绣。伪勋爵冠、袍同。伪王红靴。伪检点、伪指挥黄冠绣麟，袍、靴同伪勋爵。伪将军、伪总制黄冠绣狮；伪监军、伪军帅黄冠绣虎，袍、靴同伪检点。伪师帅、伪旅帅红冠绣彪；伪司马绣鹤，皆蓝袍黑靴。凡裹首之巾，通用黄，未授伪职者用红。夏冠以竹角为之，杂饰鸟兽花卉。自伪王以下，冠额皆表绣衔小牌、风兜。洪逆僭用黄，伪王以下皆用红缘黄，伪王、伪勋爵缘三寸余，以次减杀。伪女官杂施采绣。……伪旗帜也，洪逆及伪王，僭用黄，杨逆缘绿，冯逆缘紫，萧逆缘白，韦逆缘黑，石逆缘蓝。洪逆方一丈，以下递杀五寸。伪官皆杂色尖旗，或有缘，或无缘（李滨《中兴别记》卷一）。

长发老贼，用五彩丝绒编成条子，若续命缕然，紧扎发根后，将发挽髻，以所余之绦，盘于髻上。伪制将军以下，不得用五彩，只用红绿丝绳编挽。其无职群贼，短发者打红辫线，发长过尺或挽髻，贯以妇女银簪，并有扎网巾及披发者。打仗必穿号衣，戴竹盔，着平头薄底红鞋。老贼与有官者，穿红黄小袄，着黄鞋，而不着号衣。……伪官老贼穿红黄衫，其余除白色不穿外，就原衣杂色，或为短衫，或为坎肩。其衫裤尤尚黑色，幼童或有穿红蓝裤者。掳来书写人，统称先生，准穿长衫、着鞋袜。小馆扎黑绸包巾，大馆扎黄包巾，无腰牌号褂。贼中禁令，虽极热，夜卧不准光身，白昼不得裸上体。犯则枷打（张德坚《贼情汇纂》卷六《服饰》）。

（戊）历法

伪历……其书无凶吉宜忌，以二十八宿值配之而定。岁有闰日无闰月。进历伪表云：“当今天日平匀圆满，无一些亏阙。某等造历，以三百六十六日为一年，单月三十日，双月三十一日。立春、清明、芒种、立秋、寒露、大雪俱十六日，余俱十五日。乃是天父上主皇帝遣我主降凡旨意也。从前历书，尽行删除。年月日时，皆天父排定，年年吉良，月月吉良，日日时时亦皆吉良，何用选择？”（杜文澜《平定粤寇纪略·附记》卷二）

（己）礼法

其教以星、昴、房、虚四宿礼拜。先一日，伪帅遣人负礼拜旗一面，鸣钲于市，大呼明日礼拜，各宜虔敬，不得怠慢。各馆即于是夕三更交子时后，点灯三盏，供茶三杯，肴三盛，饭三盂，鸣锣集众，坐一堂。贼目及充先生者，即坐于正中所设数座上，群贼两旁杂坐，齐诵赞美毕。充先生者，缮成黄表奏章……跪地朗诵，群贼长跪读讫焚化，则以所供肴馔共享。此七日礼拜之仪也。每日朝饔夕飧，亦必鸣钲齐集。……自贼目以下，亦环坐而读赞美毕，充先生者，伏地默读奏章，谓之默咒，群贼俱跪读讫，始杂坐饮食。……以上所叙，犹卑小伪官馆中所为。若首逆洪贼，且于天门外造一台，为生日令节敬天之所。伪宫内，亦设礼拜坛场，铺张侈丽，莫可殚述（张德坚《贼情汇纂》卷八《礼拜》）。

伪天条十事，背者诛无赦。……其说不许拜邪神，不准杀人害人，教人孝顺父母，不许奸淫，不许窃抢。凡欺诈有禁，起贪心有禁，耳目口鼻俱有箴；男女有别，夫妇无同宿，不许私相往来；通闻问，胁从人众，令朝夕诵读赞美。乡愚多不识字，遂责识字者口诵之，故每馆必有通文墨呼为先生者。贼所踞之地，必鸣金集众，筑坛场，张镫彩鼓吹，推老贼一人，升座论说天条，名曰讲道理，实皆有所为也。凡掳众搜粮必讲，仓猝行军必讲，选色征财必讲，驱丁壮为极苦之役必讲，究其所述，则谓天父莫大功德。天王、东王操心劳力，安养世人，功德巍巍，理应娱其心志，畅其体肤，必遵其号令而已（杜文澜《平定粤寇纪略·附记》卷二）。

贼伪造新旧《圣书》，其旧者摭拾《约翰福音》诸书。所谓《新圣书》者，皆贼颁伪诏，共冯云山臆造而成，有《太平军目》《太平礼制》《太平条规》。又有书曰《三字经》《幼学诗》，尤俚俗不可入目，倡乱诸贼所同造也。其余诸箴、诸论、诸门联，则被胁士子不得已而为之（杜文澜《平定粤寇纪略·附记》卷二）。

书名	内容
天父上帝言题皇诏	每句七字，即十全大吉诗十首。
天父下凡诏书一	内载在广西时，有周锡能勾结官军为内应，杨秀清知觉，托言天父下凡附体，指出其人，一切问答俱记之。
天父下凡诏书二	内载东王杨秀清，托言天父下凡，进谏天王事。
天命诏旨书	内载在广西起事之初，所颁诏书。如封诸王及秀全称王不称帝等事。
旧遗诏圣书	内《创世传》一卷，《出麦西国传》一卷。
新遗诏圣书	即《马太传福音书》。
天条书	内载条教，如悔罪规矩、悔罪奏章，及朝晚拜上帝、食饭拜上帝、灾病求上帝诸事。
太平诏书	内载《原道救世诏》《原道醒世诏》《原道觉世诏》凡三篇，大旨以尊上帝、拜基督为主。
太平礼制	内载天王诏令关于王世子以下称呼之词。
太平军目	内载旗帜尺寸，及军师、旅、卒、两伍编制诸式。
太平条规	内载定营规条十要，及行营规矩十条。
颁行诏书	内载诏书三通，历数清朝罪恶。
颁行历书	内载制定新历情况。
三字经	每三字一句。
幼学诗	共五言诗三十四首，有敬天父、敬内亲、君道、臣道、父道、子道诸诗，及身、目、耳、口、手、足诸箴。
太平救世歌	内述原道救世之义，凡歌三首，前有东王序。
建天京于金陵论	汇录何震川诸人论说。
贬妖穴为罪隶论	首载天王诏旨，以天京而外，皆不得僭称京，故贬北京为妖穴。后有何震川等论文。
诏书盖玺颁行论	内载吴容宽等二十五人论文，均迎附之语。

续表

书名	内容
天朝田亩制度	内载一军分田及生死黜陟等事，并编制乡军各制度。
天情道理书	内侯相序文，及历叙天父、天兄、天王、东王暨列王教导之恩，末缀以歌词。
御制千字诏	内四言文，共二百七十六句，普通用字，依类编成，略似课蒙之旧《千字文》，而寓神道设教之意。
行军总要	内载陆路、水路、点兵、传官、查察、防敌要道、禁止、体恤、试兵九种号令。
天父诗	内托为天父所题诗，凡五百首。
醒世文	内述上帝恩德，及金田起事后告诫官民兄弟及清兵者，共七言二百四十四句。
王（长、次）兄亲目亲耳共证福音书	内洪仁发、洪仁达奏献本章，及敬录天王上天预诏，为证明其为真命天子，将下凡管理万邦人民。
英杰归真	内中设为红顶双翎张某投降者，询问礼法之词，洪仁玕为之一一解答。
士阶条例	内载劝诫士子文，又科场士阶条例若干条。
幼主诏书	内天王诏旨一首、幼主诏书共十首，为别男女、谨心口之箴言，天王命幼主所写者。
天理要论	共八章：一、有上帝；二、独有一上帝；三、论上帝名；四、上帝乃灵；五、论上帝永在；六、上帝无变；七、上帝无不在；八、上帝无所不能。
资政新篇	言治国必用人得当、设法得当，分用人察失类、风风类、法法类、刑刑类。
钦定军次实录	干王徽、浙催兵所过各地，或录圣旨，或为诗，或为谕，以宣教醒民者。
太平天日	记洪秀全病迷上天堂，及醒后游行传道毁庙事。
干王洪宝制	宣传反清拜上帝，其克敌诱惑论，言诱惑之难克更难于克敌。其次言兵要四则。最后言悔罪改罪则可受福。

(庚)田赋

凡田分九等。其田一亩，早晚二季可出一千二百斤者为尚尚田，可出一千一百斤者为尚中田，可出一千斤者为尚下田，可出九百斤者为中尚田，可出八百斤者为中中田，可出七百斤者为中下田，可出六百斤者为下尚田，可出五百斤者为下中田，可出四百斤者为下下田。……凡分田照人口，不论男妇，算其家人口多寡，人多则分多，人少则分寡。……凡天下田，天下人同耕，此处不足，则迁彼处；彼处不足，则迁此处。凡天下田，丰荒相通。……凡男妇每一人，自十六岁以尚，受田多。逾十五岁以下，一半（《天朝田亩制度》）。

(辛)赋税

贼之所至，先贴伪示，令人资送，首重米谷，次则银钱珍宝，名曰进贡。给以字条，名曰贡单。云贴于门首，则贼不敢扰。人争趋送，贴单门首为护符。……更有专事搜括之贼，名曰打先锋。每至一处……招本地无赖为眼目，就富家大小，以次搜索。有豫为埋藏者，亦十不免一（杜文澜《平定粤寇纪略·附记》卷三）。

每村镇各举数耆老，设一公所。贼至……输纳钱数百千、粮数百石，求免穷搜。贼去，则按田亩而摊之，此科派之始也。……所设乡官，一军之地，共有田亩若干，以种一石，终岁责交钱一千文、米三石六斗，核算注于册籍……无上下忙卯限诸章程。催粮之贼不绝于道。……如行军所需各物，皆悉取给于乡官（张德坚《贼情汇纂》卷十《科派》）。

自武昌至江宁，向设四关……抽税无一切章程则例。其报船料也，以船长一丈，抽税千钱。所载之货，分粗货细货，粗货船长一丈，抽税钱二千；细货倍之。大率以盐、布、棉花、煤、米为粗货，丝、绸、苏货为细货。抽税之后，给伪船票一张……可免虏劫（张德坚《贼情汇纂》卷十《关榷交易》）。

（壬）科举

贼首每庆生辰，先数日，逼令各馆先生，胁从士子，投名进贡院考试，约仿科举仪。所试非策非文，出题以所刊诸妖妄书。如杨秀清试，首题云“四海之内皆东王说”，次题云“真道岂与世道相同论”。试毕，于诞期传胪，取鼎甲三人、翰林十余人、进士百余人，即冠以龙凤冠、锦袍游街，东、北、翼亦然。然第壮观瞻而已，未闻授以职事（杜文澜《平定粤寇纪略·附记》卷二）。

甲寅天试，元甲三名，为吴容宽、江祖槐、夏庆保。其试以各渠贼生日为期，石达开二月生，试期以初一日为翼试。韦昌辉六月生，试期以二十日为北试。杨秀清八月生，试期以初十日为东试。洪秀全十二月生，试期改于十月初一日为天试，以其子乃十月生也。一年凡四试。又甲寅年九月二十日天试，元甲三卷，次甲六卷，三甲十卷，则其试亦无常期，并不循例矣（张德坚《贼情汇纂》卷三《伪科目》）。

乡试中者无定额，亦不论门第，取中即为举人。……赴伪守土官署报名，给以行资，具舟车，送入江宁应伪会试。……甲寅年，凡试二省。安徽乡试掌考官，为伪天试状元武立勋，无副。湖北乡试正掌考官，为伪翼试状元杨启福，副掌考官为翼试榜眼张友勋。其试文亦如八股，诗则试帖。惟题目皆出伪书，不本《四书》《五经》及子、史、文集（张德坚《贼情汇纂》卷三《伪科目》）。

甲寅……开武科，以四月初一日为乡试。……取中谷光辉等一百四十七名为武举。十五日，韦贼赴教场校阅，谓之会试。……取中刘元合等二百三十余名为武进士。……五月初一日，杨贼复试于教场，遂奏请洪逆，以刘元合为状元，职同指挥；谷光辉、周得三为榜眼、探花，职同将军；余二百余人，皆职同总制。次日，伪朝门设宴，谓之会武宴（张德坚《贼情汇纂》卷三《伪科目》）。

改秀才为秀士……改补廪为俊士……改拔贡为杰士……改举人

为博士。……庚申十一月……改为约士……改进士为达士，改翰林为国士。……至武秀才等，则改称英士、猛士、壮士、威士（《钦定士阶条例》）。

二月初三日，考乡文学一场，其首一名曰信士。二月十二日，考乡武学一场，其首一名曰艺士。由军帅典试，文、武均取首一名，军帅给以信士、艺士执照。其余评定甲乙，亦概行录送，达之县监军。每年三月，举行县试。县监军先期出示，于三月初三日，考县文学一场，初六日复试一场，其首二名曰秀士。三月十三日，考县武学一场，十六日复试一场，其首二名曰英士。由县监军典试。……每年钦遣各郡提学，考俊士则两文一诗，考毅士则马箭三枝、步箭五枝及弓刀石技勇。……每逢子、午、荣、酉年，由京遣放提考，每省正、副各一员。提考先期行文，于七月初七考约士，三文一诗。初九日复试，一策、一论、一诗，由提考出题。于七月十七日考猛士，马箭三枝、步箭五枝。十九日复试，步箭五枝及弓刀石技勇，并默写武略一节，由提考校阅。取定约士、猛士若干名，提考给以执照（《钦定士阶条例》）。

元甲，状元、榜眼、探花。二甲，国士、威士。三甲，达士、壮士。……元甲职同指挥；二甲首名传胪，职同将军；国士、威士职同总制。三甲首名会元，职同监军；达士、壮士，职同军帅。省试，约士、猛士及各郡提学拔取之杰士，均职同师帅。至提学每年所取之俊士、毅士，俱职同旅帅。郡试贤士、能士，职同卒长。县试秀士、英士，职同两司马。乡试信士、艺士，职同伍长。俱免差役。……文、武士子，品级相等（《钦定士阶条例》）。

长毛禁人用之字，而以他字代者，如亥（开）、丑（好）、卯（荣）、龙（隆）、國（国）、王（黄）、威（巍）、祐（佑、右）、德（得）、高（交）、曾（永）、爷（爺、叶）、火（伙）、华（花）、上（尚、享）、正（政）、全（泉）、清（菁、靖）、朝（潮）、贵（桂）、秀（绣）、山（珊）、云（芸）、辉（晖）、昌（菖、玱）、达（闼）、皇（黄）、日（旦）、月（期）、荣（容）、天（添）、灶（造）、稣（酥）、圣（盛）、亚（邪）、耶（钘）、帝（第）、老（考）、洪（鸿、红）、仙（先）、开（来），其在地支及姓则不避。又庙、社、寺、院、庵、观、主、社、稷字，皆不准用。仙、龙、酒、烛、卜筮、神（辰）、魂（叭）、基督，亦不准用。谓杨、萧二贼曰“金谕”，韦、冯二贼曰“宝谕”，石贼曰“贵谕”。又以十二月初十日（癸酉年）为洪贼生日，八月十九日为其妻赖氏生日，十月初九日为其子生日（乙丑年），八月十七日为杨贼生日，七月十一日为韦贼生日，皆试士云。试士之题皆自撰，亦时文试帖体裁也（《汪悔翁乙丙日记》卷二）。

（3）四方之响应

四方响应者，山东有民团及所谓“教”，其他零星相继起兵者不绝，而以捻、苗、回军先后几二十年，其势甚强，为时甚久。次则四川蓝、李，与太平军皆有直接、间接之关系。兹分述之如下。

（甲）捻军

安徽颍、亳、寿，河南南、汝、光，为捻众荟萃之地，以光、颍交界之区曰三河尖为最多。捻者聚也，每聚有首，称为响者。旗分五色以为标志，亦称红胡子。有不合，则遣使约期斗。期前互耀武于敌捻之门，至期列队，调人长跪为解，两捻首亦跪以答，和则相揖而罢，否则鸣鸟枪遂斗。斗已自归，例不报官。道光末，势益盛。咸丰二年，遂入海州、鹿邑等地。三年，据雉河集，以张乐行（清官书改为张落刑）为首。时周天爵为漕运总督，守临淮关。天爵卒，袁甲三代之。豫、皖间东西二千里，捻军往来倏忽，北及大名，清廷为之戒严，由是始议抚。八年，捻首李兆受投清，乐行势稍衰。旋与太平军合，纵横河南、山东间，屡败清军。僧格林沁督师四省，驰逐不稍息。会苗沛霖诱执陈玉成，太平军势日蹙，乐行失援。同治二年，僧格林沁破雉河集，乐行走宿州，为知州英翰诱获。从子张宗禹（清官书改称张总愚）领其众，攻略陕、豫间。会太平天国亡，大将赖文光等皆来附。苗沛霖亦聚众数万，以寿州应，僧格林沁督陈国瑞破之，沛霖为其下尝为陈玉成亲兵者所杀。沛霖诸生以团练起家，其势埒于捻军，与之结合，纵横亳、寿间，始终不出省境，善于观望。既受太平封王，复为清川北道，然不冠服。令其下称先生，喜为文，恒数千言，张于寨门。三年六月，赖文光走湖北麻城，僧格林沁追之，至襄、樊，转战千里。张宗禹率河南捻军来会，僧军屡败，宿将多死。四年，捻军由临颍、郾城南走汝宁，折而北，抵确山，入睢州，渡运河以达曲阜。僧军竭蹶追蹑，及曹州，捻军大至，聚而歼之，僧格林沁战死，清廷大震。以曾国藩任捻事，创守黄防运之策，画地分守，凭河筑墙，以遏捻军。于是捻军分为二，东捻以任化邦（一作任怀邦，清官书称为任柱）、赖文光（清官书称为赖汶洸）为首，率军入皖。西捻以张宗禹为首，率军入陕。

捻之为寇，盖始于山东。游民相聚，有拜幅，有拜捻，盖始于康熙时。其后捻日益多，淮、徐之间，因以一聚为一捻。……咸丰二年，李僡巡抚山东，兰山幅盗，拒杀把总，其魁党在徐、邳、峄、费间。其时山东捻掠海州，安徽捻犯鹿邑、宁陵，而丰、沛、曹、单亦骚然。三年，安徽、江南省城陷，宿、蒙、亳、寿捻益滋扰。周天爵驻徐、宿，镇群捻。天爵卒，袁甲三代之。甲三得罪去，以提督武隆额将兵屯亳州，总江苏、河南、安徽三省战事，而捻首张乐行、李兆受亦稍稍有名。张乐行者，以雉河集为老巢，分五旗，驰突徐、宿、曹、归，英桂不能制，仍以袁甲三佐之。捻与洪寇相结，胜保与甲三会师正阳，始议招抚李兆受、苗沛霖以减捻患。

八年，胜保援临淮，苗沛霖始用事。甲三进宿州，李兆受归诚，淮南北皆解严。九年，捻出归德，自兰仪渡河，犯定陶、东明，后还颍州。于时诸将帅，皆以回巢为幸，腾章告捷，以内地为盗贼巢自此始，直省皆引例焉。十年，捻陷清江，河督庚长遁，捻饱掠，复走至海防。事罢，乃命科尔沁郡王僧格林沁督军讨捻，纵横河、济间，攻之辄败，副都统伊兴额战死。纵掠二十余县，西自南阳，南自汝宁，东界淮南，莫能定所向。僧格林沁移剿邹县教党，于是群捻与洪寇合，情形又一变矣（《国朝事略》卷五《皖豫捻患》）。

江宁复，粤逆余寇尽入于捻，敢战攻坚，捻势益壮。僧王兵屡败，捻游奕四省，僧王亦追及四省，军士益形疲乏。四年四月，僧军攻捻郓城水套，中伏军溃，僧格林沁被八创，死之。……命曾国藩督师北征。……国藩……疏言："流寇剽忽，不贵尾追，贵迎头截击。……扼贼黄河。又宜水师，先为万全之策，不争胜于一旦。"乐行族子张总愚，率捻攻雉河集，本群捻老巢也，史念祖死守四阅月，方解围。五年，曾国藩在直隶、山东增堤置栅，画地分防，始创守黄防运之策。捻渡沙河……合股趋中牟，乘汴梁濠墙未成，溃口而出，扰山东，攻运河墙三昼夜，不克。捻亦分为二，西捻以张总愚为首，东捻以任柱、赖文光为首（《国朝事略》卷六《皖豫寇靖》）。

咸丰元年辛亥（一八五一年）八月……癸未……谕："……寿州匪犯程六麻孜等，结捻横行，拒捕脱逃。当经……陆建瀛、蒋文庆……拿获捻匪高四八孜等多名，程六麻孜尚未弋获。……更有匪徒魏水烟头、张大炮、杨思华结党强劫，竖旗有魏大元帅、张大将军字样。……又有绰号猫耳躲鹰及太岁、金刚、阎王、老虎者……俱有抬炮、鸟枪、刀、矛器械，乘轿放炮，吓诈横行。"（《清文宗实录》卷四十）

捻首张洛行，勾结皖、豫诸捻，势益炽。……六年二月，命（袁甲三）随同英桂，剿捻河南。甲三赴归德，招集旧部，三战三捷，进解亳州之围。……破燕家小楼贼数万，直捣雉河集，擒苏天幅，洛行仅身免。……洛行寻复纠党犯颍州，击走之。又踞雉河集。……八年……七月，命代胜保督办三省剿匪事宜。……未几，蒙、亳诸捻入归德，窥周家口，甲三令子保恒偕总兵傅振邦驰援。……振邦追贼及之太和李兴集，保恒集团勇扼桥口，马步合击，大破之，歼毙数千，逐贼出河南境。……疏言："……捻匪踞地千余里，臣兵不过数千，不能制贼死命，请敕各督、抚合力大举，为扫穴擒渠之计。"九年……四月……命署钦差大臣，督办安徽军务，实授漕运总督。进攻临淮关……降捻内应，斩关而入，生擒贼首顾大陇等。……十年，进规凤阳，屡战皆捷。邓正明以府城乞降张元隆，犹据县城，诱出诛之，并诛悍贼三百余人。……捻匪陷清江浦，窥淮安，令道员张学醇击走之。……粤匪陈玉成……会合捻匪，扑凤阳，据九华诸山，连营数十里。……甲三令参将黄国瑞，潜率锐卒四百，夜薄九华山，跃入垒城上，发炮应之，贼大乱，弃营走，围乃解。……十一年，张洛行屯聚涡河北，令李世忠击走之。……张洛行大举渡淮，甲三移军击之，洛行败走（《清史稿》列传二〇五《袁甲三传》）。

张乐行，涡阳雉河人也。……好斗，江湖亡命多依之。……（咸丰）六年大祲，两淮人相食。乐行引众涉颍而南，破三河尖，辇金帛如山，饥黎啸集，旬日数十万，遂僭称大汉盟主，通款粤贼。粤贼喜，以为伪沃王河南武主将，其五旗首各锡伪号有差。……同治元年……博多勒噶台亲王僧……自帅步骑数万殷辚至。……贼遂大奔。……乐行独与一子走宿州，投李家英寨。……家英使人檝之以行，缚至西阳镇。王诘曰："何故反？"曰："行不好反，官反之耳。"（张瑞墀《两淮戡乱记》）

咸丰……九年（一八五九年）……九月……山东捻匪猖肆。复僧格林沁郡王爵，命偕瑞麟往剿。……十一月，至济宁……疏陈军事略曰："捻首张洛行、龚瞎子、孙葵心等，各聚匪党无数，此外大小头目，人数不少，每年数次出巢打粮，辄向无兵处所。迨官兵往剿，业经饱掠而归，所至抢掳资财粮米，村舍烧为赤地，杀害老弱，裹胁少壮，不从逆，亦无家可归，故出巢一次，即增添人数无算，此捻匪众多之情形也。匪巢四面一二百里外，村庄焚烧无存，井亦填塞，官兵裹粮带水，何能与之持久？一经撤退，匪踪紧蹑，往往因之失利，此各路官兵仅能堵御、不能进攻之情形也。每次出巢，马步数十万……兵贼众寡悬殊。……前此粤捻各树旗帜，近年彼此相通。……官兵在北，粤匪在南，捻匪居中，以为粤匪屏蔽。若厚集兵力，分投进剿，捻匪一经受创，粤匪蠢动，非竭力相助，即另图北犯，以分我兵势，此剿捻不易之情形也。臣原带马步六千，续调陕、甘、山东绿营及青州旗兵共一万二千余人，拟俟齐集，会合傅振邦、德楞泰二军，相机直捣老巢。"……寻，捻匪由徐州北窜，迎击于巨野羊山……杀贼甚众。……十一年，捻匪五旗并出，僧格林沁率诸将由金乡迎剿，遇贼于菏泽李家庄，战失利。……二月……僧格林沁亲驻汶上，令西凌阿回守济宁。贼由沙沟渡运河，盘踞东平、汶上，德楞额追击于小汶河北岸，破之。……四月，令舒通额进剿，解滕县围。德楞额克沙沟，营临城驿。贼……奔窜。……八月，捻匪渡运河……僧格林沁亲率大军……败之于孙家镇。……九月……黑旗捻党跨河抗拒，分兵击之，追及兰山兰溪镇，歼焉。……疏陈军事略曰："捻匪老巢，多在宿州、蒙城、亳州境内，其北来，每由归德之虞、永、夏，徐州之丰、沛、萧、砀，直入山东之曹、单、鱼台；或由宿、徐，北至韩庄、八闸，今领重兵进驻亳州，偏于西南一隅。……故屯兵亳州之议，在豫省为良策，若欲卫东省，兼顾北路藩篱，则未可行也。臣拟……移营单县，观皖捻动静，剿抚兼施。"……诏从之。同治元年（一八六二年）……六月……命统辖山东、河南军务，并直隶、山西四省督抚提镇统兵大员，均归节制。……亳北白旗捻首李廷彦，以邢大庄为老巢。……九月，僧格林沁自攻卢庙，令国瑞、恒龄攻邢大庄及张大庄。廷彦见事急，诈称投诚，诱出诛之，党羽多乞降。惟孙老庄匪首孙彩兰不肯出……攻入寨，擒斩彩兰，诸寨皆下。亳东黑旗捻首宋喜沅，因与苏添柏相仇杀，诸悍党攻破王大庄、刘大庄两寨来降，诸小寨头目闻风归顺，亳北肃清。……二年正月，马林桥、唐家寨、张家瓦房、孟家楼、童沟集诸贼巢先后剿平，著名捻首魏喜元、苏添才、赵浩然、李大个子、田现、李城等，或降或遁。张洛行为巨憝首恶……遂潜回雉河集老巢，尹家沟、白龙庙与雉河集为犄角。二月，令舒通额等进攻尹家沟……击溃，遂攻雉河集，洛行夜遁，追至淝河北岸……擒斩捻首韩四万等。……捻首李勤邦投诚，诱擒张洛行及其子张憙以献，磔之。……十月……时捻匪张洛行之侄总愚扰河南。……三年……六月，江宁克复。……七月，粤捻诸匪麇聚麻城。……贼窜河南光山、罗山，僧格林沁亲督马队追击，战于萧家河，援贼大至……自翼长舒通额以下，阵亡将领十二人。……九月，张总愚东窜，与上巴河、蕲州之贼勾合，踞风火山。僧格林沁会鄂军进剿，连战破之，贼趋安徽境。……十月，连破之于土漠河、乐儿岭、陶家河。……捻首马融和，率党七万人投诚。……先后受降十数万，著名匪首仅存数人。……惟张总愚、陈大憙西窜河南、湖北境，复猖獗。十一月，僧格林沁督军追剿，败之于光山境，进至枣阳。粤匪赖汶洸、邱元才，捻匪牛洛红、任柱、李允等窜踞襄阳黄龙垱、峪山，官军进击，小挫，而张总愚、陈大憙乘间与合，图犯樊城。大军追击于邓州唐坡，贼倾巢出……官军失利，伤亡甚多。……四年正月……贼南趋，由临颍、郾城扰西平，裹胁愈众，遂犯汝宁。二月，僧格林沁进抵汝宁。……贼又北窜追至确山，陈国瑞等步队亦到，令与全顺、何建鳌、常星阿、成保数路合击。郭宝昌设伏山口，僧格林沁登山督战……贼大败……直走睢州，官军追至，又奔入山东境，渡运河，至宁阳，折向曲阜。官军驰追匝月，日行百里，往返三千余里，马力久疲，自苏克金、舒通额、恒龄等殁后，得力战将渐稀。……至是，匪踪剽忽，盘旋于兖、沂、曹、济之间……勾结伏莽，众至数万。僧格林沁督师猛进，再战再捷，至曹州北高庄……军分三路合击，皆挫败，退扎荒庄，遂被围……夜半突围……

从骑半没。僧格林沁抽佩刀当贼，马蹶，遇害。时四月二十四日也（《清史稿列传》一九一《僧格林沁传》）。

东捻

同治五年，任化邦、赖文光渡贾鲁河，自皖而鲁，转河南，入湖北。时清以李鸿章代曾国藩。六年，鸿章使刘铭传、鲍超合击东捻，捻军复入山东，突破运河墙，抵登、莱。鸿章欲蹙之海隅，乃修胶、莱防墙。捻军乘其未就，复突破之以入苏，刘铭传蹑之。转战数省，至江苏赣榆，任化邦被刺死，赖文光率余众走鲁，屡败。乃走扬州，为吴毓兰所执，东捻遂亡。

诏还曾国藩本任，以李鸿章代之。东捻窥湖北，鄂将郭松林，败于臼口受伤。六年，刘铭传、鲍超合击东捻于京山北，铭传轻进而败，全军覆。鲍超麾军继进，大败之，斩万余人，尽夺回铭传军所失士马辎重，追杀五昼夜，所谓尹潍河之战是也。超矜己功，鸿章稍袒铭传，超乞病去。鄂将彭毓橘，又于蕲州遇捻，战死。时梁山土匪使迎任、赖，捻日夜驰数百里，东还，陷戴庙堤墙，渡运而东。复创倒守运河之策，又议防胶莱河，令淮军、东军分段守之。捻又窥潍河堤墙未竣，窜出，鸿章仍议防运。捻犯日照，刘铭传、潘鼎新连创之。又北犯章丘，东走高密，绕回赣榆，与刘铭传大战，阵斩任柱首，捻遂大奔，降者万余人。赖文光率残党突渡六塘河，至扬州，为防将吴毓兰所获，磔之。东捻平（《国朝事略》卷六《皖豫寇靖》）。

同治……四年（一八六五年）四月，科尔沁亲王僧格林沁战殁曹州，以曾国藩为钦差大臣，督其军。……久无功……以鸿章署钦差代之，败东捻任柱、赖文洸于湖北。六年正月，授湖广总督。……初，曾国藩议冯河筑墙，遏贼奔窜。鸿章守其策，而注重运西，饬豫军提督宋庆、张曜及周盛波、刘秉璋分守山东东平以上自靳口至济宁，杨鼎勋分守赵村石佛至南阳湖，李昭庆分守摊上黄林庄至韩庄八牌，皖军黄秉钧分守宿迁运河上下游，互为策应。……六月……贼由潍县趋窜登、莱，鸿章复议逼入海隅，聚歼之，乃创胶莱河防策。令（刘）铭传、（潘）鼎新筑长墙二百八十里，会合豫军、东军分汛设守……严扼运防。令铭传、（郭）松林、鼎勋三军，往来蹑击。十月，追至赣榆，降酋潘贵升，毙任柱于阵。……赖文洸……遁入海滨，官军围击之，斩获三万。赖文洸走死扬州，东捻平（《清史稿》列传一九八《李鸿章传》）。

伪鲁王任柱，张乐行之部将也。……（同治）六年……出没于光、汝之境。……破长垒而北入山东。……就食海上。……肃毅喜曰："贼入死地，可灭矣。"……围将合……贼率众突围走犯海州。……九月，折入安丘。……刘铭传一军先至……昧爽，袭贼军……任柱仅以身免。……十一月，突围出。……刘公呼曰："有毙任柱者，金万两，爵三品。"一小校跃前曰："能之，然需佳马。"视之，则降人宋德盛也。公以所乘与之，宋驰往大呼曰："鲁王，刘军且败，宋某来归。"柱前马与之语，宋袖洋炮发，柱自马上仆（张瑞墀《两淮戡乱记》）。

辛酉十一年秋，安省失守。……英王……遂率师渡庐，请命自守。复加封余为遵王，命与扶王、启王等远征，广招兵马，早复皖省。嗟乎！此乃英王自取祸亡之由、累国之根也。又有忠王李秀成者，不知君命，而妄攻上海，不惟攻之不克，且失外国和约之大义，败国亡家，皆由此举。至辛酉岁底，予偕扶王、启王，勉强由庐渡淮……过五关，越秦岭，抵中原，出潼关，于壬戌十二年冬，由郧阳而进兵汉中，一路滔滔，攻无不克。……于甲子十四年春，由汉中而还师东征，图解京师重困，未果，以致京都失守。……其时江北兵士无可依归者共有数万……其头目任化邦、牛宏升、张总愚、李蕴泰等，誓同生死……请予领带以期报效。……恐独立难持……是以于丙寅十六年秋，特命梁王张总愚、幼沃王张禹爵、怀王邱远才，前进甘陕，往连回众，以为犄角之势。天不佑我，至于今日，夫复何言（《赖文光自述》）。

西捻

张宗禹，官书改为张总愚，亦称小阎王。同治六年，率捻众六万由豫入秦，大败清军于灞桥。进围西安，转战泾、渭间，不利，北入绥德、安塞、延川，渡黄河，攻山西之吉州。清以左宗棠督湘军，备西捻。宗棠自率锐卒五千追之。七年，捻众万人由绛州入豫，以达顺德、巨鹿等县，清廷大震。五月，捻军趋茌平，经德州、东光，径抵天津。清以都兴阿为钦差大臣，集数省军十余万人御之。时运河之防渐固，捻军为所限，清合诸军逼之于徒骇、黄、运诸河之间。宗禹不知所终，或云投河死，西捻遂亡。

西捻入陕西，命左宗棠讨之。六年冬，捻在宜川，乘冰渡河，陷山西吉州，由绛州趣济源出山。七年正月，北犯至保定，京师戒严。东捻甫灭，各军北援，命恭亲王节制诸将。捻盘旋于直隶、东豫间，复议守运。时漳、卫盛涨，导之减河，自运达黄，通行战舰。时疆臣李鸿章、左宗棠、丁宝桢、李鹤年、英翰，湘军宿将则刘松山、郭松林，皖军则刘铭传、周盛波、潘鼎新，豫军则张曜、宋庆，水军则黄翼升、欧阳利见，将数十万众，围捻于徒骇、黄、运之间，窜无路，掠无食，部党解散。松林、铭传马队要击之，张总愚赴水死，俘老捻四千人，歼之，西捻平。……东捻之平，在六年十一月；西捻犯畿辅，在七年正月，相隔一月，未合势。若东捻不先平，北方之祸未已也（《国朝事略》卷六《皖豫寇靖》）。

七年正月，西捻张总愚由山右渡河，北窜定州。……鸿章督军入直，疏言："剿办流寇，以坚壁清野为上策。东捻流窜豫东、淮北，所至民筑圩寨，深沟高垒以御之，贼往往不得一饱，故其畏圩寨，甚于畏兵。……今欲绝贼粮，断贼骑，惟有严谕绅民，坚筑圩寨……贼至无所掠食……或可克期扑灭也。"……四月……鸿章以捻骑久成流寇，非就地圈围，终不足制贼之命。三口通商大臣崇厚及左宗棠皆以为言，而直隶地平旷，无可圈围；欲就东海南河形势，必先扼西北运河，尤以东北至津、沽，西南至东昌、张秋为锁钥。乃掘沧州迤南捷地坝，泄运水入减河。河东筑长墙，断贼窜津之路。东昌运防，则淮军自城南守至张秋，东、皖诸军自城北守至临清，并集民团协防。闰四月……贼……回翔陵县、临邑间，旁扰茌平、德平，犯临清运防。……其时官军大败贼于德州扬丁庄，又追败之商河。张总愚率悍党……出德州犯运防……不得出，转趋博平、清平。适黄、运暨徒骇交涨……水深不可越，河西北岸，长墙绵亘，贼窜地迫狭，势益困。鸿章增调刘铭传军……至博平、东昌，圈贼徒骇、黄、运之内，而令马队周回兜逐，贼无一生者，张总愚投水死，西捻平（《清史稿》列传一九八《李鸿章传》）。

伪梁王张总愚（本名宗禹），乐行之从子也。……强忍敢战，人号小阎王。雉河之败，收余众数千，窜伏洛、巩之西山套。……（同治）四年，王（僧）追贼入山东。四月，与贼遇于菏泽，王将中军……群贼皆萃于中军……久之，败绩。……总愚围之数十重……炮矢乱发，王遂卒于大树下。……六年……秋，张总愚窜陕西，结回贼……以抗官兵。而回酋以回汉不两立。……使迎战官军，而己夹击，大破之。总愚怒……攻回……且令其众曰:“掠回勿掠汉。”陕民……乃弃官军而附总愚。……得蜡书……遂走泽、潞，犯怀、卫、彰。六年正月，扑保定……趋博野、深州，入东昌。四月，涉运河而北，遂入南皮，围天津。……于是皖抚英翰以兵三万……军临清。……湖督李鸿章率兵六万，豫抚李鹤年率兵二万，东抚丁宝桢率兵三万，皆先后渡河，而秦督左宗棠率兵万五千出陕追贼亦至。李督少荃曰:“任、赖之灭……实乘地利也。今贼复趋沧、瀛，蹈其覆辙，所谓天亡之时。当以守运为正，战为奇……灭贼必矣。”……画地以守。……其天津要害，则兵部侍郎崇厚以禁军轮船驻防。……初，贼之渡运也，期与任、赖出围合股。既抵天津，侦二贼已就擒，失望，乃解围走武定。……六月……平地水深数尺……总愚自度不能生……下马入河死矣（张瑞墀《两淮戡乱记》）。

（张）总愚入秫丛，向正东走十余里，水深不能行，回奔正北里余，与从骑散。贼王双仔、王结巴等八人小憩觅食，乡人数十人大呼围之，总愚等走东北至徒骇河王家桥畔，日色向晚，不得食，总愚泣言曰："尔等各觅生路，我当赴水死，免为官兵所擒。"双仔、结巴等策马商赴官军纳降，顾见总愚所乘马在河畔，双仔等返辔视之，总愚浮沉中流，呼之不应，良久随波去。……全股降散（《山东军兴纪略》卷九）。

（乙）苗教

咸丰中，贵州苗民以不堪官吏之虐，起兵与抗。同时并起者有号，多奉巫者之教，故亦曰教。此外有天主教，有杠有缘。石达开入黔，欲纠集其众，不果。清竭湘、川、滇、黔四省兵力，历十余年之久，苗教始归失败。其事虽无关全局，而一隅之地，此仆彼起，亦有足纪者。

贵州一省，地瘠民贫，群苗杂处，赋税所入，不足供官俸兵糈，犹仰给于各省。军兴以来，各省停解协饷，匪徒乘乱四起响应。其名有苗匪，则张秀眉（踞台拱）、李高脚（踞凯渡）、陶新春（踞猪拱箐）为之首。曰教匪，则何得胜（踞尚大坪）为之首。曰号匪，黄号则刘义顺为之首，白号则胡二黑为之首。曰回匪，则张定中（踞新城）为之首。又有杠匪、狆匪、滥练、叛兵，所在皆是。抚臣号令不能出省，非川省规其上游，湘省规其下游，何能平定？……咸丰四年，兴义、安顺土寇起。五年，苗匪杨隆灊作乱，群苗响应。铜仁举人徐廷杰，聚众陷城，杀知府葛景莱，并陷松桃。湖南戍兵击之，散走。苗陷黎平，新疆六城均陷。湘将田兴恕善战，擢贵州提督，督二万军援黔，湘供饷械，攻苗屡捷。而石达开逼省城，上命兴恕为钦差大臣，从间道赴之，连败石逆，省城获安。兴恕并署巡抚，而湖南停其协饷，军遂不振。未几，因教案革职，遣戍新疆矣。同治四年，朝廷以粤寇平，命川、湘并力图黔。川将刘岳昭攻正安，克之。

进攻仁怀厅，克尚大坪，戮何得胜。滇将岑毓英克猪拱箐，斩陶新春，贵东渐清。六年，刘崐抚湘南，治旧将周洪、印兆琛罪，令湘将李元度、席宝田攻荆竹园，四阅月，始克之，黄号、白号皆尽。湘抚又令黄润昌为大将，邓子垣副之，黄、邓自江宁奏凯还湘，意气甚盛，破公鹅、董敖两寨，世所谓天险也。度黄飘，为苗所袭，二人俱战死。而苗亦震于兵威，不敢内犯。朝命李鸿章督师，不果来。宝田节节进攻，克乍拱，进军九股河，平丹江，新疆六城尽复（曰古、曰台州、曰清江、曰都江拱、曰丹江、曰八寨），并得张秀眉，斩首以徇。同治九年，川督吴棠，奏以贵州提督周达武，率本军五千八百人赴黔，川省拨饷五万八千两，于以重黔权、纾蜀力。疏入报可。贵州巡抚曾璧光，以战事委达武区分，整顿厘金，添增勇营，兵力始厚。三里凯渡者，上下游咽喉也。达武先出兵规凯渡，断上下游为两，守都匀以固省防，分兵克定番、独山，斩杨阿礼、潘得洪，八寨酋闻国兴降，溃其腹心。五月，进攻麻哈州，楚军亦克凯里。丹江止隔一江，烽火相应。会天暑疫起，约秋凉再举。八寨既降，清、台、丹、拱各苗，经楚军剿亟，乘虚上窜，攻闻国兴八宝山，国兴昼夜搏战，枪伤贼首包大肚，乃退。再进军克黄平、清平，破苗寨八十余，安抚一百余寨，始与楚军合。楚军获张秀眉，周军获高禾，均著名悍酋也。上游兴义府，居盘江之南，同治三年回匪陷之，以普安之新城为老巢，贞丰州为唇齿。达武命将力遏盘江，拔贞丰州，与滇帅进规兴义，提督文德胜力战克之。抵新城，回死拒。以碉险林立，文德胜中枪死，乃招降张定中。滇将不允，定中自杀。十二年，新城兵变，道员周康禄死之，达武弟也，达武再平之，黔中始定（两《湘军记·援黔篇》，均至席宝田军复新疆为止。其实上游复都匀、兴义，下游克八寨、获高禾，皆川军之力。会滇帅攻克新城，黔疆方全行底定。今据邸钞、《武军纪略》补之。〔《国朝事略》卷六《平黔寇》〕）。

苗教同时起兵，教则有红号、黄号、白号，以抗粮为号召。而何得胜据仁怀尚大坪，称武安王，本天主教，清官书谓之教匪，《湘军志》以红号等为天主教，颇误。何得胜，开州人。阴受神父操纵，田兴恕愤而杀教徒数人，引起法人责难，勒令清廷以兴恕抵偿。磋商数年，始由死罪减为遣戍定案，遂开后来刘秉璋、李秉衡因教案必须革职、永不叙用之恶例。

咸丰五年十月，铜仁府贼起，贼首徐廷杰、梅济鼎，皆府属举人，平日师事毛家寨巫者毛大仙，名正年，诡言尝梦神人称之长眉仙，授乩笔咒，因以惑众。三月中，藉府吏苛征名，聚众议粮。至是初二日，率众突入府城，毁文武各署，知府葛景莱受伤没。……时贼首刘世美起江口，田宗达、吴灿奎等起印江县，遥相应。宗达子瑞龙，随廷杰入铜仁，廷杰谓瑞龙前身为蜀汉赵子龙以愚众，谓大仙子位元为释迦佛，大仙弟士福为白鹤仙，以红巾蒙首，名红号（罗文彬《平黔纪略》卷二）。

咸丰八年二月……周夔……会得援省檄，遂率筸勇同经历瞿洪先等赴省，以军事交署思南知府周献廷接办。献廷至，则令饶以爵等分扼各隘，不亟图贼。于是杨和风叛于鱼溪，溪毗城头盖；婺川县协和团贺济泮叛于濯水；安化济安团胡黑二（名胜海），久传镫花教，叛于乾溪梅林寺，是为黄号（罗文彬《平黔纪略》卷五）。

咸丰七年十二月，思南府致和团白号教匪起。致和团夙与府属石阡属各团联络，势颇大。有自余黄贼中归者，多所获，曰打起发，民羡之。镫花教首刘义顺者，四川涪州人。年七十余，发长过腹，白眉长寸许，诡称九十余岁，众呼曰刘祖祖。食斋拜灯，扇惑团众，藉捐输急，联团抗官，江家寨首何冠一父子为之副，群称教首曰老先生，以白布裹首为号。生员李春华、福奎部练首赵金声，与贼通。……冠一与琁家坝田教头等，树黄旗举事鹦鹉溪。初五日，突至大岩关，金声纵火启贼自山后入，城中大乱，思南府城陷（罗文彬《平黔纪略》卷四）。

韩超。……咸丰……四年……桐梓匪杨凤窜永宁，合黔西匪王三扎巴，连陷数城，围遵义。超驰至，败贼南关，阵斩王三扎巴，立解城围。复追败诸葛章司河，擒杨凤，斩之，余党尽歼。……五年，苗乱蔓延，超驰援台拱，解黄平、平越围。转战至施秉、镇远，贼堑山断道，以阻官军。超以孤军驰突其间，大小数十战。……九年……时苗教各匪连陷诸郡县，驻军邛水汛，扼其中，使苗教不得合，且遏其下窜湖南之路。贼出全力扑之，超约楚军夹击，贼大溃。剿思州响鼓坪、施秉土地坪、镇远金鼎坉、锋严坉、唐家坉诸贼巢，擒贼目张东山、欧光义等，镇远所属皆平。……同治元年……命超办理防剿事宜。时尚大坪、玉华山两处为贼巢，遵义、安顺、思南、大定、铜仁、石阡诸府，所在皆贼。五月，回匪陷兴义。……超……破贼巢，擒匪首倪老帽，斩之。……六月，闵家场踞贼，纠集苗教诸党，逼江口……陷邛水、青溪两城。……超……攻安顺狆匪，夷其垒，擒斩贼酋韦登凤等。尚大坪贼复约苗教，分掠江内，超……破之，邛水汛城同时克复。进平玉华山贼巢，攻拔瓦寨，复天柱县城。……破王家苗寨、夹马洞诸贼巢，获其酋李玉荣等。黄、白号教匪窜遵义，破之于三台山，夺五里坎诸隘口。……进攻石阡，毁老王坉贼巢，诸坉就抚。石阡、铜仁苗匪，攻毁镇远营垒，邛水戍军亦溃，遂南掠松桃，北攻天柱。湖南援师至，贼始引去（《清史稿》列传二〇七《韩超传》）。

席宝田……同治……六年冬，进军石阡。荆竹园为教匪老巢……七年元旦，进攻……一日平十八砦，克荆竹园，擒斩匪首萧桂盛、何瑞堂，其旁三十六砦相继攻下。……夏，进规寨头。寨头为苗疆门户，诸苗拏賄资粮所萃。连拔东西三屯，阵靳苗酋桂金保，破援贼张臭迷，攻下台笠、丁耙塘诸砦，遂克寨头。分军克天柱，斩其酋陈大六。……进攻台拱。台拱苗最强，踞清江、镇远二城为犄角。宝田请增兵万人，按察使黄润昌、道员邓子垣领之，出晃州为北路，宝田自当南路，令荣维善用雕剿法……破诸苗砦，渐近镇远。润昌、子垣由思州进攻镇远府城，克之。八年二月，维善连破董敖、公鹅两隘，遂克清江厅城。两军合趋黄飘山，地狭峻……遇伏……争道相挤，为贼所乘，润昌、子垣皆战殁。维善……驰救……遇害。于是苗氛复炽，张秀眉犯巴冶，宝田进督军击走之，进克稿米。令龚继昌、苏元春破苗寨，走张臭迷等。……九年，会攻施洞，克之，苗走九股河。白洸苗来援，击败之。进攻台拱，破革夷诸砦，薄台拱城下，苗弃城走，克之。……进军九股河。……凡平黑苗砦二百余所，鸡讲、丹江苗，皆请归化。十年，进攻凯里，一鼓而下。苗溃走雷公山，麇众六七万人。黄茅岭、雷口坪、九眼塘、燕子窝诸寨，皆绝险，宝田督诸军冒暑入山，合击张臭迷，斩馘三万，燔其庐合。……宝田遽病风痹……命部将龚继昌、苏元春、唐本有、谢兰阶分统其军……仍禀命于宝田。十一年，三路进兵凯北……合攻乌雅坡。诸酋皆在……迭战，斩九大白、岩大五于阵，先后降者数万。四月，擒张秀眉、杨大六、金大五等。……张臭迷先逸，捕得，戮之。诸酋或降或斩，无脱者，苗疆平（《清史稿》列传二〇七《席宝田传》）。

同治元年（一八六二年）五月甲辰，总理各国事务恭亲王等奏："……法国使臣哥士耆……照会一件，内称贵州提督田兴恕，起意陵辱教人，去年屡次带兵攻击贵阳等处天主堂，并派团务道赵畏三等，往贵阳青岩晁家关攻坏学堂，将该处习教张如洋、陈昌品、罗老二、王罗氏四人，并不审问，即行处斩。……开州知州戴鹿芝，带人将传教人文乃耳，及中国人吴贞相、陈传经、张天中并张易氏拿去，尽用极刑处死。仍派团首周国璋四乡搜寻奉教之人。"（《筹办夷务始末·同治朝》卷六）

同治三年（一八六四年）九月壬戌，云贵总督劳崇光、署贵州巡抚张亮基奏："臣等先后与田兴恕接见，将被参各款及杀害教民缘由，逐加诘问，田兴恕皆自承不讳。……惟杀害教民一案，情节更重，自应归于彼案，从重定拟。……田兴恕合依官司故入人罪，全入者以全罪论……拟绞监候，秋后处决。……又所犯事在赦前，可否仰恳鸿恩，免其一死，发往新疆，充当苦差。……至田兴恕所居六硐桥公廨……哥士耆及胡缚理，屡次请将此项房屋给与作为经堂。……已经臣等派员点验，交给胡缚理收管。其被杀各教民应给恤银，并应给各项银两……共应给一万二千两，亦经臣等筹款，拨给胡缚理收清。”（《筹办夷务始末·同治朝》卷二十八）

同治四年（一八六五年）三月，法国公使函称……愿照中国办法，将田兴恕发往极边充军，永不援赦等语。此案既经覆到，应即议结（《筹办夷务始末·同治朝》卷三十一）。

（丙）杜文秀

云南回、汉，信仰不同，清吏交构其间，每因细故启衅。道光二十五年，遂有永昌汉民杀害回民数千人之事。清派林则徐查办，诛为首汉民二百余，而迁回民于潞江外，其不愿迁者，流散各地，仇杀相寻。至咸丰五年，因回民铜厂被占，杜文秀起兵据大理，称总统兵马大元帅，建号全福，遥奉太平天国，蓄发易衣冠，联回、汉以反清，远近回民响应，云南提督褚允昌败死宾川。七年，回众遂逼省城，总督恒春缢死。吴振棫代督，以兵饷俱乏，议抚，围遂解。咸丰十一年，回民马起等复率众逼省城。同治元年，武生马如龙以八城归清，省围复解。二年，回弁马荣杀总督潘铎，布政使岑毓英以兵守署，促如龙入援，杀回众几尽，马荣以身免。毓英遂西攻，下富民、陆凉等州县及楚雄府，进窥大理。三年，下镇远，而马联陞攻沾益，马龙急，毓英回兵援之。八月，败马联陞于天生关，进下沾益、寻甸，杀马荣及马联陞，迤东定。五年，劳崇光督滇，以马如龙专西事，毓英专东事。六年，毓英拔猪拱箐、海马姑诸垒，而马如龙屡败，杜文秀遂率众大举东下，破定远等二十余城，省城戒严。九年，毓英回军，与文秀相持，总督刘岳昭战屡衄。二月，教首杨荣率众数万，破杨林长坡而进，省城大震。毓英督总兵杨玉科等，以次取寻甸、杨林、富民、楚雄诸地。九年，刘岳昭亦克丽江、威远等州县。十一年，杨玉科遂破大理，杜文秀自杀，余众降。

滇中汉、回构衅，在承平时已然。道光二十七年，总督林则徐，剿灭赵州之弥渡口回匪，又讯保山汉、回哄杀事，曾有“只分良莠，不分汉回”之谕，藉以粗安。咸丰五年，杜文秀起蒙化，陷大理，踞之。提督褚允昌败死。……七年，擢刘岳昭为云贵总督、岑毓英为巡抚。八年，岳昭三攻寻甸，克之，迤东肃清。再入省城，克昆阳，斩杨振鹏，去省城肘腋患。九年，骁将李维述、杨玉科，迭克名城，斩悍寇，而性骄蹇，毓英善抚之。马如龙与毓英不合，倚岳昭亦资其力，弹压回众，云南之平，刘、岑之善将将也。十一年，杨玉科克大理，杜文秀伏诛。十二年，杨玉科克顺宁，李维述克腾越，云南平。饬提督胡中和到任，马如龙调湖南，杨玉科移广西，豪帅并解兵柄，牧守稍得行其法。而监司郡守，始敢核吏治矣（《国朝事略》卷六《平滇匪》）。

永昌府，其同城首县曰保山县。……道光二十年前后，县属汉民中多有烧香结盟为会者，是为香把会。……凡强悍少年，势豪劣衿，互相效尤，城乡各地共成八处，是为八把香哥弟。每把香内有大爷一人为首领……皆威势骇人，而以板桥之万大爷万众尤为特甚。……每年阴历三月二十九日，为五岳大帝大会之期。……由万寿亭迎五岳像至城南诸葛营东岳庙，大举祝祷。迎时，必经过本城之同丰街清真寺门口……念经学生站立寺门外观望者……均轻视汉教行为。内有不安分者，不惟妄言讥诮，且取口嚼之甘蔗渣、果子皮壳等物，遥掷轿前装神排队之人，以资戏笑，遂招迎神者及旁观汉民之愤怒，始则口角，继则斗殴，今年如是，明年复然，遂成仇怨。……屡经汉民控告，经保山县官严究，曾将极凶横之回民马有德笼治毙命……仍不息也。……又因龙泉门外有龙泉寺，寺有所谓转轮殿者。……每于阴历七月十日，在此做会，凡少妇丧夫者皆往哭其夫，常被回族中轻薄少年戏谑，致招汉族人责骂……继以斗殴。道光二十三年，互斗尤烈。……汉、回之仇恨因而愈深，于是香把哥弟，遂有屠灭回族之意。道光二十五年，有金鸡村人沈盈……有邪术，能避枪炮弹。八把香哥弟遂公举沈盈为总太爷，以屠灭回族为事。……永昌府知府、保山县知县、永昌协副将、永昌协中军都司，均出与沈盈印结一纸，结内言称，永昌全体绅民公请沈盈，统率团丁，屠灭永城回子，有本府、本协镇、本县、本阃府文武各官员负担责任。屠灭之后，若有上司惩究擅杀之罪，由文武官一力认咎，不使沈盈承受罪罚，沈盈系奉命而行等语。沈盈得此印结，密由金鸡哨挑选壮丁三千人，于九月初二日二更时至城下，用绳索挂于城垛上，援之以登，先由绅首密令汉民，以敬门神为名，焚香门上为暗号，通夜无熄。该壮丁等，但视门上无香之户，即破门屠杀，不分老幼男女，杀绝乃止。……计惨杀城内及南门外回民一千三百余户，计八千余丁口。……回民被屠之后，有丁灿庭、木文科、杜文秀、刘义等，赴京具控，经道光皇帝严饬云贵总督林则徐，统兵赴保山剿办汉民。道光二十六年正月……忽有陕西回民蓝姓等八十余人作乱，杀死弥渡巡检司，占踞弥渡城。林则徐即据此具奏，谓汉民中有好人，回民中亦有坏人，遂改剿办为分别拿办。……沈盈恃文武官给与之印结……遂首先听凭拿办，以致同党之人均听拿办……正法者二百余人，充军边远者二三百人……遂斩沈盈。彼时保山回民……下余未杀者，勒令贱价将产业全数售归汉民……勒令迁居潞江外官乃山居住。而官乃山……烟瘴之地。……佥言迁往烟瘴之地，是欲灭我种族耳。遂各散往他方……其因衣食逼迫，流为盗窃者，间亦有之。由此之故，远近各属，遂多有屠灭回族之举动，攻杀纷起。……当斯时，回族朝不保夕……而云南大吏，复以威势逼迫。……于是杜文秀等于咸丰六年，占踞大理，众举文秀为总统兵马大元帅，渐次攻取并招抚，所以迤西各属皆归附之。文秀因思汉、回互斗起于细微，实由永昌文武官并云南大吏酿成屠杀之惨祸，而殃及全省，咎多在官，而不在民。……其宣布文曰："可恨妖官兴汉灭回，致互斗之祸连及各属，民不聊生。本帅一秉大公，连回、汉为一体，竖立义旗；驱逐鞑虏，恢复中华；剪除贪污，出民水火。"……自宣布后，即以优待汉民为政，所有汉民皆得各安生业。汉族中绅士、举、贡、生、监，皆授以文职，治理民事，或参赞军务，且改用明朝衣冠，留发不剃（李元丙《永昌府保山县汉回互斗》）。

榆蒙回既据有大理，远近回民皆响应。……蓝金喜、马金保、马朝珍、马良、杜万荣、马名魁等……各不相下。……回中之有识者，议以诸人互争雄长，将召衅端，应齐集同人，大开会议……有能识略迈众，可当大任，为众议允谐者举之。时与议者，多以……攻城掠地自夸诩，独杜文秀嘿然，厥后乃曰："欲做大事，必须收拾人心，不宜专尚威力。且汉众回寡，尤宜重用汉人。"众皆钦服，沙谦尤韪其议论，遂联和众议，于九月二十五日筑坛于校军场，推拜文秀为总统兵马大元帅，授蔡发春为扬威大都督，总各路军事。马金保为中军将军，刘纲为平东将军，陈义为镇西将军，马良为平北将军，朱开元为平南将军，蓝金喜为奋勇将军，杨德明为左翼将军，宝文明为右翼将军，马天有为前军将军，马朝珍为后军将军。……其余文职为参军、参议、参谋、主政、主簿、司务、首领等，武职为都督、将军、中郎将、翼长、领军、指挥、先锋、统制等，旗帜尚白。宣布遥奉太平天国南京之召号。……改正朔，蓄全发，易衣冠。田赋征粮米，除丁银。诉讼速审判，禁羁押。民多便之。又分其兵籍曰衕，有大理衕、上八乡衕、永昌衕、江迤衕、迤东衕、蒙化衕、六省衕等目（周宗麟《大理县志稿》卷八）。

大理为滇西要害重地，背负点苍，面临清洱，又有龙首、龙尾二关锁钥上下，以为门户表里。丙辰之变，杜逆踞为巢穴，僭称元帅，蓄发铸印，改易衣冠，攻陷五十三城，横行一十八载。官军四度进讨，皆无成效。提督文祥败绩于云南，提督褚允昌覆师于宾川，（岑）毓英前任藩司，带兵攻克楚雄、景东，进围姚州、镇南。又以曲、寻逆酋马联升等蠢动，旋军东征，大功未竟，最后马如龙军至定远溃归，致西逆连陷郡邑，长驱围省城。杨振鹏、田庆余等一时并叛，外侮既逼，内变复兴，滇事几不可问。赖毓英通筹全局，力挽危机，克曲靖以清藩篱，解省城围以固根本，拔楚雄以扼咽喉，使西逆不得逞志于我。及澂江平而肘腋患消，曲江破而东西烽靖，然后全军西上，遂复大理（《云南通志》卷一一四）。

同治元年……回酋马如龙通款……献所踞新兴等八城。……二年，回酋马荣叛，戕总督潘铎。毓英率所部粤勇一千，与弟毓宝等守藩署。……密召马如龙入援。如龙至，诛乱党，马荣跳走南宁，合马联陞踞曲靖八属。诏……擢道员，率师西剿，复富民、安宁、罗次、高明、禄丰、武定、禄劝、广通、陆凉、南安诸城，及黑、元、永三盐井，进捣楚雄。……分兵克沾益、平彝，赴楚雄督攻，克其城。进复大姚、云南、赵州、宾川、邓川、浪穹、鹤庆，分道进规大理上下关。三年，克定远，围攻镇南，大破援贼于普棚。马联陞复陷沾益，犯马龙，回军破之于天生关。进攻曲靖，复马龙、沾益。进克寻甸，擒马荣、马兴才。克曲靖，擒马联陞，并诛之。……五年，命署布政使。劳崇光（云贵总督）至是始至滇受事，奏以提督马如龙专办西路，令毓英督剿猪拱箐苗……贼悉平。……马如龙剿迤西，屡失利。劳崇光病殁，杜文秀大举东犯，连陷二十余城，省垣告急。是年冬，毓英自猪拱箐凯旋曲靖，先遣弟毓宝助省防。七年春，扬言师出陆凉，而取道宜凉、七甸，连破大小石坝、小板桥、古庭庵、金马寺贼垒，进屯大树营，马如龙来会。……昆阳匪首杨震鹏夜渡昆明池袭省城，毓宝击败之，震鹏负创遁。进攻杨林，毓英鼻受枪伤，回军省城，连破石虎关贼垒，擒贼渠李洪勋，擢授巡抚。附省贼垒犹繁，与之相持。总督刘岳昭初至滇，由马龙进剿寻甸，失利，贼势复炽。……八年春，贼酋杨荣率众数万，踞杨林、长坡，分党踞小偏桥、十里铺、羊芳凹、牛街、兴福寺，省城大震。毓英……夺回小偏桥诸处，复……擒斩逾万，刬除省东贼垒百余。……令副将杨玉科、总兵李维述等规迤西，与腾越义兵约期并进。于是副将张保和等克富民、昆阳，总兵马忠等克呈贡、晋宁、易门、澂江、禄丰，玉科等克武定、禄劝、元谋、罗次、定远、大姚，维述等克广通、楚雄、南安及黑琅、元水诸井。凡悍酋剧匪，擒斩殆尽，省城解严。……十年二月……拔竹园、江那诸贼巢。迤西军，亦克丽江、剑川、永北、鹤庆、宾川、姚州、镇南诸城。……十一年，迤东、迤西两路悉平……而大理贼犹坚守。……十一月，毓英亲往督战……夺东、南两门入，贼守内城。……杜文秀穷蹙服毒，其党舁之出城诈降，斩首传示。……贼党犹请缓期，毓英……夹击之，斩酋目三百余名，生擒杨荣、蔡廷栋、马仲山……大理肃清。……十二年，顺宁、云州、腾越皆下，全滇底定（《清史稿》列传二〇六《岑毓英传》）。

（丁）陕、甘回民

同治元年，太平军扶王陈得才，合捻军孙扶危、陈大喜入武关，全陕震动。时回、汉构隙，滇回赫明堂、任五败经华州，乘机扇之，遂相仇杀，戕清团练大臣张芾，围同州、西安、凤翔，困胜保于同州城外，甘肃回民马化龙（清官书改为马化漋）、白彦虎据金积堡应之。二年，连克固原、平凉、狄道、宁夏、灵州等地。五月，新疆回民金相印，导安集延酋阿古柏，攻取喀什噶尔等南路八城。时胜保既逮问，多隆阿复以攻盩厔中炮卒，清以杨岳斌督陕、甘，提督雷正绾会曹克忠、陶茂林援陕，屡以缺粮军溃。三年十一月，新疆库尔勒失守，伊犁被围，边事益棘。六年，捻军与回合，走蒲城、汧、陇间，屡破名城，败清军。于是清以左宗棠督陕、甘，率刘松山、高连陞、郭宝昌等军近百营，赴陕。七年，西捻亡。八年，宗棠征诸将会师攻董志原，拔之，回众死者二万人。高连陞旋为部下所戕。越一年，刘松山中炮卒。马化龙乘胜夺峡口，断清军粮路，雷正绾等军同时皆溃。七月，宗棠复合诸军进围金积堡，破堡外寨五百余。化龙粮竭出降，被杀。十年八月，进攻河州，马占鳌降。十二年八月，复克肃州，白彦虎走关外。迁延至光绪五年，事乃暂息。

咸丰末，豫抚严树森，募陕回六百赴汴防守，已而遣归。陕团练大臣张芾，复招之。同治元年，发、捻合窜入武关，全陕大震。回勇闻警，皆散，道经华州，强伐汉民家竹，被杀二人。附近回民以种类被残，欲纠众报仇，会有云南叛回赫明堂、任五遁归仓渡，遂乘机起，与回勇合，汉民村镇多被焚屠。华阴、耀州等汉民，亦聚众杀回民。张芾闻变，驰至临潼，意欲招抚之，为任五所害。围同州，掠西安，甘回亦叛应之，马化漋、白彦虎为之首，据金积堡为老巢。命胜保、多隆阿先后入关，胜保逮，全军并属多隆阿。多隆阿威名素著，督战尤力，以王阁、羌白回巢为最悍，驰赴同州，先攻之，乞降不应。三月，克羌白，屠之，王阁亦溃。进攻仓渡，亦克之，回众披靡，多隆阿遂入西安省城。甘肃回乱已极，全境无完土，官军不能及。多隆阿又攻盩厔，受伤，卒于军。刘蓉为陕抚，雷正绾为提督，正绾偕陶茂林、曹克忠会师援甘，又命杨岳斌为陕甘总督。雷正绾、陶茂林屡战屡捷，而馈饷不继，陶茂林之兵哗溃，雷正绾、曹克忠之军亦败。正绾合营谋叛，自刎不殊，诸将拥之退。群回乘之，自兰州至西安，烽火相望。五年，杨岳斌发兰州，督军先靖南路。三月，兰州标兵叛，围督署，杀幕客数十人并皋兰县邓承伟。杨岳斌闻变，驰至泾州，与刘蓉先定汧、陇，再还兰州，案诛标兵一百二十三人，余皆宽宥，省城稍安。上命左宗棠为陕甘总督，刘典改三品卿帮办军务，提督刘松山、高连陞、郭宝昌，均赴陕，所统近百营。时捻、回、土匪交互，刘松山、郭宝昌连败捻众，捻渡河走山西。左宗棠率刘松山、郭宝昌北援，奏以刘典代督陕甘军，西捻平。左宗棠入觐，上询师期，宗棠奏以五年西事可竣，率刘松山、郭宝昌、喜昌等均还陕，北山土匪扈彰、董福祥均降，陕西略定。

八年，以翰林院侍读学士袁保恒，专办粮台，魏光焘、黄鼎攻董志原，败援贼，斩其酋虎麻子。再战，伤其酋余彦禄，皆十八营悍魁也。大队改十八营为四营，归并金积堡老巢。董志原遂下，追贼至三汊河，歼回二万，骡马万计。甘回闻风股栗，庆阳亦复。而高连陞营哥匪谋变，戕连陞及部将十人，围同官，丁贤发、周作濂、雷正绾要截，获八百人，骈诛之。刘松山营中亦有哥匪，松山案问，首逆五人、叛卒一百二十七人、哨官四人，均诛之，陕西肃清。遂开沟渠，集流亡，劝民种秋粮，遗黎栩栩有生意矣。六月，左宗棠进驻泾州之瓦云驿，以陕事责刘典，边外事交金顺，山西防务交郭宝昌，刘松山北趋定边花马池，抵灵州，败回吴忠堡，解宁夏围。锐攻金积堡老巢，中炮卒，军退。九年，宗棠令其侄刘锦棠，接统其军，仍进攻之。回酋马化漋，嗾其党回援腹地，冀掣动围师，均为各军击退。化漋大窘，同陕回陈林等乞降，受之，安插于华亭、灵州等处，诛马化漋父子及伪官八十余人。化漋，新教之首也。既诛，势同瓦解。宗棠进规河州，互有胜负，阵亡名将傅先宗、徐文秀，并弁目一百四十余员。左宗棠急檄王德榜统傅军，沈玉遂统徐军，申纪律，汰浮滑，整军复进。回知不敌，回目马占鳌乞抚，顶经立誓，尽缴马械，允之，河州平，解西宁围。遣徐占彪攻肃州，八阅月未下。左宗棠亲往肃州督战，夺其东关，回遁之大城，日出悍党巷战，死伤坌积。回酋马四乞降，诛之。白彦虎率残众窜出关外（《国朝事略》卷六《陕甘回乱》）。

同治元年……授多隆阿钦差大臣，督办军务。回匪方炽，遍扰东、西、北三路，陕南则为粤、捻、川匪所出没。多隆阿令雷正绾任西路，自剿东路，克韩庄、背坡诸贼营，同州解围。二年春，督军并攻王阁村、羌白镇，破之。……遂攻仓头镇。……遣将分攻庞谷、雷化、乔千、孝义诸镇，皆克。惟仓头为老巢，负嵎未下。四月，移营进逼，挥军纵击，破其土城，贼大奔，追杀无算，东路肃清。……自率穆图善等攻高陵，分路夹击，八月，克之，扫荡附近贼巢，关辅略定。……川匪蓝朝柱近踞盩厔。

三年春，亲督兵力攻，城小而固，多隆阿愤甚，临高指挥督战，城已垂破，忽中枪，伤头目，将士攻城益力，旋克之。……四月，创甚，卒于军（《清史稿》列传一九六《多隆阿传》）。

乾隆四十六年，逆回马明心、苏四十三由西域归，诈称得天方不传之秘，创立新教。……四十九年，田五继之。……嘉庆年间，有穆阿浑者，与首逆马化漋（本名化龙）之父马二，复以新教私相传授，至马化漋，而其焰渐张。复托名经商，到处煽惑回民，行其邪教。近据各贼供，京师齐化门、直隶天津及黑龙江、吉林之宽城子、山西之包头、湖北汉口等处，均有新教徒党在彼传教。其传教之人曰海里飞，如内地之称经师；曰满拉，如内地之称蒙师，而品望皆在阿訇之次。马化漋则自称总大阿訇也。其教规大略与回回老教亦同，惟老教诵经则合掌向上，新教则两掌向上而不合；老教端坐诵经，新教则伙诵唧嘐，头摇而肩耸；老教送葬不脱鞋，新教则脱鞋送葬，凡兹细节异同，固无关彼教轻重。然新教之所以必宜断绝者，为其自托神灵，妄言祸福，行为诡僻（《左文襄公奏稿》卷三十八）。

穆大阿浑传习新教，与马化漋父马二友善，新教中推为大善人。穆大阿浑临死，以其常服白帽、红衣传马化漋，令其众归化漋管束（杨毓秀《平回志》卷五）。

同治……六年……（左）宗棠以钦差大臣督军务，分军三道入关。……宗棠以捻强于回，当先制捻。……西捻平，入觐……询西陲师期，宗棠对以五年。……七年十月，率师还陕，抵西安。时东北土寇董福祥等众十余万，扰延安、绥德，西南陕回白彦虎等号二十万，踞甘肃董志原。（刘）松山至，破土寇，降福祥。……宗棠进军乾州，谍报回巢将徙金积堡，分军击之，遂下董志原，连复镇原、庆阳，回死者至三万。……八年五月，进驻泾州。甘回最著者，西曰马朵三，踞西宁；南曰马占鳌，踞河州；北曰马化隆，踞宁夏灵州。化隆以金积堡为老巢。……十一月，宗棠进驻平凉。九年，松山阵殁，以其兄子锦棠代之，战屡捷。而中路、南路亦所向有功，陕回受抚者数千人。及夺秦坝关，化隆益窘，诣军门乞降，诛之，夷其城堡。迁甘回固原、平凉，陕回化平，而编管钤束之，宁、灵悉定。……十年七月，自率大军，由平凉移驻静宁。八月，至安定。寇聚河州。……时回酋朵三已死，占鳌见官军深入，西宁回已归顺，去路绝，遂亦受抚，河州平。十一年七月，移驻兰州。（徐）占彪前以伊犁之变率师而西也。于时肃州阻乱，回酋马文禄先已就抚，闻关外兵事急，复据城叛。及占彪军至，乃婴城固守而乞援西宁，陕回白彦虎、禹得彦亦潜应文禄。会锦棠率军至西宁，土回及陕回俱变，推马本源为元帅。西宁东北阻湟水，两山对峙……贼据险而屯。俄败走……窜巴燕、戎格。大通都司马寿，复嗾向阳堡回，杀汉民以叛。十二年正月，锦棠攻向阳堡，夺门入，斩马寿，遂破大通，捣巴燕、戎格，诛本源，河东西诸回堡皆降。文禄踞肃州，诡词求抚，益招致边外回助城守，连攻未能下。八月，宗棠来视师，文禄登城见帅旗，夺气，请出关讨贼自效，不许。金顺、锦棠军大集，文禄穷蹙，出降，磔之。白彦虎窜遁关外，肃州平（《清史稿》列传一九九《左宗棠传》）。

（戊）四川蓝、李

云南大关厅人蓝朝柱、李永和，同起兵于筠连，破自贡，夷其井灶，盐丁加入者十余万人，分攻川南北几遍，全蜀鼎沸，兵锋及于成都。后朝柱据丹稜，永和据青神，各拥众十余万。永和欲归滇，围眉州不下，至宜宾，为清将刘蓉所杀。朝柱遂与卯得兴入陕，据洋县、盩厔逾二年，受太平封为贤王，刘蓉、多隆阿击破之，先后历六年而败。自后，骆秉章始以四川兵、财协助邻省。

（咸丰）十年（一八六〇年），命赴四川督办军务。……十一年正月，始启行。……四川之乱，始于咸丰九年。滇匪蓝大顺又名朝柱，李短搭又名永和。结党私贩鸦片，其党被捕，聚众陷宜宾，攻叙州，扰嘉定，众号十余万，群盗遂四起。……时贼首李永和、卯得兴踞青神，蓝朝柱围绵州，张第才、何国樑围顺庆，蹂躏四十余县，将逼成都。（骆）秉章至万县，即令黄淳熙援顺庆，战于定远，阵斩何国樑，贼大败。追至潼川二郎场中伏，淳熙阵亡。然贼惊湘军勇锐，引去。秉章由顺庆进驻潼川，令胡中和、萧庆、何必胜率萧启江旧部，曾传理代领黄淳熙之众，刘德谦率亲军，唐友耕率川军，合万九千人援绵州，别以他军缀青神，分扼东北。会穆宗即位，擢授秉章四川总督。八月，师会绵州城下，连破贼十余垒，贼败退，渡涪水屯守。官军作五浮桥以济，又击败之。贼遁走，由什邡、崇庆趋丹棱，秉章始入成都莅任……于是分剿诸贼，急攻蓝、李二股。令唐友耕扼眉州洪堰，断青神之援，胡中和等诸军围丹棱，作长濠木城，节节进逼。贼弃城走，追毙蓝朝鼎于阵。余贼分路逃散，为民团汛兵截杀几尽。蓝朝柱率二百人遁入山，寻出合诸匪陷新宁，复为官军击散。其后陕西盩厔匪溃走兴安，为民团所获，有自称为蓝大顺及弟三顺至九顺，并戮之。李永和见丹棱已克，亦遁走，分军追击，围之于铁山。……寻克青神，李永和、卯得兴由铁山遁走，追至宜宾，擒之。道员张由庚克新宁，贼分窜，张第才遁陕西，曹灿章入老林。总兵周达武解涪州围，追擒周绍涌于大竹（《清史稿》列传一九三《骆秉章传》）。

同治元年（一八六二年）七月，四川总督骆秉章檄赴川东剿贼。时逆首周绍湧久踞涪州鹤游坪。闰八月，（周）达武率所部由涪州进剿，贼闻风遁，追及之开县盘垭口，大破之，斩馘三千余；复追至陈家场，降殿后贼三千余，擒贼目江之柱。周逆旋由达县窜至大竹之吉安场，达武接踵追至，挥兵急进，各军四面兜剿，贼不支，悉弃械降，生擒周逆及大小贼目一百六十八名，骈诛之。……十一月，逆首郭刀刀复自陕西宁羌州窜回川境，踞仪陇土门铺。达武以骆秉章檄由保宁兼程迎剿，遇贼大仪寨，阵斩伪统领马玉音，并郭逆之弟郭占彪，贼大溃，奔入大山福林场。

明日，追及，又败之，郭逆率余党向封相门疾遁。达武乘夜疾驰一百二十里，追及之巴州鼎山铺，擒郭逆之兄郭福明，知贼精锐已竭，遂挥队疾攻，阵斩三百余名，余贼弃械乞命，立擒郭逆及其弟郭福友暨伪统领何得贵等二十余名，诛之（《清史列传》卷六十《周达武传》）。

同治二年（一八六三年）七月，命刘蓉督办陕南军务，寻授陕西巡抚。……三年（一八六四年）正月……蓉檄诸军攻洋县。洋县自蓝朝柱窃踞已逾二年，留其悍党据守，官军攻之不克，退驻捷顺桥，潜派壮勇入城，吹角举火为号，外军乘之，遂复洋县。余贼向华阳败窜，与鄠县首逆曹灿章合（《清史列传》卷四十九《刘蓉传》）。

时匪首蓝逆久踞盩厔。三年二月，多隆阿亲督兵勇进攻，破其东面月城。贼抢筑内卡，多隆阿身受枪伤，仍派兵扼守月城，令穆图善于县城西、南、北三面昼夜环攻，潜由东路乘其不备，填濠拔桩，缘梯而上，克其东门。贼夺路奔逃，官军截杀无算。余匪窜新口峪，县城克复（《清史列传》卷五十《多隆阿传》）。

官军寻复盩厔，蓝朝柱率余党窜金鸡两河，将与曹逆合。黄鼎连破曹逆等于八斗坪、洵阳坝，又破蓝逆于朗板橙。贼奔北山，蓉饬官军分道搜剿，屡败窜匪，自驻西安，妥筹布置。四月，贼粮尽势蹙，蓝逆窜安康之紫溪河，为团勇所殪，官军破曹逆老巢。曹逆遁，擒之于玉皇庙山窝。陕南肃清（《清史列传》卷四十九《刘蓉传》）。

道、咸、同、光间人民举兵简表

时期		清	太平天国	捻	回民		贵州苗教	四川蓝、李
清纪	公元				云南	陕、甘		
道光三十年庚戌	一八五〇年	九月，调向荣为广西提督，授林则徐钦差大臣，迅赴广西。十一月，则徐行至广东普宁县，病卒。 十一月，调李星沅为钦差大臣，驰赴广西。以周天爵署巡抚。	六月，广西洪秀全等起兵于桂平县之金田村。 八月，杨秀清等迎洪秀全移屯武宣县东乡，部署渐备，返屯金田村。 十一月，清军攻金田，败归。					
咸丰元年辛亥	一八五一年	三月，命大学士赛尚阿为钦差大臣，驰往湖南，办理防堵事宜。	正月，洪秀全由大黄江经桂平、贵县、武宣、平南等县，入象州境。					

续表

时期		清	太平天国	捻	回民		贵州苗教	四川蓝、李
清纪	公元				云南	陕、甘		
咸丰元年辛亥	一八五一年		二月，清广州副都统乌兰泰赴广西，与清提督向荣会师。 五月，清都统乌兰泰，败太平军于象州。 六月，太平军自象州退回桂平之新墟。 七月，清军攻之，夺双髻山等要隘。 八月，清军三路进攻，太平军不敌，分二路改出永安州。					

续表

时期		清	太平天国	捻	回民		贵州苗教	四川蓝、李
清纪	公元				云南	陕、甘		
咸丰元年辛亥	一八五一年		闰八月，太平军据永安州，建国号太平天国。洪秀全称天王，封杨秀清为东王、萧朝贵为西王、冯云山为南王、韦昌辉为北王、石达开为翼王、洪大全为天德王。秦日纲、林凤祥、罗亚旺、范连德、胡以晄等，各称丞相、军师等职。 九月，清钦差					

续表

时期		清	太平天国	捻	回民		贵州苗教	四川蓝、李
清纪	公元				云南	陕、甘		
咸丰元年辛亥	一八五一年		大臣赛尚阿移营来攻。 十月，清乌兰泰攻莫家村，大捷。 十一月，清赛尚阿督师围永安，向荣统北路，乌兰泰统南路，互有违言，各领兵官藉有秉承，转滋诿卸，军气渐衰。					
咸丰二年壬子	一八五二年	九月，褫赛尚阿职，授徐广缙为钦差大臣，署理湖广总督。	二月，清赛尚阿督军四路攻永安。太平军溃围走，遂失永安州，					

续表

时期		清	太平天国	捻	回民		贵州苗教	四川蓝、李
清纪	公元				云南	陕、甘		
咸丰二年壬子	一八五二年	十二月，命丁忧在籍侍郎曾国藩治团练，驻长沙，徐广缙逮问，授向荣为钦差大臣。命两江总督陆建瀛为钦差大臣，进防江皖。命琦善为钦差大臣，由河南进兵。	洪大全遇害。旋乌兰泰追至将军桥，中炮死。三月，太平军径攻桂林，清提督向荣先绕道驰还，会同巡抚邹鸣鹤等守御。四月，太平军解桂林围，出兴安，破全州，乘胜入湖南境。败于蓑衣渡，焚舟几尽，冯云山中炮卒，遂弃辎重登陆。					

续表

时期		清	太平天国	捻	回民		贵州苗教	四川蓝、李
清纪	公元				云南	陕、甘		
咸丰二年壬子	一八五二年		五月，太平军至道州，清湖南提督余万青遁，遂分克江华、永明各县。 七月，太平军入桂阳州、郴州，清知县江忠源会诸军与相持，萧朝贵诇长沙兵单，乃率精锐由永兴、茶陵、醴陵，趋长沙。 八月，萧朝贵攻长沙，清巡抚骆秉章等帅兵民固守，					

续表

时期		清	太平天国	捻	回民		贵州苗教	四川蓝、李
清纪	公元				云南	陕、甘		
咸丰二年壬子	一八五二年		总兵和春与候选知府江忠源驰至相持，向荣亦自桂林至，萧朝贵攻城，中炮卒。 九月，太平军在郴州，悉众攻长沙，日久不克，乃解围渡湘而西。 十月，太平军由宁乡至益阳，渡洞庭，抵岳州，清湖北提督博勒恭武先遁，尽得清攻吴					

续表

时期		清	太平天国	捻	回民		贵州苗教	四川蓝、李
清纪	公元				云南	陕、甘		
咸丰二年壬子	一八五二年		三桂时所遗军械炮位，乘民舟五千东下。 十一月，太平军破汉阳。 十二月，太平军入武昌省城，清巡抚常大淳等自杀。					
咸丰三年癸丑	一八五三年	正月，逮陆建瀛，命怡良为两江总督。 六月，命各直省行坚壁清野法。侍郎雷以诚始行抽收厘金于扬州，命讷尔	正月，洪秀全东下图江宁，攻蕲、黄，至武穴。清总督陆建瀛兵溃，退保金陵。太平军取九江、安庆，清安徽巡抚蒋	九月，蒙城、亳州交界地方张乐行等，纠众竖旗，据雉河集。时蒙、亳聚众，合五十八捻为一，有四大天王诸名目。清袁甲三至王市集，率勇破之于高公庙。十月，捻首张茂据怀、蒙间，称西怀王，清袁甲三遣兵破之。 十一月，清袁甲三遣兵攻破				

续表

时期		清	太平天国	捻	回民		贵州苗教	四川蓝、李
清纪	公元				云南	陕、甘		
咸丰三年癸丑	一八五三年	经额为钦差大臣，尚书恩华、将军托明阿帮办军务，赴河南进击。八月，调吴文镕为湖广总督，命胜保为钦差大臣。九月，桂良为直隶总督，授惠亲王绵愉为奉命大将军、科尔沁郡王僧格林沁为参赞大臣，保卫畿疆，京师戒严。漕	文庆等自杀。清向荣取武昌。 二月，太平军水陆并至金陵，扎垒二十四座，昼夜环攻。初十日，仪凤门地雷举发，大队拥入，城遂破，杀清将军祥厚、总督陆建瀛等。清向荣率兵追至江宁，遂结营城外孝陵卫。洪秀全定都金陵，升	雉河集，执捻首马在龙、孙重伦等。河南光、陈等处捻众大起。				

续表

时期		清	太平天国	捻	回民		贵州苗教	四川蓝、李
清纪	公元				云南	陕、甘		
咸丰三年癸丑	一八五三年	运总督周天爵卒于亳州，命署庐凤道袁甲三代领其众。命袁甲三以三品卿衔兵科给事中击安徽捻军。	江宁为天京。遣丞相林凤祥、罗大纲、李开芳、曾立昌等率众东下，二十一日破镇江府，二十三日破扬州府。 四月，清琦善与提督陈金绶、学士胜保，败太平军于浦口，遂进攻扬州。林凤祥留指挥曾立昌守扬，自率众北上，过滁州，据临					

续表

时期		清	太平天国	捻	回民		贵州苗教	四川蓝、李
清纪	公元				云南	陕、甘		
咸丰三年癸丑	一八五三年		淮关，二十一日入凤阳府，胜保由扬州分兵追之。五月，杨秀清遣丞相吉文元等由浦口入亳州，与先入凤阳之林凤祥合，乘间入河南，取永城。初七日，破归德府，攻开封，为清军所败，遂围怀庆府。杨秀清遣豫王胡以晄等攻安徽桐城，					

续表

时期		清	太平天国	捻	回民		贵州苗教	四川蓝、李
清纪	公元				云南	陕、甘		
咸丰三年癸丑	一八五三年		破集贤关，再取安庆。又遣丞相赖汉英与石祥贞攻九江、湖口，进围南昌。清巡抚张芾拒守，适清湖北按察使江忠源来援，太平军屡战失利，围遂解。七月，河南清将讷尔经额督诸将攻太平军垒破之，遂解怀庆围。南昌太平军入江西腹地，					

续表

时期		清	太平天国	捻	回民		贵州苗教	四川蓝、李
清纪	公元				云南	陕、甘		
咸丰三年癸丑	一八五三年		清曾国藩派湘勇驰救，罗泽南、朱孙贻、郭嵩焘统之以行。八月，林凤祥等由河南怀庆入山西，破平阳府，清胜保追之。复由潞城、黎城等县入直隶，据邯郸，至深州。九月，胡以晄等解南昌围，趋九江，入湖北境，复取黄州、汉阳二					

续表

时期		清	太平天国	捻	回民		贵州苗教	四川蓝、李
清纪	公元				云南	陕、甘		
咸丰三年癸丑	一八五三年		府，北抵德安，南及兴国。 清曾国藩奉命带练勇，往湖北协攻。 十月，林凤祥等入深州，攻天津，据静海县，分屯独流、杨柳青等处。 上海小刀会刘丽川据城，太平将秦日纲据集贤关。清军败，遂取桐城、舒城，围庐州府。 十一月，清总督琦善围扬					

续表

时期		清	太平天国	捻	回民		贵州苗教	四川蓝、李
清纪	公元				云南	陕、甘		
咸丰三年癸丑	一八五三年		州，督攻甚急。金陵遣由江西回军之赖汉英来援，城中太平军突围出，偕走瓜洲。 十二月，胡以晄取庐州府，清巡抚江忠源自杀。					
咸丰四年甲寅	一八五四年	三月，褫山东巡抚张亮基职。 闰七月，琦善卒于军，命托明阿督办扬州军务。	正月，李开芳、林凤祥等合军屯独流，为清僧王所败，走静海，据阜城。清侍郎曾国藩率	三月，捻首张捷三称太平顺天王，联合太平军以义门集为根据，分踞雉河集。清袁甲三进逼雉河集，捷三败于马家楼，复败于涡河，死伤甚众，遂失义门集。	十月，清监察御史陈庆松奏，滇省幅员辽阔，汉、回杂处，道光二十四、五年间，因事忿争，互		二月，都匀府独山州斋民杨元保，起兵丰宁上司。时清在贵州设防筹饷，官吏或藉派捐苛	

续表

时期		清	太平天国	捻	回民		贵州苗教	四川蓝、李
清纪	公元				云南	陕、甘		
咸丰四年甲寅	一八五四年	十一月，授舒兴阿为云南巡抚。 十二月，擢山西巡抚恒春为云贵总督。	水师发衡州，水军以褚汝航、杨载福、彭玉麟等统之，陆军以塔齐布、罗泽南统之。 二月，杨秀清遣孙寅三等取安徽太平府，为金陵声援。杨秀清遣石祥贞会汉、黄各众溯江取岳州，分攻靖江，并入湘阴城。 三月，河北太		相杀戮，前任云贵总督林则徐平之。永昌膏腴之地，多为回民所种，自平定后，将回民驱逐徼外，回民失业，往往勾结夷人，沿边滋扰，每思乘机报复。		敛，元保父以抗捐瘐死，民多不平。会广西南丹土州有聚众攻独山者，元保遂聚众以应。五月，清军攻之，元保死。 八月，桐梓县杨凤，结陈泮模、陈良模及陈寿等起兵，破县城，并分取怀仁，攻遵义府城，称江汉元年，更县名兴州，署元帅、将军。	

续表

时期		清	太平天国	捻	回民		贵州苗教	四川蓝、李
清纪	公元				云南	陕、甘		
咸丰四年甲寅	一八五四年		平将李开芳、林凤祥自独流败后，逼临清州。杨秀清密令安徽分兵北援，破金乡、临清、阳谷、巨野、郓城、朝城等州县，旋复失之。清曾国藩统水陆师，败太平军于湘潭。 四月，清胜保败临清太平军于曹县，曾立昌、许宗扬等走死。				十月，兴义府普安县倮罗卫人涂令恒，与武生李林春、营兵冉秉忠等起兵，取新城。 十一月，分众攻贞丰州。 十二月，清提督赵万春等，攻克雷台山，杀陈良模、陈泮模，杨凤率众走黔西，尽趋合大定、平远，纵横黔西三百里。	

续表

时期		清	太平天国	捻	回民		贵州苗教	四川蓝、李
清纪	公元				云南	陕、甘		
咸丰四年甲寅	一八五四年		五月，李开芳、林凤祥据连镇，分兵南破高唐州。 六月，汉阳太平军攻武昌，初二日城破，清布政使岳兴阿自杀。 八月，清曾国藩既取岳州，会师金口，进迫武昌。二十二日破之，并取汉阳、黄州。十月，捷于田家镇，取蕲州。					

续表

时期		清	太平天国	捻	回民		贵州苗教	四川蓝、李
清纪	公元				云南	陕、甘		
咸丰四年甲寅	一八五四年		十二月，清遣水军攻湖口，为太平军所截，分外江内湖为二。					
咸丰五年乙卯	一八五五年	二月，钦差江南提督和春与漕运总督福济，劾袁甲三。得旨，袁甲三交部议处，即来京候旨。 三月，命胡林翼署巡抚，聚军上游，力图进取。褫杨霈职，以官文为湖广总督。	正月，清江苏巡抚吉尔杭阿破上海，刘丽川遇害。时清军围九江急，太平军分攻上游，总督杨霈不设备，败于广济，太平军遂取汉口，入襄河，湖北大震。清僧格林沁等	八月，捻军张乐行等复据雉河集。	九月，云南东川府之巧家厅、曲靖府之寻甸州汉、回互斗，回民聚众起事。蒙化、景东二厅，均有民变。 十二月，云南回民因楚雄府属之马龙、石羊二铜厂，为临安汉人占夺，遂起		正月，杨凤由黔西入毕节，二月至永宁，三月突围石阡府葛彰司，方渡河，清军追及，杨凤战死，余众东走。 三月，郎岱、仲家马阿奴等聚众起兵。台拱厅苗众起，合清江苗	

续表

时期		清	太平天国	捻	回民		贵州苗教	四川蓝、李
清纪	公元				云南	陕、甘		
咸丰五年乙卯	一八五五年		攻破连镇，执林凤祥。 二月，下高唐州，太平军余众据冯官屯。 四月，清军破冯官屯，执李开芳。 三月，太平军据汉阳、汉口，围武昌，破之，清巡抚陶恩培等自杀。 六月，江南清军总兵张国樑等取太平府。 七月，湖北太平军据襄河		恶斗，远近回民响应，马金保、蓝平贵起姚州，杜文秀起蒙化。		入朗洞城。桐梓余众推舒犬为首，出石阡，入铜仁府，走四川秀山县，复西由思南回规遵义，被执死。 五月，清平县山丙偉佬、凯塘凯哨聚众大起。上江斋民罗光明、罗天明起，据要会，攻清平县，潜结都江书吏余正纪，破都江厅城。正纪故	

续表

时期		清	太平天国	捻	回民		贵州苗教	四川蓝、李
清纪	公元				云南	陕、甘		
咸丰五年乙卯	一八五五年		内之蔡店，上通德安，下达汉镇。清巡抚胡林翼进军，克蔡店，取汉口，逼汉阳。 九月，清道员罗泽南回援武汉。 十月，清皖军取庐州府。				吏，因呼老科。 十月，铜仁府徐廷杰、梅济鼎皆举人，习青莲教，因官吏苛敛，聚众抗粮，起事大江，破府城，连克思州等六府厅县。 十一月，攻湖南凤凰厅城，取晃州、麻阳，攻沅州、永绥。 十二月，清复取晃州、麻阳。	

续表

时期		清	太平天国	捻	回民		贵州苗教	四川蓝、李
清纪	公元				云南	陕、甘		
咸丰六年丙辰	一八五六年	二月,命袁甲三随同英桂击河南捻军。 五月,命怡良暂署钦差大臣,督办江南军务。 八月,命提督和春为钦差大臣,督办江南军务。	三月,瓜洲、镇江太平军取扬州,旋复失之。清宁绍台道罗泽南,攻武昌,受伤死。太平军取安徽宁国,皖南大震。 五月,清向荣自三年营江宁孝陵卫,号江南大营。至是因援宁国、溧水,屡经抽拨,兵力过单,太平军杨秀清檄李	二月,捻军张乐行等分踞凤、颍、徐州各境,围亳州,取怀远、蒙城、夏邑、虞城,规归德。 五月,清袁甲三会师攻张乐行等于燕家小楼,进破诸寨,抵雉河,破之,张乐行南走徐。 七月,张乐行据三河尖,趋颍州。清袁甲三败之于大桥口,乐行北走。 八月,张乐行复据雉河,分攻涡河,为清英桂所败。 九月,捻众西走逼陈州。	二月,楚雄府属之大骠村团练纠合多人,至南安州,将城内回民杀毙多名,回众不平,亦纠外援报复。 四月,昆阳州回首马三新率众千余人,突临省垣,为清军所杀,余众退屯海口,东川、楚雄等处回民响应之。楚雄回众败还姚州。寻甸回强盛,		正月,清军攻铜仁府,徐廷杰出走,梅济鼎中炮死,府城失。二月,苗众围台拱。 三月,铜仁余众朱元兆等推幼童肥它它为主复起,松桃西北石岘卫苗起兵,围卫城。 八月,斋教取都匀府,清平苗取香炉山,苗取台拱。	

续表

时期		清	太平天国	捻	回民		贵州苗教	四川蓝、李
清纪	公元				云南	陕、甘		
咸丰六年丙辰	一八五六年		秀成、陈玉成、石达开等，夹攻之，清兵溃散，向荣退丹阳，七月，卒于军。 八月，北王韦昌辉杀东王杨秀清，洪秀全复杀昌辉，翼王石达开奔安庆，遂与秀全绝。 九月，清总督怡良遣将取高淳，进逼句容、溧水。清提督张国樑等连败太平		渐及曲靖所属之南宁、沾益、马龙、宣威各州县。 五月，云南西路姚州回众盘踞灵官桥，规镇南州，为清军所败，退回姚州。东路之回聚于嵩明、寻甸交界之罗冲塘子。 八月，回众破大理府。			

续表

时期		清	太平天国	捻	回民		贵州苗教	四川蓝、李
清纪	公元				云南	陕、甘		
咸丰六年丙辰	一八五六年		军，重结大营于金陵。 十一月，清楚军下武昌、汉阳二城，太平军自五年三月取武昌，至是已二十一月。此后清胡林翼遂得经营武汉，以为清军上游根据。 十二月，清楚军合围九江。先是，太平军据湖口，清楚军水师分为外江内湖，隔					

续表

时期		清	太平天国	捻	回民		贵州苗教	四川蓝、李
清纪	公元				云南	陕、甘		
咸丰六年丙辰	一八五六年		阕不通，曾国藩在南昌整舟师，自武汉、袁州复失，湖北清军大至。时李续宾率陆师，杨岳斌率水师，九江之围复合。					
咸丰七年丁巳	一八五七年	二月，曾国藩丁忧，命杨载福、彭玉麟分领其军。四月，怡良以病免，命何桂清署两江总督。六月，调吴振棫为云	五月，英王陈玉成，由桐城率众三万余，进攻湖北之黄梅、广济、蕲水等处，清军连战却之。七月，清军取瑞州府。	四月，另股捻军据王、邓诸圩。六月，清袁甲三督军拔邓圩，执捻首李演等百余人。七月，清都统胜保，攻张乐行于正阳关。十月，捻众入南阳，所经霍山、和、滁，东西几二千里，其游骑达直隶大名府等地，清廷大震。	六月，云南曲江回民，结澂江彝众，突逼省城，清总督恒春计穷，自缢死。七月，省城及临安、澂江、东川、曲靖、		正月，铜仁余众以肥它它走回思南牛渡滩，为清拔贡方仁所执，死。水从古州相继破，斋教吴文明、余老科，苗龙	

续表

时期		清	太平天国	捻	回民		贵州苗教	四川蓝、李
清纪	公元				云南	陕、甘		
咸丰七年丁巳	一八五七年	贵总督，以王庆云为四川总督。 十月，革云南在籍侍郎黄琮、御史窦垿职，以主办省城团练，悬贴告示，专主杀回也。	九月，清军彭玉麟、李续宾水陆夹攻湖口县，陷之。又取彭泽县，派兵扼守，回攻九江。 十一月，清德兴阿遣兵取瓜洲，清提督张国樑取镇江城，太平将吴如孝溃围至金陵，复走皖北。 十二月，清楚军候选道刘长佑等，取江西临江府。		开化、昭通、楚雄、姚州、大理，回、汉争杀，其未动者仅普洱、顺宁两府，镇沅一厅。		才贺，渐攻黎平寨屯。柳霁铁衣苗据青龙关。 二月，荔波自罗天明入水婆，九千、巴容、莪蒲、水苗悉起，安化罗应儒、大白满、小白满等据平顶坝。 十一月，桐梓螺蟹杨凤余众余麻乡约等，为赵里杨应菉及思南大小白满等所结，复举兵	

续表

时期		清	太平天国	捻	回民		贵州苗教	四川蓝、李
清纪	公元				云南	陕、甘		
咸丰七年丁巳	一八五七年						据各山洞，互为声援。 十二月，思南致和团白号教起，分众东攻印江，西攻婺川，从者愈众。	
咸丰八年戊午	一八五八年	五月，起曾国藩，命办理浙江军务，移师援闽。 七月，以福济师久无功，命来京，以李孟群署安徽巡抚，命胜保为钦差大臣，督	正月，忠王李秀成等合豫省捻军攻商固，旋攻光州、六安，规湖北之随、枣，为清军所败。	五月，捻众由东路攻铜山，逼徐州，清总兵史荣春攻走之。孙大旺于睢宁县泥沟被执，死。 七月，张乐行袭破陈家庄，分据各圩，袁甲三分兵攻走之。 八月，捻军李大喜合诸军由怀远北上，清总兵傅振邦攻之，西去。	正月，回众攻宣威州，清张亮基击败之。 四月，省城回众就清抚，围遂解。清以掌教头人马德新管理云南清真寺务。		正月，苗取麻哈州，首领陈大六名鸿勋、唐天佑，俱州人。苗众复取都匀府，省城大震。 二月，绥阳赵帽顶结大、小白满等合攻	

续表

时期		清	太平天国	捻	回民		贵州苗教	四川蓝、李
清纪	公元				云南	陕、甘		
咸丰八年戊午	一八五八年	办安徽军务，安徽巡抚翁同书帮办军务，袁甲三督办三省军事。九月，以和春兼辖江北军。十一月，吴振棫因病解任，以张亮基为云贵总督，徐之铭为云南巡抚。	二月，清总兵张国樑等攻取秣陵关。三月，复破太平军于七瓮桥。四月，取雨花台等处，逼江宁城而军。三月，翼王石达开自江西规衢州，取处州。衢州久围不下，会清湘军至，遂南走闽地。五月，破邵武等郡县。四月，清楚军	十月，捻首李兆受以滁州降于清胜保。	十月，回军杨胖六等结附井彝民，众至万余，分据羊毛关等处。十二月，回军马三先锋等众五千人，围困安宁州。		县城。三月，晃州偏洞姚通演，以传教结思州老文、溪民陈加诰起兵，人裹黄巾，书天保字贴巾上。四月，白号复逼思南府，袭取之。济安黄号，取婺川县城。七月，太平平靖王李文茂及其将黄金亮，自柳州府入黔，取锦屏	

续表

时期		清	太平天国	捻	回民		贵州苗教	四川蓝、李
清纪	公元				云南	陕、甘		
咸丰八年戊午	一八五八年		李续宾等攻下九江府城，太平守将贞天侯林启荣、元戎李兴隆等死之。 五月，英王陈玉成合捻军破麻城、黄安，图规汉阳。清李续宾进陷黄安、麻城。清楚军既得九江，进攻江西内地，克诸城，未得者仅吉安一府。 七月，皖北太平军据三河。				乡，逼黎平府。 八月，镇远苗入卫城，并破府城。 九月，粤斋各军趋攻黎平，九洞四十八寨苗乘之。 十一月，普安厅大坡铺华家屯回张凌等起兵。 十二月，清千总贾福保，结陈绍虞等，袭取瓮安县城。	

续表

时期		清	太平天国	捻	回民		贵州苗教	四川蓝、李
清纪	公元				云南	陕、甘		
咸丰八年戊午	一八五八年		十五日，乘虚再取庐州。 八月，清楚军曾国荃攻下吉安府。 九月，英王陈玉成攻破浦口清军德兴阿营，遂入扬州，并取江浦、天长、仪征等县，旋皆失之。清楚军李续宾陷太湖、潜山、桐城、舒城各县城，进攻庐州。多隆阿及副将鲍超，					

续表

时期		清	太平天国	捻	回民		贵州苗教	四川蓝、李
清纪	公元				云南	陕、甘		
咸丰八年戊午	一八五八年		趋集贤关，逼安庆。 十月，清李续宾追太平军至三河，迫庐州，太平将陈玉成、李秀成、李侍贤等由和州、江浦、六合等处分道来援，续宾战死。 十二月，太平军乘三河镇之捷，复取桐、舒、潜、太四县。					

续表

时期		清	太平天国	捻	回民		贵州苗教	四川蓝、李
清纪	公元				云南	陕、甘		
咸丰九年己未	一八五九年	正月，命袁甲三回京供职，以总兵傅振邦代之。 四月，调王庆云为两广总督，黄宗汉为四川总督。 十月，胜保丁忧，命漕运总督袁甲三署理钦差大臣，督办皖省军务。	二月，庐州清军败，清前署安徽巡抚李孟群战死。 四月，翼王石达开自出金陵至安庆，拥众十余万，由江西南安府取道崇义，入湖南，取桂阳州及兴宁、宜章二县。清巡抚骆秉章，檄召刘长佑等募勇御之。 六月，石达开围衡州不下，	正月，清协领关保等，攻张乐行于草沟，复战于双渡口，张乐行泅水免。 四月，捻军张元龙，率众以凤阳府、县两城，降于清胜保。 六月，太平陈玉成合捻军攻取安远、定远及天长、盱眙。 十一月，清袁甲三取临淮关。	二月，回军马凌汉纠众袭据昆阳州。 四月，回军马合等结彝、汉四千余人，围攻晋宁州城。		九月，兴义府回民张福田结回众并仲苗，略兴义县属，攻新城。清江炳琳围攻鼻孔久，负险不下。会粮乏，炳琳招之降，而阴设备以待，穆玉朋、大小白满、梁大童、三童、梁升、吴咩三、仇青龙、娄光群、梁后、胡丙、冷大刀、樑元等皆至，炳琳遽执之，	九月，云南蓝朝柱（一名大顺）、李永和（一名短搭）聚众起兵，攻占四川叙州府筠连、高县、庆符。

续表

时期		清	太平天国	捻	回民		贵州苗教	四川蓝、李
清纪	公元				云南	陕、甘		
咸丰九年己未	一八五九年		乃攻宝庆府，为清将李续宜诸军所败。七月，又败于永明、道州。七月，江西信丰太平军，自二月入广东，攻惠、韶两郡，为清总督黄宗汉所败。八月，清都统多隆阿攻破石牌镇。九月，石达开自永明、道州败后，由新宁、城步等处山僻小路，直突				取鼻孔山。	

续表

时期		清	太平天国	捻	回民		贵州苗教	四川蓝、李
清纪	公元				云南	陕、甘		
咸丰九年己未	一八五九年		桂林。清巡抚曹澍锺固守，攻之不克，遂解围去，取庆远府。 十月，太平军大败清江南军于六合，复败之于浦口，清提督周天培战死。 十一月，清楚军杨岳斌、彭玉麟水师驻安庆，池州府太平守将韦志俊以城降，其部下古隆贤等，复攻					

续表

时期		清	太平天国	捻	回民		贵州苗教	四川蓝、李
清纪	公元				云南	陕、甘		
咸丰九年己未	一八五九年		取之。清袁甲三陷临淮关，太平翼天侯顾大陇等被执。					
咸丰十年庚申	一八六〇年	正月，命胜保督办河南御捻事宜。广西巡抚蒋霨远卒，海瑛权巡抚事。 二月，升云南布政使刘源灏为贵州巡抚，命骆秉章赴四川督办军务。 四月，命荆州	正月，石达开据庆远府，复分兵由富川县境入广东，攻连山厅，为清军所败，回走湖南，再辗转至乐昌、仁化等县。 二月，忠王李秀成自得安徽泾县后，皖南震动。初	二月，太平军将取苏、杭，豫结捻军张乐行、龚瞎子等，使攻清淮，以分清军江、皖兵力，遂克清江浦，旋退。 七月，捻军会太平军攻凤阳，清军却之。 九月，捻军入济宁，纵横菏泽间，清僧格林沁拒之。	四月，回众攻取楚雄府。 五月，路南州为回、彝所据，清军攻之。迤南回众来援，亦为清军所败，清遂取州城。		正月，苗众入平越城。贵定龙里苗众走合扛寨众，趋大小龙谷、大小田坝，逼省城，清军却之。 六月，太平军入贵州境内，经兴义等州县，直攻广顺，入州城。清	四月，蓝朝柱、李永和取名山金鸡关，破嘉定，进攻雅州。分众下贡井，盐丁从之者十余万人。清将曾望颜复取名山，夺金鸡关，解雅州围，蓝朝柱、李永和走川、滇边境。

续表

时期		清	太平天国	捻	回民		贵州苗教	四川蓝、李
清纪	公元				云南	陕、甘		
咸丰十年庚申	一八六〇年	将军都兴阿督办江苏江北军务。命曾国藩署两江总督。命左宗棠以四品京堂候补,襄办曾国藩军务。 十月,张亮基以病免,以刘源灏为云贵总督。 十二月,命贵州提督田兴恕为钦差大臣,督办全省军务。	三日取广德府,入浙破长兴县,命李世贤攻湖州,自将谭绍洸等趋钱塘,入杭州,清巡抚罗遵殿等死之。三月,清江南援军提督张玉良攻下杭州,并取广德等城。三月,清将和春于上年添募壮勇,增筑长围以困金陵。本年二月间,派兵				古州镇总兵巴扬阿等分路进攻,夺取州城。太平军别队入永宁州城,附近苗教各军,攻水田坝军营,清参将全兴进攻归化厅,战死。苗教各军乘势取修文县城。	

续表

时期		清	太平天国	捻	回民		贵州苗教	四川蓝、李
清纪	公元				云南	陕、甘		
咸丰十年庚申	一八六〇年		援浙，兵力渐单，太平军简精锐，屡攻大营，克之。十五日，清将张国樑护和春退守丹阳，太平军踵至。四月，国樑战死，和春走常州，亦受伤呕血死。四月，忠王李秀成取常州，清两江总督何桂清遁。复进取苏州，清巡抚徐有壬自杀。更					

续表

时期		清	太平天国	捻	回民		贵州苗教	四川蓝、李
清纪	公元				云南	陕、甘		
咸丰十年庚申	一八六〇年		克松江等郡县，并浙江之嘉兴府。石达开既据庆远，分攻湖南、广东界，清巡抚刘长佑等会攻庆远，达开退走。 七月，李秀成围上海，清吴煦拒守，美国之华尔统中西兵勇助战，秀成受伤，围解。 八月，石达开入武缘县，合浔州诸军攻					

续表

时期		清	太平天国	捻	回民		贵州苗教	四川蓝、李
清纪	公元				云南	陕、甘		
咸丰十年庚申	一八六〇年		围郁林州。太平军取安徽之徽州、宁国两府，及浙江之严州府。十一月，清军围安庆急，陈玉成合定远、六合各军精锐，进至桐城西南之挂车河等处，筑垒四十余座，图解安庆围，与清副都统多隆阿、按察使李续宜战，不利。					

续表

时期		清	太平天国	捻	回民		贵州苗教	四川蓝、李
清纪	公元				云南	陕、甘		
咸丰十年庚申	一八六〇年		十二月，石达开由广西分兵入贵州，取广顺、永宁。					
咸丰十一年辛酉	一八六一年	二月，命贵东道何冠英，署理贵州巡抚。 三月，命钦差大臣胜保驰赴直隶、山东，督办军事。旋又命督办安徽、河南军事。 七月，召刘源灏来京，以福济为云贵总督。授骆秉	二月，清曾国荃围安庆，英王陈玉成由英、霍间道入湖北，取黄州、蕲州、德安诸郡县，武昌清军戒严。 三月，陈玉成留兵拒清军，自率精锐由蕲、黄回规太湖，而桐城、庐江璋王林	正月，山东捻军由东平等渡河。四月，围滕县，清僧格林沁解其围。 四月，捻军攻郓城，联长枪会图取金乡，清兵败之。八月，捻军渡运河，自泰安入济南，清僧格林沁蹑之，至青州。九月，僧格林沁袭捻于临朐，追至兰陵镇，捻军不利。十二月，捻军据巨野境，复败。 五月，清将胜保进攻邱县捻军，下冠县。 六月，诸会首被执，山东范县	十一月，回民马起等，率众进逼云南省城。		九月，清古州镇总兵杨岩保，取平越州城。	蓝朝柱、李永和、何国樑、张第才等，攻围四川青神、绵州、顺庆等四十余县，逼成都。 五月，何国樑围定远，清骆秉章遣黄淳熙解定远围，国樑被执遇害。后淳熙亦中伏死。

续表

时期		清	太平天国	捻	回民		贵州苗教	四川蓝、李
清纪	公元				云南	陕、甘		
咸丰十一年辛酉	一八六一年	章四川总督，督办军务。署贵州巡抚何冠英卒，命田兴恕兼署巡抚事。 八月，湖北巡抚胡林翼卒。 十月，命曾国藩统辖江苏、安徽、江西三省并浙江全省军务。 十二月，以沈葆桢为江西巡抚，左宗棠为浙江	绍璋、玕王洪仁玕，将由马蹋石渡河援安庆，清都统多隆阿等扼之，不得达。 八月，清曾国荃等取安庆城，太平守将叶芸来等均死之，陈玉成走集贤关，于是池州、桐城、宿松各郡县皆为清所得。侍王李世贤，取严州、余杭，又分克绍兴、处州各	各军均解散，河北境内全为清有。				六月，蓝朝柱围绵州，李永和下青神。 八月，清骆秉章督军解绵州围，蓝朝柱退据青衣坝一带。 九月，蓝朝柱由什邡、崇庆趋丹稜，李永和围眉州。 十一月，清骆秉章督军围丹稜，蓝朝柱退踞新宁，蓝朝鼎阵亡。

续表

时期		清	太平天国	捻	回民		贵州苗教	四川蓝、李
清纪	公元				云南	陕、甘		
咸丰十一年辛酉	一八六一年	巡抚。命贵州粮储道韩超，署贵州巡抚。	郡县。 十一月，时清楚军规取江宁，洪秀全令李秀成、李世贤分途攻浙，以分兵力。二十七日，入杭州。					
同治元年壬戌	一八六二年	二月，命李鸿章署江苏巡抚。 五月，命荆州将军多隆阿督办陕西军务。 七月，袁甲三以病免，以安徽巡抚李续	正月，清提督李世忠攻下天长、六合，乘势取江浦、浦口。辅王杨辅清由严州规徽州。清巡抚左宗棠率兵由婺源赴浙，三战	正月，江苏丰县捻军二万余由金乡进鱼台，清军趋救，奔丰、沛间。 二月，亳东捻军合各军并长枪会并力西走，清僧格林沁追至河南杞县，破之。 三月，捻军孙光危、陈大濡两队约二万人，与太平扶王陈得才三万人合，由河南唐县，直逼南阳。四月，入陕。	正月，回民武生马如龙，自陈愿率众就抚，知府岑毓英往受，马如龙纳所踞新兴等八城。省城围解，马如龙以总兵用。	四月，陕西渭南、大荔、河北汉、回各村互烧杀，耀州、富平等处汉、回亦起衅。 五月，陕西同、华汉、回仇哄，清团练大臣张芾，劝导渭	三月，取兴义府。 四月，姜映芳取天柱县，青溪、玉屏几下。 十二月，白号秦王朱明月据桐梓鼎山寨。潘名杰克龙里县城，	二月，清军取新宁，蓝朝柱、郭刀刀、张第才走陕西定远界。曹灿章入老林，走陕南。周绍武（一名踤踤）由大竹趋涪州。

续表

时期		清	太平天国	捻	回民		贵州苗教	四川蓝、李
清纪	公元				云南	陕、甘		
同治元年壬戌	一八六二年	宜为钦差大臣，督办军务。以吴棠署漕运总督。命钦差大臣胜保，赴陕西，督办陕甘军务，提督雷正绾帮办陕甘军务。以熙麟为陕甘总督。命贵州提督田兴恕赴四川，交骆秉章差遣。命钦差大臣亲王僧格林沁，统辖山东、河南全省军务。	三胜，衢属开化复为清有。太平军攻上海，英、法各国兵助清御却之。二月，清曾国藩遣道员李鸿章赴援上海，鸿章率湘军及新募淮军东下。清曾国荃率军取巢县、含山，又败和州太平军，夺梁山关。四月，清彭玉麟、曾国荃攻	五月，捻军由陕攻湖北、郧西等处。八月，捻军大队攻山东鱼台之罗家屯，清僧格林沁自夏邑拒之，执捻军李廷彦等，亳东宋元喜等降，亳州以北为清有。闰八月，姜台凌雒南捻东取卢氏县境，并据商州。九月，清将多隆阿由安陆攻楚北捻军，捻军走河南。		河南北，回众杀之，聚众起兵，连克渭南、高陵、华州、华阴，围西安。七月，清军攻渭南，败退朝邑，回遂围泾阳，经三原，攻咸阳、凤翔。八月，清胜保军入潼关，会雷正绾，解西安围。闰八月，回军败于咸阳。九月，清胜保援同州，被困	旋退。	三月，蓝朝柱由川进攻商州、商南、孝义一带，别队由南阳经雒南入南山，全陕俱震。同时，李永和、卯得兴弃青神，永和攻据铁山，得兴攻据宜宾八角寨，永和来会师。九月，清骆秉章督诸军追至宜宾，李永和、卯得兴战败，均被害。

续表

时期		清	太平天国	捻	回民		贵州苗教	四川蓝、李
清纪	公元				云南	陕、甘		
同治元年壬戌	一八六二年	十一月，胜保有罪，命自尽。授多隆阿为钦差大臣，督办陕西军务。命张亮基署贵州巡抚，并署提督。	下金柱关，遂取芜湖，进攻秣陵关。清将多隆阿等，攻下庐州府城，陈玉成奔寿州，苗沛霖诱执之，献于胜保，被戕于河南卫辉府之延津。扶王陈得才等，于上月为陈玉成所遣，合捻军攻河南，入陕西武关，直逼西安，清军拒之，遂东取渭南，入			城下，运道梗塞，其部众多降于捻军。十一月，清多隆阿至同州，围始解。		清将周达武解涪州围，周绍湧被擒于大竹。十一月，郭刀刀自陕西宁羌州拥众回四川，据仪陇，为清将周达武所败，退屯大小福林场，又败退巴州鼎山铺，刀刀及弟福友均被害。

续表

时期		清	太平天国	捻	回民		贵州苗教	四川蓝、李
清纪	公元				云南	陕、甘		
同治元年壬戌	一八六二年		河南南阳一带。五月，清广西巡抚刘长佑取太平府城。侍王李世贤、谭绍洸克湖州。曾国荃攻取秣陵关，进逼江宁天京，驻军雨花台。忠王李秀成克嘉定，遂围松江，清程学启拒战，松江围解。石达开由黔西入四川涪州，为清					

续表

时期		清	太平天国	捻	回民		贵州苗教	四川蓝、李
清纪	公元				云南	陕、甘		
同治元年壬戌	一八六二年		军所败，尚拥众数万，围攻綦江。 六月，清鲍超攻下宁国府，辅王杨辅清走，保王洪容海降，广德州亦陷。 八月，清多隆阿败陈得才于荆紫关。 闰八月，陈得才进攻湖北，入随州，围安陆府，清总兵穆玉春败之，多隆阿又破之樊城，得才					

续表

时期		清	太平天国	捻	回民		贵州苗教	四川蓝、李
清纪	公元				云南	陕、甘		
同治元年壬戌	一八六二年		复还河南。十月，清曾国荃驻军雨花台后，连败太平军，洪秀全促侍王李世贤、忠王李秀成还救。八月，江南大疫，清鲍超等病不能军，金陵围师死者甚众。闰八月，秀成自苏、常率众归，围清军猛攻。九月，李世贤自浙至，相持四					

续表

时期		清	太平天国	捻	回民		贵州苗教	四川蓝、李
清纪	公元				云南	陕、甘		
同治元年壬戌	一八六二年		十六日，围乃解，世贤走广信，秀成走江北。陈得才入楚边，取房县，复由竹山、竹溪二县入陕西境，取兴安。 十二月，石达开据叙州之横江、双龙两场，清按察使刘岳昭攻之，达开率余众渡横河。					

续表

时期		清	太平天国	捻	回民		贵州苗教	四川蓝、李
清纪	公元				云南	陕、甘		
同治二年癸亥	一八六三年	七月，以刘蓉为陕西巡抚。	正月，清左宗棠援浙，按察使蒋益澧等破汤溪、龙游、兰溪，遂取金华府城。旋入浦江、诸暨，并取绍兴府、桐庐县，浙东悉为清有。陕西清军取兴安府。石达开前锋赖裕新攻宁远，战死。二月，侍王李世贤率众攻金柱关，清曾国荃败之。	二月，清僧格林沁败捻军于雉河集，张乐行至宿州，为清知州英翰所执，其从子张宗禹领其余众。六月，苗沛霖联结捻军，攻克寿州、怀远。十月，练军苗沛霖率众数万攻蒙城，清僧格林沁赴亳州，下蒋集，陈万福被执死。清总兵陈国瑞合军，破其河南北八垒，沛霖夜走，其部下杀之以降清。	正月，回弁马荣杀清署总督潘铎及府、县各官，清代理布政使岑毓英，率粤勇千人力保藩署。马如龙来援，内外夹击，屠杀几尽。马荣仅以身免，走南宁，合马联陞据曲靖八属。二月，清将岑毓英统师西攻，下富民、安宁、罗次、高明、禄丰、	正月，陕回败，入甘肃，于是甘回群起响应。平凉回取固原，围平凉。八月，甘肃回攻取平凉府城。九月，清陶茂林解凤翔围，被围凡十四月。南路回入狄道，围河州。十月，北路回取宁夏及灵州。	时河西以白号刘义顺为首，西抵遵义、湄潭，南至思南，纵横联络。河东以荆竹园为最，皆黄平之黄号，统于何瑞堂、萧桂盛。下游都匀以罗光明为最，谷里堡陈廷英、莫永清，鸦善堡罗六王，阿溜堡陈小介，为之从。麻哈以潘名杰为最，马鞍山	

续表

时期		清	太平天国	捻	回民		贵州苗教	四川蓝、李
清纪	公元				云南	陕、甘		
同治二年癸亥	一八六三年		三月，清巡抚李鸿章率常胜军攻下太仓，会王蔡元隆退。 四月，清提督鲍超，援青阳，败报王蓝仁德于曹塘，太平将张胜禄等叛，杀仁德以降，清得建平。进攻句容，叛军执翰王项大英、烈王方成宗以降，清进克金坛、常州。清将程学启		武定、禄劝、广通、陆凉、南安各城，进窥楚雄。 十月，清岑毓英下楚雄、大姚。 十一月，叠下云南县、赵州、宾州、邓川、浪穹、鹤庆，分道进窥大理上下关。		罗天明、摆郎蓝三寿为之从。 三月，巡抚张亮基抵任。时黔中民变已炽，黄、白号及苗教各军，攻遵义府桐、梓各县，据螺蛳堰。清总兵沈宏富攻拔螺蛳堰，招屯寨居民四十余处，屠杀余众于上稽场。 五月，思南教众攻府城，并	

续表

时期		清	太平天国	捻	回民		贵州苗教	四川蓝、李
清纪	公元				云南	陕、甘		
同治二年癸亥	一八六三年		取昆山、新阳。清曾国荃攻雨花台，拔九垒。石达开渡金沙江，拟由边地土司小境入川，至紫打地方，将渡大渡河，清川军唐友耕等亦至，列营对岸，土司希赏，自后偃木塞路，达开粮罄，奔老鸦漩，清军追至，被害。 五月，清兵部右侍郎彭玉				分攻印江，清总兵刘义方等拒之，取普安、安南二县。 十一月，何得胜驰开修，合江外西诸军分道四集，潘名杰亦出，以规省城。 十二月，余老科、罗光明攻克古州。	

续表

时期		清	太平天国	捻	回民		贵州苗教	四川蓝、李
清纪	公元				云南	陕、甘		
同治二年癸亥	一八六三年		麟、水师提督杨岳斌下九洑洲，并下浦口、江浦二县，长江一带遂为清有。忠王李秀成等攻江阴，清副将刘铭传、郭松林合拒之。 七月，堵王黄文金攻江西，湖口清军攻毁文桥垒，太平军余众退向建德，江西境内尽为清有。 八月，扶王陈					

续表

时期		清	太平天国	捻	回民		贵州苗教	四川蓝、李
清纪	公元				云南	陕、甘		
同治二年癸亥	一八六三年		得才，联合捻军踞汉中，东取城固等县，以逼兴安。蓝朝柱北取盩厔，以规西安。 九月，太平将古隆贤，以石埭、太平、旌德三县降清。 十月，清巡抚李鸿章等攻苏州，忠王李秀成以金陵待援急，留慕王谭绍洸主守城，乘夜出援，纳王部云					

续表

时期		清	太平天国	捻	回民		贵州苗教	四川蓝、李
清纪	公元				云南	陕、甘		
同治二年癸亥	一八六三年		官等刺杀绍洸，以城降清。郜云官及比王伍贵文、康王汪安均、宁王周文佳、天将范启发、张有洲、汪怀武、汪有为八人为清将程学启所杀，太平军入苏州凡四年，至是为清所有。 十一月，清巡抚李鸿章等取无锡，太平潮王黄子澄被执。					

续表

时期		清	太平天国	捻	回民		贵州苗教	四川蓝、李
清纪	公元				云南	陕、甘		
同治三年甲子	一八六四年	四月，命西安将军都兴阿督办甘肃军务，提督雷正绾帮办军务。 五月，熙麟以病免，以杨岳斌为陕甘总督。 十月，以新疆回变，革伊犁将军常清职，以明绪代之。以恒保署乌鲁木齐都统，命穆图善率师出关。	正月，陈得才既据汉中，因金陵围急，率众还援，清巡抚刘蓉追之，遂取汉中各城，得才走入湖北境。清曾国荃驻军雨花台，夺取附城东、西、南三面诸要隘，至是攻陷天保城，遂合城围。 三月，清多隆阿攻取盩厔，贤王蓝朝柱等被执。清	二月，在陕捻张宗禹一军据卢氏。 六月，捻军攻湖北麻城之闵家集，清僧格林沁御却之。踞蕲州之捻军复联合东走，清僧格林沁进至土漠河，败陈大喜等，温其玉、黄文诰等执太平端王蓝成青以降清。 十一月，捻张宗禹、陈大喜据南阳东境，意图西走。	正月，清岑毓英取定远，围攻镇南州，破回军于普棚。 二月，马联陞复克沾益，攻马龙州。东路请援急，清岑毓英率师东下。 七月，破马联陞于天生关，进攻曲靖。 八月，取沾益，进围寻甸，九月下之，马荣、马兴等均遇害。 十月，曲靖马	四月，清将雷正绾、陶茂林克平凉，并计收盐关、固原。 五月，新疆南路回民金相印导安集延阿古柏出山，攻克喀什噶尔，次第攻夺南路八城，回众尊之曰夏帕。安集延者，浩罕八城之一。时浩罕为俄罗斯所灭，阿古柏多权术，有膂力，为众所服，	正月，攻省城，清巡抚张亮基、藩司龚自闳等率兵登陴，总兵沈宏富等军于城外，往来冲击。苗教军不利，退去。清取修文县城。 三月，苗众攻清镇县，入龙里县，清总兵林自清、赵德昌等攻下之。 五月，何二率众二万余人，复攻清镇，并分取定	正月，时蓝朝柱分众据洋县已逾二年，至是清刘蓉檄诸军攻下之，其众走，与鄠县曹灿章合。 二月，蓝朝柱久据盩厔，清多隆阿亲督兵攻下之，朝柱率众走金鸡两河，与曹灿章合，连败于清将黄鼎，走北山。 四月，蓝朝柱走安康遇害，

续表

时期		清	太平天国	捻	回民		贵州苗教	四川蓝、李
清纪	公元				云南	陕、甘		
同治三年甲子	一八六四年		浙军蒋益澧攻杭州，左宗棠来督战，太平守将听王陈炳文弃城，与康王汪海洋由徽州走江西。 四月，清巡抚李鸿章督刘铭传、郭松林及戈登之常胜军，攻下常州府城，护王陈坤书被执。 六月，自清曾国荃合围金陵，城中粮、援俱绝，李秀		文升等降清，马联陞被执死之，迤东复属清。	收余众保安延集。六月，清新疆乌鲁木齐参将索焕章，踞乌鲁木齐，推妥得璘为主，称清真王，旋取哈密、吐鲁番、呼图壁、库尔喀喇、乌苏等地。妥得璘陕人，假星命游金积、河湟间，及陕兵起，出关至乌鲁木齐，主索焕章家，焕章师事之。时	番、广顺、长寨各城，清总兵林自清等击败之，总兵赵德昌等亦攻陷定番等城。 九月，清取西卫城。 十一月，清取兴义府。	曹灿章被执于玉皇庙山窝。蓝二顺与太平军梁秀成逾秦岭，下甘肃、阶州。清骆秉章遣周达武将八千人越境，攻下阶州，二顺阵亡，秀成被执，死于成都。

续表

时期		清	太平天国	捻	回民		贵州苗教	四川蓝、李
清纪	公元				云南	陕、甘		
同治三年甲子	一八六四年		成令李世贤就食江西，自留主守城。国荃百计围攻，思筑隧道轰之，阻月城勿能进。五月三十日，攻下龙膊子山阴坚垒，所谓地保城者，筑炮台其上，日夜轰击，而潜穴其下。六月十六日，地道火发，城陷二十余丈，清将李臣典、萧孚			回、汉互斗，清提督聂布冲攻南路败归，索焕章遂起事。 八月，清将雷正绾、陶茂林攻回于秦安莲花城，败还，回军复取固原。 十月，清雷正绾、曹克忠会取莲花城，克忠取盐关，进秦州。陶茂林取金县，进兰州。 十一月，新疆		

续表

时期		清	太平天国	捻	回民		贵州苗教	四川蓝、李
清纪	公元				云南	陕、甘		
同治三年甲子	一八六四年		泗等蚁附争登，城遂破，李秀成及洪仁达等被执死。洪秀全已于五月廿七日病殁，子幼王洪天贵年十五六，其下拥之突围出走，堵王黄文金迎至湖州。七月，苏州清军攻下湖州，浙江清军亦下安吉，黄文金拥洪天贵走宁国。陈得才众至霍山，			库尔喇不守，伊犁被围。		

续表

时期		清	太平天国	捻	回民		贵州苗教	四川蓝、李
清纪	公元				云南	陕、甘		
同治三年甲子	一八六四年		闻金陵破，服毒自杀，端王蓝成等均降。八月，苏州清军下广德后，黄文金拥洪天贵走浙江之淳安，为清浙军黄少春所破，文金死，天贵辗转走广信，清江西军席宝田率轻兵紧蹑之，卒获之于荒谷中，被害于南昌。洪秀全之兄恤王洪仁政、弟					

续表

时期		清	太平天国	捻	回民		贵州苗教	四川蓝、李
清纪	公元				云南	陕、甘		
同治三年甲子	一八六四年		干王洪仁玕及黄文金之弟昭王黄文英等，先后为席宝田所执，于是太平余众，仅存李世贤、汪海洋入闽一队。 十月，李世贤、汪海洋入福建，克龙岩、漳州，清按察使张运兰败死。 十一月，清福建提督林文察进攻漳州，败死。					

续表

时期		清	太平天国	捻	回民		贵州苗教	四川蓝、李
清纪	公元				云南	陕、甘		
同治四年乙丑	一八六五年	四月，命钦差大臣曾国藩赴山东督师，以李鸿章署两江总督，旋命曾国藩督办直隶、山东、河南三省军务。命云南布政使刘岳昭，率楚军自合江援黔。 十月，解陕西巡抚刘蓉职。	四月，清将鲍超所部霆军不愿西行，哗变于湖北金口，由江西入闽广，与太平余众李世贤、汪海洋等合。 五月，清左宗棠攻取漳州，李世贤走，又败之于永安，遂出闽境。汪海洋入粤，败粤军于镇平，复合清霆营溃卒，势复振。李世贤寻为海洋所杀。	正月，赖文光、张宗禹等入鲁山，清护军统领恒龄、副都统舒伦保战死。 二月，捻军过黄河老堤，规山东。清陈国瑞等追至汶山，捻军从台庄渡运河，经兰山、郯城，趋江苏海州、赣榆、沭阳各州县。 四月，赖文光、张宗禹复入山东，清僧格林沁率师疾追，日夜追一二百里，自率亲兵数千先大军行，至曹西。捻军结郓北诸军数万四路麇集，僧格林沁大败，避入空堡，捻军围之数重，僧格林沁突围出，战死，陈国瑞等仅以身免。 六月，任化邦、张宗禹由沭阳西走郓城，攻雉河，清淮军		正月，清将雷正绾克固原。 五月，口外猎户入肃州东关，围困城垣，本地回民起而应之。西宁回军攻克大通县，围逼西宁府。 六月，清将雷正绾、曹克忠攻金积堡。堡属灵州，号称天险，甘回马化龙据之，屡败清军。雷军退预望城，曹军退盐	正月，包茅仙久匿寨，转镇远甘佃目，团首李国仕率众执包林林等，茅仙刽剐死。 二月，伍云召自江口走，死果合山，余众樊荣宗被执死之。 五月，萧继盛等克石阡府城。 六月，清总兵赵德昌、赵德光，复取大定府城，余众走	

续表

时期		清	太平天国	捻	回民		贵州苗教	四川蓝、李
清纪	公元				云南	陕、甘		
同治四年乙丑	一八六五年		十二月，汪海洋据镇平，清粤军康国器取镇平，海洋走平远，清席宝田破之赣南，复走广东。至嘉应州，清军攻之，海洋中炮死，余众推嘉王谭体元主城守事。寻自南面出走，至黄沙嶂，路绝险，清军四面蹙之，体元等皆死，太平天国亡。	刘铭传、周盛波等败之涡河西岸。时清曾国藩设四镇重兵，以刘松山驻临淮、潘鼎新驻济宁、刘铭传驻周家口、张树珊驻徐州，寻以张树珊屯周家口，使刘铭传游击，自是捻军始困。 八月，清将刘铭传败捻军于颍州，捻军东走曹州，清将潘鼎新扼运河，不得渡，遂南走徐州，踞丰、沛、铜山境内。 九月，清将潘鼎新败捻军于丰县，捻军复入山东。 十月，清将周盛波、刘铭传败捻于宁陵扶沟，捻军走，克湖北黄陂。		茶厅。塔尔巴哈台回民起，清参赞大臣锡霖等死之。 九月，清将雷正绾军因粮缺哗溃于固原，围逼泾州，与回民赫明堂之众合并，正绾百计抚循，至平凉始扎定。 十二月，宁夏回民投清，清复得府城。	黔西。	

续表

时期		清	太平天国	捻	回民		贵州苗教	四川蓝、李
清纪	公元				云南	陕、甘		
同治五年丙寅	一八六六年	正月，擢刘岳昭为云南巡抚。 四月，以马如龙署云南提督。 五月，以德兴阿为塔尔巴哈台参赞大臣，以荣全署伊犁将军。命西安将军库克吉泰，督办新疆北路军务，以德兴阿帮办。 七月，杨岳斌以病免，调左宗棠为陕甘		正月，清刘铭传克黄陂，任化邦回走沈丘，将据蒙、亳，刘铭传、周盛波复攻之。张宗禹分队入郓城。 三月，清刘铭传与总兵张树珊，败捻于颍州周家口，捻军合据濮、范、郓、巨间，战不利，张宗禹趋单县，任化邦走灵壁。清曾国藩驻徐州，修浚运河以防东路。 五月，清军败张宗禹于洋河、王家林，败任化邦于永城。捻军自二月北走，图渡运，徘徊曹、徐、淮、泗者两月，迄不得渡，于是张入豫，任入皖，清军追之。牛强渡沙河而南，任、赖亦走渡贾鲁河。 六月，清将刘松山等败捻军于上蔡、西华，捻军突破豫军	正月，清云贵总督劳崇光入滇，疏请以提督马如龙专办西路。布政使岑毓英督剿黔境猪拱箐、海马姑。	三月，清甘肃督标兵变，戕官踞城，总督杨岳斌出巡庆阳，旋还省平之，伊犁不守。 四月，陕回崔三、穆三由庆阳东攻陇州，清将萧德扬、邱时成、刘厚基、黄鼎会师，连败之陇州、凤翔、汧阳，崔、穆走。 五月，崔、穆复攻陇州，德隆、静宁各回	正月，清提督李家福等取绥阳，杀蓝山虎，叠破苗垒，各乡降清者三百余寨。 三月，吴元彪等亦降清。 四月，清已革浙江按察使李元度，经贵州巡抚张亮基疏调入黔，率楚军十二营以往。 六月，清攻大坉，破之，小坉降。贵州军附之。	

续表

时期		清	太平天国	捻	回民		贵州苗教	四川蓝、李
清纪	公元				云南	陕、甘		
同治五年丙寅	一八六六年	总督。 十一月，命曾国藩回两江总督任，授李鸿章钦差大臣，专办军事。		防军汛地，东走。 七月，清将刘松山与提督宋庆，败捻军于新野。 九月，清将刘铭传、潘鼎新，败捻军于郓城。 十月，捻众分为二，张宗禹入陕为西捻，任化邦、赖文光入山东为东捻。东捻南趋金乡、鱼台、丰、沛诸县，谋规清、淮，不利，反走山东，越河南，入湖北，清李鸿章遣刘铭传等蹑之入鄂。西捻张宗禹攻陕西，自秦岭入，众六万。 十一月，战霸桥，清军败溃，捻军围西安。		八月，清陕甘军会攻华亭，回军不战走隆德、静宁、固原、平凉，据董志原。原隶安化宁州镇。 庆阳兵蜂起，高万镒、董福祥为之首，纵横甘肃之合水、宁州、正宁，陕西之鄜州、中部、三水、甘泉等地，清败兵散勇附之，众号数十万。	回民袭据兴义府城。	

续表

时期		清	太平天国	捻		回民		贵州苗教	四川蓝、李
清纪	公元			东捻	西捻	云南	陕、甘		
同治六年丁卯	一八六七年	正月，命左宗棠为钦差大臣，督办陕甘军务，以刘典为帮办。 二月，劳崇光卒，以张凯嵩为云贵总督，刘岳昭为云南巡抚。 六月，以宁夏将军穆图善署陕甘总督。 九月，贵州巡抚张亮基免，以粮储道署布政使曾璧光署贵州巡抚。		二月，任化邦、赖文光屯伊隆河，以规安陆。清鲍超由襄樊，刘铭传由随、枣，分路败之，追至枣阳、唐县。 五月，捻军东走至济宁之戴庙，败山东清军，遂冲过运河。初清曾国藩等于山东之运河东岸、河南	正月，清将刘松山率湘军至陕，累战皆捷。二月，西安围解。于是捻与回军合，由凤翔趋醴、乾、蒲、同。 五月，清将刘松山追捻军于渭水南北。初捻军入陕，众号六万，至是仅存其半。 八月，捻军渡泾水而东，由	七月，清布政使岑毓英攻拔猪拱箐回寨，进破海马姑诸垒，三省边界悉为清有。 九月，清提督马如龙西攻杜文秀，屡败，回城养疴。杜文秀率众东下，克定远、大姚等二十余城，省城戒严。	二月，捻军据高原，回军据平川，并力死斗。黄鼎攻平川，捻军来救，败之。 四月，捻、回合军趋蒲城。 十月，庆阳回军合趋汧、陇，河州回军亦由张家川入陕，清陕甘将孙立士三营败死。 十一月，清黄鼎等军败回军于汧阳、凤翔，高连陞等	正月，清刘岳昭在遵义破沙窝距，解大定城围。 三月，清拔大屯、朵坝各垒，并焚毁猪拱箐垒百余，屠黄号苗教殆尽。 四月，白号安雷钵以五十寨降于清李元度，又覃德征亦以二十寨降清。 十月，湖南巡抚刘崐，荐起在籍布政	

续表

时期		清	太平天国	捻		回民		贵州苗教	四川蓝、李
清纪	公元					云南	陕、甘		
同治六年丁卯	一八六七年			之贾鲁河西岸，沿堤兴筑长墙。河南长墙上年已为捻军突破，惟运堤未克。其分汛济宁以北东军守之，台庄以南湘淮军守之，会天旱水涸，捻军遂冲过运河东岸长墙。 七月，捻军过运后，由济宁至潍县，趋登、莱。清李鸿章图逼入海	白水而入陕北。十月，捻军克绥德、安塞、延川。 十一月，捻军张宗禹因清兵追急，河冰合，由宜川渡黄河，入山西，攻吉州。 十二月，清左宗棠自率五千人，赴山西进追捻军。		军败回军于宜君洛川，刘厚基军克延川，刘松山、郭宝昌军克绥德。	使席宝田，招集旧部入黔，至沅州。 十一月，清将刘岳昭拔平远牛场坉苗寨，黔西复为清有。	

续表

时期		清	太平天国	捻		回民		贵州苗教	四川蓝、李
清纪	公元					云南	陕、甘		
同治六年丁卯	一八六七年			隅聚歼之，乃创修胶莱河防之策，调豫军、东军及淮军协守，兴筑长墙。捻军乃回攻，由掖县海神庙以北海滩渡潍河，于是胶莱之防又溃。 十月，清将刘铭传蹑捻，连败之潍县，捻军南走至江苏赣榆县境。降人潘贵升杀任化邦，赖文光走山东。					

续表

时期		清	太平天国	捻		回民		贵州苗教	四川蓝、李
清纪	公元					云南	陕、甘		
同治六年丁卯	一八六七年			十一月，清将刘铭传追捻军，连败之诸城、潍县、胶州，捻军入海滨，清军围攻之，赖文光率数百骑南走。 十二月，赖文光复聚千余骑突至沭阳，渡六塘河，入扬州。清道员吴毓兰驻守运河，诱杀之，东捻亡。					

续表

时期		清	太平天国	捻		回民		贵州苗教	四川蓝、李
清纪	公元					云南	陕、甘		
同治七年戊辰	一八六八年	正月，命左宗棠总统直隶各路官军。时宗棠追捻由陕至直境。 二月，乔松年免，以刘典权陕西巡抚。 三月，云贵总督张凯嵩以规避革职，以刘岳昭代之。命岑毓英为云南巡抚。 闰四月，命盛京将军都兴阿赴天津，会同左宗棠、李鸿章办捻事。			正月，捻军张宗禹由绛州、曲沃、垣曲山僻小路，迫近豫疆，复入直隶，由磁州、广平，略顺德、鸡泽、平乡、巨鹿等处，入衡水、定州。 三月，捻走晋州，渡滹沱河，南入豫，折入直隶，攻山东东昌。 四月，捻军趋茌平、德平，由德州西奔	二月，清云南布政使岑毓英回援省城，连破数十垒，进军大树营，驻响水关，马如龙来会。时回军大司寇李芳园等围攻杨林，毓英破之。 三月，附省回垒犹繁，与清军相持，总督刘岳昭由马龙进攻寻甸，屡败，回势复盛。	二月，回克鄜州，清将刘厚基复取之。 三月，甘回入镇原，庆阳清军旋取之。 四月，董志原回入宁州，合水别队由宝鸡渡河而南。 十二月，清将刘松山、金顺，破董福祥于绥德，福祥败还镇静堡，势蹙降。松山令福祥抽选壮丁为三营，随征效力。	正月，清席宝田会李元度，攻拔黄号荆竹园老寨，分下罗家岩七寨，并判官头二十余寨。再破覃家寨，覃崽崽、何继述、刘义顺走偏刀水。 三月，清李元度进军偏刀水，别遣将攻觉林寺，杀朱明月。时清援黔川军候补知府唐炯亦至，合攻偏	

续表

时期		清	太平天国	捻		回民		贵州苗教	四川蓝、李
清纪	公元					云南	陕、甘		
同治七年戊辰	一八六八年				吴桥、东光，逼天津。五月，捻军飘忽无常，清李鸿章力主防运，筑墙扼守。自此捻骑所至，遂有限制，其势益困。六月，清军逼张宗禹众于徒骇、黄、运之内，李鸿章令马队于中兜逐，屠杀几尽，宗禹携八骑走至徒骇河滨，投水死，西捻亡。			刀水。四月，清席宝田还军攻镇远苗，沿途下诸寨二十七，破丁板塘，攻寨头，拔之，牛官保遇害。闰四月，清川楚军分道攻入偏刀水，寄信王田应武、黔阳王何继述等被害。又攻降岩科，正安婺川白号亡。六月，清将唐炯、刘鹤龄军	

续表

时期		清	太平天国	捻		回民		贵州苗教	四川蓝、李
清纪	公元					云南	陕、甘		
同治七年戊辰	一八六八年							攻玉华山，文定王陈绍虞执杀人王王超凡，率众降清，余庆、瓮安、开州、乌江南岸黄号亡。清又会攻上大平，迭下诸垒，东震王何瑞唐及李文彩开关降，老教主刘义顺及覃崽崽被害。 十月，清贵州提督张文德等进规都匀，军至王都堡，	

续表

时期		清	太平天国	捻		回民		贵州苗教	四川蓝、李
清纪	公元					云南	陕、甘		
同治七年戊辰	一八六八年							潘名杰等降。清席宝田拔抱金岑松石陇梁上诸大寨，并抚定松柏洞、景洞、五岔、巴冶诸苗。又遣将龚继昌攻克天柱及江口屯，执陈大六，杀之。	
同治八年己巳	一八六九年					二月，云南回众杨荣复由嵩明、寻甸，率众数万入杨林、长坡，长驱大进，分	二月，清左宗棠还陕，由西安进驻乾州，征诸军将雷正绾、黄鼎、马德顺、李曜	正月，清席宝田楚军克清江两岸苗寨，进取镇远府城。 二月，清刘鹤	

续表

时期		清	太平天国	捻		回民		贵州苗教	四川蓝、李
清纪	公元					云南	陕、甘		
同治八年己巳	一八六九年					股踞小偏桥、十里铺、羊芳凹、牛街、兴福寺，省城大震。 三月，澂江回复起，袭踞府城。 五月，清总兵全祖凯攻寻甸，陷各要隘，回众马添顺、李芳园等先后降，遂取寻甸。清巡抚岑毓英破省东回垒及杨林、团山等处。 六月，克嵩明	南会师灵台，攻董志原，克之，取庆阳、镇原，陕回悉众走金积堡，泾、庆复归清有。清提督高连陞所部哥老会为变，戕连陞。刘松山部亦变，据绥德州城。松山驰往镇抚，旬日而定。 四月，清左宗棠以陕西肃清，进驻泾州，规甘肃，自居中路；以刘松	龄楚军与唐炯川军，连败苗众，同出清平，取黄平、新州。清席宝田遣将荣维善、苏元春拔董敖寨，杨昌彩死。还攻公鸡寨破之，潘老五西奔东兜，遂取清江厅城。 五月，清川军取黄平、重安、清平，楚军取镇远、施秉、清江，黔军降八寨，苗所据	

续表

时期		清	太平天国	捻		回民		贵州苗教	四川蓝、李
清纪	公元					云南	陕、甘		
同治八年己巳	一八六九年					州及龙陵厅、白盐井等处。八月，清岑毓英破围省城各垒，省城解严。并遣将先后下富明、嵩明、易门、安宁、昆阳、禄丰、楚雄、南安、广通、大姚、定远等城。	山规宁灵，为北路；李曜南、吴士迈等趋秦州，为南路。八月，陕西回白彦虎由黑城入金积，屡败清军，清将刘松山破之，克灵州。陕回西走，清雷正绾、黄鼎又破之固原州。九月，宁夏回复起。十一月，清左宗棠由泾州进驻平凉。	仅台拱、丹江、都江、凯里，周围千里。十月，清席宝田督军规取施洞口以图台拱。施洞口者，苗之堂奥，上游为九股河与清水交会，地险人众。苗张朝珍、九大白、报南烧等据之，筑垒列炮以死守。	

续表

时期		清	太平天国	捻	回民		贵州苗教	四川蓝、李
清纪	公元				云南	陕、甘		
同治八年己巳	一八六九年					十二月，金积回自环庆攻陕疆，经三水、韩城、郃阳、高陵、泾阳、醴泉、乾州、同官、扶风、永寿、延安、鄜州、绥德等地。		
同治九年庚午	一八七〇年	二月，命李鸿章督办陕西军事。 十月，命刘铭传督办陕西军务。			三月，清刘岳昭攻陷丽江县。六月，破威远厅姚州，马金保死之。八月，取永北、鹤庆、镇南、邓川、浪穹诸	正月，清提督刘松山围攻金积堡，破其附近各寨。马化龙决秦渠灌清军营。松山进攻马五寨，中枪卒。	四月，清席宝田分军三道攻克施洞口，张报九、杨老辉、杨之荣战死，九大白、报南烧等溃走，据新城。	

续表

时期		清	太平天国	捻	回民		贵州苗教	四川蓝、李
清纪	公元				云南	陕、甘		
同治九年庚午	一八七〇年				城。十月，攻下弥勒县竹园。九月，清岑毓英赴澂江督师。	马化龙乘清湘军新失大将，攻夺峡口，于是清雷正绾、周兰亭、徐文秀、张福齐四军，粮路皆断，同时溃退。二月，南路河州回攻巩、岷、宁远、礼、徽、成、两当，清军却之。复出安定，趋陕疆。三月，清陕军吴士迈等破之于凤翔，回分为二，	四月清复进兵克之，屠北岸遗苗殆尽。七月，清将唐炯攻破螃蟹等寨，克清水江北岸。炯因川督吴棠有裁撤安定、果毅两营之议，遂自由回牛场、瓮安候撤，苗复据重安、黄平。十月，清以提督周达武接统炯军。十月，清席宝田进规台拱，	

续表

时期		清	太平天国	捻	回民		贵州苗教	四川蓝、李
清纪	公元				云南	陕、甘		
同治九年庚午	一八七〇年					一东走醴泉扶风、白水，清将张福齐、魏光焘追破之。一西走秦安、庄浪、清水，还河州。七月，清左宗棠檄雷正绾、黄鼎、徐文秀攻下峡口。八月，清刘锦棠、金运昌军进逼金积堡，乃合雷正绾等军，为长围困之。先是，堡外寨五百七十余所，蟠	使唐本有袭黄泡，邓第武攻三丙，彭芝亮攻偉佬，苏元春袭贵裁养垢，邓善燮攻高大山，皆破之。遂乘胜下台拱厅城，苗众悉退据丹江、凯里诸城。十二月，周达武取安顺府城。	

续表

时期		清	太平天国	捻	回民		贵州苗教	四川蓝、李
清纪	公元				云南	陕、甘		
同治九年庚午	一八七〇年					踞百里，至是仅五寨未破，堡中粮且尽，不得出。十一月，陕回万余降，马化龙诣刘锦棠军降。 十月，新疆安集延夏帕，攻妥得璘，大败之，妥得璘走死，遂进据乌鲁木齐。		
同治十年辛未	一八七一年				二月，清岑毓英攻下澂江府城，马和等被执，并拔	正月，河州回窥清军方攻岷州黑头勇，乘间攻会宁、	三月，清席宝田军进克雷公山及南岸之丹江东北、	

续表

时期		清	太平天国	捻	回民		贵州苗教	四川蓝、李
清纪	公元				云南	陕、甘		
同治十年辛未	一八七一年				江那等处。	通渭、清水、秦州、秦安、阶州、成县等地。四月，清将金顺、张耀攻克纳家闸，宁夏复为清有。 五月，俄罗斯据伊犁，以代中国收复为词。 七月，清左宗棠由平凉进驻静宁。 八月，又进驻安定，以规河州。陕回分攻西宁，白彦	凯里东南苗寨，金大五、包大肚集北岸螃蟹、黄飘诸溃军屯火烧寨，宝田更进攻之。 四月，清将席宝田遣诸军攻破凯里，走金干干等。清川军克都匀府城。 八月，苗李文彩据凯里、太平堡，潘德魁据台拱、摆宜，李高脚、范春阳在仰	

续表

时期		清	太平天国	捻	回民		贵州苗教	四川蓝、李
清纪	公元				云南	陕、甘		
同治十年辛未	一八七一年					虎据小南川汉堡。十一月，河州回马占鳌据大东乡之太子寺，环营掘长濠，凭山依水，护以卡堡。十二月，清将傅宗先等进攻之。	天窝，包大肚仍入宣威，金干干等据南泉场、九门汛。九月，清川军曾纪凤克黄平新旧州。十月，谭五受以南安降清。清川、楚合军攻黄茅岭，包大肚出走，丹江苗寨略尽。	
同治十一年壬申	一八七二年				十二月，清岑毓英督总兵杨玉科等克大理，杜文秀自杀。文秀据	正月，清将傅宗先、徐文秀攻河州太子寺，败死。清左宗棠命	二月，清楚军苏元章破开、怀四大寨，苗军悉集乌鸦大坡并	

续表

时期		清	太平天国	捻	回民		贵州苗教	四川蓝、李
清纪	公元				云南	陕、甘		
同治十一年壬申	一八七二年				大理历十八载，攻克五十三城，西及四川，东及贵州，造禁城，拟王制。清军进攻，因东南援军牵掣，屡败。自曲靖、澂江不守，清遂得专力迤西。至是清将杨玉科，先后破赵州、蒙化，大理藩篱尽失，外城破，文秀服毒自尽，余众降清。毓英限三日	王德楞、沈玉遂整队复进。二月，马占鳌降于陈湜，呈缴马械，河州为清有。二月，徐占彪军抵肃州，回马四屡败，以唇齿说新疆，求援。五月，新疆回入肃州城，助马四守。西宁陕回攻甘、凉以应马四。七月，清左宗棠进驻兰州省城，规肃	坡脚里禾大寨。清川军周达武进攻香炉山，苗众悉奔平茶五寨。三月，清诸军会进，九大白战死，金干干走死石猛大岩下，诸军屠杀以万计，降苗将数十人、众数万。四月，清将邓善夔攻斩李文彩、李高脚，张秀密、杨大六为清	

续表

时期		清	太平天国	捻	回民		贵州苗教	四川蓝、李
清纪	公元				云南	陕、甘		
同治十一年壬申	一八七二年				缴军械，而密令杨玉科入城受降，内外夹击，破三城，大理复为清有。	州、西宁。八月，清将刘锦棠会师攻西宁，累战皆捷。十月，袭小峡险隘，回军马桂源西走，西宁围解。	楚军追急，复出雷公山东南交迷寨。清将苏元章执张秀密、杨大六、潘老帽、报南烧等杀之。初李文彩、李高脚与包大肚、金干干、蒙阿保、张秀密、杨大六、九大白、金大五、范懋修十人，纵横上下两游者累年，至是先后皆战死。 四月，清军	

续表

时期		清	太平天国	捻	回民		贵州苗教	四川蓝、李
清纪	公元				云南	陕、甘		
同治十一年壬申	一八七二年						攻兴义府城，张福禄、张福荫投水死。自同治五年起兵，至是七年而亡。 五月，清军攻克香炉山。	
同治十二年癸酉	一八七三年				正月，清将刘锦棠破向阳堡，进围大通，降之。 二月，清将陈湜率沈玉遂等执马本源、马桂源于巴燕戎格。五月，陈湜抚定循化撒拉回，于是西宁复为清有。 三月，回白彦虎，自西宁经永安，趋肃州，据城外塔尔湾，屡与清军战，不利。且料肃州城必破，四月，赴新疆，分攻乌城、绥来。			

续表

时期		清	太平天国	捻	回民		贵州苗教	四川蓝、李
清纪	公元				云南	陕、甘		
同治十二年癸酉	一八七三年					四月，清将徐占彪、宋庆、陶生林、金顺等军攻肃州，长围始合。闰六月，破其外城。八月，左宗棠自至督战，刘锦棠亦自西宁至，因猛攻，多损精锐，议增筑濠垒困之。九月，回马四出城就抚，清将纵兵屠之，杀马四等，关陇复为清有。		
同治十三年甲戌	一八七四年	七月，命左宗棠为大学士，仍留陕甘总督任。授乌鲁木齐都统景廉为钦差大臣，督办新疆军务，都统金顺为帮办。				陕回白彦虎入玛纳斯，规古城。清将金顺督师出关，遣提督刘宏发等驰赴古城，自率马步西进，暂扎安西属境。		

续表

时期		清	太平天国	捻	回民		贵州苗教	四川蓝、李
清纪	公元				云南	陕、甘		
光绪元年乙亥	一八七五年	三月，命左宗棠为钦差大臣，督办新疆军务。						
光绪二年丙子	一八七六年				二月，清左宗棠进驻肃州，檄总统湘军西宁道刘锦棠，率总兵谭上连、谭拔萃、余恩虎等分起出关。时张耀军哈密，金顺军阜康，徐占彪军巴里坤，而安集延军马人得据乌城，分守古牧地，以御清军。六月，清将刘锦棠抵阜康，会金顺攻古牧地，下之。复拔辑怀城，乘胜攻下乌鲁木齐、迪化两城。八月，清将金顺破玛纳斯南城，于是左宗棠以金顺军北路，南路则刘锦棠任之。			

续表

<table>
<tr><th colspan="2">时期</th><th rowspan="2">清</th><th rowspan="2">太平天国</th><th rowspan="2">捻</th><th colspan="2">回民</th><th rowspan="2">贵州苗教</th><th rowspan="2">四川蓝、李</th></tr>
<tr><th>清纪</th><th>公元</th><th>云南</th><th>陕、甘</th></tr>
<tr><td>光绪二年丙子</td><td>一八七六年</td><td></td><td></td><td></td><td colspan="2">八月，阿古柏使白彦虎、马人得守吐鲁蕃，拒哈密之军。使大通哈守达坂城，拒乌城之军。使次子海古拉守托克逊，而自据喀喇沙尔以策应之。</td><td></td><td></td></tr>
<tr><td>光绪三年丁丑</td><td>一八七七年</td><td></td><td></td><td></td><td colspan="2">三月，清刘锦棠进攻达坂，克之，回将大通哈以下数十人被执。清将张耀、徐占彪两军会围吐鲁蕃，白彦虎先走，马人得以城降。刘锦棠又攻克托克逊城，海古拉焚粮储、军火走。
四月，阿古柏于库尔勒仰药死，其长子伯克胡里据有南疆地，结白彦虎为外援以御清军。
八月，清将刘锦棠率所部规南路，由托克逊进曲惠，直趋开都河。白彦虎在库尔勒，携</td><td></td><td></td></tr>
</table>

续表

时期		清	太平天国	捻	回民		贵州苗教	四川蓝、李
清纪	公元				云南	陕、甘		
光绪三年丁丑	一八七七年				众西走。九月，锦棠克哈喇沙尔、库尔勒两城，抵阿克苏城，受降。谍知白彦虎走乌什，追之不获，乃取乌什城。 十月，安集延伯克胡里据喀什噶尔，分守叶尔羌、英吉沙尔，清刘锦棠督军分道进。十一月，清将余虎恩下喀什汉、回两城，余小虎、马元、金相印等被执。而白彦虎、伯克胡里两人，先道布鲁特投俄罗斯。刘锦棠克叶尔羌、英吉沙尔，令董福祥克和阗，新疆南路平。			
光绪四年戊寅	一八七八年				十月，安集延阿里达什自俄境入侵，纠缠回出奈曼，谋袭喀什噶尔。清刘锦棠击破之于玉都巴什。奈曼回库弥什，设伏杀阿里达什以献清。			

续表

时期		清	太平天国	捻	回民		贵州苗教	四川蓝、李
清纪	公元				云南	陕、甘		
光绪五年己卯	一八七九年				正月，安集延联布鲁特扰边，清刘锦棠破之于乌帕尔，斩首二千余级，南路边境略净。 五月，清侍郎崇厚充出使俄国全权大臣，议收还伊犁事。 十二月，清崇厚至俄，签定条约十八条，俄人议以伊犁归我，偿兵费三百万卢布，割伊犁西界数百里予俄，又割南界数百里。奏闻，中外大哗，廷臣交劾，诏撤崇厚归国，革职治罪。			
光绪六年庚辰	一八八〇年	正月，命刘锦棠帮办新疆军务。 七月，召左宗棠进京，以刘锦棠署理钦			正月，清命曾纪泽充出使俄国大臣，商改崇厚所议收还伊犁条约。 二月，清左宗棠复奏进规伊犁之策，主用兵。七月，由肃州出军哈密，就近调度。			

续表

<table>
<tr><th colspan="2">时期</th><th rowspan="2">清</th><th rowspan="2">太平天国</th><th rowspan="2">捻</th><th colspan="2">回民</th><th rowspan="2">贵州苗教</th><th rowspan="2">四川蓝、李</th></tr>
<tr><th>清纪</th><th>公元</th><th>云南</th><th>陕、甘</th></tr>
<tr><td>光绪六年庚辰</td><td>一八八〇年</td><td>差大臣，张耀署帮办。杨昌濬护理陕甘总督。</td><td></td><td></td><td></td><td></td><td></td><td></td></tr>
<tr><td>光绪七年辛巳</td><td>一八八一年</td><td></td><td></td><td></td><td colspan="2">正月，更定《中俄条约》，大略为：一、归还伊犁南境；二、喀什噶尔界务另定；三、塔尔巴哈台界务另定；四、嘉峪关通商照天津办理，西安、汉中、汉口俱删去；五、松花江行船通至伯都讷专条删去；六、添设领事，仅限吐鲁番一处；七、天山南北路贸易均不纳税，改为暂不纳税；八、增偿四百万卢布。清金顺奉命，收还伊犁。</td><td></td><td></td></tr>
<tr><td colspan="2">附注</td><td colspan="7">一、本表根据清代官书而作，时、地每有异同，未及一一考正。
二、白彦虎出关后，勾结外国，与初起时有别，为欲竟其事始末，故牵连列于表中。</td></tr>
</table>

（十）母后之临朝

（1）祺祥之狱

清无母后垂帘之制，顺治、康熙两朝，幼主登极，仅委任重臣柄政。顺治初，有摄政王、辅政王。康熙初，有四辅政。咸丰之末，遗诏赞襄王大臣八人辅政，本为顺、康旧制，而两太后同阅章奏，其异于垂帘者，但不召见群臣而已。朝臣中若周祖培、祁寯藻、翁心存诸人，与肃顺、端华、载垣结党相争，乃外结领兵之胜保，内结恭、醇两王，突下诏，数肃顺等之罪而诛之，于是两宫临朝，而以恭亲王为议政王军机大臣。初本改元祺祥，自是改为同治，故世称肃顺之诛为“祺祥之狱”。名为两宫听政，其实事皆决于西后，独揽大权至四十七年之久，史册所无也。在此期中，外恃英、法、美诸国之力，内倚曾、左、胡、李诸人，使太平诸军不幸先后败没，清室重振，号为“中兴”。然不五十年，清遂以亡，则由外患更深，割地、赔款、丧权辱国之事层见叠出，人民愤而起革命之军，清虽欲苟延，不可得矣。

咸丰十一年（一八六一年）七月……癸卯，文宗显皇帝宾天。先是……壬寅，文宗疾大渐，召御前大臣载垣、端华、景寿、肃顺、军机大臣穆荫、匡源、杜翰、焦祐瀛承写朱谕，立皇长子为皇太子。越翌日寅刻，文宗升遐。己酉……恭亲王奕䜣奏请前赴热河叩谒梓宫。允之（《清穆宗实录》卷一）。

八月……癸亥……胜保奏请叩谒梓宫。允之（《清穆宗实录》卷二）。

九月……乙卯，谕王公百官等：“上年海疆不靖，京师戒严，总由在事之王大臣等筹画乖方所致。载垣等复不尽心和议，徒诱获英国使臣，以塞己责，以致失信于各国，淀园被扰，我皇考巡幸热河，实圣心万不得己之苦衷也。嗣经总理各国事务衙门王大臣等，将各国应办事宜，妥为经理，都城内外，安谧如常。皇考屡召王大臣，议回銮之旨，而载垣、端华、肃顺朋比为奸，总以外国情形反复，力排众论。皇考宵旰焦劳，更兼口外严寒，以致圣体违和，竟于本年七月十七日，龙驭上宾。……追思载垣等从前蒙蔽之罪。……朕御极之初，即欲重治其罪，惟思伊等系顾命之臣，故暂行宽免，以观后效。孰意八月十一日，朕召见载垣等八人，因御史董元醇敬陈管见一折，内称请皇太后暂时权理朝政，俟数年后，朕能亲裁庶务，再行归政。又请于亲王中，简派一二人，令其辅弼。又请在大臣中，简派一二人，充朕师傅之任。以上三端，深合朕意。虽我朝向无皇太后垂帘之仪，朕受皇考大行皇帝付托之重，惟以国计民生为念，岂能拘守常例？此所谓事贵从权。特面谕载垣等，著照所请传旨，该王大臣奏对时，哓哓置辨，已无人臣之礼。拟旨时，又阳奉阴违，擅自改写，作为朕旨颁行，是诚何心？……总因朕冲龄，皇太后不能深悉国事，任伊等欺蒙。……若再事姑容，何以仰对在天之灵？……载垣、端华、肃顺，著即解任；景寿、穆荫、匡源、杜翰，焦祐瀛，著退出军机处；派恭亲王会同大学士、六部、九卿、翰、詹、科、道，将伊等应得之咎，分别轻重，按律秉公具奏。至皇太后应如何垂帘之仪，一并会议具奏。”……谕内阁：“本月据贾桢、周祖培、沈兆霖、赵光奏，政权请操之自上，并皇太后召见臣工礼节，及一切办事章程，请饬廷臣会议。并据胜保奏，请皇太后亲理大政，并另简近支亲王辅政，各一折，著王大臣、大学士、六部、九卿、翰、詹、科、道，将应如何酌古准今折衷定议之处，即行妥议以闻。”……谕：“前因载垣、端华、肃顺等三人种种跋扈不臣，朕于热河行宫，命醇郡王奕譞缮就谕旨，将载垣等三人解任。兹于本日特旨召见恭亲王，带同大学士桂良、周祖培、军机大臣户部左侍郎文祥，乃载垣等肆言不应召见外臣，擅行拦阻。……前旨仅予解任，实不足以蔽辜。著恭亲王奕䜣、桂良、周祖培、文祥，即行传旨，将载垣、端华、肃顺革去爵职，拿问……议

罪。”（《清穆宗实录》卷五）

董元章（醇）敬陈从权守经疏：“窃以事贵从权，理宜守经。何为从权？……皇帝陛下以冲龄践祚。……臣以为宜明降谕旨……使海内咸知。皇上圣躬虽幼，皇太后暂时权理朝政，左右不能干预，庶人心益知敬畏，而文武臣工，俱不敢稍肆其蒙蔽之术。俟数年后，皇上能亲裁庶务，再躬理万几。……虽我朝向无太后垂帘之仪，而审时度势，不得不为此通权达变之举。……何为守经？自古帝王，莫不以亲亲尊贤为急务，此千古不易之经也。现时赞襄政务，虽有王大臣、军机大臣诸人，臣以为当更于亲王中简派一二人，令其同心辅弼，一切事务，俾各尽心筹画，再求皇太后、皇上裁断施行。庶亲贤并用，既无专擅之患，亦无偏任之嫌。至朝夕纳诲，辅翼圣德，则当于大臣中，择其治理素优者一二人，俾充师傅之任，逐日进讲经典，以扩充圣聪。……至行政多端，首在用人。……臣以为宜严旨晓谕，令各洗心涤虑，勿得仍蹈因循欺饰之弊。……庶人人惕厉，而寰宇可望肃清矣。”（王延熙《皇朝道咸同光奏议》卷四十）

咸丰……十一年七月，上疾大渐，召肃顺及御前大臣载垣、端华、景寿、军机大臣穆荫、匡源、杜翰、焦祐瀛入见，受顾命。上已不能御朱笔，诸臣承写焉。穆宗即位，肃顺等以赞襄政务，多专擅。御史董元醇疏请皇太后垂帘听政，肃顺等梗其议，拟旨驳斥，非两宫意，抑不下。载垣、端华等负气不视事，相持逾日，卒如所拟（《清史稿》列传一七四《宗室·肃顺传》）。

贾桢……山东黄县人。……咸丰……十一年……穆宗回銮，偕大学士周祖培、尚书沈兆霖、赵光上疏曰：“……皇上冲龄践祚，钦奉先帝遗命，派怡亲王载垣等八人，赞襄政务。……臣等详慎思之，似非久远万全之策，不能谓日后绝无流弊。……为今日计，正宜皇太后亲操出治威权，庶臣工有所禀承，命令有所咨决。……我皇上天亶聪明，不数年即可亲政，而此数年间，外而寇难未平，内而洋人逼处。……倘大权无所专属，以致人心惶惑，是则大可忧者。请敕下廷臣，会议皇太后召见臣工礼节，及一切办事章程，或仍循向来军机大臣承旨旧制，量为变通，条列请旨酌定，以示遵守。”（《清史稿》列传一七七《贾桢传》）

是年七月，文宗崩于行在，穆宗嗣位，肃顺、载垣、端华等辅政专擅。胜保昌言将入清君侧，肃顺等颇忌惮之。洎回銮，上疏曰：“政柄操之自上，非臣下所得专。皇上冲龄嗣位，辅政得人，方足以资治理。怡亲王载垣、郑亲王端华等……揽君国大权，以臣仆而代纶音，挟至尊而令天下。……嗣圣既未亲政，皇太后又不临朝，是政柄尽付之该王等数人。……如御史董元醇条陈，极有关系，应准应驳，惟当断自圣裁，广集廷议，以定行止。乃径行拟旨驳斥，已开矫窃之端，大失臣民之望。……为今之计……惟有吁恳皇上，俯察刍荛，即奉皇太后权宜听政，而于近支亲王择贤而任，仍秉命而行，以成郅治。”奏上，会大学士周祖培等亦以为言，下廷议，从之（《清史稿》列传一九〇《胜保传》）。

咸丰十一年（一八六一年）冬十月丙辰朔……授恭亲王奕䜣为议政王，在军议处行走。……庚申……谕内阁：“大学士周祖培奏，建元年号可否更正一折，奉母后皇太后、圣母皇太后懿旨，建元大典，昭垂万世。前经载垣等拟进‘祺祥’字样，意义重复，本有未协。……爰命议政王、军机大臣，恭拟‘同治’二字进呈，仰蒙母后皇太后、圣母皇太后允行。本月初九日，朕御极颁诏，其以明年为同治元年，布告天下。”（《清穆宗实录》卷六）

十一年，文宗崩。……及穆宗奉两宫回銮，祖培疏言：“怡亲王载垣等，拟定‘祺祥’年号，意义重复，请更正。”诏嘉其关心典礼（《清史稿》列传一七七《周祖培传》）。

咸丰十一年（一八六一年）冬十月……辛酉，谕内阁：“宗人府会同大学士、九卿、翰、詹、科、道等，定拟载垣等罪名，请将载垣、端华、肃顺照《大逆律》凌迟处死等因一折。……载垣、端华、肃顺，于七月十七日皇考升遐，即以赞襄政务王大臣自居，实则我皇考弥留之际，但面谕载垣等，立朕为皇太子，并无令其赞襄政务之谕。载垣等乃造作赞襄名目，诸事并不请旨，擅自主持。即两宫皇太后面谕之事，亦敢违阻不行。御史董元醇条奏皇太后垂帘事宜，载垣等非独擅改谕旨，并于召对时，有伊等系赞襄朕躬，不能听命于皇太后，伊等请皇太后看折，亦系多余之语，当面咆哮，目无君上。……且每言，亲王等不可召见，意存离间。……肃顺擅坐御位，于进内廷当差时，出入自由，目无法纪，擅用行宫内御用器物。……并自请分见两宫皇太后。于召对时，词气之间，互有抑扬，意在构衅。……一切罪状，均经母后皇太后、圣母皇太后，面谕议政王、军机大臣。……兹据该王大臣等按律拟罪，将载垣、端华、肃顺凌迟处死。……实属情真罪当。惟国家本有议亲议贵之条，尚可量从末减。……载垣、端华，著加恩赐令自尽。……至肃顺之悖逆狂谬，较载垣等尤甚……肃顺著加恩改为斩立决。……至景寿……穆荫、匡源、杜翰、焦祐瀛，于载垣等窃夺政柄，不能力争，均属孤恩溺职。……该王大臣等拟请，将景寿、穆荫、匡源、杜翰、焦祐瀛革职，发往新疆效力赎罪，均属咎有应得。惟以载垣等凶焰方张，受其钳制，均有难与争衡之势……尚有可原。御前大臣景寿，著即革职，加恩仍留公爵并额驸品级，免其发遣。兵部尚书穆荫，著即革职，加恩改为发往军台效力赎罪。吏部左侍郎匡源、署礼部右侍郎杜翰、太仆寺卿焦祐瀛，均著即行革职，加恩免其发遣。”（《清穆宗实录》卷六）

宗室肃顺……郑亲王乌尔恭阿第六子也。……咸丰……十一年七月……穆宗即位，肃顺等……多专擅。御史董元醇疏请皇太后垂帘听政，肃顺等……拟旨驳斥。……又屡阻回銮。恭亲王至行在，乃密定计。九月，车驾还京，至即宣示肃顺、载垣、端华等不法状，下王大臣议罪。肃顺方护文宗梓宫在途，命睿亲王仁寿、醇郡王奕譞往逮，遇诸密云，夜就行馆捕之，咆哮不服，械系。下宗人府狱，见载垣、端华已先在，叱曰:“早从吾言,何至今日?”载垣咎肃顺曰:“吾罪皆听汝言成之也!”谳上,罪皆凌迟。诏谓:“擅政阻皇太后垂帘,三人同罪,而肃顺擅坐御位,进内廷出入自由,擅用行宫御用器物,传收应用物件,抗违不遵,并自请分见两宫皇太后,词气抑扬,意在构衅,其悖逆狂谬,较载垣、端华罪尤重。”赐载垣、端华自尽,斩肃顺于市(《清史稿》列传一七四《宗室·肃顺传》)。

咸丰十一年(一八六一年)冬十月……壬戌……谕:“前因许彭寿,于拿问载垣、端华、肃顺时敬陈管见折内,有查办党援一条……嗣据明白回奏,形迹最著者,莫如吏部尚书陈孚恩;踪迹最密者,如侍郎刘崐、黄宗汉。伊等平日保举之人,如侍郎成琦、太仆寺少卿德克津太、候补京堂富绩,外间皆啧有烦言。……陈孚恩、黄宗汉均著革职,永不叙用。……刘崐、成琦、德克津太、富绩,均著即行革职。”……甲申,谕内阁:“前因许彭寿奏请,严密查办载垣、端华、肃顺三人党与,当将指出形迹尤著之尚书陈孚恩等,分别革职,永不叙用。……嗣因诸王大臣,遵议郊祀大典。……经仁寿等覆奏,陈孚恩种种措词荒诞,并查钞肃顺家产,陈孚恩亲笔暗昧书函尤多,两事并发。是以复经降旨,将陈孚恩家产查钞,并照周祖培等所拟罪名,将其发往新疆,效力赎罪。……因思载垣、端华、肃顺权势熏灼,肃顺管理处所尤多,凡内外大小臣工,赠答书函,均恐难与拒绝。……自今以后,诸臣其各涤虑洗心,为国宣力。朕自当开诚相待……断不咎其既往。……所有此次查钞肃顺家产内,帐目书信各件,著议政王、军机大臣,即在军机处公所,公同监视焚毁,毋庸呈览,以示宽厚和平、礼待臣工至意。”(《清穆宗实录》卷六)

九月……以上旨命王大臣条上垂帘典礼。十一月乙酉朔,上奉两太后御养心殿,垂帘听政。谕曰:“垂帘非所乐为,惟以时事多艰,王大臣等不能无所禀承,是以姑允所请。俟皇帝典学有成,即行归政。”自是,日召议政王、军机大臣同入对。内外章奏,两太后览讫,王大臣拟旨,翼日进呈。阅定，两太后以文宗赐“同道堂”小玺钤识，仍以上旨颁示。……命内直翰林，辑前史帝王政治及母后垂帘事迹，可为法戒者，以进。……同治……十二年二月，归政。……十三年十二月，穆宗崩，太后定策立德宗，两太后复垂帘听政。谕曰：“今皇帝绍承大统，尚在冲龄，时事艰难，不得已垂帘听政。”……光绪……十五年……二月己卯，太后归政。……二十四年……八月丁亥，太后遽自颐和园还宫，复训政。以上有疾，命居瀛台养疴。……三十四年十月，太后有疾。上疾益增剧。壬申，太后命授醇亲王载沣摄政王。癸酉，上崩于瀛台。太后定策立宣统皇帝，即日尊为太皇太后。甲戌，太后崩（《清史稿》列传一《后妃传·孝钦显皇后传》）。

（2）亲贵之当权

西后柄政，军机必以亲王为领袖。恭、醇近支，礼、庆则支派较远，或庸懦无识，或贿赂公行，政治益以昏浊。其时外患频仍，有识者皆亟思振作，以抗强权。恭王所经营者，为购置船炮及设同文馆，学习外国语文、算学。醇王则总海军，外表虽似维新，实则虚应故事，萎靡不振。军机大臣中，恭王所倚者宝鋆、沈桂芬，甲申以后，礼王仅为傀儡，大事决于醇王，孙毓汶以附醇王而擅权。甲午而后，翁同龢以授读毓庆宫而跋扈。戊戌政变，荣禄专权，庆王继之，尤为贪鄙。宣统时，亲贵用事，各部尚书大半属于旗员，因失人心，以至于亡。

（甲）恭王

恭王签订《庚申和约》，遂以通晓洋务掌总理衙门，以赞训政，得为议政王、军机大臣，先后专政柄二十三年，稍稍举办新政。军兴之后，督、抚权重，略示裁抑，兼奖借廉能，若阎敬铭、丁宝桢，一时规模粗具。以杀安得海、阻修圆明园收物望，渐为西后所恶。先以蔡寿祺奏参，夺议政王。继以谏阻圆明之修，降郡王。复以晋豫之灾、中法之役，两遭严议，革职留任，然终不能解其军机之任。卒由醇王纳孙毓汶之谋，令盛昱严劾，始罢政事。中日之战，欲倚以谋和，得再起用。自是持荣保宠，一无匡正，渊默守位而已。

咸丰十一年（一八六一年）冬十月丙辰朔……授恭亲王奕䜣为议政王，在军机处行走（《清穆宗实录》卷六）。

咸丰十一年（一八六一年）冬十月……癸亥……谕："……上年京畿不靖，皇考大行皇帝特命恭亲王奕䜣留驻京师，办理一切事宜……均就妥协。……皇考大行皇帝……屡欲于回銮后，特沛殊恩。……见在梓宫回京……即派恭亲王奕䜣为议政王，在军机处行走。……痛惟先帝遗言在耳……曷敢不仰承先志，懋赏酬庸？……因于召见恭亲王奕䜣时，宣示此旨，著以亲王世袭罔替。实属论功行赏……用慰在天之灵。……乃恭亲王奕䜣，至诚㧑抑，洒涕固辞……未忍重拂其意……将世袭亲王罔替之旨暂从缓议。……恭亲王奕䜣，著先赏食亲王双俸，以示优礼。"（《清穆宗实录》卷六）

咸丰十一年（一八六一年）十一月……甲午……命议政王会同醇郡王，训练京营（《清穆宗实录》卷九）。

十二月……辛未……命恭亲王、醇郡王，督率都统瑞麟、侍郎文祥、崇纶、署都统福兴、副都统遮克敦布，管理神机营（《清穆宗实录》卷十三）。

咸丰……十一年……冬十月……庚午，谕议政王等赞理庶务，毋避小嫌（《清史稿》卷二十一《穆宗本纪一》）。

同治元年（一八六二年）九月…乙亥……谕："……著曾国藩、薛焕、李鸿章、左宗棠商酌，于都司以下武弁中……酌挑一二十员，令其在上海、宁波，学习外国兵法，以副参大员统之，会同外国教练之官，勤加训练。……练成之后，即令各该员弁，转传兵勇，以资得力。……至天津所练之兵，并著文煜、崇厚，仿照办理。”（《清穆宗实录》卷四十四）

同治元年（一八六二年）九月……戊寅，谕：“……总理各国事务衙门奏，购买外国船炮，明春可到，请饬豫派将弁水勇以备演习。……购买外国船炮……实长驾远驭第一要务。……官文、曾国藩……著即相度机宜……悉心筹酌，将应用将弁、兵丁、水手、炮手等人，于该船未到之先，一律配齐。俟轮船驶到，即可上船演习。”（《清穆宗实录》卷四十四）

同治二年（一八六三年）二月……丙戌……谕：“前据总理各国事务衙门奏，遵议设立学习外国语言文字学馆，为同文馆。……见据李鸿章奏称，上海已议设立外国语言文字学馆，广东事同一律，亦应仿照办理。著库克吉、泰宴、端书，于广州驻防内，公同选阅，择其资质聪慧、年在十四岁内外，或年二十左右，而清、汉文字业能通达……一并拣择。延聘西人教习，兼聘内地品学兼优之举、贡、生员，课以经史大义。……并令仍习清语。……傥一二年后，学有成效，即调京考试，授以官职。……此事为当今要务……不得视为具文。”（《清穆宗实录》卷五十七）

同治三年（一八六四年）四月……戊戌……谕：“……总理各国事务衙门奏请派京营弁兵学制火器一折，据称洋人所制炸炮、炸弹等项，尤为行军利器。见在李鸿章军营，制造此项火器已有成效。请饬火器营，于曾学习制军火弁兵内，拣派武员八名、兵丁四十名，发往江苏，一体学习等语。……本日业经谕火器营……派拨矣。……即交李鸿章差委，专令学习炸炮、炸弹及各种军火机器。”（《清穆宗实录》卷一〇一）

恭忠亲王奕䜣，宣宗第六子。……咸丰……十年……文宗幸热河……授王钦差便宜行事全权大臣。……议和，定约，悉从英、法人所请，奏请降旨宣示，并自请议处。上谕曰：“恭亲王办理抚局，本属不易。……毋庸议处。”十二月……初设总理各国事务衙门，命王……领其事。……十一年七月，文宗崩。……穆宗侍两太后奉文宗丧还京。……授议政王，在军机处行走，命王世袭，食亲王双俸，并免召对叩拜、奏事书名。王坚辞世袭，寻命兼宗令、领神机营。同治元年，上就傅，两太后命王弘德殿行走，稽察课程。三年，江宁克复。上谕曰："恭亲王自授议政王，于今三载。东南兵事方殷，用人行政，征兵筹饷，深资赞画，弼亮忠勤。加封贝勒，以授其子辅国公载澂。"……四年三月，两太后谕责王信任亲戚，内廷召对，时有不检，罢议政王及一切职任。寻以惇亲王奕誴、醇郡王奕譞及通政使王拯……等，奏请任用。……两太后命仍在内廷行走，管理总理各国事务衙门。王入谢，痛哭引咎，两太后复谕："王亲信重臣，相关休戚，期望既厚，责备不得不严。仍在军机大臣上行走。"七年二月，西捻逼畿辅，命节制各路统兵大臣。授右宗正。十一年九月，穆宗大婚，复命王爵世袭。……十三年……十二月，上疾有间，于双俸外复加赐亲王俸。……光绪……十年，法兰西侵越南，王与军机大臣，不欲轻言战，言路交章论劾。太后谕责王等萎靡因循，罢军机大臣，停双俸(《清史稿》列传八《诸王传·恭忠亲王奕䜣传》)。

同治朝，恭亲王执政，遂以贿赂闻矣。此即李鸿章轻视朝廷之渐。通州文人范当世……尝在李幕府，言有候补道求奏保，李曰："非军机处诺，奏保无济，尔识军机处何人？"曰："识许军机。"曰："识，即图之。诺，而后以奏稿来。"此人复命曰："诺矣。"曰："费若干？"曰："若干。"李摇首曰："不止此。"曰："尚有费若干。"曰："不止此，别有费若干。"曰："是其数矣。"犹为廉也。……然户科给事中黄冈、洪良品，奏劾云南军需案贿赂，慈禧斥逐军机处王大臣一空，恭亲王其首也。……先是，宣宗宠香妃，疾革。文宗方为大阿哥，入视疾，香妃弥留，以为所生六阿哥奕䜣也，抚之曰："我无事不可对尔，止这座儿，争之不得。"文宗始知恭亲王谋夺嫡。……大学士贾桢，宣宗朝为诸皇子师傅，尝放学差江南，宣宗手诏曰："汝出差后，六阿哥在书房中又不安分矣。"恭亲王少颇佻达，不信于父。复以谋嫡，见疑于兄。同治初，邂逅时会进用，仍以信任非人、奏对失旨，被皇太后谴责，惧而检束，皇太后遂加温慰，终以云南报销贿赂，斥罢（吴光耀《慈禧三大功德纪》卷一）。

光绪……二十年，日本侵朝鲜，兵事急，太后召王入见，复起王管理总理各国事务衙门，并总理海军，会同办理军务，内廷行走。……寻又命王督办军务，节制各路统兵大臣。十一月，授军机大臣。二十四年，授宗令。王疾作……四月薨（《清史稿》列传八《诸王传·恭忠亲王奕䜣传》）。

（乙）醇王

肃顺等之诛，恭、醇皆与有力。两宫听政，恭王秉政，醇王为御前大臣管神机营，倚翁同龢、荣禄为腹心。其福晋与西后姊妹行，故光绪帝得入承大统，才智甚疏。崇绮尝讥神机营章程谬、人才杂，与恭王积不相能，终藉中法事，夺其政柄。然中法再战，仍依天津五条议和，不足以服人。幸尚知仇洋，但倡办海军，而以海军经费修颐和园，意在博西后欢心。于是颐和园电灯、轮船两处人员，皆隶于神机营。倚张翼办开平、热河之矿，亏帑无算。又欲修铁路，皆隶属海军衙门。中日之战，所练海军竟一战而溃。

光绪十年（一八八四年）三月……己丑……懿旨："军机处遇有紧要事件，著同醇亲王奕譞商办，俟皇帝亲政后，再降懿旨。"（《光绪朝东华录》卷五十八）

光绪十一年（一八八五年）五月丁未……上谕："……前据左宗棠奏，请旨敕议拓增船炮大厂。昨据李鸿章奏，仿照西法创设武备学堂，各一折，规画周详，均为当务之急。自海上有事以来，法国恃船坚炮利，横行无忌。……当此事定之时，惩前毖后，自以大治水师为主，船厂应如何增拓，炮台应如何安设，枪械应如何精造，均须破除常格，实力讲求。

至于遴选将才，筹画经费，尤应谋之于豫。……著李鸿章、左宗棠、彭玉麟、穆图善、曾国荃、张之洞、杨昌濬，各抒所见，确切筹议，迅速具奏。”（《光绪朝东华录》卷七十）

光绪十一年（一八八五年）九月……懿旨：“著派醇亲王总理海军事务，所有沿海水师，悉归节制调遣。并派庆郡王奕劻、大学士直隶总督李鸿章，会同办理。正红旗汉军都统善庆、兵部右侍郎曾纪泽，帮同办理。现当北洋练军伊始，即著李鸿章专司其事，其应行创办筹议各事宜，统由该王大臣等详慎规画，拟立章程奏明，次第兴办。”（《光绪朝东华录》卷七十二）

光绪十三年（一八八七年）二月……庚辰，总理海军事务衙门奏：“……臣奕譞……自经前岁战事，复亲历北洋海口……当与臣李鸿章、臣善庆巡阅之际，屡经讲求。……臣曾纪泽出使八年，亲见西洋各国轮车铁路，于调兵运饷、利商便民诸大端，为益甚多；而于边疆之防务、小民之生计，实无危险窒碍之处。……至调兵运械……自当择要而图。……直隶海岸六七百里……大沽口至山海关，约五百余里……猝然有警，深虞缓不济急。且南北防营太远……如有铁路相通……屯一路之兵，能抵数路之用。……开平矿务局，于光绪七年创造铁路二十里，后因兵船运煤不便，复接造铁路六十里。……若将此铁路南接至大沽北岸，北接至山海关，则提督周盛波所部盛军万人，在此数百里间驰骋援应，不啻数万人之用。……请将阎庄至大沽口北岸……先行接造。再将由大沽至天津百余里之铁路，逐渐兴办。……津沽铁路办妥，再将开平迤北至山海关之路，接续筹办。此事有关海防要工……似应官为筹措，并调兵勇帮同工作，以期速成。且北洋兵船用煤，全恃开平矿产，尤为水师命脉所系。开平铁路，若接至大沽北岸，则出矿之煤，半日可上兵船。”……得旨：允行（《光绪朝东华录》卷八十一）。

戊子（光绪）十四年（一八八八年）四月，定海军经制。先是，法粤既平，廷议锐意建海军。十一年，立海军衙门于京师，督办以醇贤亲王，以北洋大臣李鸿章会办，山东巡抚张曜、奉天将军善庆，皆帮办。会前订德厂镇远、定远两铁甲，济远一快船，亦陆续至。十二年春，醇贤亲王乃奉慈旨，周历旅顺、大连湾、威海卫、烟台诸要隘。十三年，续订英、德厂致远、靖远、经远、来远四快船，并延英水师兵官琅威理，均来华，合超勇、扬威，凡得铁甲二、快船七。至是，乃定海军经制，以丁汝昌为海军提督，予英国水师兵官琅威理副将衔，为海军总教习。福建船政局学生刘步蟾等，适出洋归，尽与营官，乃编为中军、左、右翼、后军四队。中军三营，左翼三营，右翼三营，此战船九艘。后军则守口蚊子船六艘，合以鱼雷艇六艘、练船三艘、运船一艘，共大小二十五艘。又定考校之制、简阅之制、员弁之制，俸饷之制（沈桐生《光绪政要》卷十四）。

醇贤亲王奕譞，宣宗第七子。……穆宗即位……授都统、御前大臣、领侍卫内大臣，管神机营。同治……四年，两太后命弘德殿行走，稽察课程。……德宗即位，王奏："……哀恳矜全，许乞骸骨。"……两太后下其奏王大臣集议，以王奏诚恳请罢一切职任……从之。命王爵世袭，王疏辞，不许。光绪二年，上在毓庆宫入学，命王照料。五年，赐食亲王双俸。十年，恭亲王奕䜣罢军机大臣，以礼亲王世铎代之，太后命遇有重要事件，与王商办。时法兰西侵越南，方定约罢兵，王议建海军。十一年九月，设海军衙门，命王总理，节制沿海水师，以庆郡王奕劻、大学士总督李鸿章、都统善庆、侍郎曾纪泽为佐。定议练海军自北洋始，责鸿章专司其事。十二年……鸿章经画海防，于旅顺开船坞，筑炮台，为海军收泊地。北洋有大小战舰凡五，辅以蚊船、雷艇，复购舰英、德，渐次成军。五月，太后命王巡阅北洋，善庆从焉，会李鸿章自大沽出海至旅顺，历威海、烟台，集战舰合操，遍视炮台、船坞及新设水师学堂，十余日毕事。王还京，奏奖诸将吏及所聘客将。……十六年……十一月……丁亥，王薨（《清史稿》列传八《诸王传·醇贤亲王奕譞传》）。

十一年……九月，命会同醇亲王办理海军。……十四年，海军成，船二十八。檄饬海军提督丁汝昌，统率全队，周历南北印度各海面，习风涛，练军技，岁率为常（《清史稿》列传一九八《李鸿章传》）。

海军开府，粗具规模。先练北洋一支，以为天下倡始，发端闳大，只可逐渐扩充。前者分设学堂，近复径度船坞，皆属创造，议论烦多。……夏初，醇邸莅津，观兵海上。楼船壁垒，颇极军威，士气载扬，人言渐息，差可幸耳（《李文忠公尺牍》册二《复署甘肃臬台饶子维书》）。

海军一事，条陈极多，皆以事权归一为主。鸿章事烦力惫，屡辞不获。虽得两邸主持，而仍不名一钱、不得一将。茫茫大海，望洋悚惧（《李文忠公朋僚函稿》卷二十《复曾沅浦宫保》）。

海军之役，同舟共济，藉资赞襄。鄙人方幸卸肩有期，执事仍欲称病避事。……海军无可恃之饷，尚未能多购巨舰，将材尤乏，欲仿英制万分之什佰，一时实办不到。甚盼及时来访西国水师兵制，以备他日逐渐振兴，公其有意乎（《李文忠公朋僚函稿》卷二十《复曾劼刚袭侯》）。

（丙）礼王

礼王远宗，人尚持正。恭王罢政，得继其任。而醇王以军机处重要事件会同商办名目，尽垄军机之权。甲午，恭王再出领军机，事事退让，唯以恭谨博西后欢心。宫闱之争日甚，遂佯作心疾，冀以远祸而已。

同治间，授内大臣、右宗正。光绪十年，恭亲王奕䜣罢政，太后咨醇亲王奕譞，诸王孰可任，举世铎对。乃命在军机大臣上行走，并诏紧要事件，会同奕譞商办。德宗亲政，世铎请解军机大臣。奉太后旨，不许。十九年，命增护卫。二十年，太后万寿，赐亲王双俸，再增护卫。……二十七年七月，罢直，授御前大臣。逊位后三年薨（《清史稿》列传三《诸王传·礼烈亲王代善传附》）。

孙毓汶……山东济宁州人。……咸丰六年，以一甲二名进士，授编修。……光绪元年……授工部左侍郎。十年……时法越事起，毓汶以习于醇亲王，渐与闻机要。适奉朱谕尽罢军机王大臣。……遂命（毓汶）入直军机，兼总理各国事务大臣。……十五年，擢刑部尚书，寻调兵部，加太子少保。……二十年，中日媾和，李鸿章遣人赍约至。廷臣章奏凡百上，皆斥和非计。翁同龢、李鸿藻主缓，俄、法、德三国亦请毋遽换约。毓汶素与鸿章相结纳，力言战不可恃，亟请署。上为流涕书之，和约遂成。明年，称疾乞休。二十五年，卒。……毓汶权奇饶智略，直军机逾十年。初，醇亲王以尊亲参机密，不常入直，疏牍日送邸阅，谓之“过府”。谕旨陈奏，皆毓汶为传达。同列或不得预闻，故其权特重云（《清史稿》列传二二三《孙毓汶传》）。

翁同龢……江苏常熟人。……咸丰六年一甲一名进士，授修撰。……光绪元年，署刑部右侍郎。明年四月，上典学毓庆宫，命授读。……八年，命充军机大臣。十年，法越事起。……旋与军机王大臣同罢，仍直毓庆宫。……二十年，再授军机大臣。懿旨命撤讲，上请如故。同龢善伺上意，得遇事进言。上亲政久，英爽非复常度，剖决精当。每事必问同龢，眷倚尤重。时日韩起衅，同龢与李鸿藻主战，孙毓汶、徐用仪主和。会海、陆军皆败，懿旨命赴天津传谕李鸿章诘责之，同龢并言太后意决不即和。归荐唐仁廉忠赤可用，请设巡防处筹办团防。于是命恭亲王督办军务，同龢、鸿藻等会商办理。上尝问诸臣:“时事至此，和战皆无可恃！”……及和议起，同龢与鸿藻力争改约稿，并陈:“宁增赔款，必不可割地。”上曰:“台湾去，则人心皆去。”……毓汶以前敌屡败对。……上以和约事徘徊不能决，天颜憔悴。同龢以俄、英、德三国谋阻割地，请展期换约，以待转圜。与毓汶等执争，终不可挽，和约遂定。……二十三年，以户部尚书协办大学士（《清史稿》列传二二三《翁同龢传》）。

（丁）庆王

继礼王长军机者荣禄，同、光两朝，例以亲王为军机大臣领班承旨，而荣禄以外人得之。初倚醇王。同治末，已为工部尚书兼步军统领，贵盛莫比。为恭王所恶，中以吏议，闭门十余年。起用都统，出为西安将军，夤缘宦者李莲英，遂至大用。以计逐翁同龢，遂掌武卫五军。出为直隶总督，复与庆王合谋，翻戊戌维新之局。西后再训政，得入军机。其人便辟，善持两端。既令董福祥攻使馆，复电致东南督抚，微示拳民不足恃。后拜命会同李鸿章、庆王议和，为西人所持，乃走西安，力劝西后签和约，诛祸首。死谥文忠，追封男爵。庆王乃得继其任。甲申后，醇王举之总交涉事，终光、宣之世不改。复继醇王管海军，以善画为西后所喜，光绪帝屡谯诃之。及入军机，老而黩货，屡遭弹劾而倚任不衰。与袁世凯表里为奸，以逐瞿鸿禨、岑春萱，摄政王兄弟皆恶之。虽在政地，不得预机密。革命军起，力赞起用袁世凯。逊国诏下，乃踉跄走天津。

光绪二十四年（一八九八年）夏四月……甲辰，授荣禄为大学士，管理户部事务（《光绪朝东华录》卷一四四）。

五月……丁巳……实授荣禄为直隶总督，兼充办理通商事务北洋大臣（《光绪朝东华录》卷一四五）。

八月……甲午……谕："荣禄著在军机大臣上行走。……所有北洋各军，仍归荣禄节制。"……乙未……谕："大学士荣禄著管理兵部事务，并节制北洋各军。由礼部颁给关防。"（《光绪朝东华录》卷一四八）

丁未……简荣禄为钦差大臣，所有提督宋庆所部毅军，提督董福祥所部甘军，提督聂士成所部武毅军，候补侍郎袁世凯所部新建陆军，以及北洋各军，悉归荣禄节制，以一事权（《光绪朝东华录》卷一四八）。

荣禄……瓜尔佳氏，满洲正白旗人。……光绪……二十年……再授步军统领。日本构衅，恭亲王、庆亲王督办军务，荣禄参其事。和议成，疏荐温处道袁世凯练新军，是曰“新建陆军”。授兵部尚书、协办大学士。疏请益练新军，而调甘肃提督董福祥军入卫京师。二十四年，晋大学士，命为直隶总督。……太后复临朝训政，召荣禄为军机大臣，以世凯代之。……复命荣禄管兵部，仍节制北洋海、陆各军。荣禄乃奏设武卫军，以聂士成驻芦台为前军，董福祥驻蓟州为后军，宋庆驻山海关为左军，世凯驻小站为右军，而自募万人为中军，驻南苑。时太后议废帝，立端王载漪子溥儁为穆宗嗣，患外人为梗，用荣禄言，改称“大阿哥”。二十六年……诏诣西安。既至，宠礼有加。……随扈还京，加太子太保，转文华殿大学士。二十九年，卒。……荣禄久直内廷，得太后信仗。眷顾之隆，一时无比。事无巨细，常待一言决焉（《清史稿》列传二二四《荣禄传》）。

以绵性子奕劻为后……光绪十年三月，命管理总理各国事务衙门。十月，进庆郡王。十一年九月，会同醇亲王办理海军事务。……二十年，太后六十万寿，懿旨进亲王。二十六年七月，上奉太后幸太原，命奕劻留京，会大学士李鸿章与各国议和。二十七年六月，改总理各国事务衙门为外务部，奕劻仍总理部事。十二月，加（子）载振贝子衔。二十九年三月，授奕劻军机大臣，仍总理外务部如故。寻命总理财政处、练兵处，解御前大臣以授载振。……三十年三月，御史蒋式瑆奏：“……庆亲王奕劻，将私产一百二十万，送往东交民巷英商汇丰银行收存。……”按其事，不得实，式瑆回原衙门行走。……三十二年，遣载振使奉天、吉林按事。改商部为农工商部，仍以载振为尚书。三十三年，命奕劻兼管陆军部事。东三省改设督抚，以直隶候补道段芝贵署黑龙江巡抚。御史赵启霖奏：“段芝贵……以一万二千金鬻歌妓以献，（载振）又以十万金为奕劻寿，夤缘得官。”上为罢芝贵，而命醇亲王载沣、大学士孙家鼐按其事，不得实，夺启霖官。载振复疏，辞御前大臣、农工商部尚书，许之（《清史稿》列传八《诸王传·庆僖亲王永璘传》）。

梁鼎芬……广东番禺人。光绪六年进士。……三十二年入觐，面劾庆亲王奕劻通贿赂，请月给银三万两，以养其廉。……诏诃责。引疾乞退（《清史稿》列传二五九《梁鼎芬传》）。

（3）督抚之权重

（甲）用人理财之自专

太平军起，湘、淮将帅多绾疆符，调兵筹饷，理财用人及刑杀外结之案，得便宜从事，中枢不为遥制。同、光之世，地方督、抚多属汉人，权力益以增长，每有所请，无不允许，中枢重要政务，有时取决于疆吏。司农岁入有常，而督、抚则可以厘捐盐关为挹注，甚且滥借洋债，拒不报销。吏部用人以资，而督、抚则可以军功奏调奏保。至庚子，东南互保，而疆吏之权无以复加矣。摄政以后，尽力裁抑，名为中央集权，自此中外离心。辛亥革命得以传檄而定，固由人心向义，亦由督、抚怨望，百务废弛，有机可乘也。

同治元年（一八六二年）春正月……辛亥……谕："……骆秉章奏，探闻贵州清镇县团首何山斗，因逼捐未遂，田兴恕执而戮之。该处百姓积愤已深，遂将厘金局委员戕毙，见在聚众数万……声称围省杀赵国澍方休，田兴恕见委韩超驰往办理等语。贵州省军饷短绌，自不能不劝捐抽厘，借资接济。第该省地瘠民贫，必须承办得人，于征取之中，寓拊循之意，方不至苛扰闾阎。若任令不肖，官绅藉端恶索……何以服群情而平众怨？"（《清穆宗实录》卷十七）

同治元年十一月……辛酉，谕："……詹事府左中允钱宝廉奏，请饬各大臣、督、抚，不得将降革获罪之员，率行请留请调等语。……嗣后各路统兵大臣，暨各直省督、抚，务当破除情面，认真厘剔。凡降革获罪之员……不准仅以差委需员，摭拾虚词，率行请留请调，以儆徇滥而杜诡

随。”（《清穆宗实录》卷四十九）

方今厉民之政，指不胜屈，其大端则津贴、抽厘、劝捐。津贴虽仅行之四川，而按粮加派，各省多有，亦与津贴无异。抽厘、劝捐，则天下习然（王延熙《皇朝道咸同光奏议》卷一《蒋琦龄应诏上中兴十二策疏》）。

各省抽厘，其弊尤不胜言。名目太繁，委员太杂，愈增愈广，利少弊多。捐数骤加，而物价腾贵。或一货而数捐，或一物而加至数倍，几于无物不捐，无人不捐。其名则出之商人，其实则加之百姓，无损于商，而大病于民也（王延熙《皇朝道咸同光奏议》卷一《吴大澂应诏直言疏》）。

淮盐加引筹捐，连接了箴都转与扬州粮台报文，二十万已如数起解，感德非浅。子箴来文声明，并报尊处。且于捐款外，按新引劝募棉衣，折价二万两（《李文忠公朋僚函稿》卷十一《复曾相》）。

时忧度支之告匮，将若之何？司农岂知国计？即奏拨，恐亦空文。似宜从长计议，俟造船限满，付托结实可靠之人，以善其后。而垂天之翼，经纬六合，仍左右主持之，斯经国之大计也。近世非疆吏不能治军办事，惟所欲为。弟虽为畿省贫瘠所困，仍日盼我公兼圻东南，宏斯远谟，一振颓纲（《李文忠公朋僚函稿》卷十三《复沈幼丹船政》）。

同治十三年（一八七四年）二月……丁亥，谕：“禁各省私设厘卡。”（《清穆宗实录》卷三六三）

朝贵一闻拨款，则缩项结舌而莫之敢应。即有一应，农部疆吏空文支吾，于事何济？是以曾文正剿粤贼，鸿章剿捻匪，兴师十万，皆自筹饷，但求朝廷不掣肘为幸，何曾预请巨款耶？今事不可知，相忍为国。……私计只有借洋债一说，幸卓见之适符。左公借款，向系若何利息？闻……日本借英商有七八厘者，中国恐不相上下也（《李文忠公朋僚函稿》卷十四《复沈幼丹节帅》）。

津关一席，亟求帮手，久欲借重（黎）召民。……故数月虚左以待，未敢预商左右者，以需才吃紧之际，恐有牵掣。昨因日人就抚，专疏荐列，幸荷俞允，另录咨呈，适阅疏陈，召民不愿留闽……乞将鄙诚一为道达。……幸速驾北来，相助为理（《李文忠公朋僚函稿》卷十四《复沈幼丹节帅》）。

执事何时内渡？回工后再筹接替船政之人。……海防事宜，及江左兵饷大局……亟欲觌面畅谈。……饷源之绌，各省同病。……吴中著名财赋，亦患竭蹶。（李）雨亭上年添募及筑台之费，百数十万，仅赖暂留洋税四成。邻省协济，尚多不敷。（刘）岘庄未必更张，或待履新后，设法弥缝耳。船饷必须有著，他人乃敢接手，回省自可商定（《李文忠公朋僚函稿》卷十五《复沈幼丹制军》）。

至云位在己上，事权较重，则鄙见殊不谓然。从前军旅之事，皆出亲贵重臣，经略将军，高于督、抚，文移体制，轩轾显然，而大兵所临，督臣往往仅领粮台之任。中兴以后，事寄绝殊，其握兵符而不兼疆篆者，实有仰息地方之势。推其位次者，不过致王人之敬，初非有节制之权，资其器用者，不过尽地主之情，初非有军兴之罚，无所谓上，更无所谓重（《李文忠公尺牍》第一册《复奉天府尹抚台裕寿泉》）。

英国洋布入中土，每年售银三千数百万，实为耗财之大端。……亟宜购机器纺织，渐收回利源。……适有魏温云观察……与弟世好……商情最熟，浼令出头承办。昨已赴沪会集华商，查议节略，欲求……由江、直各筹公款十万金，定购机器，存局生息。再招商股，购料鸠工，庶更踊跃（《李文忠公朋僚函稿》卷十六《复沈幼丹制军》）。

至闽省厘税，添出台防及养船经费百数十万，入不敷出，自系实情。惟此项年例七万余金，似尚可勉力凑拨。闽海关四成分拨海防，以后或得数万，乞随时婉商星帅，就近划抵，感佩莫铭（《李文忠公朋僚函稿》卷十六《复丁雨生中丞》）。

淮军向恃苏省为命脉，近因税厘收数过绌……而解额大减。……每年八九关，竟放不出。南北海防，赖此支持，又不敢大加裁减，不得不乞怜于执事，兹蒙饬解三万。……又承金诺，年底必解足六万两。明年诸事就理，当加增一二批。……明知尊处协拨繁多……犹为此不情之渎，惶愧奚涯。黔、滇盐务，整顿新章，委用得人，定卜日有起色。借拨东省三十万，闻亦未能如数。……宁远、越嶲，必有五金佳矿，官为试办，需费无多，幸早筹及。此间现派员分办，滦州开平煤铁矿、顺德及张家口外银铅矿，二三年后，冀有成效。盖中土穷极无聊，非从地产讨生活，别无开源之术也（《李文忠公朋僚函稿》卷十七《复丁稚璜宫保》）。

（光绪）八年（一八八二年）二月，礼科给事中孔宪瑴，请禁止督、抚奏调隔省人员疏云：窃见近年各省，率以人员众多，请停止分发，何至有乏才之患，欲远借于异地？……从前李鸿章奏调袁保龄、章鸿钧诸人，左宗棠所派曾沅及近日奏调王嘉敏、周崇傅各员，尚不免于物议。外此之相率效尤，更无论矣。……上谕："……嗣后各省督、抚于隔省人员，毋得藉端滥行奏调。"（沈桐生《光绪政要》卷八）

（光绪）八年（一八八二年）二月，太仆寺少卿钟佩贤，请禁止督、抚奏调京员。……上谕："……嗣后各督、抚，不准再行奏调翰林部属等官。"（沈桐生《光绪政要》卷八）

光绪三十年（一九〇四年）冬十月……丙寅，谕："……近年以来，民力已极凋敝，加以各省摊派赔款，益复不支。……闻各省督、抚，因举办地方要政，又复多方筹款，几同竭泽而渔。……所有各省派捐等款，除有大宗收数者姑准照办外，其余巧立名目及苛细私捐，著即概行禁止。凡地方应办要政，仍当次第推行。一切学堂、工艺，有关教养之事，但当官为剀切劝导，应由绅民自行筹办，不准藉端抽派，致滋苛扰。各该督、抚，务当督令属员，深维邦本，共体时艰。"（《光绪朝东华录》卷一八九）

光绪三十二年（一九〇六年）春正月……庚辰，户部奏："……咸、同以来，各省军务倥偬，部拨款项往往难以立应，疆臣遂多就地筹款以济军食。如抽厘助饷之类，因而一有缓急，彼此自相通融协借，不尽咨部核覆。然亦以其系就地自筹之款，与例支之项无碍，故部臣亦无从深问。近年库款支绌，各省皆然。任事之臣，知臣部筹措之难，动辄自行电檄各省，求为协济，其意不过在外销款内匀拨，而各省亦不尽能另筹的款，遂将例支正项及报部候拨者，挪移擅动以应之。迨臣部查知，而款已动用，往返驳诘，迄难就绪，诚恐日久，难以限制。……请饬下各省将军、督、抚，嗣后凡有动拨款项，必先咨明臣部，核其有无窒碍。俟部覆到日，再行查照办理。倘或不俟部覆，擅自动解，除将所动之项照数提还外，仍由臣部指明严参，以重库储。”得旨：如所议行（《光绪朝东华录》卷一九八）。

(乙)南、北洋大臣之分设

南、北洋大臣，本为外人通商而设，嗣因崇其体制，乃以总督兼领。新练海、陆军，购舰购械，聘外人为教习，以及铁路、电报之事，动关洋务，皆由南、北洋主之。北洋之任，尤为雄峻。李鸿章任北洋二十余年，一国对外交涉，几乎一手包办。庚子以后，袁世凯继之，外交、新政，并归掌握。其权益重，幕僚多任督、抚，材官亦得专阃，北洋派之称，由此而起。

南洋大臣

同治元年（一八六二年）五月……戊戌……谕：“前因薛焕熟悉外国情形，谕令以头品顶带，充办理通商事务大臣。……兹据薛焕奏……请即裁撤，各归本省督、抚、将军经理。并片陈长江通商，事属创始，必须平时勋望隆重，乃能詟服远人。请于官文、曾国藩特简一员，兼领其事。”（《清穆宗实录》卷二十八）

同治元年秋七月……丙午……谕：“……长江上下计有二千余里，地处腹心，事关创始，自应将通商大臣改驻长江。著曾国藩于镇江、金陵，或汉口、九江择一扼要之处……酌量具奏。……其上海及长江一带，中外交涉事件，固应归通商大臣专管。而粤、闽、浙三省事务，通商大臣亦应兼理，以免歧异。”(《清穆宗实录》卷三十五)

同治九年(一八七〇年)十一月……戊申……以两江总督曾国藩，充办理通商事务大臣(《清穆宗实录》卷二九七)。

北洋大臣

同治九年(一八七〇年)冬十月……壬子，谕：“……前因东、豫各省匪踪未靖，总督远驻保定，兼顾为难，特设三口通商大臣，驻津筹办。……三口通商大臣著即裁撤，所有洋务海防各事宜，著归总督经管，照南洋通商大臣之例，颁给钦差大臣关防，以昭信守。其山东登莱青道所管之东海关，奉天奉锦道所管之牛庄关，均归该大臣统辖。”(《清穆宗实录》卷二九三)

谕旨准照总理衙门所议，裁撤三口通商大臣，洋务归总督经管，并令长驻津郡，整顿海防，洵属未雨绸缪之策。臣前奉旨驻津，筹办弹压、抚绥各事。今值归并通商，事同创始。……自应久驻此间。……目前最急者，须添设海关道一员。查咸丰十年十二月间，崇厚由长芦盐政，改授三口通商大臣，职分较卑。……兹臣以总督兼办，又蒙特颁钦差大臣关防。各国和约，载有专条，未便过事通融，至亵国体，而启外人骄慢之渐。且臣曾兼任南洋通商大臣五年……未可前后易辙。计惟添海关道，比照各口现定章程，责成道员，与领事官、税务司等商办一切，随时随事，禀臣裁夺。其有应行知照事件，臣即札饬关道，转行领事遵照。至往来会晤仪节，务皆斟酌适宜。此等事体虽小，动关体制。……又中外交涉案件，洋人往往矫强，有关道承上接下，开谕调停，易得转圜，不独常洋两税须人专管也。……相应请旨，准令添设津海关道一缺，专管洋务及新钞两关税务。凡华、洋交涉案件，责令该道督同府县各官，认真妥办。并由直隶总督拣员请补，俾可呼应得力。……至选将练兵、筹备海防一节，尤为目今要务。……曾国藩本年四月续奏马步练军章程，经部议准，似较从前营制差强……随时整饬变通，或者有裨实用。……大沽海口南北炮台最为扼要，而守兵过单，守具亦未精备。杨村、河西务、王庆坨等处，均系由津进京要路，将来应否拨营分驻、修筑炮台以壮声势，均当次第妥酌办理。……并奏派记名提督、广西右江镇总兵周盛传，统盛仁各营，为拱卫畿辅之师……暂在景州、沧州一带屯扎、操练。……至畿东水利……崇厚前于军粮城，开垦渠田五百余顷，闻不久亦多淤废，容再察看，妥筹试办（王延熙《皇朝道咸同光奏议》卷十六《李鸿章裁并通商大臣酌议应办事宜疏》）。

同治九年十二月……丙戌，吏部等部议覆，直隶总督李鸿章条陈，新设天津海关道，定为冲繁疲难四字最要之缺，由外拣员请补，沿海地方均归专辖；直隶通省中外交涉事件，统归管理；兼充直隶总督海防行营翼长。并以天津府城未据险要，拟于五大河以北，圈筑新城，以资备御。均应如所请办理。从之（《清穆宗实录》卷三〇一）。

光绪元年（一八七五年）夏四月……壬辰……以沈葆桢为两江总督，兼办理通商事务大臣，谕："……南北洋地面过宽，必须分段督办。著派李鸿章督办北洋海防，沈葆桢督办南洋海防，所有练军设局及招致海岛华人诸议，统归该大臣等择要筹办。其如何巡历海口，随宜布置，及提拨饷需、整顿诸税之处，均著悉心办理。至铁甲船需费过巨，著李鸿章、沈葆桢酌度情形。如实利于用，即先购一两只。开采煤铁事宜，著照李鸿章、沈葆桢所请，先在磁州、台湾试办。出使各国及通晓洋务人才，并著李鸿章、沈葆桢随时保奏。"（《光绪朝东华录》卷三）

光绪五年（一八七九年）闰三月……乙未，赏前福建巡抚丁日昌总督衔，专驻南洋，会同沈葆桢及各督、抚，实力筹办海防。南洋沿海水师弁兵，统归节制。丙申，命丁日昌充兼理各国事务大臣（《光绪朝东华录》卷二十七）。

（4）财政之支绌

清代岁入，顺治以后，约二千万两。道光时，关税骤增，及他所增益，共为四千万。光绪二十年为七千万，三十年达一万万。宣统三年，预算为四万万元，而一代兵费，约占岁出之半，临时军费尚不在内。康熙库存二千余万，乾隆时达七千万。然晚年用兵，耗费已尽。自后国用时虞不足，道光以迄光绪，兵费尤多，加以赔款、维新之费，至宣统时，益形竭蹶。故清之亡，原因甚多，而财政之崩溃，亦其一也。

（甲）赔款

鸦片赔款后，外人以中国为易与，于是不问是非，动辄勒索赔款。教民死伤，则索赔款；教堂被毁，则索赔款；琉民被害，与日本无涉，亦索赔款；俄占伊犁，本我土地，亦索赔款；甲午之役，赔兵费至二万万两；赎还辽东半岛，又三千万两；庚子赔款，本息达九万万余两。竭中国之脂膏，不足餍无厌之壑。于是剜肉补疮，借外债以偿外债，利息折扣，额溢于旧。全国利权抵押殆尽，不得已筹及干路，欲以为外债抵押品，而清亡矣。

东事久无定议……竟索至二百万两之多。……英国威使忽为调停，至少必须五十万两。……复称须先付给一半，余俟兵退后补给（《李文忠公朋僚函稿》卷十四《复王补帆中丞》）。

光绪七年（一八八一年）春正月……己丑，出使俄国大臣曾纪泽，在俄都森彼得堡，与彼外部大臣格尔斯暨前驻华公使布策，改订条约二十款、专条一。……第六款，大清国大皇帝允将大俄国自同治十年，代收代守伊犁所需兵费，并所有前此在中国境内被抢受亏俄商，及被害俄民家属各案补恤之款，共银卢布九百万元，归还俄国（《光绪朝东华录》卷三十九）。

光绪二十一年（一八九五年）三月……甲午……李鸿章与日本全权大臣伊藤博文等，在马关议定和约十一款，另约三款，成。……第四款，中国约将库平银二万万两，交与日本，作为赔偿军费（《光绪朝东华录》卷一二五）。

五月……壬辰，与日本国订交还奉天省南边地方条约七款。……第二款，中国约为酬报交还奉天省南边地方，允给银三千万两。……于……光绪二十一年九月二十二日，交与日本国政府（《光绪朝东华录》卷一二七）。

七月……戊午……许景澄奏："本年四月间，俄国户部大臣威特，述其国主之意，深愿中国速给偿款，俾日本早日退兵，并令伊部代筹款项，以备周转。……旋拟推荐俄法银行承办，经臣迭奏电旨，暨总理各国事务衙门来电，与外部大臣罗拔诺夫，会同威特，详慎商办。……闰五月……初九日，奉旨：合同各条，著许景澄斟酌妥协，即与画押订定。……臣于十四日，将两国议订专条，并银号合同……分析画押讫。查合同内载，中国订借法银四万万佛郎，按九四又八之一扣，再扣印税、造票工本、发寄等费，周年四厘起息，由中国驻使出给借款总据。银号商董，先将总款全揽刊印股票散售，每年分还票本息共二千一百十五万四千七百五十二佛郎，另加银号经办费用四分厘之一，并刊报添印息票等费，半年一给，至三十六年清讫。十五年后，亦可将票本增还，或全还。其息以西历本年七月初一日起算，交款极迟，自西历八月二十日至明年正月初一日止，分期交清。未交款之前，应给息银，由银号扣存抵付。此项借款，以海关作保，遇有付款阻滞，俄国允许立合同之银号，按期拨付票本息。中国在六个月不另借款，每年银号经办制佥、销票、刊报、对号等事，由使馆派员稽察。借款全还，银号即将总据缴销。……此臣与俄法银号商董互订合同之情形也。"（《光绪朝东华录》卷一二八）

光绪二十四年（一八九八年）二月……庚申，总理各国事务衙门奏：

“前于光绪二十二年二月间，订借英德商款一千六百万磅，约计库平银一万万两。……嗣经陆续提付日本赔款及威海卫军费七千七百五十九万余两，加以订购炮船等项，仅余三百数十万两。而日本赔款，尚欠七千二百五十万两。若不续借巨款，照约于二年之内全数还清，则已付之息不能扣回，威海卫之军不能早撤，中国受亏甚巨。且本年闰三月间，应付之一千七百余万两，亦尚无从筹措。……臣等通盘筹画，拟将苏州货厘、松沪货厘、九江货厘、浙东货厘、宜昌盐厘等项……札派总税务司赫德代征，以便按期拨付本息，不致迟误。此项货厘、盐厘，每年约征厘五百万两，抵偿借款，当可取信洋商，而他国不致有所藉口。当将此意，面告赫德，令向英德银行商办……订期续借金一千六百万镑，仍合库平银一万万两，开具草合同呈送前来。臣等查合同所开周息四厘五毫，八三折扣，四十五年还清，每四百镑用费一镑，虽较前次英德借款折扣较重，然前项周息五厘，三十六年还清，现款周息四厘五毫，四十五年还清，每年少还本息银十三万一千七百二十余镑，亦可稍舒财力。其余各款，与前次合同不甚参差。……既无误日本偿款之期，亦免诸多要挟。……仅钞录合同底稿，恭呈御览。”……得旨：如所议行（《光绪朝东华录》卷一四三）。

据全权大臣先后来电，并还款表一纸，计此次赔款，议定四万五千万两。前数年每年本利银一千八百八十二万九千五百两，嗣后按年递加，每年二千余万两及三千余万两不等，至光绪三十九年为止，总共本、利银九万八千二百二十三万八千一百五十两，另有允缓半年付利息九百万两，分三年带交。由西历明年正月初一日，即华历本年十一月二十二日起，照数付足。款目之巨，旷古罕闻，限期之迫，转瞬即届。就中国目前财力而论，实属万不能堪。然和议既成，赔款既定，无论如何窘急，必需竭力支持。臣部职司度支，固属责无可卸。各省值此艰巨，尤当勉为其难，亦惟有于出款力求裁减，入款再求加增，庶几凑集巨款，届期归偿，于大局不致贻误。谨将拟裁拟增各款，逐一开列，恭呈御览。计开：一、虎神营、骁骑营、护军营，光绪二十五年共开支津贴银一百四十余万两。此项津贴，原因添练各营，始行加增，并非兵丁底饷。现拟自本年起……照数裁减；一、神机营经费及步兵营练兵口分，抽练兵丁口分，光绪二十五年共开支银一百二十余万两。前项经费、口分，系属挑练各营兵丁先后加增之款，亦非兵丁底饷，现拟……酌量裁减；一、满汉官员、八旗兵丁，向有米折一项，每年由户部约支一百余万两。……拟自本年起……暂行停支；一、南洋经费及沿海、沿江防费，并各省水陆勇营、旧营、旧有绿营，率多事涉虚糜，难期实际，拟一律酌加裁汰；一、房间捐输，按粮捐输，广东已电奏开办，如果妥定章程，办有端绪，尚属款项大宗，拟通饬各省一体酌量试办；一、地丁收钱，酌提盈余，剔除中饱。山东已奏准办理，臣部亦抄录原奏，行咨各省仿照。现拟再行通饬各省，切实遵办；一、盐斤加价。前已奏明办理有案，然为数尚少，款项亦均已拨用。拟令各省，就现在盐斤价值，每斤再加增四文；一、各省土药一项，茶、糖、烟、酒四项，非民生日用所必需，重征之尚无甚妨碍。拟令就现抽厘数再加三成，统计部库裁减之款，可省三百余万两。各省……加增之款，约略估计亦当有一千数百万两。惟各省情形不同，未必皆能逐款遵办。即使遵照部章，竭力筹办……尚需时日，仍恐有误还期。拟先就赔款二千二百万两之数，令各该省关，将应解部库，西征洋款，改为加放俸饷一款。抵京饷，改为加放俸饷一款。京官津贴，改为加复俸饷一款。自光绪二十四年起，加增边防经费一款。向未有漕省分，循案解部漕折一款。以上约共银三百余万两，全数提出，均留作赔款外，尚有一千八百余万两，即摊派各省，责令按期报解。其数目……应按省分大小、财力多寡为断。拟派江苏省二百五十万两、四川省二百二十万两、广东省二百万两、浙江省一百四十万两、江西省一百四十万两、湖北省一百二十万两、安徽省一百万两、山东省九十万两、河南省九十万两、山西省九十万两、福建省八十万两、直隶省八十万两、湖南省七十万两、陕西省六十万两、新疆省四十万两、甘肃省三十万两、广西省三十万两、云南省三十万两、贵州省二十万两，计共一千八百八十万两，各省自奉文派定以后，均应按臣部单开裁减加增各办法，妥速筹办。倘单开各条内，有与该省未能相宜，及窒碍难行之条，各该督、抚均有理财之责，自可因时制宜，量为变通，并准就地设法，另行筹措，惟必须在本省司、关、道、局凑足分派之数，如期汇解，不得少短迟延，致有贻误。倘期限已届而短少尚多，即惟各该督、抚是问。再通商各海关税银，拟收足值百抽五，现已商办有成，将来开办后，核计关税，究能征收若干，应将增出数目，专为赔款应用。各省此次分摊之数，尚可酌量核减（王延熙《皇朝道咸同光奏议》卷二十六《户部奏新定赔款数巨期急迫应合力通筹疏》）。

光绪三十年（一九〇四年）十月乙丑，外务部奏查，《辛丑和约》第六款，内载诸国偿款海关银四百五十兆，按年息四厘、分三十九年清还本息。用金付给，或按应还日期之市价，易金付给。……现因银价跌落……每届还款之期，虽由江海关道照银数付给各国银行，该银公会每期开送清单，仍悉按以银易金计算，载明亏欠数目，并将欠款于结算后即一律起利。照此核计，至本年三年届满，亏欠之数约已逾千万。……亏欠之数，仍一例以四厘计息，则欠数必逐年递增，算至三十九年之后，将又积成数万万之巨款（《光绪朝东华录》卷一八九）。

（乙）兵费

清代八旗及绿旗军饷，岁有常规，约需银二千数百万两。太平军起，湘勇每名每月饷银四两五钱，淮、粤、豫军咸仿其制。此项兵费在常规之外，户部无以应，则由各省协助。且设卡抽厘以给之，官吏因缘为奸，层层盘剥，税及毫厘。其后捻、回举兵，厘金不足，则提及关税，或别创米捐、官捐，甚至借外债、商债。甲申以后，又开海防捐、郑工捐，许捐实官，仕途益以庞杂。至于编练新军、购买舰械，所费尤巨，其详数已不可考。但以清季用兵之久、区域之广、饷项之繁，所耗兵费实数，当不下银二三万万两。

同治元年（一八六二年）春正月……乙酉，谕："……前以军饷浩繁，度支不足，不得已议亩捐、厘捐之举。地方有司，不知善为经理，暴敛横征，漫无限制……致民不聊生，殊堪痛恨。……各该省督、抚，酌量裁留。并将殃民官吏，严行查办。"（《清穆宗实录》卷十五）

户部……奏折内称，曾国藩军营，现在月饷，每月湖北协济银二万五千两、湖南协济银二万五千两、四川协济银五万两、江西协济银三万两外，尚有广东厘金及江苏厘金等款，为数甚巨（《曾文正公奏议》卷八《饷绌情形片》）。

窃臣接准部咨。……军需报销一事……自咸丰三年九月，至六年十二月底止……共收银二百八十九万一千四百一十九两五钱有奇，收米五万三千七百四十九石八升有奇。……自咸丰八年六月，臣由原籍起复带兵援浙之日起，至十年四月底止……共收银一百六十九万一千六百七十九两一钱有奇，收钱一千一十九串有奇。……自咸丰十年五月，臣接任两江总督起，至同治三年六月克复金陵止……共收银一千六百八十五万四千五百九十两七钱有奇，收钱九十六万五千五百五十二串有奇。……其各军欠饷及协济各路银钱等款，另行分析开单，具详请奏前来。臣查此次汇办报销，为时阅十二年之久，用款至二千一百三十余万之多。臣复加查核，均系确实可据（王延熙《皇朝道咸同光奏议》卷五十《曾国藩造报军需款目疏》）。

用银一万七百九十余万、钱九百万贯、钞七百万两（清对捻军所用军费）。平洪用银二万八千余万、钞七百六十余万两、钱八百十八万贯（《湘绮楼日记》光绪四年十月）。

窃臣军先后入秦，及续募马、步各营之在途者，并计步队四十余营、马队三千余骑，综核各营饷项及津贴、粮价、采办军火，并转运经费，每月已不下三十万两（王延熙《皇朝道咸同光奏议》卷五十《左宗棠甘省粮饷奇绌援案请办米捐疏》）。

东、苏两境运堤袤长千里，苟非各督、抚……通力合作，臣军断不敷用。皖、豫派到各军，与淮军分守宿迁以下地段。……而宿迁以下至清江，运堤几二百里，尚无守兵。……臣仅调前金门镇王钟华提督、鲁洪达水师三营，分在宿迁亨济闸下，至盐河钳口坝一带。……钦奉初五日寄谕，复经函商浙江抚臣马新贻，请其速派五千人北上，协守宿迁、桃源运堤。……叠准李瀚章、曾国荃咨称，已派提督谭仁芳、总兵刘维桢，率万二千人。刘长佑咨称，已派臬司张树声，率总兵余承患等四五千人，前来助守，均尚未得起程日期，故运防犹未布满。即暂无兵替入胶、莱，至胶莱河距南北海口……丁宝桢则云约三百里，以每营三里计之，须百营布守，至少亦须八十营。刘铭传等三路之师（刘铭传、潘鼎新、董凤高、沈宏富等三路。……逼贼胶莱），日内先后已到，然步队止四十六营。臣复拟调豫军宋庆十二营、淮军王永胜开字十营，由运河续行抽往，必合之丁宝桢所部东军三十一营，始可密布。丁宝桢止允以十一营相助。……若丁宝桢尽以东军协守，目前略可敷用（王延熙《皇朝道咸同光奏议》卷五十三《李鸿章陈明办贼大致暂难赴前敌疏》）。

臣所部各军，自同治元年逐渐募练。初系淮南农民居多，迨克复苏、浙各城，间收粤匪降众。四年后，全调剿捻，随地募补，马步水陆营数过多，需饷愈巨。数年以来，竭两江之财力，供亿此军，罗掘净尽。而各营每年必欠放三个月，积逋如山。曾国藩与筹饷司道，屡请裁军节饷银。以运防游击，多一营得一营之助，未敢遽议。今东捻既平，必应陆续裁撤，每裁一营，应酌补欠饷若干。粮台无丝毫存项，又须设法筹此巨款（王延熙《皇朝道咸同光奏议》卷五十三《李鸿章东捻荡平覆陈善后为难情形疏》）。

光绪十一年（一八八五年）八月……庚寅，卞宝第奏："国家……岁出大宗，莫如兵勇之兼设。查各省旗、绿各营，兵额七十七万余人，每年薪粮，计银一千数百万两，养兵不为不多，费饷亦不为不巨。……粤逆自金田起事，初不过二千人，广西额兵二万三千、土兵一万四千，乃以三万七千之兵，不能击二千之贼。……其后发、捻、回、苗等匪，悉赖湘、淮营勇剿除戡定。……大乱甫平，伏莽未尽，兵不得力，勇难尽裁，于是岁支勇粮又在一千余万两。赋入有常，何堪如此耗费？"（《光绪朝东华录》卷七十二）

军兴以来近三十年，用财曷止万万？迄寰宇底定，惟甘肃、新疆需饷孔多，除明春一军业经裁撤不计外，以现在调拨而论，刘锦棠，谭钟麟关内外之师，岁拨银七百九十三万两，是为西征军饷，若西宁岁拨之一万、宁夏岁拨之十万、凉庄岁拨之八万四千两不与焉。金顺一军，并接统荣全、景廉旧部，岁拨银二百二十八万两，部垫二十六万两，是为伊犁军饷，若巴里坤专饷迭次提拨之四十万两不与焉。锡纶接统英廉所部，并新募诸军岁拨银三十三万，是为塔尔巴哈台兵饷。长顺接统恭镗所部，岁拨银九万六千两，是为乌鲁木齐军饷，若张曜所带豫军岁需银六十余万两，向由河南供支，亦不与焉。以上西路各军，每岁共需银一千一百八十余万两，遇闰加银九十余万两。……通盘计算，甘肃、新疆岁饷，耗近岁财赋所入六分之一。各省关或括库储，或向商借，剜肉补疮，设法筹解，已属不遗余力。……上年筹办海防，西路协饷，颇难兼顾。……天下无大患难之时，犹且拮据如此，万一海疆有警……各省自顾不暇，西路之事何堪设想？……查咸丰初年，始抽厘助饷，于关税之外，复设厘卡，迹近重征。大吏谕民，以暂时抽厘助饷，事竣裁撤，小民均切同仇之义，勉强输将。其后厘卡愈密……析及秋毫，贩负俱不得免。因军饷不足，迄今未能遽裁，计每军报部收厘数目，千数百万。至外销之款，与夫官吏所侵蚀、书吏所勒索，又无论矣。层层剥削，竭泽而渔。商贾咸谓事竣不裁，久为商累。物价昂贵，终归累民。至于田赋所出，俱有常经，军兴既久，供亿不恒，遂隳经制。如四川之按粮津贴捐输，已近加赋。各省遭贼蹂躏，城池甫复，遽事征收。……本年之钱粮既须完纳，历年之积欠又须带征，饷需紧要，不得不严其考成。考成綦严，不得不出于敲扑。至于州、县之勒派，胥吏之诛求，尚不在其中。而民间捐资以应差徭，摊派以办团保，又无论矣。虽官非增赋，私已倍输。数十年来，海内疲弊，户鲜殷实，田多污莱，率以此故（王延熙《皇朝道咸同光奏议》卷五十《户部统筹新疆全局疏》）。

光绪十年（一八八四年）十二月……丙戌……岑毓英奏："臣于十年十一月初二日奉旨，著督饬各军，设法攻克宣光，联络桂军，力图进取。所添粤勇，即著赶紧招募训练。……该督所需月饷，著户部速议具奏。……又于十一月十四日奉上谕，鲍超奏请在川、黔等处，设局转运。……该军到滇后，著岑毓英于张之洞筹借商款所解银两内酌量拨给。……两广督臣张之洞顾持大局，奏请筹借商款百万分济各军，臣深为感佩。惟分给滇军若干，由何路运解，尚未准知会。"（《光绪朝东华录》卷六十七）

十二月……壬午，李鸿章奏："广东借大东英金五十万镑，息九厘，期以十年、分二十次还清。……限七日汇港。"得旨：依议行（《光绪朝东华录》卷六十七）。

光绪十一年（一八八五年）二月……己丑……李鸿章电致总理各国事务衙门："顷接闽抚刘二月初九日来电。……吴鸿源……所部皆水师。……本议广东济饷至今未解，仍由台发饷。王诗正所部三千，又抽土勇二千，饷由台支发五万，军火器械搜发一空。援兵皆徒手渡台，更增台急。"（《光绪朝东华录》卷六十八）

九月……丙辰，户部奏："光绪十年十二月初八日，臣等会议奏准，部库暨各直省，开捐实官常例，以裕饷源。……予限一年，限满即行停止。……计自开例起，截至本年八月底止，各直省共收捐银一百三十余万两，臣部共收捐银八十五万余两，统计共收捐银二百十五万四千余两。……此次捐例，原为海防而设，现在海防既定，且距限满之期不远……拟请饬下各直省督、抚……限满一律停止。其奖册……赶紧造送到部，毋得迟延。”（《光绪朝东华录》卷七十二）

法事平后，各省须还洋债近二千万（《李文忠公朋僚函稿》卷二十《复曾劼刚袭侯》）。

（光绪）二十年（一八九四年）八月，户部奏：“请息借商款，备充饷项事疏云，窃以海防吃紧，需饷浩繁。前经臣部，于北洋大臣李鸿章奏请募勇购船各案内，拨银二百五十万两；嗣又酌拟筹饷条约，可提挪银四百万两，并声明续有所见，应由臣部奏明办理，各在案。伏查近年以来，帑藏偶有不敷，往往息借洋款。……若以息借洋款之法，施诸中国商人，但使诚信允孚，自亦乐于从事。……谨酌拟办法章程六条……恭呈御览。……京城已经创办，各省省会、关埠等处……拟请饬谕各督、抚……照臣衙门办法，议定行息……准于地丁关税内，照数按期归还。”……奉上谕：“……现在倭氛不靖，购船募勇，需饷浩繁，息借商款，京城业经创办，即著各直省督、抚……照户部办法议定行息。……准于地丁关税项下，照数按期归还。……但使本息无亏，当无不踊跃从事也。钦此。”（沈桐生《光绪政要》卷二十）

八月，慈谕：“停办万寿受贺典礼。……本年十月，予六旬庆辰……特允皇帝之请，在颐和园受贺。讵意自六月后，倭人肇衅……不得已兴师致讨。……两国生灵，均罹锋镝。……前因念士卒临阵之苦，特颁内帑三百万两，俾资饱腾。……其颐和园受贺事宜即行停办。”（沈桐生《光绪政要》卷二十）

九月甲戌，李鸿章电致总理各国事务衙门：“营口道善联电，边氛渐紧，拟募陆勇马步三营……月饷约九千金，就地劝商集捐，计可五万……

应用枪炮、火药……所用共约需十万金。查本关洋税……尚有底零计共九十四结，积余二十一万两，可否即就此款先提十万，以为置办军火、添补月饷、一切零星制备之需？下余十一万两，并恳全数皆备不虞。……鸿查营口防务紧要，酌提本关积存税项，为募练防军之用，似属可行。应请旨敕部准拨。”……上谕：“……著准其在该关积存税项内，提银十万两应用。”（《光绪朝东华录》卷一二二）

光绪二十一年（一八九五年）夏四月……乙巳……户部奏：“臣部于上年八月间……爰有息借华款之举，先试办于京师，继复推行于外省。……自开办至今，已经奏咨有案者，广东借银五百万两、江苏借银一百八十一万余两、山西借银一百三十万两、直隶借银一百万两、陕西借银三十八万余两、江西借银二十三万余两、湖北借银十四万两、四川借银十三四万两，合诸京城所借之一百万两，已逾千万之数，洵于军兴用款，不无少补。……虽属公私两便，而行之过久，恐银价日增，有碍商民生计……此事不妨暂停。”……得旨：允行（《光绪朝东华录》卷一二六）。

（丙）糜费

清末额外开支，如光绪十三年河决郑州，所耗工程，达银一千万两；山东河决齐河，亦达五百万两；咸丰帝、同治帝、孝贞后三陵工，各数百万两，此外尚有常年陵工；同治、光绪两帝大婚，各五百万两；撤帘后修缮三海，三百万两；颐和园约八百万两；西后六旬万寿，点景铺张，亦达数百万两；皆糜费也，所耗约达六七千万两。

顷奉二十日手示，以奉拨大婚等用盐厘二十万，无可指拨，属于预厘彭营厘饷项下，月拨二万，俾有著落。俟解清二十万后，仍归淮军充饷（《李文忠公朋僚函稿》卷九《复马谷山制军》）。

今冲圣吉礼将备，宫府内外，竭蹶供支之不遑，何暇计及民生之休戚？遇有兴举，悉下部议，徒令猾吏奸司留难需索，而名实皆亏。纪纲日隳，踵此而行，乱机将兆，岂疏远所能为力？即百湘乡在外，庸有济耶（《李文忠公朋僚函稿》卷十二《复四品卿衔何子莪》）。

光绪十四年正月……己巳……懿旨："……办理大婚之款，四百万两尚不敷用，著户部再行筹拨一百万两。"（《光绪朝东华录》卷八十七）

枢垣无主持大计之人，农部尤甚愦愦，欲朝廷力减不急之务，无敢言者，亦无能行者。如三陵岁需二三百万，与京饷并重，势须设法腾挪（《李文忠公朋僚函稿》卷十五《复沈幼丹制军》）。

海内财力，一耗于西征，再耗于海防及留防兵勇，三耗于陵工、河防意外之需。其势实不足分供边远（《李文忠公朋僚函稿》卷十六《复刘荫渠制军》）。

丙子，张曜奏："山东河工吃紧，请由部库垫发饷银五十二万两。"（《光绪朝东华录》卷八十六）

户部奏："……拨郑州大工六百万两，山东河工二百万两，续拨山东河工八十九万两。"（《光绪朝东华录》卷八十六）

十三年九月……己亥，张曜奏："黄河……挑挖引河，酌挑矶滩，估计工程经费，除成平外，共需银二十九万七千余两。……北岸遥堤经费民埝津贴，除成平外，共需银五十三万一千二百余两。利津下游至灶坝尾堤工九十六里，除成平外，需银六万五千八百余两。南岸……遥堤经费民埝津贴，除成平外，共需银二十六万七百余两。……赵庄口门……经费，除成平外，共需银十二万七千余两。堵筑王家圈等四处口门，估计经费除成平外，共需银六十一万余两。……徒骇河堤工……共需津贴银十六万六千余两。南岸滨州地段……需银三万四千五百余两。……赶造平头圆船五十只……每船约需银二百余两。"（《光绪朝东华录》卷七十八）

十四年七月庚申……谕："……郑工漫口……先后发给工需银九百万两。"（《光绪朝东华录》卷九十）

同治时欲修复圆明园，为恭王所阻，约于军事平定后，再行修复。故光绪十年以后，又重提此议，终以费多，不克举行。而改修三海，约费二百余万，犹以为未足，故修清漪园、改名颐和园，其费无法计算。大约内务府、户部所筹者百余万，各省分筹者二百余万，其余报效者百余万，由海军经费挪用者不知确数，约计共费最少当在六百万至八百万之间。世间传言费至数千万，并言海军经费全部用以修园，实为过甚之辞。

同治十三年（一八七四年）秋七月……己巳，谕："……前降旨谕令总管内务府大臣，将圆明园工程择要兴修，原以备两宫皇太后燕憩，用资颐养而遂孝思。本年开工后，朕曾亲往阅看数次，见工程浩大……见在物力艰难，经费支绌，军务未尽平定。……仰体慈怀，甚不欲以土木之工重劳民力，所有圆明园一切工程，均著即行停止，俟将来边境乂安、库款充裕，再行兴修。因念三海近在宫掖，殿宇完固，量加修理，工作不至过繁。著该管大臣查勘三海地方，酌度情形，将如何修葺之处，奏请办理。将此通谕中外知之。"（《清穆宗实录》卷三六九）

万寿山工程集款，前系函商两江、两广、湖广、四川四督，湖北、江西两抚，较论南省财力，惟此数处，尚可勉筹。诸臣受恩至深，益以钧函之重，必当尽力措置，不敢迁延。以愚见揣度，二百万之数，当可集成，足纾廑念（《李文忠公尺牍》册八《复醇邸》）。

粤中代购颐和园电灯机器全份，业经分批解京，并派知州承霖随往，伺候陈设。此项电灯，系因粤堂鱼雷教习德弁马驷请假回国之便，令其亲往德厂订购，格外精工，是西洋最新之式，前此中国所未有。该洋弁将第三批箱件，由粤自送到津，呈递各项细图，鸿章逐加披视，实属美备异常。……至预备西苑更换电灯、锅炉各件，系信义洋行代办，日内亦可抵津，闻器料尚属精美。一俟到齐，即派妥员解京，以备更换（《李文忠公尺牍》册十八《复庆邸》）。

奉五月二十六日手示，以三海工程急需三十万，拟先由海署存款内如数借拨，俟粤海关续措三十万解到，扣还署款（《李文忠公全集·光绪十二年五月致醇邸函》）。

南海工作，各商按八成正款一百八十八万一千六百两，业经放竣，合有二成节省银四十七万四百两之数，原为备放续估工作及装修并修理陈设船只等项之用。讵一昨通盘核算，约需百万内外，而圈北堂不与焉。……计工程处入款，文铦二万、崇礼十三万、崇厚四万、文锡五万、神机营海署七十五万、户部五万八千零、英绶三万、文麟三万、闽海本年十万、海绪三十一万、增润七十万。……可否指称创建京师水操学堂，或贵处某事，借洋七八十万之谱。……此银一来，全局立定（《李文忠公全集·醇邸来函》）。

分段点景一节……户部前咨王大臣等，会奏分扣廉俸，报效经费，即系分段点景之费。各疆臣尚有届期自行进献礼物之举……此间拟率同阖省提镇司道等……续请报效三万两（《李文忠公尺牍》册二十六《复两江制台刘岘庄》）。

盐商报效一节，山东四万，已见邸钞。两淮闻令出五十万，只认交二十万，大约至多不过三四十万。芦商拟令捐八万。两浙盐商可出若干，想亦不能过多也（《李文忠公尺牍》册二十六《复浙江抚台崧镇青》）。

钦奉懿旨，著照捧日、恒春船式，成造轮船一只、随洋划四只，以备倚虹堂至万寿寺乘用。……当经札饬机器局司道，遵照式样……一切工料，均令力求精坚。……应用外洋物料，亦经电促从速购运。再饬大沽船坞，配造洋划四只，届时一并解京（《李文忠公尺牍》册二十六《复庆邸》）。

各将军、督、抚请赏地段点景……大约系内务府承办……费不足，则各自添筹耳。……即彩绸一项，已须三百余万。宁、苏两织造承办者，数必不少，更大费张罗矣（《李文忠公尺牍》册二十六《复两江制台刘岘庄》）。

庆典各省商捐，长芦十万、两广四万……两淮拟进呈四十万……河东三万（《李文忠公尺牍》册二十六《覆两淮运台江蓉舫》）。

十九年……五月……乙卯……总办万寿庆典王大臣世铎等会同内务府奏："……报效清单：亲王、郡王、贝勒、贝子、公、将军，共银四万三千六百两；宗人府、内阁、各部院寺满、汉文职各官，共银九万四千八百两；侍卫处、銮仪卫、八旗满洲、蒙古、汉军、前锋、护军、圆明园八旗、内务府三旗、健锐营、火器、领绿、步各营、满、汉武职各官，共银六万八千四百两；公、侯、伯、子、男、轻车都尉、骑都尉、云骑尉、恩骑卫、满、汉袭荫各官，共银五万七千一百两，以上共报效银二十八万三千九百两。直隶省共银五万七千两，江宁省共银三万五千八百两，江苏省共银三万五千六百两，安徽省共银三万三千五百两，山东省共银五万六千一百两，山西省共银五万一千五百两，河南省共银五万八千四百两，陕西省共银二万九千三百两，甘肃省共银六万六千五百两，新疆省共银四万六千八百两，福建省共银四万五千两，台湾省共银一万三千四百两，浙江省共银四万三千三百两，江西省共银四万一千二百两，湖北省共银四万三千六百两，湖南省共银四万四千九百两，四川省共银六万一千八百两，广东省共银六万四千五百两，广西省共银三万一千七百两，云南省共银三万二千六百两，贵州省共银三万七千六百两，奉天省共银五千七百两，吉林省共银三千两，黑龙江省共银一千两，热河省共银三千二百两，以上共报效银九十四万三千两，统计京内外各官，共报效银一百二十万六千九百两。"得旨：览（《光绪朝东华录》卷一一四）。

（十一）维新之开始

维新事业，首重兵工，以至汉阳铁厂之设，皆为官办。次始及于矿，为中外合办。交通事业，或中外或官商合办。湖北丝、纱、布三厂，为官办。官办多窘于经费，不能扩张。官商合办者，多所侵蚀，以致亏累。商办多由洋行买办出资，营纱厂赢利三倍。乙未以后，外人得在商埠设厂，谓之机制洋货，只纳子口半税，中国工艺及仿造洋货，受厘金之累，势不能敌，多至破产。而士大夫言维新者多营矿厂，谓之实业，或集股，或借外资，风气渐开。清廷始设农工商部，颁行公司注册法。

（1）兵工

（甲）江南制造局

制造局之设，重在造船、制炮。后与广方言馆合力，译各国书数十百种，聘美国人林乐知主其事，科学输入颇为有功。

丁日昌禀称，上海虹口地方，有洋人机器铁厂一座，能修造大小轮船及开花炮、洋枪各件，实为洋泾浜外国厂中机器之最大者。……索值在十万洋以外，是以未经议妥。兹有海关通事唐国华……因案革究，赎罪情急，与同案已革之扦手张灿、秦吉等，愿共集资四万两，购成此座铁厂，以赎前愆。厂内一切机器俱精，所有匠目照旧，发价任凭迁移调度。其余厂中必需之物，如铜、铁、木料等件，另值银二万两，由该关道筹借款项，给发采买，以资兴造。先行请示前来，当查唐国华一案，既情有可原，报效军需赎罪，亦有成案可援。此项外国铁厂机器，觅购甚难，机会尤不可失。批饬速行定议，禀候分别具奏，并饬该厂，一经收买，即改为江南制造总局。……其丁日昌及韩殿甲旧有两局，即归并总局。一切事宜，责成该关道丁日昌督察筹画，会同总兵韩殿甲，暨素习算造之分发补用同知冯焌光、候选知县王德均、熟谙洋军火之候选直隶州知州沈保靖，一同到局总理。所有出入用款，收发器具，稽查工匠，分派委员数人，各司其事。……旋据丁日昌等查造该厂机器物料件数清册，拟具开办章程，约有数端：一、核计局用房租、薪水及中外匠工等有定之款，月需银四千五六百两，其添购物料多寡不能预定，大约每月总在一万两以外；一、查原厂所用之洋匠，计留八人。其匠目科而一名，技艺甚属精到，所有轮船、枪炮机器，俱能如法制造。现拟于华匠中留心物色，督令操习，如有技艺与洋人等者，即给以洋人工食。再能精通，则拔为匠目，以示鼓励；一、现造洋枪器具，尚未全备，已令匠目赶制全副，约大小四十余件，数月可以成功。如式仿制，即省功力。惟巳制洋枪，则必需铜帽；既得铜帽，又必需洋药，皆系相因而至之物，不容偏废。但闻制药机器工料，尤为繁重，容再设法购求，俾可推行尽利；一、查铁厂向以修造大小轮船为长技。……目前尚未轻议兴办。如有余力，试造一二，以考验工匠之技艺。其铸钱、织布、挖河、犁田诸器，虽可仿制，但其法式……尚须考究……；一、前奉议饬以天津拱卫京畿，宜就厂中机器，仿造一分，以备运津，俾京营员弁，就近学习，以固根本。现拟督饬匠目，随时仿制，一面由外购求添补……；一、查本厂现在虹口，每年房租价银六七千两，实为过费。兼之洋泾浜习俗繁华，游艺者易于失态。厂中工匠繁多，时有与洋人口角生事，均不相宜，应请择地移局。其他所议，如机器宜择人指授，工匠不令随意去留，费用宜实报实销，赏罚宜明定章程，以上各条，均属切实。臣查此项铁厂所有，系制器之器，无论何种机器，逐渐依法仿制……事事可通。目前未能兼及，仍以铸造枪炮，藉充军用为主。月需经费，容臣随时于军需项下通融筹拨。……曾国藩采办西洋机器，俟到沪后，应归臣处措置（《李文忠公全书·奏稿》卷九《置办外国铁厂机器折》）。

窃中国试造轮船之议，臣于咸丰十一年（一八六一年）七月覆奏购买船炮折内即有此说。同治元、二年间，驻扎安庆，设局试造洋器，全用汉人，未雇洋匠，虽造成一小轮船，而行驶迟钝，不甚得法。二年（一八六三年）冬间，派令候补同知容闳，出洋购买机器。……湖广督臣李鸿章，自初任苏抚，即留心外洋军械。维时丁日昌在上海道任内。……四年（一八六五年）五月，在沪购买机器一座，派委知府冯焌光、沈保靖等开设铁厂。适容闳所购之器，亦于是时运到，归并一局……专造枪炮。……至六年（一八六七年）四月，臣奏请拨留洋税二成，以一成为专造轮船之用。……查制造轮船，以汽炉、机器、船壳三项为大宗。……此次创办之始，考究图说，自出机杼。本年……七月初旬，第一号工竣，臣命名曰恬吉轮船。……其汽炉、船壳两项，均系厂中自造，机器则购买旧者，修整参用。船身长十八丈五尺、阔二丈七尺二寸。先在吴淞口外试行。……于八月十三日，驶至金陵。臣亲自登舟试行至采石矶，每一时上水行七十余里，下水行一百二十余里，尚属坚致灵便，可以涉历重洋。原议拟造四号，今第一号系属明轮，此后即续造暗轮，将来渐推渐精，即二十余丈之大舰，可伸可缩之烟筒，可高可低之轮轴，或亦可苦思而得之。……溯自上海初立铁厂，迄今已逾三年。……修船之器居多，造炮之器甚少。各委员详考图说……就厂中洋器，以母生子……造成大小机器三十余座，即用此器以铸炮。……先铸实心，再用机器车刮旋挖……制造开花、田鸡等炮，配备炮车、炸弹、药引、火心等物，皆与外洋所造者足相匹敌。至洋枪一项，需用机器尤多，如碾卷枪筒、车刮外光、钻挖内膛、旋造斜棱等事，各有精器，巧式百出，枪成之后，亦与购自外洋者无异。此四五年间先造枪炮，兼造制器之器之情形也。该局向在上海虹口。……六年（一八六七年）夏间，乃于上海城兴建新厂。…………其已成者，曰汽炉厂，曰机器厂，曰熟铁厂，曰洋枪厂，曰木工厂，曰铸铜铁厂，曰火箭厂，曰库房、栈房、煤房、文案房、工务厅，暨中外工匠住居室。……其未成者，尚须速开船坞，以整破舟，酌建瓦棚以储木料。另立学馆以习翻译。……

先后订请英国伟烈亚力、美国傅兰雅、玛高温三名，专择有裨制造之书，详细翻出，现已译成《汽机发轫》《汽机问答》《运规约指》《泰西采煤图说》四种。拟俟学馆建成，即选聪颖子弟，随同学习，妥立课程，先从图说入手，切实研究，庶几物理融贯，不必假手洋人，亦可引伸（《曾文正公全集·奏稿》卷二十七《新造轮船折》）。

（乙）福州船厂

船厂之设，左宗棠倡之，沈葆桢成之。终以费绌，不能扩张，购外国船费，反减于自造者，船厂遂同虚设。

我国家建都于燕，津、沽实为要镇。自海上用兵以来，泰西各国火轮兵船，直达天津，藩篱竟成虚设。……目前江浙海运，即有无船之虑，而漕政益难措手，是非设局急造轮船不为功。……如虑船厂择地之难，则福建海口罗星塔一带，开槽浚渠，水清土实，为粤、浙、江苏所无。……如虑机器购觅之难，则先购机器一具，巨细毕备，觅雇西洋师匠，与之俱来，以机器制造机器。……机器既备，成一船轮机，即成一船；成一船，即练一船之兵。比及五年，成船稍多，可以布置沿海各省，遥卫津、沽。……如虑筹集巨款之难，就闽论，海关结款既完，则此款应可划项支应。不足，则提取厘税益之。又臣曾函商浙江抚臣马新贻、新授广东抚臣蒋益沣，均以此为必不容缓，愿凑集巨款以观其成。计造船厂、购机器、募师匠，须费三十余万两；开工集料、支给中外匠作薪水，每月约需五六万两。以一年计之，需费六十余万两。创始两年，成船少而费极多，迨三、四、五年，则工以熟而速，成船多而费亦渐减，通计五年所费，不过三百余万两。……轮船成则漕政兴，军政举，商民之困纾，海关之税旺，一时之费，数世之利也。……计闽、浙、粤东三省，通力合作……尚非力所难能。……近时洋枪、开花炮等器之制，中国仿洋式制造，亦皆能之。炮可仿制，船独不可仿制乎？……前在杭州时，曾觅匠仿造小轮船，形模粗具，试之西湖，驶行不远。以示洋将德克碑、税务司日意格，据云大致不差，惟轮机须从西洋购觅，乃臻捷便。……嗣德克碑归国，绘具图式、船厂图册，并将购觅轮机、招延洋匠各事宜，逐款开载，寄由日意格转送漳州行营。德克碑旋来漳州接见，臣时方赴粤东督剿，未暇定议。……先将拟造轮船缘由，据实驰陈（《左恪靖伯奏稿》卷三十二《拟购机器雇洋匠试造轮船先陈大概折》）。

窃维试造轮船兼习驾驶一事……奉谕旨允行。比即缄知原议之洋员日意格，令转告德克碑，速来定议。……日意格于七月初十日来闽，臣与详商一切事宜，同赴罗星塔，择定马尾山下地址，宽大一百三十丈、长一百一十丈，土实水清，深可十二丈，湖上倍之，堪设船槽、铁厂、船厂及安置中外工匠之所。议程期、议经费、议制造、议驾驶、议设厂、议设局，冀由粗而精，由暂而久，尽轮船之长，并通制器之利。日意格立约画押后……返沪见法国总领事白来尼画押担保。八月二十七日，德克碑自安南来闽，臣出示条约，无异词，惟虑马尾山下土色或系积淤沙所致。……臣比令开掘取验，泥多沙少，色青质腻……德克碑乃信其真可用也。……九月初六日，奉到恩命，调督陕甘。……臣维轮船之事……须择接办之人。……再四思维，惟丁忧在籍前江西抚臣沈葆桢……虑事详审精密。……可否……特命总理船政（《左恪靖伯奏稿》卷三十四《请派重臣接管轮船局务折》）。

本月二十三日，道员胡光墉偕日意格、德克碑来闽。……所有铁厂、船槽、船厂、学堂及中外公廨、工匠住屋、筑基、砌岸一切工程，经日意格等觅中外殷商包办，由臣核定，计共需银二十四万余两。船槽尤为通局最要之件，应用法国新法购办铁板……嵌造成槽。此外一切局中应用什物，由护抚臣周开锡委员估置。日意格、德克碑俟厂工估定，即回法国购买机器、轮机、钢铁等件，并购大铁船槽一具，募雇员匠来闽。一面开设学堂，延致熟习中外语言文字洋师，教习英、法两国语言文字、算法、画法，名曰求是堂艺局。挑选本地资性通敏颖悟、通文字义子弟，入局肄习。并采办铜铁、木料，一俟船厂造成，即先修造船身，庶来年机器、轮机运到时，可先就现轮机配成大小轮船各一只。此后机器、轮机，可令中国匠作学造。约计五年限内，可得大轮船十一只、小轮船五只。大轮船一百五十匹马力，可装载百万斤；小轮船八十匹马力，可装载三四十万斤，均照外洋兵船式样，总计所费不逾三百万两。……应将关税每月协拨兵饷五万两，划提四万两归需局库，另款存储，以便随时随付。而前后牵计，仍不得逾每月四万之数。……兹局之设，所重在学造西洋机器以成轮船，俾中国得转相授受，为永远之利也，非如雇买轮船之徒取济一时可比。……合将日意格、德克碑合紧，保约、条议清折、合同规约照钞，咨呈军机处、总理各国事务衙门存案外，谨胪举船政事宜十条……恭呈御览：一、洋员应分正副督监也。……令德克碑推日意格为正监督，德克碑为之副。……一切事务，均责成该两员承办；一、宜优待艺局生徒，以拔人材也。……拟请凡学成船主及能按图监造者，准授水师官职。如系文职文生入局学习者，仍准保举文职官阶，用之水营，以昭奖劝……；一、限期程期应分别酌定也。……五年之限，应以铁厂开厂之日为始。……自法国购运来闽，约须十个月、十一个月不等……；一、定轮机马力并搭造小轮船也。大轮船轮机马力以一百五十匹为准，除拟买现成轮机两副外，其余九副皆开厂自造。……另购八十匹马力轮机五副。……乘船厂闲工，加造小轮船五只；一、饬洋员与洋匠要约也。……已饬日意格等拟定合同规约，由法国总领事钤印画押，令洋师匠一律遵守；一、宜预定奖格以示鼓舞也。……现已与日意格等议定，五年限满，教习中国员匠能自按图监造，并能自行驾驶，加奖日意格、德克碑银各二万四千两，加奖各师匠等共银六万两……；一、购运机器等件来闽须筹小费也。各项器具物料……包扎、保险银两，已一并议给；一、凡需用纹银之项，应准开销银水也。闽省通行银色，向较江、浙、广东为低。……船局支发各款，除在闽境采办物料无庸补水外，其采买洋料等用款，应准将补水银两作正开销；一、宜讲求采铁之法也。轮机水缸需铁甚多，据日意格云，中国所产之铁，与外国同，但……镕炼不得法，故不合用。现拟于所雇师匠中，择一兼明采铁之人，就煤、铁兼产之处，开炉提炼，庶几省费适用……；一、轮船中必需之物宜筹备也。轮船中应用星宿盘、量天尺、风雨镜、寒暑镜、罗盘、水气表、千里镜、玻璃管，以及垫轮机之软皮，即音陈勒索等件，现饬日意格等回国，探问制造器具价值，如所费不过数千金，即……筹购一分，并约募工匠一人同来，一并教造（《左恪靖伯奏稿》卷三十八《详议创设船政章程购器募匠教习折》）。

本年（同治八年）正月起，广召艌钻各匠，黏灰穿孔，塞罅沤钉，铁匠打镶铁梁、铁胁、铁条等件。……四月之杪，日意格禀称，船上大小工程，一切告竣，请期下水。臣饬监工员绅覆验无异，因诹五月初一日乘午潮涨满，纵船入江。……七月间，可径出大洋，驶赴津门，请旨简大臣勘验，此第一号下水之情形也。第二号之船，自开工以来，匠作等驾轻就熟，工程较速。……再有两三月，亦可下水。第三号，船台底桩，俱如法钉齐，全架一成，便可兴造。……第一号船拟名曰万年清，第二号拟名曰湄云，暂资号召。应俟抵津勘验，再恳恩旨，宠锡嘉名（《沈文肃公政书》卷四《第一号轮船下水并续办各情形折》）。

（丙）各省机器局

机器局之设，本为修理枪械及造弹药，然当时兼以为款待外宾之所。清季机器局扩大者有汉阳兵工厂、成都兵工厂、白药厂，规模甚弘，能造枪炮、机关枪矣。

各省机器局简表

名称	创立时期	创始人	经理人	经费来源
安庆军械所	同治二年（一八六三）	曾国藩	不详	不详
江南制造局	同治四年（一八六五）	李鸿章	丁日昌	军费项下筹拨，江海关洋税
金陵机器局	同治四年（一八六五）	李鸿章	马格里（英）	不详
天津机器局	同治六年（一八六七）	崇厚、李鸿章	不详	海关洋税
兰州机器局	同治末	左宗棠	赖长	不详
山东机器局	光绪元年（一八七五）	丁宝桢		地方专办
四川机器局	光绪三年（一八七七）	丁宝桢		四川土货厘金、四川茶引加票
吉林机器局	光绪七年（一八八一）	吴大澂		不详
广东制造局	约光绪十一年（一八八五）	张之洞		绅商捐款
广东枪弹厂	光绪十二年（一八八六）	张之洞		不详
湖北枪炮厂	光绪十七年（一八九一）	张之洞		绅商捐款、湖北土药税、川盐加抽
附注	本表据《曾文正公全集》《李文忠公全书》《左文襄公全集》《张文襄公四稿》《丁文诚公奏议》《清季外交史料》《光绪朝东华录》而作。			

（2）交通

（甲）招商局

初，怡和、太古两公司垄断中国沿海及长江航利，中国乃买美国旗昌公司轮船十八只，改为招商局，与两公司对抗，称为三公司。然船多窳败，买价终未能付清，船务不振。甲申中法之战，再悬美旗，以避法船邀击，舆论大哗，诋马建忠为汉奸，兼及李鸿章。后为盛宣怀独擅其利，以局资营商，利巨万，而局独亏累，不添一船，直至清亡。以后，驾驶者犹为外人。

遵照总理衙门函示，商令浙局总办海运委员、候补知府朱其昂等，酌拟《轮船招商章程》。嗣又据称，现在官造轮船内，并无商船可领。该员等籍隶松沪，稔知各省在沪殷商，或置轮船，或挟资本，向各口装载贸易，向俱依附洋商名下。……拟请先行试办招商，为官商浃洽地步，俟机器局商船造成，即可随时添入，推广通行。又江、浙沙宁船只日少，海运米石日增，本届因沙船不敷，诸形棘手，应请以商局轮船分装海运米石，以补沙宁船之不足。将来虽米数愈增，亦可无缺船之患等情。臣饬据津海关道陈钦、天津道丁寿昌等复核，皆以该府朱其昂所议为然。请……准该商等借领二十万串，以作设局商本，而示信于众商。……所有盈亏，全归商认，与官无涉。朱其昂承办海运已十余年，于商情极为熟悉。……当即饬派回沪设局招商。……各帮商人纷纷入股，现已购集坚捷轮船三只，所有津、沪应需机房、码头，及保险股分事宜、海运米数等项，均办有头绪。并……饬拨明年海运漕米二十万石，由招商轮船运津，其水脚耗米等项，悉照沙宁船定章办理。至揽载货物报关纳税，仍照新关章程办理，以免借口。昨据浙江粮道如山详称，该省新漕米数较增，正患沙船不敷拨用，请令朱其昂等招商轮船分运浙漕，较为便捷。又准署两江督臣张树声函复，以海运难在雇船，今有招商轮船以济沙卫之乏，不但无碍漕行，实于海运大有裨益。……若从此中国轮船畅行，闽、沪各厂造成商船，亦得随时租领，庶使我内江外海之利，不致为洋人占尽。其关系于国计民生者，实非浅鲜（《李文忠公全书·奏稿》卷二十《试办招商轮船折》）。

九月十八日，奉上谕，御史董儁翰奏……称，该局每月亏银五六万两，因置船过多，载货之资不敷经费；用人太滥，耗费日增等语……适该局商总道员朱其昂、唐廷枢等在津。……臣鸿章面加考究，仍分饬津海关道黎兆棠、署江海关道刘瑞芬，密为查访，妥筹整顿之策。兹据该道等分晰查明，拟议章程前来，臣等覆加察核。如原奏置船过多一节，查招商局开办五年，已自置轮船十二号，迨收买旗昌洋行，又添大小轮船十八号。旗昌船向走长江为多。……乃英商太古将装货吨银大减，一意倾跌，局船揽载价亦随减，不敷船用，以致间有停搁。……拟令该局逐加挑剔，将旗昌轮船年久朽敝者，或拆料存储，以备配修他船；或量为变价，归还局本，藉省停船看守之费。……其现行各船，内有附局带管者，岁收码头费无几，徒分局船揽载之货，除永宁、洞庭二船，已据报由局收买，归入商股外，其余三船，应全行辞去。……用人太滥一节，查……现在各口岸，总分各局共二十七处，需人必多，在事皆各有职守，并无隔省官员挂名应差、支领薪水之事。又原奏该局每月须赔五六万两等语，查该局先后置买船栈等项，计价银四百二十余万两，其中实本，仅分领各省官帑一百九十万有奇、商股七十三万零……尚短一百六十万两，系以浮存挪借抵用，计息不赀，遂至左支右绌。……加以太古洋行跌价倾轧，入不敷出。然每年结算官利，尚敷衍匀结。其暗中亏耗者，只有轮船置价一项，未曾按年折除，并不得谓每月亏赔也。又原奏各项费用，严禁滥支随时驳饬等语，查该局进项，以揽载水脚为大宗，另有运漕耗米及带货二成免税，办米盈余，应令此后能将耗米照章收足，带货免税，按照税则核计，除贴还货主外，尚余几成，均归入局中，专款列收，不得并入水脚开销。其采办漕米，无论盈亏，悉归公局。……至出款约有三端：一为船用。凡在船人役辛工等项，每船月定额数，修理工料，行船用物，须有限制，均在所收水脚内开支；一为局用。总分各局司事人等辛资杂费，须分别定额，均在所提每两五分公费内开支。傥有不敷，不准于公账拨补，仍将收支各数，按年详细开报；一为栈房船厂之用。应在栈租内开支，不敷再由局费提补。外如购买船煤，置备物业，皆应撙节。揽载客货水脚，向章每百两给回用银五两，不准滥加，务归一律。即借用钱庄银，亦不可多糜重息。……其账目，除局员商总随时互相查核外，并饬江海、津海两关道，于每年结账时，就近分赴沪、津各局认真清查。如有隐冒，据实禀请参赔，以昭核实而免浮议。……惟念招商局之设，原以分洋商利权，于国家元气，中外大局，实相维系，赖商为承办，尤赖官为维持。英商力与倾挤，商股遂多观望，诚恐亏耗既巨，难以久支，贻笑外人，且堕其把持专利之计。臣等再四筹维，只得就现有之款，为变通之策。……拟请自光绪三年起，将直隶、江苏、浙江、江西、湖北、东海关等，历年拨存该局官帑银一百九十万八千两，均予缓息三年，俟光绪六年起，缓利拔本，匀分五期，每年缴还一期，以纾商力，每期计应缴官本银三十八万一千六百两……商股按年给息一分。今官利既缓，嗣后拟将每年应付一分息银，以一半给各商收领，一半存局，作为续招股本……俟八年后，局本补足，息即全给。……随时招添新股，一律办理。……其有盈余银两……作为公股，照章一分起息。其息全留作本，俟八年期满……除酌提换购新船外，再分派众商均沾。……所有保险局存本，及新收局船保险银两，应并归招商局统算，无须作为浮存照市付息，亦无庸另提九五局用，别立一局，以免盈绌悬殊（《李文忠公全书·奏稿》卷三十《整顿招商局事宜折》）。

（乙）电报

大东、大北公司在上海经营电报事业，中国乃不得不自营此事。初为官商合办，继乃收归商股，改为官办，派督办司其事，技师犹沿用丹麦人不改。自电报兴而驿递减，军机处字寄改为电旨，督、抚奏事称为电奏，吴大澂以发长电致受申斥，知其时尚爱惜电费，不得作冗语也。

用兵之道，必以神速为贵。是以泰西各国……莫不设立电报，瞬息之间，可以互相问答。独中国文书，尚恃驿递，虽日行六百里加紧，亦已迟速悬殊。……同治十三年（一八七四年），日本窥犯台湾，沈葆桢等屡言其利，奉旨饬办，而因循迄无成就。臣上年曾于大沽北塘海口炮台试设电报，以达天津，号令各营，顷刻响应。从前传递电信，犹用洋字，必待翻译而知，今已改用华文，较前更便。如传秘密要事，另立暗号，即经理电线者，亦不能知，断无漏泄之虑。……如由天津陆路，循运河以至江北，越长江由镇江达上海，安置旱线，即与外国通中国之电线相接，需费不过十数万两，一半年可以告成。约计正线、支线横亘须三千余里，沿路分设局栈，常年用费颇繁，拟由臣先于军饷内酌筹垫办。俟办成后，仿照《轮船招商章程》，择公正商董，招股集资，俾令分年缴还本银。嗣后即由官督商办，听其自取信资，以充经费。并由臣设立电报学堂，雇用洋人，教习中国学生，自行经理（《李文忠公全书·奏稿》卷三十八《请设南北洋电报片》）。

光绪六年（一八八〇年）八月十四日，奉上谕……遵即遴派妥员，于六年九月，在天津设立电报学堂。一面由丹国招雇洋人来华，教习电学打报工作等事，购备各项机器料物，采办木植，察看由津至沪设线地道，沿途应立巡电汛房，分投料理。于天津设立电报总局，并于紫竹林、大沽口、济宁、清江、镇江、苏州、上海七处，各设分局。自七年（一八八一年）三月开办起，至是年（八年）十月工竣止，安设电线经费，共用湘平银十七万八千七百两有奇。此项应照原奏招集商股认缴，当饬道员盛宣怀等，督同众商筹议。据禀称，初创电线，绵亘三省，地段甚长，非官为保护不可。电报原为军务缓急备用，自北至南，所经之地，绝少商贾码头，其丝茶荟萃之区，尚无枝线可通，线短报稀，取资有限，非官为津贴不可。遵即试招商股，自八年（一八八二年）三月初一日起，改归官督商办。除由商于八年三月、六月按期缴还官本银六万两外，后分年续缴银二万两，按年交五千两，免其计息。其余不敷银两，以军机处、总理衙门、各省督抚、出使各国大臣，如寄洋务军务电报，于信纸上盖印验明转发，是谓头等官报，应收信资，另册存记，陆续划抵，按年核明汇报。俟此项抵缴完毕，别无应还官款，则前项官报，亦不领资，以尽商人报效之忱。其各局常年经费，即以所收寻常官商信资抵支，无论不敷多少，不得再请津贴。其由津至沪，沿途各汛，弁兵马乾口粮、修理汛房，每年约支湘平银一万一千两，自八年三月起，仍请由淮军协饷内开支。俟五年后，电报局傥能立脚，此项亦归电局自行筹给。至各局雇用洋匠，为教习学生造就人才起见，此项第一年薪水川资，由官给发。期满后，或撤或留，由电局酌定，应给薪水、回国川资，均归商本支发。……又据道员朱格仁禀称，电报学堂现存学生三十二名，以后陆续派出，不再招添新生。裁减教习，则经费渐可节省（《李文忠公全书·奏稿》卷四十四《创办电线报销折》）。

（光绪八年）十月间，英、法、美、德各使，请在上海设立万国电报公司，拟添由沪至香港各口海线。英国署使臣格维讷，并援同治九年（一八七〇年）总理衙门已允成案，请由英商添设自上海至宁波、温州、福州、厦门、汕头各口海线，其势几难禁遏。臣与总理衙门往返函商，惟有劝集华商，先行接办由沪至粤沿海各口陆线，以杜外人觊觎之渐，而保中国自主之权。……因饬津沪电报局委员盛宣怀等，传集众商，妥晰会议。顷据盛宣怀会同商董候选道郑官应、候选主事经元善、国子监学正衔谢家福、副将王荣和等，联衔驰禀，拟请自苏州、浙江、福建通商各海口，以达广东，与现在粤省所办陆线相接，计将六千里，照津沪陆线成本工费核算，约需银四十余万两，沿途分设局栈，常年用费，亦倍于津、沪。现有（丹国）大北公司海线，直达香港，或将来英商再添水线，势必互相跌价倾挤，筹办实属不易。惟欲收我中国自有之权利，必当竭力筹维，劝集巨资，次第开办，以尽报效之忱。公议章程十条，呈请察核，并请援案奏明，请旨敕下苏、浙、闽、粤各督、抚，转行经过地方官，一体照料保护等情前来。臣查核所议章程，尚属周妥，谨钞恭呈御览。当此外人窥伺之际，必须激厉华商，群策群力，共图抵制。……署两广督臣曾国荃等，现因英商议设水线至省，饬粤商兴造陆线，以拒敌谋，业有成效。……章程十条：……一、道里宜先约计也。查自江苏省苏州府，经浙江之湖州、嘉兴、杭州、绍兴、宁波、台州、温州等府，福建之福宁、福州、兴化、泉州、漳州等府，广东之潮州、惠州二府，以达广东省城广州府，约共五千六百五十里……；一、经费宜先酌定也。查津、沪电线三千里，计动支经费十八万两。现计自苏至粤，道里加倍，约须费四十万两，应设分局、分线。……现拟并连津、沪电线，通集华商股本英洋八十万元，即以一百元为一股，由局刊发股票给执。惟招股必宜先尽旧商……；一、巡费宜请津贴也。津、沪巡线经费，每年一万余两，系奉批准五年之内，由军饷开支。现在浙、闽、粤三省巡费，每年约须湘平银二万两，应请奏准由官津贴……；一、学生宜请添习也。……拟请现有学生，赶紧教习外，再招谙习英文学生四五十名，一体教习，约于本年年底，即可拨局派用。至测量学生，前于出洋学生二十名内，挑出八名，交洋总管教习有效，应请再选八名发局教习，以备各分局总管报房之选；一、查路宜选能员也。津、沪设线，系分南北两路，派员会同各省文武地方官，按电线所经之地，计里分段，先将巡兵逐段派定，并晓谕民人，一体知晓。……此次仍应禀请选派能员，分赴各省，会同地方官查照办理；一、监工宜派大员也。查津、沪设线，南北两路，均有大员一人监工。此次仍应禀请选派大员，督率洋匠人等，分投办理……；一、开工宜资熟手也。前南路工程，所调铭军二百名，勤捷过于民夫。此次开工，拟请仍调从前铭军熟手二百名赴工，由局酌发赏项……；一、巡守宜立劝惩也。查津、沪电线，沿途设立巡电房，责成禄营汛兵看守。……此次设线，自应援案咨请督饬巡护，遇有贻误损坏，由局随时禀请核办；一、官报宜仍登记也。军机处、总理衙门、各督抚、将军、出使各国大臣来往洋务、军务电报，仍照章列作头等信资，另册存记，按年汇报，以抵官贴巡费。俟扣毕别无应还官项，则前项官报，毋庸给资，以尽报效之忱。其代转洋商公司电报，仍给信资转发……；一、材料宜请免税也。电杆应用木料甚多，须各就近处采办，应请援案免纳税厘。至于电线、电器进口，各拟准随时咨请关道，给发免单（《李文忠公全书·奏稿》卷四十五《商局接办电线折》）。

（丙）铁路

光绪二年，买外人所建淞沪铁路而毁之。后三年，即建胥各庄之路。六年，刘铭传首倡内地宜建干路。甲申后，李鸿章以银行、铁路并设为言，舆论非之。银行驳于部议，而铁路得醇王赞许，以其事隶于海军衙门。张之洞独主修京汉铁路，以利土货输出。自后铁路之修，多借外资。独詹天佑以自力修京张路，外人为之动色相骇。

本年（光绪二年）三月间，接准总理衙门函钞上海洋商擅筑铁路奏稿，并奉谕旨一道，属为妥商归宿之法。其时适英国汉文正使梅辉立过津晤谈……旋因所议未就北旋。现据上海道冯焌光叠禀，火车开行后，六月间有压毙人命之事，经该道会商英领事，饬令停止行驶。……连日威妥玛、梅辉立屡向臣处饶舌……以铁路系各国通行善举，洋商自在通商口岸，租地置造，希冀中国仿行，非中国所宜阻止，即英国亦断不令其中止。而沈葆桢暨冯焌光来函，又皆欲止其事，彼此相持不下。……臣拟派随同来烟之道员朱其诏、盛宣怀驰往上海，与该关道详酌机宜（《李文忠公全书·奏稿》卷二十七《妥筹上海铁路片》）。

本年春间，上海英商于租地内擅筑铁路。……臣鸿章在烟台时……派道员盛宣怀、朱其诏驰晤江海关冯焌光。……适威妥玛所派之汉文正使梅辉立，于八月十八日亦到上海。……往复筹商，始于九月初八日，议明买断，行止悉听中国自便，洋商不得过问。惟一年限内，价未付清，暂由洋商办理，只准搭客往来，不得违章装货，亦不得添购地段，推广铁路。订立条款，由臣葆桢核定，照缮两分，梅辉立与冯焌光等均各画押。……所有条款内应办事宜，系先议一年限内，暂行火车保护章程，经（领事）麦华陀画押，由上海道出示晓谕。一面会查铁路价值……统计买此铁路，共需规平银二十八万五千两。复立议据，定于一年限内，分三期付清。……应付价银，在江海关洋税项下作正开支，分期交英领事转给。俟光绪三年（一八七七年）九月十五日一年届满，价银付清，即将地亩、车器各件，照单由中国收管，行止悉由中国自主，永与洋商无涉（《沈文肃公政书》卷六）。

光绪六年（一八八〇年）十一月丙寅（初二），刘铭传奏："……自强之道，练兵造器，固宜次第举行。然其机括，则在于急造铁路。……今欲乘时立办，莫如议借洋债。盖借洋债以济国用，断断不可。若以之开利源，则款归有著，洋商乐于称贷，国家有所取偿，息可从轻，期可从缓，且彼国惯修铁路之匠，亦自愿效能于天朝。……查中国要道，南路宜开二条，一条由清江，经山东；一条由汉口，经河南，俱达京师。北路宜由京师东通盛京，西通甘肃。惟工费浩繁，急切未能并举。请先修清江至京一路，与本年议修之电线相表里。"（《光绪朝东华录》卷三十八）

十一月初二日，奉上谕，刘铭传奏筹造铁路一折……著李鸿章、刘坤一……妥议具奏。……外洋造路，有坚窳久暂之不同，其价亦相去悬殊，每里需银自数千两至数万两不等。清江浦至京，最为冲要之衢，造路须坚实耐久，所需经费……自必不赀。现值帑项支绌之时，此宗巨费……刘铭传所拟暂借洋债，亦系不得已之办法。……顾借债以兴大利，与借债以济军饷不同。盖铁路既开，则本息有所取偿，而国家所获之利又在久远也。惟是借债之法，有不可不慎者三端，恐洋人之把持，而铁路不能自主也。宜与明立禁约，不得干预吾事。……又恐洋人之诡谋，而铁路为所占据也。宜仿招商局之例，不准洋人附股。……又恐因铁路之债，或妨中国财用也。……宜议明借款与各海关无涉，但由国家指定，日后所收铁路之利，陆续分还（《李文忠公全书·奏稿》卷三十九《妥议铁路事宜折》）。

光绪十三年（一八八七年）二月庚辰（二十二日），总理海军事务衙门奏："铁路之议，历有年所，毁誉纷纭，莫衷一是。臣奕谖向亦习闻陈言，尝持偏论。自经前岁战事，复亲历北洋海口，始悉局外空谈，与局中实济，判然两途。……曾纪泽出使八年，亲见西洋各国轮车铁路，于调兵、运饷、利商、便民诸大端，为益甚多。……据天津司道营员联衔禀称……近畿海岸，自大沽北塘迤北，五百余里之间，防营太少，究嫌空虚。……今开平矿务局，于光绪七年创造铁路二十里，后因兵船运煤不便，复接造铁路六十里，南抵蓟河边阎庄为止，此即北塘至山海关中段之路，运兵必经之地。若将此铁路南接至大沽北岸，北接至山海关，则提督周盛波所部盛军万人，在此数十里间，驰骋援应，不啻数万人之用。若虑工程浩大，集资不易，请将阎庄至大沽北岸八十余里铁路，先行接造。再将由大沽至天津百余里之铁路，逐渐兴办。若能集款百余万两，自可分起告成。津沽铁路办妥，再将开平迤北至山海关之路，接续筹办。……且北洋兵船用煤，全恃开平矿产，尤为水师命脉所系。开平铁路，若接至大沽北岸，则出矿之煤，半日可上兵船。若将铁路由大沽接至天津，商人运货最便，可收取洋商运货之资，藉充养铁路之费。如蒙奏准，拟归开平铁路公司一手经理，以期价廉工省，并请派公正大员主持其事。……所请由阎庄接修铁路至大沽北岸八十余里，均在大沽、北塘之后，距海岸尚数十里，实无危险之虑。……即战阵偶不得力，只须收回轮车，拆断铁路，埋伏火器，自不虞其冲突。"……得旨：允行（《光绪朝东华录》卷八十一）。

光绪十四年十二月二十日……懿旨："余联沅、屠仁守、洪良品等，奏请停办铁路折三件，徐会沣等折内，请停铁路一条。……翁同龢等、奎顺等、游百川、文治奏请停办铁路折四件、片一件，著……妥议具奏。钦此。”……夫津通之路，非为富国，亦非利商，外助海路之需，内备征兵入卫之用。……详阅各原奏，所虑各节，综而约之，大抵皆臣等创议之始，筹商问难所及者。……议建铁路，忽然中止，显然之害，亦有二端：主见不定，朝令夕更，外洋讥诮，固无足论。海上铁路，失此资助，恐难久存。遇事分防抵御，岸长兵少，设有疏失，咎将谁归？且已成之功，无端废弃，虚掷款项，失信商民。继此再兴他事，难于招徕。害一；津沽铁路，前因力催赶办，曾借洋债百余万两。罢津通之路，则商情畏阻，断难再招商股，以清洋债，而是非办理不善，亦尤可著落赔偿，势须户部动拨正款。以有用之财，掷无用之地，较昔年江苏以重金购吴淞铁路，毁而弃之，任其锈蚀者，尤为失算。害二。……查防务以沿江、沿海最为吃紧。……可否将臣等此奏，并廷臣各原奏，发交各该将军、督、抚，按切时势，各抒所见，再行详议以闻，届时仰禀圣慈，折衷定议。……懿旨：“……著定安、曾国荃、卞宝第、裕禄、张之洞、崧骏、陈彝、德馨、刘铭传、奎斌、王文韶、黄彭年，按切时势，各抒所见，迅速覆奏，用备采择。”（《光绪朝东华录》卷九十三）

光绪十五年（一八八九年）四月癸未（初八），张之洞奏：“……臣之愚见，窃以为今日铁路之用，尤以开通土货为急。……近数年来，洋药、洋货进口价值，每岁多于土货出口价值者约二千万两，若再听其耗漏，以后断不可支。现在洋药、洋货之来源无可杜遏，惟有设法多出土货、多销土货以救之。……腹地奥区，工艰运贵，其生不蕃，其流不广……非用机器化学，不能变粗贱为精良。……苟有铁路，则机器可入。……本轻费省，土货旺销。……于是山乡边郡之产，悉可致诸江岸海壖，而流行于九州四瀛之外。……内开未尽之地宝，外收已亏之利权，是铁路之利首在利民。……利国之大端，则征兵转饷是矣。……夫守国即所以卫民，故利国之与利民，实相表里。似宜先择四达之衢，首建干路，以为经营全局之计，以立循序渐进之基。……惟津、通密迩辇毂，非寻常散地可比。……今大沽铁路已至天津，若再开至通州，不为置兵筑垒以扼要隘，但恃临时收车撤轨之图，则备豫似觉未密。苟于中途多设坚台巨炮以为之备，则所费必在百万以外，筹款实属不赀，其当审者一也。……至于征兵一节，诚于军事有益。然当今所忧者外患耳，津、沽为京师门户，常屯重镇。在大沽有事，后路援师早应厚集津门，若待至天津郡城告急，势难再分都门之禁旅远出赴援，亦无从抽大沽、山海关之防军回师宿卫，苟无此路，亦无甚妨，其当审者五也。……窃查翁同龢等请试行铁路于远地，以便运兵。……臣愚以为，宜自京城外之芦沟桥起，经行河南，达于湖北之汉口镇，此则干路之枢纽，枝路之始基，而中国大利之所萃也。……铁路取道，宜自保定、正定、磁州，历彰、卫、怀等府，北岸在清化镇以南一带，南岸在荥泽口以上，择黄河上游滩窄岸坚、径流不改之处，作桥以渡河，则三晋之辙下于井陉，关陇之骖交于洛口，西北声息，刻期可通。自河以南，则由郑、许、信阳驿路，以抵汉口，东引淮、吴，南通湘、蜀。……语其利便，约有数事：内处腹地，不近海口，无引敌之虑。利一；南北二千余里，原野广漠，编户散处，不如近郊之稠密，一屋一坟，易于勘避。利二；干路袤远，厂盛站多，经路生利既繁，纬路枝流必旺，执鞭之徒、列肆之贾，生计甚宽，舍旧谋新，决无失所。利三；以一路控八九省之冲，人货辐辏，贸易必旺，将来汴、洛、荆、襄、济东、淮、泗，经纬纵横，各省旁通，四达不悖，岂惟充养路之资费？实可裕无穷之饷源。利四；近畿有事，三楚旧部，两淮精兵，电檄一传，不崇朝而云集都下。或内地偶有土寇窃发，发兵征讨，旬日立可荡平。征兵之道，莫此为便。利五；中国矿利，惟煤、铁最有把握。太行以北，煤、铁最旺而最精，然质最重，路最难。既有铁路，则辇机器以开采，用西法以煎镕，矿产日多，大开三晋之利源，永塞中华之漏卮。利六；海上用兵，首虑梗漕。南漕米百余万石，由镇江轮船溯江而上，三日而抵汉口，又二日而达阜城，由芦沟桥运赴京仓，道里与通州相等，足以备河海之不虞，辟飞挽之坦道，而又省挑河剥运之浮縻。较之东道王家营一路，碍于黄河下流者，办理最有把握。利七。此路既成，但有利便，并无纷扰。……关东、陇右以次推行。……二十年以后，中国武备，屹然改观矣。……请以分段之法为之，拟分自京至正定为首段；次至黄河北岸，又次至信阳州，为二三段；次至汉口，为末段。……估计大约每里不过五六千金，一段不过四百万内外。合计四段之工，须八年造成，则款亦八年分筹。中国之大，每年筹二百万之款，似尚不至无策。开办之始，先首段估造，俟本段工竣，余段以次推广。其筹款之法，除由铁路公司照常招股外，应酌择各省口岸较盛、盐课较旺之地，分别由藩、运两司关道，转发印票股单，设法劝集。集股多者，股商及承办之员，优予奖励。并准该公司援照前案，暂借商款垫解，以资周转。……拟请责成李鸿章，仍令原派总办铁路各员，督饬该公司熟筹全局，扩充原议，次第举工。”……皇太后懿旨：“……张之洞所议，自芦沟桥起，经行河南，达于湖北之汉口镇，画为四段，分作八年造办等语，尤为详尽。……著总理海军事务衙门，即就张之洞所奏各节，详细覆议，奏明请旨。”（《光绪朝东华录》卷九十四）

光绪十五年（一八八九年）八月甲戌朔，总理海军事务衙门奏：“……懿旨令就张之洞所奏各节详细覆议。……臣等统筹天下大局，津、通则畿东南一正干也，水路受沿海七省之委输，陆路通关东三省之命脉。豫、鄂则畿西南一正干也，控荆、襄，达关、陇，以一道扼七八省之冲。初意徐议中原，而先以津、沽便海防，继以津、通扩商利，区区二百里，其关系与豫、鄂三千里略同，固将以开风气而利推行也。……惟事关创始，择善而从，臣等亦不敢固执成见。津通铁路应即暂行缓办，第由津沽至阎庄已成铁路……俾北洋运兵之路，不至中废。……原奏由唐山接造至山海关，以备畿防调兵运械……应俟帑力稍充……再行……兴办。……至由芦沟桥经河南，达汉口，考之地志，约三千余里，张之洞奏称南北二千里外，自系错误。造路愈长，需款愈巨。该督请分四段、八年造成，亦颇详尽。顾其意以晋铁造轨为主，仅首段酌购洋料动工，期于财不外耗。按之实不能行……炼法未精，中多杂质。……该督谓土炼虽逊洋铁，亦足济用，实非笃论。西国中等炼钢铁炉器全副，约需银一百四十余万两，正定、清化分设两炉，约需银二百八十余万两，非先购洋轨以造干路，则机炉不能运至正定、清化。非由正定造成通盂县、平定之枝路，由清化造成通泽、潞之枝路，则铁石不能运至正定、清化。就芦沟至正定之干，与正定至平定之枝，计一千余里，又由怀庆、清化至泽、潞枝路，亦数百里，必须购轨先成，方能造端谋始。……今未得以铁造路之益，先苦以路运铁之劳；未储拨帑造路之资，先谋集股采铁之费，势必经年累月，劳扰无成。……臣等再四筹商，拟再购用外洋钢轨，以归省捷。……至铁路段落，则必以汉口至信阳为首段，层递而北，为最合算。……铁路所用，以钢条、垫木、碎石为三大宗，均极笨重，陆运民车多行百里，则增价数倍；多行一日，又增价数倍。办理愈迟，则员弁工役之费因之递加。若芦沟达正定一段，节节陆运，繁费实多。但在臣鸿章辖境以内，艰巨所不敢辞。今拟改为芦沟、汉口两路，分投试办，逐节前进，程功较速。汉口地滨大江，轮帆如织，购料既便，迨路成而前途需用木、铁、石等项，即由轮车转运，斯用费省而成本较轻。又汉口至信阳，民物殷阜，铁路造成一节，即收一节运货之利，商股或易招徕，通盘筹计，首尾兼营，此实至当不易之策也。惟是工大费巨难成，张之洞……所估银数，似由约略臆揣，必以亲历已办者为定衡。查三千里之路，就津沽造成之价估之，其路双轨，占地宽七丈，连取土共须估地二十一丈，每一里路须占六十亩，每亩约价二十三、四两，是为购地之费。造路一里，合银七千三百十二两有奇，是为设轨之费。自汉口至芦沟，约三千里，其购地需十八万亩，约共需银四百二十余万两。其设轨之费约二千二百余万两。中间经过大川，在直隶境者十五……在河南境内者九……其在湖北境内者二……凡二十六水，宽或十余里，或二、三里，其余小河支港，尚不在内，所需大铁桥，或十余万、或五六万不等，约计亩价轨费及造桥经费，非三千万两不能竣工，较张之洞原拟一千六百万，数几倍之。若执定由芦沟一路，顺行而南，其工费更不止此。至于筹款之法，当以商股、官帑、洋债三者并行，始能集事。”……上谕：“……所奏颇为赅备。……即可定计兴办，著派李鸿章、张之洞，会同海军衙门，一切应行事宜，妥筹开办。并派直隶按察使周馥、河道潘峻德，随同办理，以资熟手。……创始之际，难免群疑，著直隶、湖北、河南各督、抚，剀切出示，晓谕绅民，毋得阻挠滋事。”（《光绪朝东华录》卷九十五）

九月丙午（十四日），谕：“王文韶、张之洞胪陈铁路办理事宜，请设立铁路总公司，保荐盛宣怀督办等语，直隶津海关道盛宣怀，著开缺，以四品京堂候补，督办铁路总公司事务。”（《光绪朝东华录》卷一三六）

光绪二十四年（一八九八年）六月壬辰（初十日），盛宣怀奏：“……伏查芦汉干路，臣于光绪二十二年九月，奉命会同直隶督臣王文韶、湖广督臣张之洞办理。是年……十一月……至沪……开办以来，一年有半……今芦、保已开车运料，年内全工可竣。淞沪月内告成。汉口、滠口间，外江内湖数十里，工最艰巨，夏涨以前，甃石筑土，亦皆蒇事。……然保定迤南，滠口迤北，未能兼程并进者，则筹款之周折，而事变之不及料也。……初与美商议，病其所索权利过多。继及英商，相去不远……未敢遽定。……适有比商玛西等，介汉口比领事就议。……五月初七日，始与画押。……比国总工程师俞贝得……另立文凭，除黄河桥工外，如无意外担搁，款不中辍，限令三年竣工行车。粤汉一路……美款甫定草约，而西班牙开战，美公司稍有所待。……夏后来华，勘估全工，须俟勘定，议立正约，即可分头开工。……沪宁一路，英国工程师勘估大概将竣，正约一定，开办必速。……三路之款次第就范，即三路之工，操券可成。……臣初任事，亦欲雇用洋工程司，任我指使，而不假以事权。无如中国员司……究竟事非谙习，华人苦工师之多方挑剔，工师咎华人之办理两歧。……是以独排群议……借用某国之款，即订用某国总工程师代为营造。年限之内，其事权略如海关税务司。一切购料、办工、用人、理财，悉资经理，仍事事预请总公司核定而后行。此后三路同举，合同内皆限以款到之日为始，三年工竣。”（《光绪朝东华录》卷一四六）

二十四年（一八九八年）六月丁酉（十五日），谕：“……现在津榆、津芦铁路早已工竣，由山海关至大凌河一带，亦筹款接办，大段已具。矿务如开平、漠河两处，办理最为得法。……著于京师专设矿务铁路总局，特派总理各国事务大臣王文韶、张荫桓专理其事，所有开矿、筑路一切公司事宜，俱归统辖，以专责成。”（《光绪朝东华录》卷一四六）

光绪二十四年（一八九八年）十一月庚戌朔，总理各国事务衙门奏：“铁路……利国便民，原期干枝相辅，脉络贯通。……国家转输征调，呼息灵通，所注意者在干路。商贾懋迁货物，欲速见小，所注意者在枝路。……若办理不分次第，势必使认办枝路者纷至沓来，串通影射。而承办干路之公司，出售股票，反至无人过问，事多掣肘。……不特此也，各公司所办各路，集有股本者甚属细微，其大宗皆系息借洋款，所立合同，皆载有本息未还以前，将所办之路作为抵押。设干、枝杂糅竞办，当彼此尚未贯通之际，纵有路利，必难丰旺。……所有应付洋债本息及养路各费，恐无实在着落，则抵押之路，必难收回，是权利仍属他人，操纵岂能由我？商路之害，亦国家之害也。……伏查芦汉、粤汉要干，及宁沪、苏浙、浦信、广九等近干要枝，均由总公司盛宣怀承办。津镇及山海关内外，亦奉谕旨，责成胡燏棻等办理。太原至柳林，已由山西商务局承办。广西龙州，已由提督苏元春承办。应请旨饬下该大臣等，认真督饬，先尽此各要路妥速办竣。如果敷还借款本息及养路各费绰有余裕，再议次第推广办理各枝路，以昭慎重。自此次奏明后，除已与各国定有成议，及近干要路地不过百里，款不出百万，不在停办之列外，凡华、洋各商，请办各枝路，此时概不准行。”……得旨：如所议行（《光绪朝东华录》卷一五〇）。

自北京至张家口一路，为南北互市通衢。……前议筹设京张铁路，辄因工巨款繁，未易兴办。臣等……经派候选道詹天佑，前往查勘估修，并公同筹商，以关内外铁路进款，目前颇有盈余，拟就此项余款，酌量提拨，开办京张铁路。当饬关内外铁路局道员梁如浩等，与中英公司商办。该公司代理人英人顾璞，以按照合同，各路进款应存天津汇丰银行，作为借款之保；所有经理养路各费，开支余剩，备还借款本息。原约均已载明，须彼此商议妥善，方可提用。经梁如浩等酌拟办法，函致伦敦中英公司，由该路进款余利项下，除划存备付六个月借款本息外，其余应听该路任便提拨，作为开办京张路工之需。复由臣等函准英国使臣萨道义复称，此事已准本国外部电称，中英公司现以铁路进款余利，中国铁路局可任便使用，该公司已函致铁路局，宜俟该函寄到等语。该局旋据顾璞函称，接伦敦来电，应备存一年本息，续经梁如浩等驳令仍照原议商办。现据顾璞函称，伦敦公司已允，除将余款划存六个月借款本息，余可动用，请照办等情。伏查京张一路……综核全路工程，通盘约估，如买地填道、购料设轨、凿山建桥，共约需银五百万两左右。若从速动工，四年可成。拟即在关内外铁路进款余利项下，每年酌提银一百万两。……又查庚子年后，关内铁路因乱被毁，曾于进款项下垫拨修路之款，暨收路后，垫还各项账款，应在大赔款内拨还者，约有八十余万两可提，统计约可敷京张全路工程之用。……光绪三十一年（一九〇五年）四月初八日（袁世凯《养寿园奏议辑要》卷三十四）。

自北京至张家口铁路……综查全路工程，核实估计：一、测量经费等项，约需银一万五千五百两；二、地亩、土方、开山、凿洞、石工等项，约需银二百三十四万三千二百六十两；三、修造桥梁水沟等项，约需银一百一十万六千一百两；四、钢轨等项，约需银一百九十万六百五十两；五、房厂等项，约需银二十万四千零五十两；六、电线等项，约需银六万一千八百两；七、转运材料等项，约需银九万八千两。以上七项，统计共约估银五百七十二万九千三百六十两。此外购置各项车辆，约估银一百一十三万五百两。四年内员司薪、公、杂费等项，约估银四十三万二千两，系在原奏工程之外。总共约估银七百二十九万一千八百六十两。……较原估所逾无多，委系无可再减。……光绪三十一年九月十一日（袁世凯《养寿园奏议辑要》卷三十五）。

承准军机处电开，奉旨岑春煊电奏，请饬詹天佑回粤勘办路工等语，著照所请钦此等因，自应钦遵办理。……伏查道员詹天佑，现充京张铁路总工程司，兼会办局务，全路各事，皆该员一手经理。现该路甫经开办，工程浩繁，势难半途中止，必须先遴有接办之员，方可令该员赴粤。惟查京张铁路，前于光绪二十五年（一八九九年），经前总理各国事务衙门，向俄国使臣声明，中国政府将来如添造由北京向北之路，只用华款、华员自造，不允他国人承造。二十八年（一九〇二年）议收关内外铁路时，复经外务部与俄国使臣声明，并于英国交路章程内订明，北京至张家口之铁路，应归中国造办，外国不得干预各在案。是京张一路……不得由外人承造，尤必须……华员接任总工程司之职，方可令詹天佑赴粤。当经檄饬关内外铁路，暨京张铁路两局总办，会同遴选保荐去后。兹据该总办等公同复称，京张路工，正当紧要，中经八达岭等处，开山凿洞，工程尤为艰巨，所有全路一切布置，悉赖詹天佑精心缔造，一力经营。倘调赴粤中，则该路工程即须停办。且再四访求……实无熟精路工、堪以接办之员，详请奏留詹天佑仍办京张路工前来。……詹天佑综理全工，乃该路必不可少之员。……惟有吁恳天恩……将詹天佑仍留办京张铁路。……光绪三十二年（一九〇六年）五月十七日（袁世凯《养寿园奏议辑要》卷四十）。

宣统元年（一九〇九年）八月戊子，邮传部奏："京张铁路全路告成，计长三百五十七里，连岔道计长四百四十九里。此路为我国铁路北干之起点，道员詹天佑总司工程，经营缔造，其会办以及各段工程师，暨执事各员，均属异常出力，拟请优给奖叙。"得旨：准其酌保数员，毋许冒滥（《宣统政纪》卷十九）。

（丁）邮政

邮政亦由外人先行于商埠，而后中国仿之，旧有信局遂废。

光绪二十二年（一八九六年）二月壬申（初七日），户部奏："臣衙门准署南洋大臣张之洞咨……称，泰西各国邮政，重同铁路，特设大臣综理，取资甚微，获利甚巨。权有统一，商民并利。近来英、法、美、德、日本在上海及各口设局，实背万国通例。曾经前南洋大臣曾国荃据道员薛福成、委员李圭、税务司葛显理等，往复条议，咨由总理衙门饬总税务司赫德详议，谓此举裕国便民，为办得到之事。至税关所办邮递，因与国家所设体制不同，故推广每多窒碍。……请饬总理衙门转饬赫德，妥议章程开办，即推行沿江、沿海各省，及内地水陆各路，务令各国将所设信局全撤，并与各国联会，彼此传递文函等语。……查光绪二年（一八七六年）间，赫德因议滇案，请设送信官局，为邮政发端之始。经……商北洋大臣李鸿章，于四年间覆称，拟开设京城、天津、烟台、牛庄、上海五处，略仿泰西邮政办法，交赫德管理。嗣因各国纷纷在上海暨各口设立邮局，虑占华民生计。九年间，德国使臣巴兰德来请派员赴会。十一年（一八八五年），曾国荃咨称，州同李圭条陈邮政利益各节，并据宁海关税务司葛显礼申称，香港英监督，有愿将上海英局，改归华开自办之语。……查宁海、江海各关道来禀，每谓税关邮局，未经奏定，外人得以借口。十八年（一八九二年）冬，赫德以数年来创办艰难，若再不奏请设立官邮政局，恐将另生枝节。十九年（一八九三年）五月，迭接李鸿章、刘坤一咨，据江海关道聂缉椝禀称，上海英美工部局，现议增设各口信局，异日中国再议推广，必更艰难各等语。……考泰西邮政，自乾隆初年，普国始议代民经理，统以大臣，位齐卿贰。各国以为上下交便，仿而效之。光绪十九年，葛显礼呈送《万国邮政条例》，联约六十余国，大端以先购图记纸黏贴信面送局，以抵信资。其费每封口重五钱者，收银四分。道远酌加。其取资既微，又有定期而无遗拆。……至有事时，并可查禁敌国私函。……又查十八年以来，美国一国邮局清单一纸，所收银圆至六十四兆二十万九千四百九十元之多。张之洞所举英国收数，当中银三四千万两，尚系约略之辞，利侔铁路，诚为不虚。且西国邮政与电局相辅，以火车、轮船为递送。近年法国设立公司，轮船十艘，通名曰信船，遇口停泊，信包未到，不得开碇，其郑重如此。中国工商旅居新旧金山、檀香山、新嘉坡、槟榔屿、古巴、秘鲁者，不下数百万人，据李圭禀称，工等有一纸家书，十年不达者，缘邮会有扣阻无约国文函之例也。中国邮政若行，即以获资，置备轮船出洋，藉递信以流通商货，其挽回利权，所关尤巨。……爰于十九年，札饬赫德详加讨论，是否确于小民生计无碍。……先后据其递到四项章程，计四十四款，臣等详加披阅，大致厘然。自应及时开办，应请旨敕下臣衙门转饬总税务司赫德专司其事，仍由臣衙门总其成，略如各口新关规制。即照赫德现拟章程定期开办，应制单纸，亦由赫德一手经理。……至赫德呈内称，万国联约邮政公会，系在瑞士国，应备照会，寄由出使大臣转交该国执政大臣，为入会之据，自可援万国通例，转告各国，将在华所设信局，一律撤回。按咸丰八年（一八五八年）俄约，光绪十三年（一八八七年）法约，本载明两国公文信件互相递送。中国既经入会，各国无从借口。以上所议，如蒙俞允，即由臣衙门钦遵，分别咨照札饬办理。俟办有头绪，即推行内地，水陆各路克期兴办。”……得旨：如所议行（《光绪朝东华录》卷一三二）。

（3）教育

（甲）同文馆

同文馆初招翰林院编、检入学，时论不予，大学士倭仁倡言力阻。乃选幼年聪颖者，教以各国语言，兼习算学，优其膏火，未毕业即有保举，多派遣出洋。同文馆颇印行新学书籍，教算学者，李善兰为有名。

同治元年（一八六二年）七月丙午，恭亲王等奏："查咸丰十年（一八六〇年）冬间……请饬广东、上海各督、抚等，分派通解外国语言文字之人，携带各国书籍来京，选八旗中资质聪慧、年在十三四以下者，俾资学习。……奉旨允准在案。臣等行文两广总督、江苏巡抚派委教习，并行文八旗挑选学生去后。嗣据各该旗陆续将学生送齐，而所请派委教习，广东则称无人可派；上海虽有其人，而艺不甚精。……是以日久未能举办。臣等伏思欲悉各国情形，必先谙其言语文字，方不受人欺蒙。各国均以重资聘请中国人讲解文义，而中国迄无熟悉外国语言文字之人。……旋据英国威妥玛言及，该国包尔腾，兼通汉文，暂可令充此席。臣等令来署察看，尚属诚实……。因于上月十五日，先令挑定之学生十人来馆，试行教习。并与威妥玛豫为言明：……不准传教。仍另请汉人徐树琳教习汉文，并令暗为稽察，即以此学为同文馆。至应给修金一节……包尔腾……尚有余资，若充中国教习，系属试办，本年止给银三百两，即可敷用。至明年如教有成效，须岁给银千两内外，方可令其专心课徒。……至汉教习薪水，按照中国办法，现拟每月酌给银八两。……通计此项教习薪水及学生茶水、饭食、服役人等工食并一切零费，每年约需银数千两。……于南、北各海口外国所纳船钞项下酌提三成……以资应用。……如蒙俞允，应请即以奉旨之日为始，行文各海关遵照办理。至汉教习薪水，较之外国教习薪水厚薄悬殊，如教有成效，拟由臣等酌量奖励。……臣等谨酌拟同文馆章程六条，恭呈御览。御批：依议。新设同文馆酌拟章程六条：一、请酌传学生以资练习也。查旧例，俄罗斯文馆额设学生二十四名，今改设同文馆，事属创始，学生不便过多。拟先传十名，俟有成效再行添传，仍不得逾二十四名之数。……应由八旗满、蒙、汉闲散内，择其资质聪慧、现习清文、年在十五岁上下者，每旗各保送二三名，由臣等酌量录取，挨次传补；一、请分设教习以专训课也。……英文教习包尔腾，止图薪水，不求官职。将来如广东、上海两处得人……由该省督、抚保送来京充补。……如果教授有成，自应酌量奏请奖励，每年薪水，即不得援照外人办理。……嗣后汉教习乏人，拟即由考取八旗官学候补汉教习内。……咨传直隶、河南、山东、山西四省之人，取其土音易懂，便于教引，仍取具同乡京官印结，在臣衙门投卷，试以诗文，酌量录取，挨次传补，月给薪水银八两，二年期满。如有成效……均奏请以知县用。再留学二年，准以知县分发省分归候补班补用……；一、请设立提调以专责成也。……应即由臣衙门办事司员中，拣选满、汉各一员，兼充该馆提调，所有馆务，责成该员等专心经理。如督课得力，遇有奖叙教习之年，一并奖励。专设苏拉三名以备驱策，每名月给工食银二两五钱；一、请分期考试以稽勤惰也。查旧例，俄罗斯文馆有月课、季考、岁试三项……请仿照办理。惟所试之艺……一年之内，应先用满、汉文字考试，俟一年后学有成效，再试以各国照会，令其翻译汉文；一、请限年严试以定优劣也。……臣等拟请每届三年，由臣衙门堂官自行考试一次，核实甄别……优者授为七、八、九品等官，劣者分别降、革、留学，俟考定等第，将升降各生咨行吏部注册。其由七品官考取一等应授主事者……请仍准掣分各衙门行走，遇缺即补。至考试学生时，该助教等如果训导有方，亦应由臣衙门奏请以主事分部遇缺即补，仍兼馆行走；一、请酌定俸饷以资调剂也。查旧例，俄罗斯文馆助教（限年严试，中一、二等内择其优者，堂委副教习，额设助教二员，由副教习内拣选奏请补放），每年俸银八十两，七品官每年俸银四十两，八品官每年俸银四十两，九品官每年俸银三十二两三钱，学生传补，咨旗坐补马甲钱粮。今改设同文馆，拟请仿照俄罗斯文馆旧章办理……臣等酌拟此项放款，悉由奏拨各海关船钞项下支给。至学生钱粮……遇有本旗马甲缺出，照例坐补，以资调剂（《筹办夷务始末·同治朝》卷八）。

（乙）上海广方言馆、广东同文馆

广方言馆学法文者，多为外交官，有名。

同治二年（一八六三年）二月丙戌，江苏巡抚李鸿章奏："臣前准总理衙门来咨，遵议设立学习外国语言文字学馆为同文馆等因。……互市二十年来，彼酋之习我语言文字者不少，其尤者能读我经史，于朝章宪典、吏治民情，言之历历；而我官员绅士中，绝少通习外国语言文字之人。各国在沪，均设立翻译官一二员，遇中外大臣会商之事，皆凭外国翻译官传述，亦难保无偏袒捏架情弊。中国能通洋语者仅恃通事……而其人遂为洋务之大害。查上海通事一途获利最厚，于士农工商之外别成一业。其人不外两种：一、广东、宁波商伙子弟，佻达游闲，别无转移执事之路者，辄以学习通事为逋逃薮；一、英、法等国设立义学，招本地贫苦童稚，与以衣食而教肄之。市儿村竖，来历难知，无不染洋泾习气，亦无不传习彼教。此两种人者……心术卑鄙，货利声色之外不知其他。且其仅通洋语者十之八九，兼识洋字者十之一二……即遇有交涉事宜，词气轻重缓急，往往失其本旨。惟知藉洋人势力，播弄挑唆，以遂其利欲。……或遂以小嫌酿大衅。洋务为国家怀远招携之要政，乃以枢纽付若辈之手，遂至彼己之不知，情伪之莫辨。……京师同文馆之设，实为良法，行之既久，必有正人君子、奇尤异敏之士出乎其中，然后尽得西人之要领，而思所以驾驭之。……惟是洋人总汇之地，以上海、广东两口为最。……臣拟请仿照同文馆之例，于上海添设外国语言文字学馆，选近郡年十四岁以下、资禀颖悟、根器端静之文童，聘西人教习。兼聘内地品学兼优之举、贡、生员，课以经史文艺，学成之后，送本省督、抚考验，请作为该县附学生，准其应试。其候补、佐贰、佐杂等官，有年少聪慧愿入馆学习者，呈明由同乡官出具品行端方切结，送局一体教习。……学成后，亦酌给升途，以示鼓励。均由海关监督督筹试办，随时察核具详。三、五年后，有此一种读书明理之人，精通番语，凡通商督抚衙门及海关监督应添设翻译官承办洋务，即于学馆中遴选承充，庶关税军需可期核实，而无赖通事亦敛迹矣。……我中华智巧聪明，岂出西人之下？果有精熟西文者，转相传习，一切轮船、火器等巧技，当可由渐通晓，于中国自强之道似有裨助。如蒙俞允，一切章程及薪资工食、各项零费，容臣督同关道设法筹画，或仍于船钞项下酌量提用。其广东海口可否试行，有无窒碍之处，应请饬下该省督、抚体察办理。”谕：“……李鸿章奏请，饬广东仿照同文馆设立学馆，学习外国语言文字等语，已谕令广州将军等查照办理。”（《筹办夷务始末·同治朝》卷十四）

光绪二十三年（一八九七年）十一月己酉，总理各国事务衙门奏：“……臣等查近日中外交涉事宜，条目日繁，需才益亟，仅恃臣衙门之同文馆、上海之广方言馆、广东之同文馆及南北洋闽厂学堂数处，学生有限，诚不足应各省之取求。”（《光绪朝东华录》卷一四一）

（丙）派遣幼童出洋

两次派遣幼童，以詹天佑为最有成就，严复、辜鸿铭亦有名。

窃臣曾国藩上年在天津办理洋务，经前江苏巡抚丁日昌奉旨来京会办，屡与臣商榷，拟选聪颖幼童送赴泰西各国书院，学习军政、船政、步算、制造诸书，约计十余年，业成而归，使西人擅长之技，中国皆能谙习，然后可以渐图自强。且谓携带幼童前赴外国者，如四品衔刑部主事陈兰彬、江苏候补同知容闳，皆能胜任等语。臣国藩深韪其言，曾于上年九月、本年正月两次，附奏在案。臣鸿章复往返函商，窃谓自斌春及志刚、孙家谷两次奉命游历各国，于海外情形，业已窥其要领，如舆图、算法、步天、测海、造船、制器等事，无一不与用兵相表里。……当此风气既开，似宜亟选聪颖子弟，携往外国肄业。……查美国新立和约第七条内载，嗣后中国人欲入美国大小官学，习学各等文艺，须照相待最优国人民一体优待。又美国可以在中国指准外人居住地方，设立学堂，中国人亦可在美国一体照办等语。本年春间，美国公使过天津时，臣鸿章面与商及，允俟知照到日，即转致本国，妥为照料。三月间，英国公使来津接见，亦以此事有无相询，臣鸿章当以实告，意颇欣许，亦谓先赴美国学习，英国大书院极多，将来亦可随便派往。……臣等伏思外国所长，既肯听人共习，志刚、孙家谷又已导之先路。计由太平洋乘轮船径达美国，月余可至，当非甚难之事。……设局制造，开馆教习，所以图振奋之基也。远适肄业，集思广益，所以收远大之效也。西人学求实济，无论为士、为工、为兵，无不入塾读书，共明其理，习见其器，躬亲其事，各致其心思功力，递相师授，期于月异而岁不同。……古人谓学齐语者，须引而置之庄岳之间；又曰百闻不如一见。……惟是试办之难有二：一曰选材，一曰筹费。……拟派员在沪设局，访选沿海各省聪颖幼童，每年以三十名为率，四年计一百二十名，分年搭船赴洋，在外国肄习十五年后，按年分起挨次回华。计回华之日，各幼童不过三十岁上下，年力方强，正可及时报效。……至带赴外国，悉归委员管束，分门别类，务求学术精到。又有翻译教习，随时课以中国文义，俾识立身大节，可冀成有用之材。虽未必皆为伟器，而人材既众，当有瑰异者出乎其中，此拔十得五之说也。至于通计费用，首尾二十年，需银百二十万两，诚属巨款。然此款不必一时凑拨，分析计之，每年接济六万，尚不觉甚难。除初年盘川发给委员携带外，其余指有定款，按年预拨，交与银号陆续汇寄，事亦易办（《曾文正公全书·奏稿》卷三《拟选子弟出洋学艺折》）。

臣等拟选聪颖子弟，前赴泰西各国肄习技艺，以培人才。业于十年（一八七一年）七月初三日，专折会奏在案。旋准总理衙门覆奏，不分满、汉子弟，择其质地端谨、文理优长，一律送往。每年所需薪水膏火，准于江海关洋税项下指拨。……所有携带幼童委员……查有奏调来江之四品衔刑部候补主事陈兰彬……运同衔江苏候补同知容闳。……以上二员……相应请旨饬派陈兰彬为正委员，容闳为副委员，常川驻扎美国，经理一切事宜。……至挑选幼童，应在上海先行设局。……查有盐运使衔、分发候补知府刘翰清……业经檄令经理沪局事宜，所有驻洋及在沪两局，中外大小事件，由陈兰彬等互相商办，各专责成。兹将臣等前奏所未及者，酌拟应办事宜，开列清单，恭呈御览：一、挑选幼童，不分满、汉子弟，俱以年十二岁至二十岁为率，收录入局，由沪局委员查考，中学西学，分别教导。将来出洋后，肄习西学，仍兼讲中学，课以《孝经》、小学、《五经》及国朝《律例》等书，随资高下，循序渐进。每遇房、虚、昴星等日，正、副二委员传集各童，宣讲圣谕广讯，示以尊君亲上之义，庶不至囿于异学；一、幼童选定后，取具年貌、籍贯，暨亲属甘结，收局注册。在沪局肄习以六个月为率，察看可以造就，方准资送出洋，仍由沪局造册报明通商大臣，转咨总理衙门查考。至洋局课程，以四个月考验一次，年终分别等第报查。其成功则以十五年为率，中间艺成后，游历两年，以验所学，然后回至内地，听候总理衙门酌量器使，奏明委用。此系选定官生，不准半途而废，亦不准入籍外洋。学成后，不准在华、洋自谋别业；一、出洋委员，及驻沪办事，所有内外往来文件，应刊给关防。洋局之文曰"奏派选带幼童出洋肄业事宜关防"，沪局之文曰"总理幼童出洋肄业沪局事宜关防"，均经臣刊刻饬发，以资信守；一、每年八月，颁发时宪书，由江海关道转交税务司，递至洋局。恭逢三大节以及朔、望等日，由驻洋之员，率同在事各员，以及诸幼童，望阙行礼，俾娴仪节而服诚敬；一、出洋办事，除正、副二委员外，拟用翻译一员、教习一员。查有五品衔监生曾恒忠，究心算学，兼晓沿海各省土音，堪充翻译事宜。光禄寺典簿、附监生叶源浚，文笔畅达，留心时务，堪充出洋教习事宜。业由臣檄饬遵照，届时随同正、副委员一并前往；一、每年需用经费。查照奏定章程，于江海关洋税项下，指拨洋局用款。下年应用之项，于上年六月前，由上海道筹拨银两，眼同税务司，汇寄外洋，交驻洋之员验收。其沪局用款，即交沪局总办支销。惟原奏系二十年内，共用一百二十万金，约计每年须六万两，而细加推算，分年应用之款，参差不齐，不能适符六万之数。如首数年，沪上设局，幼童齐往，用款较巨，第四年竟至八万九千六百余两。末数年，幼童已归，用款较减，第十九年仅需二万三千四百余两。此外各年递推，亦皆多寡悬殊。并由陈兰彬等核开清单，某年应用银若干，交江海关道署存照，按年寄洋，仍由该道分析造报，以昭核实（《李文忠公全书·奏稿》卷十九《幼童出洋肄业事宜折》）。

（丁）北洋大学

甲午后，盛宣怀在天津设立头、二等学堂，后改为天津大学，又改北洋大学，专教工科，成就人才颇众。

光绪二十一年（一八九五年），津海关道盛宣怀于天津创设头、二等学堂。头等学堂课程四年，第一年习竣，欲专习一门者，得察学生资质酌定。专门凡五：一工程学，二电学，三矿务学，四机器学，五律例学。二等学堂课程四年，按班次递升，习满升入头等。意谓二等拟外国小学，头等拟外国大学（《清史稿·选举志二》）。

臣于光绪二十八年（一九〇二年）到任之始，大局甫定，人心思治，即督饬省会暨各府、厅、州、县遍办学堂，先后设立学校司、大学堂、师范学堂、中学堂、小学堂等，奏明在案。嗣于二十九年（一九〇三年），奉到学务大臣奏定章程，遵改学校司为学务处。……以天津大学堂设立多年，程度颇高，业经分设专科，照章作为大学，即名北洋大学。……光绪三十二年（一九〇六年）五月初八日（袁世凯《养寿园奏议辑要》卷三十九）。

（4）矿业

（甲）开平煤矿

开平后改为开滦，北洋以官款所办，后乃与英人合办，由张翼主之。翼为醇王府管事。光绪十年以后，各处勘矿，多由海军衙门主之。是时海军兼管路矿，后以时有对外交涉，移归总理衙门管理。清季合滦州之矿，改称开滦。

光绪元年（一八七五年）四月间，钦奉寄谕，著照所请，先在磁州试办，派员妥为经理。……旋经屡次委员往查，磁州煤、铁运道艰远，又订购英商镕铁机器不全，未能成交，因而中止。旋闻滦州所属之开平镇，煤、铁矿产颇旺，臣饬招商局候选道唐廷枢驰往察勘，携回煤块铁石，分寄英国化学师镕化试验，成色虽高低不齐，可与该国上、中等矿产相仿，采办稍有把握。三年（一八七七年）八月，臣檄派前任天津道丁寿昌、津海关道黎兆棠，会同唐廷枢熟筹妥办。旋据酌拟设局招商章程十二条。……拟招商股银八十万两，开采煤、铁。并建生、熟铁炉机厂，就近镕化。继因招股骤难足额，镕铁炉厂成本过巨，非精于铁工者不能位置合宜，遂先专力煤矿，采煤既有成效，则炼铁必可续筹也。唐廷枢奉檄设局后，勘得滦州所属，距开平西南十八里之唐山，山南旧煤穴甚多，土人开井百余口，只取浮面之煤，因无法取水而止。光绪四年（一八七八年），钻地探试，深六十丈，得有高烟煤六层，第一层厚十八寸，第二层二尺，第三层七尺，第四层三尺，第五层六尺，第六层八尺，其第六层之下，尚有一、二层，但计所得之煤，已足供六十年之用，因是不复深探。旋于五年（一八七九年）购办机器，按西法开二井，一提煤，一贯风抽水。其提煤井开深六十丈，贯风抽水井开深三十丈。地下开横径三道：一在提煤井二十丈，开洞门作旋风之用；一在三十丈；一在五十六丈，两道系取煤之用。所有地下横径直道，均与两井相通。其第一条横径南开四丈，得见第一层，煤质略松，煤层过薄，豫备不用。北开八丈，得见第二层、第三层煤，两层相隔只有一尺，其质坚色亮，燃烧耐久，性烈而蒸气易腾，烧烬之灰亦少，就目下二十丈深之煤论，可与东洋头号烟煤相较，将来愈深愈美，尤胜东洋。惟煤产出海销路较广，由唐山至天津，必经芦台，陆路转运维艰，若夏、秋山水涨发，节节阻滞，车马亦不能用。因于六年（一八八〇年）九月，议定兴修水利，由芦台镇东起，至胥各庄止，挑河一道，约计九十里，为运煤之路。又由河头接筑马路十五里，直抵矿所，共需银十数万两，统归矿局筹捐。……所占地亩，均照民价购买。本年二月兴工挑挖，五六月可一律告蒇。从此中国兵、商轮船，及机器制造各局用煤，不致远购于外洋。一旦有事，庶不为敌人所把持，亦可免利源之外泄。富强之基，此为嚆矢（《李文忠公全书·奏稿》卷四十《直境开办矿务折》）。

据候选道唐廷枢禀称，开办矿务局以来，购备机器、延订洋匠工司，及买地、筑路、挑河经费，约共用银七十余万两。成本既重，煤价亦因之而昂；若再加现定之税额，即难敌外洋之煤，其势必不能畅销。……中国原定洋货税则过轻，土货税则较重。……即以煤斤而论，洋煤每吨税银五分，土煤每担税银四分，合之一吨，实有六钱七分二厘；若复加进口半税，已合每吨银一两有奇，盈绌悬殊至二十倍之多。前两江督臣沈葆桢，于台湾基隆开煤时，奏准土煤每吨征税一钱，较洋煤业已加重。嗣湖北用机器开采，亦奉谕旨准照台湾税则在案。……今开平煤矿，全用西法，每日出至五六百吨之多。据洋师测量，足供六十年采取。除运往要口，分供各局及中外轮船之用，并可兼顾内地民间日用。刻下运道疏通，脚价既省，若再将税则减轻，煤之售价必廉，可以畅销无滞；而运售于各局者，不致再用洋商昂贵之煤，其有裨于公款不少等情。……合无仰恳天恩，俯准开平出口煤斤，援照台湾、湖北之例，每吨征收税银一钱，以恤华商而敌洋煤。庶风气日开，利源日旺，而关税亦必日有起色矣（《李文忠公全书·奏稿》卷四十《请减出口煤税片》）。

庚子拳乱，前矿务督办张翼，委洋员德璀琳设法保护矿产，讵德璀琳与矿师胡华私立卖约，继复由张翼签订移交约及副约，举凡开平煤矿原定十里矿界以外之所有矿产，并推广及于与矿产相连之利益，全行包括在内，是以唐山、西山、半壁店、马家沟、无水庄、赵各庄、林西等处，地脉相接，数十里之矿产，以及奉旨代办之秦皇岛通商口岸码头地亩，与附属之承平、建平金、银等矿，悉移交英公司执掌（陈夔龙《庸盦尚书奏议》卷十四《筹议收回开平矿产情形折》）。

窃臣于宣统二年（一九一〇年）十二月初五日，钦奉上谕：载泽、盛宣怀奏，查明开平矿务一案始末情形，及现拟收回办法一折。所拟滦州矿局加招商股，即就开、滦两矿，发给公司债票，归并办理，如有把握，尚属可行。倘或英公使要求无厌，不防坚持定见，徐筹抵制。著按照载泽等所奏各节，妥筹办法。……并准军机处钞录查办大臣载泽、盛宣怀原奏到直。查原奏内称，责成滦州煤矿，迅速加筹商股五百万两，连滦矿原有股分五百万两，凑足商股一千万两，并作开滦煤矿公司，即以两矿产业作为抵保，出立债票，分年清还英商应得之款。否则如能由公司另借轻息之款，一起付还，尤为直捷。此两层，应归该公司自行妥议，呈请直隶总督酌核奏明办理，揆之各国实业债票办法，均属相符等语，是就滦矿接收开平，业经恭奉谕旨，自应钦遵办理。惟查该公司上年股东会决议，由该矿添集资本，将两矿合为一事，担任接办还款，乃悉查照臣前定条件，俟国家担保发给债票，实行收回开平以后之办法。今若照载泽等覆奏，先由滦矿添股，出立公司债票，而以两矿产业作为抵保，办法又不相同。自应饬令该公司切实研究，以速进行。……宣统三年（一九一一年）三月初五日（陈夔龙《庸盦尚书奏议》卷十五《开平矿案妥筹添股借款办法折》）。

（乙）汉冶萍

张之洞以全力经营汉阳铁厂，兼采大冶之铁、萍乡之煤，改归商办，称汉冶萍公司。规模宏敞，炼钢制器甚精。惜成本太重，复以不善经营，负外债数百万，仅能以铁砂出口，供日本八幡制所之用而已。

为勘定炼铁厂基，现筹赶办厂工，暨开采煤、铁事宜，恭折具陈，仰祈圣鉴事。……本年春间……查明大冶县铁山，实系产旺质良，取用不竭。……兴国州产有锰铁，尤为炼钢所必需，适与大冶接界，至炼钢、炼铁以白煤、石煤为最善，或用油煤炼成焦炭亦可。……湖南之宝庆、衡州、永州三府所属各县地方，及接界之四川奉节、巫山，江西萍乡所产白煤、石煤、油煤、焦炭尤为旺盛，均属一水可通。……大率铁矿每百分以铁质多至五六十分，内含硫质在二厘以内、磷质在一厘以内者，为合用。煤以灰在十分以内、炭质在八十五分及九十分以外者为合用。大冶之铁矿，铁质六十分有奇；湘、鄂各煤合式可用者，共有二十余处。至建厂一节……兹勘得汉阳县大别山下，有地一区，原系民田，略有民房，长六百丈，广百余丈，宽绰有余，南枕大别山，东临大江，北滨汉水，东与省城相对，北与汉口相对，气局宏阔，运载合宜。当经饬局员及学生洋匠详加考核，佥以为此地恰宜建厂。……采铁、炼钢、开煤三事合而为一，复有修运道、筑江堤、设化学矿务学堂、添修理机器厂，皆连类而及。……现在约估大数，需银二百四十余万两。……光绪十六年（一八九〇年）十一月初六日（《张文襄公奏稿》卷十九）。

为湖北铁厂经费难筹，遵旨招商承办，议定章程，截限交接，以维大局而计久远。……窃维湖北铁厂，兼采矿、炼铁、开煤三大端。……今厂工早已次第告成，各种铁炉、钢炉，冶炼钢铁，制造轨械，均能精美合用，以至铁山煤井、一切机器运道，皆已灿然大备。惟是经费难筹，销场未广，支持愈久，用款愈多。当此度支竭蹶，不敢为再请于司农之举，亦更无罗掘于外省之方，再四熟筹，惟有钦遵上年六月十二日谕旨招商承办之一策。……伏查大冶铁矿，从前本系直隶津海关道盛宣怀督率英国矿师所勘得，就鄂设厂炼铁造轨之议，又自该道发之，且曾续有承办原议。该道……于中国商务、工程、制造各事宜，均极熟习，经理招商局多年，著有成效。……适因奉差在沪，经臣电调来鄂，劝令力任其难，檄饬将湖北铁厂归该道招集商股，一手经理，督商妥办。并即督饬司道与盛宣怀酌议章程，截清用款。……嗣后需用厂本，无论多少，悉归商筹。从前用去官本数百万，概由商局承认，陆续分年抽还。……以中国兴造铁路，必须路厂一气、轨由厂造为要义。俟铁路公司向汉阳厂订购钢轨之日起，即按厂中每出生铁一吨，抽银一两，即将官本数百万抽足还清，以后仍行永远按吨照抽，以为该商报效之款。该道力顾大局，已于四月十一日，将汉阳厂内外各种炉座、机器、房屋、地基、存储煤铁料物各件，以及凡关涉铁厂之铁山、煤矿、运道、码头、轮剥各船，一律接收。……光绪二十二年（一八九六年）五月十六日（《张文襄公奏稿》卷二十八）。

为遵旨查明招商局保借洋款，办理萍乡煤矿，有益民生，无碍商局。……窃照承准军机大臣字寄，光绪二十五年四月初二日奉上谕：有人奏大理寺少卿盛宣怀办理江西萍乡煤矿铁路，以招商局洋泾滨各产抵保洋行借款，请饬查禁等语。……若如所奏，因萍乡一隅之矿，辄以招商局各产抵保，殊属有碍大局，著张之洞详细查明，即行知照盛宣怀，毋得轻许，致滋流弊，是为至要。……湖北前经奏开铁厂，遍觅煤矿，不得佳质。后经臣访获江西萍乡煤矿，最合炼焦之用。……因路僻运艰，故未能尽量采购。……上年三月间，经督办铁路大理寺少卿臣盛宣怀会同臣奏明，购用机器，筑路设线，派员总办，力筹大举。并援照开平禁止商人别立公司及多开小窿，抬价收买，以济厂用而杜流弊，仰蒙俞旨钦遵在案。……目前造轨，将来行车，需用煤焦，皆属极巨。……筹办萍煤，至今已用银五十万两左右，系由湖北铁厂认股二十万，铁路总公司、轮船招商局各认股十五万，均以相需甚殷也。……购办机器，营造铁路轮剥，需款至繁。……盛宣怀当以机器各件，多由德商礼和洋行垫购，为数已巨，故与该行议借四百万马克，分十二年摊还，统由萍乡煤矿公司商借商还。……议明萍矿仍归自办，仅给借息七厘。……因将招商局产业以为作保之据，当经议订借款合同，分别咨呈总理衙门、路矿总局核准存案。……臣此次钦奉寄谕，当将此项借款，每年还款本利共须若干，是否以招商全局各项产业抵押，抑止上海洋泾滨一处栈房产业作保。……至抵押与作保有何区别，设将来借款本利万一无著，洋商能否将全局占踞管理？有碍大局各节，向盛宣怀详细咨查。旋准咨覆，并详考案据，查借款合同载明，招商局允保礼和垫款四百万马克息本，其息本未还以前，不得将上海洋泾滨南北地皮栈房产业出售，或抵押于人等语，实系招商局仅止作保，并未将产业抵押，且止上海洋泾滨一处栈房产业作保，并未将全局各码头及轮船作保。……光绪二十五年（一八九九年）六月十七日（《张文襄公奏稿》卷三十）。

光绪三十四年（一九〇八年），会办商约大臣、邮传部侍郎盛宣怀奏：商办汉冶萍煤铁厂矿，宜扩充股本，合并公司。得旨：著责成盛宣怀加招华股，认真经理，以广成效（《皇朝续文献通考》卷三八八《实业考》）。

光绪三十四年（一九〇八年）三月癸巳，邮传部奏：……查萍潭一路，亦用官款修筑。前以该路系为运煤而设，暂由……盛宣怀一手经理。现萍乡煤矿，已奏明合并汉冶萍厂矿公司，专归商办，是官商股本，自应划清界限。……经总理盛宣怀与臣等面商，拟即改归臣部管辖，以符定制（《光绪朝东华录》卷二一五）。

（丙）漠河金矿

漠河金矿，俄人采之有利，我独亏损者，官私侵欺之故。清季，倪嗣冲奉命在黑龙江开垦，费数十万金，一无成就，移交时，仅余耕牛两头而已，地远苦寒，无人查究，与漠河同一欺罔。当时新政多类此。

光绪十二年（一八八六年）十二月二十八日，奉上谕：恭镗等奏，漠河金厂亟宜举办一折。……另片奏，吉林候补知府李金镛熟悉矿务，请饬派往会办等语。……臣查漠河金矿出产颇旺，往年俄人越境开采，华商间往收买金沙。自光绪十一年（一八八五年）秋间，派兵驱逐，孽芽未净。叠接出使大臣刘瑞芬函称，俄国官商，仍思集股采取，若不及早筹办，久必为人占据，贻患匪轻。惟地处极边，集资不易，得人尤难。当经恭镗奏派道员用候补知府李金镛前往查勘。……李金镛……于十一月杪来保定面禀，据呈章程十六条。……其中自备轮船、开通陆路、募勇保护、招回流民四条，于边防尤有关系。现拟仿照西国公司之法，招集股本二十万两，先行试办。惟近日商情困敝……年内外赶紧劝集，约不过六七万金，合之恭镗筹借库款三万两，仅得其半。……适有天津商人情愿出借，当即由臣代借十万两，以足二十万之数，一俟股分招齐，将借款陆续缴还，将来开办后，所获余利，除开支局用官利外，当以十成之三，呈交黑龙江将军衙门，报充军饷。应用矿师，询据山东平度州矿局道员李宗岱电禀，该局矿师美国人阿鲁士威，明年四月内可往漠河察勘。一面购置机器，建造厂屋，以备克期开工。前奉谕旨敕臣遴派干员，迅往勘办。臣查李金镛血性忠勇，不避艰险，向本随臣办事，经前吉林将军铭安，奏办珲春垦务，兼理中俄交涉事件，先后将及十年，边情最为熟悉。此次勘矿之便，恭镗派赴精奇里江南岸，与俄酋厘定四十八旗屯地界，尤能力持正议，动合机宜。现与恭镗往返函商，拟即饬令该员总办矿务。该厂地处极边，驿程稽滞，除重大事件，应禀商黑龙江将军酌夺，其余一切，准由该员相机妥办，以专责成。窃惟金矿之兴数十年来，竞推美之旧金山、英之新金山，及俄之悉毕尔部，皆系荒地，开采以后日臻繁殖，遂成都会。……查漠河一带山脉，正接俄境悉毕尔诸山，据称金苗长及五百里。李金镛所呈金样，成色尚佳，中外谓为金穴，似非无据。……今之新界，三面斗入，仅隔一江。彼方治兵招矿……伺隙蹈瑕，意殊叵测，漠河、奇乾河之间，尤所注意。漠河距将军都统所驻，均极窎远，而齐齐哈尔、墨尔根两城，且隔在内兴安岭之南，若不及早经营，诚为可虑。夫实边之计在人，聚人之计在财，该处林木富饶，地气本旺，特以极边寒苦，千余里荒僻，绝无人烟，若金矿一开，人皆趋利，商贾骈集，屯牧并兴，可与黑龙江北岸俄城声势对抗，外以折强邻窥伺之渐，内以植百年根本之谋。且因此自行轮船，则江西不令独占；开通山路，则军府不至远悬，此皆防患未萌而不容稍缓者也。现在开通运道工程，尤为紧要，必须借资兵力。应请敕下黑龙江将军，会商练兵大臣，派兵一二千名随往调遣。至经办各员……将来著有成效……恳恩准予从优保奖。……谨将李金镛筹议章程十六条，照缮清单，恭呈御览，下该衙议奏。寻议上，得旨：允行。……一、设局宜统筹也。雇矿师、购机器、盖房屋、置车辆、买牲口、设码头、招流民、募勇丁、造轮船、开山路，事多用繁，非筹足资本，无从入手……；一、股本宜招集也。……现议筹本二十万两，分作二千股，每股收天津行平化宝银一百两。……长年官利七厘，均于次年端节凭折支付……；一、开办宜定地也。勘得漠河在爱珲之西，江道一千五百余里。是处起旱七十里，即达金厂，地名元宝山。……高山中间，有溪河一道。……昔年俄人即在此溪两边盗挖。……惟溪身正脉，尚未挖及。西至奇乾、阿勒罕等河，均二百余里。东至阿木尔河下游口，三百余里。据俄人云，此道金脉，自额尔古纳河西山发源，经奇乾、阿勒罕，直至阿木尔河下游，计长五百余里。……兹拟就昔日俄人盗挖之处，先行开办。……卑府前此赴漠河所得金样，即在溪边之残沙内淘出，经美国化学师乐百时化炼，计一千分中得净金八百七十一分、银七十五分、铅、硫磺、铁五十四分。据该化学师称，此金可与美国旧金山之金并埒云；一、矿师宜妥延也。既用机器，即不能无矿师。……金脉，非老于矿学者未易推测。况漠河金厂，尚有数处，拟一面开办，一面即四出相度。……惟……本公司……僻在荒漠。……宜择用西国矿师之肯耐劳耐烦者。……如热河矿师之哲尔者、平度矿师之阿鲁士威，皆有本领。延订合同内声明，到厂后如无明效，不拘年限，即行辞换；一、事权宜归一也。……漠河金厂去齐齐哈尔省城陆路几二千里，内多人迹未到之地。……与俄界一江之隔，俄人久在漠河窃挖。今一旦收回，俄人眈眈逐逐之心，尤所莫测，此后交涉事件，势必常有。远道禀商，诚恐缓不济急，可否遇有小事，即由卑府相机酌量妥办。其重大事件，仍禀承北洋大臣、黑龙江将军核夺；一、轮船宜自备也。……爱珲至漠河，水路一千五百里，冬时犹可踏冰行车，夏则我无一舟可济，因之兵粮往来，不得不借坐俄轮，种种受其挟制。然此犹患之轻者，其大害则在漠河金厂久为俄人窃挖觊觎，此次卑府奉差前赴黑龙江左分界，俄员谆谆以税租金厂为托。今我一旦开采，彼不必违好兴戎，只须轮不我借，即粮无可运，金厂中人，便有束手待毙之虑。反复筹议，必须自备轮船，庶几有恃无恐，且于边防信息，亦可灵捷。……商请吉林机器局，代造小轮船二只，一上一下，专以拖带驳船为主。……并拟制造十二桨之小长龙船四只，以济轮船之不及。……黑龙江二千里内，尚未采得产煤之处，俄国轮船往来，俱用木柴代煤。……我轮往来……拟禀请黑龙江将军，恭将原设之卡伦一律整顿，就饬各卡兵，一体砍储木柴待用，立定章程给予价值……；一、机器宜购置也。……金生于沙，沙凝于冰，须先融冰而后得沙，淘沙而后见金。……佐以机器，则吸水淘金，事半功倍。……漠河之沙金，与矿金不同……仅需吸水、淘金、钻地等件，每副价值亦不甚巨。但定购之时……须求其至精至坚、可适久用者……；一、用人宜慎选也。……内地有用之才，孰肯谋食于负罪谪戍之乡？……今欲任用得人，非丰薪优奖，不足养其家而得其力。……且开办金厂，既藉以防边，又可抽助军饷。……非破格奖励，实不足昭激劝也；一、流民宜招回也。……前有流入俄境之华民，即昔日俄人盗挖时，招集之华民也。……若辈开矿，尚称熟手，自官兵驱逐后，绝其归途，俄人仍收作佣工……困苦备尝。今拟招回此项流民，仍为我用，并优给工食，勤加约束……；一、陆路宜开通也。查齐齐哈尔省城……至漠河……水路兼程，共二千三百五十里。……卑府亲率员弁，冒险……另探一路，由齐齐哈尔径达漠河，旱路仅止一千四五百里。……拟请拨兵一二千人，除底饷外，量予犒赏，开路宽以一丈为率，分哨定段，限日兴挑……约一年可竣，工竣即可安电线，置卡房……即以此项兵丁，分布要隘。……即不开矿，亦是边防要图；一、保护宜募勇也。查开办后，招集流民，动以千计。……加以强邻逼处，在在堪虞。存厂之款，既必不少，挖出之金，尤关重要。……必须另募一营，即在金厂内自行筹给口分，由总办为统领，用西法、西械，勤加训练，庶内可以资弹压，外可以与防兵联为一气，声势既壮，矿务、边务两有裨益；一、司账宜公举也。……收支事务，由股本最大者公举。……将来如有亏空、舞弊等情，一经查出，惟原荐主理直认赔……；一、股友宜助理也。……议定万金之股，或自驻厂，或派人驻厂。……如厂中有合宜职司，自当量才派事，开支薪水。如……无职司可派，仅能供给火食。……至于未满百股之友……准其二三人凑足百股……；一、局用宜节省也……；一、盈亏宜预计也……；一、余利宜分派也。……一切开支外若有盈余，作为二十成均分，内交黑龙江将军衙门六成，报充军饷。商股十成，本厂员友司事花红四成（《光绪朝东华录》卷八十七）。

官办之矿未有不赔者，故有十矿九空之谚。私办若湖南华昌锑矿，赢利最著，倏亦乌有。

新法开采各矿简表

矿名	矿址	资本	成立年	备考
奇乾河金矿局	黑龙江奇乾河		光绪十五年（一八八九）	民办官收

续表

矿名	矿址	资本	成立年	备考
观都金矿局	黑龙江观音山都鲁河	八〇〇〇〇元 三七七〇〇两	光绪十七年（一八九一）	民办官收
汉阳铁厂大冶铁矿	湖北汉阳大冶	五百数十万两	光绪十七年（一八九一）	官矿，廿二年改商办
湖南益阳锑矿	湖南益阳县西村	一四五六〇〇两	光绪二十二年（一八九六）	官矿，卅年改商办
湖南官矿经理处（金）	湖南平江县黄金洞	三〇〇〇五〇两	光绪二十三年（一八九七）	官办
焦作煤矿	河南修武县清化镇	一二四二八二二镑	光绪二十三年（一八九七）	官督中英商办
热河平泉金矿	热河平泉州密云乡		光绪二十五年（一八九九）	官矿，宣统间改商办
井陉矿务局（煤）	直隶井陉县冈头村	五〇〇〇〇〇两	光绪二十九年（一九〇三）	官督中德合办，资本各半
六河沟煤矿	河南安阳县观台村	二〇〇〇〇两	光绪二十九年（一九〇三）	官督商办
临城矿务局（煤）	直隶临城高邑内丘	三〇〇〇〇〇〇佛郎	光绪三十一年（一九〇五）	中比合办，资本各半
甘河煤矿局	黑龙江嫩江县甘河九峰山	一三六〇〇〇两 三六〇〇〇元	光绪三十一年（一九〇五）	官办
金怀马煤矿局	黑龙江呼兰河沿岸金怀马	五〇〇〇〇两	光绪三十一年（一九〇五）	官办
陕西延长石油矿	陕西延长县西	二九〇〇〇〇两	光绪三十二年（一九〇六）	官办
湖南官矿经理处（铅、锌）	湖南常宁水口山	约五〇〇〇〇〇两，不动产在外	光绪三十三年（一九〇七）	官办
同右	常宁县松柏炼厂	七一六〇〇两		官办

续表

矿名	矿址	资本	成立年	备考
同右（锑）	新化县锡坑山	五〇〇〇〇两		官办
富贺官矿局（煤）	广西富川县西湾	五九五〇〇〇两	光绪三十三年（一九〇七）	官办
余干官矿局（煤）	江西余干县枫港	约二〇〇〇〇〇元	光绪三十三年（一九〇七）	官办
吉林金矿	吉林密山兴隆沟	小洋一万元	光绪三十四年（一九〇八）	民办官收
库玛尔河金矿局	黑龙江呼玛县库玛尔河		光绪三十四年（一九〇八）	民办官收
吉林铜矿	吉林盘石县石咀山	银三〇〇〇〇两 钱二十五吊	光绪三十四年（一九〇八）	官办
田坪金矿局	四川盐源县田坪	四〇〇〇〇元	光绪三十四年（一九〇八）	官办
个旧锡务公司	云南个旧县马落革	商股二五四〇〇〇〇元 官股七六〇〇〇〇元	宣统元年（一九〇九）	官商合办
宝华公司（锑）	云南文山茅山阿迷都丘	官股一七五〇〇〇元 商股五九五〇〇元	宣统元年（一九〇九）	官商合办
富贺官矿局（锡）	广西富川贺县	一三六〇〇〇元	宣统元年（一九〇九）	民办官收
本溪湖煤铁公司	奉天本溪湖庙儿沟	五一五〇〇〇〇元	宣统二年（一九一〇）	官督中日合办，资本各半
铜仁官矿局（锑）	贵州铜仁梵净山等处		宣统二年（一九一〇）	民办官收
彭县铜矿局	四川彭县大宝山	四一〇〇〇两	宣统三年（一九一一）	官办
京张铁路局煤矿	直隶宣化县鸡鸣山	五〇〇〇〇〇两	宣统三年（一九一一）	官办

续表

矿名	矿址	资本	成立年	备考
瑷黑官商合办公司	黑龙江呼玛县余庆沟	四〇〇〇〇卢布	宣统三年（一九一一）	民办，官商合收
附注	据丁文江《中国官办矿业史略》作。			

（5）纺织

张之洞以缫丝、纺纱、织布与铁厂合称四厂，以经理不善，亏空官钱局之款，至一亿余串之多。

（甲）缫丝

义、法等国，讲求种桑养蚕之法。……抽缫专用机器，匀净精细。即丝质不佳，一经缫出，无不精好。近十年来，上海、广东等处商人，多有仿照西法，用机器缫丝者。较之人工所缫，其价顿增至三倍，专售外洋，行销颇旺。于光绪十二年（一八八六年），曾经海军衙门咨行粤省，劝导商民广为兴办在案。湖北产丝甚多……臣将湖北蚕茧寄至上海，用机器缫出，质性甚佳，与江浙之丝，相去不远。亟应官开其端，民效其法，庶可以渐开利源。……查有候选同知黄晋荃，家道殷实……久居上海，其家开设机器缫丝厂有年，且在汉口设有丝行。……当饬委员与之筹商，由该职员承办，先酌借公款试办。……查善后局尚存……款银三万两，又提盐道库外销款银一万两……先订购缫丝二百盆之机器，酌买蚕茧，于湖北省城望山门外，购地设厂，并派工匠赴沪学习，先行试办。其厂地、厂屋及马力汽机，可供三百盆之用。……即委黄晋荃办理。……计十二月内，厂、机俱可造竣安齐，开工缫制。……奉上谕："张之洞奏鄂省……添设机器缫丝……片，业经批谕，照所请行矣。"（《张文襄公奏稿》卷二十二《开设缫丝局片》）

（乙）织布

各国通商以来，进口洋货日增月盛。核计近年销数价值，已至七千九百余万两之多，出口土货年减一年，往往不能相敌。推原其故，由于各国制造均用机器，较中国土货成于人工者，省费倍蓰，售价既廉，行销愈广。……查进口洋货，以洋布为大宗，近年各口销数，至二千二三百万余两，而中国银钱耗入外洋者，实已不少。臣拟遴派绅商，在上海购买机器设局，仿造布匹，冀稍分洋商之利。……据三品衔候选道郑官应、三品衔江苏补用道龚寿图，会同编修戴恒，妥细筹拟，据禀估需成本银四十万两，分招商股足数。……先在上海设局试办，派龚寿图专办官务，郑官应专办商务，又添派郎中蔡鸿仪、主事经元善、道员李培松会同筹办。该道等延聘美国织布工师丹科到沪，据称中国棉花抽丝不长，恐织不如式，必须就花性改制织机。已与订立合同，令其携带华花赴美各厂试织，酌购机器，本年夏秋之交，即可回华开办。查泰西通例，凡新创一业为本国未有者，例得畀以若干年限。该局用机器织布，事属创举，自应酌定十年以内，只准华商附股搭办，不准另行设局。其应完税厘一节……拟俟布匹织成后，如在上海本地零星销售，应照中西通例，免完税厘。如由上海径运内地，及分运通商他口转入内地，应照洋布花色，均在上海新关完一正税，概免内地沿途税厘，以示体恤。如日后运出外洋行销，应令在新关完一出口正税。若十年后销路果能渐畅，洋布果可少来，再行察酌另议。此系中国自主之事，自可特定专章，无虞洋商藉口（《李文忠公全书·奏稿》卷四十三《试办织布局折》）。

臣于光绪八年（一八八二年），因华商禀请，分招商股，在于上海设立机器织布局。……上年复派绅商添筹资本，建厂开机，每日夜已能出布六百匹，销路颇畅。……乃据江海关道禀报，九月初十日，该局清化厂起火。……厂、货被焚。……查洋货进口，以洋布、洋纱为大宗。光绪十八年（一八九二年），洋布进口值银三千一百余万两，洋棉纱进口值银二千一百余两，中国出口丝、茶价值，不能相抵。布缕为民间日用必需，其机器所纺织者，轻软匀净，价值尤廉，故远近争购。……是以因势利导，不得不用机器仿造。……此事断难中止，亦难缓图，应仍在上海另设机器纺织总局，筹集款项，官督商办，以为提倡。……臣查津海关道盛宣怀，历办轮船招商局，及各省电报局，著有成效。……现值津河将封，关榷事简，拟派暂行赴沪，会同江海关道聂缉椝，商明前办绅商，将前局妥为结束，截清界限，分筹资本，一面规复旧局，一面设法扩充（《李文忠公全书·奏稿》卷七十七《重整上海织布局片》）。

（丙）纺纱

窃查上海机器织布局，上年九月间被焚。……当饬津海关道盛宣怀……暂行赴沪，会同江海关道聂缉椝……一面招徕新股，仍就织布局旧址设立机器纺织总厂，名曰华盛。另在上海及宁波、镇江等处，招集华商，分设十厂，官督商办。总厂请办纱机七万锭子，布机一千五百张，各分厂请办纱机四万锭子至二万锭子不等。其有兼办织布者，请办布机五百张至二百张不等。统共纱机三十二万锭子，布机四千张。合之湖北官办纱机八万锭子，布机一千张，共成纱机四十万锭子，布机五千张。如果纱布畅销，机器全行开办，约计每日夜可出纱一千包，出布一万匹。每纱一包，通扯售银六十两，每年约得纱价银一千八百万两。每布一匹通扯售银二两五钱，每年约得布价银七百五十万两。上海华盛总厂及华新、大纯、裕源数厂，现已购机建厂，先行开办。其余各厂，亦经陆续措置，商情尚形踊跃。……应请饬下总理各国事务衙门立案，合中国各口综计，无论官办商办，即以现办纱机四十万锭子、布机五千张为额，十年之内，不准续添，俾免壅滞。至洋商贩运机器，在中国口岸改造土货，本系条约所无，前准总理衙门咨行，洋商贩运机器，有关华民生命，有碍华民生计之物，又为税则所不载者，不准进口。……洵为思患预防之计。纺织机器，华商既经限定额数，如果洋商贩运轧花、纺纱、织布及棉子榨油机器进口，自行制造，实有碍华民生计，臣已咨明总理衙门饬令关道税务司，查明禁止。……臣仍督饬现设各厂绅商，讲求种棉之法，徐图纺织细纺厚布，以期开拓利源，渐敌洋产（《李文忠公全书·奏稿》卷七十八《推广机器织局折》）。

北洋大臣李鸿章，于上年冬间，奏派津海关道盛宣怀，在上海招商添设纺纱厂。……鄂省地处上游，于行销西南各省尤便，自应仿照，一律扩充。……现已招集商股，订讲纺纱机器，即在鄂省文昌门外附近织布局，购地添设南北两纱厂。……订购新式上等精利机器，全副纺纱九万七百余梃，以及电气灯、通风、洒水、灭火、打包、自来水各项机器，一切应用零件，至购地造厂工料，均招商股筹办，大率系官商合办。……奉朱批：著照所请（《张文襄公奏稿》卷二十二《增设纺纱厂折》）。

（十二）外患之迭乘

同治三年，清廷藉湘、淮军之力，以覆太平天国。自后山东、河南之捻亦终破灭，因得次第平定陕、甘、云、贵，清室垂亡之局，始得维系于不坠。然不五十年，清遂以亡，盖湘、淮军军资器械率资之侵略者，实阴受其操纵，内宁必有外忧，乃意中之事。光绪一朝，外患迭乘，几于无岁无之。对日有台湾高山族与琉球改属两事，对英有云南马嘉理事件，对俄有收回伊犁事件，交涉经年，委曲迁就，仅免于战。中法、中日两次用兵，耗竭国帑无算。甲午、庚子两次赔款，竭数十年之力，不足以偿。加以丧权辱国，人民怨恨，遂起而革命矣。

（1）对外战争

（甲）中法之战

法侵入安南北圻，中国不能不仗义执言，朝议多主战。政府与李鸿章虽稍为战备，而意偏于和。及徐延旭、唐炯不战而溃，乃罢黜军机恭王等，以礼王等代之，而命醇王以会同商办为名，实则总理国事，大修战备。和战之策不定，交涉与备战并行，不过欲保全体面，以较好条件议和。法人亦愿和，李鸿章乃与之订草约五条于天津。未几，法人背约，以海军侵扰基隆、澎湖，清廷遂下诏宣战。冯子材谅山大捷，杀其统将尼格里。子材愿具结于一年内攻复全越，清廷执持不坚，竟仍照天津五条成约停战。前敌将士大愤，几拒朝命。然已成之局，莫能挽也。自后清廷始设海军衙门，兴办海军，而台湾亦规建省制焉。

法之侵越

法以南亚为利源所在，英既经营印度，荷有南洋群岛，故以全力经营越南，与英、荷相抗。先由传教以夺矿厂之利，继遂干涉越南内政，乘其内争，加以援助操纵，时复构兵，以勒索酬报。同治元年成约，割越南南圻之嘉定、边和、定祥外三省以和。十二年，再开兵衅，又割永隆、安江、河仙内三省以和。于是南圻尽为法有。光绪八年，法人欲自红河上溯，以通云南商务。时刘永福为三宣副提督，辖宣光、兴化、山西三省，自驻保胜，设卡抽税，以供军饷。永福本太平天国旧人，入越倡黑旗军。善战，屡为法人梗阻，且时创之，法人大恨。是年三月，以兵船攻入河内。九年二月，进陷南定、河阳及广安、宁平二省。七月，遂与越南王阮福昇成立新约十七条，尽攫越南权利。

先是，明季有法兰西天主教徒，布教来安南。康熙五十九年，法兵舰俄罗地号泊交趾，士官三人登陆至平顺省，土人缚而献之王。舰长与教师商，以重金赎归。此为法、越交涉之始。乾隆十四年，法王路易十五命皮易甫亚孛尔者为全权大臣，至顺化府谋通商，国王不许。乾隆十八年，越人大戮天主教徒。乾隆五十一年，越内乱，阮岳自称王，阮光平使其子景叡诣法国乞援。翌年，遂定法越同盟之约，割昆仑岛之茶麟港于法。未几，爽约。嘉庆二十五年，法舰来越南测量海口，国人激王杀法人狄亚氏。道光二十七年，法人以兵舰至茶麟港，大败越军，至是年（咸丰八年），遂径夺西贡，越南第一都会也。……同治元年（一八六二年），法国拿破仑第三以海军大举伐越南，夺茶麟港，约割下交趾边和、嘉定、定祥三省，开通商三口，赔偿二千万佛郎，许其和。嘉定省即西贡所在也。……八年（一八六九年）……法人割取越南国安江、河仙、永隆三省，自是下交趾六省悉隶法版（《清史稿·属国传二·越南传》）。

（光绪）九年（一八八三年）……十一月，贼酋阮四、陆之平、张十一等复踞高平省，越王复恳出师，帝命冯子材再督军出关。……十年夏，冯子材次龙州。……十一年（一八八五年）……冯子材亦调回防边。十二年，华军将撤，法人突以兵船至河内省。国王咨称华总兵陈得贵派队押令放入。刘长佑据情奏闻，朝命革职提讯。法人遂招中国散勇及云南边境不逞之徒攻越南各省，其守臣多降。……是年（十三年，一八八七年），法人逼令越南王公布天主教及红河通航二事，红河即富良江也。旋又以保商为名，派兵驻守河内、海防诸地，且求开采红河上流矿山（《清史稿·属国传二·越南传》）。

中国之备战

《法越新约》既立，清廷以中、越有多年历史关系，不能听法人宰割，向法抗议，力拒《新约》。同时结纳刘永福，资以饷械，使为前驱，并于云南、广西增军。旋命广西巡抚徐延旭率师出关，进驻北宁；云南巡抚唐炯出关，进驻山西，为永福声援。仍与法交涉，保存越南王国，及中国在北圻画界为守之事。而徐延旭、唐炯之众先后溃退，北宁、山西失守。清廷乃尽易秉政者，逮治徐延旭、唐炯诸人，大修陆、海之防，以岑毓英自云南出关，张之洞、彭玉麟任粤事，潘鼎新、冯子材任桂事，刘铭传任台湾之事，而意仍在和。十年四月，李鸿章遂与法国福禄诺签订五款于天津，大约一停战，二法不索兵费，三不损中国威望体面，四通商，五划界。所谓第三条，盖指中、越关系而言，颇受议者指摘，以为中国失策也。

（法兵）至太原省，守臣招刘永福（兴化省保胜贼首）相助。法兵至，永福设伏败之，擒其帅安邺，法人败退河内省，与王和。王遣其臣阮文祥与议，法人遂建馆河内，并于白藤海口设关收税。初，贼首黄崇英……刘永福素不相能，永福降，越南王授以三省提督之职，黄崇英踞河阳为盗自若。十三年，刘长佑遣刘玉成将左军十营，道员赵沃将右军十营，由镇安府出关讨黄崇英。……光绪元年……七月，擒黄崇英戮之。二年春，班师（《清史稿·属国传二·越南传》）。

光绪八年（一八八二年）五月……刘长佑奏……嗣后得……统领防军提督黄桂兰报称，刘永福驰赴山西与总督黄佐炎等，商画御敌之策，道经谅山来见，该提督晓以忠义，感激奋发。据称分兵赴北宁助守，保胜有伊防军，万不使法人得逞。惟兵力不足，望天朝为援（《光绪朝东华录》卷四十八）。

吏部主事唐景崧，自请赴越南招抚刘永福。……先至粤谒曾国荃，韪其议，资之入越。见永福，为陈三策，言："越为法逼，亡在旦夕，诚因保胜传檄而定诸省，请命中国，假以名义，事成则王，此上策也；次则提全师击河内，驱法人，中国必助之饷，此中策也；如坐守保胜，事败而投中国，此下策也。"永福曰："微力不足当上策，中策勉为之。"（《清史稿·属国传二·越南传》）

（光绪）十年……刘永福谒岑毓英于嘉喻关，毓英极优礼之，编其军为十二营。法军将攻北宁，毓英遣（唐）景崧率永福全军赴援，桂军黄桂兰、赵沃方守北宁。山西之围，桂兰等坐视不救，永福憾之深。……法兵进逼北宁，黄桂兰、赵沃败奔太原，刘永福亦坐视不救（《清史稿·属国传二·越南传》）。

刘永福，字渊亭，广西上思人。……幼……率三百人出关，粤人何均昌据保胜，即取而代之。所部皆黑旗，号黑旗军。同治末，法人陷河内，法将安邺构越匪黄崇英谋占全越，拥众数万，号黄旗。越王谕永福来归，永福遂绕驰河内，与法人抗，设伏以诱斩安邺，覆其全军。法人大举入寇，永福军频挫。越人惧，乃行成，而授永福为三宣副提督，辖宣光、兴化、山西三省，设局保胜，榷厘税助饷。有黄佐炎者，越驸马，以大学士督师。永福数著战功，匿不闻，永福衔之。越难深，国王责令佐炎发兵，六调永福不至，然越王始终思用之。光绪七年（一八八一年），法人藉词前约互市红河，胁越王逐永福。越王佯调解，而阴令勿徙。法大怒，逾岁，入据河内。永福愤，请战，出驻山西，径谅山，谒提督黄桂兰，乞援助。会唐景崧至，面陈三策，永福曰："微力不足当上策，中策勉为之！"朝旨赏十万金犒军，永福入资为游击。战怀德纸桥，阵斩法将李威利，越王封一等男。既又败之城下，法人决堤淹其军，越人具舟拯之出，退顿丹凤，与法人水陆相持，苦战三日，部将黄守忠攻最力。敌大创，乃浮舰攻越都，悬万金购永福，越乞降。永福欲退保胜，黑旗军皆愤懑，守忠自请以全师守山西，功不居，罪自坐，永福乃不复言退。无何，闻法军至，遂出驻水田中，而军已罢困，及战，大溃，退保兴化。九年（一八八三年），法人要议越事，岑毓英力言土寇可驱，永福断不宜逐，上韪之，命永福相机规河内，并济以饷。十年（一八八四年），毓英次嘉喻关，永福往谒，毓英极优礼之，编其军为十二营。法人闻之，改道犯北宁。永福驰援，径永祥金，英、法教民梗阻，击却之。比至，粤军已大溃，永福夺还扶朗、猛球炮台。俄北宁失，力不支，再还兴化。复以粮运艰阻，改壁文盘洲大滩，候进止。毓英奏言："永福为越官守越地，分所应为，若畀以职，将来边徼海澨，皆可驱策。"于是擢提督，赏花翎。而李鸿章坚持和议，犹责其骚动。已而和局中变，上令永福军先进。法人扰宣光，永福窖地雷待之，连日隐卒以诱敌，不敢出。复徙营逼城，三战皆利。敌援至，毓英遣水师溯河而上，永福夹流截击，夺其船二十余艘，斩馘数十级，法人愕走。逾月，法舰入同章，毓英遣将分伏河东西，永福居中策应，两岸轰击，败之，复以全力扼河道。十一年（一八八五年），法军攻左域，守忠失同章不守，诸军败挫，永福退浪泊。停战诏已下未至，犹大捷临洮。论胜宣、临功，赐号依博德恩巴图鲁。和议成，法人要逐如故。张之洞令永福驻思钦，不肯行。景崧危词胁之，乃勉归于粤，授南澳镇总兵（《清史稿》列传二五〇《刘永福传》）。

曾纪泽……疏云："伏察法人觊觎越南，蓄意已久，缘该国初据西贡、柬埔寨等处之时，满意澜沧江、湄南河可以直通云南。其后见该二水浅涸多处，不能通舟，遂欲占据越南东京，由富良江入口，以通云南，添

开商埠。……上年……照会法国外部，总理衙门历年未认法越所订条约之意，剀切声明。”（沈桐生《光绪政要》卷七）

光绪八年（一八八二年）夏四月……己巳，以曾国荃署两广总督（《光绪朝东华录》卷四十七）。

五月……丁亥，命刘长佑等，饬令道员沈寿榕，带兵出境，与广西官军联络声势，保护越南（《光绪朝东华录》卷四十八）。

壬辰……召刘长佑入觐，以岑毓英署云贵总督，张兆栋署福建巡抚（《光绪朝东华录》卷四十八）。

壬子，刘长佑等奏：……越国自三月初八日失东京后，尚无紧要探报情形。……连日接据……沈寿榕……等禀称，探闻法人破东京后，退驻轮船，每日添兵，并潜招群盗，悬赏格万金购刘永福、十万金取保胜州。又法领事于破城后，至商政衙门，劫掠一空。传文知照各商，出入货税，另有新章。现仍调取陆军，造成拖船，为西取保胜之计。现在越王派兵部侍郎陈廷肃，接署河内总督。遣吏部尚书阮正等抵山西，与黄佐炎等筹商事件，各省巡抚、布、按大半同黄佐炎、刘永福之议，愿与决战。……其河内探报云，法人恐援兵猝至，当释所获之河内巡抚，交还城池仓库，巡抚不受。……乃转交该国按察使宗室阮霸，复将东京城用火药尽行轰毁，以免越人复聚，且省力分守。其轮船或东下海阳，或分驶广南、西贡，俟添兵既集，从事上游等情。臣等伏查法人已焚掠东京，狡谋操纵越南诸臣，决计主战。……山西为上通云南扼要之地，该国官军能于该省悉力抵御，微特滇、粤边防可保门户，即越南大局亦尚有振兴之期。而粤督与总署所议区画北圻一策，更可乘势早图，以杜窥伺。然越国受制已久，人心恇怯。此次决战山西，期于必胜，稍有挠败，不堪设想。盖该省有失，则法人西入三江口，不独保胜无复障蔽，而滇省自河底江以下，皆须步步设防，益形劳费。且越臣主战者虽多，而中无所恃，必有疑虑之意，改图和议，一授以保胜，则滇边接连，通商之议哓哓。……以事机而论，中国有万难坐视之处，且不可待山西有失，始为事后之援。……滇、粤两军，当联络声势之意，一俟得有机要，即当奉命出关。……上谕："……著刘长佑、杜瑞联，就现在兵力密为布置。……曾国荃、岑毓英……著俟抵任后，各将该省水陆边防事宜，悉心规画，通筹全局，彼此联络声势，会商办理。"（《光绪朝东华录》卷四十八）

先是，刘长佑命藩司唐炯，率旧部屯保胜。曾国荃至粤，命提督黄得胜，统兵防钦州。提督吴全美率兵轮八艘，防北海。广西防军提督黄桂兰、道员赵沃，相继出关。所谓三省合规北圻也（《清史稿·属国传二·越南传》）。

光绪九年（一八八三年）八月……己巳……上谕："……法、越构兵一事，法人自攻占顺化河岸炮台后，迫胁越南议约十三条，该国情形危急。法使脱利古现乘兵船来京，并有以大队兵船至广东寻衅之说，恫喝要求，诡计叵测。南、北洋防务均关紧要，亟须实力筹办，以期有备无患。"（《光绪朝东华录》卷五十五）

时法人要中国会议越事，谕滇、粤筹画备议。法使宝海至天津，命北洋大臣会商越南通商、分界事宜（《清史稿·属国传二·越南传》）。

滇、粤之出师也，名为防备土匪，实欲牵制法人，保我边境，是隐然自认保护之意。今法、越相持，日久不下，法廷议院必欲添兵益饷，以图一逞，刘永福终难孤注。若中国不复过问，恐其乘胜席卷北圻，边境亦有唇齿之患。法使宝海欲从中调停，实无他意，故译署与敝处，因所请而允为会商。……译署叠函及腊月初十日寄谕奉到，想尊处必妥细筹覆矣。保胜为通商总口，是否相宜？应由滇省主政核复，则刘永福如何安置，滇中当一并筹及。彼所驻扼，实当滇边门户也。粤西只应度量情势，能保护至越南何省何处为止耳。……论越为中国属国，全境皆应归中国保护，此乃泰西通例。然中国自古朝贡之邦，不搀与其内政，更无保护明文。今越之南圻，早为法有，骎骎蚕食而北，若不趁此时划定鸿沟，设竟扰及边界……为患益长，及今明立限制，边疆可期永固，而越土不至为琉球之续。越之利亦中国之利也。至尊虑异日或有要挟背盟之事，我当专受其责，此亦不可不防。意者但以近边某处至某处为保护之界，绘图贴说，由译署转交会议大臣，与法使商办可乎？法已续调水陆兵若干至西贡，专俟明春会商中国定界后，彼兵但派往所应巡防界内，保护红江通商。盖同治十三年法越定约，由红江通商，而久为刘永福所阻，决不甘心。……其咎固在越不在法也。……宝使候该国来文，正月可到，必将特派会商。傥滇、粤豫有成议，法使不大费唇舌，或可克期定约（《李文忠公朋僚函稿》卷二十《复倪豹岑中丞》）。

于是中、法和议起。四月，李鸿章与法总兵福禄诺在天津商订条款，谕滇、桂防军候旨进止。鸿章旋以和约五款入告，大略言："中国南界毗连北圻，法国任保护，不虞侵占。中国应许于毗连北圻之边界，法、越货物听其运销，将来法与越改约，决不插入伤中国体面之语。"朝旨报可，予鸿章全权画押。既而法公使以简明条约法文与汉文不符相诘，帝责鸿章办理含混……法使即藉端废约（《清史稿·属国传二·越南传》）。

对法之宣战

五条既定，法人藉口撤兵及法军有死亡者，遽尔败约，索赔兵费九千万法郎。光绪十年七月，清廷乃下诏宣战。

（六月）以法人失和，布告各国。七月，法公使谢满禄下旗出京（《清史稿·属国传二·越南传》）。

七月己酉，谕："越南乃我大清封贡之国，二百余年，载在典册，中外咸知。法人狡焉思逞，肆志鲸吞，先据南圻各省，旋又进据河内等处，戮其民人，利其土地，夺其赋税。越南向本暗懦苟安，私与立约，并未奏闻，挽回无及，越亦与有罪也。是以姑予包涵，不加诘问。光绪八年冬间，法使宝海在天津，与李鸿章议约三条，当饬总理各国事务衙门会商妥筹。法人又撤使翻覆，我存宽大，彼益骄贪。越之山西、北宁等省，为我军驻扎之地，清查越匪，保护藩属，与法国绝不相涉。本年二月间，法兵竟来扑犯防营，当经降旨宣示，正拟派员进取，力为镇抚。忽据该国总兵福禄诺先向中国议和，其时该国因埃及之事，岌岌可危，中国明知其势处迫逼，本可峻词拒绝，而仍示以大度，许其行成，特命李鸿章与议简明条约五款，互相画押，谅山、保胜等军，应照议于定约三月后调回。迭经谕饬各该防军扼扎原处，不准轻动开衅，带兵各官奉令慎谨。乃该国不遵定约，忽于闰五月初一、初二等日，以巡边为名，在谅山地方直扑防营，先行开炮轰击，我军始与接仗，互有杀伤。法人违背条约，无端开衅，伤我官兵，本应以干戈从事，因念订约通好二十余年，亦不必因此尽弃前盟，仍准总理各国事务衙门，与在京法使往返照会，情喻理晓，至再至三。闰五月二十四日，复明降谕旨，照约撤兵，昭示大信，所以保全和局者，实属仁至义尽。如果法人稍知礼义，自当翻然改图，乃竟始终怙过，饰词抵赖，横索无名兵费，恣意要挟，辄于六月十五日，占据台北基隆山炮台，经刘铭传迎剿获胜，立即击退。本月初三日，何璟等甫接法领事照会开战，而法兵已自马尾先期攻击，伤坏兵商各船，轰坏船厂，虽经官军焚毁法船二只、击坏雷船一只，并阵毙法国兵官，尚未大加惩创。该国专行诡计，反复无常，先启兵端，若再曲予含容，何以伸公论而顺人心？用特揭其无理情节，布告天下，必晓然于法人有意废约，衅自彼开。各路统兵大臣及各该督、抚，整军经武，备御有年，沿海各口，如有法国兵轮驶入，著即督率防军，合力攻击，悉数驱除。其陆路各军，有应行进兵之处，亦即著赶速前进。刘永福素抱忠怀，而越南昧于知人，未加拔擢。该员本系中国之人，即可入为我用，著以提督记名简放，并赏戴花翎，统率所部，出奇制胜，将法人所占越南各城，迅图恢复。凡我将士，奋勇立功者，破格施恩，并特颁内帑奖赏。退缩贻误者，立即军前正法。朝廷于此事，审慎权衡，总因动众兴师，难免震惊百姓，故不轻于举发。此次法人背约失信，众怒难犯，不得已而用兵，各省团练，众志成城，定能同仇敌忾。并著各省督、抚，督率战守，共建殊勋，同膺懋赏。此事系法人背盟肇衅，至此外通商各国，与中国订约已久，毫无嫌隙，断不可因法人之事，有伤和好。著沿海各督、抚，严饬地方官及各营统领，将各国商民一律保护。即法国官、商、教民等，愿留内地安分守业者，亦饬一律保护。倘有干预军事等情，一经察出，即照公例惩治。各该督、抚，即晓谕军民人等知悉，倘有藉端滋扰情事，则是故违诏旨，妄生事端，我中国兵民必不出此。或有纠匪报复，即著严拿正法，毋稍宽宥。当体朝廷保全大局至意，将此通谕知之。”（《光绪朝东华录》卷六十三）

中国海上空虚无备，法将孤拔率海军炮击马尾船厂，张佩纶败逃，诿为敌众我寡，南洋不肯救援。法海军复攻据基隆、澎湖，为要挟地步。刘铭传孤悬海外，甚赖台人林朝栋自募义勇，并捐助饷项，以力抗法人。然法不扰上海等通商口岸，知英、法实有默契。

六月……壬辰，谕：“……法人坚索巨款，万难允许。本月十五日，台北、基隆炮台被其攻占，殊堪发指。”（《光绪朝东华录》卷六十二）

五月，（刘铭传）行抵台北。六月，法人来犯，毁炮台。铭传以无兵舰不能争锋海上，诱之登陆，与战于基隆，斩法酋三人、兵百余，夺纛二、军械数十件（《清史列传》卷五十九《刘铭传传》）。

八月……癸酉，张佩纶奏：法提督孤拔以轮船驶入马尾，窥伺船厂。闰五月二十八日，臣亲率黄超群两营，驻防马尾。其时法船仅五艘。……六月二十日以后，彼合口内外常有十二三艘。……（七月）初三日……未刻，而法人炮声作矣。……是日，法以潮大风顺，于口外骤入一大船，发炮为号，猛攻我军。……以六艘截振威、飞云、济安于下，而以五大轮一鱼雷船合攻扬武，比臣至山，则扬武已为敌鱼雷所碎。法船方围攻福星，该管驾陈英转捩甚灵，放炮亦捷，酣战不退，两蚊船用炮助击，相持至一时之久，一大船中炮退驶，他船亦皆桅斜枝洞。奈船大小过悬，众寡不敌，未几，而该船及两蚊船相继沉毁，伏波、艺新亦各中炮，驶上中歧。则我上流之船已没，其下流之船，法以双桅三筒鸟波铁船为最大，振威为其所挤，立断为两。飞、济二轮还炮之声，犹相应答，法驶一鱼雷船近之，则骤为我台上一炮所中，立没于水，而鸟波亦为我炮攒击火药舱，立时焚没。飞、济两艘，即带火流下，则高腾云已为炮击而死。我所余之艇哨各船，及所制雷船与木牌引火之具，以潮力抵牾，逆激不能上，皆为法乘胜轰击都尽，并泊近厂河之商船亦焚。计焚法一轮，坏一轮，沉一雷船。我则七兵轮、两商船及艇哨各船均烬，惟余伏波、艺新两轮，少受伤损，即行驶回（《光绪朝东华录》卷六十四）。

十年，法衅起，我购制镇远、定远诸船已毕工，尚未来华。法水师将孤拔，乘我海军未成，以铁木战舰十余艘，纵横南洋，攻夺我台湾之基隆。时我扬武、济安、飞云、伏波、福星、振威、艺新、永保、琛航、福胜、建胜兵轮十一艘，驻福建马江口内，侍讲学士张佩纶方以会办闽防驻船政局，意气甚盛。而法舰亦入马江，与我兵船相错寄椗。佩纶不先发，又不设备，法猝开炮，毁我船政局，我扬武九舰歼焉，惟伏波、艺新幸免。法舰乃突出长门，复追击我援台兵轮澄庆、驭远，沉于石浦港。未几，法款局成（姚锡光《东方兵事纪略》卷四）。

陆路于十一年正月失守谅山，法军进攻镇南关，形势岌岌。二月，冯子材出关，一战大胜，尽复失地。自有对外战争以来，此为第一次奇捷矣。

（十一年）三月，命湖南巡抚潘鼎新，办广西关外军务。……法军由北宁进据兴化。……帝令关外整军严防。……法兵欲巡视谅山，抵观音桥，桂军止之。……法将语无状，遂互击，胜之。奏入，谕进规北宁，责法使先行开炮。……八月，谕岑毓英督饬刘永福及在防各营规复北圻，并谕潘鼎新饬各军联络声势，分路并进。提督苏元春与法军战于陆岸县，败之。十月……苏元春与法人战于纸作社，阵斩法兵官四人。十一月，王德榜军大败于丰谷。……唐景崧与刘永福、丁槐军攻宣光，力战大捷，优诏褒之。十二月十九日，法兵攻谷松。……苏军败退威坡，谅山戒严。帝命冯子材帮办广西关外军务。二十九日，法军攻谅山，据之。……冯子材与法军战于文渊，互有杀伤。十一年正月初九日，法兵攻镇南关，轰毁关门而去，提督杨玉科战殁。……彭玉麟请调冯子材军防粤。……（潘）鼎新师久无功，褫职，以李秉衡护理广西巡抚，苏元春督办广西军务。法兵既毁镇南关……广西全省大震。子材至，乃力为安辑（《清史稿·属国传二·越南传》）。

杨玉科战殁，总兵董履高受重伤，诸军多溃，法兵焚关进。翌日，子材至南关，建议于关内十里之关前隘，跨东西两岭间，督所部筑长墙三里余，外掘深堑，为扼守计。营于半岭，令（总兵）王孝祺军屯于后半里，为犄角。当是时，苏元春、陈嘉军屯幕府，在关前隘后五里。蒋宗汉、方友挎军屯凭祥，在幕府后三十里。潘鼎新军屯海村，在幕府后六十里。魏纲军屯艾瓦，防艽封，在关西百里。王德榜军屯油隘，防入关旁路，在关东三十里，独子材一军当中路前敌。得越南人密报，法兵将出扣波，袭艽封，攻牧马，绕出南关以北，欲断唐景崧、马盛治两军归路。子材遣五营扼扣波以待，法兵至，突出奋击，获其驮军火大象一，擒匪党二，法兵败退；复来争，再击却之。乃率王孝祺军出关，袭破其二垒，法兵多死，败走。法人既败，悉起谅山之众并力入关，直扑关前隘长桥，子材告诸将曰："法兵再入关，有何面目见粤民！"诸将皆愤甚，誓与俱死。法军以开花炮队循东西两岭进，以枪队扑中路，又以越南人皆冯军内应，自以真法兵居前，黑兵次之，越南散匪又次之，炮声远闻七八十里，山谷皆鸣。枪弹积阵前，厚者至寸许。我军死战，伤亡殊多。……法军炮最猛。子材与诸统领约，有退者立诛之，复于各路设卡，截杀逃者。子材与王孝祺各刃退卒数十人，敌势狂悍致死，已薄长墙，或已越墙而入。子材年近七十矣，短衣草履，持矛大呼，跃出长墙，率二子相荣、相华搏战。诸军见子材如此，无不感奋。关外游勇，客民千余，闻子材亲出阵，皆来助战。……于是法兵鏖战两日，弹炮已尽，后队军火又被截，惶惧无措，遂大奔。我军阵斩三画、二画、一画数十级，一画、二画者各队之头目也。乘胜追杀，法兵翻岩越涧而窜，有王子在兵队中习战，亦逃死。旬日后樵人入山，见深谷中饿死法人数十。是役杀真法兵千余，法酋数十，客匪、教匪数百，追至关外二十余里而还。子材以法被大创，遂益兵攻谅山。贼守谅山城及对河之驱驴墟。……乘胜克复谅山，贼悉众遁；分军追之，山谷中搜获法兵甚多，皆斩之。……复长庆府……进规北宁，越南义民闻风响应……北宁等处义民立忠义五大团，建冯军旗号，自愿具浆饭作向导，随军助剿，或分道进攻。……越官、越民争为耳目，敌人举动悉来报知。近自北宁，远至西贡，皆通消息。冯军出关后，扶老携幼，来相犒问，愿助官军剿除法人，长为天朝赤子。……西人自入中国以来，未有如此次法人之大败者（《清史列传》卷六十二《冯子材传》）。

二月十三日，遂克谅山，法悉众遁。子材进军克拉木，逼攻郎甲，王孝祺进军贵门关，尽复昔年所驻边地。……西贡亦闻风通款。自海通以来，中国与外国战，惟是役大捷，子材之功也。法兵六千犯临洮府，复分两队；一北趋珂岭、安平，一南趋缅旺、猛罗。滇督岑毓英命岑毓宝、李应珍等扼北路，王文山扼南路，而自率军当中路，皆有斩获。法军遂合趋临洮府，滇军拒战，南北路回军夹攻之，阵斩法将五人，法军大溃。时法兵舰据台湾之澎湖。谅山既大捷，法人力介英人赫德向李鸿章议和，言法人交还基隆、澎湖，彼此撤兵，不索兵费。鸿章奏言："澎湖既失，台湾必不可保，当藉谅山一胜之威，与缔和约，则法不至再事要求。"朝廷纳其议，立命停战。临洮之战，乃在停战后电谕未达前也。……约既成，越南遂归法国保护焉（《清史稿·属国传二·越南传》）。

中法和约

法政府用兵而不得议会赞许，致兵费无著，故欲和之心有甚于中国。由总税务司赫德斡旋，光绪十一年（一八八五年）四月，李鸿章与法使巴特纳仍照天津五条定议，签订和约十条，名为不索赔款而有抚恤费，所谓不损中国威望体面之保证，经久始得答复。自是越南遂为法之保护国，英亦进占缅甸，而云南一省竟为英、法两国交侵之地。

光绪十一年（一八八五年）夏四月……乙未，大学士、直隶总督李鸿章、刑部尚书锡珍、鸿胪寺卿邓承修，与驻华法公使巴特纳，在天津会订《越南新约》十款成。……第一款：一、越南诸省与中国边界毗连者，其境内，法国约明，自行弭乱，安抚其扰害百姓之匪党，及无业流氓。……惟无论遇何事，法兵永不得过北圻与中国边界。法国并约明，必不自侵此界，且保他人必不犯之。其中国与北圻交界各省境内，凡遇匪党逃匿，即由中国设法或应解散，或当驱逐出境。倘有匪党在中国境内会合，意图往扰法国保护之民者，亦由中国设法解散，法国即担保边界无事。中国约明，亦不派兵前赴北圻。至于中国与越南如何互交逃犯之事，中法两国应另行议定专条。……第二款：一、中国既订明，于法国所办弭乱安抚各事，无所掣肘。凡有法国与越南自主之条约章程，或已定者，或续立者，现时并日后，均听办理。至中越往来，言明必不至有碍中国威望体面，亦不致有违此次之约。第三款：一、自此次订约画押之后起，限六个月，期内应由中法两国各派官员，亲赴中国北圻交界处所，会同勘定界限。……第五款：一、中国与北圻陆路交界，允准法国商人及法国所保护之商人，并中国商人，运货进出。其贸易应限定若干处，及在何处，俟日后体察两国生意多寡，及往来道路定夺，须照中国内地现有章程，酌核办理。总之，通商处所，在中国边界者，应指定两处，一在保胜以上，一在谅山以北，法国商人均可在此居住。应得利益，应遵章程，均与通商各口无异。中国应在此设关收税，法国亦得在此设立领事官。……中国亦得与法国商酌，在北圻各大城镇，拣派领事官驻扎。第六款：一、北圻与中国之云南、广西、广东各省陆路通商章程，应于此约画押后三个月内，两国派员会议另定条款，附在本约之后。所运货物进出云南、广西边界，应纳各税，照现在通商税则较减。惟由陆路运过北圻及广东边界者，不得照此减轻税则纳税，其减轻税则，亦与现在通商各口无涉。其贩运枪炮、军械、军粮、军火等，应照两国界内所行之章程办理。至洋药进口出口一事，应由通商章程内定一专条。其中越海路通商，亦应议定专条。……第七款：一……由法国在北圻一带开辟道路，鼓励建设铁路。……日后若中国酌议创造铁路时，中国向法国业此之人商办，其招募人工，法国无不尽力襄助。惟彼此言明，不得视此条系为法国一国独受之利益（《光绪朝东华录》卷六十九）。

约成，清廷命周德润、邓承修定界，议久不决。后法人乘机进占云南边地甚广。

昆明腹地，竟有法领，但从讳饰，名曰委员。弥乐石者，尤肆骄很。中法战后，改定界址，大赌咒河，本我旧疆，曾以赐越，应还中土。已成约归地，其地周匝四百余里，丁口二万，里名归仁，凡分八甲，隶于安平，实为要冲。法人反汗，入贿总署，别颁新图，夺据猛峒黄树皮之地，八甲之中，去其三焉。王文韶方起为云贵总督，目视无睹，一从退让，或上书力争，竟斥之为妄。中法会勘澜沧东岸，又复攘及猛乌、乌得、磨丁盐井。若此二事，皆弥主之（《滇语》下）。

（乙）中日之战

中日之战，日不攻南方通商口岸，而得英借款五千万。媾和之始，英公使欧格讷限期逼和，美公使田贝力促中国割地赔款以求和，英、美之助日本，为显然之事。当时国际形势，所谓远东问题，即指中、日、鲜三国而言，亦即英与帝俄利害冲突所在。英恐鲜为帝俄所得，而中国力弱，不足以资保卫，唯日本新兴，助其攻我并鲜，足为抗俄之用。故中、日战后，英、日海军同盟，世人皆知日、俄之战为期不远。三国还辽之事，即针对英国外交政策而发。惜中国当局昏庸泄沓，目视无睹，被人播弄，坐受屠割，可为太息也。

《天津条约》

同治末，日本以台湾高山族误杀琉球难民事，命西乡隆盛率师入台，美国人李仙得实为谋主。乘中国疲力于马嘉理被戕交涉，无暇兼顾之时，日本竟得成约，索赔偿费五十万而撤兵。日本合并琉球，正中国对伊犁交涉几与帝俄开战之时，日遂乘机取得琉球主权，兼索得在中国利益均沾之待遇，英、美皆暗助之。自后日本尽其力以干涉朝鲜，而朝鲜内争甚烈，东学党与守旧党有争。守旧党中，国王之父大院君李昰应，又与闵妃有争。东学党实受日本操纵，光绪八年，有袭攻日使馆伤及日本人之事，中国出兵，执大院君安置于保定。日本亦兴师问罪，得朝鲜赔款五十万元。十年，东学党金玉均、洪英植尽杀闵族，逼国王行新政。王走入中国兵营，新党败走，朝鲜允赔偿日本损失费十二万。日本多方要挟，示将开衅。时中国与法战方酣，后由英国居间，日本派使臣伊藤博文，与李鸿章议订《天津条约》三条，两国同时撤兵，以后派兵，须互相照会，可谓大错。

（光绪）二年……朝鲜与日本立约通商。先是，同治十一年，日本外务卿副岛种臣来北京议约，乘间诘问总理各国事务衙门："朝鲜是否属国？当代主其通商事。"答以："朝鲜虽藩属，而内政外交听其自主，我朝向不预闻。"元年，日本乃以兵力胁朝鲜，突遣军舰入江华岛，毁炮台，烧永宗城，杀朝鲜兵，劫其军械而去。别以军舰驻釜山要盟，而遣开拓使长官黑田清隆为全权大臣，议官井上馨副之，赴朝鲜议约。至是，定约十二款，大要认朝鲜为独立自主国，礼仪交际皆与日本平等，互派使臣，并开元山、仁川两埠通商，及日舰得测量朝鲜海岸诸事。……八年……六月，朝鲜大院君李昰应煽乱兵杀执政数人，入王宫，将杀王妃闵氏，胁王及世子不得与朝士通，并焚日本使馆，在朝鲜练兵教师堀本礼造以下七人死焉。日使花房义质走回长崎。时（马）建忠、（丁）汝昌俱回国，（李）鸿章以忧去，张树声署北洋大臣，电令建忠会汝昌率威远、超勇、扬威三艘东渡观变。二十七日，抵仁川，泊月尾岛，而日本海军少将仁礼景范，已乘金刚舰先至。朝鲜臣民惶惧，望中国援兵亟。建忠上书树声，请济师："速入王京执逆首，缓则乱深而日人得逞，损国威而失藩封。"汝昌亦内渡请师。七月初三日，日兵舰先后来仁川，陆兵亦登岸，分驻仁川、济物浦，花房义质且率师入王京。初七日，中国兵舰威远、日新、泰西、镇东、拱北至，继以南洋二兵轮，凡七艘。盖树声得朝鲜乱耗即以闻，遂命提督吴长庆所部三千人东援，便宜行事，以兵轮济师，是日登岸。十二日，薄王京。十三日，长庆、汝昌、建忠入城往候李昰应。……昰应来报谒，遂执之，致之天津，而乱党尚踞肘腋。十六日黎明，营官张光前、吴兆有、何乘鳌掩至城东枉寻里，擒百五十余人，长庆自至泰利里，捕二十余人，乱党平。日使花房义质入王京，以焚馆逐使为言，要挟过当，议不行。义质恶声去，示决绝。朝鲜惧，介建忠留之仁川，以李裕元为全权大臣，金宏集副之，往仁川会议，卒许偿金五十万元，开杨华镇市埠，推广元山、釜山、仁川埠行程地，宿兵王京，凡八条，隐忍成约。……十年，朝鲜维新党乱作。初，朝鲜自立约通商后，国中新进轻躁喜事，号"维新党"，目政府为"守旧党"，相水火。维新党首金玉均、洪英植、朴泳孝、徐光范、徐载弼谋杀执政代之。五人者常游日本，昵日人，至是倚为外援。十月十七日，延中国商务总办及各国公使并朝鲜官饮于邮署，盖英植时总邮政也。是日，驻朝日兵运枪炮弹药入日使馆。及暮，宾皆集，惟日使竹添进一郎不至。酒数行，火起，乱党入，伤其国禁卫大将军闵泳翊，杀朝官数人于座，外宾惊散。夜半，日本兵排门入景祐宫，金玉均、朴泳孝、徐光范直入寝殿，挟其王，谬言中国兵至，矫令速日本入卫。十八日天明，杀其辅国闵台镐、赵宁夏、总管海防闵泳穆、左营使李祖渊、前营使韩圭稷、后营使尹泰骏；而乱党自署官，英植右参政，玉均户曹参判，泳孝前后营使，光范左右营使，载弼前营正领官，遂议废立（《清史稿·属国一·朝鲜传》）。

议废立，英植欲幽王江华岛，进一郎欲幽诸日本之东京，议未决，而勤王兵起。十九日，其臣民吁长庆保卫。长庆责进一郎撤兵，及暮不答，朝鲜臣民固请我兵赴王宫平难。甫及阙，日兵于普通门发枪，我兵疑王之在正宫也，狐疑未格斗，而死伤已多，乃驱兵进战于宫门外，玉均等皆出助战（姚锡光《东方兵事纪略》卷一）。

王乘间避至后北关庙，华军侦知之，遂以王归于军，斩洪英植及其徒七人以殉，泳孝、光范、载弼奔日本。日使自焚使署，走济物浦，朝民仇日人益甚。长庆卫其官商妻孥出王京。朝鲜具疏告变，帝命吴大澂为朝鲜办事大臣，续昌副之，赴朝鲜筹善后。日本亦派全权大臣井上馨至朝鲜，有兵舰六艘，并载陆军登济物浦，以五事要朝鲜：一，修书谢罪；二，恤日本被害人十二万元；三，杀太尉林矶之凶手处以极刑；四，建日本新馆，朝鲜出二万元充费；五，日本增置王京戍兵，朝鲜任建兵房。朝鲜皆听命，成约。十一年正月，日本遣其宫内大臣伊藤博文、农商务大臣西乡从道来天津，议朝鲜约。帝命李鸿章为全权大臣，副以吴大澂，与议。……三月……鸿章奏："……二月十八日……其使臣要求三事：一，撤回华军；二，议处统将；三，偿恤难民。臣惟三事之中，惟撤兵一层，尚可酌允。……日兵驻扎汉城，名为护卫使馆，今乘其来请，正可乘机令彼撤兵。……伊藤于二十七日自拟五条给臣阅看，第一条声明，嗣后两国均不得在朝鲜国内派兵设营。……臣于其第二条内添注，若他国与朝鲜或有战争，或朝鲜有叛乱情事，不在前条之列。伊藤于叛乱一语，坚持不允，遂各不怿而散。旋奉三月初一日电旨：'撤兵可允，求不派兵不可允。万不得已，或……添叙："两国遇有朝鲜重大事变，可各派兵，互相知照。"至教练兵事一节，亦须言定两国均不派员为要。'臣复恪遵旨意，与伊藤再四磋商，始将前议五条改为三条：第一条，议定两国撤兵日期；第二条，中、日均勿派员在朝教练；第三条，朝鲜变乱重大事件，两国或一国要派兵，应先互行文知照，及其事定，仍即撤回，不再留防。……至议处统将、偿恤难民二节，一非情理，一无证据，本可置之不理。惟伊藤谓此二节不定办法，既无以复君命，更无以息众忿。……念驻朝庆军系臣部曲，姑由臣行文戒饬，以明出自己意。"（《清史稿·属国传一·朝鲜传》）

对日宣战

中国撤兵后，由袁世凯任朝鲜商务委员，实总揽朝鲜之事，复代国王练兵，劝朝鲜与各国订约通使，以避外交责任，实则事无不预，深中日本之忌。光绪二十年，东学党复有争哄，国王求兵于中国，事定，中国撤兵。而日本借口须改革朝鲜内政，不承认中、韩关系，反增兵不已，态度骤强。李鸿章绾北洋二十年，手握海、陆军，岁縻巨饷，而暮气已深，知战无必胜把握，唯幸无事。东事起，不唯不敢言战，并布置亦无之，但冀调停了结，而不知战端已露，非口舌所能奏功也。

（光绪）二十年（一八九四年）……四月，朝鲜东学党变作。东学者，创始崔福成，刺取儒家、佛、老诸说，转相衍授，起于庆尚道之慈仁县，蔓延忠清、全罗诸道。当同治四年……擒东学党首乔姓杀之，其党卒不衰。洎上年径赴王宫讼乔冤，请湔雪，不许。旋擒治其渠数人，乃急而思逞。朝鲜赋重刑苛，民多怨上，党人乘之，遂倡乱于全罗道之古阜县。朝鲜王以其臣洪启勋为招讨使，假中国平远兵舰、苍龙运船，自仁川渡兵八百人至长山浦登岸，赴全州。初战甚利，党人逃入白山，朝兵蹑之，中伏大败，丧其军大半。贼由全罗犯忠清两道，兵皆溃，遂陷全州、会城，获枪械药弹无算。榜全州城以匡君救民为名，扬言即日进公州、洪州直捣王京。朝鲜大震，急电北洋乞援（《清史稿·属国传一·朝鲜传》）。

光绪二十年五月戊寅，李鸿章电致总理各国事务衙门：袁世凯三十夜电，顷准韩政府文开，案照敝邦全罗道所辖之泰仁、古阜等县，民习凶悍。……近月来附串东学教匪，聚众万余人，攻陷县邑十数处。今又北窜，陷全州省治。前经遣练军前往剿抚，该匪竟敢拚死拒战，致陷军败挫。……而敝邦新练各军，现数仅可护卫都会，且未经战阵，殊难用以殄除凶寇。……查壬午、甲申，敝邦两次内乱，咸赖中朝兵士代为戡定。兹拟援案请，烦贵总理迅即电恳北洋大臣酌遣数队，速来代剿……等语，鸿已饬丁汝昌，派海军济远、扬威二舰，赴仁川、汉城护商，并调直隶提督叶志超，率同太原镇总兵聂士成，选淮练劲旅一千五百名，配齐军装，分坐招商轮船，先后进发。一面电驻日本汪使，知照日外部，以符前约，请代奏。上谕："军机大臣等李鸿章电奏已悉。……派出兵练千五百名，是否足敷剿办？如须厚集兵力，即著酌量添调。"（《光绪朝东华录》卷一二〇）

五月初四日，日本外务省卿陆奥宗光驻覆（日公使汪）凤藻书，略称查照明治十八年四月十八日中日所订和约，贵国已发兵前往朝鲜，备文照会等因，准此，本大臣查贵国虽指朝鲜为藩服，然朝鲜王从未自承为属于贵国，理合声明照覆。同日，其驻我京师使臣小村寿太郎照会我总署文云：接奉廷寄……近来朝鲜内乱孔炽，本国不得不派兵前往，业已命将出师，合即告知中国（姚锡光《东方兵事纪略》卷一）。

自我兵泊牙山，东学党人闻之，已弃全州遁，朝兵收会城，而日兵来不已。五月初六日，其公使大岛圭介抵仁川，率数百人趋王京。是时，日本兵舰六艘泊汉江口。初九日，其陆军大至，朝鲜骇愕，止之不可。中国以朝乱既平，约日本撤兵，而日本要改朝鲜内政。中国以内政应归其自主却之，日本持益坚。五月十九日，日本外务府照会我公使文，略谓朝鲜王常蓄阴谋，致酿祸变，大为敝国之害，乃为自主之力太薄，不足膺重任，是以代为设法。为日愈迟，为祸愈烈。今两国退兵之先，必须订定规条，办理就绪，方可班师。……自五月中旬后，日兵陆续渡朝凡八千余人，皆屯王京，据要害。我兵逍遥牙山。……时各国使臣居间，平日本于我，或责其撤兵，胥无成议。鸿章不欲战，将以赔款息兵，而日本索银三百万两，朝士大哗，于是和战无定计，而日本已以兵劫朝鲜。五月二十三日，其驻高使臣大岛圭介首责朝鲜独立自主，勿认为我国藩属。六月一日，圭介要以五事：一举能员；二制国用；三改律法；四改兵制；五兴学校。朝鲜为设校正厅，示听命。十四日，朝鲜照会日使，先撤兵，徐议改政。日本不许，复责以谢绝为我藩属，并同力袭我牙山兵。朝鲜以久事中国，不欲弃前盟对（姚锡光《东方兵事纪略》卷一）。

六月十四日，日本驻我公使小村寿大郎照会我总署文云："……朝鲜之乱，在内治不修。若中日两国同心合力，代为酌办，事莫有善于此者。万不料中国悉置不讲，但日请我国退兵而已……毫无合力整顿之意。两国若启争端，实惟中国执其咎。"（姚锡光《东方兵事纪略》卷一）

（六月）廿一日，（大岛）圭介率兵入，杀王宫卫兵，遂掳朝王，令大院君主国事。以仇闵氏，矫王令，流闵泳骏、闵炯植、闵应植远恶岛。凡朝臣不便日本者，皆逐之。政令无巨细，皆入日人筦钥（姚锡光《东方兵事纪略》卷一）。

翁同龢纳文廷式、张謇主战之议，力劝光绪帝用兵，西后不置可否，遂于是年七月，下诏宣战。同龢深恶李鸿章贻误，屡请以刘坤一代之，西后不许。

鸿章以和议不成，始租（英高升商）轮，载北塘防兵（两营并军装器械）渡援，以兵轮三艘翼之而东。而倭人间谍时在津，贿我电报学生某，得我师期，遂为所截，我兵轮即逃回威海。于是倭人既掳我操江运船，而逼我在高升船之两营兵降。我将士抵死拒，倭遂以炮击高升轮，并以水雷沉之，我两营歼焉（姚锡光《东方兵事纪略》卷一）。

十一年（一八八五年）秋七月乙亥朔，谕："朝鲜为我大清藩属，二百余年，岁修职贡，为中外所共知。近十数年，该国时多内乱，朝廷字小为怀，叠次派兵前往戡定，并派员驻扎该国都城，随时保护。本年四月间，朝鲜又有土匪变乱，该国王请兵援剿，情词迫切，当即谕令李鸿章拨兵赴援。甫抵牙山，匪徒星散。乃倭人无故添兵，突入汉城，嗣又增兵万余，迫令朝鲜更改国政，种种要挟，难以理喻。我朝抚绥藩服，其国内政事，向令自理。日本与朝鲜立约，系属与国，更无以重兵欺压强令革政之理。各国公论，皆以日本师出无名，不合情理，劝令撤兵，和平商办。乃竟悍然不顾，迄无成说，反更陆续添兵，朝鲜百姓及中国商民，日加惊扰，是以添兵前往保护。讵行至中途，突有倭船多只，乘我不备，在牙山口外海面，开炮轰击，伤我运船，变诈情形，殊非意料所及。该国不遵条约，不守公法，任意鸱张，专行诡计，衅开自彼，公论昭然，用特布告天下，俾晓然于朝廷办理此事，实已仁至义尽。而倭人渝盟肇衅，无理已极，势难再予姑容。著李鸿章严饬派出各军迅速进剿，厚集雄师，陆续进发，以拯韩民于涂炭。并著沿江、沿海各将军、督、抚及统兵大臣，整饬戎行，遇有倭人轮船入各口，即行迎头痛击，悉数歼除。毋得稍有退缩，致干罪戾。将此通谕知之。”（《光绪朝东华录》卷一二一）

六月十二日，文忠（李鸿章）奉廷寄，筹战备，乃派总兵卫汝贵，统盛军马步兵六营进平壤；提督马玉崑，统毅军二千进义州，分起由海道至大东沟登岸。而饬叶志超移扎平壤，皆淮军也。所派各军，雇英商三轮分运，而以济远、广丙二兵轮卫之。廿三晨，为日兵轮袭击，济远管带方伯谦，见敌近，惶恐匿铁甲最厚处，遭日炮毁其舵，即高悬白旗，下悬日旗，逃回旅顺。高升沉，我军死七百余。二十七日，布告各国，饬驻日公使汪凤藻下旗回国（张一麐《心太平室集》卷八）。

九月戊戌……李鸿章奏：“……牙山之战，倭人首先开炮轰击我军，济远大副沈寿昌，坚守炮位，竭力还攻。及中炮阵亡，则柯建章继之。旋又阵亡，则黄承勋继之。争趋死地，义不顾身，卒能击退敌船，保全战

舰。”(《光绪朝东华录》卷一二二)

济远之奔,倭吉野追甚急。……时有水手王姓者,甚怒而力素弱,问:“何人助我运子?”又有一水手挺身愿助。乃将十五生特尾炮连发四出,第一出中倭船舵楼,第二炮亦中,第三炮走线,第四炮中其要害,船头立时低俯(姚锡光《东方兵事纪略》卷四)。

海军衙门之设,由醇王主之,而统率则归李鸿章。购置铁甲船只,设防于旅顺、大沽,颇具规划。唯经费无多,而颐和园工、山东河工、吉林放饷、开平煤矿、烟筒山铁矿,皆有挪用。而丁汝昌以淮军宿将而为海军提督,佐之者德国陆军将领汉纳根也。兵船管带多福建人,与山东、广东人之为管带者,平素不协。丁汝昌孤寄于上,号令不行,甚有兵船终岁停泊、机轮失修者。故中国海军实力,虽略优于日本,而效力则逊之。大东沟一战而败,刘公岛全军燔焉。世多言海军窳败,而不知杀敌致果,大有其人。将弁死者八十七,水兵死者千余人,致远邓世昌最为壮烈,扬威林履中、经远林永升、超勇黄建勋皆致其命。丁汝昌、刘步蟾、张文宣、林泰曾皆咋舌自杀,以谢天下,亦胜于偷生者。

日本兵船麇集朝鲜,殆如梭织,而各华舰避匿于威海卫,逍遥海上,启椗出口,约历五、六点钟,便遽回轮。八月初旬,北洋叠接军电,请济师以壮声威,遂以招商局船五艘,载运兵丁银米,以海军兵舰护送,凡铁甲船、巡洋船各六艘,水雷船四艘,合队同行。中秋日,安抵鸭绿江口,五运船鼓轮直入浅水,兵船及水雷船,与之偕,余船小住于离江十里或十六里之地,炉中之煤未息也。十六晨,瞭见南方黑烟缕缕,知日舰将至,海军提督丁汝昌,传令列阵作人字形,镇远、定远两铁舰为人字之首,靖远、来远、怀远、经远、致远、济远、超勇、扬威、广甲、广丙及水雷船,张人字之两翼,兼以号旗招鸭绿江中诸战船悉出助战。俄而敌舰渐近,列阵作一字形,向华军猛扑,共十一艘。其巡洋船之速率,过于华军,转瞬间，又易而为太极阵，裹人字于其中。华舰先开巨炮示威，然距日船九里，不能及也。炮声未绝，敌船麇至，与定远、镇远相去恒六里许，盖畏重甲而避重炮，且华炮之力不能及，日兵之弹可至也；与人字阵末二舰相逼较近，欺炮略小而甲略薄也。有顷，日舰圈入人字阵脚，致远、经远、济远三艘，皆被挖出圈外。致远失群后，船身叠受重伤，势将及溺，其管带邓世昌开足汽机，向日舰飞驰，欲撞与同沉，未至而已覆溺，舟中二百五十人同时殉难。盖中日全役，死事者以邓君为最烈矣。其同被圈出之经远，船甫离群，火势陡发，管带林永升发炮以攻敌，激水以救火，依然井井有条。遥见一日舰似已受伤，即鼓轮追之，乃被放水雷相拒，闪避不及，遽被轰裂，死难者亦二百七十人，惨矣。全管带济远之方伯谦，即七月间护送高升至牙山，途遇日舰逃回旅顺者也。是日两阵甫交，方伯谦先挂本船已受重伤之旗，以告主将，旋因图遁之故，亦被日船划出圈外。致、经两船与日苦战，方伯谦置而不顾，如丧家狗，遂误至水浅处。时扬威铁甲先已搁浅，不能转动，济远撞之，裂一大穴，遂以沉没。扬威遭此横逆，死者百五十余人。方伯谦惊骇欲绝，飞遁入旅顺口。越日，鸿章电令缚伯谦军前正法云。广甲一舰逃出阵外，误撞岛石，日水雷击碎之。阵中自经远、致远、扬威、超勇沉，济远、广甲逃，与日舰支持者，仅七艘耳（张一麐《心太平室集》卷八）。

海军全队兵轮十二艘，镇远、定远两铁甲，致远、靖远、经远、来远、济远、超勇、扬威、平远八兵轮，益以广丙、广甲两艘，又蚊炮船镇南、镇中两艘，鱼雷艇四艘。……十八日……将归旅顺，巳刻，见西南来黑烟一簇，测望悬美国旗，我军作战备。向午，船来愈近，凡有船十二艘，已尽易倭旗。（丁）汝昌乃令起椗，水手站炮位。是时，我战舰十艘（平远、广丙在港口，未及至），分五队。……倭船十二艘，则快船四（吉野、高千穗、秋津洲、浪速）、兵船八（松岛、千代田、严岛、桥立、比叡、扶桑、西京丸、赤城）。其舰小于我而速率大于我，大炮少于我而快炮亦多于我。……时汝昌自坐定远为督船，作掎角鱼贯阵进，遥望倭船作一字竖阵来扑，快船居前，兵船继之。汝昌谓其直攻中坚也，以镇远、定远两铁甲居中，而张左右翼应之，令作掎角雁行阵。……敌畏我镇、定两铁甲，故于驶近时，改道飞驶左行，绕攻我军右翼。瞬息已过我右翼，绕攻船后，我扬威、超勇相继中弹火起，超勇未几沉没，军士烬焉。倭船之拂我右翼而过也，其小船比叡、扶桑、赤城不及从，而转出我左翼之侧，我定远与经远、来远夹攻之，炮火迷茫之际，我将士谓比叡、赤城已为我击沉，而定远复击沉其西京丸一艘。倭舰之攻我也，以快船为利器，而吉野为其全军前锋，绕行于我船阵之外，驶作环形，盖既避我铁甲巨炮，且以其快炮轰我左右翼小船，为避实击虚计。自我超勇沉后，平远、广丙亦来会，而船弱不任战。倭舰复分两枝，以快船四艘为一枝，兵轮五大艘为一枝，左右环裹而攻，于是我阵乱。致远药弹尽，适与倭船吉野值，管带邓世昌……遂鼓快车向吉野冲突……中其鱼雷……顷刻沉没，世昌死之，船众尽殉。时已逾申刻矣。……济远……将逃，撞扬威舵叶，扬威行愈滞，敌弹入机舱，立沉于海，自管带林履中以下皆死。……济远既逃，广甲随之。靖远、经远、来远不能支，亦驶出阵地逃避。倭快船四艘来追，靖远、来远避至大鹿岛侧，而经远管带（林翼升）并大副、二副先阵亡，船行无主，亦沉于敌。……倭兵轮五艘，萃于我镇远、定远两艘，鏖战一时许，我定远击其松岛舰（倭海军将伊东祐祐坐船），几沉之。而定远亦重伤，遍船皆火，炮械俱尽。时已日夕，暮色苍茫，倭人惧我靖远诸舰合鱼雷之乘之也，解而南去，我军亦西归。明日卯刻，抵旅顺。……广甲之逃……搁礁不得出，越日，为倭炮所碎。是战，我军凡失船五……存者……共七艘，已不能军。而镇远、定远凡受炮三百余弹，来远毁及半，余诸舰亦各创甚。……将士死者，邓世昌最烈，官弁亡八十七员，水手死一千余人，伤者四百余名。而定远洋炮手宜格尔，亦死于炮，洋员受弹伤者十一名。是役也，德员汉纳根与战事，偕汝昌驻定远舰。汝昌先立望楼，旋受弹伤腰倒地，扶入舱，于是战事颇赖汉纳根指挥（姚锡光《东方兵事纪略》卷四）。

李鸿章奏："据海军提督丁汝昌呈称……敌以鱼雷快船直攻定远，尚未驶到，致远开足机轮，驶出定远之前，即将来船攻沉。倭船以鱼雷轰击，致远旋亦沉没，管带邓世昌、大副陈金揆同时落水。经远先随致远驶出，管带林永升奋勇督战，突中敌弹，脑裂阵亡。……超勇舱内中弹火起，旋即焚没。扬威舱内亦被弹炸。……该两船管带黄建勋、林履中，随船焚溺，同殒。……邓世昌首先冲阵，攻毁敌船。被溺后遇救出水，自以阖船俱没，义不独生，仍复奋掷自沉，忠勇性成，一时称叹。"（《光绪朝东华录》卷一二二）

乙未（一八八六年）正月……初五日，倭船二十一艘……扑威海。……南帮炮台陷。……初九日，倭舰合南帮炮台踞倭攻我……相持竟日……伤亡甚众。……定远卒中雷伤……凿沉之。……十二日……来远并威远、练船、宝筏、差船皆沉于敌。……十三日，我管带鱼雷艇王登瀛等，率雷艇十二艘，从西口驶逃，倭舰追之，尽掳以去。……十五日……击沉我靖远舰……总兵刘步蟾以手枪自击死。……汝昌令诸将候令，同时沉船，诸将不应。……时岛中尚存镇远铁舰一、济远、广丙、平远兵轮三、镇中等蚊雷艇六，凡十艘，而药弹将罄。是日得烟台密信，始知东抚（李）秉衡已走，莱州援兵绝，汝昌召海军诸将，议鼓力碰敌船突围出，或幸存数艘，得抵烟台，愈于尽覆于敌，诸将不允散去。……汝昌……入舱仰药，张文宣继之，十八日晓夜四更许，相继死。……诸将……乃议降（姚锡光《东方兵事纪略》卷四）。

日本之众约十二万人，中国兵数略与之等，然枪炮与弓刀相杂。李鸿章久于兵间，至甲申，老将已凋零殆尽。迨及甲午，旧人一无存者。马玉崑、聂士成、左宝贵皆善战，杀敌至夥，惜无统帅。叶志超固非其人，宋庆亦不胜任，后始以刘坤一为钦差大臣，节制关内外防剿各军，吴大澂、宋庆帮办军务。当屡创之后，新兵未集，而湘、淮、毅三军又各分畛域，自不能挽回颓局。

成欢驿值平泽县东北，左右皆山，中通纵横两驿道，前横大河。……时我军驻地，甚据形胜。（六月）二十六日，武备学生于光炘等（于光炘、周宪章、李国华、辛得林），夜冒雨出探，倭已分道来犯，归促（聂）士成速备战，并纠健士先往，伏桥侧，守要隘，且请士成速接应，遂行。而诸将莫利前进，观望不即行。光炘等伏桥畔村落，夜午，倭前锋至，光炘等狙击之，颇有杀伤，并毙倭官数名。倭兵骇却，过桥多挤溺，而觇我军无继，其后队且至，复猛进。光炘等扼桥守四刻许，接应终不至，光炘等四学生皆死焉（姚锡光《东方兵事纪略》卷一）。

二十七日黎明，倭兵已踞成欢西北面山坡，（聂）士成自督队与相持，甚猛……势不支，遂败。……趋公州，就（叶）志超。志超已弃公州，乃合军北走。仍恐与倭遇，绕王京之东……渡大同江，至平壤，与大军合。时值夏秋之交，溽暑甚，途行匝月始达，残军饥疫，死者相属。志超方以成欢之战，杀敌过当，并沿途叠败倭兵，铺张电鸿章入告，且论功奏保员弁数百人获嘉奖，并赏军士银二万两。未几，复拜总统诸军之命。是时我军驻朝境者为芦防六营（叶志超部）、盛军十三营（卫汝贵部）、奉军六营（左宝贵部）、奉天之盛军六营（丰伸阿部）、毅军四营（马玉崑部）共三十五营，尽屯平壤……置酒高会，日督勇丁并朝民于城内外筑垒，环炮而守。……八月初三日，盛军夜出哨，与毅军遇，互疑为敌，遂相轰击，历一时许，死伤颇众（姚锡光《东方兵事纪略》卷一）。

平壤为朝鲜要镇，西、南、东三面均有大江围绕，北面则枕崇山，城倚山崖，城东江水，绕山南迤西而去，西北隅则无山无水，为直达义州之孔道。……当中国之初发兵于牙山也，副将聂士成曾建议，以为当趁日兵未入韩地之先，先以大兵渡鸭绿江，速据平壤，而以海军舰队，扼仁川港口，使日本军舰不得逞。牙山成欢之兵，与北洋海军，既牵掣日军，然后以平壤大军南袭韩城云云。鸿章不能用，其精神全在守而不在战，此其病根也。时依李之部署，马玉崑率所部毅军四营，绕出江东为犄角势；卫、丰二军十八营，驻城江南岸；左军六营，守此山城上，叶、聂两师城中。十二、三、四等日，日兵已陆续齐集平壤附近，互相挑战，彼此损伤不多。至十五日晚，敌部署已定，以右翼队，陷大同江左岸桥里之炮台，更渡江以冲平壤之正面，而师团长本队为其后援。以左翼队自羊角岛下渡大同江，冲我之右。十六日，在大同江岸，与马军相遇，剧战，敌军死伤颇多，炮台卒被陷。时左宝贵退守牡丹台，有七响之毛瑟枪及快炮等，鏖战颇力。敌军连发开花炮，宝贵负伤卒，遂大乱。午后四时半，叶志超急悬白旗，乞止战。是夜，全师纷纷宵遁，从义州、甑山两路，为敌兵截杀，死者二千余人，平壤遂陷。厥后九连城失，凤凰城失，金州失，大连湾失，岫岩失，海城失，旅顺口失，盖平失，营口失，登州失，荣城失，威海卫失，刘公岛失。海军提督丁汝昌，以北洋败残兵舰降于日本而自戕，于是中国海陆军遂尽（张一麐《心太平室集》卷八）。

十月……陷连山关，引兵直趋大高岭。聂士成扼隘路，以巨炮当其冲，张旗帜丛林间，鸣鼓角为疑兵，时出截杀而露宿以守，倭不得逞，乃撤回连山关。……二十九日，聂士成乃收复连山关。……十二月……聂士成以战事起，只闻敌来，未闻我往，故敌得前进无忌，电请于诸帅，谓愿亲率精锐千人，直出敌后，往来游击，截饷道，焚积聚，多方扰之，令彼首尾兼顾，然后以大军蹙之，倭可克也。诸帅止之，不果行。……二十七日，士成侦敌将至，以兵散伏陡岭子、长岭子一带，令曰闻山巅号声，悉吹洋号应之，即燃枪迭击，蛇行鼠伏，时聚时散，使敌莫测我军虚实，此奇兵也。二十九日，倭果来犯，号声枪声同时并发，倭大骇窜退，自相蹂躏，中枪，多死伤，乃遁去（姚锡光《东方兵事纪略》卷二）。

中日和约

开战仅三月而海陆皆败，主和之议骤盛。李鸿章首欲和，军机中孙毓汶、徐用仪附之。窥西后意在和，首请起用恭王，朝臣如荣禄辈，亦俱愿和。主战者唯光绪帝及翁同龢二人，欲以岁费四千万两，令汉纳根练新军十万，并向外国购舰重兴海军，不惜迁都，作持久战，终为主和者所绌。于是英、美出面调停，李鸿章遂遣税务司德璀林往日本，觅伊藤言和。及朝命张荫桓、邵友濂衔命往和，日本拒不纳，示意必鸿章亲往，始能开议。鸿章遂往马关，成约而归。割台湾、辽东半岛，赔款二万万两，添辟通商口岸。最要者允许日本在内地制造洋货，开从来未有之恶例，国货从此不振。既以银赔偿，又定临时折合金镑，所损失者又二千万。

（光绪）二十年……日、朝变起。……至是中兴诸臣，及湘、淮军名将皆老死，鲜有存者。鸿章深知将士多不可恃，器械缺乏不应用，方设谋解纷难。而国人以为北洋海军信可恃，争起言战，廷议遂锐意用兵。初败于牙山，继败于平壤，日本乘胜内侵，连陷九连、凤凰诸城，大连、旅顺相继失，复据威海卫、刘公岛夺我兵舰，海军覆丧殆尽。于是议者交咎鸿章，褫其职，以王文韶代督直隶，命鸿章往日本议和。二十一年二月，抵马关，与日本全权大臣伊藤博文、陆奥宗光议，多要挟。鸿章遇刺，伤面，创甚，而言论自若，气不少衰。日皇遣使慰问，谢罪。卒以此结约解兵（《清史稿》列传一九八《李鸿章传》）。

光绪二十一年（一八九五年）三月……甲午……李鸿章与日本全权大臣伊藤博文等，在马关议定和约十一款、另约三款成。其文曰：第一款，中国认明朝鲜国确为完全无缺之独立自主，故凡有亏损独立自主体制，即如该国向中国所修贡献典礼等，嗣后全行废绝；第二款，中国将管理下开地方之权，并将该地方所有堡垒、军器、工厂及一切属公物件，永远让与日本。一、下开划界以内之奉天省南边地方，从鸭绿江口，溯该江以抵安平河口，又从该河口划至凤凰城、海城及营口而止，划成折线，以南地方，所有前开各城市邑，皆包括在划线内，该线抵营口之辽河后，即顺流至海口止，彼此以河中心为分界，辽东湾东岸及黄海北岸，在奉天省所属诸岛屿，亦一并在所让境内。二、台湾全岛及所有附属各岛屿。三、澎湖列岛，即英国格林尼次东经百十九度起，至百二十度止，及北纬二十三度起，至二十四度之间诸岛屿；第三款，前款所载，及黏附本约之地图所划疆界，俟本约批准互换之后，两国应各选派官员二名以上，为公同划定疆界委员，就地踏勘，确定划界……；第四款，中国约将库平银二万万两交与日本，作为赔偿军费……；第六款，中日两国所有约章，因此次失和，自属废绝。中国……与日本……新订约章，应以中国与泰西各国现行约章为本。……新订约章未经实行之前，所有日本政府官吏、臣民及商业、工艺、行船、船只、陆路通商等，与中国最为优待之国，礼遇护视，一律无异。中国约将下开认与各款……照办：第一、……中国……添设下开各处立为通商口岸。……应得优例及利益等，亦当一律享受。一……沙市。二……重庆。……三……苏州。……四……杭州。……日本得派遣领事官，于前开各口驻扎。第二、日本轮船得驶入下开各口，附搭行客，装运货物：一、从湖北省宜昌，溯长江以至四川省重庆府。二、从上海驶进吴淞口，及运河，以至苏州府、杭州府。……第三、日本臣民在中国内地购买经工货件，若自生之物，或将进口商货运往内地之时，欲暂行存栈，除勿庸输纳税钞、派征一切诸费外，得暂租栈房存货。第四、日本臣民得在中国口岸城邑，任便从事各项工艺制造，又得将各项机器，任便装运进口，只交所定进口税。……在中国制造一切货物，其于内地运送税、内地税、钞课、杂派，以及在中国内地沾及寄存栈房之益，即照日本臣民运入中国之货物一体办理，至应享优例豁除，亦莫不相同……；第九款，本约批准互换之后，两国应将是时所有俘虏，尽数交还。中国约将由日本所还俘虏，并不加以虐待，若或置于罪戾。中国约将认为军事间谍，或被嫌逮系之日本臣民，即行释放。并约此次交仗之间，所有关涉日本军队之中国臣民，概予宽贷。并饬有司，不得擅为逮系（《光绪朝东华录》卷一二五）。

四月戊午，谕："……日本觊觎朝鲜，称兵犯顺。朕眷怀藩服，命将出师。原期迅扫敌氛，永弭边患，故凡有可以裨益军务者，不待臣工陈奏，皆已立见施行。何图将不知兵，士不用命，畀以统领之任，而偾事日深；予以召募之资，而流氓麇集，遂至海道陆路无不溃败，延及长城内外，险象环生。比来戎马骎骎，有进无退，甚将北犯辽沈，西犯京畿，危急情形，匪言可喻，和战两事，必应当机立断。念朕临御天下二十余年，宵旰忧勤，未尝稍释。今乃忽有此变，实惟藐躬凉德，有以致之。且天津海啸为灾，冲没营垒，为史策所仅见，上天示警，尤可寒心。乃尔诸臣工，于所议约章，或以割地为非，或以偿银为辱，或更以速与决战为至计，具见忠义奋发，果敢有为。然于时局安危得失之所关，皆未能通盘筹画。万一战而再败，为祸更难设想。今和约业已互换，必须颁发照行，昭示大信。凡此已成之局，均不必再行论奏。惟望京外文武大小各员，自今以后，深省愆尤，痛除积弊。咸知练兵筹饷为今日当务之急，切实振兴，一新气象。不可因循废弛，再蹈前辙。诸臣等均为朕所倚畀，朕之艰苦，当共深知。朕之万不得已而出于和，当亦为天下臣民所共谅也。"（《光绪朝东华录》卷一二六）

割台而命李经方为使，翁同龢所以窘李鸿章也。台人邱逢甲、林朝栋等起义兵，奉巡抚唐景崧及帮办军务刘永福谋自主，建台湾共和国，不七日而景崧败，永福守台南府苦战，至是年九月始退，事虽不成，其义足以风矣。台人大抵皆内渡。

四月甲子，张之洞电奏：顷接台民二十一公电云："全台绅民敬电禀者，台湾属日，万姓不服。叠请唐（景崧）抚院代奏台民下情，而事难挽回。如赤子之失父母，悲愤曷极！伏查台湾已为朝廷弃地，百姓无依，惟有死守，据为岛国，遥戴皇灵，为南洋屏蔽。惟须有人统率，众议坚留唐抚暂仍理台事，并留刘镇永福镇守台南。一面恳请各国，查照割地绅民不服公法，从公剖断，台湾应作何处置，再送唐抚入京、刘镇回任。……全台绅民同泣叩。”（《光绪朝东华录》卷一二六）

时台湾举人方以会试在都，上书力争，留中不报。三月，弃台信益急，台人惶惧。主事邱逢甲首建自主议，登坛誓众于新竹，出示告台民，遂议立民主，开议院，制国旗。四月，和议成，卒弃台湾。朝命率兵民内渡，台人乃有丐各国保护之议。电告政府，政府谕以既能自立，无庸奏请。……二十二日，（唐）景崧令台中官弁，以五月初四日为断，欲去者听。……于是省会、道、府、县官相继纳印去。……初二日，景崧受台湾总统印章，文曰台湾民主之章，绅民入抚署，鼓乐赍送者百余人，行两跪六叩礼。国旗蓝地黄虎文，长方五幅，虎首内向，尾高首下。改台湾藩司衙门曰内部，设内部大臣；筹防局曰外部，设外部大臣；别立军部，设军部大臣。……初五日，倭兵轮运轮二十九艘运抵台北海面……而潜结教匪、挖金砂匪从澳底登岸。……十二日辰刻，倭兵登狮球岭……城中大乱……抚署火起，景崧微服杂弁勇出亡……台北亡。……台南土匪蜂起，绅民相率之旗后，迎（刘）永福，并上民主总统印章，永福不受，仍称帮办，入府城，议防守。……台南见银匮乏……不足供军饷。二十日……前敌自开战以来，屡电求饷械，迫切待命。……而台南军储早罄，器械亦空。永福忧惶无措，搜括得银八千两，解前敌。……仍电求沿海督、抚拯台民，辞甚哀痛。……仿内地保甲，行联庄法。……匪首……黄荣邦、林义成……皆受抚，愿效死……率义民数千助战……倭兵大溃。（朱）乃昌挥兵竞进，将抵大莆林，遥见火光烛天，声喧甚，乃义成、荣邦已率义民抄至，前后夹击，遂复大莆林，毙倭数百。乃昌身受殊伤，裹创血战，中炮死。……义民趫捷可用，虽用土枪，能卧击无虚发，且稔习地势，蓦山越涧尤其长技，聚散前后，飙忽猱腾，每绕倭兵后路，倭人畏之，于是台北、台中颇思反正。适联庄法已及台中，颇著成绩，台北乡民闻之，愿潜入联庄受约束，期大军至，即内应同举，为台湾全局一大转机。而台南饷械已匮，不能派兵前进……军民饥困，日益不支。……初六日，荣邦先攻炮台，猛战中炮死。初七日，义成亦攻炮台受殊伤。……十四日，前敌诸军求饷益急，无策搜括，永福谓内地诸公误我，我误台民，旁皇莫能应。……（生员）徐骧为军锋奋战，诸军继之，倭颇却，骧旋中炮死。……二十三日，倭以炮队攻嘉义。王德标初营城外，倭至，走入城。倭踞营，夜半，地雷发，轰毙倭七百余人，倭惊退。德标设伏邀之，倭多死，大忿，二十四日，以车炮攻城，陷之。……进攻凤山，义民拒战大败，倭遂入凤山，屠戮甚惨。……二十九日，倭攻城外炮台，永福自发炮击之，毙倭数十人。九月一日，城中无食，饥军悉溃。初二日，永福……内渡……台南亡（姚锡光《东方兵事纪略》卷五）。

俄、德、法三国突然干涉割让辽东半岛事，日本知势不敌，乃退回辽东半岛，另与中国定约，索赎三千万两。世多以此为李鸿章操纵外交之功，实则三国计定，然后告知中国。俄且代中国借款以偿赔款，自是中俄交稔。光绪二十二年，李鸿章使俄贺加冕，订《中俄密约》而归，翁同龢为主订此约最力者。后一年，三国遂向中国索租借港。

光绪二十一年（一八九五年）五月……壬辰，与日本订交还奉天省南边地方条约七款：第一款，日本国自愿将……《下关和约》第二款中国让与日本国管理之奉天省南边地方，原划疆界地图，从鸭绿江口抵安平河口，至凤凰城、海城及营口而止以南各城市邑，以及辽东湾东岸、黄海北岸，奉天所属诸岛屿，均永远交还中国，以后与日本无涉。因此将原约第三款，并拟订立《陆路通商章程》之事作为罢论；第二款，中国约为酬报交还奉天省南边地方，允给银三千万两，迨于明治二十八年十一月初八日，即光绪二十一年九月二十二日，交与日本政府；第三款，中国允将本约第二款所开之酬款三千万两，交与日本国政府。自订立本约之日起三个月以内，日本国军队，从该交还地方一律撤回。……该交还各地方内，所有衙署、公所、工厂、船坞及一切属公物件，日本文武军队不得毁坏搬迁，并俟某处城镇军队撤回时，由日本全权公使按约知照中国政府，转饬中国收地印委各员验收；第四款，中国约日本国军队占踞之间，所有关涉该国军队之中国臣民，概予宽贷。并饬有司，不得擅为逮系（《光绪朝东华录》卷一二七）。

十年以来，文娱武嬉，酿成此变。平日讲求武备，辄以铺张糜费为拟，至以购械购船，悬为厉禁。一旦有事，明知兵力不敌，而淆于群哄，轻于一掷，遂至一发不可复收，战绌而后言和。且值都城危急，事机万紧，更非寻常交际可比。兵事甫解，谤书又腾，知我罪我，付之千载，固非口舌所能分析矣（《李文忠公尺牍》册二十九《复新疆抚台陶子方》）。

（2）丧权辱国

（甲）教案

《天津条约》许外人传教，于是教徒之足迹遍中国。莠民入教，辄恃外人为护符，不受官吏钤束。人民既愤教士之骄横，又怪其行动诡秘，推测附会，争端遂起。教民或有死伤，外籍教士即借口要挟，勒索巨款，甚至归罪官吏，胁清廷治以重罪，封疆大吏，亦须革职永不叙用，内政由人干涉，国已不国矣。教案以千万计，兹举其大者。

天津教案

（同治九年）五月二十三日，天津因迷拐幼孩，牵及教堂，并无实据，民众内讧，致将法国丰领事及教士洋人十数名杀毙，教堂学馆，焚毁多处。法使以案情重大，须禀命国主而行（《李文忠公朋僚函稿》卷十《复吴仲仙制军》）。

（同治）九年（一八七〇年）……天津民击杀法领事丰大业，毁教堂，伤教民数十人。通商大臣崇厚议严惩之，民不服。国藩方病目，诏速赴津，乃务持平，保和局，杀十七人，又遣戍府县吏。国藩之初至也，津民谓必反崇厚所为，备兵以抗法。然当是时，海内初定，湘军已散遣，天津咫尺京畿，民、教相哄，此小事不足启兵端，而津民争怨之。……国藩既负重谤，疾益剧，乃召鸿章治其狱，逾月事定，如初议（《清史稿》列传一九二《曾国藩传》）。

川省教案

同治十二年（一八七三年）十月……谕：“……据魁玉奏，称法国主教范若瑟，遣教士张紫兰，潜赴黔江县，私买民房建堂传教，该县民人，将司铎余克、教士戴明卿殴毙。……见已拿获正凶陈淙发等六名，饬令酉阳州知州罗亨奎等，提犯研究下手正凶，禀候查办。”（《清穆宗实录》卷三五八）

光绪二年（一八七六年）九月……己巳……谕：“……川省民、教仇杀。据法国使臣称，伤毙教民二十余命，抢毁二百余家。与魁玉等函报该衙门情节，不尽相同。此外该省邻水、南充、巴州、营山等处，民、教滋事，尚有四案。……内江县有团民杀毙教民之案，邻水县有教民杀毙团民之案，均有拆毁教堂之事。”（《光绪朝东华录》卷一二）

芜湖教案

光绪十七年（一八九一年）五月……南洋大臣、安徽巡抚电称：芜湖……因谣传教中女医迷拐幼孩，群疑莫释，聚众滋闹，遂将教堂焚毁。旋经拿获首犯二名，正法示众。……此外若江宁、九江，亦有匪徒滋事，幸经官兵防护，登时解散（《光绪朝东华录》卷一〇三）。

丹阳教案

光绪十七年（一八九一年）八月……辛亥，刘坤一、刚毅奏：“本年……江苏之丹阳、金匮、无锡、阳湖、江阴、如皋各属教堂，接踵被焚毁。派员前往查办……各该县未能先事豫防，究属咎有应得。苏属案，系由丹阳首先滋事，将该县查文清，甄别参革，署无锡县刘树仁、署江阴县孙贻绅、阳湖县叶怀善、金匮县汤曜，均摘去顶戴。代理如皋县莫炳琪，到任甫及三月，予以记过，并将该管汛弁，一律摘去顶戴，示惩。”（《光绪朝东华录》卷一〇五）

武穴教案

光绪十七年（一八九一年）九月……壬申……张之洞奏：“……武穴地方……向有英国福音堂，而无育婴教堂，民、教相安已久。讵意四月二十九日傍晚，有广济县人天主教民欧阳理然，肩挑幼孩四人，行至武穴街外，据云将送往九江教堂。适为痞匪郭六寿等所见，误信讹传，顷刻之间，人众麇集……竟误以武穴教堂为即收养幼孩之处，掷石奋击入窗，以致屋内洋油灯击破失火，烧洋楼一层，余亦多有残毁。……该处洋关分卡委员候补通判华聘三、龙坪司巡检邹振清，急往弹压，均被……殴伤。……武穴洋关分卡之扦手英国人柯姓……英国教士金姓……驰往救火，登时被匪殴毙。教士妇女三人、洋孩四人，由后门逃出，先投马口司巡检陈培周……未敢收留。妇孺即经同知衙门及龙坪巡检、差役、弓兵，陆续护送至武黄同知署，该同知顾允昌留住署内，查知该洋妇三人，在途次亦被匪徒殴伤。……臣闻报之后，立饬地方官，严拿首要各犯，一面抽调省外水陆各勇营，分投弹压保护。……将毙命之英人二名，照料护送回汉口。……实获匪犯十名……郭六寿、戴厥鱼二名……讯明确实系此案首要正犯……就地正法。……其帮殴及殴伤洋妇、攫取零物之从犯八名……将英领事先后所指要证民人陶春灿，及弓兵田德等三名、范修兴等四名……王七贤一名，共九名，一律传到，质讯明确，按照律例，拟议罪名核办。……已将审办各犯，照例从严科断各节……照会英领事。旋据覆称，均属情罪允当，无所异议。……至柯扦手、金教士两洋人，无辜殒命……拟给予该两洋人家属各二万元。武穴教堂……应由官给款代为修复，并补给堂中失物……酌给洋银二万五千元。……共洋银六万

五千元，合银四万五千余两。”（《光绪朝东华录》卷一〇六）

古田教案

光绪二十一年（一八九五年）六月……庚辰，福建古田县民人，杀英国教士多名，中英交涉起（《光绪朝东华录》卷一二八）。

成都教案

光绪二十一年（一八九五年）八月……己卯，谕：“……本年五月间，四川省城匪徒滋事，打毁东校场教堂。省外各处，旋又屡出教案。……该督刘秉璋，督率无方，著即革职，永不叙用，以示惩儆。”（《光绪朝东华录》卷一二九）

重庆先有教案，秉璋初至，捕教民罗元义、乱民石汇等置之法。至是各属继起，教堂被毁者数十，教士忿牒总署，指名夺秉璋职。朝廷不获已，许之（《清史稿》列传二三四《刘秉璋传》）。

巨野教案

光绪二十三年（一八九七年）冬十月癸亥，山东曹州府天主堂德教士二人被杀，中德交涉起。……乙亥，德国海军少将岱特利菲率军舰三艘，突入胶州湾，遂夺炮台据之（《光绪朝东华录》卷一四一）。

光绪二十三年（一八九七年）十二月……戊寅……谕：“前因山东巨野县地方，有盗匪拒捕伤毙教士之案，业将凶犯分别惩办矣。开缺四川总督前巡抚李秉衡，身任地方，不能先事预防，以致酿成巨案，著交部议处。”（《光绪朝东华录》卷一四一）

其时大刀会起，主仇教，势渐张。二十三年，会众戕德国教士，德使海靖要褫秉衡职。……徙督四川，海靖请益坚，乃罢免（《清史稿》列传二五四《李秉衡传》）。

平罗教案

光绪二十七年（一九〇一年）十一月……己卯……崧蕃电称：平罗县上营子地方，突有匪徒多人，焚掳乡民，抢掠教堂，伤及梅教士并教民数人，已饬派队保护，并电山西巡抚，分途兜拿等语。……壬午……谕："甘肃平罗县属杀伤教士教民一案，业经谕令将该地方官革职，带罪勒限严拿匪徒。……如再不获，著即照前旨，永不叙用。"（《光绪朝东华录》卷一七〇）

南昌教案

光绪三十二年（一九〇六年）三月……己丑……先是，本年正月二十九日，江西南昌县法国教士王安之，邀南昌县知县江召棠，至天主堂议翻旧案。俄，江召棠咽喉被创，越数日卒。巡抚胡廷幹，方委员查办，而愚民已于二月初三日暴动，毁法国教堂三处，毙王安之等六人。误毁英国教堂一处，毙金姓教士夫妇二人（《光绪朝东华录》卷一九九）。

本年（光绪三十二年、西元一九〇六年）正月二十九日，南昌县知县江召棠，到天主堂与法教士王安之商议旧案，彼此意见不合，以致江令愤急自刎。乃因该令自刎之举，传有毁谤法教士之讹言，以致出有二月初三日暴动之事。中国国家已自将有罪之人惩办，兹将外务部与驻京法国钦差议定各条，开列于左。……应给被害教习五人家属抚恤银四万两，另给一万两，作为后来新教习等川资经费之用。……新昌等旧案，及南昌新案，所有被毁教堂、学堂、养济院等处，及教内之人房屋，并一切物件，总共赔偿银二十万两。……江西巡抚胡廷幹，著先行撤任。布政使周浩，已有旨查办。按察使余肇康，于重要刑案，未能立即讯验，著先行交部议处。……江西新昌案已拿到案之龚栋一名正法，龚耀廷一名革去武举，交地方官管束。在逃之龚春华、龚启明、龚炳藜三名，拿获时讯明，照律办理。……所有杀人放火正凶刘狗子、吴红眼、周之秀、任廷发、吴金生五名，拟就地正法，以昭炯戒。其为从、情节较重之杨大盛、罗中秋、吴老五三名，均拟永远监禁。其余犯内之周正大、卢高财二名，均拟监禁十年。杨起堂、魏大水二名，均监禁五年。戴阿水、胡长生、衷才官、谢锡连、涂宜洲、胡中元六名，拟各监禁三年。谢袁洲、周得胜、彭炳生、吴友鹏四名，均拟罚作苦工二年。刘东林子一名，拟罚作苦工一年。胡明应、罗声孜、李老三、熊荷子、郭毛头、万叶林、胡廷学七名，均拟罚作苦工半年。……贵国政府素关怀裨益华民之善举，兹江西省愿助善举银两，以表歉忱，特议明由该省拨银十万两，为在该省省城建造医院之用，将来由该省巡抚奏请给予敕建字样，以示优异。此医院延用法国医士一名（王彦威《清季外交史料》卷一九七《中法会订江西南昌教案善后合同》）。

（乙）租借地

清季租地，始于九龙。其后三国挟还辽之惠，各索重酬。德以教案，先据胶澳，李鸿章请俄主持正义，俄允遣海军暂泊旅顺，相机与德讲说，竟久假不归。法占广州湾，英借口均势，攫威海卫，并于九龙扩界。名为租借，实同割让。

胶澳

光绪二十四年（一八九八年）二月……戊辰，《中德胶澳租界条约》成。……第一款……离胶澳海面潮平周遍一百里内，系中国里，准德国官兵无论何时过调，惟自主之权仍全归中国。如有中国饬令设法等事，先应与德国商定。如德国须整顿水道等事，中国不得拦阻。该地内派驻兵营、筹办兵法，仍归中国，先与德国会商办理；第二款……将胶澳之口南北两面，租与德国，先以九十九年为限。德国于所租之地，应盖炮台等事，以保地栈各项，护卫澳口；第三款，德国所租之地租期未完，中国不得治理，均归德国管辖，以免两国争端。兹将所租各段之地开列于后：一、胶澳之口，北面所有连旱地之岛。其东北，以一线自阴岛东北角起，至劳山湾为限。二、胶澳之口，南面所有连旱地之岛，其西南，以一线自离齐伯山岛西南偏南之湾，西南首起，往笛罗山岛为限。三、齐伯山、阴岛两处。四、胶澳之内，全海面，至现在潮平之地。五、胶澳之前，防护海面所用群岛，如笛罗山、炸连等屿，至德国租地，及胶澳周遍一百中国里界址，将来两国派员查照地情，详细定明。在胶澳中国兵、商各船，与德国相交之国各船，德国拟一律优待。因胶澳内海面均归德国管辖，德国国家随时可以定妥章程，约束他国往来各船。此章程，即中国之船亦应一体照办，另外决无拦阻之事；第四款，胶澳外各岛及险滩，德国应设立浮桩等号，各国船均应纳费，中国船亦应纳费，为修整口岸各工程之用。其余各费，中国船均无庸纳；第五款，嗣后如德国租期未满之前，自愿将胶澳归还中国，德国所有在胶澳费项，中国应许赔还。另将较此相宜之处，让于德国，德国向中国所租之地，德国应许永远不转租与别国。租地界内华民，如能安分，并不犯法，仍可随意居住，德国自应一体保护。倘德国需用地土，应给地主地价。并中国原有税卡，设立在德国租地之外，惟所商定一百里之内，此事德国即拟将纳税之界及纳税各章程，与中国另外商定无损于中国之法，办结（《光绪朝东华录》卷一四三）。

旅顺、大连湾

光绪二十四年（一八九八年）三月……己丑……中俄会订《旅顺大连湾租借条约》成。……第一款……大清国大皇帝，允将旅顺口、大连湾暨附近水面，租与俄国……；第二款……所租地段之界，经大连湾迤北，酌视旱地合宜保守该段所需，应相离若干里，即准相离若干里，其确切界限……商定后，所有划入租界线内之地，及附近水面，专归俄国租用；第三款，租地限期。自画此约之日起，定二十五年为限。然限满后，由两国相商展期，亦可；第四款，所定限内，在俄所租之地以及附近海面，所有调度水陆各军，并治理地方大吏，全归俄官。……中国无论何项陆军，不得驻此界内……；第五款，所租地界以北，定一隙地。……此隙地之内，一切吏治，全归于中国官。惟中国兵，非与俄官商明，不得来此；第六款，两国政府相允，旅顺一口，既专为武备之口，独准华、俄船只享用，而于各国兵、商船只，以为不开之口。至于大连湾，除口内一港，亦照旅顺口之例，专为华、俄兵舰之用。其余地方，作为通商口岸，各国商船，任便可到；第七款，俄国认在所租之地，旅顺、大连湾两口，尤要备资，自行盖造水陆各军所需处所，建筑炮台，安置防兵……修养灯塔，以及保航海无虞之所需各项标志；第八款，中国政府，允以光绪二十二年所准中国东方铁路公司，建造铁路。……推及由该干路某一站起，至大连湾，或酌量所需……由该干路至辽东半岛、营口、鸭绿江中间，沿海较便地方，筑一枝路（《光绪朝东华录》卷一四三）。

九龙

光绪二十四年（一八九八年）夏四月……丁酉……许英人于广东九龙辟立租界。……癸卯……大学士李鸿章与英国订《中英展拓香港界址专条》成。……按照黏附地图，展扩英界作为新租之地。……以九十九年为限期。又议定所有现在九龙城内驻扎之中国官员，仍可在城内各施其事，惟不得与保卫香港之武备有所妨碍。其余新租之地，专归英国管辖。至九龙向通新安陆路，中国官民照常行走。又议定，仍留附近九龙城原旧马头一区，以便中国兵、商各船渡艇任便往来停泊，且便城内官民任便行走。将来中国修造铁路至九龙英国管辖之界，临时商办。又议定，在所展界内，不可将居民迫令迁移，产业入官。若因修建衙署、筑造炮台等官工，需用地段，皆应从公给价。自开办后，遇有两国交犯之事，仍照中英原约香港章程办理。查按照黏附地图，所租与英国之地，内有大鹏湾、深洲湾水面，惟议定该两湾，中国兵船，无论在局内局外，仍可享用（《光绪朝东华录》卷一四四）。

威海卫

光绪二十四年（一八九八年）五月……乙丑……订《中英议租威海卫专条》，其文曰：今议定，中国政府将山东省之威海卫及附近之海面，租与英国政府。……租期应按照俄国驻守旅顺之期相同。所租之地，系刘公岛并在威海湾之群岛，及威海全湾沿岸以内之十英里地方。以上所租之地，专归英国管辖。……沿海暨附近地方，均可择地建筑炮台、驻扎兵丁或另设应行防护之法。又在该界内，均可以公平价值，择用地段，凿井开泉、修筑道路、建设医院，以期适用。以上界内，所有中国管辖、治理此地，英国并不干预，惟除中、英两国兵丁之外，不准他国兵丁擅入。……又议定，所租与英国之水面，中国兵船无论在局内、局外，仍可享用。又议定，在以上所提地方内，不可将居民迫令迁移、产业入官。若应修建衙署、筑造炮台等官工，须用地段，皆应从公给价（《光绪朝东华录》卷一四五）。

广州湾

光绪二十五年（一八九九年）冬十月……戊子，先是，广州附近，有法国兵官，为游匪所戕，法人以兵舰入广州湾，据之，向我政府要求租借，争议年余。至是，钦差勘界大臣、广东提督苏元春，与法国使臣，会议《广州湾租界》七条成。……第一款……中国国家，将广州湾租与法国国家，作为停船趸煤之所，定期九十九年……；第二款……所有租界内水面，均归入租界内管辖。其未入租界者，仍归中国管辖。开列于左，东海全岛、硇洲全岛，该岛与东海岛中间水面，系中国船舶往来要道，嗣后仍由中国船舶任便往来租界之内停泊，勿得阻滞，并勿庸纳钞征税等事。其租界定在遂溪县属，南由通明港登岸，向北至新吟垅官路作界线，直至志满墟，转向东北，至赤坎以北、福建村以南，分中为界，赤坎、志满新墟，归入租界。……复由赤坎以北，福建村以南，分中出海，水面横过调神岛北，近水面，至兜离窝登岸，向东至吴川县属西炮台后，分中出海三海里为界。……又由吴川县海口外三海里水面起，沿岸边至遂溪县属之南，通明港向北三海里，转入通明港内，分中登岸，沿官路为界，此约订明，并绘图画明界址……；第三款，于九十九年期内，所租之地全归法国一国管辖。……又议定，租界内华民能安分，并不犯法，仍可居住，照常自便，不可迫令迁移。其华民物业，仍归华民管理，法国自应一律保护。若法国需用物业，照给业主公平价值；第四款，在租界之内，法国可筑炮台、驻扎兵丁，并设保护武备各法。又在各岛及沿岸，法国应起造灯塔，设立标记浮桩等，以便行船……；第五款，中国商轮船只，在新租界湾内，如在中国通商各口，一律优待办理。其新租界各地湾内水面，均归法国管理，法国可立定章程，并征收烟船各钞，以为修灯桩各项工程之费。此系专指广州湾内水面而言，至硇东水面，已在第二款内声明；第六款，遇有交犯之事，应照中法条款，互订《中越边界章程》办理；第七款，中国国家允准法国自雷州府属广州湾地方，赤坎至安铺之处，建造铁路、旱电线等情，应备所用地段，由法国官员给价，请中国地方官，代给中国民人。……而修造行车需用各项材料，及养修电路各费，均归法国办理。……又议定，在安铺铁路、电线所抵之处水面、岸上，均准筑造房屋，停放物料，并准法国各商轮停泊上落（《光绪朝东华录》卷一五六）。

旅大转让

光绪三十一年（一九〇五年）十一月……乙未……《中日新约》成。……第一款，中国政府，将俄国按照《日俄和约》第五款及第六款允让日本国之一切，概行允诺；第二款，日本国政府承允，按照中俄两国所订借地及造路原约，实力遵行（《光绪朝东华录》卷一九七）。

（丙）势力范围

鸦片之役，英踞舟山，交还之际，恐为他国先得，乃订永不割让他国之约。自是效尤者纷起，始犹限于交界之地，如滇缅之江洪、孟连，旅大之隙地是。继则议及岛屿，如琼州岛、庙群列岛是。终则公然分割省份，如法之于广西、云南，俄之于东三省，德之于山东，日之于福建沿海，英之于长江一带，皆为势力范围，不得让与他国。美虽无势力范围，而主张门户开放，则他国之范围，皆其范围也。英颇赞美之主张，一时盛传之瓜分论，为之稍敛。

英国

道光二十二年（一八四二年）八月戊寅……谕："……耆英等奏……定海之舟山海岛，厦门之鼓浪屿小岛，均准其暂驻数船，俟各口开关，即著退出，不准久为占据。"（《清宣宗实录》卷三七九）

道光二十五年（一八四五年）十一月……庚辰，谕："……耆英等奏……英兵在舟山数年，见当交割接收之期，该督亲赴香港接晤，各节均坚守条约，并无异言。"（《清宣宗实录》卷四二三）

道光二十六年，吾国要求撤舟山、鼓浪屿之兵。英以舟山列岛永不割让于他国为条件，遂订为约。此乃中国境内势力范围之第一先例也（叶景莘《撤废势力范围论》二）。

光绪二十年（一八九四年）正月……壬寅……驻英钦差大臣薛福成，与英外部大臣劳偲伯力，续议《滇缅条约》二十款成。……第五款……英国大君主……允将从前属中国兼属缅甸之孟连、江洪，所有缅甸上邦之权，均归中国大皇帝永远管理。英国大君后于该地所有权利，一切退让。惟订明一事，若未经大皇帝与大君后预先议定，中国必不将孟连与江洪之全地或片土，让与别国（《光绪朝东华录》卷一一七）。

光绪二十一年（一八九五年）五月……戊戌……《中法续议界务专条附章》成。……三、滇越边界……又自南乌江发源处，界线顺南乌江与南腊河，并各支河中间之分水岭……其东边之猛乌、乌得、化邦、哈当、贺联盟、猛地各处，归越南（《光绪朝东华录》卷一二七）。

（光绪）二十一年夏，中日和议既成，法索云南普洱徼外猛乌、乌得两地，英使欧格讷以两地属缅江洪，指为违约（《清史稿·邦交志二·英吉利》）。

光绪二十三年（一八九七年）正月……甲寅，《中英续议缅甸条约》成。其文曰：大清国、大英国国家为续议附款事，今因英国不再索问中国于光绪二十一年五月二十八日与法国订立条约所让江洪界内之地，致与二十年正月二十四日，与英国订立之《中缅条约》相违，彼此和商，于原订条约或增或改，拟立附款如左：……第五款，今彼此言明，日后中国未经先与英国议定，不能将现在仍归中国在湄江左岸之江洪土地以及孟连，与所有在湄江右岸之江洪土地，或全地或片土，让与他国……；第十二款……中国答允，将来在云南修建铁路，与贸易有无裨益，如果修建，即允与缅甸铁路相接（《光绪朝东华录》卷一三九）。

英国既订光绪二十二年（一八九六年）之《英法协约》，与法共享云南、四川之权利。及德占胶州、俄占旅大后，乃于二十四年（一八九八年）正月，向我国提出要求四项：（一）扬子江流域各省之土地，不得租借或割让于他国；（二）开放内河；（三）二年后，开放长沙为通商口岸；（四）中国总税务司，永久雇用英国人。中国一一承认俄既订《租借旅大条约》，英以抵制为口实，要求租借威海卫，二十四年五月十三日，租借约成。……及法以抵制俄、德之口实，租借广州湾；英更以抵制法之口实，要求租借九龙。……光绪二十四年五月十八日，《九龙租借条约》订定。……于是英在广东之势力益以巩固。……其铁路一方，因光绪二十四年，我政府与比人缔结《芦汉铁路合同》，总理衙门先告英使，谓与俄无关。及合同发表，明载委华俄道胜银行以筑造之权，英使乃要求津镇、九广、沪宁、浦信、沪杭甬及山西、河南、襄阳各路权，以为赔偿，总理衙门先后以草合同承认之。惟津镇一路，因英、德协商，北段归德，南段归英。同年，更订《关外铁道借款合同》，借款二百三十万镑，即以关内外铁道为抵押品，并由总理衙门声明，决不以该铁道让与他国。……英、俄协商之结果，划长城以北及扬子江流域，为俄、英分享之筑造铁道范围；而关外铁道，英所已得之权利，则不加妨碍（叶景莘《撤废势力范围论》二）。

法国

光绪二十一年（一八九五年）五月……戊戌，《中法续议商务专条附章》成。……第五款，议定中国将来在云南、广西、广东开矿时，可先向法国厂商及矿师人员商办，其开矿事宜，仍遵中国本土矿政章程办理。至越南之铁路，或已成者，或日后拟添者，彼此议定，可由两国酌商，妥订办法，接至中国境内（《光绪朝东华录》卷一二七）。

（光绪）二十一年，中、日约成，法求换商约、界约，遂许开龙州、蒙自等埠，并与越界线内猛乌、乌得二地。……二十三年，法要求琼州不割让租借于他国，许之。二十四年，法乘广东雷州人杀其士民二人，以兵舰据广州湾，来商租借，言为停船屯煤之用，无损中国主权。……时广西永安有杀毙法教民之事，方议办犯、劾官、赔偿、建堂四条，适值北海铁路造至南宁，援龙州铁路案，中、法合办，法使遂要求将铁路归并教案。议久，始允就案议结，不及他事（《清史稿·邦交志三·法兰西》）。

光绪二十一年，《中法境界及陆路通商条约》之缔结……而适在《中日和约》签字后月余，殆为干涉返还辽东事件之报偿也。及二十二年《英法协约》成，法以所获于云南、四川之利权，与英分享之，乃求取偿于我。次年二月，向总理衙门要求二款：（一）海南岛不割让于他国；（二）延长龙州铁道，开采两广、云南矿山，修筑滇、越间通商道路。总理衙门先覆以决不割让海南岛于他国，嗣更覆之曰铁道俟谅山、龙州线修成后，可更延长龙州至南宁，与龙州至百色之线。开采两广、云南之矿山时，依前约，法国得尽先商办之权，红河之航路，与自河口经蛮耗、蒙自至云南省城之道路，中国即时起工修缮。……次年……德踞胶州，俄占旅大，法人借口于均势，要求四项：（一）两广、云南三省，不割让与他国；（二）自东京至云南府之铁道，由法国建筑；（三）租借广州湾九十九年；（四）邮政事务用法人承办。总理衙门覆认第一、第二两项。租借广州湾，谈判之结果，为二十五年十月十四日之条约。……同年，因戕杀教士案，更要求自南宁至北海之铁道权，亦得许焉（叶景莘《撤废势力范围论》二）。

俄国

光绪二十二年（一八九六年）八月……甲子……驻俄钦差大臣许景澄，与华俄道胜银行订立《东省铁路公司合同》十二条（《光绪朝东华录》卷一三五）。

光绪二十二年（一八九六年）九月……丁未……《中俄新约》成。其文曰：大清国大皇帝，前于中日肇衅之后，因蒙大俄罗斯大皇帝仗义各节，并愿将两国边疆，及通商等事，于两国互有益者，商定妥协，以固格外和好。……一、近因俄国西卑里亚火车道竣工在即，中国允准俄国将该火车道，一由俄国海参崴埠，续造至中国吉林珲春城，又向西北续至吉林省城止。一由俄国境之西卑里亚火车站，续造至中国黑龙江之爱珲城，向西南至齐齐哈尔省城，又至吉林伯都讷地方，又向东南续造至吉林省城止；二、凡续造进中国境内黑龙江及吉林各火车道，均由俄国自行备筹资本，其车道一切章程，亦均仿俄国火车条程，中国不得与闻。至其管理之权，亦暂行均归俄国，以三十年为期。过期后，准由中国筹备资本，估价将该火车道并一切火车、机器厂、房屋等产赎回。惟如何赎法，容后再行妥议；三、中国现有火车道，拟自山海关续造至奉天盛京城，由盛京接续至吉林。倘中国日后有不便即时造此铁路者，准由俄国备资，由吉林城代造，以十年为期赎回。至铁路应由何路起造，均照中国已勘定之道，接续至盛京，并牛庄等处地方止；四、中国所拟续造之火车道，自奉天山海关至牛庄，至盖平，至金州，至旅顺口，以及至大连湾等处地方，均应仿俄国火车道，以期中、俄彼此来往通商之便；五、以上俄国自造之火车道，所经各地方，中国文武官员，不能随时保护周详，应准俄国专派马步营兵数队，驻扎各要站，以期妥护商务；六、自造成各火车道后，两国彼此运进之货，其纳税章程，均准同治元年二月初四日《中俄陆路通商条约》完纳；七、黑龙江及吉林长白山等处地方，所产五金之矿，向有禁例，不准开挖。自此约定后，准俄国以及本国商民随时开采。惟须先行禀报中国地方官，具领护照，并按中国内地矿务条程，方准开挖；八、东三省虽有练军，惟大半军营，系仍照古制办理。倘日后中国欲将各省全行改仿西法，准向俄国借请熟悉营务之武员，来中国整顿一切。其章程，则与两省所请德国武员条程办理无异；九、俄国在亚细亚洲无周年不冻之海口，一时该洲若有军务，俄国东海以及太平洋水师诸多不便，不得随时驶行。今中国因鉴于此，是以情愿将山东省之胶州地方，暂行租与俄国，以十五年为限。其俄国所造之营房、栈房、机器厂、船坞等类，准中国于期满后估价备资购入。但如无军务之危，俄国不得即时屯兵据要，以免他国嫌疑。惟赁租之款应如何办理，日后另有附条酌议；十、辽东之旅顺口，以及大连湾等处地方，原系险要之区，中国极应速为整顿各事，以及修理各炮台等诸要务，以备不虞。既立此约，则俄国允准，将此二处相为保护，不准他国侵犯。中国亦允准，将来永不让与他国占踞。惟日后俄国忽有军务，中国准将旅顺口及大连湾等处地方，暂行让与俄国水陆军营泊屯于此，以期俄军攻守之便；十一、旅顺口、大连湾等处地方，若俄国无军务之危，则中国自行管理，与俄国无涉。惟东三省火车道，以及开挖五金矿诸务，准于换约后，即行便易施行。俄国文武官员以及商民人等所到之处，中国官员理应格外优待保护，不得阻滞其游历各处地方；十二、此约奉两国御笔批准后，各将条约照行。除旅顺口、大连湾及胶州诸款外，全行晓谕各地方官遵照。将来换约应在何处，再行酌议。自画押之日始，以六个月为期，两国全权大臣议定。此约备汉文、俄文、法文约本各两份，画押盖印为凭。三国文字校对无讹，遇有讲论，以法文为准（《光绪朝东华录》卷一三六）。

（光绪）二十二年四月，俄皇尼哥拉斯二世加冕，命李鸿章为专使，王之春为副使。……九月，与俄订新约。时李鸿章尚未回国，俄使喀希呢持密约求总署奏请批准。约成，俄使贵族郛多穆斯契以报谢加冕使来北京，议立华俄银行，遂命许景澄与俄结《华俄道胜银行契约》，中国出股本银五百万两，与俄合办。别立中国东省铁路公司，又立条例九章，其第二章银行业务之第十项，规定对于中国之业务：一、领收中国内之诸税；二、经营地方及国库有关系之事业；三、铸造中国政府允许之货币；四、代还中国政府募集公债之利息；五、布设中国内之铁道、电线，并订结《东清铁道会社条约》，以建造铁路与经理事宜悉委银行（《清史稿·邦交志一·俄罗斯》）。

光绪二十二年（一八九六年）……十二月，俄政府发布《东清铁道公司条例》三十条，其第一条云：该公司经中国政府之许可，即采掘与铁道连带或与铁道无关之煤矿，且同时得经营其他中国之矿业及商工业。又其第八条云：为保护铁道及附属物之地段内之秩序起见，该公司委任警察部执行其事，因此该公司得制定铁道之警察规则（叶景莘《撤废势力范围论》二）。

（光绪）二十三年（一八九七年）十一月，俄以德占胶州湾为口实，命西伯利亚舰队入旅顺口，要求租借旅顺、大连二港，且求筑造自哈尔滨至旅顺之铁道权。……二十四年（一八九八年）……三月初六日……遂订约，将旅顺口及大连湾暨附近水面租与俄（《清史稿·邦交志一·俄罗斯》）。

光绪二十四年戊戌（一八九八年）闰三月……庚午，《中俄会订续约》成。……第一款，按照原约第二条，租与俄国之旅顺口及大连湾、辽东半岛陆地，其北界应从辽东西岸亚东湾之北起，穿过亚东山脊（山脊亦在俄国租地内），至辽东东岸皮子窝湾北尽处止，租界附近水面及陆地周围各岛，均准俄国享用……；第二款，从第一款所定地段北界起，应照《北京约》第五款所定隙地，其北界线，应从辽东西岸盖州河口起，经岫岩城北至大洋河，沿河左岸，至河口。此河在隙地内；第三款，俄国国家允西毕利铁路通接辽东半岛之枝路末处，在旅顺口及大连湾海口，不在该半岛沿海别处。又公同商定，此枝路经过地方，不将铁路利益给与别国人……；第五款，中国国家允认：一、非俄国应允，不将隙地地段让与别国人享用。二、不将隙地东西沿海口岸，与别国通商。三、非俄国应允，不将隙地地段内造路、开矿及工商各利益让给（《光绪朝东华录》卷一四四）。

光绪二十五年（一八九九年）三月……乙亥，户部尚书王文韶、工部左侍郎许景澄，与俄国驻使臣格尔思，议立《勘分旅顺大连湾租界专条》八款成。……第六款，辽东半岛，租借地陆地北界，纬线以北，在隙地内东西岸附近水面各岛，均应照（华历光绪二十四年三月初六日、俄历一千八百九十八年三月十五日）《条约》第五款，暨（华历光绪二十四年闰三月十七日、俄历一千八百九十八年四月二十五日）《续约》第五款所定隙地办法；第七款，按照北京俄国使署，与总理各国事务衙门商定，所有辽东半岛以南庙群各岛，不归租借之内，而中国允认，不能将该全岛、或一、二岛让与别国及别国之人，或永远、或暂行享用；并不能在此群岛开设通商口岸，亦不能在此各岛，准与他国人民造铁路、开矿及工商利益各事（《光绪朝东华录》卷一五三）。

（光绪）二十五年（一八九九年）……俄以辽东租借地为关东省（《清史稿·邦交志一·俄罗斯》）。

光绪二十八年……翌年（二十九年）三月，第二期金州、牛庄、辽阳、奉天、铁岭、开原、长春、吉林、宁古塔、珲春、阿拉楚喀、哈尔滨驻扎之俄兵仍不如期撤退，俄代理北京公使布拉穆损，向外务部新要求七款，拒之。……会俄使雷萨尔复任，复提新议五款，宣言东省撤兵，断不能无条件，纵因此事与日本开战，亦所不顾（《清史稿·邦交志一·俄罗斯》）。

光绪二十九年，至第二期撤退东三省俄兵之际，俄人要求东三省不割让他国，行政、军事不得聘俄国以外之人等各项。继复要求，凡东三省中国经营之事业，与中俄共同事业，悉由道胜银行贷资，营税关事务，委托道胜银行管理二十年。奉天、吉林设交涉局，由中俄两国委员组织之。

关于两省政治、军事、经济、卫生、司法等事，互相协商办理。自北京经张家口、库伦至恰克图之铁道，由道胜银行修造之。西藏西北部，行中俄协同行政制度。盖直欲由享有势力范围，进而割据长城以北矣（叶景莘《撤废势力范围论》二）。

德国

光绪二十四年（一八九八年）二月……戊辰，《中德胶澳租界条约》成。其文曰：山东曹州府教案现已商结，中国另外酬德国前经相助之谊，故大清国国家、大德国国家……和衷商定专条，开列于左：第一端，胶澳租界……；第二端，铁路、矿务等事：第一款，中国国家，允准德国在山东省盖造铁路二道，其一由胶澳经过潍县、青州、博山、淄川、邹平等处，往济南及山东界。其二由胶澳往沂州，及由此处经过莱芜县，至济南府。其由济南府往山东界之一道，应俟铁路造至济南府后，始可开造，以便再商与中国自办干路相接（此后段铁路经过之处，应于另立详细章程内定明）。第二款，盖造以上各铁路，设立德商、华商公司……各自集股，各派妥员领办。……第四款，于所开各道铁路附近之处，相距三十里内……允准德国开挖煤斤等项，及须办工程各事。亦可德商、华商合股开采……；第三端，山东全省办事之法，在山东省内，如有开办各项事务，商定向外国招集帮助为理，或用外国人，或用外国资本，或用外国料物，中国应许先问该德国商人等，愿否承办工程、售卖料物。如德商不愿承办此项工程及售卖料物，中国可任凭自便另办，以昭公允（《光绪朝东华录》卷一四三）。

（光绪）三十年，与德会订《小清河岔路合同》。初，《胶济铁路章程》原不许擅行另造枝路，今为商务便利计，特委胶济铁路公司代办（《清史稿·邦交志五·德意志》）。

日本

日本割据台湾，遂窥闽省。光绪二十四年，亦要求福建省及沿海一带，不得租借割让于他国。我国亦承认之（叶景莘《撤废势力范围论》二）。

（光绪）三十一年（一九〇五年），日战胜俄，两国议和。政府令外务部照会日、俄，谓关涉中国之事，若中国不与闻者，中国将来断不承认。是年十一月二十六日，外务部庆亲王奕劻，与日本大使小村寿太郎、公使内田康哉订新约，正约三款……附约十二款（《清史稿·邦交志六·日本》）。

附约……第六款，中国政府允将由安东县至奉天省城所筑造之行军铁路，仍由日本国政府接续经管，改为专运各国工商货物。自此路改良竣工之日起，以十五年为限……届期……估价售与中国……；第七款，中、日两国政府，为图来往输运均臻兴旺便捷起见，妥订《南满洲铁路与中国各铁路接联营业章程》……；第八款，中国政府允南满洲铁路所需各项材料，应豁免一切税捐厘金；第九款，所有奉省已开办商埠之营口，暨虽允开埠尚未开办之安东县、奉天府各地方，其划定日本租界之办法，应由中、日两国官员另行妥商厘定；第十款，中国政府允许设一中日木植公司，在鸭绿江右岸地方采伐木植。……一切合办章程，应另订详细合同……；第十一款，满、韩交界陆路通商，彼此应按照相待最优国之例办理（《光绪朝东华录》卷一九七）。

（光绪）三十二年，日本设立南满洲铁道株式会社，并于关东州置都督府，另设领事五人，总领事驻奉天。……三十四年，日使忽提出安奉铁道案，要求解决。……乃命锡良会同奉天巡抚程德全，与日本奉天总领事缔结《安奉铁道协约》，此宣统元年七月事也。《协约》要目如左：一、中国确认前次两国委员勘定之路线，陈相屯至奉天一段，由两国再协议决定；二、轨道与京奉铁道同样；三、此约调印之当日，即协议购买土地及一切细目；四、此约调印之翌日，即行急进工事；五、沿铁道之中国地方官，关于施行工事，应妥为照料。未几，间岛之争议又起。……日使伊集院彦吉与外务部尚书梁敦彦……缔《间岛条约》……；七、中国将吉长铁道延长至延吉南边界，与朝鲜会宁铁道联络，一切办理与吉长铁道同。……嗣议五案协约，即新法铁道，营口支线，抚顺、烟台炭矿，安奉铁道沿线及南满铁道干路沿线之矿务是也。新法铁道者，新民屯至法库门之铁道，政府欲借英款筑造此路，以分南满铁道之势力，日本谓系南满铁道竞争线，极力抗议。营口支线者，光绪二十五年，东清铁道会社规定筑造旅顺、哈尔滨间之铁道，得设营口支线，以运送材料，俟铁道落成后拆去。日俄战争后，南满铁道归日本，政府要求日本拆此支线，日本不允。抚顺炭矿，距奉天城东六十里，日公使以此地炭矿为东清铁道附属品，利权应归日本。政府以炭山在东清铁道三十里外，不认为附属财产，日使不允；并烟台炭矿均成悬案。因安奉铁道交涉，定约如下：一、中国如筑新法铁道时，当先与日本商议；二、中国允日本营口支路，俟南满铁道期限满，同时交还，并允将该支线延长至营口新市街；三、中国承认日本有开采抚顺、烟台两处炭矿之权，日本承认该两处开采之煤斤，纳税与中国。惟税率应按照中国他处最轻煤税之例，另行协定。其矿界及一切章程，亦另委员定之；四、安奉铁道沿线及南满洲铁道干路沿线之矿务，除抚顺、烟台外，应按照光绪三十三年东三省督抚与奉天日本总领事议定之大纲，归中、日合办；五、京奉铁道沿长至奉天城根一节，日本无异议。自此南满洲大势，遂一变矣（《清史稿·邦交志六·日本》）。